LEVANTE-SE E MATE PRIMEIRO

RONEN BERGMAN

LEVANTE-SE E MATE PRIMEIRO

A HISTÓRIA DO SERVIÇO SECRETO E DOS ASSASSINATOS SELETIVOS DE ISRAEL

TRADUÇÃO DE
ALESSANDRA BONRRUQUER

4ª EDIÇÃO

EDITORA RECORD
RIO DE JANEIRO • SÃO PAULO
2025

CIP-BRASIL. CATALOGAÇÃO NA PUBLICAÇÃO
SINDICATO NACIONAL DOS EDITORES DE LIVROS, RJ

BL436
4ª ed.

Bergman, Ronen
  Levante-se e mate primeiro: a história do serviço secreto e dos assassinatos seletivos de Israel / Ronen Bergman; tradução Alessandra Bonrruquer. – 4ª ed. – Rio de Janeiro: Record, 2025.

  Tradução de: Rise and kill first
  Inclui bibliografia e índice
  ISBN 978-85-01-11852-3

  1. Serviço de inteligência – História – Israel. 2. Serviço secreto – História – Israel. 3. Assassinato – História – Israel. 4. Israel – Política e governo. I. Bonrruquer, Alessandra. II. Título.

20-64672

CDD: 327.125694
CDU: 327.84(569.4)

Leandra Felix da Cruz Candido – Bibliotecária – CRB-7/6135

Copyright © Ronen Bergman, 2018

Título original em inglês: Rise and kill first

Todos os direitos reservados. Proibida a reprodução, armazenamento ou transmissão de partes deste livro, através de quaisquer meios, sem prévia autorização por escrito.

Texto revisado segundo o novo Acordo Ortográfico da Língua Portuguesa.

Direitos exclusivos de publicação em língua portuguesa para o Brasil adquiridos pela
EDITORA RECORD LTDA.
Rua Argentina, 171 – 20921-380 – Rio de Janeiro, RJ – Tel.: (21) 2585-2000, que se reserva a propriedade literária desta tradução.

Impresso no Brasil

ISBN 978-85-01-11852-3

Seja um leitor preferencial Record.
Cadastre-se em www.record.com.br e receba informações sobre nossos lançamentos e nossas promoções.

Atendimento e venda direta ao leitor:
sac@record.com.br

EDITORA AFILIADA

PARA YANA,
que apareceu
exatamente no momento certo

*Se alguém vier matá-lo,
levante-se e mate-o primeiro.*

TALMUDE BABILÔNICO, TRATADO SANHEDRIN,
FOLHA 72A, VERSO 4

SUMÁRIO

Nota sobre as fontes   11
Prólogo   15

1. Em sangue e fogo   23
2. Nasce um mundo secreto   41
3. O escritório para agendar reuniões com Deus   59
4. Todo o comando supremo em um único golpe   73
5. "Como se o céu estivesse caindo sobre nossa cabeça"   81
6. Uma série de catástrofes   105
7. "O conflito armado é a única maneira de libertar a Palestina"   123
8. Meir Dagan e sua especialidade   139
9. A OLP se internacionaliza   155
10. "Não tenho nenhum problema em relação às pessoas que matei"   173
11. "A identificação errônea de um alvo não é um fracasso. É um erro"   195
12. Húbris   207
13. Morte na pasta de dentes   229
14. Uma matilha de cães selvagens   247
15. "Abu Nidal, Abu *Shmidal*"   271
16. Bandeira preta   285
17. O golpe do Shin Bet   299
18. Até que surgiu uma faísca   319
19. Intifada   347
20. Nabucodonosor   367

21	Tempestade verde se aproximando	387
22	A era dos drones	407
23	A vingança de Mughniyeh	423
24	"Somente um botão, desligado e ligado"	435
25	"Traga a cabeça de Ayyash"	451
26	"Astuto como uma cobra, ingênuo como uma criancinha"	473
27	Momento difícil	495
28	Guerra total	511
29	"Mais homens-bomba do que coletes explosivos"	525
30	"O alvo foi eliminado, mas a operação foi um fracasso"	543
31	A rebelião na Unidade 8200	557
32	Colhendo anêmonas	569
33	A Frente Radical	595
34	Assassinando Maurice	617
35	Impressionante sucesso tático, desastroso fracasso estratégico	639

Agradecimentos	661
Notas	665
Bibliografia	787
Índice	807

NOTA SOBRE AS FONTES

A Comunidade Israelense de inteligência guarda zelosamente seus segredos. Sua quase total opacidade é protegida por uma complexa variedade de leis e protocolos, estrita censura militar e intimidações, interrogatórios e ações judiciais contra jornalistas e suas fontes, assim como pela solidariedade e lealdade naturais entre o pessoal das agências de espionagem.

Até hoje, todos os vislumbres dos bastidores foram, no melhor dos casos, parciais.

Como então — seria razoável perguntar — escrever um livro sobre uma das organizações mais secretas da Terra?

Os esforços para persuadir o establishment israelense de defesa a cooperar com a pesquisa para este projeto foram em vão.[1] Requisições para que a comunidade de inteligência obedecesse à lei, transferindo seus documentos históricos para o Arquivo Estatal e permitindo a publicação dos materiais com cinquenta anos ou mais foram respondidas com pétreo silêncio. Uma petição à Suprema Corte para que ordenasse obediência à lei se arrastou durante anos, com a cumplicidade da corte, e terminou com nada além de uma emenda à própria lei: as provisões de sigilo foram estendidas de cinquenta para setenta anos, mais longas que a história do Estado.[2]

O establishment de defesa não ficou apenas sentado de braços cruzados.[3] Já em 2010, antes mesmo de o contrato para este livro ser assinado, uma reunião especial foi realizada na divisão de operações do Mossad, a Cesareia, para discutir maneiras de interromper a pesquisa. Cartas foram enviadas a todos os ex-funcionários do Mossad, advertindo-os a não conceder entrevistas, e os considerados mais problemáticos foram chamados para conversas individuais. Mais tarde, em 2011, o chefe do Estado-Maior das Forças de Defesa de Israel, tenente-general Gabi Ashkenazi, pediu que o Shin Bet tomasse medidas agressivas contra o autor, alegando que eu havia cometido "espionagem qualificada" por ter em minha posse segredos confidenciais e "usar material confidencial para me denegrir [Ashkenazi] pessoalmente". Desde então, várias ações foram iniciadas por várias entidades a fim de impedir a publicação deste livro ou, ao menos, de grandes partes dele.

A censura militar exige que a mídia israelense acrescente as palavras "de acordo com publicações estrangeiras" sempre que menciona ações secretas atribuídas à inteligência do país, especialmente assassinatos seletivos. Isso é para deixar claro que a existência da publicação não constitui reconhecimento oficial da responsabilidade de Israel. Nesse sentido, este livro deve ser tomado como "publicação estrangeira", cujo conteúdo não tem qualquer confirmação oficial israelense.

Com fontes que vão de líderes políticos e chefes de agências de inteligência até os próprios agentes, nenhuma das muitas entrevistas nas quais este livro é baseado foi aprovada pelo establishment israelense de defesa.[4] A maioria das fontes é identificada pelo nome. Outras compreensivelmente temeram se identificar e, portanto, lhes foram atribuídos apelidos ou iniciais, além de quaisquer detalhes que consegui mencionar sem revelar suas identidades.

Também usei milhares de documentos que me foram entregues por essas fontes, todos citados pela primeira vez aqui. Minhas fontes jamais receberam permissão para retirar esses documentos de seus locais de trabalho, e certamente não tinham permissão para entregá-los a mim. Este livro, portanto, chega o mais perto possível de uma história autorizada da inteligência israelense.

Mas por que essas fontes falaram comigo e me forneceram documentos? Cada uma delas teve os próprios motivos, e, às vezes, a história nos bastidores foi somente um pouco menos interessante do que o conteúdo da entrevista em si. Ficou claro que alguns políticos e agentes de inteligência — duas profissões extremamente hábeis em manipulação e artifícios — tentaram me usar como conduíte de suas versões favoritas dos eventos ou para moldar a história de acordo com sua conveniência. Tentei frustrar essas tentativas ao cruzar informações com o máximo possível de fontes orais e escritas.

NOTA SOBRE AS FONTES

No entanto, com frequência me parecia haver outro motivo, muito ligado a uma contradição particularmente israelense: de um lado, quase tudo no país que diz respeito à inteligência e à segurança nacional é classificado como "altamente confidencial". De outro, todo mundo quer falar sobre o que fez. Atos que pessoas em outros países poderiam sentir vergonha de admitir são fonte de orgulho para os israelenses, pois são coletivamente percebidos como imperativos para a segurança nacional, necessários para proteger vidas israelenses ameaçadas, se não a própria existência do aguerrido Estado.

Depois de um tempo, o Mossad conseguiu bloquear o acesso a algumas de minhas fontes (na maioria dos casos, somente depois de já terem falado comigo). Muitas morreram desde que as conheci, a maior parte de causas naturais. Assim, os relatos em primeira mão que esses homens e mulheres deram a este livro — homens e mulheres que testemunharam e participaram de eventos históricos significativos — são, de fato, os únicos fora dos cofres dos arquivos secretos do establishment de defesa.

Talvez, os únicos existentes.

PRÓLOGO

Meir Dagan, chefe do Mossad israelense, lendário espião e assassino, entrou na sala apoiado em sua bengala.

Ele a usava desde que fora ferido por uma mina plantada pelos terroristas palestinos contra os quais lutara na Faixa de Gaza como jovem oficial de operações especiais nos anos 1970. Dagan, que sabia uma ou duas coisas sobre o poder de mitos e símbolos, tinha o cuidado de não negar os rumores de que havia uma lâmina escondida na bengala, que ele podia expor ao apertar um botão.

Dagan era um homem baixo, tinha uma barriga muito proeminente e a pele tão escura que as pessoas sempre se surpreendiam ao saber que ele era de origem polonesa. Na ocasião, vestia uma camisa simples aberta na altura do pescoço, calças pretas de tecido leve e sapatos também pretos, e parecia não ter prestado muita atenção à própria aparência. Havia algo nele que expressava franca e sóbria autoconfiança, além de um carisma discreto e às vezes ameaçador.

A sala de reuniões onde Dagan entrou naquela tarde de 8 de janeiro de 2011 ficava na academia do Mossad, ao norte de Tel Aviv. Pela primeira vez na história, o chefe da agência de espionagem se encontrava com jornalistas no coração de uma das mais secretas e bem-guardadas instalações de Israel.

Dagan não amava a mídia.[1] "Cheguei à conclusão de que é um monstro insaciável", diria ele mais tarde, "e não há razão para mantermos um relacionamento."

Mesmo assim, três dias antes da entrevista coletiva, eu e vários outros correspondentes recebemos um convite confidencial. Fiquei surpreso.

Durante uma década inteira, fiz críticas muito duras ao Mossad e, em particular, a Dagan, deixando-o furioso.²

O Mossad fez tudo que pôde para criar uma atmosfera de mistério sobre o evento. Recebemos instruções para irmos até o estacionamento do Cinema City, um complexo de cinemas perto da sede do Mossad, e deixar tudo no carro, com exceção de blocos e material de escrita. "Vocês serão cuidadosamente revistados, e queremos evitar qualquer incidente desagradável", disse-nos nossa escolta.

De lá, fomos levados em um ônibus de vidros escuros até o complexo da sede. Passamos por vários portões elétricos e placas eletrônicas avisando o que era permitido e proibido no interior do perímetro. Então passamos por uma revista cuidadosa com detectores de metais para garantir que não portávamos qualquer equipamento de gravação de áudio ou vídeo. Entramos na sala de reuniões e Dagan chegou minutos depois, caminhando pela sala e apertando mãos. Quando se aproximou de mim, apertou minha mão por um momento e, com um sorriso, disse: "Você é mesmo um bandido."

Em seguida, sentou-se. Estava flanqueado pelo porta-voz do primeiro-ministro Benjamin Netanyahu e pela censora-chefe, uma general de brigada. (O Mossad é uma unidade do gabinete do primeiro-ministro, e, de acordo com as leis nacionais, relatórios sobre qualquer uma de suas atividades estão sujeitos à censura.) Ambos os oficiais achavam que Dagan convocara a reunião apenas para se despedir formalmente das pessoas que cobriram seu mandato e que não diria nada de importante.

Estavam errados. A surpresa era evidente no rosto do porta-voz do primeiro-ministro, cujos olhos se arregalavam cada vez mais enquanto Dagan falava. "Há vantagens em ter um ferimento na coluna", disse Dagan, iniciando o discurso. "Você recebe um certificado médico confirmando que não é um invertebrado."

Muito rapidamente, percebemos que não se tratava apenas de uma piada, pois Dagan iniciou um veemente ataque contra o primeiro-ministro de Israel. Benjamin Netanyahu, afirmou ele, estava se comportando de modo irresponsável e, por razões egoístas, conduzia o país ao desastre. "O fato de alguém ser eleito não significa que é esperto" foi uma de suas zombarias.

Era o último dia de seu mandato como diretor do Mossad. Netanyahu o demitira, e Dagan, cujo sonho sempre fora se manter como o principal espião de Israel, não ficara de braços cruzados. A aguda crise de confiança entre os dois surgira em torno de duas questões, ambas intimamente relacionadas à arma favorita de Meir Dagan: o assassinato.

Oito anos antes, Ariel Sharon o nomeara para o cargo no Mossad e o encarregara de desmantelar o projeto de armas nucleares do Irã, que ambos viam como ameaça existencial a Israel. Dagan agira em várias frentes para realizar sua tarefa. A mais difícil, mas também mais efetiva, em sua opinião, era identificar os principais cientistas nucleares e de mísseis do Irã, localizá-los e matá-los. O Mossad localizou quinze alvos e eliminou seis, a maioria quando estava a caminho do trabalho pela manhã, usando bombas com temporizador instaladas em seus carros por um motociclista. Além deles, um general do Exército dos Guardiães da Revolução Islâmica do Irã, que estava encarregado do projeto dos mísseis, explodiu em seu quartel-general com dezessete de seus homens.

Essas operações e muitas outras iniciadas pelo Mossad, algumas em colaboração com os Estados Unidos, foram bem-sucedidas, mas Netanyahu e seu ministro da Defesa, Ehud Barak, começaram a sentir que sua utilidade estava em declínio. Decidiram, então, que medidas clandestinas já não podiam retardar o projeto nuclear iraniano e que somente um massivo bombardeio aéreo de suas instalações nucleares impediria seu progresso na direção de tais armas.

Dagan se opôs firmemente à ideia. De fato, ia contra tudo aquilo em que acreditava: que o combate aberto só deveria ser travado quando "estivermos com a espada na garganta" ou como último recurso, em situações em que não houvesse escolha. Todo o restante poderia e deveria ser resolvido através de métodos clandestinos.

"Assassinatos", disse ele, "têm efeito sobre o moral, tanto quanto efeito prático. Não acho que há muitos que poderiam ter substituído Napoleão, um presidente como Roosevelt ou um primeiro-ministro como Churchill. O aspecto pessoal certamente desempenha um papel. É verdade que todo mundo pode ser substituído, mas há uma diferença entre um substituto com colhão e um personagem insignificante."

Além disso, na opinião de Dagan, o uso de assassinatos "é muito mais moral" que travar a guerra total. Neutralizar algumas figuras importantes é o bastante para tornar a última opção desnecessária e salvar a vida de inúmeros soldados e civis de ambos os lados. Um ataque de larga escala contra o Irã levaria a um conflito de larga escala no Oriente Médio e, mesmo assim, provavelmente não causaria danos suficientes às instalações iranianas.

Finalmente, de seu ponto de vista, se Israel começasse uma guerra contra o Irã, seria a condenação de toda a sua carreira. Os livros de história mostrariam que ele não cumprira a tarefa que Sharon lhe dera: pôr fim à aquisição nuclear do Irã usando meios secretos, sem recorrer a um ataque aberto.

A oposição de Dagan e a forte pressão dos principais chefes militares e de inteligência forçaram o repetido adiamento do ataque ao Irã. Dagan até mesmo informou o diretor da CIA, Leon Panetta, sobre o plano israelense (o primeiro-ministro alega que o fez sem permissão), e logo depois o presidente Obama também alertou Netanyahu para não atacar.

A tensão entre os dois aumentou ainda mais em 2010, quando Dagan estava havia sete anos no cargo.[3] Ele enviara uma equipe de 27 agentes do Mossad a Dubai a fim de eliminar um oficial superior do grupo terrorista palestino Hamas. Eles fizeram o trabalho: os assassinos injetaram uma droga paralisante no oficial em seu quarto de hotel e saíram do país antes que o corpo fosse descoberto. Mas, logo após a partida, devido a uma série de erros grosseiros — como se esquecerem de levar em conta as inúmeras câmeras de circuito fechado de Dubai; usarem os mesmos passaportes falsos que haviam usado para entrar na cidade a fim de seguir o alvo; e um esquema telefônico que a polícia local não teve dificuldade para desvendar —, o mundo inteiro estava assistindo a uma filmagem de seus rostos e a um registro completo de seus movimentos. A descoberta de que se tratava de uma operação do Mossad causou sérios prejuízos operacionais à agência, assim como profundo constrangimento ao Estado de Israel, que novamente fora pego com agentes usando passaportes falsos de países ocidentais amigáveis. "Mas você disse que seria fácil e simples, que o risco de as coisas darem errado era próximo de zero", fulminou Netanyahu, ordenando que Dagan suspendesse vários planos de assassinato e outras operações até segunda ordem.

O confronto entre Dagan e Netanyahu se tornou cada vez mais agudo, até que Netanyahu (de acordo com sua versão) decidiu não estender o mandato de Dagan. Ou (nas palavras de Dagan): "Simplesmente fiquei farto dele e decidi me aposentar."

Naquela reunião na academia do Mossad, e em várias entrevistas posteriores para este livro, Dagan exibiu robusta confiança de que o Mossad, sob sua liderança, teria sido capaz de impedir os iranianos de construir armas nucleares por meio de assassinatos e outras medidas pontuais — por exemplo, trabalhando com os Estados Unidos para evitar que iranianos importassem peças cruciais para seu projeto nuclear, que eles não podiam fabricar por si mesmos. "Se conseguíssemos impedir que o Irã obtivesse alguns dos componentes, isso prejudicaria seriamente seu projeto. Em um carro, há em média 25 mil peças. Imagine se cem estiverem faltando. Seria muito difícil fazer o carro andar. Entretanto", acrescentou Dagan com um sorriso, retornando a seu *modus operandi* favorito, "às vezes é mais efetivo matar o motorista, e é isso."

De todos os meios que as democracias usam para proteger sua segurança, nenhum é mais tenso e controverso do que "matar o motorista" — assassinato.
Alguns o chamam eufemisticamente de "liquidação". A comunidade americana de inteligência o chama, por razões legais, de "assassinato seletivo". Na prática, esses termos se reduzem à mesma coisa: matar um indivíduo específico para atingir um objetivo específico — salvar as vidas das pessoas que o alvo pretendia matar, evitar uma ação perigosa que estava prestes a perpetrar e, às vezes, remover um líder a fim de mudar o curso da história.
O uso de assassinatos pelos Estados esbarra em dois dilemas muito difíceis. Primeiro, é efetivo? Pode a eliminação de um indivíduo ou grupo de indivíduos tornar o mundo um lugar mais seguro? Segundo, é moral e legalmente justificado? É legítimo, ética e judicialmente, um país empregar o mais grave dos crimes em qualquer código ético ou legal — tirar premeditadamente uma vida humana — a fim de proteger os próprios cidadãos?
Este livro trata principalmente dos assassinatos políticos e assassinatos seletivos perpetuados pelo Mossad e por outros braços do governo israelense, em tempos de guerra e de paz — assim como, nos capítulos iniciais, pelas milícias clandestinas na era pré-Estado, organizações que se tornariam o Exército e os serviços de inteligência de Israel, uma vez que fosse estabelecido.
Desde a Segunda Guerra Mundial, Israel assassinou mais pessoas do que qualquer outro país do mundo ocidental. Em inúmeras ocasiões, seus líderes

analisaram qual seria a melhor maneira de defender a segurança nacional e, entre todas as opções, escolheram repetidamente as operações clandestinas, com o assassinato como método. Eles achavam que isso resolveria os difíceis problemas enfrentados pelo país e, às vezes, que mudaria o curso da história. Em muitos casos, os líderes israelenses até mesmo determinaram que, para eliminar o alvo selecionado, era moral e legal colocar em risco a vida de civis inocentes que poderiam estar na linha de fogo. Achavam que ferir essas pessoas era um mal necessário.

Os números falam por si mesmos.[4] Até o início da Segunda Intifada Palestina, em setembro de 2000, quando Israel começou a responder aos atentados suicidas com o uso diário de drones armados para realizar assassinatos, o Estado conduzira cerca de quinhentas operações de assassinato seletivo. Nelas, ao menos mil pessoas foram mortas, tanto civis quanto combatentes. Durante a Segunda Intifada, Israel executou cerca de mil novas operações, das quais 168 foram bem-sucedidas.[5] Desde então, até o momento de escrita deste livro, já executou em torno de oitocentas operações de assassinato seletivo, quase todas como parte do combate ao Hamas na Faixa de Gaza em 2008, 2012 e 2014 ou operações do Mossad no Oriente Médio contra alvos palestinos, sírios e iranianos. Em contraste, durante a presidência de George W. Bush, segundo uma estimativa, os Estados Unidos da América realizaram 48 operações de assassinato seletivo. Sob o presidente Barack Obama, houve 353 ataques dessa natureza.[6]

O uso do assassinato como ferramenta militar por parte de Israel não ocorre por acaso, derivando das raízes revolucionárias e ativistas do movimento sionista, do trauma do Holocausto e da sensação, entre líderes e cidadãos israelenses, de que o país e seu povo estão em perpétuo perigo de aniquilação e que, como no Holocausto, ninguém os ajudará se isso acontecer.

Devido às minúsculas dimensões de Israel, das tentativas dos países árabes de destruí-lo antes mesmo que tivesse sido criado, de suas contínuas promessas de fazerem isso e da perpétua ameaça do terrorismo árabe, o país desenvolveu um aparato militar altamente efetivo e provavelmente a melhor comunidade de inteligência do mundo. Eles, por sua vez, desenvolveram a mais robusta e aerodinâmica máquina de assassinatos da história.

As páginas que se seguem detalharão os segredos dessa máquina — o fruto do casamento misto entre a guerra de guerrilha e o poderio militar de uma usina tecnológica —, seus agentes, líderes, métodos, deliberações, sucessos e falhas, assim como os custos morais. Elas ilustrarão como dois sistemas legais separados emergiram em Israel — um para os cidadãos comuns e outro para a comunidade de inteligência e o establishment de defesa. Esse último permitiu, com um aceno e uma piscadela do governo, ações de assassinato altamente problemáticas, sem escrutínio parlamentar ou público, resultando na perda de muitas vidas inocentes.

Em contrapartida, o assassinato como arma, baseado em uma inteligência que é "nada menos que impecável" — para citar o ex-chefe da NSA e da CIA, general Michael Hayden —, foi o que transformou a guerra de Israel contra o terrorismo na mais efetiva já empreendida por um país ocidental. Em várias ocasiões, foi o assassinato seletivo que salvou o país de crises muito graves.

O Mossad e os outros braços da inteligência israelense se livraram de indivíduos identificados como ameaças diretas à segurança nacional, e matá-los também enviou uma mensagem mais ampla: *Se você é inimigo de Israel, nós o encontraremos e o mataremos, onde quer que esteja.* Essa mensagem foi ouvida em todo o mundo. Lapsos ocasionais apenas aprimoraram a reputação de agressividade e implacabilidade do Mossad — o que não é algo ruim quando dissuadir é tão importante quanto impedir ações hostis específicas.

Nem todos os assassinatos foram cometidos por grupos pequenos e fechados. Quanto mais complexos se tornavam, mais pessoas participavam — às vezes centenas delas, a maioria com idade abaixo dos 25 anos. Às vezes esses jovens acompanhavam seus comandantes a uma reunião com o primeiro-ministro — o único autorizado a dar luz verde para um assassinato —, a fim de explicar a operação e obter aprovação. Esses fóruns, nos quais a maioria dos participantes defendendo a morte de alguém tinha menos de 30 anos, provavelmente são exclusivos de Israel. Alguns oficiais de baixa patente envolvidos nessas reuniões avançaram ao longo dos anos e se tornaram líderes nacionais e mesmo primeiros-ministros. Que marcas permaneceram neles da época em que participaram dessas operações letais?

Os Estados Unidos usaram as técnicas de obtenção de informações e assassinatos desenvolvidas em Israel como modelo e, após o 11 de Setembro e a decisão do presidente Bush de iniciar uma campanha de assassinatos seletivos contra a Al-Qaeda, transplantaram alguns desses métodos para seus próprios sistemas de inteligência e guerra ao terror. Os sistemas de comando e controle, as salas de guerra, os métodos de obtenção de informações e a tecnologia de aeronaves sem piloto, ou drones, que agora servem os americanos e seus aliados foram em grande parte desenvolvidos em Israel.

Atualmente, quando o mesmo tipo de assassinato extrajudicial que Israel usou durante décadas é usado diariamente pelos Estados Unidos contra seus inimigos, é apropriado não somente admirar as impressionantes capacidades operacionais construídas pelos israelenses, mas também estudar o alto preço moral que foi e ainda é pago pelo uso desse poder.

RONEN BERGMAN
Tel Aviv

1

EM SANGUE E FOGO

Em 29 de setembro de 1944, David Shomron se escondeu na escuridão da rua São Jorge, não muito longe da Igreja Romena de Jerusalém. Um prédio da igreja era usado como alojamento de oficiais pelas autoridades britânicas que governavam a Palestina, e Shomron esperava a saída de um desses oficiais, um homem chamado Tom Wilkin.

Wilkin era o comandante da unidade judaica do Departamento de Investigação Criminal (DIC) do Mandato Britânico da Palestina e era muito bom em seu trabalho, especialmente na parte que envolvia infiltrar e desmantelar a turbulenta resistência judaica.[1] Agressivo, e ainda assim excepcionalmente paciente e calculista, Wilkin falava hebraico fluentemente e, após treze anos de serviço na Palestina, tinha uma extensa rede de informantes. Graças às informações que forneciam, combatentes da resistência foram presos, seus estoques de armas foram apreendidos e seus planos operacionais, cujo objetivo era forçar os britânicos a saírem da Palestina, foram frustrados.[2]

E era por isso que Shomron pretendia matá-lo.

Shomron e seu parceiro naquela noite, Yaakov Banai (codinome Mazal, "Sorte"), eram agentes do Lehi, o mais radical dos movimentos de resistência sionistas que lutaram contra os britânicos no início dos anos 1940. Embora Lehi fosse um acrônimo para a frase hebraica "combatentes pela liberdade de Israel", os britânicos o consideravam uma organização terrorista, referindo-se a seus membros desdenhosamente como Gangue Stern, em referência a seu fundador, o romântico ultranacionalista Avraham Stern. Stern e seu minúsculo bando de seguidores empregaram um caos de assassinatos e atentados seletivos — uma campanha de "terrorismo pessoal", como o chefe de operações do Lehi (e mais tarde primeiro-ministro de Israel), Yitzhak Shamir, a chamava.[3]

Wilkin sabia que era um alvo.[4] O Lehi tentara matá-lo e a seu chefe, Geoffrey Morton, quase três anos antes, em sua primeira e desajeitada operação. Em 20 de janeiro de 1942, assassinos haviam plantado bombas no telhado e no interior do edifício no número 8 da rua Yael, em Tel Aviv. Terminaram matando três policiais — dois judeus e um inglês — que chegaram antes de Wilkin e Morton e ativaram as bombas. Mais tarde, Morton fugiu da Palestina após ser ferido em outro atentado contra sua vida, dessa vez em retribuição pela morte a tiros de Stern.

Nenhum desses detalhes, o vaivém de quem matou quem e em que ordem, importava para Shomron.[5] Os britânicos ocupavam a terra que os sionistas viam como sua por direito: era o que importava, e Shamir havia emitido uma sentença de morte contra Wilkin.

Para Shomron e seus camaradas, Wilkin não era uma pessoa, mas um alvo, proeminente e de alto valor. "Estávamos ocupados demais e famintos demais para pensar nos britânicos e suas famílias", diria Shomron décadas depois.[6]

Ao descobrirem que Wilkin estava alojado no anexo da Igreja Romena, os assassinos deram início à missão. Shomron e Banai tinham revólveres e granadas de mão nos bolsos. Agentes adicionais do Lehi estavam nas proximidades, usando ternos e chapéus elegantes para se parecerem com ingleses.

Wilkin deixou o alojamento de oficiais na igreja e partiu para as instalações do DIC no Complexo Russo, onde suspeitos da resistência eram mantidos e interrogados.[7] Como sempre, prosseguia com cautela, observando a rua enquanto caminhava e mantendo uma das mãos sempre no bolso. Quando passou pela esquina das ruas São Jorge e Mea Shearim, um jovem sentado em frente ao mercadinho local se levantou e deixou cair o chapéu. Era o sinal, e os dois assassinos começaram a caminhar na direção de Wilkin, identificando-o pelas fotografias que haviam estudado. Shomron e Banai o deixaram passar, apertando os revólveres com força contra as palmas suadas.

Então se viraram e sacaram.

"Antes de sacarmos, Mazal [Banai] disse 'Deixe eu atirar primeiro'", relembrou Shomron. "Mas, quando o vimos, não consegui me controlar. Atirei primeiro."

Banai e Shomron atiraram catorze vezes no total. Onze balas atingiram Wilkin. "Ele conseguiu se virar e sacar a pistola", contou Shomron, "mas então caiu de cara no chão. Um jorro de sangue saiu de sua testa, como uma fonte. Não foi bonito de ver."

Shomron e Banai correram de volta para as sombras e partiram em um táxi no qual outro homem do Lehi esperava por eles.

"A única coisa que dói é que nos esquecemos de pegar a maleta na qual ele carregava todos os documentos", disse Shomron. "Fora isso, não senti nada, nem mesmo uma pontada de culpa. Acreditávamos que, quanto mais caixões chegassem a Londres, mais perto estaria o dia da liberdade."[8]

A ideia de que o retorno do Povo de Israel para a Terra de Israel só poderia ser conseguido pela força não nasceu com Stern e seus camaradas do Lehi.

As raízes dessa estratégia podem ser rastreadas até oito homens que se reuniram em um abafado apartamento de um quarto com vista para um pomar de laranjas em Jafa, em 29 de setembro de 1907, exatamente 37 anos antes que uma fonte de sangue jorrasse da testa de Wilkin, quando a Palestina ainda fazia parte do Império Turco-Otomano.[9] O apartamento fora alugado por Yitzhak Ben-Zvi, um jovem russo que imigrara para a Palestina otomana mais cedo naquele ano. Como os outros presentes naquela noite — todos emigrantes do Império Russo, sentados em um colchão de palha no chão da sala iluminada por velas —, era um sionista convicto, embora fosse parte de uma facção dissidente que já ameaçara destruir o movimento.

O sionismo como ideologia política foi fundado em 1896, quando o jornalista judeu vienense Theodor Herzl publicou *Der Judenstaat* (*O Estado judaico*). Ele fora profundamente afetado enquanto cobria o julgamento em Paris de Alfred Dreyfus, um oficial do Exército judeu que fora injustamente acusado e condenado por traição.

Em seu livro, Herzl afirmou que o antissemitismo estava tão profundamente enraizado na cultura europeia que o povo judeu só poderia obter liberdade e segurança verdadeiras em um Estado-nação próprio. A maioria da elite judaica da Europa Ocidental, que conseguira entalhar uma vida confortável, rejeitou Herzl. Mas suas ideias ressoaram entre os judeus pobres e operários da Europa Oriental, que sofriam *pogroms* constantes e opressão contínua, aos quais alguns respondiam participando das insurreições esquerdistas.

Herzl via a Palestina, a terra ancestral dos judeus, como localização ideal para o futuro Estado judaico, mas afirmava que qualquer assentamento por lá teria de ser negociado deliberada e delicadamente, através dos canais diplomáticos adequados e com sanção internacional, a fim de que a nação judaica pudesse sobreviver em paz. Sua visão passou a ser conhecida como sionismo *político*.

Ben-Zvi e seus sete camaradas, em contrapartida, eram — como a maioria dos judeus-russos — sionistas *práticos*.[10] Em vez de esperar que o restante do mundo lhes desse um lar, acreditavam em criar um lar para si mesmos, indo para a Palestina, trabalhando a terra e fazendo o deserto florescer. Tomariam o que acreditavam ser seu por direito, e defenderiam o que haviam tomado.

Isso colocou os sionistas práticos em imediato conflito com a maioria dos judeus já vivendo na Palestina. Como minoria minúscula em terras árabes — muitos deles mascates, eruditos religiosos e funcionários do regime otomano —, eles preferiam manter um perfil discreto. Através da subserviência, do compromisso e do suborno, esses judeus palestinos estabelecidos haviam conseguido comprar uma paz relativa e certo grau de segurança.

Mas Ben-Zvi e os outros recém-chegados ficaram chocados com as condições que seus irmãos judeus toleravam. Muitos viviam em abjeta pobreza e não tinham meios de se defender, estando totalmente à mercê da maioria árabe e dos oficiais venais do corrupto Império Otomano.[11] Multidões árabes atacavam e saqueavam os assentamentos judaicos, raramente com alguma consequência. Pior ainda, na opinião de Ben-Zvi e dos outros, os membros desses assentamentos haviam consignado sua defesa a guardas árabes, que às vezes colaboravam com as multidões que os atacavam.

Ben-Zvi e seus amigos acharam a situação insustentável e intolerável. Alguns haviam sido membros de movimentos revolucionários de esquerda russos inspirados pelo Vontade do Povo (Narodnaia Volia), um agressivo movimento de guerrilha antitsarista que empregava táticas terroristas, incluindo assassinatos.[12]

Desapontados com a malograda revolução de 1905 na Rússia, que no fim produziu somente reformas constitucionais mínimas, alguns desses revolucionários socialistas, social-democratas e liberais se mudaram para a Palestina otomana a fim de restabelecer um Estado judaico.

Eram todos desesperadamente pobres, mal conseguindo sobreviver, ganhando centavos com o ensino ou no trabalho manual nos campos e laranjais, frequentemente passando fome.[13] Mas eram sionistas orgulhosos. Se fossem criar uma nação, primeiro precisavam se defender. Assim, deslizaram pelas ruas de Jafa sozinhos e aos pares, abrindo caminho até sua reunião secreta no apartamento de Ben-Zvi. Naquela noite, aquelas oito pessoas formaram a primeira força de combate hebraica da era moderna. Decretaram que, dali em diante, tudo seria diferente da imagem de judeus fracos e perseguidos em todo o globo. Somente judeus defenderiam judeus na Palestina.

Eles chamaram seu exército recém-nascido de Bar-Giora, em referência a um dos líderes da Grande Revolta Judaica contra o Império Romano no século I. Em sua bandeira, homenageavam a antiga rebelião e previam o futuro: "Em sangue e fogo a Judeia caiu. Em sangue e fogo a Judeia se erguerá."

A Judeia de fato se ergueria. Ben-Zvi um dia seria o segundo presidente da nação judaica. Mas primeiro haveria muito sangue e muito fogo.

Inicialmente, o Bar-Giora não foi um movimento popular. No entanto, mais judeus chegavam à Palestina, vindos da Rússia e da Europa Oriental, todos os anos — 35 mil entre 1905 e 1914 —, trazendo consigo a mesma filosofia determinada de sionismo prático.

Com mais judeus de mentalidade parecida inundando o Yishuv, como a comunidade judaica na Palestina era chamada, em 1909 o Bar-Giora foi reconstituído na maior e mais agressiva Hashomer ("a Guarda", em hebraico). Em 1912, a Hashomer defendia catorze assentamentos. Mas também desenvolvia capacidades ofensivas, embora clandestinamente, preparando-se para o que os sionistas práticos viam como uma guerra inevitável pelo controle da Palestina. A Hashomer, portanto, se via como o núcleo para os futuros Exército e serviço de inteligência judaicos.

Montados em seus cavalos, vigilantes da Hashomer invadiram alguns assentamentos árabes para punir residentes que haviam ferido judeus, às vezes espancando-os, às vezes executando-os.[14] Em um caso, uma assembleia clandestina especial de membros da Hashomer decidiu eliminar um policial beduíno, Aref al-Arsan, que auxiliara os turcos e torturara prisioneiros judeus. Ele foi morto a tiros pela Hashomer em junho de 1916.

A Hashomer tampouco evitou usar força para impor sua autoridade a outros judeus.[15] Durante a Segunda Guerra Mundial, ela se opôs violentamente à NILI, a rede judaica de espionagem que trabalhava para os britânicos na Palestina otomana. A Hashomer temia que os turcos descobrissem os espiões e se vingassem de toda a comunidade judaica. Quando não conseguiram fazer com que a NILI encerrasse as operações ou entregasse um estoque de moedas de ouro que recebera dos britânicos, executaram um atentado contra a vida de Yosef Lishansky, um de seus membros, conseguindo apenas feri-lo.

Em 1920, a Hashomer evoluiu novamente, tornando-se a Haganá ("defesa", em hebraico). Embora não fosse especificamente legal, as autoridades britânicas, que governavam o país havia cerca de três anos, toleravam a Haganá como braço defensivo paramilitar do Yishuv. A Histadrut, a central sindical socialista dos judeus em Israel, fundada no mesmo ano, e a Agência Judaica, a autoridade autônoma de governo do Yishuv, estabelecida alguns anos depois, ambas lideradas por David Ben-Gurion, mantinham o comando da organização secreta.

Ben-Gurion nascera David Yosef Grün em Płońsk, na Polônia, em 1886. Desde muito jovem, seguira os passos do pai como ativista sionista. Em 1906, migrara para a Palestina e, graças a seu carisma e sua determinação, logo se tornara um dos líderes do Yishuv, apesar da pouca idade. Então mudara o nome para Ben-Gurion, em referência a outro líder da revolta contra os romanos.

Em seus anos iniciais, a Haganá foi influenciada pelo espírito e pela atitude agressiva da Hashomer.[16] Em 1º de maio de 1921, uma multidão árabe massacrou catorze judeus em uma hospedaria de imigrantes em Jafa. Após descobrir que um policial árabe chamado Tewfik Bey ajudara a multidão a entrar na hospedaria, a Haganá enviou um esquadrão para eliminá-lo e, em 17 de janeiro de 1923, ele foi morto a tiros no meio de uma rua em Tel Aviv. "Como questão de honra", de acordo com um dos envolvidos, recebeu os tiros de frente, e não pelas costas, com a intenção de "mostrar aos árabes que seus atos não serão esquecidos e seu dia chegará, ainda que demore".

Os membros da Hashomer que lideraram a Haganá no começo estavam dispostos a cometer atos de violência até mesmo contra outros judeus. Jacob de Haan era um haredi — um judeu ultraortodoxo — nascido na Holanda e vivendo em Jerusalém no início dos anos 1920. Era um propagandista da crença haredi de que somente o Messias podia estabelecer o Estado judaico, somente Deus podia decidir o momento do retorno dos judeus para sua pátria ancestral, e os humanos que tentavam apressar o processo cometiam um grave pecado. Em outras palavras, era antissionista convicto, e surpreendentemente hábil em influenciar a opinião internacional. Para Yitzhak Ben-Zvi, a essa altura líder proeminente da Haganá, isso o tornava perigoso. Então ele ordenou sua morte.

Somente um dia antes de De Haan viajar para Londres a fim de pedir que o governo britânico reconsiderasse a promessa de estabelecer uma nação judaica na Palestina, em 30 de junho de 1924, dois assassinos atiraram nele três vezes quando saía de uma sinagoga na estrada de Jafa, em Jerusalém.[17]

Ben-Gurion, todavia, desaprovava tais atos.[18] Ele percebeu que, a fim de conseguir algum reconhecimento britânico aos objetivos sionistas, precisaria impor normas claras e mais moderadas à milícia semiclandestina sob seu comando. Após o assassinato de De Haan, os bravos e leais cavaleiros solitários da Hashomer foram substituídos por forças armadas organizadas e hierárquicas. Ben-Gurion ordenou que a Haganá deixasse de usar assassinatos seletivos. "Ben-Gurion era firme e consistentemente contrário ao terrorismo pessoal", testemunhou mais tarde o comandante da Haganá Yisrael Galili, relatando várias ocasiões nas quais Ben-Gurion se recusara a aprovar ataques contra indivíduos árabes. Entre esses indivíduos estavam o líder palestino Hajj Amin al-Husseini e outros membros do Alto Comissariado Árabe, além de pessoal britânico, e um alto funcionário de terras sob autoridade do mandato que estava obstruindo projetos judaicos de assentamento.

Nem todo mundo estava ávido para obedecer a Ben-Gurion. Avraham Tehomi, o homem que atirou em De Haan, desprezava a linha moderada assumida em relação a britânicos e árabes e, com outras figuras de liderança, deixou a Haganá, formando em 1931 a Irgun Zvai Leumi, a "Organização Militar Nacional" cujo acrônimo em hebraico é Etzel, normalmente chamada de IZL ou Irgun. Nos anos 1940, esse grupo radical de direita era comandado por Menachem Begin, que em 1977 se tornaria primeiro-ministro de Israel. Na Irgun também havia conflitos pessoais e ideológicos. Oponentes do acordo de Begin de cooperar com a Grã-Bretanha na guerra contra os nazistas saíram da organização e formaram o Lehi. Para esses homens, qualquer cooperação com a Grã-Bretanha era anátema.

Ambos os grupos dissidentes defendiam, em níveis variados, o uso de assassinatos seletivos contra os inimigos árabes e britânicos e contra judeus que consideravam uma ameaça à causa.[19] Ben-Gurion permaneceu inflexível na proibição de assassinatos seletivos como arma e chegou a tomar medidas agressivas contra aqueles que não obedeciam a suas ordens.[20]

Mas então a Segunda Guerra Mundial chegou ao fim e tudo mudou, inclusive as opiniões do obstinado Ben-Gurion.

Durante a Segunda Guerra Mundial, cerca de 38 mil judeus da Palestina se voluntariaram para servir no Exército britânico na Europa. Os britânicos formaram a chamada Brigada Judaica, embora relutantemente e apenas após sofrerem pressão das lideranças civis do Yishuv.

Sem saber exatamente o que fazer com a brigada, os britânicos a enviaram para treinar no Egito. Foi lá, em meados de 1944, que seus membros ouviram falar pela primeira vez na campanha nazista de aniquilação de judeus. Quando finalmente foram enviados à Europa para lutar na Itália e na Áustria, testemunharam em primeira mão os horrores do Holocausto e estiveram entre os primeiros a enviar relatórios detalhados a Ben-Gurion e outros líderes do Yishuv.

Um desses soldados foi Mordechai Gichon, que mais tarde seria um dos fundadores da inteligência militar israelense. Nascido em Berlim em 1922, seu pai era russo e sua mãe pertencia a uma famosa família judia-alemã, sendo sobrinha do rabino Leo Baeck, líder dos judeus liberais (reformistas) da Alemanha. A família de Gichon se mudara para a Palestina em 1933, depois que sua escola alemã exigira que ele fizesse a saudação nazista e cantasse o hino do partido.

Ele retornou como soldado a uma Europa em ruínas, encontrando seu povo quase aniquilado e suas comunidades reduzidas a destroços fumegantes. "O povo judeu foi humilhado, pisoteado, assassinado", disse ele. "Então era hora de revidar, de buscar vingança. Em meus sonhos, quando me alistei, eu me vingava prendendo meu melhor amigo na Alemanha, cujo nome era Detlef, o filho de um major da polícia. Era assim que eu restauraria a honra perdida dos judeus."[21]

Era esse senso de honra perdida, de humilhação de um povo, tanto quanto a raiva pelos nazistas, que movia homens como Gichon. Ele encontrou refugiados judeus pela primeira vez na fronteira entre a Áustria e a Itália. Os homens da brigada os alimentaram, tiraram os próprios uniformes para protegê-los do frio e tentaram obter detalhes sobre as atrocidades que haviam sofrido.[22] Ele se lembra de um encontro em junho de 1945, no qual uma refugiada o abordou: "Ela se separou de seu grupo e falou comigo em alemão: 'Vocês, os soldados da brigada, são filhos de Bar Kokhba [o grande herói da Segunda Revolta Judaica contra os romanos, em 132-135 d.C.]. Sempre me lembrarei de sua insígnia e do que vocês fizeram por nós.'"

Gichon ficou lisonjeado com a analogia a Bar Kokhba, mas, apesar dos elogios e da gratidão da mulher, sentiu apenas pena e vergonha. Se os judeus da brigada eram os filhos de Bar Kokhba, quem eram aqueles outros judeus? Os soldados da Terra de Israel, eretos, rijos e fortes, viam os sobreviventes do Holocausto como vítimas que precisavam de ajuda, mas também como parte da comunidade judaica europeia que permitira o próprio massacre. Eles personificavam o estereótipo do judeu fraco e covarde da diáspora — no exílio, no tradicional linguajar judaico e sionista —, que se rende em vez de lutar, que não sabe como atirar ou segurar uma arma. Era essa imagem — em sua versão mais extrema, o judeu como *Muselmann*, gíria para os prisioneiros emaciados, parecidos com zumbis, beirando a morte nos campos nazistas — que os novos judeus do Yishuv rejeitavam. Mais de sessenta anos depois, Gichon disse: "Meu cérebro não conseguia compreender, nem naquela época nem agora, como podia haver dezenas de milhares de judeus em um campo com apenas alguns guardas alemães e mesmo assim eles não se insurgirem, simplesmente seguirem como cordeiros para o abate. Por que não estraçalhavam [os alemães]? Sempre disse que algo assim jamais ocorreria na Terra de Israel. Se essas comunidades tivessem líderes dignos do nome, tudo isso teria acontecido de maneira muito diferente."

Nos anos pós-guerra, os sionistas do Yishuv provariam, tanto para o mundo quanto, ainda mais importante, para si mesmos, que os judeus nunca mais seguiriam para o abate e que o sangue judeu não sairia barato. Os 6 milhões seriam vingados.

"Achávamos que não podíamos descansar enquanto não tivéssemos cobrado sangue por sangue, morte por morte", disse Hanoch Bartov, um romancista israelense altamente conceituado que se alistou na brigada um mês antes de seu décimo sétimo aniversário.[23]

Essa vingança, contudo — atrocidade por atrocidade — violaria as regras da guerra e provavelmente seria desastrosa para a causa sionista. Ben-Gurion, prático como sempre, disse publicamente: "A vingança agora é um ato sem valor nacional. Ela não pode restaurar a vida dos milhões que foram assassinados."[24]

Mesmo assim, em caráter privado os líderes da Haganá entendiam a necessidade de algum tipo de retaliação, tanto para satisfazer às tropas que haviam sido expostas às atrocidades quanto para obter algum tipo de justiça histórica e desencorajar futuras tentativas de massacrar judeus. Assim, sancionaram algumas represálias contra nazistas e seus cúmplices.[25] Imediatamente após a guerra, uma unidade secreta, autorizada e controlada pelo alto-comando da Haganá e desconhecida pelos comandantes britânicos, foi criada no interior da brigada. Era chamada de Gmul ("recompensa" em hebraico). A missão da unidade era "vingança, mas não a vingança de um ladrão", como dizia um memorando secreto da época.[26] "Vingança contra os homens da SS que tomaram parte no massacre."

"Queríamos peixes grandes", disse Mordechai Gichon, quebrando um voto de silêncio entre os comandantes da Gmul que manteve por mais de sessenta anos.[27] "Os nazistas importantes que haviam conseguido se livrar de seus uniformes e voltar para casa."

Os agentes da Gmul trabalhavam disfarçados mesmo enquanto cumpriam seus deveres regulares na brigada. Enquanto caçava nazistas, o próprio Gichon assumiu duas identidades falsas — uma como civil alemão, outra como major britânico. Em expedições usando o disfarce alemão, Gichon recuperou arquivos da Gestapo em Tarvisio, Villach e Klagenfurt, aos quais os nazistas haviam ateado fogo, mas dos quais apenas uma pequena parte realmente queimara. Operando como major britânico, obteve mais nomes com comunistas iugoslavos que ainda temiam realizar ataques de vingança por si mesmos. Alguns judeus na inteligência americana também estavam dispostos a ajudar, entregando informações sobre nazistas que haviam escapado e que eles achavam serem mais úteis para os judeus palestinos que para os militares americanos.

A coerção também funcionava.[28] Em junho de 1945, agentes da Gmul descobriram um casal alemão nascido na Polônia que vivia em Tarvisio. A mulher estivera envolvida na transferência de bens judaicos roubados da Áustria e da Itália para a Alemanha, e o marido ajudara a gerenciar o escritório regional da Gestapo. Os soldados judeus palestinos lhes ofereceram uma dura escolha: cooperar ou morrer.[29]

"O gói cedeu e disse que estava disposto a cooperar", disse Yisrael Karmi, que interrogou o casal e mais tarde, após o nascimento de Israel, seria comandante da polícia militar do Exército israelense.[30] "Mandei que ele preparasse uma lista com todos os oficiais superiores que conhecia e que haviam trabalhado com a Gestapo e a SS. Nome, data de nascimento, formação e posição."

O resultado foi um dramático avanço de inteligência, uma lista com dezenas de nomes. Os homens da Gmul rastrearam cada um dos nazistas desaparecidos — encontrando alguns feridos no hospital local, onde eram tratados sob identidades roubadas — e os forçaram a fornecer mais informações. Prometeram a cada alemão que não seria ferido se cooperasse, e a maioria o fez. Então, quando já não eram úteis, os agentes da Gmul os matavam a tiros e se livravam dos corpos. Não havia sentido em deixá-los vivos para avisarem o comandante britânico sobre a missão clandestina da Gmul.

Quando um nome era verificado, começava a segunda fase da missão: localizar o alvo e reunir informações para a missão final de assassinato. Gichon, que nascera na Alemanha, frequentemente era designado para a tarefa. "Ninguém suspeitava de mim", disse ele. "Minhas cordas vocais eram de descendência berlinense. Eu ia ao mercadinho ou pub da esquina ou simplesmente batia à porta e as pessoas respondiam [a seus nomes verdadeiros] ou caíam em um vago silêncio, o que era tão bom quanto uma confirmação."[31]

Uma vez que a identificação era confirmada, Gichon rastreava os movimentos do alemão e fornecia um esboço detalhado da casa onde vivia ou da área que fora escolhida para o sequestro.

Os assassinos propriamente ditos trabalhavam em equipes com no máximo cinco homens.[32] Quando encontravam o alvo, geralmente vestiam uniformes da polícia militar britânica e diziam estar em busca de um homem chamado Fulano de Tal para interrogatório. Na maioria das vezes, os alemães os acompanhavam sem objeção. Como um dos soldados da unidade, Shalom Giladi, relatou em seu depoimento para o Arquivo Haganá, os nazistas às vezes eram mortos instantaneamente e em outras, eram transportados para um lugar remoto antes de serem assassinados. "Com o tempo, desenvolvemos métodos silenciosos, rápidos e eficientes para cuidar dos homens da SS que caíam em nossas mãos", disse ele.

Como sabe qualquer um que já entrou na traseira de um caminhão, a pessoa que está subindo coloca o pé no estribo traseiro, inclina-se para a frente sob o toldo de lona e meio que rola para dentro. O homem deitado no interior do caminhão tirava vantagem desse movimento natural do corpo.

No minuto em que a cabeça do alemão surgia na escuridão, o homem de tocaia se inclinava sobre ele e colocava os braços sob seu queixo — em torno da garganta —, em uma espécie de gravata invertida e, transformando a gravata em estrangulamento, jogava-se para trás, caindo sobre um colchão que absorvia todos os sons. A queda para trás segurando a cabeça do alemão o sufocava e quebrava seu pescoço instantaneamente.

Um dia, uma oficial da SS escapou do campo de detenção inglês perto de nossa base. Quando os britânicos descobriram que ela escapara, enviaram fotografias tiradas durante a detenção — de frente e de lado — para todas as delegacias da polícia militar. Fomos até o campo de refugiados e a identificamos. Quando falamos com ela em alemão, ela fingiu não entender e disse que só falava húngaro. Sem problemas. Um garoto húngaro foi até ela e disse: "Um navio transportando imigrantes ilegais da Hungria está prestes a zarpar para a Palestina. Pegue suas coisas discretamente e venha conosco." Ela não teve escolha senão morder a isca e ir conosco até o caminhão. Durante essa operação, eu me sentei atrás com Zaro [Meir Zorea, mais tarde general das FDI] e Karmi dirigiu. A instrução que Karmi nos deu foi: "Quando chegarmos a um lugar distante e deserto, vou tocar a buzina. Será o sinal para vocês se livrarem dela."

Foi o que aconteceu. Seu último grito em alemão foi: "*Was ist los?*" ("O que está acontecendo?") Para ter certeza de que estava morta, Karmi atirou nela e deu a seu corpo e aos arredores a aparência de um estupro violento.

Na maioria dos casos, levávamos os nazistas até uma pequena linha de fortificações nas montanhas.[33] Havia cavernas fortificadas lá, abandonadas. A maioria daqueles que confrontavam a execução perdia a arrogância nazista quando ouvia que éramos judeus. "Tenham misericórdia de minha mulher e meus filhos!" Nós perguntávamos a eles quantos gritos assim haviam ouvido de suas vítimas judias nos campos de extermínio.

A operação durou apenas três meses, entre maio e julho, durante os quais a Gmul matou algo entre cem e duzentas pessoas.[34] Vários historiadores que pesquisaram as operações da Gmul afirmam que os métodos empregados para identificar os alvos eram insuficientes e que muitos inocentes foram mortos.[35] Em muitas ocasiões, argumentam esses críticos, as equipes da Gmul foram exploradas por fontes em busca de vendetas pessoais; em outros casos, simplesmente identificaram a pessoa errada.

A Gmul foi encerrada quando os britânicos, que vinham ouvindo queixas de desaparecimento das famílias alemãs, entenderam o que estava acontecendo.[36] Eles decidiram não investigar, mas transferiram a Brigada Judaica para a Bélgica e a Holanda, longe dos alemães, e o comando da Haganá ordenou firmemente o fim das operações de vingança. As novas prioridades da brigada — de acordo com a Haganá, não com os britânicos — era cuidar dos sobreviventes do Holocausto, ajudar a organizar a imigração de refugiados para a Palestina em face da oposição britânica e apropriar armas para o Yishuv.

Embora tenham ordenado que a Gmul parasse de matar alemães na Europa, os líderes da Haganá não desistiram da retaliação. Decidiram que a vingança que fora suspensa na Europa seria obtida na própria Palestina.

Membros da alemã Tempelgesellschaft (Sociedade Templária) haviam sido expulsos da Palestina pelos britânicos no início da guerra devido a sua nacionalidade e suas simpatias nazistas. Muitos se uniram ao esforço de guerra alemão e participaram ativamente da perseguição e aniquilação de judeus. Quando a guerra chegou ao fim, alguns retornaram para suas antigas casas em Sarona, no coração de Tel Aviv, e em outros lugares.

O líder dos templários na Palestina era um homem chamado Gotthilf Wagner, um abastado industrial que ajudara a Wehrmacht e a Gestapo durante a guerra.[37] Um sobrevivente do Holocausto chamado Shalom Friedman, que se passava por padre húngaro, relatou que em 1944 conhecera Wagner, que "se vangloriou de ter visitado Auschwitz e Buchenwald duas vezes. Quando estava em Auschwitz, eles trouxeram um grande grupo de judeus, os mais jovens, e jogaram líquido inflamável sobre eles. 'Eu perguntei se sabiam que havia um inferno na terra e, quando atearam fogo neles, disse que esse era o destino que aguardava seus confrades na Palestina.'"[38] Após a guerra, Wagner organizou as tentativas de permitir que os templários retornassem à Palestina.

Rafi Eitan, filho de pioneiros judeus da Rússia, tinha 17 anos na época. "Lá vinham os exultantes alemães, que haviam sido membros do Partido Nazista, que se alistaram na Wehrmacht e na SS, e agora queriam retornar a suas propriedades quando todas as propriedades judaicas haviam sido destruídas", disse ele.[39]

Eitan era membro da força de dezessete homens da "companhia especial" da Haganá que foi enviada para liquidar Wagner, sob ordens diretas do alto-comando.[40] O chefe do Estado-Maior da Haganá, Yitzhak Sadeh, percebeu que não se tratava de uma operação militar regular e convocou os dois homens que haviam sido selecionados para apertar o gatilho.[41] Para encorajá-los, contou sobre o homem em quem atirara na Rússia como vingança por um *pogrom*.[42]

Em 22 de março de 1946, depois de uma cuidadosa coleta de informações, o esquadrão esperava por Wagner em Tel Aviv.[43] Eles o forçaram a sair da estrada e entrar em um terreno arenoso no número 123 da rua Levinsky e atiraram nele. A estação de rádio clandestina da Haganá, Kol Yisrael (Voz de Israel), anunciou no dia seguinte: "O conhecido nazista Gotthilf Wagner, líder da comunidade alemã na Palestina, foi executado ontem pela resistência hebraica. Que todos saibam que nenhum nazista colocará os pés na Terra de Israel."

Logo depois, a Haganá assassinou dois outros templários na Galileia e mais dois em Haifa, onde a seita também tinha comunidades estabelecidas.

"O efeito foi imediato", disse Eitan.[44] "Os templários desapareceram do país, deixando tudo para trás, e jamais foram vistos novamente."

Sarona, o bairro templário em Tel Aviv, se tornaria a sede das Forças Armadas e dos serviços de inteligência de Israel. E Eitan, assassino aos 17 anos, ajudaria a fundar a unidade de assassinatos seletivos do Mossad.

O assassinato de templários não foi apenas uma continuação dos atos de vingança contra nazistas na Europa, mas sim uma grande mudança de política. As lições que os novos judeus da Palestina aprenderam com o Holocausto foram que o povo judeu sempre estaria sob ameaça de destruição, que não podia confiar nos outros povos para protegê-lo e que a única maneira de fazer isso era ter um Estado independente. Uma pessoa vivendo sob essa sensação de perpétuo perigo de aniquilação adotará todas e quaisquer medidas, por mais extremas que sejam, para obter segurança, e se relacionará com as leis e normas internacionais de modo no máximo marginal.

Desse momento em diante, Ben-Gurion e a Haganá adotaram assassinatos seletivos, guerra de guerrilha e ataques terroristas como ferramentas adicionais — acima e além da propaganda e das medidas políticas que sempre haviam sido empregadas —, no esforço de atingir o objetivo de estabelecer e manter um Estado. O que apenas alguns anos antes fora um meio empregado somente por párias extremistas do Lehi e da Irgun agora era visto como arma viável.

Inicialmente, as unidades da Haganá assassinaram árabes que haviam matado civis judeus.[45] Então o alto-comando da milícia ordenou que uma "companhia especial" iniciasse "operações de terrorismo pessoal", o termo usado na época para os assassinatos seletivos de oficiais do DIC britânico que perseguiram a resistência judaica e se opuseram à imigração de judeus para a Terra de Israel.[46] Eles receberam ordens de "explodir os centros britânicos de inteligência que agiram contra a aquisição de armas por judeus" e "iniciar ações de retaliação nos casos em que tribunais militares britânicos sentenciaram membros da Haganá à morte".

Ben-Gurion previu que um Estado judaico seria estabelecido em breve e que a nova nação seria imediatamente forçada a lutar contra os árabes na Palestina e a repelir invasões dos exércitos dos países árabes vizinhos. Assim, o comando da Haganá também começou a preparar secretamente essa guerra total e, como parte da preparação, uma ordem com o codinome

Zarzir (Estorninho) foi emitida, comandando o assassinato dos líderes da população árabe na Palestina.

Enquanto a Haganá lentamente intensificava o uso de assassinatos seletivos, a campanha de mortes da resistência radical já estava a pleno vapor, tentando expulsar os britânicos da Palestina.

Yitzhak Shamir, agora no comando do Lehi, resolveu eliminar as figuras-chave do Mandato Britânico não apenas localmente — assassinando pessoal do DIC e fazendo numerosos atentados contra o chefe de polícia de Jerusalém, Michael Joseph McConnell, e contra o alto comissário, Sir Harold MacMichael —, como também em outros países, casos esses ingleses representassem uma ameaça a seu objetivo político.[47] Walter Edward Guinness, mais formalmente conhecido como lorde Moyne, por exemplo, era o ministro de Estado britânico residente no Cairo, que também estava sob domínio britânico.[48] Os judeus na Palestina o consideravam um antissemita declarado que assiduamente usava sua posição para restringir o poder do Yishuv ao reduzir significativamente as cotas de imigração para sobreviventes do Holocausto.

Shamir ordenou que Moyne fosse assassinado.[49] Enviou dois agentes do Lehi, Eliyahu Hakim e Eliyahu Bet-Zuri, até o Cairo, onde esperaram na porta da casa do ministro. Quando Moyne saiu de carro com seu secretário, Hakim e Bet-Zuri correram até ele. Um deles enfiou uma pistola pela janela, mirou na cabeça de Moyne e atirou três vezes. Moyne agarrou a própria garganta. "Atiraram na gente", gritou antes de cair para a frente no banco. Mesmo assim, foi uma operação amadorística. Shamir aconselhara os dois jovens assassinos a providenciarem um carro de fuga, mas, em vez disso, usaram lentas bicicletas. A polícia egípcia os prendeu rapidamente, e Hakim e Bet-Zuri foram julgados, condenados e, seis meses depois, enforcados.

O assassinato teve efeito decisivo sobre os oficiais britânicos, embora não aquele que Shamir previra. Como Israel descobriria repetidamente em anos futuros, é muito difícil prever como a história será escrita depois que alguém leva um tiro na cabeça.

Após o mal consumado do Holocausto, a tentativa de exterminar um povo inteiro da Europa, havia crescente simpatia no Ocidente pela causa sionista. De acordo com alguns relatos, até a primeira semana de novembro de 1944, o primeiro-ministro britânico Winston Churchill estivera pressionando seu gabinete a apoiar a criação de um Estado judaico na Palestina. Ele conseguira convencer várias figuras influentes a participar da iniciativa, incluindo lorde Moyne. Não é exagero assumir, portanto, que, se o Lehi não tivesse interferido, Churchill poderia muito bem ter chegado à Conferência de Ialta com Franklin Roosevelt e Joseph Stalin com uma política clara e positiva em relação ao futuro Estado judaico. Em vez disso, após o assassinato no Cairo, ele rotulou os agressores de "novo grupo de gângsteres" e anunciou que estava reconsiderando sua posição.[50]

E as mortes continuaram. Em 22 de julho de 1946, membros da Irgun de Menachem Begin plantaram 350 quilos de explosivos na ala sul do hotel King David, em Jerusalém, onde a administração e os oficiais de inteligência e do Exército do Mandato Britânico estavam hospedados. Um telefonema de alerta da Irgun aparentemente foi considerado um trote e ignorado; o edifício não foi evacuado antes da enorme explosão. Noventa e uma pessoas foram mortas e 45 ficaram feridas.

Esse não foi o assassinato seletivo de um desprezado oficial britânico ou um ataque de guerrilha contra uma delegacia de polícia. Foi claramente um ato de terrorismo contra um alvo com numerosos civis. O pior de tudo, havia muitos judeus entre os mortos.

O ataque ao hotel King David iniciou uma feroz disputa no Yishuv. Ben-Gurion imediatamente denunciou a Irgun e a chamou de "inimiga do povo judeu".

Mas os extremistas não pararam.

Três meses após esse ataque, em 31 de outubro, uma célula do Lehi, novamente agindo por conta própria, sem o conhecimento ou a aprovação de Ben-Gurion, instalou uma bomba na embaixada britânica em Roma.[51] O edifício da embaixada foi severamente danificado, mas, graças ao fato de que a operação ocorreu à noite, somente um segurança e dois pedestres italianos foram feridos.

Quase imediatamente depois, o Lehi enviou cartas-bomba para cada membro sênior do gabinete britânico em Londres.[52] Em um nível, o esforço foi um fracasso espetacular — nenhuma carta explodiu —, mas, em outro, o Lehi deixou claros seu ponto de vista e seu alcance. Os arquivos no MI5, o serviço de segurança britânico, mostram que o terrorismo sionista era considerado a mais séria ameaça à segurança nacional britânica na época, ainda mais séria que a União Soviética. Células da Irgun na Grã-Bretanha foram estabelecidas, de acordo com um memorando do MI5, "para espancar o cão em seu próprio canil". Fontes da inteligência alertaram para uma onda de ataques contra "VIPs selecionados", entre eles o secretário do Exterior Ernest Bevin e até mesmo o primeiro-ministro Clement Attlee.[53] No fim de 1947, um relatório do alto comissário britânico registrava as baixas nos dois anos anteriores: 176 civis e funcionários do Mandato Britânico.

"Foram somente essas ações, essas execuções, que fizeram com que os britânicos partissem", disse David Shomron décadas depois de ter matado Tom Wilkin a tiros em uma rua de Jerusalém.[54] "Se [Avraham] Stern não tivesse começado a guerra, o Estado de Israel não teria existido."

É possível argumentar contra essa declaração. O reduzido Império Britânico cedeu o controle da maioria de suas colônias, incluindo muitos países onde táticas terroristas não foram empregadas, devido a razões econômicas e demandas crescentes das populações nativas por independência. A Índia, por exemplo, obteve a independência mais ou menos na mesma época. Mesmo assim, Shomron e seus afins estavam firmemente convencidos de que sua própria bravura e seus métodos extremos haviam causado a partida dos britânicos.

E foram os homens que lutaram nessa sangrenta guerra clandestina — guerrilheiros, assassinos, terroristas — que teriam um papel central na construção das Forças Armadas e da comunidade de inteligência do novo Estado de Israel.

2

NASCE UM MUNDO SECRETO

Em 29 de novembro de 1947, a Assembleia Geral das Nações Unidas votou pela divisão da Palestina, escavando uma pátria soberana judaica. A divisão só entraria em vigor dali a seis meses, mas os ataques árabes começaram já no dia seguinte. Hassan Salameh, o comandante das forças palestinas no sul do país, e seus combatentes emboscaram dois ônibus israelenses perto da cidade de Petah-Tikva, matando oito passageiros e ferindo muitos outros.[1] A guerra civil entre árabes palestinos e judeus palestinos havia começado.[2] No dia seguinte ao ataque contra os ônibus, Salameh discursou na praça central da cidade portuária árabe de Jafa. "A Palestina se transformará em um banho de sangue", prometeu a seus compatriotas. E manteve a promessa: durante as duas semanas seguintes, 48 judeus foram mortos e 155 ficaram feridos.

Salameh, que liderava uma força de quinhentos guerrilheiros e chegou a atacar diretamente Tel Aviv, tornou-se um herói do mundo árabe, idolatrado pela mídia.[3] A revista egípcia *Al-Musawar* publicou uma enorme fotografia de Salameh orientando suas forças na edição de 12 de janeiro de 1948, sob a manchete "O herói Hassan Salameh, comandante da frente sul".

Ben-Gurion se preparara para esses ataques. Em seu modo de pensar, os árabes palestinos eram o inimigo e os britânicos — que continuariam a governar até que a divisão entrasse em vigor em maio de 1948 — eram seus cúmplices. Os judeus só podiam contar consigo mesmos e suas defesas rudimentares. A maioria dos soldados da Haganá era miseravelmente treinada e equipada, e escondia as armas em locais secretos para evitar o confisco pelos britânicos. Eram homens e mulheres que haviam servido no

Exército britânico e novos imigrantes que haviam sobrevivido ao Holocausto (alguns deles veteranos do Exército Vermelho), mas vastamente superados em número pelas forças combinadas dos Estados árabes. Ben-Gurion estava consciente das estimativas da CIA e de outros serviços de inteligência de que os judeus cairiam sob o ataque árabe. Alguns de seus próprios homens não estavam confiantes na vitória. Mas Ben-Gurion, ao menos externamente, exibia confiança na habilidade de vencer da Haganá.

Para superar a diferença numérica, o plano da Haganá era usar força seletiva, escolhendo alvos com máxima eficácia. Como parte desse conceito, um mês após o início da guerra civil seu alto-comando iniciou a Operação Estorninho, que nomeava os 23 líderes dos árabes palestinos que seriam seus alvos.[4]

A missão, de acordo com o comandante em chefe da Haganá, Yaakov Dori, era tripartite: "Eliminação ou captura dos líderes dos partidos políticos árabes; ataques contra centros políticos; ataques contra centros econômicos e de produção árabes."

Hassan Salameh estava no topo da lista de alvos. Sob a liderança de Hajj Amin al-Husseini, o grande mufti de Jerusalém e líder espiritual dos árabes palestinos, Salameh ajudara a liderar a Revolta Árabe de 1936, na qual guerrilheiros árabes atacaram alvos britânicos e judaicos durante três anos.

Tanto al-Husseini quanto Salameh fugiram da Palestina após serem colocados na lista de mais procurados do Mandato Britânico. Em 1942, uniram forças com a SS e a Abwehr, a agência militar de inteligência dos nazistas, para planejar a Operação Atlas. Era um plano grandioso no qual comandos alemães e árabes desceriam de paraquedas sobre a Palestina e envenenariam o suprimento de água de Tel Aviv a fim de matar tantos judeus quanto possível,[5] ao mesmo tempo incitando os árabes do país a iniciar uma guerra sagrada contra os ocupantes britânicos. O plano falhou miseravelmente quando os britânicos, tendo quebrado o código nazista Enigma, capturaram Salameh e quatro outros ao pousarem em uma ravina no deserto perto de Jericó, em 6 de outubro de 1944.

Depois da Segunda Guerra Mundial, os britânicos libertaram al-Husseini e Salameh. O Departamento Político da Agência Judaica, que supervisionava grande parte das atividades secretas do Yishuv na Europa, tentou localizar e matar al-Husseini várias vezes entre 1945 e 1948.[6] O motivo era parcialmente vingança pela aliança com Hitler, mas também defensivo: ele poderia estar fora do país, mas permanecia ativamente envolvido na organização dos ataques a assentamentos judaicos no norte da Palestina e das tentativas de assassinar líderes judeus. Devido à falta de informações e de pessoal operacional treinado, todas essas tentativas falharam.

A caçada a Salameh, a primeira operação da Haganá a integrar inteligência humana e eletrônica, começou de forma promissora.[7] Uma unidade pertencente ao SHAI, o setor de inteligência da Haganá, e comandada por Isser Harel grampeou o tronco telefônico central que conectava Jafa ao restante do país. Harel mandou construir um galpão no terreno da escola agrícola de Mikveh Israel e o encheu de tesouras de poda e cortadores de grama. Mas, escondido em um buraco no chão, havia um dispositivo de escuta ligado aos fios de cobre do sistema telefônico de Jafa. "Jamais esquecerei o rosto do agente do SHAI que falava árabe que colocou os fones de ouvido e ouviu a primeira conversa", escreveu Harel mais tarde em sua biografia. "Sua boca se abriu de espanto e ele agitava a mão para silenciar os outros, que esperavam nervosamente [...]. As linhas explodiam de conversas entre líderes políticos e chefes dos contingentes armados e seus colegas." Um dos interlocutores era Salameh. Em um dos telefonemas interceptados, o SHAI descobriu que ele iria para Jafa. Os agentes da Haganá planejaram uma emboscada em que derrubariam uma árvore para bloquear a estrada pela qual seu carro estaria trafegando.

Mas a emboscada fracassou, e esse não foi o último fracasso. Salameh sobreviveu a múltiplas tentativas de assassinato antes de cair em combate em junho de 1948, sem que seu assassino conhecesse sua identidade.[8] Quase todas as outras tentativas de assassinato seletivo da Operação Estorninho também falharam, devido a informações errôneas ou desempenhos falhos por parte de agentes inábeis e inexperientes.

As únicas operações que tiveram sucesso foram executadas por duas unidades de elite da Haganá, ambas pertencentes ao Palmach, o único corpo bem treinado e razoavelmente bem armado da milícia. Uma dessas unidades era a Palyam, a "companhia de fuzileiros navais", e a outra era o "Pelotão Árabe", uma unidade de comando clandestina cujos membros operavam disfarçados de árabes.

A Palyam, a companhia naval, recebeu ordens para tomar o porto de Haifa, a passagem marítima mais importante da Palestina, assim que os britânicos partissem. Sua tarefa era roubar o máximo possível de armas e equipamentos que os britânicos começavam a enviar e evitar que os árabes fizessem o mesmo.

"Focamos nos fornecedores de armas árabes em Haifa e no norte. Procuramos por eles e os matamos", lembrou Avraham Dar, um dos homens da Palyam.[9]

Dar, que era falante nativo do inglês, e dois outros homens da Palyam se passaram por soldados britânicos querendo vender material roubado aos palestinos por uma grande soma. Foi marcado um encontro para a venda perto de um moinho abandonado nos limites de um vilarejo árabe. Os três judeus, usando uniformes britânicos, já estavam no local quando os palestinos chegaram. Quatro outros, escondidos por perto, esperaram pelo sinal e então caíram sobre os árabes, matando-os com canos de metal. "Temíamos que disparos pudessem acordar os vizinhos e decidimos realizar uma operação silenciosa", disse Dar.

O Pelotão Árabe foi criado quando a Haganá decidiu que precisava de um núcleo de combatentes treinados que pudesse operar no interior das linhas inimigas, reunindo informações e cumprindo missões de sabotagem e assassinato seletivo.[10] O treinamento de seus homens — a maioria imigrantes de terras árabes — incluía táticas dos comandos e uso de explosivos, mas também estudo intensivo dos costumes árabes e do islã. A unidade foi apelidada de Mistaravim, o nome pelo qual eram conhecidas em alguns países árabes as comunidades nas quais os judeus praticavam a religião judaica, mas eram similares aos árabes em todos os outros aspectos: vestimentas, linguagem, costumes sociais etc.

A cooperação entre as duas unidades produziu um atentado contra a vida do xeque Nimr al-Khatib, líder das organizações islâmicas da Palestina e um dos alvos originais da Operação Estorninho devido a sua considerável influência nas ruas palestinas.[11] Os mistaravins podiam se mover sem ser parados por britânicos ou árabes. Em fevereiro de 1948, emboscaram al-Khatib quando ele retornava de uma viagem a Damasco com uma carga de munição.[12] Ele ficou gravemente ferido, partiu da Palestina e se afastou de qualquer papel político ativo.

NASCE UM MUNDO SECRETO

Alguns dias depois, Abraham Dar ouviu de um informante que trabalhava no porto que um grupo de árabes em um café conversara sobre o plano de detonar um veículo cheio de explosivos em uma seção judaica muito populosa de Haifa. A ambulância britânica que haviam comprado para esse propósito estava sendo preparada em uma oficina na estrada de Nazaré, na parte árabe da cidade. Os mistaravins prepararam uma bomba própria em um caminhão que dirigiram até o distrito árabe, passando-se por operários que iriam consertar um cano estourado, e estacionaram perto do muro da oficina. "O que vocês estão fazendo aqui? É proibido estacionar aqui! Movam esse caminhão", gritaram os homens da oficina em árabe.

"Já vamos embora, só vamos beber alguma coisa e dar uma mijada", responderam os mistaravins também em árabe, acrescentando alguns palavrões cabeludos.

Eles se afastaram do caminhão e, minutos depois, a bomba explodiu, detonando também a bomba na ambulância e matando os cinco palestinos que trabalhavam nela.[13]

Em 14 de maio de 1948, Ben-Gurion declarou a criação do novo Estado de Israel e se tornou seu primeiro-ministro e ministro da Defesa. Ele sabia o que esperar em seguida.

Anos antes, ordenara a formação de uma profunda rede de informantes em países árabes. Três dias antes do estabelecimento de Israel, Reuven Shiloah, diretor do Departamento Político, a divisão de inteligência da Agência Judaica, informara que "os Estados árabes finalmente decidiram iniciar um ataque simultâneo em 15 de maio [...]. Estão se apoiando na falta de armamentos pesados e de uma Força Aérea hebraica".[14] Shiloah forneceu muitos detalhes sobre o plano de ataque.

A informação era precisa. À meia-noite, depois que o Estado foi declarado, sete exércitos atacaram.[15] Tinham muito mais homens e estavam infinitamente mais bem equipados que as forças judaicas e obtiveram vitórias significativas já de início, conquistando assentamentos e causando mortes.[16] O secretário-geral da Liga Árabe, Abdul Rahman Azzam Pasha, declarou: "Esta será uma guerra de grande destruição que será equiparada aos massacres realizados pelos mongóis e pelos cruzados."[17]

Mas os judeus — agora oficialmente "israelenses" — logo se reagruparam e até passaram à ofensiva. Após um mês, a trégua foi negociada por um enviado especial das Nações Unidas, o conde Folke Bernadotte. Ambos os lados estavam exaustos e precisando de descanso e suprimentos. Quando o combate foi retomado, as mesas foram viradas e, com excelência em inteligência e gerenciamento de batalha, e a ajuda de muitos sobreviventes do Holocausto que haviam acabado de chegar da Europa, os israelenses fizeram com que as forças árabes recuassem e finalmente conquistaram muito mais território do que fora alocado para o Estado judaico no plano de divisão da ONU.

Embora Israel tivesse repelido exércitos superiores, Ben-Gurion não ficou excitado com a vitória de curto prazo das embrionárias Forças de Defesa de Israel.[18] Os árabes podiam ter perdido as primeiras batalhas, mas eles — tanto os que viviam na Palestina quanto os que viviam nos Estados árabes que cercavam Israel — se recusavam a aceitar a legitimidade da nova nação. Juraram destruir Israel e fazer com que os refugiados voltassem para casa.[19]

Ben-Gurion sabia que as FDI não tinham como defender as longas e convolutas fronteiras de Israel apenas com força bruta. Dos remanescentes das operações de inteligência do SHAI, da Haganá, ele precisava começar a construir um sistema de espionagem adequado a um Estado legítimo.

Em 7 de junho, convocou os principais assessores, liderados por Shiloah, a seu escritório na antiga colônia templária em Tel Aviv. "A inteligência é uma das ferramentas militares e políticas de que precisamos mais urgentemente nesta guerra", escreveu Shiloah em um memorando a Ben-Gurion. "Ela terá de ser uma ferramenta permanente, incluída em nosso aparato político [de tempos de paz]."

Ben-Gurion não precisou ser persuadido.[20] Afinal, grande parte do surpreendente estabelecimento do Estado e de sua defesa se devia ao uso efetivo de informações acuradas.

Naquele dia, ele ordenou a criação de três agências.[21] A primeira foi o Departamento de Inteligência do Estado-Maior das Forças de Defesa de Israel, mais tarde conhecida comumente por seu acrônimo em hebraico, Aman. A segunda foi o Shin Bet (acrônimo para Serviço de Segurança Geral), responsável pela segurança interna e criada como uma espécie de híbrido entre o FBI americano e o MI5 britânico. (A organização mais tarde mudou seu nome para Agência Israelense de Segurança, mas a maioria dos israelenses ainda se refere a ela por seu acrônimo, Shabak ou, mais comumente, como neste livro, Shin Bet.) E a terceira, o Departamento Político — pertencente ao novo Ministério do Exterior, e não mais à Agência Judaica —, que se envolveria com espionagem internacional e coleta de informações. As casas abandonadas dos templários no bairro de Sarona, perto do Ministério da Defesa, foram designadas para as três agências, colocando o gabinete de Ben-Gurion no centro de uma força ostensivamente organizada de serviços de segurança.[22]

Mas nada naqueles primeiros meses e anos foi organizado.[23] Remanescentes das agências da Haganá foram absorvidos nos vários serviços de segurança ou círculos de espionagem, depois realocados e reabsorvidos em outros. Acrescente a isso a miríade de disputas por território e batalhas de ego daqueles que eram essencialmente revolucionários e havia muito caos no submundo da espionagem. "Foram anos difíceis", disse Isser Harel, um dos pais fundadores da inteligência israelense. "Tínhamos de estabelecer um país e defendê-lo. [Mas] a estrutura dos serviços e a divisão do trabalho foram determinadas sem qualquer julgamento sistemático, sem discussão com as pessoas relevantes, de uma maneira quase diletante e conspiratória."

Em condições normais, administradores teriam estabelecido limites e procedimentos claros e os agentes de campo teriam pacientemente cultivado fontes de informação durante anos. Mas Israel não podia se dar a esse luxo. Suas operações de inteligência tiveram de ser construídas de improviso e sob cerco, enquanto o jovem país lutava por sua própria existência.

O primeiro desafio que os espiões de Ben-Gurion enfrentaram foi interno: alguns judeus desafiavam abertamente sua autoridade, entre os quais os remanescentes dos movimentos clandestinos de direita.[24] Um exemplo extremo dessa rebeldia foi o caso Altalena, em junho de 1948. Um navio com esse nome, despachado da Europa pela Irgun, chegou carregando imigrantes e armas. Mas a organização se recusou a entregar todas as armas para o exército do novo Estado, insistindo que algumas deveriam ser dadas às suas próprias unidades ainda intactas. Ben-Gurion, que fora informado do plano por agentes no interior da Irgun, ordenou que o navio fosse tomado à força.

No combate que se seguiu, o navio foi afundado e dezesseis combatentes da Irgun e três soldados das FDI foram mortos. Logo depois, as forças de segurança capturaram duzentos membros da Irgun em todo o país, pondo fim a sua existência.

Yitzhak Shamir e os agentes do Lehi sob seu comando também se recusaram a aceitar a autoridade mais moderada de Ben-Gurion. No verão, durante a trégua, o enviado da ONU Bernadotte esboçou um hesitante plano de paz que poderia ter posto fim ao conflito. Mas era inaceitável para o Lehi e para Shamir, que acusou Bernadotte de colaborar com os nazistas durante a Segunda Guerra Mundial e de fazer uma proposta que redesenharia as fronteiras de Israel de tal maneira — incluindo ceder a maior parte de Neguev e de Jerusalém para os árabes e colocar o porto de Haifa e o aeroporto de Lida sob controle internacional, além de obrigar os judeus a aceitarem de volta 300 mil refugiados árabes — que o país não sobreviveria.

Lehi fez várias advertências públicas, na forma de anúncios colados nas ruas das cidades: conselho ao agente Bernadotte: vá embora de nosso país.[25] A rádio clandestina foi ainda mais direta, declarando: "O conde terminará como o lorde" (uma referência ao assassinato do lorde Moyne). Bernadotte ignorou as advertências e até mesmo ordenou que os observadores da ONU não portassem armas, dizendo: "A bandeira das Nações Unidas nos protegerá."

Convencido de que o plano do enviado seria aceito, Shamir ordenou seu assassinato. Em 17 de setembro, quatro meses após a declaração de soberania e um dia depois de Bernadotte submeter seu plano ao Conselho de Segurança da ONU, ele estava viajando com sua comitiva em um comboio de três sedãs DeSoto brancos da sede da ONU para o bairro Rehavia, na Jerusalém judaica, quando um jipe bloqueou seu caminho. Três jovens usando quepe desembarcaram.[26] Dois deles atiraram nos pneus dos veículos da ONU e o terceiro, Yehoshua Cohen, abriu a porta do carro no qual Bernadotte viajava e abriu fogo com sua submetralhadora Schmeisser MP40. A primeira rajada atingiu o homem sentado ao lado de Bernadotte, um coronel francês chamado André Serot, mas a segunda, mais precisa, atingiu o conde no peito. Ambos morreram. O ataque durou apenas alguns segundos, "como trovões e relâmpagos, o tempo necessário para disparar cinquenta projéteis", nas palavras do oficial de ligação israelense, capitão Moshe Hillman, que estava no carro com as vítimas.[27] Os perpetradores jamais foram pegos.[28]

O assassinato enfureceu e constrangeu profundamente a liderança judaica. O Conselho de Segurança o condenou como "ato covarde que parece ter sido cometido por um grupo criminoso de terroristas em Jerusalém" e o *New York Times* declarou no dia seguinte: "Nenhum exército árabe poderia ter causado tanto dano [ao Estado judaico] em tão pouco tempo."[29]

Ben-Gurion viu a operação do Lehi como sério desafio a sua autoridade, que poderia levar a um golpe ou mesmo à guerra civil.[30] Ele reagiu imediatamente, proscrevendo a Irgun e o Lehi. E ordenou que o chefe do Shin Bet, Isser Harel, capturasse os membros do Lehi. No topo da lista de procurados estava Yitzhak Shamir. Ele não foi capturado, mas muitos outros foram, e presos sob guarda cerrada. O Lehi deixou de existir como organização.[31]

Ben-Gurion ficou grato a Harel por sua ação vigorosa contra a resistência e o transformou em oficial número 1 da inteligência no país.[32]

Homem baixo, robusto e determinado, Isser Harel fora influenciado pelo movimento revolucionário bolchevique russo e seu uso da sabotagem, da guerra de guerrilha e dos assassinatos, mas ele detestava o comunismo. Sob sua direção, o Shin Bet manteve constante vigilância e espionagem política contra os oponentes políticos de Ben-Gurion, os partidos socialista e comunista, de esquerda, e o partido Herut, de direita, formado por veteranos da Irgun e do Lehi.[33]

Enquanto isso, Ben-Gurion e seu ministro do Exterior, Moshe Sharett, estavam em desacordo sobre a política que deveria ser adotada em relação aos árabes. Sharett era o mais proeminente dos primeiros líderes de Israel e acreditava que a diplomacia era a melhor maneira de obter a paz regional e, assim, a segurança para o país. Mesmo antes da independência, fizera contatos secretos com o rei Abdullah da Jordânia e com o primeiro-ministro do Líbano, Riad al-Solh, que seriam instrumentos para formar a coalizão invasora árabe e já eram em grande parte responsáveis pelas milícias palestinas que causavam pesadas perdas ao Yishuv pré-Estado. A despeito da virulenta retórica antijudaica de al-Solh e de suas ações contra Israel, no fim de 1948 ele se encontrou várias vezes em segredo com Eliyahu Sasson, um dos assistentes de Sharett, em Paris para discutir um acordo de paz. "Se quisermos fazer contato com os árabes para pôr fim à guerra", disse Sasson quando Sharett, entusiasmado com os contatos secretos, fez com que ele se reportasse ao gabinete, "temos de entrar em contato com aqueles que estão no poder. Aqueles que declararam guerra contra nós [...] e estão tendo problemas para continuá-la."

Essas aberturas diplomáticas obviamente não foram efetivas e Ben-Gurion, em 12 de dezembro de 1948, ordenou que agentes da inteligência militar assassinassem al-Solh.[34]

"Sharett se opôs veementemente à ideia", lembrou Asher (Arthur) Ben-Natan, figura de destaque do Departamento Político do Ministério do Exterior, o setor responsável pelas atividades secretas no exterior.[35] "E quando nosso departamento recebeu ordens de ajudar a inteligência militar a executar a ação, através de nossos contatos em Beirute, ele as revogou, anulando-as."

Esse incidente, além de vários outros conflitos entre Harel e Sharett, fizeram o sangue de Ben-Gurion ferver. Ele considerava a diplomacia uma fraca substituta para forças armadas poderosas e inteligência robusta, além de ver Sharett como um competidor que ameaçava o controle do primeiro-ministro. Em dezembro de 1949, Ben-Gurion removeu o Departamento Político do controle do Ministério do Exterior e o colocou sob seu comando direto. Mais tarde, deu à agência um novo nome: Instituto de Inteligência e Operações Especiais. Mas ele é mais comumente conhecido apenas como "o Instituto" — o Mossad.

Com a criação do Mossad, os serviços de inteligência israelenses se fundiram na comunidade tríplice que sobrevive até hoje mais ou menos com o mesmo formato: a Aman, divisão da inteligência militar que fornece informações para as FDI; o Shin Bet, responsável pela inteligência interna, pelo contraterrorismo e pela contraespionagem; e o Mossad, que lida com atividades secretas fora das fronteiras do país.[36]

Mais importante, isso foi uma vitória para aqueles que viam o futuro do Estado de Israel mais dependente de forças armadas e comunidade de inteligência fortes do que de diplomacia. A vitória foi simbolizada por imóveis: as antigas casas dos templários em Tel Aviv, que o Departamento Político ocupara, foram entregues ao Mossad. Foi também uma vitória pessoal para Isser Harel.[37] Já encarregado do Shin Bet, foi nomeado também chefe do Mossad, o que o tornou uma das mais poderosas — e reservadas — figuras do início da história de Israel.

Desse ponto em diante, a política externa e de segurança de Israel seria determinada pela disputa entre Tel Aviv — onde o alto-comando militar, a sede da inteligência e o Ministério da Defesa estavam localizados — e Jerusalém, onde o Ministério do Exterior tinha sua sede em um amontoado de barracões pré-fabricados. Tel Aviv sempre tinha a vantagem.

Ben-Gurion manteve todas as agências sob seu controle direto.[38] Ele controlava o Mossad e o Shin Bet porque era primeiro-ministro, e a inteligência militar porque era ministro da Defesa. Era uma enorme concentração de poder, tanto secreto quanto político. Todavia, desde o início, esse poder foi mantido oficialmente oculto do público israelense. Ben-Gurion proibiu qualquer um de reconhecer, quanto mais revelar, que essa rede crescente de instituições oficiais sequer existia. De fato, mencionar o nome Shin Bet ou Mossad em público foi proibido até os anos 1960. Como sua existência não podia ser reconhecida, Ben-Gurion evitou a criação de uma base legal para as operações das agências. Nenhuma lei estabelecia seus objetivos, papéis, missões, poderes, orçamentos ou as relações entre elas.

Em outras palavras, desde o início a inteligência israelense ocupou um reino das sombras, adjacente, mas separado das instituições democráticas do país. As atividades da comunidade de inteligência — a maior parte (Shin Bet e Mossad) sob comando direto do primeiro-ministro — ocorriam sem supervisão efetiva do Parlamento, o Knesset, ou de qualquer outro corpo externo independente.

Nesse reino das sombras, a "segurança do Estado" foi usada para justificar grande número de ações e operações que, no mundo visível, teriam sido sujeitas a processos judiciais e longas sentenças de prisão: vigilância constante de cidadãos por causa de suas afiliações étnicas ou políticas; métodos de interrogatório que incluíam detenção prolongada sem sanção judicial e tortura; perjúrio nos tribunais e ocultamento da verdade de advogados e juízes.

O exemplo mais notável foi o assassinato seletivo. Na lei israelense, não há pena capital, mas Ben-Gurion circunscreveu isso ao dar a si mesmo a autoridade de ordenar execuções extrajudiciais.[39]

A justificativa para manter esse reino das sombras foi que qualquer coisa que não o absoluto segredo levaria a situações que ameaçariam a própria existência de Israel. Israel herdara do Mandato Britânico um sistema legal que incluía provisões de estado de emergência para impor a ordem e suprimir rebeliões. Entre essas provisões estava o requerimento de que toda a mídia impressa e de difusão submetesse quaisquer relatos sobre atividades da inteligência ou do exército a um censor militar que vetava grande parte do material. O estado de emergência ainda não foi rescindido no momento em que escrevo. Mas, para jogar um osso à mídia faminta, Ben-Gurion foi sagaz o bastante para estabelecer um Comitê de Editores composto pelos editores-chefes dos veículos de mídia impressa e radiodifusão. De tempos em tempos, ele mesmo ou seu representante compareciam perante o comitê para partilhar migalhas secretas, explicando por que essas migalhas jamais poderiam, sob qualquer circunstância, ser liberadas ao público. Os editores ficavam emocionados por terem sido admitidos no reino da penumbra e seus mistérios. Como sinal de gratidão, impunham a si mesmos um nível de autocensura que ia além da imposta pelo verdadeiro censor.

Em julho de 1952, houve uma exposição de pinturas do artista franco-alemão Charles Duvall no Museu Nacional do Cairo. Duvall, um homem jovem e alto com um cigarro permanentemente preso aos lábios, mudara-se para o Egito, vindo de Paris, dois anos antes, anunciando que "se apaixonara pela terra do Nilo". A imprensa do Cairo publicou vários artigos bajuladores sobre Duvall e sua obra — fortemente influenciada, diziam os críticos, por Picasso —, e ele logo se tornou um acessório permanente da alta sociedade. De fato, o ministro da Cultura egípcio prestigiou a abertura da exposição e comprou duas pinturas, que emprestou ao museu, onde permaneceriam pelos 23 anos seguintes.

Cinco meses depois, com o fim da exposição, Duvall disse que a mãe estava doente e que precisava voltar correndo a Paris a fim de cuidar dela. Após o retorno à França, enviou algumas cartas aos velhos amigos no Egito e depois ninguém nunca mais ouviu falar dele.

O verdadeiro nome de Duvall era Shlomo Cohen-Abarbanel e ele era espião israelense.[40] Era o mais jovem dos quatro filhos de um proeminente rabino em Hamburgo, na Alemanha. No inverno de 1933, quando os nazistas ascenderam ao poder e começaram a impor as leis raciais, a família fugira para a França e então para a Palestina. Catorze anos depois, em 1947, Cohen-Abarbanel, cujas habilidades artísticas eram aparentes desde a infância, retornara a Paris para estudar pintura, aos 27 anos. Pouco tempo depois, o pessoal da inteligência da Haganá ouvira falar de seus talentos e o recrutara para forjar passaportes e documentos a serem usados pelos judeus europeus e norte-africanos sendo levados para a Palestina em violação às leis de imigração britânicas. Foi o início de uma longa carreira na espionagem. Retratando-se como um artista boêmio, Cohen-Abarbanel operava redes de agentes no Egito e recrutava novos agentes no mundo árabe. Coletou informações sobre criminosos de guerra nazistas que haviam se refugiado no Oriente Médio e relatou a seus superiores as primeiras tentativas dos cientistas aeroespaciais alemães de vender seus serviços aos exércitos árabes. Quando retornou a Israel em 1952, pressionou os superiores na jovem agência de inteligência, o Mossad, a investir mais recursos na captura e morte de nazistas.

Pouco tempo depois de assumir o comando do Mossad, Isser Harel pediu que Cohen-Abarbanel criasse o emblema oficial da agência. O artista se trancou no quarto e emergiu com um desenho feito à mão. No centro havia uma menorá de sete braços, o candelabro sagrado que ficava no Templo de Jerusalém destruído pelos romanos no ano 70 d.C. O emblema também tinha uma legenda, o versículo 6 do capítulo 24 do Livro dos Provérbios, escrito, de acordo com a tradição judaica, pelo próprio rei Salomão: "Com subterfúgios, farás a guerra." Isso mais tarde foi mudado para outra linha dos Provérbios (capítulo 11, versículo 14) que dizia: "Onde não há subterfúgio a nação cai, mas na multidão de conselheiros há segurança." Cohen-Abarbanel não poderia ter sido mais claro: usando estratagemas secretos, o Mossad seria o escudo supremo da nova comunidade judaica, assegurando que nunca mais os judeus seriam desonrados e nunca mais a Judeia cairia.

O estatuto do Mossad, escrito por Harel, era igualmente amplo e ambicioso. O propósito da organização, de acordo com suas ordens oficiais, era "coletar secretamente informações (estratégicas, políticas e operacionais) fora das fronteiras do país; realizar operações especiais fora das fronteiras de Israel; impedir o desenvolvimento e a aquisição de armas não convencionais por parte de Estados hostis; prevenir ataques terroristas contra alvos israelenses e judaicos fora de Israel; desenvolver e manter laços políticos e de inteligência com países que não mantêm relações diplomáticas com Israel; trazer a Israel judeus de países que se recusam a permitir sua partida e criar estruturas para a defesa dos judeus ainda nesses países". Em outras palavras, ele estava encarregado não apenas de proteger Israel e seus cidadãos, mas também de ser uma sentinela para os judeus de todo o mundo.

Os incipientes serviços de inteligência tinham de responder à série de desafios apresentados pelo anel de 21 nações árabes hostis que circundavam Israel e ameaçavam destruí-lo. Nos escalões superiores do establishment de defesa, havia aqueles que acreditavam que esses desafios seriam mais bem enfrentados pelo uso de operações especiais cirurgicamente precisas no interior das linhas inimigas.

Com esse propósito, a Aman criou uma unidade chamada Serviço de Inteligência 13 (que, na tradição judaica, é um número da sorte).[41] Em 1951, Avraham Dar, agora um de seus oficiais mais proeminentes, foi para o Egito a fim de criar uma rede de agentes selecionados entre os ativistas sionistas locais. Usando vários pretextos, os recrutas viajaram para a Europa e depois para Israel a fim de receber treinamento em espionagem e sabotagem. Enfatizando o objetivo da rede, Dar explicou que "o problema central que tornava o Egito tão antagônico a Israel era a maneira como o rei Faruk governava. Se pudéssemos nos livrar desse obstáculo, muitos problemas seriam resolvidos. Em outras palavras" — e aqui Dar usou um provérbio espanhol —, "se não há cães, não há raiva".[42]

Livrar-se do "cão" se provou desnecessário: Faruk foi derrubado por um golpe. E a suposição da Aman de que as coisas seriam melhores quando ele deixasse o poder se provou totalmente infundada. Todavia, a ideia de que a rede egípcia já estabelecida podia ser empregada para mudar o curso da história na região era simplesmente tentadora demais para que os líderes israelenses a abandonassem. A Aman decidiu usar os agentes locais contra o Movimento dos Oficiais Livres, que acabara de depor Faruk, "com o objetivo de minar a confiança ocidental no regime [egípcio] ao causar insegurança pública e provocar manifestações, prisões e ações de retaliação, com o papel de Israel permanecendo oculto".[43] Mas toda a operação terminou em catástrofe.

A despeito do treinamento intensivo, os recrutas da Aman eram amadores e negligentes,[44] e todas as operações de sabotagem terminaram em fracasso. Finalmente, onze agentes foram desentocados pelas autoridades egípcias. Alguns foram executados após julgamentos breves e um deles se matou depois de sofrer terrível tortura. Os que tiveram sorte foram sentenciados a longas penas de prisão e trabalhos forçados.

O tumulto resultante deu início a uma importante disputa política que prosseguiu em Israel durante muitos anos, sobre se a Aman recebera ou não aprovação do establishment político para essas operações malogradas.

A principal lição aprendida por Israel foi de que os judeus locais jamais deveriam ser recrutados em "países-alvo" hostis. Sua captura quase certamente terminaria em morte e reverberaria por toda a comunidade judaica. Apesar da tentação de usar pessoas que já estavam em campo e não precisavam de disfarces, Israel praticamente nunca mais fez isso.

Todavia, a convicção subjacente de que podia agir com ousadia e mudar a história através de operações especiais atrás das linhas inimigas permaneceu e, na verdade, foi cimentada como princípio central da doutrina israelense de segurança. De fato, essa filosofia — de que operações especiais atrás das linhas inimigas deveriam ser ao menos um dos métodos primários de defesa nacional — predomina entre o establishment político e de inteligência de Israel até os dias de hoje.

E ao passo que muitas das nações estabelecidas do mundo mantiveram separação entre as unidades de inteligência que reuniam informações e as unidades operacionais que utilizavam essas informações para conduzir missões clandestinas, desde o início as forças especiais de Israel foram parte integrante das agências de inteligência. Nos Estados Unidos, por exemplo, as unidades de operações especiais Força Delta e a Equipe 6 dos SEALs são componentes do Comando Conjunto de Operações Especiais, não da CIA ou da inteligência militar. Em Israel, porém, as unidades de operações especiais estavam sob controle direto das agências de inteligência Mossad e Aman.

O objetivo era transformar continuamente as informações coletadas em operações. Embora outras nações também coletassem informações em tempos de paz, elas o faziam somente para estarem preparadas em caso de guerra ou para autorizarem um ocasional ataque das unidades de operações especiais. Israel, em contrapartida, usaria sempre suas informações para organizar ataques das unidades de operações especiais atrás das linhas inimigas, na esperança de evitar completamente a guerra total.

A criação de um emblema, um estatuto e uma filosofia militar era uma coisa. Sua implementação, como Harel descobriria em breve, era algo completamente diferente, em especial quando se tratava de ações agressivas.

A primeira grande operação do Mossad terminou mal. Em novembro de 1954, um capitão da Marinha israelense chamado Alexander Yisraeli — um vigarista mulherengo e cheio de dívidas — fugiu do país com um passaporte falso e tentou vender documentos ultrassecretos para a embaixada egípcia em Roma. Um agente do Mossad trabalhando na embaixada avisou seus superiores em Tel Aviv, que imediatamente começaram a desenvolver um plano para sequestrar Yisraeli e levá-lo de volta a Israel, onde seria julgado como traidor.

Para Harel, esse seria um teste crítico da segurança da nação e de sua carreira. Naqueles anos formativos, os líderes de todas as agências competiam por poder e prestígio, e um fracasso significativo poderia se provar profissionalmente fatal. Ele reuniu uma equipe de agentes de primeira linha do Mossad e do Shin Bet para capturar Yisraeli na Europa, e colocou no comando seu primo em segundo grau Rafi Eitan, que ainda adolescente assassinara dois templários alemães.

"Alguns propuseram encontrar Yisraeli e matá-lo o mais rápido possível. Mas Harel imediatamente proibiu a ação. 'Não matamos judeus', disse ele, e declarou que seria uma operação de sequestro", contou Eitan.[45] O próprio Harel afirmou: "Jamais me ocorreu ordenar a morte de um dos nossos. Eu queria que ele fosse trazido para Israel e julgado por traição."[46]

Esse é um ponto importante. Há no judaísmo uma tradição de responsabilidade mútua e uma conexão profunda entre os judeus, como se fossem todos membros de uma grande família. Acredita-se que esses valores mantiveram o povo judeu vivo como nação durante 2 mil anos de exílio, e é intolerável que um judeu fira outro. Na época da resistência na Palestina, quando era efetivamente impossível realizar julgamentos, eliminar traidores judeus foi considerado legítimo até certo ponto, mas não após o estabelecimento do Estado. "Não matamos judeus" — mesmo que sejam um grave perigo para a segurança nacional — se tornou uma lei de ferro na comunidade israelense de inteligência.

No início, o plano transcorreu perfeitamente.[47] Eitan e três outros capturaram Yisraeli quando ele foi parado por outra agente do Mossad em uma esquina de Paris. O prisioneiro foi levado a um esconderijo, onde um médico do Mossad lhe injetou um sedativo e o colocou em um caixote tipicamente usado para transportar armas, antes de embarcá-lo em um longo voo de muitas paradas em um avião de carga da Força Aérea israelense. Em cada parada, Yisraeli recebia uma nova injeção, até que o avião pousou em Atenas, e ele teve convulsões e morreu. Seguindo ordens de Harel, um dos homens de Eitan terminou jogando o corpo no mar pela traseira do avião.

O pessoal de Harel forneceu à imprensa israelense a falsa informação de que Yisraeli, que deixara para trás a esposa grávida, roubara dinheiro e se estabelecera em algum lugar da América do Sul.[48] Harel, muito constrangido por uma de suas operações ter resultado na morte de um judeu, ordenou que todos os registros do caso fossem enterrados em um dos cofres do Mossad. Mas seus rivais mantiveram cópias de alguns documentos, para serem usados contra ele caso necessário.

Harel também concluiu que havia a necessidade urgente de formar uma unidade especial especificamente designada para executar missões de sabotagem e assassinato seletivo. Ele começou a procurar "combatentes treinados, duros e leais, que não hesitariam em puxar o gatilho se necessário". E os encontrou no último lugar que teria esperado: os veteranos da Irgun e do Lehi, contra os quais já tivera um amargo conflito.

Ben-Gurion proibira a contratação de qualquer ex-membro da resistência de direita em departamentos do governo, e muitos deles estavam desempregados, frustrados e famintos por ação. O Shin Bet acreditava que alguns eram perigosos e poderiam iniciar movimentos clandestinos contra o regime.

Harel quis matar dois pássaros com uma pedra só: criar a unidade de operações especiais e colocar os combatentes clandestinos sob seu comando, fora das fronteiras do Estado.

David Shomron, Yitzhak Shamir e seus camaradas da Irgun e do Lehi considerados resistentes e ousados o suficiente foram convidados para a casa de Harel no norte de Tel Aviv e prestaram juramento.[49] Foi a criação da Mifratz, hebraico para "golfo" ou "baía", a primeira equipe de assassinos do Mossad.

3

O ESCRITÓRIO PARA AGENDAR REUNIÕES COM DEUS

A Guerra da Independência terminou oficialmente com os acordos de armistício de 1949. Extraoficialmente, jamais acabou. Durante todo o início dos anos 1950, o país foi constantemente infiltrado por árabes de partes da Palestina que permaneceram em mãos árabes após a guerra, a saber, a Faixa de Gaza, no sul, administrada pelo Egito, e a Cisjordânia, no leste, anexada pela Jordânia. As FDI estimavam que só em 1952 ocorreram 16 mil infiltrações (11 mil da Jordânia e o restante do Egito). Alguns desses infiltrados eram refugiados que haviam saído, voluntária ou involuntariamente, durante a Guerra da Independência e tentavam retornar a seus vilarejos e salvar o que restara de suas propriedades.[1] Mas muitos outros eram militantes cujo objetivo era matar judeus e disseminar o terror. Eles se chamavam de *fedayins*, "aqueles que se sacrificam".

Os egípcios, apesar de terem assinado um armistício, rapidamente perceberam que os *fedayins* poderiam iniciar uma guerra por procuração em seu benefício. Com treinamento e supervisão adequados, esses militantes palestinos poderiam causar grande devastação em Israel, ao mesmo tempo dando ao Egito a cobertura da negação plausível.

Um jovem capitão da inteligência militar egípcia, Mustafa Hafez, foi encarregado dos *fedayins*.[2] Em meados de 1953, Hafez (juntamente com Salah Mustafa, o adido militar egípcio na capital da Jordânia, Amã) começou a recrutar e treinar esquadrões de guerrilheiros a serem despachados para o sul de Israel. Durante anos, esses esquadrões, seiscentos *fedayins* no total, se esgueiraram pela fronteira com Gaza e destruíram tudo que puderam. Explodiram encanamentos de água, atearam fogo às plantações, bombardearam trilhos ferroviários e instalaram minas nas estradas; assassinaram fazendeiros em seus campos e alunos nas *ieshivot*; no total, cerca de mil civis entre 1951 e 1955.[3] Espalharam pânico e medo, a ponto de os israelenses não dirigem durante a noite pelas estradas principais do sul.

Os esquadrões por procuração foram considerados um grande sucesso. Os israelenses não podiam responsabilizar diretamente nem o Egito, nem a Jordânia. Em vez disso, responderam recrutando seus próprios representantes, transformando árabes em informantes, coletando informações sobre alvos *fedayins* e então os assassinando. A maioria desses alvos foi designada a uma equipe da inteligência das FDI conhecida como Unidade 504.

Alguns dos homens da Unidade 504 haviam crescido em bairros árabes da Palestina e estavam intimamente familiarizados com a paisagem e os costumes locais. A unidade estava sob o comando de Rehavia Vardi. Nascido na Polônia, Vardi servira como oficial superior da Haganá antes da criação do Estado e era conhecido pela língua ferina e pelas declarações cortantes. "Todo árabe", disse ele, "podia ser recrutado com base em um de três elementos: bajulação, dinheiro ou xoxota."[4] Através desses e de outros meios, Vardi e seus homens recrutaram entre quatrocentos e quinhentos agentes, que transmitiram informações inestimáveis entre 1948 e 1956. Esses recrutas também forneceram à Unidade 504 informações sobre vários importantes controladores *fedayins*. Vários foram identificados, localizados e alvejados e, em dez a quinze desses casos, os israelenses persuadiram os agentes árabes a colocarem bombas perto do alvo.[5]

Era quando chamavam a Unidade 188. Era quando precisavam dos serviços de Natan Rotberg.

"Era tudo muito, muito secreto", disse Rotberg. "Não podíamos mencionar o nome das unidades nem contar a ninguém para onde estávamos indo, onde estávamos servindo ou, nem é preciso dizer, o que estávamos fazendo."[6]

Rotberg, um *kibutznik* bonachão de pescoço largo e bigode espesso, fazia parte de um grupo pequeno, de apenas algumas centenas de homens, que participara do triunvirato original formado por Aman, Shin Bet e Mossad. Em 1951, quando foi designado para uma unidade de comandos navais chamada Shayetet 13 (Flotilha 13), a inteligência israelense designou uma instalação secreta ao norte de Tel Aviv para o ensino de "demolições especiais" e fabricação de bombas sofisticadas. Rotberg, o oficial de explosivos da Flotilha 13, foi nomeado para a direção.

Rotberg mandara instalar um grande tanque no qual misturava TNT, tetranitrato de pentaeritrina e outras substâncias químicas. Embora suas misturas tivessem o objetivo de matar pessoas, ele afirmou não agir com ódio no coração. "Você precisa saber como perdoar", disse ele. "Precisa saber como perdoar o inimigo. Mas não temos autoridade para perdoar pessoas como bin Laden. Somente Deus pode fazer isso. Nosso trabalho é agendar um encontro entre eles. Em meu laboratório, abri uma agência de encontros, um escritório para agendar essas reuniões. Orquestrei mais de trinta reuniões assim."

Quando Rehavia Vardi e seus homens identificavam um alvo, iam até Rotberg para conseguir a bomba. "Inicialmente, trabalhamos com cestas de vime de fundo duplo", contou ele. "Eu forrava o fundo com papel impermeável e despejava a mistura do tanque. Então colocávamos uma tampa e cobríamos tudo com frutas e vegetais. Para o mecanismo [de detonação], usávamos lápis nos quais havíamos inserido ampolas de ácido que corroíam a tampa até chegar ao detonador. O ácido ativava o detonador e explodia a carga. O problema era que as condições climáticas afetavam o tempo necessário para o ácido corroer [a tampa], produzindo cronometragens pouco uniformes. Uma bomba na Faixa de Gaza explodiria após um tempo diferente de uma bomba na Cisjordânia, onde geralmente era mais frio. Foi então que mudamos para os relógios, muito mais precisos."

Mas as bombas de Rotberg dificilmente eram suficientes para solucionar o problema dos *fedayins*. De acordo com várias fontes, os explosivos mataram somente sete alvos entre meados de 1951 e de 1953, matando também seis civis no processo.

Os ataques continuaram sem trégua, aterrorizando civis israelenses e humilhando as Forças de Defesa de Israel. Vardi e seus homens, por mais talentosos que fossem como recrutadores, conseguiam apenas informações esparsas sobre a identidade dos controladores *fedayins* e, mesmo quando a unidade descobria alvos específicos, as FDI eram incapazes de encontrá-los ou assassiná-los. "Tínhamos nossas limitações", diz Yigal Simon, veterano da Unidade 504 e mais tarde seu comandante. "Nem sempre tínhamos informações, não podíamos mandar agentes para toda parte e ninguém nos apreciava adequadamente nas FDI. Era importante para o alto-comando mostrar que as FDI, que mãos judaicas, podiam executar essas ações."[7]

Unidades regulares das FDI tentaram várias vezes penetrar a Faixa de Gaza, o Sinai e a Jordânia para realizar ataques de retaliação, mas falharam repetidamente. O primeiro-ministro Ben-Gurion decidiu então desenvolver quaisquer que fossem as habilidades que faltavam às FDI. Em uma reunião secreta de 11 de junho de 1953, o gabinete israelense aprovou sua recomendação de que "se autorize o ministro da Defesa" — o próprio Ben-Gurion — "a aprovar [...] atos de represália contra os ataques e assassinatos [cometidos por] aqueles vindos de trás das linhas de armistício entre Israel e Jordânia".[8]

Logo em seguida, Ben-Gurion usou a autoridade nele investida para agir. Quando dois guardas de Even Sapir, um assentamento perto de Jerusalém, foram assassinados em 25 de maio, ele ordenou que um destacamento *ad hoc* fosse criado para eliminar um arquiterrorista palestino chamado Mustafa Samweli, que estivera por trás da morte dos guardas.

Agora Ben-Gurion só precisava do homem certo para liderá-lo.

Ariel Scheinerman, mais conhecido como Ariel Sharon, era um estudante de 25 anos no verão de 1953, mas já tinha extensa experiência de combate. Ele se estabelecera como um líder desde seu tempo como conselheiro adolescente do movimento juvenil e provara sua coragem durante a Guerra da Independência, em que fora gravemente ferido. Arik, como também era conhecido, era carismático e autoritário, um guerreiro em perfeita forma física, e não hesitou quando o Estado-Maior das FDI o recrutou para eliminar Samweli. "Meu pai imediatamente disse sim", escreveu um dos filhos de Sharon, Gilad, na biografia do pai. "Ele estava confiante de que, com sete ou oito homens, amigos que haviam servido com ele durante e depois da guerra, e com o equipamento certo, poderia conseguir."[9]

Na noite de 12 para 13 de julho, Sharon e um esquadrão formado por reservistas conseguiram entrar no vilarejo de Samweli na Cisjordânia e explodir sua casa. Mas as informações que haviam recebido eram falhas e Samweli não estava em casa. A força se envolveu em um tiroteio e mal escapou com vida.

O alto-comando viu a operação como um sucesso: penetração profunda em território inimigo e demonstração de sua habilidade de atingir um alvo e retornar à base sem perda de vidas. Sharon, ao contrário, voltou exausto e totalmente insatisfeito. Sua conclusão foi de que essas operações tinham de ser executadas por profissionais, algo completamente diferente do grupo aleatório de colegas que levara consigo naquela noite. Ele disse aos superiores que havia necessidade de uma unidade de comandos de elite. Em 10 de agosto, nasceu a Unidade 101.[10]

"Essa unidade foi criada para executar operações para além das fronteiras, operações fora de padrão que exigem treinamento especial e desempenho de alto nível", de acordo com o "Manual de Procedimentos Operacionais da Unidade 101", escrito pelo próprio Sharon.[11]

Sharon recebeu rédea livre para selecionar seus próprios homens, de reservistas reconvocados ao Exército a soldados regulares. Queria submetê-los a um extenuante programa de treinamento de um ano de duração. Seus combatentes aprenderiam a lidar com explosivos, navegar longas distâncias e atirar acurada e precisamente correndo em terreno montanhoso, exercícios que tanto desenvolveriam suas habilidades quanto instilariam neles um senso de orgulho e confiança.

O jovem líder se assegurou de que seus homens se distinguiam dos regulares das FDI, dando-lhes armas pessoais diferentes dos ultrapassados rifles de ferrolho tchecoslovacos que eram usados na época. Em vez disso, receberam submetralhadoras Carl Gustav e foram os primeiros a testar a nova e ainda secreta Uzi de fabricação israelense.[12]

Sharon também relaxou as regras de vestimenta e conduta; em sua base secreta nas montanhas de Jerusalém, os homens da Unidade 101 frequentemente trabalhavam em trajes civis. Para Sharon, os ornamentos externos de ordem militar eram de utilidade marginal; muito mais importante era que os homens acreditassem que eram especiais, mais qualificados, os melhores. E que confiassem em seu comandante: as instruções operacionais de Sharon eram precisas e inequívocas, e ele lutava à frente do batalhão, frequentemente na posição mais vulnerável, personificando o conhecido lema dos comandantes das FDI: "Sigam-me!".

Sharon estava imbuído de motivação ilimitada e irrestrita para as operações e entendia que, se tivesse de esperar por informações precisas da Aman para levar em frente um assassinato seletivo, poderia jamais fazer nada.

Assim, ele e Moshe Dayan, chefe do Estado-Maior, mudaram de tática, abandonando a precisão milimétrica em nome de algo mais primal. Em vez de matar importantes terroristas palestinos, vingariam o assassinato de israelenses atacando e aterrorizando os vilarejos árabes de onde os terroristas haviam saído para ferir judeus, assim como os acampamentos do exército e as delegacias de polícia.

"Não podemos evitar a morte de trabalhadores nos pomares e das famílias em suas camas", disse Dayan em uma palestra de 1955, "mas temos a habilidade de cobrar um alto preço por nosso sangue."

Sharon, ansiando por ação, esboçou planos para uma série de ataques punitivos contra alvos civis e militares árabes e passou a fazer campanha para que seus superiores os aprovassem.[13] Mas permanece em aberto quantos desses ataques foram punitivos, e não provocativos. Sharon gostava de citar a famosa frase de Dayan: "Não iniciamos batalhas em tempos de paz." Mas Uzi Eilam, que serviu como seu oficial de inteligência, sugere que essa regra não era inviolável: "Houve muitos casos nos quais nós, por ordem de Arik, provocamos o inimigo na fronteira e incitamos a guerra. Em uma análise real de 'quem começou' de todas as retaliações das FDI, não sairíamos completamente limpos."

Mesmo em tempo real, conforme elas se desdobravam, havia uma desvantagem aparente nas táticas de Sharon. No outono de 1953, os *fedayins* assassinaram uma jovem e seus dois filhos em Yehud, a sudeste de Tel Aviv. As mortes foram brutais e chocaram o público israelense. O governo jurou retaliar.[14] A suposição era de que militantes árabes usavam vilarejos da Cisjordânia, perto da fronteira, como bases para atacar Israel. Sharon selecionou um desses vilarejos — Qibya, que podia ou não estar envolvido nos assassinatos de Yehud — como alvo.

Em 15 de outubro, antes do amanhecer, Sharon liderou uma força de 130 homens da Unidade 101 e outras, carregando quase 700 quilos de explosivos, até Qibya. Horas depois, o vilarejo estava destruído. "Na Operação Qibya", testemunhou mais tarde um dos tenentes de Sharon, "explodimos 43 casas. As FDI estavam equipadas com pequenas lanternas deixadas pelo Exército britânico, com as quais mal se podia enxergar. Entramos com um megafone, agitando as lanternas e gritando: 'Se houver alguém aqui, saia agora, porque vamos explodir tudo.' Alguns se levantaram e saíram. Então instalamos as cargas e explodimos as casas. Quando voltamos, relatamos que onze [árabes] haviam sido mortos. Não estávamos mentindo; apenas não sabíamos."[15]

A contagem de mortos foi seis vezes mais alta.[16] Ao menos 69 pessoas foram mortas, a maioria mulheres e crianças. O mundo, incluindo muitas comunidades israelenses e judaicas em torno do globo, ficou horrorizado. O Conselho de Segurança da ONU condenou o ataque, assim como o Departamento de Estado americano, que anunciou que já suspendera o auxílio a Israel por ter violado o acordo de armistício de 1949.

A explicação oficial de Israel para o massacre foi de que rebeldes civis haviam sido os responsáveis. "Todas as unidades das FDI estavam em suas bases" na noite do ataque, disse Ben-Gurion publicamente. Abba Eban, embaixador de Israel na ONU, repetiu a mentira em uma sessão do Conselho de Segurança.

Em caráter privado, Ben-Gurion concedeu apoio integral a Sharon, porque a Unidade 101 — apesar do ultraje mundial — elevara o moral de um Exército israelense exausto pelas intermináveis operações defensivas. A unidade representava dedicação, ousadia, destreza física e vigor mental, ideais aos quais todas as unidades das FDI aspiravam. Como disse Sharon mais tarde, a Unidade 101 "provou, em um curto período de tempo, que não havia missão que não pudesse realizar" e que essas missões ajudavam a resguardar as fronteiras de Israel.[17] Essa alegação está aberta ao debate — há sérias dúvidas sobre quão bem-sucedidos foram os ataques em reduzir as ações dos infiltrados e alguns sequer atingiram seus objetivos imediatos —, mas os soldados israelenses acreditavam que era verdadeira.

E isso bastava. No início de 1954, somente cinco meses depois de a Unidade 101 ter sido criada, Dayan a fundiu com a Brigada de Paraquedistas, nomeando Sharon comandante de batalhão.[18] Dayan achava que a Unidade 101 se tornara um modelo — de treinamento, disciplina, dedicação e habilidade — que Sharon podia replicar entre os paraquedistas e, depois, em todo o exército.

As atividades de Sharon entre os paraquedistas foram mais moderadas, uma vez que já não era comandante de uma unidade independente, mas também por causa das mudanças ocorridas no alto-comando. Ben-Gurion renunciara e fora substituído como primeiro-ministro pelo pacífico Moshe Sharett, que geralmente não aprovava ataques de retaliação.

No entanto, o que Sharett não aprovava, os homens de Sharon faziam por conta própria. A irmã de um dos mais renomados combatentes da 101, Meir Har-Zion, foi brutalmente assassinada por beduínos durante uma incursão ilegal pela fronteira jordaniana. Har-Zion e dois colegas, com o encorajamento moral e a assistência logística de Sharon, foram até a cena e mataram quatro pastores beduínos como vingança. Sharett exigiu que fossem submetidos à corte marcial, mas Dayan e Sharon, com apoio de Ben-Gurion, ignoraram a ordem.

Sharett escreveu em seu diário, em 11 de janeiro de 1955: "Eu me pergunto sobre a natureza e o destino desta nação, capaz de uma sensibilidade espiritual tão elevada, de um amor tão profundo pela humanidade, de um anseio tão honesto pelo belo e pelo sublime, e que ao mesmo tempo produz em suas fileiras garotos capazes de assassinar com a mente clara e a sangue-frio, enfiando facas na carne de jovens e indefesos beduínos. Qual dos dois espíritos que correm pelas páginas da Bíblia superará seu rival no interior desta nação?"[19]

Enquanto isso, Mustafa Hafez ainda estava vivo. O capitão da inteligência egípcia e seu colega na Jordânia, Salah Mustafa, continuavam a comandar esquadrões de infiltrados, e esses infiltrados ainda causavam devastação em Israel.

Em 17 de março de 1954, uma gangue de doze terroristas árabes emboscou um ônibus civil no caminho de Eilat para Tel Aviv no passo do Escorpião, um sinuoso trecho de estrada no coração do deserto de Neguev. Atirando à queima-roupa, mataram onze passageiros. Um menino de 9 anos, Haim Furstenberg, que estava escondido atrás de um assento, levantou-se depois que eles saíram do ônibus e perguntou: "Eles já foram embora?" Os terroristas o ouviram, retornaram ao ônibus e atiraram em sua cabeça. Ele sobreviveu, mas ficou paralisado até o dia de sua morte, 32 anos depois. Os árabes mutilaram e cuspiram nos corpos. Mais tarde, descobriu-se que eram palestinos e beduínos vindos da Jordânia e apoiados por Salah Mustafa.

Sharett estava sob forte pressão para retaliar, mas não aprovou uma operação de vingança. "Um ato de reação ao banho de sangue serviria apenas para diminuir seu efeito horripilante e nos colocaria no mesmo nível dos assassinos em massa do outro lado", escreveu ele em seu diário.

Em vez disso, a Unidade 504 da Aman enviou um destacamento de três assassinos beduínos que empregava como agentes. Eles entraram na Jordânia fortemente armados e carregando dois dispositivos explosivos preparados por Natan Rotberg. Descobriram onde um dos terroristas vivia, em um vilarejo no sul da Jordânia e, depois de decidir não explodir sua casa, esperaram até que estivesse sozinho e o mataram a tiros. "Nossos agentes encontraram a identidade do motorista do ônibus entre as coisas que ele pilhara e a trouxeram de volta para nós", contou Yigal Simon, um veterano da 504.

Essa operação muito específica foi considerada um sucesso pela 504, mas não fez muita diferença no retrato geral. Assassinatos seletivos, com seu sucesso limitado, haviam falhado em impedir, ou mesmo diminuir, os atacantes que cruzavam as fronteiras. Os ataques punitivos haviam atraído a ira global, mas não haviam reduzido a carnificina.

Em meados dos anos 1950, Hafez estava vencendo.[20] Os terroristas que ele treinava levavam a cabo ataques ainda mais letais em território israelense, coletando informações, sabotando infraestruturas, roubando propriedades e matando israelenses. Sem contar com infraestrutura adequada, incluindo inteligência de alta resolução, experiência, know-how e forças treinadas e equipadas em número suficiente, Israel só podia responder com operações de retaliação cada vez menos específicas e com o bombardeio pesado da Faixa de Gaza.

O nome de Hafez surgia frequentemente nos relatórios que a Unidade 504 recebia de suas fontes no sul. Mas, mesmo assim, ele era uma figura vaga, envolta em sombras.[21] "Jamais conseguimos uma fotografia dele", disse Yaakov Nimrodi, que comandava a base sul da unidade. "Mas sabíamos que era um homem jovem de cerca de 30 anos, de boa aparência e muito carismático. Nossos prisioneiros e agentes falavam dele com admiração e reverência."

Hafez e Nimrodi, ele mesmo um jovem e carismático oficial, estavam em lados opostos do conflito árabe-israelense. "Hafez era considerado uma das melhores mentes da inteligência egípcia", disse Nimrodi. "Poucos de nossos agentes conseguiram escapar de suas garras. Muitos foram capturados e liquidados ou se tornaram agentes duplos após o tratamento que receberam dele e se voltaram contra nós. Nessa guerra de mentes, somente os melhores venceram e sobreviveram."

Contra o pano de fundo de impotência para garantir a segurança e sob forte pressão pública, Sharett foi compelido primeiro a aceitar Ben-Gurion como ministro da Defesa e depois a lhe devolver o cargo de primeiro-ministro em novembro de 1955. Sharett voltou a ser apenas ministro do Exterior e, mais tarde, foi forçado a renunciar sob pressão de Ben-Gurion.

O retorno de Ben-Gurion encorajou a Aman a novamente planejar ataques mais vigorosos contra os *fedayins*. Uma das ideias era liquidar Hafez. "Ele era a cabeça da cobra", disse Nimrodi, "que precisávamos cortar."

"Mas isso era difícil, por três razões", afirmou Avraham Dar, que, como major da Aman, estava encarregado de reunir informações sobre Hafez. "Primeira, coletar informações suficientes sobre ele e os lugares que frequentava; segunda, chegar até ele e matá-lo; e terceira, o problema diplomático. Ele era um oficial superior do exército de um Estado soberano. Matá-lo poderia ser visto como cruzar uma linha vermelha nas relações com o Egito e levar à deterioração."

Tentativas de mediação da ONU entre Israel e Egito falharam e os ataques de Hafez continuaram durante todo o ano de 1955 e a primavera de 1956.

Em 29 de abril de 1956, um esquadrão de guerrilheiros palestinos treinados por Hafez abriu fogo contra fazendeiros trabalhando nos campos de Nahal Oz, um *kibutz* na fronteira sul de Israel. Roi Rotberg, um jovem primeiro-tenente da reserva das FDI encarregado da segurança do *kibutz*, saiu em seu cavalo para repeli-los. Os palestinos o mataram, arrancaram seus olhos e arrastaram seu corpo pelo campo e através da trincheira que marcava a fronteira, em um esforço para sugerir que havia invadido solo estrangeiro.

Moshe Dayan sentiu profundamente a morte de Rotberg. Ele conhecera o tenente apenas um dia antes, enquanto visitava os assentamentos do sul. No dia seguinte, 30 de abril, Dayan se postou em frente à sepultura aberta de Rotberg e leu uma elegia que, nos anos seguintes, passaria a ser vista como formulação seminal do militarismo israelense:[22]

> Roi foi assassinado ontem, no início da manhã. O silêncio da manhã de primavera o cegou e ele não viu aqueles que esperavam por ele na beira do sulco no campo.
>
> Hoje, não lancemos a culpa sobre os assassinos. Quem somos nós para argumentar contra seu potente ódio por nós? Durante oito anos, permaneceram sentados nos campos de refugiados de Gaza, e, perante seus olhos, transformamos a terra e os vilarejos onde eles e seus antepassados viveram em nossa própria herança [...].
>
> Somos a geração dos assentamentos e, sem o capacete de aço e a boca do canhão, não conseguiremos plantar uma árvore ou construir uma casa. Nossos filhos não sobreviverão se não cavarmos abrigos e, sem cercas de arame farpado e metralhadoras, não conseguiremos pavimentar estradas ou escavar poços. Milhões de judeus, aniquilados porque não tinham país, olham para nós da poeira da história judaica e ordenam que criemos assentamentos e erijamos uma terra para nosso povo.
>
> [...] Não devemos hesitar ao ver o ódio que acompanha e preenche a vida de centenas de milhares de árabes que vivem à nossa volta e aguardam o momento em que serão fortes o suficiente para derramar nosso sangue. Não desviaremos o olhar ou nossas mãos ficarão fracas. Esse é o destino de nossa geração.[23]

Em termos simples, Dayan queria dizer que os judeus do Estado de Israel podiam ter chegado como colonos retornando a sua pátria ancestral, mas, da perspectiva dos árabes, eram invasores. Consequentemente os árabes — e de modo justificado, de seu ponto de vista — odiavam os judeus. E a existência continuada dos judeus dependia, mais que tudo, de sua habilidade de se defenderem dos árabes que desejavam matá-los. Todo o restante — desenvolvimento, economia, sociedade e cultura — estava subordinado e devia se curvar às necessidades de segurança e sobrevivência. Esse era, na opinião de Dayan, o destino de Israel, nascido de milhares de anos de história judaica.

Ao lado da sepultura enquanto Dayan falava estava o primo de Roi, Natan Rotberg, o fabricante de bombas. Após o funeral, Natan prometeu ao tio, Shmaryahu, que vingaria seu filho Roi.[24]

Dayan também estava determinado a vingar Roi e todos os outros israelenses assassinados e aterrorizados pelos esquadrões de Hafez. Dessa vez, persuadiu Ben-Gurion a não somente iniciar um ataque de retaliação contra um vilarejo palestino, mas também a permitir que ele instruísse a comunidade de inteligência a matar os egípcios que enviavam assassinos para Israel: os coronéis Hafez e Salah. Foi uma escalada significativa.

Abraham Dar escreveu a ordem operacional, cujo codinome era Eunuco (Saris). Até onde se pode determinar, foi a primeira ordem operacional para um assassinato seletivo a ser escrita e executada na história do Estado de Israel.

"À luz das atividades da organização de *fedayins* do Egito na Faixa de Gaza e na Jordânia", escreveu Dar, "decidiu-se agir contra seus organizadores, Mustafa Hafez, na Faixa de Gaza, e o adido militar egípcio, na Jordânia. O objetivo: a eliminação física desses dois homens com bombas camufladas." No caso de Hafez, lembrou Dar, "estava claro que a bomba teria de ser entregue por alguém em quem ele confiava".

Eles encontraram esse homem em Muhammad al-Talalqa, um jovem beduíno que vivia na Faixa de Gaza e trabalhava tanto para Hafez quanto para a Unidade 504. Al-Talalqa e Hafez não estavam conscientes de que a 504 sabia que ele era agente duplo, e a unidade da Aman decidiu explorar essa vantagem e lhe dar algo que seria visto como tão importante que ele imediatamente levaria até Hafez.

O que poderia ser? Um livro que incluísse todas as cifras em código Morse usadas pelos israelenses, que Talalqa seria instruído pela 504 a entregar a outro agente israelense em Gaza.

Novamente, os serviços de Natan Rotberg foram necessários. Ele sem dúvida vingaria o primo.

"Zadok [Ofir, oficial da base sul da Unidade 504] me telefonou e contou sobre o plano", disse Rotberg mais de cinco décadas depois. "Entendi quem estava envolvido e fiquei muito satisfeito. Disse que, se conseguissem entregar um livro grosso para Hafez, eu cuidaria do resto. Cortei o interior do livro e despejei 300 gramas da minha mistura. Era suficiente? Claro. Um detonador pesa 20 gramas e, se explodir na sua mão, você perde os dedos. Assim, 300 gramas explodindo no rosto de uma pessoa certamente a matariam. O aparato se constituía em um braço de metal, uma bola de gude e uma mola forte. Quando o livro estava fechado e no interior de uma embalagem reforçada com fitas, o braço ficava sob pressão e não se movia. No minuto em que as fitas fossem desatadas e afrouxassem a embalagem, o braço se soltaria e empurraria a bolinha de gude para a frente, perfurando o detonador, que acionaria os explosivos e *bum!*"[25]

O plano e a bomba camuflada funcionaram perfeitamente. Em 11 de julho de 1956, al-Talalqa atravessou a fronteira, foi diretamente à sede da inteligência militar egípcia em Gaza e, animado, entregou o pacote a Hafez. "Quando ele tirou o livro da embalagem", contou mais tarde uma testemunha durante um inquérito secreto do governo egípcio, "um pedaço de papel caiu no chão. O coronel Mustafa Hafez se abaixou para apanhá-lo e, nesse momento, ocorreu a explosão."[26] Hafez ficou mortalmente ferido. Alguns dos presentes testemunharam que, enquanto jazia no chão, ele gritou: "Vocês me pegaram, seus cachorros."

Na noite seguinte, Natan Rotberg visitou o tio, pai de Roi. Fez questão de vestir o uniforme. "Eu disse a ele: 'Shmaryahu, cuidei de sua dívida com Mustafa Hafez'", contou Rotberg. "Será que isso o fez se sentir melhor? Não tenho certeza, mas funcionou para mim. Eu estava feliz. Shmaryahu ficou em silêncio. Uma lágrima se formou em seu olho e ele me agradeceu por informá-lo."

Os egípcios ficaram constrangidos demais para reconhecer publicamente o lapso de segurança. No dia seguinte à morte de Hafez, uma notícia foi publicada no jornal egípcio *Al-Ahram*: "O coronel Mustafa Hafez, instalado na Faixa de Gaza, morreu ontem quando seu veículo atingiu uma mina [...]. Ele foi um dos heróis da guerra na Palestina e lutou por sua libertação. A história registrou seus feitos heroicos. Seu nome semeou terror e pânico em Israel."

No mesmo dia em que Hafez foi morto, Salah Mustafa, o adido militar egípcio em Amã, recebeu pelo correio uma cópia de *Achtung Panzer!*, de Heinz Guderian, o herói alemão da guerra de tanques e um dos pais do conceito de *blitzkrieg*.[27] Avraham Dar, um aficionado por história e estratégia militar, escolheu o livro porque tinha certeza de que Salah acharia o presente apropriado. Dois mistaravins haviam entrado em Jerusalém Oriental, que estava sob controle jordaniano, e enviado o livro de lá, a fim de que o selo postal não levantasse suspeitas. Salah, que ainda não ouvira sobre o ataque a sua contraparte em Gaza, abriu o livro e ele explodiu, ferindo-o mortalmente. Ele morreu mais tarde no hospital.

O chefe do Estado-Maior Dayan compreendeu a importância dos dois ataques e deu uma grande festa no quintal de casa para celebrar as mortes de Hafez e Salah. Abraham Dar organizou a lista de convidados.

4

TODO O COMANDO SUPREMO EM UM ÚNICO GOLPE

Os assassinatos seletivos de Hafez e Salah sobressaltaram a inteligência militar egípcia e houve certa redução no número de incursões terroristas em Israel. Do ponto de vista israelense, foi um sucesso.

Mas então os céus da região ficaram enevoados por uma razão diferente.

Em 26 de julho de 1956, o presidente do Egito, Gamal Abdel Nasser, agindo de acordo com sua agenda anticolonialista, nacionalizou o canal de Suez, a ligação vital entre o Mediterrâneo e o mar Vermelho. Os governos britânico e francês, cujos cidadãos eram os principais acionistas da altamente lucrativa companhia que operava o canal, ficaram furiosos. Israel desejava recuperar passagem pelo canal, mas, ao mesmo tempo, viu a oportunidade de enviar uma mensagem clara aos egípcios: Nasser finalmente pagaria caro por enviar militantes à Faixa de Gaza a fim de atacar Israel, e suas ambições explícitas de destruir o país seriam recebidas com força esmagadora.

Essa convergência de interesses gerou uma aliança secreta entre os três países, com o jovem e enérgico diretor-geral do Ministério da Defesa de Israel, Shimon Peres, desempenhando papel de liderança na criação de um ambicioso plano de guerra. Israel invadiria a península do Sinai, dando aos franceses e britânicos um pretexto — a crise ameaçando o canal de Suez — para também invadir. A França prometeu proteger Israel dos ataques da Força Aérea egípcia.

Pouco antes do dia D, a Aman descobriu que uma delegação que incluía o poderoso chefe do Estado-Maior egípcio, o marechal de campo Abd al-Hakim

Amer, e muitos outros oficiais superiores partira do Cairo em um avião com destino a Damasco. Uma oportunidade se apresentou. Com um golpe preciso, Israel poderia eliminar quase toda a liderança militar egípcia.

A Força Aérea começou a conduzir um treinamento intensivo de interceptação noturna, uma operação difícil, dadas as capacidades tecnológicas disponíveis na época. Ben-Gurion e Dayan decidiram que Israel faria tudo que pudesse para esconder seu envolvimento e tentaria fazer parecer que o avião caíra por causa de uma falha técnica.[1]

A missão recebeu o codinome Operação Galo.

Esperava-se que os egípcios fizessem um curto voo de retorno de Damasco para o Cairo em duas aeronaves Ilyushin Il-14. A Aman designou a tarefa de identificar e rastrear o comboio aéreo a sua unidade de inteligência de sinais (SIGINT).[2] A unidade (conhecida atualmente como Unidade 8200) já acumulara vários sucessos proeminentes durante a guerra de 1948-49, levando a Aman a investir muitos recursos em seu desenvolvimento. A 8200 se tornaria a maior — e, algum dia, a mais importante — unidade das FDI.

O investimento rendeu. Alguns dias antes de a delegação partir do Cairo rumo a Damasco, técnicos da SIGINT conseguiram isolar a frequência de transmissão que os egípcios usariam no curto voo de volta. Vinte operadores israelenses de rádio, todos com menos de 25 anos, esperavam, tensos, na sede em Ramat Hasharon, ao norte de Tel Aviv, mantendo-se em alerta 24 horas por dia e esperando que os egípcios decolassem da pista em Damasco. A unidade estava sob intensa pressão do alto-comando, uma vez que a invasão por terra da península do Sinai estava planejada para 29 de outubro e o caos desmoralizante de perder toda sua equipe militar sênior deixaria os egípcios em clara desvantagem. O tempo estava acabando.

Os dias se passavam lentamente, com os operadores de rádio esperando pacientemente por um som em seus fones de ouvido.[3] O sol nasceu em 28 de outubro, um dia antes da hora zero, e os egípcios ainda estavam na Síria. Finalmente, às 14 horas de 28 de outubro, o sinal que aguardavam foi captado: os pilotos dos Ilyushin Il-14 se preparavam para partir.

Mattias "Chatto" Birger, comandante da Esquadrilha 119 e um dos melhores pilotos da Força Aérea na época, foi selecionado para a dramática missão.[4] Por volta das 20 horas, a SIGINT informou à Força Aérea que apenas um dos dois Ilyushin Il-14 havia decolado. Mesmo assim, acreditava-se que todos os oficiais egípcios estavam a bordo. A Operação Galo podia começar.

Chatto embarcou em seu jato Meteor Mk. 13 e decolou com seu navegador, Elyashiv "Shivi" Brosh. Era uma noite particularmente escura, tão escura que até mesmo a linha do horizonte quase desaparecia na escuridão.

Chatto subiu para 10 mil pés e nivelou. O radar o alertou para a aproximação de uma aeronave. "Contato, contato, contato!", disse Shivi no intercomunicador. "Às 2 horas, em nossa altitude, 3 milhas à frente, movendo-se para as 3 horas. Quatro! Guine para a direita! Mais devagar! Você está se aproximando muito rápido!"

Contra o céu profundamente negro, Chatto viu minúsculas explosões alaranjadas, as chamas dos exaustores do Ilyushin. "Contato visual", relatou ele ao controle de solo.

"Quero uma identificação positiva da aeronave", respondeu o comandante da Força Aérea Dan Tolkowsky, que estava no centro de controle. "Positiva, sem nenhuma dúvida. Entendido?"

Chatto guinou ligeiramente para a esquerda, até poder ver a luz nas janelas do compartimento de passageiros. As janelas da cabine eram maiores que as outras. *Essa é uma identificação positiva*, pensou ele. *Somente um Ilyushin tem janelas assim.* Ele também vislumbrou pessoas em uniformes militares caminhando entre os assentos.

"Identificação confirmada", disse ele.

"Liberado para atirar, mas somente se você não tiver dúvidas", respondeu Tolkowsky.

"Recebido e entendido."

Projéteis foram ejetados de quatro canhões de 20 milímetros encaixados no nariz da aeronave. Chatto teve a visão encoberta por um brilho inesperado: alguém da tripulação de solo, tentando ser útil, carregara os canhões com munição traçante, mas os flashes brilhantes na quase total escuridão inutilizaram seus olhos.

Chatto recuperou a visão. E viu fogo no céu. "Pegamos ele!", gritou para o controle de solo. "O motor esquerdo está em chamas e parece que há um curto-circuito, porque tudo está escuro."

Chatto pressionou o gatilho novamente. O Ilyushin explodiu, uma bola de fogo na noite, cuspindo destroços em chamas. Ele começou a rodopiar em direção ao mar.

"Você viu o impacto?", perguntou Tolkowsky quando Chatto nivelou o avião.

"Afirmativo, impacto", respondeu Chatto.

Chatto pousou o avião quase sem combustível e foi saudado na pista pelo chefe do Estado-Maior Moshe Dayan e pelo general Tolkowsky, que informou que, no último minuto, Amer aparentemente decidira esperar pelo segundo avião.

"Se der tempo", respondeu Chatto, podemos abastecer e decolar novamente."

"Pensamos nisso, mas chegamos à conclusão de que pareceria óbvio demais e poderia revelar nossa fonte de informações", disse Dayan. "Decidimos deixar Amer escapar. Mesmo assim, no minuto em que liquidou o Estado-Maior egípcio, você venceu metade da guerra. Vamos beber em homenagem à segunda metade."

A Operação Galo foi sem dúvida uma magnífica realização de inteligência e combate aéreo. De fato, os participantes mais tarde passaram a chamá-la de "derrubada do Estado-Maior egípcio"[5] e a afirmar que o caos resultante no alto-comando no Cairo contribuíra significativamente para a vitória de Israel na guerra que se iniciou no dia seguinte.

Quer o impacto tenha ou não sido tão significativo quanto esses homens afirmam, as FDI derrotaram facilmente o Exército egípcio. Isso deixou o mundo de sobreaviso: o Estado judaico era agora uma força de combate que devia ser levada a sério. Ben-Gurion, temporariamente em estado de euforia, enviou uma carta pública aos oficiais e soldados da 9ª Brigada falando sobre o "Terceiro Reino de Israel".

Além da península do Sinai, Israel também conquistou a Faixa de Gaza. Depois que as FDI ocuparam a faixa, Rehavia Vardi enviou alguns homens da Unidade 504 para vasculhar o prédio da inteligência egípcia na cidade de Gaza, onde Mustafa Hafez fora morto meses antes. No porão, encontraram um tesouro escondido que os desesperados egípcios em fuga haviam deixado para trás: o arquivo intacto de todos os terroristas palestinos que Hafez e seus homens haviam empregado contra Israel nos cinco anos anteriores à campanha do Sinai.

Era como se os egípcios tivessem deixado uma lista de alvos. Vardi se reuniu com o chefe do Estado-Maior Dayan e pediu permissão para começar a assassinar os palestinos citados no arquivo. Dayan recebeu a aprovação de Ben-Gurion. Vardi então ordenou que Natan Rotberg — e seu tanque de explosivos — passasse a operar em sobremarcha.

A fórmula especial de Rotberg foi despejada em cestos de vime, isqueiros, frutas, vegetais e até mesmo mobiliário. Os agentes árabes da Unidade 504 esconderam as bombas nos lugares apropriados ou as entregaram como presentes a trinta *fedayins* palestinos em Gaza. Entre novembro de 1957 e março de 1958, os homens de Vardi percorreram o arquivo, eliminando os homens que haviam aterrorizado israelenses durante anos. As missões de assassinato seletivo foram uma grande vitória tática, mas não necessariamente um sucesso em termos de estratégia. "Todas essas eliminações foram de importância muito limitada", disse Rotberg, "porque outros simplesmente tomaram seus lugares."

Muito rapidamente, a conspiração secreta entre Grã-Bretanha, França e Israel se transformou em um retumbante desastre diplomático internacional. Os Estados Unidos forçaram Israel a sair do Sinai e de Gaza. A França e a Grã-Bretanha também recuaram, finalmente perdendo o controle sobre o canal, e os líderes de ambas as superpotências foram forçados a renunciar.

O regime egípcio passou a ser visto como tendo se imposto contra o intrusivo colonialismo ocidental e forçado duas grandes potências europeias e seu inimigo jurado judaico a recuar. Nasser foi considerado um herói e se tornou, para todos os propósitos práticos, o líder do mundo árabe.

No entanto, Nasser concordou em deixar que navios israelenses usassem o canal e parou de financiar as operações de *fedayins* em Gaza. Ele entendeu que os riscos de um incidente militar generalizado com Israel, como resultado dessas operações, eram maiores que os benefícios derivados delas.

Finalmente, em 1957, parecia que o terror pararia de fluir para Israel vindo do outro lado da fronteira.

*

A campanha do Sinai deixou claro para os países árabes que destruir o Estado judaico seria muito difícil e deu a Israel onze anos de liberdade do combate de larga escala, até a Guerra dos Seis Dias em 1967. As FDI usaram esse tempo para se transformar em uma força militar ampla, poderosa, bem-treinada e baseada em tecnologia, equipada com armas modernas e possuidora de um braço de inteligência, a Aman, de extensas capacidades.

Os anos que se seguiram também foram bons para o Mossad. Isser Harel o fizera se transformar de organização inexperiente e às vezes desastrada em uma agência com quase mil funcionários, renomada internacionalmente por sua solidez, tenacidade e iniciativa.

Israel começou a emergir como potência em inteligência em 1956, depois que Nikita Kruchev fez um discurso secreto durante o 20° Congresso do Partido Comunista, no qual falou francamente sobre os crimes cometidos por seu predecessor, Joseph Stalin. Toda a equipe de espionagem do mundo ocidental estava ansiosa para obter o texto e estudá-lo em busca de pistas sobre a mentalidade de Kruchev, mas nenhuma conseguia penetrar o véu de aço da União Soviética. Foi a inteligência israelense que conseguiu e Isser Harel ordenou que uma cópia do discurso fosse entregue à CIA.

O impressionado e grato diretor da agência, Allen Dulles, a repassou ao presidente Dwight Eisenhower, que ordenou que fosse vazada para o *New York Times*.[6] A publicação gerou uma tempestade global e constrangeu imensamente a União Soviética.

Assim nasceu a aliança secreta entre as inteligências americana e israelense.[7] Do lado americano, era liderada por James Jesus Angleton, chefe da equipe de contrainteligência da CIA e apoiador de Israel que, como Harel, via um espião soviético debaixo de cada cama. Através desse canal, a CIA obteve muitas informações sobre o Oriente Médio, uma prática que continua até hoje.

A campanha do Sinai de 1956, embora tenha sido um desastre político, cimentou ainda mais a posição do país nas operações de inteligência.[8] Em seguida à breve guerra, Harel começou a tecer uma rede de contatos secretos em todos os países do Oriente Médio, da Ásia e da África, incluindo muitos que apoiavam publicamente os árabes. Esse *modus operandi* ficou conhecido no Mossad como "doutrina periférica"[9] e pregava o estabelecimento de elos secretos com países e organizações logo além do círculo de países árabes hostis que circundavam Israel, ou com minorias no interior desses países que estavam em conflito com adversários de Israel.

O excepcional resultado da estratégia periférica foi uma aliança tripartite de inteligência — codinome Tridente — entre Israel, o Irã dos xás e a Turquia. Os líderes das agências de espionagem dos três países se reuniam de tempos em tempos e trocavam grandes quantidades de material de inteligência. A aliança também realizou operações conjuntas contra os soviéticos e os árabes. Ben-Gurion persuadiu o presidente Eisenhower de que o Tridente era um recurso de primeira classe e a CIA forneceu fundos para suas atividades.[10]

O maior sucesso do Mossad, todavia, ocorreu em 1960, quando agentes israelenses localizaram Adolf Eichmann, um dos grandes arquitetos e facilitadores da Solução Final de Hitler, em Buenos Aires, onde morava havia dez anos sob o nome Ricardo Klement.

Um promotor judeu-alemão, Fritz Bauer, desistiu da possibilidade de levar criminosos de guerra nazistas à justiça na Alemanha. Em vez disso, vazou as informações que reunira sobre Eichmann para o Mossad. Quando um oficial do Mossad foi vê-lo, Bauer o deixou sozinho com as informações secretas sobre a mesa.[11] O israelense entendeu a dica e copiou os detalhes relevantes.

Ben-Gurion autorizou Harel a ir para Buenos Aires à frente de uma grande equipe.[12] O premiê estava determinado a acertar as contas com Eichmann, que recebeu o codinome Dybbuk, a palavra hebraica para um espírito maligno que se apodera de uma pessoa viva. Mas o objetivo da operação era muito mais amplo que se vingar de um único indivíduo, por mais odiosas que tivessem sido suas transgressões. Ben-Gurion ordenou que Harel e sua equipe não ferissem Eichmann, embora matá-lo fosse a opção mais fácil, mas o sequestrassem e o levassem para julgamento em Israel. O objetivo era despertar na consciência internacional a memória indelével do Holocausto, através da exposição dos atos de um de seus principais perpetradores.

Dezenas de agentes e colaboradores do Mossad tomaram parte da operação, portando passaportes de até cinco nações. Eles se espalharam por vários refúgios em toda a capital argentina.

Em 11 de maio, a equipe se posicionou perto da parada onde o homem conhecido como Klement descia do ônibus todas as noites, às 19h40, e caminhava a curta distância até sua casa. Naquela noite, quando o ônibus chegou, Eichmann não estava nele. As ordens da equipe eram para aguardar até no máximo às 20 horas e, se ele não aparecesse, abortar a operação, a fim de não suscitar suspeitas.

Às 20 horas, eles se prepararam para partir, mas Rafi Eitan, comandante de campo, decidiu esperar mais um pouco. Cinco minutos depois, quando Eitan estava prestes a desistir, outro ônibus parou. Klement desembarcou e começou a caminhar, com uma das mãos no bolso.

Zvi Malchin foi o primeiro a atacar. Ele temia que Klement suspeitasse de algo e estivesse prestes a sacar uma arma; assim, em vez de agarrá-lo por trás e arrastá-lo até o carro, como planejado, ele o empurrou para uma vala e pulou sobre ele, com Eitan e outro agente logo atrás. Klement gritou, mas não havia ninguém para ouvi-lo. Em segundos, foi imobilizado e jogado no banco de trás de um carro. Zvi Aharoni, um agente do Mossad que estava no carro, disse em alemão que, se ele causasse problemas, levaria um tiro ali mesmo.

Eitan começou a procurar marcas que indicassem sem sombra de dúvida que aquele era Eichmann. A cicatriz em seu braço, onde estivera a tatuagem da SS, foi logo localizada. A cicatriz de uma apendicectomia, meticulosamente documentada em seu arquivo da SS, foi mais difícil. Eitan teve de abrir o cinto e enfiar as mãos dentro da calça de Klement, enquanto o carro corria a toda velocidade e os passageiros eram jogados de um lado para o outro. Mas finalmente encontrou a cicatriz e exclamou: *Zee hoo! Zee hoo!* — "É ele! É ele!", em hebraico.

No escuro, os olhos de Eitan e Malchin brilhavam. Eles apertaram as mãos e murmuraram alguns versos da "Canção dos Partisans", escrita em homenagem aos judeus que lutaram contra os nazistas nas florestas e que terminava dizendo: "Nossa marcha ecoa a mensagem: 'Estamos aqui.'"

Eichmann foi sedado e levado para Israel em um avião da El Al. Seu julgamento em Jerusalém atraiu atenção internacional sem precedentes e a procissão de testemunhas lembrou o mundo de atrocidades do Holocausto. Eichmann foi sentenciado à morte e executado por enforcamento. Seu corpo foi cremado, e suas cinzas, espalhadas sobre o mar.

Enquanto isso, o sumário comunicado de imprensa sobre a descoberta e o sequestro de Eichmann deu ao Mossad o status de agência de espionagem brutal e capaz. Em meados de 1962, Harel era considerado o homem forte dos establishments israelenses de inteligência e defesa.[13]

Ben-Gurion conseguira tudo que esperava.

Mas, apesar de toda essa glória, a agência de Harel não percebera uma ameaça devastadora se desenvolvendo na porta ao lado.

5

"COMO SE O CÉU ESTIVESSE CAINDO SOBRE NOSSA CABEÇA"

Na manhã de 21 de julho de 1962, os israelenses acordaram para seu pior pesadelo. Os jornais egípcios relataram o bem-sucedido teste de lançamento de quatro mísseis superfície-superfície — dois do novo modelo Al-Zafer (o vitorioso)[1] e dois do modelo Al-Qaher (o conquistador). Dois dias depois, os mísseis — dez de cada tipo, envoltos na bandeira egípcia — foram exibidos no Cairo, em um desfile ao longo do rio Nilo. Cerca de trezentos diplomatas estrangeiros estavam entre os espectadores, assim como muitos habitantes da cidade. O próprio presidente Nasser observou o desfile de uma plataforma especial em frente a um edifício governamental perto do Nilo. Ele declarou orgulhosamente que as Forças Armadas egípcias agora eram capazes de atingir qualquer ponto "ao sul de Beirute".[2] Como todo o território de Israel está localizado entre o Egito, ao sul, e o Líbano, cuja capital é Beirute, ao norte, a implicação era clara.

No dia seguinte, uma transmissão feita em hebraico pela estação de rádio egípcia "A voz do trovão do Cairo" foi ainda mais explícita. "Esses mísseis abrirão os portões da liberdade para os árabes e retomarão a pátria que nos foi roubada como parte do complô imperialista e sionista", jactou-se o âncora da rádio.

A profunda inquietação do público israelense somente aumentou quando, apenas algumas semanas depois, ficou claro que uma equipe de cientistas alemães desempenhara papel integral no desenvolvimento dos mísseis. A

Segunda Guerra Mundial terminara havia apenas dezessete anos e, subitamente, os traumas do Holocausto, com imagens de cientistas alemães em uniformes da Wehrmacht, deram origem a uma nova e diferente ameaça existencial: armas de destruição em massa nas mãos do maior inimigo de Israel, Nasser, que os israelenses viam como o Hitler do Oriente Médio. "Antigos nazistas alemães agora ajudam Nasser em seus projetos genocidas contra Israel", descreveu a imprensa judaica.[3]

E, a despeito de seu abrangente estatuto de monitorar e proteger Israel de ameaças externas, o Mossad foi pego desprevenido. Os serviços de inteligência da nação judaica — sem falar em seus líderes militares e políticos — ficaram estupefatos ao saber do projeto egípcio de mísseis apenas dias antes do teste de lançamento. Foi uma devastadora lembrança da vulnerabilidade do pequeno país e um fracasso humilhante para o Mossad de Harel.[4]

Pior ainda, os cientistas alemães que desenvolviam os mísseis egípcios capazes de destruir Israel não eram técnicos obscuros.[5] Eram alguns dos mais importantes engenheiros do regime nazista, homens que haviam trabalhado durante a guerra na base de pesquisas de Peenemünde, uma península na costa báltica onde as armas mais avançadas do Terceiro Reich haviam sido desenvolvidas. Haviam ajudado a construir a V-1 — a bomba voadora que aterrorizara a Inglaterra — e o míssil balístico V-2, que os alemães usaram para destruir grandes partes da Antuérpia e de Londres e que serviram como protótipos para os atuais mísseis superfície-superfície de longo alcance.

"Eu me senti impotente", disse Asher Ben-Natan, diretor-geral do Ministério da Defesa, "como se o céu estivesse caindo sobre nossas cabeças. Ben-Gurion falou vezes sem conta sobre o pesadelo que o mantinha acordado durante a noite: o temor de que ele, o primeiro-ministro, tivesse levado os judeus sobreviventes da Europa para o Estado de Israel apenas para que, em seu próprio país, passassem por um segundo Holocausto."[6]

O próprio Mossad, em um inquérito interno ultrassecreto sobre o caso conduzido em 1982, resumiu assim a situação: "Foi um dos mais importantes e traumáticos eventos da história da comunidade de inteligência de Israel, levando a uma reação em cadeia que deu origem a ações extremas."[7]

E, de fato, as reações foram extremas.

*

Harel colocou todo o Mossad em estado de emergência. Uma atmosfera de crise varreu cada corredor da agência, refletida nos telegramas internos daqueles meses. "Estamos interessados em obter material [de inteligência] de qualquer maneira", ordenou a sede em Tel Aviv às estações do Mossad na Europa em agosto de 1962. "Se um alemão souber algo e não quiser cooperar, estamos prontos para capturá-lo e obrigá-lo a falar. Por favor, levem isso em consideração, pois precisamos obter informações a qualquer custo."

Os agentes do Mossad imediatamente começaram a invadir embaixadas diplomáticas e consulados egípcios em várias capitais europeias a fim de fotografar documentos. Também conseguiram recrutar um funcionário suíço do escritório da EgyptAir em Zurique, uma companhia aérea que ocasionalmente servia como disfarce para as agências de inteligência de Nasser. O funcionário suíço permitia que agentes do Mossad levassem os malotes de correio à noite, duas vezes por semana, para um esconderijo. Depois de abertos, seus conteúdos eram fotografados e voltavam a ser selados por especialistas que não deixavam nenhum sinal de que haviam sido violados. Então eram devolvidos ao escritório da companhia aérea. Depois de um período relativamente curto, o Mossad obteve um entendimento preliminar do projeto egípcio de mísseis e de seus líderes.

O projeto fora iniciado por dois cientistas internacionalmente conhecidos, dr. Eugen Sänger e Wolfgang Pilz. Durante a guerra, eles haviam desempenhado papel-chave no Centro de Pesquisas do Exército em Peenemünde. Em 1954, uniram-se ao Instituto de Pesquisas sobre Física de Propulsão a Jato, em Stuttgart. Sänger liderara o prestigiado instituto. Pilz e dois outros especialistas veteranos da Wehrmacht, dr. Paul Goercke e dr. Heinz Krug, haviam sido chefes de departamento. Mas o grupo, sentindo-se subempregado e subutilizado na Alemanha do pós-guerra, abordara o regime egípcio em 1959 e se oferecera para recrutar e liderar um grupo de cientistas para desenvolver mísseis superfície-superfície de longo alcance. Nasser prontamente concordou e nomeou um de seus conselheiros militares mais próximos, o general 'Isam al-Din Mahmoudh Khalil, ex-diretor da inteligência da Força Aérea e então chefe de pesquisa e desenvolvimento do exército, para coordenar o programa. Khalil criou um sistema compartimentalizado, separado do restante do exército, para os cientistas alemães, que chegaram para uma visita ao Egito em abril de 1960.

No fim de 1961, Sänger, Pilz e Goercke se mudaram para o Egito e recrutaram cerca de 35 cientistas e técnicos alemães altamente especializados para se unirem a eles. As instalações no Egito continham campos de teste, laboratórios e luxuosas moradias para os expatriados alemães, que gozavam de excelentes condições de trabalho e altos salários. Krug, todavia, permaneceu na Alemanha, onde criou uma empresa chamada Intra Commercial, que servia como fachada europeia para o grupo.

Quase imediatamente após o Mossad obter uma noção básica da situação, as más notícias chegaram novamente. Em 16 de agosto de 1962, um Isser Harel de expressão sepulcral foi ver Ben-Gurion, levando consigo um documento dos malotes da inteligência egípcia que fora copiado dois dias antes em Zurique.

Os israelenses estavam em choque. O documento era uma ordem escrita em 1962 por Pilz para os gerentes de projeto no Egito e incluía a descrição dos materiais que precisavam ser adquiridos na Europa para a fabricação de novecentos mísseis.[8] Era um número enorme. Após a interceptação, de acordo com um relatório interno do Mossad, a organização foi tomada por "uma atmosfera de quase pânico". Pior ainda, o documento fez crescer o medo, entre os especialistas israelenses, de que o verdadeiro objetivo do Egito fosse armar os mísseis com ogivas radioativas e químicas.

Ben-Gurion convocou conferências urgentes com o topo da hierarquia. Harel tinha uma espécie de plano.

As informações coletadas até então pelo Mossad revelavam um calcanhar de aquiles no projeto de mísseis: o desenvolvimento de sistemas de orientação estava tão atrasado que praticamente não existia, impedindo a produção em massa. Enquanto estivesse assim, o Egito precisaria dos cientistas alemães. Sem eles, o projeto ruiria. O plano de Harel era sequestrar ou eliminar os alemães.[9]

Perto do fim de agosto, Harel foi para a Europa a fim de colocar o plano em ação. O tempo começava a esfriar, anunciando o inverno mais rigoroso que a região conhecera em muitos anos. Quando todos os esforços para localizar Pilz falharam, Harel decidiu agir contra Krug.[10]

Às 17h30 de segunda-feira, 10 de setembro, um homem que se apresentou como Saleh Qaher telefonou para a casa de Krug em Munique.[11] Ele disse falar em nome do coronel Said Nadim, principal assistente do general Mahmoud Khalil, e afirmou que Nadim precisava se encontrar com Krug "imediatamente, sobre um assunto importante". Saleh acrescentou, em um tom muito amigável, que Nadim, que Krug conhecia bem, enviava lembranças e esperava por ele no hotel Ambassador, em Munique. O assunto em questão era um acordo que renderia um bom lucro para Krug. Era impossível discuti-lo no escritório da Intra em função de sua natureza especial.

Krug não viu nada incomum no telefonema e aceitou o convite. Saleh não era ninguém menos que um antigo agente do Mossad chamado Oded. Nascido no Iraque, participara ativamente da resistência sionista no país, fugindo em 1949 após quase ser capturado. Frequentara escolas regulares em Bagdá, com muçulmanos, e podia facilmente se passar por um deles. Durante anos, servira ao Mossad em operações contra alvos árabes.

Krug se encontrou com Oded na recepção do hotel Ambassador.[12] "Eu e o coronel Nadim precisamos de você para um trabalho importante", disse ele.

No dia seguinte, Oded foi ao escritório da Intra para buscar Krug e levá-lo ao encontro de Nadim em uma vila fora da cidade. "Cheguei de táxi. Krug ficou feliz em me ver e me apresentou aos funcionários da companhia. Jamais suspeitou, nem por um momento, que eu não fosse quem dizia ser. Havia uma boa química entre nós. No Mercedes, a caminho do endereço que eu lhe dera, eu o elogiei e disse como nós da inteligência egípcia apreciávamos seus serviços e sua contribuição. Ele falou principalmente sobre o novo Mercedes que acabara de comprar."

Os dois chegaram à casa onde Krug achava que Nadim esperava por ele. Saíram do carro. Uma mulher abriu a porta da frente e Krug entrou. Oded estava logo atrás, mas a porta se fechou e Oded, como planejado, permaneceu do lado de fora.

Três outros agentes esperavam no interior da casa. Fizeram Krug desmaiar com alguns socos e em seguida o amarraram e amordaçaram. Quando voltou a si, foi examinado por um médico judeu-francês recrutado pela equipe. Ele achou que Krug estava ligeiramente em choque e recomendou que não recebesse a injeção de sedativos. Um agente do Mossad disse a ele em alemão: "Você é prisioneiro. Faça exatamente o que mandarmos ou acabaremos com você."[13] Krug prometeu obedecer e foi colocado em um compartimento secreto em um dos veículos, um trailer Volkswagen, e todo o esquadrão, incluindo o próprio Isser Harel, presente durante toda a operação, partiu para a fronteira francesa com o trailer e outros dois carros. No caminho, pararam em uma floresta e Harel disse a Krug que eles estavam prestes a cruzar a fronteira e que se ele fizesse um único som, o motorista ativaria um mecanismo que bombearia gás letal no compartimento.

Quando chegaram a Marselha, um Krug fortemente sedado foi colocado em um voo da El Al que levava imigrantes judeus norte-africanos para Israel. Os controladores do Mossad disseram às autoridades francesas que ele era um imigrante doente.

Ao mesmo tempo, o Mossad iniciou uma ampla campanha de desinformação, com um homem parecido com Krug e carregando documentos em seu nome viajando pela América do Sul, deixando uma trilha de documentos que indicavam que Krug simplesmente pegara o dinheiro e fugira do Egito e de seus colaboradores.[14] Simultaneamente, o Mossad vazou informações falsas para a mídia dizendo que Krug discutira com o general Khalil e seus homens e aparentemente fora sequestrado e assassinado por eles.

Em Israel, Krug foi aprisionado em uma instalação secreta do Mossad e sujeito a um interrogatório brutal. No início, permaneceu em silêncio, mas logo começou a cooperar e, durante vários meses, "rendeu muitos frutos", de acordo com um relatório do Mossad.[15] "O homem tinha boa memória e conhecia todos os detalhes organizacionais e administrativos do projeto de mísseis." Os documentos que estavam em sua maleta também foram úteis. O relatório concluía: "Esses dados permitem construir uma enciclopédia de inteligência."

Krug até mesmo se voluntariou para voltar a Munique e trabalhar como agente do Mossad. Quando os interrogadores concluíram que contara tudo que sabia, o Mossad ponderou sobre o que fazer com ele. Estava claro que concordar com sua oferta de retornar a Munique seria muito perigoso: ele poderia trair seus novos controladores, procurar a polícia e contar como os israelenses haviam sequestrado um cidadão alemão em solo alemão. Harel escolheu a saída mais fácil. Ordenou que S.G., um de seus homens, levasse Krug até um local deserto ao norte de Tel Aviv e o matasse a tiros.[16] Um avião da Força Aérea recolheu o corpo e o atirou ao mar.

O sucesso da Operação Krug levou Ben-Gurion a dar luz verde para outras operações de assassinato seletivo. Ele aprovou o uso da Unidade 188 da inteligência militar (Aman), uma unidade operacional secreta que colocava soldados israelenses disfarçados profundamente infiltrados em países inimigos. O comando da unidade estava localizado no complexo de

Sarona em Tel Aviv, perto do gabinete de Ben-Gurion, e tinha uma instalação de treinamento na praia ao norte da cidade, ao lado do laboratório de demolição de Natan Rotberg.

Isser Harel se ressentia da Unidade 188.[17] Desde meados dos anos 1950, tentava persuadir Ben-Gurion a transferi-la para o Mossad ou, ao menos, colocá-lo no comando, mas, com o exército se opondo veementemente, Ben-Gurion sempre recusava.

O líder da Aman, o major-general Meir Amit, não acreditava que os cientistas alemães fossem uma ameaça tão grave para Israel quanto afirmava Harel. Todavia, em função da rivalidade organizacional com o Mossad, exigiu permissão para que a Unidade 188 agisse contra eles, porque, como afirmou, "não devemos ignorá-los. Precisamos extirpar esse mal pela raiz". Assim, iniciou-se uma intensa competição entre a Unidade 188 e o Mossad sobre quem matava mais alemães.

Nessa época, a 188 tinha um agente veterano disfarçado no Egito.[18] Wolfgang Lotz era o infiltrado perfeito: filho de pai gentio e mãe judia, não era circuncisado e parecia um alemão típico. Ele construiu um disfarce como ex-oficial da Wehrmacht no Afrika Korps de Rommel que se tornara criador de cavalos e voltara ao Egito para montar um haras.

Em pouco tempo, Lotz, um ator talentoso, se tornara parte do crescente círculo social alemão no Cairo. Ele forneceu à unidade 188 muitos detalhes sobre o projeto de mísseis e seu pessoal. Mas não podia eliminá-los em ações que exigissem participação direta, por medo de ser exposto. O líder da 188, Yosef Yariv, chegou à conclusão de que a melhor maneira de se livrar dos cientistas alemães era usar bombas em cartas e pacotes.

Yariv ordenou que Natan Rotberg começasse a preparar as bombas.[19] Coincidentemente, Rotberg estava trabalhando em um novo tipo de explosivo: o fino e flexível Detasheet, "folhas de material explosivo desenvolvidas para uso civil que fundiam duas peças de aço quando explodiam" e permitiam criar cargas mais compactas. "Tivemos de desenvolver um sistema que pudesse ser mantido desarmado e seguro durante todo o manuseio que uma carta enfrenta no sistema de correios, e então explodisse no momento certo", explicou Rotberg. "O mecanismo do envelope funcionava de tal maneira que a bomba não era armada quando ele era aberto, o que tornaria a coisa toda muito explosiva, mas somente quando o conteúdo era retirado."

A pesquisa e o desenvolvimento foram feitos em colaboração com a inteligência francesa, em troca de informações entregues por Lotz sobre as atividades clandestinas da Frente de Libertação Nacional da Argélia (FLN) no Cairo. A unidade 188 também ajudou os franceses a contrabandear explosivos para o Cairo, para serem usados no assassinato de membros da FLN.[20]

O primeiro alvo a receber uma das novas cartas-bomba foi Alois Brunner, um criminoso de guerra nazista que fora assistente de Adolph Eichmann e comandara um campo de concentração na França, enviando 130 mil judeus para a morte. A unidade 188 o localizou em Damasco, onde morava havia oito anos usando nome falso. Os países árabes deram asilo a muitos criminosos de guerra nazistas e, em troca, receberam vários serviços. Brunner ajudou a treinar as unidades de interrogatório e tortura dos serviços secretos sírios.

Ele foi encontrado com a ajuda de Eli Cohen, um dos principais agentes da unidade, que estava ativo nos escalões mais altos do establishment de defesa sírio. Depois que Ben-Gurion aprovou a eliminação de Brunner, Yariv decidiu tentar um dos dispositivos de Rotberg no nazista. "Nós lhe enviamos um presentinho", disse Rotberg.

Em 13 de setembro de 1962, Brunner recebeu um grande envelope em Damasco.[21] Ele explodiu depois que foi aberto. Brunner sofreu ferimentos severos no rosto e perdeu o olho esquerdo, mas sobreviveu.

Mesmo assim, encorajada pelo fato de a bomba ter sido entregue ao alvo, a unidade 188 estava ansiosa para usar o mesmo método contra os cientistas alemães. O Mossad objetou. Como explicou Rafi Eitan: "Eu me oponho a qualquer ação que não controlo. O carteiro pode abrir o envelope, uma criança pode abrir o envelope. Quem faz algo assim?"[22]

E chegar aos alemães no Egito se mostraria uma questão muito complicada, porque eles não recebiam suas cartas diretamente.[23] A inteligência egípcia coletava toda a correspondência para o projeto e seu pessoal no escritório da EgyptAir, de onde era enviada para o Cairo. Assim, decidiu-se invadir o escritório da companhia aérea durante a noite e colocar os envelopes no malote.

Usando um novo método de abrir fechaduras com uma sofisticada chave-mestra desenvolvida nas oficinas do Mossad, agentes que auxiliavam a Unidade 188 entraram no escritório da EgyptAir em Frankfurt em 16 de novembro.

O especialista em invasão estava meio escondido atrás de uma agente enquanto se apoiavam contra a porta, como um casal de amantes. A equipe entrou no escritório, mas não conseguiu encontrar o malote. No dia seguinte, tentaram novamente. Enquanto estavam ocupados com a porta, o zelador apareceu, completamente inebriado. Não havia nenhuma mulher com a equipe dessa vez e dois homens fingiram ser homossexuais. Dessa forma, conseguiram escapar sem levantar suspeitas no zelador. Na noite seguinte, outra tentativa foi feita, e dessa vez tudo deu certo. O malote a ser enviado para o Egito estava em uma das mesas. A equipe inseriu nele os envelopes com as bombas camufladas.

Pilz fora selecionado como alvo principal. As informações sobre ele indicavam que estava se divorciando da mulher a fim de se casar com a secretária, Hannelore Wende. A esposa vivia em Berlim, mas contratara um advogado em Hamburgo. A carta-bomba parecia ter sido enviada pelo advogado, com sua logomarca e seu endereço no verso do envelope. "Os planejadores do projeto assumiram que um item pessoal de correspondência não seria aberto por Wende e ela o daria a Pilz", disse o relatório final da operação.

Mas os planejadores estavam errados. Wende, que recebeu a carta em 27 de novembro, presumivelmente pensou que o conteúdo dizia respeito tanto a ela quanto a Pilz. E abriu o envelope, que explodiu em suas mãos, amputando alguns de seus dedos, cegando um de seus olhos, ferindo o outro e arrancando alguns dentes. As autoridades egípcias imediatamente perceberam o que estava acontecendo e localizaram as outras cartas-bomba com máquinas de raios X, entregando-as para serem desativadas e estudadas por especialistas da inteligência soviética no Cairo. As explosões assustaram os cientistas e suas famílias, mas não fizeram com que nenhum deles desistisse de seu emprego confortável e bem pago. Em vez disso, a inteligência egípcia contratou os serviços de um oficial alemão especialista em segurança, um antigo homem da SS chamado Hermann Adolf Vallentin. Ele visitou o escritório da Intra e os vários fornecedores do projeto, aconselhando-os sobre precauções de segurança, substituição de fechaduras e inspeção da correspondência. Também começou a investigar a vida de alguns funcionários.

O próximo alvo na lista de Harel era o dr. Hans Kleinwächter e seu laboratório na cidade de Lorch, contratado para desenvolver um sistema de orientação para os mísseis.[24] Harel enviou os Pássaros (Tziporim) — a unidade operacional do Shin Bet que também era usada pelo Mossad — para a Europa com ordens de planejar a Operação Ouriço contra Kleinwächter. As ordens de Harel eram claras: "Kleinwächter deve ser sequestrado e levado para Israel. Se isso não funcionar, matem-no."

O próprio Harel estabeleceu sua sede na cidade francesa de Mulhouse, para sua crescente irritação.

"Estávamos no meio do inverno, nevava horrores e fazia um frio de congelar, vinte e tantos graus abaixo de zero do lado de fora. Isser estava furioso, sentado em alguma pensão na França, do outro lado do Reno. Ele me mostrou algumas fotos e disse: 'Esse é o alvo, vá matá-lo'", lembrou o comandante dos Pássaros, Rafi Eitan.

Os Pássaros estavam exaustos depois de inúmeras operações conectadas aos cientistas alemães que haviam executado nos meses anteriores e em função do apoio que deram à Unidade 188. Finalmente, Eitan disse a Harel que, em sua opinião, as circunstâncias não eram favoráveis para um assassinato seletivo. "Precisávamos esperar um pouco e criar nossas próprias armadilhas, não simplesmente atirar nas pessoas no meio da rua. 'Me dê um mês'", pedi a ele. "Vou cumprir essa missão e ninguém jamais saberá que estive lá."[25]

Mas Harel não quis escutar. Em 21 de janeiro, ele dispensou os Pássaros e chamou a Mifratz, a unidade de assassinatos seletivos do Mossad comandada por Yitzhak Shamir, para eliminar Kleinwächter. O que Harel não sabia era que Vallentin já concluíra que Kleinwächter seria o próximo alvo do Mossad.[26] Ele lhe fornecera uma série de instruções, fizera com que fosse constantemente acompanhado por uma escolta e lhe dera uma pistola militar egípcia.

Em 20 de fevereiro, os vigias do Mossad viram Kleinwächter sozinho na estrada de Lorch para Basileia. Decidiram atacar quando ele voltasse. Shamir, que comandava a operação no campo juntamente com Harel, designou a tarefa um ex-assassino treinado da Irgun chamado Akiva Cohen. Harel enviou Zvi Aharoni, que falava alemão, junto com ele. Eles esperaram o alvo retornar. Mas ele não apareceu, e decidiu-se cancelar a operação. Então tudo deu errado. Kleinwächter finalmente apareceu e a ordem de cancelar foi subitamente revertida, mas a execução foi apressada e amadorística. O carro dos agentes da Mifratz bloqueou o carro de Kleinwächter, mas a maneira como os veículos pararam na estrada estreita impediu que os homens do Mossad fugissem após a operação.

Aharoni saiu do carro e foi até Kleinwächter, como se quisesse pedir informações.[27] A ideia era fazer com que abrisse o vidro. Ele começou a fazer isso. Cohen, que se aproximava de Aharoni por trás, sacou a arma, tentou mirar através do vidro aberto e atirou. A bala estilhaçou o vidro e atingiu o cachecol de Kleinwächter, mas não seu corpo. Por alguma razão desconhecida, a pistola não atirou novamente. Uma teoria é de que a mola se partiu, outra de que a bala era defeituosa e outra ainda de que o carregador ficou frouxo e caiu. Aharoni viu que o plano falhara e gritou para que todos fugissem. Como não conseguiram usar o carro, correram em diferentes direções para chegar aos veículos de fuga que os aguardavam. Kleinwächter sacou a pistola e começou a atirar nos israelenses. Não atingiu ninguém, mas toda a operação foi um fracasso constrangedor.

Harel então iniciou várias ações com o objetivo de intimidar os cientistas e suas famílias, incluindo cartas anônimas ameaçando suas vidas e contendo muitas informações sobre eles, assim como visitas no meio da noite para dar avisos similares.

Essas operações também falharam tristemente quando a polícia suíça prendeu um agente do Mossad chamado Joseph Ben-Gal depois que ele ameaçou a filha do professor Goercke, Heidi.[28] Ele foi extraditado para a Alemanha, condenado e sentenciado a um breve período de prisão. Os agentes do Mossad que acompanharam o julgamento tiveram a desagradável experiência de observar enquanto o oficial de segurança do projeto de mísseis, o grandalhão Hermann Vallentin, surgia no tribunal com um sorriso orgulhoso, nem mesmo fingindo esconder a pistola.

Na primavera de 1963, o Mossad de Harel não retardara e muito menos impedira o progresso dos egípcios na direção dos mísseis que poderiam aniquilar Israel. Assim, Harel passou aos subterfúgios políticos. Começou a vazar histórias para a imprensa — algumas verdadeiras, algumas embelezadas, outras completamente falsas (como a de que os alemães estavam ajudando o Egito a produzir bombas atômicas e lasers mortais) — sobre nazistas construindo armas para que árabes matassem judeus. Harel estava totalmente convencido de que os cientistas alemães eram nazistas ainda determinados a completar a Solução Final e que as autoridades alemãs estavam conscientes de suas atividades, mas nada faziam para impedi-las. Na verdade, eram pessoas que se acostumaram à boa vida sob o Terceiro Reich, ficaram desempregadas quando ele caíra e agora simplesmente tentavam ganhar algum dinheiro fácil dos egípcios. Mas Harel arrastou toda a organização — e, na verdade, todo o país — para sua obsessão.

A fim de provar suas alegações, Harel apresentou informações reunidas no Cairo sobre certo dr. Hans Eisele, o Açougueiro de Buchenwald, que estivera envolvido em experimentos horríveis com prisioneiros judeus.[29] Ele fora considerado criminoso de guerra, mas escapara do julgamento e encontrara um refúgio confortável no Egito, onde se tornara o médico dos cientistas alemães. Harel também indicou vários outros nazistas no Cairo, embora nenhum deles pertencesse ao grupo de cientistas de mísseis.

Seu objetivo era denegrir publicamente a Alemanha, com quem Israel mantinha um relacionamento complicado, e tema de muitas disputas internas. Os relativamente moderados, como Ben-Gurion e seu principal assessor, Shimon Peres, defendiam que, em uma época na qual os Estados Unidos relutavam em fornecer o auxílio militar e econômico pedido por Israel, o país não podia recusar a assistência do governo da Alemanha Ocidental, que chegava na forma do acordo de reparação e compensação e da venda de equipamentos militares por uma fração de seu custo real. Os linhas-duras como Golda Meir e o próprio Harel, em contrapartida, rejeitavam a noção de que a República Federal da Alemanha era uma "nova" ou "diferente" Alemanha. Em suas mentes, a história deixara uma nódoa permanente.

Harel também convocou o Comitê de Editores, essa instituição única a Israel, então composto pelos principais editores da mídia impressa e eletrônica, que autocensuravam suas publicações a pedido do governo. Ele solicitou que o comitê indicasse três jornalistas que subsequentemente recrutou para o Mossad.[30] Eles foram enviados para a Europa, à custa do Mossad, para reunir informações sobre as principais empresas que compravam equipamentos para o projeto egípcio. Harel alegou que precisava dos jornalistas por razões operacionais, mas a verdade é que queria usar seu envolvimento e os materiais que coletassem para lavar as informações que já possuía; dessa forma, elas podiam ser disseminadas na mídia israelense e internacional, produzindo matérias que criariam um clima adequado a seus objetivos.

As histórias de Harel geraram um frenesi midiático e um crescente senso de pânico em Israel.[31] Ben-Gurion tentou acalmá-lo, sem sucesso.[32] "Em minha opinião, ele não estava totalmente lúcido", disse Amos Manor, chefe do Shin Bet na época. "Era algo muito mais profundo que uma obsessão. Era impossível ter uma conversa racional com ele sobre esse assunto."[33]

E acabou, como a maioria das obsessões, destruindo o próprio Harel.[34] Sua campanha publicitária, os frenéticos artigos de jornal que plantara sobre servidores de Hitler novamente em ascensão, feriu gravemente Ben-Gurion. O primeiro-ministro foi atacado por não fazer o bastante para pôr fim à ameaça representada pelos cientistas alemães que trabalhavam no Egito — ameaça que os cidadãos de Israel viam como perigo real e imediato para sua própria existência — e por conduzir o país à conciliação com a Alemanha Ocidental, que agora parecia ser ao menos indiretamente responsável por uma nova versão da Solução Final.

Em 25 de março de 1963, Ben-Gurion convocou Harel a seu escritório e exibiu uma explicação para as várias iniciativas que tomara em relação à mídia local e internacional, sem aprovação.[35] A conversa desandou e se transformou em um amargo debate sobre a política do governo israelense em relação à Alemanha. O primeiro-ministro lembrou a Harel que ele deveria implementar as políticas governamentais, não determiná-las. Ofendido pela observação, Harel ofereceu sua demissão, confiante de que o Velho não conseguiria se virar sem ele e imploraria para que ficasse.

Ben-Gurion não via as coisas dessa maneira. Aceitou a demissão sem pensar duas vezes. A outrora brilhante carreira de Isser Harel terminou em um blefe fracassado e com derrota total. Ele foi substituído imediatamente por Meir Amit, chefe da Aman.[36]

Mas também era tarde demais para Ben-Gurion. A campanha de Harel contra os cientistas fora útil para o líder da oposição, Begin, que jamais cessava seus ataques contra Ben-Gurion. Mesmo no interior do próprio partido, o Mapai, as coisas chegaram ao ponto de ebulição. Ben-Gurion discutia incessantemente com Golda Meir, a principal apoiadora de Harel.[37]

Menos de dois meses depois de substituir Harel, Ben-Gurion, convencido de que perdera o apoio até mesmo do partido, renunciou. Foi substituído por Levi Eshkol.

Nesse meio-tempo, o Egito ainda se debatia com os sistemas de orientação para os mísseis que podiam causar graves danos a Israel.

Meir Amit, um dos brilhantes jovens comandantes das FDI — um dos planejadores da campanha do Sinai de 1956 e responsável pelo avanço de várias gerações do Diretório de Inteligência Militar — assumiu um Mossad perdido em meio ao caos.[38]

A agência estava profundamente desmoralizada. Nos nove meses desde que o Egito anunciara seus quatro testes de mísseis, os israelenses haviam descoberto muito pouco sobre o programa e tudo que o Mossad e a Aman haviam tentado falhara em até mesmo retardar o projeto, quanto mais desmantelá-lo. Pressionar a Alemanha — através da campanha de imprensa autodestrutiva de Harel ou dos passionais discursos ao Knesset da ministra do Exterior Golda Meir — não fizera nenhuma diferença. Mais tarde naquele verão, uma carta contendo palavras fortes de Eshkol para o chanceler Konrad Adenauer, exigindo ação imediata para retirar os cientistas do Egito, também falhou em convencer os alemães. Como diplomatas israelenses relataram ao Ministério do Exterior em Jerusalém, só podiam assumir que "Adenauer e as lideranças estão preocupadas com problemas mais importantes", como "gerenciar a guerra fria no período pós-crise dos mísseis de Cuba".[39]

Amit começou a reconstruir a organização, reforçando-a com o melhor pessoal da Aman. Assim que assumiu, ordenou uma pausa de todas as questões que considerava externas e a drástica redução dos recursos devotados à caça de criminosos nazistas, alegando que era "uma questão de prioridades. Antes de tudo, temos de produzir informações sobre os inimigos atuais do Estado de Israel".[40]

Amit sabia que precisava de um reajuste tático e que o Mossad tinha de repensar sua abordagem do problema dos mísseis egípcios. Sua primeira ordem foi o abandono das operações de assassinato seletivo e a orientação de que a vasta maioria dos recursos fosse focada na tentativa de entender o que, precisamente, acontecia no interior do projeto de mísseis.

Secretamente, entretanto, ele preparou o próprio projeto de assassinato seletivo dos cientistas. O pessoal de operações tentava encontrar maneiras de enviar cartas-bomba do interior do Egito, reduzindo significativamente o tempo entre o envio e a abertura do envelope. Tentaram o método em um alvo relativamente fácil, o físico Hans Eisele. Em 25 de setembro, houve uma explosão na agência de correio de Maadi, um bairro elegante do Cairo, quando uma carta-bomba endereçada ao dr. Carl Debouche, o nome falso que Eisele estava usando, explodiu e cegou um funcionário.[41]

O fracasso dessa operação convenceu Amit de que os assassinatos seletivos deviam ser usados apenas muito esparsamente, se não como último recurso, ao menos somente após meticuloso planejamento para evitar falhas constrangedoras.[42] Mesmo assim, ordenou que agentes do Mossad preparassem planos para atirar, explodir ou envenenar os cientistas, no caso de o esforço para solucionar a questão pacificamente não funcionar.

Amit ordenou a intensificação das invasões de todos os escritórios conectados ao projeto de mísseis na Alemanha e na Suíça e que o maior número possível de documentos fosse fotografado. Essas operações foram imensamente complexas. Os locais eram bem guardados — tanto pela inteligência egípcia quanto pelos homens de Hermann Vallentin —, no coração de populosas cidades europeias, em países onde a lei era estritamente seguida.

Agentes do Mossad invadiram embaixadas egípcias, a missão egípcia de compras em Colônia e o escritório da Intra em Munique. Entraram no escritório da EgyptAir em Frankfurt nada menos que 56 vezes entre agosto de 1964 e dezembro de 1966.

As informações obtidas durante as invasões (cerca de 30 mil documentos foram fotografados somente até o fim de 1964) se mostraram importantes, mas longe de serem suficientes. O Mossad tinha de recrutar alguém no interior do projeto de mísseis. Essa tarefa crítica foi designada a uma divisão chamada Interseção (*Tsomet*, em hebraico), que se tornaria o ramo mais importante do Mossad, responsável pela coleta da maior parte das informações da organização.

Ao contrário dos filmes de Hollywood e da literatura popular, a maioria dessas informações não foi coletada diretamente por agentes caminhando de modo furtivo pelas sombras. Ela foi obtida com estrangeiros em seus países natais. Os oficiais do Mossad responsáveis pelo recrutamento e operação dessas fontes eram chamados de "oficiais de coleta" — *katsa*, no acrônimo em hebraico —, e eram psicólogos especializados. Sabiam como persuadir alguém a trair tudo e todos em que acreditava: seus amigos e sua família, sua organização, sua nação.

Infelizmente, nenhum deles conseguiu empregar psicologia em alguém próximo do programa egípcio. Recrutar agentes em países árabes se tornaria uma prioridade estratégica de longo prazo, mas, no curto prazo, com o relógio tiquetaqueando, a Interseção tinha de procurar em outro lugar.

Em abril de 1964, Amit enviou Rafi Eitan a Paris, que servia como centro nervoso da inteligência israelense na Europa, para dirigir as operações da Interseção no continente. Até aquele ponto, nenhum dos esforços da Interseção para recrutar um dos cientistas dera resultado, principalmente por causa das rígidas precauções de segurança instituídas por Vallentin. Dia após dia, ele se tornava um problema maior.

A necessidade de lidar com Vallentin levaria à captura de um peixe muito grande. Abraham Ahituv, coordenador da Interseção em Bonn, teve uma ideia, que apresentou a Eitan em Paris em maio de 1964. Ele identificara um homem de caráter dúbio que vendia armas e informações para o regime de Nasser e era próximo dos cientistas alemães. "Há apenas um pequeno problema", disse Ahituv. "O nome do homem é Otto Skorzeny e ele era oficial de alta patente da Wehrmacht, comandante de operações especiais de Hitler e um dos favoritos do Führer."

"E você quer recrutar esse Otto?, perguntou Eitan sarcasticamente. "Que ótimo!"

"Há mais um probleminha", acrescentou Ahituv. "Ele era nazista devotado e membro da SS."

Em 1960, contou Ahituv, Harel ordenara que a Amal, a unidade que caçava criminosos de guerra nazistas, reunisse o máximo possível de informações sobre Skorzeny, com o objetivo de levá-lo à justiça ou matá-lo. Seu arquivo dizia que fora membro entusiástico do Partido Nazista austríaco aos 23 anos, alistara-se em 1935 em uma unidade secreta da SS na Áustria e tomara parte no Anschluss (a anexação da Áustria por Hitler) e na *Kristallnacht* [Noite de Cristais]. Ele ascendera rapidamente nas fileiras das Waffen-SS, tornando-se líder de suas unidades de operações especiais.

O *Sturmbannführer* Skorzeny aterrissara de paraquedas no Irã e treinara as tribos locais para explodir os oleodutos dos exércitos aliados e planejara o assassinato dos Três Grandes: Churchill, Stalin e Roosevelt. Também tinha um plano para sequestrar e matar o general Dwight D. Eisenhower, que fora forçado a passar o Natal de 1944 cercado por pesada guarda. É mais conhecido por ter sido selecionado pessoalmente por Hitler para liderar o ataque de Gran Sasso, que removeu o amigo e aliado do Führer, o ex-ditador fascista Benito Mussolini, da vila alpina onde era mantido prisioneiro pelo governo italiano.

A inteligência aliada chamava Skorzeny de "o homem mais perigoso da Europa".[43] Mas ele não fora condenado por crimes de guerra. Fora inocentado por um tribunal e, após ser preso por outras acusações, fugira com a ajuda de amigos da SS. Refugiara-se na Espanha de Franco, de onde estabelecera lucrativas relações comerciais com regimes fascistas em todo o mundo e mantivera contato com os cientistas alemães no Egito.

O fato de Skorzeny conhecer os cientistas no Egito e ter sido oficial superior de Hermann Vallentin durante a guerra era suficiente, na opinião de Eitan, para justificar a tentativa de recrutá-lo, a despeito de seu passado nazista. Eitan não era sobrevivente do Holocausto, e lidava com a questão, como era seu costume, sem envolvimento emocional. Se isso ajudasse Israel, pensava ele, então valia a pena perdoar. "E poderíamos oferecer a ele algo que ninguém mais poderia", disse ele aos colegas. "Uma vida sem medo."

Através de vários intermediários, o Mossad estabeleceu contato com a condessa Ilse von Finckenstein, a mulher de Skorzeny. Ela serviria como ponto de entrada do Mossad. O arquivo sobre a condessa dizia que ela era "um membro da aristocracia. Prima do ministro das Finanças alemão [no pré-guerra] Hjalmar Schacht [...]. Tem 45 anos, é bastante atraente e muito enérgica".[44]

"Ela estava envolvida em tudo", disse Raphael (Raphi) Medan, o agente do Mossad nascido na Alemanha que foi designado para a missão. "Vendia títulos de nobreza, tinha ligações com a inteligência do Vaticano e vendia armas."[45] Ela e o marido tinham ideias liberais sobre o casamento. "Eles não tinham filhos", contou Medan, "e mantinham um casamento aberto. Ilse sempre parecia deslumbrante. A cada dois anos, fazia um tratamento hormonal na Suíça a fim de preservar a juventude."

Medan "tinha a reputação, devido à boa aparência europeia, de conseguir influenciar mulheres", de acordo com o relatório do Mossad sobre o caso. Um encontro foi arranjado para o fim de julho de 1964, em Dublin, Irlanda. Medan se apresentou como funcionário em férias do Ministério da Defesa israelense buscando uma oportunidade de ganhar dinheiro com turismo internacional. Ele poderia estar interessado em participar do projeto de desenvolvimento nas Bahamas no qual a condessa estava envolvida. Ela gostou de Medan, e seu relacionamento se estreitou. Quando a conversa comercial chegou ao fim, ela o convidou para uma festa em sua fazenda. Foi o início de uma série de encontros, incluindo noitadas desenfreadas em vários clubes noturnos de toda a Europa.

De acordo com um rumor do Mossad que circulou durante vários anos e foi gentilmente sugerido nos relatórios, mas jamais declarado de forma explícita, Medan "se sacrificou" por seu país — e tirou vantagem do casamento aberto do casal alemão — ao cortejar a condessa e finalmente dormir com ela. (Medan comentou isso dizendo que há coisas "sobre as quais cavalheiros não comentam" e descrevendo o encontro, com um sorriso, como "bom e mesmo gratificante".)

Em Madri, na noite de 7 de setembro, Medan disse a ela que um colega do Ministério da Defesa queria se encontrar com seu marido para falar "sobre um assunto muito importante". O colega já estava na Europa e aguardava uma resposta.

Convencer von Finckenstein a cooperar não foi difícil. Apenas quatro anos antes, Israel encontrara, capturara, julgara e executara Adolf Eichmann. Havia poderosas forças no mundo judaico, incluindo o caçador de nazistas Simon Wiesenthal, engajadas em campanhas mundiais para encontrar e levar a julgamento nazistas como Skorzeny. Medan, consequentemente, foi capaz de oferecer à condessa — e, por extensão, a seu marido — uma "vida sem medo".

Pela manhã, quando ainda estavam zonzos em função do álcool e da fumaça nos clubes, von Finckenstein alegremente informou a Medan que o marido queria se encontrar com seu colega, naquela mesma noite, se possível.

Medan pediu que Ahituv fosse a Madri. Marcou o encontro para a mesma noite, na recepção de um hotel. A condessa chegou primeiro, glamorosamente vestida. Quinze minutos depois, chegou o coronel. Medan os apresentou a Ahituv. Então chamou von Finckenstein para "uma conversa de negócios". Skorzeny permaneceu com Ahituv.

O relatório interno do Mossad sobre o caso, embora escrito em fria linguagem profissional, não consegue ignorar a intensidade da reunião: "É difícil descrever acuradamente a relutância emocional de Avraham Ahituv em relação a essa operação. Avraham pertence a uma família religiosa e é nativo da Alemanha, educado em uma escola religiosa judaica. Para ele, o contato com um monstro nazista foi uma experiência emocionalmente chocante para além das exigências da profissão."[46]

No relatório detalhado apresentado pelo próprio Ahituv em 14 de setembro de 1964, ele descreve as conversas daquela semana com Skorzeny:

> Skorzeny era um gigante. Um colosso de homem. Fisicamente muito forte, é claro. Em sua bochecha esquerda havia a conhecida cicatriz das fotografias, chegando até a orelha. Era parcialmente surdo dessa orelha e me pediu para sentar à sua direita. Estava bem-vestido.
>
> Dois momentos me chocaram. Skorzeny procurava um número em sua caderneta para me entregar. Subitamente, tirou um monóculo do bolso e o colocou sobre o olho direito. Sua aparência então, com suas dimensões corporais, sua cicatriz e seu olhar agressivo, o fez parecer um completo nazista.
>
> O segundo incidente aconteceu após a reunião, quando jantávamos em um restaurante perto de seu escritório. Subitamente alguém veio até nós, bateu os calcanhares e o saudou em alemão, dizendo: "Meu general." Skorzeny disse que aquele era o dono do restaurante e que ele costumava ser um dos principais nazistas daquelas bandas [...].
>
> Não tenho ilusões sobre suas opiniões originais. Nem mesmo a esposa tentou defendê-lo. Ela apenas enfatizou que não participara do Holocausto [...]. A maior parte da conversa durante a primeira reunião se centrou em questões políticas, na Segunda Guerra Mundial, no Holocausto, nas relações Ocidente-Oriente e na situação do Oriente Médio.[47]

Ahituv abordou a questão da participação de Skorzeny nos *pogroms* da *Kristallnacht*. Ele apresentou uma longa lista de pessoas que participaram dos ataques. Skorzeny estava familiarizado com o documento, que fora guardado em Yad Vashem, por causa da acusação feita e discutida durante o julgamento por crimes de guerra do qual ele conseguira escapar.

Ele apontou para um X perto de seu nome.[48] "Isso mostra que não participei", disse ele, embora o caçador de nazistas Wiesenthal interpretasse a marca como prova exatamente do oposto. Skorzeny reclamou que Wiesenthal o estava perseguindo e que mais de uma vez ele se vira em situações nas quais "temera por sua vida". Ahituv decidiu não pressionar demais e não respondeu.

Em certo momento, Skorzeny se cansou de falar sobre a guerra. "Ele me interrompeu e perguntou qual era meu negócio. Estava claro que não havia razão para brincar de esconde-esconde. Eu disse que estava no serviço israelense [de inteligência]. [Skorzeny disse que] não estava surpreso por termos chegado até ele. Em momentos diferentes, estivera ligado a diferentes países e com alguns deles ainda mantinha excelentes relações. Definitivamente também estava preparado para uma troca de ideias conosco."

"Troca de ideias" era sua maneira delicada de dizer que concordava em cooperar total e amplamente com Israel. Pediu um preço por sua ajuda. Queria um passaporte austríaco válido emitido em seu nome verdadeiro, uma garantia de imunidade vitalícia assinada pelo primeiro-ministro Eshkol e sua imediata remoção da lista de nazistas procurados de Wiesenthal, assim como algum dinheiro.[49]

Essas condições geraram acalorado debate no Mossad.[50] Ahituv e Eitan viam nelas "uma condição operacional e requerimento para o sucesso da operação". Outros oficiais superiores argumentaram que eram "a tentativa de um criminoso nazista de limpar seu nome" e exigiram nova investigação do passado de Skorzeny. A nova investigação revelou detalhes adicionais sobre o papel que desempenhara na *Kristallnacht*, "como líder de uma das multidões que queimaram sinagogas em Viena" e que, "até recentemente, era apoiador ativo de organizações neonazistas".

Meir Amit, prático e impassível como sempre, achava que Eitan e Ahituv estavam certos, mas precisava do apoio moral do primeiro-ministro. Levi Eshkol ouviu Amit e consultou alguns membros de alta patente do Mossad que eram sobreviventes do Holocausto (ao contrário de Amit, Eitan e Ahituv, que não eram), ouvindo suas veementes objeções. Mesmo assim, finalmente aprovou, dando a Skorzeny dinheiro, passaporte e imunidade.

O primeiro-ministro também aprovou a solicitação referente a Wiesenthal, mas essa decisão não era sua nem do Mossad. Wiesenthal era um homem teimoso e obstinado e, embora tivesse laços estreitos com o Estado de Israel e até com o Mossad, que financiava algumas de suas operações, não era cidadão israelense e trabalhava em Viena, fora da jurisdição de Israel.

Em outubro de 1964, Raphi Medan se encontrou com Wiesenthal para discutir, sem mencionar os detalhes da operação, por que Skorzeny tinha de ser removido da lista negra de criminosos nazistas a serem caçados e julgados.

"Para minha surpresa", lembrou Medan, "Wiesenthal disse: 'Herr Medan, não há a menor chance. Ele é nazista e criminoso de guerra e jamais o tiraremos da lista.'" Não importava o que eu dissesse ou tentasse, ele simplesmente se recusava categoricamente.[51]

Quando soube que permaneceria na lista de Wiesenthal, Skorzeny ficou desapontado, mas aceitou o acordo. E foi assim que o inacreditável aconteceu: o favorito do Führer, procurado no mundo todo como criminoso de guerra nazista, que aparentemente queimara sinagogas e participara de operações da SS, tornou-se agente-chave da mais importante operação da inteligência israelense na época.

O primeiro passo de Skorzeny foi avisar seus amigos entre os cientistas no Egito que estava revivendo uma rede de veteranos da SS e da Wehrmacht "para construir uma nova Alemanha" ou, em outras palavras, estabelecer o Quarto Reich. Para preparar o terreno, sua organização teria de coletar informações em segredo. Consequentemente, os cientistas alemães que trabalhavam para Nasser precisariam, em cumprimento a seus juramentos para a Wehrmacht, fornecer à organização fantasma os detalhes da pesquisa de mísseis, para que pudessem ser usados pela nova força militar alemã ainda em construção.

Ao mesmo tempo, Skorzeny e Ahituv elaboraram um plano para obter informações do formidável oficial de segurança Hermann Vallentin, que sabia tudo sobre o projeto egípcio de mísseis. Ao contrário do recrutamento do sofisticado e experiente Skorzeny, que estava consciente de estar falando com um homem do Mossad e a quem Ahituv jamais tentara enganar, os dois decidiram usar alguns subterfúgios com Vallentin.

Skorzeny interpretou seu papel perfeitamente. Convocou Hermann Vallentin a Madri sob o pretexto de uma reunião especial para seus subordinados durante a "guerra gloriosa". Hospedou-o, à custa do Mossad, em um luxuoso hotel e o apresentou a seu plano falso para reviver o Reich. Então revelou que essa não era a única razão para tê-lo chamado a Madri e contou que queria que ele conhecesse um "amigo próximo", um oficial do MI6, o serviço secreto britânico. Disse que os britânicos estavam interessados no que acontecia no Egito, e ele queria que Vallentin ajudasse seu amigo.

Vallentin ficou desconfiado e perguntou: "Você tem certeza de que os israelenses não estão envolvidos?"

"Preste atenção quando falar comigo e peça desculpas!", gritou Skorzeny em resposta. "Como ousa falar assim com seu oficial superior?"

Vallentin se desculpou devidamente, mas não ficou convencido. E, na verdade, estava completamente certo. O "amigo" de Skorzeny não era britânico, mas um oficial do Mossad nascido na Austrália chamado Harry Barak.

Vallentin concordou em se encontrar com ele, mas não em cooperar, e o encontro não produziu nenhum resultado.

O engenhoso Skorzeny imediatamente pensou em uma solução. No encontro seguinte com Vallentin, disse que o amigo do MI6 o lembrara do telegrama que ele enviara perto do fim da guerra, e que jamais chegara, no qual notificava o Estado-Maior da promoção de Vallentin.

Os olhos de Vallentin se iluminaram. Embora a promoção retroativa fosse puramente simbólica, claramente significava muito para ele. Ele se levantou, fez a saudação Heil Hitler e agradeceu profusamente.

Skorzeny disse que lhe entregaria o documento confirmando que fora promovido. Vallentin ficou grato a seu novo amigo na inteligência britânica pela informação que fornecera e concordou em ajudá-lo o quanto pudesse.

Com o tempo, Skorzeny convidou outros ex-oficiais da Wehrmacht envolvidos no projeto de mísseis para irem a Madri.[52] Eles compareceram a festas luxuosas em sua casa, anunciadas como encontros dos veteranos das forças especiais Waffen-SS. Seus convidados comeram, beberam e se divertiram até tarde da noite, sem jamais saberem que o governo israelense pagava pela comida e pela bebida e gravava suas conversas.

As informações fornecidas por Skorzeny, Vallentin e pelos cientistas que foram a Madri solucionaram a maior parte dos problemas em relação ao programa egípcio de mísseis. O Mossad identificou precisamente quem estava envolvido no projeto e o status exato de cada componente.

Graças à riqueza de informações obtida nessa operação, o Mossad de Meir Amit conseguiu destruir o projeto egípcio de mísseis de dentro para fora, usando vários métodos paralelos.⁵³ Um deles foi o envio de cartas ameaçadoras a muitos cientistas alemães. Elas eram habilmente escritas, baseadas em informações de altíssimo nível fornecidas por Vallentin, e incluíam detalhes íntimos sobre os destinatários.

"Lembre-se de que, mesmo que não possa ser culpado pelos crimes da nação alemã no passado, não será capaz de negar a responsabilidade por seus atos no presente. É melhor pensar muito seriamente sobre o conteúdo desta carta, pelo bem de seu futuro e do futuro de sua jovem família." "Os Gideões" era o nome da organização desconhecida que assinava as cartas.

Nesse meio-tempo, graças às novas informações de suas fontes, principalmente Vallentin, o Mossad conseguiu identificar um plano egípcio secreto para recrutar dezenas de trabalhadores da fábrica de aeronaves e foguetes Hellige, em Friburgo, que estavam prestes a ser demitidos. Amit decidiu tirar vantagem do *momentum* para impedir sua partida para o Egito.

Na manhã de 9 de dezembro, Shimon Peres, então vice-ministro da Defesa, e Raphi Medan pegaram uma maleta trancada contendo vários documentos em inglês que foram fornecidos pelo escritório do diretor do Mossad, com base no material conseguido com Skorzeny, Vallentin e os cientistas que haviam ido até Madri, e voaram para uma reunião organizada às pressas com um dos principais políticos da Alemanha Ocidental, o ex-ministro da Defesa Franz Josef Strauss.⁵⁴ Peres e Strauss haviam sido os arquitetos do acordo de restituição entre a Alemanha Ocidental e Israel.⁵⁵ Strauss se levantou para saudar os dois israelenses e ele e Peres se abraçaram.

"Conversamos por seis horas", contou Peres. "Nossa, como aquele homem bebia! Vinhos de todo o mundo e cerveja. Eu também bebo bastante, mas naquela quantidade? Seis horas e não paramos de beber."

As informações que Peres apresentou a Strauss eram muito mais detalhadas, confirmadas, autentificadas e graves do que qualquer coisa que já fora apresentada anteriormente à Alemanha. "É inconcebível que cientistas alemães ajudem nosso pior inimigo dessa maneira, enquanto ficamos parados sem fazer nada", disse Peres a Strauss, que deve ter compreendido o que significaria o vazamento daquele material para a mídia.

Strauss analisou os documentos e concordou em intervir. Telefonou para Ludwig Bölkow, poderosa figura da indústria aeroespacial alemã, e pediu sua ajuda. Bölkow enviou representantes para oferecer aos cientistas e engenheiros da Hellige empregos com boas condições em suas fábricas, desde que prometessem não ajudar os egípcios.

O plano funcionou. A maioria dos membros do novo grupo jamais foi para o Egito, onde o programa de mísseis precisava urgentemente de sua assistência com os emperrados sistemas de orientação, um fato que destroçou de modo fatal o projeto.

O golpe final ocorreu quando um representante de Bölkow chegou ao Egito para persuadir os cientistas que já trabalhavam lá a voltar para casa. Um por um, eles desertaram do programa e, em julho de 1965, até mesmo Pilz partiu, retornando à Alemanha para liderar uma das divisões de componentes de aeronaves de Bölkow.

O caso dos cientistas alemães foi a primeira vez que o Mossad mobilizou todas as forças para impedir o que percebia como uma ameaça existencial de um adversário e a primeira vez em que Israel se permitiu transformar em alvos cidadãos de países com os quais mantinha relações diplomáticas. Como as apostas eram muito altas, um relatório interno altamente secreto escrito em 1982 analisava se teria sido possível solucionar a questão usando métodos "suaves" — ofertas generosas de dinheiro do governo alemão aos cientistas —, sem "o misterioso desaparecimento de Krug, ou a bomba que mutilou Hannelore Wende e as outras cartas-bomba e intimidações".

O relatório concluiu que não teria sido possível: o Mossad achava que, sem a ameaça de violência, os cientistas alemães não teriam aceitado o dinheiro nem abandonado o projeto.

6

UMA SÉRIE DE CATÁSTROFES

Após o caso dos cientistas alemães, o Mossad entrou em uma fase excelente. Meir Amit recrutou mais profissionais das Forças Armadas, introduziu novas tecnologias e fortaleceu os elos com os serviços de inteligência no exterior. Também continuou a promover várias reformas organizacionais.

Ele queria estabelecer uma única divisão de operações no Mossad, juntando todas as unidades que lidavam com sabotagem, assassinato seletivo e espionagem em países árabes.[1] Para isso, fez algo que Harel tentara fazer durante anos e a que ele sempre se opusera: transferiu a Unidade 188 da Aman para o Mossad e a fundiu com a Mifratz de Shamir. Yosef Yariv foi nomeado chefe da divisão, com Shamir como vice.

O chefe do Mossad chamou a divisão de Cesareia, como a cidade romana na costa do Mediterrâneo, em outro exemplo da tendência da comunidade israelense de inteligência de usar codinomes retirados da história antiga do país. A rede de atividades da Cesareia fora de Israel recebeu o codinome Senado.

Amit também queria sua própria divisão de inteligência. Até recentemente, a mesma unidade, os Pássaros, servira tanto ao Shin Bet quanto ao Mossad. Amit decidiu que queria uma unidade separada que trabalhasse somente fora de Israel e para o Mossad. Ele cooptou alguns dos Pássaros para uma nova unidade de inteligência que chamou de Colosso.

Para além dessas mudanças burocráticas, sob Amit a agência realizou operações que reuniram uma quantidade sem precedentes de informações sobre os países árabes e seus serviços militares. Uma das mais espetaculares foi a Operação Diamante, durante a qual a Interseção recrutou o piloto iraquiano Munir Redfa, que desertou para Israel com seu caça MiG-21 novo em folha, na época a mais avançada e ameaçadora arma de ataque nas mãos do bloco soviético.[2] A Força Aérea israelense agora seria capaz de se preparar para enfrentar seu mais poderoso adversário em um futuro combate aéreo. O Pentágono estava muito ansioso para descobrir os segredos do avião, e Amit deu aos americanos não apenas as plantas do MiG, mas a própria aeronave, totalmente equipada e com um piloto treinado.

Amit também cultivou assiduamente as relações secretas de Israel com o Marrocos, de acordo com a "doutrina periférica". Embora o Marrocos fosse um país árabe em contato próximo com os principais inimigos de Israel, também era moderado e não tinha qualquer disputa territorial com os israelenses. Além disso, seu líder era o relativamente pró-Ocidente rei Hassan II.

O Marrocos recebeu informações valiosas e assistência tecnológica de Israel e, em troca, Hassan permitiu que os judeus do país imigrassem para Israel, além de dar ao Mossad o direito de estabelecer uma estação permanente na capital, Rabat, da qual podia espionar os países árabes.[3]

O auge da cooperação ocorreu em setembro de 1965, quando o rei permitiu que a equipe do Mossad liderada por Zvi Malchin e Rafi Eitan grampeasse todas as salas de reunião e suítes privadas dos líderes árabes e seus comandantes militares, durante uma reunião de cúpula em Casablanca.[4] O objetivo da reunião era discutir o estabelecimento de um comando árabe conjunto durante futuras guerras contra Israel. Mas as relações do rei Hassan com os outros governantes árabes eram instáveis e ele temia que alguns estivessem agindo para depô-lo; assim, deixou que o Mossad ouvisse tudo.

Isso deu a Israel um vislumbre inédito das forças militares e dos segredos de inteligência de seus maiores inimigos e da mentalidade de seus líderes. Durante a reunião de cúpula, comandantes dos exércitos árabes relataram que suas forças não estavam preparadas para uma nova guerra contra Israel, uma informação que foi a base para a suprema confiança das Forças Armadas israelenses quando urgiram o primeiro-ministro Eshkol a ir à guerra dois anos depois, em junho de 1967. "Esse material sensacional", declarou um relatório do Mossad, "foi uma das maiores realizações da inteligência israelense desde sua fundação."[5]

UMA SÉRIE DE CATÁSTROFES

Essas operações bem-sucedidas forneceram às FDI as informações críticas de que necessitavam para se preparar para a guerra. Mas então, em uma velocidade estonteante, uma catástrofe atrás da outra atingiu Amit e sua organização.

O principal espião da Unidade 188, e agora da Cesareia, era Eli Cohen, que penetrara os círculos dirigentes em Damasco e fornecera informações que permitiram ao Mossad localizar o nazista Alois Brunner e lhe enviar uma carta-bomba.[6]

Cohen foi originalmente designado para servir como agente inativo, que, em vez de coletar e transmitir informações, só seria ativado se tivesse de alertar Israel que a Síria planejava um ataque-surpresa.

Todavia, sob pressão de seus controladores, e tendo se envolvido profundamente com seu disfarce e nele confiado excessivamente, Cohen começou a transmitir mensagens para o Mossad diariamente, usando um dispositivo telegráfico que mantinha escondido em seu apartamento.[7] Ele fez relatos sobre instalações militares secretas, sobre o plano da Síria de assumir o controle das fontes de água da região (com a assistência de uma empreiteira síria liderada por Mohammed bin Laden, o pai de Osama) e sobre seu relacionamento com a União Soviética, mas também sobre nazistas escondidos em Damasco, fofocas parlamentares e conflitos de poder no governo. A transmissão de informações dessa natureza e nesse volume era um erro pouco profissional de sua parte, mas também, e de modo mais importante, da parte de seus controladores.[8]

"Eli Cohen era uma dessas pessoas que passam pela vida caminhando de lado", disse Moti Kfir, que, entre outros cargos no Mossad, foi chefe do programa de treinamento no início da década de 1960. "Quando você caminha de lado, às vezes acha que ninguém pode vê-lo. Mas ele estava errado. Tornou-se proeminente demais. Eu disse a ele durante o treinamento: 'Nunca seja a alma da festa.' Mas ele fez o oposto."[9]

A carta-bomba enviada a Brunner e o vívido interesse que Cohen demonstrou por outros nazistas durante conversas com as principais personalidades sírias — juntamente com o fato de que estava "em uma situação incomum, um imigrante sem emprego [...] que dava festas, participava da sociedade" e "fornecia a seus convidados e amigos entretenimento de todo o tipo" — colocaram os serviços sírios de inteligência em alerta e levaram um de seus interlocutores a duvidar da história de Kamal Amint Thabet, um abastado mercador sírio que retornara à terra natal após longos anos de exílio em Buenos Aires.[10]

Em uma trágica coincidência para Cohen, no mesmo período seu transmissor causou interferência em algumas comunicações da sede do Estado-Maior da Síria, que ficava em frente ao luxuoso apartamento que ele alugava e onde dava festas animadas para os altos oficiais. Intrigados, os sírios pediram que a GRU, a inteligência militar soviética, investigasse. Os russos enviaram patrulhas especiais que conseguiram rastrear o sinal do transmissor de Cohen durante uma de suas comunicações.

Cohen foi preso, brutalmente torturado, e logo julgado e sentenciado à morte.[11] Foi enforcado publicamente na praça central de Damasco em 18 de maio. Seu corpo foi deixado na forca, enrolado em um lençol branco que continha o texto da sentença de morte, como uma mensagem ao Estado de Israel.

O homem que recrutara, treinara e controlara Cohen, Gedaliah Khalaf, disse mais tarde: "Olhei para ele, meu Eli, na televisão síria, e vi em seu rosto os diabólicos tormentos que sofrera. Não sabia o que fazer. Queria gritar, fazer alguma coisa, pegar uma pistola e invadir a prisão de Mezzeh, bater a cabeça na parede até ela quebrar, até que eu pudesse salvá-lo. E eles o mataram e nada pudemos fazer além de assistir."[12]

O Mossad de Amit, que acabara de recuperar a autoconfiança, estava impotente e humilhado.[13] Pior ainda, fora exposto. Os sírios torturaram Cohen tão severamente — arrancando suas unhas e dando choques em seus testículos — que ele cedera. Revelara os códigos secretos de comunicação e decifrara duzentas mensagens que enviara e que os sírios haviam captado, mas foram incapazes de ler, e dissera tudo que sabia sobre o recrutamento, o treinamento e os métodos de construção de disfarces da inteligência israelense.

Logo depois da captura de Cohen, a Cesareia foi atingida por outro desastre. Wolfgang Lotz, o espião da Cesareia na alta sociedade do Cairo, um elemento-chave na coleta de informações para a tentativa de assassinar os cientistas alemães no Egito, foi descoberto em 10 de fevereiro de 1965. Sua queda também se deveu ao excesso de atividade e de confiança em seu disfarce, além de vários erros básicos cometidos por ele e seus controladores.

UMA SÉRIE DE CATÁSTROFES

A única coisa que salvou Lotz de sofrer o mesmo destino de Eli Cohen foi a intervenção do BND, o serviço de espionagem alemão, que respondeu à solicitação de Israel e disse aos egípcios que Lotz também trabalhava para eles. Lotz e a esposa, Waltraud, foram poupados da forca e sentenciados à prisão perpétua. (Mais tarde, foram libertados durante uma troca de prisioneiros após a Guerra dos Seis Dias, em 1967.) Mas foi outro golpe duro para o Mossad.[14] Temendo mais perdas, Yosef Yariv ordenou que os outros espiões, cujo treinamento e disfarce custara muitos anos de esforço, voltassem para casa. A Cesareia, mal saída da infância, estava quase em ruínas.

O primeiro-ministro Eshkol viu a queda dos dois espiões como desastre nacional.[15] Mas, a despeito do estado deplorável do Mossad, decidiu aprovar uma missão especial de assassinato seletivo pela Cesareia no Uruguai. Dois meses antes, fora realizada uma conferência entre representantes das várias agências de inteligência para discutir o estado da caçada aos nazistas, que não estava no alto da lista de prioridades. Raphi Medan, vice-comandante da unidade Amal, a responsável pela caçada, apresentara possíveis alvos da relação da qual o nome de Otto Skorzeny acabara de ser retirado. Quando chegara ao nome de Herbert Cukurs, um criminoso de guerra nazista da Letônia que, como aviador, ajudara voluntariamente a SS e a Gestapo, e começara a descrever seus atos horrendos, um baque alto se fizera ouvir. O diretor da Aman, o Diretório de Inteligência Militar, major-general Aharon Yariv, desmaiara. Cukurs queimara vivos alguns de seus familiares e amigos.[16]

Após a conferência, Amit, que era muito próximo de Yariv e ficara profundamente abalado com o incidente, reunira-se com o primeiro-ministro Eshkol e recebera permissão para eliminar Cukurs.[17]

Cukurs matara judeus por esporte. Atirara neles nas ruas após lhes dizer para saírem correndo. Prendera-os em sinagogas e ateara fogo, bebendo uísque enquanto ouvia os gritos. Sobreviventes do Holocausto o chamavam de Açougueiro de Riga, e seu nome surgira com frequência durante os julgamentos de crimes de guerra de Nuremberg, estando diretamente envolvido na morte de 15 mil judeus e indiretamente na de outros 20 mil. Mas, depois da guerra, conseguira fugir e se refugiara no Brasil, onde montara uma agência de turismo e se cercara de seguranças, temendo o mesmo destino que se abatera sobre Eichmann.

Yaakov Meidad, um agente da Cesareia que falava espanhol e alemão, se fez passar por executivo austríaco interessado na indústria de turismo na América do Sul e conseguiu persuadir Cukurs a ir até o Uruguai para se encontrar com um grupo de investidores em uma luxuosa mansão nos arredores de Montevidéu. Na mansão, três assassinos estariam esperando. O plano era que Meidad entrasse primeiro, seguido por Cukurs. Um dos assassinos o puxaria para dentro e fecharia a porta. Quando a equipe do Mossad estivesse fora da linha de fogo, atiraria nele.

Mas a missão não transcorreu como planejado. Cukurs estava alerta e temia uma armadilha. No momento em que entrou, percebeu o que estava acontecendo e saiu correndo. Yariv tentou lhe dar um mata-leão enquanto outro israelense o arrastava para dentro. "O fato de que Cukurs estava morto de medo", disse Meidad, "e de que antecipara com terror aquele momento durante vinte anos lhe deu uma força sobre-humana. Ele conseguiu derrubar o cara. Agarrou a maçaneta e, se não houvesse três de nós, incluindo eu mesmo, segurando a porta, teria conseguido sair."

Cukurs mordeu um dos dedos de Yariv, arrancando a ponta, que permaneceu em sua boca. Yariv gritou de dor e teve de afrouxar o aperto em torno de seu pescoço. Ele quase se livrou, mas, no último momento, um dos assassinos, Ze'ev Amit (primo do diretor do Mossad), que não podia atirar por causa do perigo para os colegas, pegou um martelo e golpeou a cabeça de Cukurs até que ele desmaiasse. Então o terceiro membro da equipe, Eliezer Sodit-Sharon, que já fora o principal agente da Irgun, atirou duas vezes no assassino em massa, assegurando-se de que estava morto.[18]

Os agentes colocaram o corpo em uma mala, que deixaram na mansão, e sobre ela um "veredito", uma folha de papel com as seguintes palavras: "Por sua responsabilidade pessoal no assassinato de 20 mil judeus com terrível brutalidade, o homem condenado foi executado. [Assinado] Aqueles que Jamais se Esquecerão."[19]

No Mossad, a operação foi oficialmente considerada um sucesso, mas a verdade é que sua execução pouco profissional poderia facilmente ter conduzido ao desastre.[20] De qualquer modo, Yariv ficou com metade de um dedo. O homem que esmagou a cabeça de Cukurs com um martelo, Ze'ev Amit, teve pesadelos horríveis pelo resto da vida, assombrado pelo trauma do assassinato.

*

UMA SÉRIE DE CATÁSTROFES

O desastre seguinte quase custou os cargos do primeiro-ministro Eshkol e do diretor Amit. Em 30 de setembro de 1965, um dia depois de o Mossad receber as fitas vitalmente importantes da reunião de cúpula árabe, um dos comandantes do serviço marroquino de inteligência, Ahmed Dlimi, contatou a agência e deixou claro que os marroquinos queriam que a dívida pelas valiosas informações fosse paga o mais rapidamente possível. No mundo da inteligência, não há presentes gratuitos.[21]

Amit se reportou a Eshkol: "Com uma das mãos, eles nos deram essas fitas, mas, com a outra, exigiram retribuição. Querem algo muito simples. Há um gói chamado Ben Barka que se opõe ao rei [...] e o rei mandou acabar com ele. Eles vieram até nós e disseram: 'Vocês são ótimos assassinos [...]. Matem o cara!'"[22]

O líder da oposição, Mehdi Ben Barka, fora exilado do Marrocos no início da década de 1960 e mais tarde sentenciado à morte *in absentia*.[23] A inteligência marroquina tentara localizá-lo, mas Ben Barka se escondia cuidadosamente, mudando-se de cidade para cidade e usando pseudônimos. Os líderes dos serviços secretos marroquinos queriam que o Mossad ajudasse a localizá-lo, capturá-lo e matá-lo.

"Enfrentamos um dilema", lembrou Amit. "Podíamos matá-lo e ser arrastados para a confusão ou nos recusar e colocar em risco realizações nacionais da mais alta ordem."[24]

Anos depois, Amit tentou pintar um retrato de si mesmo como tendo escolhido "caminhar entre as gotas de chuva", sem auxiliar diretamente no assassinato, mas "incorporando [a assistência aos marroquinos] em nossas atividades conjuntas regulares". No entanto, um olhar mais atento sobre os registros e telegramas internos do Mossad mostra que a organização esteve profundamente envolvida.

A Cesareia e a Colosso ajudaram os marroquinos a localizar o quiosque em Genebra onde eram entregues as revistas de Ben Barka, permitindo que o colocassem sob vigilância. Mais tarde, propuseram um plano segundo o qual ele seria atraído até Paris por um homem posando como cineasta fascinado com a vida de um exilado marroquino e interessado em fazer um documentário a respeito. O Mossad forneceu abrigos secretos em Paris, veículos, passaportes falsos e dois tipos diferentes de veneno, além de pás e "algo para apagar os rastros".

Quando Ben Barka chegou a Paris em 29 de outubro de 1965, os marroquinos o sequestraram com a ajuda de policiais franceses corruptos. Ele foi levado até um refúgio desocupado do Mossad, onde os marroquinos começaram a interrogá-lo com brutalidade. Ele morreu logo depois da asfixia, após ser repetidamente submergido em uma banheira de água suja.

Os agentes do Mossad não estavam envolvidos ou presentes durante o assassinato, mas assumiram a tarefa de cuidar do corpo e uma equipe conjunta da Cesareia e da Colosso o levou até a floresta Saint-Germain, próxima ao refúgio.[25] Eles cavaram um buraco fundo e queimaram o corpo, antes de espalhar no local um pó químico que se tornava particularmente ativo ao entrar em contato com a água, cujo objetivo era consumir os restos mortais. Choveu muito na ocasião e, pouco tempo depois, já não sobrava muita coisa de Ben Barka. O que sobrou, de acordo com alguns israelenses envolvidos, foi removido e hoje jaz sob a estrada que leva à recém-construída e ultramoderna Fundação Louis Vuitton, ou sob o próprio prédio.

Amit prometera a Eshkol: "Não darei nenhum passo sem falar com você",[26] mas contou apenas parte da verdade, e somente após os fatos. Em 25 de novembro de 1965, disse a Eshkol: "Está tudo bem."

Na verdade, nada estava bem. O fato de que Ben Barka desaparecera em Paris e de que líderes da inteligência marroquina e mercenários franceses estavam envolvidos explodiu na mídia francesa com grande estrondo e permaneceu nas manchetes durante muito tempo. O presidente Charles de Gaulle desmantelou os serviços de inteligência e processou alguns envolvidos. Quando o rei Hassan se recusou a entregar os líderes de suas agências de espionagem para julgamento, de Gaulle ficou furioso e cortou relações diplomáticas com o Marrocos.

Os efeitos colaterais da operação duraram décadas e deixaram uma sombra negra sobre as relações entre o Marrocos e a França, onde ainda há um magistrado encarregado do caso. As investigações também levantaram suspeitas contra o pessoal do Mossad, e todos os envolvidos deixaram Paris apressadamente. Durante muitos anos, correram o risco de serem levados a julgamento.

Na época, Isser Harel era conselheiro de inteligência de Eshkol. Amargo e frustrado com a maneira como fora exonerado da direção do Mossad e invejando o sucesso de Amit, Harel se apoderou dos documentos pertinentes ao caso Ben Barka e iniciou uma guerra contra ele.

Em um longo relatório que apresentou ao primeiro-ministro, declarou: "O Mossad e, através dele, o Estado se engajaram em várias ações conectadas a um assassinato político no qual Israel não tinha nenhum interesse e no qual creio que, de uma perspectiva moral, pública e internacional, não deveria ter se envolvido de modo algum."[27]

Harel exigiu que Eshkol demitisse Amit e enviasse um emissário pessoal para contar a verdade a de Gaulle. Eshkol se recusou. Harel o acusou de ter se envolvido pessoalmente no assassinato e exigiu sua renúncia imediata. Ele ameaçou o primeiro-ministro, dizendo que "ecos desse caso chegarão à atenção do público e todo o partido (Trabalhista) será manchado pela vergonha".

Quando isso não funcionou, ele vazou a essência da história para uma revista sensacionalista e, quando o censor bloqueou a publicação, informou membros do alto escalão do partido sobre os detalhes e os urgiu a se rebelarem contra a liderança de Eshkol.[28] Esses membros tentaram persuadir Golda Meir a liderar um golpe contra Eshkol. Meir concordou que Amit devia ser demitido, mas se recusou a ajudar a remover o primeiro-ministro. "Eu deveria derrubar Eshkol e tomar seu lugar?", perguntou ela aos conspiradores, com a emotividade pela qual era famosa. "Prefiro me jogar no mar."[29]

Quando os cáusticos ataques de Harel não cessaram, Eshkol e Amit decidiram revidar, combatendo extorsão com contraextorsão.[30] Amit disse a seus associados mais próximos: "Harel não vai abandonar esse assunto por iniciativa própria [...] a menos que indiquemos a ele que há em seu passado material suficiente para destruir sua alegação de ser o 'guardião moral' do Mossad."

E, de fato, havia material suficiente.[31] Amit fez com que o dossiê de Alexander Yisraeli fosse trazido dos arquivos. Yisraeli era o oficial naval que vendera segredos para o Egito em 1954 e então fora sequestrado com a intenção de ser levado a julgamento, embora tivesse morrido em trânsito devido a uma overdose de sedativos. Harel ordenara que seu corpo fosse jogado no mar e que sua família fosse informada de que ele se estabelecera na América do Sul.

Amit deu o dossiê de Yisraeli a um amigo, um veterano do Mossad que conhecia o caso e desprezava Harel.[32] Ele chamou Harel para uma conversa. "O que aconteceria se esse caso fosse revelado ao público?", perguntou ele a Harel. "Você não acha que um assunto tão sério exigiria intenso exame e investigação? É claro que tentaremos manter a história em segredo, mas não somos os únicos que a conhecem e é ultrajante o que é levado à atenção dos jornalistas hoje em dia."

Harel entendeu a situação. Logo depois, renunciou.

Para Amit, a lição principal do caso foi de que "jamais devemos nos envolver em tarefas alheias de natureza sensível nas quais não temos interesse direto, especialmente assassinatos. Devemos matar alguém somente se ameaçar os interesses de Israel, e a execução será somente em azul e branco", em uma referência às cores da bandeira de Israel, significando "somente por israelenses".[33]

Todas essas catástrofes deixaram a agência, e, particularmente sua ponta de lança, a Cesareia, ferida e confusa. Amit criou vários painéis de investigação para tentar descobrir o que dera errado.

A figura predominante na condução dessas investigações foi Michael "Mike" Harari.[34] Quando chegaram ao fim, Amit o nomeou vice-chefe da Cesareia. Harari serviu nessa posição durante cinco anos, primeiro sob Yosef Yariv e então sob Zvi Aharoni, mas, na prática, era o espírito vivo e comandante da divisão. Em 1970, foi nomeado chefe da Cesareia, posição que manteve por dez anos. Os quinze anos durante os quais liderou a divisão foram os mais importantes e turbulentos de sua história. Harari foi apelidado de César e se tornou a figura mais influente do mundo das operações especiais do Mossad.

Ele nasceu em Tel Aviv em 1927.[35] "Dois eventos moldaram minha vida", disse ele. Em 1936, quando ainda era criança, testemunhou violentos levantes dos árabes da Palestina contra judeus e britânicos, que mais tarde se tornaram conhecidos como Revolta Palestina. "Vi a multidão e um jipe britânico queimado com o corpo carbonizado do sargento ainda segurando o volante." Quando viu árabes e judeus lutando, ele não recuou, mas entrou em uma loja próxima, escolheu a melhor arma que conseguiu encontrar, o pesado cabo de uma picareta, e se juntou à batalha.

A segunda experiência definidora ocorreu em 1942, quando foi brincar na rua e chegou à cena minutos depois de oficiais do DIC britânico terem matado Avraham Stern, o comandante do grupo judaico extremista Lehi. "Eu os vi descendo com o corpo. Então subi as escadas. Eu era um menino e ninguém me impediu. Fui até o apartamento e vi o closet no qual ele se escondera. Esse tipo de coisa o afeta."

Em 1943, mentiu sobre a idade para se unir ao Palmach, o exército secreto do Yishuv judaico na Palestina. "Era clandestino. Era secreto e me intrigava." Ele participou de muitas ações, incluindo a sabotagem de linhas e pontes ferroviárias, ataques às delegacias policiais britânicas e coleta de informações. Foi preso várias vezes pelo DIC.

Após a Segunda Guerra Mundial, quando o comando da Haganá descobriu que falava vários idiomas, foi enviado à Europa, a fim de ajudar no transporte de refugiados judeus sobreviventes para Israel.[36] Esteve envolvido na compra secreta de navios e na complicada logística de mover esses imigrantes ilegais através das ruínas da Europa e então contrabandeá-los para a Palestina, debaixo do nariz dos britânicos. "Foi o período durante o qual criei para mim mesmo critérios e métodos para atividades secretas no exterior, as ferramentas que mais tarde usei no Mossad."

Depois da criação do Estado, Isser Harel recrutou Harari para o Shin Bet e então para o Mossad, onde ascendeu rapidamente, antes de ser designado para investigar as operações da Cesareia. O que encontrou foi uma unidade em mau estado, com uma mistura de pessoal (antigos membros da 188/Mifratz e dos Pássaros, a unidade operacional do Shin Bet, entre outros), uma doutrina de combate confusa e com objetivos mal definidos.

A sucessão de fracassos levou Harari a concluir que a Cesareia deveria ser reconstruída de baixo para cima, redefinindo objetivos, tarefa e pessoal. Após vários meses de trabalho, ele submeteu sua doutrina aos líderes do Mossad: "Em minha visão de mundo, acredito que qualquer país que queira sobreviver deve ter uma Cesareia, um corpo de elite clandestino e compartimentalizado capaz de realizar, para além das fronteiras do país, as coisas que nenhuma outra agência nacional pode realizar. É uma ferramenta única que nossa liderança pode empregar contra os inimigos do país."[37]

Harari estabeleceu os objetivos primários da Cesareia: assassinato seletivo, sabotagem, coleta de informações em "países-alvo" hostis e operações especiais, como passar clandestinamente pessoas sequestradas pelas fronteiras.

A maioria dos agentes de campo da Mifratz que Harari investigou era formada por antigos membros dos grupos extremistas clandestinos antibritânicos, tendo sido recrutados por Isser Harel e comandados por Yitzhak Shamir. Harari os achou extremamente duros, com muita experiência em combate e em operações secretas, prontos para puxar o gatilho na hora certa. Em outras questões, todavia, eram muito fracos: "Sempre falhavam no estágio da fuga. Ordenei que, no planejamento de uma operação, o mesmo peso fosse dado ao objetivo e à fuga, e, se não houvesse uma maneira de fugir com segurança, a operação não devia ser executada."

Ele ordenou a criação de um "comitê de alvos" que faria estudos aprofundados para decidir quem estaria na lista de assassinatos, e decidiu que esses assassinatos jamais seriam realizados em contato próximo, com facas ou outras armas "frias".

O pessoal de campo nas duas divisões operacionais, a Cesareia e a Colosso, não gostava de ser chamado de operador, algo que soava insípido e superficial, sem a apropriada inflexão heroica. (Pior ainda era "agente", um termo quase desdenhoso reservado a estrangeiros que haviam sido recrutados para trair seus países em benefício de Israel.) Em vez disso, eles se consideravam guerreiros (*lohamim*) dedicados a defender e preservar sua jovem nação.

Embora todos possam ter sido guerreiros, havia uma diferença essencial entre o pessoal das duas divisões. Um espião da Colosso capturado em um "país-base" — um Estado com plenas relações diplomáticas com Israel, como a França ou a Itália — corria o risco de ser preso. Em um "país-alvo", como a Síria ou o Egito, um guerreiro da Cesareia provavelmente seria sujeitado a horrível tortura e interrogatório e então executado. A exposição e captura de um agente da Cesareia eram percebidas como desonra nacional para Israel. Foi por isso que Harari insistiu na disciplina férrea e sem erros.

E, de fato, desde que reconstruiu a Cesareia, pouquíssimos erros significativos ocorreram. Em toda a história da divisão, Eli Cohen foi o único agente a ser capturado e executado.

"Esse recorde fenomenal", diz "Ethan", que foi alto oficial da unidade durante muitos anos, "foi conseguido principalmente graças às inovações e, acima de tudo, aos disfarces invioláveis de Harari."[38]

O processo de recrutamento também foi um fator-chave de seu sucesso. "A principal arma de um agente da Cesareia é a habilidade de trabalhar sob disfarce", explicou Ethan. "Essa arma tem de ser inata. Todo o restante pode ser ensinado a eles."

O Mossad recebeu acesso à base de dados populacional de Israel, que os especialistas da Cesareia analisaram em busca de certos tipos de pessoa. Para Harari, o lugar natural para procurar seu pessoal era entre aqueles que serviam ou haviam servido em funções de combate nas Forças de Defesa de Israel. Mas esse era apenas o início do processo. Após a queda de Eli Cohen e da exposição do uso de judeus de países árabes como espiões do Mossad, ele decidiu se apoiar principalmente em pessoas que podiam se apresentar como gentios de países ocidentais.

O candidato perfeito tinha aparência europeia e podia se passar por turista ou executivo de um país cujos cidadãos eram bem-vindos no mundo árabe.[39] Uma possível fonte de recrutas eram os filhos de eruditos ou membros do corpo diplomático que passaram tempo considerável no exterior graças ao emprego dos pais. Mas a maioria era composta por imigrantes que viveram em seus países natais até a idade adulta (em casos muito raros, a Cesareia recrutava um judeu que ainda vivia fora de Israel), porque eles ofereciam uma vantagem óbvia: não precisavam ser treinados para interpretar o papel de um não israelense.

Em contrapartida, como explicou o ex-chefe de treinamento Kfir, havia uma complicação correspondente com esses recrutas. Obviamente, todos os aspirantes passavam por uma minuciosa checagem de segurança feita pelo Shin Bet. Mas, se um imigrante não tivesse sido propriamente destilado pela sociedade israelense — se não tivesse servido nas FDI, desenvolvido uma rede de amigos de longa data e/ou não tivesse parentes no país —, era muito mais difícil avaliar sua lealdade a Israel e ao Mossad. Era até possível que já fosse espião de outro país. Consequentemente, as verificações de *background* que se seguiam aos testes iniciais de polígrafo para os recrutas da Cesareia, que já eram as mais estritas do Mossad, se tornaram ainda mais rigorosas, com os investigadores às vezes viajando para o exterior a fim de escrutinar o passado de um candidato. Um enorme esforço foi investido no recrutamento de cada um deles.

Quando os candidatos em potencial eram identificados, recebiam telefonemas de pessoas que se identificavam como "funcionários do governo" e sugeriam um encontro em um café, onde descreviam de modo muito geral do que se tratava. Outros recebiam uma carta enigmática do gabinete do primeiro-ministro ou do Ministério da Defesa, dizendo mais ou menos o seguinte: "Oferecemos a você a chance de participar de uma operação envolvendo atividades únicas e variadas, que o apresentarão a desafios excitantes e lhe darão a oportunidade de atingir todo seu potencial e obter grande satisfação pessoal." Além dessa abordagem direta, o Mossad durante muito tempo publicou anúncios ambíguos nos jornais de Israel em nome de uma "organização estatal" que buscava candidatos para um "trabalho desafiador".

Dessas fontes de recrutas potenciais, o Mossad estreitava o grupo por meio de uma variedade de testes, até que sobravam apenas os psicologicamente adequados ao trabalho.[40] Os processos de seleção de todas as funções operacionais do Mossad eram e ainda são conduzidos por psicólogos e oficiais de recrutamento. Harari insistiu para que os próprios psicólogos passassem por um exaustivo programa de treinamento, incluindo o horrendo "exercício do prisioneiro", para que pudessem perceber quais qualidades eram exigidas de um agente e estivessem mais capacitados a avaliar os candidatos.

Encontrar candidatos com todas as características desejadas era, e ainda é, um grande desafio. No Mossad, comenta-se com orgulho que a taxa de aceitação é de 0,1%. Moti Kfir explicou: "O guerreiro desejado tem de ser sionista. Precisa se identificar com Israel e seus objetivos. Acima de tudo, precisa equilibrar características opostas. Precisa ter iniciativa sem ser agressivo. Bravo, mas não temerário. Extrovertido, mas reticente. Eles devem estar dispostos a correr enormes riscos, mas sem ameaçar a missão ou a organização e sem que isso se transforme em um desejo de morte. Precisam ser capazes de levar uma vida de mentiras e subterfúgios, mas ao mesmo tempo transmitir relatórios confiáveis e nada esconder de seus comandantes. Precisam empregar charme pessoal sem criar conexões pessoais."[41]

E há sempre a questão da motivação: por que um homem ou mulher aceitaria um dos trabalhos mais perigosos do mundo? "Há dois tipos de guerreiro", diz Kfir. "Um vem da direção positiva e é formado por pessoas que querem *fazer* algo. O segundo vem da direção negativa e é formado por pessoas que estão *fugindo* de algo. Os que vêm da direção positiva não têm problemas para ganhar a vida nem esposas que não os compreendem. São pessoas que vêm para servir ao sionismo e satisfazer a seu espírito de aventura; querem ver o mundo, querem jogar porque gostam do jogo. Os que vêm da direção negativa estão fugindo de alguma coisa, não gostam de suas casas, não foram bem-sucedidos na carreira civil. São pessoas tentando criar uma vida melhor para si mesmas."

O Mossad aceita ambos os tipos, o positivo e o negativo. Suas razões para deixar sua antiga vida para trás importam menos que a habilidade de viver em completo isolamento em um país inimigo, sob uma identidade inteiramente diferente. "Você é tanto um soldado quanto um general", continua Kfir. "É uma carga emocional e intelectual muito pesada."

Esperando encontrar uma maneira de evitar ou ao menos mitigar essa carga, Harari iniciou outro programa de recrutamento, particularmente ambicioso.[42] "Ouvi que o KGB costumava identificar órfãos, que não possuíam compromissos restritivos, aos 13 ou 14 anos, colocá-los sob suas asas e treiná-los nas melhores condições possíveis para serem agentes disfarçados. Achei que era uma boa ideia." Ele fez com que os psicólogos da Cesareia encontrassem um garoto israelense de 14 anos e sem pais, e a Cesareia o colocou sob suas asas, sem que ele soubesse quem cuidava dele. Um psicólogo e dois tutores o acompanhavam constantemente, e ele recebeu excelente educação, com aulas de arte e cultura e tempo livre para esportes e lazer. "Dissemos que queríamos que ele servisse à nação quando crescesse", contou Harari.

Todo esse cuidado e toda essa educação foram um sucesso. O garoto se tornou um soldado e depois um talentoso jovem oficial, extremamente culto e capaz de atuar disfarçado como estrangeiro. Mas o projeto como um todo fracassou. "Ficou claro para mim que isso poderia funcionar em um país totalitário como a Rússia, mas não em Israel. O judeu israelense não possui esse tipo de perseverança, e ele rapidamente iria querer uma namorada, uma carreira civil e um bom salário. Provavelmente teria aspirações em direções muito diferentes das que o mundo da inteligência pode oferecer. Não tivemos escolha a não ser deixá-lo partir."

Outras políticas de recrutamento se provaram mais bem-sucedidas. Por razões operacionais práticas, o Mossad se tornou um pioneiro da igualdade de gêneros.[43] "É uma grande vantagem ter uma mulher na equipe durante uma operação", diz Ethan. "Uma equipe composta de membros de ambos os sexos sempre fornece um disfarce melhor e reduz as suspeitas."[44]

Se os recrutas conseguem passar da fase inicial de seleção, começam o "curso". A maioria dos cadetes da Cesareia jamais visita a sede do Mossad durante o treinamento e não tem contato com os outros cadetes. Eles são expostos ao mínimo possível de informação, a fim de que tenham pouco a revelar se forem capturados e torturados. Durante o treinamento, sua base é um de muitos apartamentos em Tel Aviv, para que não sejam expostos a funcionários regulares do Mossad que trabalham na sede todos os dias.

Os cadetes recebem treinamento em vários campos de espionagem: transmissão criptografada de código Morse (até os desenvolvimentos tecnológicos tornarem esse tipo de comunicação obsoleto), vigilância, técnicas de despistagem, armamentos e combate corpo a corpo. Também estudam geografia, política e história dos países árabes.

As habilidades são refinadas em uma série de missões práticas, quase inteiramente em solo israelense e em geral mundanas: colocar um dispositivo de escuta na recepção de um banco, recuperar documentos inofensivos e invadir casas ou empresas para provar que possui a habilidade de fazer isso.[45]

A criação de um disfarce elaborado vai bem além do nome falso. Espera-se que o recruta decore uma biografia totalmente nova e fictícia: onde nasceu e foi criado, quem eram seus pais, o *background* social, cultural e econômico em que foi educado, seus hobbies e assim por diante. Um passaporte emitido por um país amigável — ou forjado pelo Mossad — permitirá que o guerreiro viaje livremente, mesmo para nações que não admitem israelenses. A profissão falsa tipicamente requer frequentes viagens internacionais e muito tempo trabalhando sozinho, sem sócios, escritórios ou horários regulares. Repórter ou fotógrafo de jornal, por exemplo, ou roteirista fazendo pesquisa para um filme funcionam bem, porque não exigem muita explicação.

O disfarce, moldado com o tempo, distancia o recruta de seu verdadeiro eu e lhe dá uma nova vida, em um novo país, que não desperta suspeitas.[46] Em seguida, os recrutas praticam a criação de disfarces de segundo nível, específicos para situações individuais. Um guerreiro precisa ser capaz de explicar de modo plausível por que está em um lugar particular em um momento particular — do lado de fora de um ministério, por exemplo, monitorando quantas pessoas entram e saem — se for abordado por um policial curioso. A fim de ser crível, essa explicação precisa ser dada rápida e calmamente, com poucos detalhes; oferecer informações demais pode levantar suspeitas tão facilmente quanto não oferecer nenhuma.

Os treinadores aumentam a pressão ao simular prisão e um interrogatório brutal.[47] Um guerreiro da Cesareia de codinome Kurtz disse que essa é a parte mais difícil do curso. Ele contou: "Eles nos enviaram em duplas para Jerusalém a fim de seguir diplomatas estrangeiros. Parecia uma tarefa simples: apenas seguir e relatar, sem estabelecer contato. Tínhamos passaportes estrangeiros e nossas instruções eram para não revelar, sob nenhuma circunstância, quem éramos na verdade. Subitamente, vindos do nada, três carros da polícia chegaram e alguns brutamontes em trajes civis pularam, nos derrubaram, algemaram e jogaram na traseira. Eles nos levaram ao centro de interrogatório do Shin Bet no Complexo Russo, em Jerusalém. Passamos horrorosos três dias e meio lá dentro, sem dormir, algemados e vendados. Durante parte do tempo, ficamos algemados a uma cadeira com os braços para trás, em uma posição que enrijecia o corpo inteiro. Em outras ocasiões, fomos algemados ao teto e forçados a ficar nas pontas dos pés. Durante os interrogatórios, policiais e agentes do Shin Bet nos espancaram e cuspiram em nós. Ouvi que chegaram até a urinar em um cara. O objetivo era ver quem quebraria e quem sobreviveria com o disfarce intacto."

Kurtz não cedeu. Se tivesse cedido, provavelmente teria sido excluído do programa.

Ao completar o curso, os cadetes bem-sucedidos estavam qualificados para trabalhar como agentes e começar a realizar missões em países-alvo.

Harari introduziu disciplina férrea na Cesareia e exigiu obediência absoluta a ela.[48] Qualquer um que não seguisse o caminho indicado por ele se via imediatamente do lado de fora. Os escritórios da divisão no décimo primeiro andar no número 2 da rua Kaplan, em Tel Aviv, eram gerenciados discretamente e com ordem exemplar. "Mike trouxe uma atmosfera europeia para a Cesareia", disse Ethan. "O modo de falar, a elegância, os hábitos, a maneira de se comportar. Seu escritório estava sempre limpo e impecavelmente organizado, assim como ele, em seu comportamento e modo de vestir. Ele estava sempre arrumado, barbeado e com o perfume de sua colônia francesa favorita, Macassar, seguindo-o aonde quer que fosse. Isso foi importante, porque ele fez com que toda a unidade se habituasse à atmosfera dos países onde ostensivamente havíamos nascido."

"Boa inteligência e uma Cesareia forte custam dinheiro", disse Harari a Amit. Ele passou a exigir orçamentos cada vez maiores, que gastava no treinamento de pessoal e na formação de mais estruturas e redes de agentes. Seu pessoal abriu milhares de empresas comerciais em inúmeras esferas e países, que serviriam ao Mossad durante muitos anos após sua partida. A maioria não tinha uso imediato, mas Harari anteviu, por exemplo, que algum dia seria vantajoso para a Cesareia controlar uma transportadora em um país do Oriente Médio. E, com certeza, em dado momento a unidade precisou de um barco civil de transporte para fornecer disfarce a uma equipe do Mossad em águas do Iêmen.[49] A unidade do Mossad carregou o barco com pacotes de carne e os transportou de um lado para o outro enquanto executava sua missão de espionagem.

Em 1967, as mudanças introduzidas por Harari começaram a produzir resultados visíveis, e os agentes da Cesareia em países-alvo diariamente transmitiam informações valiosas para Israel, a maioria relacionada a seus principais adversários na época: Síria, Egito, Jordânia e Iraque.

O Mossad, a Aman e o governo justificadamente dedicaram muitos recursos aos preparativos para o próximo confronto militar contra os países árabes, que acabou ocorrendo em junho daquele ano.

Todavia, a inteligência israelense não conseguiu detectar o segundo maior desafio a se apresentar: os milhões de palestinos dispostos a lutar a fim de retornar para sua pátria. Uma onda de terrorismo palestino contra israelenses e outros judeus em breve varreria o Oriente Médio e a Europa.

"Não estávamos preparados para essa ameaça", disse Harari.[50]

7

"O CONFLITO ARMADO É A ÚNICA MANEIRA DE LIBERTAR A PALESTINA"

Entre 600 mil e 750 mil palestinos fugiram ou foram expulsos do território onde o Estado de Israel foi estabelecido e daqueles que conquistou durante a guerra de 1948-49. Os árabes juraram destruir o Estado recém-nascido e a liderança israelense acreditava que, para que seu precário e vulnerável país tivesse chance de sobreviver, era preciso haver o mínimo possível de árabes no interior de suas fronteiras. Esse foi o raciocínio, por mais moralmente questionável que seja, por trás das expulsões e da recusa geral em permitir que qualquer refugiado jamais retornasse.

Os refugiados foram assentados em Gaza[1] (uma faixa de 365 km² formada na costa sudoeste do Mandato Britânico da Palestina como resultado da guerra de 1948-49, controlada pelo Egito até 1967 e por Israel desde então), na Cisjordânia (o nome dado pela Jordânia ao território de 5.890 km² no antigo Mandato Britânico da Palestina que passou a controlar após a guerra de 1948-49 e que foi capturado por Israel em 1967) e outros campos desmantelados em países árabes vizinhos, onde os regimes governantes afirmavam que algum dia varreriam os sionistas do mapa e retornariam os palestinos a sua pátria. Mas isso era em grande parte um discurso vazio. Na realidade, esses regimes também impuseram difíceis condições aos desafortunados refugiados, que frequentemente não possuíam direitos, nenhum controle significativo sobre suas vidas e nenhuma perspectiva de obter melhor educação ou empregos dignos. As condições de vida eram ruins, assim como a saúde pública e até mesmo a segurança alimentar. Os refugiados que chegaram à Faixa de Gaza durante a guerra de 1948-1949 mais que triplicaram a população local. Dos cerca de 70 mil habitantes de 1945, o número subiu para 245 mil em 1950. Em 1967, havia 356 mil habitantes na área e, em 2015, mais de 1,7 milhão. Os refugiados se tornaram apátridas, expulsos de seu próprio país e indesejados por qualquer outro. Mas eles e os residentes palestinos permanentes da Cisjordânia e de Gaza ainda se consideravam um *povo*. Nos campos esquálidos, jovens militantes se organizavam em movimentos nacionalistas, movidos pelo próprio orgulho e pelo ódio a Israel.

Entre eles estava um garoto chamado Khalil al-Wazir, que nascera em Ramla, uma cidade a sudeste de Tel Aviv, em 1935.[2] Durante a guerra de 1948, ele e a família, juntamente com muitos outros residentes de Ramla, haviam sido deportados para Gaza, onde viviam em um campo de refugiados.

Aos 16 anos, al-Wazir já era líder de um dos grupos militantes. Ávido para vingar a deportação da família de Ramla, ele "procurou *mujahidin* que haviam participado da guerra palestina [de 1948], a fim de aprender com sua experiência pessoal em batalha".[3]

Esses veteranos da guerra de 1948 treinaram al-Wazir e seus amigos e eles, por sua vez, treinaram outros jovens. Em 1953, com apenas 18 anos, al-Wazir comandava duzentos jovens, todos passionalmente motivados a lutar contra o inimigo sionista. No fim de 1954 e início de 1955, seus homens iniciaram uma série de operações de sabotagem e assassinato em Israel. Os egípcios, usando os jovens militantes como representantes menos custosos, enviaram a Gaza reforços na forma de estudantes palestinos no Cairo. Entre eles estava um jovem estudante de Engenharia Elétrica da Universidade do Cairo, Mohammed Yasser Abdel Rahman Abdel Raouf Arafat al-Qudwa al-Husseini: Yasser Arafat.

O local de nascimento de Arafat é disputado.[4] De acordo com a versão palestina oficial, ele nasceu em 1929 em Jerusalém, como se esperaria de um líder palestino. Todavia, também se afirma que nasceu em Gaza e mesmo no Cairo. De qualquer modo, veio de uma importante família palestina ligada ao grande mufti, Hajj Amin al-Husseini, e a Abd al-Qadir al-Husseini, o comandante das forças palestinas em 1948, ambos alvos primários de assassinato naquela época.

Arafat, que adotou o nome de guerra Abu Ammar, e al-Wazir, que adotou o nome Abu Jihad, se tornaram associados e confidentes. Trabalharam juntos para fortalecer as células palestinas na Faixa de Gaza.

Mesmo assim, a inteligência israelense não ficou muito preocupada com a crescente militância nos campos de refugiados. "Em geral, pode-se dizer que a diáspora palestina não nos interessava muito", disse Aharon Levran, oficial da Aman na ocasião. "Eles não constituíam uma força significativa naquela época." Em vez de uma questão estratégica de longo prazo, os militantes eram considerados um problema tático imediato, uma preocupação somente na extensão em que atravessavam as fronteiras para perseguir e aterrorizar judeus. E esse problema fora ostensivamente solucionado pela campanha do Sinai de 1956: o Egito, temendo as represálias israelenses e mais preocupado em preservar a paz na fronteira que com a situação dos palestinos, parara de financiar os ataques.

Os militantes, entretanto, não viam as coisas dessa maneira. Abu Jihad e Arafat, pegos de surpresa e se sentindo traídos quando os egípcios proibiram novas infiltrações, decidiram que os palestinos só podiam resolver sua situação com operações independentes.[5] A vitória militar israelense na campanha do Sinai, que pôs fim às infiltrações terroristas feitas por palestinos vindos de território egípcio, também levou, inadvertidamente, à criação de um movimento guerrilheiro separado.

Após anos mudando de país para país, no fim de 1959 Arafat e Abu Jihad foram para o Kuwait.[6] Eles perceberam que, aos olhos de Nasser, que tentava unificar o mundo árabe sob sua liderança, suas atividades seriam vistas como obstruções. E sabiam que, enquanto permanecessem em um dos grandes países árabes, jamais conseguiriam criar uma organização palestina efetiva sob sua própria autoridade.

Abu Jihad aceitava a supremacia de Arafat, que era seis anos mais velho e já possuía uma vasta rede de ligações na diáspora palestina. Arafat, por sua vez, via-se como líder, mas identificou imediatamente as capacidades operacionais de Abu Jihad, que ele mesmo não possuía. Durante dois anos, Arafat, Abu Jihad e três colegas trabalharam para desenvolver uma série de princípios e estruturas operacionais para sua organização. Fizeram isso em segredo, a fim de evitar a oposição dos países árabes. Finalmente, em 10 de outubro de 1959, o Movimento para a Libertação da Palestina foi oficialmente criado.

Mas eles rapidamente descobriram que o acrônimo árabe do nome escolhido, Hataf, era uma palavra que desafortunadamente se traduzia como "morte rápida". Assim, Abu Jihad, que tinha especial sensibilidade para questões simbólicas, propôs que as letras fossem invertidas para o acrônimo Fatah, que significa "vitória gloriosa".

Os princípios básicos, disseminados na época na forma de panfletos, mais tarde seriam reunidos e expressados no Estatuto Nacional da Palestina.[7] O artigo 9 declara que "O conflito armado é a única maneira de libertar a Palestina", e o artigo 6 pede a deportação de todos os judeus que chegaram à região após 1917. O artigo 20 afirma: "Reivindicações feitas por judeus de laços históricos ou religiosos com a Palestina são incompatíveis com os fatos [...]. Os judeus não constituem uma nação única com identidade própria, são cidadãos dos países a que pertencem." E o artigo 22 menciona que "o sionismo é [...] racista e fanático em sua natureza; agressivo, expansionista e colonial em seus objetivos; e fascista em seus métodos". A maioria das restrições do estatuto contra o sionismo afirma que ele é uma ferramenta do imperialismo internacional.

A inteligência israelense, preocupada com Nasser e convencida de que o Egito representava a ameaça mais crível e formidável, ignorou completamente a fundação do Fatah. Foi somente no início de 1964, mais de quatro anos depois, que dois espiões israelenses enviaram os primeiros relatórios de campo sobre a organização.[8] Uri Yisrael (conhecido no Mossad como "Ladiyyah") e Yitzhak Sagiv ("Yisrael"), trabalhando disfarçados de homens de negócios palestinos, avisaram que as células de estudantes com apoio e inspiração do Fatah ganhavam cada vez mais *momentum* na Europa e não deviam ser subestimadas. Em 6 de abril de 1964, com todo o Mossad envolvido no caso dos cientistas alemães, Ladiyyah escreveu para seus controladores, avisando: "Estou chegando à conclusão de que o perigo que enfrentamos com esses acadêmicos, estudantes e eruditos [palestinos] não é menos importante que o armamento dos países árabes com armas de destruição em massa."

Inicialmente, os oficiais do Mossad não ficaram impressionados, considerando Arafat, Abu Jihad e seus amigos apenas "estudantes e intelectuais, mais fortes com palavras que com ações". Mas Ladiyyah e Yisrael persistiram, avisando que seus conhecidos palestinos falavam com cada vez mais frequência sobre "o conflito armado contra a entidade sionista".

O Fatah era "algo inteiramente diferente de qualquer coisa que já existiu", insistiram em um relatório de maio de 1964.[9] "Esses dois — Arafat e Abu Jihad — são capazes de inspirar os palestinos a agirem contra nós."

O Fatah realizou seu primeiro ataque terrorista em 1º de janeiro de 1965, a tentativa de explodir a Transportadora Nacional de Águas de Israel, o grande sistema de canais e tubulações que leva água do mar da Galileia até o árido sul do país.[10] Foi um ato altamente simbólico — ameaçar obstruir a fonte de vida, a água, no deserto do Oriente Médio — que atingiu os nervos já sensíveis de todos os residentes da região. A construção do sistema de canais fora uma questão contenciosa, causando considerável agitação da opinião pública árabe. Embora o primeiro-ministro da Síria, Salah Bitar, tivesse declarado em setembro de 1963 que os Estados árabes haviam decidido iniciar "uma campanha incessante para evitar a realização do sonho [de Israel]" de levar água para o deserto, suas palavras foram vazias.[11] Foi somente o Fatah, ainda pequeno e com poucos recursos, que tomou a iniciativa de agir.

Planejada por Abu Jihad, a operação foi bastante amadorística e um total fracasso. O grupo que deveria levar a cabo o primeiro ato militar do Fatah foi preso em Gaza uma semana antes da data do ataque.[12] Outro grupo foi preso no Líbano alguns dias depois.[13] Por fim um terceiro grupo, vindo da Jordânia, instalou explosivos na sede da Transportadora Nacional de Águas, mas não conseguiu fugir e foi descoberto por uma patrulha de segurança.[14] Os membros da unidade foram capturados. Apesar desse evidente fracasso, as notícias da operação reverberaram pelo mundo árabe. Finalmente havia uma força pronta para enfrentar os israelenses. A Aman fez pouco mais que tomar conhecimento do incidente.

Ao mesmo tempo, as conexões de Ladiyyah, estabelecidas durante anos de vida dupla, deram resultado. Arafat e Abu Jihad se mantinham em contato próximo com estudantes palestinos em toda a Europa, particularmente na Alemanha. Ladiyyah tinha um amigo palestino, Hani al-Hassan, que liderava a Associação de Estudantes Palestinos na Alemanha Ocidental e cujo irmão, Khaled, era um dos cinco membros fundadores do Fatah.

Hani enfrentava dificuldades financeiras e Ladiyyah foi em seu socorro. Ele se ofereceu para pagar o aluguel de seu apartamento no número 42 da Beethovenstrasse, em Frankfurt, que também servia como sede da organização estudantil. Os líderes do Fatah se reuniam periodicamente no local.

Em janeiro de 1965, a unidade de vigilância do Mossad, a Colosso, plantou microfones no apartamento.[15] Durante os oito meses seguintes, agentes israelenses acompanharam as sessões estratégicas dos palestinos do outro lado do corredor, enquanto eles juravam "varrer Israel do mapa", como declarou Abu Jihad em uma das sessões gravadas secretamente.

Rafi Eitan, que anos antes comandara as forças das FDI que expulsaram a família de Abu Jihad de Ramla, era chefe das operações europeias do Mossad na época. Ouvindo os planos, logo entendeu que aquele era um movimento com potencial e com um líder particularmente carismático e perigoso. "A verdadeira natureza de Arafat já estava aparente naquelas reuniões em Frankfurt", disse ele. "Os estudantes disseram a Arafat e a Abu Jihad que havia quinze organizações palestinas e que era importante garantir que todas operassem sob um único comando. Arafat disse que isso não era necessário e que, na verdade, era bom que cada organização tivesse sua própria milícia e seu próprio orçamento. Fazer isso garantiria 'a continuação da batalha contra o sionismo até que tenhamos lançado todos os judeus ao mar'."[16]

Durante a primeira metade de 1965, o Fatah realizou cada vez mais ataques de guerrilha, sabotando aquedutos e atirando em israelenses com pequenas armas.[17] A maioria desses ataques fracassou, mas seus ecos chegaram a Rafi Eitan em Paris. Em maio de 1965, Eitan pediu que o diretor do Mossad enviasse uma unidade da Cesareia para invadir o apartamento na Beethovenstrasse e matar todo mundo. "Podemos fazer isso facilmente", escreveu ele a Amit. "Temos acesso ao alvo e podemos nunca mais ter essa oportunidade."

Mas Amit, ainda abalado com a captura dos agentes da Cesareia Cohen e Lotz, recusou-se a assinar a ordem. Ele não via o grupo como muito mais que uma gangue de jovens bandidos sem capacidades reais.

"Foi uma pena ele não ter me dado ouvidos", disse Eitan décadas mais tarde. "Poderíamos ter nos poupado de muito esforço, desgosto e pesar."[18]

Nos meses que se seguiram, a frequência dos ataques aumentou em ritmo constante, chegando a 39 em 1965.[19] Estava claro que Arafat e Abu

Jihad eram um problema que não se resolveria sozinho. "Inicialmente, os ataques terroristas eram ridículos", disse Aharon Levran, então vice-chefe da divisão de coleta de informações da Aman. "Mas, com o passar do tempo, tornaram-se mais sérios. Ao enfrentar essas situações, a comunidade de inteligência reage de duas maneiras típicas. Primeiro, cria um departamento especial para lidar com a questão. Em seguida, atinge o topo da pirâmide."

O "departamento especial", um comitê secreto para analisar como enfrentar o terrorismo palestino, foi criado em agosto de 1965 e tinha três membros: Levran; Mike Harari, vice-chefe da Cesareia; e Shmuel Goren, comandante da Unidade 504 da Aman.

O comitê de três membros emitiu ordens para a eliminação de Arafat e Abu Jihad. Sabendo que as recentes catástrofes na unidade tornavam extremamente improvável a autorização para um assassinato seletivo usando a Cesareia, o comitê recomendou o retorno às cartas-bomba. Usando informações reunidas por Ladiyyah e Yisrael, essas bombas seriam enviadas a vários oficiais do Fatah no Líbano e na Síria.

Em 8 de outubro, Amit, o diretor do Mossad, se reuniu com o primeiro-ministro e ministro da Defesa Levi Eshkol para obter sua aprovação. "Temos três alvos", disse Amit. "Nosso homem [Ladiyyah] voltou das capitais [Beirute e Damasco] e queremos começar."[20]

Após identificar os alvos, Amit afirmou que Ladiyyah "trouxe todas as informações necessárias, e a proposta é enviar um 'presente' a cada um deles". As cartas pareceriam ter sido enviadas por pessoas conhecidas dos alvos. Para torná-las tão autênticas quanto possível, seriam enviadas diretamente do Líbano.

"Será uma mulher dessa vez. Ela irá para Beirute e colocará as cartas em uma caixa de correio [...] [Ela é] sul-africana com passaporte britânico e está pronta." Amit falava de Sylvia Rafael, filha de pai judeu e mãe gentia, que desenvolvera forte ligação com o povo judeu, imigrara para Israel e fora recrutada pelo Mossad. Ela foi treinada por Moti Kfir e se tornou a agente mais famosa da história da Cesareia.

Amit disse a Eshkol que haveria uma onda de cartas-bomba. Enquanto o Mossad focava em seus três alvos, a Aman simultaneamente enviaria entre doze e quinze envelopes letais para agentes do Fatah na Jordânia.

Eshkol se mostrou cético. "Já fizemos alguma tentativa que funcionou direito? [...] No Egito, não funcionou direito", disse ele, lembrando a Amit que as cartas-bomba enviadas aos cientistas alemães no Egito não os mataram, apenas feriram.

Amit garantiu que sim, dizendo: "Estamos colocando mais material [explosivo] dessa vez. Estamos usando 20 gramas."

Mas os envelopes também não funcionaram dessa vez. Alguns destinatários ficaram ligeiramente feridos, mas a maioria das cartas foi descoberta e desativada antes de causar qualquer dano.

Na época, Arafat e Abu Jihad estavam em Damasco, que concordara em estender seu apoio às atividades do Fatah e permitira que suas unidades militares usassem alguns locais de treinamento sírios.[21] A possibilidade de qualquer tipo de ação israelense em Damasco era muito limitada, especialmente após a captura de Eli Cohen e da frenética evacuação dos outros agentes na cidade. Além disso, da Síria, o Fatah podia coordenar melhor seu conflito contra Israel, fazendo frequentes incursões à Cisjordânia, então sob governo jordaniano. O Fatah estabeleceu bases na região, de onde iniciava ataques terroristas em território israelense. A maioria era composta de tentativas de sabotagem contra alvos civis, incluindo residências, instituições e infraestrutura, como aquedutos, ferrovias e estradas de terra.

Em 1966, houve quarenta ataques do Fatah contra Israel. Embora a frequência dos ataques tenha permanecido a mesma de 1965, houve dramática diferença em sua audácia e qualidade. A partir do segundo semestre, o Fatah começou a tentar atingir alvos militares. Em uma dessas operações, em 11 de novembro de 1966, três soldados israelenses foram mortos quando seu veículo atingiu uma mina terrestre. A retaliação ocorreu dois dias depois, quando forças israelenses atacaram um vilarejo palestino chamado Samua, ao sul de Hebrom, em território jordaniano. O objetivo original era demolir as casas do vilarejo, na esperança de enviar um sinal capaz de deter os países árabes e motivá-los a agir contra o Fatah. Todavia, o Exército jordaniano interferiu. O resultado foram dezesseis soldados jordanianos e um soldado israelense mortos e um drástico aumento da tensão na fronteira.

Mesmo assim, a tentação de varrer o problema palestino para baixo do tapete era tão forte que o establishment israelense fazia tudo que podia para sequer pronunciar o nome Fatah. "Não queríamos dar crédito ao Fatah, dizer que fora responsável por esse ou aquele ataque terrorista", disse Shlomo Gazit, chefe da divisão de pesquisas da Aman entre 1964 e 1967. "Mas tínhamos de chamá-los de alguma coisa, então decidimos empregar um termo neutro."[22] Esse termo foi *paha*, o acrônimo hebraico para *atividade terrorista hostil*. Durante décadas, foi a palavra empregada pelos oficiais israelenses quando diziam ao público quem estava por trás dos atos terroristas.

No início de 1967, a situação piorou rapidamente.[23] Em maio, o Fatah já fizera mais de cem ataques contra Israel, através das fronteiras com a Jordânia, Síria, Líbano e Egito. Treze israelenses foram mortos: nove civis e quatro militares. Os ataques e contra-ataques de pequena escala — com incursões palestinas pelas fronteiras e retaliações israelenses — deterioraram as já frágeis relações de Israel com os países árabes vizinhos.

Em 11 de maio, Israel declarou que aquele era seu último aviso: se a Síria não detivesse o Fatah, Israel iniciaria ações militares de larga escala. O aviso levou ao estabelecimento de um comando militar conjunto para Egito, Síria e Jordânia e à concentração de enormes forças em todos os lados. Muitos árabes achavam que finalmente chegara a hora de liquidar o Estado de Israel.[24]

Em Israel, muitas pessoas temiam que outro Holocausto fosse iminente. A atmosfera reinante era sombria. Alguns esperavam que dezenas de milhares morressem. Locais de enterro em massa foram apressadamente preparados em parques públicos como Gan Meir, no centro de Tel Aviv.

O discurso no rádio feito pelo primeiro-ministro Eshkol em 28 de maio de 1967 só serviu para piorar as coisas.[25] Como o texto foi alterado no último minuto, ele hesitou em frases importantes. O público israelense entendeu isso como indecisão de sua parte, agravando medos já existentes.

Todavia, os líderes do Exército e da comunidade de inteligência estavam certos de suas capacidades e pressionaram Eshkol a permitir que dessem o primeiro golpe.[26] O líder do Mossad voou até Washington, onde se reuniu com o secretário da Defesa Robert McNamara. Amit entendeu da resposta de McNamara que recebera o que mais tarde descreveu como "brilhante luz verde" para iniciar um ataque preventivo.[27]

A Guerra dos Seis Dias começou às 7h45 de 5 de junho de 1967, com a Força Aérea israelense bombardeando e metralhando dezenas de campos de aviação inimigos. Graças às detalhadas e precisas informações reunidas pelo Mossad e pela Aman durante os anos de preparação para a guerra, a

Força Aérea conseguiu destruir em algumas horas quase todas as aeronaves de combate do Egito, da Síria e da Jordânia. Quando a guerra chegou ao fim, em 10 de junho, Israel ocupava territórios que aumentavam sua dimensão em 300%. Suas conquistas incluíam a península do Sinai, as colinas de Golã, a Cisjordânia e a Faixa de Gaza.

E o país era responsável por mais de 1 milhão de palestinos nesses territórios, muitos dos quais refugiados de 1948 que agora eram ocupados pelas mesmas forças que os haviam expulsado de suas terras vinte anos antes. Em menos de uma semana, a face do Oriente Médio foi completamente transformada.

A guerra provou que a comunidade de inteligência e as forças militares israelenses gozavam de indisputável superioridade em relação às rivais nos países árabes. E, contudo, alguns israelenses perceberam que a grande vitória era não apenas razão de regozijo, mas também a oportunidade de forjar uma trégua duradoura. O chefe de pesquisas da Aman, Gazit, elaborou um documento ultrassecreto, distribuído entre os líderes militares e de governo, que incluía a advertência de que "não devemos parecer falastrões, zombando de um inimigo derrotado e humilhando seus líderes".[28] O memorando pedia negociação imediata com os países árabes e o uso dos territórios conquistados como peça de barganha: a retirada israelense e a criação de um "Estado palestino independente" em troca de um tratado de paz geral, absoluto e definitivo. No Shin Bet também havia muitos que acreditavam que aquela era uma oportunidade histórica de pôr fim ao conflito nacional entre judeus e árabes. Até mesmo o espião número um do país, Meir Amit, compreendeu o potencial para a paz. Mas seu conselho encontrou ouvidos moucos.

A drástica transição sofrida pelo público israelense e seus ministros parlamentares e de gabinete — de cidadãos e líderes de um país à beira da destruição para os de um império aparentemente invencível — deixou todo mundo cego para a verdade de que mesmo a vitória e a ocupação do território inimigo podiam acarretar graves perigos.

Amit foi um dos poucos a compreender a profunda e perigosa nova tendência da psicologia nacional. "O que está acontecendo agora é uma decepção, uma dolorosa decepção", escreveu ele em seu diário duas semanas após a guerra. "Estou apreensivo, preocupado e temeroso com o desperdício dessa vitória [...]. Quando vejo como as questões são conduzidas, minhas mãos ficam dormentes e tenho um terrível pressentimento."²⁹

Enquanto Amit via a vitória de Israel como oportunidade de paz, Yasser Arafat e Abu Jihad viram a esmagadora derrota das nações árabes como catástrofe a ser explorada. Perceberam que a vergonhosa falha dos líderes árabes criaria espaço na opinião pública para novos líderes, que seriam percebidos como jovens, bravos e não corrompidos. Abu Jihad também entendeu que agora seria mais fácil a guerra de guerrilha contra Israel.

Em 20 de junho de 1967, apenas dez dias após o fim da guerra, Arafat e Abu Jihad anunciaram de Beirute que o Fatah continuaria sua luta, agora no interior dos territórios recém-conquistados por Israel.³⁰ Fiel a sua palavra, Abu Jihad iniciou uma danosa onda de ataques terroristas em Gaza e na Cisjordânia — treze em setembro, dez em outubro, dezoito em novembro e vinte em dezembro. Os alvos eram majoritariamente civis: fábricas, residências, cinemas e afins. Como consequência dos ataques, ninguém na inteligência israelense ousava defender negociações com o Fatah.

Embora Abu Jihad conduzisse a guerra, estava claro para os israelenses que o líder do Fatah era Yasser Arafat. Fora ele quem estabelecera suas linhas diplomáticas e ideológicas e gradualmente conseguira reunir todas as facções palestinas sob sua autoridade. Também começara a mediar o relacionamento entre os líderes árabes, que originalmente viam o Fatah como ameaça perigosa. Em 1964, os Estados árabes haviam criado a Organização para a Libertação da Palestina (OLP) e colocado o fantoche Ahmad Shukeiri na liderança. Mas, após o deprimente desempenho da organização durante a Guerra dos Seis Dias e com a crescente proeminência de Arafat, o Fatah gradualmente começou a assumir o controle da OLP, até que Arafat finalmente foi eleito seu presidente. Abu Jihad se tornou coordenador de atividades militares; na prática, o segundo em comando.

Arafat, que começou a usar um *kaffiyeh* estampado para parecer o mapa da Palestina, tornara-se o símbolo do conflito.

"Israel deve atacar o coração das organizações terroristas, suas sedes", escreveu em seu diário Yehuda Arbel, o comandante do Shin Bet em Jerusalém e na Cisjordânia. "A eliminação de Abu Ammar" — Arafat — "é a precondição para a solução do problema palestino."³¹ Arbel pressionou o comitê de três a tomar iniciativas para atingir esse objetivo. Por sua vez, concebeu e distribuiu um cartaz de procurado, o primeiro de muitos, que incluía a seguinte descrição: "Baixo, 155-160 cm, pele escura. Físico: gorducho; calvo no meio da cabeça. Cabelo nas têmporas, grisalho. Bigode aparado. Comportamento: inquieto. Olhos: movendo-se constantemente de um lado para o outro."³²

As forças israelenses tentaram matar Arafat algumas vezes durante e imediatamente após a Guerra dos Seis Dias.³³ Logo após a vitória de Israel, um informante do Shin Bet identificou seu esconderijo na cidade velha de Jerusalém, perto do Portão de Jafa. Um contingente de soldados foi enviado para capturá-lo vivo ou morto, mas ele conseguiu fugir minutos antes de eles chegarem. Dois dias depois, soldados seguindo outra dica de um agente da 504 invadiram um apartamento em Beit Hanina, um vilarejo a leste de Jerusalém, mas encontraram apenas um sanduíche meio comido de pão pita com salada e tahini. No dia seguinte, Arafat, vestido de mulher, conseguiu atravessar uma das pontes sobre o rio Jordão no táxi de um de seus apoiadores.

Enquanto isso, os ataques terroristas da OLP contra Israel se tornaram mais frequentes e letais. Entre o fim da guerra e março de 1968, 65 soldados e cinquenta civis foram mortos e 249 soldados e 95 civis ficaram feridos. Os ataques do Fatah a partir de sua sede em Karameh, no sul do vale do Jordão, levaram a frequentes conflitos entre as FDI e o Exército jordaniano, e a longa fronteira entre os dois países fervilhava de tensão, tornando impossível uma vida normal do lado israelense. O alto escalão das FDI urgia Eshkol a aprovar uma enorme operação militar, mas ele hesitava.³⁴

O Mossad estava frustrado.³⁵ "A humilhação causada pelos ataques terroristas produzia uma sensação de impotência", lembrou o chefe da Cesareia, Zvi Aharoni. "Eu disse a eles: 'Pensem fora da caixa. Pensem em uma maneira de matar Arafat.'"

O plano que surgiu em janeiro de 1968 incluía enviar um carro grande da Europa para Beirute, onde seria recheado de explosivos e então dirigido até Damasco por um agente da Cesareia disfarçado de homem de negócios.³⁶

O carro seria estacionado em frente à residência de Arafat e detonado remotamente no momento certo. Amit procurou Eshkol em busca de aprovação, mas recebeu recusa imediata, com base no fato de que o ataque justificaria atentados de retaliação contra líderes políticos israelenses. Eshkol via Arafat como terrorista, mas um terrorista que atingira o status de líder político, e essa talvez fosse a maior prova do sucesso do presidente da OLP.

Mas o terrorismo palestino prosseguiu sem cessar. Em 18 de março, um ônibus escolar atingiu uma mina terrestre. Dois adultos foram mortos e dez crianças ficaram feridas. O relutante Eshkol cedeu à pressão.[37] Concordou que matar Arafat seria o objetivo primário da operação contra as forças palestinas em Karameh.

Em 21 de março de 1968, uma unidade da Sayeret Matkal, a força de elite das FDI, foi levada de helicóptero até uma área do deserto perto da base do Fatah em Karameh. As ordens dos comandos eram claras e simples: "Atacar durante o dia, assumir o controle, isolar e matar os terroristas." Em uma reunião do gabinete na noite anterior, o chefe do Estado-Maior geral, tenente-general Haim Bar-Lev, prometera "uma operação limpa", querendo dizer que não haveria nenhuma ou quase nenhuma morte israelense.

Mas as coisas deram errado e a batalha se prolongou por muito mais que o esperado. O rio Jordão estava alto naquela época do ano, a vegetação nas margens era cerrada, e o terreno, difícil, o que deteve as forças mecanizadas que deveriam apoiar os comandos. Além disso, em função de uma falha de coordenação, a Força Aérea espalhou panfletos avisando a população civil para evacuar em um momento específico. O elemento-surpresa foi perdido e as forças do Fatah tiveram muito tempo para se preparar para o ataque. Elas reagiram com vigor.

Arafat, novamente vestido de mulher, conseguiu fugir em uma corrida desvairada de motocicleta.

Embora as baixas — 33 israelenses mortos, 61 jordanianos e mais de cem palestinos — favorecessem as FDI, pela primeira vez os palestinos conseguiram resistir em uma batalha frontal com o exército mais poderoso do Oriente Médio. Isso mostrou quem eram os reais vitoriosos.[38]

Arafat, compreendendo imediatamente o potencial de relações públicas da fracassada operação israelense, transformou-a em uma lenda sobre a determinação palestina em face de ataque inimigo. Chegou a proclamar (falsamente) que suas forças haviam ferido o ministro da Defesa de Israel, Moshe Dayan. Isso inspirou milhares de palestinos a se alistarem na OLP. Após Karameh, ninguém mais duvidou que haveria uma nação palestina, ainda que Israel continuasse a negá-la oficialmente durante muitos anos. E ninguém teve dúvidas: Yasser Arafat seria o líder inquestionado dessa nação.

O fracasso da operação em Karameh levou Israel a adotar uma política mais contida durante seus ataques na Jordânia e, consequentemente, gerou ainda mais frustrações nas FDI. Transcrições de reuniões do Estado-Maior durante esse período revelam em que extensão os altos escalões estavam preocupados com a OLP e Yasser Arafat, visto com grande admiração pela juventude palestina.[39]

As comunidades militar e de inteligência continuaram, sem sucesso, a procurar maneiras de localizar e eliminar Arafat. Por fim, em um gesto desesperado, dispuseram-se a adotar um plano particularmente bizarro.[40] Em maio de 1968, um carismático psicólogo naval de origem sueca, Binyamin Shalit, ouviu falar do comitê secreto de três homens e propôs uma ideia baseada no filme de 1962, *Sob o domínio do mal*, no qual um hipnotizador da inteligência chinesa faz lavagem cerebral em um prisioneiro de guerra americano e o envia para assassinar um candidato à presidência dos Estados Unidos.

Shalit afirmava poder fazer o mesmo, com Arafat como alvo. Ele disse ao comitê, durante uma reunião à qual estava presente o chefe da Aman, major-general Aharon Yariv, que, se tivesse acesso a um prisioneiro palestino — um dos milhares nas prisões israelenses — com as características certas, poderia usar hipnose e lavagem cerebral para transformá-lo em um assassino programado.[41] Esse prisioneiro seria enviado à Jordânia, se juntaria às forças do Fatah e, quando surgisse a oportunidade, eliminaria Arafat.

Inacreditavelmente, o comitê aprovou o plano. O Shin Bet encontrou vários candidatos, e eles foram demoradamente entrevistados por Shalit, que escolheu o que lhe pareceu mais adequado. Nascido em Belém, ele tinha 28 anos, era forte e moreno, não particularmente brilhante, facilmente influenciável e não parecia inteiramente comprometido com a liderança de Arafat. Na época de sua prisão, vivia em um pequeno vilarejo perto de Hebrom e era um agente de baixo nível do Fatah. Ele recebeu o codinome oficial Fatkhi.

A Unidade 504 da Aman foi designada para oferecer a infraestrutura necessária, mas seus agentes se opuseram veementemente ao plano. Como disse Rafi Sutton, então comandante da base da unidade em Jerusalém: "Era uma ideia estúpida, maluca. A história toda parecia ficção científica, fruto de uma imaginação desenfreada e de delírios."

Mas suas objeções foram ignoradas. Uma pequena estrutura contendo cerca de dez cômodos foi colocada à disposição da equipe de Shalit. Ele passou três meses trabalhando com Fatkhi, usando várias técnicas de hipnose. A mensagem martelada na cabeça do jovem impressionável era: "O Fatah é bom. A OLP é boa. Arafat é mau. Precisa ser removido." Após dois meses, Fatkhi parecia estar aderindo à mensagem. No segundo estágio do treinamento, ele foi colocado em um cômodo especialmente preparado e recebeu uma pistola. Fotografias de Arafat surgiam em diferentes cantos do cômodo e ele tinha instruções de atirar instantaneamente, sem pensar, entre os olhos: atirar para matar.

O chefe da Aman, Yariv, e Aharon Levran, que fazia parte do comitê de assassinato seletivo de três homens e era oficial superior da Aman, foram várias vezes até lá para observar o trabalho de Shalit.[42] "Fatkhi estava no meio da sala e Shalit falava com ele, como se fosse uma conversa normal", contou Levran. "Subitamente, Shalit bateu a mão no tampo da mesa e Fatkhi começou a correr em torno dela. Ele reagia automaticamente a vários gestos de Shalit. Então ele o colocou em outra sala e nos mostrou como Fatkhi colocava a pistola em posição de atirar sempre que uma fotografia de Arafat surgia sobre um dos móveis. Foi impressionante."

Em meados de dezembro, Shalit anunciou que a operação podia prosseguir. A hora zero foi marcada para 19 de dezembro, quando Fatkhi deveria atravessar o rio Jordão a nado e entrar no Reino da Jordânia. Mas caiu uma forte tempestade, com chuva incessante. O usualmente calmo e estreito rio Jordão inundou as margens. A Aman queria adiar, mas Shalit insistiu que Fatkhi estava em um estado "hipnótico ótimo" e que a oportunidade tinha de ser explorada.

Uma grande comitiva acompanhou Fatkhi em sua partida de Jerusalém. Shalit disse algumas palavras hipnóticas. Fatkhi caminhou até a água veloz, usando uma mochila que continha seus equipamentos. Ao entrar no rio, foi rapidamente derrubado pela corrente. Conseguiu se agarrar a um rochedo, mas não podia avançar nem retornar. Ovad Natan, um motorista de físico avantajado e musculoso da Unidade 504, pulou na água e, com grande risco pessoal, usou uma corda para amarrar Fatkhi a seu corpo. Então cruzou o rio e o deixou em território jordaniano.

Rafi Sutton estava na margem israelense do rio Jordão e viu quando, encharcado e tremendo, Fatkhi acenou para seus controladores.[43] "Ele imitou uma pistola com os dedos e fingiu atirar em um alvo imaginário. Notei que Shalit estava satisfeito com o paciente. Foi um pouco depois da uma da manhã."

Cerca de cinco horas mais tarde, a Unidade 504 recebeu um comunicado de um de seus agentes na Jordânia. Um jovem palestino, agente do Fatah em Belém, entrara em uma delegacia de polícia em Karameh para se entregar. Contou aos policiais que a inteligência israelense tentara hipnotizá-lo para que matasse Arafat e então entregou a pistola. Uma fonte no Fatah relatou três dias depois que Fatkhi fora entregue à organização, onde fizera um passional discurso de apoio a Yasser Arafat.[44]

8

MEIR DAGAN E SUA ESPECIALIDADE

Em seguida à ocupação israelense, os palestinos em Gaza e na Cisjordânia — tanto os refugiados quanto os que sempre haviam vivido por lá — se viram governados pelo inimigo, o Estado judeu que a OLP jurara destruir. Os palestinos que não estavam envolvidos nem interessados em política foram pegos em um turbilhão de correntes conflitantes: a determinação dos israelenses de controlar os territórios ocupados e a determinação da OLP de expulsá-los.

Todos haviam vivido sob regimes árabes cruéis e ditatoriais, mas um palestino poderia ter escolhido ficar quase inteiramente isolado do conflito armado nas fronteiras entre os países árabes e Israel. Agora os campos, que haviam crescido e se transformado em favelas lotadas, e as grandes cidades palestinas — Gaza, Nablus, Ramalá, Jenin e Hebrom — eram o principal campo de batalha enquanto Israel tentava agressivamente impor sua autoridade em face das atividades terroristas da OLP.

A missão das FDI e de seus soldados, particularmente aqueles entre 18 e 21 anos que prestavam o serviço compulsório, em vigor desde 1949, também sofreram uma mudança fundamental. Ao passo que antes as tropas de combate patrulhavam as fronteiras do país, protegendo-as de inimigos externos, agora policiavam cidades e vilarejos palestinos. A guerra também levou a profundas mudanças na comunidade de inteligência. O Mossad, encarregado de coletar informações fora das fronteiras de Israel, abriu mão da responsabilidade sobre os territórios recém-ocupados. Essa tarefa coube ao Shin Bet, uma pequena agência de cerca de setecentos funcionários que até então fora responsável principalmente pela contraespionagem e pela subversão política.

De 1968 a 1970, enquanto os ataques da OLP contra soldados e civis israelenses se tornavam mais frequentes, efetivos e letais, o Shin Bet se expandiu rapidamente. Obteve mais financiamento, instalações e pessoal e integrou muitas pessoas que falavam árabe da Aman, especialmente da Unidade 504, responsável por recrutar fontes árabes. Em pouco tempo, enfrentar o terrorismo palestino se tornou o principal objetivo da organização.[1]

O mais difícil teatro de operações era a Faixa de Gaza, uma das regiões mais densamente povoadas do mundo. Após a Guerra dos Seis Dias, os israelenses dirigiam pela Faixa de Gaza para chegar à península do Sinai, procuravam barganhas nos mercados e transportavam trabalhadores palestinos para as fazendas e construções. Em 1970, Israel começou a estabelecer assentamentos judaicos na Faixa e no norte da península. Com cada vez mais frequência, esses assentamentos passaram a ser atacados. O auge ocorreu em 1970, quando quinhentos ataques terroristas ocorreram na Faixa de Gaza.[2] Dezoito civis israelenses foram mortos nesses incidentes e centenas ficaram feridos. A essa altura, as FDI estavam no controle somente das principais artérias de transporte; a OLP governava todo o restante.

Para suprimir o terror na região, o Shin Bet organizou uma lista de suspeitos de estarem atacando israelenses. Muitas informações foram reunidas e a lista ficou cada vez mais extensa. Rapidamente ficou claro que o Shin Bet — uma organização de coleta de inteligência — não podia operar sozinho. A fim de prender ou eliminar as pessoas procuradas, precisava de mão de obra — e de poder de fogo — militar. E encontrou um ouvido receptivo no major-general Ariel "Arik" Sharon, que fora nomeado chefe do Comando Sul das FDI em 1969. Sharon começou a introduzir cada vez mais unidades militares na Faixa de Gaza a fim de auxiliar o Shin Bet a capturar, prender ou matar terroristas. As informações para essas atividades eram fornecidas principalmente por informantes palestinos ou extraídas de detentos sob severo interrogatório.[3]

Nem todo mundo concordava com a agressiva abordagem de Sharon. O general de brigada Yitzhak Pundak, governante militar da Faixa de Gaza e responsável pelos assuntos civis, defendia que a maneira de limitar o terror palestino era melhorar a qualidade de vida dos habitantes do território e permitir que gerenciassem as próprias questões civis e municipais, com presença militar mínima nas áreas habitadas. "Intimidações e mortes só nos levariam a uma intifada ou um levante popular", disse ele. "[O ministro da Defesa] Dayan e Sharon não concordavam sobre o que tinha de ser feito na faixa. Dayan queria contato e conexão com a população, ao passo que Sharon estava caçando terroristas e só os via através da mira do rifle; a população não lhe interessava nem um pouco."[4]

Pundak ficou chocado com as táticas de Sharon e se queixou amargamente. "Ouvi Sharon declarar na frente de todos os oficiais: 'Quem matar um terrorista ganhará uma garrafa de champanhe e quem fizer um prisioneiro ganhará uma garrafa de refrigerante.' Eu disse: 'Meu Deus, que política é essa? Quem fala assim? Afinal, se não dermos a eles um pouco de auxílio, um pouco de prosperidade, todos eles se voltarão para o caminho do terrorismo.'"

Sharon insistia que não havia esperança de acomodação com os palestinos. Os ataques terroristas deviam ser respondidos com a força e não havia ninguém no outro lado com quem conversar sobre a paz. Se o objetivo de Arafat e do restante da liderança da OLP era destruir Israel, o que havia para negociar?

As unidades regulares do Exército no Comando Sul de Sharon tinham outros deveres, como patrulhar a longa fronteira com o Egito e lutar nas batalhas que irromperam durante os três anos da guerra de atrito no canal de Suez. Assim, Sharon precisava de uma unidade cuja única tarefa fosse combater o terrorismo. Igualmente importante, ele queria criar um pequeno e restrito corpo de homens que se reportassem diretamente a ele e operassem sob a mesma mentalidade e os mesmos códigos.

Quando chegou a hora de decidir quem lideraria a nova unidade, a mente de Sharon se voltou imediatamente para Meir Dagan, lembrando de um incidente no norte da península do Sinai em meados de 1969.[5] O Fatah instalara foguetes Katyusha, conectados a detonadores com temporizador, no meio de um campo minado e os apontara na direção de uma base das FDI. Nenhum soldado ou oficial ousava se aproximar para desarmá-los. Mas Dagan, então um jovem oficial de reconhecimento, se oferecera. Simplesmente caminhara destemidamente até os foguetes e os desarmara. E fizera com que Sharon se lembrasse de si mesmo como jovem oficial.

Dagan nascera em 1945. Seus pais haviam fugido da cidade polonesa de Łukow seis anos antes, depois que um oficial russo os alertara de que os alemães estavam prestes a conquistar a área e as coisas não seriam boas para os judeus. Encontraram refúgio nas áridas planícies da Sibéria. No fim da guerra, junto com dezenas de milhares de outros refugiados, voltaram à Polônia, sem saber que nada restara de suas casas ou dos judeus que não haviam conseguido fugir. Foi em uma das paradas do trem de carga, em algum lugar da Ucrânia, que Meir nasceu. Suas perspectivas de sobrevivência eram pequenas em um vagão lotado e frio, mas o dedicado cuidado de seus pais e sua aparentemente inata robustez física o salvaram.

"Meus pais jamais falavam daquele período", contou ele. "Era como se alguém tivesse apagado os anos de 1939 a 1945 do calendário. É verdade que eles sobreviveram e nos salvaram, mas a guerra alquebrou seu espírito. Eles jamais se recuperaram."[6]

Somente uma vez seu pai se sentiu preparado para falar do retorno à destruída cidade natal. Ele encontrou o vale da morte onde os judeus foram massacrados e enterrados em uma vala coletiva e quis erigir um monumento em sua memória. Então pagou a um gentio polonês do vilarejo para ajudá-lo. O homem contou que, durante um dos últimos recolhimentos de judeus pela Gestapo, os alemães haviam pedido que ele tirasse fotografias. Eles haviam esquecido de recolher o filme ao abandonar a área e o homem o entregou ao pai de Meir. Quando o revelou, ele descobriu que uma das fotografias era do próprio pai, avô de Meir, momentos antes de levar um tiro e ser jogado na vala comum.

O avô, Dov Ehrlich, com barba longa, costeletas e terror nos olhos, é visto ajoelhado em frente a soldados alemães sorridentes brandindo rifles com baioneta. "É conveniente pensar que os assassinos foram extremistas fascistas, fanáticos", disse ele. "Mas a verdade é que o batalhão que executou esse massacre era uma unidade de retaguarda da Wehrmacht. As unidades combatentes estavam no front. Aqueles homens eram advogados e comerciantes; gente normal, comum. A conclusão é terrível: é possível transformar qualquer um em assassino." Sua segunda lição foi ainda mais essencial: "Vamos admitir a verdade: a maioria dos judeus no Holocausto morreu sem lutar. Jamais devemos chegar a essa situação novamente, de joelhos, sem a habilidade de lutar por nossas vidas."[7]

Após cinco anos na Polônia, durante os quais Dagan aprendeu a língua, que usou décadas mais tarde, como diretor do Mossad, para quebrar o gelo nas reuniões com suas contrapartes polonesas, a família foi para a Itália, onde embarcou em um navio de gado adaptado para levar imigrantes até Israel. Um amigo que esteve no navio diz que, mesmo naquela época, em condições miseráveis e de superlotação, Dagan "se comportou como se tivesse nascido para ser soldado".[8] No trajeto, o navio quase afundou em função de uma tempestade, e Dagan enfrentou a morte mais uma vez, esperando no deque, usando cinto de segurança e segurando uma laranja. Era disso que ele se lembrava: da fruta em suas mãos.[9] "Lá, a bordo do navio, foi a primeira vez que experimentei uma laranja", disse ele, "e eu me lembro do tremendo orgulho com que meu pai me entregou a fruta, dizendo que era da Terra de Israel."

Após um mês de viagem, chegaram a Haifa. Ali, oficiais da Agência Judaica enviaram os passageiros a um campo de transição, onde dormiram em tendas improvisadas, e depois a um campo evacuado do Exército britânico perto de Lida. Seis famílias viviam em cada cômodo, com apenas uma cortina para separá-las. Havia um chuveiro por caserna. Além da dificuldade das acomodações, os imigrantes tinham de lidar com a atitude humilhante dos veteranos. Os sabras, como eram chamados os nativos de Israel, tratavam os refugiados com desdém. Em vez de lutar contra os nazistas, acusavam os sabras, os judeus da Europa haviam entrado silenciosamente nas câmeras de gás, como cordeiros no abatedouro.

Dagan saiu do colégio aos 17 anos e se alistou na Sayeret Matkal, a força de elite que realizava missões secretas nas linhas inimigas (e foi a forja da qual emergiram muitos dos futuros líderes civis e militares de Israel). Dos trinta recrutas das FDI que se voluntariaram para a Sayeret Matkal em agosto de 1963, somente catorze completaram o extenuante treinamento de 75 semanas. Um dos que começaram o curso com Dagan foi Danny Yatom, que mais tarde ocuparia várias posições importantes nas FDI e seria chefe do Mossad e um de seus predecessores. Yatom se lembra de ter ficado alarmado quando encontrou Dagan pela primeira vez.[10] "Ele pegava a faca de comando e a enfiava em cada árvore e poste telefônico. Pensei comigo que entrara em uma unidade de verdadeiros assassinos e que talvez não tivesse chance de sobreviver por lá." Yatom entrou na unidade, mas não Dagan.[11] "Em retrospecto", disse Dagan, "e talvez seja apenas um palpite, acho que realmente não me encaixava por lá. Não era sabra. Não era kibutznik e não era do vale [o vale de Jezreel, a leste de Haifa, local de muitos kibutzim e origem de alta proporção dos recrutas da Sayeret]. Eles deviam pensar: "Quem é esse estranho esquisito que quer se enfiar no meio da gente?""

Dagan foi designado para os paraquedistas e serviu na unidade de reconhecimento da brigada. Fez o curso de oficial de infantaria e foi dispensado com o cargo de tenente em 1966. Na Guerra dos Seis Dias, foi chamado da reserva e serviu como comandante de uma companhia de paraquedistas. Lutou primeiro no monte Sinai e então nas colinas de Golã.

"Subitamente nos vimos em um fluxo ininterrupto de guerras", disse ele. "Onde adquiri a sensação de que a existência de Israel não está assegurada? Somente através de meus pés; somente durante todas essas batalhas." Após a Guerra dos Seis Dias, ele se alistou novamente no exército regular e foi enviado para a península do Sinai como oficial de operações, onde Sharon o encontrou e conheceu sua bravura no incidente com os foguetes Katyusha.

Em 1969, tornou-se comandante da nova unidade de operações especiais de Sharon. Era uma força pequena, composta por 150 homens em seu auge, e altamente secreta, reconhecida nos documentos internos das FDI apenas como número 5.176. Não oficialmente, era conhecida como Sayeret Rimon — os Rangers da Granada —, porque sua insígnia exibia uma granada de mão, uma faca e asas de paraquedista. Como base, Dagan tomou uma vila abandonada na praia, a sul da cidade de Gaza, que já fora usada por Nasser, presidente do Egito.

Dagan "tinha um sério mau funcionamento em seu mecanismo de medo", como disse um de seus soldados. De acordo com todos os relatos, era excepcionalmente ousado, focado e agressivo. Convenientemente, sua nova força possuía poucos atributos usualmente associados a uma unidade militar. Era livre e bravia e estava interessada em apenas uma coisa: executar tantas operações quanto possível. Todas as manhãs, Dagan saía do quarto sem camisa e ia para o pátio, acompanhado de seu dobermann Paco.[12] Sacava a pistola e praticava tiro ao alvo nas latinhas de refrigerante que seus homens haviam deixado espalhadas. Uma equipe de auxiliares preparava o café da manhã e polia suas botas. Dagan escolhia os soldados pessoalmente entre os homens de outras unidades, procurando aqueles que estavam dispostos a seguir para onde quer que liderasse.

Com vinte e tantos anos, Dagan começou a desenvolver sua doutrina de batalha, que é espantosamente similar àquela que as FDI e as agências de espionagem de Israel seguem até hoje.[13] O princípio orientador da doutrina é o de que Israel deve evitar as grandes guerras, porque "a grandiosa e rápida vitória da Guerra dos Seis Dias jamais ocorrerá novamente". Israel não deve se envolver em um confronto militar de grande escala "a menos que estejamos com a espada na garganta". Em vez disso, ele acreditava que os árabes podiam ser vencidos em uma série de conflitos localizados e limitados. Consequentemente, líderes inimigos e agentes de campo importantes deveriam ser perseguidos sem piedade, caçados e eliminados.

Perto do fim de 1969, após meio ano recrutando, treinando e construindo sua unidade, Dagan decidiu que estava na hora de ir a campo. O Shin Bet lhe entregou o arquivo dos homens procurados na Faixa de Gaza.[14] "Mas a lista ficava cada vez maior", disse Avigdor Eldan, um dos primeiros recrutas da nova unidade. O Shin Bet podia saber quem estava procurando, mas, com seu baixo poder de fogo, não podia colocar as mãos neles. O arquivo continha mais de quatrocentos nomes.

O Shin Bet dividiu a lista em duas categorias. Alvos "pretos" eram na maioria agentes menores que não sabiam que eram procurados para interrogatório. Os homens de Dagan tentaram capturá-los com o que ele chamou de missões de "identificação e reconhecimento". Ao ser capturado, um agente "preto" da OLP era interrogado pelo Shin Bet e, caso se recusasse a cooperar, era torturado. Então era colocado em um táxi, espremido entre dois homens armados de Dagan, e recebia ordens para apontar esconderijos, famílias que ajudavam a OLP, rotas usadas pelos militantes e outras informações. Os Rangers da Granada que seguiam em jipes reagiam imediatamente às informações divulgadas, prendendo qualquer um que fosse indicado.

Alvos "vermelhos", em contrapartida, sabiam que eram procurados, o que significava que agiam com muito mais cautela, já estavam fugindo e usualmente andavam armados.[15] Eliminar vermelhos em geral exigia chegar perto o bastante para sacar rapidamente e atirar para matar. Assim, Dagan enviava os melhores homens aos bairros mais distantes de Gaza, vestidos de árabes e acompanhados de colaboradores palestinos que forneciam um disfarce convincente.

Esse grupo, montado em conjunto com o Shin Bet, tinha o codinome Zikit (Camaleão). Oito soldados de elite foram selecionados. O Projeto Camaleão era tão secreto que, inicialmente, "não sabíamos sequer para o que nos treinavam. Tudo que sabíamos era que estavam tirando nosso couro, e não se esqueça de que já havíamos sido considerados prontos para combate quando chegamos lá", contou Eldan.[16]

Os Camaleões usavam documentos forjados fornecidos pelo Shin Bet.[17] Eram capazes de se infiltrar no coração de áreas pesadamente povoadas e só serem notados ao sacar as armas.

"Explorávamos o principal ponto fraco dessas células terroristas", disse Dagan. "Em função de seu *background* marxista, eles praticavam um alto nível de compartimentalização das informações. Cada homem conhecia apenas os membros de sua própria célula, não das outras. Se você aparecesse como um local armado e conseguisse falar a linguagem do alvo, ele só saberia que era um truque quando fosse tarde demais."[18]

Como explicou Moshe Rubin, um membro veterano da unidade: "Descobrimos que as organizações terroristas estavam obtendo armas e dinheiro por meio de navios vindos do Líbano. Zarpavam em um navio principal de Beirute e, em alto-mar, passavam para barcos menores com destino à costa de Gaza. Então pensamos: 'Por que não chegamos em um navio vindo do Líbano?'"

Assim, em novembro de 1970, seis Camaleões embarcaram em um barco pesqueiro que a Marinha israelense rebocou até um ponto próximo da costa de Gaza.

A equipe incluía três soldados judeus das FDI, liderados por Dagan, e dois colaboradores palestinos, um dos quais escapara do massacre dos homens da OLP promovido pelo rei Hussein, da Jordânia, dois meses antes, e estava grato aos israelenses por terem-no salvado. O outro, cujo codinome era Submarino, assassinara um parente enfiando uma adaga em seu crânio e fora libertado pelo Shin Bet em troca de cooperação. O último membro era um beduíno israelense, oficial das FDI, cujo trabalho era monitorar as transmissões dos microfones usados pelos palestinos, que deveriam sair na frente dos outros, estabelecer contato com os homens procurados e informar a situação. O beduíno também tinha outra tarefa: informar Dagan caso os dois palestinos tentassem traí-lo.

O esquadrão Camaleão chegou à praia e se escondeu no celeiro abandonado de um pomar durante alguns dias, com os colaboradores fazendo incursões eventuais até os campos de refugiados ao redor. Eles afirmavam ser membros da Frente Popular para a Libertação da Palestina, vindos do Líbano.

Inicialmente, ninguém apareceu. Um membro da unidade lembrou: "Eles estavam com medo da gente. Não porque achassem que éramos israelenses, mas porque estavam convencidos de que éramos da OLP. Os terroristas procurados nem sempre eram gentis com a população. Frequentemente os extorquiam, exigindo cada vez mais comida e estuprando as mulheres. Nos pomares, encontramos muitos corpos de árabes que não haviam sido mortos por nós, mas sim pelos homens procurados, que realizavam vinganças pessoais sob o pretexto de estarem executando colaboradores de Israel."[19]

Em uma operação encenada para ganhar credibilidade, o grupo foi "descoberto" por uma patrulha das FDI que abriu fogo e fingiu perseguir seus membros.[20] Os Camaleões mataram uma galinha e esfregaram seu sangue nas ataduras que enrolaram em torno da garganta, a fim de explicar por que não podiam falar, deixando a conversa a cargo do colaborador. "Viemos ajudá-los", disse ele a uma mulher. "Leve os principais comandantes até as dunas."

No dia seguinte, os terroristas apareceram.[21] "Havia três deles, dois homens e uma mulher, armados. Eram os principais comandantes", lembrou Dagan. Após as saudações, Dagan sussurrou o código. Os três soldados abriram fogo à queima-roupa com pistolas Beretta de 0.9 mm, matando os dois homens. Cada um deles foi atingido entre quinze e vinte vezes.

"A mulher não foi atingida", disse Dagan com satisfação.

"Meir rapidamente desceu da alta duna onde estávamos", lembrou Eldan, "e foi na direção deles. Ele pegou a pistola Star que um deles conseguira sacar e usara para atirar em nós e fez a 'checagem dos mortos': mais duas balas na cabeça de cada homem." Dagan pegou a Star para si mesmo e deu o coldre para Eldan.

Então capturaram a mulher e a entregaram para interrogatório do Shin Bet.

Em uma cálida manhã de sábado no início de janeiro de 1971, um publicitário de 30 anos chamado Bob Aroyo levou a família para uma caminhada nas colinas sobre o lago Bardawil, na costa mediterrânea da península do Sinai. Nascido em Malta e criado na Inglaterra, Aroyo se mudara para Israel em 1969 com a esposa Preeti e seus dois filhos, Mark e Abigail, e se estabelecera em um pequeno subúrbio a leste de Tel Aviv. Como as crianças ainda eram pequenas — Mark tinha 7 anos, e Abigail, 5 —, Aroyo planejou uma caminhada suave: eles dirigiriam para o sul a fim de aproveitar o sol e o ar fresco e voltariam para casa a tempo de jantar. Ambas as crianças eram incrivelmente belas e seus rostos eram familiares a todos os israelenses, porque seu pai costumava usá-los em alguns dos anúncios que criava.

Às 15 horas, os Aroyo terminaram sua caminhada e embarcaram novamente no Ford Cortina, a fim de voltar para casa. Dirigiram no sentido norte e atravessaram Alarixe antes de entrar na Faixa de Gaza, onde passaram por vilarejos e campos de refugiados palestinos ao longo da estrada. Naquela época, os israelenses com destino à península do Sinai ainda dirigiam frequentemente pela faixa, pois era a rota mais curta e mais fácil e, até então, bastante segura.

A norte da cidade de Gaza, perto de uma fábrica da 7Up, eles foram parados em um bloqueio improvisado.[22] Um adolescente correu até o carro e jogou uma granada no banco de trás. A explosão destruiu a maior parte do interior, que pegou fogo. Aroyo, ferido, arrastou-se para fora e implorou a dois jovens que pedissem ajuda. Eles apenas riram e debocharam. Abigail morreu no carro. Mark morreu no hospital. Os ferimentos de Preeti a deixaram severamente incapacitada para o resto da vida. Dois dias depois, as crianças Aroyo foram enterradas em uma única sepultura no antigo cemitério do monte das Oliveiras, em Jerusalém, em uma cerimônia a que compareceram dezenas de milhares de israelenses. O capelão-chefe das FDI, major-general rabino Shlomo Goren, fez o discurso fúnebre. Israel inteiro ficou de luto.

Duas semanas depois, o Shin Bet capturou os perpetradores. O garoto que lançara a granada tinha 15 anos, chamava-se Mohammad Suleiman al-Zaki e morava no bairro de Shuja'iyya, em Gaza. Seus dois cúmplices tinham 16 e 17 anos, respectivamente. Os três eram alunos do colégio Falastin e haviam sido recrutados para a operação por um agente do Fatah. O ataque contra a família Aroyo não fora sua primeira missão.

O assassinato de Mark e Abigail Aroyo foi um ponto de virada na resposta à enxurrada de ataques terroristas que se seguiu à Guerra dos Seis Dias. "Decidimos que as coisas não podiam continuar daquele jeito", disse Meir Dagan. "Depois que as crianças foram assassinadas, Arik [Sharon] passou a ver o terrorismo na Faixa de Gaza como questão pessoal."[23] Sharon já não se contentava em receber relatório de Dagan, embora ainda confiasse inteiramente nele. "Ele aparecia em nossa vila e se envolvia no planejamento das missões e patrulhas, até o mínimo detalhe."

O assassinato dos Aroyo também encerrou o debate no interior do establishment israelense de defesa sobre como lidar com a população palestina nos territórios conquistados. A abordagem de Sharon triunfou. Forças significativas chegaram à Faixa de Gaza e, agindo sob as ordens de Sharon, demoliram casas a fim de criar amplas estradas de acesso através dos lotados campos de refugiados. Em certa noite de janeiro de 1972, Sharon ordenou a expulsão de milhares de beduínos de uma área de mil hectares ao sul de Rafa. O general Shlomo Gazit, encarregado das atividades governamentais nas áreas ocupadas, ficou chocado. Ele ferveu de raiva quando soube da ação na manhã seguinte e ameaçou renunciar. "Não há nenhuma maneira de descrever esse ato senão como limpeza étnica e crime de guerra", disse ele mais tarde.[24]

Sharon recebeu rédea solta para usar as forças especiais e as unidades secretas a fim de revelar e matar terroristas antes que pudessem atacar Israel.

Enquanto isso, Dagan e seus homens continuaram a inventar novos métodos para localizar e eliminar os palestinos procurados. Uma tática era atacá-los nos bordéis. Outra era se esconder nas árvores dos pomares quando sabiam que os terroristas planejavam se encontrar no local, comunicando-se através de uma linha de pesca estendida para manter absoluto silêncio. Quando os terroristas chegavam, eram mortos a tiros.

Eles também empregavam com frequência um colaborador palestino para vender granadas alteradas para o Exército de Libertação da Palestina.

Os pinos eram cortados e o tempo de denotação passava dos usuais três segundos para apenas meio, assegurando que quem quer que as lançasse explodisse a si mesmo. E, em certa ocasião, copiando a Operação Picadinho, uma manobra britânica da Segunda Guerra Mundial, Dagan fingiu ser um cadáver e foi carregado por seus camaradas — dois colaboradores palestinos e os outros disfarçados de árabes — até um esconderijo terrorista.[25] Uma vez lá dentro, eles mataram todo mundo.

Um mês após o assassinato dos Aroyo, em 29 de janeiro de 1971, dois jipes sob o comando de Dagan percorriam a estrada entre o campo de refugiados de Jabalia e a cidade de Gaza.[26] No caminho, encontraram um táxi local cheio de passageiros seguindo na direção oposta. Dagan identificou dois "vermelhos" entre os passageiros: Fawzi al-Ruheidi e Mohammad al-Aswad, também conhecido como Abu Nimr. Dagan ordenou que os jipes fizessem a volta e fossem atrás do táxi. Eles o alcançaram e bloquearam a estrada. Os soldados o cercaram. Dagan se aproximou com a pistola em punho. Abu Nimr desceu segurando uma granada com o pino já retirado. "Se você se aproximar", gritou ele, "morreremos todos!" Dagan hesitou por um segundo. Então gritou "granada!" e atirou em Abu Nimr, agarrando a mão que segurava a granada e dando-lhe uma cabeçada com o capacete. Sangrando muito, Abu Nimr perdeu a consciência e Dagan calma e cuidadosamente removeu a granada de sua mão, encontrou o pino no chão e o reinseriu. Esse ato de bravura lhe rendeu uma medalha do chefe do Estado-Maior. Também deu a Sharon a ocasião de cunhar sua descrição de humor negro de Dagan: "Sua especialidade é separar árabes de suas cabeças."

De fato, há pouco espaço para discussão sobre a efetividade dos métodos escolhidos por Dagan.[27] O Shin Bet e as forças especiais das FDI, liderados pelos Rangers da Granada e inspirados e apoiados por Sharon, essencialmente eliminaram o terrorismo da Faixa de Gaza entre 1968 e 1972. As organizações palestinas não tinham resposta para as táticas de Dagan. Não conseguiam saber como o Shin Bet descobrira seus segredos ou como soldados israelenses disfarçados de árabes podiam surgir inesperadamente, sem ninguém perceber, para capturar e matar seus combatentes. Em 1972, a lista de quatrocentos procurados do Shin Bet (à qual nomes continuaram a ser acrescentados) foi reduzida para dez. Naquele ano, apenas 37 ataques terroristas se originaram na Faixa de Gaza, contra centenas em cada um dos anos precedentes. Esse número continuaria a cair ano após ano, durante quatro anos.

Mas também havia um preço a ser pago por esses métodos.

Yitzhak Pundak mais tarde se lembrou de ter lido um relatório escrito pela unidade que dizia: "Nosso destacamento estava caçando um terrorista procurado em Al-Shati [um campo de refugiados em Gaza]. Ele correu para uma das casas. A unidade entrou atrás dele, o desarmou e o matou." Pundak diz que chamou a atenção de um oficial da inteligência para a possibilidade de esse relatório chegar à ONU ou à Cruz Vermelha e causar um escândalo internacional. "Qual é o problema?", teria perguntado o oficial. "Destrua o relatório."

Pundak levou a história a Sharon, chefe do Comando Sul, e, quando ele se recusou a investigar, disse: "Você é um mentiroso, um bandido e um patife." Sharon se levantou e ergueu a mão como se fosse lhe dar um tapa, mas Pundak não se amedrontou. "Se fizer isso, quebrarei seus ossos bem aqui no seu escritório", disse ele. Sharon se sentou novamente. Pundak diz ter prestado continência e declarado, antes de sair da sala: "Agora sei que você também é um covarde."[28]

Vários jornalistas coletaram relatos anônimos de homens de Dagan afirmando que haviam atirado em pessoas após elas terem se rendido e estarem com as mãos para cima.[29] Um deles teria dito que ele e outros soldados apreenderam um palestino procurado pelo assassinato de um oficial das FDI. Um agente do Shin Bet que estava com eles supostamente disse que o homem jamais poderia ser levado a julgamento, porque o serviço secreto seria forçado pelo tribunal a nomear o colaborador que fornecera a informação que levara a sua captura. Os soldados deixaram o cativo "fugir" e atiraram nele enquanto corria.

Outro veterano da unidade disse: "O cativo era levado da casa onde fora capturado até um beco escuro, onde os soldados deixavam uma pistola ou granada em posição muito tentadora. Quando ele tentava pegar, eles atiravam. Algumas vezes diziam: 'Você tem 2 minutos para correr', e então atiravam nele porque havia corrido."

Outro antigo Ranger da Granada disse que, quando se tratava da lista de alvos vermelhos, Dagan anulou unilateralmente a regra das FDI de dar aos suspeitos uma chance de se renderem antes de serem mortos. Sob o comando de Dagan, um vermelho era um alvo para assassinato à primeira vista. Dagan confirma isso, mas diz que sua atitude era justificada: "Todas as alegações sobre sermos um esquadrão da morte ou uma gangue de assassinos são besteira. Estávamos agindo em condições de combate, com nós mesmos e os homens procurados usando roupas civis e portando as mesmas armas. Não há e, de meu ponto de vista, não pode haver prisão de um homem armado. Quase todas as pessoas procuradas na época estavam armadas. Qualquer homem carregando uma arma — esteja ele se virando, correndo ou fugindo, mas ainda segurando a arma — leva um tiro. Nosso objetivo não era matá-los, mas tampouco era cometer suicídio. Estava claro que, se não atirássemos primeiro, eles atirariam na gente."[30]

Depois que uma operação de detenção em 29 de novembro de 1972 terminou com a morte do homem procurado, Pundak exigiu que o vice de Dagan, Shmuel Paz, fosse levado à corte marcial. Durante o julgamento, relatou-se que Paz atirara no homem, que carregava um rifle, e que ele caíra. Paz avançara em sua direção, atirando o tempo todo para se assegurar de que estava morto. "E exatamente o que você gostaria que eu tivesse feito?", perguntou Paz.[31] "O fato de que o homem caiu não significa que não estava fingindo ou que não estivesse apenas ferido e ainda fosse capaz de atirar na gente. Não há outra maneira de lidar com uma situação assim", disse Dagan.

Paz recebeu o benefício da dúvida e foi inocentado. Todos os outros rumores, depoimentos e reclamações — sem falar dos muitos corpos — foram varridos para um armário e trancados à chave, a fim de evitar qualquer inquérito externo.

Sem dúvida, a unidade de Dagan era impiedosa e operava sob as próprias regras. Pode-se argumentar que esse foi o início do sistema legal extrajudicial paralelo ao direito penal em Israel, um sistema que se desenvolveu silenciosamente e em total segredo. A unidade de Dagan estava, pela primeira vez, eliminando pessoas em território controlado por Israel, em vez de prendê-las e levá-las a julgamento, como exigido pelas leis internacionais. "A fim de proteger seus cidadãos", disse Dagan, "o Estado às vezes deve executar ações que são contrárias à democracia."

Tudo isso foi aceito pelas autoridades civis israelenses, mesmo enquanto ostensivamente fingiam nada ver. O que os líderes do país queriam mais que tudo era paz nos territórios conquistados. Essa paz permitia que os governos israelenses gozassem da mão de obra palestina barata e dos produtos baratos de seus territórios, assim como de um mercado para exportação, uma questão importante para um país cercado por nações hostis com as quais não mantinha relações comerciais.

Além disso, a paz permitiu a construção dos assentamentos judaicos nos territórios ocupados. Israelenses de direita achavam que Israel deveria manter as áreas que conquistara em 1976, a fim de manter a vantagem estratégica. E muitos judeus religiosos acreditavam que a conquista da Judeia e da Samaria bíblicas fora um ato de intervenção divina, restaurando a nação a sua pátria histórica e apressando a vinda do Messias. Ambos os grupos esperavam que o estabelecimento de tantos assentamentos quanto possível evitasse a criação de um Estado palestino no futuro.

Na ausência de ataques terroristas, o alto escalão político interpretou a paz conseguida pelo Shin Bet e pelas FDI como vitória completa e vindicação, como se a história tivesse parado e não houvesse necessidade de lidar com a questão palestina.

9

A OLP SE INTERNACIONALIZA

Às 22h31 de 23 de julho de 1968, o voo 426 da El Al decolou do aeroporto Leonardo da Vinci-Fiumicino em Roma. O Boeing 707 com 38 passageiros, doze deles israelenses, e dez tripulantes também israelenses, deveria pousar em Tel Aviv à 1h18.

Cerca de 20 minutos após a decolagem, um dos três terroristas palestinos a bordo invadiu a cabine. Inicialmente, os pilotos pensaram que estava bêbado e pediram que a comissária o removesse, mas ele sacou uma pistola. O copiloto, Maoz Porat, bateu na mão do homem, esperando que soltasse a arma. Ele não soltou. O terrorista atingiu Porat na cabeça com a coronha e então atirou nele, mas errou. Ele pegou uma granada de mão, mas o capitão reagiu rapidamente e lhe disse que aterrissaria onde ele quisesse. Às 23h07, a torre de controle em Roma recebeu uma mensagem dizendo que o avião, então a uma altitude de 33 mil pés, estava mudando de curso e se dirigindo para Argel, onde pousou à 0h35, com consentimento das autoridades argelinas.[1] No caminho, os sequestradores disseram a quem quer que estivesse ouvindo que estavam mudando o código de chamada da aeronave para Libertação da Palestina 707.

Na chegada, todos os não israelenses, assim como todas as mulheres e crianças, foram libertados. Os sete membros da tripulação e os cinco passageiros remanescentes foram mantidos como reféns em uma instalação da segurança argelina perto do aeroporto, onde foram aprisionados durante três semanas, até serem libertados em troca de 24 de suas contrapartes em prisões israelenses.

O sequestro do voo 426 foi um ataque formidavelmente audacioso de uma nova facção, a Frente Popular para a Libertação da Palestina.² A FPLP fora fundada no mês de dezembro anterior, em Damasco, por dois refugiados, George Habash, de Lida, e Wadie Haddad, de Safed, ambos pediatras, marxistas e cristãos ortodoxos. Em um golpe rápido, a FPLP obteve uma vitória tática e estratégica, demonstrando que tinha a aterrorizante capacidade de capturar uma aeronave civil israelense e divulgando a causa palestina para o mundo. Ela também forçou Jerusalém a negociar com uma organização que se recusava a reconhecer, em uma humilhante concessão. Ainda pior, Israel foi forçado a concordar com a troca de prisioneiros, uma indignidade que declarara que jamais sofreria.

Mas o voo 426 foi apenas um prelúdio. Embora os incansáveis esforços das FDI e do Shin Bet tornassem os ataques de militantes no interior e nas fronteiras de Israel cada vez mais difíceis, Arafat e seus seguidores — uma sucessão infinita de subgrupos e facções que ele reconhecia ou denunciava, conforme as necessidades do momento — perceberam que o mundo oferecia um palco muito maior que a Faixa de Gaza ou a Cisjordânia.[3]

O terrorismo podia irromper em qualquer lugar. E a Europa Ocidental estava totalmente despreparada para lidar com ele: as fronteiras eram porosas, as barreiras nos portos e aeroportos eram fáceis de iludir e as forças policiais eram fracas e impotentes. Movimentos estudantis de esquerda sentiam empatia pelos palestinos de tendências marxistas e os radicais da própria Europa — o grupo Baader-Meinhof na Alemanha, por exemplo, ou a Brigada Vermelha na Itália — ofereciam cooperação logística e operacional.

Tudo isso significava um enorme desafio para a comunidade de inteligência de Israel. Enquanto o problema palestino estivera confinado aos territórios que o país ocupara após a Guerra dos Seis Dias, as coisas foram relativamente simples. Mas agora o mundo inteiro era a linha de frente, com judeus — especialmente israelenses — como alvos.

Pouco mais de um ano após a tragédia do voo 426, o voo 840 da TWA decolou de Los Angeles com destino a Tel Aviv com 120 passageiros — apenas seis israelenses — e sete tripulantes.[4] Fez uma escala em Nova York e então pousou em Roma para reabastecer. Meia hora depois, em Atenas, quatro palestinos que embarcaram em Roma entraram em ação. Um deles forçou uma comissária a abrir a porta da cabine. O copiloto, Harry Oakley, ficou surpreso de ver que atrás do homem havia uma mulher com uma granada na mão.

"Ela estava vestida de maneira muito elegante, toda de branco", lembrou Margareta Johnson, uma das comissárias do voo. "Chapéu branco, túnica branca, calça branca." A "senhora não destituída de atrativos", como descreveu um dos comissários, ordenou que o capitão redirecionasse o avião para sobrevoar Haifa, dizendo ser sua cidade natal, à qual os sionistas não permitiam que retornasse.[5]

Leila Khaled de fato nascera em Haifa em 1944. Depois da vitória judaica na amarga batalha pela cidade portuária, sua família fugira para o Líbano, pretendendo retornar quando a poeira da guerra assentasse. Mas o recém-estabelecido Estado de Israel proibiu o retorno dos refugiados e Khaled cresceu em um campo lotado em Tiro, no sul do Líbano. Ela desenvolveu uma aguda consciência política e, aos 15 anos, já era membro do ramo jordaniano de um movimento socialista secular e pan-arábico liderado pelo mais tarde cofundador da FPLP, George Habash.

O TWA 840 não foi o primeiro ataque de Khaled à aviação civil. Em 18 de fevereiro de 1969, ela ajudou a planejar um ataque contra um Boeing 707 da El Al que estava prestes a decolar do aeroporto de Zurique. Quatro membros da Frente Popular, lançando granadas de mão e disparando AK-47, atacaram o avião na pista, cobrindo a cabine de balas e ferindo fatalmente o copiloto.[6] Ela também esteve envolvida, diretamente ou nos bastidores, em vários outros ataques. Mas o sequestro do TWA 840 a tornou famosa.

Após o voo de demonstração sobre Israel, escoltado por caças da Força Aérea israelense que nada podiam fazer, por receio de ferir os passageiros, o avião pousou com segurança em Damasco, onde passageiros e membros da tripulação foram libertados, com exceção de dois israelenses, mantidos como reféns durante três meses e então trocados por soldados sírios. Os sequestradores explodiram o nariz do avião vazio e foram conduzidos à segurança pela inteligência síria.

Khaled, enquanto isso, se tornou o símbolo de uma era, a mais conhecida terrorista do mundo.[7] Foi analisada em centenas de artigos e homenageada em canções de louvor dos combatentes pela liberdade. Sua fotografia apareceu em cartazes, o mais icônico dos quais a mostrava segurando um AK-47, com a cabeleira negra esvoaçando debaixo de seu *kaffiyeh* e um anel chamativo no dedo. "Eu o fiz a partir de uma bala e do pino de uma granada de mão", disse ela.

Em 6 de setembro de 1970, Khaled e seus colegas tentaram sequestrar um voo da El Al na Europa, mas falharam. O capitão, Uri Bar-Lev, criou uma força g negativa e jogou os sequestradores no chão.[8] Um homem disfarçado do Shin Bet atirou e matou o parceiro de Khaled, enquanto outro veio da cabine e a imobilizou. Ela foi entregue à polícia em Londres quando o avião pousou.

Mas quatro outros esquadrões da Frente Popular tiveram sucesso, sequestrando aviões da Pan Am, da Swissair e da TWA naquele dia (e, três dias depois, um avião da BOAC), aterrissando na Jordânia e exigindo a libertação de Khaled e muitos de seus camaradas.[9]

Os passageiros foram libertados, com exceção de 55 judeus e um tripulante, que foram levados para um bairro palestino em Amã. Os sequestradores explodiram os aviões vazios enquanto câmeras televisivas divulgavam as imagens pelo mundo. A mídia chamou aquele dia de "o mais negro da história da aviação".

Também foi um dia negro para o rei Hussein da Jordânia, descrito na mídia internacional como monarca inepto que perdera o controle de seu reino. Os palestinos constituíam a maioria da população jordaniana e Hussein temia, justificadamente, que os apetites de Arafat e seus seguidores, que se comportavam como se o país pertencesse a eles, estivessem crescendo e eles estivessem planejando roubar seu reino. Após o constrangimento global dos aviões sequestrados e de um atentado contra a vida do rei por uma célula palestina, sua retaliação foi rápida e severa. Em meados de setembro, ele ordenou que o exército, a polícia e os serviços de inteligência da Jordânia iniciassem um ataque brutal contra o pessoal de Arafat, massacrando-os indiscriminadamente.[10] Em uma série de operações durante o mês que os palestinos chamaram de "Setembro Negro", milhares de palestinos foram mortos e a OLP foi forçada a se mover para o Líbano, onde o que restou de sua dizimada liderança começou o processo de reconstrução.

O Fatah e suas facções rapidamente se reagruparam e iniciaram uma onda selvagem de terrorismo internacional. O ponto, explicou Bassam Abu

Sharif, da FPLP, era "mostrar que a expulsão da Jordânia não nos enfraquecerá de modo algum".

Em 28 de novembro de 1971, apenas um ano depois de o primeiro-ministro jordaniano Wasfi al-Tal ter ordenado o ataque aos palestinos, ele foi morto a tiros no Cairo. Duas semanas depois, um grupo de atiradores tentou matar o embaixador jordaniano na Grã-Bretanha, Zaid al-Rifai. Dois meses depois, palestinos executaram cinco cidadãos jordanianos na Alemanha, supostamente por colaborarem com Israel, e então lançaram bombas contra os escritórios de uma companhia de gás holandesa e uma empresa eletrônica alemã, acusando-as de manterem comércio com Israel.

Todos esses ataques foram realizados por uma organização até então desconhecida chamada Ailool al-Aswad — árabe para "Setembro Negro", em lembrança ao massacre na Jordânia. O nome podia ser novo, mas não a organização. O Mossad rapidamente descobriu que Setembro Negro era outra das facções do Fatah, sempre em transformação, liderada por Salah Khalaf (nome de guerra: Abu Iyad), o antigo comandante do Rassed, o ramo de inteligência da OLP, que tentava manter sua posição terrorista em meio a conflitos internos recorrentes.[11] A fim de agir contra uma variedade mais ampla de alvos, Khalaf redefiniu os inimigos do povo palestino, começando com "o imperialismo americano, passando pelos regimes árabes ligados a ele e terminando com Israel".[12]

Em 8 de maio de 1972, quatro terroristas — três do Setembro Negro e um da FPLP — sequestraram um avião da Sabena transportando 94 passageiros e sete tripulantes de Bruxelas para Tel Aviv. Mais da metade dos passageiros era israelense ou judia. Quando o avião aterrissou no aeroporto de Lida (agora Ben-Gurion), os sequestradores exigiram que 315 de seus colegas terroristas presos em Israel fossem libertados.

Dois planos de resposta diferentes foram apresentados ao ministro da Defesa Moshe Dayan. Meir Dagan e os membros da unidade Camaleão sugeriram raspar a cabeça e posar como prisioneiros árabes, misturando-se aos outros prisioneiros recém-libertados, embarcando no avião com eles e, quando os reféns estivessem seguros, sacando suas armas escondidas e eliminando todos os terroristas — e, como propôs Dagan ao alto-comando, "também os prisioneiros libertados, se necessário".[13]

Dayan gostou mais do plano apresentado por Ehud Barak, o comandante da unidade de comandos da Sayeret Matkal. Barak e sua equipe se aproximaram do avião sequestrado disfarçados de tripulação de solo do aeroporto, vestindo macacões brancos e carregando pistolas Beretta 0.22 mm escondidas. Então invadiram o avião e mataram ou feriram todos os terroristas. Uma passageira foi morta durante o tiroteio e dois outros passageiros ficaram feridos. Um jovem soldado chamado Benjamin Netanyahu também foi levemente ferido por uma bala disparada por um dos outros atacantes.

A Operação Sabena assumiu proporções míticas em Israel. Mas, a despeito de seu sucesso, o principal objetivo estratégico dos palestinos também foi atingido.[14] "Durante um dia inteiro", disse um comandante do Setembro Negro, "revolucionários de todo o mundo prenderam a respiração, esperando para ver o que aconteceria no aeroporto da Palestina ocupada. O mundo inteiro estava assistindo."

Muitos desses revolucionários se afiliaram à causa palestina.[15] A nova onda de atividades terroristas gerou grande número de pedidos para se unir às organizações clandestinas. De acordo com um membro do Setembro Negro, quase todos os pedidos continham alguma variação da frase "Finalmente vocês encontraram uma maneira de fazer com que nossa voz seja ouvida pelo mundo".

Esses novos recrutas foram empregados com efeitos devastadores. Em 30 de maio de 1972, três membros do Exército Vermelho japonês, esquerdistas clandestinos que haviam sido treinados pela FPLP na Coreia do Norte e no Líbano, embarcaram no voo da Air France de Roma para o aeroporto de Lida.[16] Na Frente Popular, havia alguma dúvida sobre se a ideologia maoista era compatível com seu marxismo, mas os palestinos estavam impressionados com a disposição — ou, mais corretamente, o ardente desejo — de morrer pela causa apresentada pelos japoneses.

Eles não atraíram nenhuma atenção no aeroporto. Os observadores que o Shin Bet dispusera em torno dos balcões da El Al procuravam nativos nervosos do Oriente Médio, não turistas asiáticos.

Os três japoneses sacaram AK-47 e granadas de mão da bagagem e começaram a atirar indiscriminadamente no terminal lotado.[17] "Vi 25 pessoas empilhadas sobre uma poça de sangue perto da esteira número 3", lembrou uma testemunha. "Um homem estava de pé perto da esteira, com uma submetralhadora, atirando por toda a extensão do salão. Outro lançava granadas de mão sempre que via grandes grupos de pessoas."

O som das ambulâncias tomou as ruas de Tel Aviv durante horas.[18] Vinte e seis pessoas, dezessete das quais porto-riquenhos cristãos em peregrinação à Terra Santa, foram mortas, e 78 ficaram feridas.

Em uma entrevista coletiva em Beirute, Bassam Zayed, porta-voz da FPLP (e marido de Leila Khaled), defendeu o massacre dos peregrinos, dizendo que não havia inocentes entre eles — todos eram culpados, no mínimo por não terem "levantado um dedo pelos palestinos".[19] Uma sensação de amargo remorso permeou o establishment israelense de defesa em função de sua falha em evitar o massacre.

Durante essa nova onda de terrorismo, Israel teve dificuldade para encontrar uma resposta adequada. Inicialmente, na ausência de qualquer informação definitiva, o primeiro-ministro Levi Eshkol ordenou uma operação punitiva contra um alvo relativamente fácil: a aviação civil árabe.[20] Isso foi baseado no argumento de que os regimes árabes que controlavam as linhas aéreas eram responsáveis pelo que estava acontecendo e apoiavam a OLP.

Em dezembro de 1968, uma força-tarefa atacou o aeroporto internacional em Beirute e explodiu catorze aviões pertencentes às companhias Middle East Airlines, Lebanese International Airlines e Trans Mediterranean Airways. A operação foi um sucesso no sentido de que destruiu os aviões sem perda de vidas israelenses, mas não teve nenhum impacto real para evitar futuros ataques terroristas contra a aviação civil israelense. E a reação internacional ao ataque de Israel contra alvos civis foi feroz. Além da condenação do Conselho de Segurança da ONU, o presidente francês de Gaulle endureceu ainda mais o embargo de armas de seu país, cancelando a venda de cinquenta caças de combate para Israel.[21]

Novos fracassos se seguiriam.[22] Informações obtidas pela Interseção identificaram certo escritório em Beirute como sede da OLP na cidade. Em 2 de fevereiro de 1970, agentes da Cesareia lançaram quatro foguetes RPG a partir de lançadores armados com temporizadores nas janelas do escritório. Revelou-se que as instalações serviam primariamente a uma função administrativa. "Algumas secretárias ficaram feridas e alguns documentos foram queimados", disse um agente da Cesareia. Apenas isso. Foi uma das primeiras operações de contraterrorismo aprovadas pela nova primeira-ministra de Israel, a formidável linha-dura Golda Meir, que assumira o cargo após a morte de Levi Eshkol em fevereiro de 1969.

Tentativas de matar os fundadores da FPLP tampouco obtiveram sucesso. Dois agentes da Cesareia conseguiram o endereço de um apartamento no número 8 da rua Muhi al-Din, em Beirute, que Wadie Haddad usava como escritório e residência. "Haddad se comportava como o senhor do castelo em Beirute. Não tivemos problemas para encontrá-lo: ele não estava assustado e não tomava precauções", disse Zvi Aharoni, chefe da Cesareia.[23] Em 10 de julho, comandos navais israelenses (Unidade 707) desembarcaram de um navio lança-mísseis, chegaram à praia perto do cassino Beirute em um bote inflável e entregaram dois lançadores de granadas para os assassinos da Cesareia, que haviam alugado o apartamento em frente ao de Haddad. Às 9 horas, um deles mirou as granadas na janela de uma sala onde vira Haddad, apertou o botão do temporizador, programado para trinta segundos, e fugiu do local.

"Mas ocorreu um imprevisto", disse Mike Harari. "Bem naquele momento, Haddad entrou em outra sala, onde estavam a esposa e o filho, e sobreviveu. Golda ordenara que nem um fio de cabelo de um inocente fosse tocado; do contrário, teríamos destruído o andar inteiro."[24]

Enquanto isso, um agente israelense no Líbano localizou a vila de George Habash em Bsaba, uma área montanhosa ao sudeste de Beirute.[25] Ele até mesmo fotografou Habash sentado na varanda com alguns de seus homens. Em 15 de julho, uma ofensiva da Força Aérea israelense foi despachada para bombardear a casa, mas em vez disso atingiu e destruiu uma casa vizinha. Habash escapou ileso.

Logo depois, Aharoni renunciou ao cargo de líder da Cesareia, parcialmente devido às críticas que sofreu por não eliminar os líderes terroristas. Foi sucedido por Mike Harari.

Harari foi diretamente ao alvo principal: Yasser Arafat. A Operação Deserto Branco foi seu plano para assassinar o líder da OLP durante uma celebração em homenagem ao coronel Muammar Gaddafi, na Líbia, em 1º de setembro de 1970.[26] Uma plataforma VIP foi construída ao lado do muro da cidade velha de Trípoli, a capital. Várias ideias foram aventadas pela Cesareia:

colocar um morteiro conectado a um temporizador do outro lado do muro e então atingir a plataforma, onde Arafat e outros líderes estariam sentados, ou colocar explosivos sob a plataforma e detoná-los depois de obter confirmação de que Arafat estava presente. "Finalmente chegamos à conclusão de que seria uma operação problemática, porque, junto com Arafat, outras 120 almas seriam enviadas ao céu. Então decidimos usar um atirador de elite." Harari e sua equipe viajaram para a Líbia várias vezes para observar o terreno, alugar abrigos secretos e planejar rotas de fuga.

Tudo estava pronto quando o diretor do Mossad, Zvi Zamir, submeteu o plano à aprovação final da primeira-ministra Golda Meir.[27] Mas ela temia que a operação pudesse ser atribuída a Israel e levasse a severas críticas internacionais e tentativas de assassinar líderes israelenses. O plano foi abortado.

Desapontado, Harari enviou dois agentes à Europa, com ordens para reativar o esquema de cartas-bomba. "Essas bombas ofereciam duas vantagens claras", disse Moti Kfir. "Eram fáceis de fazer chegar aos países-alvo, porque pareciam inofensivas, e forneciam um longo tempo de fuga, ao contrário das armas de fogo, que atraem atenção imediata."[28] Os israelenses conseguiram mutilar alguns militantes com as bombas, mas não demorou muito para que o pessoal da OLP aprendesse a ser mais cuidadoso com a correspondência.[29]

O Fatah e suas ramificações permaneceram intocados. E os alvos primários do Mossad — Arafat, Abu Jihad, Habash, Haddad — permaneceram vivos, saudáveis e uma ameaça perpétua.

Em reuniões fechadas da liderança israelense, dedos foram apontados para a comunidade de inteligência por ter falhado em impedir os ataques terroristas ou evitar futuros ataques.[30] Harari disse: "Quando um ônibus explodia em Jerusalém, eles olhavam para mim. Por que eu não explodia quatro ônibus em Beirute ou no Cairo? Afinal, o que quer que eles fizessem em Israel, poderíamos ter feito no Cairo, em Damasco, Amã ou onde quer que quiséssemos. Eu poderia ter feito tudo isso simultaneamente. Mas não estava preparado para esse tipo de operação, para descer a esse nível. Não estávamos assim tão desesperados. Buscávamos um golpe seletivo, que os terroristas soubessem que viera de Israel, mas que não deixasse digitais."

Para fazer isso, Harari teria de superar dois obstáculos significativos.[31] Primeiro, as sedes de todas as organizações terroristas ficavam nas capitais de países árabes, o que lhes dava asilo em locais onde era muito difícil para a

Cesareia operar. Segundo, os homens da Cesareia naquela época simplesmente não eram adequados para a tarefa. Os filmes de James Bond e outros como ele tendem a retratar os espiões como um grupo homogêneo: a mesma pessoa pode ser um infiltrado, um assassino, um gênio das invasões e um especialista em vigilância, tanto coletando informações quanto as analisando para os decisores. A realidade, especialmente no Mossad, é muito diferente. Os agentes da Cesareia haviam sido treinados para realizar missões de longo prazo sob disfarce. Deviam atrair o mínimo possível de atenção, ter o menor atrito possível com os atores locais e reunir tantas informações quanto pudessem, para que Israel soubesse antecipadamente de qualquer guerra por vir. "Meus homens não eram comandos", disse Harari. "Eu procurava alguém que pudesse passar algum tempo no Cairo como arqueólogo e convidar Nasser para um tour pelas escavações. Ou uma mulher que pudesse trabalhar como enfermeira em um hospital militar em Damasco. Essas pessoas não recebiam treinamento para sacar uma pistola ou arremessar uma faca. A fim de lutar contra o terrorismo, eu precisava de pessoas diferentes e armamentos diferentes."

A transição da OLP para atividades globais também criou um desafio político para os israelenses. Os países europeus não combateram o terrorismo durante aqueles anos e tampouco permitiram que os israelenses o fizessem no interior de suas fronteiras. Os europeus viam os conflitos do Oriente Médio como remotos e inconsequentes, e não tinham incentivo para agir. O Mossad reuniu centenas de dicas sobre operações planejadas de terrorismo contra alvos israelenses e judeus na Europa, mas, para lidar com elas, precisava da assistência dos serviços europeus de inteligência que lhe fossem amigáveis. "Informamos a eles uma, duas, três, quatro, cinco vezes", explicou Golda Meir durante uma reunião secreta do Comitê de Defesa e Relações Exteriores do Knesset, "e nada acontece."[32]

A frustração era cada vez maior no Mossad. "Não entendo por que ficamos aqui sentados enquanto, todos os dias, os terroristas planejam como matar judeus", queixou-se Avraham "Romi" Porat, oficial de inteligência da Cesareia, durante uma reunião na sede do Mossad. "Sabemos onde estão. Seus escritórios na Alemanha, na França, na Itália e em Chipre são de conhecimento público. Eles sequer tentam se esconder. Vamos explodir um escritório para cada avião sequestrado e a terra ficará calma por quarenta anos", disse ele, citando o livro dos Juízes da Bíblia.[33]

A solução de Harari foi criar uma equipe especial no interior da Cesareia que não estava encarregada de reunir informações antes das hostilidades, mas sim focada em "operar secretamente e identificar, vigiar e executar alvos humanos e sabotar operações". A unidade recebeu o codinome Kidon (Baioneta) e agiria principalmente na Europa Ocidental e em países democráticos em outros lugares do mundo.

O núcleo da Baioneta começara a tomar forma em meados de 1969, sob o comando de um agente chamado Danny, mas, durante muitos anos, Harari não pudera empregá-la no campo e tivera de limitar suas atividades ao treinamento e à criação de uma doutrina de combate.[34] Golda Meir, embora desconfiada dos países ocidentais, mesmo assim respeitava sua soberania. Entendia que as nações amigáveis jamais cooperariam com Israel se o país executasse assassinatos seletivos em seu território, sem sua permissão. Em suas palavras, os serviços europeus de inteligência "podem decidir o que é permissível e o que é proibido em seu território [...]. Há países amigáveis que dizem: 'Você não fará isso aqui. Aqui, somos os mestres.' Não é assim tão simples. Não é nosso país".[35]

Harari, convencido de que Meir mudaria de ideia em algum momento, discretamente ordenou que a Baioneta continuasse a receber treinamento. "No fim", disse Harari a Zamir, "não teremos alternativa senão matá-los na Europa." Zamir concordou que o treinamento devia continuar. "Respeitamos a política da primeira-ministra e, consequentemente, fizemos apenas esforços de coleta de informações e preparamos o pessoal e o armamento que seriam necessários no futuro."[36]

Esse regime de treinamento e preparação era árduo. Os recrutas tinham de ser capazes de se deslocar rapidamente pilotando carros ou motocicletas, seguir alvos e despistar quem pudesse segui-los, invadir edifícios e participar de combate desarmado. Também tinham de se manter calmos sob uma variedade de condições de combate. Eram treinados em tiro com pistola, com ênfase em um método conhecido como tiro instintivo. Parcialmente desenvolvido por um veterano do Exército americano chamado Dave Beckerman, que ajudara a libertar Dachau, o tiro instintivo é baseado no movimento rápido da posição de descanso para a posição de tiro ou em conseguir máxima acurácia disparando tiros em movimento.[37]

E então os recrutas precisavam aprender mais uma habilidade: maquiagem.[38] Como a maioria das missões da Baioneta era de curta duração, vários disfarces poderiam ser usados a fim de alterar identidades. De acordo com Yarin Shahaf, que atualmente treina agentes do Mossad na arte da maquiagem, é uma tarefa complicada. "Você precisa ter certeza de que o bigode não cairá durante uma luta e de que a peruca está ajustada e não sairá voando mesmo durante uma perseguição pelos telhados. O guerreiro tem de saber como aplicar a maquiagem de modo que pareça crível e também como se limpar rapidamente se precisar fugir."

Finalmente, o recruta passava por um último teste. A agência o enviava para casa, para sua própria vizinhança e círculo social, disfarçado e usando pseudônimo. Se conseguisse circular pelo bairro, entre aqueles que melhor o conheciam, sem ser identificado, era considerado apto a operar em uma nação de estranhos hostis.

No início de 1972, oito membros do Setembro Negro chegaram a um campo de treinamento no deserto líbio comandado por Muhammad Youssef al-Najjar, chefe de segurança e do aparato de informação do Fatah.[39] Os oito haviam sido ativistas do Fatah e escolhidos por uma variedade de razões.[40] Alguns tinham extensa experiência de combate. Outros estavam familiarizados com a Europa em geral e com a Alemanha em particular. Entre esses homens estava Mohammed Massalha, nascido em 1945, filho do primeiro líder do conselho do vilarejo galileu de Daburiyya. Fluente em alemão e inglês e mais velho que os outros, ele não era combatente, mas sim o ideólogo e porta-voz do grupo. A voz e a figura de Massalha, que recebeu o codinome Issa, em breve se tornariam famosas no mundo todo.

No campo líbio, os oito se reuniram a Salah Khalaf (Abu Iyad), fundador do Setembro Negro, e Mohammed Oudeh (Abu Daoud), um agente de longa data do Fatah e confidente capaz e confiável de Abu Iyad. Esse último informou que eles estavam prestes a participar de uma operação extremamente importante, sem revelar precisamente qual era. Durante as semanas seguintes, o grupo recebeu treinamento em armas de fogo, incluindo pistolas, submetralhadoras e granadas, assim como combate manual e destreza física. Ênfase especial foi dada aos disfarces. Receberam codinomes e passaportes líbios falsos e foram instruídos a esconder o rosto durante toda a operação e mudar de roupa frequentemente, a fim de dar aos observadores a impressão de que havia muito mais membros no grupo.

A inteligência israelense perdeu completamente esses preparativos na Líbia. Em 7 de julho, um agente palestino de codinome Lúcifer alertou o Mossad de que o Setembro Negro estava "planejando um ataque na Europa" e, em 5 de agosto, relatou que o Setembro Negro estava "preparando uma operação de natureza internacional".[41] Mas não tinha detalhes. E tantos alertas e dicas de ataques terroristas inundavam o departamento de pesquisas do Mossad que, inevitavelmente, muitos foram ignorados. O de Lúcifer esteve entre os que escorreram pelas fendas.

Em 3 e 4 de setembro, os oitos militantes do Setembro Negro pegaram voos separados para a Alemanha Ocidental. Eles se encontraram em Munique, onde os Jogos Olímpicos de 1972 estavam em andamento, assistidos por centenas de milhares de pessoas em todo o mundo. A OLP, em nome dos palestinos apátridas, pedira para participar, mas não recebera aprovação do Comitê Olímpico Internacional. "Aparentemente, do ponto de vista dessa respeitável entidade, que pretende ser apolítica, nós não existimos", disse Khalaf mais tarde. "A liderança do Setembro Negro decidiu cuidar da questão com as próprias mãos."

Na véspera da operação, em um restaurante perto da estação ferroviária de Munique, Oudeh finalmente contou a eles sobre o plano. Os oito homens esboçaram um testamento conjunto e foram com Oudeh coletar armas e explosivos que haviam sido contrabandeados da Espanha e da Suécia e escondidos em um armário da estação. Oudeh recolheu seus passaportes e os enviou para o portão A25 da Vila Olímpica. Eles escalaram facilmente a cerca e caminharam até o número 31 da Connollystrasse, onde a delegação israelense estava hospedada. Na época, havia 32 policiais na vila, dois com revólveres e o restante desarmado, porque os anfitriões alemães queriam criar uma atmosfera tão pacífica e pacifista quanto possível. Ninguém percebeu o que estava acontecendo.

Por volta das 4 da manhã de 5 de setembro, o Setembro Negro invadiu as acomodações da equipe israelense. Um dos atletas conseguiu escapar. O técnico de luta romana Moshe Weinberg e o halterofilista Yossef Romano tentaram resistir, mas foram mortos a tiros. Seus corpos foram deixados no chão durante nove horas, à vista dos nove outros membros da equipe, que foram mantidos reféns. Sinais de grave mutilação foram encontrados mais tarde no corpo de Romano.

Massalha (Issa) conduziu as negociações com os representantes da polícia e do governo bávaro enquanto centenas de milhões de telespectadores em todo o globo observavam. Naquela manhã em Jerusalém, Golda Meir informou sombriamente ao Knesset: "Os assassinos estão exigindo a libertação de duzentos terroristas das prisões israelenses em troca dos reféns."

Como fizera em todos os casos desde que tomara posse como primeira-ministra, Meir se apoiou no julgamento dos establishments de defesa e inteligência, com apenas uma estipulação: a de que não houvesse negociação com os terroristas, sob qualquer circunstância.[42]

Os alemães se recusaram a interromper as Olimpíadas, afirmando que a TV da Alemanha Ocidental não tinha uma programação alternativa. "Inacreditavelmente, eles estão indo em frente", escreveu Jim Murray, do *Los Angeles Times*. "É quase como ter um espetáculo de dança em Dachau."

Uma equipe da Sayeret Matkal imediatamente começou a preparar uma operação de resgate. Mas, para surpresa de Israel, os alemães — muito menos experientes nessas questões — se recusaram a permitir a entrada dos israelenses no país. Dois altos oficiais — o chefe do Mossad, Zvi Zamir, e o chefe do departamento de interrogatórios do Shin Bet, Victor Cohen — receberam permissão para observar a negociação à distância.

Cohen, nativo da Síria e fluente em árabe, com muita experiência em interrogar terroristas, era o homem que negociara com os membros do Setembro Negro que haviam sequestrado o avião da Sabena. "No caso da Sabena, eles me deixaram trabalhar direito", lembrou Cohen. "Conversando com os sequestradores, consegui aprender muitas coisas: com seus dialetos, de onde tinham vindo; com suas escolhas de palavras, precisamente em que humor estavam; com a energia que senti, quão alertas estavam. Quando senti que estavam cansados, disse à Sayeret Matkal que estava na hora de invadir."[43]

Em Munique, todavia, as ofertas de Cohen e Zamir para aconselhar os alemães sobre como lidar com os terroristas foram repetidamente ignoradas. Em vez disso, observaram enquanto os membros sobreviventes da equipe eram levados do edifício do dormitório, sob a mira de armas, até dois helicópteros militares Bell UH-1 pousados ali perto. Todo o evento deixou profunda impressão na mente de Zamir.[44] "Até o dia em que morrer, jamais esquecerei a visão dos atletas sendo levados aos helicópteros. De ambos os lados da trilha, uma espécie de gramado, havia dezenas de milhares de pessoas de inúmeros países. O silêncio era mortal. Fiquei perto de [ministro do Interior alemão Hans-Dietrich] Genscher e [Franz Joseph] Strauss, com Victor ao meu lado, e observamos os atletas israelenses com as mãos amarradas, flanqueados por terroristas, marchando até os helicópteros. Foi uma visão estarrecedora, especialmente para um judeu em solo alemão, em Munique."

Os helicópteros levaram os reféns para um aeroporto militar próximo, onde um avião deveria tirá-los da Alemanha assim que o acordo para a libertação dos prisioneiros palestinos fosse concluído. Os terroristas e reféns foram seguidos por outros helicópteros, com Zamir, Cohen e os oficiais alemães a bordo.

A Alemanha planejou uma operação de resgate no aeroporto militar, mas as forças empregadas eram destreinadas e desorganizadas e não tinham as informações necessárias sobre os terroristas, equipamentos para atiradores de elite e apoio para uma missão assim. Abriram fogo de maneira descoordenada e não atingiram ou mataram terroristas suficientes para neutralizar o esquadrão.

"Os terroristas atiraram no prédio em que estávamos", disse Zamir. "Victor e eu descemos as escadas correndo, tateando no escuro, procurando os comandantes da operação, com tiros por todos os lados. Vimos que os terroristas haviam atirado nos pilotos dos helicópteros e eles estavam caídos com o rosto para baixo. Quando localizamos os comandantes [alemães da operação], exigi ir até o telhado para falar com os terroristas e avisar que, se o tiroteio continuasse, eles não sairiam vivos. Os oficiais recusaram e insistimos até eles concordarem, com a condição de que falássemos árabe, e não alemão."

Cohen pegou o megafone e começou a tentar persuadir os terroristas a se renderem. "Mas era tarde demais e tudo que consegui foi uma rajada de balas que quase nos matou."[45]

Zamir perguntou aos alemães por que não havia uma força atacando os terroristas. E ouviu que a polícia esperava os veículos blindados que estavam a caminho do aeroporto, presos em um engarrafamento criado por curiosos.

Zamir observou enquanto os terroristas jogavam granadas nos helicópteros nos quais os israelenses estavam presos e os viu irromper em chamas quando as granadas explodiram. Ele correu até a aeronave em chamas e encontrou apenas nove corpos israelenses, algemados uns aos outros, carbonizados, alguns ainda em chamas.

Para ele, a conduta dos alemães durante a situação com os reféns foi reveladora. "Eles não fizeram o menor esforço para salvar vidas nem assumiram qualquer risco para resgatar pessoas: nem as nossas, nem as deles." Ele disse que ouviu um dos pilotos alemães pedindo ajuda. "Eu disse [aos policiais alemães]: 'Pelo amor de Deus, há pessoas sangrando no helicóptero. Um tripulante ferido já se arrastou por 200 metros. Tirem-no de lá!' Ele se arrastava de joelhos, ferido, e ninguém fez nada para ajudá-lo."[46]

"Mais tarde", contou Cohen, "soubemos que alguns policiais que deveriam ter participado da operação de resgate decidiram que não estavam dispostos a arriscar a vida por israelenses."

Logo após as 3 da manhã, apenas 23 horas depois do ataque inicial, Zamir telefonou para Meir, que o congratulou pelo sucesso. Ela fora informada por uma fonte alemã de que todos os israelenses estavam a salvo. "Sinto muito por ter que dizer isso, Golda", disse Zamir, "mas os atletas não foram resgatados. Vi todos eles. Nenhum sobreviveu."

Quase imediatamente surgiram paralelos históricos. Novamente, judeus haviam sido massacrados em solo alemão enquanto o restante do mundo continuava com sua rotina habitual, como se nada tivesse acontecido. Pior ainda, o Estado de Israel fora tornado impotente pelas autoridades alemãs e forçado a observar passivamente enquanto terroristas assassinavam seus cidadãos. Em Israel, a vida praticamente parou durante dias. As celebrações de Rosh Hashaná em todo o país foram canceladas e um ar de melancolia se espalhou entre a população.

Os palestinos viram a operação como um sucesso, pois sua causa se tornara o centro da atenção pública mundial. Um órgão da OLP escreveu: "Uma bomba na Casa Branca, uma mina terrestre no Vaticano, a morte de Mao Tsé-tung ou um terremoto em Paris não teriam causado maior ressonância no mundo que a provocada pela operação do Setembro Negro em Munique [...]. Foi como uma pintura com o nome 'Palestina' colocada no topo de uma montanha, visível de todos os cantos do mundo."[47]

Imediatamente após o ataque, havia pouco que o governo de Meir pudesse fazer. Publicaram uma declaração *pro forma* dizendo: "Com raiva e repulsa, o governo de Israel deplora o assassinato de onze israelenses por terroristas árabes." Meir também ordenou ataques aéreos contra uma dúzia de "bases, campos e sedes dos terroristas na Síria e no Líbano. A intenção é ferir terroristas, não civis".[48]

Mas isso foi apenas o começo.

Na noite de 6 de setembro, Zamir retornou de Munique. Em duas reuniões que teriam impacto dramático sobre a futura política de Israel sobre terrorismo, ele descreveu com emoção o ataque e a resposta alemã: a recusa da Alemanha em aceitar assistência ou conselhos e o caos, a falta de profissionalismo e a apatia das forças alemãs enviadas ao local.

"A desgraça alemã é imensurável", disse ele.[49] Como informou a um chocado gabinete, tudo que os alemães queriam era tirar o caso do caminho para que as Olimpíadas pudessem continuar.

Enquanto seu relato circulava, a fúria em relação às organizações terroristas que derramavam sangue judeu — assim como em relação às autoridades alemãs que haviam falhado tão miseravelmente e se recusado a assumir a responsabilidade — se intensificava cada vez mais. Em uma reunião secreta com membros do Knesset, um dos participantes afirmou com raiva: "Precisamos não apenas nos defender, mas passar para a ofensiva. Temos de ir atrás dos terroristas e matá-los. Temos de transformá-los de caçadores em caçados."[50] Menachem Begin propôs bombardear a Líbia.

Meir, muito criticada pelo fracasso das organizações de inteligência sob seu comando em detectar e impedir o massacre de Munique e temendo por suas chances de reeleição, mudou de opinião.[51] Ela e seu gabinete decidiram que, se os europeus sequer tentariam impedir os terroristas em seu próprio solo, o Mossad receberia luz verde para fazê-lo. Em 11 de setembro, o gabinete autorizou a primeira-ministra a aprovar alvos mesmo em países amigos, sem notificar as autoridades locais. "Retaliação ou não retaliação", disse Meir ao Knesset em 12 de setembro, "em qualquer lugar onde um complô esteja ocorrendo, onde estejam se preparando para matar judeus, sejam israelenses ou de qualquer outro lugar, é lá que estamos decididos a atacá-los."

Harari tinha razão: Meir mudou de ideia. A Baioneta entraria imediatamente em ação.

10

"NÃO TENHO NENHUM PROBLEMA EM RELAÇÃO ÀS PESSOAS QUE MATEI"

"A bela Sarah saiu do edifício e está a caminho de casa."[1]

Essa foi a mensagem transmitida pelos rádios da equipe da Baioneta em Roma em certa noite de outubro de 1972. "Ok, movam-se. Preparem-se para atacar", ordenou Mike Harari do posto de comando.

"A bela Sarah" não era uma mulher, mas o codinome de um homem alto, magro e de óculos, com cabelo preto brilhante e um rosto muito expressivo. Seu verdadeiro nome era Wael Zwaiter, um palestino que trabalhava meio período como tradutor na embaixada líbia em Roma. Zwaiter quase terminara de traduzir *As mil e uma noites* do árabe para o italiano e passara a noite na casa de sua amiga Janet Venn-Brown, uma artista australiana, discutindo detalhes das vívidas descrições do livro.[2] À porta, a anfitriã lhe deu o pão que assara para ele. Ele o colocou no mesmo envelope no qual mantinha o manuscrito.

Depois de partir, dirigiu-se para seu apartamento no número 4 da Piazza Annibaliano. Pegou dois ônibus e, quando desceu do segundo, entrou em um café, o tempo todo segurando o envelope branco que continha o último capítulo da tradução.

Uma equipe de vigilância da Baioneta o observou o tempo todo. O Mossad achava que ele não era apenas tradutor; que isso não passava de um disfarce e ele era, na verdade, o comandante das operações do Setembro Negro em Roma.[3] A Itália era um país particularmente fraco em termos de contraterrorismo e Roma se tornara o centro europeu da atividade terrorista palestina na época. O Mossad achava que Zwaiter era responsável por contrabandear pessoas e armas e selecionar alvos.

E também suspeitava de que ele fora o planejador da tentativa, em setembro, de plantar uma bomba a bordo de um voo da El Al partindo de Roma. As autoridades italianas também tinham suas suspeitas: em agosto, a polícia o detivera brevemente em conexão com ataques do Setembro Negro a petrolíferas que faziam negócios com Israel.

Zwaiter saiu do café e foi para casa. A equipe de vigilância enviou mensagem por rádio para dois de seus colegas, confirmando que o alvo estava se aproximando. Zwaiter entrou no saguão mal iluminado do prédio e apertou o botão para chamar o elevador. Não viu os dois assassinos escondidos nas sombras sob a escada até que fosse tarde demais. Eles sacaram pistolas Beretta com silenciadores e atiraram onze vezes. Zwaiter foi empurrado para trás pela força do impacto e caiu sobre uma fileira de vasos, sempre segurando o manuscrito de *As mil e uma noites*. Morreu no chão do saguão.

Horas depois, todos os dezessete agentes da Baioneta estavam fora da Itália e a caminho de Israel. Nenhum deles jamais foi pego.[4] A operação saiu exatamente como planejado.

Zwaiter foi apenas o primeiro de uma longa lista de militantes e funcionários da OLP que estavam prestes a morrer.

A mudança na atitude de Golda Meir em relação aos países europeus amigáveis foi imediata e severa. Nascida em Kiev e criada em Milwaukee, ela via o mundo em termos claros e às vezes inflexíveis: as coisas eram pretas ou brancas, boas ou más. Em sua opinião, havia um elo direto entre as ações dos terroristas palestinos e as atrocidades da Segunda Guerra Mundial: "Aqueles que ferem judeus primeiro ferem outras pessoas depois; foi assim com Hitler e é assim com os terroristas árabes", disse ela ao editor do *New York Times*, Arthur Sulzberger.[5]

Ela admitia despreocupadamente que entendia muito pouco de questões militares e de inteligência — valendo-se da assessoria do ministro da Defesa Moshe Dayan, do ministro de Gabinete Yisrael Galili e do chefe do Mossad Zvi Zamir —, mas, após o massacre de Munique, entendeu claramente que

Israel não podia depender de outros países para proteger seus cidadãos. Em vez de se curvar à soberania de qualquer nação, Israel passaria a matar sempre e onde quer que julgasse necessário.

Essa mudança de política teve efeito significativo sobre as operações da Cesareia.[6] Antes de Munique, Meir limitara os assassinatos a "países-alvo", aqueles que eram oficialmente hostis a Israel, como a Síria e o Líbano. Mas era difícil para os agentes da Cesareia matarem qualquer um nesses países por causa do ambiente perigoso. Usar uma arma ou um rifle de precisão — métodos que exigem contato próximo com o alvo — invariavelmente atraía a rápida atenção das autoridades locais e, mesmo que os assassinos escapassem da cena, controles mais restritos das fronteiras causados pelo assassinato de uma figura importante provavelmente seriam instaurados antes que pudessem sair do país. Um assassino israelense capturado em um país-alvo provavelmente morreria, e somente após ser torturado de modo brutal. Assassinatos à distância podiam ser mais seguros, mas também era menos efetivos, sujeitos a muitas variáveis e propensos a ferir ou matar inocentes.

Operar nos chamados países-base — aqueles com relações amigáveis com Israel, o que incluía toda a Europa Ocidental — era muito mais conveniente. No máximo, um assassino que fosse pego cumpriria uma sentença de prisão. Além disso, a divisão Universo (Tevel) do Mossad, responsável pela ligação com corpos estrangeiros de inteligência, desenvolvera laços estreitos com muitos serviços europeus, conhecidos no jargão do Mossad como "almofadas macias", porque podiam fornecer contatos locais para ajudar a resolver as coisas no caso de complicações, às vezes como retribuição de um favor. O fato é que na Europa era muito mais fácil matar um homem e sair impune.[7]

E havia muitos homens para matar. A primeira lista de alvos continha onze nomes: os terroristas envolvidos no massacre de Munique. Logo se tornou claro que todos estavam escondidos em países árabes ou da Europa Oriental, e seria difícil chegar até eles. Todavia, haviam começado a se acumular muitas informações sobre outros alvos, que eram menos importantes, mas moravam na Europa. Após Munique, qualquer um que o Mossad suspeitasse estar envolvido com o Setembro Negro — na verdade, qualquer um suspeito de pertencer à OLP em geral — se tornava um alvo legítimo.[8] Isso fez com que a lista de alvos fosse muito extensa.

"Queríamos fazer barulho", disse um agente da Cesareia. "Queríamos um assassinato genuíno à curta distância que evocasse medo e temor e que, mesmo que Israel negasse qualquer envolvimento, deixasse claro que houvera um dedo israelense no gatilho."[9]

Esse dedo pertenceria à Baioneta. Em meados de setembro de 1972, Zvi Zamir foi até o centro de treinamento da unidade. "Israel não vai ficar sentado sem fazer nada", disse ele aos agentes. "Vamos pegar as pessoas que fizeram isso. Vocês serão o longo braço do gabinete."

"Aquelas palavras", disse um agente da Cesareia chamado Kurtz, "nos fizeram sentir orgulho."[10] Um ano após o ataque de Munique, catorze militantes palestinos estariam mortos.

O líder das equipes de assalto e comandante de algumas de suas operações era Nehemia Meiri, um sobrevivente do Holocausto nascido em uma tradicional família judaica no vilarejo de Demblin, no sul da Polônia.[11] Ele tinha 12 anos quando a Gestapo arrebanhou os judeus de seu vilarejo e os fez marchar até a floresta mais próxima.[12] Os judeus foram ordenados a cavar uma cova e forçados a fazer fila na borda. Então foram metralhados. Nehemia, um garoto forte e habilidoso, jogou-se na vala um segundo antes de a ordem para atirar ser dada. Os alemães não notaram e ele ficou imóvel entre os corpos de seus familiares e vizinhos até que o massacre tivesse terminado. Quando os alemães foram embora, rastejou para fora da cova coletiva, encharcado de sangue.

Mais tarde durante a guerra, depois que Meiri foi capturado e forçado a trabalhar em uma pista de pouso, ele salvou a vida de um importante oficial da Luftwaffe que destroçou seu Messerschmitt. Meiri escalou a aeronave em chamas e resgatou o piloto inconsciente, conseguindo para si mesmo vários anos de proteção. Após a guerra, imigrou para a Palestina no famoso navio ilegal *Exodus*. Lutou na Guerra da Independência de 1948, foi capturado e, mais uma vez, sobreviveu miraculosamente quando um soldado jordaniano começou a massacrar os prisioneiros de guerra.

Em seguida, entrou no Shin Bet, servindo no destacamento de guarda-costas de Ben-Gurion. Seus colegas e superiores notaram que mantinha a cabeça fresca e não tinha problemas para matar qualquer um que tivesse ferido judeus.

"Nehemia costumava se levantar pela manhã com uma faca entre os dentes", lembrou um de seus colegas de equipe.[13]

Ele era membro dos Pássaros, a equipe operacional conjunta do Mossad e do Shin Bet. Participou do sequestro de Alexander Yisraeli, o trapaceiro que tentara vender segredos israelenses, e da campanha para assassinar e intimidar os cientistas nazistas que construíam os mísseis de Nasser. Mais tarde, foi transferido para a Cesareia e designado para a equipe que criou a Baioneta. Eitan Haber, um dos mais conhecidos jornalistas de Israel, que também foi chefe de Gabinete de Yitzhak Rabin, disse que certa vez censurou Zamir por ter colocado Meiri na Baioneta. Era imoral, disse Haber, "uma exploração dos horrores do Holocausto a fim de criar uma máquina assassina".[14]

Mas Meiri não se importava de fazer parte da Baioneta nem com as coisas que fazia na unidade. No decorrer dos anos, as pessoas que sabiam de sua vida dupla perguntavam se ele era assombrado por imagens das pessoas que matara ou se tinha pesadelos com elas. "À noite, sonho com minha família", respondia ele. "Sonho com o massacre naquele vale perto de Demblin, na Polônia. Sonho com os *Muselmänner* [prisioneiros doentes e esfaimados] nos campos de morte. Essas são as coisas que me incomodam. Não tenho nenhum problema em relação às pessoas que matei. Todas elas mereciam uma bala no peito e duas na cabeça."[15]

Meiri foi um dos homens que matou Zwaiter a tiros em Roma.[16] Duas semanas depois, recebeu o próximo alvo: Mahmoud Hamshari, supostamente o número dois do Setembro Negro.

O Mossad o acusou de ter conspirado para usar o correio aéreo internacional a fim de plantar bombas de detonação barométrica em aviões voando da Europa para Israel.[17] Uma bomba assim explodira em fevereiro de 1970, logo após a decolagem do voo de Frankfurt com destino a Viena, mas o piloto conseguira fazer uma aterrissagem de emergência. O piloto do voo 330 da Swissair, de Zurique para Hong Kong com escala em Tel Aviv, também tentara aterrissar depois que uma bomba explodira no compartimento de carga, mas caíra sobre uma floresta. Todos os 47 passageiros e tripulantes haviam morrido. O Mossad também acreditava que Hamshari estava conectado a um atentado fracassado contra a vida de Ben-Gurion durante sua visita à Dinamarca em maio de 1969, e que seu apartamento em Paris servia como arsenal do Setembro Negro.

Os agentes da Baioneta vigiando Hamshari em Paris descobriram que ele passava grande parte do tempo com a esposa e a filhinha em casa e o restante se encontrando com várias pessoas, a maioria em lugares públicos e movimentados.

Estar cercado por tantos inocentes apresentava um problema ao qual Meir era agudamente sensível. Ela convidou Harari para ir até sua casa e lhe ofereceu chá. "Mike", disse ela, "assegure-se de que nem sequer um fio de cabelo caia da cabeça de um francês. Nem um fio. Você entendeu?"[18]

Apesar de sua recém-descoberta disposição de matar pessoas na Europa, Meir entendia que certos protocolos tinham de ser seguidos. Também não se sentia confortável em arcar com a responsabilidade de condenar homens à morte. Sempre que Zamir lhe pedia para assinar uma "Página Vermelha", como a ordem de assassinato era chamada em função da cor do papel em que era impressa, ela reunia um grupo seleto de ministros de Gabinete para deliberar, incluindo o ministro para Questões Religiosas, Zerach Warhaftig, que dava a cada missão o selo religioso de aprovação.[19]

Hamshari, portanto, teria de ser morto quando estivesse sozinho no apartamento. Meiri e Romi criaram o plano operacional, que exigia a participação de uma unidade adicional; um desvio dos protocolos usuais da Cesareia, que geralmente funcionava como unidade independente no interior do Mossad.

Em 3 de dezembro, uma equipe da Arco-Íris (*Keshet* em hebraico, o novo nome da Colosso, a unidade responsável pela penetração clandestina) invadiu o apartamento de Hamshari e tirou dezenas de fotografias, focando especialmente em sua área de trabalho.[20] Essas fotografias foram enviadas para Israel e estudadas por Yaakov Rehavi, do departamento técnico do Mossad. Ele notou que o telefone ficava sobre uma base de mármore. Ele e sua equipe criaram uma base idêntica, cheia de explosivos.

Em 7 de dezembro, um homem que se apresentou como o jornalista italiano Carl, mas que na verdade era Nehemia Meiri, telefonou para Hamshari e marcou uma entrevista em um café próximo a sua casa para o dia seguinte. Durante a entrevista, a equipe da Arco-Íris invadiu novamente o apartamento e trocou a base do telefone. Logo depois que Hamshari voltou para casa, seu telefone tocou. "É o dr. Hamshari?", uma voz perguntou. Quando ele respondeu que sim, o botão de um detonador remoto foi apertado e a base de mármore explodiu. Hamshari foi "quase cortado ao meio" pelos fragmentos de mármore, de acordo com Kurtz, que participou da operação.[21] Morreu várias semanas depois, em um hospital de Paris.

O pessoal do Mossad e da Aman coordenando os assassinatos seletivos dedicava muito tempo e consideração à ética de cada um. Era importante que os atos fossem percebidos como morais, ao menos aos olhos dos próprios assassinos. Mesmo quarenta anos depois, Harari e seus agentes descreveram sua profunda convicção quanto aos fins e aos meios empregados. "Não havia assassinos natos na Cesareia. Eles eram pessoas normais, como eu e você", disse Harari. "Se não estivessem na Cesareia, não estariam trabalhando como assassinos contratados no submundo. Meus guerreiros estavam em uma missão do Estado. Sabiam que alguém tinha de morrer porque matara judeus e, se continuasse vivo, mataria mais judeus. Assim, eles o matavam por convicção. Nenhum deles duvidava de que aquilo precisava ser feito; não havia a menor hesitação."[22]

O chefe do Mossad, Zamir, também sabia que ter o apoio de Meir era importante para seus guerreiros.[23] Ele compreendia como a mente da primeira-ministra funcionava e sempre levava um ou dois agentes da Baioneta consigo quando se reunia com ela. Um deles disse a ela como era importante saber que sua comandante era "uma pessoa com profundos valores morais, com um bom julgamento". Por causa disso, os assassinos "se sentiam muito mais confortáveis com tudo que haviam feito, mesmo que, às vezes, houvesse pontos de interrogação".

Meir irradiava felicidade. "Eu me sento perante eles", disse ela após uma dessas reuniões com os guerreiros da Cesareia, "maravilhada com sua coragem, compostura, habilidade e conhecimento. Eles entram nas mandíbulas abertas do inimigo [...]. Não consigo acreditar que fomos abençoados com um grupo assim."[24]

A despeito dessa admiração mútua e da convicção partilhada sobre a moralidade de suas ações, havia na verdade muitas questões sobre os motivos por trás de muitos assassinatos seletivos pós-Munique e se os alvos corretos haviam sido escolhidos.

"Alguns dos árabes que matamos naquele período, matamos sem saber a razão, e até hoje eles também não sabem por que morreram", disse um oficial da Cesareia. "Zwaiter não teve nada a ver com o assassinato dos atletas, com exceção do fato de o avião deles ter sobrevoado Roma com destino a Munique."[25]

Um alto oficial do Mossad que analisou os arquivos de Zwaiter com anos de atraso admitiu que "foi um erro terrível".[26] De fato, há muito os palestinos insistiam que Zwaiter era um intelectual pacífico que detestava violência.[27] (Embora alegações similares fossem feitas sobre praticamente todos os alvos da Baioneta naquele período.)

Mas, para alguns, isso não importava.[28] "Digamos que ele [Zwaiter] fosse apenas um representante da OLP em Roma, algo sobre o que não há discordância", disse um oficial da Aman que lidava com a identificação de alvos para os ataques do Mossad. "Olhamos para a organização como uma entidade única e jamais aceitamos a distinção entre pessoas encarregadas da política e pessoas encarregadas do terrorismo. O Fatah era uma organização terrorista que assassinava judeus. Qualquer um que fosse membro de tal organização tinha de saber que era um alvo legítimo."

De fato, é difícil determinar retrospectivamente se o assassinato de Zwaiter foi um erro ou parte de uma abordagem que tinha, e ainda tem, muitos discípulos na inteligência israelense: todo membro de uma organização terrorista, mesmo que sua função não esteja diretamente conectada a atos de terrorismo, é um alvo legítimo.

O problema inerente a essa abordagem é que ela permitia que o Mossad matasse as pessoas que *conseguia* matar, não necessariamente as que achava que *deveria* matar.[29] Embora a agência tenha considerado a campanha de assassinatos seletivos um sucesso, no início de 1973 estava claro que ela não danificara os altos escalões da OLP.[30] Esses alvos estavam protegidos em Beirute. Era lá que Israel devia atacar. E essa seria uma missão muito mais difícil.

Em 9 de outubro de 1972, uma mensagem codificada chegou à base da Aman responsável pela comunicação com os agentes de Israel no Oriente Médio. A base, situada em uma cumeeira sobre o mar e cercada por dunas de areia, está no centro de uma das paisagens mais bonitas de Israel. Centenas de soldados haviam sido alocados para receber, decifrar, codificar e transmitir material ultrassecreto.

A mensagem daquela noite dizia: "Modelo solicita reunião urgente."

Modelo era o codinome de Clovis Francis, um dos mais valiosos agentes que a Aman e o Mossad tinham no Líbano. Ele era um elegante e rico libanês cuja família possuía muitas conexões e servia Israel fielmente havia décadas. Estivera mandando mensagens codificadas desde a década de 1940, quando usava pombos-correios. Usando uma câmera instalada na porta de seu carro, fornecera à inteligência israelense cerca de 100 mil fotografias durante os anos, documentando cada canto do país. Visitava Israel periodicamente, viajando de submarino ou navio, para se reunir com os altos oficiais de inteligência. Mas jamais pediu pagamento. Dizia espionar porque "acreditava em uma aliança entre o Líbano e Israel e, mais tarde, porque passei a ver as atividades palestinas no Líbano como grande perigo para meu país".

Três dias após a mensagem solicitando um encontro, um bote inflável se aproximou na calada da noite de uma praia perto de Tiro, no sul do Líbano.[31] Modelo embarcou e foi levado a um navio lança-mísseis que partiu para Haifa. Os principais oficiais da Unidade 504 esperavam para ouvir o que ele tinha a dizer. Modelo não os desapontou. Levou consigo os endereços residenciais dos quatro maiores oficiais da OLP em Beirute: Muhammad Youssef al-Najjar, líder do aparato de inteligência da OLP, que estivera envolvido no planejamento e na aprovação da operação em Munique; Kamal Adwan, responsável pelas operações clandestinas do Fatah em Israel, na Cisjordânia e na Faixa de Gaza; Kamal Nasser, o porta-voz da OLP; e Abu Jihad, o segundo em comando de Arafat. Os três primeiros viviam perto uns dos outros em dois edifícios elegantes na rua Verdun.

A informação foi passada para Romi, o oficial de inteligência da Cesareia, e ele convocou uma série de reuniões na sede da organização, na rua Kaplan, número 2, em Tel Aviv. Além da informação sobre as residências dos homens da OLP, havia muita informação de altíssima qualidade sobre alvos adicionais ligados à OLP no Líbano: oficinas de armamentos, postos de comando, escritórios. Harari disse acreditar que "há uma operação [de assassinato seletivo] aqui", mas ainda havia muitas falhas nas informações para que ele fosse adiante. "Essa era uma de minhas regras", disse ele. "Se não houvesse informação, não haveria operação, ponto."

A fim de preencher essas falhas, a Cesareia decidiu enviar uma agente a Beirute.

Yael (somente seu primeiro nome pode ser divulgado) nasceu no Canadá em 1936 e cresceu em Nova Jérsei, em uma família judia sem ligações com Israel. Mais tarde, desenvolveu uma relação emocional com o jovem país e decidiu que "o verdadeiro sionismo exige fazer a *aliyah* [imigração] para Israel e esquecer os confortos da vida nos Estados Unidos". Na época, antes da Guerra dos Seis Dias, "Israel despertou em mim a simpatia pelos desfavorecidos. Desde criança, eu sempre fora atraída pelas pessoas vulneráveis e discriminadas". Após imigrar e encontrar trabalho como programadora, foi recrutada pela divisão de pessoal do Mossad para o longo e exigente treinamento da Cesareia. Com o tempo, tornou-se conhecida como agente excepcionalmente talentosa e cooperativa, que usava o discreto carisma e a atraente aparência como armas poderosas. Quando Harari a enviou para Beirute, disse: "Com sua feminilidade, delicadeza e beleza, quem suspeitaria de você?"

Yael, que recebeu o codinome Nielsen no Mossad, e seus controladores criaram o disfarce de alguém que fora para o Líbano a fim de escrever o roteiro de uma série de TV sobre a vida de Lady Hester Stanhope, uma aristocrata britânica que desafiara as restrições conservadoras do século XIX e se tornara uma pioneira ativista política e social.[32] Stanhope viajara extensivamente e passara seus últimos anos no Líbano e na Síria.

Yael chegou ao Líbano em 14 de janeiro de 1973. Ela se registrou no hotel Le Bristol e, após alguns dias, alugou um apartamento em um edifício luxuoso exatamente em frente àqueles onde viviam os três alvos. Rapidamente fez amizade com locais e estrangeiros em Beirute, que concordaram em ajudá-la em sua pesquisa para a série sobre Lady Stanhope. Seu disfarce permitia que se movesse livremente e fornecia um pretexto legítimo para que viajasse por quase qualquer parte do país.

Ela começou a caminhar por potenciais áreas de aterrissagem e edifícios-alvo, carregando uma bolsa com uma câmera em seu interior, que operava apertando um botão do lado de fora.[33] "Cada detalhe era importante", escreveu ela mais tarde em seu diário. "Descrever a rotina diurna e noturna nos três apartamentos, quando as luzes eram acesas e apagadas, quem podia ser visto na janela em que horário, detalhes sobre os carros, quem telefonava para quem, se o lugar tinha seguranças."[34]

Com o extenso reconhecimento de Yael, o Mossad agora sabia quem atacar e onde atacá-los, mas ainda enfrentava enormes obstáculos. Os apartamentos dos principais homens da OLP ficavam em quarteirões densamente povoados de Beirute, de forma que explosivos não podiam ser usados, uma vez que a probabilidade de matar civis inocentes era inaceitavelmente alta. Os ataques teriam de ser próximos. O problema era que o Líbano era um país-alvo, hostil a Israel, onde um assassino capturado certamente enfrentaria tortura e morte. Isso significava que os guerreiros da Cesareia já plantados em Beirute haviam sido treinados não em combate, mas em vigilância de longo prazo sob disfarce. E os guerreiros da Baioneta, que podiam executar um assassinato eficiente, não possuíam disfarces convincentes para entrar em um país-alvo e permanecer por lá tempo suficiente para fazer o serviço. Mesmo que tivessem, sair do país rapidamente após atacar até sete alvos da OLP — três homens e quatro instalações — seria quase impossível.

Romi e Harari chegaram a uma conclusão inevitável: a Cesareia não podia realizar a missão sozinha.[35] Somente as FDI possuíam as forças e os recursos necessários para um ataque bem-sucedido. Essa era uma nova proposta: até então, o Mossad e as FDI jamais haviam cooperado em operações de assalto em terra. Também havia um risco especial. Israel rotineiramente negava responsabilidade pelos ataques do Mossad, mas, no momento em que uma grande força militar começasse a matar pessoas, mesmo que os soldados não usassem uniforme, seria impossível para Israel alegar que não estava envolvido.

O plano inicial das FDI era uma confusão desajeitada e demorada, exigindo um contingente de cem homens para invadir ambos os edifícios e evacuar os residentes até a rua. Uma espécie de fila policial seria mantida a fim de identificar os alvos, que então seriam mortos.

O tenente-general David Elazar, chefe do Estado-Maior das FDI, tinha sérias dúvidas sobre o plano. Ele pediu que Ehud Barak, comandante da Sayeret Matkal, a unidade de reconhecimento do Estado-Maior das FDI, apresentasse outras ideias.

A Sayeret Matkal foi implementada no fim dos anos 1950 com o objetivo de criar uma força de elite capaz de penetrar clandestinamente o território inimigo e "treinada para realizar operações de combate, sabotagem e coleta [de inteligência]", nas palavras de sua ordem de criação.³⁶ Até a década de 1970, a unidade se especializou principalmente em penetração profunda das linhas inimigas, a fim de instalar dispositivos altamente sofisticados de escuta e observação.³⁷ Era e ainda é considerada a melhor unidade das FDI, sempre recebendo a nata dos novos recrutas, que passam por um treinamento de vinte meses que alguns dizem ser o mais difícil do planeta.

Ehud Barak, o primeiro oficial a subir na hierarquia da Sayeret, tornou-se seu comandante em 1971. Nascido em um *kibutz*, de baixa estatura, mas atlético e determinado, Barak personificava todas as qualidades especiais requeridas pela unidade. Também era um político habilidoso que sabia como lidar com seus superiores e tinha ambição ilimitada, embora sempre mantivesse a compostura. No momento em que assumiu o comando, Barak começou a fazer pressão para que a Sayeret Matkal desempenhasse papel maior nas operações das FDI, para além da coleta de informações atrás das linhas inimigas.³⁸

Assim, quando Elazar solicitou sua assistência para planejar os ataques de Beirute, "uma expressão de satisfação se espalhou pelo rosto de Barak, como a expressão de um chef começando a preparar um prato extraordinário", disse um de seus oficiais.³⁹ Barak examinou as informações, os locais do ataque em um mapa de Beirute e o plano anterior empregando cem homens. "Chefe, isso não é bom", disse ele a Elazar. "Uma força desse tamanho que entre em Beirute e fique por lá tempo suficiente para fazer a 'linha policial' se envolverá em tiroteios. Pode haver muitas fatalidades, no nosso lado e no deles. Civis também."

Elazar perguntou: "O que você sugere?"

"Quando tivermos certeza de que os três alvos estão em casa, entraremos na cidade com uma força muito pequena, não mais que quinze homens, invadiremos os apartamentos, atiraremos neles e iremos embora. Tudo em alguns minutos. Com planejamento e os meios certos e o treinamento adequado, podemos entrar e sair antes de as forças inimigas chegarem à cena. Quando entenderem o que está acontecendo, já teremos ido embora. O mais importante é manter o elemento-surpresa."

Elazar sorriu e deu a Barak sinal verde para começar a planejar.⁴⁰

*

O plano da Operação Primavera da Juventude — o ataque em Beirute — foi delineado alguns dias depois.[41] A unidade de comandos navais, a Flotilha 13, desembarcaria a equipe de assalto na praia, onde agentes da Cesareia estariam esperando com veículos alugados.

A equipe do Mossad levaria os soldados até a rua Verdun, onde surpreenderiam os líderes do Fatah em seus apartamentos, os matariam, voltariam para a praia e fugiriam para Israel. Ao mesmo tempo, outro esquadrão de comandos atacaria quatro alvos diferentes no Líbano.

Estava claro que, após essa operação, seria muito difícil realizar outra e, consequentemente, os israelenses queriam atingir tantos alvos quanto possível. Barak disse sentir que Elazar não acreditava que a Sayeret conseguiria atingir os três homens da OLP e queria "espalhar o risco [de fracasso] com objetivos adicionais".

Era um exercício complexo, envolvendo a coordenação e integração de unidades diferentes, de modo que Elazar supervisionou pessoalmente parte das sessões de treinamento.[42] Ele se preocupava que um grupo de homens se movendo no meio da noite no centro de Beirute causasse suspeitas. E sugeriu que alguns homens se vestissem de mulher. "Isso permitirá que escondam mais armas", disse ele com um sorriso.

Alguns membros da Sayeret não gostaram de seu comandante envolver a unidade em uma operação que ia além da coleta de informações. Antes do ataque, houve uma discussão interna. Dois oficiais de Barak, Amitai Nahmani e Amit Ben Horin, ambos *kibutzniks* do movimento de esquerda Hashomer Hatzair, argumentaram que a unidade não fora criada como esquadrão da morte e que não tinham a intenção de se tornarem assassinos. Barak tentou persuadi-los, mas eles pediram para ser encaminhados a uma autoridade superior. Barak marcou uma reunião com o chefe do Estado-Maior Elazar, que falou da importância da guerra contra o terrorismo e do fato de que sangue judeu estava sendo derramado pelo Fatah em Israel e no exterior. E disse que era dever deles responder "com força e elegância". Os dois aceitaram a explicação e foram designados para liderar o esquadrão.

Barak disse que viu o argumento como "evidência da força da unidade. Eles não são apenas soldados profissionais superiores, mas também homens com opiniões próprias, que fazem perguntas e não ficam satisfeitos em meramente executar, exigindo conhecer a lógica por trás das ações".

Enquanto a Sayeret e os comandos navais da Flotilha 13 praticavam o desembarque, Yael e Modelo continuavam a coletar informações.[43] Yael escolheu um local adequado para o desembarque: a praia privativa do hotel Sands, escolhida porque o acesso era restrito aos hóspedes e ficava perto do estacionamento. Então vagueou pelas ruas vizinhas, uma mulher baixinha de saia comprida e óculos de sol, carregando uma bolsa. Ela fotografou toda a rota da equipe de assalto: a praia, as ruas por onde passariam, a caixa de passagem telefônica que provavelmente teriam de explodir para que ninguém chamasse reforços, os edifícios na rua Verdun e o recepcionista na entrada.

Yael também reuniu detalhes sobre a delegacia de polícia mais próxima, a apenas 180 metros dos edifícios, as patrulhas que a polícia realizava e quanto tempo demorariam para chegar à cena se fossem chamadas.

Antes de informar ao chefe do Estado-Maior que a força estava pronta para começar, o general de brigada Emmanuel Shaked, chefe de Infantaria e paraquedista e comandante geral da operação, insistiu em se reunir com o pessoal da Cesareia que levaria seus homens da praia até os objetivos e então os traria de volta. Zamir, Harari e Romi foram com a equipe da Cesareia para uma reunião com Elazar, Shaked e Barak, em uma unidade de treinamento da Sayeret.

Shaked descreveu a reunião como "nada menos que uma catástrofe". Ele pediu que o pessoal da Cesareia se apresentasse e descrevesse sua experiência anterior em combate. "Qual foi a última vez que vocês dispararam uma pistola?", perguntou ele. Para seu horror, a maioria jamais empunhara uma arma. Somente alguns haviam servido nas FDI. Aqueles que haviam recebido algum tipo de treinamento militar fizeram somente o mínimo e não possuíam qualquer habilidade de combate.

Shaked foi tomado pela raiva e se virou para Zamir, dizendo: "Tire seus pardais daqui. Não vou deixar que a operação prossiga com pessoas que não são soldados de combate."

"Se fossem soldados de combate, não precisaríamos das FDI", respondeu Harari, furioso.[44] Elazar interferiu e aceitou a promessa de Zamir de que "eles são guerreiros da mais alta ordem na arena em que precisam agir, permitindo que os soldados das FDI façam seu trabalho".

Em 6 de abril, os seis agentes da Cesareia voaram para Beirute a partir de vários aeroportos europeus, portando passaportes falsos alemães, belgas e britânicos. Eles se registraram separadamente no Sands, alugaram grandes carros de fabricação americana e os deixaram no estacionamento do hotel.

Na tarde de 9 de abril, os soldados das FDI foram levados de ônibus até a base naval israelense em Haifa. Na reunião final, Shaked disse a eles: "Não atirem no alvo e vão embora. Só saiam do apartamento se tiverem certeza de que ele não se levantará novamente."[45]

Às 16 horas, em um calmo mar Mediterrâneo, seis navios lança-mísseis israelenses partiram no sentido norte. A cerca de 20 quilômetros de Beirute, desligaram os motores e lançaram âncora. Às 17 horas, um dos agentes da Cesareia se encontrou com Yael no hotel Phoenician. Ela confirmou que os alvos estavam em casa. Eles se separaram e o agente enviou um rádio para a força à espera: "Os pássaros estão em seus ninhos."

Das amuradas, dezenove barcos infláveis foram lançados, cada um deles lotado de soldados: 21 membros da Sayeret Matkal, 34 comandos navais e 20 soldados da unidade de reconhecimento dos paraquedistas. Essas unidades de elite eram apoiadas por trezentos membros adicionais da equipe. Foi uma das maiores operações de assassinato seletivo do século XX, se não a maior. Harari, Zamir, Romi, Elazar e o ministro da Defesa Dayan estavam em um bunker sob Kirya-Sarona, o antigo bairro templário em Tel Aviv que abrigava o comando das FDI, monitorando a operação. Também no Bor — hebraico para "Buraco", como o bunker era informalmente conhecido — estava o chefe da Aman, Eli Zeira. Ele sabia que, embora quase toda a Marinha israelense estivesse mobilizada, a Primavera da Juventude era "uma operação na qual não havia opção de resgate".[46]

Os botes deslizaram em direção às luzes de Beirute. Quando chegaram à praia, os homens da Flotilha 13 carregaram os membros da equipe de assalto até a terra, para que não se molhassem e estragassem seus disfarces, tomando especial cuidado com os soldados maquiados e vestidos de mulher. Os agentes do Mossad esperavam no estacionamento do hotel, ao lado dos veículos.

Barak, vestido de mulher, estava no banco da frente de um dos três carros. "Vão", ordenou ele, mas nada aconteceu. O motorista do Mossad estava suando e todo seu corpo tremia. Barak achou que estava doente ou ferido. Mas estava apenas com medo.[47] "Nunca estive perto de um tiroteio", admitiu ele. "Fiz um reconhecimento da área. Dois policiais armados com submetralhadoras estão patrulhando a rua perto dos edifícios." Barak e Muki Betser, um veterano da Sayeret, acalmaram o motorista, mentindo que não haveria tiroteio.

"Vão!", repetiu Barak, decidindo não informar sobre os policiais a Shaked, que permanecera a bordo do navio de comando, por temer que ele cancelasse a operação.

Os três carros entraram no elegante bairro Ramlet al-Bayda. A dois quarteirões do alvo, a equipe desceu dos carros e começou a caminhar: um homem e um homem vestido de mulher, aos pares. Era tarde, por volta das 23 horas, mas ainda havia algumas pessoas na rua. Dois policiais armados estavam na esquina, entediados e fumando. Eles ignoraram os casais que passaram por eles.

Muki Betser tinha o braço em torno de Barak, apenas outro casal em uma caminhada romântica. "Isso me faz lembrar de Roma", sussurrou Betser a Barak.[48]

Em um dos edifícios, al-Najjar estava dormindo. No outro, em apartamentos separados, Adwan e Nasser também dormiam. Nas entradas dos dois edifícios, os casais se distanciaram e a força se separou: três destacamentos para cada um dos três alvos e outro, sob comando de Barak e incluindo um médico, para vigiar a rua.

Os guardas da OLP que esperavam encontrar no saguão dos edifícios dormiam em seus carros e, sem encontrar obstáculos, os soldados começaram a subir as escadas, contando os andares para não invadirem os apartamentos errados. Quando cada destacamento chegou a seu objetivo, os homens assumiram posição e colocaram pequenas cargas explosivas nas portas. Cada comandante estalou a língua três vezes no microfone. Quando Barak ouviu os três estalidos dos três destacamentos, indicou a Shaked que os outros ataques, em vários lugares do Líbano, podiam começar. Manter o elemento-surpresa exigia que os apartamentos fossem invadidos antes que eles começassem.

As pequenas cargas explosivas abriram as três portas. Uma mulher que foi acordada pelo barulho de pés nas escadas e espiou pelo olho mágico foi morta quando a explosão também derrubou sua porta. Al-Najjar saiu do quarto, compreendeu o que estava acontecendo e tentou se trancar em outro cômodo. Betser alvejou a porta com uma saraivada automática, matando Al-Najjar e a esposa. O segundo alvo, Kamal Nasser, se escondeu embaixo da cama e disparou sua pistola, atingindo um dos israelenses na perna. Os atacantes viraram a cama, viram Nasser e o mataram com duas longas rajadas.

No terceiro apartamento, Kamal Adwan saiu do quarto com um AK-47 carregada nas mãos, mas aparentemente ficou confuso ao ver o que pareciam ser um homem e uma mulher e hesitou por um segundo. Isso custou sua vida quando os israelenses abriram fogo com submetralhadoras Uzi escondidas sob a roupa.

Ao mesmo tempo, um guarda da OLP, que deveria estar protegendo os alvos, mas adormecera em seu Renault Dauphine, acordou e saiu do carro com a arma na mão. Barak e Amiram Levin, um de seus oficiais superiores, atiraram nele com pistolas com silenciador. Uma bala atingiu o carro e disparou a buzina.[49] Isso acordou os vizinhos, que chamaram a polícia. "Outra prova de que sempre há uma surpresa", disse Betser. "O inesperado é a coisa mais esperada."[50]

Policiais de uma delegacia próxima foram para a rua Verdun, onde os israelenses ainda vasculhavam os apartamentos em busca de documentos. Finalmente, as equipes de assalto desceram correndo as escadas, quase deixando para trás Yonatan Netanyahu, irmão de Benjamin. Agora tinham de enfrentar a polícia de Beirute. Levin ficou em pé no meio da rua, com a longa peruca loira ainda na cabeça, balançando a Uzi de um lado para o outro e espalhando projéteis. Barak ficou na calçada, atirando nos policiais. Bester atirava em um Land Rover da polícia para cobrir Levin. Um jipe com quatro soldados libaneses se aproximou e ficou no meio do fogo cruzado. Os israelenses atiraram e Betser lançou uma granada no carro, matando três passageiros. O motorista ficou ligeiramente ferido. Yael o viu de sua janela, sentado na calçada e soluçando durante horas antes de ser levado para o hospital.

Os assassinos seguraram a polícia enquanto os soldados se amontoavam em seus carros alugados e voltavam correndo para a praia. Eles espalharam minúsculas estrelas de aço atrás de si, furando os pneus dos carros da polícia em perseguição. Barak usou o rádio para chamar os comandos navais. Apesar do caos, ele manteve a compostura e conseguiu se distanciar do momento. "Eu me lembro de olhar com admiração para as ruas", disse ele. "Nunca vira ruas tão magníficas e prédios tão bonitos. Era um padrão de construção com o qual não estávamos familiarizados em Israel." Como a peruca lhe dava calor, ele abriu o vidro e deixou a brisa fresca acariciar seu rosto. Conseguiu relaxar. Um homem correu até o meio-fio, gritando para que o carro parasse. "Atire nele, Muki", disse a Betser.

"Ele é funcionário do posto de gasolina, não um policial", respondeu Betser. E não atirou.[51]

A segunda força de assalto, os soldados da unidade de Reconhecimento de Paraquedistas que atacou um edifício em outro bairro de Beirute, foi menos afortunada. Eles mataram os guardas na entrada do prédio da FPLP que era seu alvo, mas não sabiam sobre o segundo posto de vigia. Um palestino abriu fogo, ferindo gravemente três soldados israelenses. Dois foram evacuados de carro. O terceiro, Yigal Pressler, foi atingido por catorze balas. Um comando naval o pegou no colo e correu até o carro, mas o homem da FPLP, achando que Pressler era palestino, tentou resgatá-lo, lutando com o comando. Os três caíram no chão. Um dos braços de Pressler estava paralisado, mas ele conseguiu engatilhar a pistola com os dentes. O palestino saiu correndo. O comando naval o seguiu e Pressler achou que fora abandonado.[52] Ele estava pensando em se suicidar com uma granada quando o comando retornou e o pegou novamente. A noite foi tomada por tiros, explosões e gritos. Luzes se acenderam nos prédios vizinhos.

Em vez de bater em retirada imediatamente, o comandante do esquadrão, Amnon Lipkin-Shabak, com uma compostura que lhe valeu uma menção honrosa do chefe do Estado-Maior, ordenou que seus homens permanecessem no local e executassem a missão, prendendo explosivos ao edifício.

"O momento mais difícil", disse Lipkin-Shabak, "não foi durante o combate, mas quando voltamos para os veículos. Fiquei surpreso quando descobri que o carro com os homens feridos não estava mais lá."[53] "Ele e seus homens, incluindo o gravemente ferido Pressler, estavam presos no centro de Beirute com apenas dois carros. O terceiro, dirigido por um agente da Cesareia e levando dois feridos, desaparecera. Os rádios não funcionavam. Buscas apressadas nada encontraram."

"Era muito preocupante", contou Lipkin-Shabak. Ele não queria bater em retirada sem saber onde estavam seus homens feridos, mas não tinha opção. Ordenou que os soldados se amontoassem nos dois carros e voltassem à praia. Pouco antes de partirem, ouviram um barulho muito alto e viram o edifício-alvo desmoronar. Mais tarde, souberam que alguns dos 35 ativistas das FPLP haviam sido soterrados.

Quando chegaram à praia, encontraram o homem da Cesareia sentado no carro, com dois soldados no banco de trás, um deles já morto devido à perda de sangue.[54] O motorista estava coberto de suor e segurava o cigarro com dedos trêmulos. "Perguntei a ele o que havia acontecido", continuou Lipkin-Shabak, "por que ele não esperara por nós, por que não esperara que o médico da unidade tratasse os feridos. Ele estava meio confuso, mas, se entendi corretamente, ouvira o tiroteio no início do ataque e achara que não sobreviveríamos, então decidira ir embora e voltar para a praia."

Os homens ficaram furiosos. "Foi um erro deixar que pessoas sem treinamento de combate se envolvessem na operação", disse um deles. "Aquele cara da Cesareia viu que estávamos com problemas e ficou apavorado. Ele fugiu."

Toda a equipe embarcou nos botes infláveis e retornou ao navio lança-mísseis. Outro ferido morreu durante uma cirurgia no navio. Dois paraquedistas não conseguiram se conter e começaram a gritar com o agente da Cesareia, dizendo que ele era responsável pela morte dos colegas.[55] Ele gritou em resposta. Um dos soldados o estapeou, ele respondeu com um soco e houve uma briga no deque até que os outros conseguissem separá-los.

Ao raiar do dia, todos os participantes do assalto estavam de volta a Israel. Quando Barak chegou em casa, sua esposa Nava ainda dormia. Ele largou a mochila no chão e se deitou ao lado dela, exausto. Quando acordou, ela ficou surpresa ao encontrar o marido adormecido a seu lado, com maquiagem no rosto e traços de um batom vermelho vivo nos lábios.[56]

Na manhã seguinte em Beirute, cercados pelos destroços da noite anterior, ninguém prestou atenção na mulher magra que foi ao correio da rua Madame Curie. Yael escrevera ao controlador uma carta que demonstrava seu trauma com o que vira da janela de seu apartamento.[57]

Querida Emile,

ainda estou tremendo por causa da noite passada. Subitamente, no meio da noite, fui acordada pelo som de explosões muito altas [...] fiquei em pânico, os israelenses estavam atacando! [...] Foi horrível [...]. Esta manhã, tudo parecia um sonho ruim. Mas não foi. Aqueles horríveis israelenses realmente estiveram aqui [...]. Pela primeira vez, posso ver por que há tanto ódio contra aquele país e contra os judeus [...]. Esta é uma área residencial tão agradável e pacífica, com pessoas gentis e amáveis.

Yael disse a "Emile" que queria visitá-la por uns dias para se acalmar e que sentia "sua falta (mais do que eu esperava)". Em tinta invisível, acrescentou: "Grande show noite passada. Tiro o chapéu!"

A fim de não atrair suspeitas, Yael permaneceu em Beirute por mais uma semana, apesar do crescente medo de ser exposta em razão das estritas medidas de segurança instauradas após o ataque. "Quando o avião decolou e as rodas deixaram o solo, relaxei no assento. Senti o estresse de manter o disfarce em todos os órgãos do meu corpo e minha alma enfraquecendo gradualmente, arrancada de mim pedaço a pedaço. Quando aterrissei em Heathrow, meus braços estavam moles e foi difícil me levantar. Precisei de alguns segundos para conseguir descer do avião."[58]

Em Israel, a Primavera da Juventude foi considerada um tremendo sucesso. Todos os objetivos haviam sido atingidos. Três importantes oficiais da OLP foram assassinados, juntamente com cinquenta outras pessoas, quase todas afiliadas à OLP. Salah Khalaf (Abu Iyad), comandante supremo do Setembro Negro, fora salvo pelo acaso porque, logo antes do ataque, deixara um dos apartamentos-alvo, onde sempre passava muito tempo.[59] Quatro prédios e oficinas que fabricavam armas foram destruídos. A apreensão de grande número de documentos do apartamento de Adwan foi considerada uma catástrofe pelos palestinos. Eles forneceram ao Shin Bet detalhes sobre as células da OLP nos territórios ocupados e levaram a várias prisões, enfraquecendo a rede do Fatah na região.[60]

Devido a esse sucesso, não se deu atenção à conduta não profissional dos dois motoristas do Mossad, ambos membros da unidade de elite de Harari, a Cesareia, e ao fato de que haviam impedido o tratamento médico de dois homens, que morreram em função de seus ferimentos, e poderiam ter causado um desastre ainda maior.[61]

A operação deixou o Líbano em choque.[62] O governo libanês renunciou devido a sua impotência em face da "agressão israelense". O mundo árabe ficou em alvoroço e o principal jornal do Egito, *Al-Ahram*, comentou que o objetivo da operação fora "instilar nos corações árabes a sensação de que Israel controlava a região". Graças à Primavera da Juventude, o mito de que o Mossad podia atacar em qualquer lugar e a qualquer momento ganhou credibilidade no mundo árabe.

11

"A IDENTIFICAÇÃO ERRÔNEA DE UM ALVO NÃO É UM FRACASSO. É UM ERRO"

O sucesso retumbante da operação Primavera da Juventude não significou uma pausa no fluxo de assassinatos seletivos do Mossad na Europa.

Nos dias finais de preparação para o ataque a Beirute, Meiri e outro agente estavam em Paris, esperando que Basil al-Kubaisi, professor de Direito da Universidade de Beirute e ativista de baixo escalão da FPLP, terminasse sua noite com uma prostituta antes de matá-lo a tiros. ("Decidi que, assim como concedemos aos homens condenados um último pedido, aquele cara também merecia um pouco de sexo antes de morrer, relatou Meiri.")[1]

Então, poucas horas antes de as forças da Juventude da Primavera retornarem a Israel, Harari, Meiri e cinco outros agentes viajaram para Atenas, onde mataram Zaid Muchassi com uma bomba plantada no colchão de sua cama de hotel.[2] Muchassi acabara de ser nomeado representante do Fatah em Chipre, onde substituíra Hussein Abd al-Chir, que o Mossad também assassinara em 24 de janeiro, com uma bomba no colchão de seu quarto no hotel Nicosia.

Em 10 de junho, chegaram informações indicando que Wadie Haddad enviara dois homens a Roma, para um ataque contra o escritório da companhia aérea El Al. A informação veio de um agente da Interseção profundamente infiltrado na organização de Haddad. Esse novo e promissor recruta, que seria descrito no relatório anual da Aman como "fonte excepcional, com excelente e exclusivo acesso à organização de Haddad" e concordara em espionar em troca de dinheiro, recebeu o codinome Itzavon, hebraico para "Tristeza".[3] Uma equipe comandada por "Carlos", um agente da Baioneta, começou a seguir os dois homens, que passeavam por Roma em um Mercedes com placas alemãs.

Na noite de 16 para 17 de junho, a equipe da Baioneta plantou uma bomba sob o carro. Pela manhã, quando um dos palestinos entrou no carro e se afastou, foi seguido por um carro do Mossad, com Harari dirigindo e Carlos no banco do passageiro, segurando o controle remoto do tamanho de uma caixa de sapatos. Para que a bomba fosse detonada, era preciso que houvesse uma distância mínima entre os veículos. Após alguns minutos, o palestino parou para apanhar o parceiro, hospedado em outro endereço, e partiu novamente. Carlos estava prestes a apertar o botão quando o carro entrou na Piazza Barberini, onde fica a Fonte do Tritão, uma obra importante do famoso escultor Gian Lorenzo Bernini.

Harari conhecia Roma muito bem desde o pós-guerra, quando trabalhara ajudando refugiados a imigrar para Israel, e era um apreciador de arte. "Não! Pare! A estátua... é um Bernini! Não detone!", gritou ele para o confuso Carlos, antes de explicar a importância da obra.

Alguns segundos depois, quando o carro com os dois palestinos se afastou da fonte, o botão foi pressionado.[4] A parte da frente do carro explodiu e os dois homens ficaram seriamente feridos. Um deles morreu no hospital. A polícia encontrou armas no carro e interpretou a explosão como "acidente de trabalho", assumindo que os dois eram terroristas que haviam manuseado incorretamente a bomba que carregavam.

"Tristeza" também informou sobre as atividades de Mohammed Boudia, o líder das operações da FPLP na Europa.[5] Boudia era uma combinação exuberante de revolucionário argelino, playboy boêmio bissexual, aventureiro e arquiterrorista que trabalhava tanto para Haddad quanto para o Setembro Negro. O pequeno teatro que dirigia em Paris, o Théatre de l'Ouest, era usado como fachada para o planejamento de ataques contra israelenses e judeus.

Graças aos relatórios de Tristeza, o Shin Bet conseguiu frustrar alguns de seus planos antes que fossem colocados em prática. Um deles era a explosão simultânea de poderosas bombas de TNT nos sete maiores hotéis de Tel Aviv durante a noite do Seder de Pessach de 1971.

Em junho de 1973, Tristeza relatou que Boudia planejava outro grande ataque.[6] Uma equipe de trinta agentes da Baioneta e da Arco-Íris o seguiu por toda a Paris antes de surgir uma oportunidade, quando ele estacionou o carro na rue des Fossés-Saint-Bernard, no Quartier Latin. Quando ele voltou e deu partida no carro, uma bomba sensível à pressão colocada sob o assento explodiu e o matou.

A série de triunfos da Baioneta criou uma sensação de euforia em toda a organização.[7] "Parecia que não havia nada que não pudéssemos fazer", disse um veterano da Cesareia, "e ninguém que não pudéssemos alcançar."[8]

Assim, o acerto de contas com o Setembro Negro permaneceu em aberto. Nove meses após o horrível massacre em Munique — o ataque que dera origem ao aumento de assassinatos seletivos —, membros importantes da organização ainda estavam à solta. O Mossad matara muitas pessoas, mas não os onze homens que mais queria. Entre eles estavam os três participantes sobreviventes da operação, que foram presos, mas libertados depois que o Setembro Negro sequestrara um avião da Lufthansa e obrigara os alemães a trocá-lo pelos prisioneiros. Os outros oito haviam sido marcados pelo Mossad como estando ligados à concepção, ao comando ou à execução do ataque.

No topo da lista, estava Ali Hassan Salameh, o oficial de operações do Setembro Negro.

O pai de Ali Salameh, Hassan Salameh, fora um dos dois comandantes das forças palestinas em 1947, quando a guerra irrompeu após a decisão da ONU sobre a criação de Israel. A Haganá tentara repetidamente assassiná-lo, sem sucesso, até que ele finalmente fora morto em combate.

Seu filho carregava um pesado fardo. "Eu queria ser eu mesmo, [...] [mas] estava sempre consciente do fato de que era filho de Hassan Salameh e tinha de estar à altura dele, mesmo sem que ninguém me dissesse como o filho de Hassan Salameh devia viver", disse ele em uma das duas únicas entrevistas que concedeu. "Minha criação foi politizada. Eu vivia a causa palestina em uma época em que a causa se transformava em um círculo vicioso. Os palestinos eram um povo sem uma liderança. O povo estava disperso e eu era parte dessa dispersão. Minha mãe queria que eu fosse outro Hassan."

Mas, em meados da década de 1960, a pressão da família de Ali e de Yasser Arafat foi suficiente. Ele cedeu e foi ao escritório de recrutamento do

Fatah.⁹ "Fiquei muito ligado ao Fatah", lembrou ele. "Eu encontrara aquilo que estivera procurando."

"Ele muito rapidamente se tornou o favorito de Arafat", disse Harari.

Em 1968, Arafat o enviou ao Egito, para receber treinamento em inteligência e explosivos. Ele se tornou assistente de Abu Iyad, que o designou para supervisionar a identificação e liquidação de árabes que colaboravam com israelenses.

Salameh era jovem, carismático, abastado e bonito, gozando da boa vida que acompanhava a filiação ao Rasd, o braço secreto de inteligência do Fatah. Ele combinava o amor pelas mulheres e pelas festas com as atividades terroristas, de forma que "fez muitas sobrancelhas se arquearem no Fatah", de acordo com um relatório da inteligência militar israelense sobre ele.¹⁰

O Mossad acreditava que Salameh estivera envolvido em uma longa lista de ataques terroristas, alguns contra a Jordânia e alguns contra Israel, incluindo o sequestro do avião da Sabena. Documentos apreendidos no apartamento de al-Najjar em Beirute indicavam que as responsabilidades de Salameh incluíam a ligação com organizações terroristas europeias e que ele convidara Andreas Baader, cofundador do grupo alemão Baader-Meinhof, para um campo palestino de treinamento no Líbano.¹¹ "Mostramos os documentos aos alemães", disse Shimshon Yitzhaki, líder da unidade de contraterrorismo do Mossad, "para deixar claro que o perigo do terrorismo palestino também dizia respeito a eles."

Não há desacordo sobre essas acusações, mas o Mossad também estava convencido de que Salameh estava implicado no planejamento e na execução do massacre de Munique e que até mesmo estivera presente, não muito longe do local para onde o esquadrão terrorista fora despachado, na Connollystrasse, número 31, na Vila Olímpica. Todavia, Mohammed Oudeh (Abu Daoud) afirmava que Salameh não estivera envolvido e que ele, Oudeh, planejara e comandara a operação.¹² Dúvidas sobre o papel de Salameh também foram suscitadas em dois livros sobre o assunto, *The Good Spy* [O bom espião], de Kai Bird, e *Striking Back* [Contra-ataque], de Aaron Klein.

Mas, até hoje, Yitzhaki permanece confiante: "O fato de que Abu Daoud, anos após o evento, quando Salameh já não estava mais vivo, quis assumir todo o crédito não faz diferença. Ali Salameh não estava presente ao ataque em Munique, mas esteve envolvido da maneira mais profunda possível no planejamento, no recrutamento do pessoal e na execução daqueles assassinatos chocantes."[13]

De qualquer modo, Salameh era um homem marcado. "Ali Hassan Salameh era o alvo número um", disse Harari. "Nós o caçamos por muito tempo."[14] Mas o Mossad só possuía uma fotografia recente dele, que usou, sem sucesso, para tentar localizá-lo. Informações sobre ele levaram agentes da Baioneta para Hamburgo, Berlim, Roma, Paris, Estocolmo e outras cidades europeias. A cada vez, eles pareciam perdê-lo por minutos.

A virada ocorreu em meados de julho de 1973, depois que um argelino chamado Kemal Benamene, que trabalhava para o Fatah e tinha ligações com o Setembro Negro, deixou seu apartamento em Genebra para pegar um voo em Copenhague e esperar por ele na cidade. O Mossad tinha razões para acreditar que ele planejava um ataque com Salameh e decidiu segui-lo. Se pudessem colar em Benamene, pensaram os israelenses, chegariam a Salameh e seriam capazes de matá-lo.

Os homens da Cesareia que seguiam Benamene viram que ele não deixou o aeroporto de Copenhague, indo para a área de conexão e embarcando imediatamente em um avião para Oslo.[15] De lá, pegou um trem para Lillehammer. O tempo inteiro seguido por agentes do Mossad. Harari e Romi concluíram que estava indo se encontrar com o alvo na sossegada cidade norueguesa.

Convocando as duas equipes da Baioneta engajadas em missões em outros locais da Europa, Harari rapidamente formou uma força-tarefa.[16] A equipe de doze pessoas era liderada por Nehemia Meiri e incluía uma mistura de assassinos treinados e agentes e membros da Cesareia que falavam norueguês e estavam disponíveis para o serviço. Um deles era Sylvia Rafael, a agente que viajava pelo mundo árabe posando como a fotojornalista canadense e anti-israelita Patricia Roxburgh e reunia muitas informações valiosas sobre os exércitos na região.

Outros membros do esquadrão incluíam Avraham Gehmer, que fora o oficial de treinamento de Rafael; Dan Arbel, um executivo dinamarquês-israelense que ocasionalmente participava de operações do Mossad em países árabes, ajudando com a logística e alugando carros e apartamentos; e Marianne Gladnikoff, uma imigrante sueca e ex-funcionária do Shin Bet que acabara de se juntar ao Mossad, mas que falava as línguas escandinavas com fluência.

*

O que aconteceu em seguida é alvo de algumas disputas. Em uma versão, provavelmente a mais precisa, a equipe de vigilância da Cesareia perdeu o rastro de Benamene em Lillehammer. Então passou a utilizar o "método de varredura", uma técnica que Meiri ajudou a implementar nos anos 1950, quando procurava por agentes do KGB em Israel e que permitia que a equipe de busca cobrisse amplas áreas urbanas e localizasse rapidamente a posição do alvo. Após um dia de busca, focaram em um homem sentado com um grupo de árabes em um café no centro da cidade. Acharam que se parecia exatamente com o homem na fotografia de Salameh que carregavam, "como dois irmãos se parecem um com o outro", disse mais tarde o general Aharon Yariv, o ex-chefe da Aman que na época era consultor de contraterrorismo da primeira-ministra Meir.[17]

Em outra versão, o homem identificado como Salameh não estava apenas sentado com alguns árabes desconhecidos em um café, mas foi visto em uma reunião com conhecidos ativistas do Fatah. Nessa versão, os israelenses viram que o suspeito estava associado a outros terroristas conhecidos e, consequentemente, tiveram uma indicação adicional, para além da fotografia, de que devia ser o homem por quem procuravam.

De qualquer modo, um relato de que Salameh fora identificado foi transmitido para a sede do Mossad na rua Shaul Hamelech, em Tel Aviv. Mas Harari ouviu que não poderia falar com o diretor Zvi Zamir porque ele decidira viajar para Lillehammer e estar presente quando ocorresse o ataque. Harari instruiu a equipe a prosseguir com a vigilância.

Eles rapidamente descobriram que o homem que achavam ser Salameh levava uma vida tranquila em Lillehammer. Tinha uma namorada norueguesa que estava grávida de vários meses. Ia ao cinema e à piscina coberta da cidade. Não demonstrava nenhuma ansiedade ou a cautela de um homem que temia que o Mossad estivesse procurando por ele. Marianne Gladnikoff comprou um maiô e foi à piscina para observá-lo. O que viu a fez questionar se aquele homem realmente era o mais procurado terrorista palestino da época.

E não foi a única.[18] Mas quando ela e outros expressaram suas dúvidas para Harari — que, por sua vez, as discutiu com Zamir, já em Oslo e a caminho de Lillehammer —, elas foram ignoradas. "Dissemos a eles que aquele não era nosso homem", contou um agente apelidado de Saul. "Mas

Mike e Zvika [Zamir] disseram que não fazia diferença. Falaram: 'Mesmo que não seja Salameh, é evidente que é um árabe que possui conexões com terroristas. Mesmo que não eliminemos Salameh, o pior que teremos feito é eliminar um terrorista menos importante, mas ainda assim um terrorista.'"

Harari tinha suas próprias opiniões. "Sete agentes fizeram a identificação entre a fotografia e o homem que viram na rua, e somente uma minoria achou que não era ele. Você precisa decidir e seguir a maioria. A coisa mais fácil do mundo é dizer 'Não aperte o gatilho', mas, desse jeito, você acaba não fazendo nada."[19]

O alvo foi mantido sob vigilância. Em um telefonema no sábado, 21 de julho, Zamir, que não conseguira pegar o trem para Lillehammer, ordenou que Harari desse prosseguimento ao ataque. Naquela noite, o homem e a namorada saíram do apartamento e pegaram um ônibus até um cinema. A equipe da Baioneta, de carro e a pé, não os deixou fora de vista nem por um minuto. Por volta das 22h30, o casal saiu do cinema e pegou o ônibus para casa. Quando saíram do ônibus, um Volvo cinza parou perto e Shaul e Y., outro agente, desceram do carro. Os dois sacaram pistolas Beretta com silenciador e atiraram oito vezes no homem antes de correr de volta ao carro, que saiu em disparada. Deixaram a mulher, que não fora atingida, ajoelhada ao lado da vítima, gritando e segurando sua cabeça ensanguentada.

Os assassinos dirigiram até o local combinado, onde outros membros da equipe e Mike Harari aguardavam. Shaul relatou que o serviço fora um sucesso, mas acrescentou que a mulher que presenciara o assassinato anotara as placas do Volvo antes de eles irem embora.

Harari disse ao homem da logística, Arbel, para estacionar o carro em uma rua lateral e jogar as chaves no bueiro.[20] Então Arbel e Gladnikoff deveriam pegar o trem para Oslo e, de lá, um avião para Londres, depois Israel. Os outros agentes deviam esperar em apartamentos alugados por algumas horas e então também sair do país. Enquanto isso, Harari e os dois assassinos dirigiriam para o sul, até Oslo, onde pegaram uma balsa para Copenhague.

Shaul e Y. pegaram voos separados para sair da Noruega. Harari embarcou em um avião para Amsterdã, confiante e excitado com o sucesso. A eliminação de Salameh seria o degrau final de sua escada até a diretoria do Mossad quando o mandato de Zamir chegasse ao fim.[21] Somente ao chegar a Amsterdã, enquanto assistia ao noticiário na TV, foi que ele finalmente compreendeu a catástrofe que acabara de ocorrer.

O homem que os israelenses haviam matado em Lillehammer não era Ali Hassan Salameh, mas Ahmed Bouchiki, um marroquino que trabalhava como garçom e limpador de piscinas.[22] Era casado com uma mulher chamada Torill, grávida de sete meses. Ela descreveu o que aconteceu:

> Do nada, meu marido caiu. Eu não entendi o que tinha acontecido e então vi aqueles dois homens. Estavam a 3 ou 4 metros de nós. Um deles era o motorista e o outro era o passageiro. Eles ficaram de ambos os lados do carro, atirando. Eu me joguei no chão, certa de que também estavam atrás de mim e eu morreria a qualquer momento. Mas então ouvi as portas do carro batendo e eles foram embora [...]. Meu marido não gritou [...]. Eu me levantei, corri o mais rapidamente que pude até a casa mais próxima e pedi que chamassem a polícia e uma ambulância. Quando voltei, já havia pessoas em volta do meu marido, tentando ajudá-lo. Uma ambulância chegou e nos levou até o hospital. Foi lá que me disseram que ele estava morto.[23]

O chefe do Mossad, Zamir, tentou minimizar o desastre. "Nenhum de nós possui os meios para tomar apenas decisões corretas. A identificação errônea de um alvo não é um fracasso. É um erro." E colocou parte da culpa na conduta da vítima: "Ele se comportava de maneira que pareceu suspeita para os agentes que o seguiam. Fez vários deslocamentos cujo objetivo era difícil saber. Podia estar traficando drogas."[24]

Meiri não estava na cena porque rompera um ligamento um dia antes e fora enviado de volta a Israel por Harari. Em sua versão dos eventos, Bouchiki foi visto com um conhecido agente do Fatah chamado Kemal Benamene. E insistiu que, desse modo, a operação foi um sucesso. "Fico com raiva de ela ser vista como fracasso", disse ele. "Que diferença faz se mato o arquiassassino ou seu assistente?"

Mas não há evidências substantivas de que Bouchiki fosse assistente de alguém. Na verdade, não tinha nenhuma conexão com o terrorismo e o caso Lillehammer não foi nada além do assassinato a sangue-frio de um inocente limpador de piscinas.

E os problemas da Baioneta estavam apenas começando.[25] De acordo com Shaul, enquanto esperava pelo ataque, Dan Arbel comprara uma torneira e alguns outros itens para a casa que estava construindo em Israel. Ele os colocara no porta-malas do Volvo cinza — o carro que Harari mais tarde lhe disse para abandonar porque uma testemunha anotara as placas. Mas Arbel não queria carregar os pesados itens e, em vez de se livrar do Volvo, o dirigira até o aeroporto de Oslo com Gladnikoff.

A polícia esperava pelo carro alugado no aeroporto.[26] Arbel sucumbiu rapidamente durante o interrogatório, por causa de sua claustrofobia. "Foi somente após a operação", disse Shaul, "que lemos no arquivo de Arbel [sobre] seu medo de lugares fechados e o quanto temia ser capturado e interrogado. Foi um comportamento muito pouco profissional da Cesareia. Um homem escreve um relatório honesto e ninguém o lê. Se tivessem lido, ele teria sido imediatamente suspenso dos deveres operacionais."[27]

Arbel disse à polícia onde encontrar Avraham Gehmer e Sylvia Rafael, e a busca pelo esconderijo levou à captura de outros dois agentes. Já estava claro para os noruegueses que se tratava de um assassinato seletivo de autoria do Mossad. Documentos encontrados com os prisioneiros (que os agentes deveriam ter destruído após ler) levaram à descoberta de abrigos, colaboradores, canais de comunicação e métodos operacionais em toda a Europa.[28] A informação também ajudou as autoridades de segurança italianas e francesas nas investigações de assassinatos seletivos em seus próprios países.

Os seis prisioneiros foram julgados, chegando às manchetes dos jornais de todo o mundo e causando extremo desconforto em Israel. Particularmente constrangedor era o fato de Arbel ter revelado tudo, até mesmo o número de telefone da sede do Mossad em Tel Aviv. Israel não admitiu ser responsável pelo assassinato de Bouchiki, mas o Estado forneceu defesa legal e outros tipos de assistência aos prisioneiros.[29] O tribunal decidiu que o Mossad estava por trás do assassinato. Cinco dos seis acusados foram considerados culpados e condenados a penas entre um e cinco anos e meio de prisão, mas libertados rapidamente em função de um acordo secreto entre os governos de Israel e da Noruega.[30] Após sua soltura, foram saudados como heróis em Israel.

Harari e Zamir mantiveram seus empregos, embora a confusão provavelmente tenha custado a Harari o sonho de se tornar chefe do Mossad. "Lillehammer foi um fracasso total, desde aqueles que seguiram o alvo até os atiradores, do Mossad ao Estado de Israel", disse o veterano da Cesareia Moti Kfir. "Por milagre, precisamente aqueles que foram verdadeiramente responsáveis pelo que aconteceu se safaram sem nenhum dano."[31]

O milagre foi Golda Meir, a maior fã do Mossad. Harari alegou que ele e Zamir assumiram a responsabilidade pelo fiasco. "Oferecemos nossa demissão imediata a Golda. Ela não quis nem ouvir. Disse que havia coisas importantes a serem feitas, que éramos necessários e devíamos ficar."[32] Durante as semanas seguintes, enquanto ele tentava tirar seu pessoal da prisão, a primeira-ministra o convidou para seu modesto apartamento na parte norte de Tel Aviv. "Ela preparou chá na cozinha e se esforçou muito para me animar", disse Harari.

Mesmo assim, o fracasso em Lillehammer levou a uma política muito mais cautelosa na Cesareia. Em 4 de setembro, Harari estava encarregado de uma ampla operação da Cesareia e da Arco-Íris em Roma, seguindo um esquadrão do Setembro Negro liderado por Amin al-Hindi, outra das figuras na lista de onze que Israel queria matar por causa de seus papéis durante o massacre de Munique. O esquadrão agia em nome do governante líbio Muammar Gaddafi, que o equipara com um lança-mísseis de ombro e seis mísseis antiaéreos SA-7 Strela com os quais planejavam derrubar uma aeronave da El Al logo depois que decolasse do aeroporto Fiumicino.[33] Harari e sua equipe os seguiram enquanto transportavam os mísseis até um apartamento em Ostia, um subúrbio de Roma que ficava a "um tiro de catapulta da pista", nas palavras de Harari.[34] Eles pretendiam lançar os mísseis do teto do edifício.

Em um parquinho próximo, sentados no gramado com crianças brincando em volta com suas mães, Harari e Zamir discutiam com Meiri, que pediu: "Deixem-me entrar. Eu os derrubarei em um minuto e pegarei os mísseis."

Mas, após o fiasco de Lillehammer, Zamir estava cauteloso. Ignorando as vociferantes objeções de Meiri, respondeu: "Nehemia, não desta vez. Vamos informar a inteligência italiana e deixar que eles cuidem disso."

"E o que conseguiremos com isso?", perguntou Meir. "Os árabes sequestrarão um avião italiano ou os ameaçarão de alguma outra maneira e eles libertarão os caras."

"Se um avião da El Al estivesse em perigo imediato, explodiríamos não apenas o apartamento, mas todo o prédio. Mas ainda há muitas horas antes de eles dispararem os mísseis", disse Harari. "Além disso, quando explodimos Hamshari, sabíamos que a bomba só atingiria o abajur, a mesa e sua cabeça, mas aqui? Como posso deixar você começar um tiroteio em um prédio de seis andares, sem saber quem são os vizinhos e quem mais pode se machucar? Talvez o primeiro-ministro da Itália viva do outro lado do corredor. Talvez a avó dele more lá."

Meiri não foi convencido. E ficou furioso quando Zamir ordenou que ele fosse o representante do Mossad a procurar a polícia italiana e indicar o apartamento, porque era o que melhor falava italiano. "Se me virem, ficarei queimado e jamais poderei participar de outra operação", queixou-se ele.

Harari tentou acalmá-lo. "Não se preocupe, Nehemia. Há excelentes cirurgiões plásticos em Israel. Você vai ter um rosto novo e muito melhor do que o de agora. Vá mostrar a eles qual é o apartamento."[35]

Os italianos prenderam todos os membros do esquadrão de al-Hindi, mas, exatamente como Meiri previra, eles foram libertados após três meses por pressão de Gaddafi.[36]

A Baioneta foi praticamente desmembrada após o caso Lillehammer. O falso passaporte italiano que Meiri usara durante a operação fora exposto durante a investigação da polícia norueguesa e suas viagens para o exterior ficaram seriamente limitadas. Ele deixou o Mossad logo em seguida.

12

HÚBRIS

Apesar da bagunça em Lillehammer, o humor geral no establishment de defesa permaneceu eufórico após a Operação Primavera da Juventude.[1] Havia um novo senso de confiança, e ele não se limitava ao Mossad, mas espalhava-se por toda a liderança israelense.

Dois dias após a operação, o ministro da Defesa Moshe Dayan chegou ao topo do escarpado planalto de Massada. Fora lá que os zelotes judeus que se rebelaram contra o Império Romano mataram suas famílias e cometeram suicídio para não serem aprisionados, criando o maior mito heroico da nação. Dayan declarou: "Devemos estabelecer um novo Israel, com novas fronteiras, diferentes das de 1948 [...]. Nossos dias são abençoados por condições que nossa nação provavelmente nunca viu no passado."[2] O chefe do Estado-Maior Elazar, em carta a Zamir, vangloriou-se dizendo que, após a Primavera da Juventude, "o prestígio das FDI chegou a novas alturas, assim como sua glória". E Golda Meir, em 15 de abril de 1973, escreveu: "Talvez chegue o dia em que as histórias de heroísmo, capacidade, sacrifício e devoção desses guerreiros serão reveladas em Israel, e gerações as contarão com admiração e orgulho como mais um capítulo do legado de heroísmo de nossa nação."[3]

Mas a confiança pode facilmente se transformar em excesso, e suas armadilhas não estiveram limitadas à Cesareia e ao fiasco de Lillehammer.[4] Quarenta anos após o ataque, Ehud Barak, o líder da equipe de assalto em Beirute e mais tarde chefe do Estado-Maior, primeiro-ministro e ministro da Defesa, sugeriu que essa húbris teve consequências desastrosas para toda a nação. Ele disse:

Em retrospecto, parece que voltamos de Beirute naquela noite e os líderes do país tiraram as conclusões erradas do sucesso da operação. Isso criou uma autoconfiança que não tinha base. É impossível projetar, a partir de um ataque cirurgicamente preciso dos comandos, as habilidades de todo um exército, como se as FDI pudessem fazer qualquer coisa, como se fôssemos onipotentes.

Eles, a primeira-ministra, o ministro da Defesa e todo o restante, nos viram, a Sayeret e o Mossad, receber a ordem e, em algumas semanas, agir para cumpri-la. Isso lhes deu a sensação de que tal capacidade era comum em todas as Forças Armadas. Mas nossos sucessos, tanto na Guerra dos Seis Dias quanto nas operações que se seguiram, vieram do planejamento acurado e do uso ótimo do elemento-surpresa. Fomos nós que iniciamos a ação. Estabelecemos os cronogramas e os resultados.

E, com nosso novo senso de segurança, veio a complacência. Não pensamos que eles também podiam nos pegar de surpresa, também podiam nos ferir gravemente.

A fé inabalável nas Forças Armadas e a crença de que os três ramos do establishment de defesa — as FDI, o Shin Bet e o Mossad — podiam salvar Israel de qualquer perigo levaram a liderança do país a também sentir que não havia necessidade premente de chegar a um compromisso diplomático com os árabes. Outros, fora de Israel, discordavam.

Em 1972, o conselheiro americano de Segurança Nacional Henry Kissinger tomou uma iniciativa diplomática secreta com o objetivo de chegar a um acordo de paz ou, ao menos, um pacto de não beligerância entre Israel e Egito.[5] Percebeu que enquanto Israel mantivesse os territórios egípcios que conquistara em 1967, o Egito faria tudo que pudesse para reconquistá-los e a próxima conflagração no Oriente Médio seria apenas uma questão de tempo.

O ponto alto da iniciativa ocorreu durante as dramáticas reuniões em uma instalação segura da CIA em Armonk, Nova York, em 25 e 26 de fevereiro de 1973, entre Kissinger e um emissário egípcio. O emissário declarou que o Egito estava preparado para assinar um acordo de paz com Israel, cujos termos — o reconhecimento israelense da soberania do Egito sobre a península do Sinai, mas retenção de suas forças, com recuo completo mais tarde, em troca do estabelecimento de relações diplomáticas entre os dois países — eram extremamente favoráveis a Israel. Mas o presidente do

Egito, Anwar Sadat, também avisou que, se sua oferta não fosse aceita até setembro, ele iniciaria uma guerra.

Meir recusou. "Vamos passar", disse ela a Kissinger.

Dayan concordou. "Prefiro Sharm el-Sheikh sem paz", disse ele, "que paz sem Sharm el-Sheikh."[6]

Na época, Egito e Síria já estavam fervorosamente engajados na preparação de suas Forças Armadas para a guerra: grandes movimentos de tropas se aproximando e se afastando das linhas de frente; exercícios da Força Aérea em conjunto com avançados sistemas de mísseis terra-ar fornecidos pelos soviéticos; comandos usando mísseis antitanque Sagger; e amplas manobras para cruzar o canal de Suez com força total. Eram todas preparações óbvias para a guerra, mas, sem qualquer inteligência explícita confirmando o fato, o establishment israelense de defesa as ignorou como meros jogos de guerra.

Elazar estava convencido de que o Mossad e a Aman conseguiriam avisar Israel ao menos 48 horas antes do início da guerra; tempo suficiente para mobilizar a reserva.[7] De qualquer modo, ele e seus colegas não estavam muito preocupados, confiantes de que os árabes temiam Israel e não ousariam iniciar uma guerra. Se o fizessem, os israelenses certamente "quebrariam seus ossos" em pouco tempo.

Estavam errados.

Às 14 horas de 6 de outubro, exércitos egípcios e sírios iniciaram um grande e coordenado ataque-surpresa contra Israel.[8] Era Yom Kippur, o Dia do Perdão judaico, quando os israelenses, mesmo os não religiosos, jejuam e vão à sinagoga ou ficam em casa, de modo que as forças nas linhas de frente eram muito esparsas. Os egípcios lançaram 2.200 tanques, 2.900 veículos blindados de transporte de pessoal, 2.400 peças de artilharia, grandes quantidades de armas antiaéreas e antitanques e centenas de milhares de soldados de infantaria e comandos na batalha, grande parte através do canal de Suez. Nas colinas de Golã, os sírios invadiram o território israelense com 60 mil soldados, 1.400 tanques e 800 armas pesadas. Ambos ativaram a maior parte de suas forças aéreas e navais. As unidades israelenses que as enfrentavam eram compostas de algumas centenas de homens, na maioria reservistas que haviam sido mantidos lá para permitir que as forças regulares passassem o feriado religioso em casa.

Nos primeiros dias, os exércitos árabes obtiveram notáveis vitórias contra os israelenses, que, além de terem sido tomados de surpresa, também leram incorretamente as táticas do outro lado. Os egípcios estabeleceram uma formidável cabeça de praia no lado Sinai do canal e os sírios penetraram profundamente as colinas de Golã e ameaçaram invadir o vale do Jordão e a Galileia.

Todavia, com grande esforço e sacrifício, os israelenses conseguiram conter as invasões e, depois de dezenove dias de contra-ataque, viraram a mesa. Os egípcios foram expulsos de quase toda a cabeça de praia. Unidades israelenses cruzaram o canal e, após cercar as forças inimigas no lado oeste do canal, avançaram em direção ao Cairo, chegando a apenas 100 quilômetros da capital egípcia. Os sírios foram expulsos de Golã e forças israelenses avançaram até que Damasco estivesse ao alcance da artilharia.

Mas a vitória teve um alto custo. Mais de 2.300 soldados israelenses morreram na Guerra do Yom Kippur, uma guerra que poderia ter sido evitada através da negociação ou ao menos antecipada com informações adequadas.

Uma onda de protestos varreu a sociedade israelense, levando ao estabelecimento de uma comissão de inquérito e da renúncia forçada do chefe do Estado-Maior, Elazar, e do chefe da Aman, Zeira, juntamente com outros oficiais de alto escalão. A guerra desvaneceu, ao menos temporariamente, a sensação de supremacia militar e de espionagem de Israel e, desse modo, seu senso de segurança. Embora o júri não tenha explicitamente culpado Meir ou Dayan, em função da grande pressão pública a primeira-ministra entregou sua renúncia em 11 de abril.

Um mês depois, por volta das 4h30 de 13 de maio de 1974, três membros da Frente Democrática para a Libertação da Palestina (FDLP), um grupo que se separara da OLP e não tinha relação com a FPLP, esgueiraram-se pela fronteira libanesa e entraram em Israel.[9] Eles se esconderam em uma caverna até a noite seguinte. Uma patrulha da polícia de fronteira encontrou suas pegadas, mas não conseguiu rastreá-los. Na escuridão, começaram a percorrer o caminho até Maalot, uma cidade a cerca de 10 quilômetros da fronteira, habitada na maioria por novos imigrantes. No caminho, emboscaram um veículo carregando mulheres que voltavam para casa após o trabalho, matando uma e ferindo outra. Soldados das FDI chamados à cena não conseguiram capturar os terroristas.

Às 3h30, os três chegaram a uma casa nos limites da cidade. Dois eram nativos de Haifa e falavam hebraico, e disseram às pessoas no interior da casa que eram policiais procurando terroristas. Quando a porta foi aberta, eles invadiram a casa e assassinaram Yosef e Fortuna Cohen e seu filho de 4 anos, Moshe, além de ferirem a filha, Bibi. Não notaram Yitzhak, de 16 meses, um surdo-mudo que não fez barulho. Ao deixarem a casa, os palestinos encontraram Yaakov Kadosh, um funcionário do governo local, e exigiram que ele mostrasse o caminho até a escola. Depois que ele o fez, eles atiraram e o feriram.

Os três chegaram à escola Netiv Meir pretendendo esperar que as crianças chegassem para as aulas do dia. Não esperavam encontrar 85 adolescentes com idades entre 15 e 17 anos, além de dez adultos, já dormindo no local. As crianças pertenciam a uma escola religiosa em Safed e estavam viajando pela região de Maalot. Quando as forças de segurança chegaram à cena, os terroristas gritaram que, se vinte de seus camaradas em prisões israelenses não fossem libertados até as 6 horas, eles matariam todos os reféns.

A normalmente agressiva Golda Meir, que ainda não fora substituída como primeira-ministra, estava preparada para ceder às exigências dos terroristas.[10] Após o choque da Guerra do Yom Kippur, as conclusões do inquérito e os furiosos protestos contra ela, Meir não queria que seu último ato como primeira-ministra colocasse em risco a vida de crianças. O gabinete endossou sua recomendação. Todavia, o ministro da Defesa Dayan, que também aguardava substituição, discordou. As consequências da Guerra do Yom Kippur haviam tido o efeito oposto sobre ele: depois que milhares de manifestantes em Tel Aviv exigiram sua renúncia, Dayan viu sua carreira política prestes a chegar a um final humilhante, e queria projetar determinação e autoridade. "A única maneira de lidar com terroristas é não dar o que eles querem e não deixar que saiam vivos. Temos de matá-los", aconselhou ele à primeira-ministra. Finalmente, Meir consentiu. Às 5h15, foi dada a ordem para que a Sayeret Matkal invadisse a escola.

Dessa vez, a Sayeret se mostrou inadequada para a tarefa.[11] O atirador de elite que disparou o primeiro tiro só conseguiu ferir ligeiramente seu alvo, e uma força comandada por Amiram Levin entrou na sala errada e no andar errado. Os terroristas responderam atirando e lançando granadas na sala onde os reféns estavam detidos. Como eram devotamente religiosos, os reféns estavam sentados separadamente — garotos ao longo das paredes e garotas no centro —, e as garotas sofreram o maior impacto. Nos trinta segundos antes que a Sayeret conseguisse matar os terroristas, 22 crianças, sendo dezoito meninas, quatro adultos e um soldado foram mortos. Sessenta e oito pessoas ficaram feridas, incluindo todos os reféns sobreviventes.

Foi um final sombrio para a carreira política de Meir. Em 3 de junho de 1974, ela foi substituída por Yitzhak Rabin, o chefe do Estado-Maior da Guerra dos Seis Dias e ex-embaixador de Israel nos Estados Unidos. Rabin tinha 52 anos e era o mais jovem primeiro-ministro até então, além de o primeiro sabra a ocupar o cargo. Também era fundamentalmente diferente de Meir pelo fato de que, enquanto ela evitara quase inteiramente interferir nas recomendações de seus conselheiros militares e de inteligência, Rabin se envolvia nos menores detalhes de todas as operações militares e de contraterrorismo.

E haveria muitas delas.

O ataque de Maalot foi o início de uma nova rodada de terrorismo, em mais uma reverberação da Operação Primavera da Juventude.

A OLP sofrera várias mudanças organizacionais e estruturais após a morte de seus três líderes em Beirute. O Mossad acreditava que a operação tivera um efeito assustador. "Ela instilou grande medo neles", disse Shimshon Yitzhaki.[12]

"Aquilo os obrigou a fugir e se esconder", acrescentou Harari. "Conseguimos perturbá-los. Não era à toa que Arafat não dormia duas noites na mesma cama."[13]

Em contrapartida, a Primavera da Juventude também fortalecera Abu Jihad.[14] A maioria de seus rivais internos estava fora do caminho, graças aos esforços de Israel. Após a Primavera da Juventude, Arafat e Abu Jihad decidiram encerrar as atividades do Setembro Negro e interromper os ataques a alvos fora de Israel e dos territórios ocupados. Alguns jornalistas e historiadores, incluindo palestinos proeminentes, acreditam que fizeram isso porque perceberam que atos de terrorismo contra israelenses ou judeus em países ocidentais terminariam mais prejudicando do que ajudando a causa palestina. Indubitavelmente também perceberam que, no momento em que cometiam atos de terrorismo na Europa, concediam legitimidade às operações de assassinato seletivo de Israel contra sua própria gente naquele continente, tornando muito alto o preço de cada ataque terrorista.

Outros creditam o fato de que a OLP obteve reconhecimento internacional em 1974, quando Arafat foi convidado a se dirigir à Assembleia Geral da ONU. A verdade provavelmente está em algum meio-termo.

De qualquer modo, como líder do Supremo Conselho Militar da OLP, Abu Jihad ordenou que todos os ataques terroristas fossem realizados no interior "da pátria ocupada". Os militantes entravam no país através dos portos e aeroportos da Europa, atravessavam a fronteira da Jordânia ou, como os três terroristas que atacaram Maalot, partiam do Líbano.

O ataque de Maalot, orquestrado pela FDLP, refletiu a estratégia de Abu Jihad. Foi o mais letal realizado por palestinos desde Munique e o pior em território israelense. Mas não foi o último, apenas uma indicação do que estava por vir.

Por volta das 23 horas de 5 de março de 1975, oito homens de Abu Jihad entraram em águas israelenses em uma embarcação disfarçada de navio mercante egípcio. Na escuridão de uma noite sem lua, os terroristas embarcaram em um bote inflável e chegaram a uma praia em Tel Aviv. Eles caminharam pela areia na direção da rua e cobriram a esplanada Herbert Samuel de tiros automáticos.

Seu navio parecia egípcio porque os terroristas queriam sabotar a futura visita à região do secretário de Estado Henry Kissinger, que não desistira das tentativas de promover a paz entre Israel e o Egito.

Os terroristas tomaram o hotel Savoy, um estabelecimento de preços populares a um quarteirão da praia. Os homens entraram na recepção, mataram o recepcionista e arrebanharam todos os hóspedes que encontraram em um único quarto.

Foi "a primeira vez que terroristas conseguiram introduzir um esquadrão no coração do país", como disse um relatório militar secreto sobre o incidente.[15] Os terroristas estavam tão perto do complexo Kirya, no antigo bairro templário onde as unidades militares e de inteligência de Israel estavam baseadas, que a bala perdida de um AK-47 atravessou uma janela e aterrissou em uma sala de reuniões onde os principais comandantes das FDI conversavam.[16]

Dentro do Savoy, os oito terroristas, armados com rifles de assalto AK-47 e lançadores de granada, dispuseram vários dispositivos explosivos em torno do quarto onde os onze reféns eram mantidos. (Mais oito civis se escondiam em outra parte do hotel.) Eles ameaçaram matar todo mundo a menos que vinte prisioneiros palestinos fossem libertados em quatro horas.

Além disso, embora quase dois anos tivessem se passado, os palestinos anunciaram que seu ataque era uma retaliação pela Operação Primavera da Juventude.

As negociações continuaram durante a noite, conduzidas por um dos hóspedes, uma habilidosa jovem falante de árabe chamada Kochava Levy, que forneceu aos israelenses muitas informações valiosas sobre o que estava acontecendo no interior do hotel. Ela também persuadiu os terroristas a permitirem que ela retirasse do hotel um turista alemão gravemente ferido, que perdera a perna nas trocas de tiro e estava deitado na recepção. Embora pudesse ter permanecido do lado de fora, ela corajosamente retornou para ajudar com as negociações.

Mas Israel jamais teve qualquer intenção de libertar os prisioneiros palestinos. Em vez disso, enquanto um negociador israelense ganhava tempo, uma força da Sayeret Matkal planejava uma operação de resgate. Às 5h16, 44 comandos invadiram o hotel. Eles mataram sete terroristas e, mais tarde, capturaram o oitavo. Mas somente onze reféns foram resgatados. Oito civis foram mortos quando os terroristas perceberam que estavam sob ataque e detonaram as cargas. Três soldados também morreram, incluindo um oficial do Estado-Maior que já fora comandante da unidade e a seguira até o hotel.

Isso foi visto como outro fracasso significativo em um ciclo aparentemente interminável. "Foi uma época terrível", disse Omer Bar-Lev, um soldado da Sayeret Matkal que participou do ataque ao hotel e subiu na hierarquia da unidade até se tornar comandante. "A cada poucas semanas, saíamos correndo no meio da noite e éramos colocados em um helicóptero, para ir à cena de outro ataque. Você sabia que, nas poucas horas até a madrugada, tinha de eliminar o problema. Embora tudo estivesse acontecendo no interior de Israel, a natureza das operações era diferente daquilo a que a unidade estava acostumada: toda a iniciativa, todo o elemento-surpresa e todo o planejamento estavam do outro lado. Era terrivelmente assustador."[17]

Com a sequência inabalável de ataques, estava claro que Israel precisava redobrar os esforços para eliminar a liderança da OLP. Mas, mesmo quando a Baioneta funcionava com força total, o Mossad achara difícil operar em países-alvo como o Líbano, onde viviam os líderes da organização terrorista palestina. Além disso, as precauções de segurança haviam se estreitado consideravelmente após a Operação Primavera da Juventude. Usar agentes do Mossad para eliminar a liderança da OLP passou a ser visto como impraticável, senão impossível.

Em vez disso, Israel se voltou para a Força Aérea. Em meados de agosto de 1975, um infiltrado do Mossad no Fatah relatou que a OLP planejava um comício no estádio Al-Madina al-Riyadiyyah, no sul de Beirute, em 1º de outubro, e que uma hora antes do comício toda a liderança do Fatah se reuniria em um escritório próximo.[18] Isso foi visto como oportunidade ideal para se livrar de Yasser Arafat, Khalil al-Wazir (Abu Jihad), Farouk Kaddoumi, Hani al-Hassan, Wadie Haddad e muitos outros oficiais importantes, todos ao mesmo tempo. O primeiro-ministro Yitzhak Rabin ordenou que um plano fosse esboçado imediatamente.

Embora os chefes do Estado-Maior e da Força Aérea fossem favoráveis ao ataque, o líder da Aman, general Shlomo Gazit, opôs-se vigorosamente. "Eu disse ao ministro da Defesa Shimon Peres que não deveríamos nos envolver em algo tão aberto. Eu queria combater o terrorismo com todas as forças, mas somente em operações clandestinas que não deixassem um cartão de visitas. Alguns israelenses não se envergonhavam dos assassinatos seletivos. Minha atitude era oposta. Eu me envergonhava. Ficava quieto e não me gabava deles."[19]

Suas objeções foram ignoradas e o planejamento começou.[20] O major Aviem Sella, então um astro em ascensão na Força Aérea, foi indicado para coordenar a operação. Oito aeronaves de ataque A-4 Skyhawk e um caça-bombardeiro F-4 Phantom deveriam participar. Helicópteros foram preparados para o caso de qualquer piloto ser abatido ou cair e precisar ser resgatado. Tudo ia de acordo com o plano.

Então, na manhã da operação, chegou o boletim do tempo. A previsão era de nuvens pesadas sobre Beirute. Como as bombas israelenses daquela época não possuíam dispositivos de orientação precisos e adequados a qualquer clima, não havia como garantir que acertariam o alvo. "Mas era tão tentador, algo que só faríamos uma vez na vida", disse o major Sella. "E todos aqueles vastos preparativos [...]. Grande parte da Força Aérea estava pronta para agir. Decidimos tentar. Eu disse a Benny [Peled, comandante da Força Aérea]: 'Vamos lá, vamos arriscar. Envie os aviões e talvez aconteça um milagre.'"

Os pilotos decolaram, esperando que os céus clareassem. Os céus não obedeceram e nuvens ainda cobriam Beirute quando chegaram à cidade.

Mas Sella "não levou em conta a motivação dos pilotos", como reconheceu mais tarde. Haviam recebido ordens para não lançar as bombas se não pudessem ver o alvo, mas isso ainda lhes dava amplo espaço de manobra. Conheciam a natureza do alvo e sabiam quão importante era para Israel que os líderes da OLP fossem eliminados.

Os pilotos mergulharam sob a cobertura de nuvens, chegando a uma altitude mais baixa que a permitida pelas ordens. Quando viram que estavam sobre o alvo, lançaram as bombas, que continham um mecanismo de armação operado por um cabo conectado à aeronave. Mas, como estavam voando mais baixo do que deveriam, os detonadores permaneceram desarmados e as bombas caíram no chão e nos tetos dos edifícios sem explodir, "como um monte de ovos abandonados", nas palavras de Sella.

Somente o motorista de Abu Jihad foi morto durante o ataque aéreo, esmagado por uma das bombas não detonadas. No dia seguinte, um jornal de Beirute publicou uma charge mostrando um menino palestino urinando sobre uma bomba israelense. Abu Jihad ordenou uma investigação para descobrir quem vazara a informação sobre o comício. Três meses depois, outro agente do Mossad foi exposto e executado.

Enquanto o Fatah concentrava as atividades terroristas em Israel, a Frente Popular pela Libertação da Palestina manteve os ataques letais contra alvos judeus e israelenses no exterior, particularmente na Europa.[21] A FPLP bombardeou sinagogas, missões diplomáticas israelenses e escritórios da El Al.

Seus militantes sequestraram aviões voando para Israel, uma técnica na qual haviam se tornado bastante habilidosos.

George Habash ainda era líder da FPLP, mas a mente operacional mais brilhante da operação pertencia a seu vice, Wadie Haddad.

"Ele tinha um talento excepcional para transportar clandestinamente os explosivos até o local do ataque e escondê-los por lá", disse Ilan Mizrahi, que controlava agentes no interior da organização de Haddad.[22] "Ele preferia operações de qualidade, às vezes muito distantes no futuro, após cuidadoso planejamento", acrescentou Shimshon Yitzhaki, o chefe de contraterrorismo do Mossad. "O treinamento que fornecia a seus homens em uma base no Iêmen do Sul era de qualidade muito superior ao que estávamos acostumados."[23]

Outros também admiravam o profissionalismo de Haddad. O KGB, que deu a ele o codinome Nacionalista, concedeu-lhe generosa assistência a fim de "chegar a alguns de seus próprios objetivos através das atividades da FPLP, sempre mantendo o segredo necessário", como o líder da agência, Yuri Andropov, escreveu ao líder soviético Leonid Brejnev em 1969.[24] Haddad eliminou desertores soviéticos e atacou alvos conectados à CIA e, em retorno, recebeu financiamento, treinamento, armamentos avançados e informações do KGB e da Stasi.

Ele era independente e resoluto.[25] Quando Habash anunciou internamente que pensava em obedecer, mesmo que "apenas temporariamente", ao pedido de Arafat para que todos os atos terroristas fora do Oriente Médio fossem suspensos, Haddad declarou que Habash podia fazer o que quisesse, mas ele e seus homens seguiriam seu próprio caminho.

Durante muitos e longos anos, Haddad planejara um grande ataque, capaz de chocar o mundo. Ele investiu muito tempo no planejamento e na coleta de informações, mas sempre adiava a realização, por causa de vários problemas operacionais. Um dos desafios mais difíceis era que precisava de agentes que parecessem europeus. Em meados de 1975, surgiu uma solução.

A OLP tinha excelentes ligações com várias organizações militantes de extrema esquerda na Europa e até criara campos de treinamento para elas no Líbano e no Iêmen do Sul, que mantinham estreitas relações com a União Soviética e assumiam uma linha anti-israelense extremada.[26]

Haddad se dava especialmente bem com a Fração do Exército Vermelho (RAF) da Alemanha Ocidental, também conhecida como grupo Baader-

-Meinhof.[27] Seus membros esposavam uma ideologia anarquista-marxista e praticavam táticas de guerrilha urbana contra a polícia e as grandes empresas alemãs. Viam Israel, com sua opressão dos palestinos, como outra frente de guerra contra os males do imperialismo.

Dois membros de um grupo filiado à RAF, Thomas Reuter e Brigitte Schulz, fugiram da Alemanha e foram para um campo de treinamento da FPLP perto de Aden, onde se uniram a seus camaradas da RAF. Eram os ocidentais de que Haddad precisava.

Três homens da FPLP receberam ordens de esperar do lado de fora do aeroporto de Nairóbi, no Quênia, por um avião da El Al, enquanto os dois alemães observavam o balcão da companhia no terminal para determinar o horário exato de chegada do voo e alertar o esquadrão do lado de fora.[28]

Assim que o avião passasse sobre eles, os homens da FPLP deviam derrubá-lo com mísseis Strela SAM 7 lançados do ombro.

Nos dois meses anteriores à operação, os homens praticaram com os Strela e estudaram esquemas do aeroporto de Nairóbi feitos por agentes da FPLP que haviam realizado o reconhecimento preliminar.[29] Juntos, identificaram uma área ligeiramente a oeste do aeroporto, cheia de árvores altas e cactos, entre a rodovia Mombasa e a cerca do Parque Nacional de Nairóbi. Desse local, havia uma clara linha de visão da pista do aeroporto.

Uma semana antes da operação, dois Strela fornecidos a Haddad pelo KGB foram contrabandeados para o Quênia. Nove dias antes, os oito membros do esquadrão haviam entrado separadamente no país com passaportes falsos e se registrado em um hotel do centro.

Tudo estava pronto para o ataque, mas o Mossad soubera do complô através do agente Tristeza, da Interseção.

Houve uma discussão na agência, com o líder da Interseção, Shmuel Goren, querendo mais do que tudo proteger Tristeza e temendo que, se o Mossad revelasse os detalhes do ataque às autoridades quenianas e ajudasse a evitá-lo, o grupo de Haddad perceberia que o Mossad tinha um agente com acesso a seus segredos.[30] Isso poderia ser o fim de Tristeza. Goren propôs atrapalhar o complô usando "trabalho hebraico" — ou seja, assassinatos seletivos levados a cabo pela Baioneta —, "sem avisar os locais."

Do outro lado, o chefe da divisão de relações exteriores do Mossad, Nahum Admoni, que era havia muito o encarregado das operações da agência na África e conhecia bem o presidente Jomo Kenyatta e seus chefes de inteligência, se opôs vigorosamente a tal ação sob o nariz dos "locais".

Também havia considerações operacionais: a Baioneta tentava se reorganizar após o desastroso caso Lillehammer e "sentimos que lidar com várias pessoas simultaneamente enquanto elas tinham mísseis nas mãos seria complicado demais", disse o ex-oficial do Mossad Eliezer Tsafrir.[31]

Yitzhak Hofi, um ex-general que em 1974 assumira a diretoria do Mossad após Zamir, estava visitando sua contraparte na CIA em Langley e foi informado dos desenvolvimentos. Ele enviou uma mensagem codificada a Rabin com sua recomendação: colaborar com as autoridades quenianas e não empregar a Baioneta.

"O princípio não mudara: se alguém matasse um judeu, seu sangue estaria em suas próprias mãos", disse Yitzhaki. "Mas é impossível eliminar pessoas todos os dias. O assassinato seletivo representa um risco severo para nossa gente e pode prejudicar as relações com o país onde o realizamos; nesse caso, o Quênia. Nas operações, a regra é não fazer coisas desnecessárias. Você tem um alvo; execute uma operação limpa. Esqueça todo o resto. Nosso objetivo supremo era garantir que nada aconteceria ao avião da El Al e, ao mesmo tempo, proteger a segurança de nossa fonte tanto quanto possível."[32]

Assim, em vez de tentar matar o esquadrão terrorista, os israelenses pediram a ajuda das forças de segurança quenianas.[33] Na sexta-feira, 23 de janeiro de 1976, tarde da noite, uma equipe de dezessete israelenses decolou da Base 27 da Força Aérea de Israel com destino a Nairóbi.[34] A operação recebeu o codinome Azia. "Havia muita ansiedade", lembrou Tsafrir, que estava na equipe a bordo do avião. "Tantas vidas em jogo, dependendo do sucesso da operação."[35]

Assim que a equipe de israelenses pousou, Admoni se reuniu com os oficiais da agência queniana de inteligência e os avisou sobre o ataque iminente. Os quenianos ficaram chocados. O presidente Kenyatta ficou particularmente furioso quando percebeu que a Somália estava envolvida. Os quenianos concordaram em cooperar e ficaram muito satisfeitos com o fato de o Mossad não estar agindo sem informá-los. Insistiram em conhecer a identidade das fontes do Mossad, a fim de se assegurar de que estavam agindo com base em uma informação confiável, mas Admoni polidamente se recusou.

Uma equipe mista do Mossad e do Quênia rapidamente localizou os alemães e os palestinos e os colocou sob vigilância.[36] Eles também localizaram o micro-ônibus branco, placa KPR338, no qual os mísseis haviam sido guardados. Mais tarde, a equipe seguiu os três palestinos quando eles inspecionaram o local de lançamento.

Em 25 de janeiro, o voo LY512 da El Al deveria decolar de Joanesburgo com destino a Tel Aviv.[37] O avião, um Boeing 707 com 150 pessoas a bordo, faria uma escala em Nairóbi às 17 horas. Pouco antes, os três palestinos e os dois alemães saíram no ônibus branco e outro veículo alugado. Sua primeira parada foi para deixar os alemães no terminal. Então saíram do aeroporto e entraram na estrada principal, antes de virar à direita em uma rua de terra, na direção do local de lançamento planejado. Mas, antes que pudessem chegar a ele, agentes do serviço secreto queniano atacaram o grupo; logo depois, prenderam os dois alemães perto do balcão da El Al no terminal. Os cinco se renderam sem reagir.

Até então, os quenianos haviam cooperado completamente com os israelenses, mas não queriam que nada viesse a público, temendo a pesada pressão árabe que enfrentariam nos fóruns da África e do Terceiro Mundo.[38] Eles sugeriram duas soluções: "Podemos levá-los para o deserto e servi-los como almoço para as hienas" ou os israelenses podiam ficar com eles, desde que jamais revelassem que os prisioneiros estavam em suas mãos.

Os israelenses esperavam extrair dos prisioneiros mais informações sobre Haddad e suas atividades e, portanto, escolheram a segunda opção: "desaparecer" com os terroristas, levando-os para Israel, onde seriam mantidos em isolamento sob condições extremas e então julgados em segredo. Essa talvez tenha sido a primeira vez que o Ocidente se envolveu em uma atividade que, após o 11 de Setembro, a CIA chamaria de *rendition*: a transferência clandestina, não documentada e extrajudicial, de suspeitos de um país para outro.

Interrogadores da Unidade 504 da Aman e o oficial médico da unidade voaram para Nairóbi. Os cinco prisioneiros foram amarrados a macas e sedados antes do voo de seis horas até Israel.

Enquanto isso, em Tel Aviv, alguns reconsideravam a sabedoria de levar prisioneiros para solo israelense. O general Rehavam Zeevi, conselheiro de contraterrorismo e inteligência do primeiro-ministro, propôs uma alternativa a Yitzhak Rabin: "Vamos jogar essas cinco almas virtuosas no mar Vermelho e nos livrar do problema", disse ele. "Os quenianos se manterão em silêncio sobre toda a história. Ninguém sabe que eles foram capturados. Temos a informação de que Wadie Haddad prometeu que, se fossem capturados, ele sequestraria um avião para obter sua libertação. Se os trouxermos para Israel de maneira pública, isso somente dará início a outra onda de terrorismo contra nós. Vamos acabar com isso agora."

Rabin olhou para Zeevi e ficou em silêncio durante muito tempo. Então mandou que um assistente convocasse uma reunião urgente do fórum do gabinete sobre assassinatos seletivos.

"O que vocês acham?", perguntou Rabin aos ministros reunidos depois que eles ouviram a proposta de Zeevi. Todos concordaram que levar os cinco prisioneiros para Israel colocaria em perigo viajantes israelenses em todo o mundo. Haddad era um sequestrador experiente que faria tudo que pudesse para libertar seus homens. Rabin concordou com essa avaliação, mas, mesmo assim, recusou-se a assinar a execução dos prisioneiros sedados, "a menos que o procurador-geral também concordasse", disse ele. "Chamem Aharon aqui."[39]

Aharon Barak, que mais tarde se tornaria presidente da Suprema Corte de Israel e o mais renomado jurista do país, ouviu em silêncio a descrição da operação secreta e a proposta de jogar os perpetradores no mar. "Terminou?", perguntou ele a Zeevi quando a exposição chegou ao fim. "Ótimo, porque acho que você enlouqueceu. Você quer matar dois cidadãos alemães que estão amarrados e sedados em um avião militar de Israel. Não posso aprovar isso em nenhuma circunstância."[40]

Os três palestinos e os dois alemães aterrissaram em segurança em Israel e foram levados à instalação secreta de interrogatórios da Unidade 504, em uma base de codinome Espreita, a sudeste de Tel Aviv. Foram colocados em celas escuras de paredes nuas, recebendo doses de sedativos o tempo todo. Quando começaram a acordar, nas palavras do líder da divisão de interrogatórios do Shin Bet, Arieh Hadar: "Decidimos brincar de fantasmas com eles. Colocamos máscaras e começamos a gemer quando eles acordavam, como se tivessem morrido e estivessem no mundo após a morte."[41]

Os israelenses estavam ansiosos para descobrir o máximo que pudessem sobre a estrutura e os métodos da FPLP e, talvez, algo sobre onde Wadie Haddad podia ser encontrado.

O principal interrogador da 504, Y., um oficial com patente de tenente-coronel que usava o solidéu de um judeu ortodoxo e era conhecido por ser politicamente de direita, foi encarregado dos três palestinos.⁴² Y. era o homem que dirigia os treinamentos de prisioneiros de guerra das forças de operações especiais das FDI, simulando árduas condições de cativeiro e tortura. Logo antes da chegada dos cinco de Nairóbi, ele causara dano permanente à medula espinhal de um agente da Sayeret Matkal ao atingi-lo com um bastão. Alguns meses antes disso, um dos palestinos que interrogava desmaiara e fora levado às pressas para o hospital, onde morrera.

"Y. não o matou. Ele não o matou. O homem morreu", disse Yigal Simon, comandante da 504 na época. "Foi um longo interrogatório. Muito longo. Ele foi espancado, mas ficou estabelecido que sua morte não estava conectada a isso. A autópsia comprovou."⁴³

Quando os três agentes árabes foram trazidos do Quênia, Y. "trabalhou neles muito duramente", de acordo com um agente do Shin Bet. Um deles ficou gravemente ferido e foi hospitalizado, mas se recuperou.

Os prisioneiros alemães gozaram de tratamento completamente diferente e foram interrogados pelo pessoal do Shin Bet. O chefe da Aman, general Shlomo Gazit, visitou a instalação de interrogatórios. "A dama [Schulz] causou grande impressão", disse ele. "Uma mulher muito forte, controlando a si mesma e a seu ambiente com mão de ferro. O cara era um chato."⁴⁴

No fim, Hadar, que conduzia o interrogatório de modo discreto e ardiloso, conquistou Schulz com sua fala macia e sua aparência inofensiva.

Os dois alemães confessaram, declararam-se culpados e forneceram informações sobre Haddad. "Eles nos contaram muita coisa, incluindo planos para futuros ataques terroristas", disse Hadar. "O tempo todo a mulher do Mossad [a intérprete] ficou sentada lá, dizendo em hebraico: 'Queria matá-la.' Antes de nos separarmos, peguei a mão de Schulz e perguntei: 'Brigitte, digamos que um dia você volte para a Alemanha e seus amigos digam que você precisa matar Harry', o nome pelo qual ela me conhecia. 'O que você faria?' Ela respondeu sem hesitar: 'Não conseguiria matá-lo, Harry. Não após tudo o que você fez por mim.' Fiquei satisfeito. Achei que talvez ao menos algo nela tivesse mudado para melhor. Mas então ela acrescentou: 'Eu pediria a alguma outra pessoa para atirar em você.'"⁴⁵

*

Em 27 de junho de 1976, seis meses depois de o ataque no Quênia ter sido evitado, Rabin e seu gabinete fizeram uma reunião no escritório do primeiro-ministro, no complexo de Kirya-Sarona, em Tel Aviv.

Os ministros discutiam a proposta do ministro da Defesa Shimon Peres de aumentar o pagamento dos soldados das FDI quando, às 13h45, o secretário militar entrou na sala e entregou uma nota a Rabin. Seu rosto ficou subitamente sério. Ele limpou a garganta para chamar a atenção de todos. "Antes de continuarmos, tenho um anúncio a fazer", disse ele. "Um avião da Air France que decolou de Lida às 9h50 perdeu contato com a torre de controle. Aparentemente, foi sequestrado e está voando na direção contrária. Há 83 israelenses a bordo."[46]

O assessor militar, Efraim Poran, disse a Rabin que as agências de inteligência ainda não sabiam quem era o autor do sequestro e prometeu que o manteria atualizado conforme chegassem mais informações.

Aquele foi um momento, confessou Rabin mais tarde a um associado, no qual ele lamentou não ter dado a ordem para jogar os cinco de Nairóbi no mar.

"Esqueça", disse Rabin a Poran. "Eu sei quem é. É Wadie Haddad."

Havia quatro sequestradores: dois da FPLP e dois extremistas de esquerda alemães.[47] Eles haviam embarcado no avião com destino a Paris durante uma escala em Atenas e, após a decolagem, se levantado, sacado as armas e invadido a cabine, ordenando que o piloto voasse primeiro para Bengasi, a fim de reabastecer e pegar mais três terroristas, e então para Entebbe, em Uganda.

Wadie Haddad provara mais uma vez que era o melhor estrategista do mundo terrorista. Aprendera com os próprios erros e com os erros alheios e produzira uma operação de larga escala baseada em informações acuradas, preparativos meticulosos e coordenação com ao menos dois déspotas: Muammar Gaddafi, da Líbia, e Idi Amin, de Uganda, que ofereceram assistência logística e asilo aos sequestradores, bem longe do alcance israelense.

Amin, ex-boxeador e sargento do Exército britânico, tomara o controle de Uganda com a ajuda do Mossad e do ministro da Defesa israelense, que mantinham laços secretos com o país.[48] Em troca de propinas que Amin recebera em malas com fundos duplos, ele concedera a Israel grandes contratos civis e militares e dera ao Mossad livre trânsito em Uganda.

Mas sua sede de sangue e sua crueldade só eram superadas por seu desejo por dinheiro e, em 1972, quando Gaddafi começou a oferecer propinas maiores do que as de Israel, ele expulsou seus representantes e se tornou seu inimigo jurado. Concordou em receber os sequestradores e os reféns em Entebbe, a 3.540 quilômetros de Israel.

Haddad achava que Israel não teria alternativa senão negociar.[49] Em Entebbe, seus agentes liberaram os 209 passageiros que não eram israelenses nem judeus e os vinte tripulantes da Air France, embora a tripulação, em um corajoso ato de solidariedade, tenha insistido em permanecer com os 83 israelenses e 8 judeus não israelenses a bordo do avião. Os sequestradores então exigiram a libertação de 53 "combatentes da liberdade" em troca dos reféns israelenses e judeus.[50] Essa exigência chegou por meio de Idi Amin, que pessoalmente fez contato telefônico com Israel. A lista de "combatentes pela liberdade" incluía o arcebispo Hilarion Capucci, um homem do clero que usara seu status diplomático para contrabandear um grande carregamento de armas em seu sedã Mercedes para as células do Fatah em Jerusalém; Kozo Okamoto, um dos perpetradores do massacre de 1972 no aeroporto de Lida; e os cinco terroristas da missão em Nairóbi, que Haddad tinha certeza de que estavam no Quênia ou em mãos israelenses.

Foi um tumulto no Mossad. Havia muitos que lamentavam que os cinco de Nairóbi não tivessem sido jogados no mar. Em uma reunião do comando, Tsafrir disse: "Eles querem os cinco? Com prazer. Vamos levá-los até Uganda e jogá-los do avião sobre o telhado do terminal, para que Haddad perceba que isso é tudo que terá de nós."[51]

Nesse meio-tempo, as FDI planejavam uma operação de resgate envolvendo uma grande força que desembarcaria na área do lago Vitória e assumiria o controle de todo o aeroporto e de uma larga área ao redor. Rabin ouviu o plano, ficando mais furioso a cada minuto.

"No tempo que levaremos para assumir o controle de toda a área, os sequestradores massacrarão os reféns e Idi Amin trará reforços", esbravejou ele.

"Rabin disse às FDI que queria um plano no qual não mais que 3 minutos se passassem entre o desembarque das forças e o início da operação de resgate", disse o diretor-geral do gabinete do primeiro-ministro, Amos Eiran.[52] Mas, daquela distância, sem qualquer informação, essa parecia uma exigência impossível.

Sem qualquer alternativa viável, Rabin estava inclinado a concordar com as exigências dos sequestradores. Embora odiasse a ideia, não via outra maneira de salvar mais de cem vidas inocentes. Mas essa ação significaria uma brecha na férrea lei estabelecida por Golda Meir e aceita desde então como política de Israel: sem negociação com os terroristas. O diretor do Shin Bet, Avraham Ahituv, exigiu que, se realmente não houvesse outra maneira, no mínimo nenhum prisioneiro "com sangue nas mãos" — uma frase que desde então foi repetida em situações similares — fosse trocado por reféns. Em outras palavras, somente funcionários desimportantes da OLP, que não haviam se envolvido diretamente no derramamento de sangue judeu, seriam considerados para libertação. "Qualquer um que tenha matado um judeu", disse Ahituv, "deve ser eliminado ou morrer em uma cela israelense após ser sentenciado à prisão perpétua."[53]

O debate continuou durante quatro dias. Manifestações de familiares dos reféns irrompiam nos portões de Kirya, podendo ser ouvidas do gabinete de Rabin. A filha do diretor do principal reator nuclear de Israel era uma das reféns. Ele tinha acesso a Rabin e fez muita pressão para chegar a um compromisso com os terroristas.

Como se isso não bastasse, Rabin recebeu um relatório secreto do Gabinete de Censura Militar afirmando que impedira a publicação, em um jornal israelense, de uma matéria que incluía todos os detalhes da Operação Azia. Ahituv informou a Rabin que ordenara que o telefone do repórter fosse grampeado, mas ainda não conseguira determinar a fonte do vazamento. Rabin ficou furioso. "Estou realmente chocado [...] [que] seja impossível neste país capturar um correspondente militar, prendê-lo e interrogá-lo sobre onde conseguiu isso [...]. Isso [o vazamento de informações] será um desastre para nós."[54]

Rabin sabia que quebrar a promessa que Israel fizera a Kenyatta — manter total segredo sobre os cinco de Nairóbi — levaria a uma crise nas relações com o Quênia. Ainda mais importante, revelações sobre o caso poderiam retratar Israel, que agora pedia o apoio do mundo contra os sequestradores, como Estado pirata empregando métodos similares aos dos terroristas. Em contrapartida, como Israel podia negociar com os terroristas quando tanto ele quanto o Quênia negavam possuir qualquer conhecimento sobre sua localização?

No fim, a Cesareia chegou a uma solução que não exigia a troca de prisioneiros por reféns. Cinco anos antes, Harari decidira que precisava de um agente que pudesse se passar por piloto. Por que, exatamente? "Porque precisaremos dele algum dia" era sua resposta costumeira a quaisquer preparações sem causa imediata. Ele convenceu Zamir a fazer o investimento financeiro e um agente de codinome David passou por longo treinamento em Israel e na Europa.

Agora esse investimento daria imenso retorno.

David alugou um avião no Quênia e circulou sobre os terminais e a pista de Entebbe, tirando fotografias aéreas. Quando pousou, ele se fez passar por um caçador inglês abastado e mimado vivendo em um país da África Central que precisava da assistência da torre de controle em várias questões. Os controladores de ar ugandenses cooperaram e até mesmo beberam com ele, partilhando suas impressões sobre "a grande confusão dos últimos dias", sua expressão para a situação com reféns em um terminal próximo.[55]

Doze horas depois, quando Harari apresentou o detalhado relatório de David e as centenas de fotos que tirara a Rabin, o rosto do primeiro-ministro se iluminou. "Era exatamente disso que eu precisava", disse ele. "Essas são as informações para a operação." Especialmente importantes para Rabin foram as fotografias dos soldados ugandenses no terminal, que tomou como prova de que os homens de Wadie Haddad não haviam instalado minas no prédio. "Idi Amin não teria permitido que seus homens estivessem lá", disse ele. Também estava claro nas fotografias que a força ugandense protegendo o terminal era muito pequena.

A Sayeret Matkal apresentou um plano ousado e original: um pequeno contingente aterrissaria na escuridão em uma aeronave de transporte militar C-130 Hercules, usando as luzes da pista que seriam acesas para o pouso de um avião de carga. A força desembarcaria e viajaria na direção do terminal em vários veículos seguindo atrás de uma Mercedes preta similar à usada por Idi Amin, a fim de confundir os guardas ugandenses. Perto do terminal, a força desceria dos veículos e invadiria o prédio a partir de vários pontos diferentes, tirando vantagem da surpresa e da confusão para eliminar os terroristas. Tudo isso supostamente seria realizado em menos de 2 minutos. Mais forças das FDI aterrissariam imediatamente depois e lidariam com a torre de controle, os soldados e os caças da Força Aérea ugandense, a fim de que não conseguissem perseguir os aviões israelenses quando decolassem com os reféns e os soldados a bordo. Kenyatta concordou em permitir que aeronaves israelenses pousassem em Nairóbi para reabastecer no caminho de volta.

O ministro da Defesa Shimon Peres achava que o plano podia dar certo e pressionou Rabin. Em 3 de julho, o primeiro-ministro deu luz verde para o ataque.[56]

Os comandantes da operação perguntaram o que fazer se encontrassem o próprio Amin. "Se ele interferir, as ordens são para matá-lo", disse Rabin. A que o ministro do Exterior, Yigal Allon, acrescentou: "Mesmo que não interfira."

A força-tarefa israelense partiu para a missão em quatro aviões. Cada soldado recebeu um mapa de Uganda e dólares americanos, no caso de se separar do grupo e precisar fugir sozinho. "Mas estava claro para nós que isso era apenas conversa e, na verdade, aquela era uma operação sem plano de fuga. Se algo desse errado, estaríamos presos lá e teríamos de lutar até a morte", disse Yiftach Reicher, o vice de Yonatan Netanyahu, irmão de Benjamin e agora comandante da Sayeret Matkal.

O primeiro Hercules aterrissou como planejado. Reicher, que estava em um dos Land Rovers seguindo a Mercedes preta, lembrou da cena: "O silêncio e a escuridão eram totais no imenso e deserto aeroporto. Grandes pistas sem ninguém se movendo nelas. Pensei comigo mesmo: 'Minha nossa, que lugar assustador.'"[57]

O elemento-surpresa quase foi perdido quando a força encontrou dois guardas ugandenses.[58] Netanyahu decidiu que eles constituíam um perigo e abriu fogo com uma pistola com silenciador. Os soldados não foram mortos pelos tiros e o homem sentado ao lado de Netanyahu, achando que ainda eram perigosos, atirou neles com um rifle sem silenciador.

O som do rifle atraiu outros soldados ugandenses para a área e o tiroteio começou.[59] Os veículos israelenses chegaram ao terminal e o ataque teve início, mas Netanyahu foi atingido e, mais tarde, morreu em função dos ferimentos. Todavia, os terroristas foram pegos de surpresa quando a equipe de assalto, liderada por Muki Bester, invadiu o terminal, e ele matou todos eles antes que pudessem se organizar. A força de Reicher invadiu o prédio ao lado, guardado por soldados ugandenses, e também os matou. Outro destacamento invadiu a torre de controle. Outro ainda destruiu oito caças MiG da Força Aérea ugandense que estavam parados na pista.

Todos os oito sequestradores foram mortos. Três dos reféns, pegos no fogo cruzado, também morreram. Outro refém, uma israelense idosa que fora levada ao hospital na noite anterior, foi assassinada por ordem de Amin, em retaliação pelo ataque.

Mas cem pessoas foram resgatadas e Israel não fez concessões. A operação se tornou um modelo de como lidar com situações com reféns: nenhuma negociação e nenhum acordo com os terroristas, mas a disposição inabalável de fazer esforços extraordinários e mesmo arriscar vidas a fim de libertar os reféns.

Mas, embora o ataque a Entebbe tenha sido uma vitória tática significativa, o homem que ordenou o sequestro — o homem cuja ordem de execução Golda Meir assinara mais de seis anos antes, o terrorista que ficara apenas ligeiramente ferido com uma barragem de RPGs lançados pela janela de seu escritório em Beirute, o zelote que sobrevivera a uma bomba lançada sobre o estádio de Beirute em 1974, que estava no primeiro lugar da lista de Israel e era alvo de vários planos de assassinato — ainda estava vivo e à solta.[60]

Rabin disse ao Mossad para não poupar despesas. Wadie Haddad tinha de morrer.

13

MORTE NA PASTA DE DENTES

Em maio de 1977, o Partido Trabalhista de Israel, que governara o país desde sua criação em 1948, perdeu a eleição nacional pela primeira vez. Foi derrotado pelo Likud, um partido nacionalista de direita liderado por Menachen Begin, o antigo comandante da Irgun, a organização clandestina antibritânica. Uma combinação de vários fatores — a discriminação e a humilhação sofridas pelos imigrantes judeus de países árabes, revelações de corrupção no Partido Trabalhista, as consequências da Guerra do Yom Kippur e a habilidade do carismático Begin de tirar vantagem desses fatores e surfar uma onda de populismo — levaram a uma vitória que chocou tanto israelenses quanto observadores estrangeiros.

Begin era visto por muitos líderes estrangeiros e importantes oficiais locais como extremista e belicista. Alguns dos chefes das agências militares e de inteligência de Israel estavam convencidos de que em breve seriam substituídos por partidários do novo governo.

Mas os movimentos iniciais de Begin como primeiro-ministro surpreenderam todo mundo, internamente e no exterior. Durante uma dramática reunião de cúpula com os presidentes Jimmy Carter e Anwar Sadat em Camp David em 1978, ele concordou com um tratado de paz com o Egito que previa a total retirada de Israel da península do Sinai, conquistada em 1967. A retirada do exército, o desmantelamento dos assentados e a cessão dos campos de petróleo e dos locais turísticos encontraram amarga oposição na direita israelense. Mas Begin, arriscando a própria posição política, forçou o partido a concordar. Ele também fortaleceu enormemente a aliança de segurança com os Estados Unidos e estendeu a autoridade geral da Suprema Corte de Israel.

Internamente, não houve purga. Aliás, Begin até mesmo pediu que dois homens com fortes laços com o Partido Trabalhista — o chefe do Shin Bet, Avraham Ahituv, e o chefe do Mossad, Yitzhak Hofi — permanecessem em seus cargos. "Foi muito estranho para nós", disse Hofi.[1] O Partido Trabalhista era duro e pragmático em questões militares e de inteligência. Mas, para Begin, o exército era sagrado.

Em termos práticos, isso significava que Begin dava carta branca às agências militares e de inteligência. Ele recebera acesso muito limitado à comunidade de inteligência enquanto liderava a oposição parlamentar e teve de aprender muita coisa. Mas, mesmo após ser exposto às engrenagens, sua supervisão era no máximo superficial. "Era como se estivesse pairando a 80 mil pés acima de nós", disse o vice-chefe do Mossad, Nahum Admoni.[2]

Begin assinou sem perguntas todas as páginas vermelhas para assassinatos seletivos que o Mossad lhe apresentou. O primeiro-ministro sequer insistiu no procedimento operacional padrão de fazer com que um assessor transcrevesse as reuniões com o Mossad que aprovavam operações de sabotagem e assassinato seletivo. Isso surpreendeu Hofi. "Rabin", disse ele, "apresentava a questão a ser aprovada a uma espécie de gabinete interno. Mas assinava as operações face a face, sem um estenógrafo e sem seu assessor militar. [...]. Eu disse a ele que era importante ter essas coisas por escrito."

O único ponto de discordância entre Begin e seus chefes de inteligência era de nuances e prioridades. Em sua primeira reunião com Hofi, ele disse que queria que o Mossad iniciasse uma campanha de assassinatos seletivos de larga escala contra criminosos de guerra nazistas. Hofi contou: "Eu disse a ele: 'Primeiro-ministro, hoje o Mossad tem outras missões, relacionadas à segurança de Israel agora e no futuro, e dou prioridade ao hoje e ao amanhã sobre o ontem.' Ele entendeu, mas não gostou. No fim, decidimos que nos concentraríamos em um alvo, [Josef] Mengele, mas Begin era uma pessoa muito emotiva e ficou decepcionado."[3]

Ao mesmo tempo, entretanto, Begin entendia o ponto de vista de Hofi. "Ao contrário de outros israelenses, que viam o Holocausto como catástrofe histórica única", disse Shlomo Nakdimon, um proeminente jornalista israelense que era próximo de Begin e serviu como seu assessor de mídia enquanto ele foi primeiro-ministro, "Begin acreditava com todo o coração que a lição que o Holocausto ensinara era que o povo judeu devia se proteger em seu próprio país, a fim de evitar uma nova ameaça a sua existência."[4]

Begin comparava Yasser Arafat a Adolf Hitler e acreditava que o Estatuto Palestino, que pedia a destruição do Estado judaico, era nada menos que *Mein Kampf II*. "Nós judeus e nós sionistas, guiados pela experiência, não seguiremos o caminho adotado pelos líderes da Europa e de todo o globo nos anos 1930", disse ele em um discurso fulminante ao Knesset em 9 de julho de 1979, atacando os chanceleres da Alemanha Ocidental e da Áustria, Willy Brandt e Bruno Kreisky, por seus laços com Yasser Arafat.

"Levamos *Mein Kampf II* a sério e faremos tudo que pudermos — e, com a ajuda de Deus, seremos capazes — para evitar a realização do terror [...] prometido por aquele filho de Satã [Arafat] [...] o líder de uma organização desprezível de assassinos, de um tipo que não se vê desde os nazistas."

Desde 1974, quando os ataques terroristas na Europa foram suspensos, Arafat dava especial ênfase aos esforços políticos na arena internacional, a fim de obter reconhecimento diplomático para a OLP e se apresentar como alguém disposto a negociar com Israel.[5] A despeito das vociferantes objeções israelenses, missões diplomáticas oficiais e secretas da OLP foram abertas em todo o mundo, incluindo a Europa. No auge dessa campanha, em novembro de 1974, Arafat se apresentou perante a Assembleia Geral da ONU e fez um discurso relativamente aceito como bastante moderado.[6]

Além disso, seus esforços para parecer um defensor da solução política para o conflito israelense-palestino começaram a degelar as relações entre a OLP e os Estados Unidos. A inteligência israelense estava profundamente preocupada com a potencial reaproximação entre seu principal aliado e seu principal inimigo. Um documento de dezembro de 1974 preparado pela Aman para o então primeiro-ministro Rabin alertava que "os Estados Unidos têm interesse em adquirir máxima influência no interior da OLP, a fim de que ela não permaneça uma fortaleza exclusivamente soviética". O documento também dizia, sobre o secretário de Estado Henry Kissinger, que era considerado pró-Israel: "Não encontramos em suas palavras negação absoluta da OLP em termos de futuro."[7]

A comunidade de inteligência de Israel não foi persuadida pela diplomacia da OLP. Para a Aman, ela era nada mais que "uma estratégia de recrutamento para a liquidação de Israel". Enquanto Arafat seduzia diplomatas americanos e era brindado nas Nações Unidas, seu pessoal continuava a atacar cidadãos israelenses. "Arafat era o completo oposto de sua aparência ridícula. Era uma espécie de gênio", disse o major-general Amos Gilad, figura proeminente da inteligência militar. "Tinha dois assessores para dirigir as operações terroristas, Abu Jihad e Abu Iyad, mas, com exceção de um dos ataques, é impossível encontrar uma conexão direta com ele. É como o zelador de um zoológico que deixa um leão faminto nas ruas e então o leão come alguém. Quem é responsável? O leão? Claramente é o zelador. Abu Jihad recebia orientações em relação aos princípios e fazia o restante sozinho. Arafat não queria relatórios, não tomava parte das reuniões de planejamento e não autorizava as operações."[8]

A crescente proeminência de Arafat no palco mundial levou a um acirrado debate entre o Mossad e a Aman sobre se ele ainda era um alvo adequado para assassinato. O general de brigada Yigal Pressler, então chefe do departamento da Aman que lidava com alvos de assassinato, defendeu passionalmente que Arafat devia permanecer no topo da lista: "Ele é terrorista. Tem sangue judeu nas mãos. Ordenou que sua gente continuasse com os ataques terroristas. Tudo deve ser feito para nos livrarmos dele."[9]

O chefe de contraterrorismo do Mossad, Shimshon Yitzhaki, discordou: "Após o discurso de Arafat na ONU, ele se tornou uma figura política. É a cabeça da cobra, mas o mundo lhe deu legitimidade, e matá-lo colocará Israel em um imbróglio político desnecessário."[10]

Por fim, a última opinião prevaleceu. O nome de Arafat foi retirado da lista de alvos e o de Wadie Haddad foi colocado no topo.[11]

Durante dezoito meses após o ataque a Entebbe, Wadie Haddad viveu de modo seguro e abastado em Bagdá e Beirute.

O Mossad temia usar armas de fogo em capitais árabes como Bagdá, Damasco e Beirute porque o risco de captura era alto demais. Assim, métodos mais silenciosos de assassinato foram buscados, métodos que deixassem uma assinatura menos visível e fizessem a morte parecer natural ou acidental, resultado de uma doença ou acidente de carro. Nesses casos, mesmo que houvesse suspeita de jogo sujo, no momento em que algo pudesse ser feito os assassinos já estariam longe, ao passo que, em um ataque usando armas de fogo, ficaria imediatamente claro que os assassinos ainda estavam nas redondezas.

O Mossad decidiu explorar sua profunda penetração de inteligência na organização de Haddad e deu a tarefa de eliminá-lo à Interseção. O assassinato, usando veneno, foi designado para o agente Tristeza, que tinha alto grau de acesso a sua casa e seu escritório.

Em 10 de janeiro de 1978, Tristeza trocou a pasta de dentes de Haddad por um tubo idêntico contendo uma toxina letal, desenvolvida após intensos esforços no Instituto Israelense de Pesquisas Biológicas de Ness Ziona, a sudeste de Tel Aviv, um dos locais mais estritamente guardados de Israel.[12] Fundado em 1952, ainda é a instalação onde Israel desenvolve seus agentes defensivos e ofensivos de guerra biológica. Todas as vezes que Haddad escovava os dentes, uma quantidade mínima da toxina letal penetrava a mucosa de sua boca e entrava em sua corrente sanguínea. O acúmulo gradual em seu corpo, quando chegasse a uma massa crítica, seria fatal.

Haddad adoeceu e foi internado em um hospital governamental do Iraque.[13] Ele disse aos médicos que, em meados de janeiro, começara a sofrer fortes espasmos abdominais após as refeições. Seu apetite desapareceu e ele perdeu mais de 10 quilos.

Foi diagnosticado com hepatite e, mais tarde, um resfriado muito forte.[14] Os médicos o trataram com antibióticos agressivos, mas sua condição não melhorou. Seu cabelo começou a cair e sua febre subiu. Os médicos em Bagdá estavam perdidos. Suspeitavam que Haddad fora envenenado. Arafat instruiu um assessor a abordar a Stasi, o serviço secreto da Alemanha Oriental, e pedir ajuda.[15] Na década de 1970, a Stasi fornecia às organizações terroristas palestinas passaportes, informações, abrigos e armas. O líder da Alemanha Oriental, Erich Honecker, e outros no país viam Arafat como um verdadeiro revolucionário, assim como Fidel Castro, e estavam dispostos a ajudá-lo.

Em 19 de março de 1978, Haddad voou até o Regierungskrankenhaus, em Berlim Oriental, um prestigiado hospital que atendia membros das comunidades de inteligência e segurança. Seus auxiliares arrumaram sua mala e seus artigos pessoais, incluindo um tubo da pasta de dentes letal.

O material de inteligência que chegou ao Mossad depois que ele embarcou no avião de Bagdá para Berlim causou satisfação. "Haddad estava absolutamente acabado quando chegou à Alemanha", dizia o relatório de uma reunião de comando da Interseção. "Os especialistas do Instituto Biológico dizem que ele é um homem morto caminhando."

Ele foi internado sob o pseudônimo Ahmed Doukli, 41 anos, 1,82 metro. E de fato estava em más condições: com hemorragia em muitos locais, inclusive subcutânea, no pericárdio em torno do coração, na raiz da língua, nas amídalas, nas membranas pleurais e no interior do crânio, com grandes quantidades de sangue na urina. O funcionamento da medula óssea foi suprimido, com resultante queda na contagem de plaquetas em seu sangue. Apesar de ser tratado como paciente privilegiado, a condição de Haddad continuou a deteriorar. Os médicos militares, os melhores da Alemanha Oriental, submeteram seu paciente a todos os testes concebíveis: sangue, urina, medula óssea, raios X. Eles achavam que ele fora envenenado com veneno para rato ou algum metal pesado, talvez tálio, mas não conseguiram encontrar evidências físicas. De acordo com as informações que chegavam a Israel através de um agente na Alemanha Oriental, os gritos de dor de Haddad reverberavam pelo hospital, e os médicos lhe davam doses cada vez maiores de tranquilizantes e sedativos.

Wadie Haddad morreu em grande agonia no hospital de Berlim Oriental em 29 de março, dez dias depois de chegar.[16] Logo depois, o chefe da Stasi, Erich Mielke, recebeu um relatório completo, incluindo os resultados da autópsia realizada pelo professor Otto Prokop, da Universidade de Humboldt de Berlim Oriental, uma das autoridades mundiais em medicina forense. Ele escreveu que a causa imediata da morte fora "sangramento do cérebro e pneumonia por panmielopatia" e que, em vista dos sintomas e da pessoa em discussão, havia razões para suspeitar que alguém o envenenara. Mas, em estrito jargão de medicina forense, na verdade admitia que não tinha ideia do que matara Haddad.

Na época de sua morte, Haddad estava no comando de uma organização inteiramente separada daquela liderada por George Habash. Mas Habash lamentou a morte do colega e não teve dúvidas de que Israel estava por trás dela.

O Mossad e os líderes do establishment de defesa de Israel ficaram exultantes com o resultado da operação. Um dos mais potentes e efetivos inimigos de Israel fora neutralizado. Não menos importante, cinco anos após o fiasco de Lillehammer, o Mossad retornara aos assassinatos seletivos e fizera isso de maneira eminentemente sofisticada. Essa pode ter sido a primeira vez que a expressão "baixa assinatura", para descrever um assassinato no qual a morte parece ser natural ou por acaso, entrou no vocabulário do Mossad.

"Fiquei muito feliz quando ouvi que Haddad estava morto", disse Shimshon Yitzhaki.[17] Como Israel jamais admitiu ter matado Haddad, ele enfatizou: "Não tome minhas palavras como confirmação de envolvimento no caso. Mas qualquer um que tenha sangue judeu nas mãos está fadado a morrer. Incidentalmente, sem Haddad sua organização não poderia existir. Ela já funcionava separadamente de George Habash, começou a se dividir entre os assessores de Haddad e continuou a se dividir até desaparecer."

Com Haddad eliminado, o Mossad passou para o próximo alvo: Ali Hassan Salameh.

As razões pelas quais Salameh tinha de morrer são alvo de certa discordância. A inteligência israelense acreditava que ele planejara e viabilizara o massacre da equipe olímpica israelense em Munique, embora as pessoas que trabalhavam com ele negassem veementemente. De qualquer modo, o desejo de eliminá-lo provavelmente foi intensificado pelo fato de a tentativa de assassiná-lo em Lillehammer ter se transformado no mais constrangedor e danoso fiasco da história do Mossad. O próprio Salameh jogava lenha na fogueira ao zombar da agência por arruinar a operação norueguesa. "Quando mataram Bouchiki, eu estava na Europa", disse Salameh em uma entrevista ao jornal libanês *Al-Sayad*. "Bouchiki era zelador de piscina. Seu rosto e seu corpo não combinam com minha descrição." Salameh disse que foi salvo "não tanto por causa de minhas habilidades, mas por causa da incompetência da inteligência israelense".[18]

Essa entrevista foi distribuída para os chefes da comunidade de inteligência pelo departamento da Aman que lida com fontes públicas de informação, uma vez que Harari pedira que a unidade coletasse todos os detalhes possíveis sobre Salameh.[19] "Não se preocupem", disse ele a seu pessoal quando a entrevista foi lida durante uma reunião da Cesareia. "O dia dele vai chegar."

Salameh estava indubitavelmente conectado a vários atos de terrorismo contra alvos tanto israelenses quanto árabes. Ele mesmo admitira seu envolvimento nas operações do Setembro Negro em duas entrevistas. Mas o Setembro Negro já não existia em 1978, e Salameh assumira vários papéis internos no Fatah, deixando as atividades terroristas para outros. Vingança pelo que ele fizera no passado era razão suficiente para matá-lo?

"Matar Salameh era acima de tudo uma questão de acertar as contas por Munique", disse Yair Ravid, comandante da Unidade 504 na região norte e um dos principais especialistas em ataques da OLP originados no Líbano. "Em nossa opinião, ele não iniciava ataques terroristas" [no fim dos anos 1970].[20] Mas outros agentes da Cesareia na época insistiram que ele permanecia uma ameaça como comandante da Força 17 da OLP, a unidade de guarda-costas de Arafat.[21] "Precisamos lembrar que a Força 17 não apenas protegia Arafat, mas também realizava várias operações terroristas", disse um veterano da Cesareia.

Mas também havia um motivo mais profundo.

Em 10 de julho de 1978, durante uma reunião de alto nível no Mossad, o chefe da Cesareia, Mike Harari, relatou que houvera "progresso significativo" na direção do objetivo de eliminar Salameh. Mas David Kimche, líder da Universo (Tevel), a unidade do Mossad encarregada das relações com as agências de inteligência de outros países, disse que suas contrapartes na CIA haviam sugerido que Salameh era seu agente. "Eles não disseram explicitamente que queriam protegê-lo, mas isso precisa estar na mesa e precisamos nos perguntar se nossas relações com 'Helga' [o apelido da CIA no Mossad] devem alterar nossa atitude em relação a ele."[22]

Shimshon Yitzhaki bruscamente perguntou: "E daí? Suponha que ele esteja conectado aos americanos. Esse homem tem sangue judeu nas mãos. Esteve envolvido em Munique. Ainda opera contra nós. Não dou a mínima se é um agente americano."[23]

Na verdade, Salameh não era apenas uma fonte para a CIA. MJTRUST/2, como era chamado por seus controladores em Langley, era um dos mais importantes contatos da CIA no Oriente Médio. Além disso, agia com total conhecimento e aprovação de Yasser Arafat, servindo como canal de troca entre os americanos e a OLP.

"Dominick", um oficial superior do Mossad envolvido na caçada a Salameh, disse que, durante a década de 1970, o Mossad descobriu a profundidade dos laços entre a CIA e Salameh. O Mossad e os primeiros-ministros Rabin e Begin viram esses laços como "nada menos que uma traição insultante por parte de um aliado, uma facada nas costas".

De acordo com *The Good Spy*, de Kai Bird, uma biografia fidedigna de Robert C. Ames, um dos mais inteligentes agentes de campo da CIA no Oriente Médio, Salameh e Ames se encontraram pela primeira vez em 1969 no café Strand, em Beirute, e continuaram a se encontrar em locais seguros da agência na mesma cidade. Ames relatou à CIA que Arafat valorizava muito Salameh.

Oficialmente, a OLP era considerada uma organização terrorista pelos Estados Unidos, mas a CIA queria preservar um canal de acesso.[24] Em 1973, com aprovação de Kissinger, esse canal se tornou um elo secreto, porém formal, entre os Estados Unidos e Arafat. Com o passar dos anos, os dois se encontraram na Europa e em Beirute muitas vezes. A conexão continuou mesmo depois que Salameh assumiu papel de comando no Setembro Negro. Os americanos persistiram não porque discordassem da avaliação do Mossad sobre o papel e a responsabilidade de Salameh em atividades terroristas, mas a despeito disso.

Salameh até mesmo admitiu para Ames que recrutara Mohammed Boudia, o dono de teatro em Paris que enviara agentes para explodir um hotel em Israel, para o Setembro Negro. Ames considerou a informação "interessante" e chegou a expressar simpatia pela causa palestina: "Estou plenamente consciente das atividades de nosso amigo", escreveu ele em uma carta para o intermediário que passava mensagens entre ele e Salameh, "e, embora não concorde com todas elas, posso simpatizar com a sensação de sua organização de que deve executá-las."

Ames fez tudo que pôde para persuadir Salameh de que "não queremos 'pegar' sua organização. Contrariamente a suas crenças, não somos um grupo de ação como o seu".[25] Ele também o reassegurou muitas vezes, a fim de manter viva a conexão entre os dois: "Nosso amigo deve saber que ainda possui amigos em locais importantes, assim como sua causa."

O único ponto em relação ao qual Ames achou necessário admoestar Salameh foi a possibilidade de o Setembro Negro agir nos Estados Unidos:

"Suas atividades na Europa, que foram totalmente documentadas, e seus planos em nosso território, que conhecemos completamente, desmantelaremos e exporemos, para constrangimento de sua organização, são os únicos pontos nos quais discordamos."[26]

Em outras palavras, desde que Salameh tivesse o cuidado de não ferir americanos ou agir em solo americano, podia continuar atacando outros alvos sem medo de represália americana. Ames chegou ao ponto de oferecer: "Eu poderia arranjar uma viagem segura [...] a um local europeu, se ele desejar."

Através do intermediário entre Ames e Salameh, uma reunião entre o vice-diretor da CIA Vernon Walters e oficiais de alto escalão do Fatah foi organizada em Rabat, no Marrocos, em 3 de novembro de 1973.[27] O entendimento entre Ames e Salameh se tornou uma posição oficial: o Fatah não feriria americanos e o canal secreto de comunicação permaneceria aberto.

Ames não estava presente quando Salameh viajou com Arafat para a Assembleia Geral da ONU em Nova York em 1974, mas organizou a visita e reuniões no Waldorf Astoria. "Nós o vimos escoltando Arafat por toda Nova York", disse Dominick. Foi um insulto e nos feriu, "como se tivessem enfiado o dedo em nosso olho."[28]

Salameh, como emissário de Arafat, tentou conseguir reconhecimento americano oficial da OLP como única representante dos palestinos. Não conseguiu, mas a própria existência do canal de comunicação era uma realização significativa do ponto de vista de Arafat. Em troca, Salameh ajudou Ames com várias informações sobre acontecimentos no Líbano e na OLP e sobre as tentativas dos rivais da OLP de prejudicar os Estados Unidos.

Uma profunda amizade se estabelecera entre os dois, a qual, em função dos cargos cada vez mais importantes de Ames na agência, afetou gradualmente a atitude da administração americana também em relação à OLP.[29] Durante a Guerra Civil Libanesa de 1975, que transformou Beirute em uma zona de guerra, Salameh colocou seus próprios homens de guarda na embaixada americana. Os israelenses observaram e rangeram os dentes.[30]

O elo entre Salameh não foi iniciativa de Ames ou uma operação independente, embora o americano tivesse uma posição dura em relação a Israel. Foi na verdade um projeto de alta prioridade de toda a CIA. No fim de 1976, o diretor da agência, George H. W. Bush, enviou, através de Ames, um convite oficial para que Salameh fosse até Langley. A visita, que ocorreu em janeiro de 1977, combinou negócios e prazer. Salameh disse a Ames que "realmente precisava de férias", pois acabara de se casar com uma Miss Universo, a beldade libanesa Georgina Rizk, e queria realizar o sonho dela de passar a lua de mel no Havaí e na Disneylândia. Ames prometeu cuidar de tudo.

A CIA organizou a viagem e um oficial superior escoltou o casal, inclusive em todos os brinquedos do parque temático da Califórnia. Rizk aproveitou muito. Salameh odiou a Disneylândia, mas ficou muito feliz com o presente que recebeu do agente de operações da CIA Alan Wolfe: um esplêndido coldre de couro para sua arma.

O acompanhante da CIA, Charles Waverly, relembrou a visita: "Tudo que ele [Salameh] queria era comer ostras. Ele achava que eram afrodisíacas. No hotel, fiquei no quarto ao lado e, durante as noites, ouvia o resultado."[31]

Por causa do relacionamento entre as comunidades israelenses e americanas de inteligência e da dependência geral de Israel em relação aos Estados Unidos, o Mossad se absteve de operar em solo americano. Salameh sabia que não corria perigo. Isso significava que o casal podia ter férias reais, sem guarda-costas para atrapalhar.

Em condições normais, todavia, Salameh raramente saía de Beirute e se cercava de segurança pesada. Ele se movia com um comboio de veículos e guarda-costas armados, com uma metralhadora Dushka de 22 mm na caçamba de uma caminhonete Toyota que cobria a retaguarda.

Ames e seus colegas da CIA não ficaram impressionados. Em seu livro, Bird menciona que Sam Wyman, um dos oficiais de ligação da CIA em Beirute, uma vez lhe perguntou: "Como aquele maldito canhão vai protegê-lo? Ele simplesmente anuncia para todo mundo quem você é." Salameh apenas riu e disse: "Ah, isso é bom."[32]

Bird conta que Salameh recebeu dezenas de alertas da CIA, alguns em tom muito firme, sobre o fato de o Mossad estar atrás dele. "Eu o avisei", disse Wyman. "Eu disse: 'Seu idiota, eles vão pegar você, da maneira como anda dirigindo por Beirute. É só uma questão de tempo. Você está violando cada princípio existente de inteligência. Os israelenses sabem quem você é e sabem o que você fez. Você deveria tomar cuidado.'"

A CIA até mesmo forneceu a Salameh um equipamento de comunicações codificadas para aumentar sua segurança, e pensou em enviar um carro blindado para protegê-lo dos israelenses.[33]

Para Dominick, havia apenas uma maneira de interpretar esse relacionamento: "Imagine que nós, o Mossad, estabelecêssemos um relacionamento secreto com Osama bin Laden, não como espião trabalhando por dinheiro, mas um relacionamento amigável, quase como aliados, trocando informações e favores mútuos. Imagine que nós o convidássemos para uma visita a nossa sede em Tel Aviv, o bajulássemos, expressássemos compreensão e simpatia pelo ataque às Torres Gêmeas, disséssemos que ele podia continuar a explodir embaixadas americanas, desde que não explodisse as nossas, oferecêssemos a ele e à mulher hospitalidade digna de reis e fizéssemos tudo para protegê-lo caso os SEALs da Marinha americana tentassem matá-lo. Como isso seria visto pelos Estados Unidos?"[34]

O Mossad finalmente chegou à conclusão de que "destruir esse canal era muito importante, para mostrar que ninguém era imune e para dar aos americanos a dica de que aquela não era a maneira de se comportar com amigos".[35] O primeiro-ministro Begin foi informado pelo diretor do Mossad, Hofi, sobre o relacionamento entre Salameh e os americanos, mas, mesmo com esse conhecimento, ele aceitou a recomendação do Mossad para assassiná-lo.

Em junho de 1978, três meses depois de Wadie Haddad ser morto, a Operação Maveer (Queimador), a caçada a Salameh, chegou ao auge. Pela primeira vez desde a Operação Primavera da Juventude, a Cesareia mataria alguém em um país-alvo: "um trabalho azul e branco para garantir que o serviço seria feito", nas palavras de Harari.[36] Um agente de elite da Unidade 504 da Aman, codinome Rummenigge, em homenagem ao astro do futebol alemão daquela época, recebeu a missão de reunir informações sobre os hábitos do alvo.

Rummenigge era Amin al-Hajj, membro de uma proeminente família xiita do Líbano e comerciante bem-conectado. O recrutamento foi facilitado por seu ódio pelos palestinos e seu desejo de obter permissão para mover suas mercadorias (que alguns dizem que incluía muitas drogas ilícitas) livremente pelo Oriente Médio, às vezes via Israel, sem ser incomodado pela Marinha israelense. Reuniões entre Rummenigge e seu controlador usualmente eram feitas em um navio lança-mísseis israelense na costa do Líbano.

Al-Hajj usou sua rede de fontes para reunir uma pletora de detalhes sobre a rotina diária de Salameh, descobrindo que passava muito tempo na academia e no spa do hotel Continental em Beirute e que compartilhava um apartamento com Rizk no elegante bairro Snoubra.[37]

Harari ficou satisfeito. "Salameh era por natureza um playboy, uma figura proeminente na classe social mais glamorosa de Beirute", disse ele. "É fácil se aproximar de alguém nesses círculos. Enviei meus guerreiros para ficarem lado a lado com ele."[38]

Um agente da Cesareia foi para Beirute, hospedou-se no hotel Continental usando uma identidade europeia falsa e reservou um lugar na academia. Ia até lá todos os dias e, de vez em quando, encontrava Salameh. Ele sabia que Salameh se interessava muito por relógios luxuosos e roupas elegantes e se vestia de acordo na apresentação, sempre ficando o mais próximo que podia do palestino.

Certo dia, alguns membros da academia estavam congratulando Salameh por um prêmio que Rizk recebera durante um baile na noite anterior. O agente da Cesareia se juntou a eles e iniciou uma conversa com Salameh. "Eles se deram bem", disse Harari.

Os dois desenvolveram uma relação amigável e passaram a conversar de vez em quando. "A ideia em encontros como esse é deixar o alvo iniciar o contato", disse uma fonte envolvida na operação. "Senão pode parecer suspeito, especialmente para uma pessoa caçada como Salameh."[39]

Quando o agente da Cesareia retornou a Israel, um ataque de "baixa assinatura" contra Salameh foi discutido, incluindo a possibilidade de "colocar algum 'remédio' em sua pasta de dentes, sabonete ou loção pós-barba", disse Harari. Mas o risco para o agente, se fosse descoberto, parecia alto demais.

Outra alternativa, colocar um dispositivo explosivo em seu armário na academia, foi rejeitada por medo de que algum observador inocente fosse ferido.[40] Finalmente, Harari decidiu abandonar completamente a ideia de eliminá-lo na academia, em seu escritório ou em casa, por causa da alta segurança nesses locais.

A solução que Harari adotou era nova para o Mossad: uma bomba em uma rua pública, atingindo um alvo em movimento. Salameh seria despachado enquanto dirigisse por Beirute, escoltado pela caminhonete Toyota com metralhadora e um terceiro veículo ocupado por guarda-costas. Em algum ponto do caminho, quando os três carros passassem, um grande dispositivo explosivo seria detonado por um agente do Mossad posicionado discretamente a uma distância segura.

Yaakov Rehavi, um ex-cientista da Nasa recrutado pelo Mossad para liderar o departamento de tecnologia, criou um dispositivo especial para que os agentes praticassem a execução da operação. Durante o exercício, o agente tinha de apertar um botão no exato momento em que um chassi de carro sobre rodas de metal, seguido em alta velocidade por outro veículo, passava por certo ponto. Não havia explosão, apenas um sinal eletrônico mostrando se o botão estivera precisamente sincronizado com a passagem do veículo.

Os agentes que participaram dos exercícios lembram que Rehavi e dois outros agentes não conseguiam sincronizar os movimentos. "Talvez eu possa tentar", disse uma assistente administrativa do departamento de contraterrorismo que estava presente. Rehavi sorriu indulgentemente e lhe entregou o controle remoto. Ela sincronizou com perfeição seus movimentos em vários exercícios seguidos. Finalmente, eles tentaram com explosivos, usando manequins em um carro, e outra vez o *timing* da mulher foi perfeito.

"Enquanto os homens estavam apertando o botão, havia uma atmosfera de desespero", disse Harari, "mas depois que ela se saiu perfeitamente, uma vez após a outra e em diferentes condições de iluminação, percebi que mulheres aparentemente são melhores nisso que homens e agi de acordo." Uma agente de codinome Rinah apertaria o botão em Beirute. "Não foi uma decisão fácil", disse Harari. "Tivemos de modificar todos os disfarces e construir algo adequado a uma mulher que possivelmente teria de permanecer muitas horas na rua, à vista de todos. Não era suficiente que soubesse como apertar o botão. Salameh não saía de casa no mesmo horário todos os dias. Poderia ser necessário permanecer alerta durante dezoito horas, e ela teria de fechar os olhos ou fazer xixi. Não foi uma questão simples."

O nome verdadeiro de Rinah era Erika Chambers e ela nascera na Inglaterra em 1948, filha de Marcus Chambers, um engenheiro que projetava carros de corrida e passara a maior parte da vida nas pistas, e sua esposa Lona, cantora e atriz de uma abastada família judia tchecoslovaca, a maior parte da qual fora morta durante o Holocausto.[41] Erika estudara na Universidade de Southampton na década de 1960, onde era lembrada mais vividamente por sua maneira descuidada de dirigir. Viajara para a Austrália e então para Israel, onde se matriculara no mestrado em Hidrologia da Universidade Hebraica. No início de 1973, fora contatada por um recrutador do Mossad. Gostara da ideia de combinar aventura com o que descreveu como "fazer uma contribuição significativa para a segurança do Estado". Passara em todos os testes de seleção, entrara na Cesareia e participara de seu exaustivo programa de treinamento. Em meados de 1975, partira de Israel, assumira uma identidade britânica falsa e começara a executar missões no exterior.

Rinah e dois homens foram selecionados para o assassinato de Salameh.[42]

O complexo plano novamente exigia estreita cooperação com as unidades de operações especiais das FDI, que teria de executar os aspectos da operação que o Mossad não podia executar por si mesmo.

Rinah chegou a Beirute em outubro de 1978, apresentando-se como funcionária de uma ONG interessada em auxiliar os órfãos palestinos em um abrigo no campo de refugiados de Tel al-Zaatar. Ela viveu na cidade durante dois meses e, junto com outro agente, clandestinamente reuniu informações sobre os movimentos de Salameh. No início do ano seguinte, alugou um apartamento no oitavo andar de um edifício alto na rua Beka, com vista para o apartamento de Salameh. Em 16 de janeiro, os outros dois agentes chegaram separadamente a Beirute, um com passaporte britânico e o outro com passaporte canadense.

Em 18 de janeiro, uma equipe da Sayeret Matkal cruzou a fronteira com a Jordânia, na região de Aravá, ao sul do mar Morto, carregando 100 quilos de explosivos plásticos e um mecanismo de detonação.[43] Do outro lado da fronteira, um agente da 504 aguardava. Ele colocou os explosivos no carro e dirigiu até Beirute. Em 19 de janeiro, encontrou-se com os outros dois agentes em um estacionamento subterrâneo. Disse a senha — duas palavras em inglês —, e eles disseram a contrassenha. O agente entregou os explosivos e o mecanismo de detonação, despediu-se e partiu. Sua parte da operação estava terminada.

Os agentes colocaram a bomba no porta-malas de um Volkswagen que haviam alugado dois dias antes, montaram o mecanismo de detonação e estacionaram o carro na rua do prédio de Salameh.

O próprio Harari viajou até Beirute para supervisionar o clímax da Operação Maveer. Ele não podia se permitir outro fracasso como o de

Lillehammer.[44] Deixar o Volkswagen com a bomba estacionado em uma rua movimentada por um longo período poderia ser um problema. As suspeitas de um inspetor poderiam ser suscitadas. A solução: "Trocar de carro, em um momento no qual tivéssemos certeza de que Salameh não estaria passando por lá. Apenas nos assegurar de manter a vaga certa já foi uma operação em si." Em 21 de janeiro de 1979, Harari se despediu de Rinah e dos dois homens e pegou um voo para fora do país, a fim de garantir que haveria o menor número possível de agentes em campo.

No dia seguinte, logo após as 15 horas, Salameh terminou de almoçar e se despediu da esposa com um beijo. Entrou em seu Chevrolet e, às 15h23, partiu em direção ao escritório da Força 17, com os guarda-costas no Land Rover que seguia na frente e o Toyota atrás. Percorrera apenas uns 20 metros quando seu Chevy emparelhou com o Volkswagen. Rinah apertou o botão. Uma grande explosão sacudiu Beirute e o Chevrolet se tornou uma bola de fogo. Um dos agentes, que observava à distância, mais tarde contaria aos amigos que Salameh conseguira sair do carro, com as roupas em chamas, e caíra no chão. O agente murmurara entre dentes: "Morra, filho da puta. Morra!"[45]

Abu Daoud (Mohammed Oudeh), comandante da operação do Setembro Negro em Munique, que por acaso passava por ali, correu para a cena e tentou ajudar.[46] Ele viu um grande fragmento de metal alojado no crânio de Salameh, que foi levado às pressas para o Hospital Universitário Americano, onde morreu na mesa de cirurgia.

Outras oito pessoas morreram durante a explosão: o motorista e dois guarda-costas de Salameh, três cidadãos libaneses, um alemão e um bretão. Harari reconheceu que uma operação como essa, com a explosão de um grande dispositivo em uma área lotada de passantes, jamais seria aprovada em um país não árabe.

Rinah e os dois outros agentes esperaram em uma praia perto de Jounieh, ao norte de Beirute, por um bote inflável tripulado por homens da Flotilha 13 para pegá-los por volta da meia-noite.[47] Um jovem comando naval ergueu Rinah até o bote. O homem, em uma de suas primeiras missões, era Holiday, que um dia seria líder da Cesareia. O bote inflável seguiu até um navio lança-mísseis que esperava em alto-mar e, horas depois, a equipe de assalto estava em Haifa.

O assassinato de Salameh foi um golpe terrível para a OLP. "Eu os avisei!", exclamou Arafat com grande emoção durante uma entrevista televisiva logo depois. "Avisei a meus irmãos: 'Sejam cuidadosos! O Mossad irá nos caçar, um por um, comandante por comandante.'" No grande funeral de Salameh, Arafat pegou Hassan, filho do homem morto e que recebera esse nome em homenagem ao avô, o comandante palestino na guerra de 1948, e o colocou no colo, segurando um AK-47, assim como fizera com Ali durante o memorial para seu pai, 25 anos antes.

Frank Anderson, chefe da estação da CIA em Beirute, escreveu a Hassan uma emocionada carta de condolências: "Na sua idade, perdi meu pai. Hoje, perdi um amigo que respeitava mais que qualquer outro homem. Prometo honrar a memória de seu pai e ser seu amigo."[48]

Israel acertou as contas com Ali Salameh, mas não conseguiu romper os laços entre os Estados Unidos e a OLP. Robert Ames ficou muito triste com a morte do amigo e se esforçou para forjar novos laços com o homem que a OLP indicou para substituí-lo, Hani al-Hassan. Após o assassinato, Ames passou a defender posições consideradas pró-Palestina e foi figura-chave na formulação do Plano Reagan, o primeiro reconhecimento oficial, por parte dos americanos, do direito dos palestinos de criarem um Estado próprio.

14

UMA MATILHA DE CÃES SELVAGENS

Cerca de uma semana antes de Wadie Haddad, contorcendo-se de agonia em função do veneno do Mossad, ser admitido no hospital na Alemanha Oriental, o Shin Bet ficou sabendo por uma de suas fontes, codinome Faxineira, sobre um esquadrão da OLP treinando para um ataque a Israel. Amos Gilad, da unidade da Aman que lidava com terrorismo palestino, encontrou-se com a Faxineira em um refúgio do Shin Bet em Jerusalém e saiu da reunião muito preocupado. "Entendi que eles estavam planejando algo terrível e queriam causar o máximo possível de mortes."[1]

A informação, confirmada por escutas nos escritórios da OLP no Chipre, foi muito específica. O Shin Bet sabia os nomes dos terroristas e a localização exata de sua base na praia de Damour, no Líbano. Sabia que planejavam um ataque pelo mar e que tinham por objetivo interromper as conversações de paz que Begin iniciara com o Egito. Arafat e Abu Jihad haviam ordenado o ataque porque temiam, corretamente, que uma trégua entre Egito e Israel deixasse os palestinos desamparados, uma vez que o Egito fora até então seu principal defensor. O ataque era tão importante para a OLP que o próprio Abu Jihad se encontrara com os guerrilheiros, juntamente com o comandante de operações no Líbano, Azmi Zrair.

Gilad queria atacar primeiro, para eliminar a ameaça com um ataque preventivo à base terrorista.[2] Em 5 de março de 1978, os comandos navais da Flotilha 13 executaram a Operação Homem de Sorte (Bar-Mazal). O objetivo era eliminar todos os terroristas da base de Damour, mas eles conseguiram matar apenas os que estavam em um dos edifícios, ao passo que os que estavam em uma estrutura próxima e não saíram dela nem abriram fogo não foram feridos. Faxineira também relatou isso.

Gilad exigiu que os comandos voltassem e terminassem o serviço, mas o ministro da defesa Ezer Weizman lhe disse para esquecer o ataque: "Vou para Washington amanhã e isso arruinará minha visita."

"Mas agora Abu Jihad sabe que sabemos que ele está preparando algo", protestou Gilad com veemência. "Isso só o estimulará a iniciar o ataque o mais rapidamente possível. Será um ataque letal."

Weizman podia estar correto ao afirmar que as manchetes sobre uma ação militar israelense em território soberano de outro país lançariam uma sombra sobre sua primeira visita ao Pentágono como ministro da Defesa, mas sua decisão teve um custo muito alto.

Às 14h30 de 11 de março de 1978, onze homens do Fatah desembarcaram em uma praia perto do *kibutz* Maagan Michael, ao sul de Haifa, em uma reserva ecológica cercada por lagoas de peixes onde bandos de pássaros migratórios paravam ao ir e voltar da África. Uma fotógrafa americana chamada Gail Rubin fotografava os pássaros quando a equipe de assalto a encontrou. Os palestinos estavam próximos do desespero após três exaustivos e perigosos dias no mar, durante os quais dois deles haviam se afogado. Como as águas estavam muito tempestuosas e eles foram arrastados pela correnteza, estavam perdidos e acreditavam ter desembarcado em Chipre. Ficaram aliviados quando Rubin lhes disse que estavam em Israel, a meio caminho entre Haifa e Tel Aviv. Eles agradeceram a informação e a mataram com um tiro.

Então foram para a rodovia litorânea entre Haifa e Tel Aviv. Sob mira de armas, sequestraram um táxi e então um ônibus, pegando motoristas e passageiros como reféns. Ordenaram que o motorista do ônibus fosse para o sul, na direção de Tel Aviv. Abu Jihad os instruíra a capturar um hotel, mas os atacantes, agora se sentindo confiantes por causa das dezenas de reféns em suas mãos, decidiram mudar a natureza da operação. O relatório secreto das FDI sobre o que se seguiu dizia: "O improviso dos terroristas levou a um novo método de assalto, um ataque em movimento (em uma rota de mais de 50 quilômetros), que foi uma surpresa e para o qual as forças de segurança não estavam preparadas."

Os terroristas atiraram das janelas do ônibus em veículos na estrada e pararam outro ônibus, pegando os passageiros como reféns. Em função da natureza móvel do ataque, "as forças de segurança acharam difícil ler a situação, manter uma avaliação atualizada e tomar a iniciativa, o que afetou o curso do incidente e seus resultados".

Embora a polícia tenha conseguido parar o ônibus ao norte de Tel Aviv, a confusão levou ao caos: "O fator predominante foi a ausência de controle central, tanto entre os terroristas, que tentavam se defender atirando em todas as direções, quanto entre as forças de segurança."[3]

Um dos terroristas apontou a pistola para a cabeça da filha de um dos reféns, Avraham Shamir. Shamir viu que o homem estava ferido e o atacou, tomou sua arma e atirou em um terrorista que estava em pé na frente do ônibus. Então atirou três vezes em outro dos terroristas. "Atrás de você!", alertou uma refém, e Shamir se virou e viu um dos árabes mirando nele. Ambos atiraram ao mesmo tempo e feriram um ao outro. O corajoso Shamir, ainda consciente, viu que o homem cuja arma ele pegara estava caído no chão, murmurando algo, o rosto coberto de sangue. Ele tinha uma granada na mão e já removera o pino de segurança. Shamir tentou evitar que ele soltasse a granada, mas falhou e ela rolou para o chão. Ele tentou usar o corpo do terrorista para bloquear a explosão, mas isso também não funcionou. A granada explodiu, ferindo gravemente os olhos de Shamir e matando o terrorista e cinco reféns. O ônibus começou a pegar fogo. Alguns terroristas e reféns conseguiram escapar, mas a maioria foi queimada viva.[4]

No total, 35 israelenses, dos quais 13 crianças, foram mortos, e 71 ficaram feridos. Nove terroristas morreram. Um foi capturado na cena e outro foi encontrado no hospital para onde os feridos haviam sido levados. "Eu o vi deitado lá", disse Arieh Hadar, o principal interrogador do Shin Bet, "ligeiramente ferido, mas com uma sonda nasogástrica e uma infusão intravenosa, rindo da nossa cara. O médico entendeu o que estava acontecendo, virou de costas e disse: 'Façam seu trabalho e eu farei o meu.' Retiramos os tubos. Ele gritou um pouco por causa da dor e começou a falar imediatamente. 'Abu Jihad nos enviou', disse ele."

O massacre da rodovia litorânea, como se tornou conhecido em Israel, faz parte de um conjunto de ataques terroristas, entre os milhares sofridos por Israel, que ficaram gravados na consciência coletiva. O ministro da Defesa Weizman, cheio de remorso por ter proibido o ataque preventivo, correu para casa e ordenou que as FDI iniciassem uma invasão de larga escala do sul do Líbano, a Operação Litani. Três dias após o massacre, blindados e paraquedistas israelenses cruzaram para o Líbano com o objetivo de matar tantos combatentes da OLP quanto possível, destruindo suas bases no sul do país e empurrando-os para o norte do rio Litani, a cerca de 25 quilômetros da fronteira norte de Israel.

A incursão atingiu somente alguns de seus objetivos. Trezentos agentes da OLP foram mortos, suas bases foram destruídas, e seus depósitos de armas, apreendidos. Além disso, uma Força Interina das Nações Unidas no Líbano (UNIFIL, na sigla em inglês) foi criada e postada na área, e uma milícia pró-Israel e majoritariamente cristã, o Exército Livre do Líbano, foi estabelecida. Mas, com o passar do tempo, nem mesmo essas forças puderam impedir o lançamento de foguetes Katyusha contra Israel ou as penetrações da fronteira por esquadrões da OLP.

Devido à fúria causada pelo massacre de civis, soldados israelenses também fizeram pilhagens e mataram alguns prisioneiros durante a semana da Operação Litani.[5] Novamente, Israel sofreu séria condenação internacional.

Weizman entendeu que operações de larga escala no Líbano estavam fora de questão. E as operações do Mossad exigiam meses de preparo, para permitir que os agentes entrassem em um país-alvo com uma identidade falsa, executassem o ataque e saíssem sem serem descobertos. Assim, Weizman optou por ataques precisos e assassinatos seletivos pelas unidades de forças especiais — menos complicados, mais rápidos e sem exigir disfarces —, realizados por comandos em traje completo de combate. A divisão selecionada para executar a maioria das missões foi a unidade de comandos navais, a Flotilha 13.

O homem que Weizman encarregou das operações no Líbano foi o general Rafael "Raful" Eitan, que se tornou chefe do Estado-Maior em abril de 1978. Eitan, fazendeiro e carpinteiro, era um paraquedista durão que não conhecia o medo durante as batalhas e um político belicista que "acreditava em levar a guerra contra a OLP até a retaguarda do inimigo, para acossá-lo em suas bases de apoio".[6]

Eitan jamais se considerou restrito pelas regras do politicamente correto. Respondendo às pedras atiradas por palestinos na Cisjordânia, sugeriu ao

Knesset que novos assentamentos judaicos fossem estabelecidos na região, até que os árabes só pudessem "correr no lugar como insetos envenenados em uma garrafa". Um de seus primeiros atos como chefe do Estado-Maior foi perdoar dois criminosos condenados das FDI — Y., o interrogador de prisioneiros de guerra em cujas mãos um palestino suspeito de terrorismo morrera e outro, que estivera envolvido no complô de Nairóbi, fora hospitalizado, e o tenente Daniel Pinto, que torturara e assassinara dois prisioneiros durante a Operação Litani, jogando seus corpos em um poço.[7]

Um homem enorme de poucas palavras, Eitan falou aos comandos navais em sua base em Atlit logo após assumir como chefe do Estado-Maior. "Vocês da Flotilha 13 são como as bolas de um padre", disse ele. "Não são usadas, mas é bom saber que estão lá." Ele fez uma pausa e olhou em torno para se assegurar de que todo mundo estava sorrindo de sua piada rude. Então ficou sério, limpou a garganta e comunicou a mensagem principal: "Isso está prestes a mudar."[8]

A Flotilha 13 foi fundada no fim de 1949 como unidade secreta de comandos responsável por penetração clandestina, sabotagem e operações de assassinato seletivo a partir do mar. O mote selecionado pelos fundadores correspondia a esse espírito: "Como um morcego na escuridão, como uma lâmina cortando em silêncio, como uma granada explodindo com um rugido." A insígnia da unidade são asas de morcego com o emblema da Marinha israelense no centro. Seu treinamento de dezoito meses é tão árduo quanto o da Sayeret Matkal, se não mais. Perto do fim, os recrutas também passam por uma infernal simulação de prisioneiros de guerra.

Entre 1978 e 1980, a Flotilha 13 realizou 23 ataques contra a OLP em território libanês ou no mar.[9] Nessas operações, 130 inimigos foram mortos, centenas foram feridos e grandes quantidades de armas e munição foram destruídas. Alguns ataques tinham como objetivo destruir esquadrões terroristas inteiros que se preparavam para atacar Israel. Outros visavam a indivíduos específicos, particularmente os homens de Abu Jihad.

Sob supervisão de Eitan, velhas regras de combate começaram a ser relaxadas. Durante os estágios preliminares do assassinato seletivo do principal comandante operacional de Abu Jihad, Azmi Zrair, que foi responsável por muitos ataques contra israelenses, incluindo aqueles do hotel Savoy e da rodovia litorânea, Rummenigge e sua rede de fontes descobriram que ele operava no campo de refugiados da cidade portuária de Tiro e se encontrava regularmente com seu assessor em um café na orla.

Em 5 de agosto de 1980, os comandos deveriam ir em botes infláveis até um ponto a 1 quilômetro da praia e, usando rifles de longa distância, matar Zrair e seu assessor. Em uma reunião final, Eitan ordenou que seus homens sabotassem o quebra-mar, instalando um detonador e um dispositivo explosivo, a fim de evitar qualquer tentativa de perseguir os franco-atiradores.

Ami Ayalon, comandante da Flotilha 13, objetou. "Eu disse a ele: 'Chefe, não podemos deixar armadilhas explosivas. Crianças podem passar por lá, ou talvez um casal.' Mas Raful insistiu. Ele sequer tentou justificar a ordem."

Então Eitan foi ainda mais longe. "Depois de matarem Zrair, atirem em todo o píer com as metralhadoras, para se assegurar de que ninguém responderá ao ataque."

"Eu perguntei: 'Qual é a lógica disso?'" E Ayalon continuou: "Contra quem atiraremos? Todos os civis? Então por que nos enviar para matar alguém? Envie a Força Aérea. Eles lançarão uma bomba de uma tonelada sobre o píer e tudo estará acabado."[10]

No fim, as ordens de Eitan não fizeram diferença. No dia do ataque, unidades das FDI na fronteira responderam aos foguetes lançados do Líbano com o bombardeio do campo de refugiados de Tiro. Em função do pânico, ninguém foi ao porto tomar café.[11]

Mas a discussão entre Ayalon e Eitan nascera de uma nova e problemática realidade que a atividade de Israel no Líbano criara. Quando o Mossad caçava gente da OLP na Europa, ele seguia uma política estrita de evitar ferir civis inocentes. Muitos planos foram abandonados porque civis correriam perigo. Mas, quando os alvos estavam localizados em países inimigos e os civis inocentes eram árabes, os dedos ficavam mais rápidos no gatilho. Além disso, as operações do Mossad tinham de ser aprovadas pelo primeiro-ministro, um civil que respondia no nível político e que usualmente estava envolvido no planejamento dos ataques. Em contrapartida, apenas algumas das operações das FDI precisavam ser aprovadas no nível político, e somente após seu planejamento ter sido concluído pelo exército. Mesmo então, a autoridade para conceder aprovação geralmente pertencia ao ministro da Defesa, não ao primeiro-ministro. As incursões ao Líbano eram consideradas atos de guerra, e muito mais é permitido durante uma guerra, particularmente em solo árabe. A questão das mortes colaterais se tornou menos importante.

O padrão de conduta prevalente no Líbano, corrupto e destruído pela guerra civil, começou a infectar os israelenses, que iam até lá para matar a fim de proteger os próprios cidadãos. Eitan presidiu e mesmo encorajou essa tendência. "A atitude de Raful era de que não fazia diferença quem eram os palestinos que matávamos no Líbano. Eram terroristas, seriam terroristas ou teriam filhos terroristas", disse David Shiek, vice-comandante da Flotilha 13 na época.[12] "Uma vez, Raful se juntou a nós no navio lança-mísseis a caminho do assalto e um oficial perguntou a ele como identificaríamos os terroristas. Ele respondeu: 'Se não estiverem segurando balões de gás, são terroristas.'"[13] Outro ex-comando naval lembrou de uma operação depois da qual o porta-voz das FDI relatou que "trinta terroristas foram mortos", mas, na verdade, os atacantes haviam atingido um caminhão por engano e muitos dos passageiros eram mulheres e crianças.

Além das operações cada vez mais sangrentas dos comandos navais, Wiezman autorizou Eitan a aumentar de forma significativa as atividades das unidades de inteligência no Líbano, em particular as da 504 da Aman. Mas, na selvageria que era o Líbano no fim da década de 1970, aparentemente tudo era permitido. Em várias ocasiões, a 504 permitiu que seus agentes matassem pessoas sem autorização — ou mesmo conhecimento — dos superiores da unidade. Em dezembro de 1978, por exemplo, um agente chamado Muhammad Abdallah suspeitou que certo homem o vira enviando mensagens para Israel. "Naquela mesma noite, o homem morreu de causas naturais, sufocando no travesseiro", disse Yair Ravid, que comandava a unidade na região norte. "Em outro caso, em julho de 1979, um agente sírio chamado Qasim Harash ameaçou expor os agentes israelenses. "Convocamos uma sessão do tribunal especial", vangloriou-se Ravid, "e eu fui juiz, promotor e advogado de defesa. Ele foi unanimemente condenado à morte, sem direito a apelação."[14] Um agente da 504, cujo codinome era Brasileiro, matou Harash a tiros. Agentes da 504 levaram seu corpo para Israel e o enterraram no cemitério de inimigos, com o rosto para baixo, em um ato final de degradação.

A inteligência israelense estava estabelecendo uma presença permanente no Líbano, tanto para reunir informações sobre Arafat quanto para desestabilizar a OLP.[15] Com o vigoroso apoio de Begin, forjaram uma aliança secreta com a Falange, a milícia de libaneses cristãos maronitas que eram os maiores inimigos dos palestinos. Os cristãos tinham suas próprias fontes e partilhavam as informações que reuniam com Israel. Sob proteção da Falange, o Mossad também conseguiu criar sua própria base perto de Beirute, e oficiais das FDI puderam conduzir reconhecimentos em todo o Líbano, reunindo informações importantes sobre as forças sírias e da OLP.

Todavia, essa parceria tinha um preço moral. Os falangistas eram excepcionalmente brutais, "uma gangue fundamentalmente corrupta de assassinos que me lembrava uma matilha de cães selvagens", disse Uzi Dayan, sobrinho de Moshe Dayan e comandante da Sayeret Matkal na época.[16]

Eles adornavam os cintos com orelhas arrancadas das pessoas que matavam, em uma espécie de medonho troféu de guerra. Vangloriavam-se do massacre que haviam realizado no campo de refugiados palestinos de Tel al-Zaatar — a colina do Tomilho — em agosto de 1976. "Mil palestinos no oceano é poluição", diziam os falangistas, quase como se fosse um slogan de guerra, "mas 5 milhões de palestinos no oceano é solução."

Os falangistas não limitavam sua brutalidade aos palestinos. Seu principal executor, um militante maronita treinado por israelenses chamado Robert Hatem, disse que assassinou pessoalmente ou supervisionou o assassinato de 3 mil pessoas.[17] Os falangistas haviam tomado um velho abatedouro no bairro de Karantina, em Beirute, para onde os prisioneiros eram levados. "Quase ninguém que chegou lá para ser interrogado ficou vivo", disse Hatem. "Costumávamos atirar na cabeça e jogar os corpos em buracos cheios de cal. Sírios, xiitas, palestinos e os filhos da puta dos oficiais do Exército libanês. Todo mundo que queria nos matar, matávamos primeiro."

Hatem disse que os oficiais do Mossad aprovaram a morte de apenas alguns prisioneiros, incluindo quatro diplomatas iranianos que foram torturados antes de serem mortos a tiros e jogados nos buracos. Mas a destruição mais ampla dos falangistas claramente era levada a cabo com forte apoio dos israelenses.

"No início de nosso relacionamento com eles, tomei um remédio contra náusea e segui em frente", disse Reuven Merhav, o oficial do Mossad que comandava a unidade que trabalhava com a Falange. "Porque o inimigo do meu inimigo é meu amigo, e eles realmente nos ajudaram contra a OLP. Mas, quanto mais tempo passava, mais eu chegava à conclusão de que nos ligar a pessoas como aquelas só podia conduzir ao desastre."[18] Merhav deixou o Mossad em protesto contra esse relacionamento, mas a aliança estratégica da agência com os maronitas só se aprofundou.

Os líderes da Falange compreenderam corretamente a natureza sentimental de Begin e descobriram como conseguir seu apoio. "Begin se via como salvador dos oprimidos, das pessoas em necessidade", disse Mordechai Zippori, que servira sob Begin na Irgun e era seu amigo desde aquela época, tornando-se oficial das FDI e vice-ministro durante seu governo. "Ele não era muito versado em história ou na conduta das questões do Oriente Médio e estava convencido de que os falangistas eram uma minoria cristã ocidental que a OLP queria aniquilar. Assim como via a nós mesmos, os judeus em Israel."[19]

Zippori foi o único político na administração a enfrentar o Mossad e as FDI e tentar persuadir Begin de que "não devemos ser os patronos dos falangistas e nos envolver em seus conflitos".[20] Mas foi em vão. "As delícias dos luxuosos banquetes em Jounieh, onde a sede da Falange estava situada, destruíram a capacidade de julgamento dos altos escalões do exército."

Não obstante, apesar de todos os corpos corroídos nos buracos de cal em Hatem, as várias milícias da OLP conseguiram consolidar suas posições no sul do Líbano. Elas lançaram bombas e foguetes contra as comunidades israelenses na fronteira e as FDI responderam bombardeando fortalezas palestinas com artilharia e do ar. Durante o ano de 1979, os dois lados criaram um padrão rotineiro e aparentemente infinito de ataques e contra-ataques.

Em 22 de abril de 1979, perto da meia-noite, um esquadrão terrorista de um grupo afiliado à OLP e liderado por Abu Abbas desembarcou de um bote inflável na praia de Nahariya, uma cidade israelense a cerca de 10 quilômetros da fronteira libanesa. Um de seus quatro membros era Samir Kuntar, então com 16 anos e meio. Após tentarem invadir uma casa e serem afugentados a tiros e após matar o policial que tentou prendê-los, os quatro invadiram o apartamento da família Haran e tomaram o pai, Danny, e sua filha Einat, de 4 anos, como reféns. Eles os arrastaram até a praia, onde soldados e policiais os esperavam, e tiros foram trocados. Kuntar atirou em Danny, agarrou Einat pelo cabelo e bateu sua cabeça com toda a força contra uma rocha, até que ela estivesse morta.

A esposa de Danny, Smadar, se escondeu no apartamento com a filha de 2 anos, Yael. Smadar cobriu a boca da caçula com a mão, a fim de que ela não chorasse e alertasse os atacantes. "Eu sabia que, se Yael chorasse, os terroristas jogariam uma granada em nosso esconderijo e seríamos mortas", escreveu ela em um artigo para o *Washington Post* cujo objetivo era conscientizar o mundo sobre os horrores do terrorismo. "Então mantive a mão sobre sua boca, torcendo para que ela conseguisse respirar. Enquanto estava lá deitada, lembrei de minha mãe contando como se escondera dos nazistas durante o Holocausto. 'Foi exatamente assim que aconteceu com minha mãe', pensei."[21]

Em seu pânico, Smadar fez pressão demais. Ela sufocou a garotinha.

O líder do Comando Norte das FDI, major-general Avigdor "Yanosh" Ben-Gal, chegou à cena logo após o incidente. Ele viu a cabeça esmigalhada de Einat, o corpo sem vida de Yael e Smadar gritando de angústia ao perceber que perdera tudo que lhe era caro. "Você não pode imaginar as dimensões daquela atrocidade", disse ele. No funeral de Danny e suas duas filhas, o primeiro-ministro Begin citou um verso do poeta nacional de Israel, Hayim Nahman Bialik: "Satã ainda não criou uma vingança à altura do sangue de uma criancinha."

O horrendo assassinato em Nahariya se tornaria outro marco na transformação do conflito entre Israel e a OLP em guerra total.[22] O chefe do Estado-Maior Eitan deu a Ben-Gal uma ordem muito simples: "Mate todos eles", significando todos os membros da OLP e qualquer um conectado à organização no Líbano.

Essa política jamais foi aprovada pelo governo de Israel. Não há como saber em que extensão o ministro da Defesa Weizman, que já fora um belicista, mas na época estava muito mais moderado, estava consciente dela. "Tínhamos muitas discordâncias sobre muitas questões correntes", disse Eitan sobre seu relacionamento. "Eu era a favor de ações de retaliação contra os terroristas no Líbano. [Weizman] costumava mudar de posição a fim de conseguir popularidade e aplacar a opinião pública. Ezer simplesmente não entendia os árabes.

As concessões aos árabes eram vistas como sinal de fraqueza e cansaço do conflito. Ezer não aceitava minha opinião e eu não aceitava a dele."[23]

Com a bênção de Eitan, Ben-Gal indicou o homem que chamou de "maior especialista das FDI em operações especiais", o homem que suprimira o terrorismo em Gaza dez anos antes, Meir Dagan, para liderar uma nova unidade conhecida como Região Sul do Líbano (RSL).[24] Dagan foi promovido a coronel e Ben-Gal o levou ao topo das colinas com vista para o sul do Líbano. "De agora em diante", disse a ele, "você é o imperador daqui. Faça o que quiser."

Ben-Gal e Eitan definiram o objetivo de Dagan: intimidar, deter e tornar claro que Israel seria ofensivamente agressivo, e não somente reativo em sua defesa. Mais especificamente, o objetivo das atividades secretas durante o primeiro estágio era atingir as bases da OLP em todo o sul do Líbano, assim como as casas daqueles que ajudavam os terroristas e lhes davam abrigo antes que partissem para operações contra Israel.

Baseado nessa diretiva, Dagan fez o que bem quis. Na sede da RSL em Marjayoun, ele e alguns agentes operacionais e de inteligência criaram uma organização secreta que se reportava diretamente a ele. "Dei total liberdade a suas operações secretas", disse Ben-Gal. "Meir adorava estar envolvido em combate secreto de pequena escala, em sombras e lugares escuros, em atividades de espionagem e conspiração, grandes ou pequenas. É o forte dele. Ele é um cara muito corajoso e criativo, de opiniões muito fortes, disposto a assumir grandes riscos. Eu sabia o que ele estava fazendo, mas ignorava. Às vezes, você precisa olhar para o outro lado."[25]

David Agmon era chefe do Estado-Maior do Comando Norte, um dos poucos que sabiam das operações secretas de Dagan. Ele disse: "O objetivo era causar caos entre os palestinos e sírios no Líbano, sem deixar digitais israelenses, para lhes dar a sensação de que estavam sob ataque constante e instilar neles uma sensação de insegurança."[26] A fim de não deixar digitais israelenses, Dagan e seus homens recrutaram libaneses locais, cristãos e muçulmanos xiitas, que detestavam Arafat e estavam furiosos com a maneira como os palestinos tratavam o Líbano e sua gente, como se fosse sua própria terra. Usando esses "esquadrões operacionais", como eram chamados, a RSL de Dagan começou uma série de operações de assassinato seletivo e sabotagem no sul do Líbano.

"Raful e eu costumávamos aprovar as missões com uma piscadela", disse Ben-Gal. "Eu costumava dizer a ele: 'Raful, temos uma operação.' E ele dizia: 'Ok, mas nada por escrito. É entre mim e você, é pessoal. Não quero que saibam.'[27] Não agíamos através da burocracia militar, porque nós dois participávamos e não participávamos dessas ações. Nós os usávamos [os locais] como representantes, mercenários. Incentivávamos cristãos, xiitas e sunitas e jogávamos uns contra os outros."

O método primário usado para o ataque eram explosivos escondidos em latas de azeite ou conservas. Como a atividade não era oficialmente sancionada pelas FDI e tinha de ser escondida do restante do exército, Ben-Gal pediu ao secretariado do *kibutz* Mahanayim, onde vivia na época, permissão para usar sua oficina metalúrgica Diyuk. ("É claro, demos a ele as chaves e nosso total apoio", disse um dos secretários. "Aquele era o chefe do comando. Ele era como um rei para nós.")

Os explosivos eram fornecidos pela unidade de descarte de bombas das FDI, cujo comandante recebera de Eitan a ordem de cooperar sem saber qual era o objetivo.[28] A unidade era especializada em neutralizar dispositivos velhos e não detonados: foguetes, minas e granadas, incluindo espólios tomados pelos israelenses. Ao usar esse material explosivo, as FDI podiam minimizar muito qualquer chance de que alguma conexão com Israel fosse revelada se os dispositivos caíssem em mãos inimigas.

Bem-Gal contou: "Íamos até lá durante a noite. Eu, Meir e os outros caras e o engenheiro-chefe do Comando Norte, que levava os explosivos. Enchíamos os tambores e conectávamos os detonadores."[29] Esses tambores eram despachados para os mensageiros em grandes mochilas ou, se fossem grandes demais, em motocicletas, bicicletas ou jumentos. Logo as bombas começaram a explodir nas casas dos colaboradores da OLP no sul do Líbano, matando todo mundo no interior, assim como em escritórios da organização, a maioria em Tiro e Sídon e nos campos de refugiados em torno delas, causando grandes danos e perda de vidas.

Para Ben-Gal e Dagan, as medidas furtivas — fabricar as bombas em um *kibutz* na calada da noite, empregar libaneses irregulares — eram necessárias para esconder as operações não apenas da OLP, mas também de seu próprio governo e mesmo de seus colegas nas FDI. Eles haviam iniciado uma campanha secreta e não sancionada em solo estrangeiro. O Comando

Norte respondia à Aman, que supostamente deveria ser envolvida nessas questões, assim como ao Diretório de Operações do Estado-Maior, que supostamente devia aprová-las. "Mas nós os mantivemos absolutamente fora de tudo", disse Ben-Gal.

"A Aman interferia o tempo todo", disse Dagan. "Não entendiam o que era uma operação clandestina e quão importante eram aquelas atividades."

Para ser mais preciso, o ramo de inteligência militar discordava da importância desses assassinatos não sancionados. O chefe da Aman na época, o major-general Yehoshua Saguy, era um homem cauteloso que duvidava da efetividade do tipo de operação que Dagan conduzia. Ele não via a situação no Líbano em preto e branco, como Eitan, e avisou repetidamente que Israel podia se envolver em algo grande demais para controlar. "Ben-Gal até tentou me impedir de entrar na sede do Comando Norte ou visitar a região", lembrou Saguy.[30]

"Havia um conflito constante com o Comando Norte", disse Amos Gilboa, da Aman. "Eles nos ignoravam e trabalhavam por nossas costas; Yanosh [Ben-Gal] mentia para a gente o tempo todo. Não acreditávamos em nenhum de seus relatórios. O mais grave é que tudo era feito com aprovação do chefe do Estado-Maior, que escondia as atividades do Estado-Maior geral. Foi um dos períodos mais feios da história do país."[31]

De acordo com Ben-Gal, Saguy "percebeu que algo irregular estava acontecendo" e tentou estabelecer os fatos.[32] Saguy ordenou que sua unidade de segurança de campo, a Abutre — normalmente responsável por garantir que os soldados não revelassem segredos militares em linhas inseguras —, grampeasse os telefones do Comando Norte. "Mas meu oficial de comunicações os pegou fazendo a conexão na central telefônica do comando e eu os joguei na cadeia", disse Ben-Gal, orgulhoso por ter descoberto o "complô da Aman".

Ben-Gal tinha uma conexão codificada entre seu escritório em Nazaré e os postos de comando de Dagan na fronteira norte e no interior do Líbano. "Foi a primeira coisa que ele me mostrou", lembrou Efraim Sneh, oficial superior no Comando Norte na época, descrevendo a primeira vez que Ben--Gal o informou sobre a atividade secreta. "Ele apontou para um aparelho e disse: 'Aquilo é para que Yehoshua [Saguy] não possa ouvir, e a Aman pode se jogar no lago.'"[33] Segundo Sneh, Ben-Gal e Eitan "estavam certos em sua atitude para com Saguy, que era um dedo-duro e tentava destruir qualquer iniciativa original".

Pouco depois, Saguy procurou o primeiro-ministro Begin para se queixar de que Ben-Gal ordenara que Dagan colocasse explosivos nos cadáveres dos terroristas mortos durante os tiroteios, a fim de eliminar seus camaradas quando fossem recuperar os corpos. Ben-Gal concluiu disso que a Aman aparentemente conseguira grampear seu telefone codificado.

"Então ficamos sem opções", disse ele. "Para manter nossos segredos, tivemos de conduzir todas as discussões pessoalmente."[34] De tempos em tempos, usualmente uma vez por semana, Eitan dirigia de Tel Adashim, o vilarejo agrícola onde vivia, até a sede do Comando Norte perto de Nazaré, para se reunir com Ben-Gal e planejar os próximos movimentos de sua guerra nas sombras.

Mesmo assim, nem tudo podia ser mantido em segredo. No início de 1980, vários elementos das FDI, liderados por Saguy, começaram a informar ao vice-ministro da Defesa Zippori que Ben-Gal estava conduzindo operações não autorizadas no Líbano. Eles se voltaram para ele porque sabiam que era o único político que ousava falar sobre o que estava acontecendo. "Eles me contaram sobre as explosões no Líbano e até que Yanosh estava minando estradas usadas pelas tropas das FDI, para fazer parecer que a OLP era responsável."[35]

Em junho, Zippori ouviu que mulheres e crianças haviam sido mortas em uma operação dois meses antes, quando um carro-bomba explodira em uma estrada do setor ocidental do sul do Líbano, com o objetivo de atingir o pessoal da OLP. "Raful não submeteu a operação ao pessoal do andar de cima porque temíamos não receber autorização para uma coisa assim", disse Ben-Gal.[36] Tanto em relatórios internos do exército quanto publicamente, o Comando Norte afirmou que a operação fora executada por uma das milícias locais do sul do Líbano, algo possível, mas que, na verdade, era totalmente inverídico.

"Um dos carros conseguiu fugir. Dois pegaram fogo e explodiram. Posso dizer que havia algum grande astro lá? Não, não havia. Mas acabamos com alguns agentes", disse Ben-Gal.

"Achei aquilo terrível", disse Zippori. Ele exigiu que Begin, que agia como ministro da Defesa (Weizman renunciara em maio), expulsasse Ben-Gal e

Dagan do exército. "Eu disse a ele: 'Menachem, somos um Estado soberano. Tudo que o exército faz só pode fazer com autorização do gabinete. E, no gabinete, se tal coisa fosse discutida, eu expressaria minha opinião. Mas ela não foi discutida e ninguém a autorizou.'"

Ben-Gal foi convocado ao gabinete do ministro da Defesa em Tel Aviv, onde Begin, Zippori, Eitan e Saguy esperavam por ele. "Você está executando ações não autorizadas no Líbano. Nessas atividades, mulheres e crianças foram mortas", acusou Zippori.

Ben-Gal respondeu: "Isso não é verdade. Quatro ou cinco terroristas foram mortos. Quem dirige uma Mercedes no Líbano às 2 horas da manhã? Somente terroristas."

Zippori protestou imediatamente.

"O chefe do Comando Norte, que está fazendo coisas sem a aprovação do Estado-Maior, deve ser dispensado", disse ele. "Sou vice-ministro da Defesa e não sei de nada. Begin é ministro da Defesa e primeiro-ministro e não sabe de nada. O chefe do Estado-Maior não sabia."[37]

Ben-Gal fez movimentos leves com a mão, sinalizando para Eitan que ele deveria se levantar e dizer que tudo fora feito com sua aprovação. Mas Eitan, percebendo que não podia se implicar, ignorou os sinais, brincando com o relógio, que tirara do pulso e virava de um lado para o outro.

Finalmente, Begin falou.

"General Ben-Gal", disse ele, "quero perguntar ao senhor, como oficial e homem honrado, se obteve aprovação para a operação de um superior hierárquico."

"Sim, primeiro-ministro, obtive aprovação."

"Acredito no chefe do Comando Norte. Um general do exército não mentiria", disse Begin. "A questão está encerrada e essa reunião chegou ao fim."

Será que Begin estava consciente do que acontecia a sua volta? Zippori, que ainda via Begin como comandante venerável e líder estimado, achava que os militares enganaram o primeiro-ministro várias vezes, explorando sua atitude romântica em relação aos generais. Outros acham que Begin, um político experiente, compreendeu integralmente a situação, mas preferiu manter a negação plausível em relação às atividades ofensivas. De qualquer modo, o alto escalão percebeu que não havia sentido em pedir que o primeiro-ministro retificasse a situação.

Embora os conflitos entre a Aman e o Comando Norte tenham continuado e a Aman mais tarde tenha ficado sabendo, através de suas fontes no Líbano, das bombas em carros e jumentos do Comando Norte, finalmente a questão foi abandonada. "Havia muitas operações vistas como pequenas, meio táticas, e decidimos deixar para lá", disse Gilboa. "Dissemos para nós mesmos: 'Talvez seja melhor não sabermos, desde que não cause danos políticos.' Algo como 'Deixe que os jovens se levantem e brinquem diante de nós.'"[38]

A citação de Gilboa veio da Bíblia, do segundo livro de Samuel, 2:14, e significa basicamente "deixe as crianças brincarem". Os alvos de Ben-Gal eram soldados rasos da OLP e suas missões não passavam de briguinhas táticas. Nenhum dos líderes da OLP foi tocado durante a guerra secreta. As operações, disse ele, representavam uma espécie de jogo para Dagan. "Assim como tinha o hobby de pintar, e pintava muito bem, dava-se o mesmo com essas operações", disse Ben-Gal. "Eram um hobby de Meir."

Então continuou: "Era conveniente para mim que as atividades permanecessem em uma zona cinzenta. Às vezes, não é preciso saber. Há assuntos sobre os quais você não precisa ser uma minhoca como Zippori e cavar até o fim para investigar a verdade. Eu só deixava as coisas fluírem e sabia que precisaria apoiar Dagan se as coisas dessem errado. É verdade que ele era meio selvagem, mas um jovem corcel que pula as cercas e às vezes quebra uma perna é melhor que uma mula que precisa apanhar de chicote para dar dois passos."[39]

Em 5 de agosto de 1981, o primeiro-ministro Menachen Begin nomeou Ariel "Arik" Sharon como ministro da Defesa de Israel. Begin tinha muita admiração pelo ex-general — "um glorioso comandante de exércitos", foi como o chamou, "um estrategista internacional" —, embora ficasse um pouco apreensivo com sua agressividade e sua indisposição para aceitar a autoridade de seus superiores. "Sharon é capaz de atacar o Knesset com tanques", brincara Begin dois anos antes.

Mesmo assim, Begin acreditava que ele era o homem certo para supervisionar a retirada da península do Sinai após o tratado de paz com o Egito, uma tarefa que, apesar de algumas manifestações violentas de colonos e da extrema direita, Sharon realizou sem derramamento de sangue.

Ao mesmo tempo, contudo, Sharon explorou os poderes de sua posição para construir mais assentamentos judaicos na Cisjordânia e na Faixa de Gaza, os quais, como territórios ocupados, estavam sob jurisdição do Ministério da Defesa. Também instilou um espírito belicoso e empreendedor no establishment de defesa. Sharon e Eitan, que nos anos 1950 servira como oficial sob comando de Sharon na brigada de paraquedistas das FDI, consideravam supremamente importante combater a OLP e suas bases no Líbano e ordenaram que os militares começassem a planejar uma grande campanha militar na região.

"Os planos de Sharon foram revelados muito lentamente", disse Efraim Sneh. "Inicialmente, ordenou que preparássemos uma penetração militar limitada [no Líbano], e somente mais tarde que desenhássemos os mapas de uma invasão maciça, até a estrada entre Beirute e Damasco." David Agmon, chefe do Estado-Maior do Comando Norte, disse que, em um estágio posterior, Sharon ordenou que ele planejasse a ocupação de todo o Líbano e até de partes da Síria. "Estava claro que não sabíamos de tudo e que o governo sabia ainda menos", disse Sneh.

Mas mesmo Sharon percebeu que Israel não podia simplesmente invadir o Líbano e ocupar partes de seu território. Em julho de 1981, o enviado especial do presidente Reagan ao Oriente Médio, Philip Habib, mediou um cessar-fogo entre Israel e a OLP na arena libanesa. Sharon e Eitan se opuseram ferozmente ao acordo, que não incluía o compromisso da OLP de não atacar israelenses em outros lugares, como os territórios ocupados ou a Europa. Para Sharon, uma granada lançada em uma sinagoga de Paris deveria ser considerada uma ruptura do cessar-fogo. Além disso, Begin e Sharon viam Arafat como responsável por qualquer ato de qualquer palestino em qualquer lugar do mundo, mesmo que pertencessem a organizações não afiliadas à OLP. Só que o mundo via as coisas de outra maneira, e Habib deixou claro aos israelenses que os Estados Unidos só apoiariam uma incursão terrestre no Líbano em resposta a uma grave provocação da OLP.

Sharon achava, com razão, que cada dia que se passava pacificamente presenteava Arafat e seu pessoal com tempo para consolidar sua posição e melhorar a mobilização militar no Líbano.[40] Ele decidiu apressar as coisas para que pudesse executar seu plano e ativar o aparato secreto de Dagan no Comando Norte. "O objetivo da segunda fase dessa atividade", contou Sneh, "era causar tal caos nas áreas palestinas de Tiro, Sídon e Beirute que haveria uma razão genuína e sólida para uma invasão israelense."[41]

Sharon também enviou Rafi Eitan como emissário pessoal para manter um olho nas atividades clandestinas no norte. Executor dos templários de Tel Aviv, captor de Eichamnn e comandante das operações contra os cientistas alemães no Egito, Eitan deixara a organização quando fora desconsiderado para a diretoria. Em 1981, servia como conselheiro de contraterrorismo do primeiro-ministro e líder do LAKAM, um braço de espionagem do Ministério da Defesa que lidava principalmente com tecnologia militar.

Em meados de setembro de 1981, carros-bomba explodiam regularmente nos bairros palestinos de Beirute e outras cidades libanesas.[42] Um explodiu no bairro Fakhani em 1º de outubro, matando 83 pessoas e ferindo trezentas, incluindo muitas mulheres que ficaram presas no incêndio de uma fábrica de tecidos de propriedade da OLP. Outro explodiu perto da sede da OLP em Sídon, matando 23 pessoas. Somente em dezembro de 1981, dezoito bombas em carros, motocicletas, bicicletas e jumentos explodiram perto dos escritórios da OLP ou em concentrações palestinas, causando várias dezenas de mortes.

Uma nova e desconhecida organização que chamava a si mesma de Frente para a Libertação do Líbano de Estrangeiros assumiu a autoria de todos os incidentes. Os explosivos eram embalados em pacotes do sabão em pó Ariel, de modo que, se os carros fossem parados em bloqueios rodoviários, a carga pareceria ser composta de mercadorias inocentes. Em alguns casos, os israelenses recorreram a mulheres para dirigir, a fim de reduzir a probabilidade de que os carros fossem pegos a caminho da zona-alvo.

Os carros-bomba foram desenvolvidos na Executiva Especial de Operações das FDI (Maarach Ha-Mivtsaim Ha-Meyuchadim) e envolviam o uso de uma das primeiras gerações de drones. Esses drones emitiam o sinal que iniciava o mecanismo de detonação dos dispositivos. Um dos agentes locais de Dagan dirigia o carro até o alvo, sob observação aérea ou terrestre, estacionava e ia embora. Quando os observadores identificavam o momento pelo qual estavam esperando, apertavam um botão e o carro explodia.

Sharon esperava que essas operações provocassem Arafat a atacar Israel, que poderia responder invadindo o Líbano, ou, ao menos, fazer com que a OLP retaliasse contra a Falange, permitindo que Israel saltasse com grande ímpeto em defesa dos cristãos.

UMA MATILHA DE CÃES SELVAGENS

A Frente de Libertação do Líbano de Estrangeiros também começou a atacar as instalações sírias no Líbano e até mesmo alegou ser a autora de operações contra unidades das FDI. "Nunca estivemos conectados a atividades contra nossas próprias forças", disse Dagan, "mas a frente assumiu a autoria a fim de criar credibilidade, como se estivesse operando contra todas as forças estrangeiras no Líbano."

Yasser Arafat não foi enganado pelo plano. Ele acusou o Mossad de estar por trás das explosões e da "frente". Mas isso também não era estritamente correto. O Mossad, na verdade, opunha-se veementemente ao que Ben-Gal e Dagan estavam fazendo.

"Com apoio de Sharon", disse um oficial do Mossad na época, "coisas horríveis foram feitas. Não sou vegetariano e apoiei e até mesmo participei de algumas operações de assassinato executadas por Israel. Mas estamos falando de assassinato em massa sem motivos, apenas para causar caos e alarme, e entre civis. Desde quando enviamos jumentos carregando bombas para explodir em mercados?"[43]

Outro homem do Mossad que estava no Líbano na época disse: "Vi à distância um dos carros explodindo e destruindo uma rua inteira. Estávamos ensinando aos libaneses quão efetivo um carro-bomba pode ser. Tudo que vimos mais tarde, com o Hezbollah, derivou do que eles viram acontecer durante essas operações."[44]

Dagan e Ben-Gal negaram veementemente que a frente pretendia ferir civis. "Os alvos eram sempre militares", disse Ben-Gal.[45] Dagan disse que não havia alternativa a não ser usar enviados locais. "Estou pronto para derramar lágrimas incontáveis sobre a sepultura de um libanês que foi morto por nós em uma missão, desde que nenhuma vida judia tenha sido colocada em perigo." Mas acrescentou que usar mercenários tinha suas desvantagens. "Você pode lhe dar explosivos e dizer para explodir a sede da OLP em algum lugar, mas ele tem suas próprias contas a acertar, e agora tem uma bomba para isso. Então, às vezes, as bombas explodiam em lugares diferentes."[46]

Arafat percebeu que Sharon tentava provocar os palestinos a romper o cessar-fogo para poder iniciar sua invasão e fez um esforço genuíno para não responder, incluindo uma tentativa parcialmente bem-sucedida de reduzir a violência nos territórios ocupados. Em face da disciplina palestina, os líderes do front decidiram passar para o próximo nível.

Sharon fez com que Arafat retornasse à lista de procurados — fora removido em 1974, quando o Mossad chegara à conclusão de que ele se tornara uma figura política e, consequentemente, Israel não devia feri-lo — e, no fim de 1981, Ben-Gal e Dagan começaram a planejar uma operação que achavam que poderia alterar o curso da história do Oriente Médio.[47] A Operação Olympia, que recebeu esse nome em função de um popular restaurante em Tel Aviv, era um plano para carregar caminhões com cerca de 2 toneladas de explosivos e cercar um teatro no leste de Beirute onde a OLP faria um jantar festivo em dezembro. Uma grande explosão eliminaria toda a liderança da OLP. Mas a ideia foi abandonada e Olympia 1 foi substituída por Olympia 2. Esta previa que agentes israelenses instalariam um grande conjunto de bombas sob um camarote VIP em construção em um estádio de Beirute no qual, em 1º de janeiro de 1982, a OLP celebraria seu aniversário de fundação. Com o apertar de um botão, haveria destruição total.

Ben-Gal já não era chefe do Comando Norte quando esse plano passou para o estágio operacional. Sharon tinha pouca utilidade para ele. Na opinião de Sharon, o general que planejava explodir dezenas de palestinos e conduzira uma guerra secreta contra o Líbano tinha coração mole e não possuía determinação. Em dezembro de 1981, ele dispensou Ben-Gal do Comando Norte e nomeou alguém de quem gostava mais, uma ação que prenunciou seus planos para o Líbano.

Foi nessa época que a Olympia 2 começou a ganhar velocidade. Em 20 de dezembro de 1981, três agentes recrutados por Dagan conseguiram entrar no camarote VIP e plantaram grandes quantidades de explosivos sob o lugar no qual a liderança da OLP estaria sentada, todos ligados a um mecanismo de detonação controlado remotamente. Além disso, em uma das bases da unidade a 5 quilômetros da fronteira, três veículos — um caminhão carregando 1,5 tonelada de explosivos e dois sedãs Mercedes com 250 quilos cada — foram preparados. Esses veículos seriam dirigidos até Beirute por três membros xiitas da Frente de Libertação do Líbano de Estrangeiros e estacionados perto do muro do estádio, atrás do camarote VIP. Seriam detonados por controle remoto um minuto após a explosão sob o camarote, quando o pânico estivesse no auge e os sobreviventes estivessem tentando fugir. Esperava-se que a morte e a destruição atingissem "proporções sem precedentes, mesmo em se tratando do Líbano", nas palavras de um oficial muito importante do Comando Norte.[48]

Em um bilhete que Rafi Eitan entregou a Efraim Sneh durante uma reunião sobre a operação, ele escreveu: "Se isso funcionar, nós [Israel] seremos imediatamente culpados." Isso não foi escrito com medo, mas com esperança, porque, como Sneh mais tarde disse: "Aqueles líderes da OLP que não fossem mortos durante a explosão do estádio saberiam na hora o que deveriam fazer: atacar Israel, romper o cessar-fogo e dar a Sharon, que estava desesperado para invadir o Líbano, um pretexto para isso."[49]

Tudo estava no lugar, mas alguém vazou o plano para Saguy, que informou o vice-ministro da Defesa Zippori. "Diplomatas estrangeiros provavelmente estarão no camarote com Arafat, em particular Alexander Soldatov, o embaixador soviético no Líbano", disse Saguy a Zippori.[50]

Zippori detestava Sharon e sempre suspeitava de suas intenções. Ele contatou seu velho comandante na clandestinidade pré-Estado, a Irgun: Begin. "A questão dos embaixadores é bastante grave", disse ele. "E ainda mais grave, muito mais, é o fato de que mais uma vez eles estão executando tais atos sem aprovação do gabinete."

No início da manhã de 31 de dezembro, um dia antes da data programada para a Olympia 2, o chefe do Estado-Maior Eitan telefonou para Dagan. "Subitamente, ouvi que Sharon dera ordens para procurarmos o primeiro-ministro, apresentar o plano e obter sua aprovação antes de agir", lembrou Dagan. "Era um dia muito chuvoso. Raful nos informou que, a fim de manter segredo, ele iria me buscar na sede do Comando Norte e voaríamos juntos para a reunião com Begin."[51]

No gabinete de Begin, o primeiro-ministro os encarou inquisitivamente. "Eles disseram que é possível que o embaixador soviético esteja na plataforma", disse Begin.

"Isso é simplesmente incorreto", respondeu Dagan. "Há muito pouca probabilidade de que ele ou qualquer outro diplomata estrangeiro esteja presente."

Begin perguntou a opinião de Saguy. Ele respondeu que era provável que o embaixador soviético comparecesse. "Se algo acontecer a ele", disse Saguy, "poderemos ter uma crise muito grave com a URSS."[52]

Anos depois, Saguy contou: "Meu dever como chefe da Aman era cuidar não apenas dos aspectos operacionais e militares, mas também do aspecto diplomático. Eu disse a Begin que era impossível matar um estádio inteiro. E o que aconteceria no dia seguinte do massacre? O mundo inteiro cairia sobre nós. Não faria diferença se admitíssemos ou não a autoria. Todo mundo saberia quem estava por trás do ataque."

Dagan, Eitan e Sharon tentaram persuadir Begin, dizendo que se tratava de uma oportunidade única. Mas o primeiro-ministro levou o perigo de uma ameaça russa a sério e ordenou que a operação fosse abortada.

"No fim, é claro, eu estava certo e nenhum embaixador soviético ou qualquer outro diplomata estrangeiro estava presente", disse Dagan. "Mas o que podíamos fazer? O primeiro-ministro disse para abortar, nós abortamos. Foi muito complicado tirar os explosivos de lá."[53]

Begin rapidamente deu luz verde para outra operação, que acarretava pouco risco de ferir diplomatas ou civis. A vigilância dos principais líderes da OLP revelara que uma vez por mês, em uma sexta-feira, eles deixavam Beirute em um comboio de sete ou oito luxuosos sedãs Mercedes e corriam na direção da Síria, e de lá para a Jordânia, onde participavam de reuniões da liderança. Tratava-se tanto de negócios quanto de prazer, e Arafat frequentemente se unia à delegação.

Certa noite, no início de fevereiro de 1982, um esquadrão de agentes da Cesareia chegou a uma das principais bifurcações por onde o comboio passava todos os meses. Eles desmontaram a parte de cima de um dos semáforos e a substituíram por uma fabricada no departamento tecnológico do Mossad. Ela continha uma câmera que transmitia imagens para a sede do Mossad. Na sexta-feira, 5 de março, às 3 horas, algumas horas antes de o comboio da OLP passar pelo local, um esquadrão maior da Cesareia chegou à bifurcação com uma grande quantidade de explosivos, que os agentes começaram a plantar em valas ao longo da estrada, conectados por um cordão de detonação e ligados remotamente à sede. De acordo com o plano, o pessoal do Mossad deixaria a cena após plantar as bombas e retornaria a Israel. O comboio seria observado por agentes locais depois de partir de Beirute. Quando passasse por certo ponto, marcado em uma das árvores e claramente visível nas imagens transmitidas, as bombas seriam detonadas e a liderança da OLP seria liquidada.

Tudo correu bem até a madrugada, quando um policial viu os dois veículos no qual a equipe de Israel chegara e os homens ajoelhados perto deles. "O que vocês estão fazendo aqui?", perguntou o policial em árabe. "Estivemos em um casamento e comemos comida estragada", respondeu um dos agentes do Mossad. "Estamos enjoados. Paramos para vomitar." Dois agentes já haviam discretamente sacado e engatilhado as pistolas. Mas o policial decidiu seguir seu caminho.[54]

Os agentes se perguntaram se ele acreditara na história ou fora buscar reforços. A sede decidiu não correr nenhum risco. O primeiro-ministro e o ministro da Defesa concordaram que a missão seria abortada e a equipe deveria retornar a Israel. Novamente, a lei férrea de que qualquer missão deve ser sacrificada se houver o risco de agentes serem capturados foi estritamente observada.

O que teria acontecido se Begin tivesse permitido que Dagan prosseguisse com a Olympia 2 ou se o policial árabe não tivesse parado naquele momento? A história, argumentou Dagan, teria seguido um rumo completamente diferente. "Se tivessem permitido que agíssemos e a liderança da OLP tivesse saído do jogo", disse ele, "teríamos sido poupados da Guerra do Líbano, seis meses depois, e vários outros problemas."

É impossível saber com certeza. Outros sentiram que Sharon e Eitan não teriam ficado satisfeitos e que tinham uma grande estratégia para criar uma nova ordem, não somente no Líbano, mas em todo o Oriente Médio.

Por algum tempo, eles ficaram em silêncio, esperando pelo inevitável pretexto para a guerra.

15

"ABU NIDAL, ABU *SHMIDAL*"

Toda primavera em Londres, a companhia De La Rue, uma empresa de sistemas de segurança e impressoras de papel-moeda baseada na Grã-Bretanha oferece um jantar a rigor para diplomatas e executivos. Em 1982, ele foi realizado na noite de 3 de junho, no elegante hotel Dorchester. Oitenta e quatro embaixadores e CEOs de todo o mundo participaram do banquete, reforçaram suas redes de contatos e trocaram fofocas.

Quando terminou, logo após as 22 horas, e os convidados começaram a ir embora, o embaixador de Israel na Corte de St. James, Shlomo Argov, parou na recepção do hotel para conversar com outro diplomata. Eles discutiram os presentes que seus respectivos países dariam ao primeiro filho do príncipe Charles e da princesa Diana, que deveria nascer em duas semanas. Então, já na saída, Argov apertou a mão do magnata da imprensa Robert Maxwell lhe agradeceu a atitude amigável de seu jornal em relação a Israel.[1]

A unidade de proteção a VIPs do Shin Bet não podia operar no Reino Unido, e Argov estava sendo protegido por um guarda-costas britânico, o detetive Colin Simpson. Os dois homens saíram do hotel e percorreram rapidamente os quase 10 metros até o sedã Volvo blindado da embaixada. Simpson abriu a porta de trás para Argov.

Nenhum dos dois viu o assassino na calçada até que fosse tarde demais.

Hussein Ghassan Said era parte de uma célula secreta do grupo terrorista Abu Nidal. Ele e dois camaradas observavam a porta da frente do Dorchester havia uma hora e meia. "Um dia antes da operação", disse Said, "Russan, nosso comandante, veio falar comigo e disse que seria um grande dia para a nação palestina, porque iríamos matar um importante sionista."²

Carregando uma submetralhadora em miniatura de fabricação polonesa, a WZ-63, ele se aproximou de Argov por trás. "Cheguei por trás enquanto ele entrava no carro. Tirei a arma da sacola e a segurei com as duas mãos, como me ensinaram. O outro homem abriu a porta para ele. Cheguei mais perto, até estar a apenas alguns metros, e atirei na cabeça."³

Simpson empurrou Argov para dentro do carro e disse ao motorista para dirigir até o hospital. O embaixador estava gravemente ferido. Então Simpson correu atrás de Said, que fugia pela Park Lane em direção ao carro no qual dois amigos esperavam por ele. O detetive testemunhou mais tarde que, na esquina com a South Street, a vários quarteirões do Dorchester, Said se virou e atirou. Ele errou e a bala atingiu um carro pertencente a um membro da família real, cujas roupas ficaram cobertas de estilhaços de vidro. Quase ao mesmo tempo, Simpson disparou sua pistola .38 mm e atingiu Said no pescoço, logo abaixo da orelha direita, derrubando-o. "Comecei a correr em direção ao carro", contou Said. "Minha arma emperrou. De repente, senti um golpe terrível no pescoço e caí no chão."

Os companheiros de Said foram capturados 40 minutos após o incidente.⁴ A inteligência britânica tinha um agente duplo na célula de Abu Nidal, mas perdeu sua dica sobre o assassinato planejado e percebeu tarde demais o que estava acontecendo.

Argov sobreviveu, mas ficou paralisado e teve muitos problemas, que conduziram a sua morte em 2003. Logo após a tentativa de assassinato, a inteligência israelense descobriu que Abu Nidal, inimigo jurado de Arafat, cujo nome verdadeiro era Sabri al-Banna, "ordenara o ataque em nome de Barzan al-Tikriti, o chefe dos serviços iraquianos de inteligência", disse Yigal Simon, ex-comandante da Unidade 504, que na época servia na estação do Mossad em Londres.⁵

O meio irmão e chefe de Barzan, o déspota iraquiano Saddam Hussein, esperava que o assassinato causasse um conflito militar de larga escala entre a Síria, a OLP e Israel, seus três maiores rivais no Oriente Médio, e talvez envolvesse até mesmo o maior de todos: o Irã.⁶

Ocorre que os falcões de guerra de Saddam e de Sharon tinham interesses similares. Durante uma reunião do gabinete israelense realizada na manhã de 4 de junho de 1982, o primeiro-ministro Begin declarou que "um ataque a um embaixador equivale a um ataque ao Estado de Israel, e nós responderemos". Ele não deu ouvidos a seu próprio pessoal de inteligência, que tentou explicar que a OLP vinha se comportando havia um ano, desde o cessar-fogo de iniciativa americana no verão anterior, e que Argov fora atingido por um membro de um grupo palestino dissidente que também queria eliminar Arafat. "Eles são a OLP", declarou Begin. O chefe do Estado-Maior Eitan foi menos refinado: "Abu Nidal, Abu *Shmidal*. Temos que destruir a OLP."[7]

O gabinete aprovou o bombardeio aéreo maciço de Beirute e de bases da OLP. Claramente, Arafat não podia deixar isso acontecer sem esboçar reação.[8] Logo depois, 29 comunidades do norte de Israel ficaram sob pesado fogo de artilharia da OLP.

Em Londres, Said foi sentenciado a trinta anos de prisão. Em entrevistas telefônicas e cartas, disse não acreditar que seu tiro iniciara a guerra israelense no Líbano. "Teria acontecido de qualquer maneira", disse ele. "Posso ter influenciado o momento da invasão, mas Raful e Sharon queriam conquistar o Líbano de qualquer maneira. Eles usaram o que fiz como pretexto."[9]

Provavelmente estava certo. De qualquer modo, a guerra no Líbano havia começado.

Ariel Sharon apresentou ao gabinete israelense um plano para vingar Argov e silenciar as forças da OLP em 5 de junho. Ele o chamou de Operação Paz na Galileia, um nome pensado para dar a impressão de que aquela era uma missão quase relutante de autoproteção. Seria uma incursão limitada, disse Sharon ao gabinete, com o único objetivo de remover a ameaça que a artilharia da OLP representava para as comunidades israelenses.[10] As FDI avançariam não mais que 40 quilômetros no interior do Líbano, que era o alcance das maiores armas da OLP na época.

O único que se opôs ao plano foi Mordechai Zippori, então ministro das Comunicações.[11] Ele suspeitava que Sharon tinha objetivos muito mais amplos. Com seu *background* militar, Zippori também entendia que uma investida dessa profundidade, ao longo do flanco das forças da Síria no Líbano, necessariamente levaria a um conflito entre as forças israelenses e sírias. Mas Begin ignorou suas objeções e declarou: "Eu disse que não atacaremos os sírios."

No entanto, mais uma vez, as suspeitas de Zippori eram totalmente justificadas. Aquele era apenas o início do plano real de Sharon.[12] Juntamente com seu chefe do Estado-Maior, Eitan, ele tinha uma agenda secreta muito mais grandiosa: pretendia usar os tanques das FDI para redesenhar todo o Oriente Médio. Em sua visão, as forças israelenses e seus aliados da Falange conquistariam o Líbano desde a fronteira até Beirute, destruindo todas as forças da OLP e infligindo sérios danos às unidades sírias na região. Com a capital assegurada, os israelenses instalariam o líder da Falange, Bashir Gemayel, como presidente, transformando o Líbano em um aliado confiável. Em seguida, Gemayel expulsaria os palestinos para a Jordânia, onde seriam uma maioria capaz de criar um Estado palestino no lugar do Reino Hachemita. Na opinião de Sharon, isso eliminaria as exigências palestinas por um país na Judeia e na Samaria — a Cisjordânia —, que então se tornariam parte de Israel.

Nesse plano fantástico, havia mais um elemento crítico: matar Yasser Arafat. Sharon achava que, na guerra contra uma organização terrorista, emblemas e símbolos eram tão importantes quanto a contagem de corpos. Para enviar um sinal que destruiria o espírito palestino, ele e Eitan estavam determinados a chegar a Beirute, encontrar o esconderijo de Arafat e matá-lo.

Para esse fim, uma força-tarefa especial foi criada e recebeu o codinome Peixe Seco. Sharon nomeou seus dois especialistas em operações especiais, Meir Dagan e Rafi Eitan, para dirigi-la. "Eu achava que eliminá-lo mudaria tudo", disse Dagan. "Arafat não era apenas um líder palestino, mas uma espécie de pai fundador da nação palestina. Matá-lo criaria muitos conflitos internos na OLP e prejudicaria significativamente sua capacidade de tomar decisões estratégicas dali para a frente."

O chefe da Aman, major-general Yehoshua Saguy, e o chefe do Mossad, Yitzhak Hofi, antes um general das FDI, se opuseram firmemente à invasão do Líbano, porque sabiam que, por trás das promessas de Sharon e Eitan de "uma incursão de não mais que 40 quilômetros", havia um plano oculto que colocaria Israel em uma situação prejudicial. "Eu conhecia os dois", disse Hofi, "e sabia que não haviam desistido de sua ambição e que, de algum modo, tentariam conseguir o que sempre quiseram: chegar a Beirute e matar Arafat."[13] Hofi avisou a Begin que uma invasão do Líbano "seria a Guerra do Yom Kippur do Likud", o partido de Begin: um desastre para o

Estado e para sua própria carreira, assim como o conflito de 1973 pusera fim à hegemonia do Partido Trabalhista.

Mas Begin ignorou as objeções das organizações de inteligência e, em 6 de junho, as FDI invadiram o Líbano.

Um exército de 76 mil soldados, oitocentos tanques e 1.500 blindados de transporte de pessoal avançaram para o norte em três eixos, com uma quarta força desembarcando a partir do mar.

O início foi promissor, do ponto de vista de Sharon.[14] As forças israelenses conseguiram a maior parte dos objetivos, graças a seu poder de fogo vastamente superior, mas também à inteligência de altíssimo nível que a Aman e o Mossad haviam fornecido após penetrar a profundamente corrompida OLP. Os milicianos se saíram ainda pior do que a Aman previra.[15] A maioria dos comandantes fugiu, deixando seus homens perecerem.

Assim como Zippori previra, os sírios responderam à clara provocação de Israel. Eitan, cujas tropas quase haviam sido dominadas pelos sírios nas colinas de Golã em 1973, tirou vantagem da oportunidade de acertar as contas e ordenou um contra-ataque com força total.[16] Os sírios também foram dizimados pelo fogo israelense.

Mas, junto com as vitórias militares, logo se tornou claro para os ministros de gabinete israelenses que a "incursão de 40 quilômetros" contra a OLP que lhes fora prometida se transformava em algo completamente diferente.[17] Sharon ordenou que as FDI continuassem avançando, alegando que isso era necessário por várias razões operacionais. Em face de sua personalidade carismática e dominadora, os ministros não apresentaram quase nenhuma objeção.

"Percebi muito rapidamente que o plano estava se dissolvendo e que as FDI estavam penetrando mais profundamente o Líbano", disse o secretário militar de Begin, o general de brigada Azriel Nevo. "Sharon mentiu e enganou Begin e o gabinete. Sua grandeza estava no fato de que ele sabia descrever, da maneira mais vívida, por que era necessário avançar mais alguns quilômetros, porque, de outro modo, no dia seguinte o Exército sírio estaria sobre alguma colina, ameaçando nossas tropas. Foi assim que conseguiu autorização do gabinete para aquela invasão insidiosa."

Em 25 de junho, as FDI cercaram Beirute, indo muito além do alcance combinado, e começaram um penoso cerco e bombardeio dos bairros da parte oeste da cidade.

Sharon esperava que os falangistas maronitas cristãos ajudassem a lutar contra a OLP, servindo como bucha de canhão para os israelenses, especialmente nas áreas mais densamente povoadas. A Falange tinha ideias similares, mas na direção contrária: esperava que os israelenses lutassem para estabelecer sua hegemonia no Líbano. "O Mossad, que gerenciava a conexão com a Falange, leu absolutamente errado a situação no Líbano e a capacidade e as intenções dos cristãos. Eles nos passaram a perna", disse Nevo.[18]

Os líderes da Falange urgiram os israelenses a conquistar mais e mais territórios, prometendo assistência militar que jamais se materializou. Em uma reunião com o chefe do Estado-Maior Eitan em 16 de junho, o líder da Falange, Bashir Gemayel, pediu que as FDI conquistassem Beirute. "Sua declaração de que não entrará em Beirute", disse ele, "não ajuda, porque fortalece o espírito de luta dos palestinos e dos muçulmanos e obstrui o processo político."[19] Ao mesmo tempo, Gemayel tinha conselhos a oferecer sobre a maneira de tratar sua cidade natal: "Vocês devem continuar o bombardeio aéreo, porque a artilharia não tem efeito. Eles estão acostumados a ela."

Juntos, Sharon, Eitan e a Falange conspiraram clandestinamente para tomar Beirute em uma operação combinada que recebeu o codinome Centelha.[20] Durante uma reunião na casa de Sharon em 1º de agosto, à qual compareceram os chefes das FDI e do Mossad, Sharon, refletindo o desejo de aplicar tanta pressão quanto possível para fazer com que a OLP e os sírios se retirassem, perguntou a Gemayel: "Você consegue cortar a água novamente?"

"Sim, se vocês derem cobertura", respondeu Gemayel.

"Ok", disse Sharon. "Mas precisamos deixar a água correndo até segunda-feira, quando [o secretário de Estado americano George] Shultz vai se reunir com [o ministro do Exterior Yitzhak] Shamir."[21]

Os ministros de gabinete israelenses só souberam mais tarde das ordens de Sharon para conquistar, pela primeira vez na história de Israel, a capital de outra nação soberana. De fato, durante toda a guerra, Sharon jamais deixou de garantir ao gabinete, ao Knesset e à nação que "não temos a intenção de entrar em Beirute", repetindo essa promessa muitas vezes.[22] Mas as ordens que deu às FDI foram perfeitamente claras: "Temos de acabar com a parte sul" de Beirute, onde os campos de refugiados e as bases da OLP estavam localizados, disse ele durante uma reunião em seu escritório em 11 de julho, "para destruir o que puder ser destruído [...] e demolir tudo".[23]

A invasão em grande escala do Líbano e o cerco de Beirute se tornariam um atoleiro para Israel, uma ocupação que duraria — ao menos no sul — dezoito anos.

O mundo inteiro, incluindo o presidente Ronald Reagan, que tinha um bom relacionamento com Begin, voltou-se contra Israel. "Vocês estão causando um holocausto em Beirute", disse Reagan em um furioso telefonema para Begin. "Por favor, senhor presidente", respondeu Begin, igualmente furioso, "não queira me ensinar sobre holocaustos. Eu e meu povo sabemos muito bem o que 'holocausto' significa."[24]

O Mossad tentou equilibrar a situação vazando para o *Observer* de Londres documentos que pretendiam mostrar que a OLP tinha estoques de armas suficientes para 100 mil homens, mas que, na verdade, eram os estoques de emergência da União Soviética no Oriente Médio.[25] Também alegou que a URSS pretendia enviar soldados cubanos para lutar ao lado dos palestinos, conquistar a Galileia, destruir os assentamentos judaicos e criar um país independente na região. É duvidoso que essas histórias contenham algum grão de verdade, e certamente não colocaram a opinião mundial a favor de Israel. O conflito no Oriente Médio foi novamente visto como uma história de Davi contra Golias, mas com Israel como gigante brutal e poderoso e os palestinos como os azarões dignos de pena.

A total extensão da mentira que Sharon contou ao governo e ao público de Israel só emergiu gradualmente. Mas o crescente número de perdas israelenses, os objetivos indistintos e flutuantes e as histórias de destruição e sofrimento no Líbano trazidas para casa pelos soldados começaram a causar protestos e oposição.

O chefe do Estado-Maior de Sharon, Eitan, percebeu que a maioria dos movimentos das FDI no Líbano estava sendo feita sem aprovação do gabinete e deliberadamente se ausentou das reuniões, alegando estar acompanhando os soldados na batalha.[26] Deixou a tarefa de compartimentalização e ocultação para Sharon, que simplesmente ignorou toda a oposição e seguiu em frente. ("Ele não para no vermelho" é uma canção sobre ele escrita pelo principal roqueiro de Israel, Shalom Hanoch.)

Não está claro exatamente quanto Begin sabia sobre o complicado plano de Sharon. Mais tarde, Sharon processaria um jornalista que afirmou que ele mentira para Begin e ocultara informações. Sharon perdeu a ação.[27]

Quanto ao plano de se livrar de Yasser Arafat, não há transcrições completas das sessões do gabinete ou das reuniões entre Sharon e Begin e, portanto, é impossível dizer precisamente o que Begin e seus ministros sabiam, se é que sabiam algo, sobre a Operação Peixe Seco.[28]

Mesmo assim, o que quer que Begin soubesse de específico, não fez segredo de sua opinião sobre a grande necessidade de se livrar de Arafat. Em carta a Reagan de 2 de agosto, escreveu que sentia como se "tivesse enviado um exército a Berlim, para eliminar Hitler em seu bunker".[29] Em um discurso ao Knesset na mesma semana, novamente chamou Arafat de "aquele barbudo desprezível, assassino de nossas crianças".[30]

A força-tarefa Peixe Seco, criada por Meir Dagan e Rafi Eitan, continuou a operar por fora do comando de guerra mais amplo e era composta majoritariamente por soldados da Sayeret Matkal liderados pelo expansivo chefe da unidade, tenente-coronel Uzi Dayan. Sua missão era complicada pelas realidades do combate urbano, uma vez que a equipe não podia simplesmente enviar um pelotão de soldados para atravessar Beirute e matar um homem, uma tática que teria gerado um estrago inimaginável. "Assim, a tarefa principal era localizar Peixe Seco e colocá-lo ao alcance das bombas da Força Aérea", disse Dayan. "Mas sem causar muitos danos colaterais."[31]

O coronel Yossi Langotsky, um dos fundadores da unidade tecnológica da Aman, foi convocado a Beirute em junho para grampear todos os sistemas de comunicação da OLP.[32] Graças aos telefonemas interceptados, cruzados com as observações secretas de soldados disfarçados da Sayeret e dos agentes do Mossad, as equipes da Peixe Seco tinham muitas informações sobre os esconderijos usados por Arafat.

"Mas a missão era muito complicada", continuou Dayan. "Tínhamos de coletar informações de várias fontes, para entender qual edifício ou caverna era o correto, reduzir a localização no mapa a coordenadas mais precisas, transmitir as coordenadas para a Força Aérea e lhe dar tempo de colocar um avião no ar e bombardear o local."[33]

Os longos dias e noites no posto de comando da Peixe Seco eram em sua maioria frustrantes, conforme Arafat conseguia escapar uma vez após a outra. Langotsky e Dayan ouviam os guarda-costas discutindo a chegada de Arafat a determinado local em determinado momento e rapidamente forneciam as coordenadas à Força Aérea. Certa vez, ouviram o próprio Arafat ao telefone e enviaram um par de caças-bombardeiros para destruir o prédio, mas Arafat partira "menos de trinta segundos antes", de acordo com Dayan.[34]

O líder palestino entendia que não era coincidência o fato de as bombas caírem repetidamente nos locais dos quais acabara de entrar ou sair. Ele disse a seu pessoal que Sharon, em Beirute, agia como um "lobo ferido" e queria matá-lo para se vingar da maneira como a guerra se arrastava. Ele começou a tomar medidas preventivas, marcando várias reuniões ao mesmo tempo, em locais diferentes. Espalhava desinformação entre seus auxiliares, suspeitando que um deles pudesse ser agente do Mossad, e permanecia sempre em movimento.[35]

"Arafat começou a quebrar sua rotina", disse Moshe Yaalon, um oficial da Peixe Seco. "Não havia um padrão em seu comportamento, nada que permitisse a preparação de um ataque por terra contra um bunker ou uma casa."[36]

A equipe, cada vez mais desesperada, teve inúmeras ideias. Em 3 de julho, o editor de uma revista israelense de esquerda, Uri Avnery, cruzou a linha de frente em Beirute para entrevistar Arafat (junto com o repórter Sarit Yishai e o fotógrafo Anat Saragusti) no coração da cidade. O encontro foi altamente controverso em Israel. Arafat era visto como pior inimigo do país, e aquela era a primeira vez que se reunia com um israelense. "Meu objetivo era começar a pavimentar o caminho para a paz entre israelenses e palestinos ao mudar a maneira de pensar dos israelenses", disse Avnery.[37] A equipe da Peixe Seco não admirou a iniciativa ("Não vou nem dizer o que acho de Avnery e seus atos ultrajantes", respondeu Yaalon), mas decidiu tirar vantagem da oportunidade de rastrear três israelenses e deixá-los levar um grupo de assassinos diretamente a Arafat.[38]

Entre os membros da equipe, houve uma discussão sobre se era ou não permissível pôr em perigo a vida de israelenses, ou até mesmo matá-los, durante a execução da missão. Avner Azoulai, o representante do Mossad no fórum da Peixe Seco, resumiu o resultado do debate: "Se as condições estivessem corretas do ponto de vista operacional, é razoável assumir que nem Arafat nem os três queridos judeus teriam permanecido vivos."[39]

Mas o sempre cauteloso Arafat suspeitou que o Mossad pudesse estar seguindo Avnery e os dois jornalistas que o acompanhavam. Seus seguranças empregaram contramedidas de despistagem, e a equipe da Peixe Seco perdeu seu rastro nos becos do sul de Beirute.

Com o passar dos dias e a realidade de uma guerra civil confusa e fomentada que se recusava a se conformar ao excessivamente ambicioso plano de Sharon e Eitan de reestruturar uma região inteira do planeta, os dois falcões colocaram cada vez mais pressão sobre a Força Aérea e as equipes da Peixe Seco para pegarem Arafat. "Desde o início do cerco a Beirute, a questão de matar Arafat assumiu grande importância. A sensação era de que isso era algo pessoal para Sharon", disse o major-general David Ivry, então comandante da Força Aérea. "De tempos em tempos, gente do Mossad ou da Aman parava no Canário [o posto de comando da Força Aérea, em um bunker subterrâneo nas profundezas de Tel Aviv] para nos dizer que Arafat estava aqui ou ali. Sharon ou Raful davam ordens para bombardear esses locais imediatamente.

"Eu achava aquilo tudo muito confuso, com o risco de ferir civis", continuou Ivry. "Não autorizaria um bombardeio como aqueles sem receber uma ordem por escrito do setor de operações do Estado-Maior geral. Eu esperava que colocar a questão em um cenário organizado de partilha de informações e decisões levasse a julgamentos melhores. Na verdade, muitas das ordens jamais chegaram por escrito. Simplesmente desapareceram em algum ponto do caminho."[40]

Uzi Dayan tinha as mesmas dúvidas. "Arafat foi salvo por duas coisas, disse ele. "Sua interminável boa sorte e eu. Eu achava que ele era um alvo legítimo, mas não pensava que atingir o alvo justificasse quaisquer meios. Se eu visse que envolveria a morte em larga escala de civis, mesmo que soubesse onde Arafat estava, não permitia que o local fosse bombardeado."

Ele continuou: "Raful quase explodia de raiva. Ele me telefonava e dizia: 'Entendo que você possui informações sobre tal e tal lugar. Por que os aviões não estão no ar?' Eu respondia que era impossível, porque havia muitas pessoas em torno. Raful dizia: 'Não se preocupe com isso. Assumo a responsabilidade.' Eu não ia permitir isso. Raful não iria me ensinar a ética da guerra."[41]

Rafael Eitan lembrava a Dayan que ele não estava autorizado a decidir o lançamento ou não de uma bomba. Mas, como Dayan explicou: "Tudo que eu tinha de fazer era relatar quando o alvo estava pronto, do ponto de vista da inteligência. Assim, todas as vezes que sabia que o bombardeio levaria a grandes perdas civis, relatávamos que, do ângulo da inteligência, o alvo não estava pronto."

Na noite de 4 de agosto, Eitan pediu que o chefe do departamento de operações da Força Aérea, Aviem Sella, fosse vê-lo. Os dois tinham um relacionamento próximo e Eitan gostava de Sella, um oficial altamente promissor que era considerado um potencial comandante da Força Aérea.

Eitan disse a ele que, no dia seguinte, ele não trabalharia no Canário, como sempre, mas partiria "em uma viagem".

"Parecida com nossa última viagem?", perguntou Sella, aludindo a uma visita a Beirute em maio, em preparação para a invasão e a operação para assassinar Arafat.

"Algo assim", respondeu Eitan. "Mas de cima. Encontre-me amanhã em Hatzor [uma base aérea no sul]. Você vai pilotar. Eu serei o navegador e operarei os sistemas de combate. Vamos bombardear Beirute." O alvo era um prédio onde Arafat estaria na manhã seguinte, de acordo com uma informação obtida pela Operação Peixe Seco.

Sella sabia que Eitan tinha licença para pilotar aeronaves leves, mas, mesmo assim, não conseguiu acreditar no que ouvira. "Era totalmente insano", disse ele. "Fiquei em choque. Se alguém tivesse me dito que o chefe do Estado-Maior, que não era realmente um aviador, estava levando o chefe do departamento de operações da Força Aérea para fazer uma pausa na condução da guerra enquanto os dois bombardeavam Beirute por diversão, eu jamais teria acreditado."

Mas o chefe do Estado-Maior Eitan estava obcecado com a ideia de matar Arafat.[42] No dia seguinte, os dois se encontraram em Hatzor. Eram parte de um quarteto de Phantoms em uma expedição para bombardear o edifício comercial al-Sana'i, no oeste de Beirute, onde Arafat supostamente participava de uma reunião. "O desempenho de Raful foi mais ou menos. Acho que ele estava meio enjoado. Fiz minha própria navegação. Ele operou os sistemas de munição, que, pelos padrões atuais, eram bastante primitivos. Fizemos duas passagens de bombardeio sobre o alvo e mais uma para ver se tínhamos acertado. Raful ficou satisfeito e voamos de volta para casa, em Israel."

Arafat novamente foi salvo por um milagre: as bombas destruíram parte do edifício pouco antes de ele chegar. Sella retornou de Hatzor para Tel

Aviv para gerenciar as operações da Força Aérea e Eitan pegou carona em um helicóptero até Beirute.[43] "À noite", lembrou Sella, "eu o vi na TV, sendo entrevistado nos limites de Beirute. Ele declarou que Israel estava evitando bombardear alvos em localizações civis, o que era exatamente o que estivera fazendo naquela manhã."

O problema com a Operação Peixe Seco, para Sharon e para Israel, era que o mundo inteiro estava observando. Com cada tentativa fracassada de assassinato, Israel parecia cada vez mais com uma potência militar invadindo uma nação soberana em uma busca maníaca para matar um único homem. Arafat, em vez de ser visto como terrorista sanguinário, era agora o líder caçado de uma nação de refugiados pisoteados pela máquina de guerra israelense. Sharon conseguira exatamente o oposto do que queria.

Seu principal alvo agora era objeto de simpatia global e a invasão afundou ainda mais em um pântano de infortúnio militar.[44] Era preciso sair do impasse e conseguir uma vitória parcial. Em 1º de agosto, as FDI começaram a exercer forte pressão sobre as forças da OLP em Beirute (Operação King Kong), com um bombardeio incessante de 72 horas para persuadir Arafat a se retirar do Líbano. A Força Aérea israelense fez mais de cem expedições em um período de dez horas. A barragem vinda do ar, da terra e do mar continuou e chegou a um clímax em 12 de agosto, que se tornou conhecido como quinta-feira negra por causa da devastação resultante.

A pressão funcionou. Em 13 de agosto, com mediação americana, Arafat concordou em evacuar Beirute com suas forças. Uzi Dayan partiu da cidade e deixou a equipe da Peixe Seco sob o comando de Yaalon, sentindo-se dividido. "Não passei o resto da vida de luto, mas, de vez em quando, pensava, como penso até hoje, que foi uma pena a missão não ter sido executada", disse ele. "Em contrapartida, a guerra foi muito angustiante do ponto de vista humanitário. Víamos a população libanesa à nossa volta, a pobreza, a destruição causada pelos combates. Entre nós, entre os combatentes, houve muita discussão. Tenho amigos, irmãos de armas, que realmente achavam que alguém deveria ir até lá e matar Sharon, homens que realmente pensaram em assassiná-lo para salvar o Estado de Israel. Apoiei a guerra desde o início, mas também vi que estávamos em um impasse, que a guerra não levaria a lugar nenhum. Sharon e Raful estavam enganando todo mundo. Fui embora de Beirute com uma grande sensação de alívio."⁴⁵

Em 21 de agosto, as forças da OLP evacuaram Beirute por mar. O relacionamento de Israel com os Estados Unidos estava muito tenso, considerando-se a invasão do Líbano e o cerco a Beirute. O primeiro-ministro Begin estava ansioso para acalmar as coisas. Quando o acordo de evacuação foi assinado, ele prometeu ao mediador americano Philip Habib que nenhum dano seria infligido às pessoas que participavam da evacuação. Manter essa promessa era importante para Begin, e ele instruiu Sharon a abandonar qualquer plano que pudesse ter feito de explorar a retirada como maneira de acertar as contas com Arafat.

A equipe da Peixe Seco permaneceu em Beirute e, em 30 de agosto, assumiu posição, juntamente com oficiais do Shin Bet e do Mossad, nos telhados adjacentes das companhias libanesas de petróleo e eletricidade, observando o porto. "À distância, vimos um grande comboio", lembrou um dos agentes do Shin Bet. "Subitamente, vimos o famoso *kaffiyeh* na famosa cabeça do procurado número um saindo de um dos carros. Ele estava no meio de um grande grupo de pessoas, como se fosse um enxame de abelhas."⁴⁶

Teria sido muito fácil matá-lo.⁴⁷ "Estávamos a 180 metros de distância", disse Yaalon. "A essa distância, com o rifle de precisão que nossa equipe carregava, seria difícil errar." Outros que estiveram lá lembraram que Arafat esteve na mira de ao menos cinco atiradores de elite ao mesmo tempo.

Um dos comandantes mantinha contato pelo rádio com o chefe do Estado-Maior, Eitan, no bunker de comando em Tel Aviv, atualizando-o sobre o momento em que Arafat sairia da mira. "Podemos fazer isso. Ele está na mira. Temos autorização?" Eitan não respondeu e o oficial continuou: "Ele vai entrar em dez, nove segundos. Por favor, nos dê autorização. Oito, sete..."

Finalmente, Eitan respondeu com sua voz anasalada, claramente desapontado: "Negativo", disse ele. "Repito: negativo. Não há autorização."⁴⁸

Vinte e quatro horas depois, Begin entregou a Habib a fotografia de Arafat na mira de um rifle de precisão para provar que, apesar da oportunidade, Israel mantivera sua palavra. A essa altura, Arafat já estava em Atenas, a caminho da próxima parada da OLP em Túnis.⁴⁹ O objetivo de Begin de "eliminar Hitler em seu bunker", como dissera a Reagan, se reduzira a observar enquanto Hitler voava para longe de Berlim.

16

BANDEIRA PRETA

Sharon prometera retirar as FDI do Líbano assim que a OLP partisse, mas, em vez disso, permaneceu fixado a seu grandioso plano de redesenhar o Oriente Médio. Com as forças israelenses firmemente entrincheiradas e o Mossad exercendo forte pressão, o Parlamento libanês votou, em 23 de agosto de 1982, para instalar o líder da Falange, Bashir Gemayel, como presidente.[1] Na fantasia de Sharon, Gemayel expulsaria os palestinos do Líbano.

Mais imediatamente, Sharon queria derrubar o que chamava de "núcleo terrorista [milicianos da OLP] e as forças de esquerda [comunistas e outros grupos esquerdistas aliados à OLP], que possuem armamentos pesados e permanecem no oeste de Beirute".

Sharon sabia que em breve a Organização das Nações Unidas enviaria uma força multinacional (MNF, na sigla em inglês) de manutenção da paz a Beirute e, uma vez que isso acontecesse, ele já não poderia fazer o que bem quisesse. Em uma reunião com os chefes do Mossad e do Shin Bet, ele se perguntou em voz alta: "Como cuidaremos dos terroristas quando a MNF estiver ativa? Teremos de usar métodos inteiramente diferentes [...]. Temos de nos assegurar de que o problema será resolvido, com cada passo que damos hoje tornando as coisas mais fáceis para esse momento."[2]

Sharon não queria colocar as FDI no coração dos campos de refugiados palestinos, e sugeriu que os falangistas fossem para o oeste de Beirute, "a fim de assegurar que qualquer um [da OLP] por lá seja morto ou preso".[3] Begin gostou da ideia e aprovou a entrega da tarefa à Falange, porque "nossos garotos não vão derramar seu sangue nessa questão".[4]

O Mossad embelezou a proposta. "Tínhamos uma longa lista de ativistas europeus de esquerda que estavam com os palestinos", disse Avner Azoulai, o oficial de ligação entre o Mossad e a milícia maronita. "A ideia era entregá-la aos falangistas, para que pudessem encontrá-los e matá-los. Depois disso, o Mossad seria capaz de relatar aos países europeus de onde esses bandidos haviam saído, como Alemanha, França e Itália, que o problema estava resolvido e, dessa maneira, eles nos deveriam um favor."[5]

Em vez disso, Gemayel foi assassinado três semanas depois, juntamente com muitos de seus associados, por uma bomba plantada por um agente sírio que demoliu a sede da Falange em Beirute.[6] Em resposta, as milícias cristãs libanesas conseguiram permissão dos israelenses para procurar combatentes da OLP nos campos de refugiados palestinos em Sabra e Chatila.

Na manhã de 16 de setembro, Yair Ravid, líder da equipe Interseção em Beirute, estava na sede da Falange, onde o Mossad estabelecera sua estação em Beirute. "Subitamente", disse Ravid, "vi os garotos de Elie [Hobeika, o chefe militar da Falange] afiando as facas, e eles disseram 'Hoje é a vez das *silah al abyad*', as armas brancas, que é como os libaneses chamam as facas. Eles não disseram as de quem, exatamente, mas estava claro que iam degolar gargantas. Não fiz mais perguntas. Eu era somente um hóspede."[7] Ravid não relatou o que viu a seus superiores.

Robert Hatem, o executor de Hobeika, lembrou que, quando os 350 falangistas iniciaram sua missão, "Hobeika nos disse: 'Fodam todo mundo lá. Destruam o campo.' Levamos uma D9 [uma escavadeira] para demolir tudo".

"O campo", disse Hatem, "era composto de choças e barracos de latão. Quando atiramos, tudo desabou. Atiramos em todas as direções. Não conferimos para ver quem estava atrás das paredes."

A maior parte dos danos foi infligida por um grupo comandado por Marom Mashalani. "Os membros do grupo", continuou Hatem, "incluindo o comandante, usaram muitas drogas, tantas quanto conseguiram encontrar. Não fizeram distinção entre combatentes e não combatentes ou entre homens e mulheres. Atiraram em todo mundo."[8]

O resultado foi um massacre aterrador.[9] O número de mortos é disputado: os israelenses dizem 700, os palestinos dizem 2.750. Sharon mais tarde alegaria que "as forças libanesas [ou seja, os falangistas] se conformaram às convenções de guerra enquanto as FDI as controlaram, supervisionando suas ações [...]. Esse terrível resultado faz parte da natureza de uma ruptura imprevista e inexplicável".[10] Em outras palavras, Sharon afirmou que não poderia ter previsto o que aconteceu.

Documentos confidenciais das FDI e do Mossad, entretanto, provam que o bárbaro padrão de comportamento da Falange era conhecido havia muito pelos líderes do establishment israelense de defesa.[11] A hipótese prevalente era que, logo após a evacuação da OLP de Beirute, "a Falange encontrará uma maneira de entrar para acertar as contas, e os assassinatos em Beirute começarão já no primeiro dia".

O próprio Sharon falara com desprezo sobre qualquer possível contribuição militar da Falange, afirmando: "Esqueçam deles. Não farão nada. Talvez mais tarde, quando [...] for possível pilhar, matar e violentar. Então eles pilharão, matarão e violentarão."[12]

As FDI e o Mossad não contribuíram diretamente para o massacre, mas o apoio que deram às forças cristãs e sua falha em proteger os palestinos da ocupação mancharam o nome de Israel. Assim que os israelenses descobriram o que os falangistas haviam feito, ordenaram que parassem e expressaram seu ultraje. Ao mesmo tempo, todavia, também começaram a aconselhar a milícia maronita sobre o que dizer à legião de jornalistas que cobria as atrocidades.[13]

Severa censura internacional e doméstica se seguiu. Os líderes da oposição, Yitzhak Rabin e Shimon Peres, retiraram seu apoio à guerra quando ficaram conscientes da escala da matança.

A resposta de Sharon foi típica. Testemunhando a portas fechadas em 1982 perante um júri do Knesset que supervisionava os serviços secretos, leu um punhado de documentos confidenciais sobre o massacre de palestinos perpetrado pelos maronitas no campo de refugiados de Tel al-Zaatar em 1976, quando Rabin e Peres comandavam o país.[14] Sharon falou longamente sobre o horrendo massacre de crianças e as lâminas que abriram os ventres de mulheres grávidas.

"Quem sabia [o que estava acontecendo]?", perguntou Peres, furioso.

"A Cruz Vermelha relatou que, durante aqueles dias de massacre, nossos navios impediram a entrada de barcos carregando auxílio médico", respondeu Sharon. "O senhor iniciou o relacionamento, e nós o continuamos. O senhor também os ajudou após o massacre. Não nos queixamos na época. E eu não teria abordado essa questão se o senhor não tivesse se comportado como se comportou. Após Tel al-Zaatar, o senhor não possui mais o monopólio da moralidade."

O tom ameaçador de Sharon era claro. Um de seus assessores indicou aos líderes do Partido Trabalhista que, se fizessem pressão por um inquérito oficial sobre o massacre de Sabra e Chatila, os documentos confidenciais sobre suas ações durante o massacre de Tel al-Zaatar seriam vazados também para a imprensa internacional. As críticas do Partido Trabalhista desapareceram.

Mas os protestos públicos ainda existiam, enquanto o número oficial de soldados israelenses mortos no Líbano aumentava a cada dia. Houve protestos na frente da residência do primeiro-ministro, com os manifestantes gritando slogans e carregando cartazes condenando Begin e Sharon. Todos os dias, os manifestantes atualizavam uma placa gigantesca de frente para a casa de Begin que mostrava o número de soldados mortos na guerra infame de Sharon.

Sharon parecia indiferente aos protestos, mas Begin sofreu com eles. Ele afundou cada vez mais no que se transformou em uma depressão clínica, perdendo aos poucos a capacidade e o desejo de se comunicar com os que estavam à sua volta, isolando-se quase inteiramente do aparato de governo.

"Observei Begin definhar, afundando em si mesmo", disse Nevo. "Ele percebeu que Sharon o enganara, que ele entrara em um pântano em que não queria entrar. As vítimas e os protestos o estavam matando. Ele era um homem muito sensível; talvez sensível demais."[15]

Sua condição se deteriorou tanto que seus assessores evitavam lhe contar as novidades, com medo de que afundasse de vez.[16]

"Também o vi durante seu período de declínio", disse Nahum Admoni, que se tornou chefe do Mossad em setembro de 1982. "Certa vez, iniciei uma reunião e, após alguns minutos, vi que seus olhos estavam fechados. Não sabia se ele estava ouvindo ou se adormecera. Foi uma situação muito, muito constrangedora. Perguntei a Azriel [Nevo], seu assessor militar: 'Você acha que devo parar ou continuar falando?' Não comentei sobre o problema com ninguém, mas todo mundo sabia qual era a situação."[17]

E, não obstante, embora quase todos em torno de Begin soubessem que ele mal conseguia se manter, quem dirá dirigir um país em guerra, em vez de tentar substituí-lo, tentaram encobrir a situação, e seus assessores trabalhavam para esconder sua real condição do público israelense.[18] Os secretários de seu gabinete datilografavam sua agenda todos os dias, mas ela estava sempre vazia. "Para esconder a situação, eu disse a eles para classificarem a agenda como ultrassecreta, a fim de que ninguém pudesse vê-la", disse Nevo. "Eu e os outros funcionários do gabinete agimos como criminosos e cometemos uma grave infração. Não se pode esconder o fato de que o primeiro-ministro não é capaz de desempenhar suas funções e está agindo dessa maneira. Isso faz lembrar daqueles regimes ignorantes."[19]

Com Begin praticamente ausente, Sharon estava livre para fazer o que quisesse com as Forças Armadas. Na prática, durante todo esse período, Sharon dirigia o país, inconstitucionalmente e sem qualquer restrição. Ele até mesmo assumiu o comando do Mossad, embora a agência estivesse formalmente sob jurisdição do primeiro-ministro. "Ele era praticamente o comandante em chefe das Forças Armadas, dando ordens sem consultar o chefe do Estado-Maior, Eitan", lembrou Aviem Sella, chefe de operações da Força Aérea. "Ninguém conseguia enfrentá-lo."[20]

"Sharon dominava as reuniões [de gabinete]", disse Admoni. "Ele jamais forneceu um retrato completo durante as plenárias ou as sessões do gabinete interno [que deveria decidir as questões de defesa]. Também houve vezes em que apresentou um assunto, o gabinete o discutiu e tomou uma decisão, e Sharon nos chamou após a sessão, a mim, ao chefe do Estado-Maior [Eitan] e aos outros oficiais, e disse: 'Eles decidiram o que tinham que decidir. Agora estou dizendo que vocês devem fazer isso ou aquilo', e isso ou aquilo não era exatamente o que eles haviam decidido."[21]

Com sua merecida, mas cuidadosamente cultivada, imagem de herói de guerra à maneira de George Patton e com a ausência de dúvidas ou receios sobre conseguir o que queria no nível pessoal ou nacional, Sharon era conhecido em Israel como "a escavadeira". Cínico e impiedoso, às vezes ameaçador, mas com mais frequência charmoso e afável, não tinha problemas em torcer a verdade quando achava necessário. "Arik, rei de Israel", costumavam cantar seus apoiadores, e, durante essa época, ele de fato teve poderes quase monárquicos.

*

No entanto, apesar de seu recém-obtido poder, Sharon também era um realista, e logo compreendeu, após a morte de Bashir Gemayel, que suas aspirações para o Líbano não se concretizariam.

Amin Gemayel, que foi eleito presidente no lugar do irmão Bashir, estava muito menos conectado e comprometido com Israel e, após um breve período, anulou o pacto de paz que Israel o forçara a assinar. Ele não era um líder particularmente forte e não possuía o carisma e a agressividade do irmão, nem tampouco seu desejo de expulsar todos os palestinos do Líbano.

Os planos de Sharon para matar Yasser Arafat, todavia, jamais vacilaram por um segundo. Após o fim das batalhas de Beirute e da evacuação dos líderes e das forças da OLP, "Arik e Raful [Eitan] estavam morrendo, simplesmente morrendo de vontade de matá-lo", disse o então general de brigada Amos Gilboa, chefe da divisão de pesquisas da Aman.

Sharon percebeu que, àquela altura, Arafat era uma figura tão popular que um assassinato direto só serviria para transformá-lo em mártir de sua causa. Assim, instruiu as organizações de inteligência a intensificar a vigilância sobre Arafat e ver se conseguiam encontrar uma maneira mais sutil de se livrar dele.

A Operação Peixe Seco se transformou na Operação Peixinho Dourado.[22] Mas a missão permaneceu a mesma e Sharon ordenou que recebesse prioridade. Todos os dias, e ocasionalmente duas vezes por dia, a equipe da Peixinho Dourado se reunia no escritório de Eitan. "Tínhamos mil questões que eram cem vezes mais importantes", disse Gilboa. Mas Sharon insistia.

Na época, qualquer informação sobre os movimentos do líder da OLP era, no melhor dos casos, parcial. A guerra não é uma boa ocasião para reunir informações e, como a OLP ainda não encontrara uma base permanente para substituir a de Beirute, seus oficiais e militantes se mudavam constantemente, arrastando as malas por todo o Oriente Médio e pela Europa. Arafat viajava freneticamente, reunindo-se com líderes, mobilizando apoio, dando entrevistas e movimentando fundos.[23] "Com alguém com esse tipo de rotina e sob pesada proteção, é difícil planejar um ataque", disse um dos oficiais de inteligência da Cesareia durante um fórum da Peixinho Dourado.

O Mossad disse a Sharon que, nessas circunstâncias, era impossível chegar a Arafat. Na melhor das hipóteses, podiam reportar sua localização em qualquer país que estivesse visitando naquele dia ou em que voo embarcaria em seguida. A Aman disse ao ministro da Defesa que Arafat frequentemente usava um jato executivo fornecido pela Arábia Saudita e que seus dois pilotos tinham passaportes americanos. Estava fora de questão atirar neles. "Ninguém toca nos americanos", disse Amos Gilad, da Aman.[24] O resumo da situação era que a Aman não via possibilidade de assassiná-lo na época. "Temos de esperar até que ele se estabeleça em um local permanente", disse um representante da Aman no fórum da Peixinho Dourado, "e então começar a planejar a operação."[25]

Mas Sharon estava com pressa. E Arafat às vezes usava outras aeronaves. Ocasionalmente, até mesmo embarcava em voos comerciais. Do ponto de vista de Sharon, explodir uma aeronave no céu, em especial sobre águas profundas, onde os destroços seriam difíceis de achar, era uma maneira perfeitamente aceitável de lidar com a questão.

O problema era como ter certeza de que Arafat estaria em determinado voo. O general Gilboa exigiu que certo número de passos operacionais fosse dado para descobrir onde ele estava: "Do meu ponto de vista, só seria identificação positiva se pudéssemos nos preparar com antecedência, antes de sua chegada ao aeroporto, e tivéssemos alguém na porta do avião para dizer: 'É ele, eu o vi com meus próprios olhos.' Então eu poderia dizer 'Os sinos estão tocando'", uma frase da inteligência que significa certeza quase completa.[26]

Quando as partes básicas do plano foram decididas, Sharon fez muita pressão para que a missão começasse. Ele instruiu o comandante da Força Aérea, o general Ivry, a manter caças prontos para interceptar a aeronave de Arafat. Ivry compreendeu o potencial de desastre da operação e, mais uma vez, informou ao chefe do Estado-Maior Eitan que não receberia ordens diretamente de Sharon e que os regulamentos das FDI exigiam que todas as ordens chegassem através do secretariado de operações do Estado-Maior geral. Isso não foi um grande obstáculo para Sharon, e as ordens que em breve chegaram através dos canais adequados eram praticamente as mesmas, embora palavras como "abater a tiros", "destruir" e "eliminar" tivessem sido omitidas.

Finalmente, eles encontraram uma oportunidade na Grécia.[27] Arafat ocasionalmente fazia escalas em Atenas, com o consentimento dos locais. "As autoridades gregas não tomavam medidas rigorosas contra o terrorismo", disse Admoni, "e a OLP fazia o que queria por lá."

Em 22 de outubro de 1982, dois agentes da Interseção relataram que Arafat decolaria no dia seguinte em um avião particular de Atenas para o Cairo. O Mossad imediatamente despachou dois agentes da Cesareia para descobrir mais detalhes. Os dois agentes tiraram vantagem da segurança relaxada no aeroporto de Atenas e chegaram até a área onde os aviões particulares eram estacionados, procurando por Arafat.

Em Tel Aviv, Sharon mantinha pressão constante para que a missão seguisse em frente.[28] A Força Aérea colocou dois caças F-15 em alerta para decolagem imediata da base de Tel Nof, a sudeste de Tel Aviv. Mas Ivry, sempre cauteloso, falou pessoalmente com os aviadores. Ele entendia as apostas. Estava claro para ele quão desastroso seria se Israel derrubasse a aeronave errada. "Não atirem sem a minha autorização", disse ele aos tripulantes dos caças. "Está claro? Mesmo que haja um problema de comunicação, se não ouvirem a minha ordem", ele enfatizou essa parte: *ouvirem a minha ordem*, "não abram fogo."

Às 14 horas, um dos agentes da Cesareia em Atenas telefonou para a sede do Mossad e disse: "Ele está aqui. Identificação positiva."[29] Estava claramente excitado. Ele relatou que observara o líder da OLP e seus homens fazendo os preparativos finais para embarcar em um DHC-5 Buffalo (um avião de carga bimotor de fabricação canadense) cuja cauda era azul com marcas marrons, e cujo número de registro era 1169.

Para Ivry, algo parecia errado. "Não entendi nada daquela história", disse ele. "Não estava claro para mim por que Arafat estava indo para o Cairo. De acordo com a inteligência, ele não tinha nada a fazer por lá na ocasião. E, se estava indo até lá, por que em um avião de carga? Não era digno o bastante para um homem de seu status. Pedi que o Mossad verificasse se realmente era ele."

Os dois agentes insistiram ter certeza. "O objetivo deixou crescer uma longa barba para nos enganar", disseram, mas reconfirmaram a identificação.

Às 16h30, relataram que o avião decolara. Ivry foi informado, assim como Eitan, que ordenou que fosse abatido. Ivry disse aos pilotos para decolar. O Buffalo é um avião muito lento, especialmente se comparado a um F-15, mas a rota de voo ficava a alguma distância, sobre o Mediterrâneo e fora do alcance do radar israelense. Os caças decolaram e foram para o ponto de interceptação, mas, a certa distância da costa israelense, passaram a contar apenas com o radar de bordo, que tinha alcance limitado.

Ivry sentiu uma pontada de dúvida. Ordenou que o assessor contatasse o Mossad e exigisse que ativassem outros meios de garantir que Arafat estava no avião. Não demonstrou nenhuma emoção, como de hábito. "Mas podíamos ver que estava muito preocupado", disse um de seus subordinados presentes na ocasião.

Ivry precisava ganhar tempo. Sabia que os pilotos podiam ser ansiosos, que às vezes procuravam uma razão para atingir o alvo, interpretando uma explosão de estática no rádio como autorização para atirar, por exemplo. Ele precisava acalmar os dedos nervosos no gatilho. "Não atirem", lembrou ele aos pilotos pelo rádio. "Se não houver contato por rádio, não abram fogo."

Sharon e Eitan não estavam no bunker, mas Eitan telefonava constantemente para Ivry a fim de saber o que estava acontecendo e ver se a ordem para abater o avião fora dada. Ivry dava a mesma resposta todas as vezes, a despeito de o Mossad já ter confirmado e reconfirmado a identificação: "Raful, não temos confirmação de que é ele."

Separadamente, Ivry disse à Aman e ao Mossad que a identificação visual era insuficiente e exigiu outra confirmação de que Arafat estava no avião.

Os radares dos F-15 captaram o Buffalo a 600 quilômetros do espaço aéreo mediterrâneo. Os caças rapidamente se aproximaram e começaram a voar em torno do lento alvo. Eles leram o número na cauda e viram as marcas azuis e marrons. Tinham certeza de terem encontrado o avião certo.

"Temos permissão para atacar?", perguntou o líder pelo rádio.

No bunker Canário, Ivry sabia que, para todos os efeitos, a resposta deveria ser sim. Seus caças tinham identificação visual e uma clara linha de fogo nos céus abertos sobre o oceano vazio. Sua tarefa — a tarefa *dele* — era eliminar alvos, não selecioná-los.

Mas as dúvidas venceram. "Negativo", respondeu ele ao piloto do caça. "Repito: negativo. Não abram fogo."

Ele tentava conseguir mais tempo, mas sabia que já não podia fazer isso. Sua justificativa para atrasar o ataque — o fato de que esperava informações adicionais do Mossad e da Aman — enfraquecia diante de um chefe do Estado-Maior exigindo ao telefone que ele desse a ordem para atacar. Ivry entendia que, se não fizesse isso muito em breve, teria de se explicar a Eitan e, ainda mais perturbador, a Sharon.[30]

A tensão aumentava no Canário. Os minutos se arrastavam.

E então, às 16h55, apenas 25 minutos depois de os caças decolarem, um telefone tocou no Canário. Era a linha codificada ligada diretamente ao Mossad. "Surgiram dúvidas", disse uma voz constrangida. Era o mesmo oficial de inteligência que, anteriormente, confirmara que Arafat fora identificado ao embarcar na aeronave.[31]

O Mossad tinha outras fontes que insistiam que Arafat não estava nem perto da Grécia e que o homem no avião não podia ser ele.

Na ausência de outra ordem, os dois F-15 continuaram a circular o Buffalo. Ivry pegou o rádio novamente e repetiu as ordens. "Estamos esperando mais informações. Mantenham os olhos no alvo e aguardem."

Às 17h23, outro relatório chegou ao Canário.[32] Fontes do Mossad e da Aman haviam dito que o homem no Buffalo era Fathi Arafat, o irmão mais novo de Yasser Arafat. Ele era médico e fundador do Crescente Vermelho palestino. No avião com ele estavam trinta crianças palestinas feridas, algumas das quais vítimas de Sabra e Chatila. Fathi Arafat as estava levando ao Cairo para tratamento médico.

Ivry respirou aliviado. E ordenou pelo rádio: "Deem a volta. Vocês estão voltando para casa."

Mas nem mesmo esse quase desastre — ficar a um dedo nervoso do piloto de assassinar um médico e trinta crianças feridas — diminuiu a pressão exercida por Sharon ou o dissuadiu da ideia de atingir Arafat no ar. Na verdade, ele se tornou ainda mais imprudente. Quando o Mossad reportou que Arafat estava usando voos comerciais, com a OLP frequentemente comprando toda a primeira classe ou classe executiva para ele e seus assessores, Sharon decidiu que um desses voos seria um alvo legítimo.

Ele ordenou que Eitan, a Força Aérea e o departamento de operações criassem um plano para abater uma aeronave civil.

Sharon estabeleceu os parâmetros mais amplos. O avião teria de ser abatido sobre mar aberto, longe da costa, para que os investigadores levassem mais tempo até encontrar os destroços e estabelecer se fora atingido por um míssil ou caíra devido a uma falha no motor. Águas profundas seriam preferíveis, para tornar o resgate ainda mais difícil.

Aviem Sella não conseguia acreditar no que ouvia. "Era uma ordem clara e direta: derrubar o avião", disse ele. "Eu não tinha nenhum problema em matar Arafat, que, na minha opinião, merecia morrer. O problema era derrubar um avião civil com passageiros inocentes a bordo. Isso era um crime de guerra."[33]

Em contraste com sua imagem brutal, politicamente Eitan era um homem muito cauteloso, e era evidente que não queria se envolver em tal aventura. "Mas Sharon era tão dominador que ninguém conseguia enfrentá-lo", afirmou Sella.

A Força Aérea criou um plano detalhado para derrubar um avião de carreira. Seus representantes no fórum da Peixinho Dourado explicaram que haviam escolhido um local preciso da rota aérea comercial sobre o Mediterrâneo onde não havia cobertura contínua de radar de nenhuma nação e o mar abaixo tinha assustadores 5 mil metros de profundidade. Uma operação de salvamento seria extremamente difícil, talvez impossível, com a tecnologia da época. Esse plano complexo estabelecia parâmetros estritos para onde a aeronave israelense poderia atirar no avião de Arafat sem ser detectada, o que significava que haveria uma janela de oportunidade bastante estreita para executar o ataque.

Como a operação ocorreria longe do espaço aéreo israelense, para além do alcance do radar e do rádio, a Força Aérea tinha de criar um posto de comando aéreo na forma de um Boeing 707 munido de equipamentos de radar e comunicação. Sella comandaria a operação dessa aeronave.

Sob ordens diretas de Sharon, a vigilância sobre Arafat foi mantida de forma contínua e quatro caças F-15 e F-16 da base aérea Ramat David foram colocados em alerta de interceptação. Durante nove semanas, de novembro de 1982 ao início de janeiro de 1983, esses aviões decolaram ao menos cinco vezes para interceptar e destruir aviões de carreira que se acreditava estarem levando Arafat, apenas para serem chamados de volta logo após a decolagem.

Mais de uma vez, o general Gilboa expressou firme oposição a essas operações. "Estava claro para mim que a Força Aérea a executaria tão bem quanto possível e o avião desapareceria para sempre. Eles fazem o que lhes dizem para fazer e, se você der a eles a ordem para construir um duto a fim de mover sangue de Haifa até Neguev, eles o construirão com excelência e em nenhum momento perguntarão de quem é o sangue, mas eu tinha responsabilidades adicionais."[34]

Como chefe de pesquisa da Aman, era tarefa de Gilboa avaliar o impacto político de cada operação. "Eu disse ao chefe do Estado-Maior Eitan que o Estado poderia ser internacionalmente arruinado se o mundo soubesse que havíamos derrubado um avião civil."

Em certa ocasião, com um avião comercial que se acreditava estar levando Arafat de Amã para a Tunísia por uma rota sobre o Mediterrâneo e com os caças israelenses se aproximando, Eitan perguntou a Gilboa se ele achava que o alvo estava definitivamente no avião. Os dois estavam em pé no espaço central no interior do Canário.

"Chefe do Estado-Maior, o senhor realmente quer saber o que penso?", perguntou Gilboa. Eitan assentiu.

Gilboa podia sentir o coração martelando no peito. Ele enrolou um pouco, enumerando todas as razões para se acreditar que Arafat estava no avião e então todas as razões para se duvidar que estivesse.

Eitan ficou impaciente.

"Gilboa", rosnou ele, "sim ou não?"

"Meus instintos dizem que ele não está no avião", respondeu Gilboa.

Eitan se virou e foi até o telefone vermelho criptografado no canto da sala. "Arik", disse ele ao ministro da Defesa, que aguardava impacientemente em seu escritório, "a resposta é negativa. Teremos de esperar outro dia."[35]

Uma lição é ensinada durante o treinamento das FDI — uma lição tão importante que a parte básica é mandatória para todo recruta e os detalhes são parte crítica do programa de treinamento de oficiais. A lição data de 29 de outubro de 1956, quando uma unidade da polícia de fronteira israelense, ostensivamente verificando o cumprimento do toque de recolher no vilarejo de Kafr Qasim, cercou um grupo de moradores que voltavam do trabalho. E atirou neles. Os policiais mataram 43 pessoas, incluindo nove mulheres e dezessete crianças. Os policiais afirmaram estar obedecendo à ordem de atirar naqueles que não cumprissem o toque de recolher, mas o juiz Benjamin Halevy, em uma das mais importantes decisões judiciais de Israel, disse que não deveriam ter obedecido a uma ordem que claramente era ilegal. "A marca distintiva de uma ordem manifestamente ilegal", escreveu Halevy, "é que sobre tal ordem deveria haver, como uma bandeira preta, um aviso dizendo 'Proibido!' Não apenas ilegal no sentido formal, não encoberta ou parcialmente encoberta [...] mas uma ilegalidade que apunhala os olhos e enfurece o coração, se os olhos não forem cegos e o coração não for obtuso nem corrupto."[36]

Essa lição, arraigada em cada soldado, foi indubitavelmente uma das razões pelas quais um crime de guerra não foi cometido, apesar de, em cinco ocasiões diferentes, caças F-15 e F-16 serem chamados para interceptar e destruir aviões comerciais com Arafat a bordo. Na verdade, o comando da Força Aérea intencionalmente obstruiu essas operações, recusando-se a obedecer a ordens que acreditava serem manifestamente ilegais. "Quando recebíamos a ordem", disse Sella, "eu e Ivry íamos falar com Eitan. Eu dizia: 'Chefe do Estado-Maior, não pretendemos levar isso adiante. Simplesmente não vai acontecer. Entendo que o ministro da Defesa manda aqui e ninguém ousa enfrentá-lo. Então vamos tornar a missão tecnicamente impossível.' Raful olhava para mim e nada dizia. Eu interpretava seu silêncio como consentimento."[37]

Em cada uma das cinco ocasiões, aviões israelenses identificaram o alvo sobre o mar, disse Sella, mas a missão foi sabotada.[38] Em uma delas, os rádios do posto de comando aéreo, o Boeing 707 da Força Aérea, foram silenciados ao serem calibrados para a frequência errada, impedindo as comunicações por tempo suficiente para impossibilitar a missão. Na segunda, Gilboa decidiu no último minuto que não havia evidências suficientes de que Arafat estava no avião-alvo. Na terceira, Sella informou falsamente a Eitan que o avião-alvo fora identificado tarde demais e que havia o perigo de a interceptação ser detectada por uma estação marítima próxima. Nas outras, "simplesmente esperamos que o avião deixasse as zonas onde seria possível atingi-lo sem que ninguém discernisse o que acontecera".[39]

No fim, todavia, os planos de Sharon de cometer um crime de guerra intencional deram errado em função de sua falta de escrúpulos no passado. Sob intensa pressão do público israelense e após pesadas críticas internacionais, Begin foi compelido a estabelecer um inquérito judicial sobre o massacre nos campos de refugiados de Beirute. Ele foi liderado pelo presidente da Suprema Corte, o juiz Yitzhak Kahan, mas a real força nos bastidores era Aharon Barak, o obstinado e consciencioso procurador-geral que impedira o assassinato dos terroristas de Nairóbi e, mais tarde, fora nomeado juiz da

Suprema Corte. Durante três meses, o júri ouviu depoimentos de todos os israelenses envolvidos e analisou milhares de documentos.[40]

Esse inquérito e suas audiências fizeram as primeiras rachaduras no poder monolítico de Sharon.[41] Após ouvir as perspicazes perguntas de Barak, não demorou muito para que os chefes das comunidades de defesa e inteligência entendessem que suas carreiras também estavam em jogo. Rapidamente contrataram advogados, que instruíram os clientes a colocar a culpa em alguém. A comissão logo se tornou um espetáculo de mútua recriminação.

A Comissão Kahan publicou suas decisões e recomendações em 7 de fevereiro de 1983. A Falange foi considerada diretamente responsável pelo massacre, mas a comissão decidiu que alguns israelenses também deveriam responder por ele: "É nossa opinião que o medo de um massacre nos campos, se as Forças Armadas da Falange fossem introduzidas neles [...], deveria ter afligido qualquer um relacionado ao que acontecia em Beirute." A comissão afirmou que o primeiro-ministro Begin tinha "certo grau de responsabilidade", mas colocou a maior parte da culpa no ministro da Defesa Sharon, no chefe do Estado-Maior Eitan e no chefe da Aman Saguy, juntamente com outros oficiais de alta patente e o diretor do Mossad, Admoni. A comissão recomendou que Sharon fosse afastado imediatamente.[42]

Sharon se recusou a renunciar, então Begin e seus ministros o demitiram.

Assim, em 15 de setembro de 1983, o próprio Begin, tomado de angústia e pesar, renunciou e foi substituído por Yitzhak Shamir.

Por algum tempo, a caçada a Arafat foi suspensa. Os efeitos da implacável perseguição de Sharon e o imenso dano colateral criado por ela haviam elevado ainda mais o status de Arafat. Ele era agora um homem de proeminência e prestígio internacionais. Grande parte do mundo o considerava um estadista, e não um simples terrorista. "Gradualmente", disse Gilboa, "disseminou-se a consciência de que Arafat era uma questão política, e de que não deveria ser visto como alvo de assassinato. É claro que todos os outros em sua organização eram uma questão inteiramente diferente."

17

O GOLPE DO SHIN BET

Partindo de Tel Aviv e viajando para o sul na direção de Ascalão pela Rota 4, um motorista se move por uma importante rodovia de duas pistas com pouco mais de 50 quilômetros, o verdejante cenário mediterrâneo gradualmente dando lugar a vegetações mais esparsas conforme se aproxima do deserto de Neguev. A Rota 4 é paralela à costa do Mediterrâneo, passando pela antiga cidade filisteia de Asdode, onde os israelenses construíram uma nova cidade portuária. Grande parte do cenário de dunas de areia que já dominou esse terreno foi modificado pelas construções, que chegam até a Faixa de Gaza.

Às 18h20 de 12 de abril de 1984, um ônibus saiu do terminal central de Tel Aviv com destino a Ascalão. Havia 44 passageiros a bordo, entre eles quatro palestinos que se sentaram separadamente e fingiram não se conhecer, escondendo o nervosismo enquanto se preparavam para sequestrar o ônibus e seus passageiros.

Eram dias difíceis para Israel. O país ainda lambia as feridas causadas pela Guerra do Líbano e ocupava partes do país. Cada vez mais soldados voltavam em sacos mortuários, vítimas dos frequentes conflitos com as guerrilhas. A violência também reinava no interior de Israel. Em 2 de abril, três terroristas da Frente Democrática para a Libertação da Palestina, que haviam entrado em Israel como turistas, abriram fogo com submetralhadoras e granadas em uma rua movimentada no centro de Jerusalém, ferindo 48 pessoas, uma das quais morreu mais tarde. Foram parados somente graças à ação de civis armados. Também houve atos terroristas judaicos contra árabes. Extremistas de direita atacaram prefeitos palestinos, queimaram casas e planejaram explodir cinco ônibus lotados. O Shin Bet os capturou pouco antes do último ataque.[1]

Os quatro jovens terroristas árabes no Ônibus 300 foram pegos no turbilhão de violência. Eram da área de Khan Yunis, em Gaza. O líder, Jamal Mahmoud Qabalan, de 20 anos, era o filho mais velho de dezesseis irmãos. Carregara o fardo do sustento da família desde que o pai morrera, trabalhando como lavador de louça em vários restaurantes de Tel Aviv. Também passara um ano em uma prisão israelense por infrações terroristas menores. Seus três companheiros eram Muhammad Baraka, de 19 anos, e dois primos, Majdi e Subhi Abu Jumaa, ambos estudantes do ensino médio com menos de 18 anos. Qabalan os persuadira a ajudá-lo no sequestro, que ele esperava que tivesse ressonância internacional. Mas, para além de seu zelo nacionalista, não tinham laços com nenhuma organização e nenhuma arma além de uma granada de mão. Tinham facas, uma garrafa de um líquido amarelado que parecia ser ácido ou alguma substância inflamável e uma maleta com alguns fios expostos que, na verdade, não era nada além disso, embora tenham dito aos reféns que continha uma bomba composta de dois foguetes RPG.

Quarenta minutos após saírem de Tel Aviv, quando o ônibus chegou à saída para Asdode, um passageiro viu a faca que um dos árabes carregava. Ele pediu que o motorista parasse, fingindo estar enjoado e querendo vomitar. Ao sair do ônibus, ele gritou "Terroristas!", e se jogou no chão. Os quatro perceberam que haviam sido descobertos. Qabalan correu até o motorista, apertou uma faca contra sua garganta e ordenou, em hebraico: "Vai, rápido."

O passageiro que descera do ônibus já chamara a polícia, que colocou bloqueios ao longo da rota, mas o ônibus passou por todos eles. O ônibus chegou a um local perto de Deir al-Balah, no centro da Faixa de Gaza, onde as forças de segurança conseguiram furar os pneus e obrigá-lo a parar contra um muro de pedra. Alguns passageiros ficaram feridos no tiroteio. Seus gritos se misturaram aos dos outros reféns e dos sequestradores. O motorista pulou para fora do ônibus e gritou para que os passageiros fizessem o mesmo. Alguns conseguiram, mas Qabalan fechou as portas e a maioria ficou do lado de dentro.

Em breve, o ônibus estava cercado por soldados e membros das forças especiais, além de oficiais das FDI e pessoal de elite do Shin Bet. A mídia também chegou em peso à cena, assim como uma multidão de curiosos. Qabalan gritou dizendo que só libertaria os reféns quando quinhentos prisioneiros palestinos fossem soltos das prisões israelenses.

Conduzindo as negociações estava o especialista do Shin Bet em assuntos árabes, Nahman Tal. Ele rapidamente percebeu com quem estava lidando. Como declarou em um depoimento posterior: "Entendi que não eram sérios e não constituíam ameaça."[2] Ehud Barak, então chefe da inteligência militar, teve a impressão de que, se o Shin Bet conseguisse arrastar a negociação por algumas horas, "os sequestradores concordariam em libertar os reféns em troca de alguns sanduíches".[3]

Mesmo assim, os israelenses ainda sentiam que, se fosse possível libertar todos os reféns imediatamente empregando força, não deveria haver negociação. Às 4h43, o chefe do Estado-Maior, tenente-general Moshe Levy, que estava na cena, ordenou que a Sayeret Matkal invadisse o ônibus. Um franco-atirador imediatamente abateu Qabalan, que estava em pé na parte da frente do ônibus, e ele caiu sobre o volante, fazendo soar a buzina. Os tiros da Sayeret também mataram uma jovem passageira. Os soldados mataram Baraka e encontraram os primos Abu Jumaa se escondendo entre os passageiros. Inicialmente, o comandante da Sayeret, Shai Avital, ordenou que fossem mortos, mas, quando percebeu que não eram perigosos, revogou a ordem, "porque, porra, vi que assim que o combate terminou passaram a ser prisioneiros de guerra, e era proibido matá-los".[4]

Os dois foram retirados do ônibus e, após um breve interrogatório feito pelo general de brigada Yitzhak Mordechai, chefe da infantaria paraquedista, para saber se havia explosivos ou outros terroristas no ônibus, foram entregues ao Shin Bet, cujo pessoal estava reunido em um campo de trigo próximo.

Micha Kubi, um dos principais investigadores do Shin Bet, estava interrogando ambos, mas as condições não eram ideais. "Eu estava tentando fazer as coisas discretamente", contou Kubi, "mas todo mundo estava num frenesi."[5]

E então Avraham (Avrum) Shalom apareceu.

Shalom era o chefe do Shin Bet havia quatro anos. Filho de judeus-austríacos que haviam fugido dos nazistas, ele se juntara à milícia clandestina do Palmach aos 18 anos. Após a criação do Estado, unira-se à unidade de operações do Shin Bet. No início dos anos 1960, colaborara com Yitzhak Shamir, então chefe da unidade de assassinatos seletivos do Mossad, nos esforços de Israel para impedir o avanço dos cientistas alemães trabalhando no programa egípcio de mísseis. Quando Menachem Begin renunciou e Shamir se tornou primeiro-ministro em 1983, "Shalom se tornou a pessoa mais importante do establishment de segurança", nas palavras de Carmi Gillon, que comandou o Shin Bet na década de 1990. "E acho que o que aconteceu foi que Avrum pensava que podia fazer o que queria."[6]

Shalom dirigia a organização sem restrições, e muitos de seus subordinados o consideravam um ditador manipulador e impiedoso. "Não havia respeito por Avrum", disse Yuval Diskin, um agente sob Shalom que, vinte anos mais tarde, seria chefe da agência. "Havia medo. Tínhamos medo dele. Era um homem forte, brutal, esperto, muito teimoso, inflexível e não hesitava em meter o pé na bunda de ninguém."[7]

Assim que o ataque ao ônibus acabou, Shalom conversou com o chefe do Estado-Maior Levy e então se juntou a seus homens no campo de trigo.

"Avrum [Shalom] estava segurando uma pistola", disse Kubi. "E bateu a coronha com toda a força contra a cabeça de um dos terroristas. Vi a coronha afundando o crânio."[8]

"Ele estava num frenesi", disse outro homem do Shin Bet.

Kubi anunciou que não tinha condições de continuar em meio à comoção e exigiu que os prisioneiros fossem levados para a instalação de interrogatórios do Shin Bet em Gaza. Membros da unidade de operações da agência, os Pássaros, que guardavam os dois prisioneiros, tiraram-nos do campo. Shalom fez sinal para o comandante da unidade, Ehud Yatom. Quando ele se aproximou, disse em voz em baixa: "Acabe com eles."[9]

Shalom não queria terroristas julgados em um tribunal de justiça. Ele achava que permitir que homens que haviam sequestrado um ônibus recebessem um julgamento justo só encorajaria mais terrorismo.

Mesmo assim, dois criminosos não podiam ser sumariamente executados em uma rodovia pública, à vista de soldados, repórteres e civis. Yatom e sua equipe levaram os dois de carro até um campo vazio e isolado a alguns quilômetros de distância. Subhi e Majdi, feridos e atordoados pelos eventos da noite, foram retirados do veículo e receberam ordens para deitar no chão.

Yatom explicou aos três outros o que precisava ser feito, pegou uma pedra grande e bateu com força na cabeça de Majdi. Os outros se juntaram a ele.

Eles os espancaram até a morte com pedras e barras de ferro, um método brutal que fora escolhido para fazer parecer que os dois haviam sido mortos por soldados e civis raivosos (e não identificáveis) imediatamente após o ataque ao ônibus.

Kubi estava esperando na instalação de interrogatórios em Gaza quando foi informado de que os terroristas haviam morrido no caminho, em função da surra que supostamente haviam recebido de civis e soldados. "Entendi exatamente o que acontecera", disse Kubi. "A política de Avrum era que terroristas realizando um ataque não deviam sair vivos. Não fiquei surpreso quando me disseram que não chegariam para interrogatório. Fui para casa dormir. Achei que toda a situação estava resolvida."[10]

Kubi pensou isso porque, tipicamente, esses incidentes *estavam* resolvidos assim que os corpos esfriavam. Com os anos, conforme os ataques terroristas se multiplicavam, aumentava a pressão pública sobre o governo e as Forças Armadas para que adotassem medidas mais estritas de contraterrorismo. Mas, enquanto as respostas de Israel se intensificavam, as inspeções e os controles sobre essas respostas gradualmente enfraqueciam. O assassinato seletivo — que já fora praticado esparsamente, longe das fronteiras do país, e precisava de autorização de alto nível — começara a ser usado com muito mais frequência, muito mais perto de casa e com muito menos supervisão. As "irregularidades" isoladas perpetradas por algumas poucas unidades inescrupulosas durante e após a Guerra dos Seis Dias, por exemplo, haviam se tornado uma prática aceita em meados dos anos 1970, embora sua legalidade fosse duvidosa.

O Shin Bet, responsável por frustrar os ataques da OLP nos territórios ocupados, usava táticas ilegais desde a década de 1960. Os interrogadores do Shin Bet temiam, não sem razão, que, se não espremessem informações dos prisioneiros, mais israelenses seriam mortos. O que começou como intimidação e humilhação durante os interrogatórios evoluiu para tortura física e psicológica: falsas execuções, privação de sono, posições dolorosas e temperaturas extremamente frias ou quentes. Os prisioneiros às vezes recebiam supostos "soros da verdade" e lhes era dito que causavam impotência.

Os escuros e imundos porões onde o Shin Bet realizava seus interrogatórios assumiram um caráter tão sinistro que mesmo "uma pessoa normal que entrasse pela porta estaria pronta para confessar ter matado Jesus", nas palavras de Gillon.

Mesmo Avraham Shalom disse ter ficado chocado com o que viu quando visitou o complexo de detenção de Hebrom como chefe dos Pássaros e testemunhou o interrogatório de "um árabe que aos meus olhos era um idoso. Ele tinha uns 55, mas parecia muito mais velho. E nosso cara, que falava árabe, gritava: 'Por que você está mentindo?' O árabe estava dilapidado, envelhecido, deplorável, e comecei a sentir pena dele. Perguntei: 'Por que ele está gritando com o velho?' No fim, o interrogador pegou uma cadeira, quebrou-a no chão, pegou uma das pernas e esmigalhou a mão dele. Ele disse 'Coloque a mão sobre a mesa', e esmagou todos os dedos do velho. Em outra ocasião, vi um interrogador matar um árabe. Não com socos. Ele o jogou de uma parede para a outra, de uma parede para a outra... então segurou a cabeça do árabe e quase quebrou a parede com ela. Uma semana depois, o árabe morreu de hemorragia cerebral. O caso foi encoberto".

Alguns prisioneiros morriam durante a tortura e outros eram levados ao suicídio. Em outros casos, ativistas da OLP detidos para interrogatório eram encontrados mortos sem sequer chegar a um centro de detenção.

De tempos em tempos, um ativista da OLP simplesmente desaparecia.[11] As famílias suspeitavam que estava sob custódia israelense e pediam ajuda à polícia. A polícia publicava uma fotografia da pessoa em um jornal — o procedimento padrão nesses casos — e perguntava se o Shin Bet tinha alguma informação. "Tínhamos uma resposta pronta", disse Yossi Ginossar, um oficial superior do Shin Bet. "'O establecimento de segurança não possui informações sobre o paradeiro dessa pessoa.' Era o que dizíamos aos policiais todas as vezes que perguntavam, embora soubéssemos muito bem em que buraco o cara estava enterrado."

Algumas desses desaparecidos eram mortos como parte de um programa secreto de codinome Pesos. Uma operação do programa ocorreu quando Abu Jihad fez com que seus homens contrabandeassem grandes quantidades de armamentos para os territórios ocupados, onde seriam armazenados em esconderijos até que outros agentes palestinos pudessem entregá-los aos esquadrões de ataque. Às vezes, o Shin Bet descobria a localização de um esconderijo, colocava-o sob vigilância, esperava que os agentes palestinos chegassem e os capturava. Mas, em várias ocasiões, plantou poderosos explosivos nos esconderijos, detonando-os remotamente quando o esquadrão palestino aparecia.

"A ideia básica por trás do Pesos", disse uma fonte do Shin Bet, "foi retirada de um conceito importado do Líbano [das atividades militares israelenses no país], que dizia que havia vezes em que não valia a pena fazer prisioneiros. Fazer isso representava um risco maior para nossas forças e fazia com que o outro lado quisesse capturar reféns para negociar trocas. E, de qualquer modo, eles mereciam morrer. Da maneira como víamos as coisas na época, quem quer que fosse até um esconderijo para pegar armas e matar judeus devia morrer em um acidente de trabalho."[12]

As operações do programa Pesos — execuções sumárias de suspeitos que não representavam ameaça imediata, uma violação das leis de Israel e das regras de guerra — não eram atos renegados de agentes rebeldes.[13] Eram assassinatos extrajudiciais oficialmente sancionados, propostos ao chefe do Shin Bet pelos principais comandantes, aprovados por ele e então pelos primeiros-ministros, primeiro Rabin, depois Begin e, por fim, Shamir.

Algumas das detonações do programa Pesos foram executadas à distância por meio de um raio ou feixe chamado Chapa, considerado a última inovação tecnológica da época.[14] "Estava tudo muito bem na teoria", disse um agente do Shin Bet que participou dessas operações, "mas esses esconderijos às vezes eram disfarçados muito superficialmente, sob escombros de construção ou uma pedra grande. Às vezes era um agente da OLP que vinha coletar as armas, mas, em outras, um pastor erguia a pedra ou um casal fazendo um passeio romântico pelo campo ficava curioso. Muitas pessoas inocentes foram mortas em incidentes assim."[15] O Corpo de Capelães das FDI removia os corpos durante a noite e os levava para serem enterrados no cemitério de inimigos caídos.

O Shin Bet implementou uma política estrita de transparência no interior da organização e mentira institucionalizada no mundo externo.[16] Os prisioneiros reclamavam nos tribunais, dizendo só terem confessado após serem torturados, mas isso não importava. Quando os interrogadores eram chamados para depor, executavam o que era chamado, no interior do Shin Bet, de manobra "Quero que ele olhe nos meus olhos". Quando perguntavam se haviam batido no prisioneiro ou o torturado de algum modo, eles olhavam para o juiz, para o prisioneiro e então de volta para o juiz e diziam: "Nunca encostei nele. Quero que ele me olhe nos olhos e diga que fiz alguma coisa contra ele."

"Negávamos tudo", disse Arieh Hadar, então chefe do departamento de interrogatórios. "Os juízes acreditavam na gente, é claro. Alguns árabes tendiam a exagerar nas descrições do que havíamos feito e não tínhamos problemas para refutá-los."

Hadar e todos os outros membros do Shin Bet entrevistados para este livro insistiram que o material produzido durante os interrogatórios salvou a vida de muitos israelenses ao evitar ataques terroristas. Também alegaram repetidamente que só maltratavam os culpados. "Jamais inventamos provas", disse ele. "Jamais inventamos fatos que não acreditássemos ser verdadeiros. Jamais fomos ao tribunal sem estarmos 100% convencidos de que a pessoa realmente era culpada."[17]

O programa Pesos foi cancelado em 8 de abril de 1979, depois que uma bomba defeituosa matou um agente do Shin Bet.[18] Avraham Shalom foi nomeado chefe do Shin Bet em 1980 e imediatamente reiniciou a campanha, em passo acelerado.

O Shin Bet de Shalom empregou táticas agressivas contra os palestinos nos territórios ocupados e no Líbano, mas ele estava bastante consciente de que, no fim das contas, a ocupação não era um problema que pudesse ser resolvido pela força. "Tudo que fizemos foi controlar a guerra", disse ele. "Podíamos manter a chama em determinado nível para que o Estado pudesse fazer o que queria, e isso era importante. Mas não resolvia o problema da ocupação."[19]

Ele não estava sozinho nessa opinião. Quase todos os líderes da comunidade de inteligência tinham opiniões esquerdistas liberais em relação à questão palestina e apoiavam uma solução política envolvendo um compromisso que produziria um Estado palestino independente.[20] Mas, se falavam nisso, era sempre em voz baixa. Apesar das próprias opiniões sobre a ocupação, Shalom não se voltava contra os superiores, simplesmente continuando a implementar, de maneira muito eficiente, a política de evitar o terrorismo.

Naquela época, o Shin Bet teve dificuldades para lidar com uma onda de ataques terroristas contra soldados das FDI no Líbano, um local onde a agência não estava sujeita a nenhuma lei e, por isso, empregava métodos particularmente brutais. "A libanização afetou o Shin Bet", disse Shimon Romah, que liderava as operações da agência naquele país. "Sem civis ou jornalistas por perto, a sensação de liberdade para trabalhar sem que tudo aparecesse na mídia era ótima, e isso teve consequências."

Essa liberdade de ação afetou Avraham Shalom. "Havia um processo de corrupção em todos os níveis, por causa do Líbano", disse Yossi Ginossar. "Pode ser que Avrum, intimamente envolvido no que acontecia por lá, tenha dado instruções das quais poderia ter se safado no Líbano, mas que não funcionavam na realidade israelense."[21]

Na época do ataque de Ascalão, já havia quatro anos que Shalom supervisionava impunemente as operações do Shin Bet. Não havia razões para suspeitar de que outros dois palestinos mortos causariam problemas.

Mas uma das pessoas que correu na direção do ônibus no início da operação e estava bem perto dele quando acabou foi um fotógrafo israelense chamado Alex Levac.

Na comoção que se seguiu, Levac fotografou todo mundo. Viu dois homens grandalhões carregando para longe um rapaz mais baixo e de cabelos negros. Inicialmente, não viu que ele estava algemado. "Quando bati a foto, não sabia quem ele era. No começo, achei que era um dos passageiros resgatados", disse Levac ao júri de investigação. "Mas, quando um dos homens ficou furioso e veio atrás de mim, achei que ele não queria ser fotografado porque era um agente secreto."[22] Na verdade, era Majdi Abu Jumaa, juntamente com dois agentes dos Pássaros.

"Nós o arrastamos", disse um deles durante o depoimento. "Após alguns metros, houve um flash. Alguém gritou: 'Pegue o filme!'"

Levac ainda não entendera exatamente o que estava acontecendo, mas percebeu que havia algo importante na última fotografia. Assim, antes que os Pássaros chegassem e exigissem o filme, rapidamente trocou os rolos na câmera e enfiou o rolo já usado na meia.[23]

As FDI anunciaram que "os terroristas morreram quando os soldados atacaram o ônibus na madrugada de hoje, dez horas depois de ter sido tomado na rodovia litorânea".[24] Os editores do jornal para o qual Levac trabalhava, o *Hadashot*, perceberam que tinham um furo e quiseram publicar a foto, mas o censor militar os impediu. No entanto, alguém a vazou para jornais internacionais, incluindo o semanário alemão *Stern*, que a publicou. Subsequentemente, o *Hadashot* desafiou a censura e publicou a matéria, citando o *New York Times* e mostrando a fotografia também.[25]

Majdi Abu Jumaa foi identificado por parentes e vizinhos na Faixa de Gaza como o homem na foto. Nenhum ferimento era visível, seus olhos estavam abertos, ele estava algemado, e os agentes não pareciam carregá-lo, indicando que ele estava em pé por conta própria.

A publicação das fotografias após o anúncio oficial de que todos os terroristas haviam sido mortos durante o ataque causou uma comoção pública que coincidiu com a falta de confiança nas autoridades criada pela Guerra do Líbano e levou a um ataque generalizado ao governo por parte de várias agências de notícias liberais.[26]

O primeiro-ministro Shamir e Shalom eram contra um inquérito sobre o assunto, mas seus apelos caíram em ouvidos moucos. O ministro da Defesa Moshe Arens ordenou o estabelecimento de um painel de inquérito e, mais tarde, outro foi instituído pelo Ministério da Justiça.

Em 28 de abril, dois dias depois que o primeiro inquérito foi anunciado, Avraham Shalom ordenou que dez de seus associados — os Pássaros que haviam participado dos assassinatos, os conselheiros legais da agência e outros oficiais de elite, incluindo Yossi Ginossar — se reunissem em um laranjal perto de Netanya, ao norte de Tel Aviv. Escolheu um local isolado onde ninguém os veria, longe das instalações do Shin Bet, repletas de dispositivos de escuta. Esses dispositivos geralmente serviam aos objetivos da organização. Agora, entretanto, Shalom temia que pudessem atrapalhar seus planos.

Naquela noite, sob as estrelas, Shalom e seus homens fizeram o juramento de jamais revelar a verdade e fazer o que fosse necessário para encobrir o caso, porque Shalom disse que, se não o fizessem, "graves danos seriam causados à segurança do Estado e os segredos do Shin Bet seriam expostos".[27]

Eles sabiam que, se revelassem a verdade ou ela fosse descoberta durante os inquéritos, eles podiam ir a julgamento por tortura e mesmo assassinato.[28]

"Eles simplesmente juraram uns aos outros que jamais diriam nada", disse Reuven Hazak, o vice de Shalom. "Não diriam nada sobre o Krenk ['doença' em iídiche, o codinome para assassinato] nem sobre o encobrimento."

No laranjal e em encontros subsequentes em suas casas, elaboraram um plano que Hazak, que compareceu a alguns, descreveu em retrospecto como "campanha planejada contra as instituições da lei e do governo do Estado".[29]

O plano tinha duas partes interdependentes. Primeiro, Shalom sugeriu para Arens e Shamir que um representante seu fizesse parte do comitê de inquérito, para que "a posição do Shin Bet seja representada e para assegurar que os segredos da organização não serão revelados". Essa proposta aparentemente inocente foi aceita e Yossi Ginossar foi nomeado membro do inquérito do Ministério da Defesa.

Ginossar seria o cavalo de Troia de Shalom.[30] Ele foi um dos que juraram segredo no laranjal e se sentia pessoalmente ofendido pela mera existência das comissões. "O que aconteceu? Dois terroristas que sequestraram um ônibus e mataram seus passageiros morreram", protestaria ele mais tarde. "Por causa disso, o mundo vai acabar? Hipocrisia! Durante anos, limpamos os esgotos de Israel, e todo mundo sabia mais ou menos como os esgotos eram limpos."

Ginossar disse nunca ter tido problemas morais com a morte de terroristas. Seu problema era "com os fatos no campo. Que tantos atores externos ao Shin Bet estivessem presentes".[31] Sua solução: "A regra suprema após uma operação fracassada é apagar as digitais do Estado de Israel. Não dizer a verdade é parte integral de remover o problema."[32]

Durante o dia, a comissão se sentava em uma sala de reuniões do Ministério da Defesa e ouvia as testemunhas: soldados, agentes do Shin Bet, civis, reféns e o fotógrafo Alex Levac.[33] Então, à noite, Ginossar se esgueirava para se encontrar com Shalom e seu círculo interno na casa do conselheiro legal, para informá-los dos detalhes da sessão daquele dia e ajudá-los a preparar as testemunhas para o dia seguinte.

Isso levou à segunda parte do complô de Shalom: acusar soldados israelenses inocentes pelos dois assassinatos que ele ordenara. Juntamente com Ginossar, conselheiros legais do Shin Bet e membros do esquadrão dos Pássaros, Shalom criou um plano sofisticado para transferir as alegações de assassinato deles mesmos para os homens que haviam chegado aos palestinos em primeiro lugar: os soldados das FDI sob o comando do general de brigada Yitzhak Mordechai.[34]

Esse plano era uma traição de tirar o fôlego. Exigia perjúrio, conspiração e a profunda e vertiginosa traição de um homem honrado e um amigo. Ginossar e Mordechai eram próximos desde sua colaboração durante a invasão do Líbano em 1982. Ginossar até mesmo concedera a Mordechai uma condecoração especial do Shin Bet em 27 de junho de 1982, como gesto de reconhecimento por ajudar o Shin Bet a assassinar Azmi Zrair, o oficial de operações do Fatah no sul do Líbano.

Ginossar teceu uma intrincada rede de mentiras. Ele entendeu bem o que o painel exigia. "Caras, não se iludam", disse durante um dos encontros clandestinos. "Alguém tem de ser culpado. De outro modo, o comitê não terá feito seu trabalho [...]. A única pessoa que pode ser culpada é o sr. Yitzhak Mordechai."

O depoimento-chave foi o do comandante dos Pássaros, Ehud Yatom. Shalom, Ginossar e os outros ensaiaram várias vezes com Yatom na noite anterior. Ele disse ao painel: "Eu e o chefe do Shin Bet chegamos à cena. Vi dois grupos de pessoas, a cerca de 10 metros um do outro. Havia vinte ou trinta pessoas em cada grupo [...]. Quando abri caminho, vi um grupo de pessoas que hoje me lembra das descrições dos felás sírios que atacaram nossos pilotos [que foram abatidos sobre a Síria]. Eles estavam fazendo o diabo com as mãos e os pés. Quando vi o terrorista, também lhe dei um tapa. Fui levado pela atmosfera de raiva da multidão." Ele disse não ter visto nenhum homem do Shin Bet na multidão, mas viu o general Mordechai atingindo um dos terroristas com a pistola.

Yatom disse ao painel que, quando os terroristas lhe foram entregues, estavam em péssimas condições, e ele os levara ao hospital, onde haviam sido declarados mortos. O chefe do inquérito, o major-general aposentado Meir Zorea, ficou profundamente impressionado com a honestidade de Yatom. Foi a única testemunha a confessar e até mesmo expressou remorso por ter estapeado o terrorista. Essa "confissão", é claro, pretendia encobrir um segredo muito mais profundo.

"Quem você viu batendo neles?", perguntaram a outro oficial do Shin Bet durante seu depoimento, depois que ele descreveu a cena que testemunhara como linchamento. "É muito complicado, difícil de lembrar", respondeu ele. "A única pessoa de que me lembro é Itzik [Yitzhak] Mordechai. Seus golpes gritaram aos céus."[35] Outra testemunha do Shin Bet disse: "Vi Itzik os atingindo na cabeça, golpes fortes", mas não conseguiu identificar mais ninguém. Um desfile de testemunhas da agência se seguiu.

Os conspiradores tentaram fazer com que Kubi também cometesse perjúrio. "Ginossar veio me procurar para garantir que eu diria que vi Mordechai espancá-los até a morte. Eu disse que não vira isso. Ele continuou e perguntou se, do meu ponto de vista, Avrum estivera presente enquanto os terroristas eram espancados. Eu disse que, na verdade, ele estivera lá e fora o primeiro a bater neles. 'Se é assim', disse ele, 'então, do meu ponto de vista, você nunca esteve lá.' Mais tarde, eles me enviaram a uma missão permanente na Itália. Percebi que me queriam o mais longe possível das comissões de inquérito."

Mas o painel de inquérito do Ministério da Justiça insistiu em entrevistá-lo. Ele voou secretamente para Israel e, em uma cáustica reunião com Avraham Shalom, disse ao chefe que não apoiaria sua versão dos eventos. Shalom gritou: "Isso é traição!"

Kubi, que enfrentou graves perigos durante seus trinta anos no Shin Bet, disse que nunca temeu mais por sua vida do que naquele momento. "Tive medo de não sair de lá vivo", contou. Ele saiu vivo, mas seus sentimentos indicavam quão baixo chegara o Shin Bet.

No fim, houve um compromisso entre Kubi e Shalom, Ginossar e o conselho legal. Kubi testemunhou, falsamente, que estivera ocupado com os interrogatórios e não vira quem batera nos terroristas.

Os depoimentos das outras testemunhas — criados por mestres do subterfúgio e da ocultação e praticados durante muitas horas — conferiram perfeitamente entre si. O efeito cumulativo de treze narrativas idênticas de homens ostensivamente honrados criou uma forte impressão nos painéis de inquérito.

Em 20 de maio, a comissão de inquérito publicou suas decisões. "Emerge claramente do material da investigação que as forças das FDI e o pessoal do Shin Bet não receberam nenhuma ordem a partir da qual se poderia entender que os dois terroristas que permaneceram vivos deviam ser assassinados ou feridos."

O inquérito deu total credibilidade ao depoimento de Avraham Shalom e notou que a alegação de Mordechai de que não fora a pessoa que matara os terroristas "não se conforma aos vários depoimentos que ouvimos, embora seja parcialmente apoiada por certos detalhes por outros depoimentos".

A comissão não determinou quem matara os prisioneiros, mas recomendou que a polícia militar conduzisse uma investigação contra Mordechai.[36] Isso levou a uma acusação de homicídio culposo. Em julho de 1985, o inquérito do Ministério da Justiça chegou a conclusões similares.

A conspiração de Shalom funcionara. Um homem inocente seria julgado por seus crimes.

Mordechai negou vigorosamente as alegações contra ele, mas quase ninguém acreditou. "Qualquer outro homem no lugar de Mordechai teria se matado", disse Ehud Barak.[37]

"Durante dois anos, eu e minha família vivemos um inferno", diria mais tarde Mordechai.[38]

Felizmente para ele, um jovem e enérgico advogado militar chamado Menachem Finkelstein, que era o representante militar no painel de inquérito do Ministério da Justiça, mais tarde foi envolvido no processo de julgar se Mordechai devia ou não ser indiciado.

Finkelstein, um judeu ortodoxo com a tendência talmúdica ao ceticismo e ao amor pelas minúcias e que mais tarde se tornaria um proeminente juiz distrital, examinou as evidências e sentiu que algo estava errado. "Por um lado, o depoimento do pessoal do Shin Bet foi inequívoco", disse ele. "Era inconcebível que qualquer um deles estivesse mentindo. Por outro, aquela tentativa de culpar Mordechai me parecia estranha."[39]

Mordechai admitira que, quando os dois terroristas haviam sido retirados do ônibus, ele batera uma vez em cada um deles durante o interrogatório, mas uma análise cuidadosa de todas as evidências indicou claramente que os primos Abu Jumaa haviam sido entregues ao Shin Bet em condições muito melhores do que as alegadas pelos agentes. Finkelstein lutou contra o Shin Bet e o Ministério da Justiça, que pressionavam para que Mordechai fosse julgado por homicídio, e obteve uma declaração forense juramentada que observava não haver possibilidade de os golpes de Mordechai terem matado os dois terroristas, que pareciam em boas condições nas fotografias de Levac.[40]

O GOLPE DO SHIN BET

Os esforços de Finkelstein não impediram o indiciamento por duas acusações de homicídio culposo, e Mordechai teve de enfrentar julgamento em uma corte marcial especial. Mas seu meticuloso trabalho legal foi essencial durante o julgamento[41] e, após uma única sessão e uma breve análise das evidências, o tribunal declarou Mordechai inocente.[42]

Isso pareceu ser o fim do caso Ascalão. Um bom homem fora arrastado pela lama e seu nome fora manchado, embora ele fosse inocente no fim. Nenhum segredo do Shin Bet fora revelado e ninguém fora responsabilizado por seus crimes.

O caso teria sido inteiramente esquecido se não fosse por três oficiais do Shin Bet com problemas de consciência. Um deles era Reuven Hazak, o vice-diretor, que em breve deveria substituir Shalom como chefe do Shin Bet. Inicialmente, os três homens tentaram evitar que Shalom continuasse mentindo. Peleg Raday disse a Shalom que "Nixon caiu não por causa daquela invasão estúpida, mas porque tentou encobrir".[43] Shalom não respondeu. Embora Hazak estivesse envolvido no início da conspiração para cometer perjúrio, mais tarde chegou à conclusão de que a única coisa certa a fazer era todos pedirem demissão, incluindo ele mesmo. Shalom se recusou terminantemente a fazer isso.

Em 29 de outubro de 1985, Hazak conseguiu uma audiência com o primeiro-ministro Shimon Peres, que substituíra Shamir em setembro de 1984 em obediência a um acordo de rotatividade, porque os partidos haviam chegado a um empate durante a eleição do Knesset. Peres ouviu atentamente enquanto Hazak, que levara uma folha de anotações, descreveu em detalhes os assassinatos e a tentativa de encobri-los. "A base moral sobre a qual o Shin Bet se apoiava para cumprir seus deveres entrou em colapso", disse Hazak.

"Eu normalmente penso um pouco antes de chegar a uma decisão", respondeu Peres.[44]

Hazak partiu com uma sensação de alívio, sentindo que suas acusações haviam sido levadas a sério e que uma resposta apropriada viria em breve. Mas estava errado. Shalom era um estrategista muito mais sofisticado. Ele já se reunira com Peres e descrevera um cenário completamente diferente: aquela era a tentativa de rebelião de três infratores cujo objetivo era derrubá-lo e assumir o controle do Shin Bet.

Com total apoio de Peres, Shalom demitiu os três delatores. Eles partiram em desgraça do serviço ao qual haviam dedicado a vida, afastados de todos os colegas, que achavam que eram traidores.⁴⁵

Mas os delatores reagiram. Tarde da noite em 9 de março de 1986, os três foram ao quase deserto escritório principal do Ministério da Justiça, em Jerusalém Oriental, e entraram no gabinete do procurador-geral Yitzhak Zamir.

A reunião durou três horas e meia, e eles expuseram toda a história: não apenas o assassinato dos palestinos e a tentativa de responsabilizar Mordechai, mas também as execuções extrajudiciais, a tortura e o perjúrio que eram praticados pelo Shin Bet havia décadas.

O vice-procurador Dorit Beinish achou difícil acreditar que Peres ouvira a história e não agira: "Durante sua reunião com o primeiro-ministro, vocês falaram sobre o acobertamento?"

"Tudo foi revelado", respondeu Hazak.

"Senti como se o céu estivesse caindo", disse Yehudit Karp, o vice-procurador-geral para funções especiais. "Não é possível exagerar o que estava acontecendo ali. Era um grave desrespeito ao estado de direito, uma corrupção de todos os sistemas. Não lembro de um evento de gravidade similar em toda a história do Estado de Israel."⁴⁶

Dois novos inquéritos foram iniciados: uma investigação policial sobre o caso Ascalão e uma análise mais ampla das práticas do Shin Bet por parte de um comitê presidido por Karp.

Para Shalom, foi um desastre. Ele sobrevivera a dois inquéritos por meio de perjúrio e pura desonestidade, e demitira os três delatores. Mas os dois sequestradores palestinos mortos continuavam a voltar para assombrá-lo e, agora que toda a conspiração fora revelada, seria muito mais difícil persuadir os investigadores com outro cenário inventado.

Mesmo assim, Shalom e seus aliados não recuaram. Em vez disso, segundo Karp, iniciaram uma "ampla campanha de mentiras, fofocas e difamações contra os três delatores e contra o Ministério da Justiça". Oficiais do ministério foram colocados sob vigilância e seus telefones foram grampeados, em uma tentativa de coletar informações para chantagear e controlar seus oponentes. Ameaças anônimas foram feitas aos oficiais do ministério na calada da noite, e Zamir passou a andar com guarda-costas 24 horas por dia. Certa noite, embora estivesse perfeitamente saudável, uma ambulância de cuidados intensivos e um carro funerário foram enviados para sua casa. Jornalistas ouviram de fontes do Shin Bet que um dos delatores estava tendo um caso com o vice-procurador Beinish.

"A coisa surpreendente que se revelou na época foi o poder ilimitado do Shin Bet", disse Beinish. "Somente ao lidar com ele percebemos que esse poder pode ser dirigido contra qualquer um, mesmo contra o sistema legal e, se necessário, contra o sistema político. Fomos denegridos, expostos e ameaçados."[47]

Mas Beinish, Karp e os investigadores da polícia permaneceram firmes. Os inquéritos continuaram durante abril e maio de 1986, a despeito das difamações e tentativas de intimidação.

Enfim, Shalom decidiu simplesmente mentir sob juramento. Questionado pela polícia, primeiro alegou que o ministro da Defesa Moshe Arens lhe dera ordens para matar os sequestradores de Ascalão. Quando Arens se reuniu com ele em 16 de abril de 1986 e negou enfaticamente, Shalom se desculpou e disse: "Tive a impressão de que o senhor dera a ordem, mas agora que estamos conversando, vejo que estava errado e não foi assim."[48]

Em seguida, culpou Shamir, o primeiro-ministro na época. Shalom afirmou que Shamir dera a ordem para espancar os palestinos até a morte e então ordenara, ou ao menos aprovara, o acobertamento que se seguira. Shamir também negou a acusação. Pego novamente, Shalom voltou a se esquivar. Segundo ele, Shamir lhe dissera, em uma reunião de novembro de 1983, que terroristas capturados deviam ser mortos. Shamir também negou. No fim, Shalom se viu reduzido a insistir que havia recebido carta branca para decidir o que fazer com os terroristas — mesmo antes de um ataque —, se não recebesse orientação do primeiro-ministro.

Em maio de 1986, o procurador-geral Yitzhak Zamir insistiu em acusar todos os envolvidos no caso de assassinato, perversão da justiça, perjúrio e vários outros crimes.[49]

Shalom foi encurralado. Ele só tinha mais uma carta para jogar.

No fim de maio, Shalom se reunira com Yossi Ginossar e seus conselheiros legais no quarto de Ginossar no hotel Grand Beach, em Tel Aviv. Juntos, começaram a compilar uma listagem dos mortos. Trabalharam a partir de arquivos e de suas lembranças, anotando nomes, lugares e datas das pessoas mortas pelo Mossad, pela Aman e pelo Shin Bet nos anos anteriores ao sequestro de Ascalão.[50]

"Ficamos sentados lá durante muito tempo. Tudo foi colocado no documento, com aprovação de Avrum", disse Ginossar.

Na lista, havia quatro diplomatas iranianos que o Mossad permitira que fossem torturados e executados em Beirute pelo açougueiro da Falange, Robert "Cobra" Hatem. Eles eram alvos da Unidade 504 da Aman, "morreram de causas naturais ao sufocar no travesseiro" e foram enterrados de rosto para baixo. Havia a operação do Shin Bet em junho de 1984 no vilarejo de Bidya, na qual quinze agentes chegaram em três Mercedes na oficina de um comandante xiita local, Murshid Nahas, que foi colocado em um dos carros e ouviu, segundo uma testemunha: "Você pode escolher como vai morrer."[51] Seu corpo coberto de balas foi encontrado mais tarde nos limites do vilarejo. Os nomes das pessoas que haviam simplesmente desaparecido dos territórios ocupados também foram anotados, assim como os de todos os homens assassinados pelo programa Pesos.

Não era de modo algum uma lista completa — somente três páginas contendo 67 nomes —, e cobria apenas as mortes no Líbano, na Cisjordânia e na Faixa de Gaza. Mas era uma compilação devastadora.

Ginossar a chamou de Dossiê dos Crânios.[52] Ostensivamente, era um documento legal que pretendia demonstrar que a ordem de Shalom para matar os dois sequestradores de Ascalão fora tanto rotineira quanto aceitável, parte de um programa sancionado de assassinatos extrajudiciais. Na realidade, era pura chantagem, uma ameaça implícita de que, se Shalom e seus homens fossem indiciados, levariam outros consigo, incluindo primeiros-ministros.

"Entendemos muito bem o significado do Dossiê dos Crânios que eles colocaram na mesa", disse um ex-ministro de gabinete. "Estava claro que tínhamos de pôr fim à histeria geral e nos assegurar de que o pessoal do Shin Bet não fosse levado aos tribunais."

Foi uma manobra chocante, mas efetiva. "Ofereci minha demissão a Shamir [primeiro-ministro e parte do trio que governava o Estado]", disse Shalom. "Ele respondeu: 'Não ouse.' Ele temia que, se eu saísse, ele também tivesse de sair. Então foi ver [o primeiro-ministro] Shimon Peres e Rabin, que era ministro da Defesa, e disse: 'Vocês também aprovaram. Se nos abandonarem, se abandonarem o Likud, levaremos vocês conosco.'"[53]

Por fim, chegou-se a um acordo dúbio, proposto inicialmente por um advogado muito influente que aconselhava tanto o primeiro-ministro quanto os líderes do Shin Bet. O presidente de Israel, Chaim Herzog, concederia perdões abrangentes para todo o pessoal implicado do Shin Bet, cobrindo todos os processos contra eles. Onze homens foram exonerados antes mesmo de serem indiciados. Ninguém foi chamado a responder pelos assassinatos de Ascalão ou qualquer outro. Em troca, o único requerimento era que Shalom se demitisse do Shin Bet.

Mesmo após sair livre, Shalom se ateve a suas invenções. Escreveu que agira "com permissão e autoridade", mantendo a alegação de que Shamir dera a ordem para assassinar os sequestradores palestinos. Como consequência do caso, decidiu-se que todas as reuniões entre os chefes dos serviços de inteligência e o primeiro-ministro seriam testemunhadas por seu secretário militar e por um estenógrafo, que registraria tudo.[54]

Um dia depois de Herzog assinar os perdões, o jornal *Hadashot* fez um relato do que ocorrera: "Esse grupo de colegas se reuniu e, em um ato similar à reunião de uma junta em algum remoto país latino-americano, retirou as cordas de torno de seus pescoços."[55] O presidente Herzog, ex-chefe da Aman, defendeu a ação em uma declaração para a mídia, mas apenas alguns poucos compreenderam o que estava insinuando: "O processo de investigação do caso teria tornado necessário revelar o *modus operandi* do Shin Bet durante os anos. Entre sessenta e oitenta casos passados teriam emergido. Que bem isso teria feito ao país?"[56]

18

ATÉ QUE SURGIU UMA FAÍSCA

Em um campo perto da sede da OLP em Hammam Chott, uma cidade litorânea na Tunísia, 28 dos melhores guerrilheiros de Abu Jihad treinaram durante quase um ano para um ataque espetacular. O plano era partir de Argel em um navio até a costa de Tel Aviv e então viajar em botes infláveis até a praia de Bat Yam, no subúrbio da cidade. Desembarcariam ao romper da aurora, sequestrariam um ou dois ônibus e forçariam os motoristas a levá-los até a sede do Estado-Maior das FDI, no complexo governamental de Kirya. Matariam as sentinelas no portão e invadiriam o complexo, correndo para os escritórios do chefe do Estado-Maior e do ministro da Defesa, matando tantos quanto pudessem. Então capturariam um dos edifícios ou bloqueariam a entrada e a saída em uma das ruas do complexo e deteriam tantos reféns quanto possível, ameaçando matá-los se suas exigências — a libertação de terroristas da OLP das prisões de Israel — não fossem cumpridas.

O ataque ocorreria em 20 de abril de 1985, dois dias após o Dia da Lembrança do Holocausto e quatro dias antes do Memorial Day, uma das datas mais importantes do calendário israelense, durante a qual todos os cidadãos de Israel permanecem em posição de atenção durante 2 minutos, enquanto sirenes soam por todo o país em homenagem aos soldados mortos e às vítimas do terrorismo. Abu Jihad queria dar aos israelenses um novo motivo de luto: "Queremos transformar a luz do dia na escuridão da noite em Tel Aviv", disse Abu Jihad a seus combatentes durante uma reunião final antes da partida.

"Com a ajuda de Alá, será um sabá negro na história de Tel Aviv, assim como o domingo. Nesse dia, toda Tel Aviv irá parar, testemunhando rios de sangue, ruína e destruição."

Abu Jihad desenrolou um mapa da costa israelense ao sul de Tel Aviv, marcado com três setas mostrando os locais de desembarque dos três botes infláveis: "Atacaremos a sede deles, com ajuda de Alá, e fecharemos as ruas. Em uma rua, por exemplo, prenderemos quinhentas pessoas de uma só vez e poderemos usá-las como fichas de barganha."[1]

O comandante militar supremo do povo palestino estabeleceu um objetivo claro para seus combatentes: "Com a ajuda de Alá, ele também enviará Sharon até lá. Sabemos qual é a aparência dele."

Um dos combatentes deu uma risadinha:

"Ele é barrigudo."

"Ele é barrigudo", concordou Abu Jihad. "Qualquer um com boa mira poderá atingi-lo. Com a ajuda de Alá, uma bomba cairá em sua cabeça. Ele pode fazer isso. Não há nada que Alá não possa fazer."

Abu Jihad devia saber que seu desejo era fútil. Sharon fora exonerado do cargo de ministro da Defesa dois anos antes, e as chances de que estivesse no ministério do qual fora vergonhosamente expulso eram mínimas. Mas ele era a personificação do mal aos olhos palestinos, e Abu Jihad deve ter achado que essa era a melhor maneira de encorajar seus homens.

Mais de vinte anos haviam se passado desde a primeira vez que o Mossad recebera ordens de matar Abu Jihad. Ele se estabelecera em Túnis, a capital da Tunísia, após a evacuação da OLP de Beirute no verão de 1982. Vivia em uma vila alugada perto da praia, a uns 40 quilômetros das ruínas da antiga cidade de Cartago. A inteligência israelense acompanhava seus movimentos sempre que ele viajava para a Síria, a Jordânia e outros países do Oriente Médio, dando ordens, organizando, encorajando os soldados e planejando operações contra Israel.

Como comandante militar da OLP, abaixo apenas de Yasser Arafat, Abu Jihad foi responsável por inúmeros atos de terrorismo contra israelenses, mais do que qualquer outro ator palestino — e por ampla margem. Permanecia imbuído de fervor revolucionário nacionalista, agora fortalecido pelo desejo de provar a Israel que a OLP estava enfraquecida, mas não acabada, e ainda era capaz de revidar e infligir pesados danos. Para esse fim, tomou a decisão de novamente planejar ataques em países ocidentais, particularmente na Europa, onde ele e Arafat não operavam desde a primeira metade da década de 1970. Ele enfatizou as operações marítimas, aquelas realizadas em navios, por meio de navios ou na proximidade de portos.

Para conseguir isso, mobilizou a Força 17, a bem-treinada unidade especial de guarda-costas de Arafat, juntamente com seu próprio esquadrão de operações especiais, o Setor Ocidental, e a divisão naval do Fatah.

Um plano israelense para assassinar Abu Jihad em Amã fora desenvolvido em 1983, mas cancelado algumas vezes, geralmente por razões operacionais. Mas o Mossad realizava operações contra seus subordinados. Com o reinício das atividades operacionais do Fatah na Europa, o Mossad também retomara suas ações agressivas contra a OLP no subcontinente.

Desde o desastre de Lillehammer, a Cesareia estivera ocupada reconstruindo a Baioneta, sua unidade de assassinatos seletivos. "Eu costumava chamar o processo de 'afiar a espada'", disse Mike Harari, que fez várias mudanças na unidade antes de sua aposentadoria em 1980.[2] Na nova Baioneta, os antigos sobreviventes do Holocausto e ex-assassinos da organização clandestina antibritânica já não tinham papel de liderança. Os astros agora eram membros das unidades de combate das FDI com muita experiência de batalha e grande estoque de coragem e prontidão, se não avidez, para apertar o gatilho.[3]

O líder da nova Baioneta era "Carlos", um agente da Cesareia que chegara ao Mossad através da Brigada de Paraquedistas de Ariel Sharon. Seus colegas disseram que Carlos cometia assassinatos fria e metodicamente, sem que seu pulso acelerasse.

Em agosto de 1983, Abu Jihad enviou à Grécia o vice-comandante de sua unidade naval, Mamoun Meraish, a fim de comprar um navio e armas a serem usadas em um ataque terrorista em Haifa. Quando ele estava a caminho de fechar o acordo em Atenas, uma motocicleta emparelhou com seu carro em um semáforo. Carlos, o homem na garupa da motocicleta, sacou uma pistola com silenciador e atirou nele até ter certeza de que estava morto. Tudo isso aconteceu na frente de três crianças de 4, 9 e 13 anos, que começaram a gritar de terror.[4]

Em 16 de agosto de 1984, Zaki Hillo, membro da FPLP de George Habash, chegou a Madri em um voo vindo de Beirute. O Mossad acreditava que ele também estava em uma missão para Abu Jihad, que o chamara para uma de suas operações planejadas na Europa.[5] Um dia depois, enquanto Hillo caminhava por uma rua no centro de Madri, uma motocicleta passou por ele e o homem na garupa atirou diversas vezes. Hillo sobreviveu, mas perdeu a mobilidade em uma das pernas.

Munzer Abu Ghazala, o comandante do braço naval do Fatah, fora objeto de várias tentativas de assassinato seletivo por parte da Baioneta antes de 21 de outubro de 1986, quando estacionou o carro em um subúrbio de Atenas, dando a "Eli" tempo suficiente para fazer o trabalho.[6] Eli, um assassino com predileção por dispositivos explosivos, enfiou o corpo grandalhão embaixo do carro e prendeu uma de suas "orelhas de Eli", uma bomba letal projetada por ele. Abu Ghazala entrou no carro e Eli, a uma distância segura, apertou um botão, explodindo carro e motorista.

Após esses ataques, assim como outras operações da OLP na Europa que foram inviabilizadas depois que o Mossad avisou a polícia local, Abu Jihad chegou à conclusão de que havia agentes israelenses no interior de suas redes europeias.[6] Decidiu por uma operação naval que seria dirigida inteiramente pela sede em Túnis e por uma base de treinamento na Argélia, sob estrito segredo. Essa operação se tornou o plano para capturar o edifício do Estado-Maior geral e fazer tantos reféns quanto possível.

Na primavera de 1985, os soldados de Abu Jihad embarcaram em um navio de carga alugado de bandeira panamenha, com 498 toneladas e movido a diesel, chamado *Attaviros*. Abu Jihad planejara uma longa viagem para seus comandos, do porto de Orã, na Argélia, na parte oeste do Atlântico, contornando o cabo da Boa Esperança, subindo a costa leste da África, através do estreito de Bab al-Mandeb, e chegando ao mar Vermelho. De lá, eles esperavam atravessar o canal de Suez sem serem notados, em um comboio mercante, até estarem em águas israelenses.

Mas, sem que Abu Jihad soubesse, a Unidade 504 da Aman tinha uma rede de agentes no interior do aparato do Setor Ocidental, sua ala militar. Havia quase um ano que Israel sabia que algum tipo de ataque estava sendo planejado para o Memorial Day;[8] em 24 de abril, uma força-tarefa de quatro navios lança-mísseis e comandos da Flotilha 13 percorreram 3 mil quilômetros e explodiram um segundo navio alugado para a operação, o *Moonlight*, quando estava vazio e ancorado na Argélia.⁹ E, quando o *Attaviros* chegou ao Mediterrâneo em 20 de abril, dois cruzadores e unidades de comandos da Flotilha 13 esperavam por ele a 50 quilômetros de Porto Said.

Os agentes da OLP no navio recusaram a ordem de rendição e abriram fogo contra um dos navios israelenses.¹⁰ Em resposta, as forças israelenses afundaram o navio palestino, matando vinte pessoas a bordo.

Outras oito foram capturadas e levadas para a instalação subterrânea de interrogatórios da Unidade 504, conhecida como "Campo 1391", ao norte de Tel Aviv. O local não consta de nenhum mapa e a lei israelense proíbe a publicação de sua localização.

Os prisioneiros foram despidos, vendados e algemados à parede. Música alta explodia nas celas, tornando impossível dormir, e eles foram submetidos a espancamentos ocasionais.¹¹

Após quatro dias, os prisioneiros confessaram os detalhes do plano de Abu Jihad. Descreveram como planejavam tomar o edifício do Estado--Maior geral e capturar o ministro da Defesa e o chefe do Estado-Maior. Se não fosse pelas informações precisas da Aman, teria sido "um desastre em uma escala que ainda não tínhamos visto", nas palavras de seu oficial superior, Oded Raz.¹²

Apoiar-se apenas na inteligência para evitar ataques em andamento já não era uma opção aceitável.

Imediatamente após as confissões extraídas pelos interrogadores da Unidade 504, o ministro da Defesa Yitzhak Rabin ordenou que as FDI planejassem duas operações contra a base de Abu Jihad em Túnis. Rabin, que era um dos principais alvos do ataque fracassado de Abu Jihad, queria escolher entre duas opções, ambas grandes e barulhentas. Uma era a incursão terrestre de larga escala que envolveria forças da Flotilha 13, da Sayeret Matkal e da Shaldag (a unidade de elite da Força Aérea). No total, haveria cerca de cem guerreiros sob o comando do general de brigada Yitzhak Mordechai, o homem cuja vida quase fora arruinada pela tentativa do Shin Bet de incriminá-lo. Esses homens desembarcariam na costa tunisiana a partir de botes infláveis carregados por navios da Marinha, atacariam o complexo da OLP e matariam Abu Jihad e seus homens.¹²

A outra possibilidade era um bombardeio realizado por aeronaves israelenses. Tanto Mordechai quanto a Força Aérea começaram a treinar, esperando a aprovação do gabinete.

Havia problemas táticos e estratégicos com ambas as alternativas. A Tunísia fica a 2 mil quilômetros de Israel, muito mais longe que praticamente qualquer operação anterior das FDI. Seria um complexo ataque terrestre combinado a uma longa distância de Israel, o que significava que haveria opções muito limitadas para extrair as forças se as coisas dessem errado. Avançar através de uma grande cidade também significava que o risco de baixa entre os combatentes israelenses seria precariamente alto.

Enviar bombardeiros, em contrapartida, também era arriscado. Israel tinha poucas informações sobre as defesas aéreas tanto da Tunísia quanto da vizinha Líbia.

Desde que a sede da OLP se movera para a África do Norte dois anos antes, Israel pedira aos Estados Unidos informações sobre as instalações de radar e os deslocamentos militares e navais dos dois países, mas a solicitação fora recusada. Os americanos estavam justificadamente preocupados com as repercussões de um ataque israelense fora de sua vizinhança imediata.¹⁴

Como não podia obter as informações de forma legítima, Israel simplesmente as roubou.¹⁵ Jonathan Pollard, um judeu-americano com sonhos delirantes de se tornar espião e influenciar o curso da história, tentara entrar para a CIA, mas fora recusado por causa de sua "significativa instabilidade emocional". Mas a agência não partilhou sua avaliação com outros ramos da inteligência americana e Pollard foi contratado pela Marinha dos Estados Unidos, onde era considerado um analista brilhante e um funcionário exemplar.

Pollard mais tarde alegou que testemunhara "atitudes anti-israelitas entre seus colegas" e "apoio inadequado a Israel por parte da inteligência americana".¹⁶ Assim, tentou ser recrutado como espião tanto pelo Comitê Israelense de Relações Públicas nos Estados Unidos quanto pelo Mossad. Foi firmemente rejeitado por ambas as organizações, mas conseguiu ser recrutado pelo LAKAM, o braço de espionagem do Ministério da Defesa. Nomeado a partir do acrônimo em hebraico para "Gabinete de Relações Científicas", esse corpo secreto, conhecido apenas por um grupo muito pequeno de pessoas, era liderado por Rafi Eitan, que ainda amargava o fato de não ter sido nomeado chefe do Mossad. "As informações que Pollard nos deu eram tão boas que não consegui resistir à tentação", disse Eitan.[17] Ele disse que seus superiores, os primeiros-ministros e ministros da Defesa, conheciam a situação, mas decidiram ignorá-la em face do oceano de informações que Pollard lhes dava.[18]

No momento em que foi recrutado, Pollard começou a retirar enormes quantidades de documentos de seu local de trabalho e levá-los para serem copiados em um abrigo secreto em Washington, antes de devolvê-los.[19] Esses documentos, que receberam o codinome "Material Verde", eram então enviados a Israel e armazenados em grandes cofres na divisão de pesquisas da Aman e na inteligência da Força Aérea.

Em junho de 1985, Yossi Yagur, o controlador de Pollard no LAKAM, pediu a seu espião todas as informações disponíveis sobre a sede da OLP em Túnis e as defesas aéreas da Líbia e da Tunísia.[20] Pollard foi até os arquivos da inteligência da Marinha e obteve todas as informações solicitadas, que dias depois estavam em Israel. Yagur repassou a Pollard os agradecimentos "dos mais altos níveis do governo israelense" por seu inestimável apoio na obtenção de informações para o futuro ataque.

Embora agora tivessem as informações necessárias, Shimon Peres e Yitzhak Shamir, que se alternavam no cargo de primeiro-ministro, ainda hesitavam em dar luz verde à operação, assim como o ministro da Defesa Rabin. Mordechai tentou persuadir Rabin a apoiar a proposta mar-terra porque "há uma diferença entre um ataque aéreo e o efeito que se obtém ao abordar alguém com uma arma na cabeça". Mas Rabin temia que algo desse errado e, como disse Mordechai, "eu não podia prometer a ele que isso não aconteceria".[21]

Em contraste, o bombardeio aéreo apresentaria relativamente pouco perigo aos aviadores, em especial com as informações de alta qualidade fornecidas por Polland, mas os israelenses partilhavam das preocupações estratégicas dos americanos. A Tunísia não tinha fronteiras com Israel e os países não estavam em conflito. Invadir um país ostensivamente neutro, por ar ou terra, poderia ter sérias repercussões internacionais.

Também havia um fator externo para a postergação. Assassinatos seletivos, especialmente aqueles envolvendo alvos de alta visibilidade como

Abu Jihad, não são apenas operações militares ou de inteligência, mas também ferramentas políticas e, como tais, frequentemente orientadas por preocupações políticas, um método útil para aplacar ou garantir o apoio da opinião pública.[22] Em 1981, por exemplo, as pesquisas previam vasta maioria para o esquerdista Partido Trabalhista em uma potencial eleição, até que o primeiro-ministro Begin, do direitista Partido Likud, ordenou o bombardeio do reator nuclear perto de Bagdá, onde Saddam Hussein tentava desenvolver armas nucleares. Foi o suficiente para alterar a balança a favor do Likud.

Naquele momento, todavia, a política doméstica era estável. Não havia uma campanha eleitoral que exigisse excitar o público com militarismo ostentoso nem qualquer demanda pública por vingança imediata. A postergação indefinida parecia a escolha óbvia, uma vez que os riscos táticos e diplomáticos da operação eram altos demais, e as oportunidades, muito incertas.

Mas tudo isso mudaria alguns meses depois.

Durante todo esse período, tanto a OLP quanto Israel estavam especialmente ativos em Chipre e no mar entre a ilha e o Líbano. Abu Jihad usava Chipre como rota principal para a transferência de combatentes de volta para o Líbano e como base logística para toda a zona mediterrânea. A pequena ilha se tornou uma colmeia de atividade terrorista, contrabando, espionagem e depois, é claro, assassinatos seletivos.

O Mossad tirou vantagem do motim declarado por alguns elementos do Fatah, que receberam apoio da Síria em sua luta contra Arafat e sua liderança, e começou a montar inteligentes armadilhas nas quais um de seus agentes se passava por um palestino que queria se vingar de Arafat e oferecia seus serviços à inteligência síria. O homem do Mossad fornecia à estação síria de inteligência em Larnaca, Chipre, informações sobre os combatentes palestinos que estavam retornando ao Líbano.

"Os sírios, que controlavam o mar e os aeroportos do país, esperavam que os palestinos chegassem e iam buscá-los; eles jamais eram vistos novamente", disse Yoni Koren, na época oficial da Aman. "Foi uma operação notavelmente bem-sucedida. Os sírios ficaram tão satisfeitos que começaram a nos pagar por cabeça. Conseguimos nos livrar de umas 150 pessoas da OLP."[23]

Alguns dos navios viajando de Chipre para o Líbano eram parados pelos próprios israelenses. Em 9 de setembro de 1985, chegaram informações de que um grupo de palestinos de alta patente partiria de Limassol para o Líbano no dia seguinte, em um navio chamado *Opportunity*.[24] A bordo desse navio estava um homem que Israel havia muito queria eliminar: o vice-líder da Força 17, Faisal Abu Sharah. Ele estivera envolvido em vários ataques terroristas, o mais sério dos quais, se tivesse se materializado, teria ocorrido em novembro de 1979. A Força 17 planejava usar um contêiner que partiria do porto de Pireu, na Grécia, com destino a Haifa, carregando toneladas de uvas-passas, para transportar explosivos que seriam detonados quando o contêiner fosse descarregado.[25] Abu Sharah enviou um de seus principais assessores, Samir al-Asmar, para supervisionar a operação. Mas a divisão Interseção do Mossad foi informada e localizou o contêiner e a equipe palestina. Um esquadrão da Baioneta foi até Pireu e assassinou al-Asmar. Um mês depois, em 15 de dezembro, a Baioneta eliminou outro membro da equipe, Ibrahim Abdul Aziz, quando chegou a Chipre, e o membro da missão diplomática da OLP que o hospedava, Samir Toukan. Abu Sharah deveria estar com eles, mas sua vida foi salva graças a uma mudança em seu cronograma de reuniões naquele dia, e ele continuou a operar por mais cinco anos, até que os israelenses o encontraram a bordo do *Opportunity*.

Os comandos da Flotilha 13 abordaram o navio na costa do Líbano e capturaram Abu Sharah e três outros homens da Força 17. Então levaram os prisioneiros para o Campo 1391 da Unidade 504. "Eles me fizeram ficar em pé com as mãos na cabeça, puxaram meu cabelo e bateram minha cabeça contra a parede", contou Abu Sharah mais tarde. "Me disseram para rastejar, praticamente nu, e lamber o chão. Permaneci despido e eles jogaram água fria em mim, golpearam meus testículos e os açoitaram com cordas de borracha."

De acordo com os documentos médicos submetidos ao tribunal, os socos e chutes que sofreu foram tão brutais que seu saco escrotal se partiu.[26]

Arafat queria vingar a captura de Abu Sharah e seus homens e respondeu na mesma moeda. Duas semanas depois, em 25 de setembro de 1985, um esquadrão da Força 17 atacou um iate israelense atracado na marina de Larnaca, capturou três civis e exigiu que seus camaradas palestinos fossem libertados.[27] Mas, em vez de esperar que as exigências fossem atendidas, assassinaram os três reféns e se renderam às autoridades cipriotas.

"Os bastardos assassinaram três israelenses a sangue frio, com tiros na nuca", disse um ex-ministro de gabinete. "É claro que a opinião pública israelense não teria tolerado se ficássemos apenas sentados de braços cruzados."

Uma reunião urgente do gabinete israelense foi convocada. Por insistência do ministro da Defesa, Rabin, a Operação Perna de Pau — o assassinato de Abu Jihad e do comandante da Força 17, Abu Tayeb, e o bombardeio dos edifícios do Setor Ocidental e da Força 17 em Túnis — foi aprovada.

O objetivo, segundo Rabin, era deixar claro que "não há imunidade para nenhum elemento da OLP, em nenhum lugar do mundo. O longo braço das FDI será capaz de alcançá-los e puni-los. Israel determinará o modo de combate e o local do ataque, de acordo somente com suas próprias considerações".

Somente Ezer Weizman, um ministro sem pasta do gabinete e ex-comandante da Força Aérea de Israel, que mais tarde seria presidente do país, se opôs. Na época, ele conduzia conversas secretas e não autorizadas com a OLP. "O rei [da Jordânia] Hussein e o presidente [do Egito] Hosni Mubarak estão nos Estados Unidos agora", disse ele durante a reunião de gabinete. "Há esforços em andamento para fazer avançar o processo de paz. Não é uma boa hora."

Com sarcasmo, Peres retrucou: "E daqui a uma ou duas semanas, será uma boa hora?"

Os preparativos para o ataque começaram imediatamente e, em 1º de outubro, dez caças F-15 voaram para Túnis, armados com bombas guiadas GBU-15.[28] Também no ar estavam dois Boeing 707 que reabasteceriam os caças duas vezes. Outro Boeing servia como posto aéreo de comando, controle e comunicações. Dois aviões espiões Hawkeye foram encarregados de congestionar as instalações de radar na Tunísia, na Líbia e na Argélia.

Os F-15 lançaram suas bombas, fizeram a volta e retornaram a Israel. Todos os alvos foram atingidos, incluindo os objetivos principais: os escritórios do Setor Ocidental e da Força 17.[29] Mais de sessenta membros da OLP e trabalhadores tunisianos locais foram mortos e setenta ficaram feridos.

"Quando demos a volta para retornar, houve uma grande sensação de alívio", disse um dos pilotos. "Dei um grito na cabine para aliviar o estresse. Voar de volta para casa foi muito mais significativo do que de costume. Vi as terras de Israel com olhos diferentes. Estava cheio de um júbilo que jamais sentira."[30]

O primeiro-ministro Peres, discursando em uma escola de ensino médio no sul de Israel, depois que os relatórios iniciais do ataque foram divulgados, disse: "Os quartéis-generais terroristas não estão imunes. Temos o direito de atacá-los. Não podemos permitir que assassinos de sangue-frio fujam disso. Cada ato deles tem uma mão orientadora e organizadora."

Yasser Arafat, que percorreu os edifícios destruídos naquela tarde, usou a oportunidade para inflar a lenda de que sua vida era sempre salva por milagres. "Por um milagre, fui salvo da morte certa", disse ele, de seu jeito teatral. "Estava a caminho da sede de Hammam Chott, a 15 minutos de distância. Disse ao motorista para dar a volta e ir até outra sede, e foi lá que ouvi sobre o ataque. Peguei o telefone e liguei para o Cairo e para Amã. Disse que não fora atingido e que continuaria a dirigir a luta."[31]

Na verdade, informações em posse de Israel mostravam que ele não tinha planos de estar no local no momento do ataque. "Sabíamos a localização da residência de Arafat, mas decidimos que ele não era um alvo e não propusemos o ataque ao governo", disse Yoni Koren, da Aman.[32]

Mesmo assim, o sentimento de júbilo geral em Israel estava misturado à amarga decepção. Nenhum dos comandantes da OLP estivera em seu escritório quando os mísseis atingiram o edifício. Abu Iyad, comandante do Setembro Negro e iniciador da operação contra a equipe olímpica de Israel em Munique, cujo nome estava bem no alto da lista de alvos de Israel, chegou a acompanhar Arafat na visita ao local, como que para desdenhar ainda mais dos israelenses.

Somente um oficial superior, Nur Ali, foi morto, e ele era considerado muito moderado.[33] Na verdade, estivera em contato com oficiais israelenses em negociações secretas sobre troca de prisioneiros e foi um dos oficiais da OLP a manter contatos secretos com o ministro da Defesa de Israel, Weizman. Abu Jihad estivera em uma reunião em sua casa, não muito longe dali, e ouvira as bombas explodirem.

A falha em eliminar mais líderes da OLP levou o Mossad a iniciar sua própria operação cirúrgica.[34] Começou a planejar um "tratamento negativo" — um eufemismo para assassinatos seletivos usado pelo Mossad na época — de Abu Jihad em Túnis. Por mais de um ano e meio, a Cesareia explorou uma variedade de planos e ideias, incluindo atacar sua casa com mísseis controlados remotamente, vender a ele uma limusine cheia de explosivos através de um agente duplo e colocar um franco-atirador no centro de Túnis para atirar nele quando passasse a caminho do trabalho.

Todas essas ideias foram descartadas por causa do alto risco de civis inocentes serem mortos no ataque ou do risco para os próprios agentes. A Tunísia era considerada um "país-alvo", o que exigia as mais rigorosas precauções de segurança quando os agentes da Cesareia operavam lá e significava que, após os assassinatos seletivos, retirar os agentes envolvidos não seria fácil.

O comando da Cesareia finalmente concluiu que precisaria do poder de fogo e da capacidade de transporte das FDI. O Mossad solicitou a assistência da Sayeret Matkal e dos comandos navais, assim como fizera durante a Operação Primavera da Juventude de 1973 em Beirute. O Mossad se voltou para o chefe da Aman, major-general Amnon Lipkin-Shahak, encarregado da Sayeret. Ele mesmo comandara uma das forças da Primavera da Juventude e, em seguida, se tornara oficial superior, conhecido por sua cautela e autocontrole. Ele se opôs firmemente ao envolvimento da Sayeret na missão, pois achava que o Mossad poderia e deveria executar a missão e que não havia "necessidade de colocar tantos soldados em perigo". Em uma entrevista alguns meses antes de morrer, em 2013, Lipkin-Shahak disse: "Estava claro para mim que podíamos conseguir, mas eu achava que uma pequena força do Mossad não deixaria as pegadas que um ataque dos comandos deixaria, tornando claro que Israel estava por trás do ataque."[35]

Os planos para o assassinato de Abu Jihad e a permanente questão de que forças deveriam estar envolvidas causou significativa tensão entre as FDI e o Mossad. A decisão final só poderia ser tomada pelos políticos, mas, durante algum tempo, o primeiro-ministro Shamir e o ministro da Defesa Rabin evitaram interferir.

Então todo o paradigma mudou.

Aproximadamente 2,5 milhões de palestinos (nenhum censo geral foi realizado durante o período) viviam na Cisjordânia e na Faixa de Gaza, estando sob domínio israelense desde 1967. Sua frustração e amargura cresciam de modo constante, ano após ano. Israel abrira seus portões para os trabalhadores palestinos e cerca de 40% de sua força de trabalho cruzava a fronteira todos os dias para trabalhar em Israel, mas somente empregos servis estavam disponíveis, por salários de exploração e em condições difíceis. Os operários da construção civil e lavadores de pratos palestinos observavam com ressentimento enquanto israelenses prosperavam e chegavam a um nível de prosperidade econômica quase comparável ao da Europa Ocidental.

Nos territórios ocupados, o desemprego crescia e havia poucos empregos disponíveis para aqueles com educação mais elevada. As cidades eram intoleravelmente superlotadas e as autoridades israelenses nada faziam para melhorar os serviços municipais nem forneciam terras para que a construção civil e a agricultura atendessem às necessidades de uma população palestina crescente.

Israel, todavia, confiscou terras palestinas e assentou um número cada vez maior de seus cidadãos nessas terras, em uma flagrante violação das leis internacionais. Muitos desses assentamentos possuíam motivação ideológica, pois os colonos acreditavam que a "Grande Israel" pertencia aos judeus. Outros apenas buscavam um padrão melhor de vida e tiravam vantagem do mercado imobiliário pesadamente subsidiado.

Após sofrer com essas ofensas, condições miseráveis e visíveis injustiças durante anos, a Cisjordânia e a Faixa de Gaza estavam prestes a explodir. Mas isso era algo que a inteligência israelense não podia ou queria ver. O longo foco no combate contra a OLP e seus líderes escondera a crescente raiva do povo palestino da comunidade de inteligência de Israel e de seus políticos. As realizações táticas dos israelenses e sua habilidade de localizar e eliminar líderes e militantes da OLP em praticamente qualquer parte do mundo lhes dera a sensação de que Israel poderia impor para sempre seu domínio sobre os milhões de palestinos nos territórios ocupados, sem sofrer as consequências.

A inteligência israelense também deixou de ver outro desenvolvimento dramático: um estrato de liderança jovem, vibrante e carismática evoluíra na "Palestina ocupada" e funcionava independente e separadamente de Arafat, de Abu Jihad e do comando da OLP.[36] Uma grande maioria na Cisjordânia e na Faixa de Gaza apoiava os espetaculares atos terroristas da OLP, mas muitos também achavam que essas exibições teatrais de violência eram cada vez menos relevantes para os problemas cotidianos. Arafat ainda era visto como pai da nação, mas suas ações, especialmente as executadas na distante Tunísia, não pareciam capazes de conseguir a independência que ele prometera em nenhum futuro previsível.

Até que surgiu uma faísca.

Em 4 de outubro de 1987, cinco perigosos terroristas pertencentes à Jihad Islâmica da Palestina (JIP) escaparam da prisão das FDI em Gaza. Dois dias depois, o Shin Bet, com a ajuda de seus agentes em Gaza, localizou os terroristas em um apartamento no bairro Sejayieh. Uma equipe da unidade Pássaros, com todos disfarçados de árabes, manteve o apartamento sob observação. Ali perto, as forças especiais da Yaman, a unidade de contraterrorismo da polícia, se preparavam para agir sob o comando de David Tzur. "Os caras do Shin Bet os viram entrar em dois Peugeot 404, um branco e o outro azul-claro, fortemente armados, e irem embora. Nós os seguimos e, no momento em que nos viram, eles abriram fogo. Nós os alcançamos perto do campo de futebol." Quatro terroristas foram mortos pelos primeiros disparos da Yaman. Um quinto homem, que fugiu dos veículos, foi baleado mais tarde. Um agente dos Pássaros, Victor Arzuan, também foi morto no tiroteio.

O funeral dos cinco palestinos se transformou em uma manifestação tempestuosa. Os manifestantes gritaram nas ruas que os cinco haviam sido assassinados. O levante foi mais violento que qualquer coisa que as FDI já haviam testemunhado até então nos territórios ocupados.

"Do ponto de vista operacional", disse Tzur, que mais tarde se tornaria vice-comissário da polícia israelense e chefe da região de Tel Aviv, "foi um claro sucesso para a Yaman."

Mas Tzur também admitiu que essa realização tática e outras ao longo dos anos impediram que a inteligência israelense visse o cenário mais amplo e fizeram com que "perdesse o dramático desenvolvimento prestes a ocorrer". Mesmo os violentos funerais não foram percebidos como mais que explosões localizadas de raiva.[37]

Então, em 8 de dezembro, o motorista de um caminhão porta-tanques das FDI perdeu o controle e bateu em uma fila de carros levando palestinos que voltavam para a Faixa de Gaza após o dia de trabalho em Israel. Quatro foram mortos e sete ficaram feridos. Logo se espalhou o falacioso rumor de que o acidente fora na verdade um ato intencional de vingança pelas facadas letais em um israelense dois dias antes. O funeral dos trabalhadores mortos novamente se tornou um protesto em massa.

Uma onda de manifestações varreu a Cisjordânia e a Faixa de Gaza em dezembro de 1987, marcando o início do levante palestino contra o domínio israelense, a Intifada.[38] O Shin Bet, as FDI e o governo ficaram estupefatos e, "durante semanas, falharam em compreender o significado dos protestos, tanto que sequer ocorreu ao ministro da Defesa Rabin interromper sua viagem ao exterior e retornar a Israel", disse o secretário militar do primeiro-ministro, general Nevo.

As FDI haviam acreditado durante anos que podiam controlar os palestinos com forças mínimas. Mas, quando as multidões em levante jogaram pedras em pequenos destacamentos de soldados, que não tinham equipamento de dispersão de multidões nem de proteção, os soldados responderam com tiros.[39] Mais de mil palestinos foram mortos, muitos mais ficaram feridos, e a posição internacional de Israel despencou. Todas as noites, o mundo via pela TV como tropas israelenses suprimiam agressivamente massas de palestinos que exigiam independência política e o fim da ocupação. A equação se invertera completamente: aos olhos da comunidade internacional, Israel agora era Golias e os árabes palestinos eram Davi, com seu estilingue e suas pedras.[40] "A Intifada", disse o então diretor do Mossad Nahum Admoni, "causou mais danos políticos e prejuízo a nossa imagem que qualquer coisa que a OLP tenha conseguido fazer durante toda sua existência."[41]

Na falta de uma resposta adequada ao levante e sem compreender de fato suas causas, Israel novamente se voltou para a arma que lhe era tão familiar e que muitos acreditavam poder mudar o curso da história: os assassinatos seletivos. Abu Jihad, que já sobrevivera a repetidos atentados israelenses, tornou-se novamente um alvo primário. Isso se deveu parcialmente a suas próprias declarações. Em uma entrevista à rádio Monte Carlo em janeiro de 1988, ele afirmou ter dado a ordem para iniciar a Intifada. A OLP reiterou a declaração em algumas de suas publicações. O mundo árabe aplaudiu. A liderança política de Israel a aceitou como verdade absoluta. Os chefes da comunidade de inteligência reconheceram, ou ao menos não contradisseram, sua autenticidade.

Mas Abu Jihad estava mentindo. Nem ele nem Arafat haviam dado qualquer ordem para o início da Intifada. Ela os surpreendera assim como surpreendera a inteligência israelense. Na verdade, tratava-se de um levante popular, e foram jovens no fim da adolescência e início da idade adulta que acenderam a chama. Mas os fatos não interessavam aos chefes da OLP, à mídia árabe ou à inteligência israelense.

Além disso, essa ansiosamente aceita "verdade", por mais enganosa que fosse, era atraente para os israelenses. Se o levante fosse causado pelo descontentamento que crescera entre a população palestina nos territórios ocupados ao longo dos anos de governo militar arbitrário e invasão israelense de terras, suas raízes teriam de ser enfrentadas. Se fosse tudo uma conspiração da OLP, ela poderia ser resolvida simplesmente assassinando o homem que a comandou.[42]

Após a irrupção da Intifada, o ministro da Defesa Rabin ordenou que as FDI fornecessem ao Mossad toda a assistência necessária para planejar o assassinato de Abu Jihad.[43] O chefe da Aman, Lipkin-Shahak, ainda não estava "convencido de que essa operação ampla e complexa era necessária", mas entendeu que as circunstâncias políticas haviam mudado e retirou suas objeções, ao menos durante os estágios de planejamento e treinamento.

Enquanto isso, Abu Jihad e Arafat tentavam surfar a onda de simpatia internacional gerada pelo levante. Enquanto os preparativos secretos para o assalto à casa de Abu Jihad em Túnis eram feitos, ele e Arafat iniciaram a própria operação clandestina, um inteligente exercício de relações públicas. Eles o chamaram de Operação Navio do Retorno. A ideia era enviar até Haifa um navio com 135 palestinos deportados de áreas controladas por Israel e tantos jornalistas quantos aceitassem o convite para cobrir a viagem e seu dramático fim. Os líderes da OLP queriam que a viagem do "Navio do Retorno" se parecesse com a do *Exodus*, o conhecido navio a vapor que ilegalmente levara imigrantes judeus até o Mandato Britânico da Palestina em 1947. O Fatah tentou manter o plano em segredo até o último minuto, mas falhou, e o Mossad recebeu notificações em tempo real. Os palestinos haviam fretado um navio em Pireu, mas os donos cancelaram depois que Israel os avisou que, se deixassem o projeto seguir em frente, jamais poderiam atracar em portos israelenses novamente. Em vez disso, a OLP comprou em Chipre um navio de passageiros japonês chamado *Sol Phryne*, por 600 mil dólares.

Uma reunião urgente do gabinete israelense foi convocada para discutir o assunto, e os ministros aprovaram uma operação conjunta das FDI e do Mossad para bloquear o *Sol Phryne* "antes mesmo que possa sair do porto de

Limassol". A esperança era que frustrar o plano e assassinar seus participantes produzisse "uma sensação de desespero na liderança palestina, redução da cobertura da mídia nos territórios ocupados e um golpe na motivação para continuar a Intifada", disse um dos ministros que participou da reunião.[44]

Na manhã de 15 de fevereiro de 1988, três ativistas da OLP enviados por Abu Jihad até o Chipre para organizar a viagem do Navio do Retorno entraram em um carro, perto do hotel onde estavam hospedados. "Rover", chefe da Baioneta, e Eli estavam sentados em outro carro, após muitas horas tensas de vigilância em que quase foram pegos pela polícia local.[45] Quando os três palestinos entraram no veículo e deram partida, Eli apertou um botão, detonando outra de suas bombas. Os três palestinos morreram.

Dezoito horas depois, comandos navais mergulharam sob o *Sol Phryne* e prenderam uma pequena mina no casco. Ela fez um buraco na lateral do navio e ele começou a afundar. A viagem do Navio do Retorno — o *Exodus* palestino — terminara antes de começar. "A história prega peças estranhas", disse Yoav Galant, comandante dos comandos navais, enquanto embarcava às 3 da manhã, encharcado das águas do mar Negro, no navio lança-mísseis israelense que esperava por ele. Estava se referindo à viagem de sua própria mãe, Fruma, no *Exodus* original, muitos anos antes.[46]

Em 14 de março, o gabinete israelense de segurança se reuniu novamente com o primeiro-ministro Shamir para discutir o assassinato de Abu Jihad.[47] A aprovação prévia para sua eliminação por vários primeiros-ministros ao longo dos anos, incluindo Levi Eshkol, Golda Meir e Yitzhak Rabin, não era válida sob um premiê diferente. E ainda que o mesmo homem estivesse liderando o governo, as forças de segurança continuariam buscando nova aprovação se muito tempo tivesse se passado, porque era possível que as circunstâncias políticas tivessem se modificado ou que o primeiro-ministro tivesse mudado de ideia. A aprovação tinha de ser dada imediatamente antes que um assassinato seletivo fosse realizado, no momento em que a operação estava pronta para ser iniciada, mesmo que a luz verde tivesse sido recebida algum tempo antes.

Naquele estado de coisas, "Shamir poderia simplesmente ter dado a ordem para eliminar Abu Jihad", diz Nevo.[48] Mas Shamir estava consciente de que

Abu Jihad não era um alvo comum e as reações a sua morte poderiam ser extraordinárias. Ele decidiu não assumir sozinho a responsabilidade e levou a questão ao gabinete de segurança. O Likud e o Partido Trabalhista tinham cinco ministros cada no painel. Shimon Peres, líder do Partido Trabalhista e então ministro do Exterior, declarou que era firmemente contrário ao assassinato. "Minhas informações eram de que Abu Jihad era um moderado", disse ele. "Achei que não seria sensato assassiná-lo."[49] Os quatro outros membros do Partido Trabalhista, incluindo Rabin, que já aprovara anteriormente o assassinato de Abu Jihad, expressaram apreensão em relação à condenação internacional que seria dirigida contra Israel, assim como o perigo para os soldados israelenses e agentes do Mossad, e se uniram a Peres na oposição à operação. Shamir e os quatro representantes do Likud votaram a favor. O empate significava que não haveria operação.

O ministro das Finanças Moshe Nissim, do Likud, decidiu tentar a persuasão. Pediu que Rabin se unisse a ele fora da sala de reuniões. "Veja o que a Intifada está fazendo conosco", disse ele. "O público está muito desesperançado. No passado, as FDI executaram ações com muita engenhosidade e pensamento criativo, mas isso não acontece há muito tempo. Precisamos renovar a sensação no mundo, na comunidade internacional, mas primeiro e acima de tudo entre os cidadãos de Israel, de que as FDI são as mesmas FDI que fizeram coisas maravilhosas durante os anos. Temos de realizar essa missão pelo bem do moral nacional."[50] A política, o definhamento do moral nacional, exigia um sacrifício de sangue. Assassinar Abu Jihad, ao menos na maneira de ver de Moshe Nissim, era um ato mais simbólico que prático.

Rabin foi persuadido. Ele retornou à sala do gabinete com Nissim e anunciou que estava mudando seu voto. Por seis votos a quatro, a Operação Lição Introdutória recebeu luz verde.

Nissim, que era filho de um importante rabino de Israel, jamais se arrependeu de ter persuadido Rabin. "Em todo o mundo", disse ele, "não há um exército tão meticuloso quanto as FDI em relação aos valores, às normas de conduta e à garantia de que pessoas inocentes não sejam feridas. Mas há um preceito talmúdico que diz: 'Se um homem vier matá-lo, levante-se cedo e mate-o primeiro.'"[51]

*

Os agentes da inteligência israelense achavam que a casa de Abu Jihad na Tunísia era o lugar perfeito para assassiná-lo. Estava localizada em um dos lugares mais bonitos de um condomínio exclusivo e bem-cuidado, com ruas limpas e largas, a apenas alguns metros da praia, o que dava à equipe de assassinos um acesso relativamente fácil. As patrulhas da polícia tunisiana precisariam ser evitadas ou distraídas, mas, para além disso, Abu Jihad era protegido por apenas dois homens. "Era uma localização de certa forma isolada e só levemente guardada", disse Nahum Lev, o vice-comandante da Sayeret Matkal. "Além disso, Abu Jihad voltava para lá todas as noites quando estava no país. Era um lugar magnífico para uma emboscada. Abu Jihad simplesmente jamais achou que alguém o atacaria lá. O Mossad já operara em Beirute, na Síria e na Europa, mas jamais na Tunísia. Então ele se sentia relativamente seguro."[52]

A inteligência israelense achava que assassinar Abu Jihad em sua casa seria adequadamente ameaçador, sugerindo aos palestinos que ninguém estava seguro em lugar nenhum, nem mesmo em seu próprio quarto.

O plano para assassiná-lo na Tunísia fora desenvolvido pela Cesareia no ano anterior. Três agentes disfarçados de executivos árabes haviam analisado as rotas desde a praia e mapeado detalhadamente a vizinhança. O Mossad e as unidades 504 e 8200 da Aman rastrearam os movimentos de Abu Jihad, acompanharam suas viagens e notaram seu hábito de comprar passagens para vários voos, a fim de que fosse mais difícil saber quando e para onde viajaria. Os telefones de sua casa e de seu escritório eram monitorados. Oded Raz, então oficial da seção da divisão de pesquisas da Aman que lidava com terrorismo, afirmou: "Ao seguir Abu Jihad, passei a conhecer e respeitar o homem que estávamos enfrentando. É verdade que se tratava de um terrorista, mas também era um homem de família e um autêntico líder, que tinha o bem de sua nação em mente."[53]

Mesmo assim, as lideranças políticas e de inteligência de Israel queriam assassiná-lo. O bem da nação palestina, em suas mentes, representava uma ameaça direta ao bem de seu próprio país. Da maneira como viam as coisas, Abu Jihad era — e sobre isso não havia argumento — o homem por trás da morte de centenas de judeus.

O ministro da Defesa Rabin, um militar meticuloso, estava preocupado com muitos detalhes da rota de fuga e com a segurança dos soldados. Não menos importante, queria saber o que aconteceria se "chegarmos a Túnis com essa armada, entrarmos na casa e nosso 'paciente' não estiver lá". O pessoal do Mossad explicou que o plano era se assegurar de que Abu Jihad estaria em casa antes que fosse dado o sinal para iniciar o ataque. Rabin ficou satisfeito e, com o caos nos territórios ocupados e Abu Jihad, corretamente ou não, alegando autoria, a Operação Lição Introdutória finalmente foi autorizada.[54]

O vice-chefe do Estado-Maior das FDI, Ehud Barak, era o comandante geral da operação e, logo antes de ela estar agendada para começar, presidiu uma reunião de planejamento na sede do Estado-Maior geral, em Tel Aviv. Oficiais da Aman exibiram uma maquete do bairro de Abu Jihad. Barak abruptamente apontou para a casa em frente à dele.

"Quem mora aqui?", perguntou ele.

"Abu al-Hol", respondeu um dos oficiais da Aman. "O chefe de segurança interna da OLP."

"E quem mora aqui?", perguntou Barak, apontando para outra casa próxima.

"Mahmoud Abbas — Abu Mazen", respondeu um agente do Mossad, usando o nome verdadeiro e o nome de guerra de outro importante oficial da OLP.

"Elas ficam bem próximas", disse Barak. "Por que não fazemos uma visita a ele também? Com essa armada enorme indo para a Tunísia, podemos matar dois pássaros com uma pedra só."

"Ehud", interrompeu um oficial do Mossad, "deixe isso pra lá. Só vai complicar uma operação que já é bastante complicada." Uma breve discussão — um argumento, na verdade — se seguiu. Barak insistia em usar a oportunidade para abater dois alvos. Tal ataque, defendia ele, derrubaria o moral da OLP e teria um efeito desejável sobre a onda de inquietação nos territórios. Os representantes do Mossad e da Aman se opuseram categoricamente. "Não podemos garantir que ambos os alvos estarão em casa ao mesmo tempo", argumentaram eles. "Você é o comandante, mas recomendamos nos ater somente a Abu Jihad. É suficiente darmos a ele o que merece."

No fim, Barak cedeu. Assim, a vida de Mahmoud Abbas, o homem que sucederia Arafat como líder da Autoridade Palestina e a quem Barak, entre outros, com o tempo passaria a ver como ousado parceiro nos esforços de paz, foi salva.

"É difícil julgar essas questões em retrospecto", disse Barak. "Em tempo real, do ponto de vista operacional, era muito atraente. Em contrapartida, estava claro que um ataque daquele nível contra os líderes deles teria legitimado um ataque contra nossos líderes."

Seis agentes da Cesareia chegaram a Túnis em 14 de abril, em quatro diferentes voos saídos da Europa. Três deles — dois homens e uma mulher, viajando com passaportes libaneses falsos e falando um francês perfeito — pagaram em dinheiro para alugar dois Volkswagen Transporter e um sedã Peugeot 305, todos brancos e de empresas diferentes. Esses veículos seriam usados para levar os homens da Sayeret Matkal da praia até a casa de Abu Jihad e então de volta. Os outros três agentes eram sombras: encontraram algumas árvores das quais podiam monitorar a casa e garantir que Abu Jihad estava em seu interior. Os motoristas iriam evacuar por mar, juntamente com a equipe de assassinos, e as sombras deixariam Túnis em voos comerciais quando a operação terminasse.

Nesse meio-tempo, cinco navios lança-mísseis israelenses viajavam em direção à Tunísia, carregando a equipe de assalto, um hospital móvel e poderosos equipamentos de comunicação. Um grande navio porta-helicópteros, disfarçado de navio de carga regular, tinha uma unidade reserva da Sayeret a bordo, caso algo desse errado.

O comboio parou a 40 quilômetros da costa tunisiana, bem antes das águas territoriais do país, em 15 de abril.[55] Abaixo do comboio, o submarino israelense *Gal* fornecia uma escolta silenciosa e invisível. Bem acima, um Boeing 707 da Força Aérea servia como estação repetidora de comunicações, enquanto também monitorava as frequências tunisianas em busca de problemas. Ele podia incapacitar os radares e o controle aéreo tunisiano, se necessário. Caças F-15 israelenses também patrulhavam a costa, prontos para intervir.

O sol afundava nas águas a oeste quando botes infláveis foram lançados pelas laterais dos navios lança-mísseis. Cada um deles levava dois comandos navais e seis soldados da Sayeret Matkal. Eles avançaram silenciosamente em direção à costa, com o ocaso se transformando em uma noite sem lua. A cerca de 500 metros da praia, sete comandos da Flotilha 13 mergulharam e nadaram até terra firme. O primeiro a pisar em solo tunisiano foi o comandante da força de assalto da Flotilha 13, Yoav Galant. A praia estava deserta. Os comandos estabeleceram um perímetro semicircular e fizeram contato por rádio com os navios e os agentes do Mossad que aguardavam nos carros. Disseram aos agentes do Mossad para se aproximarem da linha d'água e aos 26 homens nos botes infláveis que era seguro desembarcar. Os homens da Sayeret correram até os veículos da Cesareia, onde vestiram as roupas secas que haviam trazido em bolsas impermeáveis. Eles entrariam no bairro de Abu Jihad como civis — alguns homens e algumas mulheres —, invadiriam a casa e o matariam. Mesmo assim, todos carregavam cartões de prisioneiros de guerra para provar que eram soldados, caso fossem capturados.

Os comandos navais se espalharam para manter a praia segura até que o esquadrão da Sayeret retornasse. Os três agentes da Cesareia que monitoravam a casa observaram através de seus poderosos binóculos quando o carro de Abu Jihad chegou logo após a meia-noite. Dois guarda-costas, um dos quais também era o motorista, entraram na casa com ele. O motorista ficou apenas alguns minutos e voltou ao carro para cochilar. O outro ficou na sala de estar por alguns momentos, depois foi ao porão e adormeceu. Em outro quarto, o filho de Abu Jihad, Nidal, dormia no berço. Sua mulher, Intisar, e sua filha de 16 anos, Hanan, esperavam por ele no quarto. Intisar lembrou da conversa que tiveram:

> Eu estava muito cansada. Perguntei se ele estava cansado e ele disse que não. Eu o chamei para irmos dormir, mas ele disse que tinha muito trabalho. Então se sentou à escrivaninha e escreveu uma carta para a liderança da Intifada. Hanan estava conosco no quarto. Ele perguntou o que ela fizera durante o dia. Ela disse que andara a cavalo. Então lembrou que queria contar a ele sobre o sonho que tivera na noite anterior. Ela sonhara que estava em Jerusalém com alguns amigos. Eles rezavam em uma mesquita quando, subitamente, soldados israelenses os expulsaram e começaram a persegui-los. Ela correu até estar fora dos muros da cidade e então viu o pai. Ela perguntou aonde ele estava indo e ele disse que estava indo para Jerusalém. Ela perguntou como ele conseguiria entrar em Jerusalém, pois a cidade estava cheia de soldados israelenses. Ele disse que entraria montado em um cavalo branco.

Depois que ela terminou de contar o sonho, Abu Jihad tirou os óculos e disse: "Ah, sim, Hanan, estou a caminho de Jerusalém."

O telefone da casa tocou. Abu Jihad atendeu. Os agentes israelenses que monitoravam a linha ouviram quando o assessor que cuidava de seus arranjos de viagem disse que ele tinha um voo para Bagdá partindo de Túnis um pouco depois das 3 horas. Isso era um problema para os israelenses. Eles planejavam entrar na casa de Abu Jihad por volta da 1h30, a fim de ter tanta certeza quanto possível de que todos estariam dormindo. Mas, se esperassem até lá, era provável que seu alvo já estivesse a caminho do aeroporto.

Eles não podiam esperar. A operação tinha de acontecer imediatamente. Yiftach Reicher, líder da Executiva de Operações Especiais que também estava no posto de comando marítimo, chamou o comandante da Sayeret, Moshe Yaalon, pelo rádio. Eles falaram em código e em inglês, no caso de a conversa ser captada.

"Bogart, aqui é Richard", disse Reicher. "Você pode ir embora da estação. Você pode ir embora da estação. Rápido. Repito: rápido."[56]

Reicher se deu conta de que, como Abu Jihad estava se aprontando para um voo, ele e sua equipe provavelmente estariam acordados. "Bogart", disse ele, "aqui é Richard. Como o chefe está indo embora, quero dizer que há pessoas acordadas no escritório."

"Ok, Richard, entendi", respondeu Yaalon.

Reicher chamou um dos agentes da Cesareia que observavam a casa das árvores: "Willy, há algo novo perto do escritório, incluindo o carro vermelho?"

"Negativo", respondeu Willy.

"Bogart está a caminho. Antes de entrar no escritório, ele vai telefonar para você. Se houver qualquer mudança na situação, informe a ele, porque ele precisa do seu ok. Ele precisa do seu ok."

Os dois Transporters levaram 26 homens da Sayeret Matkal, armados com Micro Uzi e pistolas Ruger .22 com silenciadores e mira laser, até o bairro. Dois agentes da Cesareia, um homem e uma mulher, dirigiam o Peugeot 400 metros à frente para observar a estrada e garantir que a força principal não encontraria nada inesperado.

Os três veículos pararam a 450 metros da casa. Os comandos começaram a se aproximar. Mas a identificação final ainda precisava ser feita. Os vigias haviam visto o carro de Abu Jihad chegar e ele e seus seguranças entrarem na casa. Mas, de acordo com o protocolo que Rabin assinara, isso não era suficiente. Três falantes fluentes de árabe da Unidade 8200 que haviam sido cooptados pelo Mossad para a missão haviam passado centenas de horas estudando a voz e o modo de falar de Abu Jihad. Usando fones de ouvido, eles esperaram no bunker de comando em Tel Aviv enquanto os técnicos realizavam uma chamada para a residência de al-Wazir através de uma conexão via Itália, a maneira pela qual ele geralmente se comunicava com os territórios ocupados.

Os técnicos tocaram sons de multidão ao fundo. "*Ya*, Abu Jihad", disse um dos especialistas ao telefone. "Eles prenderam Abu Rahma! E agora os filhos da puta querem levar a família inteira para a prisão!" Ele acrescentou uma maldição árabe: "*Insha'Allah yishrbu waridat al-nisa!*" [Que bebam sangue menstrual!][57] Abu Jihad tentou acalmar seu interlocutor para conseguir mais detalhes. Enquanto isso, os técnicos em Tel Aviv mantiveram a conversação fluindo até que todos os três especialistas ergueram as mãos, indicando que haviam identificado a voz com certeza.

"Lição Introdutória, vocês têm luz verde", disse pelo rádio o comandante em Tel Aviv para o comando avançado no mar. A mensagem foi imediatamente repetida para a força em terra. Nahum Lev e outro soldado vestido de mulher foram primeiro. Lev segurava uma caixa grande, aparentemente de doces, mas contendo uma pistola com silenciador. Ele foi até o guarda sentado no carro perto da casa, mostrou-lhe um panfleto de um hotel e perguntou como chegar até lá. O guarda analisou o panfleto. Lev apertou o gatilho e o acertou na cabeça.

Lev fez sinal para o restante do esquadrão. Um pequeno destacamento avançou, com um macaco hidráulico para arrombar a porta. Nas sessões de treinamento, a porta se abria silenciosamente. Dessa vez, no entanto, ela estalou. Os combatentes ficaram imóveis. Mas não houve reação no interior da casa adormecida. Um dos membros da equipe fez sinal para os homens nos outros carros, indicando que a área estava livre. O restante dos combatentes assumiu posição em torno da casa. Um destacamento foi até o quintal dos fundos.

Os homens da Sayeret Matkal entraram na casa e atravessaram a sala de estar. Alguns correram até o porão, onde o segundo guarda-costas acabara de acordar. Eles o atingiram a tiros antes que tivesse tempo de engatilhar o rifle. Então viram outro homem adormecido: o jardineiro tunisiano da família, que decidira passar a noite na casa.[58] Também atiraram nele.[59] "Ele não fez nada", disse Lev. "Mas, em uma missão como essa, não há escolha. Você precisa se assegurar de que qualquer potencial oposição seja neutralizada."

No andar de cima, a mulher de Abu Jihad, Intisar, acordou com o som de homens gritando. Abu Jihad estava sentado à escrivaninha. Ele se levantou rapidamente e pegou a pistola no closet.

"O que aconteceu?", perguntou Intisar. "O que aconteceu?"

Um homem da Sayeret Matkal, vestido de preto e usando máscara, chegou ao topo da escada. Lev, o comandante, estava logo atrás. Abu Jihad empurrou a mulher para os fundos do quarto.

O primeiro israelense atirou nele. Abu Jihad caiu. Então Lev disparou uma longa rajada.[60] Abu Jihad estava morto.

Intisar rastejou até o marido e passou os braços em torno de seu corpo. Um comando colocou uma pistola em suas costas e a empurrou contra a parede. Ela teve certeza de que fora atingida. Em vez disso, foi retirada do caminho a fim de não ser.

Um terceiro comando atirou novamente em Abu Jihad. Ele se afastou e um quarto israelense deu mais um tiro.

Nidal, o bebê, acordou e começou a gritar. Intisar teve certeza de que também fora ferido. Uma voz gritava no andar de baixo: *"Aleh! Aleh!"* — Mais depressa! Mais depressa!

Finalmente, o tenente-coronel Yaalon se aproximou do corpo e atirou. Foi o quinto homem a fazê-lo.

"Bas!", gritou Intisar. Basta!

Abu Jihad foi atingido por 52 tiros. Vinte e três anos após Golda Meir assinar a primeira Página Vermelha com seu nome, ele estava morto.

Lembrando-se do assassinato muitos anos depois, em 2013, Yaalon, na época ministro da Defesa, disse: "Certamente não foi uma cena agradável. A mulher estava lá parada, querendo se aproximar, e só não se movia porque um dos homens apontava a pistola para ela, e estávamos atirando em seu marido, uma vez após a outra. É impossível dizer que isso não me incomodou ou que não fez com que me sentisse muito desconfortável. Em contrapartida, estava claro para mim que aquilo tinha de ser feito, embora fosse na frente da mulher e da filha."

Mas Yaalon não se arrepende. Ele chamou a operação de "ataque perfeito" e acrescentou, com seu característico cinismo: "Não entendo por que eles dizem que estamos perdendo a guerra pelas mentes. Se coloco uma bala bem no meio dos olhos de Abu Jihad, bem no meio de sua mente, isso não quer dizer que venci?"[61]

Todos os israelenses escaparam ilesos da Tunísia.[62] A polícia local estava ocupada respondendo a inúmeras chamadas falsas feitas por agentes da Cesareia, relatando uma frota de carros se afastando velozmente do bairro de Abu Jihad na direção do centro de Túnis, a direção oposta da tomada pelos assassinos. A polícia fez bloqueios e inspecionou dezenas de carros. Três horas depois, encontraram os Volkswagen e o Peugeot alugados abandonados na praia.

Na tarde seguinte, um repórter perguntou a Shamir sobre o envolvimento de Israel no assassinato seletivo. "Eu ouvi a respeito", disse ele secamente. "No rádio."[63]

Abu Jihad foi enterrado alguns dias depois, com honras militares. Foi transformado em mártir. Yasser Arafat caminhou atrás do caixão com a viúva Intisar e seu filho mais velho, Jihad.

Na época, os israelenses consideraram o assassinato de Abu Jihad um tremendo sucesso. "Rabin me agradeceu mais tarde por tê-lo persuadido", disse Moshe Nissim. "'Você não sabe o quanto estava certo', disse ele. 'As pessoas me cumprimentam, apertam minha mão e fazem sinal de positivo. Que alegria isso trouxe para a nação! Que sensação de moral elevado, que bom para nossa força dissuasiva!'"[64]

De fato, a morte de Abu Jihad foi um golpe severo para a OLP. Ele era um comandante experiente e astuto e, sem ele, o Fatah conseguiu iniciar muito menos ataques bem-sucedidos contra Israel.

Mas a razão imediata e professada para assassiná-lo era enfraquecer a Intifada e, por essa medida, o assassinato falhou em seu objetivo. Na verdade, o assassinato seletivo teve precisamente o efeito oposto: a eliminação de Abu Jihad enfraqueceu imensamente a liderança da OLP, mas foi benéfica para os comitês populares nos territórios ocupados, que eram os verdadeiros líderes do levante. E Israel ainda não tinha resposta para as ondas de manifestantes ou a maré de condenação internacional.

Com o benefício da retrospectiva, muitos israelenses que tomaram parte da operação agora a lamentam. Alguns acham que a poderosa presença de Abu Jihad fornecia limites e sobriedade a Arafat e que sua voz teria sido altamente benéfica após o estabelecimento da Autoridade Nacional Palestina em 1994.[65] Se o adorado e carismático Abu Jihad estivesse vivo, o Hamas talvez não conseguisse consolidar sua posição e dominar grandes porções do público palestino.

Amnon Lipkin-Shahak, chefe da Aman na época do assassinato e mais tarde chefe do Estado-Maior geral, afirmou: "Se soubéssemos que, logo após a eliminação de Abu Jihad, a OLP assumiria um curso diplomático, talvez tivéssemos invadido a casa e conversado com ele sobre sua posição em relação a um compromisso com Israel, para só então decidir matá-lo ou não. Em retrospecto, sua ausência é evidente em certa medida. Ele poderia ter feito uma contribuição significativa para o processo de paz."

19

INTIFADA

Em 23 de junho de 1988, uma equipe da ABC News foi ao vilarejo palestino de Salfit, ao pé das colinas da Samaria, na Cisjordânia.

Naquele momento, os territórios ocupados ainda estavam nos espasmos turbulentos da Intifada. Protestos violentos, ataques terroristas, pedras e coquetéis molotov eram ocorrências diárias. Havia muitos mortos em ambos os lados.

A mídia internacional foi atraída pela ação.

No pequeno vilarejo de Salfit morava a família Dakdouk. Um dos filhos, Nizar, era figura proeminente na lista de procurados do Shin Bet, embora tivesse apenas 18 anos. As informações da inteligência indicavam que ele era o líder de uma gangue de adolescentes que jogava bombas de gasolina nos ônibus israelenses. Respondendo à provocação com uma forma de punição coletiva usada frequentemente na época, as FDI haviam demolido a casa da família Dakdouk em 16 de junho. No dia seguinte, a TV israelense transmitiu uma entrevista com Nizar e sua mãe, em pé sobre as ruínas da casa. Com um sorriso, Nizar negou todas as acusações contra ele, mas não objetou com veemência quando o entrevistador sugeriu que era considerado um herói local. Ficou evidente que não era avesso à atenção da mídia.

Quando outra equipe da ABC News chegou uma semana depois e perguntou à família se podia entrevistar Nizar, ele apareceu em poucos minutos. O repórter explicou que ficara impressionado com a entrevista que ele dera à TV israelense e queria fazer uma matéria com ele. A equipe sugeriu que a entrevista ocorresse no topo da colina próxima ao vilarejo.

Nizar concordou, mas pediu que a equipe esperasse um pouco, para que pudesse trocar de camisa.

"Não é preciso", disse o entrevistador, tão amigável quanto era possível ser. "Tenho um estoque de camisas limpas na van. Que tamanho você usa?"

Satisfeito como qualquer jovem ficaria com toda aquela atenção, Nizar entrou em uma das duas vans da equipe, ambas com letreiros de imprensa e o logotipo da ABC. O grupo subiu a colina para a entrevista.

Quando Nizar não voltou para casa após várias horas, a família começou a se preocupar. Na manhã seguinte, telefonaram para o escritório da ABC em Tel Aviv. As pessoas da agência de notícias ficaram surpresas ao ouvir que Nizar desaparecera. Na verdade, ficaram surpresas em ouvir que alguém da rede estivera em Salfit. Uma breve investigação revelou que não fora ninguém da ABC que levara Nizan embora. A ABC suspeitou da inteligência israelense.

Roone Arledge, presidente da divisão de notícias da ABC, contatou o primeiro-ministro Yitzhak Shamir. A amizade entre os dois lhe deu acesso, mas Arledge estava furioso. A ação do Shin Bet, disse ele, "representa grave perigo para a segurança dos jornalistas legítimos". Ele exigiu que "uma investigação fosse conduzida imediatamente para determinar quem autorizou tal ação" e a declaração de que "não é política do governo de Israel se passar como jornalista por qualquer razão".[1]

Shamir não estava consciente do incidente em Salfit, mas compreendeu que poderia muito rapidamente se tornar um escândalo de grandes proporções e convocou uma reunião para aquela noite com os chefes da comunidade militar e de inteligência.

A Intifada foi caracterizada por dois tipos de atividade palestina contra a ocupação israelense: grandes protestos populares e atos de terrorismo contra soldados e assentamentos israelenses.

Em 1986, o major-general Ehud Barak, então chefe do Comando Central das FDI, juntamente com o chefe do departamento de operações do Estado-Maior geral, major-general Meir Dagan, criara uma unidade altamente secreta, a Duvdevan (hebraico para "Cereja"), a fim de combater o terrorismo na Cisjordânia.[2] A unidade foi colocada em ação.

Seus combatentes eram mistaravins que trabalhavam disfarçados, em geral como árabes, profundamente infiltrados no território palestino, e atacavam as pessoas da lista de procurados. O núcleo da Duvdevan compreendia membros das unidades de elite das FDI, particularmente os comandos navais.[3]

Os soldados da Cereja exibiam capacidades operacionais excepcionais, graças ao longo e árduo treinamento que recebiam, que incluía instruções especiais sobre familiaridade com os territórios árabes, modos de se vestir e técnicas de disfarce. Eram singularmente capazes de se misturar no lotado e hostil ambiente palestino, mesmo em pequenos vilarejos, onde estranhos atraíam imediata atenção.

Foi a Cereja que se passara por uma equipe da ABC e sequestrara Nizar Dakdouk em Salfit.[4]

Antes da operação, os homens escolhidos para a missão — um deles nascido e criado no Canadá, e o outro, nos Estados Unidos — fizeram um treinamento intensivo de alguns dias nos estúdios da televisão estatal israelense em Tel Aviv. Aprenderam como as equipes de TV trabalham, como as entrevistas são conduzidas, como a câmera é usada e como o técnico de som segura o microfone. A estação de TV israelense também emprestou o equipamento. O Shin Bet foi responsável por forjar os letreiros e sinais da ABC e as credenciais de imprensa.

Depois que a falsa equipe de TV pegou Dakdouk e partiu de Salfit, ostensivamente a caminho do local da entrevista, no topo da colina, a van foi parada pelo que parecia um bloqueio rotineiro das FDI, mas era, na verdade, outro destacamento da Cereja. Esses homens algemaram e vendaram o jovem procurado e o entregaram ao Shin Bet para interrogatório.

Shamir ficou furioso por sua aprovação não ter sido solicitada para a operação em Salfit e imediatamente proibiu o uso de disfarces de imprensa daquele momento em diante e, "definitivamente, definitivamente, não a mídia americana". O major Uri Bar-Lev, o oficial encarregado, que em 1986 criara a Cereja, tentou acalmar Shamir e explicar por que fora importante usar o disfarce da ABC News.

"Senhor primeiro-ministro", disse Bar-Lev, "entendemos que ele estava apenas procurando uma oportunidade de falar. Sabíamos que era a maneira mais fácil de tirá-lo do vilarejo sem causar comoção."

Bar-Lev diz que tinha uma fita de vídeo gravada pela "equipe" para provar quão eficientemente o serviço fora feito "e, de modo gradual, vi o rosto enrugado de tartaruga de Shamir se desanuviar e ele até mesmo começou a gostar da ideia".

Shamir sorriu. "Na clandestinidade, às vezes também tínhamos de trabalhar disfarçados", disse ele. Mas rapidamente abandonou a nostalgia e repetiu a ordem: "O que está feito está feito. Mas, de agora em diante, nada de usar disfarce da mídia."

"Primeiro-ministro, estamos no meio de outra operação com o mesmo disfarce", disse Bar-Lev. "Estou pedindo que o senhor não proíba categoricamente o uso desse *modus operandi*."

Após um momento de reflexão, Shamir respondeu: "Ok, mas proíbo o uso de disfarces de jornalistas americanos."

Dakdouk foi interrogado e finalmente recebeu uma longa sentença de prisão, mas, no fim das contas, saiu vivo. Em muitos outros casos, todavia — as FDI se recusam até hoje, mais de trinta anos depois, a liberar números precisos —, os alvos das operações da Cereja terminaram mortos. "A essência da Cereja era o assassinato discreto de agentes terroristas", disse Yoni Koren, oficial da Aman e associado próximo de Barak.[5]

"As ordens da unidade eram muito claras", observou Bar-Lev. "Se a pessoa procurada fosse vista com uma arma na mão, ou seja, se fosse um perigo para nossos soldados, era morta imediatamente a tiros."

Conversas com antigos membros da unidade revelaram que, em um grande número das operações, estava claro que o suspeito estaria armado e, consequentemente, as missões eram de assassinato seletivo. Frequentemente, era mesmo obrigatório realizar a "certificação da morte": atirar mais vezes no alvo, mesmo que já estivesse caído.[6] Tudo isso sem lhe dar a chance de se render.

As FDI negaram que a Cereja realizasse certificações de morte, mas as provas surgiram quando um soldado da unidade, o sargento Eliahu Azisha, foi morto por fogo amigo ao ser confundido com um palestino procurado. Uma investigação da divisão de investigações criminais das FDI revelou que ele levara vários tiros, para assegurar que estava morto.[7]

A Cereja e outras unidades como ela realizaram centenas de missões durante a Intifada. Vendedores-ambulantes, pastores de ovelhas, motoristas de táxi, pedestres do sexo feminino nas ruas, qualquer tipo de pessoa que se pudesse encontrar em uma cidade ou vilarejo árabe na época poderia ser um soldado da Cereja e subitamente sacar uma arma escondida.[8] "Um terrorista tentando sobreviver não executa ataques. Nossa atividade deixava os membros das células terroristas na absoluta incerteza", disse Bar-Lev. "Eles não sabiam de onde o ataque viria, não sabiam em quem confiar ou onde estariam seguros."[9]

Às vezes, os soldados da Cereja até mesmo se passavam por judeus israelenses. Em fevereiro de 1990, o Shin Bet descobriu que um esquadrão armado com laços com o Fatah pretendia atacar reservistas das FDI na praça Manara, no centro da cidade de Ramalá, na Cisjordânia. Os homens da Cereja se vestiram como reservistas: uniformes descuidados, barrigas proeminentes sob as camisas e rifles fora de alcance, enquanto comiam húmus em um restaurante da praça. Após duas semanas de espera, ocorreu o ataque antecipado. Os "reservistas" entraram em ação. Arrancaram as barrigas de látex e retiraram as pistolas Micro Uzi escondidas em seu interior. Abriram fogo e mataram alguns dos atacantes. Franco-atiradores postados por perto cuidaram do restante.

A Cereja e unidades similares criadas pela polícia e pelo Shin Bet conseguiram seu objetivo: danos severos, às vezes fatais, aos grupos terroristas palestinos, reduzindo seu nível de atividade de modo significativo.

Mas esse sucesso, por mais importante que tenha sido, somente destacou as falhas estratégicas mais amplas na guerra contra o levante popular. Contra os protestos em massa, Israel respondeu com toda a graça de um gigante desajeitado tentando repelir um enxame de ágeis anões. Soldados arrebanhavam milhares de manifestantes e eles eram enviados a campos especiais de detenção no sul do país. Grande parte da população das áreas palestinas foi colocada sob longos toques de recolher, as casas das famílias dos ativistas foram demolidas ou fechadas à força, e os habitantes, deportados. Muitas escolas permaneceram fechadas durante a maior parte do ano.

As cenas de violência mostradas pela televisão diminuíram ainda mais o status internacional de Israel e aumentaram a pressão, agora por parte do presidente George H. W. Bush e do secretário de Estado James Baker, para iniciar negociações com os palestinos.

Mas, a despeito da crescente crítica internacional, do descontentamento doméstico e da necessidade de enviar cada vez mais soldados para abafar os protestos, o primeiro-ministro Yitzhak Shamir e seu governo liderado pelo Likud se recusaram a manter conversações com a OLP sobre os territórios ocupados. Shamir e seus ministros de direita continuaram a ver a organização como força por trás da Intifada e continuaram a acreditar que ela podia ser sufocada através de ataques contra os líderes da multidão nos territórios ocupados, assim como contra os homens de Arafat em Túnis. O fato de que o assassinato de Abu Jihad nada fizera para acalmar o levante popular não abalou essa visão.

O primeiro-ministro ordenou que o Mossad permanecesse focado na coleta de informações sobre a OLP e descobrindo formas de assassinar seus agentes. O diretor do Mossad, Shabtai Shavit, cuja política era muito similar à de Shamir, obedeceu alegremente. Na verdade, queria ir além: com a Intifada no auge, Shavit solicitou permissão para acertar velhas contas e eliminar antigos membros do Setembro Negro.[10]

No entanto, a OLP fortaleceu dramaticamente sua segurança interna. O ataque da Força Aérea a Túnis em 1985 e o subsequente ataque dos comandos contra Abu Jihad levou ao estabelecimento de vários painéis de inquérito do Fatah para localizar o vazamento que fornecia informações aos israelenses. Essas investigações não deram em nada, mas, mesmo assim, severas precauções foram instituídas nas instalações da OLP — análise do *background* dos candidatos que tentavam participar da organização, estrita compartimentalização, testes de polígrafo administrados pela inteligência tunisiana —, dificultando as tentativas de espionagem do Mossad.

Não havia como o Mossad recrutar agentes em Túnis. As autoridades locais estavam furiosas com as ações israelenses em seu território e forneceram aberta assistência à OLP, ajudando-a a fortalecer sua segurança.

Assim, como fizera em muitas de suas operações de recrutamento, o Mossad procurou por prováveis agentes entre os palestinos que viajavam para os assim chamados países-base, aqueles nos quais agentes e oficiais podiam trabalhar com relativa liberdade e onde Israel mantinha representação diplomática.

O país mais conveniente para essas atividades era a França, por onde a maioria dos oficiais da OLP passava ao deixar Túnis. Muitos deles ficavam no Le Méridien Montparnasse, em Paris, um hotel tradicional e respeitável, popular entre os executivos do Oriente Médio. Para surpresa do pessoal do Mossad, assim que começaram a investigar o hotel, descobriram que a El Al, a companhia aérea nacional de Israel, tinha desconto corporativo no mesmo hotel, que era onde pilotos e tripulantes ficavam durante as escalas. Todas as manhãs, as equipes de vigilância do Mossad observavam enquanto membros importantes da OLP comiam croissants e bebiam *café au lait* na mesma cafeteria que os pilotos da El Al, muitos dos quais eram oficiais da reserva da Força Aérea israelense, por pura coincidência.

Entre os homens da OLP que frequentavam o hotel estava Adnan Yassin, um ativista de nível médio responsável pela logística e pela segurança na sede de Túnis. Yassin também auxiliava os chefes com seus confortos pessoais, coordenando suas férias, providenciando cuidados médicos e obtendo bens de consumo: carros luxuosos enviados em contêineres de Marselha, perfumes caros, charutos cubanos e bebidas alcoólicas. A vida no exílio, longe das dificuldades de seu povo nos territórios ocupados, tornara alguns oficiais da OLP extremamente corruptos.

Yassin também cuidava dos próprios confortos. No fim dos anos 1980, muitos dos oficiais mais importantes da organização usavam fundos dos cofres da OLP, gozando de boa vida à custa da revolução palestina. No Mossad, esses homens eram chamados zombeteiramente de *midawar* — árabe para "boa-vida" — ou "revolucionários dos Champs-Élysées".

Além dos deveres para com a OLP, Yassin também ia a Paris porque era lá que sua esposa fazia quimioterapia. O casal sempre ficava no Le Méridien Montparnasse. Yassin tinha um endereço permanente, uma rotina básica e muitas informações sobre a OLP. No fim de 1989, Avi Dagan, o chefe da divisão Interseção do Mossad, deu luz verde para a Operação Velo de Ouro, que tentaria recrutar Adnan Yassin.

Em certa manhã de março de 1990, Adnan Yassin se sentou para tomar café com alguns colegas da OLP no hotel. Em uma mesa próxima, um homem bem-vestido e aparentando ser do Oriente Médio, com a chave do quarto sobre a mesa, lia um jornal impresso em páginas de um verde pálido. Esses itens — a chave, o jornal — não estavam lá por acaso. Eram os acessórios de um recrutador da Interseção tentando estabelecer contato inicial com um potencial agente. É um estágio delicado, que requer disciplina e paciência. "O mais importante nesse momento", disse um oficial da Interseção que esteve envolvido na Operação Velo de Ouro, "é tentar fazer com que o outro lado faça o primeiro movimento e inicie o contato. Ou, ao menos, não parecer que está se esforçando demais, não agir com uma agressividade que possa gerar suspeita. Por exemplo, você poderia suspeitar de uma pessoa que se aproximasse do ponto de ônibus em que você estivesse, mas muito menos se ela já estivesse lá quando você chegasse. Se eu entro em um elevador e alguém corre para entrar junto comigo e então desce no mesmo andar, isso parece suspeito. Se já estiver no elevador quando eu entrar, muito menos. Estamos falando sobre inúmeras e delicadas nuances cujo objetivo é permitir que a situação flua de modo natural. Raramente você encontrará alguém corrupto o bastante para que você consiga seu objetivo entregando uma pasta cheia de dinheiro. Para todos os outros, você precisa de habilidade real e muita paciência."[11]

A chave do quarto estava sobre a mesa para criar uma sensação de familiaridade, indicar que o homem sentado à mesa também era hóspede do Le Méridien. O jornal com as páginas verdes era conhecido de qualquer leitor árabe que viajasse para o exterior: *Al-Shark al-Awsat*, publicado em Londres por um membro da família real saudita e considerado relativamente moderado.

O Mossad teve sorte naquela manhã. Uma das pessoas na mesa de café da manhã do grupo da OLP, embora não o próprio Yassin, perguntou ao homem do Mossad algo sobre o jornal. O recrutador do Mossad gentilmente o entregou ao homem. Desenvolveu-se então uma conversa entre os palestinos e o homem do Mossad, que tomou muito cuidado para não prestar nenhuma atenção particular a Yassin. Um membro do grupo o convidou para se unir a eles, mas ele recusou polidamente e saiu do salão, a fim de não suscitar suspeitas ao parecer muito ávido.

Na manhã seguinte, o grupo palestino encontrou novamente o agente do Mossad, que se apresentou como um executivo egípcio chamado Hilmi e iniciou uma animada conversa. Dois dias depois, Yassin foi sozinho até o salão de jantar e olhou em torno em busca de companhia. Ele só falava árabe e ficou satisfeito ao encontrar Hilmi novamente lendo seu jornal. Perguntou se poderia se sentar com ele. Hilmi ficou feliz em concordar.

Era o método de contato perfeito. Yassin estava convencido de que iniciara o relacionamento, e não havia razão para sentir suspeita. Hilmi disse que estava no negócio de importação e exportação entre a França e o mundo árabe, indicando que ganhava bastante dinheiro com isso. O ganancioso Yassin o convidou para almoçar em um restaurante próximo, e Hilmi aceitou. Mais tarde, eles se encontraram mais duas vezes.

Das conversas com Hilmi e das informações já em poder do Mossad, a Interseção desenvolveu um entendimento do caráter de Yassin. Não era especialmente lisonjeiro. No dossiê da Interseção, ele foi descrito como homem vulgar, inculto, agressivo e rude cuja principal preocupação era o status social e encher os próprios bolsos. Hilmi reportou que Yassin tentara envolvê-lo em pequenos câmbios ilegais de moeda e em contrabandos para Túnis. Mais tarde, os homens do Mossad testemunharam seu comportamento com a mulher, incluindo certa vez em que ele a estapeou em público.

Em resumo, era um recruta ideal para o Mossad.

A amizade de Hilmi e Yassin progrediu. Finalmente, Hilmi falou a Yassin sobre um amigo, um executivo conectado à embaixada iraniana em Paris. Hilmi disse que ganhara muito dinheiro com essa amizade. Mas jamais se ofereceu para apresentar Yassin. Simplesmente exibiu a conexão como uma isca, esperando pacientemente que Yassin a mordesse. E quando Yassin finalmente perguntou se podia acompanhar Hilmi da próxima vez em que ele se reunisse com seu contato, Hilmi negou, como um pescador que dá linha ao peixe porque ainda não está pronto para puxar o anzol. Yassin insistiu e Hilmi recusou. Finalmente, após um mês de repetidos pedidos, Hilmi concordou em apresentá-lo a seu contato iraniano.

O executivo com conexões iranianas era, é claro, apenas outro agente da Interseção. Interpretando seu papel perfeitamente, ele descreveu para Yassin várias futuras iniciativas comerciais que tinha em mente e disse que ele podia participar de algumas. Enquanto isso, disse ele, a República Islâmica do Irã estava muito preocupada com a situação dos palestinos. Era importante para os iranianos saberem que a OLP estava funcionando bem e "fazendo as coisas certas", o que queria dizer mantendo as atividades terroristas contra Israel fora de suas fronteiras e limitando a Intifada à Cisjordânia e à Faixa de Gaza. "A República Islâmica", disse ele, "fará tudo que puder para destruir a entidade sionista e devolver aos palestinos o que lhes pertence."

Qualquer informação que Yassin pudesse fornecer da sede da OLP seria bem-vinda e extremamente bem recompensada.

A Interseção estava apostando que seria mais fácil para Yassin trair a OLP se acreditasse que estava vendendo seus segredos para o Irã, e não para o inimigo.

A aposta foi vencedora. Yassin se mostrou um investimento excepcional para o Mossad. Em troca de algumas dezenas de milhares de dólares, forneceu uma quantidade enorme de informações de alto nível durante as reuniões regulares em Paris. Principalmente, forneceu informações sobre Hammam Chott, a sede da OLP em Túnis, dando detalhes sobre as atividades cotidianas e os planos esboçados lá. Yassin descreveu tudo, incluindo as mudanças na estrutura organizacional, quem ocupava qual escritório, quem se reunia com quem, como os poderes de Abu Jihad haviam sido dispersados e redesignados, transferências de armas, como a Intifada era abastecida, preparativos para ataques terroristas e recrutamento de pessoal. Entremeava os relatos operacionais detalhados com fofoca de qualidade. Foi o primeiro a contar sobre o relacionamento íntimo entre Suha, a filha do poeta nacional palestino, Raymonda Tawil, e o presidente Arafat, que a transformara em conselheira de seu gabinete. Os dois se casaram pouco tempo depois.

Adnan Yassin também levou um plano de Arafat e um de seus agentes, Jibril Rajoub, à atenção da inteligência israelense. O plano era assassinar Yitzhak Shamir e Ariel Sharon como vingança pelo assassinato de Abu Jihad.[12] O assassino designado, um judeu israelense frustrado e cheio de dívidas chamado Rafael Avraham, pousou em Israel em outubro de 1992, carregando uma grande quantidade de dinheiro e o plano para o assassinato. Adnan Yassin conhecia o plano porque fizera as reservas para a viagem de Avraham.

Agentes dos Pássaros esperavam por Avraham quando ele saiu do avião. Rajoub ficou estupefato: "Eu não conseguia entender como o Shin Bet o pegara tão rapidamente. Ele não conseguiu fazer nada. Só desceu do avião e pronto! Foi capturado!"[13]

Yassin foi uma fonte infinita de informações, um ativo de valor quase inestimável. Por intermédio dele, o Mossad conseguiu instantaneamente rastrear muitos de seus principais alvos de assassinato, em especial porque, mais uma vez, fora ele quem fizera todas as reservas para voos e hotéis. Um exemplo ocorreu no fim de janeiro de 1992, depois que as autoridades francesas, via Cruz Vermelha da França, permitiram que George Habash, o líder da Frente Popular para a Libertação da Palestina, visitasse o país a fim de receber tratamento médico, apesar de estar na lista de mais procurados de vários outros países. Agindo com base nas informações fornecidas por Yassin, os israelenses examinaram a possibilidade de eliminá-lo, mas os franceses tomaram precauções para protegê-lo. Em vez de atacá-lo, portanto, o Mossad vazou a escandalosa notícia de sua visita para a mídia, causando considerável constrangimento ao governo de François Mitterrand.[14]

Yassin também forneceu informações sobre os homens que o Mossad acreditava estarem envolvidos no massacre de 1972 em Munique. A despeito de as páginas vermelhas para esses homens terem sido assinadas por Golda Meir quase vinte anos antes, alguns permaneciam à solta. "De nosso ponto de vista, as páginas vermelhas eram eternas", disse um assessor de Shavit, o então diretor do Mossad.[15]

Um dos nomes no alto da lista era Atef Bseiso, que fora membro do Setembro Negro na época do ataque terrorista e, em 1992, tornara-se um importante oficial da OLP. Seu papel no ataque de Munique nunca ficou claro. A OLP alegava que não estivera envolvido. Mas o Mossad insistia que estivera e, de qualquer modo, não fazia diferença: Shavit estava determinado a vingar Munique, e qualquer um conectado ao Setembro Negro era, em sua mente, um alvo legítimo. Mesmo assim, era uma estranha distração. Àquela altura, todo o Oriente Médio estava consumido pela Intifada. Havia tumulto nos territórios ocupados. Israel tinha necessidades muito mais prementes de inteligência do que assassinar pessoas por atrocidades que podiam ou não ter cometido duas décadas antes. Mesmo assim, Shamir endossou a Página Vermelha para Bseiso.[16] A razão, segundo um agente da Cesareia, era "simplesmente porque tínhamos acesso". Esse acesso era Yassin.

No início de junho de 1992, Bseiso deixou Túnis para uma série de reuniões com os serviços alemão e francês de inteligência, assim como com Robert Baer, da CIA. "Em 1979, o Mossad assassinou Ali Salameh, que era a ligação com a CIA", disse Baer. "Estávamos certos de que haviam feito isso para cortar os laços conosco. Hani al-Hassan e então Atef Bseiso o substituíram. Cheguei a Paris naquele dia para a reunião periódica com ele."[17]

De acordo com várias fontes, essas reuniões eram outra razão primária para que o Mossad quisesse assassinar Bseiso.[18] O Mossad percebeu que ele era um dos principais elos entre a OLP e as agências de inteligência do Ocidente, incluindo as da Alemanha, da França e dos Estados Unidos, e os altos oficiais da inteligência israelense achavam que esses elos eram mais um passo na direção da concessão ocidental de legitimação diplomática internacional para Arafat e a OLP e do isolamento de Israel. O fato de que os agentes de ligação palestinos eram ex-membros do Setembro Negro somente aumentava a fúria de Israel. Seus protestos para os países ocidentais caíram em ouvidos moucos e, portanto, Israel decidiu demonstrar sua insatisfação de maneira mais direta.

Como ele mais uma vez fizera os arranjos da viagem, Yassin sabia que, no último minuto, Bseiso decidira dirigir, em vez de voar, de Bonn a Paris, e que mudara seu hotel do Le Méridien Etoile para o Le Méridien Montparnasse. Ironicamente, Bseiso fez as mudanças porque estava preocupado com sua segurança.

Uma equipe da Baioneta esperava por ele no lobby do hotel. Eles o seguiram até o quarto e esperaram enquanto ele desfazia as malas, tomava banho e se vestia para a noite. Ficaram por perto quando saiu para jantar com amigos no restaurante Hippopotamus, que ficava ali perto, e retornou ao hotel. Quando saiu do carro na entrada do hotel e se dirigiu ao lobby, dois homens da Baioneta atiraram nele cinco vezes. As pistolas que usaram estavam equipadas com silenciadores e, imediatamente após o assassinato, eles recolheram os cartuchos vazios, a fim de dificultar as coisas para os investigadores.

Um homem pretendendo ser porta-voz da Organização Abu Nidal assumiu a autoria pelo assassinato, mas a alegação foi imediatamente negada por um dos verdadeiros porta-vozes da organização. Arafat rapidamente acusou Israel. O chefe da Aman na época, o major-general Uri Sagie, declarou logo em seguida que não sabia quem cometera o assassinato, mas acrescentou que Bseiso estivera envolvido no massacre de Munique, no ataque fracassado ao avião da El Al em Roma em 1978 e na tentativa de assassinato do embaixador jordaniano em Londres.

A reação ao assassinato seletivo de Bseiso foi rápida. A CIA ficou furiosa pelo fato de o Mossad ter novamente interferido em seus laços com a OLP.

Os franceses ficaram ainda mais zangados. Para eles, o ataque — em frente a um elegante hotel de Paris — foi uma grave violação da soberania nacional. Agentes franceses começaram a controlar os agentes do Mossad em Paris, colocando-os sob vigilância, interrompendo suas reuniões, identificando e queimando suas fontes. Um inquérito judicial sobre o assassinato permanece aberto na França.[19]

Assassinar Bseiso, na verdade, serviu como pouco mais que uma distração em um momento crítico. Israel, já ridicularizado internacionalmente, precisava de todos os aliados que pudesse conseguir.

Em contrapartida, não há dúvida de que a eliminação de uma figura importante da OLP, encarregada dos contatos de Arafat com as agências ocidentais de inteligência, teve efeito. O assassinato seletivo, juntamente com outras operações baseadas em informações fornecidas por Yassin, enfraqueceu enormemente a OLP nesse período.[20] Em meados de 1990, o Mossad e a Executiva de Operações Especiais da Aman invadiram a rede de computadores da Al-Sammed al-Iktisadi, o braço financeiro do Fatah, e transferiram dinheiro de uma conta para outra, de forma que os membros pensassem que seus colegas estavam roubando fundos da organização, gerando desconfiança e balbúrdia. As sedes viraram uma confusão, preocupadas em encontrar traidores e infiltrados. O resultado foi uma redução significativa dos ataques da organização contra Israel.

O maior golpe, entretanto, foi um erro estratégico cometido pelo próprio Arafat, sem a ajuda do Mossad. Em agosto de 1990, Saddam Hussein enviou 90 mil soldados iraquianos e setecentos tanques para a fronteira do minúsculo e rico em petróleo Kuwait. A invasão foi quase universalmente condenada, tanto pelo Ocidente quanto pela maior parte do Oriente Médio, e finalmente repelida por uma maciça força internacional liderada pelos americanos. Arafat e Muammar Gaddafi, da Líbia, foram os únicos líderes árabes a apoiar Saddam e se recusar a se unir à Liga Árabe, que lhe pediu para retirar suas forças do Kuwait.[21] Arafat comparou a coalizão liderada pelos americanos, que incluía muitos países árabes, a uma "nova cruzada" e declarou que Saddam era "o defensor da nação árabe, dos muçulmanos e dos homens livres por toda parte".

Isso enfureceu os outros países do Golfo, de cujo dinheiro a OLP, com sua agora insaciável corrupção, dependia. Em meados de 1992, a organização estava falida. A OLP, durante anos a nêmese de Israel, finalmente fora colocada contra a parede.

Ao mesmo tempo, a Intifada ainda estava em chamas, um conflito que desgastava cada vez mais o público israelense. As FDI enviaram dezenas de milhares de soldados para os territórios ocupados; no total, durante todo o levante, centenas de milhares de soldados, a maioria conscritos entre 18 e 22 anos, foram encarregados de policiar a população palestina. Em vez de lutar para defender as fronteiras do país, a suposta missão central do Exército israelense, eram designados para suprimir manifestações, revistar homens e mulheres em bloqueios rodoviários e perseguir crianças que jogavam pedras neles, tudo parte da tarefa de Sísifo de suprimir o levante palestino contra a ocupação.

Quando esses jovens soldados iam para casa durante curtas licenças, levavam consigo a sensação de inutilidade da tarefa, e o debate político nas salas de estar e locais de trabalho entre pais preocupados e irmãos revolvia em torno da pergunta "Por que, afinal, estamos lá?"

Durante quatro anos, a Intifada passou de distúrbio isolado no jornal noturno para crise aparentemente interminável que afetou centenas de milhares de famílias israelenses. Para além da crescente inquietação com a situação nos territórios ocupados, havia a ansiedade e a raiva trazidas por uma série de incursões palestinas no interior das fronteiras da "linha verde" de Israel. A mais significativa foi o assassinato de uma garotinha chamada Helena Rapp em Bat Yam, um subúrbio de Tel Aviv, em maio de 1992. Ele levou a tempestuosos protestos contra o governo e a sensação de que Shamir era incapaz de assegurar a segurança dos cidadãos. Ao mesmo tempo, Shamir se envolveu em um furioso confronto com a administração americana a respeito da continuada construção em territórios ocupados e o presidente George H. W. Bush se recusou a aprovar benefícios financeiros extremamente necessários para que Israel pudesse absorver 1 milhão de imigrantes judeus que chegavam da desintegração da União Soviética.

A Intifada e a severa crise financeira finalmente derrubaram o governo Shamir. Em 23 de junho de 1992, Yitzhak Rabin, percebido pelo eleitorado como pilar da segurança, mas também alguém que faria esforços genuínos para conseguir a paz com os palestinos, foi eleito primeiro-ministro por uma maioria significativa, em uma vitória da centro-esquerda mais decisiva do que qualquer outra que Israel já vira até então.²²

Rabin, que servira como ministro da Defesa durante a Intifada, fora profundamente afetado pelo conflito com os palestinos e chegara à conclusão de que era preciso alcançar um compromisso.

Enfraquecido pelas operações da inteligência israelense e abalado pelo fiasco iraquiano, Yasser Arafat novamente recorreu a sua comprovada técnica de sobrevivência.²³ O historiador palestino Yezid Sayigh a descreve como *hurub ila al-amam*, "recuar avançando".

Apoiar uma invasão ilegal o tornara um pária, mesmo entre seus abastados financiadores árabes. Em contrapartida, mesmo que não tivesse iniciado nem pudesse controlar a Intifada, ainda era *percebido* como líder palestino, o homem que poderia conseguir negociar a paz. Era um de seus talentos explorar a última crise para encobrir a anterior, ou seja, fugir dela.

Arafat permitiu que seu pessoal abrisse um canal secreto de comunicação com um grupo de acadêmicos israelenses, primeiro em Londres, depois em Oslo.²⁴ Inicialmente, os professores israelenses agiram por conta própria, mas, mais tarde, trouxeram para as discussões o vice-ministro do Exterior Yossi Beilin, que se reportava diretamente ao ministro do Exterior Shimon Peres.

Quando Peres informou Rabin sobre o contato com os palestinos, o premiê o instruiu a interrompê-lo imediatamente, mas, logo depois, mudou de ideia e decidiu dar uma chance à iniciativa.²⁵

As negociações, todavia, foram mantidas em segredo mesmo dos líderes das organizações militares e de inteligência de Israel.²⁶ Rabin instruiu a Unidade 8200, que ouvia as comunicações palestinas, a reportar qualquer coisa que ouvisse sobre a discussão direta, e somente a ele. Oficialmente, isso era feito em nome da segurança operacional, pois qualquer vazamento que chegasse às várias facções palestinas poderia atrapalhar as conversações. Extraoficialmente, Rabin não estava certo de que homens que haviam passado anos tentando matar Arafat e seus seguidores, que dirigiam agências que haviam investido enormes esforços na guerra contra o terrorismo palestino, poderiam fazer o ajuste mental necessário para ver um ex-inimigo como parceiro na paz.

Rabin sabia que qualquer processo diplomático com a OLP só poderia terminar em um acordo se incluísse concessões territoriais. Um grande segmento da população israelense, todavia, opunha-se amargamente a esse compromisso, por razões ideológicas e religiosas. Qualquer vazamento de que havia negociações secretas em curso — emanando, digamos, de fontes no interior das comunidades de inteligência que achavam que elas eram um erro estratégico — teria revelado a possibilidade de concessões territoriais, logo as aniquilando.

Mas essa exclusão dos militares e da inteligência do processo de negociação criou uma situação estranha. Enquanto os mais altos níveis do governo israelense tentavam negociar a paz, as agências de inteligência do país continuavam a lutar em uma guerra secreta, inconscientes de que algo havia mudado.[27]

O Mossad investira pesadamente em Adnan Yassin e na Operação Velo de Ouro, e ela ainda rendia dividendos. Na primavera de 1993, mais de quatro anos depois de Yassin ter sido escolhido como ativo, ele contou a seu controlador sobre uma conversa que tivera com Amina, a mulher de Mahmoud Abbas (Abu Mazen), o segundo em comando da OLP, que também estava encarregado das atividades diplomáticas da organização. Ela contara que o marido estava muito acima do peso e sofria de fortes dores nas costas. Ela sabia que Yassin podia conseguir quase qualquer coisa e achou que uma cadeira ortopédica da Europa pudesse ajudar Abbas.

"É claro", respondeu Yassin, perguntando se ela precisava de mais alguma coisa para o escritório. Ela pediu um abajur especialmente forte, pois a visão de Abu Mazen estava enfraquecendo. Yassin prometeu fazer o que pudesse.

O Mossad saltou sobre a oportunidade e forneceu a Yassin uma luxuosa cadeira de couro e um abajur de mesa decorativo, ambos com microfones e transmissores.

Yassin levou os novos itens para o escritório de Abbas, dando-se ao trabalho de retirar ele mesmo a cadeira antiga, amaldiçoando quem dava "uma mobília tão miserável a uma pessoa tão importante". Ele colocou a nova cadeira no lugar, ajeitou o abajur sobre a mesa e o ligou.

O abajur era a peça mais importante porque, ao passo que os microfones plantados na cadeira exigiam baterias que teriam de ser substituídas, o abajur podia servir como transmissor durante anos, graças ao abastecimento constante de eletricidade vindo diretamente da tomada. A cadeira continha dois mecanismos separados de economia de energia: interruptores com molas que só ligavam os microfones quando alguém colocava peso sobre eles e um sistema de ativação por voz, que significa que, se alguém se sentasse na cadeira, mas não falasse, as baterias ainda não seriam usadas.

Transmissões da cadeira foram recolhidas e repassadas a Tel Aviv desde o dia em que ela foi colocada no escritório de Abbas. O diretor do Mossad, Shavit, percebeu que grande feito era aquele: Abu Mazen estava no centro das atividades da OLP e inúmeras pessoas passavam por seu escritório, partilhando com ele os segredos mais importantes da organização.[28]

Porém muito rapidamente surgiu outra questão, muito mais inesperada. O diretor do Mossad descobriu, através da "cadeira falante", como era conhecida, que o governo israelense estava conduzindo negociações avançadas com a OLP por suas costas.[29]

Rabin ordenara à 8200, a unidade SIGINT da Aman, que levasse qualquer informação que ouvisse sobre as negociações diretamente a ele, mas não fizera o mesmo com o Mossad.

Shavit confrontou Rabin raivosamente, queixando-se do fato de o Mossad ter sido deixado de fora. Rabin o acalmou dizendo que era uma "iniciativa marginal" de Peres à qual ele, Rabin, não dava qualquer importância.

Então, tão abruptamente quanto haviam começado, as transmissões pararam. Três semanas e meia depois de os microfones escondidos terem sido plantados, as antenas gigantes na sede do Mossad deixaram de receber sinais. Inicialmente, os israelenses pensaram que poderia haver um problema técnico, mas uma inspeção mostrou que todos os links entre o Mossad e o escritório de Abbas estavam funcionando e, de qualquer modo, era altamente improvável que ambos os microfones tivessem deixado de funcionar ao mesmo tempo. Isso quase certamente significava que haviam sido descobertos, que a Operação Velo de Ouro fora destruída e que seu valioso ativo, Adnan Yassin, estava em perigo mortal. "Não conseguíamos entender", disse uma fonte na divisão de contraterrorismo do Mossad, "como aquilo era possível, como podia ter *acontecido* de, tão pouco tempo depois de conseguirmos colocar o equipamento no lugar, ele ter sido descoberto, juntamente com o agente que o plantara."[30]

Foi Jibril Rajoub quem detectou a presença do equipamento, com a assistência da agência local de inteligência. "Nosso pessoal em Oslo sentiu que os israelenses estavam vendo através deles", disse Rajoub. "Que sabiam exatamente o que diriam em seguida e quais posições tomar. Isso gerou a suspeita de escuta e, por essa razão, fomos vasculhar o escritório de Abu Mazen."[31]

Mas a maioria dos agentes do Mossad envolvidos na Velo de Ouro tinha uma explicação diferente: seu próprio pessoal os traíra. De acordo com essa teoria, que não pode ser provada, mas é apoiada por algumas evidências circunstanciais muito sérias, um dos negociadores israelenses em Oslo viu os relatórios de inteligência gerados pela operação e distribuídos ao primeiro-ministro e aos líderes da comunidade de inteligência. Ele compreendeu que a fonte das informações era algum tipo de dispositivo de escuta no escritório de Abu Mazen ou um grampo em suas linhas de comunicação. Então avisou aos palestinos, sabendo que imediatamente localizariam e destruiriam os dispositivos. Quando isso acontecesse, a inteligência israelense não teria como saber o que se passava durante as conversações, o que significava que nenhum dos linhas-duras poderia vazar detalhes para a mídia e arruinar as negociações. Em outras palavras, um diplomata israelense traiu a inteligência israelense para evitar que a inteligência israelense sabotasse a diplomacia israelense. O fato de que um ativo valioso provavelmente seria morto foi irrelevante.

Yassin foi preso e torturado até confessar tudo: como fora recrutado, as informações que fornecera, como sua cobiça o voltara contra seu próprio povo. Arafat, estupefato com a prisão de um assessor tão confiável, foi ver Yassin em sua cela na instalação de interrogatórios do Fatah para ouvir a história por si mesmo. Era certo que Yassin seria executado. Ele era inegavelmente um traidor e estivera profundamente envolvido no assassinato de Bseiso.[32]

Logo depois, em Oslo, um delegado palestino falou furiosamente sobre a prisão de Yassin e o assassinato de Bseiso. Ele perguntou sobre isso a um israelense que conhecia. "Não sei nada sobre essa história", disse o israelense, que realmente não conhecia os segredos da inteligência, mas compreendeu o que acontecera do pouco que ouvira de Peres e Beilin. "Mas vamos beber ao desejo de que esse tenha sido o último assassinato." Ele acrescentou uma última palavra em árabe. *Insha'Allah*. Se Deus quiser.

Os delegados em torno da mesa — quatro palestinos, três judeus israelenses e dois noruegueses — ergueram seus copos. A atmosfera era otimista. As negociações haviam durado seis meses até então e geraram cartas históricas de mútuo reconhecimento entre as duas nações — de Rabin para Arafat e de Arafat para Rabin. Essas cartas evoluiriam para uma série de acordos que se tornaram conhecidos como os Acordos de Oslo.[33] No primeiro estágio, os acordos engendraram a Autoridade Palestina (AP) autônoma, que deveria governar a maioria do território povoado pelos palestinos. Os palestinos se comprometeram a interromper a Intifada e renunciar ao terrorismo.

O sangrento conflito no Oriente Médio parecia finalmente ter chegado a um fim pacífico. Yasser Arafat e a maior parte dos líderes da OLP e do Fatah partiram de Túnis e passaram a morar nos territórios ocupados autônomos da AP.

Até mesmo Adnan Yassin pareceu se beneficiar da recém-iniciada cooperação. Os Acordos de Oslo engendraram comitês de coordenação da segurança, com delegados dos aparatos militares e de inteligência de ambos os lados.[34] Pela primeira vez, altos oficiais do Mossad e do Shin Bet se reuniam com homens que, alguns meses antes, eram seus alvos de espionagem ou assassinato. Os encontros foram realizados nos territórios palestinos ou em hotéis em Tel Aviv ou Jerusalém. Os dois lados superaram suas suspeitas iniciais através de leves provocações mútuas sobre o passado: quem conseguiria enganar quem, se os palestinos haviam conduzido operações que os israelenses não conheciam, onde e quando os israelenses haviam atrapalhado os planos palestinos.

Os israelenses tiraram vantagem dessa atmosfera cordial para pedir clemência para Yassin. "Pedimos clemência como um gesto de boa vontade, em troca dos milhares de prisioneiros palestinos que Israel se comprometeu a libertar como parte do acordo", disse um dos participantes do Mossad nas reuniões do comitê.[35]

A pressão e a atmosfera funcionaram.

No fim, Yassin não foi executado, mas apenas sentenciado a quinze anos de prisão. Foi uma sentença leniente, considerando-se tudo. No verão de 1993, parecia que Yassin viveria para ver uma paz duradoura no Oriente Médio. *Insha'Allah*.

20

NABUCODONOSOR

Na noite de 6 de abril de 1979, do lado de fora de um hangar no litoral, um par de faróis perfurou a escuridão, lançando dois cones de luz branco-amarelada sobre o pavimento e se alargando conforme o carro se aproximava. Era um Fiat 127 sedã, com o motor engasgando e tilintando, que parou a 180 metros do portão dianteiro.

Os dois guardas franceses em frente ao Hangar — em La Seyne-sur-Mer, a oeste de Toulon, na costa mediterrânea francesa — observaram o carro com cautela. O hangar pertencia ao Grupo CNIM, que se especializara na fabricação de grandes e complexos componentes para navios e reatores nucleares.[1] Sempre havia dois guardas em serviço, em três turnos de oito horas cada, todos tediosos.

Os guardas deram alguns passos na direção da cerca quando as portas se abriram. Duas mulheres saíram. Garotas bonitas, pensaram os guardas. Mas as mulheres pareciam confusas, quase zangadas, ao se aproximarem do portão.

"*Pouvez-vous nous aider?*" perguntou uma delas do outro lado da cerca. Vocês podem nos ajudar? Ela disse que eram turistas britânicas a caminho de uma noitada na Riviera, mas seu carro era velho e quebrara de novo. Ela sorriu, flertando com os guardas. Talvez mais tarde eles pudessem encontrá-las em um dos bares.

Os guardas pegaram algumas ferramentas, ordenaram que o portão fosse aberto e caminharam na direção do carro. Estavam sorrindo.

Por trás deles, cinco agentes da Baioneta pularam a cerca rapidamente e sem fazer ruído, em uma manobra que haviam praticado vezes sem conta em uma base militar na costa sul de Israel.[2] Silenciosamente, abriram caminho até o hangar. Do lado de dentro, prenderam cinco explosivos poderosos a dois enormes cilindros. Ajustaram o cronômetro dos detonadores, recuaram, pularam a cerca novamente e desapareceram na noite.

Precisaram de apenas 5 minutos para entrar e sair.

Na rua em frente ao hangar, os guardas conseguiram dar partida no motor. Foi surpreendentemente fácil. Então as mulheres — ambas agentes israelenses — prometeram encontrá-los mais tarde e foram embora.

Ao mesmo tempo, a alguma distância, um homem e uma mulher de mãos dadas caminhavam lentamente. Pareciam preocupados com seu romance. O homem, com o cabelo penteado para trás, se parecia um pouco com Humphrey Bogart. Ele olhou por sobre o ombro da mulher e viu o carro sendo ligado e indo embora. O casal deu meia-volta e, a algumas ruas dali, entrou em um carro e também foi embora. Eram Mike Harari, o chefe da Cesareia, e Tamara, uma agente do Mossad.

Trinta minutos depois, o hangar explodiu. Chamas subiram ao céu noturno e iluminaram o mar com luzes alaranjadas e vermelhas. Os bombeiros apagaram o fogo antes que o edifício fosse completamente destruído, mas tudo no interior ficou gravemente danificado, incluindo algumas máquinas cuidadosamente projetadas que haviam levado mais de dois anos para serem produzidas. Ao serem conectadas ao restante dos componentes, elas criariam um reator nuclear de 70 megawatts, grande o suficiente para pertencer à classe Osíris.

Osíris é o antigo deus egípcio da vida após a morte, do submundo e dos mortos. Os franceses o estavam vendendo a Saddam Hussein, o ditador iraquiano, que se via como encarnação moderna de Nabucodonosor, o rei babilônio que destruíra o Reino de Israel.

Algumas horas depois da explosão, um porta-voz do Groupe des Écologistes Français telefonou para um jornal e reivindicou autoria. Mas ninguém, e certamente não a inteligência francesa, acreditou nele. Todo mundo assumiu que foram os israelenses, porque tinham o motivo mais forte.

*

Enquanto muitos ativos da defesa e da inteligência de Israel estavam atolados na lama sangrenta do Líbano, ameaças existenciais à minúscula nação continuavam a assombrar o Mossad. A principal era o Iraque, um país governado por um açougueiro tresloucado com a antiga ambição de se tornar o próximo Saladino. Um dos pesadelos das FDI era um imenso Exército iraquiano se juntando aos jordanianos para criar uma ameaça na frente leste.

As forças israelenses estavam secretamente envolvidas no Iraque desde a década de 1960, quando a oprimida minoria curda se rebelou contra o regime de Bagdá. O país forneceu armas aos curdos e os soldados das FDI e o pessoal do Mossad treinaram combatentes nas técnicas dos comandos. A ideia, de acordo com Meir Amit, que dirigia o Mossad na época, era "criar um Oriente Médio onde fôssemos capazes de agir contra nossos inimigos em várias frentes simultâneas". Dizendo de modo mais simples, o Iraque era inimigo declarado de Israel e os curdos eram inimigos de Bagdá: o inimigo do meu inimigo é meu amigo.[2] Ao mesmo tempo, essas alianças — por exemplo, com o xá do Irã e com o imperador Haile Selassie, da Etiópia — permitiam que o Mossad estabelecesse postos de escuta e outros mecanismos de inteligência no interior de países de outro modo não amigáveis.

Com início em 1969, conselheiros israelenses, entre eles o especialista em explosivos Natan Rotberg, começaram a ouvir sobre o homem que os curdos chamavam de "o Açougueiro de Bagdá".[3] Saddam Hussein al-Tikriti participara do golpe baathista que tomara o poder um ano antes e foi nomeado vice-presidente do Conselho Revolucionário do Iraque, segundo em comando do novo regime e encarregado das Forças Armadas e dos serviços de inteligência. Ele ordenou o bombardeio de civis, interrompeu o fornecimento de alimentos para matar de fome as populações dissidentes e criou uma rede de câmaras de tortura nas quais frequentemente ele era o torturador.

Os curdos pediram que os israelenses os ajudassem a assassinar Saddam, e Rotberg até mesmo preparou um Alcorão explosivo para a tarefa, a mesma tática que usara para assassinar o chefe da inteligência egípcia em 1956. Mas a primeira-ministra Golda Meir se recusou a assinar a Página Vermelha.[4] Ela temia que os curdos não mantivessem o envolvimento israelense em segredo e que seu governo se visse envolvido em um escândalo internacional com os russos e os americanos, que na época cortejavam Saddam com assiduidade.

Anteriormente, Meir também dispensara a sugestão de eliminar Nasser, do Egito, por medo de que assassiná-lo legitimasse atentados contra sua vida e a vida de seus ministros.

Deixado vivo, Saddam, tão cruel quanto ambicioso, assumiu o controle do Partido Baath e, consequentemente, do Iraque. Em 1971, aos 34 anos, Saddam removera do regime todos os rivais sérios e assumira o poder em tudo, menos no nome, deixando o presidente, Ahmed Hasan al-Bakr, como nada mais que uma figura representativa. (Ele finalmente se livraria completamente de al-Bakr em 1979.) Ele se via como uma figura histórica, um líder pan-arábico que transformaria o Iraque em poder regional, uma força de liderança no mundo árabe, em pé de igualdade com o Irã.

Saddam achava que os judeus eram "uma mistura de lixo e sobras de várias nações" e queria redesenhar todo o Oriente Médio, apagando por completo Israel.[5] Os iraquianos não faziam segredo disso. "A existência de uma entidade sionista artificial simboliza a negação do histórico direito árabe à existência e é uma ofensa a sua honra", escreveu o jornal do Partido Baath, *Al-Jumhuriya*, em março de 1974. "Essa entidade belicosa não é nada além de um câncer que se espalha perigosamente para além de suas fronteiras. Devemos lutar contra o sionismo [...] de todas as maneiras possíveis. A Jerusalém árabe espera pelo Salah al-Din [Saladino] árabe, que a redimirá da poluição com que o sionismo manchou seus locais sagrados."

A clara implicação era que Saddam Hussein seria a versão moderna de Saladino e expulsaria os infiéis da Palestina.

Mas Saddam percebeu que o Iraque jamais seria um poder crível sem um arsenal formidável. A única maneira de conquistar o Oriente Médio era ter a habilidade de destruí-lo. Saddam queria armas nucleares.

Em 1973, o ditador colocou o programa nuclear iraquiano — ostensivamente uma iniciativa civil e pacífica — sob seu controle direto e começou a investir "quantias bilionárias, praticamente ilimitadas", nas palavras de Amatzia Baram, um proeminente biógrafo de Saddam, no desenvolvimento de reatores capazes de produzir um arsenal atômico.[6] Idealmente, um ditador já conhecido por bombardear seu próprio povo e determinado a se tornar uma ameaça nuclear seria isolado pelas nações civilizadas. Mas a geopolítica é um negócio complicado: várias potências ocidentais, incluindo os Estados Unidos, porém mais notavelmente a França, queriam exercer sua própria influência no Oriente Médio. E o que não é complicado é meramente vulgar: Saddam estava distribuindo um monte de dinheiro.

França e Israel tinham uma longa e complicada história que chegava a seu momento mais miserável na década de 1970. O relacionamento fora cheio de hostilidade e desconfiança desde que de Gaulle se voltara contra a nação judaica nos anos 1960. Para os franceses, a possibilidade de que o Iraque representasse uma ameaça mortal à nação de Israel parecia, no máximo, uma preocupação gerenciável.

O presidente Valéry Giscard d'Estaing e seu primeiro-ministro Jacques Chirac orquestraram vários acordos com o Iraque na primeira metade dos anos 1970. O mais significativo foi a venda de dois reatores nucleares: um muito pequeno de 100 quilowatts da classe Ísis e um reator maior, da classe Osíris, com 40 megawatts, expansível até 70. Os iraquianos combinaram o nome do reator com o nome de seu país, chamando-o de Osirak.

Embora a intenção declarada do Iraque fosse usar o reator com objetivos de pesquisa, os franceses sabiam que um reator daquele tamanho quase certamente terminaria sendo usado para processar combustível para armas nucleares. O núcleo do reator continha 12 quilos de urânio 93% enriquecido — suficiente para fazer uma bomba atômica — e, se os franceses mantivessem a promessa de substituir as barras de combustível, os iraquianos seriam capazes de simplesmente convertê-los em material para armas nucleares.

Os iraquianos admitiram isso. "A busca por tecnologia com potencial militar é a resposta aos armamentos nucleares de Israel", declarou Saddam durante uma entrevista em 8 de setembro de 1975, pouco antes de visitar Paris para assinar novos acordos. "O acordo franco-iraquiano é o primeiro passo árabe na direção das armas nucleares, mesmo que nosso objetivo declarado ao construir o reator não seja a fabricação de armas atômicas."[7] Mas são necessários anos e habilidades muito específicas para construir bombas atômicas. Os franceses pareciam assumir que qualquer ameaça legítima poderia ser enfrentada quando e se surgisse.

Os iraquianos pagaram muito generosamente.[8] Cerca de 7 bilhões de francos (2 bilhões de dólares na época) foram transferidos diretamente para a França. Os franceses também receberam termos favoráveis e redução de preços na importação de petróleo iraquiano.

Várias companhias francesas estavam conectadas ao vasto projeto e o gerenciamento conjunto foi baseado em Paris e Bagdá. Não muito longe do local da construção, luxuosas instalações foram erguidas para os duzentos engenheiros e técnicos franceses.

Israel não podia ficar sem fazer nada. Uma equipe conjunta do Mossad, da Aman e do Ministério do Exterior chamada de "Nova Era" foi criada para "realizar um esforço especial focado na intenção do Iraque de obter armas nucleares", nas palavras de Nahum Admoni, então vice-diretor do Mossad, que liderava a equipe.[9]

Sob o disfarce de executivos ou militares europeus da OTAN, oficiais da Interseção abordaram iraquianos trabalhando na França que acreditavam ser potenciais informantes.[10] Um cientista, cujo filho tinha câncer e recebia tratamento de qualidade inferior no Iraque, trocou segredos por cuidados médicos. Ele achava que Yehuda Gil, o principal recrutador de Israel, era o vice-CEO de uma empresa europeia preocupada com a segurança nuclear.

Mas esse foi o único sucesso. Saddam usara o medo para forçar todos os envolvidos no projeto ao silêncio, com um vídeo de ministros de gabinete iraquianos executando outros oficiais. "Era um vídeo aterrorizante", disse Khidir Hamza, um dos diretores do programa nuclear iraquiano. "Ele estava enviando a mensagem de que, se ficasse insatisfeito por alguma razão, você estava morto."[11]

Mesmo assim, os israelenses tinham outras fontes: cientistas, técnicos, secretárias e gerentes de nível médio franceses. Alguns recebiam grandes quantias. Outros, judeus, o faziam por questões ideológicas. Através de uma dessas fontes, o Mossad obteve o "livro de projetos", um documento detalhando todos os acordos assinados com o Iraque.[12] Contendo centenas de páginas, fora escrito em inglês por cientistas franceses. "Com aquele livro", disse o tenente-coronel dr. Raphael Ofek, um físico nuclear da Universidade Ben-Gurion recrutado pela Aman, "aprendemos muito, incluindo o layout do local onde o reator e os laboratórios estavam localizados no Centro de Pesquisas Nucleares de Tuwaitha."[13]

A Unidade 8200, o braço SIGINT da Aman, estabeleceu uma força--tarefa ultrassecreta chamada "Apocalipse", que grampeou linhas de telefone e telex, e agentes da Arco-Íris plantaram microfones nos escritórios iraquianos em Paris.

Com resmas de informações condenatórias, Israel pediu que a comunidade internacional interrompesse o programa. Mas exasperados líderes estrangeiros, críticos de Israel, e mesmo alguns oponentes domésticos de Begin acusaram Israel de alarmismo. O projeto iraquiano não poderia ferir Israel, insistiram. Os franceses continuaram a afirmar que o projeto era um programa de pesquisa inteiramente legítimo e que usavam dispositivos de segurança o bastante para assegurar que o Iraque não conseguiria desenvolver bombas nucleares.

O ministro do Exterior Moshe Dayan, que retornou de uma visita a Paris chocado com a indiferença dos franceses a suas requisições, tentou os americanos em seguida, pedindo que Washington pressionasse os franceses, também sem resultados.

Israel concluiu que o caminho diplomático havia falhado. Em novembro de 1978, o gabinete de segurança autorizou o primeiro-ministro a tomar as "ações necessárias" para interromper o programa nuclear iraquiano.[14] O Mossad recebeu luz verde para agir. "Osíris", concluiu o gabinete, "deve ser morto."

Não muito tempo depois, ocorreu a explosão no hangar na Riviera Francesa. Os componentes que os agentes explodiram naquela noite ficaram seriamente danificados e os israelenses acreditavam ter atrasado as ambições nucleares de Saddam em ao menos dois anos, tempo necessário para que os franceses produzissem novos componentes.[15]

Mas o ditador iraquiano não permitiria esse atraso. Ordenou que o projeto cumprisse o cronograma estipulado. O ministro da Defesa iraquiano exigiu que os franceses reparassem as peças e as entregassem no prazo. Os franceses responderam que um revestimento reparado não seria tão forte. Seria arriscado usá-lo e ele quase certamente teria de ser substituído em alguns anos. Mas ninguém ousava desafiar Saddam Hussein.

O Iraque ainda podia ter armas nucleares em alguns anos. Frustrados oficiais do Mossad decidiram que precisavam começar a usar táticas mais agressivas.

Começariam a matar cientistas.

*

Os alvos mais óbvios para eliminação eram os chefes do programa iraquiano, Khidir Hamza e Jafar Dhia Jafar. Jafar era "o cérebro do projeto, o cientista mais importante", de acordo com o dr. Ofek.[16] Ele se formara na Universidade de Birmingham, tinha Ph.D. em Física pela Universidade de Manchester e trabalhara como pesquisador no Centro de Engenharia Nuclear do Imperial College, em Londres.[17]

Mas os dois homens raramente saíam do Iraque, onde assassiná-los seria extremamente difícil, senão impossível. No entanto, assim como Nasser contratara alemães para construir seus mísseis, o Iraque recrutara egípcios para desenvolver seu programa nuclear. O mais importante era Yehia al--Mashad, um físico nuclear prodígio da Universidade de Alexandria que se tornara cientista do Centro de Pesquisas Nucleares de al-Tuwaitha, no Iraque. Mashad viajava frequentemente entre o Egito, o Iraque e a França.[18] O Mossad começou a rastrear seus movimentos em fevereiro de 1980 e foi sua sombra constante sempre que estava em Paris ou no Instituto Francês de Proteção Radiológica e Segurança Nuclear, em Fontenay-aux-Roses, perto da capital.

No início de junho, os franceses prepararam um carregamento de urânio para que o Iraque usasse em seu pequeno reator Ísis. Mashad foi à França para conferir a qualidade. Ele viajou com dois assessores que jamais o deixavam sozinho, tornando-o difícil de abordar. O plano do Mossad era envenená-lo através de algum item comum e inócuo, similar à maneira como Wadie Haddad fora assassinado com pasta de dentes envenenada em 1978.

Mas, no último minuto, Mashad decidiu encurtar sua estada na França. Ele queria visitar a família no Egito. Isso significava que os agentes do Mossad não teriam tempo de implementar seu plano original. Mas Mashad também decidiu passar sua última noite em Paris sozinho. "Ele deixou os dois assistentes iraquianos irem embora, porque o hotel onde estava era muito caro", disse Hamza. "Era um homem gentil e disse a eles: 'Se vocês quiserem, podem passar a noite em um bairro mais conveniente para fazer compras e em um hotel mais barato e acessível. Vão em frente.'"

Sem assessores para protegê-lo, Mashad subitamente se tornou um alvo muito mais vulnerável.

Ele voltou ao hotel às 18 horas de 13 de junho. Tomou banho e trocou de roupa, tomou um drinque e comeu um sanduíche no bar do lobby e então voltou ao quarto no nono andar. Carlos, o comandante da Baioneta, e outro agente se esconderam no corredor, observando a porta. O plano mudara tão rapidamente que eles não tinham certeza do que fazer. Carlos tinha uma pistola, mas as ordens eram de que armas não podiam ser usadas em hotéis, em nenhuma circunstância, uma vez que as balas podiam atravessar as paredes e ferir inocentes. Carlos precisava improvisar.

O elevador se abriu por volta das 21h30. Dele saiu uma jovem prostituta. Ela passou pelos dois homens da Baioneta, mas os ignorou. Bateu à porta do quarto 9.041. Mashad a deixou entrar.

Carlos e seu parceiro esperaram durante quatro horas, até que a prostituta foi embora, à 1h30. A essa altura, Carlos encontrara um cinzeiro perto do elevador, com 90 centímetros de altura, base pesada e estreita e um mecanismo de êmbolo no topo, para liberar as pontas de cigarro acumuladas. Ele o examinou cuidadosamente e analisou seu peso e volume. Decidiu que era sólido o bastante.

"Pegue sua lâmina", disse Carlos ao outro agente, armado com um grande canivete Leatherman. Os dois se aproximaram da porta de Mashad e o agente bateu.

"*Qui est là?*", perguntou Mashad. "Quem é?" Sua voz estava sonolenta e relaxada.

"Segurança do hotel", respondeu Carlos. "É sobre sua hóspede."

Mashad atravessou o quarto e abriu a porta. Carlos o golpeou com o cinzeiro. Mashad cambaleou para trás e caiu no chão. Carlos pulou atrás dele, atingindo-o mais duas vezes. O sangue começou a se espalhar pelo tapete. Não houve necessidade da lâmina.

Os dois agentes lavaram o sangue dos braços e limparam o cinzeiro. Carlos tirou a camisa manchada, dobrou e colocou no bolso. Ao irem embora, penduraram a plaqueta de NÃO PERTURBE na maçaneta da porta. Colocaram o cinzeiro de volta no lugar, pegaram o elevador até o lobby e saíram do hotel.

A segurança do hotel encontrou o corpo de Mashad quinze horas depois.[19] A polícia inicialmente pensou que houvesse sido espancado durante um jogo sexual que dera errado, mas encontraram a prostituta e rapidamente a liberaram. Mashad não fora roubado e não tivera outros visitantes. Mas a prostituta se lembrou de ter visto dois homens no corredor.

Os franceses rapidamente concluíram que o Mossad assassinara Mashad. Assim como os iraquianos.

"Achei que todos nós éramos alvos", disse Hamza. "Depois daquilo, só viajava com um oficial da inteligência iraquiana a meu lado."[20]

Saddam Hussein entendeu que os assassinatos seletivos podiam devastar o moral entre os cientistas que trabalhavam em seu projeto nuclear. Ele deu carros luxuosos e bônus em dinheiro para todos os principais cientistas e pagou à mulher de Mashad uma compensação de 300 mil dólares, uma soma imensa no Egito daquela época, prometendo a ela e aos filhos uma pensão mensal vitalícia.

Mas isso nada fez para impedir os assassinatos. Três semanas depois de Mashad ser morto, um engenheiro iraquiano que estudara na Grã-Bretanha, Salman Rashid, foi enviado a Genebra para um treinamento de dois meses em enriquecimento de urânio através da separação eletromagnética de isótopos.

Ele tinha um guarda-costas que jamais saía do seu lado. Uma semana antes de retornar ao Iraque, Rashid ficou violentamente doente. Médicos em Genebra suspeitaram de um vírus. Seis dias depois, em 14 de setembro, ele morreu em agonia. A autópsia mostrou que não havia vírus: o Mossad o envenenara, embora ninguém soubesse ao certo como e com que toxina.[21]

Duas semanas depois, outro importante engenheiro iraquiano, Abd al-Rahman Rasoul, o engenheiro civil que supervisionara a construção de vários edifícios do projeto nuclear, participou de uma conferência da Comissão Francesa de Energia Atômica. Imediatamente após o coquetel e a recepção oficial que abriu a conferência, ele passou a sofrer do que parecia ser intoxicação alimentar.[22] Morreu cinco dias depois em um hospital de Paris.

No início de agosto, muitos participantes franceses do projeto iraquiano receberam uma carta contendo a clara advertência de que estariam em perigo se não o abandonassem imediatamente.[23] Saddam Hussein ficou furioso e, alguns dias depois, fez um discurso particularmente zangado contra Israel, sem mencionar os ataques aos cientistas, mas ameaçando "bombardear Tel Aviv até reduzi-la a escombros".

Os cientistas de Saddam começaram a entrar em pânico. "Ninguém queria viajar", disse Hamza, "então passamos a receber bônus se viajássemos."

Eles também receberam treinamento em segurança pessoal e autodefesa. "Um homem da Mukhabarat [inteligência] nos disse como comer, para não aceitarmos convites após o anoitecer e estarmos sempre acompanhados. Fomos treinados para carregar escova e pasta de dentes e equipamento de barbear em uma bolsinha ou no bolso."[24]

Alguns colaboradores franceses ficaram com medo e pediram demissão, fazendo com que o projeto nuclear iraquiano fosse ligeiramente atrasado. Mas Saddam colocara os recursos de uma nação autocrática na construção de uma bomba e podia perder alguns técnicos no processo. Todos os cientistas, tanto os mortos quanto os assustados, foram rapidamente substituídos. A França enviou 12 quilos de urânio enriquecido e, logo depois, uma segunda remessa.

Israel conseguira, no máximo, algum tempo antes que Saddam pudesse completar a construção dos reatores e começasse a ativá-los: talvez dezoito meses, talvez dois anos. Mas o Iraque ainda esperava — e Israel ainda temia — que Saddam tivesse armas nucleares totalmente operacionais e os meios para transportá-las no fim da década.

Yitzhak Hofi, diretor do Mossad, sabia que havia um limite para o que inteligência, assassinatos seletivos e operações de sabotagem podiam fazer. "Eu desisto", disse ele a Begin em outubro de 1980. "Não conseguiremos impedir a construção. A única maneira que ainda temos é o bombardeio aéreo."[25]

O único caminho que restava, em outras palavras, era um ato declarado de guerra.

Havia discordância na elite israelense. Alguns dos principais oficiais de inteligência do país avisaram que bombardear o reator iraquiano teria terríveis consequências internacionais, que levaria anos para que o reator conseguisse produzir combustível suficiente para uma bomba e que destruí-lo forçaria Saddam a buscar uma abordagem alternativa e mais secreta, sobre a qual seria muito mais difícil reunir informações. Havia tanta tensão no ar que, em certo momento, Begin deixou de convidar o chefe de sua própria Comissão de Energia Atômica, Uzi Eilam, porque ele se opunha ao ataque.[26] Um dos funcionários de Eilam, o professor Uzi Even, que temia que destruir o reator levasse à transferência do projeto nuclear iraquiano para instalações secretas que Israel não conseguiria vigiar, vazou os planos do ataque para o líder da oposição, Shimon Peres.[27] Ele, por sua vez, escreveu um memorando à mão para Begin, avisando que, se Israel realizasse o ataque, seria isolado internacionalmente, "como uma tamargueira no deserto", usando a metáfora do profeta Jeremias para quão sozinho Israel ficaria se Deus o abandonasse.[28]

Mas o primeiro-ministro Begin, Ariel Sharon, recentemente promovido a ministro da Defesa, e o chefe do Estado-Maior das FDI, Rafael Eitan, rejeitaram todos os argumentos contra a missão. Eles subscreviam a opinião de Admoni e de outros oficiais da inteligência de que o reator tinha de ser atacado tão rapidamente quanto possível, antes que ficasse "quente", a fim de evitar o horrível desastre humanitário que teria lugar em caso de vazamento de radiação nuclear. No fórum da Nova Era, o físico e oficial dr. Ofek insistiu repetidamente que, para assegurar a total destruição do reator, um objetivo tinha de ser atingido: "Explosivos suficientes para destruir a piscina interna na qual as barras de urânio ficam imersas."

Às 16 horas de 7 de junho, oito F-16 decolaram da base de Etzion, na península do Sinai ocupada por Israel, para atacar o reator Osirak. Eles foram escoltados por seis F-15 que forneciam cobertura, e sessenta outras aeronaves foram enviadas para apoiar a operação, algumas circulando no ar enquanto outras permaneciam de prontidão no solo. Elas incluíam aeronaves Boeing adaptadas para reabastecimento aéreo e para serem centrais de comando e controle, Hawkeyes para fornecer informações e helicópteros, no caso de um avião cair e uma operação de resgate ser necessária. Os F-15 podiam enfrentar qualquer MiG iraquiano que pudesse desafiá-los e também carregavam sistemas avançados de combate eletrônico para inutilizar o radar das baterias de mísseis antiaéreos no solo.

A rota tinha cerca de mil quilômetros, cruzando a Arábia Saudita e o sul da Jordânia. Os pilotos voavam muito baixo, a menos de 300 pés, a fim de evitar os radares jordanianos, sauditas e iraquianos.[29]

Os aviões chegaram ao alvo perto do pôr do sol, por volta das 17h30.[30] Os oito F-16 subiram para uma altitude de mil pés, executaram uma manobra de rolagem e liberaram as bombas a um ângulo de 35 graus. Um após o outro, lançaram duas bombas de uma tonelada cada no domo de concreto do reator. Metade das bombas deveria explodir ao contato e a outra metade apenas quando tivesse penetrado profundamente a estrutura. Sete dos oito pilotos acertaram o alvo e doze das dezesseis bombas penetraram o domo. Dez soldados iraquianos e um técnico francês foram mortos.

Os iraquianos foram tomados completamente de surpresa. Nenhum míssil foi lançado contra os aviões de ataque e somente fogo antiaéreo esporádico e inofensivo foi disparado no caminho de volta. Todos os aviões retornaram seguramente para a base. Até hoje, eles carregam uma imagem do reator no nariz, juntamente com os círculos que representam aviões abatidos em combate.

À meia-noite, as gravações de vídeo feitas pelas câmeras aéreas haviam sido analisadas, documentando o grande dano causado ao reator. Às 3 horas, a Equipe Apocalipse, da Unidade 8200, interceptou uma chamada telefônica de um dos engenheiros, descrevendo a inspeção do local bombardeado na escuridão. O engenheiro procurara a piscina, a parte crítica no coração da estrutura, mas, com a ajuda da lanterna, só encontrara "pedaços de concreto explodido cobertos pela água": as seções do domo que haviam caído. No "relatório de informações imediatas" distribuído aos principais oficiais do governo e aos chefes da comunidade de inteligência, a Aman confirmou que a piscina do reator fora irreparavelmente danificada e que "o reator foi totalmente destruído".[31]

Antes do ataque, a comunidade de inteligência recomendara que Israel não assumisse a autoria. Achavam que, sem uma constrangedora humilhação pública, Saddam não se sentiria pressionado a fingir um contra-ataque a Israel. Ele teria espaço de manobra.

No fim, todavia, Begin decidiu o contrário. O bombardeio fora executado perfeitamente, o reator do Iraque fora reduzido a ruínas e as ambições nucleares de Saddam talvez tivessem sido permanentemente frustradas. Begin queria reconhecer esses fatos e até mesmo se vangloriar deles. Tinha uma afiada percepção do humor público israelense. Em um discurso no Knesset, ele comparou Saddam a Hitler e os perigos de um Iraque nuclear à Solução Final dos nazistas. "O que poderíamos fazer contra um perigo tão terrível?", perguntou ele. "Este país e seu povo teriam sido aniquilados. Outro Holocausto teria acontecido na história do povo judeu."[32]

Saddam fez o próprio discurso para a liderança do Partido Baath.[33] "É doloroso", admitiu com um suspiro, referindo-se ao bombardeio, "porque esse é um fruto querido no qual trabalhamos muito duro para colher, um dos frutos da revolução e em nome do qual realizamos tremendos esforços, políticos, científicos e econômicos durante longo tempo."

Mas rapidamente retornou ao costumeiro tom belicoso, amaldiçoando a "entidade sionista" e Menachem Begin.

E continuou: "Begin e outros precisam compreender que aquilo que chamam de ataques preventivos, com o objetivo de atrasar o avanço e a ascensão da nação árabe e impedir que usem ciência e tecnologia, não impedirá a nação árabe de prosseguir em seus objetivos, e esse método de ataques preventivos não fornecerá aos judeus a segurança de que ele está falando."

Três semanas depois, Begin celebrou novamente, dessa vez a vitória nas eleições gerais.

O Mossad e as FDI também se sentiram triunfantes com o sucesso da operação e com o que viam como destruição do projeto nuclear iraquiano. Eles relegaram o Iraque ao fim da sua lista de prioridades de inteligência.[34]

Mas a reação de Saddam ao bombardeio do reator em Bagdá foi precisamente o oposto do que a inteligência israelense esperava.

"Saddam sob pressão [...] se tornou mais agressivo e mais determinado", disse o dr. Hamza. "Assim, o projeto de 400 milhões se tornou um projeto de 10 bilhões de dólares e os quatrocentos cientistas se tornaram 7 mil."

Saddam deu ordens para que grandes esforços fossem investidos em qualquer caminho científico que pudesse conduzi-lo, no menor tempo possível, à aquisição da bomba atômica, e dos meios para levá-la até um alvo. Muito rapidamente, encontrou empresas ocidentais prontas a fornecer — em troca de vastas somas de dinheiro — equipamentos e materiais que, embora fossem ostensivamente para objetivos civis, também podiam ser aplicados a fins militares para o desenvolvimento de armas nucleares, biológicas e químicas de destruição em massa.

Israel descobriu apenas pequenos traços desses esforços. Um plano que descobriu foi o projeto Condor, um esforço conjunto entre Iraque, Egito e Argentina para desenvolver mísseis de vários tipos.[35] Uma grande quantidade de informação sobre o projeto foi obtida e entregue a Israel por agentes do Mossad nas empresas alemãs envolvidas no projeto e no círculo científico argentino, assim como por Jonathan Pollard, o espião que trabalhava para Israel em uma agência de inteligência americana. O Mossad começou a queimar os escritórios das empresas europeias envolvidas e a aterrorizar sistematicamente os cientistas, de modo similar ao usado para intimidar os cientistas espaciais alemães nos anos 1960. Eles recebiam telefonemas anônimos que diziam: "Se você não desistir imediatamente, mataremos você e sua família."[36]

O Mossad esboçou planos para eliminar alguns dos cientistas, mas a pressão, os incêndios e as invasões, assim como a reputação letal do Mossad, eliminaram a necessidade de assassinato. Os cientistas partiram e a Argentina e o Egito diminuíram sua participação financeira.

Em sua aflição, Saddam se voltou para um cientista canadense anteriormente empregado pela Nasa, pelo Exército americano e por Israel chamado Gerald Bull, pedindo-lhe que desenvolvesse mísseis e um supercanhão inspirado no romance de ficção científica de Júlio Verne, *Da Terra à Lua*, que poderia enviar grandes cargas a enormes distâncias, tão longe quanto Teerã (quase 700 quilômetros de Bagdá) e Tel Aviv (cerca de 900 quilômetros).[37] Bull garantiu aos clientes que esse supercanhão não somente teria um alcance imensamente longo, como também seria uma maneira mais acurada e efetiva de disparar agentes biológicos e químicos, porque as ogivas esquentariam menos que os mísseis Scud que o Iraque possuía.

Em 1989, Bull e os iraquianos construíram o canhão em Jabal Hamrayn, 200 quilômetros ao norte de Bagdá. Três testes de disparo foram realizados.[38]

Para seu grande infortúnio, Bull jamais levou a sério os ameaçadores telefonemas e cartas que recebeu e que avisavam que, se ele não encerrasse imediatamente o relacionamento com Saddam, "teremos de tomar medidas ásperas contra você, suas empresas e as pessoas envolvidas".[39]

Em 22 de março de 1990, um esquadrão da Baioneta esperou por ele em casa, a uma curta caminhada de seu escritório em Bruxelas. Dois homens estavam escondidos atrás da porta das escadas. Desse ponto vantajoso, puderam ver Bull se aproximando do apartamento, mexendo nos bolsos em busca das chaves. Assim que ele passou e lhes deu as costas, eles saíram de trás da porta com as pistolas Makarov com silenciador já sacadas.[40] Um deles disparou duas balas na cabeça de Bull e três em suas costas, enquanto o outro permanecia atrás dele, vigiando a área. Bull estava morto antes de cair no chão. O assassino puxou uma câmera e tirou várias fotografias da cabeça esmigalhada do cientista. Uma delas era um close, e outra mostrava Bull deitado de bruços sobre uma grande poça de sangue.

As fotografias foram enviadas no mesmo dia à equipe da Space Research Corporation, a empresa de Bull. "Se vocês forem trabalhar amanhã", dizia a nota que as acompanhava, "terminarão assim."[41] Ninguém apareceu no escritório no dia seguinte e em breve a empresa foi fechada.[42] O Mossad se assegurou de que todas as empresas de fachada de Bull também recebessem a mensagem.

O projeto estava morto. Em 2 de abril, quando Saddam descobriu, através de seus serviços de inteligência, que Gerald Bull fora assassinado, ele se dirigiu à nação e jurou "fazer com que o fogo destruísse metade de Israel".[43]

De fato, a morte de Bull somente retardou seus esforços para obter dispositivos de envio de longo alcance e não impediu de modo algum seu projeto nuclear. Ocorre que as agências de inteligência de Israel e de outras nações ocidentais ignoravam profundamente a maior parte dos esforços de pesquisa e desenvolvimento militares de Saddam.

"Essa grande e sofisticada rede operava bem debaixo do nariz de todos", disse o general de brigada Shimon Shapira, da divisão de pesquisas da Aman. "Foi, sem dúvida, uma das maiores falhas da história da inteligência israelense."[44] E continuou: "Israel teve mais sorte que juízo."[45]

Saddam Hussein cometeu um erro ao invadir o Kuwait em agosto de 1990, assumindo que os Estados Unidos e o restante do mundo permaneceriam de braços cruzados em face da agressão. Estava errado. Trouxe contra si mesmo uma ampla coalizão internacional que incluía alguns países árabes e que o chutou para fora do Kuwait e o forçou a aceitar rigorosas inspeções internacionais.

Os inspetores da ONU descobriram o que o Mossad deixara de ver: quando a Operação Tempestade no Deserto para libertar o Kuwait foi iniciada, em janeiro de 1991, Saddam estava a apenas alguns anos de possuir armas nucleares, químicas e biológicas totalmente funcionais, assim como da habilidade de produzir mísseis e ogivas que pudessem levar essas armas até Israel.[46]

Mesmo após o fim da guerra, quando o presidente Bush decidiu não invadir o Iraque e deixar Saddam no poder, Barak, o chefe do Estado-Maior das FDI, ainda acreditava que ele era um perigo real e imediato para Israel.[47] Saddam certamente tentaria desenvolver armas de destruição em massa mais uma vez, e não havia possibilidade de qualquer negociação com ele.

Em 20 de janeiro de 1992, Barak ordenou "a formação de uma equipe para examinar a possibilidade de atingir o alvo [Saddam]".[48] Dois meses depois, em 12 de março, a equipe, liderada por Amiram Levin, relatou ao chefe do Estado-Maior o progresso de seus planos. Barak disse à equipe que "o alvo está entre os mais importantes já enfrentados por nós em qualquer operação seletiva" e ordenou que fossem feitos preparativos para a execução do plano em julho daquele ano.[49]

Barak falou com o primeiro-ministro Shamir e com Rabin, que o substituiu no cargo em 1992, e tentou convencê-los de que a ferramenta assassinato deveria ser usada pela primeira vez contra o líder de uma nação soberana.

"Em retrospecto", disse Barak anos depois, "imagine como teríamos salvado o mundo de uma década inteira com esse homem horrível. A história teria sido completamente diferente."[50]

Os dois premiês lhe deram permissão para planejar o ataque. Muitas ideias foram apresentadas: derrubar uma aeronave israelense ou mesmo um satélite em algum lugar do Iraque, preferivelmente em Bagdá, esperar que Saddam fosse inspecionar os destroços e então explodi-los, juntamente com ele e sua comitiva; criar uma empresa de fachada na Europa que venderia a Saddam um novo e moderno estúdio de televisão para difundir seus discursos à nação, usando equipamentos que também transmitiriam para Israel, e explodir o equipamento enquanto seu rosto estivesse nas telas; trocar o monumento a um de seus camaradas revolucionários por um substituto contendo explosivos e detoná-los quando Saddam estivesse em frente ao monumento durante uma cerimônia, entre muitos outros esquemas para se livrar do ditador iraquiano.[51]

No fim, decidiu-se atacar Saddam no único lugar fora da proibitiva e bem guardada Bagdá onde todos tinham certeza de que estaria, em vez de enviar um de seus sósias: o lote de sua família no cemitério de Tikrit, durante o funeral de alguém que lhe fosse muito próximo. Esse alguém seria seu tio, Khairallah Tulfah, o homem que o criara e que estava muito doente.

Os israelenses seguiram de perto o tratamento que Tulfah recebia na Jordânia e esperaram notícias de sua morte.[52] Mas ele se agarrou à vida e um plano alternativo foi escolhido. Em vez de Tulfah, o Mossad eliminaria Barzan al-Tikriti, o embaixador iraquiano para as Nações Unidas.

Comandos da Sayeret Matkal seriam levados até Tikrit em helicópteros, que pousariam a alguma distância, e então iriam ao cemitério em jipes exatamente iguais aos usados pelo Exército iraquiano, mas equipados com um sistema especial que girava o teto do carro e expunha mísseis guiados. Quando Saddam chegasse ao funeral, eles lançariam os mísseis e o matariam.[53]

Muitos envolvidos achavam que, se o plano fosse bem-sucedido, o chefe do Estado-Maior Ehud Barak entraria para a política e teria boas chances de se tornar primeiro-ministro. Seria apenas natural para um homem que fora destinado à grandeza desde que era apenas um jovem tenente.

No grande campo de treinamento de Tze'elim, na parte israelense do deserto de Neguev, a Sayeret Matkal construiu uma réplica do cemitério da família de Hussein e praticou a operação. Quando se sentiram preparados, em 5 de novembro de 1992, o alto escalão das FDI foi assistir ao ensaio geral. A equipe com os mísseis assumiu posição, com membros da inteligência e da administração da unidade posando como Saddam e seu entourage.

Mas, em função de sérios erros de planejamento e do cansaço causado pelo longo treinamento, os homens com os mísseis confundiram o que deveria ser uma simulação, com o soldado que se passava por Saddam acenando para a multidão invisível, com a efetiva, na qual o soldado era substituído por um manequim. As coisas estavam tão desorganizadas que o mesmo código, "Envie um telegrama", foi usado tanto para a simulação quanto para a ação efetiva.

O comandante da força, acreditando se tratar de uma simulação, deu a ordem: "Envie um telegrama." Mas o comandante dos jipes achou que a ação efetiva começara. "Lançar míssil 1", ordenou ele, e um de seus homens apertou o botão e começou a guiar o míssil na direção do alvo. Quando o míssil se aproximou, ele notou que algo estava errado e, de acordo com algumas testemunhas, gritou: "O que é isso? Não entendo por que os manequins estão se mexendo."

Mas era tarde demais. O míssil pousou bem no meio do entourage. Segundos depois, o segundo míssil atingiu o solo a alguns metros de distância, mas quase não causou danos, porque todos os homens na área-alvo já estavam deitados no chão, mortos ou feridos. O comandante percebeu que algo dera terrivelmente errado. "Cessar fogo!", gritou ele. "Cessar fogo! Repito: cessar fogo!"

Cinco soldados foram mortos e todos os outros na área-alvo ficaram feridos.

Constrangedoramente, o homem que se passava por Saddam foi um dos que ficaram apenas feridos.[54] O incidente causou grande tempestade política e uma feia disputa entre Barak e alguns outros generais, todos tentando determinar quem era o responsável.[55]

O acidente em Tze'elim pôs fim ao plano de assassinar Saddam Hussein. Mais tarde, descobriu-se que, contrariamente às expectativas de Barak, Saddam não retomara suas tentativas de obter armas nucleares após a Operação Tempestade no Deserto.

De qualquer modo, Israel agora enfrentava inimigos novos e muito mais perigosos.

21

TEMPESTADE VERDE SE APROXIMANDO

Em 13 de março de 1978, um luxuoso jato executivo fez um voo secreto a partir de Teerã, carregando dois passageiros: Uri Lubrani, embaixador de Israel no Irã, e Reuven Merhav, chefe da estação do Mossad no Irã. Eles iam se encontrar com Sua Majestade imperial Mohammad Reza Cyrus Shah Pahlavi, que estava em sua casa de férias na ilha de Kish, a 16 quilômetros da costa iraniana, no golfo Pérsico.[1]

O xá era o governante onipotente do Irã, um déspota cruel e megalomaníaco que queria transformar o país rapidamente em uma terra "mais desenvolvida do que a França". Ele investiu as grandes rendas de petróleo do Irã na criação de um poderoso exército, na construção de infraestrutura de última geração e em uma economia moderna. Impôs um acelerado processo de ocidentalização de seus súditos, algo que muitos deles, dos mercadores do Grande Bazar de Teerã aos clérigos muçulmanos, acharam ofensivo e prejudicial. Mas suas objeções não incomodaram o xá, e ele ordenou que o exército e seu brutal serviço secreto, o SAVAK, suprimissem qualquer oposição com punho de ferro.

A política externa do xá era baseada em estreitos laços políticos, militares e civis com os Estados Unidos.[2] Ele também formou uma íntima aliança de inteligência com Israel.[3] Isso levou o Irã a adquirir muitas armas e equipamentos militares do Estado judaico, em troca de dinheiro e petróleo. E também permitiu que os israelenses preparassem certo número de importantes operações contra países árabes em solo iraniano.

Mas Lubrani e Merhav tinham boas razões para estarem perturbados. Embora os laços do Irã com os Estados Unidos e Israel estivessem mais fortes do que nunca, o domínio do xá sobre seu país começava a esmorecer. As manifestações contra ele se tornavam mais intensas, e movimentos de protesto vindos de todos os lados — de mercadores, comunistas, direitistas, islâmicos — ganhavam poder. A Casa Branca, que até então fechara os olhos para as violações de direitos humanos cometidas pelo xá, era dirigida pelo presidente liberal Jimmy Carter e começou a demonstrar crescente desconforto com o uso de força contra os manifestantes, o que fazia com que o xá relutasse em empregar seu exército contra eles.

Mas a família real iraniana e a liderança do país não colocaram nenhum freio em seu luxuoso estilo de vida. Logo após desembarcarem na ilha de Kish, Lubrani e Merhav testemunharam isso. A ilha era a residência favorita do xá, local de seu quartel-general durante períodos do ano. "Era o playground de toda a elite", disse Merhav. "Evidências de inacreditável corrupção estavam por toda parte. Ficamos chocados com a atmosfera hedonista e com as extravagâncias."

Os dois israelenses foram até Kish para se reunir com o xá e seus conselheiros mais próximos, a fim de avaliar a força do regime em face da crescente oposição. O que aumentava ainda mais sua preocupação era o fato de elementos extremistas xiitas, o componente mais importante da oposição, terem se unido a seus irmãos no Líbano e começado a treinar em campos criados para eles por Yasser Arafat. "Essa combinação", disse Merhav, "entre o que era percebido como principal força terrorista operando contra nós, a OLP de Arafat no Líbano, e os extremistas xiitas parecia conter significativos perigos potenciais."[4]

O mais proeminente líder da oposição religiosa era Ruhollah Khomeini, que portava o título hereditário de *sayyid*, que significa "senhor", usado somente pelos descendentes do profeta Maomé, e obtivera o mais alto posto clerical xiita, o de grande aiatolá. Ainda jovem, na cidade natal de sua família, o futuro revolucionário Khomeini era um pregador conhecido, especializado nas questões intrincadas da fé, mas sem carisma oratório. No entanto, em 1962, aos 60 anos, ele sofreu uma mudança dramática: após um período de reclusão, emergiu do quarto convencido de ter sido visitado pelo arcanjo Gabriel, o mensageiro especial de Deus, que lhe disse que Alá o destinara a grandes coisas.[5]

Para cumprir sua missão, Khomeini se transformou. Abandonou o estilo complexo e começou a falar de maneira simples, sem jamais usar mais de duzentas palavras e repetindo certas frases vezes sem conta, até que elas passaram a soar como encantamentos mágicos. "O Islã é a solução" era uma de suas favoritas. Ele começou a retratar o mundo como um conflito entre o bem e o mal. O mal devia ser arrancado e destruído, um dever a ser cumprido pelos bons, que eram tanto juízes quanto executores. Seus seguidores entre os pobres acharam isso muito persuasivo.

Mais tarde, Khomeini remodelou o Islã xiita para se conformar ao papel de liderança que designara para si mesmo.[6] Removeu a separação básica entre autoridade civil e religiosa que sempre prevalecera nos impérios muçulmanos e declarou que já não havia necessidade de um rei aconselhado por sábios religiosos. O governo deveria ficar nas mãos dos próprios sábios. Todas as monarquias e outros regimes do mundo muçulmano que não eram manifestamente religiosos — os presidentes do Egito e da Síria, o rei da Arábia Saudita e o xá do Irã — eram ilegítimos e tinham de ser substituídos. "O Islã é a única solução", decretou ele.

A atitude de Khomeini sobre a questão do martírio também serviu para preparar sua ascensão ao poder. Ele explicou a seus apoiadores que a maior sanção nas mãos do Estado era o poder de executar cidadãos. Se essa sanção fosse removida ao se transformar a morte em uma recompensa desejada, o Estado ficaria impotente. "Por favor, nos matem", proclamou e escreveu Khomeini. "Pois também vamos matá-los!"[7] Mais tarde, instruiria as enlutadas famílias dos mártires e seus vizinhos a realizarem alegres celebrações para marcar as mortes de seus filhos na guerra santa do Irã.

O passo seguinte foi destruir o mais importante costume tradicional da teologia xiita. Ele permitiu — e até encorajou — que seus fiéis o chamassem de "imã", um termo da tradição xiita que é amplamente similar ao significado do conceito judaico-cristão de messias, cujo advento anuncia o Fim dos Dias.

Em 1963, logo depois de formular sua nova doutrina, Khomeini iniciou uma campanha aberta contra o xá de Qom, a cidade mais sagrada do Irã. O xá não podia correr o risco de assassinar o aiatolá e, em vez disso, ele foi exilado. Khomeini encontrou refúgio na Turquia, no Iraque e, finalmente, na França.

As lições que passou a ensinar por lá atraíam cada vez mais estudantes.[8] Durante a década de 1970, ele se tornou, do exterior, o mais poderoso oponente do xá. Quando Lubrani e Merhav foram até Kish, Khomeini já inundara o Irã com cerca de 600 mil fitas cassete com seus sermões. Nas mesquitas e nos mercados, nas regiões rurais e nas montanhas de Teerã, nos bazares e mesmo, muito discretamente, nos gabinetes governamentais, muitos milhões ouviam a incendiária pregação do fanático clérigo de expressão severa.

Eles o ouviam dizer coisas como "o desprezado xá, aquele espião judeu, aquela cobra americana, cuja cabeça deve ser esmagada com uma pedra" ou "o xá diz que concedeu liberdade ao povo. Ouça o que eu digo, seu sapo inchado! Quem é você para conceder liberdade? São Alá, a lei, o Islã e a constituição que concedem liberdade. O que você quer dizer quando afirma que nos concedeu liberdade? O que lhe dá a habilidade de conceder alguma coisa? Quem você pensa que é?".[9]

A distribuição das fitas cassete de Khomeini foi observada, é claro, pelos olhos vigilantes do SAVAK, o serviço secreto do xá.[10] Os líderes da organização pediram ao xá permissão para atacar os centros de distribuição do aiatolá. Mas o pedido foi negado, por causa da pressão do presidente Carter para que ele não violasse os direitos civis e por causa da fraqueza e da confusão que sentia em função do tratamento a que estava sendo submetido contra um câncer. Lubrani e Merhav não estavam conscientes da doença do xá, que era um segredo bem guardado.

Somente a Lubrani foi concedida uma audiência.[11] O xá o recebeu com cordialidade, mas o embaixador logo percebeu que a conversa não chegaria a parte alguma. Lubrani deixou a magnífica câmara dourada com um estado de espírito sombrio. "O xá está desligado da realidade, vivendo em seu próprio mundo, quase delirante", disse ele a Merhav. "Está cercado por aduladores que não lhe contam a verdade sobre a situação do país." As reuniões de Merhav com os chefes da inteligência iraniana o levaram às mesmas conclusões.

Logo após a visita, os dois transmitiram uma advertência ao establishment de segurança de Israel: o domínio do xá estava desmoronando. A rara coalizão estabelecida entre oponentes seculares e religiosos de seu regime, a corrupção flagrante e sua indiferença ao mundo externo estavam levando à iminente queda da dinastia Pahlavi.

Mas as advertências caíram em ouvidos moucos. No Ministério do Exterior e no Mossad — além de na CIA —, os oficiais estavam convencidos de que Merhav e Lubrani estavam errados, de que o poder do xá era sólido, e que o Irã permaneceria um aliado de Israel e dos Estados Unidos para sempre.[12]

Foi um grave erro. De sua sede em Paris, Khomeini dirigiu as manifestações em massa de milhares de pessoas, que logo se tornaram dezenas de milhares e então centenas, em todo o Irã.

Em 16 de janeiro, o xá, doente e debilitado, decidiu que, sem o apoio americano, devia partir. Ele mandou que se recolhesse uma caixa de torrões de terra iraniana e, com a mulher e um punhado de assessores, fugiu para o Egito.

No dia seguinte, o primeiro-ministro secular que o xá nomeara para dirigir o país, Shapour Bakhtiar, procurou o novo chefe da estação do Mossad em Teerã, Eliezer Tsafrir, e fez um pedido direto: o Mossad poderia, por favor, assassinar Khomeini no subúrbio parisiense onde vivia?[13] O chefe da agência, Yitzhak Hofi, convocou uma reunião urgente com sua equipe sênior na sede no bulevar Rei Saul, em Tel Aviv.

Os benefícios para Israel eram óbvios: o SAVAK teria uma grande dívida de gratidão para com os israelenses. Além disso, era possível que o ataque mudasse o rumo da história e impedisse Khomeini, que deixara muito claras suas opiniões sobre Israel e os judeus, de tomar o poder no Irã. Os presentes à reunião discutiram vários pontos: o plano era operacionalmente viável? O aiatolá realmente representava um perigo tão grande? Se sim, Israel estava preparado para assumir os riscos de eliminar uma importante figura clerical, e fazer isso em solo francês?

Um representante do chefe da Cesareia, Mike Harari, disse que, do ponto de vista operacional, não era uma questão complicada, mas, é claro, nessas operações, especialmente naquelas executadas com tão pouco tempo de preparação, as coisas podiam dar errado.

Um chefe de divisão que servira no Irã sugeriu: "Deixe que Khomeini volte ao Irã. Ele não vai durar. Os militares e o SAVAK cuidarão dele e de sua gente protestando nas ruas das cidades. Ele representa o passado do Irã, não seu futuro."

O diretor Hofi deixou claro que estava inclinado a "recusar o pedido, por questões de princípio", pois "se opunha ao uso de assassinatos contra líderes políticos".

Yossi Alpher, o principal analista de questões ligadas ao Irã, declarou durante a reunião: "Não temos informações suficientes sobre a posição de Khomeini ou suas chances de impô-la e, consequentemente, não posso avaliar com precisão se o risco é justificado."[14] Hofi aceitou a opinião de Alpher e decidiu que Tsafrir daria a Bakhtiar uma resposta negativa.

Esse episódio foi outra demonstração de como o Estado de Israel — embora frequentemente disposto a usar assassinatos seletivos como ferramenta — permanece muito hesitante quando se trata de assassinar líderes políticos, mesmo que não tenham sido designados oficialmente como tais.[15]

Olhando para trás, Alpher diria que "apenas alguns meses após a reunião, percebi quem ele [Khomeini] realmente era" e que "se arrependia muito" de sua decisão. De acordo com Alpher, se o Mossad tivesse assassinado Khomeini, a história poderia ter seguido um curso melhor.

Em 1º de fevereiro, Khomeini aterrissou no aeroporto internacional de Mehrabad, em Teerã, saudado com uma alegria triunfal que o Irã jamais vira. Somente com a força de sua voz em uma fita cassete, Khomeini destruíra a monarquia do xá. O sonho de uma república islâmica se tornara realidade.[16] Sem quase nenhum uso da força, Khomeini e seus apoiadores assumiram o controle do Irã, um país vasto e rico em recursos naturais, com a sexta maior força militar do mundo e o maior arsenal da Ásia.

"O Islã esteve morrendo ou morto durante 1.400 anos", disse Khomeini no primeiro discurso como líder supremo. "Nós o ressuscitamos com o sangue de nossos jovens [...] e, muito em breve, libertaremos Jerusalém e rezaremos lá." Quanto ao governo de Shapour Bakhtiar, nomeado primeiro--ministro pelo xá antes de partir, Khomeini o ignorou com uma curta e áspera declaração: "Quebrarei os dentes dele."

Os Estados Unidos, o "grande Satã", como trovejou Khomeini, e Israel, o "pequeno Satã", viram a ascensão do aiatolá como episódio passageiro. Afinal, os serviços de inteligência americano e britânico haviam restaurado o poder do xá antes, quando rebeldes de esquerda o depuseram em 1953. Mas a ascensão de Khomeini foi o auge de anos de fomento, cingida por enorme apoio popular e protegida por tenentes experientes e sofisticados que identificaram e esmagaram todas as tentativas de contrarrevolução.[17]

Em novembro, uma multidão de furiosos apoiadores de Khomeini invadiu e ocupou a embaixada americana em Teerã, tomando diplomatas e funcionários como reféns. Também capturaram grandes quantidades de material americano de inteligência. A crise que se seguiu e o abjeto fracasso da tentativa de resgate (Operação Garra de Águia) humilharam os Estados Unidos e contribuíram para que Carter não conseguisse a reeleição. "Nós nos sentimos impotentes em face daquela nova ameaça", disse Robert Gates, na época oficial superior da divisão de pesquisas estratégicas da CIA (e, mais tarde, chefe da CIA e secretário da Defesa).[18]

Estava claro, tanto para Washington quanto para Israel, que aquele que já fora seu aliado mais próximo no Oriente Médio agora se tornara seu pior inimigo.[19]

Em breve também ficou claro que a visão de Khomeini não estava restrita à república islâmica que declarara no Irã. Em vez de se agarrar tenuamente ao poder, o aiatolá estava determinado a espalhar sua revolução islâmica por todo o Oriente Médio.

E pretendia começar com o Líbano.

Um dos aliados mais próximos de Khomeini durante os anos no exílio, um clérigo xiita chamado Ali Akbar Mohtashamipur, recebeu a missão de disseminar a revolução.[20] Ele conhecera Khomeini quando estudava em Najaf, uma cidade sagrada para os xiitas no Iraque, onde o aiatolá encontrara refúgio após ser expulso pelo xá. Ele o acompanhou durante os anos de exílio tanto no Iraque quanto na França. Em 1973, Khomeini o enviou, com um grupo de associados leais, para o Oriente Médio, a fim de estabelecer laços com os movimentos muçulmanos de libertação da região. Foi Mohtashamipur quem criou a aliança com a OLP que levou à aceitação de homens de Khomeini nas bases de treinamento da Força 17.

Nessas bases, os especialistas da OLP ensinaram aos jovens as artes da sabotagem, das operações de inteligência e das táticas terroristas. Para Arafat, permitir que os homens de Khomeini treinassem em suas bases era uma maneira de conseguir apoio para a causa palestina e se transformar em uma figura internacional. Mas, para Khomeini e Mohtashamipur, era parte de uma longa e focada estratégia: estender a revolução islâmica que fomentavam no Irã para o Líbano, um pequeno país no coração do Oriente Médio com grande população de xiitas empobrecidos e prontos a serem incitados.[21] Khomeini queria conseguir "uma posição avançada estratégica que nos coloque mais perto de Jerusalém": a fronteira libanesa com Israel. Em 1979, centenas de xiitas eram treinados para formar um exército de guerrilha.

Quando Khomeini retornou ao Irã e tomou o poder, Mohtashamipur assumiu papel central na formação da Guarda Revolucionária Islâmica, a força que mantinha o controle de Khomeini sobre o país.

Antes da revolução iraniana, o ideal de um Estado islâmico era um desejo abstrato, distante da realidade. Mas, agora, homens que haviam passado a vida em colégios muçulmanos extremistas no Irã e em campos de treinamento no Líbano tornaram-se os senhores da terra.

Quase três anos após a queda do xá, com a revolução firmemente estabelecida em Teerã, Khomeini nomeou Mohtashamipur embaixador iraniano na Síria.[22] O cargo surgiu com dois papéis. Declaradamente, ele era o emissário do Ministério do Exterior de seu país, como todos os outros embaixadores. Secretamente, também era membro da Guarda Revolucionária, recebendo ordens de Khomeini e comandando grande número de pessoas e um orçamento de milhões de dólares por mês. Esse papel secreto era de longe o mais importante dos dois.

Na época, todavia, grande parte do Líbano era controlada pelos militares sírios. A fim de que suas forças revolucionárias operassem efetivamente, Khomeini precisava conseguir um acordo com o presidente sírio Hafez al-Assad. Esse era o trabalho de Mohtashamipur: refinar a diplomacia que permitiria uma aliança militar.

Apesar do inimigo comum — Israel —, Assad inicialmente foi cauteloso em relação à aproximação de Mohtashamipur. O embaixador iraniano estava imbuído de um desenfreado zelo revolucionário. Assad, um árabe secular, temia que a raiva islâmica incitada por Mohtashamipur acabasse se provando incontrolável e se voltasse contra o próprio regime. As potenciais repercussões pareciam superar qualquer benefício imediato.

Mas, quando Israel invadiu o Líbano em junho de 1982, Assad reviu sua posição.

A guerra foi uma catástrofe não apenas para Israel, mas também para Assad. No confronto com Israel, as forças sírias receberam um golpe severo. O dano mais devastador foi da Força Aérea, uma fonte de orgulho para Assad, que no passado a comandara e continuava a promover seu desenvolvimento. Um total de 82 aviões de combate sírios foram destruídos em 46 horas, com Israel perdendo apenas uma aeronave.

Assad concluiu que a Síria não teria chances contra Israel no campo de batalha tradicional e que teria de tentar infligir danos indiretamente.[23] Israel colaborou com seus planos ao deixar suas forças no interior do Líbano. A intenção era garantir a segurança de suas comunidades no norte, mas, ao fazer isso, apenas criou outra frente de batalha, exposta e vulnerável aos ataques de guerrilha.

"Para meu grande pesar, Assad Sênior [ou seja, Hafez, pai de Bashar, que o sucedeu] era um homem muito esperto", disse Meir Dagan, que na época comandava as forças israelenses no Líbano. "Ele construiu um aparato para fazer Israel sangrar sem gastar um único centavo."[24]

Esse aparato era a milícia xiita apoiada pelo Irã que Mohtashamipur estava tão ansioso para criar. Em julho de 1982, o Irã e a Síria assinaram uma aliança militar que permitia que a Guarda Revolucionária sob comando de Mohtashamipur operasse no Líbano.[25] Abertamente, eles forneciam assistência civil à população xiita, construindo instituições sociais e religiosas como escolas e mesquitas. Forneciam auxílio previdenciário aos pobres e outras pessoas necessitadas, como viciados e alcoólatras, e um sistema de saúde relativamente eficiente. O Irã fornecia ao público libanês xiita tudo que o governo do Líbano, dominado por uma maioria sunita e cristã, jamais lhe dera.

Em segredo, começaram a treinar e armar uma força de guerrilha que preencheu o vácuo deixado pela OLP e que, em duas décadas, se tornaria uma das forças políticas e militares dominantes no Oriente Médio. Sentindo a importância histórica do movimento nascente, Mohtashamipur lhe deu um nome grandioso.

Ele o chamou de Hezbollah, o Partido de Deus.

*

Ahmad Jaafar Qassir era um garoto de 16 anos nascido em uma família xiita pobre no minúsculo vilarejo libanês de Deir Qanoun al-Nahr. Seus pais disseram que, quando criança, "ele era alerta e perceptivo, características que o levaram a ser um jovem empreendedor e independente". Aos 4 anos, passava correndo pelo pai para chegar a um trecho de terra arável, colher alguns vegetais e retornar para casa antes que o pai tivesse sequer começado a tarefa. A mesquita local em breve se tornou sua casa longe de casa, pois Ahmad ia frequentemente até lá para rezar e ler o Alcorão.

Ele foi um dos xiitas tomados pelo fervor do Hezbollah e, no outono de 1982, foi recrutado para uma divisão militar secreta conhecida como Jihad Islâmica.[26] Ahmad realizou várias operações militares secretas contra o inimigo israelense. Também usou sua engenhosidade para levar armamentos a Beirute e "aonde quer que fossem necessárias para enfrentar as tropas [israelenses] inimigas".

Na manhã de 11 de novembro, pouco antes das 7 horas, ele dirigiu um Peugeot branco carregado de explosivos na direção de um edifício de sete andares que as FDI usavam como sede regional militar e governamental na parte sul da cidade de Tiro. Quando se aproximou, Qassir pisou fundo no acelerador e mirou na base do edifício.

Então explodiu a si mesmo.

A explosão destruiu o edifício e matou 76 israelenses, soldados, policiais de fronteira e agentes do Shin Bet, bem como 27 libaneses: trabalhadores, civis solicitando permissões do exército e prisioneiros. Foi o primeiro ataque terrorista suicida islâmico fora do Irã e matou mais israelenses que qualquer ataque anterior da mesma natureza.

Durante anos, o Hezbollah manteve em segredo seu envolvimento e a identidade dos envolvidos. Somente mais tarde a milícia construiu um monumento memorial para Qassir em seu vilarejo, publicou a carta de apreciação que o líder supremo Khomeini escrevera para a família e declarou a data de sua morte o Dia dos Mártires, a ser celebrado todos os anos.

Esse segredo foi conveniente para o establishment de Defesa de Israel, que rapidamente tentou encobrir sua enorme negligência ao permitir que o ataque suicida ocorresse.[27] O chefe do Shin Bet na frente norte era Yossi Ginossar, cuja unidade era responsável por coletar informações e evitar ataques como a explosão suicida de Qassir. Ginossar, juntamente com alguns de seus subordinados e oficiais superiores das FDI, enganou a equipe que investigava o desastre, afastando-a da verdade até que ela chegou à conclusão de que a explosão fora causada por "uma falha técnica na tubulação de gás da cozinha", e não por uma ousada operação da nova organização militante xiita.

Mas, embora Ginossar estivesse em grande parte defendendo os próprios interesses, em uma escala mais ampla, a inteligência israelense de fato nada sabia sobre a nova força militante que surgia das ruínas esfumaçadas do Líbano.[28] Os primeiros ataques terroristas realizados pelo Hezbollah — saraivadas de tiros e bombas contra veículos militares nas estradas — foram considerados, pela Aman e pelo Shin Bet, "não mais que um incômodo tático para as tropas das FDI".

"Só começamos a entender as coisas mais tarde", disse Yekutiel (Kuti) Mor, oficial sênior da Aman e, depois, secretário militar do ministro da Defesa Rabin. "Perdemos o processo. Em vez de nos aliarmos aos xiitas, ficamos do lado dos cristãos e transformamos a maioria dos libaneses em inimigos."[29] Ainda pior, ninguém na época reconheceu a conexão entre os iranianos e os xiitas do Líbano ou que o equilíbrio de poder estava sendo alterado pelos revolucionários de Khomeini, aliados a Assad. "Por muito tempo", disse David Barkai, da Unidade 504, "não percebemos que a atividade significativa estava vindo do escritório de Mohtashamipur em Damasco."[30]

Do mesmo modo, o formidável aparato de inteligência de Israel não estava consciente do exército das sombras que se formava a seu redor, constituído tanto por novos recrutas quanto por guerrilheiros experientes como Imad Mughniyeh. Nascido em 1962 e filho de devotos xiitas, Mughniyeh cresceu nos bairros pobres e superlotados do sul de Beirute. "O pai dele era operário em uma fábrica de doces em Beirute", contou o espião de Israel Amin al-Hajj (Rummenigge), ele mesmo xiita. "Eu o conheci quando éramos crianças. Ele era muito travesso. Mais tarde, ouvi que largara a escola e fora para o campo de treinamento da Força 17, e perdemos contato."[31]

Em meados de 1978, Mughniyeh se tornou membro da Força 17 — os guarda-costas de Yasser Arafat e a força de elite do Fatah. Ali Salameh apadrinhou Mughniyeh até ser morto pelo Mossad em 1979. Mughniyeh queria pertencer a algo maior que uma gangue local no sul de Beirute, e queria ação.[32] Salameh e seus sucessores viram nele uma pessoa capaz e inteligente, carismática e desinibida. Embora fossem sunitas palestinos e Mughniyeh fosse xiita libanês, os interesses de ambos os lados se cruzaram. Na época, os seguidores de Khomeini — iranianos pobres e exilados e seus aliados libaneses — estavam gratos à OLP pela hospitalidade e pelo apoio.

Mughniyeh agia sob os auspícios da Força 17, mas também adquiriu a reputação de ser chefe de uma gangue que impunha as leis islâmicas e a conduta modesta nas ruas de Beirute, então percebida como bastião dos costumes liberais europeus no coração do Oriente Médio. Mais ou menos nessa época, a inteligência israelense começou a receber relatos sobre "um extremista, um psicopata sem limites" que estava quebrando os joelhos de prostitutas e traficantes de drogas em Beirute.[33]

Três anos depois, quando a OLP evacuou Beirute, Mughniyeh e seus irmãos, Fouad e Jihad, decidiram permanecer no Líbano e se juntar ao que viam, com razão, como força em ascensão, o Hezbollah. Mughniyeh imediatamente se tornou um dos agentes mais importantes da organização. Durante seis meses, liderou o destacamento que protegeu o xeque Mohammad Hussein Fadlallah, a suprema autoridade xiita no Líbano e "compasso espiritual do Hezbollah".[34] Ele também representou o xeque em reuniões no escritório de Mohtashamipur em Damasco, onde oficiais iranianos e agentes da inteligência síria planejavam uma estratégia para o Líbano. O sul estava ocupado por Israel, e parte do restante pela força multinacional: soldados americanos, franceses e italianos que haviam sido enviados até lá para tentar pôr fim à horrenda guerra civil que destruía o país.

Tantos os sírios quanto os iranianos queriam que os ocupantes fossem expulsos, mas nenhum deles podia bancar — ou vencer — um confronto militar direto.[35] Naquelas reuniões, eles concordaram com uma campanha furtiva de sabotagem e terrorismo.

Mughniyeh foi encarregado de organizá-la. Ele, junto com Mohtashamipur, criou a Jihad Islâmica, que recrutou Qassir, o garoto que explodiu a si mesmo na sede das FDI em Tiro. Foi um ataque devastador, e era somente o início. O xeque Fadlallah indicou o que estava por vir em um artigo publicado em uma coletânea de seus ensaios religiosos em fevereiro de 1983. "Acreditamos que o futuro trará surpresas", escreveu ele. "A jihad é amarga e dura; ela brotará de dentro, como resultado do esforço, da paciência, do sacrifício e da disposição para o sacrifício pessoal."[36]

Com "sacrifício pessoal", Fadlallah se referia à sanção religiosa dada por Khomeini a seus jovens soldados, alguns apenas crianças, que haviam sofrido lavagem cerebral e sido convencidos a marchar para a morte certa através dos campos minados criados pelos invasores iraquianos.[37] Fadlallah deu um passo além, concedendo aprovação para o suicídio *intencional* a serviço da jihad. O Hezbollah começou a realizar operações suicidas no Líbano e, em pouco tempo, Mughniyeh e o Hezbollah aperfeiçoaram seus métodos, transformando-o em uma espécie de arte.

Em 18 de abril de 1983, um dos homens de Mughniyeh dirigiu uma van através da porta dianteira da embaixada americana em Beirute, detonando a tonelada de explosivos em seu interior.[38] Toda a frente do edifício foi demolida e 63 pessoas foram mortas, incluindo quase todos os membros da estação da CIA no Líbano e o especialista em Oriente Médio da agência, Robert Ames.

Então, em 23 de outubro, homens-bomba dirigiram caminhões carregados de grandes quantidades de explosivos até duas instalações da força multinacional em Beirute e os detonaram.[39] No quartel dos fuzileiros navais americanos, 241 membros da tropa de paz foram mortos e, na base dos paraquedistas franceses, houve 58 fatalidades.[40] Mughniyeh se sentou no topo de um edifício alto e observou a operação através de um telescópio. Fragmentos de concreto e partes de corpos caíram na sede do Shin Bet em Beirute, a cerca de 1,6 quilômetro das instalações em chamas dos fuzileiros navais.[41]

Em 4 de novembro de 1983, Nakad Sarbukh, um policial de fronteira israelense que guardava uma base do exército em Tiro, viu uma caminhonete suspeita correndo em direção à base. Ele abriu fogo contra o veículo, disparando 130 projéteis, mas não conseguiu pará-lo. O motorista suicida bateu contra a base e detonou a bomba de 500 quilos que carregava. O edifício que abrigava as operações do Shin Bet desmoronou, e os edifícios e pavilhões em torno também foram atingidos. Sessenta pessoas foram mortas e outras 29 ficaram feridas.

Se Israel fora capaz de considerar o primeiro ataque de Tiro, quase um ano antes, uma falha técnica, na época da segunda bomba isso já não era possível. Graças a esses ataques suicidas, planejados e dirigidos por Mughniyeh, Mohtashamipur conseguiu praticamente o que queria: a força multinacional foi desfeita e Israel se retirou, em estágios, da maior parte do território libanês, até que suas forças se concentraram em uma estreita "zona de segurança" no sul do país.

Após o segundo ataque em Tiro, a comunidade israelense de inteligência também começou a compreender que enfrentava um novo tipo de inimigo, um que apresentava um desafio significativo.⁴² Os membros superiores do Mossad, do Shin Bet e de vários setores das FDI começaram a contemplar a possibilidade de empregar novamente os assassinatos seletivos, dessa vez contra um novo adversário.

Para o Mossad, estava claro que Imad Mughniyeh era a primeira prioridade. Mas eles tinham poucas informações — somente uma fotografia desbotada — e nenhuma ideia de onde encontrá-lo. Mesmo assim, o Mossad percebeu que a coordenação entre o Irã e o Hezbollah ocorria na embaixada iraniana de Mohtashamipur em Damasco, e não em Beirute.

No fim de 1983, o diretor do Mossad, Nahum Admoni, deu ao primeiro-ministro Yitzhak Shamir uma Página Vermelha para assinar. O dossiê anexo incluía uma litania de ataques suicidas e outros atos terroristas, incluindo aqueles contra a embaixada americana e as instalações dos fuzileiros navais americanos em Beirute.

O nome na Página Vermelha era o de Ali Akbar Mohtashamipur, o emissário iraniano na Síria. Oficialmente, um diplomata. Essa não foi uma recomendação feita ao acaso, e Shamir só a assinou após muita hesitação e debate. Como regra, Israel se abstinha de atacar oficiais de Estados soberanos, não importa quão hostis fossem em relação à nação judaica. Mas algo tinha de ser feito para parar o Hezbollah. Alguém — alguém importante — tinha de morrer.

Shamir assinou a Página Vermelha.

O primeiro problema era chegar a Mohtashamipur. Ele passava seu tempo em Teerã ou Damasco, ambas capitais de países-alvo, onde a Baioneta não operava e a Cesareia não deveria realizar assassinatos seletivos, com exceção de casos extraordinários. Ambas as capitais eram consideradas arenas particularmente difíceis, repletas de policiais desconfiados e membros dos serviços secretos dos dois países. Além disso, o embaixador estava sempre acompanhado de um guarda-costas armado e de um motorista. Todas as propostas que envolviam se aproximar de Mohtashamipur ou das áreas que ele frequentava — atirar nele, plantar uma bomba, envená-lo — foram descartadas, por medo de que a operação fosse descoberta.

Uma opção permaneceu: um pacote com explosivos entregue pelo correio. Mas, quando a ideia foi sugerida, objeções foram imediatamente apresentadas. A inteligência israelense já tinha extensa experiência com esses pacotes. Duas vezes, o método funcionara: na liquidação do chefe da inteligência militar egípcia em Gaza e na de seu colega, o adido militar egípcio em Amã, Jordânia, em 1956. Mas, em todos os outros casos — cientistas alemães no Egito, um criminoso de guerra nazista em Damasco e funcionários da OLP em todo o mundo —, os pacotes haviam sido descobertos a tempo, explodido nas mãos das pessoas erradas ou causado somente ferimentos, e não a morte.

"Disse a eles que era tolo e até um pouco infantil", contou um veterano da Cesareia, "escolher um *modus operandi* que não assegurava a total neutralização do objetivo."[43] Mas a oposição foi ignorada. Um explosivo pelos correios era a única opção que não submeteria um agente a perigos desnecessários.

Em 14 de fevereiro de 1984, um grande pacote chegou à embaixada iraniana em Damasco, ostensivamente enviado de uma conhecida editora londrina que era propriedade dos iranianos. A recepcionista da embaixada viu que o pacote estava claramente marcado ENTREGA PESSOAL PARA SUA EXCELÊNCIA, O EMBAIXADOR e o levou até o escritório de Mohtashamipur no segundo andar. A secretária do emissário desembrulhou o pacote e viu uma caixa de papelão contendo um magnífico volume em inglês sobre lugares sagrados xiitas no Irã e no Iraque. Ela deu uma espiada na capa e levou a caixa para a sala do embaixador.

Mohtashamipur abriu o livro e houve uma explosão.[44] A detonação arrancou uma de suas orelhas, uma de suas mãos e quase todos os dedos da outra. Um estilhaço destruiu um de seus olhos. "Se eu tivesse aberto o livro assim", disse ele mais tarde a um jornalista iraniano, segurando as mãos abertas perto do rosto e do pescoço, "minha cabeça teria explodido. Mas coloquei o livro sobre a mesa e o abri assim", aqui ele manteve o rosto e o corpo distantes do livro imaginário, "e a explosão fez um buraco na parede. Minha mão ficou lá, dentro da parede. E se o livro tivesse sido aberto assim", perto de seu rosto, "meu rosto teria sido arrancado do pescoço. As marcas no restante de meu corpo são de fragmentos da explosão."

Outra bomba enviada pelo correio também deu errado. "O objetivo de uma operação de tratamento negativo é matar o objetivo", disse o veterano da Cesareia que se opusera ao plano. "Não existe meio morto. Se ele permanece vivo, isso significa que falhamos." Israel não assumiu a autoria, mas os iranianos não tiveram dúvidas de que o Mossad estava por trás da operação.

Ainda pior, Mohtashamipur agora era um símbolo da causa revolucionária, um sobrevivente mutilado da guerra santa de Khomeini. "Sinto muita pela ocorrência lamentável que o mundo imperialista causou a você", escreveu o amigo aiatolá. "Espero que sua saúde retorne em breve e você continue na luta persistente à frente do Islã e da revolução em benefício dos miseráveis do mundo."[45]

Além disso, mutilar o embaixador não teve absolutamente nenhum efeito sobre as operações do Hezbollah, e matá-lo provavelmente não teria feito muito mais. O atentado contra sua vida ocorreu tarde demais: o heterogêneo exército de xiitas empobrecidos que Mohtashamipur começara a organizar uma década antes já era uma grande organização. O Hezbollah não era uma força de guerrilha de um homem só, era um movimento.[46] A enorme empreitada que Mohtashamipur iniciara no Líbano já estava ativa e funcionando, tendo alistado milhares de jovens, assim como a maioria dos mais importantes clérigos xiitas da região.

Israel agora tinha um poderoso adversário que era tanto um representante iraniano quanto um legítimo movimento social de base.

Os clérigos do Hezbollah, a maioria operando e residindo nos vilarejos xiitas no sul do Líbano, sabiam como combinar fervor religioso messiânico e fanático com um novo tipo de patriotismo libanês, que se centrava na consolidação dos xiitas e no ódio pelo ocupante sionista.

O mais proeminente desses líderes religiosos locais durante a fundação do movimento foi o xeque Ragheb Harb, o imã de Jibchit, uma cidade no sul do Líbano. Um clérigo brilhante de olhos intensos, ele recebera treinamento na cidade sagrada de Najaf, no Iraque, onde Khomeini passara grande parte de seu exílio do Irã, e, após seu retorno, assumira o comando da propaganda e das pregações do Hezbollah no sul do país.

Harb era um religioso, não um combatente, mas histórias sobre ele estavam chegando a Meir Dagan, que argumentou que "Harb estava se tornando uma importante autoridade religiosa no sul e defendia constantemente ataques contra Israel e os israelenses".

Dagan pediu autorização para eliminar Harb. Embora Harb jamais tivesse participado de ações terroristas contra Israel, ele as incitava constantemente e, naqueles anos, Israel, atolado na batalha contra o Hezbollah e se sentindo impotente, acolhia qualquer ideia de ação. Dagan enviou dois agentes libaneses que usara em operações passadas da Frente para a Libertação do Líbano de Estrangeiros, o movimento de guerrilha por procuração que criara.[47] Na noite de sexta-feira, 16 de fevereiro, dois dias após a explosão na embaixada iraniana que deveria ter matado Mohtashamipur, Harb estava a caminho de casa em Jibchit. Os dois agentes libaneses o esperavam em uma curva da estrada e, quando Harb reduziu, eles crivaram o carro de balas, assegurando-se de que o jovem líder estava morto.

Harb foi imediatamente proclamado mártir. Nos colégios religiosos de Qom, orações foram feitas em sua memória e o grande aiatolá Hossein Ali Montazeri, um dos principais clérigos do Irã, enviou um telegrama de condolências a seus colegas xiitas no Líbano, elogiando os feitos de Harb.[48] Para marcar o centésimo dia de sua morte, um selo em sua memória foi impresso. Seu retrato apareceu acima das fotografias de todos os mártires, cujo número aumentava gradualmente com o passar dos anos. Sua declaração defendendo a absoluta rejeição de qualquer contato com os israelenses, "a proximidade é uma arma e um aperto de mão é um reconhecimento", tornou-se o moto primário do Hezbollah.

Enquanto isso, Dagan também transformou em alvo Mohammed Saad, um dos associados próximos de Harb e outra proeminente figura xiita no sul. Saad era participante frequente das atividades de guerrilha contra Israel e reunira grande quantidade de armas e explosivos na *hussainia*, um local de orações separado da mesquita, que ele gerenciava no vilarejo de Marakah. Em 4 de março de 1985, os agentes de Dagan explodiram seu esconderijo de armas. Ele e um de seus homens foram mortos na explosão, juntamente com treze outros.

O atentado à vida de Mohtashamipur e a eliminação de Harb e Saad revelam muito sobre as dificuldades operacionais que Israel enfrentou ao confrontar o Hezbollah. O Mossad geralmente se esforçava muito para que seus assassinatos seletivos fossem "azuis e brancos" (as cores da bandeira de Israel), ou seja, levados a cabo por agentes israelenses, mas agentes locais foram empregados nos assassinatos de Harb e Saad, e o Mossad teve de lançar mão do método da bomba postal, havia muito considerado ineficiente e potencialmente danoso para inocentes, a fim de tentar se livrar de Mohtashamipur. Essas três vítimas tampouco eram altos comandantes do Hezbollah. Não havia praticamente nenhuma informação sobre o alvo principal, Imad Mughniyeh.

Uma tentativa de se livrar do "compasso espiritual" da organização três dias depois não foi mais bem-sucedida. Em 8 de março de 1985, um carro-bomba explodiu perto da casa do xeque Fadlallah em Beirute.

Fadlallah não se machucou, mas oitenta pessoas foram mortas e duzentas ficaram feridas, a maioria fiéis da mesquita onde ele pregava.[49] Alguns de seus guarda-costas também foram mortos, incluindo o irmão de Imad Mughniyeh, Jihad.

Mesmo assim, Israel continuou a tentar resolver seu problema no Líbano com assassinatos seletivos.[50] Em 1986, a inteligência israelense descobriu que Ahmed Jibril, o comandante da organização terrorista Frente Popular — Comando Geral Palestino, estava trabalhando com o Hezbollah. A partir dessa informação, aliada ao antigo desejo israelense de eliminar Jibril, Shamir assinou uma Página Vermelha com seu nome. Reunir informações levou um longo tempo. Finalmente, estabeleceu-se que Jibril frequentemente visitava a sede de sua organização em um labirinto de cavernas em Naameh, na costa norte mediterrânea da fronteira entre Líbano e Israel. Na noite de 8 de dezembro de 1988, as FDI iniciaram uma operação terrestre de larga escala com o objetivo de assassinar Jibril e destruir a rede de cavernas.

A Operação Azul e Marrom (Kachol Ve'hum) foi um fiasco constrangedor. As informações sobre a área eram perigosamente incompletas. Os soldados encontraram obstáculos naturais inesperados e um posto de vigia sobre o qual não sabiam os viu, privando-os do elemento-surpresa.

Um dos comandantes da força de assassinato, um tenente-coronel, foi morto. Quatro soldados se perderam e tiveram de ser retirados mais tarde em uma complicada operação da Força Aérea. Em adição, um cão treinado, que carregava explosivos e devia correr até uma das cavernas, onde o dispositivo em suas costas seria acionado por controle remoto, ficou assustado com os tiros e fugiu. O Hezbollah mais tarde encontrou o animal, que expôs a unidade canina secreta das FDI, Ferroada (Oketz). Ainda mais constrangedor, Ahmed Jibril sequer estava nas cavernas naquela noite.[51]

No fim da década de 1980, portanto, o Hezbollah tinha uma inteligência muito melhor, fundamental para travar uma guerra de guerrilha. Uma das razões para a ausência de informações suficientes do lado israelense era o fato de que o Hezbollah dera aos oprimidos e sitiados xiitas do Líbano uma comunidade e uma causa. Todo ataque atraía os seguidores para mais perto da organização, fortalecendo a distinção entre caras bons e maus a seus olhos. Isso, por sua vez, tornou especialmente difícil para Israel recrutar agentes.[52] Os xiitas dispostos a trabalhar por dinheiro se tornaram mais raros e esparsos. Ninguém queria trair o Hezbollah.

Imad Mughniyeh usou essa inteligência superior com efeitos devastadores. Apoiado pela Guarda Revolucionária do Irã e pelo Ministério da Inteligência, Mughniyeh aperfeiçoou as táticas de combate do Hezbollah. Homens-bomba, explosões nas estradas e emboscadas cuidadosamente planejadas criaram caos nas grandes e desajeitadas forças das FDI. O preço de não ter quase nenhuma informação sobre a milícia xiita foi pago com o sangue dos soldados israelenses. Entre 1984 e 1991, houve 3.425 operações contra as FDI e o Exército do Sul do Líbano, a milícia libanesa pró-Israel criada pelos israelenses.[53] A maioria desses ataques foi realizada pela organização xiita. Nesses ataques, 98 soldados israelenses e 134 aliados libaneses foram mortos, e 447 israelenses e 341 libaneses ficaram feridos. Mais tarde se descobriu que dois israelenses que desapareceram em ação também haviam sido mortos.

Frustrados com sua frágil posição, em 1991 os agentes da inteligência israelense começaram a procurar pelo que chamaram de "partida decisiva", o ataque simbólico que abalaria as fundações do Hezbollah e devolveria a vantagem a Israel.

22

A ERA DOS DRONES

Os imãs do vilarejo de Jibchit começam a chamar as pessoas para a *hussainia* às 10 horas. A *hussainia* é um salão de assembleia xiita nomeado em homenagem ao imã Hussein, filho de Ali, primo do profeta Maomé e fundador do xiismo. Os xiitas acreditam que Ali era o verdadeiro herdeiro de Maomé e que sua herança foi brutalmente usurpada pelos sunitas. O xiismo se tornou uma seita oprimida e discriminada. Na *hussainia*, eles realizavam seus ritos religiosos em segredo, por medo dos sunitas.

Mas naquele dia em Jibchit, já não havia necessidade de segredo. O Irã se tornara o primeiro país do mundo governado pelo clero xiita. No Líbano, o xiita extremista Hezbollah, fundado pelo Irã, era a força política e militar predominante. A *hussainia* em Jibchit, ao lado da imponente mesquita na rua principal do vilarejo, tinha sido renovada e expandida e suas paredes haviam sido recobertas de mármore branco e brilhante.

Durante sete anos, a chamada viera dos alto-falantes nos minaretes da mesquita todo dia 16 de fevereiro, o aniversário da morte do xeque Ragheb Harb, o primeiro líder espiritual do Hezbollah no sul do Líbano. Ao assassiná-lo em 1984, Israel involuntariamente criara um mártir, e os líderes e comandantes do Hezbollah faziam peregrinações anuais a seu memorial, antes de participar de um comício.

Às 10h30, a rua principal estava lotada de homens e mulheres que haviam deixado de lado tudo que faziam, trancado casas, lojas e escritórios e ido até a *hussainia*. Eles se moviam lentamente, seguindo duas SUVs, uma cinza e outra preta, aparentemente uma escolta de segurança do Hezbollah.

A cerca de 9.500 pés acima das ruas de Jibchit, uma câmera no nariz de uma pequena e silenciosa aeronave acompanhava toda a extensão da procissão. Não havia piloto, mas sim um operador controlando a aeronave de um trailer na fronteira norte de Israel. As imagens da câmera, de alta resolução e em tempo real, eram transmitidas para uma tela na pequena sala de guerra da Aman com vista para um jardim de rosas no Ministério da Defesa, em Tel Aviv. Em 1992, isso era uma maravilha da tecnologia de informação: um drone que colocava os olhos israelenses sobre o alvo de vigilância sem colocar em risco qualquer pessoal de Israel.

A câmera do drone percorreu toda a extensão da procissão. Na parte de trás, quatro veículos eram claramente visíveis: dois Range Rover e dois sedãs Mercedes. Em Tel Aviv, oficiais de inteligência observaram quando os quatro se afastaram da multidão, passaram pela *hussainia* e pararam em um estacionamento atrás do edifício.

"Pegamos ele", disse um dos analistas que observava a transmissão de vídeo.[1] A 320 quilômetros de distância, os agentes de inteligência tinham uma visão clara do alvo. "Subitamente", disse a revisão interna mais tarde naquela manhã, "o odor da caçada estava no ar."

Desde a ofensiva inicial da Guerra do Yom Kippur, que pegara os israelenses completamente de surpresa, o major-general Benjamin "Benny" Peled, comandante da Força Aérea israelense (IAF, na sigla em inglês), fora assombrado pelo fracasso. No início da guerra, em 1973, a IAF recebera mais de metade do orçamento da defesa e, mesmo assim, sofrera colapso total durante o ataque inicial de egípcios e sírios. Peled achava que uma das principais razões para o fracasso fora o fato de informações importantes só terem chegado até ele tarde demais. Se soubesse que as forças egípcias estavam se preparando para atacar — se pudesse ter visto, em tempo real, os preparativos —, suas próprias foças teriam conseguido dar uma resposta melhor.

Após o ataque, Peled decidiu desenvolver uma rede de comunicações secretas e sistemas de coleta de informações em tempo real. Ela serviria à

Força Aérea, independentemente dos "verdes" (como os "azuis" da Força Aérea às vezes se referiam, condescendentemente, às forças do solo, por causa de seus uniformes verde-oliva").[2] Usar aeronaves para esse fim teria sido o plano óbvio, mas isso era complicado por outro trauma da Guerra do Yom Kippur: a IAF havia perdido mais de um quarto de suas aeronaves, e muitas das restantes estavam danificadas e eram inadequadas para ação. Além disso, muitos pilotos da IAF, que até então gozavam de uma aura de invencibilidade, haviam sido derrubados e capturados ou mortos.

Mas e se os aviões não precisassem de pilotos? Ou de sistemas de munição multimilionários? E se, perguntava-se Peled, a IAF pudesse pilotar remotamente aeronaves menores e mais baratas, equipadas apenas com câmeras e links de comunicação?

Uma década antes, quando dirigia o departamento de armamentos, Peled fora o primeiro a introduzir drones na Força Aérea, embora na época isso parecesse uma ideia fantasiosa.[3] Ele estava preocupado com a aquisição, por parte das forças árabes, de mísseis antiaéreos terra-ar de fabricação soviética e, como resultado, "queria encher o ar com engodos que seriam muito baratos e apresentariam perfil similar ao dos caças na tela dos radares". Esses VANTs (veículos aéreos não tripulados), o aprimoramento israelense de uma invenção americana, eram lançados por foguetes e, a fim de retornar ao solo, ejetavam um paraquedas, que um helicóptero com longos mastros presos na fuselagem recolhia. Mais tarde, os drones passaram a ser equipados com câmeras.

Mas, após a guerra de 1973, Peled chegou à conclusão de que isso não era suficiente. Os sistemas de lançamento e recuperação eram caros, desajeitados e muito perigosos. Processar o material fotográfico também levava muito tempo. Horas se passavam entre tirar as fotografias, revelar os filmes e, finalmente, transferir as imagens para os analistas da inteligência.[4]

E assim, após a derrota de 1973, um novo tipo de drone foi desenvolvido.[5] Ele podia decolar e pousar de maneira independente, era controlado do trailer de comando e tinha câmeras que transmitiam imagens de vídeo em tempo real. Em 1982, os drones eram um elemento-chave no fornecimento de informações em tempo real para o alto escalão da Força Aérea no Canário, o posto de comando enterrado profundamente sob o centro de Tel Aviv. Eles também desempenharam papel fundamental na destruição das baterias sírias de mísseis antiaéreos no Líbano.

O drone usado contra as defesas sírias foi o primeiro modelo do Scout (conhecido em Israel como Zahavan), fabricado pela Israel Aerospace Industries. A Força Aérea israelense, esperando convencer os Estados Unidos a cooperar com o desenvolvimento de drones, queria demonstrar para os americanos o quão eficazes seus aviões em miniatura e sem pilotos podiam ser. Quando o secretário da Defesa americano Caspar Weinberger visitou o Oriente Médio — primeiro Beirute e então Tel Aviv —, ele se reuniu com os principais oficiais das FDI e do Ministério da Defesa e viu o vídeo, feito pelo drone, de sua chegada a Beirute e dos movimentos de seu comboio pela capital libanesa. Weinberger não gostou muito da vigilância, mas os membros de sua comitiva ficaram impressionados com a tecnologia.[6]

A visita de Weinberger a Israel pavimentou o caminho para um grande acordo entre a Israel Aerospace Industries e o Pentágono, para a venda de 175 VANTs Scout aprimorados, que os americanos chamaram de Pioneer. Eles foram usados pela Marinha, pelos fuzileiros navais e pelo Exército dos Estados Unidos até 2007.

No decorrer dos anos, foram feitas melhorias nos drones a fim de que pudessem carregar mais combustível e tivessem as câmeras aprimoradas. Em 1990, Israel equipou sua frota de drones com lasers, para que pudessem emitir um feixe de luz e designar um alvo estático para os aviões.

Os upgrades nos drones fizeram parte de um impulso tecnológico mais amplo nas FDI, que no fim da década de 1980 investiram significativos recursos para obter e desenvolver artilharia de precisão: "bombas inteligentes" que podiam atingir os alvos mais acuradamente, tornando-as mais efetivas e menos propensas a infligir danos colaterais. Esse processo foi acelerado quando o fã de tecnologia Ehud Barak, que queria construir "um exército pequeno e inteligente", tornou-se chefe do Estado-Maior em 1991, na prática modelando a máquina de guerra israelense nas décadas seguintes. Sob sua direção, os helicópteros de ataque Apache da IAF foram equipados com mísseis Hellfire guiados a laser.

Ao mesmo tempo, uma reunião entre os chefes dos departamentos operacionais da Força Aérea israelense e Arieh Weisbrot, comandante de sua primeira unidade de drones, o Esquadrão 200, resultou na revolucionária ideia de combinar todos esses avanços tecnológicos em um único processo de cinco passos, para criar um novo e particularmente letal método de assassinato seletivo.[7]

Primeiro, um drone localizaria um alvo em movimento, fosse uma pessoa ou um veículo. Segundo, o drone transmitiria uma imagem do alvo diretamente para o comando operacional, fornecendo uma conexão em tempo real com os decisores até o momento da ordem para abrir fogo. Terceiro, o drone designaria o alvo com um feixe de laser que poderia ser captado pelo detector de um helicóptero Apache, em um estágio conhecido como "passar o bastão" do ciclo de coleta de informações para o ciclo operacional. Quarto, o laser do Apache marcaria o alvo, no qual um míssil Hellfire poderia travar. Quinto, o piloto do Apache dispararia o míssil e destruiria o alvo.

Combinar e sincronizar os dois sistemas — inteligência e operações — foi um imenso avanço. Os drones já haviam se provado inestimáveis para a coleta de informações. Mas agora evoluiriam do papel de apoio para o de uma ferramenta direta de combate.

O Esquadrão 200 começou a treinar com os pilotos de Apache do Esquadrão 113, o esquadrão "Vespa", no fim de 1991. Havia céticos na Força Aérea, especialmente entre os pilotos que haviam treinado e praticado durante muito tempo táticas específicas de combate. A ideia de que robôs voadores poderiam ser efetivos na guerra parecia ridícula para alguns.

Mas, em dezembro de 1991, fizeram algumas simulações usando veículos nas estradas de Israel como alvos. Três ou quatro drones eram lançados e um veículo era selecionado aleatoriamente para que eles o rastreassem, transmitindo tudo para o trailer de controle. Então o veículo era "aceso" com um feixe de laser e, após alguns quilômetros de perseguição, dois Apaches se juntavam à caçada. A equipe toda praticou a "passagem do bastão", quando os sensores dos Apaches travavam no feixe de laser do drone.[8] No momento em que o Apache indicava que o alvo estava travado, o exercício terminava.

Mas simular o lançamento de mísseis contra carros em uma estrada amigável era uma coisa. Assassinar um alvo vivo em um território hostil era algo completamente diferente.

Durante um bombardeio rotineiro no sul do Líbano em outubro de 1986, uma bomba lançada por um F-4 Phantom explodiu cedo demais e arrancou uma das asas do avião. Os dois aviadores ejetaram e aterrissaram em território inimigo. O piloto foi resgatado por um helicóptero Cobra da Força Aérea israelense, mas não sem antes ficar pendurado no trem de pouso, sob fogo dos milicianos do Hezbollah. O navegador, Ron Arad, não foi localizado.[9]

Os israelenses dão grande importância à injunção religiosa judaica de resgate dos cativos e é uma fixação israelense fazer tudo que for possível e um pouco mais para levar desaparecidos em ação e prisioneiros de guerra de volta para casa.[10] Perder um aviador para o Hezbollah em território hostil foi um golpe tremendo.

Não surpreende, portanto, que a busca por Arad tenha sido abrangente, a maior operação de resgate da história israelense.[11] Um oficial do Mossad envolvido na Operação Calor Corporal (Hom Haguf), o codinome do esforço para encontrar Arad, disse que foi "a maior operação de busca já conduzida na história moderna por uma única pessoa. Não houve nenhuma pedra que não viramos, nenhuma fonte que não abordamos, nenhum suborno que não pagamos e nenhum fiapo de informação que não avaliamos".

E tudo em vão. Arad foi passado de uma milícia para outra, ano após ano. Em 1989 — três anos após seu desaparecimento —, Israel sequestrou dois oficiais relativamente menos graduados do Hezbollah em uma tentativa de localizar o aviador.[12] Um deles, Abdal-Karim Obeid, era o homem nomeado para suceder o xeque Ragheb Harb como principal clérigo do Hezbollah no sul do Líbano, depois que Harb foi assassinado. O interrogatório nada revelou e o Hezbollah respondeu com indiferença à oferta de iniciar negociações para uma troca.

A busca por Arad foi parcialmente prejudicada por erros e desatenções, assim como pela simples má sorte. Mas a contínua busca serviu principalmente para destacar a inabilidade de Israel de penetrar o Hezbollah ou as agências iranianas de inteligência que apoiavam a organização.

De modo mais amplo, a milícia realizava ações de guerrilha cada vez mais sofisticadas, orquestradas por seu chefe militar, Imad Mughniyeh, infligindo mortes e severos danos ao moral das FDI. Finalmente, no verão de 1991, o alto escalão da Aman criou um plano para alterar a balança a favor de Israel: eles sequestrariam o secretário-geral do Hezbollah, Hussein Abbas al-Mussawi, ou um de seus dois assessores, e o manteriam refém até que Ron Arad fosse devolvido. Um objetivo concomitante era iniciar "uma operação emblemática que reverberará e deixará claro quem realmente está no comando da situação", nas palavras de um dos oficiais israelenses envolvidos.[13]

Mussawi era um dos xiitas pobres que os iranianos haviam começado a organizar nos anos 1970. Ele também recebeu treinamento da guerrilha em um campo da Força 17, da OLP, antes de se tornar mais devoto e dedicar anos ao estudo da teologia xiita, primeiro no Líbano e então em colégios muçulmanos em Najaf, no Iraque, que eram dirigidos por discípulos de Khomeini de acordo com seus preceitos religiosos. Sua mente astuta, excelente memória e lealdade a Khomeini, cujo fanatismo se equiparava ao seu, logo o transformaram em conhecida autoridade religiosa no Iraque e no Líbano e o levaram a se tornar um dos fundadores do Hezbollah. Mussawi, de acordo com as informações reunidas pelos israelenses, esteve envolvido nas decisões que permitiram que Imad Mughniyeh iniciasse sua campanha de terrorismo suicida contra os Estados Unidos e Israel. Ele achava que um dos objetivos principais do Hezbollah, embora não o principal, deveria ser a expulsão das FDI por meio da guerra de guerrilha. "O futuro será da resistência [contra a ocupação israelense]", declarou ele repetidamente em seus discursos, "e a arrogância [dos israelenses] será derrotada. É somente uma questão de tempo."[14] Em maio de 1991, ele se tornou secretário-geral do Hezbollah, a essa altura já a posição política e militar mais poderosa do Líbano.

Desde o início, estava claro que qualquer operação de sequestro em Beirute seria extremamente difícil, senão impossível. Assim, em vez disso, os esforços foram focados na obtenção de informações sobre uma futura visita de Mussawi ao sul do Líbano, mais perto da fronteira israelense, onde seria mais fácil capturá-lo.

O chefe de operações da divisão de pesquisas da seção de contraterrorismo da Aman, tenente-coronel Moshe Zarka, teve a ideia de se concentrar no vilarejo de Jibchit, onde, sete anos antes, em 16 de fevereiro de 1984, agentes israelenses haviam eliminado Ragheb Harb. O vilarejo está localizado no sul do Líbano, tornando-o um lugar muito mais fácil de agir do que Beirute, onde a sede do Hezbollah está localizada.

Em 12 de fevereiro de 1991, a Aman recebeu a informação que esperava: como já era tradição, o Hezbollah faria um grande comício durante o aniversário de morte do xeque Harb.[15] Estariam presentes os principais oficiais do Hezbollah, incluindo o secretário-geral Mussawi e o comandante da Guarda Revolucionária Iraniana no Líbano.

O plano inicial era apenas coletar informações, estudar a reunião e planejar o sequestro para o ano seguinte. Isso era crucial por causa do deplorável estado da inteligência de Israel em relação ao Hezbollah naquela época. De fato, durante uma reunião de planejamento, ficou claro que ninguém na sala sabia nem mesmo o mais básico sobre os ritos fúnebres xiitas, como quando a viúva é visitada, por exemplo, ou quando os homens se reúnem na *hussainia*.[16] (Um tenente-coronel que escrevera sua tese de doutorado sobre o Hezbollah foi convocado para explicar.) O general de brigada Dani Arditi, chefe da Executiva de Operações Especiais (SOE, na sigla em inglês), foi enfático: com uma inteligência tão tênue, ele não podia recomendar uma missão imediata de sequestro.[17] Mesmo assim, apoiava totalmente a preparação para a reunião em Jibchit do ano seguinte.

O major-general Uri Sagie, chefe da Aman, era mais ambicioso. "A SOE não quer fazer isso", declarou durante uma reunião do comando da Aman em 13 de fevereiro. "Aceito a proposta de construir um modelo de inteligência, mas não vamos deixar de pensar em termos operacionais. Executaremos um modelo de inteligência, mas com uma 'cauda operacional'. Façam com que alguns helicópteros estejam em alerta de ataque."[18]

Nesse momento, surgiu um perigoso mal-entendido.[19] O oficial-chefe de inteligência, general de brigada Doron Tamir, abaixo de Sagie na hierarquia de comando, disse que considerou a referência a uma "cauda operacional" meramente uma parte do modelo de inteligência. "Helicópteros decolariam e praticariam a aquisição do alvo, mas em nenhuma circunstância abririam fogo", disse ele. "Seria apenas uma simulação." As pessoas que deveriam avaliar os riscos e as repercussões da operação pensaram o mesmo e, por isso, não prepararam essas avaliações.

Mas Sagie e seus associados imediatos, assim como o chefe do Estado-Maior Barak, pensavam em algo inteiramente diferente. Para eles, a "cauda operacional" — helicópteros no ar, armados com mísseis Hellfire guiados por laser — deixaria em aberto a opção de assassinar Mussawi.

Isso não fazia parte do plano original, mas, como a oportunidade se apresentara, a tentação era simplesmente grande demais: eliminar um inimigo tenaz empregando um protocolo de assassinato seletivo novinho em folha, usando drones e Hellfires. Era precisamente o que Barak, que acabara de ser lisonjeado pela mídia durante seu quinquagésimo aniversário, queria: ver um exército pequeno, inteligente e letal em ação.

Involuntariamente, contudo, dois planos paralelos foram criados, sem que ninguém percebesse.[20]

Na sexta-feira, 14 de fevereiro, a seção de contraterrorismo da Aman publicou seu sumário, que deixou claro que a Operação Noturna pretendia somente reunir informações para um sequestro posterior. O sumário continha os seguintes detalhes: "O comboio de carros de Mussawi usualmente inclui entre três e cinco veículos. Desses, dois ou três são veículos de escolta no início e no fim do comboio. O veículo em que Mussawi viaja é um Mercedes 280 ou 500. Seu lugar no comboio não é fixo. Às vezes está no primeiro carro atrás do carro líder da escolta, às vezes no segundo ou terceiro. Os outros veículos são Range Rovers."[21]

No mesmo dia, a inteligência da Força Aérea publicou suas próprias ordens, indicando um plano inteiramente diferente: "Unidades da inteligência e da Aman realizarão um modelo de coleta na zona de execução. Mais tarde, de acordo com as informações coletadas, a operação se moverá para o estágio de ataque."

Essa era uma perigosa contradição: uma unidade começando a se preparar para um ataque para o qual a outra não se planejara adequadamente.[22] Todavia, como oficialmente a operação ainda era um ensaio, não foi colocada na agenda do fórum semanal de "incursões e operações", ao qual compareciam Moshe Arens, ministro da Defesa, e o chefe do Estado-Maior. Moshe Arens estava totalmente inconsciente da existência da Operação Noturna.

Naquela noite, uma sexta-feira, horas depois de as ordens conflitantes serem publicadas pelos oficiais israelenses, um esquadrão de guerrilheiros da Jihad Islâmica entrou em uma instalação de campo das FDI. Os novos recrutas em treinamento dormiam em suas barracas. Os jihadistas mataram três deles com facas, machados e forcados. Relatando o ataque no fim do sabá, Haim Yavin, o âncora do único canal de televisão de Israel, chamou-o de "Noite dos Forcados".

O estado de espírito nacional chegou ao fundo do poço.

No domingo, o dia da operação, a pequena sala de guerra da Aman abriu às 7 horas.[23] Todo mundo estava lá: o chefe da SOE, Arditi, e representantes do departamento de coleta de informações, da Unidade 8200, da seção de contraterrorismo da Aman, da unidade de drones e da inteligência da Força Aérea. Os operadores dos drones estavam em um trailer perto da fronteira libanesa.

O agente da Unidade 504 que dera a dica sobre Mussawi comparecer à reunião relatou que o alvo deixara Beirute. Outras informações chegando à sala de guerra indicavam que "um comboio de ativistas deixou Beirute esta manhã e um 'VIP' chegou ao sul". Nada disso era confirmação de que Mussawi estava em Jibchit, mas parecia provável.

Por volta das 10 horas, os alto-falantes de Jibchit começaram a chamar os cidadãos para o local do comício memorial, a *hussainia* do vilarejo. Às 10h30, a tela da sala de guerra mostrou imagens, transmitidas pelo drone, de uma grande procissão a caminho do local. Ao lado da *hussainia* havia uma mesquita e seu alto minarete era claramente visível na tela. A procissão se movia lentamente atrás de alguns veículos, aparentemente uma escolta de segurança do Hezbollah. O drone escaneou a procissão. No fim havia dois Range Rover e dois Mercedes. "Pegamos ele", gritou Zarka.[24]

Por volta do meio-dia, o chefe do Estado-Maior Barak retornou a seu gabinete, calado e furioso. Ele fora convocado a Jerusalém naquela manhã para falar ao gabinete de segurança sobre a Noite dos Forcados.

"Três terroristas nos desgraçaram", vociferou, colérico. Barak recebeu uma breve atualização sobre a Operação Noturna e foi à sala de guerra da Aman. Observou as imagens do drone atentamente.

Era uma ocasião especial. Pela primeira vez, um comandante em sua sede colocaria os olhos sobre o líder de uma organização terrorista hostil em tempo real, com a possibilidade de agir a partir da imagem.

Sagie estava ao lado de Barak, os dois tensos e de rosto fechado. Por sua atitude, estava claro que o objetivo original da Operação Noturna — simples coleta de informações — ficara totalmente à margem. Outros na sala de guerra tiveram a impressão de que os dois comandantes estavam ansiosos pelo assassinato. Eles esperavam somente confirmação de que Mussawi estava em Jibchit, uma informação que levariam ao ministro da Defesa para obter sua aprovação.

Barak ordenou que um assessor atualizasse o secretário militar do ministro da Defesa sobre a situação. "Prepare Moshe Arens", disse ele, "para a possibilidade de precisar aprovar uma operação."[25] Era a primeira vez que alguém se dava ao trabalho de informar o ministro sobre a Operação Noturna.

Sagie chamou Zarka de lado. "O que você acha? Devemos atacar?", perguntou. "Temos uma oportunidade de ouro aqui." "Sim", respondeu Zarka. "Mas saiba que estaremos escalando a luta contra o Hezbollah."[26]

A cerimônia terminou um pouco depois das 13 horas. A grande multidão saiu da *hussainia* e caminhou na direção do cemitério onde o xeque Harb estava enterrado, perto dali. Às 13h10, o chefe da divisão de pesquisas, Kuti Mor, convocou uma reunião urgente com sua equipe para formular a posição da divisão.

Eles foram unânimes na oposição ao assassinato de Mussawi.[27] No mínimo, sentiam que deveria haver uma minuciosa discussão sobre o assunto antes de partirem para a ação. Mussawi era uma figura religiosa, o líder de uma organização política que por acaso possuía um braço militar, argumentou um tenente-coronel. Israel evitara atacar tais pessoas no passado. Além disso, o Hezbollah não era um espetáculo solo e Mussawi não era o maior extremista de sua liderança. Ele seria substituído, talvez por alguém mais radical.

Durante a reunião, uma nota foi entregue a Mor. Ele a leu e disse aos outros: "É um relatório da rádio Líbano dizendo que Abbas Mussawi discursou durante o comício em Jibchit hoje." Um murmúrio atravessou a sala. Agora havia certeza de que Mussawi estava em Jibchit e grande probabilidade de que estivesse no comboio. Mas ainda havia espaço para dúvida, enfatizou Mor. As perguntas agora eram: em que carro ele estava? E haveria qualquer oficial importante do governo libanês ou sírio no carro com ele?

Ninguém se questionou se a mulher e o filho estariam presentes.

Um dos oficiais de Mor telefonou para a divisão de guarda-costas de VIPs do Shin Bet. "Digamos que você precise proteger o primeiro-ministro", perguntou ele, "e haja quatro carros no comboio. Em que carro você o colocaria?" Houve uma breve discussão no Shin Bet e eles voltaram com a resposta: mais provavelmente no terceiro carro.[28]

Mas isso era apenas uma suposição e, mesmo que Mussawi estivesse no terceiro carro, ainda não estava claro quem poderia estar com ele. Mor não podia recomendar o disparo de mísseis contra um alvo com esse tipo de incerteza. "É impossível atacar", disse ele, encerrando a reunião.

Logo depois, Sagie entrou na sala. O relacionamento entre os dois já era tenso por outras questões, e Mor não escolheu as palavras. "O círculo de inteligência não está completo", disse ele. "Há muitos fatores desconhecidos. A opinião da maioria aqui é de que não há possibilidade de implementação. Não posso recomendar um ataque."

Sagie se levantou, sorriu e disse: "Veremos." Então saiu abruptamente da sala e, com o chefe do Estado-Maior Barak, foi diretamente ao Ministério da Defesa, a fim de informar Arens.

Sagie disse a Arens que não tinha dúvidas de que Mussawi estava no comboio. Era possível que houvesse alguma outra pessoa com ele, talvez um ministro de gabinete libanês. Se Israel matasse um ministro libanês, o dano poderia ser muito grande, mas "tanto por análise das circunstâncias quanto intuitivamente, essa não é a conclusão mais razoável". Assassinar Mussawi, segundo ele, traria muito poucos riscos.

Arens estava em dúvida. Por um lado, tinha a oportunidade de eliminar um líder inimigo que era, em sua opinião, um notório terrorista. Por outro, precisava tomar uma decisão imediata, sem tempo de considerar a questão — Mussawi poderia ir embora do vilarejo a qualquer minuto, e não restavam muitas horas com a luz do dia. Poderia ser desastroso se algum erro fosse cometido, se as informações não fossem sólidas ou se algum detalhe externo ou cenário improvável tivesse sido ignorado. Ele olhou para Barak.

"Estamos falando do líder de uma organização terrorista e de um emblema inimigo. Pode-se passar muito tempo antes que tenhamos outra chance assim", disse Barak. "E, mesmo que tenhamos, muitas circunstâncias podem nos impedir de executar, por razões políticas. O que temos aqui é uma oportunidade única."

Arens pensou por um momento. "Matar alguém que não precisamos matar", disse ele, "seria um desastre."

"Ministro, minha intuição como comandante diz que devemos agir", declarou Sagie.

Barak, que sempre soubera que botões apertar, decidiu convidar Arens, um engenheiro aeronáutico por profissão, para ir à sala de guerra e ver por si mesmo as imagens do drone. O ministro aceitou e disse que estaria lá em breve. Enquanto isso, pediu a seu secretário militar, o general de brigada Yeremi Olmert, para telefonar para o primeiro-ministro Yitzhak Shamir. Eram 14h35 e Arens sabia que Shamir estava em casa, cochilando após o almoço preparado pela esposa, como fazia todos os dias.

Ele não podia tomar uma decisão sem a aprovação do primeiro-ministro. Mas o tempo estava passando.

Quarenta e cinco minutos se passaram. Às 15h20, um grupo de pessoas cujos rostos não puderam ser identificados deixou a casa da viúva do xeque Harb e embarcou nos quatro veículos do comboio. O comboio percorreu uma curta distância e parou na casa de um ativista do Hezbollah em Jibchit. Isso se encaixava com a informação de que uma reunião dos principais oficiais da organização xiita ocorreria na casa naquele domingo. Significava que não havia ministros libaneses presentes, porque eles não fariam parte da reunião e não seriam deixados esperando no carro até que terminasse. A probabilidade de que uma figura de alto escalão, externa ao Hezbollah, estivesse viajando com o comboio e pudesse ser atingida diminuiu consideravelmente e a de que Mussawi estivesse presente aumentou ainda mais.

Sagie disse a Barak que, embora jamais se pudesse ter certeza absoluta, ele recomendava atacar. Mor deu uma opinião ambígua: "O círculo de inteligência não está completo, embora todas as circunstâncias indiquem que é Mussawi. Consequentemente, agora cabe ao comandante decidir se atacamos ou não."

Barak decidiu. Ele ordenou que a Força Aérea enviasse os helicópteros e, em outro telefone, persuadiu Arens de que as circunstâncias haviam mudado. Arens aprovou o ataque.

Em seguida, logo depois das 15h30, Barak telefonou para o gabinete do primeiro-ministro. Ninguém ainda conseguira falar com Shamir. Ele estava dormindo e todas as tentativas de falar com ele haviam falhado. A esposa também estava cochilando e ninguém atendia o telefone.

Todos esperavam que ele retornasse ao gabinete, como fazia todos os dias, por volta das 16 horas. O problema era que cada minuto que passava podia tornar a operação impossível, em função da noite que se aproximava. Às 15h50, o comboio se preparou para partir do vilarejo. A voz do operador do drone surgiu no alto-falante: "Início de movimentação."

A tensão aumentou na sala de guerra. Barak, vendo o cenário a sua frente como uma oportunidade histórica, afastou um dos membros da equipe e tomou seu lugar, assumindo o contato de rádio com o trailer de comando e controle do drone, dizendo-lhes para onde apontar as câmeras aéreas e, simultaneamente, analisando as possíveis rotas que o comboio poderia tomar de Jibchit para Beirute. Barak manteve a linha aberta com o comandante da Força Aérea, que estava no Canário, várias dezenas de metros abaixo da sala de guerra. "Decolem, decolem todos", veio a ordem do Canário para os Apaches.

Por volta das 15h55, Shamir chegou a seu gabinete. Ele ouviu um resumo de não mais de um minuto sobre uma operação de assassinato seletivo em relação à qual não possuía nenhum conhecimento. Mesmo assim, aprovou-a sem hesitar. "Vamos matá-lo", disse ele. O secretário militar de Arens informou Barak, que disse ao comandante da Força Aérea: "Eles são todos seus."[29]

O comboio começou a se mover novamente às 15h57. O drone observou enquanto ele viajava lentamente na direção norte, atravessando Jibchit e cruzando a ponte sobre o rio Zahrani. Então os veículos ganharam velocidade, com um Range Rover na liderança e os dois Mercedes seguindo, com cerca de 90 metros entre eles, enquanto o segundo Range Rover fechava o comboio.

Às 16h05, o operador relatou, a fim de fornecer a localização precisa aos pilotos dos Apaches: "Mais vinte segundos e a estrada faz uma curva para oeste."

"Zona de aproximação: ativar indicador [de laser]", disse o piloto do helicóptero líder.

"Indicador ativado", respondeu um dos operadores no trailer de comando do drone.

"Não consigo ver", disse um dos pilotos, mas, momentos depois, reportou: "Indicação obtida", o que significava que ele conseguia ver o laser do drone sobre o alvo.

"Identificação positiva do alvo", confirmou o comandante de plantão no Canário.[30] Às 16h09, ele disse ao piloto do Apache: "*Rashai, rashai*. Repito:

rashai" — era hebraico para "você tem autorização", similar ao "permissão para atacar" do dialeto militar americano.

O piloto do Apache disparou um único míssil Hellfire.

Ele atingiu o terceiro veículo do comboio. O Mercedes explodiu em uma bola de fogo. Ninguém escaneara a estrada adiante, contudo, para se certificar de que nenhum carro civil viajava na direção do alvo. Na verdade, havia um, e estava muito perto do Mercedes quando ele foi atingido pelo míssil. Esse carro também foi envolvido pelas chamas.

Um segundo míssil foi disparado no segundo Mercedes do comboio: outro acerto.

As portas se abriram nos dois Range Rovers, que haviam parado na beira da estrada, e as pessoas saíram e começaram a se afastar correndo. "Estávamos lá, observando cada movimento e transmitindo-o para a unidade de controle aéreo da Força Aérea", lembrou um dos operadores do drone.

O segundo Range Rover recolheu os corpos dos dois Mercedes e correu na direção de Nabatieh. "Peguem-no", ordenou o Canário aos operadores de drone que acompanhavam o carro. Às 16h32, eles o indicaram com o laser como alvo para a segunda dupla de Apaches, que o destruíram. Subiu fumaça do veículo. Os Apaches cobriram a área com tiros de metralhadora.

Um absoluto silêncio recaiu sobre a sala de guerra. Barak abriu caminho até a porta, dando tapinhas nos ombros dos colegas e os parabenizando em inglês: "*Well done*" [Bom trabalho].

Mas Mussawi estava morto? Os oficiais da Aman esperaram em seus respectivos escritórios pela confirmação final do assassinato. Por volta das 18 horas, ela chegou. Mussawi de fato estivera no terceiro carro. Assim como sua mulher e seu filho.

O agente da 504 que dera a dica à sala de guerra da Aman no início da operação mais tarde afirmou que mencionara que a mulher de Mussawi, Siham, e seu filho Hussein, de 6 anos, viajavam com ele no carro. Outros envolvidos na operação negaram saber disso, mas Meir Dagan acreditou no agente. "A alegação de que a Aman não sabia que ao menos a mulher de Mussawi estava no carro foi criada após o fato. Eles deviam saber, ou então eram um bando de tolos. A mulher de Mussawi tinha parentes de primeiro grau em Jibchit e não havia nenhuma chance de ela perder a oportunidade de visitá-los."[31]

Duas horas após o ataque, Barak fez uma reunião em seu escritório para tentar antecipar as possíveis reações e retaliações do Hezbollah. Um alerta de segurança e medidas de relações públicas foram discutidos. Logo em seguida, a TV de Israel abriu seu programa de notícias com uma matéria sobre o ataque, que chamou de "operação ousada". O ministro da Defesa Arens se deu ao trabalho de ir ao estúdio para aparecer no programa. E disse: "Essa é uma mensagem a todas as organizações terroristas de que acertaremos todas as contas que tiverem conosco."[32]

Até que surgisse outra conta que também precisasse ser acertada.

23

A VINGANÇA DE MUGHNIYEH

O corpo carbonizado de Abbas Mussawi foi retirado do Mercedes queimado. Devido a sua condição, foi impossível observar os ritos usuais do Hezbollah e velá-lo em caixão aberto. Em vez disso, os restos mortais foram limpos, enrolados em uma mortalha e colocados em um magnífico caixão construído com madeira cuidadosamente entalhada, pintado de azul-acinzentado e adornado com cantoneiras de metal prateado.

Os líderes do Hezbollah não se apressaram para realizar o funeral em 24 horas, como de costume.[1] Por um lado, havia problemas de segurança. O choque com o ataque aéreo ao comboio do secretário-geral foi tão grande que Imad Mughniyeh temia que o funeral também se tornasse um campo de morte. Por outro, o funeral tinha de ser retardado para permitir que iranianos de alto escalão comparecessem. O Hezbollah fora financiado pelo Irã, e seus líderes estavam sob influência da Guarda Revolucionária Islâmica em sua conduta diária, segundo a autoridade religiosa do regime dos aiatolás em Teerã. O Irã, por sua vez, via o Hezbollah como seu principal aliado no Oriente Médio.

O líder supremo da revolução islâmica, o grande aiatolá Sayyid Ali Khamenei, que substituíra Khomeini após sua morte em junho de 1989, declarou que "O martírio de Sayyid Abbas é um ponto de virada no curso da resistência", e despachou uma delegação para ajudar a estabilizar e acalmar a organização, demonstrar apoio público durante aquela hora difícil e selecionar um novo secretário-geral imediatamente.

Em Israel, não houve nenhuma discussão séria antes do ataque sobre o que aconteceria após a morte de Mussawi.[2] Da perspectiva deles, não havia diferença significativa entre os vários membros do Hezbollah e ninguém se preocupara em perguntar quem substituiria Mussawi e se a substituição seria melhor ou pior para Israel. "Do nosso ponto de vista", disse um oficial que na época trabalhava na Aman, "eles estavam todos pintados de preto." Após o assassinato, o melhor palpite da Aman era que os iranianos indicariam o conhecido e popular vice de Mussawi, Subhi al-Tufayli.

Estavam errados.

Logo depois de Mussawi ser enterrado, a delegação iraniana participou de uma reunião do Conselho Shura, o conselho dos doze líderes supremos religiosos do Hezbollah, na qual entregou a mensagem do presidente iraniano Hashemi Rafsanjani recomendando um sucessor. Em seguida, o conselho anunciou a decisão de nomear um pio clérigo de 32 anos, Sayyid Hassan Nasrallah.[3]

Se os israelenses tinham qualquer ilusão de que o Hezbollah seria moderado pelo assassinato de Mussawi, a promoção de Nasrallah rapidamente lhes mostrou a verdade. Comparado a Mussawi, Nasrallah era um radical de olhos arregalados. Os israelenses descobriram que mesmo o preto tem nuances. Nasrallah era mais preto que o preto.

Ele nascera em 1960, sendo o mais velho de nove irmãos, no bairro xiita Bourj Hammoud, na parte nordeste de Beirute. Embora sua família não fosse muito religiosa, quando era criança, enquanto os outros meninos da vizinhança brincavam nas ruas ou na praia, Hassan exibia afinidade com a fé e passava a maior parte de seu tempo estudando na mesquita.

Com o início da guerra civil, em 1975, sua família se mudou para o sul do Líbano, onde, em uma mesquita perto de Tiro, Nasrallah chamou a exigente atenção de vários clérigos xiitas com laços com Khomeini. Eles o enviaram a Najaf, no Iraque, para estudos religiosos mais avançados, e lá ele conheceu Abbas Mussawi, tornando-se seu principal discípulo. Quando os dois retornaram ao Líbano em 1978, depois que Saddam Hussein expulsou os estudantes libaneses xiitas, Mussawi criou um centro de estudos e Nasrallah se tornou um de seus principais professores, atraindo grande número de admiradores. Em 1982, com a fundação do Hezbollah, Nasrallah e seus discípulos se alistaram em massa e começaram a participar ativamente da guerra de guerrilha. Nasrallah passou os anos seguintes alternando entre o comando de uma unidade do Hezbollah e o aprofundamento de seus estudos religiosos no Irã.

Israel era "um câncer, um germe contaminador", disse ele durante uma entrevista televisiva, "uma guarnição avançada do imperialismo no coração do mundo árabe e islâmico. É uma sociedade de guerra, uma sociedade belicosa composta de guerreiros, tanto homens quanto mulheres. Não há sociedade civil nessa entidade."[4] O significado era claro: todos os israelenses, de qualquer idade ou gênero, eram alvo legítimo para a jihad.

Gradualmente, criou-se uma grande fissura ideológica entre Nasrallah e seu antigo professor. Mussawi defendia mais cooperação com os sírios, a mais importante força política e militar no Líbano, que recebera bem as ações do Hezbollah contra Israel e até mesmo concordara em permitir que os iranianos enviassem grandes quantidades de armas, através da Síria, para a milícia da organização. Mas Nasrallah se opunha a qualquer forma de cooperação com o regime da família Assad, que era alauíta, uma seita islâmica que ele via como herética e pagã.

Os dois homens também diferiam em sua atitude em relação a Israel. Mussawi a considerava uma questão secundária e achava que a maioria dos recursos deveria ser direcionada às tentativas de assumir o controle da máquina governamental libanesa. Nasrallah argumentava que a guerra de guerrilha contra Israel devia ser priorizada.

Nasrallah perdeu o argumento. Mussawi foi nomeado secretário-geral e ele foi exilado para servir como enviado do Hezbollah no Irã. Retornou ao Líbano somente após declarar que desistira da oposição aos laços com a Síria e que aceitava a autoridade de Mussawi na questão do conflito contra Israel.

Tudo isso mudou em fevereiro de 1992.

Ironicamente, antes de Mussawi ser assassinado, o Hezbollah e seus financiadores iranianos estavam mais preocupados em consolidar seu poder como força social e política no Líbano do que em atacar Israel. Embora tenham ocorrido ataques de guerrilha contra israelenses durante a década de 1980, amplamente por incitamento da facção extremista do Hezbollah liderada por Nasrallah, eles não possuíam prioridade e não eram de modo algum indicativos de todo o dano que a organização era capaz de infligir.

Mas, após o assassinato seletivo, as prioridades mudaram. A Guarda Revolucionária Iraniana começou a preferir a abordagem de Nasrallah e passou a achar que lidar com o inimigo do sul tinha de ser sua prioridade. Sentiram na época que o Hezbollah não teria sucesso em transplantar a revolução de Khomeini para o Líbano sem primeiro se livrar da ocupação israelense.

O homem a quem Nasrallah deu a ordem de implementar a nova política era o chefe militar do Hezbollah, Imad Mughniyeh, "o extremista, o psicopata sem limites" que quebrara os joelhos de prostitutas e traficantes treze anos antes, o ideólogo de guerrilha que criara a Jihad Islâmica e enviara homens-bomba para destruir acampamentos e apartamentos ocupados por soldados e diplomatas americanos, franceses e israelenses, o fantasma na fotografia granulada que os israelenses não haviam sido capazes de assassinar ou mesmo localizar nos anos 1980. "Ele foi responsável por construir a força militar do Hezbollah, não foi Nasrallah, com todo o devido respeito às suas excelentes aparições na TV", disse Meir Dagan. "Por causa dele, e de um grupo de agentes próximos, a organização se tornou uma ameaça estratégica ao Estado de Israel."[5]

Mughniyeh era um aborrecimento tático havia anos. Para defender sua fronteira ao norte, em 1985 Israel criara uma zona de segurança, uma faixa de território no interior do Líbano controlada pelas FDI. O objetivo era manter as forças hostis tão longe quanto possível dos assentamentos civis israelenses e confinar o confronto exclusivamente ao território libanês. Além disso, para poupar a vida dos próprios soldados, Israel estabelecera uma milícia por procuração, o Exército do Sul do Líbano (ESL), formado em sua maioria por cristãos e xiitas dos vilarejos da região, inimigos jurados dos palestinos no Líbano e do Hezbollah. O uso do ESL permitiu que os israelenses vissem o Hezbollah como uma ameaça ocasional a suas fronteiras, em vez de um exército de guerrilha conduzindo uma guerra assimétrica. Alguns poucos soldados, na maioria homens do ESL, eram mortos de tempos em tempos, mas o *status quo*, da perspectiva das FDI, era preferível a um confronto de larga escala com as forças do Hezbollah.[6]

Mas agora Mughniyeh fora liberado por Nasrallah, e a retaliação pelo assassinato de Mussawi foi rápida. Assim que o funeral do líder assassinado terminou, combatentes do Hezbollah lançaram uma barragem de foguetes contra a Galileia ocidental. Durante cinco dias, bombardearam as comunidades do norte de Israel, que foram reduzidas à imobilidade, com a maioria de seus residentes confinada a abrigos antiaéreos. Era mais poder de fogo do que o Hezbollah usara contra as comunidades civis israelenses em toda sua história até então.

Somente uma pessoa foi morta — uma menina de 6 anos, Avia Alizada, no vilarejo agrícola comunal de Gornot HaGalil —, mas a mensagem que Nasrallah e Mughniyeh enviaram a Israel foi clara: de agora em diante, qualquer ação contra o Hezbollah causará um ataque direto não somente contra as FDI, mas também contra civis no norte de Israel.

Israel respondeu bombardeando vilarejos xiitas e aumentando suas forças no sul do Líbano. Os israelenses esperavam que fosse o fim dessa rodada particular de conflito e que o Hezbollah se sentisse ao menos temporariamente satisfeito com o próprio show de força como resposta ao assassinato de Mussawi.

Mughniyeh, todavia, planejava algo muito mais grandioso do que alguns dias de bombardeio: ele pretendia atacar os milhares de israelenses que trabalhavam no exterior como diplomatas e em outros cargos oficiais, assim como as comunidades judaicas do mundo, por cuja segurança Israel se considerava responsável. Para ele, o campo de batalha era global. Mughniyeh queria reescrever as regras do jogo: qualquer ataque contra um ativo importante do Hezbollah seria respondido não somente no que ele e Nasrallah chamavam de "a região" (Israel e Líbano), mas também para além dela: alvos israelenses e judeus em todo o globo.

Ele atacou primeiro na Turquia.[7] Em 3 de março de 1992, um dispositivo explodiu perto de uma sinagoga em Istambul, mas, miraculosamente, ninguém foi morto. Quatro dias depois, Ehud Sadan, chefe de segurança na embaixada israelense, morreu quando uma grande bomba explodiu sob seu carro, plantada por membros de um grupo que se autointitulava Hezbollah da Turquia. Depois disso, Mughniyeh mirou na Argentina: em 17 de março, um terrorista explodiu um carro-bomba em frente à embaixada israelense em Buenos Aires, matando 29 pessoas, incluindo quatro israelenses, cinco judeus argentinos e vinte crianças de uma escola próxima.[8] Duzentas e quarenta e duas pessoas ficaram feridas. Em sua declaração de autoria, entregue às agências de notícias ocidentais em Beirute, a Organização da Jihad Islâmica declarou que a ação fora dedicada à memória de Hussein, o filho de Mussawi, que queimara até a morte com ele no veículo, e que era "um de nossos contínuos ataques contra o criminoso inimigo israelense em uma guerra sem fim, que não cessará até que Israel tenha sido destruído".

Os israelenses ficaram surpresos com o quão rapidamente Mughniyeh fora capaz de executar os ataques na Turquia e na Argentina. Somente depois se deram conta de que ele planejara essas operações, e certamente muitas outras, com anos de antecedência, a serem executadas somente quando a ocasião surgisse. Uma minuciosa investigação conduzida pelo Mossad e pelo Centro de Contraterrorismo da CIA (CTC) revelou que o esquadrão que executara o ataque em Buenos Aires era uma de 45 células adormecidas em todo o mundo, incluindo a Europa e os Estados Unidos, pelo "aparato especial de pesquisa — a Unidade 910" do Hezbollah. Esse era o codinome da força secreta de elite da milícia, consistindo em entre duzentos e quatrocentos de seus melhores e mais duros combatentes, a maioria treinada no Irã pelas brigadas Al-Quds da Guarda Revolucionária.

"O objetivo das células era fornecer uma resposta imediata, fora do Oriente Médio, no evento de uma tentativa israelense de atacar o Hezbollah no Líbano", disse Stanley Bedlington, do CTC.[9] Os responsáveis pela explosão em Buenos Aires, por exemplo, eram de uma célula cultivada em Ciudad del Este, uma cidade do Paraguai, perto da fronteira com o Brasil e a Argentina e das grandiosas cataratas do Iguaçu, onde um grande número de emigrantes libaneses xiitas se estabelecera. Bem antes do ataque a Mussawi, a célula coletara muitas informações sobre possíveis alvos judaicos, a serem usadas quando houvesse necessidade. Após o assassinato, Mughniyeh ordenara que uma equipe partisse do Líbano para Ciudad del Este, onde os locais forneceram informações, veículos, explosivos e um homem-bomba.

Imediatamente após o ataque, os israelenses decidiram não retaliar. Alguns agentes do Mossad defenderam uma resposta agressiva na América do Sul. Uma equipe do Mossad visitou Ciudad del Este. "Uma cidade chamada Inferno", relatou a equipe. "Estamos falando de perigo real e imediato. O próximo ataque está a caminho."[10]

Mas os líderes do Mossad responderam com apatia, principalmente porque qualquer outra resposta significaria mudanças burocráticas para o próprio Mossad. E, se Israel começasse a considerar o Hezbollah uma ameaça global, a questão seria de responsabilidade do Mossad e exigiria vastas mudanças institucionais, incluindo uma extensiva mobilização para a América do Sul, onde sua presença fora até então muito esparsa. Em vez disso, o alto-comando do Mossad preferiu ver o ataque em Buenos Aires como um evento único e isolado, um sucesso casual do Hezbollah, e continuar a encarar a organização xiita como um fenômeno localizado com o qual as FDI e o Shin Bet tinham de lidar no sul do Líbano. Mesmo assim, a mensagem de Mughniyeh foi perfeitamente compreendida, e Israel se absteve, durante muitos anos, de quaisquer atentados contra as vidas dos líderes do Hezbollah.

Mughniyeh sentiu que atingira seus objetivos em Buenos Aires e, durante algum tempo, interrompeu seus planos de realizar mais ataques fora da arena do Oriente Médio. No entanto, embora não tenha ativado nenhuma célula adormecida, continuou com as provocações na zona de segurança. Mês após mês e ano após ano, o desempenho do Hezbollah melhorou e sua ousadia cresceu.[11] Com generoso apoio do Irã, a organização empregou sistemas eletrônicos cada vez mais sofisticados, monitorou as comunicações via rádio das FDI, aprimorou os dispositivos explosivos rodoviários para que não respondessem ao equipamento de detonação remota de Israel, plantou espiões no interior do ESL, enviou homens-bomba contra soldados das FDI e realizou assaltos com o objetivo de conquistar as fortificações israelenses no sul do Líbano.

Nasrallah compreendia muito bem a opinião pública israelense e sua sensibilidade a fatalidades. Sua milícia gravava vídeos das operações e as transmitia pela estação de TV do Hezbollah, a Al-Manar. Esses vídeos eram captados em Israel e frequentemente retransmitidos pelos canais israelenses. Eles tinham o efeito pretendido, mais estratégico do que tático: com o tempo, observar inúmeros vídeos dos sucessos do Hezbollah começou a corroer o consenso nacional de manter a presença das FDI no Líbano. Israel respondeu com repetidos bombardeios contra as posições do Hezbollah e assentamentos nos quais ele era ativo, matando tanto milicianos quanto civis.

A certa altura, Mughniyeh aparentemente sentiu que Israel cruzara uma linha vermelha.[12] Ninguém em Israel conseguia indicar uma única e específica ação que o tivesse provocado, mas, dois anos após a explosão em Buenos Aires, Mughniyeh realizou outro ataque fora do Oriente Médio. Em 11 de março de 1994, um homem-bomba dirigiu um caminhão carregando toneladas de explosivos do subúrbio de Bangkok até a embaixada israelense. Se o ataque tivesse sido bem-sucedido, teria causado centenas de fatalidades. Felizmente, o homem hesitou sobre se tornar *shahid*, parou o caminhão no meio da rua, logo antes da embaixada, e fugiu.

Dessa vez, os israelenses decidiram que uma resposta era necessária.[13] A questão era que formato a retaliação deveria assumir. Durante as reuniões no gabinete do primeiro-ministro, oficiais da Aman disseram que não era suficiente atacar o Hezbollah; em vez disso, seus financiadores, os iranianos, deveriam ser o alvo. O general Ali Reza Asgari, comandante das brigadas Al-Quds da Guarda Revolucionária Islâmica, era um bom candidato para assassinato, argumentaram. Essa proposta também transferiria a responsabilidade da operação para o Mossad.

Mas o primeiro-ministro Rabin não estava interessado em envolver os iranianos e, de qualquer modo, ninguém na inteligência israelense sabia onde Asgari estava ou como chegar perto o bastante para assassiná-lo.[14]

Mas Rabin endossou outro alvo. Naquela primavera, dois agentes da Unidade 504 souberam de um campo do Hezbollah perto de Ein Dardara, próximo da fronteira sírio-libanesa, onde ocorria um curso de treinamento de oficiais. Fotografias aéreas de um drone Scout e monitoramento de comunicações radiofônicas realizado pela Unidade 8200 confirmaram a informação. Então, em 2 de junho, após semanas de cuidadoso planejamento, os helicópteros Defender da Força Aérea israelense atacaram. Os cadetes se espalharam em todas as direções, desesperados para se proteger das metralhadoras. Cinquenta foram mortos e outros cinquenta ficaram feridos.[15] Entre eles estavam os filhos de alguns oficiais superiores do Hezbollah e dois membros da Guarda Revolucionária Iraniana que eram parentes de oficiais em Teerã. "Foi mais ou menos como se alguém bombardeasse o Eton College na Inglaterra", disse um oficial israelense."[16]

As estações de rádio do Hezbollah chamaram o ataque de "bárbaro" e prometeram "uma resposta abrangente em todos os níveis". Quarenta e seis dias depois, Mughniyeh atacou novamente em Buenos Aires.[17] Em 18 de julho de 1994, um terrorista suicida detonou uma van cheia de explosivos em frente ao centro comunitário da Associação Mutual Israelita Argentina (AMIA). O prédio de sete andares desmoronou, matando 85 pessoas e ferindo centenas. Foram necessárias semanas para retirar todos os corpos dos destroços.

Esse segundo ataque finalmente acordou a inteligência israelense para a plena realidade da ameaça internacional representada pelo Hezbollah.[18] O que dois anos antes parecera um incidente localizado se mostrara obra de uma rede mundial, apoiada pelas comunidades xiitas e sob proteção das embaixadas iranianas.

Os israelenses compreenderam que essas notáveis capacidades — "melhores do que a maior parte do que já havíamos visto em qualquer organização palestina", nas palavras de um agente da Aman — brotavam principalmente da mente de Imad Mughniyeh.

A retaliação, para os israelenses, ocorreria em dois estágios. Primeiro, o Mossad assassinaria o outro irmão de Mughniyeh, Fouad. Então agentes esperariam por Mughniyeh no funeral de Fouad e o matariam lá ou, no mínimo, iniciariam uma operação de vigilância, o que levaria a um assassinato. Fouad devia morrer porque os israelenses não tinham a menor ideia de como encontrar Mughniyeh, que permanecia não mais que uma fotografia granulada em seus arquivos.

Mas a Cesareia não podia fazer o trabalho sozinha em Beirute. Assim, agentes locais tinham de ser empregados e, finalmente, eles decidiram por um jovem palestino chamado Ahmad al-Halak, feito prisioneiro por Israel durante a Guerra do Líbano em 1982 e recrutado pela divisão Interseção do Mossad. Halak era um desordeiro, sem nenhuma ideologia discernível além do dinheiro. Ele vendia mercadorias contrabandeadas e participava de esquemas de proteção, o que lhe dava acesso às áreas suspeitas de Beirute em que o Mossad estava interessado. Em 1994, era um dos principais agentes da Interseção na cidade. Agindo sob as ordens de seu controlador, com quem se reunia de tempos em tempos em Chipre, Halak encontrou um pretexto para uma visita ostensivamente acidental à loja de ferragens de Fouad Mughniyeh no bairro xiita de al-Safir, e, nos meses seguintes, tornou-se seu amigo.

Em 21 de dezembro de 1994, poucos minutos antes das 17 horas, Halak e a esposa Hanan estacionaram o carro em frente à loja de Fouad. Halak entrou para se assegurar de que Fouad estava lá, conversou brevemente com ele sobre uma dívida que se comprometera a cobrar para o dono da loja e foi embora. Sua mulher rapidamente saiu do carro e o casal se afastou caminhando. Quando estavam a cerca de 100 metros, Halak se virou, olhou para a loja e para o carro estacionado em frente e colocou a mão no bolso. Cinquenta quilos de explosivos no porta-malas do carro foram detonados, destruindo a loja, matando Fouad e três pedestres e ferindo gravemente outras quinze pessoas.[19]

A declaração divulgada pelo Hezbollah após a explosão dizia: "Não há dúvida quanto à identidade da mão criminosa que cometeu esse ato contra civis em uma área comercial do bairro de al-Safir, em Beirute. Hoje, após repetidas ameaças, o inimigo sionista e suas agências destrutivas cometeram um crime desprezível contra várias pessoas, enquanto faziam compras."

O funeral foi realizado no dia seguinte. O Mossad tinha quatro observadores em diferentes pontos da rota e no cemitério. Mas Mughniyeh percebeu o plano: ele permaneceu afastado do funeral, temendo que o Mossad estivesse esperando por ele.

Enquanto isso, o Hezbollah foi rápido em achar a trilha de Halak. Ele conseguiu escapar chegando à praia, onde um submarino aguardava para levá-lo a Israel. (Hanan, que planejara sair do país de avião, foi pega a caminho do aeroporto, brutalmente interrogada e sentenciada a quinze anos de trabalhos forçados.) O Mossad enviou Halak a um país do Sudeste Asiático com uma nova identidade, mas ele nunca se adaptou. "Não entendo aquelas pessoas, elas são pequenas e estranhas", queixou-se ele durante uma reunião com um agente da Interseção que se manteve em contato. Após seis meses, o Mossad se ofereceu para enviá-lo a uma cidade árabe na Galileia, mas ele insistiu em retornar ao Líbano. Em março de 1996, um agente duplo israelense trabalhando para o Hezbollah conseguiu convencê-lo a aceitar um convite para almoçar.[20] Halak foi drogado e levado de caminhão até Beirute, onde foi torturado por Mughniyeh e seus soldados. Então foi entregue às autoridades libanesas e indiciado, sentenciado à morte e executado por um pelotão de fuzilamento.

*

Mais de três anos haviam se passado desde o precipitado assassinato de Abbas Mussawi. Muitas dezenas de pessoas haviam morrido em um sangrento ciclo de vingança e, mesmo assim, o Hezbollah ficara ainda mais forte, com um novo líder, Nasrallah, que era várias vezes mais poderoso e efetivo que Mussawi jamais fora.

"Não previ de forma precisa a reação do Hezbollah", disse o major-general Uri Sagie. "Não avaliei de forma precisa Imad Mughniyeh." E o ministro da Defesa Arens admitiu: "Foi um processo decisório muito apressado."[21]

Quanto ao então chefe do Estado-Maior Ehud Barak, ele admitiu os fatos, mas não o erro, e declarou: "A questão é como as coisas parecem no momento da ação. Identificamos Mussawi como ameaça e pensamos que era certo atacá-lo. Era o modo correto de pensar naquele momento. Teria sido muito difícil prever, na época, que ele seria substituído por Nasrallah, que parecia menos importante e influente, e que ele se tornaria um líder de tão grande poder. Também teria sido difícil saber que Mughniyeh se tornaria seu número dois e se mostraria supertalentoso no planejamento de operações."[22]

Em 1995, ele ainda estava vivo e passara a ser apenas um dos antagonistas de Israel.

24

"SOMENTE UM BOTÃO, DESLIGADO E LIGADO"

Dois ônibus, um deles cheio de soldados israelenses, estavam estacionados em um quiosque de beira de estrada perto de Mehola, um assentamento no vale do Jordão, em 16 de abril de 1993. Após alguns momentos, um carro saiu da estrada e se aproximou dos ônibus.

E então explodiu.

Comparado aos danos que o terrorista pretendia infligir, o número de fatalidades foi relativamente baixo. Um palestino de um vilarejo próximo, que trabalhava em uma lanchonete, foi morto, e oito pessoas ficaram ligeiramente feridas. Os investigadores do Shin Bet encontraram no interior do carro os restos mortais carbonizados do motorista, juntamente com cilindros de gás de cozinha usados como material explosivo. Um ataque suicida.

Àquela altura, os ataques suicidas já eram bastante comuns, mas até então haviam ocorrido em outros lugares, nunca em Israel. O ataque de Mehola deu início a uma onda dessas explosões no interior do país. Um ano depois, homens-bomba estavam se explodindo em todo o território. Em onze meses, mataram mais de cem israelenses e feriram mais de mil.

Os oficiais de alto escalão do Shin Bet tentaram entender onde haviam errado e como a situação se tornara tão horrenda.[1] Começaram a ligar a maioria dos ataques a apenas três homens. Mas dois deles, Ahmed Yassin e Salah Shehade, estavam em prisões israelenses. E o terceiro, Yahya Ayyash, se encontrava na Polônia, ou era o que eles pensavam.

Os israelenses não tinham ideia nem de como os três conseguiam se comunicar uns com os outros, quanto mais como haviam montado dispositivos explosivos, recrutado e despachado tantos homens-bomba.

Yassin nascera no vilarejo palestino de Al-Jura e se tornara refugiado na guerra de 1948, terminando com a família na Faixa de Gaza governada pelo Egito. Como muitos jovens palestinos, unira-se à Irmandade Muçulmana, onde conhecera outro refugiado, dois anos mais velho, chamado Khalil al-Wazir, o carismático líder que se tornou conhecido como Abu Jihad. Al-Wazir temia que sua identificação com a Irmandade, então em conflito com o governo egípcio, pudesse ser um obstáculo e a abandonou para seguir o próprio caminho. Mas Yassin, quieto e introvertido, sentiu que encontrara sua verdadeira vocação e se transformou em um prodígio dos estudos islâmicos.

Após a derrota árabe na Guerra dos Seis Dias em 1967, enquanto al-Wazir iniciava uma grande campanha de guerra de guerrilhas contra Israel, acreditando que somente a força poderia finalmente destruí-lo, Yassin chegou a uma conclusão diferente. Ele achava que a derrota árabe fora resultado de suas próprias falhas morais e que os regimes seculares e decadentes haviam se afastado de Alá. A redenção, portanto, deveria ser encontrada na devoção ao Islã. "*Al-Islam hua al-Khal*", repetia ele, "O Islã é a solução", ecoando em árabe o mesmo slogan que Ruhollah Khomeini usara em farsi para inflamar seus seguidores.

No fim da década de 1960 e início da década de 1970, em um esforço para construir um movimento baseado em valores islâmicos com ele mesmo como líder, Yassin criou mesquitas e institutos educacionais islâmicos, além de uma rede de organizações de bem-estar e assistência social.[2] Um homem magro e frágil que falava com uma voz estridente e usava cadeira de rodas — resultado de um acidente na infância —, Yassin parecia um reformador social sensível praticando boas ações em Gaza. Certamente, supôs o Shin Bet, ele não representava uma ameaça a Israel.

Na verdade, muitos agentes do Shin Bet gostavam de Yassin. Em contraste com a OLP, ele não tentava esconder suas atividades e mantinha longas conversas com os oficiais israelenses sempre que solicitavam uma reunião.

"Ele era um excelente interlocutor, versado em história sionista e política israelense, de mente aguçada e personalidade muito agradável", lembrou um oficial superior do Shin Bet postado em Gaza na época, de codinome Aristo. "Era muito diferente dos terroristas da OLP que costumávamos interrogar."³

Com Arafat angariando apoio nos territórios e reconhecimento em todo o mundo, parecia melhor deixar Yassin em paz. "Em certo sentido, o Shin Bet criou os jihadistas", disse Amnon Lipkin-Shahak, chefe da Aman no fim da década de 1980.⁴

"A agência foi um dos fatores que sustentaram os elementos islâmicos", confirmou Ami Ayalaon, chefe do Shin Bet nos anos 1990. "Para criar um contrapeso ao movimento nacional palestino da OLP, nossa ideia era encorajar o Islã, que não possui elementos nacionalistas. Ao menos, era nisso que acreditávamos na época."⁵ A esperança era de que o clero muçulmano, cada vez mais popular graças a suas atividades sociais em pré-escolas, clínicas, centros de juventude e mesquitas, removesse o apoio do Fatah e enfraquecesse Arafat.

Na época, a Irmandade Muçulmana em Gaza era vista principalmente como movimento social, destituído de ambições políticas. Durante as décadas de 1960 e 1970, era em grande parte assim. Mas então o aiatolá Khomeini derrubou o xá no Irã. Um acadêmico religioso, pio e sagrado liderara uma revolução, criara um exército e instituíra um governo funcional. Ele demonstrou aos muçulmanos de toda parte, e não somente aos xiitas, que o Islã não era apenas uma religião, restrita a sermões nas mesquitas e caridade nas ruas, mas também um instrumento de poder político e militar, que o Islã podia ser uma ideologia governante, que o Islã era a solução para tudo.

Nos territórios palestinos, o tom dos pregadores começou a mudar. "A contrição que caracterizava o Islã começou a desaparecer", disse Yuval Diskin, que se tornou chefe do Shin Bet em 2005 e passou a maior parte da carreira como agente de inteligência agindo entre a população palestina. "A passividade e a espera pelo longo processo de preparar o coração das pessoas para a 'salvação' deram lugar ao ativismo e à defesa do conflito, da jihad. De humildes capachos, eles se transformaram em ativistas muito enérgicos. Aconteceu aqui em Gaza, em todo o Oriente e na África. Eles estavam em um nível pessoal mais elevado e eram mais ideologicamente dedicados que o pessoal da OLP, e sua capacidade de compartimentalização das informações era infinitamente melhor do que qualquer uma que já tínhamos visto. Nem nós nem o restante do mundo ocidental vimos esses processos em tempo real."⁶

Yassin foi um dos que logo se adaptaram, o que o Shin Bet descobriu muito por acaso em abril de 1984. Certo dia, um jovem ativista palestino foi detido em Gaza por suspeita de envolvimento em atos de terrorismo financiados pelo Fatah. Então foi levado a uma sala de interrogatório esparsamente mobiliada e questionado pelo interrogador do Shin Bet Micha Kubi (o mesmo que interrogara os dois terroristas que haviam sequestrado o ônibus em Ascalão, pouco antes de serem assassinados pelo Shin Bet, e se recusara a mentir sobre o incidente mais tarde).

O suspeito estava falando, fornecendo fragmentos de informação, mas Kubi sentiu que ele escondia alguma coisa, um segredo importante demais para contar. Kubi se inclinou para a frente, como se fosse sussurrar algo no ouvido do palestino. Então moveu o braço enorme, com a mão subindo rapidamente do quadril, e deu um tapa em seu rosto, derrubando-o da cadeira e jogando-o contra a parede. "Não quero ouvir esse lixo que você está dizendo", gritou em árabe. "Comece a falar sério ou não sairá vivo daqui!"⁷

Era todo o incentivo de que o homem precisava. O interrogatório rapidamente revelou que o xeque Yassin operava sob as ordens da ala extremista da Irmandade Muçulmana na Jordânia, cujo líder era o palestino Abdallah Azam.⁸ Na época, Azam também estava ativo em Peshawar, uma grande cidade no noroeste do Paquistão, onde conhecera um membro de uma abastada família de empreiteiros sauditas e o persuadira a adotar sua ideologia jihadista militante. O rico saudita começara a usar o dinheiro da família para financiar a organização e apoiar as redes de islâmicos fanáticos, alguns deles formados nos campos de treinamento que a CIA organizara no Afeganistão como uma força por procuração contra os ocupantes soviéticos. O nome do homem era Osama bin Laden.

Os homens de Azam enviavam dinheiro que obtinham de indivíduos ricos na Jordânia e na Arábia Saudita para Yassin, que o usava para organizar células armadas, preparando-se para iniciar a jihad contra Israel. Graças às informações fornecidas pelo palestino interrogado, as autoridades israelenses prenderam Yassin e começaram a arrebanhar seus associados mais próximos. O mais importante era Salah Shehade, assistente social por profissão, culto e astuto. Graças a Yassin, ele se tornara um muçulmano devoto e por fim principal assessor do chefe, encarregado das atividades clandestinas da organização.

O pessoal do Shin Bet, furioso por ter sido enganado pelo xeque e seus homens, submeteu os prisioneiros a um tratamento muito duro. O primeiro a ceder foi Shehade, depois de severamente espancado, privado de sono e esfaimado. Shehade sofria de claustrofobia, e o Shin Bet tirou vantagem disso, prendendo-o — vendado e com pés e mãos amarrados — em um porão e tocando fitas com sons feitos por ratos e baratas. Ele implorou para ser solto e, quando foi, Kubi esperava por ele.

Kubi disse a Shehade que ele podia comer em troca de informações. Shehade, exausto e faminto, concordou, com a condição de que Kubi não revelasse que ele fora o primeiro a falar.

O próximo a ceder foi o próprio Yassin, embora nenhum meio físico tenha sido empregado contra ele. O interrogador Aristo, do Shin Bet, cuidou do interrogatório. Aristo disse:

> Sabíamos, em função das semanas de vigilância de sua casa, que uma admiradora do xeque Yassin, uma respeitável mulher casada, o visitava de vez em quando e que, por admiração e desejo de tornar sua difícil vida mais prazerosa, ia para a cama com ele. Durante uma sessão de interrogatório, eu me inclinei sobre ele e sussurrei: "Sei tudo sobre você. Sei sobre o que conversa com as pessoas mais próximas. Sei quem vai visitá-lo e quando. Sei quando tem uma ereção e quando não tem."
>
> Não mencionei a mulher, mas ele sabia exatamente do que eu estava falando e imediatamente repensou a situação. Viu que não tinha escolha; que, se não falasse e desse os detalhes corretos, espalharíamos a história sobre a mulher e o colocaríamos em uma situação muito constrangedora.[9]

O medo da humilhação pública se provou uma tática muito confiável. Outro prisioneiro importante foi obrigado a se despir e permaneceu nu, de frente para os interrogadores, durante horas. Eles viram que ele tinha um pênis anormalmente pequeno e, por medo de que espalhassem o fato, também começou a falar.

A partir dos interrogatórios, tornou-se claro que Yassin se preparava para uma violenta jihad havia muito tempo. Desde 1981, ele mandava que seus homens invadissem bases das FDI e roubassem armas e munição, e eles haviam acumulado muitos armamentos. No total, 44 armas de fogo foram localizadas, o primeiro arsenal da organização.

A investigação revelou que Yassin secretamente organizara uma pequena unidade militar sob o comando de Salah Shehade.[10] Essa unidade consistia em duas partes separadas: uma que operaria contra palestinos desobedientes e outra que iniciaria a jihad contra Israel. Yassin e seus homens selecionaram o pessoal para as duas unidades observando um programa de treinamento conduzido pelos comitês de esportes e cultura de sua organização assistencial, que lhes mostrou quem estava fisicamente apto e quem tinha habilidades organizacionais e comprometimento ideológico com o movimento.

Em um resumo que escreveu após interrogar todos os detentos, Kubi observou que os homens de Shehade eram "muito espertos, um pouco mais escolarizados do que a média, fanaticamente religiosos, restritos a seus próprios espaços, quase impossíveis de infiltrar" pela inteligência.[11] Seu relatório foi discutido pelo alto escalão do Shin Bet. "Mas", comentou Aristo, "Avrum [Avraham Shalom, diretor da agência] disse que não havia necessidade de lidar com tudo aquilo e não haveria consequências danosas. *Tzileigerim* [gíria iídiche para "perdedores" ou "deficientes"], foi assim que ele chamou Yassin e sua gangue. Fiquei com a impressão de que era muito importante para Avrum agradar o escalão político acima dele, ou seja, o governo do Likud e Shamir, que detestava a OLP, e dizer a eles, com aquele sorriso que tinha, que estava trabalhando clandestinamente em uma sofisticada conspiração que prejudicaria Arafat. Da perspectiva histórica, pode ser que estivesse certo, que houvesse de fato uma sofisticada conspiração, tão sofisticada que ele mesmo e todo o Shin Bet a ignoravam completamente."[12]

Yassin foi sentenciado a treze anos de prisão pelo envolvimento em uma série de roubos de armas, mas libertado um ano depois como parte de uma troca de prisioneiros com a FPLP de Ahmed Jibril.[13] Ele imediatamente retornou ao ponto em que parara: a construção da infraestrutura de sua organização. Yassin tinha uma memória fenomenal e sabia de cor os 1.500 codinomes

Cartaz de "Procura-se" para Menachem Begin, comandante da Irgun, publicado pelo Departamento de Investigação Criminal britânico.

Ariel Sharon (centro), comandante da Brigada de Paraquedistas, em agosto de 1955.
AVRAHAM VERED, ARQUIVOS DO MINISTÉRIO DA DEFESA DE ISRAEL

Alexander Yisraeli.

Moshe Tsipper (direita), filho de Alexander Yisraeli, ouve pela primeira vez, de Raphi Medan (esquerda), o que realmente aconteceu com seu pai. RONEN BERGMAN

A equipe do Mossad: Rafi Eitan (segundo a partir da direita) e Zvi Aharoni (segundo a partir da esquerda) em São Paulo, pouco antes de verem Josef Mengele, o "Anjo da Morte" de Auschwitz. Coleção Zvi Aharoni

O presidente egípcio Gamal Abdel Nasser (direita), durante um teste de mísseis, com cientistas alemães e egípcios.

O guerreiro Oded, do Mossad, que capturou o dr. Heinz Krug e o levou para ser interrogado em Israel.

Foto de vigilância do dr. Heinz Krug, tirada pelo Mossad.

O presidente Nasser (direita) e o rei Hussein, da Jordânia, durante a reunião de cúpula de 1965, em Casablanca, onde suas conversas foram gravadas pelo Mossad.

O primeiro-ministro Levi Eshkol (quarto a partir da esquerda, de chapéu preto e gravata), o chefe do Mossad Meir Amit (no centro, sorrindo), o chefe do Estado-Maior Yitzhak Rabin (de uniforme) e o ex-diretor do Mossad Isser Harel (terceiro a partir da direita), em 1965. Moshe Milner, assessoria de imprensa do governo de Israel

Eli Cohen, enforcado em Damasco.

Os "Camaleões" de Meir Dagan a caminho de uma operação em Gaza, vestidos como guerrilheiros retornando de barco do Líbano. Da esquerda para a direita, Dagan (comandante da operação), Meir Botnick e Avigdor Eldan, um oficial beduíno das FDI. Os outros homens são agentes palestinos.

David Ben-Gurion (sentado, de óculos e com o mapa), com Yitzhak Pundak (esquerda) e o general Rehavam Zeevi (em pé, de óculos de sol).

Leila Khaled, terrorista e sequestradora de aviões palestina, retratada em 2001 em um grafite no muro que separa Israel da Autoridade Palestina.

Mike Harari, o homem que dirigiu a Cesareia por quinze anos e teve imensa influência sobre as operações de assassinato seletivo e sabotagem do Mossad, durante os preparativos para a Operação Primavera da Juventude.

Mike Harari na Itália em 1977, comandando uma operação secreta do Mossad.

Nehemia Meiri, comandante da Baioneta, vestido de mendigo.

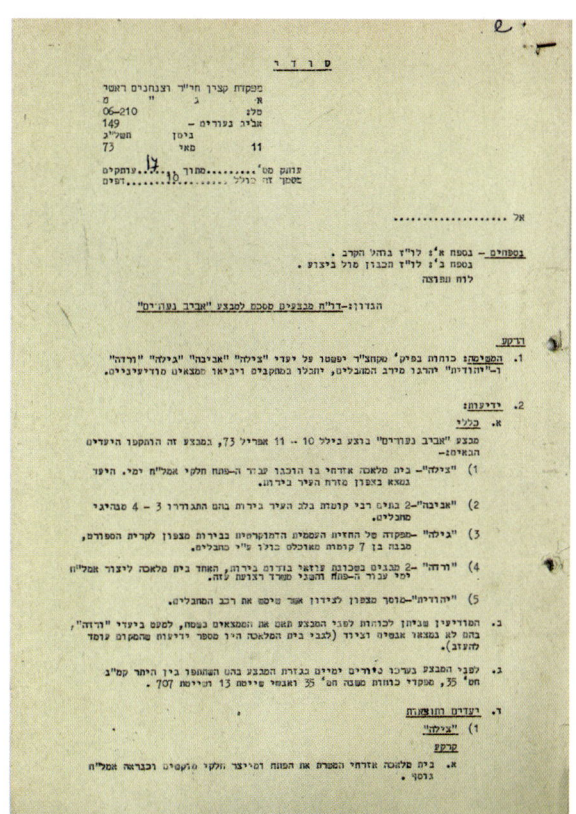

Ordem para a Operação Primavera da Juventude, 1973.

Fotografias de vigilância do prédio onde vivia Kamal Adwan, um dos principais líderes da OLP, tiradas pelo guerreiro Yael, do Mossad.

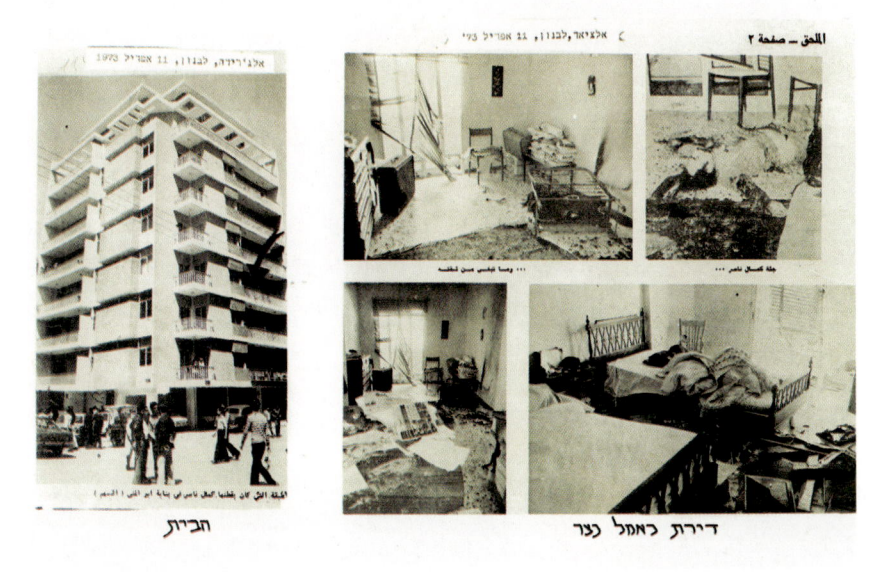

Apartamento e corpo de Adwan após a operação de assassinato seletivo.

Funeral de Adwan.

Foto da patrulha aérea sobre o terminal de Entebbe, tirada pelo agente David, do Mossad.

Ali Hassan Salameh. O Mossad estava convencido de que ele estivera por trás do assassinato dos atletas em Munique.

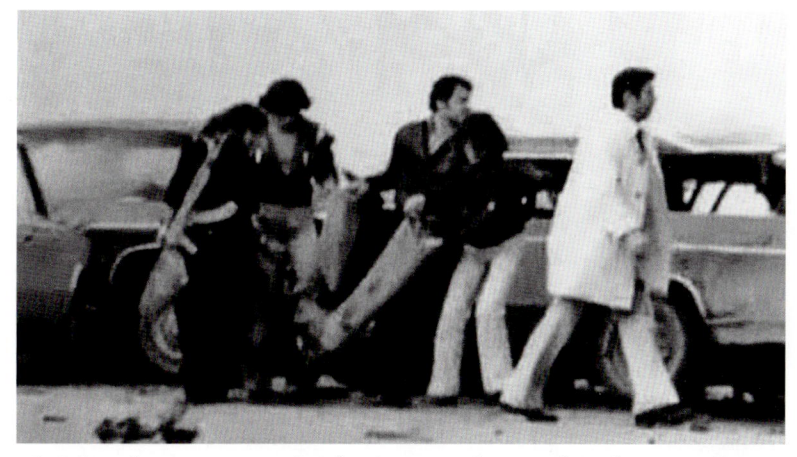

Ali Salameh, gravemente ferido, é carregado para fora do carro alguns segundos após uma explosão. Ele morreu logo depois, no hospital.

Durante uma entrevista com o autor em 2005, Robert Hatem (direita), um dos assassinos falangistas, confessa ter matado centenas de pessoas.

O primeiro-ministro Menachem Begin (terceiro a partir da esquerda), o ministro da Defesa Ariel Sharon (segundo a partir da esquerda) e o secretário militar do primeiro-ministro, general de brigada Azriel Nevo (primeiro à esquerda), examinam um posto da OLP no sul do Líbano após sua captura por Israel, em junho de 1982. Arquivos do Ministério da Defesa de Israel

Yasser Arafat (direita) e o jornalista Uri Avnery em uma entrevista durante o cerco de Beirute. Anat Saragusti

Yasser Arafat partindo de Beirute. Esta fotografia foi tirada por um atirador de elite da unidade de comandos da Sayeret Matkal e entregue por Menachem Begin ao mediador americano Philip Habib a fim de provar que Israel poderia ter matado Arafat, se quisesse. PUBLICADA PELA PRIMEIRA VEZ EM SCHIFF E YAARI, *ISRAEL'S LEBANON WAR*

A fotografia tirada após o sequestro do Ônibus 300, que expôs as liquidações ilegais do Shin Bet. ALEX LEVAC

Amin al-Hajj, conhecido como "Rummenigge", um comerciante com conexões em todo o Oriente Médio que pertencia a uma proeminente família xiita do Líbano e se tornou um dos mais importantes agentes do Mossad naquele país. ELAD GERSHGORN

O programa de treinamento de dezoito meses da unidade de comandos navais Flotilha 13 é considerado o mais árduo das FDI. Desde o fim da década de 1970, a unidade participou de muitas operações de assassinato seletivo. ZIV KOREN

Na sala de comando para o assassinato seletivo de Abu Jihad: Ehud Barak (sentado, à esquerda) e Yiftach Reicher (sentado, com o telefone).

Acompanhado do ex-premiê de Quebec Jean Lesage, o dr. Gerald Bull (esquerda) inspeciona um dos gigantescos canhões que desenvolveu.

Diretor de projeto Amiram Levin (esquerda) e Doron Avital, comandante da unidade de comandos Sayeret Matkal, em um dos ensaios para o assassinato de Saddam Hussein.

Ali Akbar Mohtashamipur, o homem que fundou o Hezbollah, aponta com os dois únicos dedos restantes na mão, resultado de uma tentativa de assassinato seletivo pelo Mossad.

O chefe da Aman, Uri Sagie (esquerda), e o primeiro-ministro Yitzhak Shamir.
NATI HERNIKI, ASSESSORIA DE IMPRENSA DO GOVERNO DE ISRAEL

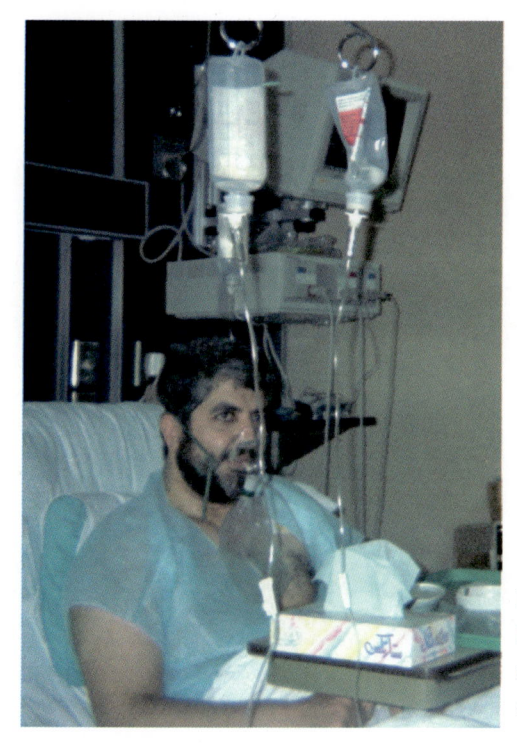

Khaled Mashal, no Hospital Real em Amã, recuperando-se de um envenenamento.

Treinamento da "Cereja" para prender ou matar homens procurados.
CORTESIA DE URI BAR-LEV

Uma mulher é carregada para receber tratamento médico depois que um homem-bomba se explodiu em um restaurante de Tel Aviv. Esta é uma das fotografias que Sharon forçava os diplomatas estrangeiros a olhar quando apresentava seus argumentos para o uso de assassinatos seletivos como ferramenta de segurança nacional. Ziv Koren

O drone israelense Heron TP pode ficar no ar por até 36 horas, voar a uma velocidade máxima de 370 km/h e carregar mais de uma tonelada de câmeras e bombas. IAI

O método Divorciada foi desenvolvido para atrair palestinos armados a uma área aberta e então atirar neles a partir de uma posição de tocaia.
RONEN BERGMAN

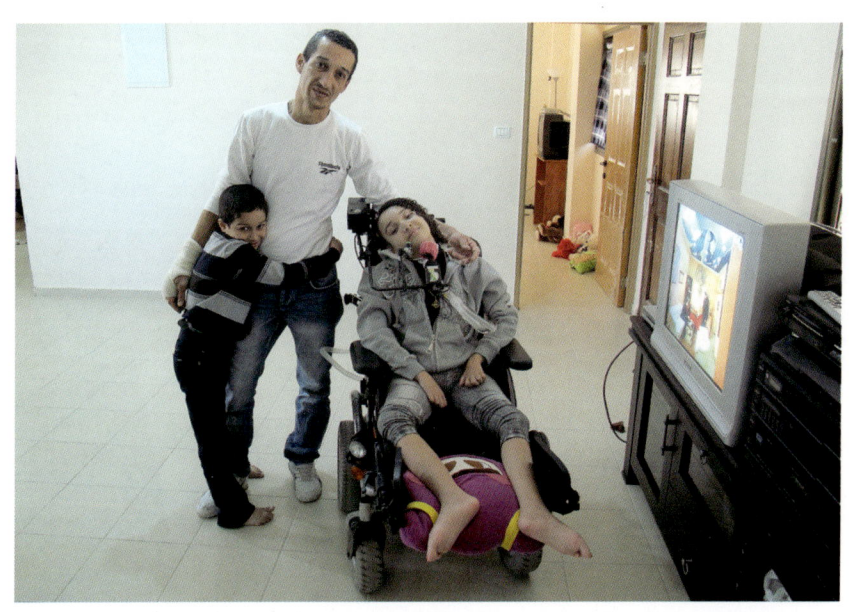

Em maio de 2008, Maria Aman estava de carro com a família em Gaza quando a explosão de um míssil lançado contra um agente da Jihad Islâmica em um veículo próximo também os atingiu. Sua mãe, seu irmão de 6 anos e sua avó foram mortos. Ela ficou muito ferida e permanece paralisada do pescoço para baixo. Seu pai, Hamdi, desde então dedica a vida a cuidar dela.
RONEN BERGMAN

O líder do Hamas, xeque Ahmed Yassin, durante uma entrevista coletiva, assumindo a responsabilidade pelo ataque suicida de Reem Riyashi.

Sharon (direita) nomeando Meir Dagan para o cargo de chefe do Mossad.
SAAR YAAKOV, ASSESSORIA DE IMPRENSA DO GOVERNO DE ISRAEL

Uma das fotografias de Imad Mughniyeh que o Mossad usou para localizá-lo e matá-lo em 2008.

Fotografias de vigilância do Mossad do número 2 e cunhado de Mughniyeh, Mustafa Badreddine, a quem Mughniyeh pediu que cuidasse dos negócios durante sua ausência em Beirute.

O secretário-geral do Hezbollah, general Hassan Nasrallah, durante o funeral de Mughniyeh. ULRIKE PUTZ

Cartaz memorial em Jabalia para Mahmoud al-Mabhouh, junto a uma de suas irmãs.

Al-Mabhouh saindo do elevador, seguido por dois "tenistas".

Mostafa Ahmadi-Roshan, engenheiro químico da usina de enriquecimento de urânio em Natanz.

Em 12 de janeiro de 2012, o Mossad matou Ahmadi-Roshan em seu carro.

"Israel deve ser varrido do mapa": propaganda em uma rua de Teerã, com alvos na cabeça do chefe da Aman, Amos Yadlin, do diretor do Mossad, Dagan, e do ministro da Defesa, Barak.

Os chefes do Mossad, Yossi Cohen (de 2016 até o presente), à esquerda, e Tamir Pardo (2011-2016). Ambos continuaram a usar assassinatos seletivos como uma das principais ferramentas de segurança nacional. Assessoria de imprensa do governo de Israel que criara para seus vários agentes, operações e caixas postais. Podia recitar o currículo de cada membro e exibia surpreendente conhecimento das inovações tecnológicas e das questões correntes do Oriente Médio.

Nos anos que se seguiram, também desenvolveu e disseminou sua doutrina defendendo o uso de ataques suicidas. Salientou, para benefício de seus discípulos, as diferenças entre suicídio, que é absolutamente proibido, e autossacrifício no campo de batalha, que é um mandamento religioso e assegura que o mártir e até mesmo os membros de sua família recebam um lugar no paraíso. Sempre que o suicida recebesse a bênção de um xeque islâmico qualificado, decidiu Yassin, a pessoa prestes a morrer não estaria agindo por motivos pessoais, sendo considerada um *shahid*, um mártir, que caíra durante a jihad em nome de Alá.[14]

Enquanto isso, o Shin Bet estava em um difícil período de transição. A agência tentava lidar com uma série de choques causados pelo caso do ônibus em Ascalão e suas consequências. Em um curto período, a maior parte da liderança da organização foi substituída por homens mais jovens, e levou algum tempo até que chegassem à maturidade profissional. Vários oficiais e investigadores disseram que, nessa época, avisaram aos superiores sobre o perigo do Islã extremista, mas a agência era incapaz de enfrentá-lo. Quando ocorreu a Primeira Intifada, no fim de 1987, Yassin já era a mais importante figura político-religiosa em Gaza e na Cisjordânia, estando à frente de um movimento que tinha centenas de membros e dezenas de milhares de apoiadores. Em dezembro daquele ano, Yassin declarou que a jihad começara. Ele chamou sua organização de Movimento de Resistência Islâmica, cujo acrônimo em árabe era "Hamas", que também significa "entusiasmo".[15]

Durante os meses seguintes, relatos desconexos sobre o movimento começaram a chegar ao Shin Bet e, em agosto de 1988, uma operação em larga escala foi planejada contra ele. O Shin Bet deteve 180 pessoas e as submeteu a intenso interrogatório, mas elas estavam preparadas e não revelaram a informação mais importante: que Salah Shehade, o mais importante membro detido durante a operação, criara e comandava uma ala militar secreta.[16] Inicialmente, ele e Yassin, homens irônicos e inteligentes, a chamaram de Unidade 101, como a legendária unidade de comando de Ariel Sharon. Mais tarde, o nome foi mudado para Unidade Especial, Brigadas Izz al-Din al-Qassam, em homenagem a um líder palestino que atacara alvos britânicos e judaicos nos anos 1930.[17]

Shehade continuou a comandar a ala militar da prisão, enviando mensagens codificadas.[18] Em 1989, ele e Yassin enviaram dois membros da unidade, Mahmoud al-Mabhouh e Muhammad Nasr, para sequestrar e assassinar dois soldados israelenses. Eles esperaram em um carro com placas israelenses em um cruzamento no qual sabiam que os soldados pegavam carona, uma prática amplamente disseminada em Israel, onde muitos motoristas ficam felizes em ajudar os soldados em breves licenças a chegarem em casa ou voltarem para as bases.

Duas décadas depois, al-Mabhouh contou à rede de TV Al Jazeera como eles agarraram um dos soldados, Ilan Saadon.

> Nós nos disfarçamos de religiosos judeus, com solidéus na cabeça, como rabinos. Outro carro chegou ao cruzamento e os passageiros desceram. Nosso carro tinha caixas [para ocupar espaço, de modo que somente uma pessoa poderia pegar carona]. Eu era o motorista. As caixas estavam atrás de mim e a porta do meu lado estava quebrada. Eu disse a ele [Saadon] para dar a volta até o outro lado.
>
> Ele fez isso e se sentou no banco de trás. Eu e Abu Sahib [seu parceiro Nasr] tínhamos combinado que, no momento certo, eu faria um sinal com a mão, porque conseguia ver o que estava acontecendo na estrada à frente e atrás de nós. E, a cerca de 3 quilômetros do cruzamento, fiz o sinal e Abu Sahib disparou a Beretta. Eu podia ouvi-lo [Saadon] respirando pesadamente [...]. Ele levou dois tiros no rosto e um no peito, arquejou e pronto, estava acabado. Mais tarde, nós o deitamos no banco e o levamos para o local combinado.[19]

Mabhouh acrescentou que quisera atirar em Saadon, mas, para seu grande pesar, seu parceiro tivera o privilégio. Em ambos os sequestros, al-Mabhouh e Nasr tiraram fotografias de si mesmos pisando nos corpos dos soldados para celebrar a vitória.

Al-Mabhouh e Nasr fugiram para o Egito antes que o Shin Bet pudesse prendê-los.[20] Al-Mabhouh se tornou uma figura operacional decisiva do Hamas no exterior. Os outros membros das Brigadas Izz al-Din al-Qassam que haviam fornecido apoio logístico aos dois assassinos foram presos e torturados, incluindo falsas execuções e injeções de tiopental. Todos confessaram e um deles foi vestido em um uniforme das FDI, levado de carro até a Faixa de Gaza e obrigado a indicar onde haviam escondido o rifle e as plaquetas de identificação de Saadon, juntamente com as armas que haviam usado.

Yassin foi sentenciado à prisão perpétua por sua participação nos assassinatos.

Na manhã de 13 de dezembro de 1992, dois homens mascarados entraram no escritório da Cruz Vermelha em Al-Bireh, uma cidade da Cisjordânia, e entregaram uma carta à recepcionista. Eles a advertiram para não a abrir até meia hora depois de terem partido e foram embora correndo.

A carta dizia: "Hoje, 13/12/1992, quinto aniversário de fundação do Hamas, um oficial do exército de ocupação foi sequestrado. Ele está sendo mantido em um local seguro [...]. Notificamos as autoridades de ocupação que exigimos que elas e sua liderança israelense libertem o xeque Ahmed Yassin em troca da libertação desse oficial."

A carta estava assinada "Unidade Especial, Brigadas Izz al-Din al-Qassam, Braço Militar, Hamas". Anexada à carta havia a fotografia da carteira de identidade do primeiro-sargento Nissim Toledano, da polícia de fronteira.[21]

O primeiro-ministro e ministro da Defesa Yitzhak Rabin decidiu não atender às exigências dos sequestradores e iniciou uma vasta campanha de batidas policiais e prisões. Enquanto isso, o Shin Bet tentava ganhar tempo. Um oficial de alto escalão, Barak Ben-Zur, foi enviado para ver Yassin na prisão, a fim de pedir que concordasse em ser entrevistado pela mídia e instruísse seus seguidores a não ferirem o oficial sequestrado.

O xeque recebeu Ben-Zur em sua cadeira de rodas, enrolado em um cobertor, com "um sorriso quase cordial". Ele deu várias entrevistas e, em todas elas, repetiu a declaração solicitada.

Somente mais tarde o Shin Bet percebeu por que Yassin fora tão solícito. Ele previra a situação e instruíra seus homens antecipadamente a não prestarem atenção ao que quer que ouvissem durante as entrevistas e não obedecerem, porque a mensagem provavelmente teria sido extraída dele contra sua vontade.

A prisão não diminuíra a influência de Yassin nem alquebrara seu espírito. "Jamais haverá paz", disse ele a Ben-Zur depois que as entrevistas terminaram e as câmeras foram desligadas. "Pegaremos o que vocês nos derem, mas jamais abriremos mão do conflito armado. Enquanto eu, xeque Yassin, estiver vivo, farei com que não haja conversação de paz com Israel. Não tenho um problema de tempo: dez anos, cem anos... No fim, vocês serão varridos da face da Terra."[22]

Os homens do Hamas, como ordenado, ignoraram as instruções públicas de Yassin para não ferir Toledano. Naquela noite, os quatro sequestradores, vestidos com fantasias de ninjas e armados com facas, foram até a caverna onde Toledano era mantido. "Pedimos que Israel libertasse o xeque Ahmed Yassin em troca da sua liberdade", disseram eles. "Mas seu governo se recusou e isso prova que as vidas dos soldados não interessam a eles. Sentimos muito, mas temos que matar você."[23]

Toledano começou a chorar e implorou para ser libertado. "Qual é seu último desejo?", perguntou um dos homens do Hamas. "Se vocês decidiram me matar, então me matem de uniforme."

Os homens do Hamas o estrangularam e, quando descobriram que ainda estava vivo, o esfaquearam.

Para Rabin, o assassinato de Toledano foi a gota d'água. Na semana anterior, cinco outros israelenses haviam sido mortos em ataques terroristas, a maioria orquestrada pelo Hamas. O governo Rabin, que agora compreendia o perigo apresentado pelo Hamas, decidiu que estava na hora de desferir um golpe decisivo contra o movimento. Alguns membros do Shin Bet propuseram envenenar Yassin na prisão, o que seria relativamente fácil. Rabin rejeitou a ideia, por medo dos tumultos que inevitavelmente se seguiriam quando fosse a público que Yassin morrera sob custódia israelense.

O chefe do Estado-Maior das FDI, Ehud Barak, sugeriu uma alternativa diferente: a expulsão em massa dos ativistas do Hamas do Líbano. "Tentamos muitos métodos contra o Hamas", disse o major-general Danny Yatom, chefe do Comando Central das FDI. "E nos pareceu, por alguma razão, que a expulsão do Líbano prejudicaria severamente a motivação dos terroristas que expulsássemos e daqueles que pensassem em fazer o mesmo no futuro."[24]

Era uma decisão problemática, em termos éticos, legais e pragmáticos. As FDI e o Shin Bet esperavam realizar a expulsão secretamente, antes que o mundo soubesse a respeito, o que as colocou sob enorme pressão temporal. Começando em 16 de dezembro, arrebanharam quatrocentas pessoas suspeitas de possuírem ligação com o Hamas — nenhuma diretamente conectada aos últimos atos de terrorismo —, que foram vendadas, algemadas, colocadas em ônibus e levadas para a fronteira libanesa.

Mas notícias sobre a operação vazaram e, em Israel, algumas ONGs, assim como as famílias de alguns deportados, apresentaram uma petição à Suprema Corte para suspendê-la, o que atrasou o comboio de ônibus durante horas.[25] O gabinete do procurador-geral se recusou a representar o governo, achando que a expulsão era um crime de guerra, e o próprio chefe do Estado-Maior Barak teve de ir ao tribunal persuadir os juízes.

Ele conseguiu, mas, nesse meio-tempo, começou o escândalo internacional. Cerca de um quarto dos deportados fora colocado nos ônibus por engano, pois não eram as pessoas que o Shin Bet pretendia deportar. Enquanto isso, o Líbano bloqueara suas fronteiras e os ônibus estavam presos na terra de ninguém entre a zona de segurança controlada pelos israelenses, no sul, e o território controlado pelas Forças Armadas libanesas e pelo Hezbollah, no norte.

A escolta da polícia militar das FDI deu a cada deportado 50 dólares em dinheiro, um casaco e dois cobertores e os forçou para fora dos ônibus, removendo suas vendas e algemas de plástico. Os deportados eventualmente ergueram um acampamento de tendas em Marj al-Zuhour, perto da cidade drusa de Hasbaya. Inicialmente, o governo do Líbano bloqueou as tentativas da Cruz Vermelha de oferecer assistência, em função do desejo de intensificar o sofrimento dos deportados e constranger ainda mais o governo israelense.

Como se viu, a expulsão realmente foi um golpe severo para o Hamas.[26] Àquela altura, seus dois principais líderes, Yassin e Shehade, estavam em uma prisão israelense, e seus outros líderes, em um remoto acampamento de tendas em uma encosta gelada e varrida pelo vento no Líbano, sem eletricidade, sem meios de comunicação, encharcados e miseráveis.

Mas a situação mudou dramaticamente uma semana após a expulsão, quando um grupo de libaneses foi visitar o acampamento. O líder se apresentou como Wafik Safa, do Hezbollah, saudou-os em nome do secretário-geral Hassan Nasrallah e perguntou se precisavam de ajuda.

Essa visita ocorreu após uma série de reuniões entre Nasrallah, o Corpo da Guarda Revolucionária Islâmica, Mughniyeh e Safa, que se tornara uma espécie de ministro do Exterior da organização. Mughniyeh vira a expulsão e o sofrimento do grupo Hamas como bênção divina. Em seu modo de ver, o Hezbollah podia e devia usar a oportunidade para expandir sua influência para além das fronteiras do Líbano, com parceiros que não eram necessariamente iranianos ou xiitas.[27] No fim, ele conseguiu persuadir os outros.

Militantes xiitas, como regra geral, não fazem alianças com muçulmanos palestinos sunitas.[28] Esse foi um gesto surpreendente na direção do Hamas muçulmano sunita, e o Hamas também ficou inicialmente hesitante. A ligação tampouco lhes parecia natural, mas sua situação foi um fator decisivo, e partilhavam o ódio por um inimigo comum. Eles responderam afirmativamente e, pouco tempo depois, comboios de burros e mulas começaram a levar mais tendas impermeáveis, roupas quentes, lareiras e combustível, assim como grandes quantidades de comida e material de limpeza para enfrentarem o difícil inverno.

Em seguida chegou a mídia libanesa — parte dela sob controle ou influência do Hezbollah, outras equipes simplesmente cobrindo uma boa história — para mostrar ao mundo o sofrimento dos deportados. Então chegaram os instrutores militares e de terrorismo. Até aquele momento, o Hamas quase não tinha nenhum treinamento em operações de combate ou inteligência. Nesse sentido, a expulsão também se revelou uma dádiva divina para eles.

Os homens de Mughniyeh, comandados por seu genro, Mustafa Badreddine, juntamente com instrutores da força Al-Quds da Guarda Revolucionária, estabeleceram uma área guardada perto do acampamento de tendas, mas longe o bastante para evitar os olhos bisbilhoteiros dos jornalistas, que agora cobriam constantemente o campo. No interior dessa área, eram oferecidos cursos de comunicações, criptografia, segurança de campo, armas leves, lançadores de foguetes, espionagem e contraespionagem, combate urbano, combate desarmado e outros.

Os instrutores de Mughniyeh ficaram particularmente impressionados com um engenheiro elétrico de 28 anos do norte da Cisjordânia, um aluno da Universidade Bir Zeit chamado Yahya Ayyash, que, muito apropriadamente, viria a ser conhecido como "o Engenheiro". Os especialistas iranianos e do Hezbollah ensinaram a ele como produzir explosivos a partir de itens domésticos fáceis de comprar, criar dispositivos explosivos pequenos, porém letais, usando pregos e roscas como estilhaços e a montar carros-bomba. O próprio Mughniyeh foi ao campo para falar com Ayyash e alguns de seus camaradas sobre maneiras pelas quais potenciais candidatos a homens--bomba poderiam ser localizados e recrutados: como abordá-los e como lidar com o sensível e difícil processo de persuadi-los a realizar o ato.

Enquanto seus homens eram treinados em uma montanha desolada, a organização de Yassin era reconstruída na Cisjordânia e em Gaza. Durante os anos, o Hamas estabelecera uma vasta rede de ativistas e angariadores de fundos no golfo Pérsico, na Jordânia e nos Estados Unidos, sob supervisão geral de Mousa Abu Marzook, um cidadão americano. Xeques ricos da Arábia Saudita, juntamente com suas contrapartes dos emirados do golfo e muçulmanos abastados do Ocidente, haviam contribuído com fundos para a organização. Após a expulsão em massa, Marzook despachara um de seus assessores, Muhammad Salah, dos Estados Unidos para os territórios ocupados, com centenas de milhares de dólares em dinheiro.[29]

A pressão internacional contra Israel crescia diariamente. Havia cobertura contínua da mídia no campo, forte condenação do Conselho de Segurança da ONU e ameaça de sanções e confrontos cada vez mais cáusticos com a administração do recém-empossado presidente Bill Clinton e seu secretário de Estado Warren Christopher. Em fevereiro de 1992, Rabin percebeu que a coisa toda fora um grande erro e concordou com a proposta de Christopher de repatriar alguns dos deportados imediatamente, e o restante, até o fim do ano, em troca do veto americano em favor de Israel no Conselho de Segurança.

Os deportados retornaram à Faixa de Gaza e à Cisjordânia como vitoriosos. Ayyash foi nomeado comandante das Brigadas Izz al-Din al-Qassam na Cisjordânia e, pouco tempo depois, em abril de 1993, organizou o ataque suicida a Mehola, no qual o homem-bomba e um civil foram mortos. Para o próximo ataque, todavia, Ayyash esperou um momento de definição, algo que justificasse e legitimasse para sempre os ataques aos olhos dos palestinos.

Esse momento chegou em 25 de fevereiro de 1994, quando o dr. Baruch Goldstein, seguidor do rabino Meir Kahane e da Liga Judaica de Defesa, que havia nascido no Brooklyn e imigrara para Kiryat Arb, um assentamento perto de Hebrom, abriu fogo contra muçulmanos que faziam adoração na mesquita Ibrahimi, localizada no Túmulo dos Patriarcas, o lugar reverenciado por ambas as fés como local de sepultamento de Abraão.

Durante um minuto e meio de tiroteio, usando seu rifle Galil e uniforme das FDI, Goldstein conseguiu usar quatro pentes de munição. Então um dos muçulmanos o derrubou com um extintor de incêndio. Os fiéis pularam sobre ele e o espancaram até a morte. Antes que fosse incapacitado, ele conseguiu assassinar 29 fiéis e ferir mais de cem.

Em todo o mundo muçulmano, muitos viram o ato não apenas como crime desprezível contra pessoas inocentes, mas também como declaração de guerra dos judeus contra o próprio Islã.

Era o momento pelo qual Yahya Ayyash estava esperando. Ele aguardou o ritual de quarenta dias de luto antes de atacar e então, em 6 de abril, um homem-bomba recrutado por ele se explodiu perto de dois ônibus na cidade israelense de Afula, ao norte da Cisjordânia, matando oito civis. Uma semana depois, outro homem-bomba matou cinco israelenses em uma estação de ônibus em Hadera. Em 19 de outubro, Ayyash atacou no coração de Tel Aviv, onde um palestino detonou seu cinto explosivo em um Ônibus 5 na rua Dizengoff, matando 22 pessoas. E as explosões não pararam aí.

"Até então, os terroristas palestinos que conhecíamos tinham amor pela vida", disse Avi Dichter, do Shin Bet. "Mesmo Leila Khaled, em seu último sequestro com duas granadas na mão, quando confrontada por um segurança israelense com uma pistola, não teve colhão para explodir a si mesma. A mudança em 1993 foi dramática e nos surpreendeu.

"O poder dos terroristas crescera exponencialmente. Um homem-bomba não precisa de habilidades operacionais; é somente um botão, desligado e ligado. Quando há quatrocentas pessoas na lista de espera para serem terroristas suicidas, todo mundo pode ver a gravidade do problema."[30]

Os adversários do Hamas notaram os sucessos de Ayyash e o apoio que suas atividades recebiam nas ruas palestinas. Em 11 de novembro de 1994, um membro da Jihad Islâmica Palestina explodiu a si mesmo em um posto das FDI na intersecção Netzarim, na Faixa de Gaza, matando três oficiais da reserva. Em 22 de janeiro de 1995, um terrorista da Jihad Islâmica usando uniforme das FDI abriu caminho até o centro de uma multidão de soldados que esperavam o ônibus em Beit Lid, 40 quilômetros a nordeste de Tel Aviv. Ele apertou um botão, que detonou os 10 quilos de explosivos que carregava junto ao corpo. Dezenas de soldados foram feridos pela grande explosão. Quando outros correram na direção dos feridos, que gritavam por socorro, um segundo homem-bomba se explodiu. Um terceiro terrorista deveria fazer o mesmo minutos depois, mas perdeu a coragem e fugiu.

Um civil e 21 soldados morreram no ataque e 26 pessoas ficaram feridas, algumas gravemente. O primeiro-ministro e ministro da Defesa Rabin foi à cena logo após as explosões, com a rua ainda coberta de partes de corpos e manchada de sangue. Uma manifestação espontânea de cidadãos furiosos ocorreu enquanto estava lá. Contudo, os manifestantes não cantaram slogans contra o terrorismo, mas contra o próprio Rabin. "Vá para Gaza!", gritavam, uma maldição que, em hebraico, soa muita parecida com "Vá para o inferno".

Em seu retorno a Tel Aviv, Rabin, "com o sangue fervendo", nas palavras de seu chefe de gabinete, Eitan Haber, convocou uma reunião com todos os líderes do establishment de defesa. "Essa loucura precisa parar", disse ele. "Tragam Páginas Vermelhas para eu assinar."[31]

25

"TRAGA A CABEÇA DE AYYASH"

Não era assim que Yitzhak Rabin imaginara seu segundo mandato como primeiro-ministro de Israel.

Ele fora eleito com a promessa de segurança — era percebido como rigoroso líder militar, inflexível na guerra contra o terrorismo — e de uma iniciativa diplomática que retirasse Israel de seu isolamento, trazendo prosperidade econômica e colocando fim à Intifada.

Rabin de fato chegara à conclusão de que a ocupação das terras palestinas precisava acabar. Ele concordou com o processo de Oslo, iniciado por Shimon Peres e seus associados, embora o tenha feito bastante a contragosto, com muitas dúvidas e ceticismo sobre as intenções dos palestinos. Tudo isso estava evidente em seu rosto e em sua linguagem corporal quando o presidente Clinton o convenceu a apertar a mão de Yasser Arafat durante a cerimônia de assinatura no gramado da Casa Branca em 13 de setembro de 1993.

Rabin achava que o processo devia ser conduzido gradualmente, com Israel pouco a pouco se retirando somente de Gaza e Jericó, em vez de assinar logo um acordo abrangente. Isso permitiria que Israel entregasse partes dos territórios ocupados à Autoridade Palestina enquanto conferia continuamente se Arafat estava cumprindo sua parte do acordo. Também significaria que itens importantes ainda em discussão — o direito de retorno dos refugiados palestinos, o status de Jerusalém, o futuro dos assentamentos na Cisjordânia e se a Autoridade Palestina devia ou não se tornar um Estado soberano — fossem decididos mais tarde. Rabin esperava que isso lhe permitisse evitar a divisora controvérsia que quase certamente surgiria em Israel quando essas questões fossem abordadas.

Mas a controvérsia o seguiu, de qualquer modo.[1] Grande parte do público israelense acreditava que os acordos de Oslo haviam aumentado a probabilidade de ataques terroristas e que, por causa do processo de paz e da transferência de controle do território para Arafat, o terrorismo havia aumentado. Tudo que a direita israelense tinha de fazer era citar, palavra por palavra, o que Yassin estava dizendo: que jamais haveria compromisso e que ele jamais aceitaria a existência de um país judaico. O que começou como manifestações menores de pequenos grupos de colonos extremistas se transformou em uma campanha de protesto em toda a extensão de Israel, que se fortalecia a cada ataque terrorista e focava cada vez mais em incitações violentas contra o próprio Rabin. Esses protestos eram incentivados pelos líderes do Likud, Ariel Sharon e Benjamin Netanyahu.

Enquanto isso, os palestinos observavam com crescente frustração a destituição de suas terras — Rabin restringira a construção de novos assentamentos, mas não a interrompera totalmente e não evacuara um único assentamento das áreas ocupadas —, e não viam como o processo poderia levar à criação de um Estado próprio. Ao mesmo tempo, como Arafat queria evitar um confronto com a oposição islâmica, ele não fez qualquer tentativa de combater a guerrilha e o terrorismo suicida do Hamas e da Jihad Islâmica.

"Nenhum dos lados entendeu o significado das demandas do outro", disse Ami Ayalon, chefe do Shin Bet na segunda metade da década de 1990, "e, no fim das contas, ambos os lados se sentiram trapaceados, e de modo bastante justificado. Não conseguimos segurança e eles não conseguiram um Estado."[2]

Os esforços para solucionar os conflitos na fronteira norte de Israel não foram mais bem-sucedidos.[3] O secretário de Estado Christopher foi o mediador entre Israel e Síria, com o objetivo de chegar a um acordo de paz sob o qual Israel se retiraria das colinas de Golã e talvez também do Líbano, enquanto a Síria se esforçaria para pôr fim às ações do Hezbollah contra Israel. Mas nenhum avanço significativo foi feito. O Hezbollah, instigado pelos sírios, que tentavam exercer pressão sobre Israel, continuou a infligir fatalidades às forças das FDI no Líbano.

O *status quo* na zona de segurança libanesa estava se tornando insustentável para os israelenses. Os comandantes de campo das FDI estavam

"TRAGA A CABEÇA DE AYYASH"

furiosos, exigindo rédeas livres para entrar em ação. O mais proeminente desses comandantes era o general de brigada Erez Gerstein, um homem robusto com suficiente carisma e autoconfiança para muitos o verem como futuro chefe do Estado-Maior. Gerstein via paralelos entre o sul do Líbano e o Vietnã, principalmente em termos das lições que podiam ser aprendidas com os erros americanos. "Ficamos sentados nas fortalezas, coçando o saco, em vez de ir atrás deles, pensar como eles [o Hezbollah], atacando onde não esperavam e matando seus comandantes", disse ele.[4]

As tropas do Exército do Sul do Líbano também estavam descontentes, sentindo-se bucha de canhão, sem poder revidar. Aql al-Hashem, vice-comandante da milícia, havia anos pedia a Israel para ao menos ir atrás dos oficiais do Hezbollah.[5]

Esses pedidos não caíram em ouvidos moucos. Em 1º de janeiro de 1995, Amnon Lipkin-Shahak sucedeu Ehud Barak como chefe do Estado-Maior. Determinado a escapar da sombra de seu predecessor, decidiu mudar a política no Líbano. Dali em diante, haveria guerra e o Hezbollah seria tratado como inimigo. Ele precisava de recursos: pessoal que pudesse reunir informações e esquadrões de operações especiais especializados em sabotagem e assassinato

Lipkin-Shahak e o chefe do Comando Norte, major-general Amiram Levin, um dos principais especialistas das FDI em combate de comandos, rapidamente organizou uma nova unidade, conhecida como Egoz (hebraico para "Noz"), responsável pela guerra de contraguerrilha ao Hezbollah.[6] Um de seus primeiros comandantes, Moshe Tamir, explicou: "Grande parte das táticas que desenvolvi na unidade Egoz [...] veio de livros compilados pelo Exército britânico sobre o combate no Himalaia, na Indochina. A experiência dos americanos no Vietnã, especialmente nos níveis mais baixos, também foi instrutiva."[7] Como os oficiais das forças britânica e americana, e a francesa na Argélia, Tamir, Gerstein e seus colegas acreditavam que, se recebessem os recursos adequados e apoio da retaguarda, seria possível derrotar o Hezbollah.

A Egoz começou a realizar emboscadas e assaltos no interior do Líbano, nas áreas onde o Hezbollah se sentia seguro, surpreendendo os milicianos e matando muitos deles. Um dos homens assassinado foi Hadi Nasrallah, o filho do líder do movimento.

Levin participara da Operação Primavera da Juventude e dava grande importância aos ataques contra os comandantes do Hezbollah.[8] Ronen Cohen, que acabara de se tornar chefe da divisão Líbano na seção de inteligência do Comando Norte, tinha de aplicar a nova política. Os dois decidiram focar no assassinato de oficiais de nível médio da milícia, comandantes regionais no sul do Líbano, e não nos oficiais superiores. Levin achava que o Hezbollah distinguia entre as operações que tinham como alvo um dos seus líderes ou o centro de suas atividades em Beirute e o combate tático do tipo que vinha ocorrendo no sul do Líbano. As primeiras provocariam uma reação extrema, talvez mesmo fora do Oriente Médio, ao passo que a resposta às últimas seria limitada em escopo e confinada ao Líbano e ao norte de Israel.

Até aquele momento, o Mossad realizara todos os assassinatos seletivos fora de Israel, ao passo que as FDI no máximo ofereciam suporte. Mas o Mossad não via o Hezbollah como mais que um problema fronteiriço com o qual as FDI deviam lidar e, mesmo que tivesse alterado sua lista de prioridades, a organização era praticamente incapaz de operar ofensivamente no Líbano. "Em resumo", disse Cohen, "estava claro para mim que, se quiséssemos atingir alvos de qualidade do Hezbollah, nós, das FDI, teríamos de fazer isso sozinhos."[9]

O ataque a Mussawi, por mais estrategicamente falho que tivesse sido, parecia a Cohen um bom modelo tático: identifique um alvo com um drone, marque-o com laser e atire um míssil. Era um método barato e eficiente.

A inteligência do Comando Norte escolheu um alvo, um homem chamado Rida Yassin, mais conhecido como Abu-Ali Rida, comandante do Hezbollah na área de Nabatieh, que vivia no vilarejo de Zawtar al-Charkiyeh. Como comandante de nível intermediário no sul do Líbano, Rida se adequava perfeitamente ao perfil e era acessível de uma maneira que outros comandantes de senioridade similar não eram.

Após duas semanas de vigilância, Cohen conseguiu reunir informações suficientes sobre Rida, que recebeu o codinome Colmeia Dourada, para planejar uma operação. Uma vez por semana, Rida comparecia a uma reunião da equipe sênior do Hezbollah em Beirute, retornando tarde da noite e dirigindo até seu escritório por volta das 8h30 da manhã seguinte. O plano original exigia que um agente ficasse de vigia nesse horário, para se assegurar de que Rida entrara no carro e ninguém mais estava com ele.

Uma vez que isso estivesse confirmado, um drone iria rastreá-lo até que deixasse o vilarejo, e identificaria seu carro com o laser para que um helicóptero Apache disparasse o míssil.

A Operação Colmeia Dourada, conduzida da sala de guerra do Comando Norte, quase foi cancelada. Em 30 de março de 1995, o agente postado perto da casa de Rida ficou surpreso ao ver sua vaga de estacionamento vazia. Ele não podia permanecer no local por muito tempo sem levantar suspeitas e teve de ir embora. Mas o drone permaneceu no céu acima, transmitindo imagens à distância até que os monitores viram o carro de Rida voltando para casa. Alguém saiu do carro e entrou na casa, mas Levin, Cohen e seus subordinados no bunker de comando não conseguiram ver o rosto. Nem puderam identificar a pessoa que deixou a casa uma hora mais tarde, ligou o carro e dirigiu para fora do vilarejo, cruzando o rio Litani e se movendo para o sul, na direção de Nabatieh. O dilema era claro: quem estava dirigindo o carro? Era Rida ou um de seus filhos? Deveria ser dada a ordem para disparar o míssil?

Levin apostou. Ele disse ao piloto do Apache para disparar.

Cerca de três horas depois, a rede de rádio do Hezbollah explodiu com transmissões sobre o assassinato.[10] Rida, e somente Rida, estivera no carro. Nas transmissões de rádio, os monitores israelenses puderam ouvir que os homens de Mughniyeh estavam irritados e que sua confiança fora minada. Um dos seus fora assassinado à distância, marcado por um robô voador silencioso e invisível. Era somente a segunda vez que um drone era usado para assassinar um homem.

Nasrallah jurou vingança, e o Hezbollah novamente respondeu com uma barragem de foguetes contra o norte de Israel. Um jovem de 17 anos que corria na praia não ouviu os alertas e foi morto por um foguete. Mesmo assim, o Hezbollah, como Levin e Cohen haviam previsto, viu o incidente como questão local e não tentou vingar o assassinato de Rida fora do Oriente Médio.

A Operação Colmeia Dourada foi o modelo para outros ataques contra oficiais de nível médio.[11] Mas seu *modus operandi* não foi o único empregado. Em outros ataques, a Egoz ou outra unidade operou durante a noite e plantou uma bomba no carro do alvo ou em algum ponto de sua rota, que então foi remotamente detonada por uma aeronave ou um vigia no solo.

Nesse meio-tempo, Levin e Cohen reestruturavam as redes de comando e controle dos assassinatos seletivos, definindo quem escolhia os alvos e quem dava a ordem final de *rashai* (permissão para atacar). Era uma questão crítica. Até aquele ponto, todas as Páginas Vermelhas para "tratamento negativo" tinham de ser reportadas ao VARASH, o comitê dos chefes das agências de segurança, presidido pelo diretor do Mossad. Então tinham de ser aprovadas pelo mais alto nível civil e assinadas pelo próprio primeiro-ministro, que frequentemente consultava outros ministros antes de tomar a decisão.

Por causa do alto risco de problemas diplomáticos no caso de fracasso, toda Página Vermelha exigia deliberação e muito tempo, frequentemente terminando em não aprovação.

Levin e Cohen evitaram esse processo através do uso inteligente da semântica. No Líbano, um assassinato seletivo já não era um assassinato, e sim uma "interceptação". Aparentemente, elas não exigiam esse escrutínio, embora, é claro, a autorização do chefe do Estado-Maior ainda fosse necessária.

Na época, essa fuga do sistema não era vista como problemática.[12] Rabin, que servia tanto como primeiro-ministro quanto como ministro da Defesa, confiava no chefe do Estado-Maior Lipkin-Shahak e se contentava em ser informado durante a reunião semanal de incursões e operações no gabinete do ministro da Defesa.

Mesmo assim, "um precedente foi criado", disse um ex-oficial do Comando Norte: "Uma operação de assassinato passou a ser chamada de outra coisa, a fim de cair em um protocolo diferente de tomada de decisões, permitindo que um escalão mais baixo a aprovasse."[13] Em outras palavras, matar um homem já não exigia a aprovação do primeiro-ministro.

Não obstante, não havia dúvida de que os novos procedimentos eram efetivos. Após anos de frustração na zona de segurança, as FDI haviam construído um sistema completo de assassinatos seletivos, rapidamente reunindo informações e as transformando em operações. Em dois anos e meio, os esquadrões das FDI realizaram 27 operações de assassinato seletivo, a maioria contra pessoal do Hezbollah, das quais 21 foram bem-sucedidas.

Enquanto Levin e Cohen reescreviam os protocolos de assassinato na zona de segurança, as agências de inteligência de Israel tentavam descobrir como executar duas Páginas Vermelhas que Rabin assinara no início de 1995.

Na noite após o ataque terrorista de Beit Lid, quando dois homens-bomba mataram 21 soldados e um civil em uma parada de ônibus, a inteligência israelense já sabia quem era responsável e quem, consequentemente, seria assassinado: Fathi Shaqaqi, o líder da Jihad Islâmica Palestina. Sua organização crescera a partir de um núcleo de palestinos que nos anos 1970 estudavam Medicina no Egito e eram politicamente ativos na Universidade de Zagazig, um viveiro de fanatismo islâmico. Após uma breve carreira como pediatra na Faixa de Gaza, Shaqaqi criara uma pequena e secreta organização, de certo modo competidora do Hamas do xeque Yassin. Shaqaqi diferia ideologicamente do Hamas em sua crença de que a jihad devia ter precedência sobre a reforma social, ao passo que o Hamas era igualmente devotado a ambas. O grupo que se uniu em torno de Shaqaqi só tinha uma função: terrorismo contra Israel.

Shaqaqi entrara e saíra de prisões israelenses durante três anos, até ser finalmente expulso de Gaza para o Líbano em 1988. A Guarda Revolucionária Iraniana o acolheu e conseguiu permissão para que ele transformasse Damasco em sua base, fornecendo-lhe fundos e armas. Em pouco tempo, sua organização operava com patrocínio dos iranianos, e iniciou uma série de ataques terroristas. O pior deles foi um bem organizado tiroteio contra um ônibus cheio de turistas israelenses no Egito, 50 quilômetros a leste do Cairo, em fevereiro de 1990. Nove passageiros israelenses e dois egípcios foram mortos e dezenove ficaram feridos. Em seguida ao sucesso do Hamas com terrorismo suicida, os iranianos deram a Shaqaqi luz verde para iniciar também esse tipo de ataque. Os ataques a Beit Lid haviam sido o clímax dessa campanha.[14]

Quatro dias após os ataques suicidas, Shaqaqi dera uma entrevista à correspondente da revista *Time* Lara Marlowe em seu escritório em Damasco.[15] Ele não admitiu que estivera diretamente envolvido no ataque, mas forneceu detalhes sobre como fora planejado, sorrindo e dando risadinhas durante a entrevista, evidentemente bastante satisfeito com o fato de 22 israelenses estarem mortos.

A essa altura, já fazia três dias que Rabin assinara sua sentença de morte.[16] Mas ela fora altamente incomum. Na verdade, foi a primeira Página Vermelha que Rabin assinou desde que se tornara primeiro-ministro. Na época, o pacto com a OLP e o estabelecimento da Autoridade Palestina de Arafat haviam levado muitos israelenses a concluir que a guerra com os palestinos — as bombas, os ataques terroristas, os assassinatos e sequestros em todo o mundo — havia chegado ao fim. O Mossad via os homens-bomba como problema interno, na jurisdição do Shin Bet, e alguns até mesmo propuseram cortar metade da divisão de contraterrorismo do Mossad.

Além disso, Fathi Shaqaqi era um líder palestino com muitos admiradores nos territórios ocupados. A decisão de eliminá-lo, apesar do risco de rebelião dos palestinos, indicava o doloroso reconhecimento, por parte de Rabin, de que a guerra com os palestinos estava longe de acabar.

De fato, o ataque terrorista de Beit Lid levou a uma mudança na maneira como o primeiro-ministro Rabin concebia a segurança de Israel. Após o ataque, ele começou a definir o terrorismo de forma diferente: de "ferroada" para "ameaça estratégica". Até então, a expressão "ameaça estratégica" fora reservada a movimentos militares inimigos de larga escala que punham em perigo grandes partes da população e do território ou podiam levar à destruição do Estado, como o ataque-surpresa dos exércitos árabes em outubro de 1973 ou a possibilidade de Saddam Hussein obter armas nucleares. "A razão para Rabin alterar a definição, com a qual concordo totalmente", disse Carmi Gillon, vice-chefe do Shin Bet na época, "nasceu do fato de que o terrorismo conseguira fazer com que um Estado soberano modificasse suas decisões ou atrasasse sua implementação, por causa dos efeitos dos ataques terroristas nas ruas israelenses."[17]

A despeito da mudança de abordagem e do que era percebido como ameaça, executar a Página Vermelha de Shaqaqi ainda era uma operação delicada que exigiria meses de vigilância.[18] Os agentes do Mossad conseguiram grampear os telefones de sua casa e de seu escritório, mas matá-lo em Damasco não era ideal. Era fisicamente difícil operar na Síria, e também politicamente arriscado: Uri Sagie, chefe da Aman na época, disse a Rabin que essa operação prejudicaria as negociações de paz que ocorriam então entre Israel e Síria, com apoio americano.

Mas assassinar Shaqaqi fora da Síria tampouco seria simples. Ele sabia que estava em perigo e, quando viajava, era somente para outros países árabes ou para o Irã, lugares igualmente difíceis para os assassinos israelenses. Durante quase seis meses, a Cesareia tentou encontrar um momento e um lugar nos quais seria possível orquestrar um ataque. Então, em 9 de abril, a pressão sobre o Mossad aumentou: um carro-bomba dirigido por um terrorista suicida da Jihad Islâmica Palestina explodiu perto de um ônibus israelense na Faixa de Gaza, matando sete soldados e Alisa Michelle Flatow, uma estudante de 20 anos de West Orange, Nova Jersey.[19] Mais de trinta pessoas ficaram feridas. Pouco tempo depois, outro carro-bomba feriu vinte pessoas. "Encontre uma solução", disse Rabin ao diretor Shabtai Shavit. "Precisamos pegar esse cara."

Um mês depois, o Mossad apresentou uma proposta, embora ela suscitasse imediata oposição. Como a Primavera da Juventude em 1973 e o ataque a Abu Jihad em Túnis, em 1988, ela exigia que as FDI apoiassem o Mossad, que não podia executá-la sozinho.

O chefe do Estado-Maior Lipkin-Shahak, cujas relações com Shavit já estavam abaladas, não tinha nenhuma objeção ao assassinato de Shaqaqi, mas achava que o Mossad deveria fazer isso sozinho e que não havia necessidade de envolver o pessoal das FDI em uma operação tão distante das fronteiras de Israel. Um sonoro argumento entre os dois homens ocorreu na presença de Rabin, até que ele os silenciou e decidiu a favor de Shavit.[20]

A vigilância mostrara que Shaqaqi mantinha contato regular com Muammar Gaddafi — que dera ao jihadista um passaporte líbio no nome de Ibrahim Shawish — e que visitava o ditador líbio com frequência, sozinho ou com outros terroristas importantes.[21] Na época, a Líbia estava sob rigorosas sanções internacionais por seu envolvimento com o terrorismo e a maioria das companhias aéreas não voava para lá. Assim, Shaqaqi voava de Beirute ou Damasco até Malta e então para Túnis, onde alugava um carro luxuoso, normalmente um BMW ou um Jaguar, e dirigia os 770 quilômetros até Trípoli.

Uma bomba na desolada rodovia parecia o ideal e, em junho, um esquadrão de comandos navais da Flotilha 13 desembarcou em uma praia tunisiana e caminhou até a rodovia, afundando na areia macia sob o peso de quatro caixotes, cada um contendo 200 quilos de explosivos. Eles estavam acomodados em pallets especiais de tungstênio, resistentes, mas flexíveis, que podiam ser carregados por quatro soldados fortes através das dunas até a rodovia Túnis-Trípoli. O plano exigia que os atacantes cavassem uma vala perto da rodovia, onde o tráfego era mínimo, e enterrassem a grande bomba. Nesse meio-tempo, agentes da Cesareia vigiariam Shaqaqi enquanto alugava o veículo em Túnis e prenderiam a ele um *transponder*, ou "pingador", no jargão da profissão, que transmitiria um sinal especialmente forte. Esse dispositivo ativaria o detonador da bomba quando o carro passasse por ela, deixando carro e motorista em pedaços.

"Quase ninguém usa essa rodovia", disse um dos planejadores da Cesareia durante a reunião final, "e há uma probabilidade muito, muito alta de que o alvo vá para o outro mundo quando estiver sozinho, e levará muito tempo antes que alguém saiba o que aconteceu, e muitas horas antes que alguma equipe de busca ou de investigação chegue à cena."[22]

Em 4 de junho de 1995, veio o sinal: Shaqaqi fizera reserva em um voo para Malta dali a uma semana. A operação de assassinato teve início.[23] Dois navios lança-mísseis israelenses partiram de Haifa, carregados com equipamento e comandos navais, sob autoridade de Yoav Galant, comandante da Flotilha 13. Eles levaram dois dias e meio para percorrer os quase 2 mil quilômetros, antes de ancorar a uma distância segura da costa, no ponto em que a fronteira entre a Tunísia e a Líbia encontra o Mediterrâneo. Ami Ayalon, agora comandante da Marinha, dirigiu a operação à distância.

Haviam se passado sete anos desde que Galant liderara o destacamento de comandos navais que desembarcara uma unidade da Sayeret Matkal na praia tunisiana, a caminho de eliminar Abu Jihad. Agora as FDI estavam equipadas com tecnologia muito mais avançada. Em uma tela gigante no Buraco, Ayalon via indicações precisas e em tempo real da localização de todas as forças envolvidas.

Avançando em barcos de borracha extrafortes, os comandos desembarcaram cerca de 10 quilômetros a oeste da cidade portuária líbia de Sabratha.

"Atravessar aquelas dunas foi muito difícil", disse um dos comandos, "com cada um de nós segurando a ponta de uma vara, tentando não afundar na areia e suando de morrer. Ainda me lembro daquela areia amarela e clarinha. Acho que, em uma situação diferente, ficaria feliz em me deitar perto do mar e pegar um bronzeado. Mas não naquele dia. Já estava amanhecendo e tínhamos de enterrar a bomba rapidamente. Continuamos a nos mover até que, de repente, ouvimos em nossos fones de ouvido 'Parem agora!', vindo do destacamento avançado da força. Logo percebemos por quê."[24]

O que houve foi que, embora as informações israelenses sobre os movimentos de Shaqaqi fossem corretas, eles não haviam antecipado o rali automotivo Marrocos-Egito que ocorria bem naquele momento. Alguns dos motoristas chegaram à rodovia ao mesmo tempo que os comandos e decidiram descansar um pouco. Eles pegaram bebidas e começaram a conversar ruidosamente em inglês, alemão e francês, rindo e amaldiçoando a areia que entrava em seus motores. Galant consultou Ayalon. O perigo de serem descobertos pelos motoristas do rali aumentava a cada minuto. ("Um deles pode se afastar para mijar ou coisa pior, e fazer isso bem na nossa cabeça", disse Galant pelo rádio.) Também não estava claro quanto tempo ficariam no local ou se outros carros passariam pela estrada mais tarde. Isso significava que, ainda que a bomba fosse enterrada e detonada pelo carro de Shaqaqi naquela noite, "pessoas inocentes e não árabes" podiam ser feridas. Ayalon ordenou que os comandos recuassem.[25] O risco de matar um civil, ou muitos civis, era alto demais, e a operação foi abortada.

Outros quatro meses frustrantes se passaram. Finalmente, em meados de outubro, o Mossad teve a oportunidade de atacar por si mesmo, sem qualquer complicada operação conjunta com as FDI.

O telefone, que ainda estava grampeado, tocou no escritório de Shaqaqi em Damasco. Na linha estava um assessor de Gaddafi, convidando-o para uma conferência, na Líbia, de vários chefes de organizações guerrilheiras árabes. Shaqaqi disse que não compareceria. Mas o Mossad descobriu que Said Mussa al-Muragha — Abu Mussa —, comandante de uma facção palestina extremista que se revoltara contra Arafat e abandonara a OLP e agora estava baseada em Damasco e operando sob proteção síria, estaria presente. Abu Mussa também era rival de Shaqaqi.

"Se Abu Mussa for, nosso cliente não conseguirá ficar afastado", disse Mishka Ben-David, oficial de inteligência da Cesareia, durante a reunião convocada para discutir o assunto na sede do Mossad. "Diga aos rapazes para se aprontarem."[26]

Não estava claro o que Shaqaqi decidiria. Mas o Mossad concluiu que, se ele fosse, estaria vulnerável durante a escala em Malta, ou mais adiante, na rota terrestre até a Líbia.

Alguns meses antes, "Jerry" fora nomeado comandante da unidade de assassinatos seletivos. Não particularmente querido por seus colegas no Mossad, Jerry era um homem de poucas palavras, que prestara o serviço militar em uma unidade naval especial de mergulho. Ele fizera parte das equipes que haviam eliminado Gerald Bull e Ataf Bseiso, e achava que a nova posição o elevaria nas fileiras do Mossad, na direção do que realmente queria: ser chefe da Cesareia. "Quero me sentar na cadeira de Mike Harari", disse ele a um amigo. Matar Shaqaqi, portanto, era uma questão tanto de interesse nacional quanto de ambição pessoal.

Em 22 de outubro, Jerry e sua equipe viajaram para Malta e esperaram no aeroporto, examinando os passageiros que chegavam. Depois que alguns voos pousaram, Jerry passou um rádio para os parceiros e para o Mossad em Tel Aviv. "Há alguém sentado aqui do lado", disse ele. "Vou conferir." A tensão aumentou. Um minuto depois, ele voltou: "Acho que tenho identificação. Ele está usando peruca, mas há grande probabilidade de ser nosso homem."

Shaqaqi não deixou o aeroporto, embarcando para o voo seguinte para Túnis. Mas o Mossad sabia que ele normalmente passava um ou dois dias no hotel Diplomata, na cidade maltesa de Sliema, sempre que ia ou voltava da Líbia. As probabilidades eram grandes de que, se esperassem alguns dias, Shaqaqi estivesse vulnerável.

Shaqaqi aterrissou em Malta novamente na manhã de 26 de outubro, após participar da conferência. Foi visto no aeroporto por um vigia da Baioneta e, às 10 horas, dois agentes estavam postados no lobby do Diplomata. Shaqaqi chegou de táxi e se registrou por uma noite. Ele levou as malas para o quarto, não permitindo que o carregador o fizesse. Um dos israelenses o seguiu e o viu entrar no quarto 616.[27]

A tranquila e turística Malta era considerada um "país-base" onde não era particularmente perigoso operar, e, consequentemente, cabia a Jerry decidir como o ataque seria realizado. Ele chamou os membros da equipe para a esquina do hotel e combinou tudo com eles.

Às 11h30, Shaqaqi deixou o hotel, virou à esquerda e passeou pela rua, aproveitando o clima agradável. Ele foi à loja Marks & Spencer e um agente o seguiu, observando enquanto comprava uma camisa nessa loja e mais três em outra. Jerry estava de pé do outro lado da rua. Quando viu Shaqaqi saindo, sussurrou três palavras no microfone em sua manga: "Pão de mel." Era o código para a ação.

Shaqaqi não notou nada incomum e continuou o passeio. Ele não prestou nenhuma atenção à motocicleta Yamaha que começou a se aproximar às 13h15, até que lentamente emparelhou com ele. Então, quando Shaqaqi estava sozinho na calçada, o passageiro na garupa da motocicleta sacou uma pistola com silenciador. Ele atirou duas vezes na têmpora de Shaqaqi e, depois que ele caiu, mais uma vez na nuca. A pistola estava equipada com uma bolsinha que coletava os cartuchos, deixando aos investigadores da força policial de Malta muito pouco com que trabalhar.

A motocicleta se afastou velozmente e dois carros alugados recolheram o restante da equipe. Eles se reuniram em uma praia próxima, onde uma lancha tripulada por três comandos, vestindo roupas civis e parecendo turistas comuns, os levou até o navio lança-mísseis israelense que esperava em alto-mar. No dia seguinte, a polícia de Malta encontrou a motocicleta na praia.[28]

Na esteira da mudança de abordagem à ameaça terrorista após o ataque a Beit Lid, Rabin também ordenou uma coleta de informações sobre líderes do Hamas, focando primeiro e acima de tudo em Yahya Ayyash, "o Engenheiro", que fora treinado no exílio e havia importado homens-bomba para Israel na primavera de 1993. Durante 1994 e 1995, Ayyash fora responsável por nove ataques suicidas, nos quais 56 pessoas haviam sido mortas, e 387, feridas. A opinião pública israelense estava no limite com a visão de sangue derramado e de corpos queimados em ônibus. Rabin sabia que tinha de fazer algo, e assinou uma Página Vermelha contra Ayyash.

Isso também era muito incomum. Ayyash dirigia os terroristas suicidas da Cisjordânia e de Gaza, territórios sob controle e jurisdição da Autoridade Palestina, que deveria prendê-lo e a seus homens. Na época, Israel e a Autoridade Palestina negociavam os próximos estágios dos Acordos de Oslo, e operar em seu território seria considerado uma quebra do acordo de paz e poderia se tornar uma crise política.

Rabin exigira repetidas vezes que o presidente da OLP agisse firme e decisivamente para pôr fim aos ataques suicidas. Um dos oficiais de inteligência que estava presente durante uma conversa telefônica com Arafat lembrou de Rabin o ter censurado de maneira ríspida. Quando desligou, Rabin estava "vermelho de raiva", reclamando que Arafat e seu pessoal nada faziam para controlar o Hamas e a Jihad Islâmica Palestina.[29]

De sua parte, Arafat negava que os palestinos estivessem por trás do ataque. Um famoso teórico da conspiração, ele tinha sua própria e completamente infundada explicação, e disse: "Uma organização israelense secreta chamada OAS que funciona no interior do Shin Bet e coopera com o Hamas e a Jihad Islâmica e cujo objetivo é interromper o processo de paz, está por trás desses ataques e muitos outros."[30]

No início de 1995, os israelenses perceberam que qualquer esperança de que a Autoridade Palestina pusesse fim ao terrorismo era, no melhor dos casos, pouco realista. "Depois de todos os contatos, conversas, requisições e demandas que fizemos aos palestinos, decidimos que contaríamos somente conosco e faríamos todos os esforços para combater o terrorismo", disse Gillon.

Por coincidência, no mesmo dia em que os dois homens-bomba atacaram Beit Lid, em 22 de janeiro, o chefe do Shin Bet, Yaakov Peri, convocou Yisrael Hasson e pediu que ele se tornasse chefe da agência central de comando, que cobria toda a Cisjordânia.

Hasson, um dos agentes mais experientes do Shin Bet, disse que só concordaria se a agência alterasse radicalmente a maneira como lidava com Yahya Ayyash.

"Se você acha", disse ele a Peri, "que esse é um problema local para o oficial encarregado de Rafat [o vilarejo onde Ayyash nascera], está cometendo um grande erro. Esse homem está dificultando o processo político. A única maneira de chegar até ele é toda a agência e cada um de seus membros se levantar pela manhã e perguntar: 'O que posso fazer hoje para pegar Yahya Ayyash?'"

Peri perguntou o que ele queria.

"Quero suprema responsabilidade, acima de todos os outros fatores na agência, para lidar com ele", respondeu Hasson.

Peri, ele mesmo um habilidoso controlador de agentes que sabia como fazer as pessoas se sentirem bem, respondeu com um sorriso: "Eu agora o nomeio chefe da agência para assuntos relacionados a Yahya Ayyash."

"Então quero a promessa de que você não anulará minhas ordens, e qualquer decisão minha a esse respeito será final", disse Hasson.

Peri estava confiante de poder persuadir Rabin a assinar uma Página Vermelha contra Ayyash, mas também era sofisticado o suficiente para ficar longe das minas organizacionais, e respondeu apenas: "Yisrael, toda a agência está com você. Vá em frente e traga a cabeça de Ayyash."[31]

Hasson assumiu seu novo cargo e revisou todas as informações sobre Ayyash. Havia muito pouco. Ficou claro que, durante mais de um ano, nenhuma fonte confiável do Shin Bet estivera em contato com Ayyash ou qualquer um de seus associados mais próximos e que não havia nenhuma indicação de seu paradeiro para além de um relatório informando que o Hamas conseguira ajudá-lo a fugir para a Polônia, por medo de que o Shin Bet pusesse as mãos nele.

Hasson duvidava da veracidade desse relatório. "Como ele pode estar na Polônia quando encontramos suas digitais em todos os ataques suicidas daqui?", perguntou ele durante uma reunião no início de fevereiro. Ele anunciou que estava mudando toda a maneira de olhar para o assunto.[32]

Até aquele ponto, os principais inimigos do Shin Bet eram as várias organizações que faziam parte da OLP. Elas geralmente funcionavam em pequenas células, usualmente onde seus membros viviam. Em consequência, as operações do Shin Bet haviam sido construídas em torno de áreas geográficas — vilarejos, cidades, distritos, regiões — onde os agentes de inteligência e os controladores reuniam material sobre tudo que acontecia. Cada unidade agia de modo quase inteiramente independente e a coordenação entre elas era limitada e implementada somente no nível de comando. Os agentes que trabalhavam com o mesmo assunto jamais se encontravam de qualquer maneira organizada para trocar informações e discutir as várias ações a implementar.

Mas o Hamas funcionava em um sistema completamente diferente. Os ativistas não realizavam as tarefas que o Hamas lhes dava em seu próprio local de residência, mas em outros lugares. Em cada missão, estavam em um lugar diferente, embora permanecendo sob um comando nacional. Assim, a consciência especializada dos agentes do Shin Bet sobre o que acontecia em sua área geográfica específica não fornecia nenhum resultado significativo.

Hasson decidiu usar uma nova abordagem em relação a Ayyash, que recebeu o codinome Cristal. Todas as informações sobre Cristal, decidiu ele, teriam de ser concentradas em seu escritório, sob seu comando. A Operação Cristal passou de questão localizada conduzida separadamente por vários agentes do Shin Bet — cada um sob um comandante diferente, com sua própria ordem de prioridades — a questão nacional, com Hasson tomando todas as decisões. Isso foi como uma revolução organizacional em pequena escala: Hasson agora podia dar ordens passando por cima dos comandantes locais, o que gerou bastante ressentimento.

Ele ordenou que várias unidades do Shin Bet tentassem recrutar palestinos que poderiam ajudar de alguma maneira. Também ordenou que os agentes interrogassem novamente dezenas de ativistas do Hamas nas prisões palestinas. Em seguida a essas operações, outros 35 ativistas do Hamas foram presos e interrogados. Eles eram colocados juntos nas celas durante a noite, em agrupamentos diferentes, e suas conversas eram gravadas. Além disso, prisioneiros palestinos recrutados para agir como agentes do Shin Bet — Fantoches, como eram chamados — eram plantados nas celas para fazê-los falar.

Eles logo descobriram que Ayyash era excepcionalmente esperto. Muito antes de se tornar tão conhecido que as agências da lei e de inteligência podiam coletar secretamente uma grande quantidade de informações a partir de telefones particulares, Ayyash passara a não usar com regularidade os mesmos celulares ou linhas fixas e a mudar constantemente o local onde dormia. Ainda mais importante, parecia não confiar em ninguém.[33]

Finalmente, no entanto, os esforços para localizar Cristal deram frutos.[34] Ele não estava e jamais estivera na Polônia. Estava no norte da Cisjordânia, operando nos arredores de Qalqilya, em uma área em parte sob controle de Israel e em parte da Autoridade Palestina, bem debaixo do nariz do Shin Bet. "É impossível colocar a culpa de sua não captura somente nos ombros da Autoridade Palestina", disse Carmi Gillon, que substituíra Peri como chefe do Shin Bet. "A falha foi nossa, e temos de admitir."

Em abril, quatro meses depois de a Página Vermelha ser assinada, o Shin Bet recebeu a dica de que Ayyash compareceria a uma reunião do Hamas em Hebrom. Hasson achou que agir lá seria muito arriscado e que a penetração da inteligência no Hamas tinha de ser melhorada, mas a pressão do primeiro-ministro Rabin para atacar Ayyash foi grande demais. Disfarçados de árabes, os Pássaros esperaram por ele perto do local da reunião, no coração de um lugar lotado e muito hostil. "Para sorte dele e nossa, ele nunca apareceu", disse Hasson. "Duvido que teríamos conseguido tirar todos vivos de lá. Era uma missão insanamente perigosa, mas, por causa do perigo que aquele indivíduo terrível representava, decidimos ir em frente mesmo assim."[35]

Ayyash também não apareceu em nenhum outro lugar conveniente. Em maio, soube-se que conseguira fugir para Gaza, ao identificar e explorar falhas no sistema de segurança israelense em torno da faixa.[36] "Isso também foi falha nossa", disse Gillon.[37]

Durante meses, agentes do Shin Bet tentaram localizá-lo na Faixa de Gaza, onde sabiam que estava operando, mas as autoridades israelenses não estavam autorizadas a realizar prisões. Procuraram padrões em seu comportamento, rotinas, lapsos na segurança de campo, qualquer fraqueza que pudessem explorar.

Finalmente, no fim de agosto, o Shin Bet descobriu que, em raras ocasiões, Ayyash fazia algumas ligações telefônicas da casa de um seguidor e amigo de infância, Osama Hamad, que vivia na cidade de Beit Lahia, no norte da Faixa de Gaza. Usando o telefone de Hamad, ele falava com o Irã e o Líbano e vários subordinados no Hamas. Além disso, todas as vezes que visitava Hamad, tinha uma longa conversa telefônica com o pai, na Cisjordânia.

Essa informação era valiosa.

Mas Hasson achava que o ataque contra Ayyash devia ser parte de uma operação mais abrangente na qual o Shin Bet implementaria uma penetração de inteligência muito mais profunda do Hamas e ganharia controle sobre as rotas de contrabando para dentro e para fora da Faixa de Gaza. "Mas as calças dos caras estavam pegando fogo", disse Hasson, implicitamente criticando Avi Dichter, o chefe da região sul (e o homem que triunfaria sobre ele cinco anos depois, quando ambos concorressem ao cargo de diretor). "Eles queriam acima de tudo obter essa realização. Disseram: 'Primeiro, vamos eliminá-lo e então veremos o que acontece.'" Foi uma pena.[38]

Um plano para assassinar Ayyash foi apresentado a Dichter. Ayyash sempre dava seus telefonemas de um cômodo contíguo à sala de estar da família Hamad. Quando não houvesse ninguém em casa, membros dos Pássaros entrariam na casa e esconderiam um dispositivo explosivo, juntamente com uma câmera que transmitiria imagens. Quando Ayyash se sentasse e sua voz fosse ouvida nos fones da escuta, o dispositivo seria detonado.

"Mas eis o dilema enfrentado por um país que quer derrotar o terrorismo de forma cirúrgica, permanecendo fiel a seus princípios morais", disse Dichter. "Era muito fácil assegurar que Ayyash explodiria. Mas sabíamos que estava em uma casa com crianças e não tínhamos como garantir que elas não seriam feridas pela explosão. Toda a operação teve de ser alterada por causa disso."[39]

O Shin Bet precisava de uma bomba menor, medida em gramas, letal o bastante para matar Ayyash, mas não tão poderosa que colocasse os outros em risco. Talvez uma bomba que Ayyash segurasse contra a cabeça.

A solução veio quando o Shin Bet conseguiu encontrar um elo entre Hamad e um colaborador israelense. Seu tio era um empreiteiro abastado chamado Kamal Hamad, que estivera em contato com oficiais israelenses no passado. O Shin Bet o abordou, conseguiu sua cooperação e pediu que ele encontrasse um pretexto convincente para dar ao sobrinho um novo celular de presente, um Motorola Alpha com flip.

A hipótese era que, eventualmente, ele seria usado por Ayyash.

"Escondemos um pequeno transmissor no telefone, para podermos ouvir os telefonemas", disseram eles a Kamal, que recebeu um pacote de benefícios que lhe permitiriam se mudar para os Estados Unidos com a família após a operação.

Os controladores do Shin Bet estavam mentindo. Em vez de um transmissor, o telefone continha uma carga explosiva de 50 gramas com detonador remoto. Em 28 de outubro, dois dias após o assassinato de Shaqaqi, Ayyash foi visitar Hamad, que lhe entregou o novo celular e deixou a sala, permitindo que o comandante desse seus telefonemas. As capacidades tecnológicas do Shin Bet na época eram bastante limitadas e foi necessário um avião especial da Força Aérea para captar as transmissões do telefone. O avião retransmitiu as chamadas para a sede do Shin Bet na região sul, onde um monitor experiente, familiarizado com a voz de Ayyash, estava ouvindo. Quando ele identificou "o Engenheiro", deu sinal para ativar o dispositivo.

O monitor começou a remover os fones de ouvido a fim de evitar exposição à explosão ensurdecedora que estava prestes a ocorrer, mas, em vez disso, a conversa prosseguiu como se nada tivesse acontecido. O sinal foi dado novamente, mas Ayyash continuou a falar. "Você aperta o botão uma, duas vezes", disse Dichter, "mas o café continua na máquina."[40]

A minúscula bomba falhara, mas ao menos não fora descoberta. Kamal mais tarde disse ao sobrinho que havia um problema com a conta e que ele precisava do telefone por alguns dias. O laboratório do Shin Bet consertou o problema, o telefone foi devolvido a Hamad e todo mundo esperou que Ayyash retornasse.

Na quinta-feira, 2 de novembro, um membro da unidade de proteção a VIPs do Shin Bet, responsável pela segurança do primeiro-ministro, deu um telefonema criptografado para um colega, Yitzhak Ilan, encarregado da coleta de inteligência para a região sul da agência.[41]

"Depois de amanhã, à noite", disse ele, "haverá um grande comício na praça Reis de Israel, em Tel Aviv, em apoio ao governo e ao processo de paz. Rabin fará um discurso. Depois do ataque a Fathi Shaqaqi, você sabe se a Jihad Islâmica pretende vingar seu líder tentando matar o primeiro-ministro?"

Ilan respondeu que não havia informações específicas, mas muita agitação na área após o assassinato de Shaqaqi e, embora Israel não tivesse assumido responsabilidade, a Jihad Islâmica Palestina não tinha dúvidas sobre quem fora o autor. A principal preocupação de Ilan era que pudesse haver um carro-bomba no comício, e ele recomendou remover todos os veículos da área. Após a conversa, a unidade de proteção a VIPs decidiu tomar precauções adicionais.

O comício pela paz fora organizado pelos grupos de esquerda como contramedida aos furiosos protestos da direita, que haviam se tornado espetáculos de violenta incitação contra Rabin.[42] Fotografias dele eram queimadas, ele era retratado no uniforme da SS nazista e caixões com seu nome eram carregados pelas ruas. Em alguns desses protestos, os manifestantes haviam tentado, e quase conseguido, romper o cordão de segurança e atacá-lo. O chefe do Shin Bet, Gillon, avisou que terroristas judeus poderiam tentar ferir o líder do governo e até mesmo pediu que Rabin viajasse em um carro blindado e usasse colete à prova de balas. Rabin, que não levou as advertências de Gillon a sério, detestou essa última ideia, e só a seguia em raras ocasiões.

O comício foi um grande sucesso. Embora Rabin tivesse duvidado de que os apoiadores da esquerda fossem sair de casa e se manifestar, ao menos 100 mil pessoas se espremeram na praça para saudá-lo. Elas viram Rabin, geralmente um homem introvertido, demonstrar rara emoção. "Gostaria de agradecer a cada um de vocês por se levantarem contra a violência e a favor da paz", disse ele no início do discurso. "Esse governo [...] decidiu dar uma chance à paz. Fui militar durante toda a vida. Lutei em guerras porque não havia chance de paz. Acredito que agora há uma chance, uma grande chance, que precisa ser aproveitada."

"A paz tem inimigos, que tentam nos ferir a fim de sabotá-la. Quero dizer, sem qualquer ambiguidade, que encontramos um parceiro para a paz, mesmo entre os palestinos: a OLP, que foi um inimigo e abandonou o terrorismo. Sem parceiros, não pode haver paz."

Em seguida, Rabin apertou as mãos das pessoas no palanque e se dirigiu ao carro blindado que o aguardava ali perto, acompanhado por seus guarda-costas. O pessoal da segurança do Shin Bet viu um jovem de pele escura no caminho do primeiro-ministro. Mas, como tinha aparência judaica, não tentaram afastá-lo. O jovem, Yigal Amir, um estudante de Direito ligado aos colonos extremistas de Hebrom, desviou dos guarda-costas com assombrosa facilidade e disparou três tiros no primeiro-ministro, matando-o.

Lior Akerman, da divisão de investigação, foi o primeiro a receber Yigal Amir na instalação de interrogatórios do Shin Bet. "Ele chegou com um sorrisinho que permaneceu grudado em seu rosto por muitas horas. Explicou que Rabin traíra a pátria e que alguém tinha de pará-lo. 'Você verá', disse ele. 'Meus tiros interromperão o processo de paz e a entrega do território aos palestinos.'"[43]

O assassinato atingiu Israel como um trovão. Como nos Estados Unidos após o assassinato de John F. Kennedy, todos se lembram exatamente de onde estavam quando a notícia foi divulgada. Centenas de milhares de israelenses foram às ruas, acenderam velas e choraram. O choque foi ainda maior porque quase ninguém — incluindo as pessoas responsáveis pela segurança do primeiro-ministro — achara que um judeu poderia matar o líder da nação judaica. O Shin Bet falhara horrivelmente, de duas formas distintas: primeiro, por não saber sobre a célula terrorista dirigida por Amir e, em seguida, por permitir que se aproximasse de Rabin com uma arma na mão. Um clima de desânimo se espalhou pela organização.

Mas Ayyash ainda estava vivo e Shimon Peres, que substituiu Rabin como primeiro-ministro e ministro da Defesa, assinou a Página Vermelha contra "o Engenheiro" do Hamas. O chefe do Shin Bet, Carmi Gillon, decidiu não se demitir logo após o assassinato de Rabin, mas continuar até que Ayyash tivesse sido eliminado, a fim de que seu mandato não fosse visto inteiramente como um fracasso constrangedor.

E ainda havia uma bomba no celular. Na manhã de sexta-feira, 5 de janeiro de 1996, Ayyash retornou à casa de Osama Hamad do lugar onde se escondera durante a noite, um porão no campo de refugiados de Jabalia. Às 9 horas, seu pai, Abd al-Latif Ayyash, telefonou para o celular de Hamad, aquele que ele ganhara do tio Kamal. "Dei o telefone a Ayyash e o ouvi perguntar ao pai como ele estava passando", disse Hamad. "Saí da sala para deixá-lo sozinho."

Ayyash disse ao pai o quanto o amava e que sentia falta dele. Foi suficiente para que o especialista em reconhecimento de voz desse o sinal. Dessa vez, o sinal chegou ao telefone, através da aeronave, e detonou a carga.

"Subitamente, o telefone ficou mudo", disse Abd al-Latif Ayyash. "Achei que não havia recepção e tentei ligar novamente, mas a linha estava morta. Naquela tarde, me contaram que ele fora assassinado."[44]

Ayyash foi enterrado em Gaza no dia seguinte, em um funeral com milhares de pessoas. Na mesma noite, agentes do Hamas começaram a recrutar homens-bomba na Cisjordânia. Um porta-voz do Hamas disse: "Os portões do inferno foram abertos."

26

"ASTUTO COMO UMA COBRA, INGÊNUO COMO UMA CRIANCINHA"

Quando o Shin Bet finalmente conseguiu pegá-lo, Yahya Ayyash já era responsável por matar e ferir centenas de pessoas e causara danos incalculáveis ao Estado de Israel e ao processo de paz.

Na época, havia vários outros comandantes de alto escalão no Hamas, encarregados das forças regionais na Cisjordânia e na Faixa de Gaza, que também foram responsáveis por ataques sangrentos contra israelenses. Mas havia uma diferença substancial entre Ayyash e o restante. A maioria deles operava no interior dos territórios ocupados, principalmente em emboscadas com armas de fogo contra os soldados nas estradas. Ayyash era responsável principalmente pelos ataques suicidas que ocorriam no interior de Israel, dirigidos contra civis.

O trabalho revolucionário de Ayyash sobreviveu até mesmo à sua morte prematura. Em seus últimos meses de vida, ele treinou um grupo de ativistas do Hamas na arte de construir pequenos e letais dispositivos explosivos para os homens-bomba, e nos métodos para recrutá-los e prepará-los. Um desses homens foi Mohammed Diab al-Masri. Depois de entrar na lista de procurados do Shin Bet, ele passou a ser conhecido no Hamas como Mohammed Deif, que em árabe significa "Mohammed, o hóspede", porque todas as noites dormia em uma casa diferente. Ele nascera em 1965 no campo de refugiados de Khan Yunis, na Faixa de Gaza, em uma família que fugira de um vilarejo próximo de Ascalão durante a guerra de 1948. Deif se uniu ao Hamas logo após sua criação em 1987. Em maio de 1989, foi preso pela primeira vez e sentenciado a dezesseis meses de prisão por ser membro da ala militar do Hamas, mas retornou imediatamente a suas atividades após ser solto e participou dos cursos secretos de Ayyash nas dunas em torno de Gaza. Em novembro de 1993, foi encarregado das operações terroristas do Hamas no interior da Faixa.

No dia em que Ayyash foi enterrado, Deif se tornou o líder das brigadas Izz al-Din al-Qassam, a ala militar do Hamas. Naquela noite, começou a recrutar homens-bomba. No mês seguinte, deu início à retaliação.

Deif e seus homens realizaram quatro ataques terroristas. Em 25 de fevereiro de 1966, um homem-bomba se explodiu em um ônibus em Jerusalém, matando 26 pessoas. No mesmo dia, outro terrorista suicida matou um soldado e feriu 36 outros em uma estação de caronas para soldados em Ascalão. Uma semana depois, na manhã de 3 de março, outro ataque suicida ocorreu em um ônibus em Jerusalém, matando dezenove pessoas e ferindo oito. No dia seguinte, 4 de março, um homem-bomba detonou seu dispositivo perto da fila de um caixa eletrônico no Dizengoff Center, um movimentado shopping no coração de Tel Aviv, matando treze pessoas e ferindo mais de cem.

Shimon Peres, que sucedera Rabin como primeiro-ministro, compreendeu o impacto desses ataques na opinião pública israelense, em seu apoio ao processo de paz e em suas próprias chances nas eleições, agendadas para maio. Ele assinou uma Página Vermelha contra Mohammed Deif e ordenou que o Shin Bet fizesse o que fosse necessário para se livrar dele, mas Deif conseguiu permanecer vivo. A Autoridade Palestina, que deveria ajudar o Shin Bet a lutar contra o terrorismo como parte das negociações de paz, nada fez. Jibril Rajoub, um dos chefes do aparato de segurança palestino que era próximo de Arafat, alegou: "Eu não tinha esse poder. Eu queria [lutar contra o terrorismo], mas não tinha homens, instrumentos nem autoridade."[1] Yuval Diskin, o agente de ligação do Shin Bet com os palestinos, discordou. "Jibril é um mentiroso", disse ele. "Ele tinha muito poder, mas recebeu ordens de Arafat para não se esforçar muito."[2]

Antes dos quatro ataques, Peres tentara fazer com que Arafat prendesse Deif e 34 outros suspeitos de terrorismo. Ele fora até Gaza para uma reunião urgente com Arafat em 24 de janeiro. Com eles estava o chefe da Aman,

Yaalon, que disse a Arafat: "O senhor precisa prender essas pessoas agora, ou tudo virará um caos."

"Prenda Mohammed Deif imediatamente!", exigiu Peres.

Arafat olhou para eles, os olhos arregalados de perplexidade: "Mohammed *shu*?", perguntou ele em árabe. Que Mohammed?[3]

Finalmente, contudo, Arafat percebeu que os homens-bomba faziam com que parecesse, aos olhos de sua própria gente, que ele não controlava a Autoridade Palestina e, aos olhos da comunidade internacional, como alguém que ajudava, ainda que somente por omissão, o terrorismo assassino. Ele percebeu que o processo de paz chegaria ao fim se os israelenses continuassem a explodir em ônibus e shoppings. Após o quarto ataque, suas forças de segurança iniciaram uma vigorosa campanha contra o Hamas, detendo 120 de seus principais membros e interrogando-os sob as mais duras técnicas de tortura. Mas era tarde demais.

"Arafat era uma pessoa muito complicada", disse Peres, "com uma psicologia com a qual não estávamos familiarizados. Por um lado, era astuto como uma cobra. Por outro, era ingênuo como uma criancinha. Ele queria ser tudo ao mesmo tempo, tanto um homem de paz quanto um homem de guerra. Tinha uma memória fenomenal e se lembrava de todos os nomes, todos os aniversários, todos os eventos históricos. Mas os fatos e a verdade nem sempre lhe interessavam.

"Nós nos sentamos e eu aceitei alimento de sua mão, aquela que tinha eczema, o que exige coragem. Levei até ele informações sobre os principais terroristas do Hamas em seu território. Ele sabia muito bem que elas eram precisas, mas mentiu na minha cara, sem nenhum problema. Quando finalmente ficou convencido, já era tarde demais. O terrorismo me arruinou, acabou comigo e me tirou do poder."[4]

A onda de terror em fevereiro e março de 1996 foi um estudo de caso sobre como ataques suicidas podem alterar o curso da história. No início de fevereiro, Peres tinha vinte pontos a mais nas pesquisas que seu adversário, o conservador Benjamin "Bibi" Netanyahu. No meio de março, Netanyahu se aproximara significativamente e Peres liderava por apenas cinco pontos percentuais. Em 29 de maio, Netanyahu venceu por 1% dos votos. Tudo por causa dos ataques terroristas, aos quais Peres simplesmente não conseguia pôr fim. Os discípulos de Yahya Ayyash haviam assegurado a vitória da direita e "interrompido o processo de paz", nas palavras do vice-chefe do Shin Bet, Yisrael Hasson.[5]

Curiosamente, após as eleições os ataques pararam por quase um ano. Alguns disseram que isso se devia à campanha de Arafat contra o Hamas e à prisão de muitos membros de sua ala militar. Outros achavam que o Hamas não tinha mais razões para realizar ataques suicidas, porque Netanyahu interrompera quase completamente o processo de paz, que era o objetivo de curto prazo dos ataques.

Netanyahu não renegou os Acordos de Oslo, mas seu governo criou inúmeras dificuldades ao processo e, durante seu primeiro mandato, o processo de paz ficou quase completamente parado. Em contrapartida, ele jamais se apressou a usar a força ou iniciar ações agressivas. Seu *modus operandi* era nada fazer: jamais tomar a iniciativa, para a guerra ou para a paz.

Arafat, por sua vez, estava furioso com os contínuos atrasos na retirada de Israel dos territórios palestinos e, em retaliação, libertou alguns dos ativistas do Hamas que detivera. Em 21 de março de 1997, a organização voltou a atacar no coração de Tel Aviv, onde um homem-bomba se explodiu em um café com mesas na calçada, não muito longe da antiga casa de David Ben--Gurion. Três mulheres foram mortas e 48 pessoas ficaram feridas, algumas gravemente. Após esse ataque, Netanyahu novamente exibiu moderação e, a despeito das sugestões de seus associados para iniciar ações militares nas áreas palestinas, não ordenou o uso da força.

A bomba em Tel Aviv enfatizou a crescente distância nas maneiras como as duas principais unidades de contraterrorismo de Israel viam Arafat. O Shin Bet, sob Ayalon, considerava o líder palestino passivo e fraco, permitindo que os ataques continuassem e não fazendo qualquer esforço para deter o Hamas porque queria evitar um confronto com o movimento fundamentalista islâmico.

A Aman, chefiada pelo carismático e obstinado major-general Moshe Yaalon, achava que Arafat era central ao problema. Embora tanto o Shin Bet quanto a Aman vissem as mesmas transcrições das conversas secretas entre Arafat e os líderes do Hamas, somente Yaalon achava que o material de inteligência implicava que Arafat dera luz verde para os ataques terroristas a fim de sair do impasse nas negociações. Yaalon disse aos três primeiros--ministros sob os quais serviu como chefe da inteligência militar — Rabin,

Peres e Netanyahu — que, em sua estimativa, "Arafat não está preparando sua gente para a paz conosco, mas sim para a guerra". Yaalon disse que, em retrospecto, a frase de Rabin sobre Israel dever "perseguir a paz como se não houvesse terrorismo e lutar contra o terrorismo como se não houvesse paz" foi "idiota", porque o homem com quem estavam tentando fazer a paz era o mesmo que criava o terrorismo.

Yaalon era membro de um *kibutz* no deserto de Aravá e filho proeminente do movimento trabalhista de esquerda. Mas, segundo ele, o que viu no material de inteligência como chefe da Aman e, mais tarde, chefe do Estado-Maior geral fez com que mudasse de ideia e passasse para a direita. Sua meteórica ascensão nas fileiras políticas e militares amplificou suas opiniões belicistas, e elas terminaram por ter efeito dramático nas políticas israelenses das décadas seguintes. A direita o recebeu calorosamente, dado que era um dos poucos membros da comunidade de inteligência a esposar tais opiniões. Ele se tornaria um dos associados mais próximos de Netanyahu, que o nomeou para seu gabinete como ministro de Assuntos Estratégicos e depois ministro da Defesa, embora o forçasse a sair em 2016, depois que Yaalon, rígido seguidor das leis e da disciplina, insistiu para que um soldado que atirara e matara um terrorista ferido e indefeso fosse levado a julgamento.[6]

Yaalon também é considerado um dos políticos mais honestos de Israel, e não há dúvida de que sua repulsa por Arafat era totalmente autêntica. Ele permaneceu firme em sua crença de que Arafat continuou a apoiar ativamente o terrorismo. "O Shin Bet está acostumado a coletar evidências que resistirão nos tribunais e levarão a uma condenação", disse ele. "Mas Arafat claramente é muito mais sofisticado. Ele não diz aos chefes do Hamas: 'Vão em frente e continuem com os ataques.' Mas fala com eles sobre a guerra santa e liberta todas as pessoas de alto escalão que prendeu. Não é preciso mais que isso. Até hoje, nenhuma ordem assinada por Hitler foi encontrada, ordenando o extermínio dos judeus. Isso significa que ele não o ordenou?"[7]

O general de brigada Yossi Kuperwasser, um dos principais analistas da Aman, apoiou as palavras do chefe. "Quando quis, Arafat fechou dezenove instituições do Hamas e prendeu alguns de seus ativistas. Então começou a soltá-los quando decidiu que estava na hora de retomar os ataques terroristas. O Hamas exigiu provas de sua seriedade. 'Liberte Ibrahim al-Makadmeh', disseram eles. 'Essa é a única maneira de termos certeza de que você está nos dando liberdade.' Por que Makadmeh? Porque ele liderava um esquadrão que pretendia assassinar o próprio Arafat. Arafat concordou e, pouco tempo depois, eles realizaram o ataque perto da antiga residência de Ben-Gurion."[8] Kuperwasser argumenta que Arafat era sofisticado o bastante para libertar prisioneiros do Hamas que viviam em áreas sob controle de Israel, a fim de que os israelenses só pudessem culpar a si mesmos, e libertar homens que não tinham laços com o Fatah, a fim de manter tanta distância quanto possível entre si mesmo e os ataques terroristas.

O mercado Mahane Yehudah, em Jerusalém, quase sempre está lotado de pessoas procurando produtos agrícolas e roupas baratas. Localizado entre a principal artéria da cidade, a estrada de Jafa, e a rua Agrippas, ele abastece a população desde o fim do século XIX. Com vendedores anunciando ruidosamente carnes, peixes, flores e falafel, e todas as cores, cheiros e imagens de um mercado autêntico e movimentado, também é uma popular atração turística.

Ao meio dia de quarta-feira, 30 de julho de 1997, ninguém prestou atenção quando dois homens usando ternos pretos, camisas brancas e gravatas caminharam pela multidão agitada. Os homens carregavam maletas pesadas e se dirigiram diretamente ao centro do mercado, parando a 45 metros um do outro, exatamente como Mohammed Deif os instruíra. Eles apertaram as maletas contra o corpo, como se as abraçassem.

Cada uma das maletas continha 15 quilos de explosivos, pregos e parafusos.

Os homens as detonaram, e as enormes explosões e os estilhaços mataram 16 pessoas e feriram 178.

O Hamas assumiu a autoria do ataque em uma declaração enviada à Cruz Vermelha. Mas Deif também percebera que o Shin Bet, após as explosões anteriores, identificara os restos mortais dos perpetradores e usara a informação para descobrir com quem haviam entrado em contato antes dos ataques. Assim, dessa vez, os homens-bomba tiveram muito cuidado para esconder suas identidades. Eles cortaram as etiquetas das roupas, por exemplo, para que os investigadores do Shin Bet não conseguissem rastreá-las até um lojista particular, que poderia reconhecê-los.⁹ Seguraram as bombas contra o peito para destruir o máximo possível dos próprios corpos e rostos. Os militantes do Hamas disseram a suas famílias que não montassem tendas para as condolências, como é costume entre os palestinos, a fim de que o Shin Bet não conseguisse identificá-las e construir um retrato de seus contatos.

Mesmo assim, após considerável trabalho investigativo, a agência conseguiu reportar ao primeiro-ministro que identificara os terroristas mortos e que Mohammed Deif estava por trás do planejamento do ataque e do recrutamento dos homens-bomba.

Dez dias após as explosões, o primeiro-ministro Netanyahu convocou uma reunião do gabinete de segurança. No início da reunião, ele deixou claro que bastava de moderação. Depois que oficiais do Mossad e do Shin Bet explicaram aos ministros que muitos líderes do Hamas haviam encontrado refúgio na Jordânia, na Síria, nos países do Golfo, nos Estados Unidos e na Europa, Netanyahu declarou que era a favor de iniciar ações contra eles. O gabinete autorizou o primeiro-ministro e ministro da Defesa a designar alvos específicos.

No dia seguinte, Netanyahu chamou o diretor do Mossad, general Danny Yatom, e exigiu uma lista de alvos.¹⁰ Yatom estava acompanhado do chefe da Cesareia, HH, e do oficial-chefe de inteligência da Cesareia, Moshe (Mishka) Ben-David.

Ben-David era uma espécie de forasteiro no Mossad. Pequeno e corpulento, ele usava uma barba incomumente longa e entrara no Mossad em 1987, com a relativamente avançada idade de 35 anos. Sua mãe, tradutora e editora, falava com ele somente em russo, e ele aprendeu essa língua antes de aprender o hebraico. Quando fez 18 anos, seu conhecimento de russo o tornou um candidato natural para a Unidade 8200, onde ouvia os conselheiros russos que na época auxiliavam os exércitos egípcio e sírio. Quando se retirou das FDI, ele representou um movimento jovem israelense nos Estados Unidos por algum tempo, então retornou para dirigir um centro juvenil em Israel. Criou cavalos nas montanhas de Jerusalém, escreveu livros e conseguiu um Ph.D. em Literatura e uma faixa preta de caratê. Também se casou e criou três filhos.

Foi somente após todas essas realizações que decidiu se candidatar ao Mossad. "O Mossad realmente me interessava", explicou ele, "e eu compreendia o sionismo e a importância nacional de contribuir para a segurança do país após vários anos fazendo coisas para mim mesmo. Vi que havia guerra no Líbano e a paz ainda estava longe, e que isso realmente não fazia diferença para ninguém, de Jerusalém a Tel Aviv."

Não é que ninguém se importasse, disse ele. Era simplesmente mais fácil fingir que o mundo não era um lugar tão perigoso. "O povo dos cafés de Tel Aviv fica nervoso quando se deparam com uma visão clara do mundo, na qual o Estado de Israel ainda enfrenta perigos existenciais, e não são poucas as pessoas e instituições fazendo todos os esforços possíveis e não poupando nenhuma despesa para planejar como nos ferir e destruir", disse ele. "É muito mais agradável não pensar sobre as pessoas más e simplesmente se recostar na cadeira [...] Acho que a grande maioria das pessoas no Mossad é como eu. O amor pela aventura e pela intriga e o desejo de construir uma boa carreira só servem até a chamada final para o voo 337 para Teerã. É quando tudo termina. Sem a convicção de que nossa causa é justa e uma forte motivação patriótica, ninguém sobrevive à segunda operação."[11]

Yatom e seus assessores chegaram ao gabinete de Netanyahu com dossiês sobre vários alvos potenciais do Hamas na Europa e no Oriente Médio, que eram responsáveis por aquisições de armas ou levantamento de fundos. Um deles era Mahmoud al-Mabhouh, que sequestrara e matara dois soldados israelenses em 1988 e mais tarde fugira para o Egito. Netanyahu rejeitou a lista. "Tragam-me um peixe grande, não esses peixinhos", disse ele. "Quero líderes, não mercadores."[12]

A ordem de Netanyahu apresentava um difícil problema para Ben-David e seus colegas. A liderança superior do Hamas estava na Jordânia, um país com o qual Israel assinara um tratado de paz três anos antes; a inteligência israelense, seguindo ordens de Rabin e obedecendo à mais básica cortesia diplomática, não podia operar lá sem a permissão dos jordanianos. E estava claro que o rei Hussein — cujos súditos eram majoritariamente palestinos — não concederia tal permissão.

Se o Mossad esclareceu ou não essas dificuldades para Netanyahu é alvo de controvérsia. "Netanyahu nos disse que queria execuções sem digitais", disse Ben-David. "O líder da Cesareia [HH] disse a ele: 'Sei como realizar uma operação com rifles, pistolas ou bombas. Não tenho experiência com operações silenciosas. Quando você age para atingir um alvo, precisa de contato real com ele, e todo mundo está observando. Não é um ato clandestino e, se algo der errado, você não pode largar a arma e sair correndo.' Netanyahu respondeu: 'Isso é importante o bastante para que você execute uma operação silenciosa, porque não quero prejudicar nossas relações com a Jordânia.' Também disse: 'Preciso que os líderes do Hamas sejam eliminados. Não posso permitir outros ataques suicidas.'"[13]

Em contrapartida, o general de brigada Shimon Shapira, secretário militar do primeiro-ministro, que esteve presente a todas as reuniões, afirmou que os representantes da Cesareia jamais sugeriram que executar a missão na Jordânia seria um problema. "Eles nos deram a impressão de que seria um passeio pelo parque, o mesmo que agir no centro de Tel Aviv", disse Shapira. "Tudo simples. Nenhum risco, nada que pudesse dar errado."[14]

O Mossad voltou com uma lista de alvos potenciais: quatro líderes do Hamas vivendo na Jordânia. Os olhos de Netanyahu brilharam.[15] Ele estava familiarizado com um dos nomes: Musa Abu Marzook, chefe do gabinete político do Hamas. Marzook trabalhara livremente nos Estados Unidos até que Israel solicitara sua extradição. A solicitação fora aprovada, mas o primeiro-ministro Rabin decidira abrir mão da extradição, porque o Shin Bet o avisara de que um julgamento provavelmente exporia suas fontes de informação. Em vez disso, os americanos deportaram Marzook para a Jordânia.

Marzook também era cidadão americano, o que não incomodou Netanyahu — ele não tinha problemas com a ideia de matá-lo —, mas deixou o Mossad mais cauteloso.[16] A fim de evitar possíveis danos às relações com os Estados Unidos, o Mossad colocou Marzook por último em sua lista de alvos. Isso significava que seu nome vinha depois do de Khaled Mashal, vice de Marzook; Muhammad Nazal, porta-voz do Hamas; e Ibrahim Ghosheh, membro importante de seu gabinete político.

O Mossad tinha poucas informações sobre eles e uma escassez de tempo e recursos para preencher os vazios. Um assassinato seletivo só podia ser executado se houvesse inteligência suficiente sobre o alvo, de modo que era razoável que a pessoa no topo da ordem de prioridades fosse selecionada, se é que não seria por haver mais informações sobre ela. Dessa maneira, a vida da última pessoa da lista estava relativamente segura.

Oito dias depois, seis membros da Baioneta foram à Jordânia em uma missão de observação, sob o comando do chefe da unidade, Jerry. Eles começaram a coletar informações sobre Mashal, 41 anos, que dirigia o gabinete político do Hamas no "Centro Palestino de Auxílio", em um glamoroso shopping no centro de Amã. Em alguns dias, os israelenses sabiam onde ele vivia, como viajava e o básico de sua rotina diária. Dedicaram pouco tempo a seguir Ghosheh ou Nazal e jamais foram atrás de Marzook. Quando a equipe de reconhecimento voltou da Jordânia, o Mossad relatou a Netanyahu que eles tinham informações suficientes sobre Mashal para seguir adiante com o plano de eliminá-lo, mas longe de ser o bastante para agir contra os outros três.[17]

Enquanto a Baioneta reunia informações na Jordânia, os agentes na sede do Mossad tentavam descobrir como executar a "operação silenciosa" exigida por Netanyahu. O assassinato não podia causar comoção nem chamar a atenção para os assassinos e, idealmente, faria parecer que Mashal morrera de causas naturais. Várias opções, como um acidente na estrada, foram consideradas e rejeitadas, finalmente deixando somente uma: veneno. Consultas sobre que agente tóxico usar foram feitas na unidade tecnológica do Mossad, em cooperação com o Instituto Israelense de Pesquisas Biológicas, uma instalação ultrassecreta do governo localizada em Ness Ziona, ao sul de Tel Aviv. Acabaram por se decidirem pelo levofentanil, análogo ao poderoso opioide fentanil, cem vezes mais forte que a morfina. (As companhias farmacêuticas tentaram desenvolver o levofentanil para uso como anestésico cirúrgico, mas descobriram que não podia ser suficientemente controlado a fim de evitar matar o paciente.)

O plano era administrar sub-repticiamente uma dose fatal a Mashal. O levofentanil é uma droga relativamente lenta e, em um período de horas, Mashal se sentiria cada vez mais sonolento, até finalmente adormecer. Então a droga reduziria o ritmo de sua respiração, até que parasse de respirar. Sua morte pareceria um derrame ou ataque cardíaco, e o levofentanil não deixa traços. A menos que alguém fizesse testes específicos, a autópsia nada revelaria. Alguns agentes da Cesareia o chamavam de "poção dos deuses".[18]

O problema seguinte era como introduzir a substância em seu sistema sem ser descoberto. O Instituto Biológico sugeriu usar um dispositivo de ultrassom, similar ao utilizado para vacinar crianças, que é capaz de injetar substâncias sem o uso de agulhas. Esse dispositivo ainda exigiria chegar perto de Mashal, que provavelmente sentiria um leve sopro de ar úmido. A

Cesareia decidiu que o melhor local para o assassinato seria ao ar livre, em uma rua movimentada onde os pedestres ocasionalmente esbarrassem uns nos outros. Dois agentes se aproximariam por trás, um deles abriria uma lata de refrigerante previamente sacudida e, no mesmo momento, o outro injetaria a toxina a partir do instrumento de ultrassom preso à palma de sua mão (imagine o Homem Aranha disparando sua teia). Quando Mashal se virasse para ver o que o molhara, veria somente dois turistas com uma lata de refrigerante espumando. Como a substância era tão perigosa, um médico do Mossad estaria em Amã com um antídoto, no caso de uma gota tocar um dos agentes por acidente.

Os assassinos ainda estavam praticando sua técnica — muitos pedestres foram espirrados com Coca-Cola na rua Ibn Gabirol — no início de setembro, quando três homens-bomba, um deles travestido para evitar inspeção, explodiram a si mesmos no calçadão da rua Ben Yehuda, em Jerusalém.[19] Eles mataram cinco pessoas, incluindo um jovem de 14 anos de Los Angeles que visitava a família, e feriram 181. Netanyahu, visitando os feridos no Centro Médico Shaare Zedek, disse que já tivera o bastante. "Quero deixar uma coisa bem clara", disse ele. "Desse momento em diante, nosso caminho será diferente."

O primeiro passo era assassinar um líder do Hamas. O primeiro-ministro ordenou que o diretor do Mossad, Yatom, prosseguisse imediatamente com a Operação Ciro, o ataque a Mashal. Yatom novamente tentou persuadi-lo a agir primeiro contra os agentes do Hamas na Europa, mas sem sucesso.[20]

Todos os consideráveis problemas que se seguiram, no entanto, deveram-se não tanto à ordem de Netanyahu, mas ao fato de o Mossad ter concordado em executá-la. Os agentes possuem o direito — que exercitaram mais de uma vez no passado — de dizer a seus comandantes, ou mesmo ao próprio primeiro-ministro, que acham que uma missão "não está madura" ou que o risco não é razoável. É claro que não é fácil nem confortável dizer isso a um primeiro-ministro fazendo pressão.

Mas, no momento em que o Mossad concordou em executar imediatamente o ataque a Mashal, seu pessoal foi obrigado a se abster de uma série de passos preparatórios de rotina.[21] Por exemplo, durante a visita de reconhecimento, haviam se passado por turistas europeus, personas que já haviam empregado antes em outras operações, que foram testadas e resistiriam a intenso escrutínio. Mas, como estavam retornando à Jordânia tão cedo, receberam documentos canadenses, identidades com as quais estavam muito menos familiarizados. Além disso, os agentes jamais realizaram um ensaio geral completo em uma zona de operação simulada. Um dos membros do painel de inquérito interno do Mossad sobre o evento disse: "Não é que, pela maneira como tudo foi planejado, a operação não pudesse ter sido um tremendo sucesso. Certamente poderia. Mas uma operação dessa natureza tem de terminar em sucesso, ou ao menos não em fracasso. A ideia de tomar inúmeras medidas de precaução é justamente não permitir que eventos inesperados ou o azar atrapalhem as coisas."[22]

Além disso, o ministro da Defesa Yitzhak Mordechai, que deveria ter conferido e aprovado a operação — o primeiro-ministro tinha autoridade formal para ordenar operações do Mossad por conta própria, mas usualmente tomava a decisão final com um ou dois ministros —, sequer sabia que ela estava em andamento.[23] Anteriormente, ele aprovara a coleta de inteligência, mas não foi informado sobre a autorização final ou a localização da operação. Mordechai era ex-general de combate e muito detalhista, e poderia muito bem ter aprimorado os preparativos da Cesareia, como fizera em outros casos. Mas simplesmente não sabia a respeito.

O diretor do Mossad, Danny Yatom, disse que estava convencido de que era possível executar a missão "sem percalços e discretamente, ou teria dito a Netanyahu. Pode ser, em retrospecto, que o pessoal de operações não tenha me fornecido estimativas corretas de risco".[24]

Netanyahu não sentiu que a culpa deveria recair sobre sua capacidade de julgamento ou sua agenda: "Qual é o dever do primeiro-ministro? Estabelecer as políticas. O Mossad possui unidades de inteligência e uma unidade operacional, as quais, em minha opinião, estavam bastante sonolentas desde o assassinato de Shaqaqi. Eu disse: 'Tragam-me alvos.' Eles me trouxeram, *inter alia*, Khaled Mashal, que, em minha opinião, era um alvo adequado. Não é meu trabalho ser o investigador interno do Mossad. Meu trabalho é perguntar: 'Vocês podem realizar essa missão? Estão preparados?' Quando eles dizem sim, tenho de confiar neles."[25]

Os dois primeiros membros da equipe da Baioneta chegaram à Jordânia em 19 de setembro. Um dia depois, Jerry e outros cinco agentes, incluindo uma mulher, se registraram no hotel InterContinental em Amã. Separadamente, o oficial de inteligência da Cesareia e uma anestesiologista, a "dra. Platina", também fizeram check-in. O Mossad ocasionalmente empregava Platina em missões especiais. Em 1986, por exemplo, ela sedara o técnico nuclear e informante Mordechai Vanunu em Roma, para que pudesse ser levado de volta a Israel e julgado. Dessa vez, carregava o antídoto para o levofentanil.[26]

A equipe do Mossad decidiu emboscar Mashal na entrada do escritório do Hamas, no terceiro andar do shopping Shamiya. Para chegar ao escritório, Mashal teria de descer do carro, atravessar uma galeria aberta e percorrer um corredor abobadado de uns 30 metros de comprimento. Jerry disse a dois agentes para esperarem atrás de um dos arcos do corredor e começarem a caminhar na direção da entrada quando Mashal saísse do carro. Eles chegariam por trás e o borrifariam simultaneamente com o veneno e a Coca-Cola.

Durante cinco manhãs, as condições não estiveram boas. Uma vez, Mashal não apareceu. Em outra, havia pessoas demais na zona de ataque designada.

Todas as manhãs, Ben-David e Platina esperavam no hotel até serem notificados de que o ataque não seria realizado naquele dia. "Então fazíamos o que fazem os turistas: passeávamos", disse Ben-David. "Amã é uma cidade muito interessante."[27]

Em 24 de setembro, os dois homens da Baioneta que estavam de vigia despertaram as suspeitas de um funcionário do shopping Shamiya. Jerry percebeu que era perigoso demais permanecer na área por mais tempo. A equipe teria de ir embora da Jordânia no dia seguinte, com a missão cumprida ou não. Eles teriam de se apressar.

Mas a equipe não coletara informações suficientes sobre os movimentos de Mashal e não sabia, por exemplo, que às vezes ele acompanhava os filhos quando o motorista os levava ao colégio pela manhã. Foi exatamente o que fez em 25 de setembro, o último dia possível para executar a operação. Ainda pior: como as crianças eram pequenas e estavam sentadas no banco de trás do carro, a equipe de vigilância não as viu.

Às 10h35, o carro chegou ao shopping. Jerry saiu do veículo de vigilância e fez sinal para os dois agentes que esperavam com a lata de refrigerante e o veneno. Ninguém usava equipamento de comunicação, uma precaução adotada para que, se algo desse errado, os agentes não possuíssem nenhum material incriminador. Mas isso significava que também não havia como dizer a eles para abortar. Uma vez iniciada, não havia como abortar a missão.

Mashal desceu do carro e começou a andar na direção do escritório, seguido pelos dois homens da Baioneta. O motorista deveria seguir em frente e levar seus filhos para o colégio, mas a garotinha não queria deixar o pai. Ela saiu do carro e correu atrás dele, gritando "*Ya, baba! Ya, baba*", árabe para "Ei, pai!". O motorista correu atrás dela. Jerry viu o que estava acontecendo, mas a dupla responsável pelo ataque, não. Ele tentou fazer sinal para que recuassem, mas, naquele preciso momento, eles estavam atrás de um dos arcos e não conseguiam vê-lo.

Eles se aproximaram de Mashal e um deles levantou o recipiente preso à palma da mão e se preparou para injetar o veneno em sua nuca. O outro começou a abrir a lata de Coca-Cola. Nesse momento, o motorista que corria atrás da garotinha viu Mashal e achou que o homem erguendo o braço atrás dele estava prestes a esfaqueá-lo. E então gritou: "Khaled, Khaled!" Mashal ouviu o motorista e a filha chamando por ele e se virou. O jato de toxina o atingiu na orelha, em vez de na nuca.

O veneno ainda seria efetivo, mas o disfarce estava arruinado. Mashal, vendo-se frente a frente com um homem que borrifara nele algo saído de um estranho cilindro, imediatamente entendeu que sua vida estava em perigo. Ele começou a correr para longe dos dois homens da Baioneta. O motorista agarrou a garotinha e correu de volta ao carro. Os agentes também correram, jogando o recipiente de veneno e a lata de refrigerante em uma lata de lixo, a caminho do carro de fuga.

Danny Yatom disse que os agentes não agiram adequadamente. "A diretiva básica da operação era de que seria silenciosa, que o alvo não saberia que fora atingido. Os agentes claramente desobedeceram às minhas ordens. Eu havia deixado inequivocamente claro, tanto por escrito quanto verbalmente, nas duas ocasiões em que os observara treinando, que, se houvesse alguém perto de Mashal, eles não deveriam prosseguir. Mas prosseguiram mesmo assim. Essa foi a razão do fracasso: execução por supermotivação, em condições que indicavam claramente que não deveria haver execução."[28]

Idealmente, uma segunda equipe da Cesareia estaria por perto, esperando para criar uma distração, se necessário.[29] Mas não havia nenhuma. Ainda pior, um homem chamado Muhammad Abu Seif, guerrilheiro treinado e responsável pelo transporte de armas e dinheiro para o Hamas, passava por perto na hora do incidente. Abu Seif não compreendeu imediatamente o que estava acontecendo, mas ao ver seu chefe correndo em uma direção e dois estranhos correndo em outra foi uma pista óbvia. Ele perseguiu os dois israelenses até que eles entraram em um carro, e então ele anotou o número da placa.

O motorista israelense viu Abu Seif anotar o número e informou os dois agentes. O carro ficou preso no trânsito intenso, virou à direita em um cruzamento e novamente à direita mais duas vezes. Quando acharam que estavam longe o bastante da cena, os agentes pediram que o motorista parasse. Como o carro fora visto, acharam melhor se livrar dele, mesmo que, em retrospecto, fosse claro que a polícia jordaniana levaria horas para organizar uma busca. Mas os israelenses não perceberam que o tenaz Abu Seif requisitara um carro e ainda os seguia. Ele chegou no momento em que os dois agentes começavam a caminhar em diferentes direções, com um deles já do outro lado da rua.

Abu Seif era especialista em combate pessoal, treinado em campos de *mujahidin* no Afeganistão. Ele agarrou o israelense mais próximo, gritando que o homem era da inteligência de Israel e tentara matar o líder do Hamas. O segundo agente se aproximou correndo e atingiu Abu Seif na cabeça. Abu Seif estava zonzo e sangrando, mas, em vez de simplesmente saírem correndo, os dois israelenses o estrangularam até que ficasse inconsciente.

A boa fortuna estava do lado do Hamas naquele dia. Um ex-guerrilheiro do Exército de Libertação da Palestina e então agente de segurança da Jordânia chamado Saad al-Khatib passava pelo local em um táxi. Ele viu a multidão observando dois estrangeiros sufocarem um local e disse ao motorista para parar e esperar, enquanto ele tentava separá-los. "Um deles pegara uma grande pedra e estava prestes a golpear a cabeça de Abu Seif", disse al-Khatib. "Pulei sobre ele, joguei-o no chão e me sentei em seu peito, tentando contê-lo."[30]

Ele disse aos dois israelenses que os levaria até a delegacia de polícia. Com medo de serem linchados pela multidão que haviam atraído, os agentes concordaram em ir sem resistir. Os pedestres ajudaram Abu Seif a entrar no táxi — al-Khatib disse a ele para se sentar na frente —, e alguém lhe emprestou um celular para que pudesse telefonar para Mashal.[31]

Os agentes do Mossad estavam confiantes de que suas identidades falsas resistiriam ao interrogatório. Na delegacia de polícia, mostraram seus passaportes canadenses e disseram à polícia que eram turistas que apreciavam as belezas jordanianas quando, de repente, no meio da rua, haviam sido atacados por "aquele maluco", apontando para Abu Seif, que começara a bater neles.

Mas então foram revistados e as autoridades encontraram, no braço de um dos agentes, bandagens que não cobriam nenhum ferimento: as fitas adesivas que haviam prendido o dispositivo de ultrassom. Eles foram presos. Usaram os telefonemas a que tinham direito para contatar "parentes no exterior".

Duas horas após a prisão, o cônsul canadense em Amã chegou à delegacia. Ele entrou na cela e perguntou onde eles haviam crescido e algumas outras questões sobre o Canadá. Após alguns minutos, saiu da cela e disse aos jordanianos: "Não sei quem eles são. Não são canadenses."

Mashal, ainda no escritório, telefonou para seus dois colegas do Hamas, Musa Abu Marzook e Muhammad Nazal. Eles decidiram publicar uma declaração dizendo que o Mossad tentara assassinar Mashal e que a corte real jordaniana era cúmplice da conspiração. Enquanto conversavam, Mashal começou a se sentir fraco e sonolento. O veneno entrara em sua corrente sanguínea. Seus colegas e alguns guarda-costas o levaram ao hospital.

Ele estaria morto em algumas horas.

Os telefonemas que os homens da Baioneta deram foram, é claro, para os colegas do Mossad. Uma agente foi imediatamente até o InterContinental para avisar Ben-David, que estava sentado de calção ao lado da magnífica piscina no vasto pátio do hotel, lendo *O apanhador no campo de centeio*, de Salinger. "Pela expressão no rosto dela, eu soube que havia algo muito errado", disse ele. "Trocamos algumas palavras e percebi que um grave incidente ocorrera." De acordo com o plano original, a equipe deveria voar de Amã a vários destinos diferentes, mas, com o que aconteceu, certamente os jordanianos ficariam de olho no aeroporto.

Ben-David telefonou para a sede do Mossad, em Tel Aviv, e foi instruído a buscar todos os membros da equipe em seus esconderijos e levá-los à embaixada israelense.[32]

Por coincidência, a notícia da prisão dos agentes chegou à sede do Mossad enquanto o primeiro-ministro estava lá, desejando aos funcionários da organização um feliz Rosh Hashaná. Netanyahu deveria fazer um discurso e centenas de pessoas esperavam o início da cerimônia. Foi quando Yatom deu a má notícia ao primeiro-ministro.

Os dois homens decidiram prosseguir como se nada tivesse acontecido. A grande maioria dos funcionários do Mossad não sabia da crise e Netanyahu queria passar a mensagem de que as coisas seguiam como sempre. Falou brevemente, agradeceu calorosamente aos funcionários a contribuição para a segurança do país e então foi com Yatom ao escritório do diretor.

Ele ordenou que Yatom voasse imediatamente para Amã e contasse ao rei Hussein o que acontecera. Ele deveria fazer "todo o necessário" para garantir a libertação dos dois agentes. "E, se for necessário salvar a vida de Mashal", disse ele, "faça isso."

Yatom foi recebido pelo rei. Hussein ficou chocado e saiu da sala, furioso. "Foi [o chefe da inteligência jordaniana, general Samih] Batihi quem fez o rei ficar tão zangado, porque estava pessoalmente ofendido comigo. Sem ele, teríamos conseguido encerrar a questão com muito mais discrição com o rei, e a um preço muito mais baixo.

"Durante as discussões, Batihi começou a reclamar por não ter sido avisado, dizendo que poderíamos ter planejado a operação em conjunto etc. Isso é besteira. Pedimos muitas vezes aos jordanianos que controlassem o Hamas, e nada fizeram. Rabin os criticou severamente em várias ocasiões, mas não adiantou. Portanto, é óbvio por que nunca lhes contamos sobre nossos planos em relação a Mashal."[33]

A essa altura, o estado de Mashal piorava rapidamente e os médicos do Hospital Islâmico não sabiam o que fazer. O diretor do gabinete privado do rei Hussein, Ali Shukri, foi perguntar como ele estava e os colegas de Mashal o agrediram verbalmente, acusando-o de fazer parte da conspiração para assassiná-lo. Como o rei ordenara que tudo fosse feito para salvar a vida de Mashal, Shukri o transferiu para a ala real do Hospital Militar Rainha Alia. Os camaradas de Mashal inicialmente recusaram a oferta, temendo que Hussein planejasse assassiná-lo, mas, por fim, consentiram com a transferência, desde que pudessem ficar a seu lado, cercados por seguranças do Hamas, e cada detalhe do tratamento lhes fosse explicado.

O dr. Sami Rababa, clínico pessoal da corte real, coronel do corpo médico do Exército jordaniano e um dos mais importantes médicos do país, foi chamado. Ele tinha apenas uma vaga ideia de quem era Mashal, e sabia pouco sobre o Hamas. "Mas, de toda a confusão em torno do hospital", disse ele, "e do fato de que Ali Shukri estava lá, entendi que era um paciente muito importante e que o rei queria que fosse curado."

Mashal, que estava muito confuso, contou a Rababa o que acontecera em frente a seu escritório. Enquanto falava, repetidamente cochilava, e a equipe médica tinha de acordá-lo. Então Rababa notou que ele parava de respirar todas as vezes que adormecia. "Estava claro que tínhamos de mantê-lo acordado ou ele cairia no sono e sufocaria", disse ele.

Os médicos fizeram com que Mashal se levantasse e caminhasse pelo quarto, mas isso só ajudou por algum tempo.[34] Também ministraram naloxona, que é usada para anular os sintomas de alguns opioides, mas o efeito passava rapidamente e era menor a cada dose. Rababa ligou Mashal a um ventilador: se não podiam mantê-lo acordado, ao menos a máquina respiraria por ele.

Ninguém queria que Mashal morresse. O rei Hussein temia, justificadamente, que a morte de um líder do Hamas causasse tumultos em seu reino, talvez até mesmo uma guerra civil. Netanyahu e Yatom sabiam que, nesse caso, Hussein seria forçado a enviar os prisioneiros para julgamento e execução. Além disso, sabiam que a inteligência jordaniana suspeitava, corretamente, que outros membros da equipe da Baioneta ainda estavam abrigados na embaixada israelense. Um batalhão de comandos jordanianos se manteve em estado de alerta, preparado para atacar, com o filho de Hussein, o príncipe Abdullah, o futuro rei, na liderança. O rei Hussein queria deixar claro que levara o incidente muito a sério.[35]

Todos sabiam que uma série tão feia de eventos indubitavelmente destruiria todos os laços entre Jordânia e Israel.

"Durante todo esse tempo", disse Ben-David, "eu estava com o antídoto, que não fora necessário porque nenhum dos nossos fora afetado. Então recebi um telefonema do comandante da Cesareia. Inicialmente, o que ele disse era tão fantástico que achei que ouvira errado. Pedi que ele repetisse."

HH disse a Ben-David para ir até o lobby do hotel, onde ele encontraria um capitão da inteligência jordaniana que o acompanharia até o hospital.[36]

Ben-David entendeu que um acordo apressado fora feito: a vida de Mashal em troca da de dois agentes do Mossad. Em outras palavras, Ben-David iria descer até o lobby para salvar a vida do homem que ele e sua equipe haviam tentado matar horas antes.

"Estávamos em uma posição difícil", disse Ben-David. "Mas, em situações como essa, você não pode dar muito espaço para os sentimentos. Não pode dizer: 'Ah, cometemos um erro e deixamos que fossem para o inferno.' Não. Você faz o que precisa fazer, executa da melhor maneira que pode, e é tudo. Não há espaço para sentimentos nessas circunstâncias."

Ben-David foi ao lobby, onde o capitão o aguardava. "Ainda me lembro de seu olhar hostil. Mas ele recebeu ordens e as cumpriu." Yatom mandou que a dra. Platina e Ben-David acompanhassem o oficial até o hospital e aplicassem em Mashal a injeção que salvaria sua vida. Mas os jordanianos se recusaram.

A dra. Platina foi levada até o escritório de Rababa.[37] "Ela disse que fazia parte da operação, mas somente se um dos agentes tocasse o veneno", lembrou Rababa, "e que não fazia ideia de qual era o objetivo da operação. Então colocou duas ampolas sobre minha mesa. Ordenei que fossem analisadas no laboratório. Não podíamos confiar no que eles diziam. Talvez só quisessem terminar o serviço."

Rababa manteve o decoro profissional em relação a Platina, como exigido por sua posição médica e militar. Mas, por dentro, estava furioso. "Para mim, a medicina não deveria ser usada para matar pessoas", disse ele. "E os israelenses fazem isso repetidamente."[38]

Depois, Mashal teve uma rápida recuperação. Yatom retornou a Israel com os dois quase-assassinos e Ben-David. Os dois homens relataram ter sido severamente espancados, mas sem fornecer nenhuma informação.

No entanto, Hussein não estava satisfeito. Disse aos israelenses que o acordo incluía apenas os dois prisioneiros, e que eles teriam de pagar um preço mais alto pelo restante da equipe, os seis membros da Baioneta que estavam na embaixada. Enquanto isso, suspendeu todos os laços com Israel.

Netanyahu conversou com Efraim Halevy, um veterano do Mossad que já fora vice-diretor da agência e na época era o embaixador de Israel na União Europeia. Halevy, que nasceu em Londres e passou a maior parte de seu tempo no Mossad na divisão de relações exteriores Universo, era um homem controverso, mas certamente um diplomata habilidoso e de mente afiada que sabia como se comportar com governantes e reis. Ele desempenhara papel-chave na assinatura do tratado de paz Israel-Jordânia em 1994, e conhecia bem Hussein. O rei o respeitava.

Após se reunir com Hussein, Halevy disse a Netanyahu e Yatom que, para liberar os seis agentes, eles teriam de pagar um grande resgate aos jordanianos, "suficiente para permitir que o rei defenda publicamente a libertação da equipe de assalto". Sua proposta era deixar que o fundador do Hamas, xeque Ahmed Yassin, saísse da cadeia, onde cumpria uma pena perpétua por seu papel nos ataques terroristas contra Israel.

De acordo com Halevy, a sugestão encontrou "oposição total, de Netanyahu até o último agente da organização".[39] Os israelenses haviam suportado sequestros, assassinatos e ataques terroristas, todos com o objetivo de assustá-los e obrigá-los a libertar Yassin. Agora deveriam simplesmente ceder à demanda do rei Hussein?

Netanyahu consultou o diretor do Shin Bet, Ami Ayalon, que chamou seu principal especialista no Hamas, Micha Kubi, e perguntou sua opinião. "Não cedam às ameaças de Hussein", respondeu Kubi com raiva. "No fim, ele não terá escolha senão liberar os agentes, de um jeito ou de outro. Se libertarem Yassin, que deveria apodrecer na cadeia até morrer, ele voltará para Gaza e construirá um Hamas ainda mais horrível do que já vimos até agora."[40]

Ayalon entregou a mensagem a Netanyahu.[41] Mas Halevy era persuasivo e, gradualmente, enquanto viajava de helicóptero entre Jerusalém, Tel Aviv e Amã, convenceu o primeiro-ministro de que não havia outra opção. Netanyahu sabia que estava no meio de uma grande crise e, antes de tudo, precisava estabelecer prioridades: queria que os homens da Cesareia voltassem para casa. A calma e a confiança com que gerenciou a crise Mashal desde o momento em que soube que os agentes haviam sido capturados foi um de seus melhores momentos como líder do Estado de Israel.

No fim, um acordo foi assinado: Yassin e vários outros prisioneiros palestinos, incluindo alguns envolvidos em assassinatos de israelenses, seriam libertados, em troca da permissão para que os seis agentes do Mossad retornassem a Israel.

Esse acordo demonstrou mais uma vez o enorme compromisso e os sacrifícios feitos por Israel para retirar seus homens de trás das linhas inimigas e levá-los para casa.

Isso teve um custo alto. A operação fracassada na Jordânia expôs vários métodos operacionais do Mossad e destruiu os disfarces de um esquadrão inteiro da Baioneta, que agora precisavam ser reconstruídos. Israel levou anos para reparar os danos causados ao delicado e importante relacionamento com o Reino Hachemita. A reconciliação oficial entre Hussein e Netanyahu ocorreu somente no fim de 1998, durante uma visita mútua aos Estados Unidos.[42] O caso Mashal também envolveu Israel em situações constrangedoras com o Canadá e outros países cujos passaportes haviam sido usados pela equipe de assalto. Mais uma vez, Israel teve de se desculpar e prometer, como uma criança repreendida, que não cometeria esse erro novamente.

Os painéis de inquérito interno e externo criados para investigar o caso revelaram muitos relatos contraditórios sobre quem conhecia e quem autorizara a operação.[43] Netanyahu e o Mossad insistiam ter informado todo o pessoal relevante, mas o ministro da Defesa Yitzhak Mordechai, o chefe da Aman Moshe Yaalon e o diretor do Shin Bet Ayalon alegaram nada saber sobre a operação, para além de uma referência geral à ideia de assassinar Mashal, feita meses antes durante uma reunião dos chefes da inteligência, quando fora descrita somente como uma entre muitas possibilidades.[44]

Ayalon criticou severamente toda a operação, incluindo seu motivo: "Khaled Mashal não fazia parte do círculo operacional de terroristas. Consequentemente, desde o início não era um alvo legítimo. Mashal estava menos envolvido nas atividades militares do Hamas que o ministro da Defesa de um Estado democrático."[45]

Uma investigação interna do Mossad relatada por Tamir Pardo, que mais tarde se tornaria seu diretor, deu origem a um dos mais severos relatórios da história da organização.[46] Em termos duros, ele responsabiliza todos os envolvidos no planejamento e execução da operação. Os comandantes da Cesareia e da Baioneta, Ben-David, os agentes e vários outros compareceram para receber sua dose de críticas. Nenhuma área examinada pelo comitê foi considerada livre de falhas. Contudo, o painel se referiu apenas implicitamente ao papel de Yatom nessas falhas.

O chefe da Cesareia, HH, pediu demissão. Jerry, cuja ambição já lhe servira tão bem, foi removido de seu posto como líder da Baioneta. Envergonhado e amargurado, deixou a organização.

Acima de tudo, Yassin era agora um homem livre. Toda a ideia de assassinar Mashal havia sido para enfraquecer o Hamas, mas, em vez disso, seu fundador e líder espiritual foi então libertado. Ele deixou Israel e foi para os países do Golfo, supostamente para receber tratamento médico. Na verdade, usou as viagens para angariar fundos. "Um grande confronto" com Israel estava por vir, alegava.

Não havia razão para não acreditar nele.

27

MOMENTO DIFÍCIL

Uma força de comandos navais da Flotilha 13 chegou sem ser descoberta a uma praia perto da cidade costeira libanesa de Ansariyeh. Sob a cobertura da noite sem luar, os dezesseis homens desembarcaram de seus pequenos e poderosos barcos Zaharon e começaram a longa marcha em direção à cidade. Era a noite de 4 de setembro de 1997, e os comandos estavam prestes a matar um homem.

Aquela era a 27ª missão desde que Levin e Cohen haviam desenvolvido os protocolos de assassinato seletivo das FDI para líderes de nível médio do Hezbollah no Líbano. Vinte delas foram bem-sucedidas. Naquele caso, contudo, os dois oficiais do Comando Norte achavam que a missão era desnecessária.[1] Achavam que o alvo, Haldoun Haidar, era menor e insignificante, e que não havia ganho estratégico significativo a ser obtido com sua morte. Mas os israelenses haviam reunido muitas informações úteis sobre ele e o sistema se provara eficaz tantas vezes antes que, na mente de algumas pessoas, também não havia razão para *não* matá-lo. Mesmo assim, as objeções de um número suficiente de oficiais do Comando Norte fizeram com que a responsabilidade pela missão fosse transferida ao Estado-Maior geral. Os críticos foram deixados de fora do circuito decisório.

O plano exigia que os comandos marchassem por cerca de 4 quilômetros e plantassem várias bombas ao longo da rota usada por Haidar todas as manhãs. Então deveriam voltar para os barcos e retornar a Israel. Quando os operadores dos drones que circulavam acima vissem Haidar, um sinal de rádio transmitido por eles serviria como detonador. Fragmentos de metal do tipo usado em dispositivos criados pelos terroristas libaneses estavam inseridos nas bombas, para fazer com que o ataque parecesse um caso interno ao Líbano.

Inicialmente, tudo correu de acordo com o plano. Em condições climáticas favoráveis, os homens desembarcaram, atravessaram rapidamente a rodovia litorânea libanesa e chegaram a um muro no lado leste que delimitava uma grande área de bosques e pomares. Dois deles pularam o muro, quebraram as dobradiças do portão e o abriram para os outros. A maior parte do caminho era de ladeira, em uma área difícil de percorrer por causa das valas de irrigação e da vegetação espessa.

Quando chegaram ao ponto marcado no mapa codificado como G7, encontraram outro portão, com uma estrada do outro lado.[2] Deveriam cruzar aquela estrada e avançar mais 400 metros até alcançarem a que Haidar usava. Os comandos pularam o portão e um destacamento atravessou a estrada e começou a avançar, varrendo a área em busca de elementos hostis. Depois que o sinal de "tudo livre" foi dado, o líder do segundo grupo começou a atravessar a estrada.

Quando estava no meio do caminho, houve uma grande explosão, seguida por outra.

Nessas explosões e no tiroteio que se seguiu enquanto as operações de resgate estavam em andamento, doze comandos foram mortos.

O inquérito das FDI sobre o incidente concluiu que se tratara de uma emboscada incidental do Hezbollah, impossível de antecipar ou prever, e que os tiros dos guerrilheiros haviam detonado os explosivos que os israelenses levavam para assassinar Haidar.

Essa pode ter sido a explicação mais conveniente para todos os envolvidos, mas não era verdadeira.[3] O Hezbollah aparentemente fora capaz de planejar e coordenar a emboscada por causa de uma ruptura total da inteligência israelense nas semanas e mesmo horas antes de os comandos partirem. As transmissões de vídeo dos drones que faziam voos de reconhecimento sobre a área não eram criptografadas e o Hezbollah fora capaz de interceptá-las. Além disso, supostos ativos da inteligência israelense no Exército do Sul do Líbano na verdade eram agentes duplos, relatando ao Hezbollah em quem e no que os controladores das FDI estavam interessados.

Com um vídeo da área que as FDI estavam reconhecendo e a informação, fornecida pelos controladores, de que Haidar era um alvo, não foi difícil para o Hezbollah descobrir onde a emboscada deveria ser feita. De fato, de acordo com fontes que serviam na Flotilha 13 na época, o vídeo do voo de um drone realizado horas antes do ataque mostrou três figuras vagando de maneira suspeita perto de G7. Se esse vídeo, que nunca foi liberado, tivesse sido analisado em tempo real, a missão provavelmente teria sido adiada ou cancelada.[4]

O "desastre da Shayetet (Flotilha)", como ficou conhecido em Israel, teve profundo impacto no público israelense, principalmente porque os homens mortos pertenciam a uma das duas melhores unidades das FDI. Nasrallah intensificou esse efeito ao mostrar no site do Hezbollah fotos chocantes de partes de corpos coletadas no local, incluindo a cabeça de um dos soldados.

O fiasco de Ansariyeh ocorreu somente um dia após o triplo ataque suicida no calçadão da rua Ben Yehuda, em Jerusalém, um atentado sobre o qual a inteligência israelense não teve conhecimento prévio, e apenas semanas depois do desastroso ataque do Mossad a Khaled Mashal, na Jordânia.

De muitas maneiras, portanto, setembro de 1997 marcou um dos momentos mais difíceis da história da inteligência israelense. Cada um dos três braços da inteligência acumulara certo número de fracassos. O Shin Bet falhara em proteger o primeiro-ministro e impedir a onda de ataques suicidas. O Mossad não conseguira atingir os centros de comando das organizações terroristas jihadistas no exterior. Os esforços da Aman para penetrar e destruir o Hezbollah haviam sido ineficazes. E os dois últimos nada ficaram sabendo, como transpiraria mais tarde, sobre os projetos de armas de destruição em massa do Irã, da Síria e da Líbia.

O fracasso de Ansariyeh intensificou a controvérsia pública sobre a presença militar israelense no Líbano, que alguns viam como comparável ao envolvimento americano no Vietnã. Manifestações exigindo a retirada eram liderados pelas Quatro Mães, um movimento nomeado em homenagem às quatro matriarcas da Bíblia e iniciado por quatro mulheres cujos filhos serviam nas FDI no Líbano. As FDI e a liderança política as tratavam com desdém — um oficial superior as chamou de "quatro panos de prato" —, mas seus protestos encontravam ressonância.[5]

Devido ao desastre de Ansariyeh, os assassinatos seletivos no Líbano foram suspensos. As FDI apresentavam repetidamente ideias para assassinar oficiais do Hezbollah, que eram rejeitadas pelo chefe do Estado-Maior ou durante o fórum semanal de incursões e operações com o ministro da Defesa. O Hezbollah não deixara de ser uma ameaça, mas atacar seus oficiais se tornara um risco político maior.

O Mossad, depois de quase ter destruído as relações diplomáticas com a Jordânia, arruinou outra operação menos de cinco meses depois, dessa vez na Suíça. O alvo era Abdallah Zein, uma figura importante da rede logística e financeira do Hezbollah. O plano do Mossad era grampear seu telefone, mantê-lo sob vigilância e, no momento certo, assassiná-lo. Mas fizeram tanto barulho ao tentar instalar o grampo no porão do edifício que acordaram uma senhora idosa, que chamou a polícia. Um agente foi preso. Após tantos planos fracassados, o chefe do Mossad, Danny Yatom, pediu demissão.[6]

Yatom foi substituído por Efraim Halevy, que ganhara pontos com Netanyahu pela maneira como lidara com o caso Mashal.

Temendo mais fiascos, Halevy praticamente desativou a Cesareia, recusando-se a aprovar quase toda operação de alto risco e permitindo que a unidade entrasse em decadência.

"Pode-se dizer honestamente", disse Avi Dichter, que era vice-chefe do Shin Bet na época e se tornaria chefe no ano 2000, "que o establishment de defesa não estava dando ao povo de Israel o escudo protetor que ele merecia."[7]

Isso seria preocupante em qualquer circunstância. Mas era especialmente preocupante no fim da década de 1990, porque os inimigos de Israel começavam a se tornar mais ameaçadores. Do Irã à Líbia, do Hezbollah no Líbano ao Hamas em Gaza e Amã, uma frente de adversários fora criada, muito mais inovadora e determinada que qualquer coisa que o Mossad, a Aman ou o Shin Bet já haviam enfrentado.

O Shin Bet foi a primeira das agências de inteligência a se recuperar. Seu chefe, Ami Ayalon, e os painéis de inquérito que criou para descobrir o que dera errado chegaram à conclusão de que o Shin Bet se tornara fraco e ineficaz em duas de suas principais áreas de atividade.

A primeira era a aquisição de informações. Durante décadas, o Shin Bet se baseara em informações obtidas de fontes humanas, mas esse comportamento quase se extinguira. Não foram encontrados substitutos para as centenas de agentes palestinos que a organização perdera quando Israel saíra do território palestino após os Acordos de Oslo. O Shin Bet não conseguiu desenvolver métodos alternativos nem recrutar agentes no interior do Hamas, um movimento ideológico-religioso cujos membros eram menos suscetíveis de se sentirem tentados por subornos. Um de seus painéis de inquérito expôs a questão de modo sucinto e crítico: "A organização não está sintonizada com o ambiente onde trabalha."[8]

A segunda inadequação era o que o Shin Bet fazia com as informações que obtinha. Ayalon visitou os arquivos e encarou incredulamente os imensos contêineres estufados com centenas de milhares de pastas de papelão. "Estamos nos comportando como uma organização medieval", disse ele durante o fórum de comando superior. "Um arquivo como este não permite construir um retrato de inteligência em tempo real. Mesmo que toda a informação pudesse ser encontrada nos arquivos, não nos ajudaria em nada."

Ayalon declarou que "o Shin Bet não é um corpo de inteligência, mas de prevenção". Em outras palavras, o objetivo da agência não era meramente reunir informações, mas sim frustrar as intenções do inimigo em tempo real. A fim de fazer isso, precisava coletar e analisar informações em um curto espaço de tempo.[9]

Ayalon argumentou que a solução estava na tecnologia avançada. Fontes baseadas em tecnologia substituiriam as humanas, produzindo um retrato multidimensional e em tempo real. Em 1996, essas ideias eram revolucionárias, e geraram uma crise de confiança no Shin Bet, atraíram duras críticas para Ayalon e levaram muitos a pedirem demissão da agência. Mas Ayalon se manteve firme. Criou equipes e departamentos que desenvolveram técnicas de ponta para a coleta de informações: penetração de vários sistemas de dados e interceptação de e-mails, telefonemas e, mais tarde, comunicações em mídias sociais. Também desenvolveram novas maneiras de usar as informações: técnicas de última geração para analisar vastas quantidades de dados e extrair as partes mais importantes.

Ayalon e suas equipes técnicas mudaram o foco do Shin Bet, de modo que mais ênfase foi dada às conexões entre as pessoas, ou seja, mais ênfase na rede do que no indivíduo.[10] A organização foi a primeira a compreender o imenso potencial de rastrear telefones celulares, primeiro através dos próprios telefonemas e, mais tarde, através de geolocalização, mensagens de texto, transmissões de vídeo e uso da internet.

Sob Ayalon, toda a estrutura operacional da agência foi modificada. Ela já não se baseava em oficiais regionais, deslocados geograficamente, que controlavam agentes e funcionavam de maneira mais ou menos independente, passando a concentrar as atividades em torno de uma "seção", cujo pessoal se sentava diante de monitores de computador, coletando e reunindo informações e enviando agentes para conseguir as peças que faltavam do quebra-cabeça.

A estrutura de pessoal também mudou rapidamente. Muitos dos oficiais mais velhos partiram, enquanto jovens das unidades técnicas das FDI eram recrutados a toque de caixa. Em breve, 23% do pessoal era formado por agentes treinados extensivamente no desenvolvimento de tecnologias inovadoras. "Criamos uma divisão inteira de Qs", disse Diskin, referindo-se ao mago da tecnologia nos filmes de James Bond. "Nela, dezenas de inovações incríveis estão simultaneamente em processo de criação."[11]

O primeiro problema que o renovado Shin Bet teve de enfrentar foi Mohi al-Dinh Sharif, um aluno de Yahya Ayyash que se tornou o principal especialista em explosivos da ala militar do Hamas depois do assassinato de Ayyash e ficou conhecido como "Engenheiro número 2". Ayyash e seu assistente na época, Hassan Salameh, haviam ensinado a Sharif como criar bombas improvisadas com um material explosivo muito poderoso, o triperóxido de triacetona, que eles mesmos haviam aprendido a usar com o Corpo da Guarda Revolucionária Islâmica. Fora Sharif quem construíra as bombas utilizadas nos quatro ataques suicidas que o Hamas planejara como vingança pela morte de Ayyash.

Assim como Ayyash, Sharif treinou outros em seu ofício, ensinando a um esquadrão de homens em Jerusalém como configurar bombas de controle remoto, criar detonadores retardados e improvisar explosivos a partir dos materiais disponíveis. Também ensinou a eles como esconder bombas em videocassetes. Onze desses aparelhos foram preparados, com o plano de detoná-los em paradas de ônibus, bancas lotéricas e cabines telefônicas. Um deles explodiu em Netanya em 11 de fevereiro de 1998, ferindo dez civis. O

Shin Bet identificou os criadores das bombas antes que eles plantassem as outras e os prenderam, evitando um desastre maior.[12]

O Shin Bet compilou um grande dossiê sobre Sharif, monitorando seus movimentos e hábitos ao rastrear as ligações e localizações dos telefones celulares que ele e alguns de seus homens usavam. Mais criticamente, a agência descobriu um complô para detonar uma grande bomba no interior de um Fiat Uno na véspera do Pessach, quando as calçadas de Jerusalém estariam lotadas de pessoas fazendo compras de última hora para o feriado. A ala de operações do Shin Bet, Pássaros, conseguiu ligar um detonador ao Fiat antes que Sharif o entregasse ao homem-bomba. Em 29 de março de 1998, quando Sharif dirigiu o carro até uma oficina em Ramalá, longe de civis inocentes, ele explodiu.

Mesmo com a morte de Sharif e a prisão de muitos de seus associados, o Shin Bet sentiu que uma peça do quebra-cabeça estava faltando. A agência concluiu que havia um "polvo de muitos tentáculos" em ação, com "uma pessoa operando todos os tentáculos, cada um deles de forma separada, independentemente dos outros".

Os novos sistemas de coleta de dados do Shin Bet, que monitoravam milhares de palestinos designados como alvos, começaram a focar em um único homem. Os israelenses isolaram Adel Awadallah, que assumira o cargo de chefe do braço militar do Hamas na Cisjordânia, sendo a contraparte de Mohammed Deif na Faixa de Gaza.

Awadallah estava na lista de procurados havia algum tempo, mas, graças à rede de apoio do Hamas, conhecida como "aparato de assistência e serviços", que servia como isolante entre ele e as células que dirigia, nunca fora pego, mesmo quando subordinados foram capturados e forneceram informações durante os interrogatórios.

Esse sistema de suporte, que permitia que Awadallah evitasse as tentativas de apreensão do Shin Bet e, ao mesmo tempo, organizasse muitos ataques terroristas, era dirigido por seu irmão mais novo, Imad, que fugira de uma prisão da Autoridade Palestina.[13] Os dois começaram a planejar a série seguinte de ataques terroristas, o mais ambicioso dos quais envolvia cinco carros-bomba no centro das cinco maiores cidades de Israel. De acordo com o plano, o primeiro seria detonado em Tel Aviv, provavelmente causando pesadas perdas. Então um ultimato seria apresentado ao governo israelense:

libertar todos os prisioneiros palestinos ou outro carro explodiria, então outro, e assim por diante. Ao mesmo tempo, fizeram planos para o sequestro de soldados e figuras políticas proeminentes — grandes quantidades de sedativos foram adquiridas no mercado negro com esse propósito —, que seriam usados como peças de barganha. Entre os homens que pretendiam sequestrar ou assassinar estavam Ehud Olmert, então prefeito de Jerusalém; Rafael Eitan, ex-chefe das FDI que se tornara membro do Knesset e ministro de gabinete; e dois ex-diretores do Shin Bet, Yaakov Peri e Carmi Gillon.

Awadallah era um líder operacional de primeira classe, mas não estava consciente das mudanças no Shin Bet, incluindo a estrita vigilância das chamadas telefônicas — quem telefonava para quem, quando e onde estavam precisamente ambos os lados —, de modo que, mesmo que raramente usasse o telefone, ao menos alguns dos membros de sua rede o faziam, tornando possível mapear seus movimentos e saber sua localização.

E ele jamais compreendeu que seu principal adversário era, nas palavras de Ami Ayalon, "o melhor chefe operacional que a agência já teve".[14] Esse homem era Yuval Diskin, que Ayalon nomeara comandante das regiões de Jerusalém e da Cisjordânia, onde os irmãos viviam e onde eram mais ativos.[15]

Diskin, nascido em 1956, prestara o serviço militar na unidade de reconhecimento Shaked, subindo na hierarquia até se tornar comandante de companhia. Em 1978, entrara para o Shin Bet e trabalhara como oficial nos territórios palestinos e no Líbano. Seu domínio do árabe era excepcional, e ele era excelente em seu trabalho, sendo promovido rapidamente. Diskin era extremamente duro e altamente crítico tanto com os subordinados quanto com superiores. Estava claro que, se conseguisse destruir as redes terroristas do Hamas na Cisjordânia, seria um bom candidato a diretor do Shin Bet.

"Adel era muito desconfiado", disse Diskin. "Confiava apenas em sua rede de comunicações HUMINT, cujos membros haviam passado por um teste de lealdade. Graças a isso, sobreviveu durante alguns anos. Até o último minuto, foi muito difícil chegar até ele."[16]

A cautela de Adel e Imad se devia ao fato de terem testemunhado o fim de Mohi al-Dinh Sharif e a prisão de muitos colegas.[17] Suspeitavam de que um ativista do Hamas, talvez até mesmo um oficial superior, colaborara com Israel ou com a Autoridade Palestina, divulgando segredos e, por fim, entregando Sharif.

Como nenhum colaborador fora descoberto, os irmãos assumiram que ele ainda estava ativo. Por causa dessa suspeita, decidiram procurar pessoas de fora do Hamas, embora conhecidas por serem leais à causa nacionalista palestina, quando buscavam lugares para comer e dormir.

Criaram um grupo de ativistas da Frente Popular para a Libertação da Palestina que, no passado, ficaram anos em alguma prisão israelense por pertencerem a uma organização terrorista e por posse ilegal de armas de fogo. Um desses ativistas deixou que ficassem em uma casa de dois andares com um grande pátio, cercada por um muro, no vilarejo de Khirbet al--Taiybeh, a oeste de Hebrom, que pertencia a um membro de sua família. A casa rapidamente se tornou um tesouro de informações de inteligência que incluíam os arquivos da ala militar do Hamas, que Adel levava de esconderijo em esconderijo, por medo de que caíssem nas mãos do Shin Bet. Os irmãos também levaram consigo os planos para o próximo grande ataque, que incluía o envenenamento do suprimento de água de Tel Aviv.

O Shin Bet conseguiu identificar um dos contatos dos irmãos nesse grupo de ativistas e o pressionou para que agisse como seu agente, dizendo que, se não o fizesse, seria acusado de colaborar com o Hamas e passaria muitos anos na prisão. Eles bateram no homem, mas então sopraram: caso cooperasse, receberia um generoso pagamento e uma vida mais fácil no exterior para ele e a família. O homem concordou.

A primeira tarefa era grampear a casa para vigilância de áudio e vídeo. A captura dos Awadallah podia esperar. Mais importante que ela, na opinião de Diskin, era descobrir precisamente o que os irmãos estavam planejando. O Shin Bet esperou pelo sinal do agente, informando que os irmãos estavam saindo de casa.

Quando um dos amigos da FPLP levou mantimentos para os irmãos, eles disseram estar com pressa para ir a algum lugar. Todos saíram juntos, os irmãos em um carro e o colaborador em outro.

Os Pássaros esperavam do lado de fora, observando. Quando os carros saíram de vista, eles entraram em ação. Usando uma cópia da chave, entraram na casa e instalaram câmeras e microfones em cada um dos cômodos.

Os irmãos retornaram tarde da noite. Durante quatro dias, cada palavra do chefe da ala militar do Hamas foi gravada. Adel e Imad falaram sobre as várias melhorias táticas que queriam fazer em seu plano e sobre a possibilidade de o Hamas começar a fabricar foguetes como os que o Hezbollah estava usando.

A documentação resultante deu aos israelenses não somente detalhes sobre planos específicos, mas também uma noção da visão de mundo mais ampla dos irmãos. Em uma conversa, por exemplo, Imad, que sofrera dura tortura nas mãos dos carcereiros da Autoridade Palestina, falou com amargo ódio dos homens de Yasser Arafat. "Da próxima vez que vierem atrás de mim", disse ele, "abrirei fogo imediatamente."

Seu irmão, que estava sentado em um dos sofás, levantou de súbito. "Jamais!", vociferou. "Não atiramos em muçulmanos. Está me ouvindo? Mesmo que façam coisas terríveis, você não pode matar um muçulmano."

O Shin Bet informou as FDI sobre seu impressionante golpe de inteligência. Sabendo muito bem que em algum momento imprevisível e como precaução rotineira de segurança os irmãos iriam para outro esconderijo, também pediu uma alocação de forças para assassiná-los. Mas os militares não estavam ansiosos para matar outro oficial do Hamas, pois a agressiva resposta à morte de Ayyash os deixara ansiosos.[18] Assim, Ayalon e o Shin Bet procuraram a unidade de contraterrorismo da polícia israelense, a Yaman. Havia uma antiga rivalidade entre a Yaman e as unidades de operações especiais das FDI, e o Exército interpretou corretamente a decisão de Ayalon de pedir a ajuda da polícia como um menosprezo intencional.

Mais tarde, surgiu um desacordo entre Diskin e Ayalon. Diskin achava que o esquadrão de comandos da Yaman deveria invadir a casa e matar os dois irmãos no local. Ayalon estava disposto a assassiná-los, mas acreditava que deveria ser feito um esforço para capturá-los vivos, a fim de que pudessem ser interrogados, o que ele tinha certeza de que produziria uma colheita valiosa de informações. No fim, firmaram um compromisso: se pudessem encontrar uma maneira de os dois serem capturados vivos sem colocar em perigo os agentes da Yaman, fariam isso. Se não, os dois seriam assassinados.

Ayalon levou o plano ao primeiro-ministro Netanyahu, que estava muito menos determinado do que estivera quando o Mossad lhe apresentara o plano de assassinar Khaled Mashal. Ele agora compreendia integralmente que todas as operações, mesmo as que pareciam fáceis e seguras, podiam dar errado no momento da execução, com resultados desastrosos para o pessoal envolvido e para toda a nação. O ataque a Mohi al-Dinh Sharif não deixara digitais israelenses, mas, dessa vez, era bastante possível que os irmãos fossem mortos durante o ataque da Yaman, e Israel não seria capaz de negar responsabilidade. O Hamas iniciaria massivos ataques de retaliação.

Shimon Peres perdera o poder por causa da onda de terrorismo do Hamas após o assassinato de Ayyash. Netanyahu não desejava colocar seu cargo em risco. Ele se recusou a assinar a Página Vermelha.

"Se não estamos dispostos a cuidar do chefe do braço militar que opera contra nós", argumentou Ayalon, "para que servimos? Se você não assinar a autorização, pedirei demissão do cargo de chefe do Shin Bet."[19]

Essa era uma ameaça formidável, com repercussões que iam além da demissão em si. O primeiro-ministro já era visto como fraco por libertar o xeque Yassin. O público em geral achava que ele não estava fazendo um bom trabalho na guerra contra o terrorismo. Se Ayalon pedisse demissão, Netanyahu estava certo de que alguém vazaria a razão. Ela seria apresentada como o primeiro-ministro tendo se recusado a eliminar uma grande ameaça ao Estado de Israel e aos judeus por toda parte. Ele seria considerado ainda mais fraco.

Após algumas horas, ele autorizou a operação.

O plano era incapacitar os irmãos Awadallah antes do ataque. Em uma das conversas captadas pelo Shin Bet, Imad Awadallah mencionara seu amor por baclavas. Assim, na noite de 11 de setembro de 1998, os especialistas do Shin Bet injetaram um sedativo em uma porção de baclavas e fizeram com que fossem entregues na casa em Khirbet al-Taiybeh. Eles esperariam que os irmãos adormecessem, entrariam na casa, colocariam os dois em um veículo e os levariam para uma instalação de interrogatórios.

Não funcionou. Imad ficou deliciado com os doces e comeu vários. Em breve, sentiu-se sonolento e começou a roncar. Mas o Shin Bet não sabia que Adel detestava baclavas e nunca os consumia. Quando ficou claro, através do vídeo de vigilância, que Adel não estava sob influência da droga e não pretendia ir para a cama tão cedo, a Yaman recebeu ordens para invadir a casa. Os esquadrões que cercavam a propriedade se aproximaram de várias direções, acompanhados de um cão de ataque. Eles pularam o muro e iniciaram a invasão.

Adel pegou seu rifle, atirou e atingiu o cão, mas foi imediatamente derrubado. Imad, acordado pelo tiroteio, tentou alcançar a arma e foi morto por uma longa rajada de submetralhadora. Depois que a Yaman deu o sinal de que a área estava segura, os Pássaros entraram na casa e rapidamente encontraram o arquivo, escondido em um dos quartos.[20]

Ayalon telefonou para Netanyahu para dizer que a operação fora um sucesso e os Awadallah estavam mortos. Para evitar uma violenta reação palestina, Netanyahu instruiu Ayalon a dirigir até a Mukataa, o complexo governamental da Autoridade Palestina em Ramalá. Quando chegou, Arafat estava acordado e esperando por ele. Ayalon disse a Arafat que Israel assassinara os irmãos. "Antes que ele pudesse negar saber quem eram eles, eu disse: 'Por favor, não me pergunte *que Awadallah*?'", contou Ayalon. "Sabemos que o senhor sabe quem eles são e o que fizeram. Em nome do Estado de Israel, exijo que o senhor faça todo o possível para garantir que o Hamas não inicie uma represália selvagem."

Arafat pediu que os assassinatos fossem mantidos fora da mídia durante quatro dias, para que ele pudesse se organizar. Ayalon informou que não havia nada que pudesse fazer para adiar a divulgação, e que acreditava que os palestinos não tinham mais do que quatro horas antes que a mídia soubesse de tudo.

"Por favor, dê a Jibril [Rajoub] e [Muhammad] Dahlan [os dois chefes do aparato de segurança palestino, que estavam sentados um de cada lado de Arafat] ordens para agir agora", disse Ayalon. "Eles sabem o que precisa ser feito. Se isso não acontecer e houver um ataque terrorista, Israel reagirá da maneira mais dura possível, incluindo a interrupção total do processo de paz."[21]

Arafat disse aos dois tenentes para agirem de maneira decisiva. Na mesma noite, os principais ativistas do Hamas foram arrebanhados e detidos, e a organização foi avisada de que qualquer atividade contra Israel obteria severa resposta da Autoridade Palestina. Rajoub e Dahlan fizeram tudo que puderam para garantir aos israelenses que, daquela vez, Arafat pretendia seriamente cumprir suas ameaças.

Nesse meio-tempo, oficiais e analistas do Shin Bet haviam começado a vasculhar os arquivos militares do Hamas, atualizando nomes e datas em seus computadores, como parte do "esforço intensivo para escrutinar rapidamente os documentos, a fim de agir antes que os membros da ala militar pudessem se reagrupar e se esconder".[22] Unidades das FDI, da Yaman e do próprio Shin Bet começaram a deter dezenas de suspeitos, "comandantes superiores, especialistas em explosivos, compradores de armas e materiais para construção de bombas, equipes de treinamento e suporte, incluindo pessoal de ligação e membros do Dawah", o braço social-civil do Hamas.

Os arquivos que os irmãos Awadallah haviam guardado tão cuidadosamente agora seriam usados para levar a infraestrutura militar do Hamas à beira do colapso.

Um dos nomes nos arquivos do Hamas era o de Iyad Batat, um agente militar sênior focado em ataques na Cisjordânia. Os registros mostravam que em várias ocasiões ele estivera envolvido em emboscadas a soldados das FDI.

Após vários meses, os israelenses finalmente o localizaram em um esconderijo no vilarejo de Beit Awwa. Uma operação — codinome Dungeons & Dragons — foi planejada para assassiná-lo.

Moshe Yaalon, que terminara seu mandato como chefe da Aman e agora servia como chefe do Comando Central das FDI, foi até o posto de comando avançado da operação, uma grande e úmida tenda perto do vilarejo de Beit Jubrin, não muito longe de Beit Awwa, em 19 de outubro de 1999. Embora seus agentes estivessem planejando a operação havia três dias, ele imediatamente percebeu que só possuíam uma fração das informações de que precisavam. Ninguém da Unidade 8200 (o braço SIGINT da Aman) estava lá, nem ninguém da Unidade 9900 para operar os drones. Mesmo que estivessem, não havia monitores nos quais as informações pudessem ser apresentadas. O oficial de inteligência relevante do Shin Bet estava em outra área, e o acesso a ele dependia da qualidade flutuante da recepção de seu celular.

"Eu vim de outro lugar, outra cultura", disse Yaalon, referindo-se à Sayeret Matkal, que já comandara, "e lá as coisas são feitas de maneira diferente. Era inconcebível que alguém soubesse de algo relevante para a operação e não estivesse acessível ao comandante de uma força prestes a entrar em ação."[23]

Yaalon e Diskin decidiram que o risco de continuar era inaceitável. Cancelaram a operação e impuseram uma pausa temporária a todos os esforços para assassinar Batat. "Em Beit Awwa, percebemos que havíamos sido totalmente estúpidos", disse Diskin. "E nos perguntamos o que precisava ser feito para garantir que isso não acontecesse novamente."

Na teoria, a solução era simples: colocar todas as pessoas necessárias no posto de comando, a fim de que pudessem falar umas com as outras e observar os monitores exibindo um único sumário dos dados.[24] O Shin Bet, a Yaman, as unidades de comando das FDI (Matkal, Flotilha 13, Cereja/Duvdevan), as unidades 8200, 504 e 9900 da Aman e a Força Aérea estariam todas no mesmo cômodo — "sob luzes fluorescentes, não em alguma tenda miserável", disse Diskin —, para onde fluiriam todas as informações disponíveis e necessárias.

Contudo, a implementação dessa solução era difícil em função de várias questões de responsabilidade, comando e controle. Durante os anos, os vários ramos dos serviços militares e de inteligência haviam se acostumado a funcionar paralelamente, e, como os agentes vinham de unidades diferentes, falavam jargões profissionais diferentes. Às vezes, algumas pessoas também se preocupavam mais com seu quintal do que com a segurança nacional.

Diskin, no Shin Bet, e Yaalon, na ala militar, tiveram de quebrar alguns procedimentos burocráticos consolidados e enfrentar várias dificuldades interpessoais para colocar todo mundo em um espaço no segundo andar da sede do Shin Bet em Jerusalém, que passaria a ser chamado, apropriadamente, de Sala Conjunta de Guerra (SCG). Especialmente dura foi a resistência da 8200, a glamorosa unidade SIGINT da Aman, que tentou insistir para que o Shin Bet fosse até ela.

Em 11 de dezembro de 1999, tudo estava pronto para a ação. As informações que chegavam ao Shin Bet indicavam que Batat iria para o refúgio em Beit Awwa nos dias seguintes. A casa e as cercanias estavam sob vigilância cerrada. Como precaução de segurança, Batat não carregava um telefone celular, mas seu motorista tinha um, e o Shin Bet o rastreara. Eles viram o celular chegar à casa em 13 de dezembro, ficar lá por algum tempo e então seguir em frente, aparentemente após deixar alguém. A câmera de um drone também viu o carro parar, alguém sair dele e entrar na casa. As informações vindas de um agente indicavam que Batat colocara um vigia camuflado no teto da casa, para avisá-lo de qualquer perigo. Essa informação foi inserida nos computadores da SCG e sensores de calor nos drones foram ativados, mostrando que de fato havia um homem escondido no telhado.

Levando todas essas informações em consideração, soldados da unidade Cereja, disfarçados de árabes, assumiram posição em vários locais em torno da casa. Quatro deles se ficaram encobertos sob uma pequena escada no muro externo, perto o bastante da entrada, mas escondidos do vigia no telhado.

"Onze da noite. O vilarejo está adormecido. Inicialmente, há adrenalina e você não sente medo, mas, mais tarde, quando está em posição, o medo começa", contou Alon Kastiel, que participou do ataque. "Recebemos permissão do comandante da unidade para abrir fogo. Matamos o homem de Batat no teto da casa. Houve troca de tiros. Após o tiroteio, executamos 'congelar' [cessar fogo] para obter algumas informações. Então mais ruídos da casa e Iyad Batat saiu com uma espingarda. Toda a força o identificou e abriu fogo."[25]

Mais tarde, as FDI fizeram uma breve declaração dizendo que uma de suas unidades "encontrara" Batat e outro homem procurado do Hamas e os eliminara. O objetivo da declaração era encobrir a vasta atividade de inteligência que ocorrera nos bastidores.

Mas, para os próprios israelenses, ficou claro que as reformas no Shin Bet e a SCG estavam se provando efetivas. Nos meses seguintes, o modelo da SCG foi usado em quinze diferentes prisões e operações de assassinato seletivo. Esse modelo foi baseado na total transparência entre as agências e um sistema de "passagem do bastão" de uma agência para outra enquanto a operação se desenrolava.

O primeiro princípio do modelo SCG exige a presença de todos os "sensores" — as agências coletoras de inteligência conectadas à operação —, tanto na forma de representantes presentes quanto em textos em tempo real sobre as informações produzidas. O Shin Bet investiu muito trabalho na integração de todos os sistemas de computador relevantes — os inúmeros elementos de hardware e software utilizados por muitos corpos diferentes de inteligência e operação —, a fim de que se conectassem uns aos outros e se comunicassem com o equipamento de TI na sala de guerra. O objetivo era que todos os dados fossem exibidos de maneira a criar um único e facilmente digerível retrato da situação. "Essa superioridade de inteligência, a concentração de todas as fontes possíveis, está na base de nossa habilidade de atingir nossos alvos", disse Yaalon.[26]

Para implementar o segundo princípio, passar o bastão, a sala de guerra foi dividida em duas partes. Uma parte, sob controle do Shin Bet, foi chamada de sala de guerra da inteligência. Era lá que o alvo da operação era identificado. Em outras palavras, a responsabilidade da sala de guerra da inteligência era indicar a localização específica do alvo e garantir que se tratava da pessoa correta. Essa parte foi chamada de "enquadramento".[27]

Com a identificação positiva, o bastão era passado para a segunda parte da sala de guerra, a seção operacional. Em geral, era responsabilidade das FDI, que supervisionavam a execução do ataque. (Inicialmente, a maioria dos assassinatos seletivos foi realizada pelas forças terrestres. Mais tarde, a execução passou para as mãos da Força Aérea, mas o princípio geral permaneceu o mesmo.) Nos casos em que o bastão era passado para a sala de guerra operacional, mas acontecia algo em campo que prejudicava a capacidade de atingir o alvo, como perda temporária de vigilância, o alvo retornava para a sala de guerra da inteligência e os procedimentos de enquadramento recomeçavam do início. E assim por diante, até a execução.

Em setembro de 2000, dois meses após Diskin ser nomeado vice-diretor do Shin Bet e Yaalon ser nomeado vice-chefe do Estado-Maior geral das FDI, os dois recomendaram que o modelo que haviam desenvolvido para a região do comando central fosse replicado em todo o país, ou seja, que uma sala de guerra permanente fosse criada para implementar grandes operações e assassinatos seletivos. A proposta foi aceita e um espaço foi criado em um edifício em construção da sede do Shin Bet, no norte de Tel Aviv.

O timing foi casual. "Se tivéssemos implementado a revolução tecnológica, mas não tivéssemos criado uma sala de guerra especial", disse Diskin, "não sei como teríamos lidado com a grande mudança que nos foi imposta pela Segunda Intifada."[28]

28

GUERRA TOTAL

Benjamin Netanyahu não esperou o resultado final das eleições. Em 17 de maio de 1999, logo que as pesquisas da TV começaram a indicar uma clara vitória do Partido Trabalhista e de seu líder, Ehud Barak, Netanyahu anunciou sua retirada da vida política.

Ele fora eleito por causa dos homens-bomba do Hamas, mas seus anos como primeiro-ministro haviam sido marcados por uma série de escândalos políticos, crises de coalizão, fracassos de segurança como o caso Mashal e um beco sem saída diplomático com os palestinos. Barak era percebido pelo eleitorado como o extremo oposto de Netanyahu: o mais condecorado soldado das FDI, discípulo e sucessor de Yitzhak Rabin, que prometera retirar o Exército do Líbano e trazer a paz. Em seu discurso de vitória, Barak disse que aquele era "o alvorecer de um novo dia", perante centenas de milhares de apoiadores na praça central de Tel Aviv, agora chamada de praça Rabin, em homenagem ao primeiro-ministro assassinado ali quatro anos antes. "A paz é um interesse comum e traz enormes benefícios aos dois povos", disse Barak ao Knesset alguns meses depois, declarando: "A verdadeira paz com a Síria e os palestinos é o auge da realização da visão sionista."[1]

Com sua tremenda energia, determinação e senso de propósito, Barak começou imediatamente a implementar suas políticas. Outrora mestre das operações especiais, ele estava imbuído de autoconfiança e certo de que podia planejar manobras políticas da mesma maneira que planejara operações de assassinato seletivo atrás das linhas inimigas: com estrita atenção ao detalhe, cuidadoso planejamento para antecipar todas as possíveis contingências e ação agressiva quando necessário. Ocorre que, embora esses métodos funcionassem bem em pequena escala, nem sempre funcionavam com complexos processos internacionais. E Barak raramente ouvia o conselho dos assessores.

Sob a égide americana, Israel iniciou negociações com a Síria. Agindo como emissário de Barak, o presidente Clinton se reuniu com o presidente Hafez al-Assad em Genebra em 26 de março de 2000. Clinton disse a Assad que Barak estava disposto a recuar das colinas de Golã, com exceção de pequenos ajustes de fronteira, em troca da paz, embora a linguagem de Clinton fosse menos entusiástica e sedutora do que se poderia esperar. Assad, que fora à reunião sofrendo de uma série de males, incluindo início de demência e exaustão, estava mais obstinado do que nunca a conseguir cada centímetro de volta. O encontro deu errado apenas alguns minutos depois de os dois presidentes encerrarem as formalidades iniciais e começarem a discutir a essência da disputa.

Barak teve de manter sua promessa e se retirar do Líbano, mas sem qualquer acordo com a Síria ou Líbano.[2] A fim de evitar que o Hezbollah aproveitasse a retirada para matar um grande número de soldados das FDI, todavia, ela teria de ser feita de um dia para o outro e completamente de surpresa.

Pouco antes da retirada, a Aman conseguiu localizar Imad Mughniyeh, o chefe militar do Hezbollah e número um da lista de procurados de Israel, enquanto ele realizava visitas de inspeção às linhas de confronto no sul do Líbano, para ver se Barak estava prestes a cumprir sua promessa e recuar, e preparar sua milícia para o dia seguinte.

Eles planejaram assassiná-lo.[3] Mas Barak, que foi até a fronteira norte e se reuniu com os principais oficiais militares presentes em 22 de maio, ordenou que apenas "continuassem a manter o objeto M sob vigilância", sem atacá-lo, na prática liquidando todo o projeto. A prioridade de Barak era se assegurar de que a retirada seria feita sem fatalidades, e ele temia que assassinar Mughniyeh provocasse o Hezbollah a bombardear comunidades israelenses ou iniciar grandes ataques contra alvos israelenses no exterior, o que exigiria uma resposta de Israel e tornaria praticamente impossível uma retirada rápida e discreta.

Barak estava certo, pelo menos em curto prazo. No dia seguinte à reunião na fronteira norte, ele ordenou a retirada imediata das FDI do Líbano. Todo o processo de retirada foi realizado sem baixas.

Mas Nasrallah o celebrou como uma vitória completa para seu lado, retratando os israelenses como covardes e temerosos, fugindo do exército de Mughniyeh.[4] "Israel é mais frágil que uma teia de aranha", disse ele. "Um espírito de derrotismo predomina na sociedade israelense [...] os judeus são um grupo de financistas, não um povo capaz de sacrifício."

Em retrospecto, o fim da ocupação israelense do Líbano ocorreu no pior momento possível para Barak. Ele viu que não podia chegar a um acordo com os sírios, então decidiu apressar a resolução da situação palestina. Mas muitos palestinos viram a retirada do Líbano como prova de que as táticas de guerrilha e o terrorismo podiam derrotar as maiores forças militares e de inteligência do Oriente Médio, e começaram a contemplar a possibilidade de aplicar esses métodos a sua própria arena.

Clinton convidou Barak e Arafat para Camp David em julho de 2000, a fim de realizar uma maratona de negociações e talvez chegar a um acordo de paz. "Eu sabia que esse acordo teria de incluir um Estado palestino e um compromisso em Jerusalém", disse Barak, "e eu estava preparado. Tinha certeza de que conseguiria persuadir o público israelense de que era vantajoso para nós e de que não havia outra opção."[5]

Arafat, por sua vez, não queria ir, e só concordou depois que Clinton prometeu que ele não seria culpado se as conversas falhassem.

Durante esse tempo, a inteligência israelense indicou que a agitação entre os palestinos estava alcançando novos níveis.[6] Relatou-se que a Autoridade Palestina fazia preparativos para um confronto armado com Israel a fim de pressionar por maiores concessões.

"Não estávamos nos preparando e não pretendíamos iniciar um confronto com Israel, mas 'a esperança é, por sua própria natureza, uma mercadoria dispendiosa'", disse Jibril Rajoub, citando Tucídides.[7] Barak disse a seus associados: "Estamos em um navio gigante que está prestes a colidir com um iceberg, e só conseguiremos nos desviar se tivermos sucesso em Camp David."[8]

A atmosfera durante as reuniões foi festiva. Barak estava disposto a fazer concessões que deixaram os participantes americanos "boquiabertos e exultantes", incluindo um importante compromisso que daria aos palestinos partes de Jerusalém Oriental e domínio internacional sobre o monte do Templo, o local da mesquita Al-Aqsa. Nenhum líder israelense jamais concordara em ceder tanto ou fazer compromissos em questões que até então haviam sido consideradas tabu.⁹

Mas Barak não fizera o suficiente para preparar o terreno para a reunião; não tentara fazer com que o mundo árabe pressionasse Arafat a se comprometer com princípios palestinos como o direito de retorno dos refugiados.¹⁰ Ele também se comportou de uma maneira que foi percebida como autoritária e conduziu as negociações com Arafat através de emissários, muito embora sua cabine estivesse a poucos metros de distância.

Arafat se recusou a assinar, talvez porque tenha pensado que conseguiria termos melhores de Israel se recusasse ou simplesmente porque não visse nenhum líder árabe apoiando um compromisso com o grande inimigo. Clinton ficou furioso. Ele encerrou a reunião de cúpula e quebrou sua promessa a Arafat de não culpá-lo pelo fracasso. "Se Clinton tivesse adotado a política de Carter e batido suas cabeças uma na outra até concordarem com um compromisso, a história teria sido diferente", disse Itamar Rabinovich, um dos principais diplomatas e estudiosos israelenses sobre o Oriente Médio.¹¹

Nos dois meses que se seguiram, foram feitas tentativas de aproximação.¹² Mas a tensão e a suspeita entre os dois lados haviam passado do ponto de não retorno. "Vivíamos com a sensação de respirar pólvora", disse um dos associados próximos de Barak.¹³

E onde há pólvora, há um piromaníaco disposto a acendê-la. Dessa vez, o piromaníaco foi Ariel Sharon.

O que os judeus chamam de monte do Templo e os muçulmanos chamam de Nobre Santuário talvez seja o local mais sensível do mundo de hoje. Localizado no interior da cidade velha de Jerusalém, é reverenciado como o local da rocha de onde Deus criou o mundo e onde pediu que Abraão sacrificasse seu filho Isaac. Também é o local do primeiro e do segundo templo judaico, onde Jesus caminhou e pregou e de onde os muçulmanos acreditam que o profeta Maomé partiu em seu voo para o paraíso com o anjo Gabriel. É onde estão localizadas a Cúpula da Rocha e a Mesquita Al-Aqsa.

No decorrer dos anos, houve muitos confrontos no local. Em 1982, um grupo de terroristas judeus planejou explodir a Cúpula da Rocha para "remover a abominação", como disseram, na esperança de que o ato levasse a uma guerra mundial, apressando a vinda do Messias.¹⁴ Embora tenham falhado em sua missão, sua estratégia não foi inteiramente errônea: qualquer incidente no monte do Templo seria uma bola de neve que rapidamente iniciaria uma avalanche.

Ariel Sharon estava consciente disso. Como líder da oposição à administração de Barak, decidiu desafiar, da maneira mais flagrante possível, a disposição de Barak de abrir mão da soberania israelense sobre o monte do Templo. Em 28 de setembro, ele liderou um grupo de políticos do Likud, cercados por centenas de policiais, em uma manifestação no local sagrado. E declarou: "É direito de todo judeu de Israel visitar e rezar no monte do Templo. O monte do Templo é nosso."

Os palestinos que estavam no local gritaram "Açougueiro de Beirute [...] assassino de mulheres e crianças", e logo enfrentaram os policiais que protegiam Sharon.¹⁵

No horário das orações matinais do dia seguinte, a Rádio Palestina e os sermões nas mesquitas já condenavam severamente o que viam como tentativa israelense de destruir locais sagrados do Islã.¹⁶ Uma multidão de 20 mil pessoas, na maioria homens jovens, aguardava raivosamente o início das orações em Al-Aqsa. Muitos deles estavam armados com pedras e outros objetos, e começaram a jogá-los nos policiais e nos fiéis judeus no Muro das Lamentações. Nesse tumulto, sete palestinos foram mortos e mais de cem ficaram feridos. No dia seguinte, a violência se espalhou pelos territórios palestinos ocupados e pelas áreas de Israel povoadas por árabes. Doze árabes israelenses foram mortos (juntamente com um palestino e um judeu israelense). Em pouco tempo, os conflitos locais haviam se transformado em uma guerra.

No interior das comunidades israelenses de inteligência, retomou-se a discussão sobre o que se passava na mente de Yasser Arafat.¹⁷ Os chefes da Aman e das FDI, especialmente Moshe Yaalon, achavam que a Intifada fazia parte de uma sofisticada e planejada estratégia de Arafat e que ele "controlava a altura das chamas" de seu escritório, inicialmente com manifestações "espontâneas" organizadas por sua gente, depois com tiros contra soldados israelenses partidos da multidão, em seguida com tiroteios planejados contra soldados e colonos e, finalmente, com homens-bomba no interior de Israel. Arafat estava "tentando obter conquistas diplomáticas através do derramamento de sangue israelense", segundo o chefe do Estado-Maior da época, o tenente-general Shaul Mofaz.[18]

O Shin Bet, por sua vez, achava que Arafat jamais tivera tal estratégia e que a guerra começara como manifestação espontânea de estudantes frustrados com várias questões — muitas intrapalestinas —, atiçados pelos líderes locais. As manifestações levaram a uma severa resposta das FDI, que estavam "excessivamente preparadas" para episódios de violência. Essa resposta deixou muitos palestinos mortos ou feridos e levou a uma deterioração ainda maior. Para o Shin Bet, Arafat estava sendo arrastado pela maré de eventos.[19]

Yossi Avrahami era um comerciante independente de Petah Tikva, com 38 anos, casado e com três filhos. Em seu tempo livre, fazia trabalho voluntário como auxiliar de guarda de trânsito. Vadim Nurzhitz era três anos mais jovem, um nativo de Irkutsk, na Rússia, e motorista de caminhão. Nenhum deles era soldado profissional, mas, como muitos judeus israelenses, eram reservistas, em permanente prontidão para reforçar as FDI.

A Segunda Intifada, como se tornou conhecida a última guerra entre Israel e os palestinos, exigiu reforços. Avrahami e Nurzhitz foram convocados em 1º de outubro de 2000 para proteger ônibus escolares dos assentamentos de ataques palestinos. Em 11 de outubro, receberam uma licença de um dia. No dia seguinte, no caminho de volta para a base no carro de Nurzhitz, entraram na rua errada e terminaram em Ramalá, uma cidade na Cisjordânia. Houvera alguns tumultos em Ramalá nas semanas anteriores e vários palestinos haviam sido mortos por tiros das FDI. A tensão era alta. Quando o carro entrou na cidade, os pedestres viram as placas amarelas de Israel e começaram a jogar pedras. Os dois tentaram fugir, mas foram bloqueados pelo trânsito.

Policiais palestinos os tiraram do carro sob a mira de armas, confiscaram as suas e os levaram até a delegacia para interrogatório. Depois os deixaram à mercê de uma multidão de linchadores furiosos que se reuniu do lado de fora.

Os dois reservistas foram espancados, seus olhos foram arrancados e eles foram esfaqueados diversas vezes. A cabeça de Nurzhitz foi esmigalhada antes que ele fosse eviscerado com um galho enfiado em sua garganta e seu corpo fosse queimado. Quando a mulher de Avrahami, sem saber o que havia acontecido, ligou para seu celular, um dos assassinos disse a ela: "Massacrei seu marido há alguns minutos."[20] Um dos palestinos foi fotografado na janela do segundo andar da delegacia, exibindo em êxtase as mãos ensanguentadas para a multidão jubilosa abaixo. Eles então jogaram os corpos pelas janelas e os arrastaram pela cidade.

O evento foi bastante impressionante para o público israelense, que muito corretamente culpou a Autoridade Palestina, cujo pessoal não oferecera proteção aos israelenses em seu território, em vez disso prendendo-os sem razão e então permitindo que a multidão os assassinasse no interior da delegacia.

O Shin Bet chamou o linchamento de "ataque emblemático" cujos perpetradores tinham de ser caçados perpetuamente, "como os responsáveis pelo massacre dos israelenses nas Olimpíadas de Munique".[21] A caçada prosseguiu nos meses e anos que se seguiram.

Ainda mais significativo, aos olhos de muitos líderes israelenses, o ataque foi visto como uma traição fundamental, prova de que o objetivo da Autoridade Palestina — e, por extensão, de Arafat — não era a paz, mas sim o conflito. Desse momento em diante, a AP e o próprio Arafat seriam tratados como parte do problema.

Na esteira do linchamento em Ramalá, as FDI intensificaram imensamente o uso da força.[22] Armas de fogo foram usadas com mais frequência contra manifestantes. As FDI também se voltaram contra os policiais palestinos, explodindo delegacias durante a noite, quando estavam vazias. No fim do ano 2000, 276 palestinos haviam sido mortos.

O derramamento de sangue foi um desastre político para Ehud Barak. Já prejudicado pelo fracasso em Camp David, o levante o deixou desnorteado e incapacitado. Ele aberta e repetidamente culpou Arafat pelo que acontecera, mas isso só o fez parecer ainda mais fracassado aos olhos do público israelense, por ter confiado no líder palestino em primeiro lugar. E sua insistência em continuar o processo de paz com Arafat fez com que sua popularidade caísse para níveis sem precedentes. Associados próximos descreveram os últimos meses de seu mandato como maníacos, sem foco ou qualquer senso claro de direção. Sua coalizão de governo começou a se desfazer e, em dezembro, ele foi forçado a convocar eleições para fevereiro de 2001.

Barak foi derrotado pelo mesmo homem cuja provocação no monte do Templo dera início à Intifada: Ariel Sharon.

Sharon era um pária político havia quase duas décadas, desde que orquestrara a desastrosa invasão do Líbano.[23] Fora forçado a pedir demissão do cargo de ministro da Defesa em 1983, mas sua infame aventura militar — seu temerário plano de rearranjar todo o Oriente Médio — se arrastou por dezoito anos, custando a Israel 1.216 vidas e mais de 5 mil feridos, assim como milhares de fatalidades libanesas.

Multidões de cidadãos israelenses protestando nas ruas o haviam chamado de assassino e criminoso de guerra.[24] Os Estados Unidos lhe impuseram um boicote não oficial: somente oficiais americanos juniores tinham permissão para se encontrar com ele quando estava nos Estados Unidos, e mesmo assim somente em seu hotel, fora das horas regulares de serviço. O homem que jamais parava no sinal vermelho, como diz a canção, foi publicamente desprezado e amplamente odiado durante anos, a despeito de servir no Knesset e como ministro de gabinete.

Mas Sharon via a política como uma roda-gigante. "Às vezes você está lá em cima, às vezes está lá embaixo", costumava dizer. "Mas fique nela." No início de 2001, quando os israelenses estavam desesperados por um líder forte que pusesse fim à violência, ele derrotou Barak por 25%.

O contraste foi evidente.[25] Assessores que permaneceram no gabinete do primeiro-ministro depois que Barak partiu disseram que a atmosfera se tornou imediatamente mais calma e estável. Sharon era o oposto de Barak: caloroso, atento aos humores e hábitos pessoais, cuidadoso em demonstrar respeito a todos. Era naturalmente desconfiado, mas, assim que sentia que alguém merecia confiança, passava a lhe dar grande liberdade de ação.

Ele também sentia profundamente sempre que israelenses ou judeus de qualquer parte eram mortos em um ataque terrorista. "Eu lhe dava a notícia sobre este ou aquele ataque terrorista", disse o secretário militar Yoav Galant, "e via como seu coração se despedaçava. Doía nele da maneira mais pessoal. Qualquer criança, mulher ou homem em Israel que fosse assassinado em um ônibus ou shopping era como se fosse um parente, alguém de sua família."[26]

Sharon marcou um caminho aparentemente claro para o fim da violência. "Ele irradiava a confiança de que estávamos prestes a vencer essa guerra, a guerra contra o terrorismo", comentou Galant. "Como disse Napoleão, as legiões romanas não cruzaram o Rubicão; Júlio César cruzou o Rubicão. Sharon era um líder, e ele liderou a guerra contra o terror."

Imediatamente após assumir o cargo, ele declarou que as negociações políticas não ocorreriam enquanto os ataques terroristas continuassem. Somente quando houvesse tranquilidade Israel retornaria à mesa de negociação. Ao mesmo tempo, pressionou as FDI e o Shin Bet para aprimorar suas operações. "Pensem fora da caixa", disse aos comandantes. "Tragam-me ideias criativas." Ele os lembrou repetidamente de seu próprio período tumultuado na Unidade 101 na década de 1950 e de como Meir Dagan, sob seu comando, tivera sucesso em caçar terroristas nos anos 1970.

Desde seu mandato como ministro da Defesa no início da década de 1980, Sharon duvidava da capacidade das FDI, suspeitando que haviam "perdido sua força com os anos".[27] Também desconfiava dos oficiais do Exército, talvez porque se lembrasse de como havia mentido para os políticos quando usava uniforme, enganando os superiores para que autorizassem operações. Agora que era primeiro-ministro, sentia que os oficiais das FDI tinham medo de fracassar e, consequentemente, nas palavras de Galant, "estava convencido de que os comandantes superiores estavam mentindo para ele a fim de não terem de assumir a responsabilidade".

Em contrapartida, Sharon se sentia muito mais confortável com o Shin Bet e sentia grande confiança em seu chefe, Avi Dichter. Na guerra contra o terror, a primeira e mais importante questão de sua agenda, Sharon se apoiou cada vez mais na agência, dando-lhe mais missões e autoridade.

No início da Segunda Intifada, um número significativo de pessoas que se envolveram em ataques terroristas na década anterior estava em prisões administradas pela Autoridade Palestina. Depois que os ataques suicidas de 1996 derrubaram o governo de Shimon Peres e interromperam o processo de paz, Arafat percebeu que precisava manter os principais líderes do Hamas e da Jihad Islâmica atrás das grades ao menos durante as negociações com os israelenses. Mas, após seis meses, com início em outubro de 2001, ele ordenou sua libertação.

Novamente, as FDI acharam que Arafat estava tentando instigar mais ataques contra Israel, ao passo que o Shin Bet achava que ele estava apenas tentando freneticamente não perder o apoio dos palestinos para o Hamas. Àquela altura, centenas de palestinos haviam sido mortos na Intifada, enquanto apenas um punhado de soldados das FDI e colonos haviam perdido a vida. Os ataques suicidas do Hamas, todavia, começavam a equilibrar os pratos da balança. "Quanto mais os ataques suicidas aumentavam e eram bem-sucedidos, mais crescia o apoio ao Hamas, em proporção direta", disse Yuval Diskin, o vice-chefe do Shin Bet.[28]

A perda dos irmãos Awadallah e de seus arquivos fora um poderoso golpe, mas o Hamas começara a se reconstruir sob a liderança do xeque Yassin. E, conforme se reconstruía, começou a realizar cada vez mais ataques suicidas contra civis israelenses.

Em 18 de maio de 2001, um agente do Hamas vestindo um longo casaco azul-escuro foi até a barreira de segurança em frente ao shopping HaSharon, perto de Netanya. Ele despertou as suspeitas dos guardas, que o impediram de entrar, e então explodiu a si mesmo, matando cinco pedestres. Em 1º de junho, outro homem-bomba matou 21 jovens, a maioria novos imigrantes judeus vindos da Rússia, na fila em frente a uma discoteca na praia em Tel Aviv. O dono da discoteca, Shlomo Cohen, fora comando naval, mas disse, com desespero nos olhos, que aquela havia sido a pior coisa que já vira na vida.[29]

No início de novembro, homens-bomba estavam atacando nas ruas de Israel quase todas as semanas, às vezes quase todos os dias. Em 1º de dezembro, três homens-bomba em sucessão mataram onze pessoas no calçadão da rua Ben Yehuda, em Jerusalém, o mesmo local onde um ataque suicida em 1997 levara à tentativa de assassinato de Khaled Mashal. No dia seguinte, um homem de Nablus explodiu-se em um ônibus em Haifa, matando quinze pessoas e ferindo quarenta. "Estamos enfrentando uma ofensiva total", disse o comandante da polícia do Distrito Norte ao chegar à cena.[30]

A ofensiva não parou. Somente em março de 2002, 138 homens, mulheres e crianças foram mortos por homens-bomba, e 683 ficaram feridos.[31] O ataque mais atroz ocorreu no Pessach, no andar térreo do Park Hotel em Netanya, onde um banquete de Seder era oferecido a 250 pessoas carentes da cidade. Um homem-bomba vestido de religiosa judia entrou no hall do hotel e explodiu-se, matando 30 pessoas — a mais jovem com 20 anos e a mais velha com 90 — e ferindo 143. George Jacobovitz, um húngaro que sobrevivera aos campos de morte nazistas, estava lá com a esposa, Anna, também sobrevivente do Holocausto na Hungria. Eles celebravam a noite de Seder com Andrei Fried, filho de Anna de um casamento anterior, e sua esposa Edit. Os quatro foram mortos.

O ano de 2002 foi, de acordo com o chefe do Shin Bet, Dichter, "o pior ano em termos de ataques terroristas contra nós desde a criação do Estado".[32]

Mofaz, o chefe do Estado-Maior, contou: "Foi um trauma nacional. Isso nos impôs perda de vidas e danos à segurança nacional e à economia. Não havia turismo e as pessoas tinham medo de sair para fazer compras, ir a restaurantes ou usar ônibus."[33]

A comunidade israelense de inteligência já encontrara homens-bomba antes, mas "não percebemos que isso podia ser feito em números tão altos", disse o major-general Yitzhak Ben-Yisrael, chefe da Administração de Desenvolvimento de Armas e Infraestrutura Tecnológica (Maf'at em hebraico) do Ministério da Defesa.[34] "Mesmo quando compreendemos que essa era a ameaça principal", continuou ele, "não tínhamos solução para ela, nem em termos de doutrina de combate, nem em termos de armamentos. O que se pode fazer contra um homem-bomba que já está andando pelas ruas, procurando um lugar para se explodir?"

O terrorismo em geral e os ataques suicidas em particular criaram uma estranha e frustrante situação no Shin Bet e nas FDI. "Inequivocamente, havia um senso de impotência", disse o chefe da diretoria de planejamento das FDI na época, o major-general Giora Eiland. "A frustração era imensa. Estávamos sob grande pressão para fazer algo, tanto de cima [o comando das FDI e o escalão político] quanto de baixo [oficiais e soldados no campo]. E seus vizinhos, seus parentes e as pessoas nas ruas o paravam e perguntavam: 'Onde estão seus comandantes militares? Vocês têm um orçamento de 50 bilhões de shekels, o que fazem com o dinheiro? O que fazem o dia inteiro?'"[35]

Na ausência de qualquer estratégia mais abrangente para responder à ofensiva de terrorismo suicida, o Shin Bet apenas continuou a fazer o que sempre fizera: assassinar as pessoas que instigavam e organizavam o terror.

Durante o primeiro ano da Intifada, os ataques foram realizados de maneira difusa, sem qualquer direção clara. O primeiro ocorreu logo após o início da revolta, quando o Shin Bet descobriu que um agente do Fatah chamado Hussein Abayat estava por trás de muitos ataques a tiros nas estradas da Cisjordânia e no bairro de Gilo, em Jerusalém.[36]

Desde o linchamento em Ramalá, todas as áreas sob controle da Autoridade Palestina haviam sido designadas território hostil, onde era necessário operar com extrema cautela e com o apoio de grandes forças das FDI. Mas entrar com uma força tão poderosa a fim de prender ou assassinar Abayat lhe daria tempo para fugir para um esconderijo. A única maneira de chegar até ele, concluíram os israelenses, era com uma operação combinada usando uma força de comandos disfarçada e um ataque aéreo.

A unidade de comandos da Força Aérea Martim-Pescador (Shaldag em hebraico), que designava alvos com laser atrás das linhas inimigas, foi escolhida para a operação. A unidade foi selecionada porque, na época, era a única unidade treinada disponível para agir em estreita colaboração com a Força Aérea.

Em 9 de novembro de 2000, Abayat foi visto por uma fonte palestina do Shin Bet entrando em seu Mercedes preto e saindo do vilarejo de Beit Sahour, perto de Belém, com alguns de seus homens. Um agente do Shin Bet que acompanhava a fonte mantinha contato com a Sala Conjunta de Guerra, que por sua vez estava em contato com a Força Aérea e as forças no solo. Membros da Martim-Pescador indicaram o veículo com lasers para duas formações de dois helicópteros Apache cada, que seguiam à distância. O carro parou em uma casa e uma multidão se reuniu em torno. "Esperamos alguns minutos até que o carro se movesse novamente, para longe das pessoas", disse o vice-líder do esquadrão de Apaches. "Então disparamos dois mísseis. Eu disparei um e o segundo foi disparado pelo comandante do esquadrão, que liderava a outra formação. Ambos atingiram o alvo. Até então, só havíamos executado missões assim no Líbano. Foi uma sensação estranha [fazer isso em uma área controlada por Israel]."[37]

A morte de Abayat foi o primeiro assassinato aéreo nos territórios ocupados. Também foi incomum porque o Shin Bet geralmente preferia assassinatos de baixa assinatura: sem envolvimento declarado das forças israelenses, porque era proibido pelos acordos de paz de 1994. Mas agora as ordens eram para atingir alvos específicos nos territórios, com ou sem envolvimento das forças israelenses.

Um deles era Iyad Haradan, um comandante da Jihad Islâmica no distrito de Jenin. Em 5 de abril de 2001, Haradan atendeu ao telefone público que usava habitualmente (muitos terroristas perceberam que os israelenses estavam ouvindo suas conversas pelo celular e começaram a usar telefones públicos), no centro de Jenin. Mas, em vez da chamada que estava esperando, houve uma sonora explosão que o matou instantaneamente.[38] O dispositivo fora plantado na noite anterior por uma unidade dos Pássaros. A área estivera sob vigilância de dois drones e, quando a voz de Haradan foi identificada, o sinal ativando a bomba foi enviado da SCG. Uma operação similar em 27 de junho matou Osama al-Jawabra, um membro da Brigadas de Mártires de Al-Aqsa, do Fatah, em Nablus.

O Shin Bet também tentou eliminar o secretário-geral da FPLP na Palestina, Abu Ali Mustafa, usando vários métodos de baixa assinatura: envenenamento, um dispositivo explosivo em seu celular, uma bomba em seu carro de maneira que parecesse que os explosivos que carregava haviam explodido por acidente.[39] Quando esses planos falharam, o Shin Bet desistiu de tentar ser discreto. Em 27 de agosto, um helicóptero Apache disparou foguetes através da janela do escritório de Mustafa em Ramalá. Israel afirmou que sua decisão de atacar Mustafa "não se deu porque ele era um líder político, mas a despeito disso". De acordo com os israelenses, ele estava diretamente envolvido com terrorismo.

O assassinato de Mustafa não diminuiu os ataques suicidas. Além disso, para os palestinos, uma linha fora cruzada. "Eu gostaria de lembrar a Israel do período no início dos anos 1970", disse um líder da FPLP. "Devemos responder de maneira a impedir que os israelenses ataquem outros líderes palestinos." Em um ato de retaliação dois meses depois, em 17 de outubro, no hotel Hyatt em Jerusalém, membros da FPLP assassinaram Rehavam Zeevi, um ministro do gabinete de Sharon e ex-general das FDI, que tinha opiniões nacionalistas extremas.

Zeevi fora um israelense admirado e proeminente, um bom amigo de Sharon desde os dias do Exército. Na verdade, nenhum dos outros assassinatos seletivos ou operações militares agressivas realizadas por Israel obteve resultado para além de matar 454 palestinos, ferir milhares de outros e prolongar um conflito sangrento e assimétrico que deixou mais israelenses mortos.

Sharon ficava cada vez mais frustrado com a impotência do establishment de defesa.⁴⁰ Certa manhã, seu chefe de gabinete e braço direito, Dov Weissglass, pediu que o chefe da divisão de inteligência do Shin Bet, Barak Ben-Zur, o encontrasse em um local incomum, a entrada do centro comercial internacional de um banco de Tel Aviv.

Weissglass conseguira passes de entrada para a sala de operações do centro.

Ele levou Ben-Zur até o meio de um amplo espaço, cercado por telas pulsantes que registravam o dinheiro entrando e saindo de Israel, o oxigênio da economia do país.

"O que você está ouvindo, Ben-Zur?", perguntou Weissglass após um longo minuto de silêncio.

Ben-Zur ficou confuso.

"Nada", respondeu ele. "Não ouço nada."

"Exatamente. Não há nada para ouvir. Nenhuma ação. Os investidores estrangeiros não vêm para cá, porque temem que algo aconteça, e não trazem dinheiro porque não está claro o que acontecerá amanhã. Se vocês, o Shin Bet, as FDI, a Força Aérea, não fizerem algo, além do sangue, do pesar, do luto e da terrível tristeza, este país enfrentará o colapso econômico."⁴¹

O Shin Bet entendeu a mensagem. Se assassinatos isolados não funcionavam — e não funcionavam —, a agência precisava de uma estratégia mais abrangente para limitar a capacidade do Hamas e de outras organizações terroristas que usavam homens-bomba. Embora os oficiais de inteligência geralmente preferissem prender seus adversários, um dos oficiais da agência disse ao gabinete de segurança que, sem controle sobre o território, não havia opção. Consequentemente, "vocês não têm escolha, são tanto promotor quanto advogado de defesa, juiz e carrasco".⁴² Ninguém sonhava com a vitória total, ou sequer tinha certeza de como ela seria, mas buscava pelo menos uma situação razoavelmente segura para garantir uma vida relativamente pacífica aos cidadãos de Israel.

O diretor da agência, Avi Dichter, apresentou a nova estratégia a Sharon e ao governo durante uma série de reuniões perto do fim de 2001.⁴³ Inicialmente, os ministros ficaram hesitantes. Mas, durante uma reunião após o ataque terrorista a um ônibus em Haifa, no qual quinze passageiros foram mortos, Sharon sussurrou para Dichter: "Vá em frente. Mate todos eles."⁴⁴

29

"MAIS HOMENS-BOMBA DO QUE COLETES EXPLOSIVOS"

Até o fim de 2001, o Shin Bet se limitou a ir atrás das "bombas tiquetaqueando", pessoas que estavam planejando um ataque, prestes a realizá-lo ou diretamente envolvidas em tal comportamento: o comandante e o recrutador dos homens-bomba ou o construtor dos dispositivos, por exemplo.

Havia vários problemas com essa abordagem. O primeiro era identificar os alvos entre o estoque aparentemente infinito de voluntários. Havia mais "homens-bomba do que coletes explosivos", como afirmou um porta-voz do Hamas. Os palestinos não se encaixavam em nenhum perfil fixo: eram jovens e idosos, educados e analfabetos, sem nada a perder ou com grandes famílias. Inicialmente, eram apenas homens adultos, porém, mais tarde, os líderes do Hamas encorajaram mulheres e crianças a também se sacrificarem.

Além disso, identificar um alvo não necessariamente significava impedir o ataque. Os monitores, os oficiais, os intérpretes, os analistas de inteligência e os técnicos podiam rastrear o ataque enquanto ele "rolava" — no jargão profissional da agência —, "praticamente até a explosão". Mas não podiam evitá-lo, porque Israel não podia operar abertamente no interior do território controlado pelos palestinos. E, quando o homem-bomba chegava a Israel, geralmente era tarde demais.[1]

Houve vários colapsos nervosos entre esses oficiais e monitores durante esse período. Uma oficial detectou o ataque de maio de 2001 ao shopping de Netanya e ativou todo o sistema para tentar impedi-lo. Mas o homem-bomba chegou a território israelense e não pôde ser localizado com precisão até já ter se matado, levando consigo cinco civis. "A oficial ficou sentada ali, chorando, com os monitores de TV a sua volta mostrando os corpos sendo removidos", contou o diretor do Shin Bet, Dichter, "mas então o alerta seguinte começou a soar e ela teve de enxugar as lágrimas e continuar trabalhando."

Como detectar homens-bomba individualmente era ineficaz, Dichter decidiu mudar de foco. A partir do fim de 2001, Israel passou a visar à "infraestrutura do tique-taque" por trás dos ataques.[2] Afinal, a pessoa que se explodia ou plantava a bomba e apertava o detonador era somente o último elo em uma longa cadeia. Havia recrutadores, mensageiros e compradores de armas, assim como pessoas que mantinham esconderijos e contrabandeavam dinheiro, uma organização inteira supervisionada por comandantes de células regionais, acima dos quais estavam os principais comandantes militares, eles mesmos subordinados aos líderes políticos.

Eles seriam os alvos.[3] Uma sentença de morte potencial foi pendurada sobre as cabeças de todos os membros ativos da ala militar do Hamas, conhecida como Brigada Izz al-Din al-Qassam, e da Jihad Islâmica Palestina. "Eles rapidamente perceberiam que nenhum deles, do oficial regional de operações, passando pelo motorista de táxi e chegando ao fotógrafo que registra o vídeo de adeus do homem-bomba, estava imune a ataques", disse Yitzhak Ilan, um agente sênior do Shin Bet na época e, mais tarde, vice-chefe da agência.

Ir atrás dos homens-bomba era inútil, porque eles eram, por definição, descartáveis e facilmente substituídos. Mas as pessoas que os recrutavam, organizavam e despachavam não eram. Nem, como regra, estavam tão dispostas ao martírio quanto aqueles que recrutavam. A inteligência israelense descobriu que havia menos de trezentas pessoas envolvidas ativamente na organização dos ataques suicidas e não mais de quinhentas em todos os grupos terroristas combinados.

Nem todas teriam de ser mortas. "O terrorismo é um barril que tem fundo", explicou Dichter ao Comitê de Defesa e Relações Exteriores do Knesset. "Você não precisa chegar ao último terrorista para neutralizá-lo. Basta atingir uma massa crítica e você o imobiliza."[4]

A Administração de Desenvolvimento de Armas e Infraestrutura Tecnológica desenvolveu um modelo matemático para determinar a quantidade de "redundância" ou mão de obra reserva no Hamas. Os resultados mostraram que remover de 20 a 25% da organização levaria a seu colapso. "Um exemplo simples é o automóvel", disse o chefe da administração, Ben-Yisrael:

> Há componentes críticos e você o constrói desde o início com um grau de redundância. Você tem um pneu sobressalente, não cem pneus. Você está dirigindo e *bang*! O pneu fura e você o troca. Você continua dirigindo e *bang*! Outro pneu furado. Você consegue continuar dirigindo? É menos provável. Por que eles não te dão mais pneus? Porque eles ocupam espaço e acrescentam peso. A redundância também possui um nível ótimo.
>
> Suponha que queiramos parar um carro. Estamos de frente para ele e começamos a atirar. Você atira uma vez, de modo completamente aleatório. O carro vai parar ou não? Depende de onde o tiro acertar. Pode acertar o para-lama ou o rádio. O carro não para. Você atira de novo e de novo. O carro vai parar ou não? Está claro que, em algum momento, o carro vai parar, mesmo que a maior parte dele não seja atingida. Por quê? Porque você terá atingido uma parte crítica. E esse é precisamente nosso modelo.[5]

É claro que os assassinados seriam rapidamente substituídos pelos próximos na fila, mas, com o tempo, a idade média cairia, assim como o nível de experiência, conforme pessoas cada vez mais jovens ocupassem as posições. Como disse Yitzhak Ilan: "Um dia, quando o comandante da Jihad Islâmica em Jenin foi levado para a sala de interrogatório, um homem que, por acaso, havíamos capturado e não assassinado, fiquei satisfeito em ver que ele tinha 19 anos. Percebi que estávamos vencendo, que havíamos eliminado toda a cadeia que o precedera."[6]

Agora que uma estratégia coerente fora desenvolvida, tinham de descobrir como encontrar e eliminar esses alvos. O Shin Bet informou ao primeiro-ministro Sharon que, com tantos assassinatos em consideração, todos os recursos relevantes do Estado de Israel seriam necessários.

*

Os palestinos dos territórios ocupados há muito tempo se acostumaram a ver drones zunindo nos céus. "Eles voavam por aqui o tempo todo", disse Moshe Yaalon, vice-chefe do Estado-Maior na época. "Assim como há um sol e uma lua, havia o som e a imagem dos VANTs."[7] Os VANTs, veículos aéreos não tripulados, coletavam inteligência através de suas câmeras de definição.

Mas a maioria dos civis, tanto árabes quanto israelenses, não sabia o quanto a tecnologia de drones avançara durante as décadas desde que Israel os usara pela primeira vez.[8] Agora eram maiores, podiam ficar mais tempo no ar (até 48 horas) e carregavam equipamento ótico mais avançado e armamentos mais pesados, podendo levar até uma tonelada de mísseis guiados de alta precisão.

Nos jogos de guerra de agosto de 2001, simulando combate com a Síria, as FDI perceberam que podiam lutar contra o que era visto então como seu mais premente desafio militar — o arsenal de tanques do Exército sírio, que chegava a milhares — usando apenas drones. "Tínhamos mais bombas do que há alvos no Oriente Médio", disse Yaalon.

Como os Estados Unidos haviam feito na Operação Tempestade no Deserto e nos Bálcãs, Israel podia conduzir a guerra de longe.[9] Mas as capacidades israelenses eram ainda mais avançadas do que as americanas. Eles não apenas possuíam armamento de precisão, como mísseis e foguetes guiados, como também aeronaves que podiam chegar muito perto dos alvos e tinham uma probabilidade excepcionalmente alta de atingi-los, porque os drones podiam ajustar sua trajetória no meio do voo, em resposta ao movimento dos alvos.

As FDI e a Força Aérea preferiam manter suas capacidades secretas até uma guerra total. Mas, quando os militares protestaram contra a exigência de Sharon de usarem drones em alvos humanos, expondo-os aos palestinos, o primeiro-ministro esmurrou a mesa. "Ele decidiu que esse sistema de armas, em vez de cochilar na prateleira esperando pela guerra para o qual fora feito e não estava acontecendo, devia ser usado contra o inimigo atual", disse o general Yoav Galant.[10]

A Força Aérea criou um esquadrão especial para aperfeiçoar os drones, tanto em termos de munição quanto de tecnologia de perseguição ao alvo.[11] Identificar um tanque sírio no campo de batalha é diferente de seguir um homem montado em um burro tentando fugir de assassinos israelenses, e destruir um veículo blindado requer um míssil diferente do tipo usado para matar uma ou duas pessoas sem aniquilar todo um quarteirão da cidade. A Força Aérea escolheu uma ogiva que espalhava centenas de cubos de tungstênio de 3 milímetros cada, capazes de atravessar metal fino e blocos de concreto, mas que, por causa de sua densidade, ficariam contidos a uma área de 18 metros de diâmetro.

Depois de ter se apropriado das armas mais adequadas dos militares, o Shin Bet agora precisava de sua inteligência. Sharon instruiu a Aman, que era várias vezes maior que o Shin Bet, e o Mossad, cujas relações com o Shin Bet eram no melhor dos casos irregulares, a se colocarem à disposição da agência, pelo tempo que fosse necessário.[12]

A Unidade 8200, o braço SIGINT da Aman, passou pela maior mudança.[13] Previamente, ela lidara com os inimigos externos de Israel, especialmente a Síria. Agora, suas poderosas antenas, instalações de vigilância e departamentos de decodificação e invasão de computadores estavam focados na guerra contra o terrorismo suicida. Turbante, uma das bases de escuta da unidade, fechada no início do processo de paz, foi convertida e colocada inteiramente à disposição do Shin Bet. Ela se tornou a maior base da Unidade 8200 e uma linha de produção de assassinatos seletivos.

A Aman e a Força Aérea colocaram sua frota de aeronaves de observação — e, no fim, os satélites espiões que Israel colocava em órbita — para trabalhar para o Shin Bet.[14] Essa frota, originalmente construída para fornecer informações em tempo real sobre o campo de batalha às unidades combatentes, recebeu a responsabilidade de observar os alvos durante as operações. "Muitos cidadãos israelenses devem a vida a informações derivadas da VISINT, inteligência visual, e, do mesmo modo, muitos terroristas devem sua morte às mesmas informações", disse Yitzhak Ilan.

"O resultado de tudo isso foi uma fusão de inteligência", afirmou Moshe Yaalon, "que era muito mais que a mera integração do material."[15] Colocar todas as pessoas de todas as agências em torno da mesa da SCG foi um catalisador para a criação de mais inteligência. "Subitamente", disse Dichter, "o representante da 8200, um homem que não trabalha com iídiche [em outras palavras, cujo trabalho, como monitor de telefonemas inimigos, exige que domine o árabe], ouve um oficial do Shin Bet falando em árabe com uma fonte palestina e interrompe com uma pergunta própria. E então o vigia em campo reporta que o cara mau entrou na mercearia de Abu Hassan e surge a questão de quem é esse Abu Hassan e se ele também deveria ser pintado na cor dos caras maus no computador, e assim por diante. E foi assim que, no decorrer das operações, a própria SCG se transformou em uma fonte na qual uma enorme quantidade de inteligência foi criada.[16]

A TI em tempo real se tornara particularmente vital, porque os alvos haviam aprendido as próprias lições e tomavam precauções para evadir os assassinos. Eles se moviam rapidamente, mudando de veículos e, às vezes, usando disfarces. "Vida útil do alvo" era o termo técnico para o tempo no qual era possível identificar um alvo particular e focar nele. Ele estava se tornando muito curto: nunca mais que algumas horas, e, com frequência, apenas alguns minutos. Somente a transmissão muito rápida de dados podia permitir o assassinato bem-sucedido de alvos tão rápidos.

Para além da SCG, o sistema de assassinatos seletivos antiterrorismo envolvia milhares de participantes: oficiais, analistas de sistema, soldados de infantaria camuflados trabalhando como vigias em campo, operadores de drones de observação, operadores de drones assassinos, intérpretes, especialistas em explosivos e atiradores de elite.

Mesmo assim, esse amplo e complexo sistema tinha uma hierarquia clara e estrita, com o Shin Bet no topo, dirigindo o espetáculo. Um documento interno do Shin Bet observava: "O Serviço de Segurança Geral [o nome oficial do Shin Bet] está encarregado, *inter alia*, pelos termos da Lei do SSG, de preservar a segurança do Estado [...]. Uma maneira de atingir esse objetivo é a interdição e prevenção de ataques terroristas através do ataque preventivo ao alvo."[17]

Em geral, uma operação de assassinato seletivo começa com agentes de campo reunindo informações e determinando um alvo. Tipicamente, o alvo era uma figura proeminente em uma organização terrorista — "alguém que merece seu bilhete no trem da eliminação", nas palavras de Dichter — ou outro indivíduo que justificasse o investimento dos recursos necessários para assassiná-lo. Um dossiê de inteligência sobre o alvo seria compilado e entregue ao vice-diretor, que decidiria se o homem era de fato um candidato para eliminação. Se o vice-diretor e o diretor endossassem o assassinato, uma Página Vermelha seria apresentada ao primeiro-ministro.

Depois que o primeiro-ministro a assinasse, os braços da inteligência que lidavam com a área geográfica e a organização terrorista em questão seriam instruídos a prestar especial atenção a informações que facilitassem o ataque. Essa informação era diferente da inteligência sobre o que o alvo estava planejando, por exemplo, ou quem eram seus cúmplices. Ela ficava confinada especificamente aos fatos que podiam ajudar a determinar se havia "viabilidade operacional" para o ataque e tinha de ser reunida muito rapidamente.

No momento em que surgia uma oportunidade, o primeiro-ministro era contatado novamente, para autorizar o assassinato em um momento específico. Uma vez que a segunda autorização fosse obtida, a diretoria de operações do Estado-Maior geral das FDI determinava "o corpo executor, o método de execução e selecionava o tipo de munição". Depois que o chefe do Estado-Maior aprovava o plano, a SCG precisava da identificação positiva do alvo de ao menos duas fontes separadas: o estágio de enquadramento.[18]

O bastão então era passado para o corpo de implementação, geralmente a Força Aérea.

De modo esquemático, grande parte do novo sistema de assassinato seletivo não era nova em termos fundamentais: o escalão de inteligência reunia informações, o primeiro-ministro aprovava e as forças de campo executavam o ataque, exatamente como nos anos 1970 e 1980 na Europa e no Líbano. Mas havia diferenças importantes. Como disse um experiente oficial de inteligência, parafraseando Marshal McLuhan, "a escalabilidade é a mensagem", significando que o uso de tecnologia avançada cria por si mesmo uma realidade completamente nova.[19] Convocar toda a comunidade de inteligência, assistida pelos melhores sistemas de comunicação e computação do mundo, juntamente com os mais avançados desenvolvimentos da tecnologia militar, aumentou drasticamente o número de assassinatos que o sistema podia realizar em simultâneo. Até então, "o Mossad levava meses, senão anos, para planejar e implementar um assassinato", disse um oficial do Shin Bet. Mas agora, "da Sala Conjunta de Guerra, podíamos dirigir quatro ou cinco por dia".[20]

*

Operações dirigidas da SCG mataram 24 pessoas no ano 2000, 84 em 2001, cem em 2002 e 135 em 2003.[21] Ao contrário dos esporádicos assassinatos do Mossad no exterior, não era possível — ou, ao menos, não era plausível — que Israel negasse sua autoria.

"Não poderíamos alegar que essas operações estavam sendo executadas pelo governo da Finlândia", disse o general de brigada Yossi Kuperwasser, chefe da divisão de pesquisas da Aman.[22] Também havia evidências físicas: os palestinos recuperaram alguns mísseis que não haviam explodido por falhas técnicas e encontrado neles a palavra hebraica MIKHOLIT ("escovinha"), a variante antipessoal do míssil antitanques Mikhol ("escova").

Críticas aos assassinatos seletivos dentro e fora de Israel também tornaram necessário justificar cada um deles, revelando detalhes das transgressões da vítima para estabelecer que Israel tinha motivos suficientes para responder. Gradualmente, o que já fora considerado altamente danoso — reconhecer a autoria de um assassinato — se tornou política oficial.

"Continuar a negar a responsabilidade teria sido ridículo", explicou Dov Weissglass. "Minutos após o ataque, os palestinos estariam retirando fragmentos de um míssil com o nome de uma companhia israelense do carro. Mais que isso, queríamos um efeito dissuasivo. A cada zunido no céu de Gaza, você veria milhares deles voando em todas as direções. Eles não tinham um minuto de paz. A população de Gaza chegou a um estado no qual qualquer coisa que emitisse radiação eletrônica, de um celular a uma torradeira, parecia algo capaz de atrair os mísseis israelenses. Pânico absoluto."[23]

As FDI começaram a emitir declarações após cada ataque.[24] Ao mesmo tempo, o Shin Bet, que até o início da Intifada fora extremamente relutante em manter contato com a mídia, distribuía trechos da Página Vermelha relevante — sumários do material sobre as ações do homem morto — para vários veículos de notícias. Israel estava modificando completamente sua política de comunicação e, na realidade, conduzindo uma guerra de propaganda.

Explicar e mesmo destacar o que durante muito tempo fora segredo de Estado exigia uma nova linguagem e novos eufemismos. "Intifada", com sua ressonância de levante popular, por exemplo, foi substituída por "guerra dos homens-bomba". A morte de civis inocentes durante uma operação de assassinato se tornou conhecida como *nezek agavi* — "dano acidental" —, que, com o tempo, tornou-se o acrônimo NAZA.

"'Assassinato', 'eliminação', 'extermínio' e 'homicídio' eram palavras muito chocantes, inadequadas ao uso", disse um oficial superior do gabinete do primeiro-ministro. "Então procuramos termos mais distantes, destituídos de emoção, estéreis, que expressassem o mal que estávamos tentando combater ao fazer o que fazíamos." Inicialmente, usavam "PAAMON", que significa "sino" mas também é um acrônimo para "ação preventiva", no entanto, a palavra não pegou. Depois disso, outras propostas foram descartadas, incluindo os códigos há muito usados pela comunidade de inteligência, como "tratamento negativo". Finalmente, escolheu-se o termo *sikul memukad* — hebraico para "ato preventivo seletivo".[25] A expressão, que em hebraico soa limpa e meio *high-tech*, comunicava tudo que o establishment de defesa queria assinalar para o mundo exterior.

Embora esses eufemismos pudessem ser úteis para as relações públicas, não estava claro se a nova e declarada campanha israelense de assassinatos extrajudiciais — fossem "assassinatos" ou "atos preventivos seletivos" — era legal.

Não surpreende que as famílias de alguns palestinos assassinados e vítimas de "dano acidental" achassem que não. Elas procuraram a ajuda de associações de direitos humanos e experientes advogados israelenses de esquerda para pedir que a Suprema Corte ordenasse a investigação e a acusação dos responsáveis ou, ao menos, que proibisse o emprego de assassinatos e ordenasse que somente a legislação penal regular fosse aplicada ao conflito israelense-palestino.

A oposição a essa política tampouco se limitava aos alvos. O major-general Aharon Zeevi-Farkash, chefe da Aman, por exemplo, não se opunha aos assassinatos em princípio, mas achava que eram perigosamente míopes. "Cada decisão, cada consideração, cada referência a todo assunto era examinada pelo gabinete somente através das lentes da política de assassinato seletivo", disse ele. "Subitamente, o Shin Bet, que adquirira enorme poder, era o primeiro a ser consultado sobre tudo. Eu achava essa situação problemática."[26]

Ainda mais surpreendente era que o chefe anterior do Shin Bet, Ami Ayalon, cuja reformulação dos sistemas operacionais e de inteligência permitira o início do novo programa de assassinatos, concordava. Ele argumentou que o Shin Bet estava assassinando pessoas sem antes considerar relevantes eventos políticos e internacionais, e que falhava em compreender quando um assassinato iria abafar as chamas do conflito e quando as inflamaria.

Em 31 de julho de 2001, por exemplo, drones das FDI lançaram vários mísseis contra o escritório de Jamal Mansour, membro do braço político do Hamas, um líder estudantil da Universidade Al-Najah, em Nablus, e chefe de um instituto palestino de pesquisa.

Ele foi morto, juntamente com um de seus auxiliares e seis outros civis palestinos, incluindo duas crianças. A declaração do porta-voz das FDI afirmou que, embora ele fosse uma figura política e midiática, estava envolvido com o terrorismo e organizava ataques suicidas. Ami Ayalon telefonou para o comando do Shin Bet e perguntou a um oficial superior se eles haviam enlouquecido. "Esse homem publicou uma declaração duas semanas atrás dizendo que apoiava o fim dos ataques terroristas e que o processo de paz deveria ter uma chance!", disse ele.

O oficial respondeu que eles não tinham conhecimento dessa declaração. "O que isso quer dizer, 'não tinham conhecimento'?", esbravejou Ayalon. "Todos os jornais palestinos publicaram a declaração! O mundo inteiro tinha conhecimento!"[27]

Outro assassinato do qual Ayalon discordou foi o de Raed Karmi, um dos líderes do Tanzim, a milícia armada do Fatah. O Tanzim iniciara ataques terroristas e a Página Vermelha de Karmi ficava cada vez mais longa, em função da morte de comerciantes, colonos e soldados israelenses nos territórios ocupados. Karmi sobrevivera a várias tentativas de assassinato e tomava precauções extraordinárias enquanto cuidava de seus negócios.

Finalmente o Shin Bet encontrou um ponto fraco.[28] Karmi costumava fazer visitas regulares durante a tarde a sua amante, a esposa de um de seus subordinados, sempre usando a mesma trilha em torno do cemitério de Nablus, espremido contra o muro, por medo de que um drone israelense estivesse no céu acima. Certa noite, agentes dos Pássaros substituíram uma das pedras do muro por uma nova, cheia de um poderoso material explosivo. No dia seguinte, quando Karmi foi para seu encontro amoroso, a bomba foi detonada por controle remoto e ele morreu imediatamente.

Ayalon não duvidava de que Karmi estava envolvido com terrorismo, mas disse que o momento escolhido — durante uma intensa iniciativa americana pelo cessar-fogo, ao qual Arafat declarara seu apoio — fora um erro e, na verdade, tornara o ato ilegal. "As regras de guerra existem para tornar possível o fim das guerras, para assegurar que não continuem a escalar. É proibido executar atos bélicos quando é óbvio que eles apenas tornarão o fim do conflito ainda mais remoto", afirmou ele. E alegou que, após o assassinato de Karmi, o Fatah se tornara muito mais profundamente envolvido com o terrorismo e começara até mesmo a realizar ataques suicidas.

O chefe do Shin Bet, Dichter, disse a Ayalon que ele, Ayalon, não estava familiarizado com a inteligência, que Karmi estava envolvido no planejamento de ataques e que nem ele nem Arafat haviam sido sinceros na intenção de pôr fim ao terrorismo. Na ausência de um ouvinte compreensivo no Shin Bet, Ayalon telefonou para o ministro da Defesa do governo Sharon, Benjamin "Fuad" Ben-Eliezer, e o censurou aos brados. "[O secretário americano de Estado Colin] Powell virá até aqui e Arafat está procurando uma oportunidade para retomar o processo de paz. Ele emitiu uma ordem para todas as suas forças proibindo ataques terroristas." Ayalon citou informações atualizadas mostrando que a ordem de Arafat tivera impacto sobre o debate interno do Fatah, no qual o próprio Karmi estivera envolvido. "E daí que o Shin Bet queria matá-lo? Por que era necessário matar um dos homens de Arafat precisamente nesse momento? Só porque havia uma oportunidade operacional?"

"O que você espera que eu faça?", perguntou Ben-Eliezer, de acordo com o relato de Ayalon. "É aquele maluco do Dichter."

"Você é o ministro da Defesa, não Dichter. A decisão é sua, não dele", respondeu Ayalon.[29]

"Chamo isso de banalização do mal", disse Ayalon mais tarde, emprestando a observação de Hannah Arendt sobre o que acontece quando pessoas comuns são colocadas em situações corrompidas que encorajam sua conformidade. "Você se acostuma a matar. A vida humana se torna algo banal, fácil de eliminar. Você passa 15 ou 20 minutos decidindo quem matar. E depois dois ou três dias decidindo como matá-lo. Você está lidando com táticas, não com implicações."[30]

Embora os israelenses pudessem não estar considerando plenamente as implicações morais do novo programa, sabiam que precisavam fornecer anteparos legais aos oficiais e subordinados que mais tarde poderiam enfrentar acusações em Israel ou no exterior. No início de dezembro de 2000, o chefe do Estado-Maior das FDI, Shaul Mofaz, convocou o chefe do Corpo de Advocacia-Geral Militar, o major-general Menachem Finkelstein, a seu escritório.

"Suponho que você saiba que, às vezes, Israel usa uma política de 'tratamento negativo'", disse Mofaz. "Na atual situação legal, Israel pode abertamente assassinar indivíduos definidos que estão envolvidos com terrorismo? Isso é legal ou ilegal?"

Finkelstein ficou estupefato. "O senhor percebe o que está me pedindo, chefe do Estado-Maior? Está pedindo que o advogado-geral das FDI diga quando vocês podem assassinar pessoas sem um julgamento?"

Mofaz percebia. Ele perguntou novamente: era legal assassinar palestinos suspeitos de terrorismo?

Finkelstein disse que era uma questão delicada e complexa, exigindo um estudo comparativo dos estatutos de todo o mundo e, provavelmente, até mesmo a invenção de um conceito legal totalmente novo. "*Inter arma enim silent leges*", disse ele finalmente, citando Cícero. Em tempos de guerra, a lei se cala.[31]

Mesmo assim, ordenou que uma equipe de jovens e brilhantes advogados das FDI considerasse a situação. Em 18 de janeiro de 2001, um parecer legal altamente secreto, assinado por Finkelstein, foi submetido ao primeiro-ministro, ao procurador-geral, ao chefe do Estado-Maior e seu vice e ao diretor do Shin Bet.[32] Sob o título "Atacando pessoas diretamente envolvidas em atentados contra israelenses", o documento iniciava com a seguinte declaração: "No contexto deste parecer, decidimos pela primeira vez analisar a questão da legalidade das ações de interdição" — outro eufemismo — "executadas pelas FDI [...]. Fomos informados, pelas FDI e pelo Shin Bet, que tais ações são executadas para salvar a vida de civis e de membros das forças de segurança israelenses. Consequentemente, em princípio, constituem uma atividade que se apoia na base moral das regras de autodefesa, um caso de 'Se alguém vier matá-lo, levante-se antes e mate-o primeiro'."

Pela primeira vez, um instrumento legal fora proposto para endossar a execução extrajudicial pelas forças de segurança.[33] O parecer observava que os autores haviam feito seus melhores esforços para encontrar "o equilíbrio entre o direito à vida de uma pessoa e o dever das autoridades de segurança de proteger os cidadãos do Estado".

Para Finkelstein, foi um momento difícil. Homem religioso e versado na Bíblia, ele estava dolorosamente consciente de que Deus impedira que o rei Davi construísse o Templo porque ele matara tantos inimigos em nome do povo de Israel. Finkelstein se perguntava se seria punido algum dia. "Apresentei o parecer com as mãos tremendo", disse ele. "Estava claro que não se tratava de uma questão teórica, e que eles o usariam."[34]

O parecer recalibrou fundamentalmente o relacionamento legal entre israelenses e palestinos. O conflito já não era uma questão de imposição da lei, da polícia prendendo suspeitos para que fossem levados a julgamento. A Intifada era antes um "conflito armado que ainda não era uma guerra", mas ao qual as leis da guerra já se aplicavam. Essas leis permitiam atingir o inimigo onde quer que estivesse, desde que houvesse distinção entre combatentes e civis.

Em guerras clássicas, essa distinção é relativamente fácil: membros das forças armadas do inimigo, desde que estejam em serviço, são alvos legítimos. No confronto entre Israel e os palestinos, contudo, a distinção era muito mais difícil. Quem era o inimigo? Como ele podia ser identificado? Quando deixava de ser o inimigo, se é que deixava?

O parecer postulava um novo tipo de participante no conflito armado: o "combatente ilegal", que participa de operações armadas, mas não é um soldado no pleno sentido da palavra. O termo cobria qualquer um ativo em uma organização terrorista, mesmo que sua atividade fosse marginal. Desde que fosse membro ativo da organização, poderia ser considerado um combatente — mesmo quando estava na cama, dormindo —, ao contrário de um soldado de folga que havia tirado o uniforme.

Essa interpretação expansiva do termo "combatente" levou, em longas discussões no Departamento de Direito Internacional do Corpo de Advocacia-Geral Militar das FDI, à "questão do cozinheiro sírio": se Israel estivesse em um estado normal de guerra contra a Síria, qualquer combatente sírio poderia ser morto legitimamente, mesmo um cozinheiro do Exército em um esquadrão da retaguarda. Por esse padrão, dada a ampla definição de "combatente ilegal" no conflito israelense-palestino, podia-se presumir que qualquer pessoa auxiliando o Hamas se qualificaria como alvo. Isso poderia potencialmente incluir a mulher que lavava as roupas de um homem-bomba antes de ele partir em missão ou um motorista de táxi que voluntariamente levasse ativistas de um local para outro.

De acordo com o parecer, isso era extremo demais. Ele estipulava que somente aqueles a respeito dos quais "houver informações acuradas e confiáveis de que realizou ataques ou enviou atacantes" poderiam ser alvos. Além disso, os assassinatos não podiam ser usados como punição por crimes passados nem como dissuasão para outros combatentes. Só poderiam ser empregados quando "for quase certo que o alvo continuará, no futuro, a realizar ações como essas".

O parecer também enfatizava que, sempre que possível, era preferível realizar uma prisão a matar alguém, especialmente em áreas controladas pelas FDI. Ao contrário de soldados profissionais em uma guerra regular, os combatentes ilegais não gozavam de imunidade criminal ou status de prisioneiros de guerra e podiam ser presos e julgados em procedimentos penais regulares.

Quando matar fosse necessário, um princípio de "proporcionalidade" deveria ser aplicado.[35] O parecer estipulava que qualquer assassinato deveria ser tão contido quanto possível, para que "a perda de vidas e danos à propriedade colaterais à ação operacional" não "excedessem em demasia as vantagens operacionais esperadas da ação".

Finalmente, apenas o primeiro-ministro ou o ministro da Defesa podiam assinar uma Página Vermelha.

O documento foi bem recebido pelos oficiais israelenses, com um suspiro de alívio. "Era o selo de confirmação de que estávamos trabalhando de acordo com os critérios do direito internacional", disse o vice-diretor do Shin Bet, Daskin. Em 2003, o Estado submeteu uma versão não confidencial à Suprema Corte, que a confirmou em 2006.[36]

Mas, embora Finkelstein pudesse ter adequado Israel ao direito internacional, a opinião pública internacional era uma questão totalmente diferente.

Em sua mesa, o primeiro-ministro Sharon mantinha um álbum que ocasionalmente mostrava a diplomatas que o visitavam. Ele o recebera da polícia israelense e continha fotografias coloridas de um ônibus minutos depois de um homem-bomba ter explodido a si mesmo no interior. Corpos decapitados e membros humanos estavam espalhados por cada canto. O fogo destruíra as roupas das vítimas e pintara sua pele de verde e azul. "Quando um daqueles irritantes diplomatas vinha mais uma vez falar conosco sobre a eliminação deste ou daquele terrorista", disse Dov Weissglass, chefe de gabinete e confidente de Sharon, "Arik o forçava a olhar. Ele folheava o álbum, página após página, observando os olhos de seu interlocutor se arregalarem enquanto assimilavam aquela atrocidade. Ele não deixava de fora um único corpo retorcido ou pescoço sem cabeça. Quando terminava, perguntava calmamente: 'Agora me diga: você está preparado para algo assim acontecer em seu país?'"[37]

Para fornecer a Sharon mais material para mostrar aos diplomatas, a equipe de Weissglass comprou fotografias de uma agência de notícias palestina mostrando árabes sendo executados por suspeita de colaborarem com Israel. Alguns deles realmente eram agentes do Shin Bet, ao passo que outros não passavam de vítimas de acertos de contas malévolos. Algumas das execuções retratadas haviam sido executadas por Muhammad Tabuah, o líder de uma gangue local apelidado de Hitler por sua crueldade. "Ele costumava atirar neles como se fossem cães, com uma multidão assassina em volta", disse Weissglass. "Os palestinos pareciam caóticos e maníacos."

É claro que Sharon não partilhava qualquer imagem de reconhecimento dos ataques israelenses. E, de qualquer modo, seus acessórios visuais eram de pouca utilidade: o restante do mundo continuava a criticar o programa de assassinatos seletivos, assim como a agressiva expansão dos assentamentos judaicos em territórios ocupados. Diplomatas de dezenas de países argumentaram que havia conexão entre essas duas políticas e o derramamento de sangue judeu nas ruas. Até mesmo os Estados Unidos consideraram a política de assassinatos seletivos ilegítima, se não um crime de guerra, e os assentamentos, uma provocação desnecessária.

Sharon rejeitava tais alegações. "Meu problema", proclamava, "é que nasci há muito tempo, antes de vocês. E me lembro dos milhares de judeus que foram mortos por árabes antes da ocupação. Não há conexão entre as duas coisas."

Mesmo assim, ele percebeu que algum acordo tinha de ser feito com os Estados Unidos para que ele pudesse aplacar o restante do mundo. "Se há uma lição que aprendi com aquele período", disse Sharon, referindo-se a seu mandato como ministro da Defesa nos anos 1980, "foi a jamais entrar em uma briga com os americanos."[38]

Felizmente, ele tinha um bom relacionamento com o presidente George W. Bush, que assumira ao mesmo tempo que ele. Bush fora a Israel em novembro de 1998, logo após ser reeleito governador do Texas, em uma visita organizada por executivos judeus republicanos do estado, como mais um passo na direção da Casa Branca. Na época, Sharon ainda era um pária político, mas ele e o governador Bush fizeram um tour pelo país em um helicóptero. Sharon falou ao governador sobre as ameaças de segurança enfrentadas por Israel e o distraiu com histórias sobre seus feitos militares. No fim, Bush estava convencido de que "Sharon era um homem em que podia confiar", disse Fred Zeidman, um dos homens que organizaram a viagem. O governador foi profundamente afetado pelo tour e repetiu várias vezes: "Para um texano, é difícil acreditar em quão pequeno é Israel [...] quão pequena é sua população entre o que, durante o curso da história, sempre foram linhas inimigas e centros populacionais."[39]

Dois anos e meio depois, logo depois de sua esmagadora vitória, Sharon viajou para Washington. Os assessores que organizaram a visita disseram a suas contrapartes americanas o quanto Sharon suspeitava dos Estados Unidos e como ficara magoado com sua atitude em relação a ele durante as duas décadas anteriores. O presidente Bush ouviu os relatos e ordenou que tudo fosse feito para que Sharon se sentisse bem-vindo: reuniões com os principais oficiais da administração, hospitalidade presidencial na Casa Blair, uma guarda de honra e uma saudação de 21 tiros. "Sharon ficou nas nuvens", lembrou seu conselheiro de relações exteriores, Shalom Turgeman. "Mesmo ele, cínico e cético como era, não pôde ficar indiferente a esse tratamento, e percebeu que realmente queriam trabalhar com ele."[40]

Finalmente, Weissglass propôs uma ideia a Sharon. "Arik", disse ele, "qualquer simpatia, apoio e amizade que você possa merecer do governo americano em seu papel como guerreiro antiterrorista desaparece quando você coloca seu chapéu de megacolonizador. Quanto mais conformidade demonstrar em relação às demandas americanas para interromper o projeto de colonização, mais liberdade os americanos lhe darão quando chegar a hora de falar dos caras maus."

Com a autorização de Sharon, Weissglass negociou um acordo secreto com a conselheira de Segurança Nacional Condoleezza Rice e seu vice, Stephen Hadley: Israel reduziria significativamente a construção de novos assentamentos em troca do apoio americano para a guerra contra os palestinos e para a política de assassinatos seletivos.

"Depois disso, houve perfeita desproporção", disse Weissglass. "De um lado, nossas medidas mais severas contra os palestinos nunca eram criticadas. Havia somente silêncio e, às vezes, a obrigatória expressão de pesar pelos inocentes que haviam sido atingidos. De outro, se houvesse qualquer publicação, mesmo de algum blog marginal de direita, sobre um assentamento planejado, eu recebia um telefonema de Condi [Rice] às três da manhã, gritando comigo."[41]

No momento em que o presidente Bush recebeu confirmação de seus representantes em Israel e nos territórios de que Sharon estava cumprindo sua palavra, a cooperação operacional e de inteligência entre os dois países se aprofundou consideravelmente.[42] Embora ainda houvesse muitas críticas por parte dos países europeus, os Estados Unidos continuamente usavam seu poder de veto no Conselho de Segurança da ONU para bloquear qualquer tentativa de condenar Israel pelos assassinatos. Finalmente, os países árabes simplesmente desistiram e deixaram de submeter petições sobre o assunto.

Em 11 de setembro, sequestradores jihadistas jogaram duas aeronaves contra o World Trade Center e uma terceira contra o Pentágono. Um quarto caiu em um campo na Pensilvânia depois que os sequestradores foram dominados pelos passageiros.

"De uma tacada, cessaram todas as queixas contra nós", disse o major-general Giora Eiland, chefe do Conselho Nacional de Segurança de Israel. "Elas simplesmente saíram da agenda [internacional]."[43]

Subitamente, as décadas que Israel passara tentando explicar suas drásticas medidas ao restante do mundo se tornaram desnecessárias. Durante algum tempo, todos pareceram entender. Sharon imediatamente ordenou que as organizações de inteligência dessem aos americanos todos os arquivos sobre o "Troll Azul", o codinome para o desenvolvimento da Al-Qaeda no Sudão, e outras informações relevantes.[44] Mais tarde, ordenou que o Shin

Bet e as FDI partilhassem sua experiência com os convidados que chegavam do exterior para aprender com o país que possuía o melhor programa de contraterrorismo do mundo.

"Havia um fluxo constante de pessoas chegando", disse Diskin, que recebia os principais hóspedes. Como parte de seu relacionamento com Bush, Sharon forneceu instruções para mostrar tudo aos americanos.

"Tudo mesmo", confirmou Diskin, "permitir acesso a toda parte, incluindo a Sala Conjunta de Guerra, mesmo durante as operações de interdição." Os americanos estavam particularmente interessados em descobrir como funcionava o sistema integrado de assassinatos de todos os braços da inteligência e como Israel desenvolvera a capacidade de executar várias operações ao mesmo tempo. O sistema internacionalmente condenado semanas antes agora era um modelo a ser copiado.

"Os ataques de 11 de setembro deram a nossa própria guerra absoluta legitimidade internacional", disse Diskin. "Conseguimos nos livrar completamente das amarras que nos prendiam."[45]

30

"O ALVO FOI ELIMINADO, MAS A OPERAÇÃO FOI UM FRACASSO"

Quando Avi Dichter era um jovem oficial do Shin Bet, ele interrogou um homem chamado Salah Shehade, um assistente social da Faixa de Gaza. Shehade tinha 24 anos, era da cidade de Beit Hanoun, no norte da Faixa de Gaza, onde fora um estudante brilhante, aceito nas faculdades de Engenharia e Medicina em universidades da Turquia e da União Soviética. Mas sua família era pobre, e ele teve de se contentar em estudar Assistência Social em Alexandria, no Egito. Quando se formou, conseguiu um emprego em Al-Arish, na península do Sinai, perto da fronteira com Gaza.

Foi onde Dichter o notou pela primeira vez, em 1977. "Ele era diferente", disse Dichter. "Arrumado, carregando uma espécie de maleta do James Bond. Causava boa impressão."[1] Dichter achou que poderia conseguir recrutar Shehade como agente ou colaborador.

Mas nada resultou de suas conversas.

Após cinco anos no serviço social, Shehade entrou na Universidade Islâmica de Gaza, mais tarde se tornando deão e servindo como pregador em uma das mesquitas da cidade. Durante suas atividades, ele conheceu o xeque Yassin, o fundador do Hamas. Os dois se tornaram muito próximos. Shehade ficou fascinado com o carisma e o conhecimento de Yassin e com sua visão de criar uma teocracia muçulmana em toda a Palestina. Em Shehade, Yassin encontrou um homem com notável autoridade e habilidades gerenciais.

Yassin revelou a ele o grande segredo: que, por trás da capa de trabalho social e atividade religiosa, planejava criar um aparato militar-terrorista para operar contra Israel. Shehade se transformou no líder desse projeto. Ele foi preso pela primeira campanha do Shin Bet contra o Hamas (que agia com outro nome na época) em 1984, condenado e libertado dois anos depois. Foi preso novamente em 1988 e sentenciado a dez anos.[2] Mas, mesmo da prisão, comandava a ala militar do Hamas.

Em setembro de 1998, ele completou sua sentença, mas foi mantido em detenção administrativa, uma medida controversa similar ao aprisionamento de suspeitos sem julgamento em Guantánamo por parte dos americanos; sua libertação, de acordo com o Shin Bet, seria "um perigo real e imediato para a segurança da região". Os longos anos nas prisões israelenses lhe deram o status de herói em Gaza.[3]

No ano 2000, a Autoridade Palestina apelou a Israel para libertar Shehade e alguns de seus colegas, em uma tentativa de parecer preocupada com todos os seus cidadãos aos olhos dos palestinos, incluindo os membros do Hamas que gozavam de grande popularidade. Salah Shehade, disse a Autoridade Palestina, era um homem pragmático, um administrador com *background* humanitário, ao contrário do xeque Yassin, mais radical.

Era uma época de grande esperança, pouco antes da Cúpula de Camp David. Ehud Barak e Yasser Arafat estavam em contato um com o outro, tentando apressar o processo de paz. Israel queria fazer gestos de boa vontade a fim de que a Autoridade Palestina pudesse vencer os céticos de seu lado. As atividades do Hamas estavam em uma calmaria sem precedentes, graças aos sucessos do Shin Bet.

Israel concordou com o pedido. Shehade assinou uma garantia de que não retornaria às atividades terroristas, o que era costumeiro para os prisioneiros libertados por Israel, e a Autoridade Palestina foi sua fiadora.

Em retrospecto, os israelenses que concordaram com a libertação parecem ingênuos, "mas realmente sentíamos que havia esperança", disse um ex-agente do Shin Bet.[4]

Durante quatro meses após a libertação, Shehade evitou as atividades ilegais, mas então irrompeu a Intifada, e ele retornou ao campo de batalha. "Desde então", de acordo com seu arquivo no Shin Bet, "as posições de Shehade se tornaram mais extremas e ele se voltou para atividades de inci-

"O ALVO FOI ELIMINADO, MAS A OPERAÇÃO FOI UM FRACASSO" 545

tamento, direção, orientação e envolvimento no planejamento e execução de operações terroristas letais e na liderança da militância da organização Hamas."[5]

Quase trinta anos depois de Avi Dichter ter tentado recrutar Shehade, o Shin Bet estava montando um volumoso arquivo sobre o homem que recebeu o codinome de Porta-Bandeira. Os dois haviam se encontrado muitas vezes durante os anos de encarceramento de Shehade (durante os quais, sob vários tipos de coação, ele também forneceu informações sobre os outros prisioneiros). Shehade "representava a maior ameaça contra nós, mais que Yassin", disse Dichter. "Ao contrário de Yassin, era culto e tinha experiência de gerenciamento, algo que lhe dava extraordinárias habilidades operacionais."

Shehade iniciou e supervisionou o desenvolvimento de novas técnicas de combate, como lançar morteiros contra veículos blindados em uma trajetória plana e usar dispositivos explosivos contra tanques. Criou maneiras inéditas de movimentar homens-bomba, usando barcos-bomba e caminhões-bomba. Também foi responsável pela introdução do foguete Qassam de trajetória elevada, que transformou a maneira como o Hamas lutava contra Israel. O chefe do Shin Bet na região sul entendia sua importância: "Ele, com suas próprias palavras, dá ordens concretas para iniciar ataques, estabelece políticas de terrorismo e fornece instruções sobre quando os ataques devem ocorrer. Ele é a força diretriz, ele *é* os ataques."

Segundo o arquivo do Shin Bet, Shehade teve envolvimento direto nos ataques que mataram 474 pessoas e feriram 2.649 entre julho de 2001 e julho de 2002.[6] Foi colocado sob intensa vigilância, mas, como operava fora de Gaza, não era possível para Israel prendê-lo. E a Autoridade Palestina não parecia disposta a fazer cumprir a garantia de que ele não atacaria israelenses.

Assim, o nome de Shehade foi colocado em uma Página Vermelha, e a Operação Porta-Bandeira teve início.

Em qualquer missão de assassinato seletivo, antes que o gatilho seja apertado, a identidade da pessoa prestes a ser morta tem de ser confirmada por duas fontes independentes em tempo real. O processo de "enquadramento" foi criado para assegurar que a pessoa correta morresse, "não seu amigo, seu irmão, seu sósia ou algum transeunte", disse Avi Dichter. O Shin Bet, a Aman e a Força Aérea faziam grandes esforços para garantir que jamais houvesse erros. "Não podemos permitir outro Lillehammer", repetia Dichter vezes sem conta. Em muitas ocasiões, comandantes da SCG abortaram missões para não correr o risco de ir atrás do homem errado.

Na prática, "enquadrar" um alvo era muito mais difícil do que pode parecer. Em muitos casos, uma das duas fontes requeridas era um agente palestino que conhecia o alvo e tinha de identificá-lo de uma posição escondida nos estágios finais da operação. O Shin Bet e a Unidade 504 da Aman tinham muitas fontes, mas "esses caras não eram rabinos", disse Dichter, implicando que seus padrões morais, como traidores de seu povo e de seus amigos, deixavam algo a desejar. "Tínhamos de tratá-los com muito ceticismo."[7]

A SCG também tinha a regra de que, se o contato visual com um alvo confirmado fosse perdido, o enquadramento seria cancelado e teria de recomeçar. Se, por exemplo, um alvo embarcasse em um carro após ser positivamente identificado, mas então entrasse sob o telhado de um posto de gasolina e não pudesse ser visto, o processo tinha de recomeçar. Esse tipo de situação aconteceu muitas vezes, frequentemente devido a céus encobertos, e quase sempre significava que o ataque tinha de voltar ao ponto de partida.

Devido a esses estritos procedimentos de identificação, o Shin Bet tinha um excelente registro de exatidão. "Cem por cento de enquadramentos precisos", disse Dichter. "Infelizmente, o alvo não era destruído em todos os casos, mas em cada um deles, atacamos o alvo que queríamos atacar." Além disso, os assassinatos seletivos estavam tendo o efeito desejado. Em meados de 2002, a guerra de Israel contra o terrorismo suicida começava a apresentar resultados: o número de israelenses sendo mortos por homens-bomba estava em declínio. Após 85 mortes israelenses em março, houve apenas sete fatalidades em julho, sete em agosto e seis em setembro.

No entanto, embora um enorme esforço fosse feito para garantir o enquadramento preciso do alvo, muito menos era feito para determinar se o alvo estava sozinho ou se havia civis inocentes por perto. Apesar das regras, salvaguardas e redundâncias, Israel realizava operações de assassinato seletivo em tal escala que erros estavam fadados a acontecer e, embora houvesse relativamente poucos, quando ocorriam, pessoas inocentes morriam.

"O ALVO FOI ELIMINADO, MAS A OPERAÇÃO FOI UM FRACASSO" 547

Às vezes, os decisores consideravam deliberadamente se era permitido matar pessoas em torno do alvo se ele não pudesse ser alcançado quando estava sozinho. Nessas deliberações, as FDI e o Shin Bet pediam que o Departamento de Direito Internacional enviasse representantes para a Sala Conjunta de Guerra. "Isso nos colocava em uma situação muito complicada", disse Daniel Reisner, chefe da unidade. "Pois estava claro que, se um advogado estivesse presente e não dissesse não, era como se estivesse dizendo sim."[8]

O advogado-geral militar era cooptado para o fórum do Estado-Maior geral e transformado em parceiro das reuniões de segurança ultrassecretas. O Shin Bet disponibilizava seus dossiês sobre os candidatos a assassinato seletivo aos advogados pelo tempo que eles quisessem. Reisner e membros do departamento frequentemente estavam presentes na SCG enquanto o alvo era executado. Sua presença era a "cobertura legal", nas palavras de Finkelstein, da qual o pessoal da segurança sentia que precisava no caso de ser levado a julgamento, em Israel ou no exterior.

A principal consideração do Departamento de Direito Internacional era a aplicação prática da "proporcionalidade", a qual, em teoria, exigia que o dano infligido por Israel não excedesse os benefícios. Quantas vidas inocentes, se alguma, Israel poderia colocar em risco a fim de assassinar um perigoso terrorista?

"Os terroristas", disse Reisner, "exploravam integralmente nossa sensibilidade sobre ferir inocentes. Costumavam pegar crianças no colo para atravessar a rua, cercando-se de civis. Certa vez, eu estava presente na SCG quando um míssil foi disparado contra um terrorista que estava em um telhado. Subitamente, o vimos pegar uma criança. É claro que imediatamente dei a ordem para que o míssil fosse desviado."

Os advogados achavam difícil formular uma regra sobre a questão de danos e fatalidades colaterais. "Tínhamos de julgar cada caso por seus próprios méritos", disse Reisner. "Contudo, tínhamos uma regra clara: éramos todos pais, não podíamos aprovar o assassinato de crianças. Nunca, jamais autorizamos uma operação de assassinato assim."[9]

Sempre que as informações demonstravam antecipadamente que havia "confirmação positiva da presença de crianças" na zona de ataque, a operação não era autorizada. Todavia, a presença de alguns poucos adultos conectados, de um jeito ou de outro, ao homem condenado não necessariamente interrompia a operação, mesmo que esses adultos não tivessem laços com organizações terroristas.[10] O mesmo valia para esposas, amigos e vários tipos de transportadores, como motoristas de táxi.

A Operação Porta-Bandeira foi um caso particularmente espinhoso. Ao menos duas vezes, de acordo com os registros do Shin Bet, a autorização para um ataque ao Porta-Bandeira foi negada por medo de ferir inocentes. A primeira vez foi em 6 de março de 2002. Shehade fora localizado com alto grau de certeza em um apartamento no sul de Gaza, mas, em função da presença de grande número de civis no mesmo prédio, juntamente com o conhecimento de que sua esposa, Leila, e, possivelmente, sua filha de 15 anos, Iman, estavam com ele, o ataque foi cancelado.

Três dias depois, um homem-bomba enviado por Shehade se explodiu no Café Moment, perto da residência do primeiro-ministro em Jerusalém, matando onze civis.

Em 6 de junho, outro ataque a Shehade foi cancelado, por razões similares. Doze dias depois, um homem-bomba da ala militar do Hamas matou dezenove passageiros em um ônibus em Jerusalém.

A frustração no establishment de segurança de Israel era palpável. Como disse o chefe do Estado-Maior das FDI, Moshe Yaalon: "Contei a meus colegas americanos sobre esse negócio e eles ficaram exasperados. Primeiro eu disse que havíamos recuado porque a mulher estava com ele, e ele nunca se deslocava sem ela. Do ângulo deles, isso era insano. 'O quê?', perguntaram, 'vocês não atacaram *por causa da mulher dele*?' O critério deles em relação a danos colaterais era muito diferente das amarras com que havíamos prendido nossas próprias mãos."[11]

Em julho de 2002, o ministro da Defesa Benjamin Ben-Eliezer aprovou outro plano para matar Shehade, dessa vez explodindo seu apartamento. Nesse caso, todavia, as restrições em relação a fatalidades civis eram diferentes.

Novamente, "se houver mulheres ou crianças perto do apartamento", escreveu Ben-Eliezer, "a operação não está autorizada." Mas a esposa de Shehade era agora uma exceção. Se estivesse no apartamento, a operação podia seguir mesmo assim. Homens, fossem vizinhos ou transeuntes, culpados ou inocentes, também eram exceção. Todos teriam permissão para morrer.

"No fim, não tínhamos escolha", disse Yaalon. "Não havia mais nada que pudéssemos fazer. Havia cada vez mais sangue judeu sendo derramado, uma vez após a outra. Eu não tinha a ilusão de que, sem ele, o Hamas não faria mais ataques terroristas, mas sua habilidade de executar ataques terríveis, devido a sua experiência, seu know-how, suas conexões, não tinha paralelos."[12]

Shehade estava sempre em movimento, mas foi visto em 19 de julho em um edifício de três andares no densamente povoado bairro Al-Daraj, na parte norte da cidade de Gaza, habitado principalmente por refugiados.

Informações de fontes humanas indicavam que o andar térreo era composto de depósitos vazios, o que tornava o prédio perfeito para se lançar uma bomba. Mas isso precisava ser feito bem rápido, antes que Shehade se movesse novamente.

O vice-diretor Yuval Diskin não estava muito disposto a seguir em frente.[13] Ele exigiu que os oficiais de inteligência coletassem mais informações. Mesmo que o edifício do alvo estivesse vazio, estava cercado por barracos de latão onde provavelmente havia famílias vivendo. Ele queria que a viabilidade de uma operação em solo — um franco-atirador, por exemplo — fosse analisada. A pesquisa de desempenho (o departamento da Força Aérea responsável por prever o resultado dos ataques) estimava que haveria "pesados danos" aos barracos.

Sérias dúvidas também surgiram durante as discussões das FDI. O chefe da Diretoria de Operações do Estado-Maior recomendou esperar 48 horas, "para observar os barracos de latão e ter certeza de que não há ninguém morando lá". O vice-chefe do Estado-Maior Gabriel "Gabi" Ashkenazi também expressou reservas sobre a execução da operação sem mais informações.

Mas a pressão para eliminar o elusivo Shehade era grande demais. Um comandante da região sul do Shin Bet rejeitou a análise de Diskin, porque seus próprios relatórios de inteligência sugeriam que, à noite, os barracos de latão ao lado do prédio de Shehade não eram habitados. Ele apelou ao chefe do Shin Bet, Dichter, que aprovou o assassinato imediato de Shehade com uma bomba lançada por um caça da Força Aérea.

O chefe da Aman, Aharon Zeevi-Farkash, apoiou a decisão. "Se não nos livrarmos de pessoas como Salah Shehade, mais e mais israelenses serão feridos", disse ele mais tarde, falando sobre a decisão. "Em situações como essa, civis palestinos estão sujeitos a se ferir. Quando é preciso decidir entre duas crianças, eu prefiro que a criança israelense não chore."[14]

O piloto subiu para a cabine de seu caça F-16 na pista em Hatzor, a base da força aérea no centro-sul de Israel. Seu avião estava armado com uma bomba de uma tonelada. Duas bombas de meia tonelada teriam limitado os danos e a área de explosão, mas era impossível saber exatamente em que lugar do apartamento Shehade estaria. Não havia razão para destruir apenas o segundo andar se ele estivesse dormindo perto da porta de entrada. Uma bomba maior garantiria que fosse morto.

A operação já fora cancelada três vezes, primeiro porque o dia 19 fora uma sexta-feira, dia muçulmano de repouso, e as ruas estariam lotadas, e novamente nas duas noites seguintes, 20 e 21, porque se acreditava que a filha de Shehade estava com ele.

Na noite de 22 de julho, contudo, a equipe ficou dividida. Embora todos concordassem que a esposa de Shehade estava no apartamento e as ordens permitissem continuar com a operação, somente alguns acreditavam que as informações indicavam que a filha não estava em casa.[15]

Yuval Diskin, responsável direto pela operação de assassinato seletivo, não ficou inteiramente convencido com a estimativa de que havia pouca probabilidade de Iman estar no apartamento.

Diskin telefonou para Dichter, falou de suas dúvidas e recomendou cancelar o ataque, mas, de acordo com um inquérito oficial, "o diretor do Shin Bet pesou todos os dados e estimativas e chegou à conclusão de que havia uma probabilidade muito alta de Iman não estar em casa; consequentemente, ordenou que a operação fosse executada".[16]

Dichter telefonou para o secretário militar do primeiro-ministro Sharon. Ele acordou Sharon, que autorizou a "execução imediata" do bombardeio.

O piloto começou a fechar a cabine. O comandante da base se aproximou correndo do avião e subiu a escada até a cabine. "Vocês querem saber quem é?", perguntou ele ao piloto e ao navegador. Eles queriam saber quem iriam matar?

"Saia do meu avião", respondeu o piloto. "Não queremos saber. Não faz diferença."

De certa maneira, não fazia. Os homens que realmente cometiam o assassinato, que voavam nas missões e lançavam as bombas, com frequência eram os que menos sabiam. Na altitude em que voavam, tudo que conseguiam ver eram pequenos alvos identificados por doze números de coordenadas, e não havia necessidade de saber mais que isso.

Uma sirene soou e o F-16 recebeu liberação para decolar. Eram 11 horas da noite de 22 de julho. O tempo de voo de Hatzor para Gaza era de 2 minutos, mas o piloto recebera ordens para voar para oeste, sobre o mar, bem distante na escuridão. "Se Shehade ouvisse um avião, se sentisse o cheiro de um avião, sairia correndo", disse o piloto mais tarde. "Esperamos sobre o mar durante 50 minutos. Então meu controlador de voo disse pelo rádio: 'Iniciar ataque.'"

O avião guinou para leste, voltou para o sentido oeste e lançou a bomba. "Você deve ter visto nos filmes", disse o piloto. "É assim mesmo que acontece. Nós disparamos e a casa desaba, desmorona."[17]

Nos dias anteriores ao voo do F-16, a inteligência da Força Aérea realizara algumas missões de reconhecimento sobre o prédio em que Shehade estava se escondendo. Os analistas estudaram as fotos aéreas e viram aquecedores solares, roupa pendurada para secar e antenas de satélite presas a barracos. Pessoas viviam ali. O oficial do Shin Bet também achou isso. Como toda a área era densamente povoada, ele supôs que os barracos também eram.

Mas o Shin Bet não obteve "inteligência positiva" de nenhuma fonte indicando com certeza que os barracos estavam habitados. Em outras palavras, nenhuma das fontes disse explicitamente que *aquele barraco* era habitado por *aquela família*. Conforme os planos operacionais ficavam mais detalhados e se aproximava o momento da execução, o senso comum foi superado pela excitação com a oportunidade de eliminar um homem envolvido na morte de quase quinhentas pessoas, incluindo trinta que foram mortas depois que as duas outras missões de assassinato foram canceladas. Em algum ponto, de acordo com o pessoal do Shin Bet envolvido, "nenhuma informação positiva" se tornou "nenhum civil vive ali".

"A localização de Shehade criou uma janela de oportunidade que provavelmente não se repetiria, ao menos não no futuro próximo", concluiu o inquérito mais tarde. "Ele era uma bomba prestes a explodir e tinha de ser neutralizado." O resultado foi catastrófico. Shehade morreu imediatamente, assim como seu assistente, Zaher Nassar, e sua esposa. Mas também sua filha Iman e dez outros civis, incluindo sete crianças, a mais nova com menos de 1 ano de idade. Cento e cinquenta pessoas ficaram feridas.

O jornalista Gideon Levy, do *Haaretz*, cujas matérias e colunas refletem as preocupações dos israelenses liberais com o sofrimento dos palestinos, chegou à cena algumas horas depois do desastre. Eis o que ele lembrou:

> Eles disseram pensar que os barracos não eram habitados. Aquelas eram construções de dois e três andares; não há em Gaza nenhuma construção assim que não seja habitada. As pessoas que pretendiam eliminar Shehade sabiam disso.
>
> Não sou ingênuo nem emotivo. Se pudesse confiar que o establishment obedeceria a restrições, certamente seria a favor de assassinar um homem como Salah Shehade, desde que estivesse sozinho e fosse possível garantir que ninguém mais seria ferido. Mas sei que é impossível confiar neles para se restringirem. Não há controle, interno ou público, e, no fim das contas, eles fazem o que querem. O custo-benefício dos assassinatos é terrível. Terrível. Esse caso é prova suficiente. Famílias inteiras foram aniquiladas. No hospital, vi um garotinho prestes a morrer, com o corpo inteiro coberto de estilhaços. Terrível.[18]

Avi Dichter compreendeu imediatamente as consequências: "O alvo foi eliminado", disse ele. "Mas a operação foi um fracasso."[19]

Curiosamente, houve pouca condenação internacional ao ataque. Mas, em Israel, houve uma tempestade de protestos. A mídia, que em geral repetia as declarações dos porta-vozes das FDI e do Shin Bet, foi severamente crítica, divulgando vazamentos de mútua recriminação entre os envolvidos na operação. Mais e mais vozes foram ouvidas em Israel, questionando a sabedoria do assassinato como arma.

O comandante da Força Aérea, major-general Dan Halutz, que não estivera diretamente envolvido na operação porque se encontrava no exterior, ficou furioso com a mídia e queria apoiar seus subordinados. Ele deu uma entrevista ao *Haaretz* na qual condenou os críticos, dizendo que alguns deles deveriam ser levados a julgamento por colocarem em risco a segurança do Estado. Halutz enfatizou que dava total apoio a seus pilotos e aprovou completamente a eliminação de Shehade, embora tenha expressado "pesar pela perda de vidas entre pessoas não envolvidas".

Ele contou que, pouco tempo depois da operação, se reunira com os aviadores envolvidos no bombardeio. "Vocês podem dormir tranquilos à noite", disse a eles. "Fizeram exatamente o que foram instruídos a fazer. Não se desviaram um milímetro para a direita ou para a esquerda. Deixem que qualquer um que tenha um problema com isso venha falar comigo."

Halutz, ele mesmo piloto, acrescentou: "Se, mesmo assim, quiserem saber como me sinto quando lanço uma bomba, eu digo a vocês: sinto um ligeiro tremor na asa como resultado do lançamento. Ele dura um segundo e isso é tudo. É isso que sinto."[20]

A entrevista, particularmente a frase "um ligeiro tremor na asa", que desde então se tornou sinônimo de indiferença pela vida dos inocentes, só serviu para inflamar ainda mais os ânimos. Mesmo outros aviadores ficaram chocados. O piloto que lançara a bomba inicialmente não se preocupara contra *quem* fora o lançamento — "muito bom", disse ele quando seu comandante contara sobre Shehade —, mas sim se havia sido um *bom* lançamento. "Mas, alguns dias depois, três caras foram até o esquadrão. Três reservistas. Eles perguntaram: 'O que você fez? Você foi até lá e matou, cometeu assassinato.'"

Uma rebelião estava crescendo entre os pilotos da reserva, que, após a dispensa, cumprem um dia de serviço por semana em tempos de paz e tempo integral durante a guerra. Eles eram mais velhos, haviam vivido como civis e viam o mundo de uma perspectiva mais de governo democrático do que de domínio militar. Grupos deles — aviadores e reservistas da Sayeret Matkal — publicaram (separadamente) cartas na mídia anunciando sua recusa em participar de ações agressivas contra palestinos, principalmente assassinatos seletivos. Sabiam que pagariam um alto preço por assinar as cartas abertas. Na tensa atmosfera pública criada pelo derramamento de sangue dos terroristas suicidas, essas declarações foram percebidas por muitos israelenses como nada menos que traição, e por alguns oficiais superiores das FDI como recusa em seguir ordens em tempos de guerra.

Particularmente impactante foi a assinatura do ex-general de brigada Iftach Spector, um piloto com um recorde mundial de doze caças supersônicos inimigos abatidos, considerado por muitos o melhor piloto de combate da história da Força Aérea israelense.[21] Outro signatário foi o tenente-coronel Yoel Peterberg, um renomado piloto de helicóptero que fora condecorado por extrema bravura ao resgatar uma força terrestre pega em uma emboscada no Líbano.

"*Shalom*, meu nome é Yoel", disse ele durante um discurso em uma manifestação. "Fui piloto de helicópteros Cobra, Apache e Blackhawk nas Forças de Defesa de Israel, e hoje me recuso a servir nas forças de ocupação de Israel [...]. Somos soldados da paz. Devemos pôr fim à guerra, à morte e ao luto. Vocês são os líderes do Estado, líderes do Exército, e enfrentarão as consequências. Se não nos tribunais israelenses, em um tribunal em Haia. Se não em Haia, perante seu criador."[22]

Antes da Intifada, os assassinatos seletivos eram principalmente o negócio secreto de equipes pequenas e compartimentalizadas trabalhando para o Mossad, longe das fronteiras do país. Eles podiam ser realizados em nome dos interesses do país, mas qualquer consideração moral ficava confinada a um punhado de agentes e ministros do governo. Quando essas operações íntimas se transformaram em uma máquina de assassinato em larga escala, milhares de pessoas se tornaram cúmplices. Soldados e aviadores das FDI, pessoal do Shin Bet, as pessoas que coletavam, filtravam, analisavam e disseminavam as informações, todos estavam diretamente envolvidos, frequentemente de forma mais decisiva que aqueles que executavam o assassinato. E, no verão de 2002, nenhum israelense podia alegar ignorância sobre o que estava sendo feito em seu nome.

De modo geral, os protestos foram recebidos com furiosas refutações. Ehud Yatom, o ex-agente do Shin Bet que matara os dois prisioneiros do Ônibus 300, era na época político no Likud de Benjamin Netanyahu (e se tornaria membro do Knesset em 2003). Aqueles que se recusavam a servir eram "derrotistas", disse ele. "Devem ser condenados, julgados, privados das insígnias de suas unidades e expulsos do Exército." As FDI anunciaram que realmente expulsariam aqueles que não retirassem as assinaturas das cartas de protesto.

Três dias depois de a carta dos pilotos ser publicada, os conselheiros mais próximos de Ariel Sharon se reuniram em sua propriedade, a Fazenda dos Sicômoros (*Havat Shikmim*), no sul de Israel. Um deles chamou a carta de "gemidos dos derrotistas". Sharon ergueu a voz. "Você está errado", vociferou. "Esses não são *beatniks* que comparecem ao centro de admissão usando brincos e cabelos pintados de verde. Há pessoas nessa lista que realizaram os feitos mais ousados em nome de Israel."

Sharon olhou para os conselheiros. Ele entendia quão difícil se tornara a situação. "As coisas pegaram fogo", disse ele.[23]

31

A REBELIÃO NA UNIDADE 8200

A piada diz que, quando uma pessoa morre, ela sobe aos céus e fica diante de Deus, sentado em seu trono divino. Deus pergunta se ela deveria permanecer no paraíso ou ser jogada no inferno. A pessoa responde, Deus profere seu julgamento e o próximo da fila se aproxima.

Na piada, a última pessoa sempre é um oficial de redes de inteligência. Nas maiores comunidades militares e de inteligência, o oficial de redes é aquele que escolhe quais informações, em meio ao enorme fluxo que chega todos os dias, merecem seguimento. Eles decidem o que é importante e o que não é. Decidem, de certa maneira, quais pessoas ficarão na fila diante de Deus.

O oficial se aproxima. "Para onde você deveria ir?", pergunta Deus. "Para lugar nenhum", responde o oficial, ligeiramente irritado. "Você está sentado na minha cadeira."

Amir (não é o nome verdadeiro) era um oficial de redes, um jovem brilhante designado para a Unidade 8200, uma das mais prestigiosas das FDI.[1] Ele trabalhava, como todos os oficiais de redes, em uma base protegida por concreto reforçado, monitorando informações. A maioria do material que chegava não podia ser traduzida e processada simplesmente porque havia informações demais e tempo de menos. O trabalho dos oficiais, portanto, era decidir quais canais de comunicação deviam ser ouvidos e quais transmissões deviam ser interceptadas. Soldados como Amir decidiam que peças de inteligência peneiradas por seus subordinados deviam ser traduzidas e disseminadas. Ele era o editor final do "artigo", como as mensagens de inteligência eram chamadas na 8200; ele escrevia a manchete e decidia quem devia ler. Tinha de decidir, por exemplo, se o falante em uma conversa interceptada era um comerciante encomendando mercadorias ou um jihadista passando instruções codificadas para a fabricação de uma bomba. Se cometesse um erro, pessoas inocentes — israelenses de um lado, um desafortunado lojista do outro — podiam morrer. E ele precisava fazer tudo isso muito rapidamente.

Oficialmente, Amir e seus colegas da Unidade 8200 na base Turbante eram responsáveis por impedir ataques terroristas. Extraoficialmente, decidiam quem Israel iria assassinar. É verdade que era Sharon quem autorizava os assassinatos seletivos, e havia uma longa cadeia de comando entre eles e o gabinete do primeiro-ministro. Mas os políticos apenas aprovavam as recomendações da comunidade de inteligência, concebidas, em grande extensão, pelo oficial de redes de inteligência. "Nosso papel na seleção de alvos para assassinato era dramático", disse um oficial. "Eu podia decidir se, em minha estimativa, alguém era coordenador de uma célula, para nos 'sentarmos sobre ele' firmemente e coletarmos informações suficientes para transformá-lo em alvo para eliminação. Se o homem realmente estivesse envolvido com terrorismo, era um processo que não levava mais que algumas semanas."[2]

Frequentemente, a Unidade 8200 também escolhia quais edifícios bombardear. Sharon, juntamente com o chefe do Estado-Maior das FDI, Moshe Yaalon, considerava a Autoridade Palestina integralmente responsável por cada ataque, mesmo que os atuais perpetradores viessem de organizações — o Hamas e a Jihad Islâmica Palestina — que se opunham a ela. Como resultado, Israel tomava medidas punitivas contra a Autoridade Palestina após cada ataque, bombardeando suas instalações. A maioria dessas instalações eram escritórios do governo civil, e as mesmas eram bombardeadas repetidamente, mesmo após terem sido destruídas ou abandonadas. O bombardeio era uma maneira de enviar uma mensagem aos palestinos, mas também simplesmente uma maneira de os líderes e soldados israelenses expressarem sua frustração e sua raiva.

"Os alvos de bombardeios repetidos não eram escolhidos tendo em vista um objetivo militar concreto", disse Amir, "mas antes uma mensagem política que podia ser resumida como 'Vamos mostrar a eles'."

Inicialmente, Israel notificava a liderança palestina de que a Força Aérea estava prestes a destruir um prédio específico, a fim de dar às pessoas tempo para evacuar o local. Mas, com o tempo, de certa forma a prática perdeu força e, mais tarde, perto do fim de 2002, a Força Aérea com frequência realizava bombardeios durante a noite, sem aviso, assumindo que os prédios estariam vazios. Era, na maior parte do tempo, uma campanha puramente simbólica.

Em 5 de janeiro de 2003, dois homens-bomba das Brigadas de Mártires de Al-Aqsa, do Fatah, conseguiram entrar em Tel Aviv e se dirigiram à velha estação central de ônibus. Às 18h26, eles se explodiram perto do centro de Tel Aviv. A contagem final de mortos foi de 23, com mais de cem feridos. Muitos eram bebês e crianças.

A Autoridade Palestina condenou o ataque e prometeu fazer todos os esforços para capturar os homens que o haviam planejado. Mas os israelenses não ficaram convencidos da sinceridade da condenação. Afinal, os homens-bomba vinham de uma organização afiliada ao Fatah, que estava sob o comando de Arafat. A maior parte dos principais membros da Autoridade Palestina era gente do Fatah.

O primeiro-ministro Sharon imediatamente convocou a liderança de defesa para uma reunião em seu gabinete, e eles decidiram agir contra a Autoridade Palestina.

Logo após a reunião, menos de três horas depois do ataque, o chefe do Estado-Maior Yaalon decidiu bombardear o alvo 7.068, o codinome para o escritório do Fatah em Khan Yunis, uma cidade da Faixa de Gaza. Dessa vez, não haveria aviso, e o ataque não ocorreria à noite. As FDI esperariam, deliberada e pacientemente, até que houvesse pessoas no edifício.

Às 23h45, o Departamento de Alvos (Anaf Matarot) na sede da Aman submeteu um pedido para que a base Turbante coletasse informações sobre o edifício do Fatah em Khan Yunis. À 0h31, a Turbante enviou seu relatório sobre o alvo escolhido.

De acordo com o relatório, o alvo 7.068 não tinha qualquer conexão com atividades terroristas. O sargento que conduziu a investigação do local escreveu, simples e diretamente: "Não os bombardeie, eles não fizeram nada de mau".

"Foi uma linguagem muito informal", disse Amir, "e, é claro, tive de alterá-la para algo mais formal antes de enviar o telegrama. Mas suas palavras refletiam muito bem o conteúdo do relatório. Nenhuma atividade conectada ao terrorismo ocorria por lá, somente trabalho rotineiro de escritório, relacionado a ativistas políticos locais, pagando benefícios e salários. Era o equivalente, na Faixa de Gaza, a um sindicato local."

Bem cedo na manhã seguinte, Amir, que assumira que o alvo 7.068 seria apenas outro ataque simbólico, disse à sede da Aman que não havia ninguém no edifício e era seguro iniciar o bombardeio. "Está em espera", disse a ele um representante do Departamento de Alvos da Aman. "Eles estão esperando os escritórios abrirem."

"O quê? Quem eles estão esperando?"

"Ninguém. Nenhuma pessoa em particular; qualquer um. Informe quando houver alguém lá."

Aquilo parecia estranho. Amir achou que se tratava de um mal-entendido. A presença de civis em um edifício era razão para suspender o ataque, não iniciá-lo. Esperar pelas pessoas — burocratas, zeladores, secretárias — ia claramente contra o memorando legal de 2001 de Finkelstein. Atacar civis era, na verdade, um claro crime de guerra.

Mas não havia mal-entendido. O Departamento de Alvos enviou uma ordem escrita para que todos entendessem que estavam esperando "uma indicação" de que o edifício estava ocupado: "Indicação = uma tentativa de realizar um telefonema ou uma conversa telefônica. Não esperem que a pessoa se identifique ou que ocorra alguma conversa de valor. Qualquer indicação de que o prédio está ocupado deve ser relatada, sem conexão com quem está falando ou o conteúdo da conversa." Em outras palavras, a intenção era simplesmente matar alguém, qualquer um.[3]

A ordem incomodou alguns dos oficiais de rede, que só ousaram falar a respeito no refeitório. "Éramos apenas três oficiais jantando", disse Amir. "E alguém disse, em tom de brincadeira, mas falando sério: 'Essa não é precisamente a definição de uma ordem manifestamente ilegal?' Ele falou casualmente, não de maneira pesada, mas suas palavras me fizeram pensar. Talvez estivéssemos cruzando uma linha vermelha. Talvez aquilo fosse impróprio. Como poderíamos saber quem estávamos matando? Talvez uma criança de uma escola próxima entrasse no edifício para usar o telefone. Talvez um funcionário entrasse lá para entregar fundos de auxílio da ONU ou um faxineiro chegasse mais cedo, antes do horário comercial."[4]

*

O fato de tal conversa ter ocorrido entre membros da Unidade 8200 era adequado. Essa era, afinal, a unidade que tentara avisar a Aman, nos dias anteriores ao ataques-surpresa a Israel em outubro de 1973, que o Egito e a Síria estavam dispostos a iniciar uma guerra.

Na esteira desse fracasso, "escolhemos intencionalmente pessoas com opiniões fortes para a posição de oficial de redes de inteligência, pessoas que pensam fora da caixa e não têm medo de dizer o que pensam", disse o professor Eyal Zisser, um proeminente especialista em Oriente Médio da Universidade de Tel Aviv que prestou serviço na reserva das FDI como chefe do comitê de seleção de oficiais de redes.[5]

Devido ao acesso a material altamente confidencial em uma idade tão jovem, o Exército tentava inculcar nesses oficiais um senso de responsabilidade moral e legal durante seu longo treinamento. Uma das lições, por exemplo, lidava com direitos civis, e a violação desses direitos às vezes ocorre como resultado de grampos e escutas. Os oficiais em treinamento aprendem que não devem explorar o imenso poder que recebem para qualquer propósito que não seja obter informações para o benefício da segurança do Estado. O estudo de caso empregado era um incidente em 1995 no qual alguns homens da Unidade 8200, tentando localizar telefonemas relacionados a Osama bin Laden, acidentalmente registraram conversas pelo celular entre Tom Cruise, que trabalhava no Oriente Médio na época, e sua esposa Nicole Kidman. Eles distribuíram os registros para seus colegas e leram as transcrições em voz alta.[6]

"E se *aquela* escuta foi percebida como proibida e imoral", disse Amir, "então é claro que bombardear aquele prédio deveria ser proibido. Quanto mais eu pensava nisso, mais percebia que era proibido cumprir tal ordem."

Amir abordou a questão com o oficial superior e com o comando da 8200. O comando disse "entender que havia um problema", e a operação foi suspensa até notificação posterior. "Isso me satisfez e voltei a meu posto, que fechara, por volta das 2 horas, com a sensação de que aquela história ficara para trás."

Contudo, na manhã seguinte, quando se sentou na estação de trabalho e começou a organizar o turno, ele recebeu um telefonema do Departamento de Alvos notificando que o bombardeio do escritório do Fatah em Khan Yunis estava prestes a acontecer. Amir objetou, mas o oficial do outro lado da linha segura ficou zangado.

"Por que parece manifestamente ilegal para você? Eles são todos árabes. Todos terroristas."

"Na minha unidade", respondeu Amir, "fazemos uma distinção muito clara entre terroristas e aqueles que não estão envolvidos, como as pessoas que rotineiramente frequentam o prédio-alvo."

Mas ele não conseguiu convencer ninguém e, de qualquer modo, a operação já estava em andamento. Dois caças F-16 já circulavam sobre o Mediterrâneo, esperando a ordem. Um drone fotografava o edifício à distância. Assim que Amir dissesse que havia gente no local, dois mísseis Hellfire seriam lançados na estrutura.

Amir decidiu que não cooperaria. O incêndio estava se espalhando.

Telefonemas impacientes começaram a chegar ao comando da 8200, vindos da Força Aérea e da Aman. "Eles diziam: 'Olhe aqui, sua unidade está se recusando a nos dar tal e tal informação'", lembrou o general de brigada Yair Cohen, comandante da unidade 8200 na época. "Respondi que eles deviam estar enganados, que era impossível a 8200 não fornecer informações, que isso nunca acontecera e jamais aconteceria."[7]

Às 10h05, Amir recebeu um telefonema do comando da 8200. "Yair [Cohen] diz que agora não é hora de fazer perguntas, mas sim de agir." A ordem operacional exigia que o bombardeio fosse completado às 11h30, quando crianças estariam saindo de uma escola próxima.

"Essa ordem é manifestamente ilegal, e não pretendo obedecê-la", respondeu Amir. "O fato de que o comandante a declarou legal não a torna legal."

Houve uma pausa na linha. "Repassei a mensagem do comandante exatamente como foi emitida", disse Amir. "Estou feliz por não estar na sua posição neste momento."[8]

Alguns minutos depois, um dos soldados de Amir disse que telefonemas estavam sendo feitos do interior do edifício do Fatah. Um homem estava falando sobre o pagamento de salários, tentando conseguir dinheiro para alguns funcionários, a despeito dos tempos difíceis na Autoridade Palestina e da guerra em curso. Uma secretária estava fofocando sobre um gigolô local.

Era o sinal. O F-16 podia atirar. Israel podia matar ambos.

Amir, o oficial de redes de inteligência de plantão, recostou-se na cadeira. "Fui tomado por certa serenidade", disse ele. "Senti que era a única coisa certa a fazer. Estava claro para mim que a operação não devia prosseguir, que cruzara uma linha vermelha, que era uma ordem manifestamente ilegal acima da qual havia uma bandeira preta e que era minha responsabilidade, como soldado e como ser humano, me recusar a executá-la."

Ele ordenou que a informação não fosse repassada. E ordenou o fim de todas as atividades.

Às 10h50, apenas 40 minutos antes de se fechar a janela para a operação, o comandante direto de Amir, Y., chegou à base, liberou Amir e assumiu o posto de oficial de redes de inteligência.[9] Ele ordenou que um dos soldados reportasse que havia pessoas no prédio. O bombardeio podia prosseguir.

Mas já era tarde demais: os aviões haviam retornado à base, no campo de pouso de Tel Nof. A informação lhes foi repassada, e eles decolaram novamente, mas, quando se aproximaram do alvo, o relógio mostrou que eram 11h35, e o sino da escola começou a tocar.

Naquela noite, o comando da 8200 enviou uma mensagem urgente ao chefe da Aman, expressando graves reservas em relação à operação. Ela foi transmitida ao ministro da Defesa, que ordenou o cancelamento do ataque ao alvo 7.068.

Foi uma clara vindicação da posição moral de Amir, mas era tarde demais para silenciar a tempestade que o "motim na 8200" desencadeou nas Forças Armadas. O comando da unidade enfrentou fogo pesado de todos os lados do establishment de defesa, e até o mesmo o primeiro-ministro Sharon fez com que todos soubessem que tinha uma opinião muito negativa sobre o que havia acontecido. O general de brigada Cohen foi convocado para uma reunião do Estado-Maior geral das FDI inteiramente dedicada a Amir. Ele deveria enfrentar a corte marcial, argumentaram os oficiais, e ir para a prisão por no mínimo seis meses. Um general foi ainda mais longe: "Aquele oficial deveria ser condenado por traição e colocado diante de um esquadrão de fuzilamento."

Os protestos dos aviadores após o bombardeio de Shehade, alguns meses antes, e a recusa do pessoal da Sayeret Matkal de participar das operações de assassinato seletivo ainda estavam frescos na mente de todos. Alguém, possivelmente de uma das unidades rivais da 8200, vazou a história para a mídia. Não havia detalhes, mas, dada a já tensa atmosfera pública, foi suficiente para que manifestantes da esquerda e da direita fossem para as ruas. Embora faltassem apenas alguns dias para as eleições do Knesset, muitas manchetes eram sobre os que haviam "se recusado".

Os establishments militar e de inteligência temiam que Amir fosse o primeiro de muitos soldados a se recusar a cumprir ordens. Da perspectiva dos comandantes, sufocar um levante palestino não deixava muito espaço para contestadores liberais e piegas.

"A Unidade 8200 era o epítome da cultura de segredo, sempre longe dos olhos, sempre sozinha, isolada do restante do Exército, de alta qualidade e encoberta", disse um homem que servia em uma posição superior na época. "De repente, ela se encontrava sob os holofotes no interior das FDI, e no contexto mais negativo possível. Todo mundo sempre diz que os soldados da 8200 são os filhos mimados das melhores partes de Tel Aviv, que entram no Exército, recebem o melhor treinamento do mundo e então capitalizam suas habilidades por bilhões em startups de alta tecnologia, e que devem ser todos esquerdistas e homossexuais. A unidade luta constantemente contra essa imagem e, subitamente, foi rotulada como estando cheia de anarquistas que se recusavam a cumprir ordens."[10]

A alegação de Amir de que aquilo que se resumia a uma ordem para matar civis era manifestamente ilegal foi rejeitada de imediato pelos militares. Só alguém que realmente fosse puxar o gatilho, e não alguém apenas envolvido na operação, poderia se recusar em função da crença de que se tratava de uma ordem ilegal, declarou o major-general Elazar Stern, chefe da Diretoria de Recursos Humanos das FDI.[11] O professor Asa Kasher, um filósofo, foi convidado pelo comandante da 8200 para discutir a questão. Ele achava que as ações de Amir haviam sido moralmente incorretas. "Eu não podia, em nenhuma circunstância, endossar a ação do oficial de redes de inteligência", disse ele. "Na situação que prevaleceu ali, quando era um oficial de redes em uma base distante, ele não possuía autoridade moral para determinar que a ordem era manifestamente ilegal. Não conhecia toda a história. Não via o panorama completo nem conhecia as táticas mais amplas do chefe do Estado-Maior. Sou favorável a fazer perguntas e suscitar dúvidas, mas uma ordem não deve ser desobedecida nesses momentos."[12]

Amir foi discretamente demitido sem ser indiciado, evitando que os tribunais tivessem a oportunidade de determinar se a ordem para matar civis no alvo 7.068 havia sido legal.

A operação contra o alvo 7.068 violara a diretriz do advogado-geral militar do Departamento de Direito Internacional das FDI de que o alvo para eliminação deveria ser um indivíduo diretamente ligado ao terrorismo. Mas essa não era a única diretriz sendo violada com muita regularidade, fazendo parte do declínio geral dos padrões morais e legais vigentes.

Também havia uma diretriz que exigia uma investigação todas as vezes que civis inocentes fossem mortos junto com o alvo. Na verdade, esse protocolo quase nunca era seguido. O inquérito sobre as mortes durante o ataque a Shehade, que chegou à conclusão de que ninguém deveria ser responsabilizado pela morte de doze civis, foi uma exceção, e só se realizou após pesada pressão pública e internacional sobre Israel.

Outra diretriz frequentemente violada ditava que não deveria haver mortes quando existisse uma "alternativa razoável de prisão", ou seja, quando o terrorista pudesse ser detido sem pôr em risco a vida de soldados ou civis. Alon Kastiel, um soldado da seção de inteligência da unidade Cereja, disse: "Tudo no serviço militar mudou após o início da Intifada. Antes, fazíamos enormes esforços para capturar homens procurados vivos. Depois esse *modus operandi* chegou ao fim. Estava claro que estávamos lá para matar."[13]

Ordens operacionais desse período indicam que a expectativa era que o homem procurado fosse morto no momento em que o identificassem. Na Operação Duas Torres, por exemplo, a ordem operacional contradiz a si mesma: "1. O objetivo é a prisão; 2. Se o 'enquadramento' [a identificação positiva] for das figuras sêniores da JIP [Jihad Islâmica Palestina] Walid Obeid, Ziad Malaisha ou Adham Yunis, a força está autorizada a executar interceptação." O termo "interceptação" é um eufemismo para "eliminação" ou "assassinato" e passou a ser usado frequentemente como forma de contornar as diretrizes do Departamento de Direito Internacional. A operação ocorreu de acordo com as ordens: Malaisha foi "enquadrado" e "interceptado", ou seja, morto a tiros.[14]

Ainda outra violação do protocolo ocorria regularmente como consequência da provisão de que apenas o primeiro-ministro tinha autoridade para aprovar operações de assassinato seletivo. Os oficiais da Aman se ressentiam do fato de que Sharon dera ao Shin Bet autoridade geral sobre os assassinatos.

A fim de contornar as diretrizes, a Aman criou um aparato idêntico e paralelo para realizar, sem necessidade de aprovação de Sharon, o que chamou de "operações de interceptação" contra qualquer um ligado à aquisição, desenvolvimento, estocagem, transporte ou uso de armas em benefício de organizações terroristas. "As ordens me proibiam de realizar assassinatos, mas ninguém nos proibiu de atirar em qualquer um lançando Qassams ou transportando explosivos", disse um oficial superior da Aman.[15]

Em algumas ocasiões, um carregamento de armas ou um esquadrão de lançamento de Qassams era de fato identificado em tempo real, de modo que o assassinato era justificável. Mas, frequentemente, "interceptação" era apenas outra palavra para assassinato planejado, porque a Aman queria certa pessoa morta. "Chamávamos de interceptação, mas é claro que era assassinato", disse um oficial da Aman. "Realizávamos uma operação atrás da outra, sem parar."[16] Algumas eram ações militares legítimas, outras eram assassinatos de terroristas-chave, e muitas ficavam em uma área cinzenta entre os dois.

Com o tempo, as comunidades militares e de inteligência ficaram cada vez melhores em inventar novas maneiras de contornar os protocolos oficiais. As FDI haviam ampliado enormemente seus procedimentos de ataque, de modo que, em áreas infestadas por terroristas, os soldados eram instruídos a atirar em qualquer um segurando qualquer tipo de arma de fogo, coquetel Molotov ou dispositivo explosivo, sem qualquer aviso, e então confirmar a morte. A fim de criar situações nas quais suspeitos de terrorismo sairiam armados de seus esconderijos e iriam para as ruas e vielas, onde estariam expostos aos tiros israelenses, foi desenvolvido um procedimento operacional que recebeu o codinome Divorciada.

No decorrer do conflito nos territórios ocupados, diversas variações da técnica Divorciada foram usadas, atraindo homens armados para fora de seus esconderijos e os expondo à mira de um franco-atirador escondido.[17] Em uma variação, uma força israelense prendia um camarada dos terroristas no meio da rua, fazendo com que eles saíssem e atacassem a força. Em outra, um carro blindado percorria a rua com um alto-falante transmitindo uma gravação em árabe com desafios como "Onde estão os grandes heróis das Izz al-Din al-Qassam? Por que vocês não vêm até aqui e nos enfrentam? Vamos ver se são homens". Ou, mais provocativamente, "Todos os jihadistas são bichas" ou "Os membros do Hamas são filhos da puta. Suas mães trabalham nas ruas e dão de graça para quem quiser". Essas são algumas das frases mais refinadas — outras são ainda menos adequadas à impressão. O que talvez seja surpreendente é que esse método funcionava. Os homens armados saíam para atirar no veículo ofensor e terminavam sendo abatidos por um franco-atirador da Divorciada escondido em um apartamento próximo.

A operação Divorciada matou dezenas de guerrilheiros das organizações palestinas. Do ponto de vista dos militares, o sistema funcionava, e as FDI ganharam relativa liberdade de ação nas ruas das cidades palestinas. A legalidade dessas operações, contudo, é na melhor das hipóteses discutível.

No verão de 2002, o Shin Bet e seus parceiros conseguiam impedir mais de 80% dos ataques antes que se tornassem mortais. Os assassinatos seletivos claramente estavam salvando vidas. Mas também havia uma tendência perturbadora nesses dados: o número de *tentativas* de ataque estava aumentando. Em vez de diminuírem, havia cada vez mais homens-bomba entre os palestinos.[18] Significava que Israel tinha de focar em mais alvos. Mas isso também criou o medo de que, com o tempo, os grupos terroristas aprendessem com cada derrota individual, se adaptassem e ficassem mais espertos e mais duros, levando a uma escalada potencial infinita em uma guerra potencialmente infinita.

"Sentimos que teríamos um ano, talvez um pouco mais, para dar um golpe tão grande que, do ponto de vista deles, faria com que todo aquele negócio não valesse a pena", disse um oficial superior do Shin Bet daquele período.[19]

Essa preocupação levou a um novo plano, codinome Colhendo Anêmonas. Embora Israel já tivesse declarado que qualquer membro dessas organizações era parte da "infraestrutura do tique-taque", quase nunca tocara seus líderes políticos. Mas esse raciocínio mudou. "No Hamas, não há distinção entre escalão político e militar", disse o chefe da Aman, major-general Zeevi-Farkash. "Os líderes chamados de 'políticos' estão envolvidos em tudo. Criam as políticas e dão ordens sobre quando realizar ataques e quando recuar." De fato, segundo o argumento, o único objetivo de declarar uma ala política era fabricar status internacional e dar a certos líderes imunidade de assassinato. "Tínhamos de construir um impedimento muito claro", continuou Zeevi-Farkash. "Não há algo como um escalão político no qual não podemos tocar."[20]

Cada líder do Hamas e da Jihad Islâmica Palestina virara agora um alvo. O plano era matar todos eles.

32

COLHENDO ANÊMONAS

Ibrahim Al-Makadmeh sabia que os israelenses o matariam.[1] Ou deveria saber, considerando-se que as agências de inteligência da Autoridade Palestina o informaram. Um agente duplo do Shin Bet relatara que os israelenses haviam pedido que ele monitorasse a rotina de Makadmeh. Por que mais o Shin Bet iria querer saber de seus movimentos, se não para matá-lo?

Talvez ele não tenha acreditado. Makadmeh publicara alguns livros e artigos sobre religião, jihad e imigração judaica para a Palestina, e era um teórico islâmico. Estrategista extremista do Hamas, ele defendia uma guerra santa para destruir o Estado judaico e servia como ligação entre as alas política e militar da organização. Mas também era dentista e um palestrante popular na Universidade Islâmica de Gaza. Era um acadêmico culto que passava a maior parte do tempo imerso na política, em vez de se envolver diretamente nas operações de terrorismo.

Os agentes da Autoridade Palestina lhe pediram que mantivesse um perfil discreto e esperasse até que os israelenses se cansassem de procurar por ele. Makadmeh os ignorou e continuou a dar palestras na universidade. Seu assistente e dois guarda-costas o apanharam em casa, no bairro Xeque Radwan, em Gaza, por volta das 9h30 de 8 de março de 2003.

Um drone israelense observava.

O assistente telefonou para o escritório do reitor da universidade para informar que Makadmeh chegaria em breve e queria que os estudantes esperassem por ele na sala de conferências. "Apesar do risco à sua vida", acrescentou o assistente, com um floreio dramático no qual provavelmente não acreditava.

Makadmeh, o assistente e os guarda-costas percorreram 300 metros da rua Al-Jalaa antes que quatro mísseis Hellfire, lançados de dois helicópteros Apache, destruíssem o carro.

Eles foram, juntamente com uma criança que brincava na rua, as primeiras fatalidades da Operação Colhendo Anêmonas, aprovada por Sharon e seu gabinete de segurança no início de 2003. A hipótese básica era de que aquilo que os líderes das organizações terroristas jihadistas queriam que seus seguidores fizessem — ataques suicidas — assumiria uma dimensão diferente quando houvesse uma etiqueta de preço, a saber, suas próprias vidas. Ou, como Amos Gilad, chefe da equipe de políticas de segurança do Ministério da Defesa, descreveu: "Todos eles sabem que as 72 virgens no paraíso são uma opção que não pode ser comprovada, e eles, os líderes, simplesmente não estão preparados para conferir por si mesmos."[2]

A Operação Colhendo Anêmonas era mais sutil que a campanha de assassinato no atacado contra líderes políticos que o chefe da Aman, o general Zeevi-Farkash, advogara. A operação não iria atrás de *todos* os líderes do Hamas e da Jihad Islâmica Palestina. O xeque Yassin, fundador do Hamas, por exemplo, foi deixado de fora da lista inicial de alvos, por medo de que mais palestinos se unissem à luta se ele fosse morto. Mas o ponto era o mesmo: informar aos membros do Hamas e da Jihad Islâmica Palestina que chamar a si mesmo de funcionário político já não era uma proteção.[3]

Definir os parâmetros levou meses de debate, assim como concordar em quais assassinatos eram legais, morais e, o mais importante, estrategicamente práticos. "Criar analogias entre o terrorismo e uma cobra, que deixará de atacar se você cortar sua cabeça, é uma simplificação tão excessiva que é alarmante que alguém acredite nela", argumentou Ami Ayalon, predecessor de Avi Dichter como diretor do Shin Bet. "Uma organização terrorista é construída como uma matriz. Mesmo que tenha uma cabeça, é uma cabeça ideológica que dificilmente controla a cabeça operacional."[4] Em outras palavras, não fazia muito sentido operacional. Mas criava um precedente paralelo. Se os líderes políticos do Hamas eram alvos legítimos, disse ele, e quanto "ao ministro [israelense] da Defesa, que autoriza as ações? Isso *o* torna um alvo legítimo para eliminação?".

Mesmo assim, a Operação Colhendo Anêmonas foi colocada em prática.[5] Três meses após o ataque a Makadmeh, um drone das FDI atirou em Abd al-Aziz Rantisi, o número dois do Hamas, mas só o feriu. Então, em 12 de agosto, Ismail Abu Shanab, um dos fundadores do Hamas, líder de seu braço político e um de seus principais porta-vozes na mídia árabe e estrangeira, foi morto perto do prédio da ONU em Gaza por cinco mísseis disparados por um Apache.

Como os oficiais superiores do Ministério do Exterior haviam temido antes de embarcarem na Operação Colhendo Anêmonas, a comunidade internacional realmente fazia distinção entre atacar agentes militares e agentes políticos. O assassinato de Abu Shanab intensificou o debate internacional sobre as ações de Israel, a despeito do reconhecimento ocidental de que Israel travava uma dura batalha contra homens-bomba.

O secretário-geral da ONU, Kofi Annan, condenou o ataque, declarando que Israel não tinha o direito de promover a "morte extrajudicial" de um líder importante do Hamas. O chefe do falecido Abu Shanab, o xeque Yassin, declarou suas intenções em termos mais duros: "Todas as linhas vermelhas foram cruzadas", disse em uma declaração para a mídia palestina. "E Israel vai pagar por isso."

Não ficou claro — talvez nem mesmo para Yassin — como exatamente Israel pagaria por sua mais recente escalada. As velhas regras eram sangrentas e selvagens, mas ao menos tinham alguma aparência de limite tático. O assassinato de Abu Shanab — alguém que estivera envolvido na parte política do Hamas e era visto pelos líderes da organização como intocável — perturbou profundamente o Hamas. Yassin precisava dar uma resposta, e rápido.

Logo após o assassinato, Yassin ordenou que todos os líderes militares e políticos do Hamas se reunissem em 6 de setembro na casa do dr. Marwan Abu Ras, uma importante figura religiosa de Gaza e membro do Conselho Legislativo Palestino. Era um risco extraordinário, pois colocar todos os seus principais homens em um único local criava um alvo enorme. Se o segredo vazasse, a única esperança de Yassin era que Israel decidisse que matar todo mundo não valeria o potencial dano colateral.

Avi Dichter, o diretor do Shin Bet, que soubera da reunião através de fontes humanas e tecnológicas, achou que seria uma troca justa. "Em toda minha carreira", disse ele, "nunca um adversário tão sério cometeu um erro tão grave, um erro estratégico tão profundo."[6]

A reunião deveria começar às 16 horas. Às 15h40, dois caças F-16 armados com bombas de uma tonelada estavam no ar, circulando sobre o Mediterrâneo a fim de não criar suspeitas entre os que estavam reunidos na casa. A ala de análise da Força Aérea calculara que uma bomba assim tão grande era necessária para destruir a casa de três andares de Abu Ras.

Às 15h45, o chefe do Estado-Maior Yallon chamou os analistas de operações, com seus mapas e fotografias aéreas.

"Qual sua estimativa de dano colateral?", perguntou.

Havia um edifício de cinco andares perto da casa de Abu Ras. Quase quarenta famílias viviam nele. "Os homens podem ainda não ter voltado do trabalho às 16 horas", disse o chefe da Aman, Zeevi-Farkash, "mas está claro que deve haver dezenas de mulheres e crianças no local."

"E o que acontecerá com elas se usarmos a bomba de uma tonelada?"

"Dezenas de baixas, possivelmente até mais do que isso", respondeu outro analista.

Os protestos que se seguiram ao fiasco de Shehade não haviam sido esquecidos. "Não havia ninguém entre nós que fosse obcecado por assassinato", disse Dov Weissglass. "Ao contrário, com o tempo, a Força Aérea percebeu que o dano causado por sete ou oito civis mortos era muito maior que os benefícios de eliminar um terrorista." A Força Aérea até mesmo trabalhara no desenvolvimento de munição com um raio de explosão menor, substituindo 90% do material explosivo por cimento. Mas uma bomba de cimento não destruiria uma casa de três andares.

Yaalon participou de uma teleconferência com Sharon, Dichter e três outros. "Senhor primeiro-ministro", disse ele, "recomendo cancelar o ataque. O preço da operação será dezenas de civis mortos. Ganharemos a batalha, mas perderemos a guerra nas arenas doméstica e internacional. O povo de Israel não tolerará outro golpe contra mulheres e crianças. Precisamos de legitimidade interna e externa para continuar nossa luta, e aqui há a probabilidade de termos de lidar com um golpe devastador."[7]

Dichter argumentou que Israel estaria perdendo a oportunidade histórica de causar danos "talvez irreparáveis" a seu principal inimigo.

Mas Yaalon insistiu. "Não podemos fazer isso sob nenhuma circunstância", afirmou ele. "Podemos eliminar a liderança do Hamas, mas também arriscamos ter centenas de milhares de manifestantes na praça Rabin, gritando que somos um exército brutal que assassina mulheres e crianças. Precisamos evitar isso. Teremos nossa chance. O dia deles vai chegar."[8]

Sharon cancelou o ataque.

Dichter ficou para trás na Sala Conjunta de Guerra, furioso e frustrado. Ironicamente, ele estivera entre os primeiros a reconhecer quão desastroso fora o fiasco Shehade, a perceber que matar e ferir dezenas de civis significava que "o alvo foi eliminado, mas a operação foi um fracasso".

Mas a reunião do Hamas era histórica. Ele a chamou de "reunião do Time dos Sonhos". Ele analisou todas as informações sobre o conclave do Hamas e, após alguns minutos, encontrou uma solução. O *diwan*, a sala de estar recoberta de tapetes onde as reuniões ocorriam, ficava no último andar, onde as cortinas estavam fechadas. Era razoável assumir que a reunião ocorreria lá, e ele fez com que um analista da SCG dissesse exatamente isso. Dichter telefonou para os analistas de operações e perguntou se havia uma maneira de destruir somente parte da casa, assegurando que não haveria danos às estruturas adjacentes. A resposta foi afirmativa: se um pequeno míssil com uma ogiva de 250 quilos fosse disparado pela janela, asseguraria a destruição de todos na sala, causando pouco ou nenhum dano fora dela.

Dichter ligou para todo mundo novamente e disse que a reunião provavelmente ocorreria no terceiro andar. Zeevi-Farkash ficou em dúvida. Yaalon também não estava convencido. "Parecia um pouco estranho para mim que eles fossem carregar Yassin até lá em cima em sua cadeira de rodas", disse ele. "Mas essa era uma avaliação para o Shin Bet. Eu sabia como destruir o último andar sem causar fatalidades nas casas adjacentes. Era possível prosseguir." Novamente, houve uma teleconferência com todos os oficiais superiores na linha segura. Sharon ouviu até que Dichter e Yaalon terminassem de falar e aprovou a operação.

A SCG colocou três drones no ar para observar a casa. Eles observaram os participantes chegar e entrar. A informação do Shin Bet se provou precisa: toda a liderança política e militar do Hamas estava lá, incluindo Yassin em sua cadeira de rodas; Ahmed Jabari, que substituíra Shehade como comandante de campo; e Mohammed Deif, comandante das Brigadas Izz al-Din al-Qassam. Os israelenses tentavam matar Deif havia mais de sete anos, desde que ele substituíra Yahya Ayyash no início de 1996. "De cada vez, arrancávamos um braço e uma perna dele, mas ele sobrevivia", disse um oficial superior do Shin Bet que estava presente na SCG naquele dia.

Às 16h35, o piloto de um F-16 lançou um míssil através da janela acortinada do terceiro andar. "Alfa", reportou o piloto, indicando que acertara o alvo com precisão. O topo da casa explodiu em chamas, e detritos, incluindo tijolos e móveis, voaram em todas as direções. Analistas da SCG tentaram ver se os detritos também incluíam partes de corpos. Uma enorme explosão sacudiu toda a área.

Mas a reunião estava acontecendo no térreo. "Eles simplesmente se levantaram, limparam a poeira das roupas e fugiram da casa", disse Dichter. "Ficamos olhando enquanto corriam por suas vidas. Durante um momento, cheguei a pensar ter visto o xeque Yassin se levantar da cadeira de rodas, em pânico, e começar a correr."[9]

Dichter queria enviar um esquadrão de drones para explodir todos os carros que saíam em disparada da casa, mas sua solicitação foi negada pelo ministro da Defesa Mofaz, porque "é provável que civis sejam feridos".[10]

"Olhei em torno da sala de guerra", contou Dichter, "e vi como todos estavam furiosos por perderem essa chance. Foi um exemplo clássico do preço que pagamos por causa dos problemas criados por uma história como o ataque a Shehade. Eu não ousaria contar o número de israelenses mortos e feridos em razão da decisão de não explodir a casa inteira. Mais tarde, tivemos de lidar com eles um por um. Em alguns casos, tivemos sucesso, após grandes esforços. Lamento dizer que alguns deles estão vivos até hoje."[11]

Três dias após o ataque à casa de Abu Ras, pouco antes das 18 horas, um homem usando uniforme do Exército e carregando uma grande mochila se uniu a um grupo de centenas de soldados das FDI esperando em frente à base Tzrifin, do Exército, no calor da tarde. A parada de ônibus e posto de carona tinha um teto alto para fornecer sombra para o sol escaldante, e os homens esperavam pelo ônibus ou pela carona de alguém feliz em ajudar soldados com pressa para iniciar suas breves folgas.

Minutos depois, uma patrulha das FDI se aproximou da parada. O homem, um suicida do Hamas, aparentemente temeu ser detectado e apertou o botão.

Nove soldados foram mortos e dezoito ficaram feridos.

O Hamas estava agitado, atacando Israel por causa do míssil na casa de Abu Ras e do assassinato de suas figuras políticas. Para retaliar, retomara as mesmas táticas de baixa tecnologia e alto terror que haviam levado à escalada de Israel: homens-bomba.

A missão fora designada ao centro de comando do Hamas em Ramalá, que operava uma célula já em contato com vários homens-bomba potenciais de Beit Liqya, um vilarejo palestino a noroeste de Jerusalém. Um dia antes do ataque a Tzrifin, um homem-bomba fora despachado para um restaurante de Jerusalém, mas recuara no último minuto, dominado pelo medo. Outro homem-bomba recrutado para a missão, Ihab Abu Salim, era o jovem que se explodiu no dia seguinte no posto de carona de Tzrifin.

O primeiro-ministro Sharon recebeu a notícia sobre o ataque enquanto estava em uma reunião em Nova Délhi com sua contraparte indiana, Atal Bihari Vajpayee. Em sua ausência, ele autorizou o ministro do Exterior Silvan Shalom a tomar "as medidas necessárias em resposta".[12] Shalom convocou uma reunião urgente dos chefes das FDI e da comunidade de inteligência no Ministério da Defesa.

Às 22 horas, quatro horas depois de os soldados de Tzrifin serem mortos, Shalom perguntou aos representantes do Shin Bet e da Aman quem do Hamas eles poderiam assassinar imediatamente. Um ataque suicida não podia ficar sem resposta. "Temos boa vigilância sobre Mahmoud al-Zahar", disse um oficial do Shin Bet. Al-Zahar era cirurgião, mas também um dos fundadores do Hamas, e visto como líder da facção extremista da organização.

"Talvez possamos acabar com ele, mas isso teria implicações, pois poderia ferir pessoas não envolvidas."

Uma hora se passou. Parte da discussão também girou em torno da questão do que fazer com Yasser Arafat. Silvan Shalom havia tempo pedia que

Arafat fosse assassinado ou ao menos expulso. "Ele orquestra o terrorismo, está por trás dos ataques e, enquanto estiver no poder, não haverá chance de pôr fim ao banho de sangue e chegar a um acordo com os palestinos." Shalom disse que um oficial muito respeitado da administração americana telefonara para ele após ouvir sobre o ataque e perguntara: "Vocês pretendem assassinar o bastardo?"

As opiniões sobre como lidar com Arafat estavam divididas. De qualquer modo, estava claro que aquela era uma decisão importante que só podia ser tomada pelo primeiro-ministro.

Às 23h20, assessores entraram na sala. Seus rostos estavam sérios. Outro homem-bomba atacara, dessa vez no Café Hillel, na colônia alemã de Jerusalém. Sete pessoas estavam mortas, e 57, feridas. As fatalidades incluíam o dr. David Appelbaum, diretor da unidade de emergência do Centro Médico Shaare Zedek, e sua filha Nava, que se casaria no dia seguinte.

Al-Zahar era um homem morto.

Shalom usou o telefone de satélite para falar com Yoav Galant, o ex--comandante da Flotilha 13, que participara de muitas operações de assassinato seletivo e agora atuava como secretário militar do primeiro-ministro. Galant acordou Sharon (a Índia está duas horas e meia à frente de Israel), que imediatamente aprovou o lançamento de um míssil contra a casa de al-Zahar, mas somente após as 8h30 do dia seguinte, quando os adultos estivessem no trabalho, as crianças, na escola, e as ruas estivessem silenciosas.

E quanto à família de al-Zahar? Na atmosfera que se seguiu a dois terríveis ataques em um período de seis horas e que haviam horrorizado Israel, ninguém prestou muita atenção a isso.

Pela manhã, os sensores da Turbante detectaram al-Zahar dando um telefonema de casa, usando a linha do escritório no segundo andar.

A SCG notificou Shalom. Segundos depois, outro relatório foi enviado pela Turbante: a chamada era uma entrevista que al-Zahar estava dando para a editoria árabe da BBC. Shalom ficou preocupado com o impacto de um ataque durante uma transmissão ao vivo — "Deus nos livre de a explosão ser ouvida" — e ordenou que fosse adiado para depois do fim da entrevista. O pessoal da SCG ouviu até al-Zahar desligar.

Como era um telefone fixo com um único ramal e a voz de Zahar fora claramente identificada pelos habilidosos ouvintes da Turbante e pelo entrevistador da BBC, a "sentença de morte" de al-Zahar foi aprovada, muito embora nenhum agente ou câmera do Shin Bet o tivesse visto em seu escritório. Dois helicópteros Apache dispararam um total de três mísseis, demolindo a casa, matando o filho de al-Zahar, Khaled, de 29 anos, e um guarda-costas e ferindo gravemente sua mulher. Mas al-Zahar sofreu apenas alguns arranhões: ele estivera no jardim com uma xícara de café, um cigarro e um telefone sem fio.

A Operação Colhendo Anêmonas não estava indo tão bem na prática quanto fora na teoria. Israel perdera vários alvos importantes e o Hamas retaliara com dois homens-bomba, dezesseis mortos e 75 feridos. E, embora várias medidas antiterrorismo adotadas por Israel, incluindo o assassinato seletivo de agentes do Hamas, tivessem levado a certo decréscimo no número de israelenses mortos e feridos, a Operação Colhendo Anêmonas não estava tendo o efeito desejado sobre o número de tentativas de terrorismo. As figuras políticas do Hamas podiam estar assustadas, mas a organização não ficou sem pessoas dispostas a se tornarem *shahid*.

O debate no establishment de defesa se intensificou: o que deveria ser feito com o xeque Yassin? Apesar das divagações de Ayalon sobre cobras e suas cabeças, parecia cada vez mais claro que o líder do Hamas tinha de ser neutralizado.

O Shin Bet e a Sayeret Matkal colaboraram em um complicado plano para sequestrá-lo e aprisioná-lo. Mas a ideia foi abandonada, porque a operação quase certamente exigiria um tiroteio, e um tiroteio significava que soldados, civis ou o próprio xeque podiam ser atingidos. Também não estava claro se o retorno do xeque Yassin à prisão poria fim aos ataques suicidas. Os oficiais israelenses lembraram que seu longo período de encarceramento (que terminou com o humilhante acordo com o rei Hussein depois da tentativa fracassada de matar Khaled Mashal) fora de inúmeros assassinatos e sequestros com o intuito de libertá-lo, juntamente com ondas de ataques suicidas.

A única maneira efetiva de lidar com Yassin, argumentavam alguns, era matá-lo.

Mas os decisores israelenses estavam muito mais hesitantes em apertar o gatilho quando se tratava de Yassin, apesar de todos concordarem que ele estava ativamente envolvido na direção e no planejamento dos atos terroristas do Hamas. É verdade que Israel quase o matara no ano anterior, durante a reunião do "Time dos Sonhos", mas aquela reunião também incluíra agentes militares. Assassiná-lo, e somente ele, era completamente diferente. O xeque Yassin era o fundador do movimento Hamas, um líder político de renome mundial e uma figura religiosa aceita em todo o Oriente Médio.

Em uma discussão em novembro, Avi Dichter argumentou: "Assassinar esse indivíduo em particular pode incendiar o Oriente Médio e trazer ondas de terrorismo de fora de nossas fronteiras."[13] O major-general Amos Gilad, diretor de questões políticas e militares do Ministério da Defesa, era conhecido pelas opiniões belicistas, mas também objetou. "O xeque Yassin é o exato paradigma de um ideólogo da morte, um arquiteto de infinitos assassinatos", disse ele. Mas concordou com aqueles que temiam uma conflagração em todo o mundo islâmico como resposta ao assassinato de alguém percebido como líder espiritual muçulmano.

Yaalon argumentou que Yassin não era visto como líder espiritual, e matá-lo não causaria nenhuma resposta para além da condenação. "É inconcebível que andemos em círculos em torno dele, matando todos os outros, mas não ele."[14]

O ministro da Defesa Mofaz adotou uma abordagem ainda mais dura: "Não somente devemos ir atrás dele, como também não tenho problemas com uma 'alta assinatura'" [ou seja, sem deixar dúvidas de que Israel fora responsável por seu assassinato].[15]

Embora Sharon concordasse em princípio com Yaalon e Mofaz, Dichter era seu principal conselheiro sobre terrorismo e assassinatos seletivos, e mesmo o assertivo Sharon parecia ter perdido um pouco da autoconfiança à luz da oposição de Dichter e outros.

O major-general Giora Eiland apresentou uma razão adicional de preocupação: seria ruim para as relações públicas. "Vocês não acham que seria um problema matar um velho digno de pena, deficiente e meio cego, em uma cadeira de rodas? Não pareceremos o Velho Oeste?"[16]

Sharon não estava realmente preocupado, mas pediu para ouvir outras opiniões.

O filósofo em chefe das FDI, Asa Kasher, apoiou Yaalon: "A distinção entre escalão político e escalão militar criada pelas organizações de direitos humanos também teria deixado Hitler imune a ataque por um período significativo de tempo. A distinção entre escalões é particularmente dúbia quando se trata de organizações terroristas."[17] Em contrapartida, o advogado-geral militar se opunha enfaticamente.[18] Desde que Finkelstein e Daniel Reisner formularam as regras para assassinatos seletivos três anos antes, Reisner e sua equipe haviam estado presentes durante muitas ações, fornecendo apoio legal. Em alguns casos, haviam ordenado o adiamento de uma operação por medo de ferir inocentes. No caso de Yassin, pela primeira vez, sua forte oposição vinha da identidade do alvo. A crescente importância dada a opinião de Reisner se devia parcialmente à criação do Tribunal Penal Internacional no período. Oficiais superiores em Israel começaram a temer serem indiciados por assassinatos seletivos e procuraram apoio legal.

Mesmo assim, Yaalon insistiu, e a questão foi levada ao gabinete do procurador-geral, a mais alta autoridade legal profissional de Israel. Era a primeira vez que o assassinato seletivo de uma pessoa específica era levado à discussão nesse fórum.

Oficiais superiores da Aman e do Shin Bet levaram consigo a Página Vermelha com todas as evidências que haviam acumulado contra Yassin: a fundação do Hamas, as pregações violentas contra a existência de Israel, a criação do aparato terrorista, as condenações anteriores por ordenar o sequestro e o assassinato de soldados israelenses nos anos 1980, aquisição de armas, levantamento de fundos para atividades militares, defesa do terrorismo suicida e outras.

Finkelstein e Reisner argumentaram que, com todo devido respeito à Página Vermelha, assassinatos seletivos não deveriam ser realizados como vingança ou punição, mas somente a fim de prevenir um futuro ataque.

Não havia indicação recente no material da inteligência de que Yassin estivesse diretamente envolvido com terrorismo. "Mas isso porque ele sabe que o vigiamos", argumentou um representante da Aman. "Consequentemente, está tendo muito cuidado para não dizer nada por telefone ou via meios eletrônicos."[19]

O procurador-geral Elyakim Rubinstein endossou a posição do advogado-geral militar e declarou que não aprovaria o assassinato até que fossem fornecidas evidências claras ligando Yassin diretamente ao terrorismo e que "fossem aceitas por um tribunal".

Logo depois, em 14 de janeiro de 2004, uma jovem de 21 anos da Faixa de Gaza tentou entrar em Israel pela passagem de Erez. Ela teve de passar por um detector de metal, como todos os palestinos. Houve um alto *bip-bip-bip-bip* quando ela passou pelo detector. "Platina, platina", disse ela aos guardas de fronteira, apontando para a perna: um implante de platina.

Os guardas a fizeram atravessar o detector novamente, depois uma terceira vez. O detector continuou a bipar. Uma guarda foi chamada para revistá-la. Então ela detonou uma bomba que matou quatro guardas e feriu dez outras pessoas.[20]

O nome da mulher era Reem Saleh Riyashi. Ela tinha dois filhos, um de 3 anos, o outro com apenas 1 ano e meio.

No dia seguinte, o xeque Yassin convocou uma entrevista coletiva na casa de um de seus seguidores. Ele ficou sentado em sua cadeira de rodas, enrolado em um cobertor marrom, com uma grande guirlanda em formato de coração e a inscrição HAMAS ao fundo. Estava sorrindo. "Pela primeira vez", disse ele, "usamos uma combatente, em vez de um homem. Esse é um novo desenvolvimento na luta contra o inimigo." O xeque, que no passado emitira diversas fátuas (editos religiosos) contra o uso de mulheres-bomba, disse que mudara de ideia. "A guerra santa impele todos os muçulmanos, homens e mulheres. Isso é prova de que a resistência continuará até que o inimigo seja expulso de nossa pátria."

Para Israel, essa mudança de tática era ameaçadora. "Nós nos perguntamos como iríamos lidar com ondas de mulheres-bomba entrando em nosso país", disse o ministro da Defesa Mofaz. Há padrões de decoro, mesmo em uma guerra suja. "É muito mais difícil examinar mulheres e evitar que carreguem explosivos."[21]

Além da declaração de Yassin, a Aman foi capaz de apresentar ao procurador-geral Rubinstein transcrições de gravações secretas feitas pela base Turbante, da 8200, nas quais ele dizia a sua equipe operacional que mulheres podiam ser usadas em ataques suicidas.[22] "Tínhamos claras evidências, baseadas em material de inteligência, de uma ligação direta entre a liderança política do Hamas, encabeçada pelo xeque Yassin, e os planejadores e executores dos ataques terroristas", disse Farkash.[23]

Rubinstein ficou convencido: Yassin podia ser legalmente assassinado. O gabinete de segurança se reuniu para decidir. Shimon Peres ainda se opunha. "Eu temia que começassem a tentar matar líderes israelenses", disse ele mais tarde. "Achei que seria precisamente com ele que conseguiríamos chegar a um acordo de paz."[24]

Mas, por maioria de um voto, os ministros determinaram que ele era um líder terrorista. "Não fiquei impressionado com os avisos de que a terra tremeria ou os céus desabariam por causa desse assassinato", disse Ehud Olmert, então ministro do Comércio, Indústria e Comunicações, que fez parte da maioria.[25]

Em um procedimento que já se tornara rotina, o gabinete deixou para Sharon e Mofaz aprovarem as propostas das FDI e do Shin Bet em relação a quando e como executar o ataque. Os assessores de Sharon disseram à conselheira de Segurança Nacional americana, Condoleezza Rice, que Yassin se tornara um alvo legítimo do ponto de vista de Israel. "Uma difícil discussão se seguiu", disse Weissglass. "Eles estavam preocupados com uma deflagração geral no Oriente Médio."[26]

Em suas aparições públicas, Sharon também insinuou que a partir daquele momento via Yassin como alvo. Isso levou ao aumento da segurança em torno do líder do Hamas. Ele ficava em casa, saindo apenas para visitar uma mesquita e a casa da irmã, ambas perto de sua casa. O movimento entre os três pontos era feito em duas vans, uma equipada com um elevador para a cadeira de rodas e outra para os guarda-costas armados. Sua vida estava confinada a esse triângulo, e ele e seu pessoal assumiam que Israel não ousaria atacar nenhum de seus vértices, lotados de mulheres e crianças e, no caso da mesquita, civis inocentes.

Mas havia espaços entre esses três pontos.[27] Na noite de 21 de março, Yassin foi levado para suas preces na mesquita, com os guarda-costas seguindo na segunda van.

Mofaz ordenou que ambos os veículos fossem destruídos no caminho de volta. Havia helicópteros e drones no ar, e o filho de Yassin, Abd al-Hamid, era experiente o bastante para pressentir o perigo. Ele disparou na direção da mesquita.

"Pai, não saia daqui", avisou. "Eles [os israelenses] não atacarão uma mesquita."

O xeque e seus guarda-costas decidiram ser cautelosos e permanecer na mesquita.

Horas se passaram. A SCG e todas as forças permaneceram em alerta, com a Força Aérea mantendo drones e helicópteros no ar, alternando-os quando ficavam sem combustível. O xeque dormiu em um colchão no chão da mesquita, acordando cedo por causa do desconforto. Após as orações do amanhecer, quis ir para casa. "Não conseguíamos ouvir helicópteros", disse seu filho. "Todo mundo tinha certeza de que o perigo tinha passado."

Mesmo assim, era um risco. Para confundir os rastreadores, eles decidiram colocar o xeque em sua cadeira de rodas e ir correndo até sua casa. A van só chamaria atenção. "Para dizer a verdade, não achei que atacariam um deficiente em sua cadeira de rodas", disse Hamid.[28]

Os rastreadores ainda estavam lá, é claro, com os drones observando através de câmeras de imagens termais. Pessoas saíram pela porta da frente, passando rapidamente pelas vans estacionadas na entrada, empurrando uma cadeira de rodas.

O comandante da Força Aérea Halutz não podia autorizar o ataque, porque as ordens do ministro da Defesa Mofaz só lhe permitiam atirar contra as duas vans.

"Senhor ministro", disse Halutz, "não temos enquadramento das vans, mas vemos um grupo de guarda-costas correndo com uma cadeira de rodas e alguém usando um *kaffiyeh*. Temos autorização?"

Mofaz pediu para falar com o piloto do Apache e perguntou se ele via claramente a cadeira de rodas e se podia atingi-la.

"Eu os vejo muito claramente", respondeu o piloto. "Posso acertá-los."

"Eu autorizo", disse Mofaz.

"*Rashai*", ordenou Halutz pelo rádio.

Na transmissão de vídeo, houve um flash e, por uma fração de segundo, a tela ficou branca. Então partes da cadeira de rodas voaram em todas as direções, com uma roda disparando para cima e aterrissando longe da cadeira, e era possível ver pessoas deitadas ou se arrastando pelo chão.[29]

"Permissão para suplemento", disse o piloto.

"Permissão concedida", respondeu Mofaz.

Outro míssil atingiu o solo, matando qualquer um que ainda estivesse vivo.

Mofaz telefonou para Sharon, que esperava, tenso, em sua casa na Fazenda dos Sicômoros pelo resultado da operação. "Temos vídeo", disse ele. "Julgando pelas imagens, parece bom. Atingimos o alvo, mas vamos esperar por relatos de fontes adicionais."[30]

Alguns minutos depois, os monitores em Turbante relataram que os canais de comunicação do Hamas estavam explodindo com o tráfego. Os membros da organização estavam dizendo uns aos outros que "o xeque Yassin se tornou *shahid*, juntamente com vários de seus guarda-costas". Seu filho, Abd al-Hamid, foi gravemente ferido. Sharon ordenou que sua equipe fosse acordada, a fim de se preparar para as consequências.[31]

A notícia sobre o assassinato foi recebida com profunda preocupação em Washington. "Eles estão à beira da histeria", relatou Weissglass a Sharon.[32] E disse a Rice para não se preocupar, porque Israel esperava que a resposta do mundo árabe fosse condenação e nada mais. "Condi", disse ele, a voz calma e persuasiva, "mesmo na Autoridade Palestina, não antecipamos nada de incomum. Eles declararam três dias de luto nacional, mas todas as lojas estão abertas. Tudo vai dar certo."

Quando os dias de luto chegaram ao fim, o corpo supremo de liderança do Hamas, o Conselho Shura, nomeou Abd al-Aziz Rantisi para suceder Yassin. Ele prestou juramento em um campo de futebol em um dos campos de refugiados de Gaza. Sentada em uma plataforma perante uma grande multidão, a liderança da organização observou um desfile de milicianos uniformizados e beijou a mão do novo líder. "Lutaremos contra o inimigo em todos os lugares, ensinaremos a ele o significado da resistência", declarou Rantisi em seu discurso de posse, além de jurar vingar a morte de Yassin.

Os israelenses estavam conscientes dos planos para o desfile e a cerimônia, mas Sharon ordenou que o Shin Bet e a Força Aérea se abstivessem de atacar, por medo de atingir civis e porque estava claro que redes de TV estrangeiras estariam presentes e transmitiriam o ataque israelense ao vivo.

Mesmo assim, Sharon já autorizara o assassinato do novo líder. A decisão fora muito mais fácil. Rantisi não possuía a autoridade religiosa de Yassin e não era uma figura política árabe internacionalmente reconhecida. Seu envolvimento com o terrorismo era indisputável e, o mais importante, o precedente fora estabelecido: agora qualquer líder do Hamas podia ser liquidado.

Rantisi era cauteloso e tentava ser esquivo, esgueirando-se de um esconderijo para outro, usando perucas e diferentes codinomes em seus celulares. Mas a Turbante não tinha dificuldade para rastreá-lo.[33] Em 17 de abril, somente algumas semanas depois de ser colocado no comando do Hamas, ele foi para casa a fim de fazer os preparativos finais para o casamento de seu filho Ahmed. Foi uma visita breve: ele entregou à esposa o dinheiro de que ela precisava e partiu.

Estava dirigindo pela rua Al-Jalaa quando um míssil Escovinha explodiu sobre seu Subaru.[34]

Uma multidão de centenas de pessoas se reuniu em torno dos restos carbonizados do veículo. Uma equipe de socorro tentou em vão salvar as vidas de Rantisi e de dois assessores que estavam com ele. Uma fotografia distribuída pela agência Reuters mostrou a multidão gritando e chorando, com um homem, sujo com o sangue do líder morto, erguendo as mãos para o céu.

"Ele era um pediatra envolvido principalmente no assassinato de crianças", disse Mofaz à imprensa. Associados de Sharon tornaram mais clara a ameaça implícita. "Arafat deveria se dar conta", disse um deles, "de que qualquer um envolvido em terrorismo deve temer seu destino."[35]

A morte de Rantisi foi a 168ª operação de assassinato seletivo desde o início da Intifada, no fim do ano 2000. A essa altura, a Operação Colhendo Anêmonas conseguira lançar o Hamas em um estado de choque e confusão. O Conselho Shura imediatamente nomeou um sucessor para Rantisi, mas ele era uma figura menor cujo nome foi mantido em segredo para evitar que também fosse morto. Todos os oficiais superiores do Hamas tomaram medidas extremas para escapar do radar israelense, passando a maior parte de seu tempo tentando permanecer vivos.

"O inimigo sionista conseguiu assassinar muitos de nossos irmãos combatentes, e num momento no qual necessitamos desesperadamente de cada combatente puro", declarou o Hamas em seu website. "Não há dúvida de que a negligência é uma das principais razões do sucesso do inimigo, porque os aviões espiões eletrônicos jamais deixam os céus de Gaza. Os muitos olhos designados para essa tarefa não dormem, e os helicópteros Apache estão preparados e disponíveis com seus mísseis, esperando por uma oportunidade. Vocês são um alvo para assassinato em todas as horas de todos os dias."

Duas semanas depois de Rantisi ser assassinado, o general Omar Suleiman, ministro da Inteligência do Egito e homem mais poderoso do regime do Cairo, atrás apenas do presidente Mubarak, foi até Israel para uma reunião urgente com Mofaz, Yaalon e Dichter. "Vim até aqui com uma mensagem de conciliação", disse Suleiman. Ele apresentou a proposta de cessar-fogo do Hamas, cuja essência era "sem assassinatos e sem ataques terroristas".

Mofaz agradeceu a Suleiman por ter ido até lá. Ele disse que, como sempre, os esforços egípcios para promover a conciliação na região eram apreciados. Mas não havia mais nada a discutir. Israel não interromperia os assassinatos seletivos ou a campanha para assassinar a liderança do Hamas.

Suleiman ficou zangado. "Vim lá do Cairo a fim de apresentar uma oferta para pôr fim aos ataques. Era isso que vocês queriam. Por que vão persistir?"

"O Hamas só quer uma trégua para se fortalecer", disse Mofaz. "Temos de derrotá-los, não permitir que respirem."[36]

Suleiman apelou a Sharon, que o recebeu calorosamente, mas não cedeu. "A posição de nosso establishment de defesa é de que não devemos concordar com um cessar-fogo", disse ele. "Não posso me opor a meus próprios generais."[37] Ele disse apenas que Israel monitoraria cuidadosamente a conduta do Hamas.

Os ativistas do Hamas tentaram tornar mais difícil que os drones e Apaches israelenses os encontrassem. Eles se moviam apenas quando necessário, usavam motocicletas e tentavam percorrer apenas ruas estreitas. Dois foram mortos com mísseis em Gaza em 30 de maio, e outro foi morto no campo de refugiados de Balata duas semanas depois. Nesse mesmo dia, Suleiman voltou a ver Sharon, após intensos contatos telefônicos desde a visita anterior. "Senhor primeiro-ministro, agora o senhor sabe que a oferta deles é séria e que eles interromperam os ataques."[38]

A contragosto, Sharon concordou em interromper os assassinatos seletivos. O Hamas ordenou o fim absoluto e imediato dos ataques suicidas.

*

Ariel Sharon agora tinha a vantagem na luta contra o terrorismo. Durante esse período, quando a situação da segurança se tornou um pouco mais calma, ele até mesmo começou a considerar uma solução política para o conflito histórico no Oriente Médio. Sua proximidade com o presidente Bush e o profundo relacionamento que desenvolveu com toda a administração americana — baseado no fim dos novos assentamentos em troca de carta branca para os assassinatos seletivos — fizeram com que Sharon sentisse que os americanos queriam sinceramente ajudar o Estado de Israel e o fizeram perceber algumas coisas.

"Sharon chegou à conclusão de que não importava quem estivesse na Casa Branca, eles sempre veriam os assentamentos como um problema significativo", disse Weissglass.

E, para Sharon, os assentamentos — que ele promovera intensamente em suas posições anteriores — não eram uma questão religiosa ou ideológica, mas sim de segurança. "No momento em que ele entendeu que eles eram um fardo, e não uma vantagem, não teve problema em evacuá-los e virar as costas para os colonos." Sharon, o grande belicista, que construíra sua carreira sobre a política agressiva em relação aos árabes em geral e os palestinos em particular, "passou por uma mudança dramática", disse Weissglass. "Ele queria deixar o palco como um general exaurido por muitas batalhas que se tornara um grande promotor da paz."[39]

Todavia, Sharon ainda achava que havia um obstáculo-chave à realização de sua visão: Yasser Arafat. O primeiro-ministro aceitara que não havia como impedir a criação de um Estado palestino independente, mas isso não diminuiu sua aversão por seu líder. Ele via Arafat como alguém que "criou um regime de terror nos territórios que governava, treinando terroristas de maneira organizada e custeada pelo Estado, incitando, financiando, equipando e armando esses terroristas e os enviando para matar em Israel".[40] Durante uma conversa telefônica com o ministro da Defesa russo, Sergei Ivanov, Sharon descreveu Arafat como "um mentiroso patológico, um assassino que ordenou a morte de mulheres, crianças e bebês".[41]

A inteligência israelense recebera uma grande porção dos arquivos de Yasser Arafat quando as forças das FDI haviam capturado parte de sua sede perto de Ramalá, e esse material forneceu centenas de notas de rodapé às acusações de Sharon. Arafat ordenara, em sua própria caligrafia, a transferência de grandes somas para apoiar as atividades terroristas do Fatah. O presidente palestino e seu círculo estavam envolvidos em uma corrupção sem precedentes. Os documentos indicavam que Arafat repetidamente renegara as promessas, feitas a Israel e à comunidade internacional, de construir um Estado verdadeiramente democrático, com economia moderna e Forças Armadas unificadas. Ele falhara em fazer a transição de chefe de uma organização de guerrilha para líder de um país democrático, e continuara a dirigir a Autoridade Palestina com os mesmos métodos de manipulação, corrupção e dividir-e-conquistar que empregara ao gerenciar a OLP, tudo com o objetivo de assegurar sua sobrevivência como líder palestino.[42]

Como parte de um plano para negar a legitimidade de Arafat, Sharon deu a alguns jornalistas (a mim e, subsequentemente, a vários jornalistas não israelenses) acesso a esses arquivos, a fim de que fossem publicados em todo o mundo. Ele também ordenou que dinheiro fosse transferido do fundo secreto da diretoria do Mossad para ajudar na publicação internacional de um livro sobre os documentos.[43]

Sharon até mesmo considerou divulgar um vídeo gravado pela inteligência romena no fim dos anos 1970. O general Ion Mihai Pacepa, antigo chefe da DIE (a organização romeno-soviética de inteligência) — que disse de Arafat "Nunca vi tanta esperteza, sangue e abominação combinados em um único homem"[44] — afirmou que seus homens haviam instalado câmeras secretas na casa de hóspedes oficial onde Arafat ficara após se reunir com o presidente Nicolae Ceaușescu, e que essas câmeras documentaram Arafat mantendo relações homossexuais com seus guarda-costas. Sharon disse a seus assessores que essa documentação chegara às mãos da inteligência israelense e ele estava considerando disseminá-la anonimamente na internet.

Sharon abandonou essa ideia desagradável quando Israel conseguiu seu objetivo por outros meios: ao convencer a administração americana de que Arafat era incorrigível.[45] Israel conseguiu provas inequívocas de seu envolvimento com o contrabando de armas no navio *Karine A*, do Irã para grupos terroristas na Autoridade Palestina. Depois que a Flotilha 13, durante a Operação Arca de Noé, assumiu o controle do navio no mar e sua tripulação foi presa e interrogada, implicando um associado muito próximo de Arafat, o presidente da Autoridade Palestina negou que ele ou qualquer membro de sua equipe estivesse envolvido, em uma carta especial enviada ao presidente Bush.

No entanto, informações de inteligência — incluindo grampos telefônicos, documentos e transcrições de interrogatórios — levadas à Casa Branca por um oficial superior da Aman em uma maleta acorrentada a seu pulso foram muito mais convincentes. Quando Bush descobriu que Arafat mentira descaradamente, ele declarou que o presidente palestino era irrelevante e, em 24 de junho de 2002, pediu que o povo palestino elegesse um novo líder.

Em novembro de 2002, após vários horríveis ataques contra israelenses, Sharon ordenou que a Mukataa, a sede de Arafat, fosse cercada e que Arafat e seus homens fossem mantidos no interior. Suas instruções foram para tornar miserável a vida "do cão da Mukataa", como o chamava, às vezes cortando a eletricidade, às vezes, o fornecimento de água. Sharon então ordenou que uma companhia de escavadeiras blindadas D9 demolissem uma parede do complexo a cada poucos dias.[46]

Mesmo assim, ainda havia discordância sobre o que fazer com Arafat. Alguns achavam que ele devia ser aniquilado e que Israel devia atacá-lo. Outros, que deveria ser atacado em segredo, sem conectar a ação com Israel. Outros queriam que fosse exilado, ao passo que alguns diziam que devia ser deixado para "apodrecer" na Mukataa.

Após um grave ataque em abril de 2002, Sharon e Mofaz, o chefe do Estado-Maior, foram entreouvidos durante uma conversa privada. Eles se sentaram perto de microfones durante um evento público, sem saber que uma equipe de TV já conectara os microfones e os filmava de longe.

> MOFAZ: Precisamos nos livrar dele.
> SHARON: O quê?
> MOFAZ: Nos livrar dele.
> SHARON: Eu sei.
> MOFAZ: Precisamos tirar proveito da oportunidade que temos agora. Não haverá outra. Quero conversar com você sobre isso.
> SHARON: Quando entrarmos em ação [...] não sei que método se usa para isso [*risadinhas*]. Mas, se você colocar todo mundo para dormir [...] [*fica sério*]. Precisamos ter cuidado!

*

Não fica claro a que "ação" Sharon se refere, mas as FDI e a comunidade de inteligência prepararam planos de contingência para cada estratégia potencial de Arafat. O comandante da Força Aérea, Dan Halutz, que defendia entusiasticamente o exílio de Arafat, escolheu duas pequenas ilhas — uma perto da costa do Líbano e outra perto do Sudão — como potenciais novas casas para o presidente. Em sua opinião, Arafat deveria ser despachado para lá com dois assessores e um pouco de água e comida para a viagem, e então Israel anunciaria sua localização ao mundo.[47] Unidades especiais de infantaria foram treinadas para tomar a Mukataa e seguir até o quarto de Arafat. Israel considerou a possibilidade de liberar gás do sono no complexo antes do ataque, a fim de poupar vidas.

Por fim, a operação foi cancelada, porque "não podíamos garantir que Arafat sairia vivo", lembrou o chefe da unidade de trauma do Corpo Médico, tenente-coronel dr. Amir Blumenfeld. "Afinal, estávamos lidando com um homem idoso que tinha muitos problemas de saúde e com a possibilidade de uma batalha contra os soldados que pretendiam sequestrá-lo."[48]

As deliberações em torno de Arafat finalmente chegaram a Washington. Oficiais da administração Bush temiam que, assim como Sharon decidira liquidar Yassin, ele também ordenasse o assassinato de Arafat. Em uma reunião na Casa Branca em 14 de abril de 2004, Bush exigiu que Sharon prometesse não ferir Arafat. De acordo com um dos participantes da reunião, Sharon disse ao presidente que entendia sua solicitação ("Entendo seu ponto de vista").[49] Bush viu que o primeiro-ministro estava sendo evasivo e pressionou até que Sharon prometeu explicitamente não matar Arafat.

Mesmo antes da promessa, Sharon, durante uma reunião com os chefes das FDI e da comunidade de inteligência, chegara à conclusão de que Israel não deveria ser visto como envolvido na morte de Yasser Arafat de nenhuma maneira. Isso se tornou ainda mais importante depois que ele fez a promessa ao presidente Bush.

E então, subitamente, o homem que conseguira escapar da morte tantas vezes sucumbiu a uma misteriosa doença intestinal e morreu. Testes de laboratório conduzidos por iniciativa de vários interessados chegaram a diferentes conclusões.[50] De acordo com alguns testes, havia traços de polônio, um material radioativo usado em assassinatos, nas roupas e nos restos mortais de Arafat. Outros especialistas determinaram que sua morte fora natural. O arquivo médico de Arafat em um hospital militar francês perto de Paris, para onde Sharon permitiu que ele fosse enviado a fim de não morrer em uma área sob controle israelense, suscita muitas perguntas e não descarta a possibilidade de ele ter morrido de aids.[51]

Os porta-vozes israelenses negaram categoricamente que Israel tivesse qualquer envolvimento na morte de Arafat.[52] "Não matamos Arafat", repetiram solenemente membros importantes da comunidade de inteligência e do escalão político.

Em contrapartida, não há dúvida de que o momento de sua morte foi bastante peculiar, ocorrendo tão rapidamente após o assassinato de Yassin. Em seu livro *Ariel Sharon: An Intimate Portrait* [Ariel Sharon: um retrato íntimo], Uri Dan, o leal porta-voz de Sharon, alegou que, em uma reunião posterior com Bush, Sharon disse que já não se sentia obrigado a cumprir sua promessa anterior de não matar Arafat, e que o presidente não ofereceu resposta. Durante esse período, Dan se queixou a Sharon, perguntando por que ele não exilava Arafat ou o levava a julgamento. "Arafat tem imunidade completa?"

Sharon respondeu de forma sucinta: "Deixe-me fazer as coisas do meu jeito." Dan então observou: "Subitamente, ele interrompeu a conversa, algo incomum em nossos encontros." Dan disse que a condição de Arafat começou a se deteriorar após aquela reunião com o presidente, e concluiu: "Ariel Sharon será mencionado nos livros de história como aquele que destruiu Arafat sem matá-lo."

Se eu soubesse a resposta à pergunta sobre o que matou Yasser Arafat, não poderia contá-la neste livro ou mesmo dizer que a conheço. A censura militar em Israel me proíbe de discutir o assunto.

Pode-se dizer com certeza que Sharon queria se livrar de Arafat, a quem via como uma "besta de duas pernas" e a quem não conseguira matar vinte anos antes. Se Sharon realmente ordenou sua liquidação, isso foi feito em extremo segredo, em fóruns muito menores do que qualquer outro assassinato seletivo. O próprio Sharon definiu o objetivo dessa operação, sem admitir: "Eventos recentes provavelmente serão um ponto de virada", disse ele durante um pronunciamento especial após a morte de Arafat. "Se, após a era Arafat, emergir uma liderança diferente, séria e responsável, que cumpra seus compromissos [...] surgirá uma oportunidade justa de coordenar vários movimentos com essa liderança, e mesmo retomar as negociações diplomáticas com ela."[53]

Sem reconhecer o envolvimento direto na morte de Arafat, todo o escalão superior durante aquele período concordou que a remoção de Arafat melhorava a segurança de Israel. Mahmoud Abbas (Abu Mazen), que foi nomeado para substituí-lo como presidente, e o novo primeiro-ministro palestino, Salam Fayyad, que tinha laços próximos com a administração americana, iniciaram uma determinada campanha contra o terrorismo. Mesmo os céticos líderes do Shin Bet admitiram que os palestinos falavam sério sobre pôr fim ao terrorismo após a chegada de Abbas e Fayyad e que a tranquilidade conseguida após a morte de Arafat se devia amplamente à estreita cooperação com os dois em termos de segurança.[54]

A guerra entre israelenses e palestinos que se iniciou em setembro de 2000 — uma guerra de contínuas retaliações a ataques suicidas e assassinatos seletivos — diminuiu gradualmente até cessar por completo.

Israel empregou algumas medidas em sua guerra contra o terrorismo palestino na Segunda Intifada, incluindo incursões em terra das FDI para realizar extensivas prisões e a construção de uma barreira entre a Cisjordânia e Israel, que fez com que se tornasse mais difícil para homens-bomba entrarem no país. Mas, embora essas medidas tenham atrapalhado um pouco as organizações terroristas, as estatísticas mostram claramente que elas continuaram suas tentativas de executar ataques mortais após sua implantação, e que os ataques terroristas só cessaram após um imenso número de assassinatos seletivos de agentes terroristas e — na Operação Colhendo Anêmonas — de líderes terroristas.

Graças a seu aparato dinamizado de assassinato seletivo, a comunidade israelense de inteligência triunfou sobre algo que, durante muitos anos, fora considerado imbatível: o terrorismo suicida. Ao investir os recursos de um país inteiro, através da obstinada persistência e da cooperação entre os braços operacional e de inteligência, e sob a decisiva liderança de Ariel

Sharon, Israel provou que uma rede de terrorismo letal e aparentemente inflexível pode ser deixada de joelhos.

O uso de assassinatos seletivos, todavia, tinha pesados custos concomitantes. O preço era pago sobretudo pelos palestinos inocentes que se tornavam o "dano acidental" dos assassinatos. Muitas pessoas inocentes foram mortas e milhares, incluindo muitas crianças, foram feridas e incapacitadas para sempre. Outros ficaram mentalmente traumatizados ou perderam suas casas.

Um oficial de alta patente do Shin Bet disse: "No passado, quando tudo era secreto e de legalidade dúbia, podíamos executar pouquíssimos ataques. Quantos seria possível executar sem nos expormos? No minuto em que o advogado-geral das FDI tornou essas ações *kosher*, legais e declaradas, abrimos uma linha de montagem para assassinatos. Nossas consciências ficaram mais limpas, mas muito mais pessoas terminaram mortas."

Gabriella Blum, em 2018 professora de Direito de Harvard, era oficial do Corpo de Advocacia-Geral Militar das FDI e uma das autoras do memorando que legalizou os assassinatos. Comentando em 2017, ela expressou sério arrependimento: "Eu me preocupo profundamente com o fato de que aquilo que foi originalmente autorizado como um ato excepcional a ser executado em casos excepcionais tenha se tornado uma prática regular."[55]

A campanha de assassinatos seletivos também fez muito para marginalizar e deslegitimar Israel ainda mais aos olhos do mundo. Davi estava novamente se comportando como Golias.

O chefe do Estado-Maior Dan Halutz tentou explicar por que Israel adotou sua política de assassinatos seletivos: "É o código de conduta básico no Oriente Médio: eles perceberam que somos insanos, que estamos dispostos a ir até o fim, que não vamos engolir mais nada."

Contudo, apesar de as mortes de duas figuras importantes, Yassin e Arafat, certamente terem tido impacto dramático na região, Ami Ayalon estava certo quando disse que, embora assassinar líderes provavelmente fosse levar a história para um novo curso, esse curso não seria necessariamente melhor que o anterior: poderia muito bem acabar por prolongar o tempo que se passaria antes que a paz fosse obtida.

Como se viu, Arafat era a única pessoa capaz de manter o povo palestino mais ou menos unido, sob o controle da Autoridade Palestina. Após sua morte, o presidente Abbas falhou nesse sentido, e o Hamas assumiu o controle de Gaza e estabeleceu uma segunda entidade palestina. Esse novo arranjo constitui uma grave ameaça para Israel, muito mais grave que Arafat jamais fora.

O Hamas conseguiu obter o controle de Gaza graças à enorme assistência que recebeu do Irã. Paradoxalmente, é difícil acreditar que o Hamas teria conseguido estabelecer seu próprio Estado na Faixa de Gaza enquanto o xeque Yassin estava vivo. Yassin se opunha fortemente a qualquer cooperação ou laços com o Irã, e impunha sua opinião à organização.

Indubitavelmente, o assassinato do xeque Yassin foi o mais duro golpe sofrido pelo Hamas em toda sua história, e o maior fator em seu desejo de alcançar um cessar-fogo com Israel. Mas também levou a outra virada improvável na história do Oriente Médio: graças ao fato de Yassin ter sido removido de cena, o Irã, o mais perigoso inimigo de Israel, forjou o último elo em seu plano de se tornar um poder regional.

33

A FRENTE RADICAL

A liderança chegou inesperadamente para Bashar al-Assad.

Hafez al-Assad, que tomou o controle da Síria em novembro de 1970, esperava que seu filho mais velho, Bassel, o sucedesse, mas ele morreu em um acidente de carro. A segunda escolha de Assad era o filho mais novo, Maher, que escolhera a carreira militar. Mas ele se provara muito cabeça-quente, inclinado a acessos de raiva e violentas explosões. Um terceiro filho, Majd, sofria de uma doença congênita que acabou por matá-lo. Então restou Bashar, que tinha 29 anos, vivia em Londres e fazia pós-graduação em Oftalmologia quando seu pai o convocou de volta a Damasco logo após o acidente fatal de Bassel, em 1994.

Bashar sempre fora considerado o mais fraco dos filhos de Assad, meio distante e sonhador, parecendo um pouco intimidado. O pai podia estar consciente da fraqueza do filho, mas sua preocupação com a continuidade do governo da família era a prioridade. Ele enviou Bashar para o serviço militar, onde ele rapidamente chegou ao posto de coronel, e então o nomeou comandante das forças sírias no Líbano para que adquirisse experiência. No fim dos anos 1990, Bashar estava bem treinado para a presidência. Hafez al-Assad morreu em junho de 2000. Bashar foi eleito presidente no mês seguinte.

Mas, naquele preciso momento, o legado de Assad era problemático. A União Soviética fora dissolvida uma década antes, a guerra fria chegara ao fim e a Rússia não era nem de perto tão influente no Oriente Médio quanto já fora. O palco global estava sendo modificado, e Bashar al-Assad tinha de encontrar um lugar para a Síria.

No entanto, a economia síria estava em péssimas condições. Os cofres estatais estavam vazios e seu Exército, embora um dos maiores da região, estava parcialmente ultrapassado e precisando urgentemente de armamentos modernos. Ainda mais importante, Israel ainda detinha as colinas de Golã, capturadas da Síria em 1967. Era uma ferida profunda e aberta, e o orgulho nacional não permitia que cicatrizasse.

Em meados de 2000, Assad tinha uma escolha: alinhar a Síria aos Estados Unidos, a última superpotência remanescente, ou ao Irã, a potência regional emergente. Não foi uma decisão difícil. Dez anos antes de morrer, o presidente Hafez al-Assad surpreendera o mundo ao concordar em se unir à aliança que os Estados Unidos haviam forjado contra outro país árabe — para expulsar Saddam Hussein do Kuwait. Ele esperava algo em retorno: benefícios econômicos, retirada da Síria da lista de países envolvidos em terrorismo e tráfico de drogas e pressão contra Israel para se retirar completamente das colinas de Golã. Não recebeu nada disso.

Três meses antes de morrer, Hafez al-Assad se encontrou com o presidente Clinton em Genebra, o clímax de um esforço diplomático americano para conseguir um acordo de paz entre Síria e Israel. Clinton levou consigo uma mensagem para Assad do primeiro-ministro Ehud Barak que incluía a melhor oferta que ele já recebera de Israel: uma retirada quase completa das colinas de Golã, exceto que "nenhum soldado sírio vai molhar os pés nas águas do mar da Galileia", ou seja, que não haveria presença síria permanente na costa. Assad ouviu Clinton e inutilizou a reunião de cúpula logo depois de ela começar.

Para Israel e para os Estados Unidos, era uma prova da intransigência ilógica de Hafez al-Assad, que poderia ser atribuída aos problemas estomacais e à demência de que sofria. Aos olhos de Assad, muito devotado às teorias de conspiração, a reunião de cúpula era prova adicional de que os Estados Unidos eram apenas um satélite de Israel, não o contrário, e que ele jamais receberia as colinas de Golã ou qualquer outro benefício significativo de sua conexão com os Estados Unidos.

E Israel parecia enfraquecido.

Ehud Barak se retirou incondicionalmente do Líbano em maio de 2000, o que, da perspectiva de Assad, correspondia a uma derrota humilhante.

Para ele, isso provava que o uso efetivo da guerra de guerrilha podia obrigar até mesmo a mais poderosa força militar da região a se render.

Hafez al-Assad exortou o filho Bashar a retomar as colinas de Golã. Mas também o aconselhou a evitar o confronto militar direto com Israel, do qual a Síria quase certamente emergiria como perdedora. O Irã, todavia, já tinha grupos terroristas por procuração — o principal sendo o Hezbollah — conduzindo uma guerra assimétrica contra os judeus. Bashar al-Assad achava que era melhor deixar que os radicais lutassem em uma guerra suja que poderia forçar Israel a fazer concessões. Por que derramar sangue sírio quando os jihadistas estavam tão dispostos a derramar o seu?

Consequentemente, Assad transformou a ligação com o Hezbollah e seus financiadores em Teerã no componente central de sua doutrina de segurança. A Síria e o Irã assinaram uma série de acordos de defesa mútua, suprimento de armas e desenvolvimento de armamentos, e Teerã deu a Assad 1,5 bilhão de dólares para reconstruir seu exército.[1]

Muitos dos principais iranianos teocráticos consideravam Assad e seus irmãos alauítas hereges, traidores da tradição sagrada, infiéis que ofendiam Alá. Em contrapartida, a Síria tinha forças militares poderosas, fronteira com Israel e mais credibilidade internacional que Teerã.

O governo iraniano também tinha alguns problemas. O país sofria uma severa crise econômica e havia rupturas agudas na sociedade persa e crescente ressentimento em relação aos aiatolás. Juntamente com a Coreia do Norte e o Iraque, o Irã se tornara um dos países mais isolados do mundo. Em seu discurso sobre o Estado da União de janeiro de 2002, o presidente Bush descreveu esses três países como o "eixo do mal". Logo em seguida, a administração americana intensificou as sanções contra o Irã.

Bush não incluiu a Síria no "eixo do mal" porque os americanos ainda tinham a esperança de que ela pudesse ser atraída para o Ocidente, em parte porque mantinha relações amigáveis com muitos países ocidentais, particularmente a França e a Alemanha.[2] "Tentamos cooperar com ele [Assad] contra os terroristas que enfrentávamos no Iraque", disse Michael Hayden, chefe da NSA e da CIA durante a primeira década do século XXI, acrescentando que tais esperanças foram rapidamente destruídas.

Uma aliança com a Síria servia melhor aos interesses do Irã.[3] Teerã podia oferecer dinheiro, do qual Damasco precisava desesperadamente, e tecnologia militar avançada, como motores para foguetes e combustível sólido para mísseis de longo alcance. Em troca, a Síria podia fornecer acesso direto ao principal adversário do Irã e, mais importante, uma ponte para o mundo. As importações e exportações iranianas podiam ser filtradas através dos portos e aeroportos sírios, diminuindo seu isolamento internacional.

Ao mesmo tempo, o Irã gerenciava uma milícia por procuração no Líbano, onde a Síria mantinha amplas operações militares e de inteligência. Para manter o Hezbollah abastecido e funcionando, os iraquianos precisavam de liberdade de movimento, o que os sírios podiam não só permitir, como também facilitar.

Mas o jovem Assad fez mais do que escolher um lado.

Durante décadas, seu pai permitira que os iranianos enviassem carregamentos de armas de avião para Damasco e então os encaminhassem de caminhão para o Hezbollah. Mas Hafez al-Assad ajudava os iranianos somente permitindo que operassem sem restrições, evitando cuidadosamente quaisquer laços mais estreitos com os próprios jihadistas. Bashar al-Assad, contudo, viu uma oportunidade. A vitória do Hezbollah contra Israel e a doutrina de Hassan Nasrallah, o secretário-geral da organização, que comparava Israel a uma "teia de aranha" — forte de longe, mas macia de perto — tiveram impacto sobre ele.

O jovem Assad decidiu se unir inteiramente aos teocratas e jihadistas e colocar todos os recursos da Síria à sua disposição. A partir do início de 2002, Assad abriu para o Hezbollah os arsenais de seu próprio Exército, fornecendo à organização armamentos soviéticos modernos que nem mesmo os iranianos possuíam e mísseis superfície-superfície de longo alcance. Ele também abriu os portões de seu palácio para Nasrallah, que via como um modelo.

A Síria também tinha motivos práticos para querer fortalecer o Hezbollah.[4] O Líbano era uma tábua de salvação econômica para a Síria e para os generais de Assad, que ganhavam generosas comissões sobre os acordos nos quais o Estado estava envolvido. Mais recentemente, todavia, algumas poderosas figuras haviam emergido no Líbano e exigido a partida dos sírios. Em resposta, Imad Mughniyeh, o chefe do Estado-Maior do Hezbollah, começou a assassinar essas figuras, uma após a outra, em benefício dos iranianos e dos sírios. A campanha de assassinatos chegou ao auge quando os homens de Mughniyeh assassinaram Rafik Hariri, o político mais importante do Oriente Médio, que fora duas vezes primeiro-ministro do Líbano e tentara mobilizar o mundo para expulsar os sírios de seu país.

Ficou claro que havia uma confluência de interesses entre o Irã, o Hezbollah e a Síria, e que os três eram unicamente adequados para trabalhar juntos e ajudar uns aos outros em seus momentos de necessidade. Assim, uma aliança — que a comunidade israelense de inteligência chamou de "Frente Radical" — foi criada.

A aliança entre uma organização terrorista, uma teocracia pária e um Estado-nação modernizado permitiu que uma rede cada vez mais ampla de guerrilhas, criminosos e autointitulados revolucionários operasse com um nível incomumente robusto de eficiência militar. Os líderes dos países e da organização desenvolveram estratégias e forneceram equipamento a um grupo disparatado de agentes, espalhados por todo o Oriente Médio.[5]

No nível operacional mais alto da rede havia três homens: Qassem Suleimani, da Guarda Revolucionária Iraniana, Imad Mughniyeh, do Hezbollah, e o general Muhammad Suleiman, da Síria. O líder da Jihad Islâmica, Ramadan Shalah, que operava em Damasco sob os auspícios do Irã e da Síria, também foi levado para a aliança e convidado para algumas discussões.

Seus tenentes incluíam Hassan al-Laqquis, chefe de pesquisa e desenvolvimento do Hezbollah, e Mahmud al-Majzub, chefe da Jihad Islâmica Palestina no Líbano. O Hamas não tinha papel oficial na Frente Radical — o xeque Yassin, um sunita, desprezava os xiitas iranianos —, mas Khaled Mashal, o líder do Hamas fora da Palestina, pensava diferente e instruiu um dos comandantes operacionais da organização em Damasco, Izz al-Din al--Sheikh Khalil, a manter contato próximo com os outros membros da frente.

Com uma rede de conexões e linhas de transporte, a Frente Radical começou a canalizar auxílio cada vez mais letal para o conflito contra Israel. De Beirute, o Hezbollah apoiava e armava terroristas palestinos, pagando bônus para cada israelense morto em ataques suicidas. Foguetes eram desmontados na Síria e no Irã, contrabandeados em peças por terra ou mar até a Faixa de Gaza e então remontados pelos combatentes da Jihad Islâmica Palestina. Majzub fez com que a Guarda Revolucionária enviasse mísseis do mesmo modo para a Jihad Islâmica Palestina no Líbano. Mashal e o xeque Khalil receberam substancial assistência monetária do Irã (talvez sem o conhecimento de Yassin), assim como considerável know-how que foi transferido para Gaza e ajudou na produção de foguetes domésticos.

Laqqis, do Hezbollah, começou a construir uma enorme variedade de bunkers e silos de mísseis no sul do Líbano, a fim de enfrentar uma invasão israelense ou ajudar a iniciar uma ofensiva. Eles eram camuflados com tanta habilidade que a inteligência israelense jamais os viu sendo construídos.[6] Israel tampouco estava completamente consciente da quantidade de armamentos letais sendo reunidos. Em 2003, de acordo com uma avaliação, o Hezbollah possuía o maior arsenal já reunido por uma força de guerrilha.

É claro que ter inimigos em suas fronteiras e nos territórios ocupados não era nada novo para Israel. Mas agora ele estava cercado pelo que era basicamente uma força única e coordenada — o Hezbollah no Líbano, a Jihad Islâmica Palestina nos territórios e a Síria no norte —, financiada com dinheiro iraniano e abastecida com armas iranianas.

A agência israelense responsável por obter informações e combater tal ameaça externa era o Mossad. Mas seus esforços estavam longe de ser adequados, em grande parte porque não se adaptou aos novos tempos.[7] A inabilidade do Mossad de penetrar as organizações jihadistas, sua falta de capacidade tecnológica em um mundo no qual todos tinham acesso a um dispositivo celular e softwares de codificação e uma série de graves falhas operacionais, lideradas pelo assassinato fracassado de Mashal, eram indicações de que o Mossad se tornara deficiente e ineficaz. O Irã era um rival mais sofisticado e original que qualquer país árabe que o Mossad tentara penetrar, e Bashar al-Assad instituíra estritas medidas de segurança também na Síria.

Aqui e ali, o Mossad tentou impedir perigosos projetos dos membros da Frente Radical.[8] Ele descobriu, por exemplo, que o general Anatoly Kuntsevich, um veterano da indústria militar russa, estava ajudando a Síria a produzir a arma química mais letal de todas, a neurotoxina VX. Protestos oficiais em Moscou foram ignorados. Assim, em abril de 2002, Kuntsevich misteriosamente caiu morto em um voo de Alepo para Moscou.

Mas esse foi um sucesso isolado. Não havia consistência nem estratégia constante contra a Frente Radical, e os israelenses permaneceram perigosamente inconscientes de muitos planos e ações de seus adversários. Comparado aos sucessos do Shin Bet e da Aman nos territórios ocupados, o Mossad era considerado o elo fraco na comunidade de inteligência.

O primeiro-ministro Sharon estava exasperado com a agência. Em sua opinião, o Mossad estava muito sonolento e impotente, e relutante demais em assumir riscos após seus erros operacionais anteriores. A abordagem do chefe do Mossad, Efraim Halevy, era o exato oposto da de Sharon, que sempre queria tomar a iniciativa e atacar. Como explicou Dov Weissglass: "Em um momento no qual Israel se encontrava em uma das mais difíceis batalhas de sua vida, a Segunda Intifada, jamais pudemos entender por que aquele corpo magnífico conhecido como Mossad foi simplesmente inexistente. Com Halevy, o aspecto diplomático foi infinitamente desenvolvido. O aspecto operacional era como um apêndice para ele, supérfluo e dispensável."[9]

Esse período coincidiu com o auge da Intifada, e os alvos iniciais e mais urgentes na lista de aniquilação eram aqueles que encorajavam o terrorismo palestino.[10]

O Hezbollah, sob controle iraniano, criara sua Unidade 1800 para fornecer ao grupo terrorista Tanzim (criado sob os auspícios do Fatah de Arafat) dinheiro e treinamento para mais ataques suicidas. A Jihad Islâmica Palestina, no Líbano, também apoiava as atividades de terrorismo suicida de seus membros na Cisjordânia e em Gaza com dinheiro, treinamento e orientação.

Na ausência de qualquer contrainiciativa forte por parte do Mossad, a Aman tentou preencher o vazio. "O Mossad não era um parceiro operacional", disse o chefe da Aman, Aharon Zeevi-Farkash. "Em contrapartida, nós da Aman marcamos cinquenta palestinos na Cisjordânia que, com financiamento e apoio da Unidade 1800 do Hezbollah no Líbano, trabalhavam o tempo todo para produzir ataques suicidas. A situação se tornou intolerável. Assim, a ideia era atingir certo número de alvos no Hezbollah a fim de explicar para seus líderes que havia um preço a ser pago por essas ações."[11]

O coronel Ronen Cohen, chefe de contraterrorismo da Aman, fez uma lista de alvos (chamada de Doze Mosqueteiros) que incluía agentes da Unidade 1800 do Hezbollah e vários nomes da Jihad Islâmica e do Hamas.[12]

Um dos nomes na lista era Kais Obeid, que já fora agente do Shin Bet, mas desertara para a Unidade 1800 do Hezbollah. Obeid conseguira atrair um oficial da reserva das FDI até Dubai.[13] O oficial se afundara em dívidas e Obeid prometera resolver seus problemas financeiros. Ele caiu em uma armadilha e foi drogado, colocado em um caixote e enviado por correio diplomático da embaixada iraniana em Dubai até Beirute. Durante seu interrogatório, revelou importantes segredos militares para o Hezbollah e os sírios. Depois disso, Obeid, que conhecia muitos árabes israelenses e falava hebraico com fluência, começou a recrutar homens-bomba.

Obeid era cidadão israelense, e havia uma regra não escrita entre as agências de inteligência do país que proibiam matar compatriotas. Mas, sob a grave ameaça do terrorismo suicida, essa regra foi suspensa. Mesmo assim, a lista de "mosqueteiros" de Cohen não incluía os principais oficiais do Hezbollah, Mughniyeh e seus dois assessores, nem o secretário-geral Nasrallah. "Temíamos que isso desse início a uma guerra total", disse um dos homens envolvidos na operação.[14]

Durante a reunião entre Zeevi-Farkash, Cohen e Sharon para discutir a operação, eles argumentaram que, embora o Shin Bet estivesse fazendo um excelente trabalho ao eliminar os terroristas de alto nível na Cisjordânia e em Gaza, ninguém estava agindo contra os chefes das organizações que forneciam suporte de fora das fronteiras de Israel.[15] Sharon dificilmente precisava ser persuadido. "É uma pena que não haja iniciativas como essa por parte de seus amigos", disse ele amargamente, referindo-se ao Mossad.

O primeiro alvo foi Ramzi Nahara, um traficante de drogas e agente da inteligência israelense que mudara de lado quando Israel se retirara do Líbano e fora um dos colaboradores de Obeid no sequestro do oficial israelense.[16] Em 6 de dezembro de 2002, ele estava viajando com o sobrinho Elie Issa para seu vilarejo natal de Ain Ebel, no sul do Líbano. Na entrada do vilarejo, um grande dispositivo explosivo camuflado como pedra explodiu quando seu carro passou. Ambos morreram.

O próximo da lista foi Ali Hussein Salah, registrado no Ministério do Interior libanês como motorista da embaixada iraniana em Beirute, mas, na verdade, agente da Unidade 1800. Em 2 de agosto de 2003, ele estava em seu luxuoso BMW preto com placas diplomáticas, a caminho do trabalho na sede da Unidade 1800, no bairro de Dahiya, em Beirute. Às 8h32, um dispositivo explosivo escondido no banco de trás do carro explodiu, partindo o carro em dois e lançando-o a 15 metros do grande buraco aberto na rua pela explosão. "A explosão dividiu o corpo de Salah ao meio, um pedaço em cada parte do carro", declarou o relatório da Aman sobre o incidente.[17]

Após a morte de Salah, o Hezbollah deixou de esconder sua verdadeira ocupação e a Al-Manar, a estação de TV do movimento, relatou: "O Hezbollah lamenta a morte de um de seus maiores *mujahidin* [guerreiros sagrados]."

Em 12 de julho de 2004, Ghaleb Awali, que substituíra Salah na Unidade 1800, saiu de casa no bairro xiita de Haret Hreik, em Beirute. Ele entrou em seu Mercedes e deu partida. Segundos depois, o carro explodiu. Ele ficou gravemente ferido e foi levado rapidamente para o hospital, mas o declararam morto quando chegou.

Um novo grupo, fazendo sua primeira e última aparição no Líbano, assumiu a autoridade do assassinato. Chamando a si mesmo de Jund al--Sham ("Soldados do Levante"), o grupo sunita declarou: "Executamos um dos símbolos da traição, o xiita Ghaleb Awali."

O Hezbollah não tinha dúvidas de que isso era um golpe de desinformação e de que Israel estava por trás do assassinato. No discurso fúnebre durante o magnífico funeral de Awali, Hassan Nasrallah observou que o falecido pertencera a uma unidade especial dedicada a apoiar o conflito palestino. "Ele é um *shahid* em nosso caminho para a Palestina, um *shahid* por Jerusalém e pela mesquita Al-Aqsa no confronto com a entidade sionista", declarou Nasrallah sobre o caixão de Awali, que estava enrolado na bandeira amarela do Hezbollah. Ele acusou o comandante da Aman, Zeevi-Farkash, de ser responsável pelo assassinato.

Sharon apreciava os esforços de Zeevi-Farkash, mas percebeu que era necessário mais para se contrapor à Frente Radical e que o Mossad precisava de uma mudança extrema.

Sharon queria Halevy substituído e vários nomes, incluindo o de veteranos do Mossad e generais das FDI, foram sugeridos. Mas Sharon na verdade tinha apenas uma pessoa em mente: Meir Dagan, o bom amigo que servira sob suas ordens no Exército. Dagan era duro e agressivo, exatamente o tipo de pessoa de que Sharon precisava para lutar contra a Frente Radical.

Dagan deixara as FDI em 1995 e mais tarde se tornara chefe da divisão de contraterrorismo do gabinete do primeiro-ministro.[18] Nesse cargo, criara um corpo clandestino chamado Lança, com o objetivo de destruir os recursos financeiros do inimigo. "Eu dava muita importância ao combate econômico que tinha de ser parte integral da campanha contra nosso principal adversário", disse Dagan.

As investigações da Lança levaram Israel a tornar ilegais todas as organizações que arrecadavam fundos em nome do Hamas, alguns deles vindos de muçulmanos abastados no exterior. (A Lança também urgiu o FBI e suas contrapartes europeias a fazerem o mesmo em seus respectivos países, mas isso foi antes do 11 de Setembro e todos os avisos caíram em ouvidos moucos.) Durante uma reunião, o contraste de estilo entre o Mossad de Dagan e o Mossad de Halevy ficou aparente. O Mossad apresentou informações indicando que parte do dinheiro fornecido pelo Irã ao Hamas era canalizado através de um banco europeu com sede em Zurique.

"Sem problemas", disse Dagan. "Vamos queimá-lo."

"Queimar o quê?"

"O banco, é claro", respondeu Dagan. "Temos o endereço, não temos?"

Os participantes explicaram que não se tratava de dinheiro, mas de transferências eletrônicas através do SWIFT, que eram lastreadas em outros locais.

"E daí?", perguntou Dagan. "Vamos queimar o banco mesmo assim. Os administradores do banco sabem que não se trata de dinheiro legítimo. Não fará nenhum mal.[19]

Dagan por fim aceitou as recomendações dos conselheiros e não ordenou que o banco fosse queimado. No geral, todavia, essa era a abordagem que Sharon buscava: "um chefe do Mossad com uma adaga entre os dentes", como disse ele a alguns de seus assessores.[20]

Mas isso não significava que estava ávido para iniciar um confronto em larga escala com o inimigo. Ao contrário, Dagan defendia que Israel devia fazer tudo para evitar um conflito militar generalizado com todos os países da região, um conflito que seria impossível de vencer de modo abrangente.

"É tarefa do establishment israelense de defesa", costumava dizer aos novos subordinados no Mossad", fazer o que puder para adiar a próxima guerra tanto quanto possível, usando meios secretos para atingir o inimigo de modo focado."

Dagan assumiu o Mossad em setembro de 2002. Logo depois, Sharon o colocou a cargo dos esforços secretos para destruir o programa nuclear iraniano. Desde o fim dos anos 1990, o Irã empregava grandes recursos em seu plano de obter capacidade nuclear tão rapidamente quanto possível, comprando equipamentos e habilidades sempre que podia. Ambos os homens viam um Irã nuclear como um perigo existencial para Israel.[21]

Dagan foi informado de que receberia tudo que quisesse — dinheiro, pessoal, recursos —, desde que impedisse os aiatolás de construírem uma bomba atômica. Ele pegou tudo isso e se pôs ao trabalho.

"Sharon estava certo ao nomeá-lo", disse Weissglass. "Meir chegou e começou a fazer maravilhas."

Dagan se mudou para o novo escritório no prédio principal do Mossad e pendurou uma fotografia do avô ajoelhado, observando aterrorizado os soldados alemães em torno dele, minutos antes de ser assassinado. "Olhe para essa fotografia", dizia ele aos agentes do Mossad antes de enviá-los em missões. "Estou aqui — nós, os homens e mulheres do Mossad estamos aqui — para garantir que isso não aconteça novamente."

Dagan decidiu desmantelar o Mossad e remontá-lo de maneira mais adequada. Primeiro, focou intensamente no objetivo de coleta de inteligência. As informações não deveriam ser apenas coletadas, mas arquivadas e catalogadas em uma impotente biblioteca: Dagan queria que fossem colocadas em uso direto contra o inimigo. Queria informações que levassem rapidamente a operações preventivas, a sabotagens, emboscadas, assassinatos seletivos e eliminações. O Mossad, sob seu novo diretor, seria uma agência guerreira.

"Eu disse a Arik [Sharon] que, em minha opinião, uma mudança profunda tinha de ser feita na organização", disse Dagan. "'Mas você precisa decidir', avisei a ele, 'se está disposto pagar o preço. Os jornalistas vão cair em cima de mim, de você e do Mossad. Não será fácil. Você está disposto a pagar o preço?' Ele disse que estava. Arik sabia como apoiar alguém."[22]

Dagan se reunia frequentemente com Sharon, em caráter privado, para conseguir aprovação para operações secretas. Um ex-oficial sênior do Mossad descreveu o clima: "Aqueles eram dias de histeria. Dagan chegava cedo pela manhã e, até o cair da noite, não parava de gritar com todo mundo, dizendo que não estavam fazendo o que deviam fazer e eram inúteis."[23]

Na opinião de Dagan, era particularmente importante "endireitar" o pessoal da divisão Interseção, encarregado de recrutar e operar agentes. A seus olhos, esse era "o verdadeiro coração do Mossad". "Sob cada operação, não importa como seja montada, há sempre HUMINT", disse ele.

O pessoal essencial da Interseção eram "oficiais de coleta" (*katsa*), que recrutavam e gerenciavam agentes. Eram profissionais sofisticados, habilidosos em manipulação.

De acordo com Dagan, contudo, os oficiais de coleta também manipulavam o próprio Mossad. Ele descreveu a divisão Interseção que encontrou ao assumir o cargo como "um sistema completo de falsidade, que engana a si mesmo e se alimenta de mentiras" a fim de convencer a si mesmo e a todo o Mossad de que é um sucesso. "Durante anos", disse ele, "fizeram o que bem quiseram. Recrutavam um cara que servia chá em algum escritório perto de uma instalação nuclear e diziam que tinham alguém no interior do projeto atômico iraniano. Precisavam ser agarrados pelo colarinho e levar um chute na bunda."

Dagan mudou os procedimentos da Interseção e exigiu que todos os agentes passassem por um teste de polígrafo a fim de provar que eram fontes confiáveis. Os oficiais de coleta protestaram fortemente contra submeter seus agentes ao polígrafo. "Isso expressará falta de confiança; eles ficarão insultados e não vão mais querer trabalhar para nós", disse um deles.

O diretor ignorou durante essas objeções. "Você é idiota ou o quê?", perguntou. "O homem trai seu país, tudo que lhe é caro. Você acha que ele não estará disposto a passar pelo polígrafo em troca de dinheiro?"

Dagan disse que a resistência ao polígrafo era, na verdade, uma tentativa do pessoal da Interseção de evitar "expor sua farsa", porque haviam recrutado agentes não confiáveis. Ele fez um esforço para se encontrar com todas as centenas de oficiais do Mossad em todo o mundo, de modo frequente. "O oficial que cuida do agente, que jamais viu o diretor do Mossad, subitamente o vê a cada três meses, e o diretor se interessa por ele, não apenas no nível teórico, mas também em suas operações, e pergunta onde teve sucesso e por que falhou. Isso prejudicou seriamente a habilidade dos chefes desse homem de, mais tarde, tentarem me enganar."[24]

Depois que Dagan colocou o Mossad em pé de guerra, também estreitou sua missão. Declarou que a agência teria somente dois alvos abrangentes.[25] Um era qualquer país hostil tentando obter uma arma nuclear, particularmente o projeto nuclear do Irã. A importação de equipamentos e materiais brutos seria interrompida, adiada e impedida, as instalações já em operação seriam seriamente sabotadas e cientistas nucleares seriam perseguidos, cooptados e, se necessário, mortos.

O segundo alvo era a Frente Radical. Não havia planos para uma guerra total com a Síria, mas o Mossad iria interromper as linhas de fornecimento que levavam armas para o Hezbollah, o Hamas e a Jihad Islâmica Palestina. Também iria atrás de terroristas individuais e poderia eliminar figuras importantes da Frente Radical, mesmo que fossem generais sírios.

Sob ordens de Sharon, o chefe da Aman, Zeevi-Farkash, concordou em deixar sua operação de inteligência militar cooperar integralmente com o Mossad, criando um "reservatório de inteligência" conjunto no qual todas as informações seriam partilhadas, em uma enorme expansão dos recursos práticos do Mossad.[26]

Para coordenar esse vasto esforço interorganizacional e liderar as centenas de operações do Mossad, Dagan nomeou Tamir Pardo, comandante da unidade operacional da agência, a Arco-Íris. Ex-oficial da Sayeret Matkal, ele estivera ao lado de Yonatan Netanyahu quando ele fora atingido por uma bala durante a operação de sequestro em Entebbe. Pardo era um homem operacional corajoso com visão estratégica e uma determinação irreprimível. Dagan o nomeou seu vice.

Em maio de 2003, na frente de Dagan e do fórum sênior de comando do Mossad, Pardo apresentou um plano ultrassecreto — o produto de um esforço intensivo de quatro meses — para pôr fim ao projeto nuclear iraniano. "A hipótese inicial é de que um país tecnologicamente avançado e com muitos recursos como o Irã, que busca obter uma bomba atômica, conseguirá fazer isso", começou Pardo. "Em outras palavras, a interrupção imediata do projeto só pode ser resultado de uma mudança de ideia ou de uma mudança na identidade do escalão político no Irã."

Alguns suspiros e sussurros se fizeram ouvir, mas Pardo continuou. "Nessa situação, Israel tem três opções. A primeira: conquistar o Irã. A segunda: causar uma mudança no regime do Irã. A terceira: convencer o escalão político atual de que o preço que pagarão para continuar com o projeto nuclear é mais alto do que podem ganhar se interrompê-lo."

Como a primeira e a segunda opções não eram realistas, somente a terceira permanecia: iniciar ações públicas e secretas que colocariam tanta pressão sobre os aiatolás que eles simplesmente decidiriam desistir.[27] "Enquanto isso, até que cheguem à conclusão de que não vale a pena", resumiu Dagan, "devemos empregar todos os meios para atrasar a obtenção da bomba, a fim de que, no ponto de ruptura, eles ainda não possuam essa arma."

Dagan tinha uma ideia ousada sobre como fazer isso: pedindo a ajuda dos amigos de Israel, mesmo aqueles que eram ostensivamente inimigos. Ele sabia que, embora a maioria dos países do Oriente Médio fosse publicamente contra Israel, privadamente eram mais flexíveis e práticos. "Há uma interseção de interesses, e não é pequena, entre nós e muitos países árabes", disse ele. Os interesses da maioria desses países — Jordânia, Egito, Arábia Saudita, Emirados do Golfo, Marrocos e outros — não correspondiam aos dos revolucionários xiitas radicais ou seus aliados em Damasco, e muito menos aos de suas fortemente armadas milícias por procuração. Esses países árabes temiam pensar no Irã com uma arma nuclear, talvez até mais do que Israel.

Do ponto de vista operacional, os serviços de inteligência desses países tinham várias vantagens sobre o Mossad. Seus agentes eram árabes que falavam a língua perfeitamente, mantinham relações diplomáticas com países hostis a Israel (às vezes, relações muito boas, ao menos na superfície) e podiam viajar para esses países hostis com relativa liberdade. Em muitos casos, também já tinham espiões na Síria, no Irã e no Líbano havia muitos anos, devido aos conflitos internos de poder entre os árabes.

Dagan ordenou que o Mossad intensificasse as conexões secretas com os corpos de inteligência estrangeiros.[28] Muitas das notáveis realizações da inteligência de Israel nos anos seguintes — a habilidade de identificar, monitorar e atingir terroristas no Líbano e na Síria; as informações sobre que embaixadas iranianas estavam despachando células terroristas em todo o mundo; e a descoberta do projeto nuclear dos aiatolás — foram resultado dessa cooperação. Enquanto esses países árabes condenavam Israel na Organização das Nações Unidas, também colaboravam com o Estado judaico na mais secreta das missões.

As reformas de Dagan tiveram forte oposição interna e, mais tarde, levaram ao pedido de demissão de muitos oficiais graduados.[29] O Mossad é uma organização fechada e discreta, fanaticamente comprometida com a manutenção de seus segredos, e qualquer cooperação que pudesse exigir a divulgação de métodos e fontes para agências estrangeiras, especialmente árabes, era considerada sacrilégio. Mas, para Dagan, tudo isso era besteira, apenas uma desculpa para o declínio intelectual e operacional.

"Eu achava que eles estavam errados, que era idiotice se opor à colaboração com outros fatores [agências de inteligência do Oriente Médio] que viam as coisas como nós", disse ele. "O Mossad era obrigado a mobilizar o que pudesse, qualquer recurso, qualquer aliado, para atingir seus objetivos. Eu disse a eles que parassem de falar besteira. Vamos acumular nossos ativos, azuis e brancos, a fim de fazer negócio com outras agências de inteligência. Decidi que qualquer coisa que não pusesse nossas fontes em perigo podia ser trocada, ou ninguém nos levaria a sério.

"Trezentas pessoas pediram demissão quando fui para o Mossad, um êxodo. Gostei de algumas delas terem ido embora."[30]

À luz da demanda por mais e mais operações, Dagan também aboliu protocolos de segurança operacional em vigor havia muito tempo, alguns deles há décadas. Antes de ele assumir, se não houvesse suficientes passaportes, cartões de crédito e meios de comunicação seguros para uma operação, ela era abortada por questões de segurança. Um grande número de operações foi cancelado devido a esses protocolos de segurança.

Não sob Dagan. "Ele telefonava para a pessoa encarregada da unidade de passaportes que avisara que a documentação não era suficientemente segura e não resistiria ao escrutínio", disse alguém que presenciou muitas discussões no escritório do chefe do Mossad, "e dizia que se, na manhã seguinte, não houvesse mais cinco passaportes em sua mesa, deveria haver uma carta de demissão."[31]

Dagan confirmou os fatos, mas afastou qualquer preocupação. "Besteira. Se você cavar o bastante, sempre chegará até a merda. Isso tudo são *meises* [iídiche para "histórias"], desculpas para não agir."

Dagan acreditava que os assassinatos seletivos eram uma arma importante e necessária, mas somente se usados consistentemente, como parte de um arsenal mais amplo que incluía outras medidas clandestinas, diplomáticas e financeiras. Qualquer assassinato individual podia ser racionalizado pelo inimigo como acaso único, e mesmo assassinatos intermitentes podiam ser ignorados como produto das circunstâncias, um resultado fatal para os descuidados e desleixados. A fim de que os assassinatos seletivos fossem estrategicamente efetivos, eles precisavam ser uma ameaça constante.

"Eliminações esporádicas de nada valem", disse Dagan. "Eliminação do pessoal operacional de alto escalão, juntamente com ataques no nível de liderança como política permanente e constante é uma coisa muito boa. Quando digo 'liderança', quero dizer no sentido mais amplo, é claro. Eu sempre escolhia matar o número um? Não necessariamente. Eu procurava o escalão operacional supremo, aquele que realmente dirigia as coisas, que tinha a influência mais dominante em campo."[32]

A Aman e o Mossad criaram uma lista de candidatos da Frente Radical para tratamento negativo. O problema era que todos estavam nos chamados países-alvo onde, como regra, o Mossad não realizava essas missões. Mas Dagan decidiu mudar essa regra também.

"Quando fui para o Mossad, não havia capacidade operacional real em países-alvos", disse ele. A fim de corrigir isso, ele primeiro fez com que o Mossad criasse sistemas de documentação (passaportes, disfarces etc.) que permitissem que os agentes suportassem longos interrogatórios se houvesse suspeita.

Também reverteu a antiga política de conduzir somente assassinatos azuis e brancos, aqueles envolvendo apenas seu próprio pessoal. Dagan preferia usar representantes, com base em sua experiência com as incontáveis liquidações nas quais estivera envolvido durante seu serviço militar em Gaza e no Líbano. "Estou preparado para chorar sobre o caixão de qualquer agente ou representante local que morra e retorne sua alma [para seu criador].

Acredite, eu derramaria lágrimas reais por ele. Mas também prefiro vê-los mortos no lugar de um agente meu [israelense/judeu]."

Dagan também forçou o Mossad a atualizar sua tecnologia. Pessoalmente, ele não entendia muito desse mundo, mas percebeu que ele se tornara indispensável e que o Mossad estava muito atrás dos serviços de inteligência dos outros países e mesmo das outras agências em Israel. Ele nomeou "N.", um oficial operacional sênior que entendia as necessidades dos agentes no campo, para liderar a Divisão de Tecnologia.

As mudanças que instituiu logo começaram a apresentar resultados. Dagan achava que chegara a hora de a agência iniciar suas operações e argumentou que, daquele momento em diante, todos os assassinatos seletivos no exterior deveriam estar sob seu comando e ser dirigidos por seu vice, Tamir Pardo.

A Aman se opôs ao plano e houve um conflito vociferante entre o Mossad e Aharon Zeevi-Farkash e Ronen Cohen, da Aman.[33] Por fim, Sharon chegou a uma decisão: a Síria foi transferida para a jurisdição de Dagan e os ataques no Líbano permaneceram sob a autoridade da Aman.

Paralelamente a esse processo burocrático secreto, Israel identificou uma mudança preocupante na estrutura burocrática do inimigo. O assassinato do xeque Yassin em março de 2004 removera todas as restrições que ele colocara às relações com o Irã. "No momento em que Yassin foi tirado do jogo, o centro de gravidade do Hamas foi transferido dos territórios controlados por israelenses para a liderança na Síria e no Líbano, e Khaled Mashal se tornou o homem forte da organização", disse Yitzhak Illan, do Shin Bet.[34]

Mashal instruiu seus homens, liderados por Izz al-Din al-Sheikh Khalil, a informar aos iranianos que o Hamas estava disposto a receber toda e qualquer assistência deles. Os iranianos ficaram satisfeitos: com o Hamas se tornando um membro integral, a frente da "resistência" estava completa. Sob supervisão de Khalil, os iranianos começaram a enviar partes de mísseis para a Faixa de Gaza, em um esforço para aumentar o alcance e a letalidade do arsenal da organização. Instrutores da Guarda Revolucionária também chegaram a Gaza.

Em 26 de setembro de 2004, Khalil entrou no carro perto de sua casa, no sul de Damasco. Assim que se sentou, seu telefone celular tocou. "*Ya, Abu Rami, hada Ramzi min Tubas*" ("Abu Ramin, aqui é Ramzi, de Tubas", um vilarejo na Cisjordânia.) "Sim", respondeu Khalil, "como posso ajudá-lo?" A ligação caiu.³⁵ Um segundo depois, o carro explodiu e Khalil estava morto.

O alvo seguinte na lista era Mahmud al-Majzub, o principal homem da Jihad Islâmica Palestina no Líbano. Às 10h30 de 26 de maio de 2006, ele deixou seu escritório na cidade portuária de Sídon, no sul do Líbano, acompanhado de seu irmão Nidal, que trabalhava como seu guarda-costas. Quando Nidal abriu a porta do motorista, uma bomba escondida na porta foi detonada por controle remoto por um agente que estava próximo, matando os dois.

"É claro que não assumo responsabilidade por esses eventos", disse Dagan, referindo-se à série de assassinatos, seguindo a política oficial de Israel de não assumir a autoria dos assassinatos seletivos fora de suas fronteiras. "Mas, como conceito, se o Estado de Israel estivesse lidando com um desafio como o Hamas, a Jihad Islâmica Palestina e o terrorismo suicida, seria inconcebível que o Mossad não fizesse sua parte."³⁶

Os ataques contra o pessoal da Unidade 1800, a Jihad Islâmica e o Hamas constituíram uma grave perda para essas organizações, mas não alteraram o retrato geral. A Frente Radical continuou a representar uma séria ameaça e ainda coordenava suas ações contra Israel.

O público israelense sempre foi particularmente afetado pelo sequestro de soldados das FDI. Nasrallah, que entendia essa sensibilidade particular, ordenou que seus homens fizessem tantas operações de sequestro quanto possível, e aconselhou os parceiros na frente a fazerem o mesmo. Algumas tentativas falharam. Aquelas que tiveram sucesso causaram grandes danos ao moral israelense.

Em outubro de 2000, sob ordens de Mughniyeh, uma unidade especial do Hezbollah sequestrou três soldados israelenses que patrulhavam a fronteira Israel-Líbano. A fim de garantir o retorno dos soldados sequestrados, Israel consentiu com uma humilhante troca de prisioneiros com o Hezbollah.³⁷

Os prisioneiros da Jihad Islâmica libertados imediatamente retomaram suas atividades terroristas ao retornar a Gaza, iniciando uma horrível campanha de ataques suicidas. Esses prisioneiros libertados conseguiram realizar oito ataques suicidas, nos quais 39 civis foram mortos, antes que o Shin Bet e as FDI conseguissem matá-los ou prendê-los novamente.³⁸

A FRENTE RADICAL

Em 25 de junho de 2006, sete combatentes do Hamas saíram de um túnel. Eles haviam passado longos meses escavando em segredo, sob a cerca da fronteira, até um vilarejo israelense próximo. Em uma ousada operação, eles se esgueiraram por um acampamento das FDI, matando dois soldados, ferindo outros e arrastando um terceiro, Gilad Shalit, para a estrada na direção de Gaza. Eles penduraram o colete de Shalit na cerca entre Israel e Gaza, enviando uma mensagem de desafio.[39]

O Shin Bet e as FDI foram completamente incapazes de localizar Shalit. Embora o Shin Bet e a Aman fossem excepcionalmente eficazes tanto na coleta de inteligência quanto nas operações no interior da Faixa de Gaza, a orientação que o Hamas recebera da inteligência iraniana dera resultados.[40] Durante os cinco anos do cativeiro de Shalit, Israel não teve ideia de onde ele estava sendo mantido.

Na época do ataque, o Hamas já amadurecera e se transformara em uma instituição de governo. Seis meses antes, com apoio iraniano, a ala política vencera as eleições na Autoridade Palestina. Ismail Haniyeh, o primeiro-ministro eleito — que sobrevivera a vários atentados israelenses, incluindo o bombardeio do conclave da liderança do Hamas em 2003 (o Time dos Sonhos) — viajou para Teerã, onde recebeu a promessa de 250 milhões de dólares em auxílio. "O Irã é a profundidade estratégica dos palestinos", declarou ele durante a visita. "Jamais reconheceremos o regime sionista. Continuaremos com a jihad até que Jerusalém seja libertada." Ele retornou a Gaza com 35 milhões de dólares em espécie, guardados em várias malas grandes.

Israel respondeu ao assassinato de seus soldados e ao sequestro de Shalit com pesado bombardeio de Gaza, matando mais de duzentos palestinos. Também conduziu ataques na Cisjordânia, sequestrando vários ministros do Hamas. Mas a organização nem piscou: exigiu que Israel libertasse mil prisioneiros palestinos em troca de um soldado israelense.[41]

Duas semanas depois de Shalit ser capturado, em 12 de julho, a Frente Radical aqueceu o clima. Guerrilheiros do Hezbollah sequestraram dois soldados que patrulhavam a fronteira norte de Israel. Para os israelenses, foi demais, e o novo primeiro-ministro, Ehud Olmert (sucessor de Sharon, que tivera um derrame), disse a seus associados que ia "foder" o Hezbollah de uma vez por todas. Arik Sharon jamais hesitara em usar força, mas fora cético quanto à capacidade das FDI de vencer uma guerra assim contra os guerrilheiros do Hezbollah. Olmert foi seduzido pelas garantias do chefe do Estado-Maior, tenente-general Dan Halutz, que estava certo de que o Hezbollah podia ser derrotado pelo ar, sem colocar em risco os soldados no solo. "Com exceção de um ou outro burro carregando um Katyusha", ele acreditava que os bombardeiros da Força Aérea podiam mutilar a capacidade da organização de atacar Israel.

Foi um erro fatal, que custou muito a Israel e encerrou a carreira militar de Halutz.[42] Embora o bombardeio aéreo das posições do Hezbollah tenha causado danos significativos, sua variedade de bunkers, lançadores e sistemas ocultos de comunicação se manteve intacta. Israel sabia muito pouco sobre essas instalações, que a organização chamava de "reservas naturais", criadas sob a supervisão de Hassan al-Laqquis sob ordens de Imad Mughniyeh, usando equipamentos avançados obtidos do Irã e da Síria. Os foguetes do Hezbollah continuaram a chover sobre o norte de Israel. Finalmente, em 29 de julho, as FDI iniciaram uma hesitante e ineficaz invasão por terra.[43] Elas destruíram algumas posições do Hezbollah, mas sofreram pesadas perdas antes de, envergonhadas, recuarem duas semanas depois.

Toda a campanha (conhecida em Israel como Segunda Guerra do Líbano) foi uma derrota humilhante que não atingiu quase nenhum de seus objetivos. A mais poderosa força militar do Oriente Médio fora derrotada duas vezes em seis anos pelo mesmo exército de guerrilha. "Foi algo como o Exército norte-vietnamita após a ofensiva do Tet", disse Dagan. "Embora a ofensiva tenha falhado e eles tenham sofrido pesados golpes, venceram a guerra."[44]

Depois que o cessar-fogo foi assinado, Nasrallah se tornou o líder mais popular do mundo árabe, o único, em muitos anos, a ter enfrentado Israel em um confronto militar e vencido.

Israel tentou compensar a falha no campo de batalha com atentados contra a vida de líderes do Hezbollah, principalmente Nasrallah. "Se tivéssemos conseguido matar Nasrallah, teria mudado o retrato", disse Halutz. "Tentamos, mas sem sucesso." Por três vezes, informações específicas foram obtidas sobre a localização de Nasrallah. Uma vez, um edifício foi bombardeado logo depois que ele saiu. Duas vezes as bombas atingiram a localização, mas falharam em penetrar as espessas camadas de concreto reforçado sobre os bunkers subterrâneos onde ele se escondia. "É incrível o

A FRENTE RADICAL

que eles construíram por lá", disse Halutz. "Você atinge um local e, subitamente, vê fumaça saindo de um buraco no fim da rua e percebe que há um túnel lá embaixo, sobre o qual você nada sabia."

Outros esforços para eliminar oficiais de alta patente do Hezbollah terminaram da mesma maneira. Em 20 de julho, Israel tentou localizar Laqqis através de seu celular. Um F-16 lançou um míssil no apartamento em Beirute onde o telefone estava localizado, mas Laqqis saíra e o deixara para trás. Seu filho foi morto. "Não abordamos esse negócio [os assassinatos] tão preparados quanto deveríamos estar", admitiu Halutz.[45]

Em junho de 2007, um ano após o assassinato de quatro soldados das FDI e iniciando uma nova guerra, as forças do Hamas — furiosas porque membros do Fatah de Abu Mazen ainda controlavam instituições da Autoridade Palestina apesar da vitória do Hamas nas eleições — massacraram grande número de oficiais do Fatah em Gaza e tomaram a Faixa à força, criando um Estado independente do Hamas.

A situação não poderia ser pior para Israel. De norte a sul, estava cercado por países e organizações com poder militar e enormes orçamentos, controlados pela Frente Radical, enquanto ele mesmo estava ferido e hesitante após a captura de seus soldados e a derrota na guerra de 2006.

Um mês após a tomada de Gaza, os comandantes superiores da Frente Radical fizeram uma reunião de cúpula secreta em Damasco para discutir as futuras ações conjuntas contra o inimigo.

A atmosfera era festiva. A frente conseguira reiniciar uma campanha de ataques suicidas em Israel; uma coleção de dezenas de milhares de foguetes e mísseis no Líbano e na Faixa de Gaza tinha todo o território de Israel em sua mira; o Hezbollah anulara a tentativa israelense de destruí-lo no verão anterior; o Hamas vencera as eleições na Autoridade Palestina e construíra o próprio Estado em Gaza; e o Irã e a Síria, agindo de modo independente, faziam progressos significativos na direção de produzir uma arma nuclear. Todos concordavam que a situação era a melhor que o eixo da "resistência" poderia ter esperado.[46]

Oficiais israelenses observaram a reunião à distância. E planejaram. Dagan sabia que aquela guerra tinha de ser lutada nas sombras, cheia de riscos e sem limites.

34

ASSASSINANDO MAURICE

Ibrahim Othman se sentou perto de uma desconhecida bonita no bar de um hotel em Viena. Ele era um homem de meia-idade, estava ficando careca e tinha os olhos caídos, mas a mulher parecia interessada, ao menos em conversar. Ela falava francês — Othman falava francês! — e amava Paris e cães. Othman lhe pagou um drinque e falou sobre os poodles que criava em sua casa em Damasco.

Othman era diretor da Comissão Síria de Energia Atômica. A mulher era agente do Mossad. Os israelenses não tinham certeza de quais segredos Othman conhecia, mas sabiam que estaria em Viena em janeiro de 2007, um lugar onde era comparativamente fácil organizar uma operação. Eles não a consideravam especialmente importante: era executada juntamente com várias outras que pareciam mais significativas.

Mesmo assim, enquanto a agente ouvia as histórias sobre o poodle de Othman no bar, uma equipe de agentes da Arco-Íris revistava seu quarto. Uma inspeção preliminar não produziu nada de valor, e começaram a tentar, sem sucesso, abrir uma maleta pesada que Othman deixara no quarto. Fazer isso sem deixar nenhum traço requeria um esforço especial e, nesse meio-tempo, o destacamento de vigilância notara que Othman mostrava sinais de cansaço e, em breve, deveria voltar para o quarto.

"Vou entrar. Qual é o cronograma?", sussurrou o comandante, abandonando a posição de vigia e entrando no quarto para assumir o comando. Othman assinou a conta. "Você tem cerca de 4 minutos", disse um dos vigias.[1] O sírio agradeceu a sua nova amiga a companhia e os dois combinaram de conversar pela manhã e talvez se encontrar. Othman começou a andar na direção do elevador. "Dois minutos", avisou o vigia. "Dê o fora daí."

No quarto, a equipe da Arco-Íris acabara de abrir a maleta e copiava as fotografias de seu interior tão rapidamente quanto possível, sem prestar atenção ao que retratavam. Othman estava no elevador. "Um minuto para o contato", disse uma voz tensa pelo rádio. Tudo já havia sido fotografado e a maleta fora arrumada e trancada. "O elevador chegou. Saiam daí agora!"

Othman estava no corredor, a somente trinta segundos de distância, quase à vista do quarto. Um membro da equipe se preparava para iniciar uma distração, agindo como bêbado e derramando um copo de uísque sobre ele. Mas, segundos antes de sua chegada, o restante da equipe saiu do quarto e caminhou rapidamente na direção oposta. "Saímos. Tudo bem. Desligando", disse a voz calma e confiante do comandante.

O material que a equipe do Mossad copiou naquele dia não foi decodificado imediatamente. Passaram-se duas semanas da invasão do quarto de Othman em Viena até que alguém desse uma olhada nele.

Foi então que viram as imagens do reator.

A Síria estava tentando construir uma bomba. Estava, na verdade, fazendo um progresso dramático na direção de construir uma bomba, embora tivesse conseguido manter toda a empreitada em completo segredo. E essa não era uma situação que podia ser resolvida eliminando algumas pessoas. Ações drásticas e de um tipo diferente eram necessárias.

Estranhamente, Bashar al-Assad tinha enorme respeito pela inteligência israelense, e era por isso que trabalhava tão duramente para evitá-la. Estava convencido de que toda mensagem transmitida na Síria por meios eletrônicos — telefones, celulares, aparelhos de fax, e-mails — era interceptada pela inteligência israelense. "Ele realmente acreditava que, todas as vezes que Mustafá telefonava para Mohammed, Moishele estava ouvindo", disse um oficial da Unidade 8200. "E esse não era necessariamente um grande erro."[2]

Para minimizar o risco, Assad instruiu o general Muhammad Suleiman — sua ligação com a Frente Radical — a criar um exército fantasma, separado e independente do restante do establishment sírio de defesa. Mesmo os oficiais de mais alta patente, incluindo o chefe do Estado-Maior militar e o ministro da Defesa, foram mantidos na ignorância. Suleiman ordenou que todas as comunicações importantes fossem realizadas somente em papel, em envelopes selados com cera, através de uma rede de mensageiros em motocicletas. Esse recuo da era eletrônica funcionou. Durante anos, a organização de Suleiman permaneceu totalmente invisível para a inteligência israelense.[3]

O maior segredo de Suleiman estava escondido no árido distrito de Deir al-Zor, no interior de um profundo desfiladeiro a alguns quilômetros da margem do Eufrates, no nordeste da Síria. Desde 2001, ele supervisionava a construção de um edifício para abrigar o reator nuclear que a Síria comprara da Coreia do Norte com financiamento iraniano.[4] O reator permitiria que os sírios produzissem plutônio para uma bomba atômica, o que Assad achava que lhes daria paridade estratégica com Israel.

Suleiman não poupara esforços para esconder o local, mas Othman era uma das poucas pessoas em quem ele confiava. Ele sabia sobre o reator e deixara arquivos relacionados a ele em sua maleta. E agora os israelenses também sabiam.

Quando o Mossad colocou as mãos no material em janeiro de 2007, o diretor Dagan estava prestes a se tornar o principal conselheiro estratégico e de defesa de Ehud Olmert. Quando Olmert decidira iniciar a guerra contra o Hezbollah em julho de 2006, Dagan se opusera vigorosamente ao plano do chefe do Estado-Maior Dan Halutz de derrotar a milícia xiita através de ataques aéreos. Ele dissera ao gabinete: "Conheço o Líbano e conheço o Hezbollah e, sem botas no solo, em larga escala, isso não funcionará." Quanto mais o tempo passava e suas opiniões eram validadas, mais atento Olmert se tornava a elas.[5]

Dagan era alguém que conseguia ver a alma alheia além de muito talentoso em relações públicas. Partilhava as partes mais suculentas das operações com Olmert, que estava cativado por Dagan e seu mundo de espionagem e operações especiais. Após perder a fé nas FDI e nas extensas campanhas militares, ele concedeu cada vez mais poder a seu espião mestre, para que travasse uma guerra de sombras contra a Frente Radical. "Eu acreditava em Meir", disse Olmert. "Ele precisava do meu apoio a fim de aprovar as ideias malucas criadas por sua agência."[6]

A descoberta do reator foi mais um feito de Dagan — especialmente porque nenhuma outra agência de inteligência, incluindo as americanas, havia conseguido encontrá-lo —, mas, majoritariamente, foi causa de grande preocupação.[7] A notícia de que o principal inimigo do país estava em um estágio avançado de seu programa de armas nucleares, sobre o qual eles nada sabiam, correu instantaneamente pela comunidade israelense de inteligência. "Meir veio até mim com esse material [fotografias retiradas do quarto de Othman]", lembrou Ehud Olmert, "e foi como um terremoto. Percebi que, dali em diante, tudo seria diferente."[8]

Logo depois, Olmert despachou Dagan para informar ao conselheiro nacional de segurança dos Estados Unidos, Stephen Hadley, e o chefe da CIA, Michael Hayden.

A essa altura, enquanto subia de elevador até o sétimo andar da sede da CIA, em Langley, ele já era um convidado familiar e bem-vindo. Dagan se dava muito bem com Hayden. "Ele era direto, um oficial de inteligência em cada osso de seu corpo, e ouvia minhas propostas." Hayden, por sua vez, achava que Dagan era "direto, franco, brutalmente honesto, sem nenhuma pretensão, sincero e muito bem informado".[9]

Os dois homens estabeleceram os mais estreitos laços de confiança da história entre as agências de inteligência dos dois países, iniciando uma era de profunda cooperação.[10] Hayden descreveu o relacionamento entre as agências como complementar: "Somos grandes, ricos, tecnologicamente sofisticados e globais, ao passo que os israelenses são pequenos, focados, cultural e linguisticamente inteligentes e relevantes para os alvos." Com alvos, ele queria dizer o terrorismo jihadista e as tentativas de países do Oriente Médio de desenvolver armas de destruição em massa.

Todas as vezes que Dagan visitava a CIA, levava consigo informações sensíveis e sugestões, algumas bastante imaginativas, para operações conjuntas. Mas, naquela reunião de abril, nem mesmo o experiente Hayden poderia antecipar a bomba que Dagan carregava. "Dagan se sentou, abriu a maleta e retirou cópias coloridas das fotografias do reator em Deir al-Zor."[11]

Durante muito tempo, Dagan revisou o material com Hayden, perguntando se seus especialistas concordavam com os analistas israelenses. Dagan também estava consciente de que, a despeito das capacidades do Mossad na Síria, sua agência quase não tinha informações sobre o que estava acontecendo do outro lado do acordo nuclear. Então pediu que Hayden pegasse as informações que havia levado e "as associasse ao conhecimento mais amplo da CIA sobre a Coreia do Norte".

Na manhã seguinte, Hayden foi até a Casa Branca para se reunir com o presidente George W. Bush. Enquanto ele e os outros participantes aguardavam a chegada do presidente, Hayden se inclinou na direção do vice-presidente Dick Cheney, que havia muito dizia que os sírios estavam tentando colocar as mãos em armas nucleares, e sussurrou: "O senhor estava certo."[12]

Bush terminou a reunião com duas ordens claras, porém contraditórias. "Número um: tenham certeza. Número dois: isso não pode vazar." Hayden voltou para Langley se perguntando como poderia confirmar o acordo sem divulgar a informação. "Para ter certeza, você precisa envolver mais gente, mas isso aumenta o risco de o segredo vazar."

Enquanto tentavam equilibrar essas duas diretivas, a CIA e outras agências americanas iniciaram "um esforço intensivo, que durou meses, de confirmar e corroborar a informação que Israel nos forneceu sobre o reator e conseguir mais detalhes usando nossas próprias fontes e métodos". As conclusões da equipe conjunta do Pentágono, da CIA e da NSA chegaram em junho, e eram tão preocupantes quanto as dos israelenses. "Nossos especialistas de inteligência estão confiantes", escreveu a equipe, "de que a instalação é de fato um reator nuclear do mesmo tipo que a Coreia do Norte construiu em Yongbyon [...]. Temos boas razões para acreditar que esse reator não tem objetivos pacíficos."[13]

Os Estados Unidos haviam se comprometido com a segurança de Israel, e Olmert queria que esse compromisso fosse honrado: queria que forças americanas destruíssem o reator.[14] A cronologia também era um problema. Especialistas da instalação nuclear israelense em Dimona disseram que, de acordo com o que viram nas fotografias, a construção estava quase completa. Estimavam que estaria ativa em meio ano e que, se esperassem até então para bombardeá-la, causaria poluição radioativa e um desastre ambiental.

Em termos operacionais, era uma missão relativamente simples para a Força Aérea americana. Um esquadrão de bombardeiros furtivos B-2 poderia ter destruído a instalação sem qualquer problema. Mas os especialistas em Oriente Médio da CIA achavam que uma missão americana de bombardeio na região seria muito perigosa.

"Meus analistas são muito conservadores", disse Hayden a Dagan, no que chamou de "uma das conversas mais francas que já tive com ele". A família Assad, disse Hayden, o fazia lembrar da família Corleone em *O poderoso chefão*.[15] Mas, quando Sonny foi eliminado, o dom tinha o talentoso Michael para substituí-lo. Quando Basel Assad fora morto em um acidente, "Hafez teve de se contentar com Fredo/Bashar", conhecido na CIA como "um equivocado em série".

"Assad não podia tolerar outro constrangimento após o recuo do Líbano [em 2005]", disse Hayden. "Por ser fraco, precisaria mostrar força e retaliar com uma guerra."[16]

Dagan tinha a opinião exatamente contrária. "Você precisa olhar para isso do ponto de vista de Assad", disse ele. "Por um lado, ele sempre quis alcançar a igualdade estratégica com Israel e, consequentemente, colocar as mãos em armas nucleares. Por outro, Bashar al-Assad sempre preferiu não nos confrontar diretamente. Além disso, se iniciasse uma guerra após o bombardeio, exporia a existência da instalação nuclear, o fato de que construiu uma instalação atômica, violando o tratado de não proliferação que assinou, a qual nem mesmo os russos, seus aliados, conhecem, e com a qual certamente não ficariam felizes. Se atacássemos em segredo e mantivéssemos tudo nas sombras, sem revelar tudo e constrangê-lo, Assad nada faria."[17]

A decisão final foi tomada durante uma reunião com o presidente que, em função do alto grau de confidencialidade, não foi realizada na Ala Oeste da Casa Branca, mas no Salão Oval Amarelo da ala residencial, de modo que não constasse do registro público de compromissos do presidente.[18]

Somente o vice-presidente Cheney era favorável ao ataque americano, alegando que os Estados Unidos deviam enviar uma forte mensagem não apenas à Síria e à Coreia do Norte, mas também ao Irã.

A secretária de Estado Rice reconheceu que o reator na Síria era uma "ameaça existencial" para Israel, mas achou que os Estados Unidos não deviam se envolver.[19] Hayden deixou claro que o reator estava em estágio avançado de construção, mas que a Síria ainda estava longe de conseguir uma bomba nuclear.

Já envolvido em duas guerras em países muçulmanos, Bush concluiu: "O que Mike [Hayden] acaba de me dizer é que esse não é um perigo imediato, e, consequentemente, não faremos isso."[20]

Israel só podia contar consigo mesmo.[21]

*

Armas nucleares em mãos sírias indubitavelmente seriam uma ameaça existencial para Israel. Mas os analistas da Aman concordavam com Hayden e avisaram Olmert que atacar a Síria sem provocação direta poderia levar a uma forte reação militar de Assad. Dagan, em contrapartida, recomendou bombardear o local imediatamente, antes que o reator fosse ativado. "O Estado de Israel não pode tolerar que um país com o qual está em guerra tenha armas nucleares", disse ele.

Dagan fez uma aposta significativa. Se estivesse errado, o combate declarado contra a Síria provavelmente acabaria em vitória israelense, mas custaria milhares de vidas. E, todavia, a despeito dos riscos, graças a seu carisma, autoconfiança e sucessos passados, sua opinião foi a que valeu.

Às 3 horas da manhã de quinta-feira, 6 de setembro, dezenas de caças decolaram da base aérea Ramat David, no norte de Israel, 25 quilômetros a sudeste de Haifa. Voaram para oeste, na direção do Mediterrâneo, e então para o sul. A manobra fazia parte de um exercício rotineiro de evacuação da base, familiar aos serviços árabes de inteligência que monitoravam a Força Aérea israelense. Nada de especial. Mas, dessa vez, os planejadores do exercício queriam deliberadamente confundir os homens que observavam os procedimentos nas telas de radar em Damasco.

Em algum lugar sobre o mar, uma formação de sete caças F-15I se afastou dos outros e partiu na direção oposta: norte. As tripulações sabiam a localização exata dos alvos que tinham de destruir e a natureza desses alvos. A importância de sua missão fora divulgada pelo comandante pouco antes da decolagem. Eles voaram muito baixo ao longo da costa mediterrânea e então sobre a Turquia, antes de entrar no espaço aéreo sírio. A uma distância de 50 quilômetros, lançaram 22 mísseis nos três alvos do complexo nuclear.

Os sírios foram tomados totalmente de surpresa. Seus sistemas de defesa aérea nada detectaram até que os mísseis já haviam sido lançados, sem deixar tempo para que os locais fossem evacuados. Alguns mísseis antiaéreos foram disparados, mas somente depois de os aviões já estarem longe.

Logo em seguida, satélites americanos e israelenses passando sobre a Síria documentaram a total destruição do local. Olmert enviou uma mensagem secreta para Assad através do primeiro-ministro turco Recep Tayyip Erdoğan, dizendo que, se Assad agisse com moderação, Israel não divulgaria o ataque. Isso pouparia a Síria do constrangimento de ser exposta como tendo violado o tratado de não proliferação, da qual era signatária.²² O mundo também não precisaria saber que a Síria tivera anos de pesquisa e dispendiosa tecnologia explodidos pelo Estado judaico, uma situação que praticamente exigiria algum tipo de retaliação para manter a reputação. Conservar tudo em segredo era melhor para todos os envolvidos.

O grande vencedor da Operação Fora da Caixa, como ela foi chamada, foi Dagan, cuja agência produzira a informação que expusera o projeto sírio e que, de acordo com o diretor Hayden, da CIA, "se mostrara certa, enquanto meus analistas estavam errados".²³

Após o sucesso da Fora da Caixa, Olmert abriu ainda mais a bolsa, concedendo ao Mossad as maiores alocações de orçamento que a agência já recebera. "Não havia uma única atividade sendo adiada ou cancelada por razões financeiras", disse um oficial superior do Mossad. "A organização cresceu inacreditavelmente. Tudo que pedíamos, conseguíamos."²⁴

"Arik [Sharon] e Rabin hesitavam muito mais do que eu em aprovar missões", disse Olmert com um sorriso satisfeito. "Aprovei trezentas operações [do Mossad] durante meu mandato como primeiro-ministro, e somente uma delas falhou. Mas também mantivemos isso em segredo."²⁵

Desde o momento em que assumiu o Mossad, uma das prioridades de Dagan era matar Imad Mughniyeh, o chefe do Estado-Maior do Hezbollah. Esse objetivo não era exclusivo de Dagan: a inteligência e a defesa israelenses tentavam assassiná-lo havia quase trinta anos. O inimigo que causara mais danos operacionais e políticos a Israel nas décadas anteriores fora o Hezbollah, e Dagan achava que um homem era a principal força por trás dessas realizações. "Mughniyeh", disse ele, "é uma combinação de chefe do Estado-Maior e ministro da Defesa. [O secretário-geral] Nasrallah pode ser o líder político, mas não é nem o comandante militar nem o homem que faz todos os acordos reais com os sírios e os iranianos. Nasrallah no máximo diz sim."²⁶

Mughniyeh era, na verdade, um fugitivo internacional, no topo da lista de mais procurados em 42 países. Dezenas de nações haviam emitido mandados de prisão em seu nome, e o FBI oferecia uma recompensa de 25 milhões de dólares por informações que levassem a sua captura. No Líbano na década de 1980, Mughniyeh matara centenas de americanos com bombas em carros e sequestrara e torturara vários oficiais de alta patente. "Os americanos se lembram", disse Dagan. "Eles parecem liberais [em Israel, 'liberal' também significa clemente e misericordioso], mas estão longe disso."

O problema era que ninguém conseguia encontrá-lo. Mughniyeh era um fantasma. Ele sabia que as agências ocidentais de inteligência investiam imensos recursos para localizá-lo, então devotava esforços igualmente imensos para evitar a captura, usando documentos falsos mesmo no interior do Líbano, limitando os contatos a um círculo pequeno e fechado de familiares e associados confiáveis e empregando várias medidas extremas para garantir a segurança de suas comunicações.

Mas, em julho de 2004, depois que um comandante sênior do Hezbollah, Ghaleb Awali, foi morto quando seu Mercedes explodiu, a organização fez um filme memorial sobre ele que foi exibido em reuniões privadas. O Mossad conseguiu uma cópia, e ela foi mostrada em dezembro para um grupo de especialistas da Unidade 8200 e do Mossad. Durante uma sessão que durou toda a noite, eles analisaram o filme na esperança de aprender novos detalhes sobre o esquivo grupo.

Tarde da noite, enquanto todos estavam sentados em uma sala na sede do Mossad com os olhos grudados na tela, uma das oficiais da 8200 gritou: "É ele. Aquele é Maurice."[27]

Maurice era o codinome de Mughniyeh.

A imagem na tela mostrava Hassan Nasrallah, do Hezbollah, em seu manto clerical marrom e turbante preto, olhando para um enorme tablet no qual um mapa era exibido. Em frente a ele havia um homem com grande parte do rosto escondida, mas revelada por frações de segundo quando ele se movia: de barba e óculos, usando uniforme camuflado e boné, apontando para diferentes pontos no mapa. Aquele homem era Imad Mughniyeh.

Finalmente eles tinham uma pista. Nos dias que se seguiram, várias ideias foram aventadas, incluindo tentar rastrear o cinegrafista a fim de recrutá-lo como agente ou criar uma companhia falsa para fornecer itens como o tablet que o alvo estava usando e no qual seria instalado um explosivo, a ser detonado quando Mughniyeh estivesse por perto.

Dagan recusou todas. O Mossad ainda não estava pronto. "Não se preocupem", disse ele à equipe. "O dia dele vai chegar."

Esse dia chegou graças à persistência e à inventividade de Aharon Zeevi-Farkash, da Aman. O ex-comandante da 8200 estimulara o desenvolvimento de mais e mais métodos para aprofundar a penetração SIGINT do inimigo. Juntos, a Aman de Zeevi-Farkash e o Mossad de Dagan inventaram um novo sistema operacional chamado HUGINT, uma combinação de HUMINT e SIGINT; em outras palavras, uma maneira de usar os agentes do Mossad a fim de melhorar a capacidade da 8200 de interceptar as mensagens do inimigo e vice-versa.

Um dos desenvolvedores do método HUGINT foi Yossi Cohen (diretor do Mossad no momento em que escrevo), que é conhecido pelos colegas como "o Modelo", por causa do cuidado que toma com a aparência. Em 2002, Cohen foi nomeado chefe do departamento de operações especiais da Interseção, a divisão de recrutamento de agentes do Mossad. Era considerado um dos mais brilhantes recrutadores da história da agência, um dos poucos a conseguir invadir o Hezbollah e o Corpo da Guarda Revolucionária Islâmica e recrutar agentes para o Mossad entre seus membros. Disfarçado como vários executivos europeus, ele usara seu vasto conhecimento geral e *insights* sobre a natureza humana para recrutar grande número de agentes, aperfeiçoando a metodologia de HUGINT do Mossad no processo. Em reconhecimento por essas realizações, recebeu o Prêmio de Segurança de Israel, a mais alta condecoração do país por realizações relacionadas à defesa.

Em 2004, Dagan o nomeou chefe das operações iranianas do Mossad. Graças aos agentes de Cohen e ao HUGINT, a 8200 conseguiu invadir partes dos sistemas de comunicação do governo iraniano, permitindo que Israel penetrasse mais profundamente a densa rede de comunicações entre os comandantes da Frente Radical. Isso gerou mais informações sobre Mughniyeh: mais pistas, mais comunicações interceptadas de computador e celular, mais agentes que haviam ouvido ou visto algo relevante.[28]

Os israelenses finalmente descobriram que os principais homens da Frente Radical preferiam fazer suas reuniões em Damasco, onde, sob proteção do serviço secreto sírio, sentiam-se mais seguros. Após a vitória do Hezbollah na guerra de 2006, Mughniyeh achava que Israel intensificaria enormemente seus esforços para matar a ele e a Nasrallah. Então cercou o secretário-geral com uma equipe de guarda-costas de elite e o persuadiu a não fazer aparições públicas ou aparecer ao vivo na televisão, e também a passar tanto tempo quanto possível no bunker de comando do Hezbollah, no subterrâneo do bairro de Dahiya, em Beirute.

Quanto a si mesmo, ele se mudou de Beirute para Damasco, por razões de segurança — sentia-se mais seguro numa cidade sob controle dos serviços de inteligência sírios, considerados durões e profissionais — e porque grande parte de seus negócios era conduzida na capital síria.[29]

Embora a proteção do "exército das sombras" de Suleiman fosse muito forte, "Mughniyeh não ficou subitamente menos cauteloso em Damasco", nas palavras de Dagan. Ele só permitiu que um fechado círculo de pessoas soubesse que se mudara para Damasco, e um número ainda menor, o local onde vivia, como se deslocava e que nome estava escrito em seu passaporte falso.

Mesmo assim, Israel conseguiu um agente no círculo mais próximo de Suleiman, e "sabíamos mais sobre ele quando estava em Damasco do que quando estava em Beirute".

Mas Damasco era a capital de um país-alvo e, juntamente com Teerã, o lugar mais perigoso para uma operação do Mossad.[30] Estava claro que as numerosas chegadas e partidas de agentes do Mossad do país, necessárias para planejar e preparar uma operação, os exporiam a muito escrutínio, qualquer que fosse seu disfarce. E, considerando-se a natureza extremamente sensível da informação, Dagan decidiu que, dessa vez, não podia usar informantes árabes.

Assim, novamente Dagan decidiu ignorar uma regra antiga e férrea do Mossad e pediu que outro país o ajudasse com um assassinato.[31] E se convidou para outra reunião com Hayden.

Mas a CIA, de acordo com a Ordem Executiva 12.333, é proibida de realizar ou apoiar assassinatos. Embora ambos os países acreditassem que era permissível assassinar pessoas, eles tinham perspectivas legais diferentes. Os Estados Unidos normalmente não participavam da execução de alguém em um país com o qual não estivessem em guerra ou envolvidos em um conflito armado.[32]

Por fim, os conselheiros legais da CIA criaram uma solução através da qual seria legal atacar Mughniyeh na Síria com base no princípio da autodefesa, uma vez que ele enviava homens da Síria para o Iraque a fim de incitar as milícias xiitas a realizarem ataques terroristas contra pessoal americano.[33]

O presidente Bush atendeu ao pedido de Dagan por assistência,[34] mas somente com a condição de que ela fosse mantida em segredo, que somente Mughniyeh fosse morto e que os americanos não participassem diretamente do assassinato.[35] O primeiro-ministro Olmert forneceu garantias pessoais ao presidente. (Mesmo anos após o evento, Hayden se recusou a comentar o envolvimento americano.)

Os Estados Unidos ainda tinham uma embaixada ativa em Damasco e executivos americanos podiam entrar e sair da Síria com relativa liberdade. Isso permitiu que a CIA, com assistência da NSA, enviasse seu próprio pessoal e usasse seus agentes locais para a missão.

"Foi uma gigantesca operação de múltiplas forças", disse um de seus comandantes, "com uma quantidade insana de recursos sendo investida pelos dois países e, até onde sei, a maior já investida para matar um único indivíduo."[36]

Com a ajuda fornecida pelos americanos, Mughniyeh finalmente foi localizado. Descobriram que se reunia frequentemente com seus camaradas da Frente Radical em várias instalações da inteligência: edifícios fortemente guardados por policiais e soldados sírios e esconderijos com guardas disfarçados em roupas civis. Eles também descobriram que Mughniyeh visitava regularmente três mulheres locais de boa aparência que Suleiman fornecera para ajudá-lo a relaxar.

Mughniyeh jamais levava seus guarda-costas nas visitas às mulheres, o que o expunha à vigilância e às atividades operacionais de seus adversários em um local que não estava sob seu controle. "Elas eram um significativo erro de segurança em campo", disse um dos comandantes da operação. "No fim, após tantos anos, mesmo o mais cuidadoso dos homens se enche de confiança e acha que nada pode lhe acontecer."[37]

Mas uma operação em qualquer um desses locais tornaria muito difícil para os israelenses manterem a promessa feita aos americanos de não ferirem ninguém além de Mughniyeh, sem mencionar os enormes riscos assumidos pelos agentes.

Os planejadores do Mossad tiveram várias ideias, mas todas foram descartadas. Havia apenas uma possibilidade real: atacar Mughniyeh no caminho de um dos locais para outro. Ainda havia várias dificuldades, todas muito sérias. Não estava claro como poderiam segui-lo e eliminá-lo

ASSASSINANDO MAURICE

enquanto estava de carro ou caminhando, uma vez que estava quase sempre acompanhado por seus guarda-costas e se locomovia por rotas diferentes em horários diferentes, que o Mossad não podia prever com antecedência. Também não estava claro como os agentes conseguiriam fugir antes que os aeroportos e portos fossem alertados e fechados.

As deliberações se arrastaram por meses, enquanto Dagan rejeitava um plano após o outro. Então, em novembro de 2007, um dos especialistas em tecnologia do Mossad, "Quebra-Nozes", foi até o escritório de Dagan com a proposta de uma operação que eliminaria Mughniyeh usando uma bomba detonada por controle remoto.[38] Essa bomba ostensivamente mataria apenas Mughniyeh, sem danos colaterais, e daria aos agentes em campo tempo suficiente para fugir da cena. Dagan disse que estava preparado para aprovar o plano, embora achasse que suas chances de ser bem-sucedido eram muito reduzidas.

A hipótese básica do plano de Quebra-Nozes era que seria impossível seguir Mughniyeh em Damasco. Em vez disso, teriam de encontrar um lugar para instalar o dispositivo explosivo em algo que estivesse frequentemente em contato físico com ele. Um celular, como o que matara Yahya Ayyash, o "Engenheiro", em 1995 era uma opção, mas foi descartada porque Mughniyeh os trocava regularmente. O único item que ele usava consistentemente era seu veículo, na época um luxuoso Mitsubishi Pajero prateado.

O Mossad sabia que tanto Mughniyeh quanto seus guarda-costas examinavam frequentemente o interior e a parte inferior do carro para ver se havia alterações. Mas havia um lugar que nunca conferiam: a capa do estepe na parte de trás do carro. Com auxílio americano, os componentes de um sofisticado dispositivo explosivo foram contrabandeados para a Síria, assim como uma capa de estepe idêntica à do carro de Mughniyeh.

Após meses de preparação e meticulosa vigilância, no início de janeiro de 2008, os agentes do Mossad conseguiram se aproximar da SUV estacionada enquanto Mughniyeh fazia uma visita noturna a uma de suas amantes. Eles retiraram o estepe e substituíram a cobertura por uma nova, com a bomba em seu interior. Também plantaram várias câmeras miniaturizadas e um transmissor, a fim de que os agentes do Mossad em Damasco pudessem observar o que se passava no interior do carro.

Os especialistas em explosivos do Mossad garantiram que se a bomba fosse detonada assim que Mughniyeh estivesse prestes a entrar no carro, a explosão o mataria.[39] Mas, a fim de terem completa certeza, sugeriram que a bomba fosse detonada quando o carro estivesse estacionado perto de outros veículos, de modo que a explosão lançasse uma onda de choque contra eles e causasse muito mais danos.

Durante seis longas semanas, a equipe de assalto seguiu Mughniyeh, reportando-se a uma sala de guerra especial, isolada do restante do Mossad, onde somente algumas poucas pessoas tinham permissão de entrar. Várias vezes — 32 no total — as circunstâncias estiveram quase certas, mas a operação foi cancelada no último segundo, porque Mughniyeh estava acompanhado por alguém, porque havia pessoas por perto ou porque entrara no carro rápido demais, e a bomba só seria efetiva se estivesse do lado de fora.[40]

Na manhã de 12 de fevereiro, os agentes do Mossad observaram Mughniyeh se aproximar do carro com outro homem. "Ei, olhe, é Suleiman", gritou um deles. Suleiman, o homem forte da Guarda Revolucionária Islâmica, estava encostado no Pajero, muito perto de Mughniyeh. Estava claro, a partir da observação (não havia transmissão de áudio), que os dois tinham relações muito amigáveis. A excitação com a oportunidade de matar ambos percorreu a sala de guerra. Mas primeiro eles precisavam de aprovação. Dagan estava em casa, em Rosh Pia, em luto pela morte da mãe dois dias antes. Mas I., o oficial do Mossad que comandava a operação, telefonou para ele, que por sua vez telefonou para o primeiro-ministro Olmert. E Olmert se recusou a deixá-los ir em frente.[41] A promessa explícita feita ao presidente dos Estados Unidos fora inequívoca: matar somente Mughniyeh.

No mesmo dia, por volta das 20h30, Mughniyeh chegou a um esconderijo no elegante bairro de Kafr Sousa, em Damasco, a apenas alguns metros da sede mais importante da inteligência síria. Ele se reuniu com vários assessores do general Suleiman e dois oficiais do Hezbollah e, por volta das 22h45, saiu antes que a reunião acabasse. Deixou o prédio sozinho e caminhou até o Pajero. Enquanto se movia entre o seu carro e outro carro estacionado ao lado, pouco antes de abrir a porta, a ordem de execução foi dada.[42]

A bomba explodiu. Imad Mughniyeh, um fantasma durante trinta anos, finalmente estava morto.[43]

*

Os sírios ficaram em choque. Um guerrilheiro e mestre tático que durante três décadas conseguira escapar da inteligência e dos recursos militares de Israel, dos Estados Unidos e de quarenta outros países fora assassinado literalmente na frente de sua sede de inteligência — algumas janelas do edifício foram estilhaçadas pela explosão.

"Pense no que isso fez com os sírios", disse Dagan. "Bem no coração do lugar mais bem guardado de Damasco. Pense no que isso fez com Assad, com o Hezbollah, quando entenderam que não estavam a salvo nem mesmo em Damasco."

"Demos ao nosso adversário a sensação de penetração total de inteligência, a sensação de que sabíamos tudo, tanto sobre a organização quanto sobre o país anfitrião", acrescentou.[44]

O presidente Assad percebeu a magnitude do desastre e quis se manter o mais afastado possível de todo o caso. Enviou condolências a Nasrallah, mas sugeriu que nenhuma menção ao ataque fosse feita na Síria. E até sugeriu que o Pajero destroçado, com o corpo em seu interior, fosse transferido durante a noite para Beirute, a fim de dar a impressão de que Mughniyeh fora morto lá.

Nasrallah recusou. Estava furioso com os sírios por falharem em proteger seu camarada.[45] Alguns membros do Hezbollah — assim como a esposa de Mughniyeh — até mesmo acusaram os sírios, erroneamente, de estarem envolvidos no assassinato. Assad foi forçado a negar e se desculpar inúmeras vezes. Nasrallah deu ordens para que nenhum representante sírio fosse convidado para o funeral em Beirute.

O funeral de Mughniyeh foi realizado debaixo de chuva.[46] A procissão de xiitas enlutados encontrou sunitas que haviam acabado de participar de uma cerimônia memorial para seu amado líder, Rafik Hariri, assassinado por ordem de Mughniyeh exatamente três anos antes. Assim é a vida no Líbano.

Milhares de pessoas conseguiram se espremer no enorme hangar no sul de Beirute onde o Hezbollah ocasionalmente realizava grandes comícios. Dezenas de milhares ficaram do lado de fora. O caixão foi carregado até o pódio enquanto os enlutados tentavam se aproximar para tocá-lo, a fim de serem abençoados por sua honra e santidade em sua jornada final. Uma guarda de honra de milicianos do Hezbollah em uniformes cáquis flanqueou o caixão no pódio, juntamente com os líderes da organização, de rostos graves e usando mantos pretos. Nas paredes e nas mãos de todos, havia milhares de cartazes com a última fotografia de Mughniyeh, que somente agora, após sua morte, pudera ser revelada. A legenda dizia: "O grande herói martirizado." A multidão gritava por vingança.

Fiel aos desejos de seu camarada caído, Nasrallah permaneceu em seu bunker e não foi ao funeral. Telas gigantes transmitiram seu elogio fúnebre para as massas, dentro e fora do hangar. Em palavras solenes, ele homenageou seu principal combatente, "que devotou a vida ao martírio, mas esperou muitos anos para se tornar um mártir".

Ele mencionou o assassinato de seu predecessor como secretário-geral, Abbas Mussawi, que somente fortalecera a resistência e levara a mais humilhações para Israel. "Os israelenses não percebem o que o sangue do xeque Abbas fez pelo Hezbollah, a unicidade emocional e espiritual que ele nos deu", disse ele. "Deixe que o mundo tome nota, sob minha responsabilidade, de que [com Mughniyeh se tornando *shahid*] temos de marcar historicamente o início da queda do Estado de Israel."

A multidão respondeu: "Estamos a seu dispor, Ó Nasrallah."

Nasrallah terminou com uma ameaça. "Vocês cruzaram as fronteiras, sionistas. Se querem uma guerra aberta" — uma guerra fora das fronteiras de Israel e do Líbano —, "que seja uma guerra aberta por toda parte."[47]

Nasrallah e os iranianos nomearam ao menos quatro pessoas para assumir os deveres de Mughniyeh. Mas a guerra aberta jamais ocorreu. A mesma penetração de inteligência que permitira que uma bomba fosse plantada no Pajero de Mughniyeh também permitiu que Israel impedisse todos os ataques planejados do Hezbollah. Somente um teve sucesso, um homem-bomba que se explodiu perto do ônibus de turistas israelenses na Bulgária, matando seis e ferindo trinta.

Em sua morte, as lendas sobre Mughniyeh se provaram verdadeiras. "Suas capacidades operacionais eram maiores que as de todo o quarteto que o substituiu", disse Dagan.[48] Sua ausência se tornou especialmente conspícua na incapacidade da organização de responder ao assassinato. "Se ele estivesse vivo para vingar a própria morte", disse um oficial da Aman, "a situação provavelmente seria muito diferente. Para nossa sorte, ele não estava."[49]

*

Em menos de seis meses, o general Suleiman perdeu uma instalação nuclear que conseguira manter secreta por cinco anos e um confidente e aliado que enganara a morte durante décadas. Humilhado e furioso, ordenou que mísseis Scud, alguns armados com ogivas químicas, fossem preparados para serem lançados contra Israel. E exigiu que Assad contra-atacasse agressivamente.

Assad se recusou. Ele entendia a raiva de seu general, mas também que um ataque aberto contra Israel — sem falar de um ataque químico — não atendia aos melhores interesses da Síria. Esse comportamento "exigiu disciplina", observou Olmert durante uma reunião com o líder da minoria na Câmara, John Boehner.[50] "Bashar não é idiota." Olmert disse a seus conselheiros mais próximos que "Assad, o homem que adoramos odiar, está exibindo moderação e pragmatismo em sua resposta".

Como Assad, Olmert foi forçado a moderar seus subordinados, muitos dos quais achavam que ele também devia ser assassinado. Afinal, alinhara-se a terroristas e iranianos. "Todas as histórias sobre o progressista oftalmologista ocidental se mostraram ilusórias", disse um oficial de alta patente da Aman. "Temos aqui um líder extremista. E, ao contrário do pai, ele é instável, com tendência a perigosas aventuras."

Mas Olmert rejeitou a ideia. "É precisamente com esse homem", disse ele, "que um acordo de paz pode ser obtido."[51]

Suleiman era outra história. "Suleiman era um merda com uma notável capacidade de organização e manobra."[52] Em muitos aspectos, Suleiman era o segundo homem mais forte da Síria, com um escritório em frente ao de Assad no palácio presidencial e, como observou um memorando ultrassecreto da NSA, "participação em três áreas primárias: questões internas sírias conectadas ao regime e ao partido; questões militares sensíveis; e questões relacionadas ao Líbano, através das quais aparentemente estava conectado ao Hezbollah e a outros na arena política libanesa".[53]

Dessa vez, contudo, os israelenses sabiam que não havia chance de os Estados Unidos se envolverem.[54] Mughniyeh, que matara centenas de americanos, era uma coisa. Um general sírio, um oficial de alta patente de um Estado soberano, era algo completamente diferente. Assim, os israelenses começaram a planejar por conta própria uma maneira de se livrar de Suleiman.

Após a Operação Mughniyeh, os arranjos de segurança em Damasco haviam sido aprimorados e qualquer ideia de conduzir uma operação por lá foi descartada. Suleiman era fortemente guardado e constantemente escoltado por um comboio de veículos blindados; assim, a possibilidade de usar um dispositivo explosivo também foi rejeitada. Meir Dagan chegou à conclusão de que o Mossad precisaria de assistência, e as FDI estavam ávidas para aceitar a tarefa.[55] A glória lançada sobre o Mossad após o assassinato de Mughniyeh fizera surgir nos líderes militares o desejo de também assassinarem uma figura-chave, para que "o dedo no gatilho seja de um soldado, não de um homem do Mossad".

Na sexta-feira, 1º de agosto de 2008, por volta das 16 horas, Suleiman encerrou seu dia de trabalho no palácio mais cedo do que o habitual e partiu na direção norte com o comboio de segurança. Estava indo para a residência de verão que construíra na costa mediterrânea, perto da cidade portuária de Tartus. Era uma *villa* espaçosa com um grande pátio de pedra polida, com vista para o mar. Naquela noite, o general convidou vários dignitários locais para jantar com ele, a esposa Rahab e seus conselheiros mais próximos. Eles foram servidos por uma equipe de criados e, é claro, guarda-costas.

O grupo se reuniu em torno de uma mesa redonda, com uma vista magnífica do sol se pondo sobre o mar. A esposa de Suleiman estava sentada à sua esquerda e seu *chef de bureau* à sua direita. Os dois homens fumavam grossos charutos cubanos.

De repente, o general se inclinou para trás na cadeira, então jogou-se para a frente e caiu de cara sobre o prato. Seu crânio estava partido e fragmentos de ossos, matéria cerebral e sangue se espalharam sobre Rahab.[56] Ele levara seis tiros, primeiro no peito, na garganta e na testa, e depois três vezes nas costas. Somente Suleiman foi atingido. Estava morto antes de cair sobre o prato.

Trinta segundos depois, os dois atiradores de elite da Flotilha 13 que haviam atirado de dois locais diferentes na praia já estavam em barcos infláveis de borracha, dirigindo-se a um navio da Marinha. Na praia, haviam deixado para trás alguns cigarros sírios baratos, parte da campanha de desinformação para fazer com que o assassinato parecesse uma questão interna síria.

Houve uma frenética busca pelos atiradores na vila, com o comandante dos guarda-costas de Suleiman telefonando para o palácio presidencial a fim de notificar Assad de que seu conselheiro mais próximo fora assassinado. Seis balas, de duas direções, e ninguém vira os assassinos. Assad ouviu e permaneceu em silêncio por um minuto. "O que aconteceu, aconteceu", disse ele com firmeza. "Isso é um segredo militar do mais alto nível. Enterre-o imediatamente, sem dizer a ninguém. E isso é tudo." O funeral foi realizado no dia seguinte, em grande segredo.

"Foi o primeiro exemplo conhecido de Israel atacando um oficial de um governo legítimo", concluiu a NSA.[57]

Meir Dagan era agora chefe de um Mossad completamente diferente daquele que herdara seis anos antes. Não mais a tímida instituição nervosa com as próprias falhas e operações desleixadas, o Mossad de Dagan se infiltrara no Hezbollah e no exército das sombras de Suleiman, interrompera a transferência de armas e de tecnologias avançadas entre membros da Frente Radical, assassinara seus ativistas e até mesmo eliminara Imad Mughniyeh, que vinha sendo procurado havia anos.

Dagan também desenvolvera um plano para atrapalhar as ambições nucleares do Irã que até então se provara notavelmente bem-sucedido. Era uma abordagem de cinco frentes: pesada pressão diplomática internacional, sanções econômicas, apoio às minorias iranianas e grupos de oposição para ajudá-los a derrubar o regime, desvio de entregas de equipamentos e materiais brutos para o programa nuclear e, finalmente, operações secretas, incluindo a sabotagem das instalações e o assassinato seletivo de figuras-chave do programa.

A ideia por trás desse esforço integrado, "uma série de operações focadas que visavam transformar a realidade", nas palavras de Dagan, era atrasar o projeto tanto quanto possível a fim de que, antes que o Irã conseguisse criar uma bomba atômica, as sanções causassem uma grave crise econômica que forçasse seus líderes a abandonar o projeto ou os partidos de oposição fossem fortes o bastante para derrubar o governo.

Em apoio a esses esforços, a colaboração quadrilátera entre CIA, NSA, Mossad e Aman foi finalmente formalizada através de um pacto de cooperação entre Bush e Olmert que incluía revelar fontes e métodos ("strip-tease mútuo e total", nas palavras de um dos assessores do primeiro-ministro).[58]

As agências americanas de inteligência e o Departamento do Tesouro, juntamente com a unidade Lança do Mossad, iniciaram uma abrangente campanha de medidas econômicas para prejudicar o projeto nuclear iraniano.[59] Os dois países também embarcaram em um esforço para identificar compras iranianas de equipamentos para o projeto, particularmente itens que o Irã não podia fabricar por si mesmo, e impedir que os carregamentos chegassem a seus destinos. Isso continuou durante anos, através das administrações Bush e Barack Obama.

Mas os iranianos eram tenazes. Em junho de 2009, o Mossad, juntamente com as inteligências americana e francesa, descobriu que haviam construído outra instalação secreta de enriquecimento de urânio, dessa vez em Qom. Publicamente, três meses depois, o presidente Obama fez um dramático anúncio e condenação, e as sanções econômicas foram aumentadas. Secretamente, operações conjuntas de sabotagem também conseguiram produzir uma série de falhas nos equipamentos iranianos fornecidos ao projeto nuclear: computadores pararam de funcionar, transformadores queimaram, centrífugas simplesmente não ligavam. Na maior e mais importante operação conjunta de americanos e israelenses contra o Irã, chamada de "Jogos Olímpicos", vírus de computador, um dos quais se tornaria conhecido como Stuxnet, causaram graves danos à maquinaria de enriquecimento de urânio do projeto nuclear.[60]

O último componente do plano de Dagan — o assassinato seletivo de cientistas — foi implementado apenas pelo Mossad, uma vez que Dagan estava consciente de que os Estados Unidos não concordariam em participar.[61] O Mossad compilou uma lista de quinze pesquisadores-chave, a maioria membros do "grupo de armamentos" que era responsável por desenvolver um mecanismo de detonação para as armas, como alvos para eliminação.

Em 14 de janeiro de 2007, o dr. Ardeshir Hosseinpour, um cientista nuclear de 47 anos que trabalhava na usina de urânio de Isfahan, morreu em circunstâncias misteriosas. O anúncio oficial de sua morte afirmou que se asfixiara "após um vazamento de gás", mas a inteligência iraniana estava convencida de que fora vítima dos israelenses.

Às 8h10 de 12 de janeiro de 2010, Masoud Alimohammadi deixou sua casa em um elegante bairro de Teerã e caminhou até o carro.[62] Ele concluíra seu doutorado no campo de física de partículas elementares em 1992, pela Universidade de Tecnologia Sharif, e se tornara professor da mesma universidade. Mais tarde, juntara-se ao projeto nuclear, no qual era um dos principais cientistas. Ao abrir a porta do carro, uma motocicleta com explosivos que estava estacionada por perto explodiu, matando-o.

A eliminação de cientistas — de pessoas trabalhando em posições governamentais de um Estado soberano, que não estavam de modo algum envolvidas com terrorismo — não ocorreu sem debate interno no Mossad.[63] Durante uma das reuniões para aprovação de operações no escritório de Dagan, uma oficial de inteligência que trabalhava com o vice-diretor Tamir Pardo se levantou e disse que seu pai era um cientista importante no programa nuclear de Israel. "De acordo com a maneira de pensar prevalente aqui", disse ela, "meu pai seria um alvo legítimo para eliminação. Acho que isso não é moral nem legal." Mas tais objeções foram ignoradas.

Os iranianos, por sua vez, perceberam que alguém estava matando seus cientistas e começaram a protegê-los de perto, especialmente o chefe do grupo de armamentos, Mohsen Fakhrizadeh, considerado o cérebro do projeto.[64] Os iranianos postaram carros cheios de policiais em torno de suas casas, transformando suas vidas em um pesadelo e causando profunda ansiedade a eles e a suas famílias.

A série de operações bem-sucedidas também teve um efeito adicional, que Israel não iniciou, mas que acabou produzindo grandes benefícios: cada membro da Frente Radical começou a temer que Israel tivesse penetrado suas fileiras e, assim, devotou grandes esforços a localizar os vazamentos e tentar proteger seu pessoal contra o Mossad.[65] Os iranianos também ficaram paranoicos com a possibilidade de todo o equipamento e os materiais que haviam adquirido no mercado negro para o projeto nuclear — por grandes somas de dinheiro — estarem infectados, e examinaram e reexaminaram cada item. Esses esforços retardaram muitos outros aspectos do projeto nuclear, chegando a interromper alguns.

O Mossad de Dagan era novamente o lendário Mossad, a agência que, historicamente, fora temida e admirada, mas nunca ignorada. A equipe se sentia orgulhosa de trabalhar lá. Dagan introduzira nela uma ousadia que teria sido bravata se não fosse total e completamente efetiva.

35

IMPRESSIONANTE SUCESSO TÁTICO, DESASTROSO FRACASSO ESTRATÉGICO

Mahmoud al-Mabhouh entrou no lobby do hotel Al-Bustan Rotana pouco antes das 20h30, um dos muitos hóspedes indo e vindo pelo hotel. Como eles, foi capturado pelo circuito fechado de TV na entrada. Tinha cabelo preto com ligeiras entradas na testa e um espesso bigode. Vestia camisa preta e um casaco grande demais. Era uma noite relativamente fria em Dubai, que normalmente é muito quente.

Ele estava em Dubai havia menos de seis horas, mas já se encontrara com um banqueiro que o ajudava a realizar as várias transações financeiras internacionais necessárias para comprar equipamentos especiais de segurança para o Hamas em Gaza. Também se encontrara com seu contato regular da Guarda Revolucionária Iraniana, que fora até lá para coordenar a entrega de dois grandes carregamentos de armas para a organização islâmica extremista.

Al-Mabhouh fazia muitos negócios em Dubai. Quando voou para a pequena cidade-Estado em 19 de janeiro de 2010, era ao menos sua quinta visita em menos de um ano. Ele viajava com um passaporte palestino — o emirado era um dos poucos lugares que reconheciam documentos emitidos pela Autoridade Palestina — que listava nome e ocupação falsos. Na realidade, era um importante agente do Hamas havia décadas: vinte anos antes, sequestrara e assassinara dois soldados israelenses e, mais recentemente, depois que seu predecessor, Izz al-Din al-Sheikh Khalil, fora eliminado pelo Mossad em Damasco, era o encarregado de estocar os arsenais do Hamas.

Um passo ou dois atrás de al-Mabhouh havia um homem com um celular, seguindo-o até o elevador. "Chegando", disse o homem ao telefone. Al-Mabhouh pode ter ouvido, mas não pareceu dar importância. Não havia nada incomum em um turista em Dubai avisando ao amigo que estava a caminho.

Al-Mabhouh era, por natureza, um homem extremamente cauteloso.[1] Sabia que os israelenses queriam matá-lo. "Você precisa estar alerta", disse ele durante uma entrevista à Al Jazeera na primavera anterior. "E, Alá seja louvado, eles me chamam de 'raposa' porque posso sentir o que está atrás de mim, mesmo o que está atrás de uma parede. Alá seja louvado, tenho um senso de segurança altamente desenvolvido. Mas sabemos qual é o preço de nosso caminho, e não temos problemas com isso. Espero ter a morte de um mártir."

O elevador parou no segundo andar. Al-Mabhouh saiu. O homem com o telefone permaneceu, indo para um andar mais alto. Definitivamente um turista.

Al-Mabhouh virou à esquerda e caminhou até seu quarto, o 230. O corredor estava vazio. Por hábito, examinou rapidamente a moldura da porta e a fechadura, procurando por cortes, arranhões, qualquer pista de alteração. Não havia nada.

Ele entrou no quarto e fechou a porta.

Ouviu um barulho e se virou para ver o que era.

Tarde demais.

O plano para o assassinato de Mahmoud al-Mabhouh fora aprovado quatro dias antes, em 15 de janeiro, durante uma reunião marcada às pressas em uma grande sala de conferências perto do escritório de Meir Dagan, depois que a inteligência militar israelense invadira o servidor de e-mails usado por al-Mabhouh e descobrira que ele reservara lugar em um voo de Damasco para Dubai em 19 de janeiro.

Naquela reunião, havia cerca de quinze pessoas sentadas em torno de uma longa mesa, incluindo representantes das alas de inteligência, tecnologia e logística do Mossad. A pessoa mais importante na conferência, depois de Dagan, era "Feriado", o chefe da Cesareia. Feriado, que era careca e grandalhão, decidira comandar pessoalmente a Operação Tela de Plasma.

Al-Mabhouh estava havia muito tempo na lista de assassinatos de Israel. Um ano antes, a situação na fronteira com a Faixa de Gaza se deteriorara tanto que, em 27 de dezembro de 2008, Israel iniciara a Operação Chumbo Fundido, um ataque em larga escala para impedir que o Hamas lançasse chuvas de foguetes Qassam e Katyusha nas comunidades israelenses. O Hamas conseguia disparar muita artilharia da Faixa de Gaza, graças às redes de aquisição e transporte de armas de al-Mabhouh e à assistência que recebera da Guarda Revolucionária Iraniana.

A inteligência israelense sobre o Hamas aumentara imensamente em anos recentes, e a operação começou com um grande bombardeio da Força Aérea, que recebeu o codinome Aves de Rapina, contra os silos nos quais os foguetes do Hamas estavam escondidos. O Mossad descobrira que a rede que al-Mabhouh gerenciava estivera refazendo os estoques de armas do Hamas. Os armamentos eram enviados do Irã até Porto Sudão, no mar Vermelho, e de lá eram contrabandeadas, via Egito e península do Sinai, até a Faixa de Gaza, usando múltiplos túneis para evitar as patrulhas e os guardas de fronteira egípcios. O Mossad manteve registro dos carregamentos no mar e dos caminhões que saíam de Porto Sudão. Em janeiro de 2009, a Força Aérea israelense realizou quatro ataques de longo alcance e destruiu os comboios e suas escoltas.

"Atividades como essa causaram muitos danos às rotas de contrabando do Irã para o Hamas", disse Dagan. "Não um impacto absoluto, não o suficiente para vencer, mas uma redução significativa."

Por alguma razão, todavia, al-Mabhouh não estava viajando com os caminhões naquele dia, tendo deixado o Sudão por outra rota. Para corrigir isso, Dagan requisitou e obteve aprovação de Olmert para uma operação de tratamento negativo contra ele. Quando Benjamin Netanyahu assumiu o cargo de Olmert em março de 2009, ele renovou a aprovação.

Dubai era o lugar mais conveniente para matar al-Mabhouh. As outras áreas onde ele passava seu tempo — Teerã, Damasco, Sudão e China — tinham serviços secretos eficientes e apresentavam muito mais problemas para a equipe de assalto do Mossad. Dubai, em contrapartida, estava cheia de turistas e executivos estrangeiros e tinha, ou assim o Mossad acreditava, forças menos eficientes de inteligência e manutenção da lei. Dubai ainda era um país-alvo, oficialmente hostil a Israel, mas, àquela altura, o Mossad já matara um homem no centro de Damasco e um general sírio em sua própria casa. Em comparação, um agente do Hamas na turística Dubai seria um alvo relativamente fácil.

Mesmo assim, a operação exigia uma equipe grande, dividida em esquadrões menores, que conseguiriam localizar o alvo quando chegasse a Dubai e mantê-lo sob vigilância, enquanto outros preparavam e executavam o ataque no quarto de hotel, assegurando-se de que parecesse que al-Mabhouh morrera de morte natural. Então precisariam remover todas as evidências e deixar o país antes que o corpo fosse encontrado, no caso de haver alguma suspeita.

Nem todo mundo achava que al-Mabhouh era importante o suficiente para justificar tanto esforço e risco. Alguns chegaram a dizer a Dagan que ele não cumpria as condições básicas para um tratamento negativo. Todos no Mossad concordavam que ele merecia morrer, mas, a fim de realizar uma operação em um país-alvo, ele também precisava representar um sério perigo para Israel, um cuja eliminação teria um profundo efeito negativo sobre o equilíbrio do inimigo. Na verdade, al-Mabhouh não se encaixava em nenhum desses critérios. Mas, após todos os sucessos prévios, Dagan e outros oficiais do Mossad estavam tão cheios de autoconfiança que foram em frente mesmo assim.

Uma equipe de agentes da Cesareia localizara al-Mabhouh em Dubai em 2009, não para matá-lo, mas para estudar seus movimentos e se assegurar de que era o homem certo. Quatro meses depois, em novembro, a equipe da Tela de Plasma foi para Dubai novamente, dessa vez para eliminá-lo. Eles envenenaram uma bebida que foi levada até seu quarto de hotel, mas usaram a dose errada ou ele não bebeu o suficiente; de qualquer modo, apenas desmaiou. Quando voltou a si, interrompeu a visita e retornou a Damasco, onde um médico atribuiu o desmaio a mononucleose. Ele aceitou o diagnóstico e não suspeitou que ocorrera um atentado contra sua vida.

Esses eventos causaram profunda frustração no Mossad. Pessoas e recursos haviam sido arriscados e, mesmo assim, o trabalho não fora feito. Feriado insistiu que não haveria erros dessa vez: a equipe de assalto não sairia de Dubai antes de ver, com os próprios olhos, que al-Mabhouh estava morto.

Uma objeção surgiu na reunião de 15 de janeiro perto do escritório de Meir Dagan. O departamento de documentação teria problemas para

IMPRESSIONANTE SUCESSO TÁTICO, DESASTROSO FRACASSO... 643

preparar novos passaportes críveis para toda a equipe. Havia mais de duas dúzias de pessoas indo para Dubai, e algumas estariam entrando no mesmo país, com as mesmas identidades e os mesmos disfarces, pela terceira vez em menos de seis meses. Nos dias mais tímidos do Mossad, sob Halevy, a operação teria sido cancelada somente por isso. Mas Dagan e Feriado decidiram assumir o risco. Enviariam a equipe com os documentos existentes.

Feriado não esperava problemas. A descoberta do corpo provavelmente geraria suspeita e poderia haver uma investigação, reconheceu ele, mas isso ocorreria muito depois de a equipe ter retornado a Israel. Nenhuma evidência seria deixada para a polícia. Nenhum segredo do Mossad seria revelado. Ninguém seria pego. A coisa toda seria esquecida muito rapidamente.

Dagan ditou a decisão final para seu assistente-chefe: "Tela de Plasma autorizada para execução."[2] Enquanto os participantes saíam, acrescentou, a voz ressonante: "E boa sorte a todos."

Os primeiros três membros da equipe da Tela de Plasma aterrissaram em Dubai às 6h45 de 18 de janeiro. Nas dezenove horas seguintes, o restante da equipe — ao menos 27 membros — chegaram em voos de Zurique, Roma, Paris e Frankfurt. Doze dos passaportes eram britânicos, seis irlandeses, quatro franceses, quatro australianos e um alemão. Todos eram genuínos, mas nenhum pertencia à pessoa que o portava.[3] Alguns haviam sido emprestados de seus donos, residentes de Israel com dupla cidadania, alguns haviam sido obtidos com identidades falsas, alguns haviam sido roubados e outros pertenciam a pessoas já mortas.

Às 2h09 do dia 19, "Gail Folliard" e "Kevin Daveron" chegaram. Eles eram os pivôs da operação, controlando o centro de comando avançado, o pessoal de comunicações, os guardas e os vigias. Eles se registraram em quartos separados no hotel Jumeirah. Ambos pagaram em dinheiro, embora muitos dos outros membros da equipe tivessem usado cartões de débito emitidos por uma companhia chamada Payoneer, cujo CEO era um veterano de uma unidade de comandos das FDI.

O recepcionista, Sri Rahayu, pegou o dinheiro e deu a Folliard o quarto número 1.102, e a Daveron, o 3.308. Antes de dormir, Folliard pediu uma refeição leve ao serviço de quarto. Daveron tomou um refrigerante do frigobar.[4]

"Peter Elvinger", o comandante da missão, aterrissou no aeroporto 21 minutos depois de Folliard e Daveron, com um passaporte francês. Depois de passar pela alfândega, Elvinger usou uma manobra de contravigilância (*maslul* em hebraico), saindo pela porta do terminal, esperando 3 minutos, dando a volta e entrando novamente para um encontro predeterminado com outro membro da equipe que chegara ao aeroporto mais cedo, de carro. Todos os membros de uma equipe de assalto, como procedimento padrão, usavam *maslul* constantemente, mudando várias vezes de roupa e de disfarces, como perucas e bigodes falsos. Isso servia para garantir que ninguém estava sendo seguido e permitir a troca de identidades entre os vários estágios da operação.

Elvinger e seu contato conversaram por menos de um minuto antes de o comandante pegar um táxi para o hotel.

No início da tarde, toda a equipe aguardava, tensa, a chegada de al-Mabhouh. Seu voo deveria chegar às 15 horas, mas ainda havia algumas falhas nas informações. A equipe da Tela de Plasma não sabia onde ele ficaria, onde e quando teria reuniões ou como se deslocaria de um lugar para o outro. A equipe, que não tinha como cobrir a cidade inteira, poderia perdê-lo, e era impossível planejar com antecedência a maneira de se aproximar dele e matá-lo. "É o tipo de ataque", disse um agente veterano, "no qual o alvo decide como e quando será morto."[5]

Alguns membros da equipe haviam ido para os três hotéis nos quais al--Mabhouh se hospedara durante as visitas anteriores. Outro esquadrão de vigilância estava no aeroporto, passando o tempo no que pareciam longas conversas telefônicas. O pessoal restante, sete pessoas, permanecia com Elvinger em outro hotel, esperando.

Al-Mabhouh chegou às 15h35. Uma equipe o seguiu até o hotel Al--Bustan Rotana e uma mensagem foi enviada aos agentes nos outros hotéis, dizendo-lhes que podiam abandonar o posto. Os membros da equipe fizeram extensivo uso de telefones celulares, mas, a fim de evitar elos diretos entre si, ligavam para um número na Áustria, onde uma simples central telefônica instalada com antecedência transferia a chamada para outro telefone em Dubai ou para o posto de comando em Israel.

Os membros da equipe que já estavam no lobby do Al-Bustan Rotana usavam roupas de tênis e carregavam raquetes, embora, curiosamente, todas estivessem sem capa. Depois que al-Mabhouh recebeu a chave do quarto, dois deles entraram no elevador com ele. Quando ele desceu no segundo andar, eles o seguiram a uma distância discreta e viram que estava no quarto 230. Um dos dois homens reportou o fato pelo celular através do roteador na Áustria antes de os dois retornarem ao lobby.

Quando Elvinger soube o número do quarto, ele deu dois telefonemas. O primeiro foi para o Al-Bustan Rotana, para reservar um quarto. Ele pediu pelo 237, diretamente em frente ao 230. Então telefonou para uma companhia aérea para reservar um assento no voo para Munique, via Qatar, mais tarde no mesmo dia.

Pouco depois das 16 horas, al-Mabhouh deixou o hotel. A equipe que o seguia notou que estava tomando medidas preventivas, fazendo seu próprio tipo de *maslul*. Ele tinha boas razões para isso: quase todos os seus colegas do Hamas desde o fim dos anos 1980 haviam morrido de causas não naturais. Mas seus movimentos eram simples e sem sofisticação, e a equipe não teve problemas para segui-lo.

Kevin Daveron esperou no lobby do Al-Bustan por Elvinger, que chegou às 16h25, entregou a Daveron uma valise de mão, sem dizer uma palavra, e então foi para a recepção. A câmera de segurança captou claramente seu passaporte vermelho da União Europeia. Depois de se registrar no quarto 237, ele entregou a chave a Daveron, novamente sem dizer uma palavra, e saiu do hotel sem a valise.

Duas horas depois, quatro homens chegaram ao hotel, em dois pares. Todos usavam bonés de beisebol para esconder o rosto. Eles carregavam duas grandes malas. Três eram "executores" da Cesareia. O quarto era um especialista em arrombar fechaduras. Eles foram diretamente para os elevadores e para o quarto 237. Uma hora depois, às 19h43, a equipe de vigilância no lobby foi substituída por olhos descansados: quatro horas depois de chegarem, os falsos jogadores de tênis finalmente deixaram o lobby.

Às 22 horas, a equipe que seguia al-Mabhouh relatou que ele estava voltando ao hotel. Daveron e Folliard ficaram de guarda no corredor enquanto o arrombador começava a trabalhar na fechadura do quarto 230. A ideia era reprogramá-la para que a chave-mestra do Mossad pudesse ser usada sem que a abertura da porta fosse registrada, mas sem tampouco impedir o funcionamento da chave normal. Um turista saiu do elevador, mas Daveron rapidamente iniciou uma conversa inocente para distraí-lo. O turista nada viu, a fechadura foi adulterada e a equipe entrou no quarto.

Então eles esperaram.

Al-Mabhouh tentou escapar para o corredor. Mas dois pares de fortes braços o agarraram. Um terceiro homem tapou sua boca com uma das mãos e, com a outra, pressionou contra seu pescoço um instrumento que usava ondas de ultrassom para injetar medicamento sem romper a pele. O instrumento estava carregado com succinilcolina, um anestésico conhecido comercialmente como Scoline, que é usado em combinação com outras drogas durante cirurgias. Sozinho, causa paralisia e, como faz com que os músculos utilizados para respirar parem de funcionar, asfixia.

Os homens mantiveram os braços em torno de al-Mabhouh até ele parar de se debater. Quando a paralisia se espalhou por seu corpo, eles o deitaram no chão. Al-Mabhouh estava acordado, pensando claramente, vendo e ouvindo tudo. Só não podia se mover. Espuma se formou nos cantos de sua boca. Ele gorgolejou.

Três estranhos o encararam impassivelmente, ainda segurando de leve em seus braços para evitar qualquer imprevisto.

Foi a última coisa que ele viu.

Os executores conferiram seu pulso em dois lugares, como haviam sido instruídos a fazer por um médico do Mossad, assegurando-se que, dessa vez, estava realmente morto. Removeram seus sapatos, camisa e calça, colocaram-nos organizadamente no closet e depositaram o corpo sobre a cama, debaixo das cobertas.

Todo o episódio durou 20 minutos. Usando uma técnica desenvolvida pelo Mossad para essas ocasiões, a equipe fechou a porta de forma que parecesse ter sido trancada por dentro, com a corrente no lugar. Então penduraram um aviso de NÃO PERTURBE na maçaneta, bateram duas vezes na porta do quarto 237 como sinal de missão cumprida e desapareceram nos elevadores.

Folliard partiu um minuto depois, Daveron, 4 minutos depois disso, e então a equipe de vigilância no lobby. Após quatro horas, a maior parte da equipe já saíra de Dubai, e já não havia ninguém lá 24 horas depois.

Em Tel Aviv, reinava um clima de autossatisfação, uma atmosfera que mais tarde foi descrita como "euforia por um sucesso histórico". Todos os envolvidos — Meir Dagan, Feriado, a equipe de assalto — achavam que outra missão fora habilmente executada. Dagan relatou o assassinato a Netanyahu. "Al-Mabhouh", disse ele, "não nos incomodará novamente."

Os seguranças do hotel encontraram o corpo na tarde seguinte, depois que ninguém respondeu às repetidas batidas da faxineira durante o dia. Mas não parecia haver motivo para alarme. Um comerciante de meia-idade deitado na cama, em um quarto trancado, sem sinais de luta ou trauma indicava nada mais que um infarto ou talvez um derrame. O corpo de Al-Mabhouh foi levado ao necrotério, sua morte foi registrada e catalogada sob o nome falso de seu passaporte. A questão não recebeu mais atenção que a morte de qualquer outro estrangeiro de meia-idade em Dubai.

Em Damasco, contudo, os oficiais do Hamas começavam a se perguntar por que o homem que haviam enviado para fechar vários acordos de compra de armas não entrara em contato como combinado. Um dia depois, em 21 de janeiro, um enviado local perguntou nas delegacias e necrotérios até encontrar o corpo não reclamado de al-Mabhouh em uma gaveta refrigerada.

Um oficial do Hamas contatou o chefe da polícia de Dubai, tenente-general Dhahi Khalfan Tamim, e disse a ele que o homem morto com um passaporte palestino era, na verdade, um membro importante de sua organização. Ele disse a Khalfan que a morte quase certamente não fora de causas naturais e que, muito provavelmente, o Mossad estava por trás dela.

Khalfan, de 59 anos e altamente condecorado, tinha como missão pessoal livrar seu país de criminosos e agentes estrangeiros que usavam Dubai como base para atividades ilegais. "Peguem suas contas bancárias", gritou ele ao telefone, "suas armas e as merdas de seus passaportes falsos e vão embora do meu país!"

Mas ele também não podia permitir que o Mossad andasse por ali matando gente. Khalfan retirou o corpo do necrotério e o enviou para uma autópsia. Os resultados não foram definitivos e não foi possível determinar se al-Mabhouh fora assassinado, mas a conclusão básica de Khalfan foi de que o oficial do Hamas estava certo.

Uma desvantagem que os agentes israelenses possuem, em comparação com suas contrapartes americanas ou britânicas, é o fato de que usam passaportes falsos. Um esquadrão da CIA pode facilmente usar passaportes verdadeiros do Departamento de Estado americano, embora com nomes falsos, e essencialmente possuem um suprimento infinito: uma identidade simplesmente é enterrada sob a próxima, conforme necessário. Os passaportes americanos e britânicos são aceitos no mundo inteiro e raramente atraem atenção indevida.

Os passaportes israelenses, não. São inúteis para entrar em muitos países asiáticos e africanos onde o Mossad ocasionalmente está interessado em matar alguém ou realizar uma operação secreta. Comumente, o Mossad forja passaportes de países menos suspeitos. No mundo pós-11 de setembro, todavia, passaportes falsos se tornaram um negócio mais complicado.

Documentos feitos com desleixo ou usados muito frequentemente podem colocar em perigo a missão e a vida dos agentes. Assim, quando Halevy cancelava missões por falta de documentos adequados, não se tratava apenas de timidez. E quando Dagan forçou técnicos relutantes a produzirem rapidamente passaportes e identidades, isso só foi liderança ousada até tudo dar terrivelmente errado.

Dagan permitira que a equipe da Tela de Plasma usasse as mesmas identidades quatro vezes em Dubai. Não foi difícil para Khalfan obter uma lista de todos que haviam entrado nos Emirados Árabes Unidos pouco antes de al-Mabhouh e partido logo após sua morte. Tampouco foi difícil reduzir essa lista, comparando-a com a das pessoas que haviam entrado e saído durante as três visitas prévias de al-Mabhouh. Isso deu a Khalfan nomes, que ele pôde comparar com registros de hotéis, que quase sempre tinham câmeras na recepção. Rapidamente a polícia sabia quem eles eram, onde haviam se hospedado e qual era sua aparência.

Assassinos preferem dinheiro, porque é anônimo e geralmente não pode ser rastreado. Cartões de crédito — ou cartões de débito pré-pagos da

Payoneer — podem ser. Um conjunto de chamadas para uma central austríaca será registrado e, se alguém estiver observando, notado. Assim como os números para os quais a central ligar. Reconstruir os movimentos de cada agente do Mossad na Tela de Plasma e as conexões entre eles, portanto, não foi terrivelmente difícil. Só exigiu analisar muitos dados.

De múltiplos circuitos fechados de TV, Khalfan reuniu uma narrativa em vídeo de toda a operação. Ela incluiu trechos de *maslul* desajeitado. A câmera acima da porta do banheiro do hotel, por exemplo, mostrou Daveron entrando careca e saindo com muito cabelo, sem sequer notar que estava na câmera, embora ela não estivesse escondida. Isso não era algo que teria entregado a equipe em tempo real, mas a troca malfeita de identidade certamente tornou as coisas mais fáceis para os investigadores.

Khalfan então deu uma entrevista coletiva e colocou todo o vídeo na internet, para o mundo ver. Ele exigiu que Dagan "fosse homem" e assumisse a autoria do ataque. Exigiu mandados de prisão internacionais para Netanyahu e Dagan, e a Interpol realmente emitiu mandados para todos os 27 membros, embora usando seus nomes falsos.

Os países cujos passaportes Israel havia usado ficaram furiosos. Muitos deles cooperavam discretamente com o Mossad, mas não a ponto de permitir que seus cidadãos, fictícios ou não, fossem arrastados para conspirações de assassinato. Alguns governos ordenaram que os representantes do Mossad em seus países partissem imediatamente e não permitiram que fossem substituídos durante muitos anos. Todos interromperam a cooperação com a agência israelense.

Foi uma calamidade nascida do orgulho. "Eu amo Israel e amo os israelenses", disse um dos ex-chefes da inteligência alemã. "Mas seu problema sempre foi que vocês menosprezam todo mundo. Os árabes, os iranianos, o Hamas. Vocês são sempre os mais espertos e acham que podem enganar todo mundo, o tempo todo. Um pouco mais de respeito pelo outro lado, mesmo que achem que se trata de um árabe ignorante ou de um alemão sem imaginação, e um pouco mais de modéstia teriam salvado vocês dessa bagunça constrangedora."[6]

Em certo nível, nada disso importava para Israel. A dura condenação a que foi submetido no palco internacional, combinada às condenações similares recebidas regularmente pelo tratamento que dava aos palestinos, produziu uma onda de patriotismo. No feriado de carnaval em Israel, Purim, que ocorreu algumas semanas depois de a história ser divulgada, uma fantasia popular foi a do tenista carregando uma pistola. Centenas de israelenses com dupla cidadania ofereceram seus passaportes ao Mossad para uso em futuras operações. O website da organização foi inundado de perguntas sobre como se filiar.

Mas as coisas eram diferentes no interior da agência. A exposição e a atenção negativa que o Mossad recebeu foram terrivelmente danosas no nível operacional, a despeito do fato de Khalfan jamais ter conseguido levar os perpetradores a julgamento. Seções inteiras das operações do Mossad foram fechadas, porque muitos agentes tiveram seus disfarces revelados e pela necessidade de desenvolver novos procedimentos e metodologias, depois que os antigos haviam sido expostos pela mídia.[7]

No início de julho de 2010, percebendo que o caso de Dubai bloqueara seu caminho para a diretoria do Mossad, Feriado, o chefe da Cesareia, pediu demissão.

Meir Dagan, por sua vez, adotou a atitude de que os negócios continuavam como sempre. Em geral, ele definitivamente achava que "em, certos casos, o diretor do Mossad tem de entregar as chaves se cometer um erro que prejudique o Estado, porque isso diminuiu a pressão sobre o país". Mas, de seu ponto de vista, nada acontecera: nenhum erro, nenhuma falha. "Atacamos um alvo importante, ele está morto e todos os soldados voltaram para casa", resumiu ele após a operação.[8]

Somente em 2013, em uma entrevista para este livro, Dagan admitiria pela primeira vez: "Foi um erro enviar a equipe com aqueles passaportes. Foi minha decisão, e só minha. Assumo total responsabilidade pelo que aconteceu."[9]

Conforme o fiasco de Dubai se desdobrava, Netanyahu teve "uma sensação de déjà-vu", segundo um de seus assessores mais próximos, como se 1997 estivesse acontecendo novamente. Naquela época, o Mossad assegurara que entraria na Jordânia, um país-alvo "fácil", e eliminaria Khaled Mashal de maneira limpa. A história terminara em humilhação e capitulação. Não havia como dizer por quanto tempo durariam as consequências de Dubai. Ele decidiu que precisava conter o Mossad e aprovar menos missões perigosas.[10]

Além disso, Dagan precisava ser freado.

Os dois jamais haviam se dado bem. Na verdade, as relações de Netanyahu com todos os chefes da comunidade de inteligência eram problemáticas. "Netanyahu não se apoia em ninguém, e tomou iniciativas diplomáticas secretas sem informar os chefes das comunidades", disse seu conselheiro de Segurança Nacional Uzi Arad. "De uma hora para a outra, vi a brecha da desconfiança se abrindo entre eles."[11]

Dagan, por sua vez, achava que o primeiro-ministro era muito hesitante para aprovar as operações e, todavia, tinha medo de ser visto como hesitante: um colecionador de neuroses inadequado para manter a nação segura.[12]

Mas Dagan permaneceu no Mossad. A complicada campanha contra o Irã, com seus vários braços interconectados, ainda estava em curso. Na verdade, após o ataque bem-sucedido a Masoud Alimohammadi no início de janeiro, Dagan pediu que Netanyahu aprovasse a intensificação da campanha e o assassinato dos treze cientistas remanescentes do grupo de armamentos. Netanyahu, apreensivo com a possibilidade de outro imbróglio, não estava com pressa. Foi somente em outubro que ele deu luz verde para outro ataque. Em 29 de novembro de 2010, duas motocicletas explodiram os carros de duas figuras importantes do projeto nuclear iraniano, prendendo minas magnéticas aos veículos e então se afastando em alta velocidade. O dr. Majid Shahriari foi morto pela explosão de seu Peugeot 206; Fereydoon Abbasi-Davani e sua esposa, que também estava no carro, conseguiram sair do Peugeot 206 antes que ele explodisse em frente à Universidade Shahid Beheshti.

A essa altura, entretanto, tornara-se evidente que a campanha de assassinatos seletivos, juntamente com as sanções econômicas e as sabotagens de computador, havia atrasado, mas não acabado com o programa nuclear iraniano. O programa "foi muito além do que eu esperava", disse o ministro da Defesa Ehud Barak.[13] Ele e Netanyahu concluíram que o Irã estava se aproximando do momento no qual as instalações do projeto seriam indestrutíveis, e concordaram que Israel deveria destruí-las antes que isso acontecesse. Ordenaram que as FDI e os braços da inteligência se preparassem para a Operação Águas Profundas: um ataque aéreo total com apoio das forças de comandos, no coração do Irã. Cerca de 2 bilhões de dólares foram gastos nos preparativos para o ataque e para a guerra que provavelmente se seguiria contra a Frente Radical.

Dagan, entre outros, achava que esse plano era insano. Ele o via como um movimento cínico de dois políticos que queriam explorar o apoio público generalizado que o ataque lhes forneceria nas próximas eleições, não uma decisão racional baseada no interesse nacional. "Bibi aprendeu uma técnica cuja essência era divulgar mensagens em um curto espaço de tempo. Ele chegou a um notável nível de maestria e controle nessa técnica. Mas também é o pior administrador que conheço. Ele tem um traço semelhante a Ehud Barak: ambos creem que são o maior gênio do mundo. Netanyahu é o único primeiro-ministro [na história do país] que chegou a uma situação na qual todo o establishment de defesa rejeita sua posição."

"Conheci muitos primeiros-ministros", continuou Dagan. "Nenhum deles era santo, acredite, mas todos tinham uma coisa em comum: quando chegavam ao ponto no qual o interesse pessoal se opunha ao interesse nacional, era o interesse nacional que prevalecia. Não havia a menor dúvida. É somente a respeito desses dois, Bibi e Ehud, que não posso dizer isso."

A inimizade entre Dagan e Netanyahu chegou ao ponto de ebulição em setembro de 2010. Dagan alegou que Netanyahu tirara vantagem de uma reunião com o objetivo de discutir o Hamas, na qual estavam presentes ele, o chefe do Shin Bet e o chefe do Estado-Maior, a fim de ordenar ilegalmente o início dos preparativos para o ataque. "Quando estávamos saindo da sala, ele disse: 'Esperem apenas um momento, diretor do Mossad e chefe do Estado-Maior. Decidi colocar vocês e as FDI em zero mais trinta.'"

"Zero mais trinta" queria dizer "a trinta dias do início da operação", o que significava que Netanyahu estava chamando o ataque total ao Irã de "operação", em vez de usar o termo mais apropriado, "ato de guerra". Guerras precisam ser votadas pelo gabinete, mas primeiros-ministros podem ordenar sozinhos uma operação.

Dagan ficou estupefato com essa imprudência. "O uso de violência [militar] teria consequências intoleráveis. A hipótese de trabalho de que é possível destruir completamente o projeto nuclear iraniano por meio de uma ofensiva militar é incorreta. Se Israel atacasse, [o supremo líder iraniano] Khamenei agradeceria a Alá: isso uniria o povo iraniano por trás do projeto e daria a ele a oportunidade de dizer que precisava de uma bomba nuclear para defender o Irã da agressão israelense."[14]

IMPRESSIONANTE SUCESSO TÁTICO, DESASTROSO FRACASSO... 653

Até mesmo o mero ato de colocar as forças israelenses em alerta de ataque poderia levar a um deslizamento inexorável na direção da guerra, argumentou Dagan, porque os sírios e iranianos veriam a mobilização e poderiam iniciar ações preventivas.

Barak tinha uma versão diferente da disputa — afirmou que ele e o primeiro-ministro estavam apenas examinando a viabilidade de um ataque —, mas isso não teria importância.[15] O rompimento de relações entre Dagan e Netanyahu era irreparável. Dagan dirigira o Mossad por oito anos, mais tempo do que qualquer outro na história, com exceção de Isser Harel. Ele o recriara à sua imagem, revivera uma agência tímida e moribunda e a restaurara à glória histórica de que gozara durante décadas. Penetrara os adversários de Israel mais profundamente do que qualquer um achava possível, eliminara alvos que haviam escapado da morte ou captura durante décadas e adiara durante anos uma ameaça existencial ao Estado judaico.

Nada disso importava. Dubai era um constrangimento, ou talvez apenas uma desculpa. Em setembro de 2010, Netanyahu disse a Dagan que sua nomeação não seria renovada.

Ou talvez Dagan tenha pedido demissão. "Decidi por mim mesmo que já bastava", disse ele. "Queria fazer outras coisas. Além disso, a verdade é que estava farto dele."[16]

Tamir Pardo, que sucedeu Dagan como diretor, teve de reabilitar grande parte das equipes e procedimentos de operação, que foram destruídos após o ataque em Dubai. Ele nomeou N., um homem que fora instrumental no planejamento do ataque a Mughniyeh, para conduzir uma avaliação abrangente dos danos, e mais tarde o nomeou ao cargo de vice-diretor. A reconstrução das unidades operacionais não impediu as atividades da agência, especialmente aquelas voltadas ao projeto nuclear iraniano.[17] Após alguns meses no cargo, Pardo voltou à política de assassinatos seletivos estabelecida por seu predecessor.

Em julho de 2011, um motociclista seguiu Darioush Rezaeinejad, doutor em Física Nuclear e pesquisador da Organização Iraniana de Energia Atômica, até que ele chegou a um ponto próximo do Campo Imã Ali, uma das bases mais fortificadas da Guarda Revolucionária, que contém uma área experimental de enriquecimento de urânio. O motociclista sacou uma pistola e matou Rezaeinejad a tiros.

Em novembro de 2011, uma grande explosão ocorreu em outra base da Guarda Revolucionária, a 50 quilômetros de Teerã. A nuvem de fumaça foi visível da cidade, janelas estremeceram e fotos de satélite mostraram que quase toda a base fora destruída. O general Hassan Tehrani Moghaddam, chefe da divisão de desenvolvimento de mísseis da Guarda Revolucionária, foi morto durante a explosão, assim como dezesseis membros de sua equipe.

Apesar da morte de al-Mabhouh, carregamentos de armas continuaram a fluir para Gaza, vindos do Irã através do Sudão. O Mossad manteve vigilância e a Força Aérea israelense continuou a atacar os comboios. O maior sucesso ocorreu depois que o Mossad descobriu que 300 toneladas de armamentos e explosivos avançados, disfarçados de mercadorias civis e estocados em um complexo militar no sul de Cartum, aguardavam transporte para Gaza. O depósito de armamentos incluía foguetes de curto e médio alcance e avançados mísseis antiaéreos e antitanques e foi definido por Israel como algo que "prejudicava o equilíbrio". Se esses armamentos chegassem a Gaza, disse um dos oficiais da Aman que informou Netanyahu, "recomendamos atacar o Hamas sem provocação prévia, para evitar que os empreguem".[18]

Mas os armamentos não foram a lugar algum. Às 4 horas da madrugada de 24 de outubro de 2012, caças F-15 da Força Aérea israelense atacaram o local e destruíram os armamentos, assim como o pessoal do Hamas e do Corpo da Guarda Revolucionária Islâmica que estava presente. Os céus sobre Cartum ficaram iluminados pela explosão.[19] Telhados foram destruídos, e janelas, estilhaçadas. Os residentes de Cartum sofreram por causa da decisão de seu governo de permitir que o país fizesse parte da rota terrorista de contrabando de armas. Todos os ataques em solo iraniano foram, na verdade, implementados por membros dos movimentos clandestinos de oposição do país ou membros das minorias étnicas curdas, balúchis e azerbaijanas que eram hostis ao regime.

Esses assassinatos seletivos foram efetivos. As informações que chegavam ao Mossad indicavam que haviam causado "deserção branca", significando que os cientistas iranianos estavam tão assustados que muitos pediram transferência para projetos civis. "Há um limite para a habilidade de uma organização de coagir um cientista a trabalhar em um projeto no qual ele não quer trabalhar", disse Dagan.[20]

A fim de intensificar o medo dos cientistas,[21] o Mossad procurou alvos que não eram necessariamente muito importantes para o programa nuclear, mas cuja eliminação causaria o máximo possível de apreensão entre o maior número de seus colegas.[22] Em 12 de janeiro de 2012, Mostafa Ahmadi-Roshan, um engenheiro químico da usina de enriquecimento de urânio de Natanz, deixou sua casa e partiu rumo a um laboratório no centro de Teerã. Alguns meses antes, uma fotografia dele acompanhando o presidente iraniano Mahmoud Ahmadinejad em um tour pelas instalações nucleares fora publicada pela mídia de todo o mundo. Novamente, um motociclista se aproximou de seu carro e prendeu uma mina magnética que o matou no local. Sua esposa, que estava sentada a seu lado, não ficou ferida, mas viu tudo e contou aos colegas do marido, horrorizada com o que acontecera.

Assassinar cientistas, no que quer que estejam trabalhando, é um ato ilegal de acordo com a lei americana, e os Estados Unidos jamais souberam, nem queriam saber, sobre essas ações. Os israelenses jamais contaram seus planos aos americanos, "nem mesmo com uma piscadela e um sorriso", disse Michael Hayden, da CIA. Dito isso, Hayden não tinha dúvidas de que a medida adotada para pôr fim ao projeto nuclear iraniano fora a mais efetiva: "Era o fato de alguém estar matando seus cientistas."

Na primeira sessão do Conselho Nacional de Segurança com o novo presidente, Barack Obama, em 2009, este perguntou ao diretor da CIA quanto material físsil o Irã estocara em Natanz.

Hayden respondeu: "Senhor presidente, sei a resposta para essa pergunta e a darei em um minuto. Mas posso lhe fornecer outra maneira de olhar para o assunto? Não importa.

"Não há um único elétron ou nêutron em Natanz que vá chegar a uma arma nuclear. O que eles estão construindo em Natanz é conhecimento. O que estão construindo em Natanz é confiança, e então pegarão esse conhecimento e essa confiança e irão para outro lugar enriquecer urânio. Esse conhecimento, senhor presidente, está estocado no cérebro dos cientistas."

Hayden deixou notoriamente claro que o programa "não tinha qualquer relacionamento com os americanos. Ele é ilegal e nós [a CIA] jamais o recomendaríamos ou defenderíamos tal coisa. Todavia, meu julgamento de inteligência mais amplo é que a morte desses seres humanos teve grande impacto sobre o programa nuclear deles".[23]

O regime dos aiatolás em Teerã quisera uma bomba atômica para transformar o Irã em uma potência regional e assegurar seu contínuo controle sobre o país. Em vez disso, as ações israelenses e americanas, particularmente os assassinatos seletivos de Israel e as infecções de vírus da Operação Jogos Olímpicos, haviam retardado o programa de modo considerável. Além disso, as sanções internacionais haviam lançado o Irã em uma grave crise econômica que ameaçava derrubar o regime.

Essas sanções, particularmente as impostas pela administração Obama (incluindo o desligamento do Irã do sistema internacional de transferência de dinheiro, o SWIFT), foram tão duras que, em agosto de 2012, o chefe da Lança, E.L., estimou que, se pudesse persuadir os Estados Unidos a adotarem apenas algumas medidas econômicas adicionais, a economia iraniana estaria quebrada no fim do ano. "E essa situação levaria as massas para as ruas de novo e provavelmente conduziria à queda do regime", disse ele.[24]

Mas isso não impediu Benjamin Netanyahu de fazer preparativos para um ataque militar ao Irã. Não está inteiramente claro se ele realmente pretendia executar o plano: seu ministro da Defesa, Ehud Barak, manteve que, "se dependesse de mim, Israel teria atacado", mas há outros que acham que Netanyahu — que tinha a última palavra — só queria fazer com que Obama acreditasse que ele pretendia atacar, a fim de forçá-lo a concluir que os Estados Unidos estariam inevitavelmente envolvidos na guerra, de qualquer modo, e então era melhor que forças americanas realizassem o ataque, a fim de poderem controlar o cronograma.[25]

A administração Obama temia que um ataque israelense pudesse elevar o preço do petróleo às alturas e que o caos se instalasse no Oriente Médio, prejudicando as chances de reeleição do presidente em novembro de 2012.[26] A administração também achava que Israel provavelmente atacaria em breve e observava com preocupação cada movimento israelense: mesmo manobras regulares das brigadas do Exército se tornaram uma fonte de apreensão de que o ataque ao Irã fosse iminente. Em janeiro, a senadora Dianne Feinstein se reuniu com o diretor do Mossad, Pardo, em seu escritório no Senado, exigindo que ele explicasse a razão dos movimentos da 35ª Brigada, capturados por um satélite americano. Pardo nada sabia sobre o exercício de rotina, porém, mais tarde, advertiu Netanyahu de que a pressão contínua sobre os Estados Unidos levaria a uma medida dramática, e provavelmente não a que ele esperava. O próprio Pardo acreditava que outros dois anos de pressão econômica e política provavelmente fariam o Irã se render em condições favoráveis e desistir do projeto nuclear.

Mas Netanyahu se recusou a ouvir, ordenando que Pardo continuasse com os assassinatos e que as FDI mantivessem os preparativos para um ataque.

Em dezembro, o Mossad estava pronto para eliminar outro cientista, mas, pouco antes do ataque, Obama, temendo as ações israelenses, concordou com uma proposta iraniana de negociações secretas em Mascate, a capital de Omã. "Os americanos jamais nos contaram sobre essas conversas, mas fizeram tudo para que descobríssemos", disse a oficial de inteligência do Mossad que descreveu as reuniões em Mascate. Ela recomendou que Pardo abandonasse imediatamente os planos de assassinato. "Não devemos fazer isso enquanto há um processo político em curso", disse ela. Pardo concordou e pediu a Netanyahu permissão para suspender toda a campanha de assassinatos durante as negociações.

É razoável assumir que, se as conversas tivessem começado dois anos mais tarde, o Irã teria participado em um estado consideravelmente mais fraco, mas mesmo o acordo a que enfim chegaram era uma capitulação iraniana a várias demandas que os aiatolás rejeitavam havia anos.[27] O Irã concordou em desmantelar o projeto nuclear quase inteiramente e se sujeitar a limites estritos e supervisão durante muitos anos.[28]

Para Dagan, o acordou marcou um duplo triunfo: sua estratégia de cinco frentes contra o Irã atingira muitos de seus objetivos. E, ao mesmo tempo, Netanyahu compreendera que iniciar um ataque enquanto as negociações com o Irã estavam em curso seria um tapa intolerável na cara dos americanos. Ele adiou o ataque várias vezes e, quando o acordo final foi assinado, o cancelou, ao menos para o futuro próximo.

Mas Dagan não estava satisfeito. Estava amargo e frustrado com a maneira pela qual Netanyahu o mandara embora, e não pretendia aceitar isso passivamente. Em janeiro de 2011, no último dia de seu mandato, convidou um grupo de jornalistas até a sede do Mossad e, em uma ação sem precedentes — e para assombro dos jornalistas —, atacou ferozmente o primeiro-ministro e o ministro da Defesa. Após seu discurso, a censora-chefe militar, uma mulher com patente de general de brigada, se levantou e anunciou que tudo que Dagan dissera sobre os planos israelenses de atacar o Irã estavam na categoria ultrassecreta e não poderia ser publicado pela mídia.

Quando ele viu que a censora militar impedira a publicação de seus comentários, Dagan simplesmente os repetiu durante uma conferência na Universidade de Tel Aviv em junho, perante centenas de participantes, sabendo que alguém de sua estatura não seria levado a julgamento.[29]

As críticas de Dagan a Netanyahu eram mordazes e pessoais, mas também surgiram de uma profunda mudança de atitude durante seus últimos anos como diretor do Mossad, uma mudança muito mais importante que sua desavença feroz com o primeiro-ministro sobre o projeto nuclear iraniano.

Dagan, junto com Sharon e a maior parte de seus colegas no establishment israelense de defesa e inteligência, acreditou durante muitos anos que a força resolvia tudo, que a maneira correta de confrontar a disputa árabe-israelense era "separando os árabes de suas cabeças". Mas era uma ilusão, e uma ilusão perigosamente comum.

Durante suas sucessivas histórias, o Mossad, a Aman e o Shin Bet — provavelmente a melhor comunidade de inteligência do mundo — mais cedo ou mais tarde forneceram aos líderes de Israel respostas operacionais para cada problema específico que foram chamados a resolver. Mas o próprio sucesso da comunidade de inteligência gerou a ilusão, entre a maioria dos líderes nacionais, de que as operações secretas podiam ser uma estratégia, e não apenas uma ferramenta tática, ou seja, que podiam ser usadas no lugar da diplomacia real para pôr fim às disputas geográficas, étnicas, religiosas e nacionais nas quais Israel está envolvido. Por causa do sucesso fenomenal das operações secretas de Israel, nesse estágio de sua história a maioria de seus líderes elevou e santificou o método tático de combater o terrorismo e as ameaças existenciais, à custa da verdadeira visão, do estadismo e do genuíno desejo de chegar à solução política que é necessária para que a paz seja obtida.

Na verdade, em muitos aspectos a história da comunidade israelense de inteligência como contada neste livro foi uma longa série de impressionantes sucessos táticos, mas também desastrosos fracassos estratégicos.

Perto do fim da vida, Dagan, como Sharon, entendeu isso. Ele chegou à conclusão de que somente uma solução política com os palestinos — a solução de dois Estados — poderia pôr fim aos 150 anos de conflito, e que o resultado das políticas de Netanyahu seria um país binacional com paridade entre árabes e judeus e o concomitante perigo de constante repressão e conflito interno, substituindo o sonho sionista de um Estado democrático judaico com ampla maioria judaica. Ele temia que os pedidos de boicote econômico e cultural de Israel por causa da ocupação se tornassem uma amarga realidade, "assim como o boicote imposto à África do Sul", e temia ainda mais a divisão interna de Israel e a ameaça à democracia e aos direitos civis.

Durante um comício no centro de Tel Aviv antes das eleições de março de 2015, pedindo que as pessoas não votassem em Netanyahu, ele se dirigiu ao primeiro-ministro: "Como você pode ser responsável por nosso destino se está com tanto medo de assumir a responsabilidade?"

"Por que um homem busca a liderança se não quer liderar? Como este país, várias vezes mais forte do que todos os países da região, não é capaz de realizar um ato estratégico que melhore a situação? A resposta é simples: temos um líder que luta em apenas uma batalha, a batalha por sua própria sobrevivência política. Pelo bem dessa batalha, ele nos reduziu a nos tornarmos um Estado binacional, que é o fim do sonho sionista."

Dagan gritou para as dezenas de milhares na multidão: "Não quero um Estado binacional. Não quero um Estado de *apartheid*. Não quero governar 3 milhões de árabes. Não quero que sejamos reféns do medo, do desespero e do impasse. Acho que chegou a hora de acordarmos, e espero que os cidadãos israelenses deixem de ser reféns dos medos e das ansiedades que nos ameaçam da manhã à noite."

Com os sinais de seu câncer evidentes, ele terminou o discurso com lágrimas nos olhos: "Esta é a maior crise de liderança da história deste país. Merecemos uma liderança que defina uma nova ordem de prioridades. Uma liderança que sirva ao povo, e não a si mesma."

Mas seus esforços foram em vão. A despeito da enorme adulação de que gozava como consumado espião mestre israelense, o discurso de Dagan, assim como os pedidos de muitos outros ex-chefes do establishment militar e de inteligência por um compromisso com os palestinos e outros ajustes nas relações de Israel com o mundo externo, caiu em ouvidos moucos.

Há vezes em que as palavras dos generais são consideradas sagradas pelos israelenses. Mas suas campanhas contra Netanyahu até agora falharam em derrubá-lo, e alguns dizem que até mesmo o fortaleceram. Israel passou por mudanças drásticas em anos recentes: a força das velhas elites, incluindo os generais e sua influência sobre a agenda pública, diminuiu. Novas elites — judeus de terras árabes, os ortodoxos, a direita — estão em ascensão.[30] "Achei que conseguiria fazer a diferença, persuadir", disse Dagan pesarosamente durante nossa última conversa telefônica, alguns meses antes de morrer, em meados de março de 2016. "Fiquei surpreso e desapontado."

A divisão entre generais cansados do combate — que já haviam tido "uma faca entre os dentes", porém mais tarde compreenderam os limites da força — e a maioria do povo de Israel é a triste realidade na qual a vida de Meir Dagan chegou ao fim.

AGRADECIMENTOS

Durante os últimos sete anos e meio de trabalho neste livro, tive a sorte e a honra de encontrar várias pessoas maravilhosas, talentosas, sábias e calorosas que me deram seu apoio e bons conselhos pelo caminho.

Devo profundos agradecimentos a Joel Lovell e Andy Ward, que, em 11 de março de 2010, enviaram o e-mail que deu início a tudo, perguntando se eu gostaria de escrever um livro sobre o Mossad. Foi Shachar Alterman, um amigo próximo e editor de meus livros em hebraico, que sugeriu que focássemos na história do uso israelense de assassinatos seletivos. Joel se tornou um dos editores da *New York Times Magazine*, onde trabalhamos juntos. Ele é alguém que pega manuscritos e os alisa e estica ao nível da perfeição sobre os lençóis na cama de um hotel de primeira classe, para emprestar a metáfora usada por David Remnick. Andy Ward jamais abandonou a mim ou ao livro em construção, mesmo depois que se tornou editor-chefe da Random House e prazos finais iam e vinham. De sua maneira discreta, confiante e determinada, Andy guiou o projeto até o fim.

Também desejo agradecer a outros membros da equipe da Random House por suas imensas contribuições e assistência, especialmente a Sean Flynn, por editar o primeiro esboço, e a Samuel Nicholson, por seu trabalho no manuscrito final. Eles são bons exemplos de uma rara espécie de espetaculares editores que, muitas vezes, colocaram exatamente o que eu queria dizer em palavras muito melhores do que eu mesmo poderia encontrar.

Agradecimentos especiais a meu agente nos Estados Unidos, Raphael (Rafe) Sagalyn, que observou cada estágio de meu trabalho cuidadosa e responsavelmente, um pouco como um pai cuidando de uma criança difícil com sérios problemas disciplinares. Sempre que necessário, conseguiu me levar de volta ao caminho e acalmar todos aqueles que consegui irritar com prazos perdidos e infinitos desvios do tamanho combinado originalmente para o livro.

Quatro pessoas trabalharam muito próximas a mim durante partes substanciais do tempo que passei neste livro:

Ronnie Hope foi muito mais que um habilidoso tradutor do hebraico. Foi também um amigo e um colega profissional cujos conselhos sobre estrutura, forma e conteúdo foram inestimáveis. Ele trabalhou com consistente devoção nas várias versões mais cruas do livro, frequentemente em horas cruéis e incomuns do dia e da noite. Também agradeço a Ronnie por pensar no título do livro.

O tato e a sabedoria de Yael Sass, gerente de projeto do livro em Israel, não têm paralelos. Seu trabalho nas notas de fim e na bibliografia não foi uma tarefa invejável, mas Yael a realizou com graça e grande habilidade e assegurou uma atmosfera silenciosa, agradável e profissional que me permitiu terminar o trabalho.

O dr. Nadav Kedem serviu como *fact-checker* e conselheiro acadêmico. Em um livro cheio de segredos como este, é praticamente impossível chegar a um estado de perfeição, mas o trabalho feito por Nadav e pelos copidesques da Random House, Will Palmer e Emily DeHuff, o tornou tão livre de erros quanto concebivelmente possível.

A mente excepcionalmente brilhante, o conhecimento, o modo de pensar original e a visão de Adi Engel foram inestimáveis para moldar a estrutura do livro. Acredito que o inflexível espírito de comprometimento com os direitos humanos de Adi permeia suas páginas.

Sinto-me profundamente grato a esses quatro: suas marcas no livro não podem ser suficientemente destacadas.

Kim Cooper e Adam Vital me ajudaram em meus primeiros esforços para trabalhar nos Estados Unidos. Seus excelentes conselhos e sua fé inicial no projeto lhes dá grande parte do crédito pelo produto final. Richard Plepler me encorajou a trabalhar no livro e me ensinou uma palavra muito importante em iídiche, no momento certo. Obrigado a Dan Margalit e Ehud (Udi) Eiran, ambos tão cultos e sábios, por lerem o manuscrito e oferecerem valiosos *insights*; ao dr. Chen Kugel, por sua ajuda em decifrar a escrita

AGRADECIMENTOS

do professor Otto Prokop (que realizou a autópsia em Wadie Haddad); e a Vanessa Schlesier, que nos ajudou com a tradução do alemão e também me auxiliou durante a reconstrução do atentado à vida de Khaled Mashal em Amã. Este também é o lugar de expressar minha gratidão ao médico da família real jordaniana, dr. Sami Rababa, por me ajudar na Jordânia.

Vários jornalistas, historiadores e fotógrafos foram extremamente cordiais e me ajudaram com conselhos e material de arquivo: Ilana Dayan, Itai Vered, Yarin Kimor, Yoram Meital, Shlomo Nakdimon, Dov Alfon, Klaus Wiegrefe, Zeev Drori, Motti Golani, Benny Morris, Nir Mann, Shachar Bar-On, Yoav Gelber, Ehud Yaari, Ziv Koren, Alex Levac e o falecido Aaron Klein. Agradecimentos também são devidos a Tal Miller e Lior Yaakovi, por sua pesquisa nos estágios iniciais, e Haim Watzman, Ira Moskowitz e Deborah Cher, pela tradução e edição durante esse período. Este é o lugar para mencionar o apoio e a amizade de Eran Zmora e Yoram Roz, proprietários da Kinneret Zmora-Bitan, que publica meus livros em Israel, e Shmuel Rosner, seu editor-chefe.

Os advogados Eitan Maoz, Jack Chen e Dvorah Chen me deram bons e importantes conselhos sobre várias questões legais.

Graças a minhas viagens em busca de informações sobre as operações secretas israelenses, agora tenho o agradável dever de agradecer a várias pessoas em todo o mundo: a Gunther Latsch, por vasculhar os arquivos da Stasi; a Robert Baer e ao falecido Stanley Bedlington, por me ajudarem a entender melhor certos detalhes da CIA; a Crispin Thorold e Marianne El Hajj, do tribunal especial sobre o assassinato de Rafik Hariri em Haia, pelo surpreendente material sobre os esquadrões da morte do Hezbollah; ao 202º Batalhão de Paraquedistas das Forças de Defesa de Israel, por me protegerem das tentativas do Hamas de explodir a casa na casbá de Nablus onde estávamos; a Aql al-Hashem, que nos afastou de um tiroteio no sul do Líbano (e que tinha certeza de ser à prova de balas até ser morto por uma bomba improvisada do Hezbollah); ao promotor especial argentino, o falecido Alberto Nisman, que permitiu que eu testemunhasse sua batalha para descobrir a verdade sobre a explosão do centro judaico da AMIA em Buenos Aires, sem saber que seria a próxima vítima do incidente; a "J.", que me acompanhou até a zona da tríplice fronteira em Ciudad del Este e insistiu que saíssemos imediatamente da mesquita do primo do secretário-geral do

Hezbollah; a Calder Walton, que partilhou sua pesquisa sobre a inteligência britânica e as milícias judaicas clandestinas no Mandato da Palestina; a meu mentor na Universidade de Cambridge, professor Christopher Andrew, pelo mapa para os documentos do KGB no Arquivo Mitrokhin, que ele foi o primeiro a revelar; a "Ethan", "Iftach" e "Vantagem", que forneceram muitos conselhos e orientações e me ajudaram a estabelecer a intrincada rede de conexões que foi a base de muitas informações que surgem neste livro.

Especialmente, um caloroso agradecimento a meu amigo e colega Holger Stark, por sua assistência com o establishment alemão de inteligência e defesa, assim como pelo apoio, pelos projetos conjuntos, pela amizade e pelos muitos segredos que partilhamos e confiamos somente um ao outro. Minha agente na Alemanha, Hannah Leitgeb, e o jornalista e editor Georg Mascolo contribuíram imensamente para a publicação da tradução alemã pela DVA/Spiegel. Meus agradecimentos a ambos, assim como à equipe da DVA, especialmente Julia Hoffmann e Karen Guddas.

O acadêmico e professor zen Jacob Raz, uma pessoa verdadeiramente iluminada, tentou me ensinar a arte da brevidade. O tamanho do livro, que tem apenas metade do manuscrito original, é prova de que ele foi ao menos parcialmente bem-sucedido.

Finalmente, agradeço a meus entrevistados e fontes o tempo, o esforço, a disposição e — em alguns casos — os grandes riscos que correram. Isso inclui aqueles que critiquei agudamente e aqueles cujas descrições de seus feitos fizeram meu sangue gelar. Todos eles abriram suas lembranças e seus corações para mim, de modo que eu pudesse ver e contar a meus leitores sobre o conflito inevitável, violento e às vezes irreconciliável entre a necessidade da nação de defender a si mesma e os princípios fundamentais da democracia e da moralidade.

As melhores partes do livro se devem a todas as pessoas que mencionei. Os erros são todos meus, e minha responsabilidade.

NOTAS

Nota sobre as fontes

1. O Arquivo das FDI e do Ministério da Defesa (que inclui o arquivo da Aman) permitiu acesso somente a um pequeno número de documentos, e somente de materiais originados na mídia aberta; em outras palavras, nenhum documento original relevante. O Shin Bet concordou em enviar algumas tabelas relacionadas a ataques terroristas e dados sobre alguns terroristas específicos, mas se recusou a revelar quaisquer fatos sobre suas próprias ações. O Mossad não mantém relações com a mídia. Esforços para obter a cooperação de sua divisão de operações especiais, a Cesareia, também falharam. Respondendo à minha solicitação de entrevista, o historiador da unidade, Y., disse: "Mesmo que eu fosse a única pessoa do establishment de inteligência a ainda não ter feito uma peregrinação até você, não cooperaria de jeito nenhum. Desprezo quem lhe deu meu número de telefone e desprezo você." (Troca de mensagens de texto com Y., 15 de agosto de 2015).
2. Suprema Corte (Bagatz) 4801/07, *Dr. Ronen Bergman e Yedioth Ahronoth v. Gabinete do primeiro-ministro, diretor-geral do Ministério da Defesa, Mossad e diretor do Mossad, Shin Bet e diretor do Shin Bet e Comissão de Energia Atômica*.
3. A pesquisa levou à descoberta de atividades de espionagem por parte de pessoas próximas ao chefe de gabinete contra o ministro da Defesa, Ehud Barak, que foram descritas mais tarde em meu livro *The Pit* (escrito com o jornalista Dan Margalit). Uri Misgav. "Ex-CoS Gabi Ashkenazi Pressed the Shin Bet to Open an Investigation Against a Journalist". *Haaretz*, 29 de novembro de 2013. Richard Silverstein. "IDF Chief Threatened Journalist with Espionage for Exposing Rampant Military Corruption". *Tikun Olam*, 20 de dezembro de 2013. https://www.richardsilverstein.com/2013/12/20/idf-chief-threatened-journalist-with-espionage-for-exposing-rampant-military-corruption/.

4. A maioria das entrevistas foi realizada depois que iniciei o trabalho neste livro, em 2010, e um número menor foi conduzido como parte da pesquisa para outros projetos nas duas décadas anteriores. Nenhuma delas foi oficialmente sancionada.

Prólogo

1. Entrevista com Meir Dagan, 29 de maio de 2013.
2. Depois da publicação de meus artigos, Dagan fez com que o primeiro-ministro Ehud Olmert ordenasse uma abrangente vigilância do Shin Bet para encontrar a fonte dos vazamentos, incluindo grampos nos telefones de chefes de várias divisões do Mossad. Após a investigação, Dagan exonerou seu vice, que acusou de vazar informações, a despeito de suas vigorosas negativas. Ronen Bergman. "Dismissal at Mossad's High Command". *Yedioth Ahronoth*, 10 de julho de 2007.
3. Entrevista com "Eldy", junho de 2014, e "Nietzsche", julho de 2007.
4. Esses números se referem a todas as operações de assassinato sobre as quais foi possível reunir informações durante a pesquisa para este livro, a maior parte das quais é mencionada aqui. Todavia, calcular os números é uma questão complexa, porque, às vezes, o alvo de uma operação é misto: tanto instalações e complexos inimigos quanto pessoas específicas. O número aqui inclui as ações da Frente para a Libertação do Líbano de Estrangeiros, uma organização terrorista que Israel liderou no Líbano nos anos 1980-83 e que atacou muitos membros da Organização para a Libertação da Palestina e civis palestinos, assim como as tentativas malsucedidas de matar Arafat da Operação Peixe Seco, que custou as vidas de muitos civis. Como muito do material trancado nos cofres da comunidade de inteligência não pode ser acessado, essa estimativa é conservadora. Os números reais provavelmente são muito mais altos.
5. Fontes no Shin Bet dizem que, durante o período da Segunda Intifada, para cada operação de assassinato bem-sucedida, houve entre cinco e sete tentativas malsucedidas contra o mesmo alvo. Algumas foram abortadas antes de se abrir fogo, ao passo que outras falharam porque o míssil foi desviado quando civis foram vistos na zona de ataque ou porque o míssil errou o alvo. Durante a Operação Aves de Rapina, que iniciou as hostilidades entre Israel e o Hamas em 2008 tentando instilar "choque e temor" na Faixa de Gaza, houve mais de mil missões de bombardeio, algumas dirigidas contra pessoas específicas e outras contra estruturas e instalações de armazenagem. Entrevistas com Ehud

Barak, 1º de julho de 2013, Yoav Galant, 1º de junho de 2011, e "Amazonas", junho de 2017.

6. Em uma entrevista ao autor (12 de junho de 2016), Tim Weiner, autor de *Legado de cinzas, a história definitiva da CIA*, argumentou que nenhuma tentativa de assassinato da CIA contra líderes políticos como Fidel Castro, de Cuba, foi bem-sucedida. Além disso, as tentativas chegaram ao fim após o assassinato de John F. Kennedy. Entretanto, Weiner também disse que a CIA continuou envolvida no fornecimento de informações e assistência operacional aos aliados dos Estados Unidos em todo o mundo e que muitos milhares de pessoas foram mortas por esses aliados como resultado de seu apoio direto e indireto, algumas durante tortura e outras durante atividades paramilitares da guerra de sombras que a agência conduziu até o fim da guerra fria. O número total de pessoas mortas pelos aliados americanos é muito difícil de estabelecer, mas Weiner disse que somente na Guerra do Vietnã esse número incluiu mais de 20 mil suspeitos vietcongues. Após as várias investigações sobre as atividades da agência, os presidentes Ford e Carter emitiram diretivas proibindo a comunidade de inteligência de conduzir qualquer assassinato seletivo direto ou indireto. Após o 11 de Setembro, todavia, as operações de assassinato seletivo foram retomadas, principalmente através de drones no Paquistão, Afeganistão, Somália e Iêmen. Os números citados no texto foram retirados da *think tank* New America, baseada em Washington, D.C., e disponível em https://www.newamerica.org/in-depth/americas-counterterrorism-wars/pakistan/.

Capítulo 1: Em sangue e fogo

1. Entrevistas com David Shomron, 26 de maio de 2011, e Yitzhak Shamir, janeiro de 1997.
2. Harouvi, *Palestine Investigated*, p. 230 (em hebraico).
3. Entrevista com Yitzhak Shamir, janeiro de 1997.
4. Harouvi, *Palestine Investigated*, p. 191 (em hebraico). Banai, *Anonymous Soldiers*, p. 243 (hebraico). Temendo um assassinato, Morton foi enviado à colônia britânica de Trinidad, mas o Lehi também tentou matá-lo lá. Yahav, *His Blood Be on His Own Head: Murders and Executions During the Era of the Yishuv*, p. 286 (em hebraico).
5. Harouvi, *Palestine Investigated*, p. 235.
6. Entrevista com Shomron, 26 de maio de 2011.
7. Ben-Tor, *The Lehi Lexicon*, pp. 119-20 (em hebraico).

8. Entrevista com Shomron, 26 de maio de 2011.
9. Não está clara a data desse encontro histórico. A maioria das fontes hebraicas diz 29 de setembro, ao passo que as fontes em inglês dizem 28 de setembro. Todas as fontes dizem que foi na véspera do festival de Simhat Torah em 1907, mas o festival ocorreu em 30 de setembro.
10. Também há discordância sobre o número de participantes. A maioria das fontes diz oito, algumas dizem dez. Pode ser que, após o fato, alguns tenham querido se associar com o que se transformou em um evento histórico.
11. Hagai, *Yitzhak Ben-Zvi: Selected Documents*, pp. 15-16 (em hebraico).
12. O alistamento de judeus em movimentos revolucionários já não era uma raridade em meados dos anos 1870. Vital, *A People Apart: A Political History of the Jews in Europe 1789-1939*, pp. 400-415.
13. Particularmente fervorosa era Manya Shochat, uma mulher que se uniu ao grupo logo depois e que participara de várias ações terroristas na Rússia e escondera algumas armas clandestinas em sua casa em Odessa. Quando um estudante inadvertidamente descobrira seu esconderijo, Shochat não hesitara. Sacara uma minúscula pistola com silenciador e o matara a tiros. Então ela e um amigo haviam cortado as pernas do cadáver para que coubesse em um baú, que então fora enviado para um endereço inventado. Lazar, *Six Singular Individuals*, pp. 52-53 (em hebraico).
14. Yahav, *His Blood Be on His Own Head*, p. 40 (em hebraico).
15. Ibid., pp. 33-39.
16. Mais tarde se descobriu que Manya Shochat, uma das fundadoras da Hashomer, que decidira enviar os assassinos, baseara sua decisão em informações errôneas. Dalia Karpel, "The Untold Story About the Wrong Arab, Who Got Assassinated by Manya Shochat", *Haaretz*, 5 de junho de 2009. Yahav, *His Blood Be on His Own Head*, p. 41 (em hebraico). Lazar, *Six Singular Individuals*, pp. 78-93.
17. Nakdimon, *De-Han: The First Political Murder*, pp. 171-82 (em hebraico). Entrevista com Shlomo Nakdimon, 18 de fevereiro de 2015. E-mail de Nakdimon, 29 de maio de 2017.
18. Depoimento de Israel Galili, Arquivo Yad Tabenkin (YTA), 5/7/1-2-15.
19. Como qualquer resistência clandestina, as células sionistas eram constantemente ameaçadas de infiltração e exposição. Informantes judeus, confirmados ou apenas suspeitos, foram rapidamente eliminados: 26 pela Irgun e 29 pelo Lehi. O próprio Ben-Gurion aprovou a eliminação de muitos informantes judeus pela Haganá, assegurando-se de que os assassinatos recebessem ampla

publicidade, a fim de deter outros. Gelber, *A Budding Fleur-de-Lis: Israeli Intelligence Services During the War of Independence, 1948-1949*, p. 553 (em hebraico). Os números vieram da pesquisa do jornalista Shlomo Nakdimon.
20. Ronen Bergman, "The Scorpion File", *Yedioth Ahronoth*, 30 de março de 2007.
21. Entrevista com Mordecai Gichon, 7 de maio de 2010.
22. Os relatórios enviados pelo pessoal da brigada, incluindo Gichon, aos líderes da Haganá e do Yishuv na Palestina foram as primeiras informações sobre a escala da destruição dos judeus da Europa, primeiro da Itália e da Áustria e, em outubro de 1945, também da Polônia e dos próprios campos de morte. A Brigada Judaica, Missão de Localizar Familiares de Soldados, outubro de 1956, na coleção do Museu da Legião Judaica, Unidade de Museus do Ministério da Defesa.
23. Entrevista com Hanoch Bartov, 6 de junho de 2010.
24. Mesmo os líderes do movimento de extrema esquerda da Hashomer, o Hatzair, estavam conscientes das operações de vingança e deram seu silencioso consentimento. Halamish, *Meir Yaari*, p. 283 (em hebraico).
25. Outra iniciativa de vingança foi iniciada por um grupo de judeus que lutara contra os alemães como *partisans*, sob o comando de Abba Kovner. Eles queriam matar 6 milhões de alemães ao envenenar reservatórios de água. Mais tarde, mudaram os planos e tentaram matar prisioneiros de guerra alemães envenenando seu pão. Cientistas do Yishuv forneceram arsênico, mas, até hoje, não se sabe se os líderes na Palestina conheciam esse plano. Os *partisans* afirmam ter matado centenas de alemães, mas os militares americanos que estavam encarregados do campo dizem que apenas algumas dezenas morreram de severo envenenamento estomacal. Entrevista com Dina Porat, outubro de 2014. Porat, *Beyond the Corporeal: The Life and Times of Abba Kovner*, pp. 224-48. Bar-Zohar, *The Avengers*, pp. 40-47 (em hebraico).
26. Depoimento de Kalman Kit, Arquivos Históricos da Haganá, 48.42.
27. Entrevista com Gichon, 7 de maio de 2010.
28. Depoimento de Dov Gur, HHA, 12.36. Gelber, *Jewish Palestinian Volunteering in the British Army*, pp. 307-308 (em hebraico).
29. Depoimentos da série *The Avengers*, dirigida por Yarin Kimor e transmitida pelo Canal 1 da TV de Israel em 2015. Transcrição de depoimentos nos arquivos do autor, cortesia de Yarin Kimor.
30. Depoimento de Yisrael Karmi, HHA, 51.4.
31. Entrevista com Gichon, 7 de maio de 2010. Diário de um oficial de inteligência do Primeiro Batalhão da Brigada Judaica (arquivos do autor, recebido de Gichon).

32. A fim de esconder suas atividades noturnas, a equipe de vingadores, que durante o dia agiam como soldados regulares do Exército britânico, usavam como disfarce uma unidade imaginária, a Companhia TTG, cujo nome constava dos documentos que apresentavam às sentinelas nos bloqueios rodoviários quando realizavam suas operações (e contrabandeavam armas e sobreviventes do Holocausto). As letras TTG, que as sentinelas britânicas podiam pensar se referir a uma unidade ultrassecreta, tão secreta que ninguém jamais ouvira falar dela, na verdade se referiam a *tilhas tizi gesheftn*, uma combinação de iídiche e árabe que significa "operação beije meu traseiro". Eldar, *Soldiers of the Shadows*, pp. 12, 17 (em hebraico).
33. Depoimento de Shalom Giladi, HAA, 150.004.
34. Bar-Zohar, *Avengers*, p. 37 (em hebraico).
35. Entrevista com Yoav Gelber, 16 de maio de 2011. Naor, *Laskov*, pp. 141-43 (em hebraico). Veteranos da Gmul admitem apenas um erro: em junho de 1945, eles tinham certeza de ter localizado e liquidado Adolf Eichmann, o oficial da SS encarregado de transportar milhões de judeus para a morte. Alguns anos após o assassinato, quando Israel recebeu informações de que ele estava vivo, eles perceberam que estavam errados.
36. Gelber, *Growing a Fleur-de-Lis*, pp. 457-60 (em hebraico).
37. Mann, *Sarona: Years of Struggle, 1939-1948*, pp. 111-13 (em hebraico).
38. David Giladi, "With the Son of Wagner from Sarona, and with the Guest from the Monastery in Budapest", *Yedioth Ahronoth*, 29 de março de 1946. "The 'Palestinians' Were Supervising the Extermination", *Yedioth Ahronoth*, 31 de março de 1946.
39. Entrevista com Rafi Eitan, 24 de janeiro de 2013.
40. "German Shot Dead", *Palestine Post*, 24 de março de 1946. Mann, *Sarona*, pp. 111-38 (em hebraico).
41. Yahav, *His Blood Be on His Own Head*, p. 96 (em hebraico).
42. Mann, *Sarona*, p. 124 (em hebraico).
43. Sauer, *The Story of the Temple Society*, p. 260. Entrevista com Eitan, 24 de janeiro de 2013.
44. Mais tarde, como parte do acordo de reparações entre a Alemanha Ocidental e Israel referente ao Holocausto e à Segunda Guerra Mundial, o Estado de Israel concordou em compensar os Templários pelas propriedades que haviam abandonado na Palestina. Mann, *The Kirya in Tel-Aviv: 1948-1955*, pp. 29-30 (em hebraico).

45. Por exemplo, depois que quatro judeus foram mortos e sete ficaram feridos em um café de Tel Aviv em 10 de agosto de 1947, um pelotão de cinco homens da Haganá foi enviado para matar o homem identificado como comandante da ação. Não o encontraram em casa, mas mataram cinco transeuntes que tentaram fugir correndo. Yahav, *His Blood Be on His Own Head*, p. 91 (em hebraico).
46. Ibid., p. 97.
47. Ibid., p. 25. Banai, *Anonymous Soldiers*, p. 243. Frank, *Deed*, pp. 20-21 (em hebraico).
48. Ben-Tor, *Lehi Lexicon*, pp. 198-200. Yalin-Mor, *Lohamey Herut Israel*, pp. 210-21 (em hebraico).
49. Entrevista com Shamir, janeiro de 1997. Michael J. Cohen, "The Moyne Assassination, November 1944: A Political Assessment", *Middle Eastern Studies*, vol. 15, n. 3 (1979), pp. 358-73.
50. Porath, *In Search of Arab Unity, 1930-1945*, pp. 134-48 (em hebraico). Wasserstein, *The Assassination of Lord Moyne*, pp. 72-83.
51. Arnaldo Cortesi, "Rome Hunts Clues in Embassy Blast", *New York Times*, 1º de novembro de 1946.
52. "Stern Group", s.111z: Alex Kellar para Trafford Smith, Gabinete Colonial (16 de agosto de 1946). James Robertson para Leonard Burt, Divisão Especial (26 de agosto de 1946), NA KV5/30.
53. "Appreciations of the Security Problems Arising from Jewish Terrorism, Jewish Illegal Immigration, and Arab Activities", 28 de agosto de 1946, UK NA KV3/41. Entrevista com Paul Kedar, 15 de junho de 2011. "Activities of the Stern Group", James Robertson para Trafford Smith, Gabinete Colonial (5 de fevereiro de 1946), UK NA FO 371/52584. Walton, *Empire of Secrets*, pp. 78-80.
54. Entrevista com Shomron, 26 de maio de 2011.

Capítulo 2: Nasce um mundo secreto

1. *Davar*, 1º de dezembro de 1947. Entrevista com Gelber, 16 de maio de 2011.
2. Gelber, *Independence Versus Nakbah*, p. 119 (em hebraico).
3. Esse número foi retirado de Kai Bird, *The Good Spy*, p. 87.
4. Danin, *Tzioni in Every Condition*, pp. 222-25 (em hebraico).
5. O veneno a ser usado pela Operação Atlas era o trióxido de arsênio, e seu objetivo, de acordo com os participantes que foram violentamente interrogados pela inteligência britânica, era "infligir dano máximo" aos inimigos comuns de palestinos e nazistas: judeus, britânicos e americanos (UK NA KV2/455).

6. O relato das tentativas de assassinar o mufti foi retirado de Yahav, *His Blood Be on His Own Head*, p. 94 (em hebraico). Gelber, *Growing a Fleur-de-Lis*, p. 653.
7. Pedahzur, *The Israeli Secret Services*, p. 18. Harel, *Security and Democracy*, p. 94 (em hebraico).
8. Salameh foi ferido por uma granada de morteiro em 31 de maio de 1948, na batalha por Rosh HaAyin, a nascente ao norte de Tel Aviv que fornece água potável para a cidade. Morreu dois dias depois. O mufti Haj Amin al Husseini sobreviveu a todos os atentados e sucumbiu à morte natural em Beirute, em 1974. Gelber, *Israeli-Jordanian Dialogue, 1948-1953: Cooperation, Conspiracy, or Collusion?*, p. 119 (em hebraico).
9. Entrevista com Avraham Dar, 18 de abril de 2012.
10. Dror, *The "Arabist" of Palmach*, pp. 56-58 (em hebraico).
11. HHA, depoimento de Yoseph Tabenkin, 199.6.
12. HHA 100.100.61. Eldar, *Flotilla 13: The Story of Israel's Naval Commando*, pp. 107-108 (em hebraico). Yahav, *His Blood Be on His Own Head*, p. 95 (em hebraico).
13. Nem todas as ações do Pelotão Árabe foram bem-sucedidas. Alguns de seus membros foram capturados e executados. Um dos fracassos foi a tentativa de executar um massacre em Gaza envenenando o suprimento de água. Isso foi feito em resposta à invasão dos países árabes após a declaração de Independência. Os dois homens enviados na missão foram capturados e mortos. HHA 187.80.
14. Departamento Político da Agência para Zaslani, 12 de maio de 1948, Arquivo Sionista Central, S25\9390.
15. Os exércitos regulares de seis países árabes invadiram Israel: Egito, Síria, Jordânia, Iraque, Líbano e Arábia Saudita, juntamente com o Exército de Libertação da Palestina, todos agindo em conjunto com as unidades palestinas que operavam no interior do país.
16. Pesquisas posteriores sobre a Guerra da Independência, algumas realizadas por um grupo conhecido como historiadores pós-sionistas em função de sua abordagem inovadora do conflito árabe-israelense (que muitos dos "velhos historiadores" consideram errada), concluíram que, desde o início, houve paridade entre as forças judaicas e árabes e que, em algumas frentes de batalha, os judeus até mesmo tiveram vantagem, por causa das divisões internas, dos conflitos e do planejamento inferior do lado árabe. Morris, *Righteous Victims*, p. 209 (em hebraico).
17. A entrevista com Azzam, publicada pela primeira vez em um jornal egípcio em outubro de 1947, foi citada muitas vezes desde então e se tornou alvo de

acaloradas discussões sobre o que ele realmente quis dizer. Morris, *Righteous Victims*, p. 208. Tom Segev, "The Makings of History: The Blind Misleading the Blind", *Haaretz*, 21 de outubro de 2011.
18. Morris, *Israel's Border Wars, 1949-1956*, p. 3 (em hebraico).
19. Golani, *Hetz Shachor*, p. 13 (em hebraico).
20. Um importante sucesso de inteligência antes da criação do Estado foi resultado do grande esforço de inteligência ordenado por Ben-Gurion a fim de influenciar as opiniões dos membros do Comitê Especial das Nações Unidas para a Palestina (UNSCOP), criado em maio de 1947 para recomendar à Assembleia Geral o que deveria ser feito em relação à região, em um sentido favorável à criação de um Estado judaico independente. Ronen Bergman, "A State Is Born in Palestine", *New York Times Magazine*, 7 de outubro de 2011. Entrevista com Elad Ben Dror, 12 de novembro de 2003. Elad Ben Dror, "The Success of the Zionist Strategy Vis-à-vis UNSCOP", dissertação de pós-doutoramento, Universidade de Bar-Ilan.
21. Gabinete do ministro da Defesa para os líderes do establishment de Defesa e da comunidade de inteligência, *Organização dos Serviços de Inteligência*, 15 de fevereiro de 1959, Arquivos do Ministério da Defesa e da FDI, 870.22. Diário de Ben-Gurion, vol. B., pp. 494, 590. Shiloh, *One Man's Mossad*, pp. 120-21 (em hebraico).
22. Sauer, *The Holy Land Called: The Story of the Temple Society*, p. 208.
23. Entrevista com Isser Harel, março de 1999. Siman Tov, "The Beginning of the Intelligence Community in Israel", *Iyunim*, vol. 23.
24. O líder da Irgun, Menachem Begin, tinha opiniões extremistas, mas agiu com firmeza para impedir o início de uma guerra civil e, apesar da raiva pelo afundamento do *Altalena* e das diferenças com Ben-Gurion, ordenou que seus homens aceitassem a autoridade do Estado e se integrassem às FDI.
25. Sheleg, *Desert's Wind: The Story of Yehoshua Cohen*, pp. 88-95 (em hebraico).
26. Departamento de Informações Públicas das Nações Unidas, comunicado de imprensa PAL/298, 18 de setembro de 1948, "O general Lundstrom fornece depoimento sobre a morte de Bernadotte".
27. Regev, *Prince of Jerusalem*, pp. 13-17 (em hebraico).
28. No fim dos anos 1950, Ben-Gurion renunciou e passou a morar no *kibutz* Sdeh Boker, em Neguev, em uma tentativa de encorajar os jovens a se mudarem para o deserto. Yehoshua Cohen também se mudou para lá com a família, movido pelo mesmo espírito pioneiro. Com o tempo, tornou-se companheiro e amigo íntimo de Ben-Gurion e trabalhou como seu guarda-costas. Em

uma de suas caminhadas juntos, Cohen admitiu que disparara os tiros que mataram Bernadotte e que fora por ele que os espiões de Ben-Gurion haviam procurado sem sucesso por tanto tempo. Bar-Zohar, *Ben-Gurion*, pp. 316-17 (em hebraico). Regev, *Prince of Jerusalem*, p. 100.
29. "The U.N. Must Act", *New York Times*, 19 de setembro de 1948.
30. Bar-Zohar, *Ben-Gurion*, p. 317.
31. Entrevistas com Amnon Dror, janeiro de 1997, e Menahem Navot, 6 de abril de 2017. Navot, *One Man's Mossad*, pp. 24-25 (em hebraico).
32. Harel via as organizações secessionistas como sendo de extrema esquerda ou extrema direita e odiava ambas. "Mesmo quando ainda era criança [ele nasceu na Rússia], eu via manifestações de violência e brutalidade arbitrária, e as cruéis visões da revolução bolchevique ficaram profundamente marcadas em minha mente. Essas visões geraram em mim um desgosto profundo e intransigente." Harel, *Security and Democracy*, p. 78. Entrevista com Harel, 6 de abril de 2001.
33. Harel mais tarde alegaria estar vigiando elementos suspeitos de estarem formando uma nova clandestinidade ou de outros atos subversivos, mas, na verdade, estava usando o Shin Bet como agência de espionagem política em benefício de Ben-Gurion. A agência observava os rivais e críticos de Ben-Gurion mesmo que estivesse claro que não estavam envolvidos em nada ilegal. E até mesmo publicava uma revista pró-Ben-Gurion ostensivamente comercial com fundos do Shin Bet. Chamada de *Rimon*, ela competia com a revista de informações picantes *Haolam Hazeh*, que atacava Ben-Gurion. Entrevistas com Harel, 6 de abril de 2001, Uri Avnery, 19 de julho de 2013, e Arie Hadar, 8 de julho de 2011. Ronen Bergman, "The Shin Bet Secrets", *Yedioth Ahronoth*, 23 de março de 2007.
34. Arquivo do Estado de Israel 3771/70. Sutton e Shushan, *People of Secret and Hide*, pp. 144-46 (em hebraico). Erlich, *The Lebanon Tangle 1918-1958*, pp. 262-65 (em hebraico). Entrevistas com Moshe Sasson, maio de 1996, Reuven Erlich, 9 de dezembro de 1999, e Rafi Sutton, 9 de maio de 2012.
35. Entrevista com Arthur Ben-Natan, 13 de setembro de 2010.
36. O conflito sobre a alocação de autoridade, recursos e território entre os serviços jamais chegou ao fim. A cada década, mais ou menos, os primeiros-ministros criam um painel secreto para reformular a "carta magna" da comunidade de inteligência, tratando dessas questões. A essas três agências originais mais tarde se uniram quatro outras: o LAKAM (acrônimo para Gabinete de Relações Científicas), do Ministério da Defesa, engajado com espionagem tecnológica e nuclear; a Comissão Israelense de Energia Atômica, que supervisionava o

programa nuclear do país; a Administração Científica, que controla, entre outros, o Instituto Biológico em Ness Ziona, onde armas e contramedidas biológicas são desenvolvidas; e a Nativ, que era responsável pelos contatos secretos com judeus-soviéticos.

37. Harel impunha ao Mossad disciplina de aço e estrita observância do sigilo. Ele ordenou que os cooperadores do Mossad adotassem pseudônimos e dessem codinomes a cada unidade, operação e agente. Esses codinomes e pseudônimos deviam ser usados em todas as ocasiões, mesmo na correspondência interna e em discussões privadas. Essa prática é preservada até hoje.

38. Sob a "Seção Residual" das "Leis Básicas de Israel: Governo" (na ausência de uma constituição, as Leis Básicas de Israel são o nível mais elevado e mais difícil de modificar da legislação local), está dito que o governo pode "fazer tudo que considerar necessário" para cumprir seus deveres. Na verdade, essa frase vaga deu aos primeiros-ministros de Israel autoridade para ordenar operações secretas e assassinatos sem praticamente nenhuma supervisão das instituições democráticas ou da imprensa do país. Em seguida a uma série de artigos expondo atos ilegais do pessoal do Shin Bet em meados dos anos 1980 e a consequente demissão dos escalões superiores da agência, a nova liderança solicitou uma lei que definisse explicitamente o que era ou não permitido. Tal lei foi aprovada pelo Knesset em 2002. Desde então, o Mossad delibera sobre a formulação de uma lei similar para si mesmo, mas essas deliberações sempre encontram uma contradição fundamental: ao contrário do Shin Bet, que opera no interior de Israel e dos territórios controlados por ele, quase tudo que o Mossad faz constitui uma violação, às vezes flagrante, das leis de outros países. Esse tipo de atividade é muito difícil, senão impossível, de circunscrever no contexto da legislação, sem mencionar que a lei seria pública e constituiria uma confirmação parlamentar escrita de que o Estado de Israel permite graves violações da soberania de países estrangeiros. Em maio de 2017, o diretor do Mossad, Yossi Cohen, decidiu pôr fim às prolongadas deliberações e decretou que a lei do Mossad não pode ser criada. Entrevistas com Dagan, 26 de maio de 2013, "Iftach", março de 2017, "Vantagem", julho de 2017, "Sasha", junho de 2015, e "Serenidade", setembro de 2017.

39. Com exceção de criminosos de guerra nazistas e seus cúmplices (aplicada somente uma vez, no caso de Adolf Eichmann) e do poder teórico das cortes marciais, exercido algumas vezes contra terroristas somente para ser anulado pela Suprema Corte.

40. Entrevistas com Yuval Cohen-Abarbanel, julho de 1997, e Haim Cohen, julho de 1997. Ronen Bergman, "Under the Layers of Paint", *Haaretz*, 29 de agosto de 1997.
41. Essa não foi a única unidade de operações especiais a receber esse número: os comandos navais eram chamados de Shayetet (Flotilha) 13. A Força Aérea também planejou criar uma Tayeset (Esquadrilha) 13, com a missão de transportar o pessoal israelense até seus alvos. O número também surge em outros lugares: a data oficial de fundação do Mossad é 13 de dezembro de 1949.
42. Entrevistas com Dar, 5 de janeiro de 2015, e Arie Krishak, 12 de março de 2007.
43. Unidade 131, Mordechai Ben Tzur para o líder da Aman, "Eventos no Egito, julho a setembro de 1954", 5 de outubro de 1954, MODA 4.768.2005.
44. Avraham Dar para o diretor da Aman, "Relato da conversa com o ministro da Defesa em 29/1/.54", 10 de janeiro de 1954; e nos anos que se seguiram: Dar para o diretor da Aman e comandante da Unidade 131, "Razões para deixar a Unidade 131", 30 de setembro de 1955; Dar para o diretor do Mossad Meir Amit, 29 de agosto de 1967; Dar para o primeiro-ministro Eshkol, "Prisioneiros no Egito", 27 de setembro de 1967 (arquivo do autor, documentos recebidos de Dar).
45. Entrevista com Eitan, 19 de setembro de 2011.
46. Entrevista com Harel, março de 1999.
47. Entrevistas com Harel, 6 de abril de 2001, Imanuel Talmor, 1º de maio de 2013, e "Victor", setembro de 2013.
48. O filho de Yisraeli nasceu alguns meses depois e cresceu pensando que o pai o abandonara. Somente cinquenta anos depois descobriria a verdade, através do autor deste livro. Em minha casa, em maio de 2006, esse homem, Moshe Tsipper, encontrou-se com Raphi Medan, um dos homens do Mossad que participara do sequestro. Tsipper processou o Estado e exigiu ser reconhecido como órfão de guerra — seu pai estava no serviço ativo quando o incidente ocorreu — e ter acesso à documentação relevante. Após um processo de anos de duração, o Mossad concordou em compensá-lo financeiramente, mas não em revelar os documentos. Entrevistas com Raphi Medan e Moshe Tsipper, 2 de maio de 2006, e Eitan, 19 de fevereiro de 2006. Tribunal Distrital de Tel Aviv (*in camera*), *Tsipper v. Ministro da Defesa*, 11 de dezembro de 2013. Ronen Bergman, "Throw Away", *Yedioth Ahronoth*, 26 de maio de 2006.
49. Entrevistas com "Patriota", agosto de 2011, Harel, 6 de abril de 2001, Shomron, 26 de maio de 2011, e Shamir, janeiro de 1997. Shamir, *As a Solid Rock*, pp. 122-24 (em hebraico). Shlomo Nakdimon, "Yitzhak Shamir: Top Secret", *Yedioth Ahronoth*, 25 de abril de 2000.

Capítulo 3: O escritório para agendar reuniões com Deus

1. Morris, *Israel's Border Wars, 1949-1956*, pp. 3-5, 28-68 (em hebraico).
2. Argaman, *It Was Top Secret*, p. 18 (em hebraico).
3. Gilbert, *The Routledge Atlas of the Arab-Israeli Conflict*, p. 58. Website da Agência Judaica de Israel, Ataques *Fedayins* em 1951-1956, https://web.archive.org/web/20090623224146/http:/www.jafi.org.il/education/100/maps/fed.html.
4. Entrevista com Rehavia Vardi, 19 de agosto de 1997.
5. Os números de agentes e assassinatos nos quais a Unidade 504 esteve envolvida na época são estimativas baseadas em entrevistas. A Unidade 504 queimou a maioria de seus registros nos anos 1980. Entrevistas com Sutton, 9 de maio de 2012, Yaakov Nimrodi, 14 de dezembro de 2010, e "Sheldon", fevereiro de 1999.
6. Entrevista com Natan Rotberg, 13 de julho de 2015.
7. Entrevista com Yigal Simon, 29 de julho de 2012.
8. Gabinete do Secretariado, decisão n. 426 de 11 de junho de 1953 (arquivo do autor, documento recebido de Gilad Livneh).
9. Gilad Sharon, *Sharon: The Life of a Leader*, p. 82 (em hebraico).
10. A Unidade 101 recebeu o mesmo número da força especial à qual o famoso oficial britânico Orde Charles Wingate pertencera na Etiópia e na Eritreia durante a Segunda Guerra Mundial. Antes da guerra, Wingate fora estacionado na Palestina, onde liderara os Esquadrões Noturnos Especiais judaico-britânicos. Era considerado um herói por muitas figuras importantes das FDI que haviam servido sob ele. A data de formação da unidade foi retirada de uma palestra dada por Ariel Sharon em Sderot, em 20 de março de 2003.
11. Sharon, *Life of a Leader*, p. 552.
12. Entrevista com Uzi Gal, novembro de 2002.
13. Entrevista com Uzi Eilam, 2 de dezembro de 2009.
14. Morris, *Israel's Border Wars, 1949-1956*, pp. 274-76 (em hebraico).
15. Ilil Baum, "Father's Great Spirit", *Yedioth Jerusalem*, 1º de maio de 2009.
16. Estranhamente, o número da resolução condenando Israel pelos ataques era 101. Resolução 101 do Conselho de Segurança (1953), 24 de novembro de 1953 (S/3139/Rev.2).
17. De uma palestra dada por Sharon em Sderot em 20 de março de 2003.
18. Dayan, *Story of My Life*, pp. 113-15 (em hebraico).
19. Sharett, "Personal Diary", vol. C, p. 823 (em hebraico). Obrigado a Yaakov Sharett, filho de Moshe, que chamou minha atenção para essa entrada.
20. Morris, *Israel's Border Wars, 1949-1956*, pp. 81, 101, 343-45 (em hebraico).

21. Entrevista com Nimrodi, 14 de dezembro de 2010. Obrigado a Ofer Nimrodi e Shimon Shapira por sua ajuda em conseguir essa entrevista.
22. Aluf Benn, "Militaristic and Post-Zionist", *Haaretz*, 9 de maio de 2011.
23. Bar-On, *Moshe Dayan*, pp. 128-29 (em hebraico).
24. Entrevista com Rotberg, 3 de agosto de 2015.
25. Ibid.
26. Inteligência militar egípcia. *Inquérito sobre a morte do coronel Hafez*, 16 de julho de 1956 (arquivo do autor, documento recebido de Nimrodi).
27. Dar, encorajado pelo sucesso, sugeriu que Dayan fosse ainda mais longe e usasse um agente duplo para assassinar um general sírio, o chefe da inteligência militar. Dayan aprovou a detalhada ordem operacional e a entregou a Ben-Gurion, mas ele recuou. O primeiro-ministro israelense temia que repetidos assassinatos de oficiais governamentais motivasse os árabes a retaliar contra suas contrapartes em Israel, talvez até contra ele mesmo, e não aprovou a operação. Entrevista com Dar, 8 de outubro de 2015.

Capítulo 4: Todo o comando supremo em um único golpe

1. Os censores militares de Israel proibiram a publicação de detalhes sobre a operação até 1989. Gravação de Mordechai Bar-On sobre Dayan, do seminário "Operação Galo 56", 5 de março de 2015.
2. Entrevista com Gelber, 16 de maio de 2011. Uri Dromi, "Urgent Message to the CoS: The Egyptian Code Has Been Decrypted", *Haaretz*, 29 de agosto de 2011.
3. Entrevista com Yom-Tov Eini, 19 de janeiro de 1999. Argaman, *It Was Top Secret*, pp. 39-60.
4. Tsiddon-Chatto, *By Day, By Night, Through Haze and Fog*, pp. 220-21 (em hebraico).
5. Mesmo assim, é difícil encontrar bases para a alegação sobre seu efeito imediato. No Egito, nada jamais foi publicado sobre o incidente. Tampouco em Israel — até onde a pesquisa para este livro conseguiu descobrir — qualquer informação específica foi registrada sobre a identidade das pessoas a bordo do Ilyushin que explodiu ou qualquer problema enfrentado pelo alto-comando egípcio após a interceptação. Entrevistas com David Siman Tov e Shai Herschkowitz, 12 de fevereiro de 2017, Yoram Meital, 18 de outubro de 2013, e Motti Golani, 15 de janeiro de 2013.
6. Na segunda-feira, 4 de junho de 1956, o *New York Times* divulgou que o texto do discurso estava em mãos americanas e, no dia seguinte, publicou longos

trechos, sob pesadas manchetes: discurso de Kruchev sobre Stalin revela detalhes de um governo baseado no terror. complô de acusações para purgas no Kremlin. Ditador morto retratado como selvagem, insano e sedento por poder. Como a CIA pretendia, a publicação gerou ondas de choque em todo o mundo.

7. Outras organizações de inteligência israelenses e americanas, para além do Mossad e da CIA, também forjaram elos entre si. Particularmente importante foi o relacionamento entre a americana NSA e sua contraparte israelense, a Unidade 8200 da Aman. Entre os documentos vazados por Edward Snowden, havia vários registros históricos dessas relações, datados do início da década de 1960, documentando a profunda cooperação de espionagem contra adversários comuns no Oriente Médio. A análise dos documentos de Snowden na caixa forte do *Intercept*, Nova York, em maio de 2016, foi possível graças à assistência e à cooperação da equipe do website, com agradecimentos especiais a Henrik Moltke.

8. Entrevista com Harel, 6 de abril de 2001. O relato mais detalhado sobre a Campanha de Suez e os ganhos e perdas israelenses pode ser encontrado em Golani, *There Will Be War Next Summer*, pp. 597-620 (em hebraico).

9. David Kimche, comandante sênior do Mossad na África, explicou: "Para nós, custava o mesmo dinheiro enviar para a África um especialista em galinheiros ou um instrutor de coleta de informações. O último terminaria se encontrando com o imperador. O primeiro terminaria em um galinheiro. É óbvio qual era nossa primeira escolha. Ligações de inteligência são a maneira mais rápida de forjar um relacionamento íntimo." Entrevistas com David Kimche, 18 de agosto de 1998, Harel, 6 de abril de 2001, Reuven Merhav, 22 de abril de 2014, Ben-Natan, 13 de setembro de 2010, Tamar Golan, 24 de setembro de 2007, Hannan Bar-On, 30 de dezembro de 1997, Yoav Biran, 22 de abril de 1999, Lubrani, 26 de dezembro de 1997, e Arie Oded, 16 de setembro de 1998. *Pilpul em Adis Abeba para MFA — Relatório sobre a reunião com o imperador e o chefe do Estado-Maior da Etiópia*, 25 de agosto de 1957, ISA 3740/9. Black e Morris, *Israel's Secret Wars*, p. 186.

10. Ben-Gurion explicou a natureza da aliança em uma carta que enviou ao presidente Dwight Eisenhower: "Com o objetivo de erigir uma alta barragem para conter a onda nasserista-soviética, começamos a estreitar nossos laços com vários países no perímetro externo do Oriente Médio [...]. Nosso objetivo é organizar um grupo de países, não necessariamente uma aliança oficial, que seja capaz de resistir à expansão soviética por procuração, como Nasser." Eshed, *One Man's Mossad*, p. 277. O acordo C'LIL previa reuniões periódicas entre

os líderes dos corpos de inteligência dos três países, com um país diferente servindo como anfitrião a cada reunião. As três nações também criaram um complexo mecanismo de coordenação e troca de informações sobre vários assuntos. Israel considerava o C'LIL uma realização estratégica sem precedentes, pois posicionara a si mesmo como eixo central no pacto de inteligência e forças militares. Nas disputas regionais entre a Turquia e o Irã, o C'LIL servia como plataforma e Israel como árbitro. "Na época", explicou Reuven Merhav, oficial do Mossad envolvido no planejamento das reuniões do C'LIL, "todos os chefes de inteligência da Turquia, do Irã e da Etiópia tinham ligação direta com o chefe, fosse o xá ou o imperador Haile Selassie. Através do C'LIL, era possível passar mensagens e ideias diretamente para o governante. [A aliança tríplice original] nos deu um orgasmo triplo e, com a inclusão da Etiópia, um orgasmo quádruplo." A CIA queria expressar sua apreciação pelo estabelecimento do Tridente e financiou a construção de um edifício de dois andares no alto de uma colina perto de Tel Aviv para servir como sede da aliança. Entrevistas com Reuven Merhav, 22 de abril de 2014, Harel, março de 1999, e Yossi Alpher, 18 de maio de 2015. Ronen Bergman, "Israel e África: Ligações militares e de inteligência", disssertação de pós-doutoramento, Universidade de Cambridge, pp. 53-78. Gabinete do ministro da Defesa, Relatório sobre a reunião entre o tenente-coronel Vardi e o imperador da Etiópia, 24 de fevereiro de 1958, Arquivos do Ministério da Defesa e das FDI (MODA) 63-10-2013.

11. Entrevistas com Zvi Aharoni, julho de 1998, Medan, 30 de junho de 2015, e "Léxico", março de 2016. Mossad, *Relatório sobre Dybbuk*, Zvi Aharoni, 4 de março de 1960. Mossad, *Operação Eichmann: relatório sobre o estágio A*, Zvi Aharoni, s/d (ambos no arquivo do autor, recebidos de "Léxico").

12. Entrevistas com Zvi Aharoni, julho de 1998, Amram Aharoni, 21 de outubro de 2012, e "Ethan", maio de 2016. Neal Bascomb, *Hunting Eichmann*, pp. 208-18 (em hebraico).

13. Uma expressão do poder sem precedentes de Harel pode ser encontrada na maneira como, no início dos anos 1980, ele descreveu para um historiador do Mossad seu relacionamento com o primeiro-ministro, aparentemente inconsciente das graves falhas em seu entendimento da democracia: "Ben-Gurion jamais nos deu ordens operacionais. Ele expressava alguma preocupação ou o desejo por algo. Não sabia como traduzir as ideias para a linguagem das operações e, na verdade, não precisava saber. O trabalho do primeiro-ministro era estabelecer as políticas, não lidar com os detalhes, com base em certos princípios, é claro." O Mossad resumiu as coisas da seguinte maneira: "Isser [Harel] geralmente

não relatava ao primeiro-ministro precisamente o que estava fazendo e como estava operando." Mossad, Departamento de história, "O caso dos cientistas alemães", 1982, p. 14, daqui em diante Dossiê do Mossad sobre os cientistas alemães (arquivo do autor, documentos recebidos de "Toblerone").

Capítulo 5: "Como se o céu estivesse caindo sobre nossa cabeça"

1. Agência Central de Inteligência, Memorando de Inteligência Científica, "O programa de mísseis da República Árabe Unida", 26 de fevereiro de 1963, https://www.cia.gov/library/readingroom/docs/DOC_0001173825.pdf.
2. Jay Walz, "Nasser Exhibits Military Might", *The New York Times*, 24 de julho de 1962.
3. Edwin Eitan, *Canadian Jewish Chronicle*, 10 de maio de 1963.
4. Exames posteriores revelaram que o pessoal do Mossad na Europa na verdade coletara vários itens de informação nos anos anteriores ao desfile, indicando que Nasser estava recrutando cientistas alemães. O Mossad tentou culpar a inteligência militar e o Ministério da Defesa, alegando que havia repassado as informações, mas eles as haviam ignorado. Dossiê do Mossad sobre os cientistas alemães, pp. 8-10.
5. Harel alocou a tarefa de descobrir as conspirações das quais tinha certeza de que veteranos da Wehrmacht, da Gestapo e da SS participavam a um grupo de membros falantes de alemão do Mossad. A unidade, de codinome Amal, nada descobriu, porque tais conspirações não existiam. Constrangedoramente, o único caso no qual antigas figuras do programa de armas avançadas de Hitler estavam de fato envolvidas, o projeto egípcio de mísseis, permaneceu indetectado. Yossi Chen, Departamento de História do Mossad, "Organização do staff, Amal-Meser", maio de 2007.
6. Muitos membros do Mossad e da Aman entrevistados para este livro lembram de sensações similares de choque e ansiedade quando foram revelados os primeiros detalhes sobre os cientistas alemães e seu projeto. Moti Kfir, da Unidade 188 da Aman, disse: "Senti muito medo, uma sensação real de perigo existencial." Entrevistas com Moti Kfir, 9 de junho de 2011, e Ben-Natan, 13 de setembro de 2010.
7. Dossiê do Mossad sobre os cientistas alemães, p. 2.
8. Ibid., p. 17.
9. Entrevista com Eitan, 1º de setembro de 2013.
10. Entrevista com Harel, 6 de abril de 2001. Dossiê do Mossad sobre os cientistas alemães, p. 39.

11. Dossiê do Mossad sobre os cientistas alemães, pp. 40-41.
12. Testemunhas presentes no hotel Ambassador, incluindo os recepcionistas, e no escritório da Intra que foram interrogadas mais tarde pela polícia disseram que Saleh tinha "aparência levantina". Seu retrato falado foi impresso com destaque na imprensa, com notícias sobre o desaparecimento de Krug. "A verdade é que o retrato falado era muito parecido comigo", disse Oded com um sorriso. Isso significava que fora queimado e, consequentemente, recebeu ordens para não viajar para a Alemanha durante dez anos. Ele disse que no momento em que a porta se fechou atrás de Krug, foi "desligado de toda a operação" e não tem ideia "do que aconteceu na Alemanha". Entrevista com Oded, 3 de agosto de 2015.
13. Dossiê do Mossad sobre os cientistas alemães, pp. 43-44.
14. Ibid., pp. 44-45. Entrevista com "Patriota", setembro de 2013.
15. Dossiê do Mossad sobre os cientistas alemães, p. 45.
16. A execução de Krug enfureceu algumas das poucas pessoas do Mossad que ficaram sabendo sobre ela. Zvi Aharoni (que mais tarde se tornaria amargo oponente de Harel) disse: "Foi um ato imperdoável, uma nódoa em todos nós." Rafi Eitan observou: "Esse era o modo de agir de Isser. Não acho que ele tenha recebido autorização de Ben-Gurion." Entrevistas com "Patriota", agosto de 2011, Zvi Aharoni, julho de 1998, e Amram Aharoni, 3 de maio de 2016.
17. Chefe da Aman Chaim Herzog para o chefe do Estado-Maior, 2 de janeiro de 1962. Shaul Avigur, Relatório do comitê de exame da comunidade de inteligência, 31 de julho de 1963, 3, MODA 7-64-2012.
18. Dossiê do Mossad sobre os cientistas alemães, p. 45.
19. Entrevista com Rotberg, 3 de agosto de 2015.
20. Yosef Yariv, comandante da Unidade 188, coordenou essas atividades em Paris juntamente com o vice-chefe da Aman, o professor Yuval Neeman (físico proeminente e um dos fundadores do projeto nuclear de Israel), que disse que "se percebesse que os franceses queriam algo de nós — um assassinato, por exemplo — que, se viesse à luz mais tarde, constrangeria muito o Estado de Israel, eu tomaria a decisão sozinho e, em caso de fiasco, assumiria toda a responsabilidade". Entrevistas com Yuval Neeman, agosto de 2011, Harel, agosto de 1998, Meir Amit, 12 de julho de 2005. Bar-Zohar, *Phoenix: Shimon Peres — A Political Biography*, p. 344 (em hebraico). Harel, *Security and Democracy*, p. 295.
21. Em julho de 1980, dessa vez com entusiástica autorização do primeiro-ministro Begin, o Mossad enviou outra carta-bomba para Brunner. O remetente

ostensivo era a "Associação de Amigos das Plantas Medicinais", porque Brunner era conhecido por acreditar firmemente nessa forma de medicina. Ele abriu a carta e ela explodiu, causando a perda de vários dedos. Entrevista com Rotberg, 3 de agosto de 2015, e "Piloto", março de 2015. Adam Chandler, "Eichmann's Best Man Lived and Died in Syria", *Atlantic*, 1º de dezembro de 2014.

22. Entrevista com Eitan, 1º de dezembro de 2012.
23. Dossiê do Mossad sobre os cientistas alemães, p. 52.
24. Entrevistas com Harel, agosto de 1998, e Zvi Aharoni, julho de 1998. Dossiê do Mossad sobre os cientistas alemães, p. 74.
25. Entrevista com Eitan, 1º de dezembro de 2012. Dossiê do Mossad sobre os cientistas alemães, p. 61.
26. Entrevista com Zvi Aharoni, julho de 1998.
27. Dossiê do Mossad sobre os cientistas alemães, pp. 62-64. Entrevistas com Nehemia Meiri, 12 de junho de 2012, e Harel, 6 de abril de 2001.
28. Bar-Zohar, *Issar Harel and Israel's Security Services*, pp. 237-38 (em hebraico).
29. Dossiê do Mossad sobre os cientistas alemães, p. 66.
30. Seus novos recrutas eram Shmuel Segev, do *Maariv*; Naftali Lavie, do *Haaretz*; e Yeshayahu Ben-Porat, do *Yedioth Ahronoth*. "Disenchik [Aryeh Disenchik, editor-chefe do *Maariv*] apoiava Golda e Isser", disse Segev. "Ele queria usar meu material para destruir Ben-Gurion e Peres e depois me impediu de falar sobre o assunto porque sabia que minha posição era diferente." Entrevista com Shmuel Segev, 6 de junho de 2010.
31. Bar-Zohar, *Ben-Gurion*, pp. 534-35.
32. Meir Amit para Aharon Yariv (manuscrito), Gabinete do chefe da Aman, 28 de março de 1964 (arquivo do autor, documento recebido de Amos Gilboa).
33. Bar-Zohar, *Phoenix*, p. 362 (em hebraico).
34. Harel mais tarde forneceu sua versão a alguns jornalistas e escritores e isso se refletiu em seus textos, que apoiavam Harel. Entre esses textos estão Kotler, *Joe Returns to the Limelight*, pp. 34-38; Bar-Zohar, *Isser Harel and Israel's Security Services*, pp. 239-49 (em hebraico), e Caroz (vice de Harel), *The Man with Two Hats*, pp. 160-63 (em hebraico).
35. Bar-Zohar, *Ben-Gurion*, pp. 537-38. Bar-Zohar, *Phoenix*, p. 361 (em hebraico).
36. Yossi Melman e Dan Raviv, *The Imperfect Spies*, p. 122. Amit, *Head On*, pp. 102-103 (em hebraico). Amit para Yariv (manuscrito), 28 de março de 1964.
37. O conflito sobre os cientistas alemães foi um de vários entre os dois líderes do Partido Trabalhista, a maioria dos quais pode ser vista no constante declínio

no apoio ao "Velho", como Ben-Gurion era chamado, e na batalha intergeracional para sucedê-lo. Meir e seus aliados da velha guarda temiam que Ben-Gurion estivesse passando por cima deles para entregar o bastão da liderança diretamente à geração mais jovem, liderada por Dayan e Peres. Bar-Zohar, *Ben-Gurion*, pp. 542-47.

38. Entrevista com Amit, abril de 2006. Chefe da Aman e diretor interino do Mossad Amit para o ministro da Defesa, "Ideias preliminares sobre a reorganização da comunidade de inteligência", 20 de maio de 1963, MODA 24-64-2012.
39. Missão israelense em Colônia para o Ministério do Exterior, 20 de setembro de 1963 (arquivo do autor, documento recebido de "Paul").
40. Entre os beneficiários desse edito estava um médico alemão de 53 anos chamado Josef Mengele, o "anjo da morte" de Auschwitz. Em meados de 1962, após o sequestro bem-sucedido de Eichmann, Harel ordenou que a Operação Encore examinasse informações sobre "Meltzer", o codinome dado a Mengele. Em 23 de julho de 1962, dias depois do teste de mísseis do Egito, Zvi Aharoni e Zvi Malchin identificaram alguém que se parecia muito com a descrição de Mengele em uma fazenda no Brasil, mas Amit ordenou que as atividades sobre as Víboras (Tzif'onim em hebraico), o codinome do Mossad para a caçada aos nazistas, fossem encerradas e, em outubro de 1963, instruiu a Interseção a "lidar com o assunto somente na medida de suas possibilidades, em adição a suas missões principais". Mengele viveu por mais uma década antes de se afogar enquanto nadava perto da costa brasileira em 1979. Departamento de História do Mossad, *Procurando uma agulha no palheiro: seguindo os passos de Josef Mengele*, 2007, pp. 65-78 (arquivo do autor, documento recebido de "Midburn"). Entrevistas com Zvi Aharoni, julho de 1998; Amram Aharoni, 21 de outubro de 2011; Eitan, 1º de novembro de 2012; Medan, 30 de junho de 2015; e Amit, maio de 2005. Ronen Bergman, "Why Did Israel Let Mengele Go?", *The New York Times*, 6 de setembro de 2017.
41. Entrevistas com Samir Raafat, setembro de 1995, e Rotberg, 5 de março de 2012. Samir Raafat, "The Nazi Next Door", *Egyptian Mail*, 28 de janeiro de 1995.
42. Dossiê do Mossad sobre os cientistas alemães, p. 80. Entrevistas com Amit, abril de 2006, e Eitan, 1º de novembro de 2012.
43. UK NA, KV 2\403\86109.
44. Dossiê do Mossad sobre os cientistas alemães, p. 88.
45. Entrevista com Medan, 10 de julho de 2007.
46. Dossiê do Mossad sobre os cientistas alemães, p. 136.
47. Ahituv para Eitan e a sede do Mossad, 14 de setembro de 1964 (mostrado ao autor por "Rafael").

48. Raphi Medan, manuscrito inédito, p. 113.
49. Havia outra condição: Skorzeny comentou que o líder da comunidade judaica em Frankfurt pedira a um tribunal alemão que proibisse, no país, a distribuição dos seus livros sobre a Segunda Guerra Mundial, porque ele era fugitivo da justiça. Ele queria que o Mossad tornasse público que os livros estavam sendo usados no treinamento de oficiais das FDI, para que ele pudesse usar isso como evidência no julgamento. Dossiê do Mossad sobre os cientistas alemães, p. 92.
50. Entrevistas com Amit, maio de 2005, Eitan, 1º de novembro de 2012, Medan, 30 de junho de 2015, Avner Barnea (chefe de gabinete de Ahituv, diretor do Shin Bet, que ouviu de seu chefe muitas coisas sobre o recrutamento de Skorzeny), 30 de maio de 2011, e "Milen", agosto de 2015. Um relato muito parcial, mas acurado do recrutamento de Skorzeny consta do livro de Argaman, *The Shadow War*, pp. 22-38 (em hebraico).
51. Entrevista com Medan, 30 de junho de 2015.
52. Skorzeny permaneceu conectado ao Mossad até sua morte em 1975 (quando antigos camaradas da Wehrmacht compareceram ao funeral e fizeram a saudação Heil Hitler) e ajudou muito a organização, mesmo depois que o caso dos cientistas chegou ao fim. Vallentin também foi útil por muitos anos. Em 1969, Harry Barak pediu que ele concordasse em ser "transferido" do MI6 para o Mossad, embora na verdade tivesse trabalhado para o Mossad durante todo o tempo. Depois disso, ele ficou consciente de que funcionava como agente israelense. Dossiê do Mossad sobre os cientistas alemães, pp. 95-96. Entrevistas com Medan, 30 de junho de 2015, "Toblerone", janeiro de 2014, e "Patriota", julho de 2015.
53. Dossiê do Mossad sobre os cientistas alemães, p. 100.
54. Cópia do dossiê entregue a Strauss (arquivo do autor, documento recebido de "Paul"). Dossiê do Mossad sobre os cientistas alemães, p. 109.
55. Medan, manuscrito inédito, p. 116. Entrevistas com Medan, 30 de junho de 2015, e Shimon Peres, 4 de agosto de 2015.

Capítulo 6: Uma série de catástrofes

1. Entrevistas com Shamir, janeiro de 1997, e Amit, abril de 2006.
2. O dossiê sobre a Operação Diamante foi mostrado ao autor por Amit em 23 de maio de 2005. Black e Morris, *Israel's Secret Wars*, pp. 206-10.
3. Gabinete do diretor do Mossad, "O caso Ben Barka", memorando submetido ao painel de investigação sobre o assunto, 21 de fevereiro de 1966 (arquivo do

autor, documento recebido de "Alen"). Caroz, *The Man with Two Hats*, pp. 164-65 (em hebraico).
4. Entrevistas com Eitan, 19 de setembro de 2011, Shlomo Gazit, 29 de novembro de 2016, Amit, abril de 2006, e Navot, 6 de abril de 2017. Protocolo da reunião entre o primeiro-ministro Levi Eshkol e o líder do Mossad, Meir Amit, abril de 2006 (arquivo do autor, documento recebido de "Alen").
5. Gabinete do diretor do Mossad, "O caso Ben Barka", 21 de fevereiro de 1966, p. 4.
6. Segev, *Alone in Damascus*, pp. 16-18 (em hebraico).
7. Ibid., p. 262. Entrevista com Shumel Segev, 6 de junho de 2010.
8. Segev, *Alone in Damascus*, pp. 13-39.
9. Entrevista com Kfir, 9 de junho de 2011.
10. Esse relato foi feito pelo tenente-coronel Ahmed Suedani, encarregado da segurança interna da Síria e primeiro a suspeitar de Cohen, em uma entrevista para o *Al Usbua al Arabi*, Londres, 1º de março de 1965, traduzido para o hebraico pela Unidade 550 da Aman, MODA 1093/04/638.
11. Protocolo do julgamento de Eli Cohen, MODA 1093/04/636.
12. Entrevista com Gedaliah Khalaf, 12 de julho de 1996.
13. A história de Eli Cohen foi contada em inúmeros livros e filmes e muitas ruas e edifícios públicos de Israel receberam seu nome. Ele é considerado um dos mais proeminentes modelos e heróis da história do país. A academia do Mossad em Glilot, um edifício construído com fundos da CIA, leva seu nome.
14. Ronen Bergman, "Gone in the Smoke", *Yedioth Ahronoth*, 19 de setembro de 2003.
15. Entrevista com Kfir, 9 de junho de 2011.
16. Medan, manuscrito inédito, p. 92. Entrevistas com Medan, 30 de junho de 2015, e Amos Gilboa, 18 de março de 2015.
17. Alguns veteranos do Mossad nesse período, entre os quais Mike Harari, afirmam que Amit sentia inveja do sucesso de Harel em capturar Eichmann e também queria entrar para a história como tendo eliminado um criminoso nazista. Entrevista com Mike Harari, 29 de março de 2014.
18. Sodit-Sharon, um dos principais combatentes da Etzel, tinha a reputação de ser especialmente audacioso e selvagem. Em 1952, tentara assassinar o chanceler da Alemanha Ocidental, Konrad Adenauer, com uma carta-bomba que enviara da França, em uma tentativa de torpedear o acordo de reparação com Israel. Um segurança alemão foi morto tentando desativá-la. Sodit-Sharon foi pego com explosivos na França e sentenciado a quatro meses de prisão, após os quais foi deportado para Israel. Mais tarde, afirmou que tentara assassinar

Adenauer por ordem de Menachem Begin. De volta a Israel, em 16 de junho de 1960 foi recrutado por Harel para a Mifratz, a unidade de operações especiais do Mossad.

19. Entrevista com Gad Shimron, 16 de agosto de 2015. Uma descrição detalhada da operação pode ser encontrada no livro de Shimron, *The Execution of the Hangman of Riga*.
20. Entrevistas com Medan, 30 de junho de 2015, Harari, 11 de abril de 2014, e Amit, abril de 2006.
21. Gabinete do diretor do Mossad, "O caso Ben Barka", 21 de fevereiro de 1966, p. 3.
22. Protocolo da reunião entre o primeiro-ministro Levi Eshkol e o general M. Amit, Hotel Dan, Tel Aviv, 4 de outubro de 1965, p. 2 (arquivo do autor, documento recebido de "Alen").
23. Bergman e Nakdimon, "The Ghosts of Saint-Germain Forest", *Yedioth Ahronoth*, 20 de março de 2015.
24. Entrevista com Amit, maio de 2005.
25. Mossad, Arquivo Aterna, Interseção, Colosso, 325 telegramas e memorandos, setembro a novembro de 1965 (arquivo do autor, documentos recebidos de "Alen").
26. Reunião entre Eshkol e Amit, 4 de outubro de 1965, p. 2.
27. Isser Harel, conselheiro de inteligência do primeiro-ministro Levi Eshkol, "O chefe do Mossad e o conselheiro" (sem data, aparentemente do fim de outubro de 1965) e memorando anexo na caligrafia de Harel, intitulado "Nota sobre o relatório" (arquivo do autor, documentos recebidos de "Alen").
28. Ronen Bergman e Shlomo Nakdimon, "The Ghosts of Saint-Germain Forest", *Yedioth Ahronoth*, 20 de março de 2015. Entrevista com David Golomb, 13 de março de 2015.
29. Transcrições de entrevistas conduzidas pelo jornalista Shlomo Nakdimon (arquivo do autor, cortesia de Shlomo Nakdimon).
30. Ronen Bergman e Shlomo Nakdimon, "The Ghosts of Saint-Germain Forest", *Yedioth Ahronoth*, 20 de março de 2015.
31. Entrevistas com "Trovão", fevereiro de 2013, e "Ross", janeiro de 2015.
32. Entrevistas com Dar, 28 de janeiro de 2015, Harel, março de 1999, Amit, abril de 2006, David Vital, 22 de dezembro de 2010, e "Hurkenus", junho de 2012.
33. Entrevista com Amit, abril de 2006.
34. Ronen Bergman, "Harari Code", *Yedioth Ahronoth*, 4 de abril de 2014.
35. Entrevista com Harari, 23 de março de 2014.
36. Entrevistas com Harari, 23 de março de 2014, e Aaron Klein, 6 de outubro de 2014.

37. Entrevista com Harari, 10 de março de 2014. Durante um de nossos encontros, Harari me mostrou os documentos de fundação da nova Cesareia, como apresentados aos líderes do Mossad, assinados com seu codinome, Shvat (um dos meses do calendário hebraico).
38. Entrevista com "Ethan", maio de 2015.
39. Entrevista com Kfir, 9 de junho de 2011.
40. Entrevista com Harari, 12 de fevereiro de 2014.
41. Entrevista com Kfir, 9 de junho de 2011.
42. Entrevistas com Harari, 11 de abril de 2014, e Aaron Klein, 6 de outubro de 2014.
43. Vered Ramon Rivlin, "There Is Nothing to Stop a Woman from Becoming the Director of the Mossad", *Lady Globes*, 12 de setembro de 2012.
44. Entrevista com "Ethan", janeiro de 2015.
45. A cautela natural que faz parte do caráter israelense torna o país um campo de treinamento quase ideal, permitindo que o Mossad só envie cadetes a países estrangeiros no fim do curso. Longos anos de terrorismo palestino tornaram o israelense médio cuidadoso ao extremo. Frequentemente esses exercícios são executados "contra" antigos funcionários do Mossad, que concordam em ser alvo de vigilância, furto ou tentativa de estabelecer contato sob falsa identidade.
46. Entrevista com "Esmeralda", junho de 2015.
47. Entrevista com "Kurtz", outubro de 2005.
48. Entrevista com "Ethan", maio de 2015.
49. As missões fizeram parte das operações Molho (*Rotev* em hebraico) e Porco-Espinho (*Dorban*), durante as quais Israel forneceu enorme ajuda militar aos monarquistas do Iêmen do Norte, em cooperação com o MI6 britânico e a inteligência da Arábia Saudita, contra revolucionários que tomaram o poder com auxílio egípcio. Alpher, *Periphery*, pp. 67-69. Entrevistas com Harari, 23 de março de 2014, Klein, 28 de maio de 2014, Alpher, 18 de maio de 2015, e "Shaul", julho de 2011.
50. Entrevista com Harari, 23 de março de 2014.

Capítulo 7: "O conflito armado é a única maneira de libertar a Palestina"

1. Na véspera da guerra, a população da Faixa de Gaza era um pouco superior a 70 mil pessoas e, em um censo realizado em 1967, chegava a 350 mil. Kabha, *The Palestinian People: Seeking Sovereignty and State*, pp. 157-58. CIA World FactBook, https://www.cia.gov/library/publications/the-world-factbook/geos/gz.html; Departamento de Recenseamento dos Estados Unidos,

Programas internacionais, Banco de dados internacional, https://www.census.gov/population/international/data/idb/region.php?N=%20Results%20&T=13&A=separate&RT=0&Y=1967&R=-1&C=GZ.
2. Zelkovitz, *The Fatah: Islam, Nationality, and the Politics of an Armed Struggle*, pp. 25-26 (em hebraico).
3. O significado literal de *mujahidin* é "pessoas engajadas na jihad". O termo é usado para descrever guerrilheiros ou — no linguajar israelense e ocidental — terroristas. A citação de al-Wazir foi retirada de Sayigh, *Armed Struggle and the Search for State*, p. 81.
4. Cobban, *The Palestinian Liberation Organization: People, Power and Politics*, pp. 6-7. Yaari, *Fatah*, pp. 9-17 (em hebraico). Zelkovitz, *The Fatah*, pp. 25-26 (em hebraico).
5. Sayigh, *Armed Struggle*, pp. 84, 85n.
6. Sayigh, *Armed Struggle*, p. 85.
7. Sobre os documentos de fundação do Fatah, ibid., pp. 88-89.
8. Mossad, Departamento de história, *Ladiyyah: o mistaravim e o guerreiro*, 1989, p. 42 (arquivo do autor, documento recebido de "Lindt"). Shin Bet, *O caso mistaravim*, sem data (arquivo do autor, documento recebido de "Gêmeos"). Entrevistas com Harel, 6 de abril de 2001, Sami Moriah, 12 de agosto de 2013, Shay Yisrael, 13 de outubro de 2016, e Hadar, 1º de setembro de 2013. Ronen Bergman, "Double Identity", *Yedioth Ahronoth*, 30 de agosto de 2013.
9. Mossad, Departamento de história, *Ladiyyah: o mistaravim e o guerreiro*, 1989, p. 54.
10. Yaari, *Fatah*, pp. 40-41 (em hebraico).
11. Entrevista com Salah Bitar, 11 de setembro de 1963, citado em Segev, *Alone in Damascus*, p. 223.
12. Cobban, *Palestinian Liberation Organization*, p. 33.
13. Yaari, *Fatah*, pp. 40-41 (em hebraico).
14. Ibid., p. 9. Cobban, *Palestinian Liberation Organization*, p. 33. Sayigh, *Armed Struggle*, pp. 107-8.
15. Mossad, Departamento de história, *Uri Yisrael ("Ladiyyah") — um agente único*, 1995 (arquivo do autor, documento recebido de "Lindt").
16. Entrevista com Eitan, 24 de janeiro de 2013.
17. Pedahzur, *The Israeli Secret Services and the Struggle Against Terrorism*, p. 30.
18. Entrevista com Eitan, 24 de janeiro de 2013.
19. Cobban, *Palestinian Liberation Organization*, p. 33.
20. "Reunião entre Eshkol e Amit", 8 de outubro de 1965, p. 5.

21. Segev, *Alone in Damascus*, p. 29.
22. Entrevista com Shlomo Gazit, 12 de setembro de 2016.
23. "Operation Tophet", *Maarakhot*, abril de 1984, pp. 18-32. Sayigh, *Armed Struggle*, pp. 211-12.
24. Grande parte da deterioração da situação entre Israel e os países árabes se deveu à malevolente interferência da inteligência soviética. Ronen Bergman, "How the KGB Started the War that Changed the Middle East", *New York Times*, 7 de junho de 2017. Entrevistas com Shimon Shamir, 6 de abril de 2017, Michael Oren, 6 de abril de 2017, e Ami Gluska, 6 de abril de 2017.
25. Eshkol estava muito hesitante em iniciar a guerra sem aprovação americana e ficou ainda mais quando, durante uma reunião entre o chefe do Mossad, Amit, e o chefe da estação da CIA em Jerusalém, John Hadden, este ameaçou: "Se vocês atacarem, os Estados Unidos enviarão forças para defender o Egito." Amit respondeu: "Não acredito [no que estou ouvindo]." Mossad, relatório da reunião com John Hadden, 25 de maio de 1967 (arquivo do autor, documento recebido de Amit). Entrevistas com John Hadden, junho de 2006, Navot, 6 de abril de 2017, e Yeshayahu Gavish, 6 de abril de 2017.
26. Chefe do Mossad Amir para o primeiro-ministro Eshkol, "Relatório sobre a visita aos EUA em 31/5-2/6/1967", 4 de junho de 1966 (arquivo do autor, documento recebido de Amit).
27. Entrevista com Amit, abril de 2006. Agência Central de Inteligência, "Gabinete do diretor Richard Helms para o presidente", com o anexo "Opiniões do general Meir Amit, chefe do serviço israelense de inteligência, sobre a crise no Oriente Médio", 2 de junho de 1967 (arquivo do autor, documento recebido de Amit).
28. Divisão de pesquisas da Aman, *Israel e os árabes: uma nova situação*, 8 de junho de 1967 (arquivo do autor, documento recebido de Gazit). Entrevista com Gazit, 12 de setembro de 2016.
29. Diário pessoal de Meir Amit, julho de 1967 (arquivo do autor, documento recebido de Amit).
30. Yaari, *Fatah*, pp. 92-94 (em hebraico).
31. O diário de Arbel é citado em Perry, *Strike First*, p. 42 (em hebraico).
32. Shin Bet, cartaz de procurado de Yasser Arafat, junho de 1967 (arquivo do autor, cortesia de Shlomo Nakdimon).
33. Entrevista com Sutton, 9 de maio de 2012. Bechor, *PLO Lexicon*, p. 266 (em hebraico). Rubinstein, *The Mystery of Arafat*, p. 98 (em hebraico).
34. "Reunião com o Estado-Maior das FDI 38-341", abril de 1968, pp. 17-18 (arquivo do autor, documento recebido de "Sheeran").

35. Entrevista com Zvi Aharoni, julho de 1998.
36. Klein, *The Master of Operation: The Story of Mike Harari*, pp. 100-101 (em hebraico). Entrevistas com Harari, 29 de março de 2014, e Klein, 6 de outubro de 2014.
37. Secretariado do comando supremo, gabinete do chefe do Estado-Maior, análises do Estado-Maior sobre as operações Tophet e Assuta, MODA, 236/72. Entrevistas com Hadar, 25 de março de 2013, Immanuel Shaked, 14 de maio de 2013, e Sutton, 9 de maio de 2012.
38. Zeev Maoz, *Defending the Holy Land*, pp. 244-46 (em hebraico).
39. Ver, por exemplo, o protocolo da reunião número 341-5, a primeira do Estado--Maior com a recém-empossada primeira-ministra Golda Meir, em março de 1969, revisando todas as ameaças que Israel enfrentava na época (arquivo do autor, documento recebido de "Sheeran").
40. Entrevistas com Sutton, 9 de maio de 2012, "Steve", março de 2013, e Zvi Aharoni, julho de 1998.
41. Na época, outras agências de espionagem, incluindo as dos Estados Unidos e da União Soviética, também faziam experimentos com hipnose e drogas para criar agentes destemidos e altamente treinados. Um desses planos, que aparentemente examinou os efeitos de drogas indutoras de psicose e a possibilidade de usá-las para criar o soldado perfeito ou extrair informações em interrogatórios, foi um projeto da CIA chamado MKULTRA. Frank Olson, um dos participantes do projeto, cometeu suicídio ou foi assassinado. Entrevista com Eric Olson, setembro de 2000. Ronen Bergman, "Vertigo", *Yedioth Ahronoth*, 6 de outubro de 2000.
42. Entrevista com Aharon Levran, 31 de maio de 2011.
43. Entrevistas com Sutton, 9 de maio de 2012, e "Steve", janeiro de 2013.
44. Trinta anos depois, quando Rafi Sutton visitou a Jordânia na década de 1990 — depois que o país assinou um tratado de paz com Israel —, ele foi abordado por um homem que se identificou como Fatkhi. "Sou o prisioneiro do Fatah que um oficial israelense tentou hipnotizar e enviar para matar Arafat", disse ele. Ele expressou gratidão a Sutton por tratá-lo bem e com respeito e a seu motorista por salvá-lo durante a travessia do rio. Sorriu e disse: "*Insha'Allah* [se Deus quiser] haverá paz e não precisaremos de hipnose." Entrevistas com Sutton, 9 de maio de 2012, e Zvi Aharoni, julho de 1998. Sutton, *The Orchid Salesman*, pp. 162-65 (em hebraico).

Capítulo 8: Meir Dagan e sua especialidade

1. Melman e Raviv, *Imperfect Spies*, pp. 154-58 (em hebraico).

2. Departamento de história das FDI, *Segurança, verão de 1969-1970*, setembro de 1970 (arquivos do autor, recebido de "Sheeran").
3. Entrevista com Yaakov Peri, 21 de maio de 2011.
4. Entrevista com Yitzhak Pundak, 6 de junho de 2017. Algumas partes da conversa também foram incluídas no livro de Pundak, *Five Missions*, pp. 322-54 (em hebraico).
5. Entrevista com Ariel Sharon, maio de 2003. Entrevistei Dagan várias vezes em 2013 e 2014, em seu apartamento em uma das novas e elegantes torres de Tel Aviv, após sua aposentadoria como diretor do Mossad, cargo que ocupou por nove anos. Quando conversei com ele, Dagan era uma espécie de milagre médico. Um ano antes, fora diagnosticado com câncer do fígado. Somente um transplante poderia salvar sua vida, mas, segundo as regulamentações israelenses, aos 67 anos ele era velho demais para se qualificar. Com apoio do Mossad, amigos e colegas de todo o mundo se reuniram para ajudá-lo. No fim, Alexander Lukashenko, o autocrata da Bielorrússia que o conhecia de seus dias do Mossad, ordenou que seus médicos encontrassem um fígado para ele. "Sinto muito por decepcionar aqueles que esperavam minha morte iminente", disse-me Dagan. Ele ainda era fortemente guardado pelo Shin Bet, por causa de avisos de que alguém — os serviços secretos sírios ou iranianos, o Hamas, o Hezbollah, a Jihad Islâmica Palestina, a lista é grande — iria atrás dele para vingar o assassinato de seu pessoal. "Não há nada que eu possa fazer a respeito", disse ele, sorrindo. "É o que acontece quando você briga com todo mundo." O câncer retornou no fim de 2015 e Dagan sucumbiu a ele em março de 2016. Foi enterrado com todas as honras de um símbolo nacional, durante um funeral com a presença de milhares de pessoas.
6. Entrevista com Dagan, 26 de maio de 2013.
7. Entrevista com Dagan, 29 de maio de 2013.
8. Anat Talshir e Igal Sarna, "I Love to Put On a Costume and Go Act in Enemy Territory", *Yedioth Ahronoth*, 24 de outubro de 1997.
9. Entrevista com Dagan, 20 de julho de 2013.
10. Yatom, *The Confidant*, p. 83 (em hebraico).
11. Entrevista com Dagan, 26 de maio de 2013.
12. Entrevista com "Cubo", março de 2004.
13. Entrevista com Dagan, 8 de janeiro de 2011.
14. Entrevista com Avigdor (Azulay) Eldan, 20 de abril de 2016.
15. Lista de procurados do Shin Bet (arquivos do autor, recebida de "Jedi").

16. Moshe Rubin, da Sayeret Matkal, foi levado até lá para ensinar as técnicas e os métodos usados pela unidade quando profundamente em território inimigo. Juntamente com os exercícios com armas de fogo e orientação, o treinamento incluía uma técnica conhecida como "dançar", que visava reduzir o tamanho da silhueta de alguém ao entrar em uma casa, de modo a minimizar o perigo de ser atingido por tiros vindos do interior. Os alunos também praticavam direção operacional em vários veículos, incluindo aqueles amplamente usados pelos habitantes da Faixa de Gaza, e o deslocamento solitário, disfarçados de árabes, por toda a faixa, "simplesmente para aumentar nossa confiança de que não seríamos identificados", disse Meir Teichner, um dos primeiros "Camaleões". Entrevistas com Eldan, Moshe Rubin e Meir Teichner, 20 de abril de 2016.
17. Há algumas histórias controversas sobre a fundação da Camaleão/Rangers Rimon. Mas é certo que, em dado momento, a unidade foi colocada sob comando de Dagan, com apoio de Arik Sharon. Entrevistas com Dagan, 29 de maio de 2013, e Rubin, Teichner, Eldan e Dani Perl, 20 de abril de 2016.
18. Entrevista com Dagan, 29 de maio de 2013.
19. Entrevistas com "Neta", julho de 2013, e "Cubo", março de 2004.
20. Entrevistas com Rubin, Teichner e Eldan, 20 de abril de 2016.
21. Entrevista com Dagan, 19 de junho de 2013.
22. "Suddenly There Was an Explosion in the Car", *Yedioth Ahronoth*, 3 de janeiro de 1972.
23. Entrevista com Dagan, 19 de junho de 2013.
24. Entrevista com Gazit, 12 de setembro de 2016.
25. Entrevista com Dagan, 19 de junho de 2013.
26. Entrevistas com Dagan, 19 de junho de 2013, e Sharon, maio de 2003. Certificado de entrega da medalha de valor ao capitão Meir Huberman (o sobrenome original de Dagan) pelo chefe do Estado-Maior, tenente-general David Elazar, abril de 1973.
27. Gazit, *Trapped Fools*, pp. 61-63. Entrevistas com Dagan e Peri. Carta de David Ronen ao *Haaretz*, outubro de 2002. Material de arquivo sumariando as operações dos Rangers da Granada, mostrado ao autor por "Emilia".
28. Entrevista com Pundak, 6 de junho de 2017. Depois da morte de Pundak em agosto de 2017 e da publicação do que ele me disse sobre o documento, o filho de Sharon, Gilad, respondeu em nome da família: "Isso é uma coleção de mentiras e fantasias de um homem cuja principal realização foi a idade a que chegou" (mensagem de WhatsApp de Gilad Sharon, 30 de agosto de 2017).

29. Em 12 de agosto de 1997, Daniel Okev, que foi um dos homens de Dagan, deu carona a dois jovens ingleses, Jeffery Max Hunter e Charlotte Gibb, enquanto dirigia por Neguev em direção ao cassino de Taba, perto da fronteira com o Egito, na península do Sinai. No caminho, pegou sua pistola 9 mm e atirou neles. Hunter morreu imediatamente. Gibb ficou ferida e fingiu estar morta. Durante o julgamento, Okev alegou ter feito o que fez porque "Ouvi uma língua estrangeira e subitamente senti como se estivesse em um Mercedes [os carros que os Rangers da Granada usavam] em Gaza, disfarçado de árabe". Ele foi sentenciado a vinte anos. O tribunal rejeitou o pedido de prisão perpétua do promotor, reconhecendo que, no momento dos assassinatos, Okev estava "em estado de profunda confusão mental". Ele recebeu liberdade condicional após treze anos. Outro Ranger da Granada, Jean Elraz, confirmou os relatos sobre os assassinatos cometidos pela unidade. "Eu, pessoalmente, matei mais de vinte pessoas", escreveu da prisão, onde está por ter assassinado o guarda do arsenal de um *kibutz* em março de 2001, roubado as armas e as vendido a terroristas. Anat Talshir e Igal Sarna, "I Love to Put On a Costume", *Yedioth Ahronoth*, 24 de outubro de 1997. Entrevista com Jean-Pierre Elraz, janeiro de 1993. Cartas da prisão de Elraz, agosto de 2002. Ronen Bergman e quatro outros repórteres, "Killer", *Yedioth Ahronoth*, 6 de setembro de 2002.
30. Entrevista com Dagan, 19 de junho de 2013.
31. Entrevista com Shmuel Paz, 31 de março de 2017.

Capítulo 9: A OLP se internacionaliza

1. Anúncio feito pelo ministro dos Transportes sobre o sequestro do avião da El Al, Knesset, sessão 312, 23 de julho de 1968.
2. Entrevista com Eitan Haber, 21 de junho de 2009. Bergman, *By Any Means Necessary: Israel's Covert War for Its POW and MIAs*, pp. 28-29 (em hebraico).
3. Yaari, *Strike Terror*, p. 242. Merari e Elad, *The International Dimension of Palestinian Terrorism*, pp. 29-41 (em hebraico).
4. "No Response from El Al Flights: The Hijack of an Airplane to Algeria", website da Força Aérea israelense.
5. *Leila Khaled: Hijacker*, documentário de 2006 sobre Leila Khaled, dirigido por Lina Makboul.
6. Yoram Peres era piloto em treinamento da El Al. Ficou gravemente ferido durante o ataque e foi levado para o hospital, onde morreu seis semanas depois. Carta de Tami Inbar, irmã de Peres, para o autor, 5 de dezembro de 2008.

7. *Guardian*, 26 de janeiro de 2001. Merari e Elad, *International Dimension of Palestinian Terrorism*, p. 95 (em hebraico).
8. Entrevista com Uri Bar-Lev, 19 de junho de 2017.
9. Mesmo antes da espetacular operação, Habash admitiu abertamente que o objetivo de suas ações era implicar os países árabes. "É exatamente isso que queremos. Essas ações visam limitar as perspectivas de uma solução pacífica que não estamos dispostos a aceitar." *Jerusalem Post*, 10 de junho de 1969, citado em Merari e Elad, *International Dimension of Palestinian Terrorism*, p. 28 (em hebraico).
10. A Síria enviou forças para ajudar os palestinos, mas Israel, a pedido dos Estados Unidos, moveu as tropas para a fronteira e declarou que, se Damasco não ordenasse o recuo de sua coluna blindada, seria atacada. Os sírios retrocederam e Hussein retomou o controle total sobre a Jordânia. Um relato detalhado dos eventos do Setembro Negro pode ser encontrado em Sayigh, *Armed Struggle*, pp. 261-81. Entrevista com Shlomo Gazit, 29 de novembro de 2016.
11. "Protocolo de uma reunião entre a primeira-ministra Meir e o diretor do Mossad Zamir", 5 de janeiro de 1972 (apresentado ao autor por "Paul"). Abu Iyad admitiu anos depois, em sua biografia, que o Setembro Negro realmente fazia parte da OLP. Abu Iyad, citado em Merari e Elad, *International Dimension of Palestinian Terrorism*, p. 33 (em hebraico).
12. Abu Iyad entrevistado pelo *Jeune Afrique*, 19 de outubro de 1971. Sayigh, *Armed Struggle*, p. 309.
13. Entrevista com Dagan, 29 de maio de 2013.
14. Sayigh, *Armed Struggle*, p. 308, nota 207.
15. Ibid., p. 309, nota 210.
16. A líder do Exército Vermelho, Fusako Shigenobu, que enviou o marido em uma missão suicida, disse: "Em função de minhas responsabilidades organizacionais e do fato de eu ser sua mulher, fui a última pessoa a ver os comandos antes de eles embarcarem no avião que os levou até Lida." Farrell, *Blood and Rage*, p. 138.
17. *New York Times*, 1º de junho de 1972. Entrevista com Eilam, que testemunhou os eventos no aeroporto, 2 de dezembro de 2009.
18. Um dos japoneses, Kozo Okamoto, sobreviveu, para seu pesar. Ele se recusou a falar durante o interrogatório, mas, ao contrário dos suspeitos árabes, não foi torturado. Concordou em falar somente depois que um general israelense disse que, se cooperasse, receberia uma pistola com uma única bala, para cometer suicídio. O general, Rehavam Zeevi, não cumpriu sua parte do acordo. Steinhoff, manuscrito não publicado, p. 55, citado em *Blood and Rage*, p. 141.

19. *New York Times*, 4 de junho de 1972.
20. Operação Presente (Tshura), no website da Força Aérea israelense, http://iaf.org.il/4694-32941-HE/IAF.aspx.
21. Henry Tanner, "France Pledges to Aid Lebanon If Her Existence Is Threatened", *New York Times*, 15 de janeiro de 1969.
22. Entrevistas com Harari, 23 de março de 2014, Klein, 28 de maio de 2014, e "Negro", novembro de 2015.
23. Entrevistas com Zvi Aharoni, julho de 1998, Amram Aharoni, 14 de maio de 2016, e "Darren", setembro de 2014.
24. Entrevista com Harari, 10 de março de 2014.
25. Entrevista com Clovis Francis, fevereiro de 2005.
26. Entrevista com Harari, 23 de março de 2014.
27. Harari recebeu autorização de Zamir para um ensaio em tempo real durante a cerimônia, com os agentes indo até o apartamento de onde os tiros deveriam ser disparados, simulando os tiros e fugindo, apenas para mostrar à primeira-ministra do que a Cesareia era capaz. Tudo funcionou perfeitamente, com exceção do fato de o agente do Mossad que deveria "matar" Arafat durante o ensaio não estar carregando uma arma e não poder fazer nada além de apontar o dedo para a cabeça de Arafat.
28. Entrevista com Kfir, 9 de junho de 2011.
29. Bassam Abu Sharif, o porta-voz da FPLP, por exemplo, sofreu ferimentos faciais e perdeu vários dedos quando abriu uma cópia da biografia de Che Guevara. Merari e Elad, *International Dimension of Palestinian Terrorism*, p. 119. Bechor, *PLO Lexicon*, p. 25.
30. Em certa ocasião, durante esse período, o Mossad decidiu agir em Beirute. Outro porta-voz da FPLP, um conhecido escritor e poeta chamado Ghassan Kanafani, entrou para a lista do Mossad quando foi identificado em fotografias dos militantes do Exército Vermelho japonês logo antes de embarcarem. Em 8 de julho de 1972, seis semanas após o massacre de Lida, Kanafani e a sobrinha de 17 anos, Lamees Najim, entraram em seu Austin 1100, que explodiu quando ele girou a chave na ignição. O fato de que o Mossad matara uma garota inocente cujo único pecado fora entrar no carro errado com o homem errado jamais foi discutido ou investigado. Entrevistas com Harari, 23 de março de 2014, e "Ethan", julho de 2014.
31. Entrevistas com Harari, 23 de março de 2014, e "Kurtz", outubro de 2005.
32. Knesset, Comitê de segurança e questões externas, 9 de outubro de 1972 (arquivos do autor, recebido de "Paul").
33. Como lembrado, em novembro de 2012, por "Chocolate Amargo", membro da Cesareia na década de 1970.

34. Entrevista com "Shaul", junho de 2017.
35. Knesset, Comitê de segurança e questões externas, protocolo da sessão de 9 de outubro de 1972, p. 10.
36. Zamir, *With Open Eyes*, p. 67 (em hebraico).
37. O tiro instintivo de Beckerman também é usado por oficiais disfarçados do Shin Bet presentes nos voos da El Al. A técnica de Beckerman agora é ensinada no campo de tiro secreto do Shin Bet, a leste de Tel Aviv. O campo foi construído como uma série de labirintos, separados em salas e escadas com frestas e recuos em que inimigos de papelão ficam escondidos. Ele é recoberto por um teto de vidro reforçado por onde os instrutores podem ver os alunos, enquanto fornecem comandos através de alto-falantes. Os labirintos são construídos de modo que os alunos possam usar munição real em qualquer direção, e sensores e câmeras registram cada tiro. Visita do autor ao campo de tiro do Shin Bet, maio de 2005.
38. Entrevista com Yarin Shahaf, 22 de janeiro de 2013. Durante o auge do combate ao terrorismo, em meados de 1972, Harari mudou o nome da Cesareia para Massada, em homenagem à fortaleza no alto de uma montanha do deserto da Judeia, com vista para o mar Morto. Foi onde os últimos judeus que se rebelaram contra o Império Romano no século I se refugiaram e se defenderam das legiões romanas que os cercavam, preferindo cometer suicídio, juntamente com as mulheres e crianças, a se renderem e serem transformados em escravos. Massada, como símbolo de heroísmo, é parte importante do *ethos* israelense de independência, significando uma disposição para o sacrifício através do qual "Massada não cairá novamente". Com o tempo, o nome da unidade seria mudado muitas vezes. Para evitar confusão, ela é chamada de Cesareia em todo o livro.
39. Sayigh, *Armed Struggle*, p. 309.
40. Detalhes pessoais dos agentes do Setembro Negro retirados do grande relato sobre o ataque de Munique feito por Shai Fogelman, "Back to the Black September", *Haaretz Weekly Magazine*, 31 de agosto de 2012.
41. Entrevista com "Ethan", julho de 2014.
42. Goldstein, *Golda: A Biography*, p. 525 (em hebraico).
43. Entrevista com Victor Cohen, 27 de maio de 2015.
44. Zamir, *With Open Eyes*, p. 69.
45. Entrevista com Victor Cohen, 27 de maio de 2015.
46. Reunião de segurança do gabinete, 6 de setembro de 1972 (arquivos do autor, recebidos de "Paul").

47. *Al-Sayyid*, 13 de setembro de 1972, citado em Merari e Elad, *International Dimension of Palestinian Terrorism*, p. 35.
48. Anexo secreto à decisão do gabinete após o ataque de Munique, Michael Arnon ao ministro da Defesa, 11 de setembro de 1972 (arquivos do autor, recebidos de "Paul"). Os palestinos alegaram que duzentos civis foram mortos nesses ataques, entre eles mulheres e crianças. Israel negou. Fogelman, *Haaretz Weekly Magazine*, 21 de agosto de 2012.
49. Reunião de segurança do gabinete, 6 de setembro de 1972, p. 5 (arquivos do autor, recebidos de "Paul").
50. Reunião do Knesset, Comitê de segurança e questões externas, protocolo n. 243, 3 de novembro de 1972 (arquivos do autor, recebidos de "Paul").
51. Ibid.

Capítulo 10: "Não tenho nenhum problema em relação às pessoas que matei"

1. Entrevista com "Negro", novembro de 2015. Um relato similar em alguns detalhes surge em Klein, *Striking Back*, pp. 117-18.
2. Carta de Peter Manning, biógrafo de Janet Venn-Brown, para o autor, 20 de outubro de 2015. Entrevista com Peter Manning, 24 de dezembro de 2015.
3. Embora a tentativa tenha falhado (o toca-fitas modificado levado para o avião explodiu durante o voo, mas o piloto conseguiu aterrissar com segurança) e os dois terroristas palestinos que haviam persuadido os dois turistas europeus a levá-lo a bordo tenham sido capturados e levados a julgamento, a primeira--ministra Golda Meir estava certa de que os italianos cederiam à pressão e os libertariam. "Os italianos estão imobilizados e tremendo", disse ela. Ela se provou correta logo em seguida, quando o governo italiano os libertou em função da pressão da OLP. Protocolo da reunião de gabinete, 5 de novembro de 1972 (arquivos do autor, recebidos de "Paul").
4. Desde sua criação, o Mossad gerou grande interesse em todo o mundo e uma sede aparentemente insaciável por histórias sobre suas ações. Filmes, livros e programas televisivos, todos supostamente oferecendo uma visão interna da organização, chegaram regularmente às listas de mais vendidos. Uma história em particular parece causar fascínio: a ordem de Golda Meir para assassinar agentes terroristas palestinos na Europa no início da década de 1970. O retrato mais conhecido dessa história talvez seja *Munique*, lançado em 2005 por Steven Spielberg e estrelado por Eric Bana e Daniel Craig, que recebeu cinco indicações

ao Oscar. A conexão entre o filme — assim como a maioria dos outros relatos sobre a operação, que não apresentam referências nem notas de rodapé (com exceção do grande relato feito por Aaron Klein em *Striking Back*) — e a realidade é muito tênue. O filme é baseado em um livro escrito por George Jonas, que afirmou estar usando o relato de certo Juval Aviv, supostamente o principal assassino do grupo. As credenciais de Aviv como ex-agente do Mossad foram alvo de muito ceticismo. Até mesmo o codinome que a operação recebeu nas várias publicações — "Ira de Deus" — está incorreto, de acordo com todos aqueles que de fato participaram e falaram a respeito para este livro e para os livros de Klein. Entrevistas com Yuval Aviv, dezembro de 1995 e 6 de novembro de 2005. Carta de Aviv ao autor, 7 de novembro de 2005, sobre suas conexões com Spielberg e a Dream-Works. A maioria do material de Yuval Aviv é discutida em Ronen Bergman, "Living in a Movie", *Yedioth Ahronoth*, 2 de dezembro de 2005. Spielberg respondeu dizendo que o filme foi baseado nas melhores informações que era possível obter publicamente. Ofer Shelah, "Save Munich", *Yedioth Ahronoth*, 17 de fevereiro de 2006. Mais detalhes em Chris Thompson, "Secret Agent Schmuck", *Village Voice*, 16 de outubro de 2007.

5. *Yedioth Ahronoth*, 6 de março de 1973.
6. Entrevistas com Harari, 10 de março de 2014, Klein, 6 de outubro de 2014, Kurtz, outubro de 2005, e "Negro", novembro de 2015.
7. Entrevista com "Salvador", maio de 2012.
8. O chefe do Mossad, Zamir, mais tarde afirmaria que os assassinatos não foram motivados pelo desejo de vingança, visando simplesmente prevenir futuros ataques terroristas. No entanto, isso é difícil de reconciliar com o que disseram seus subordinados. A maioria deles declarou explicitamente que a vingança estava em suas mentes quando saíam para um ataque. Um deles observou secamente: "Era preciso deixar claro que qualquer um que matasse judeus se tornaria um alvo legítimo." Os chefes do Mossad que substituíram Zamir, Nahum Admoni e Meir Dagan, disseram que a vingança foi um dos motivos para os assassinatos da década de 1970. Entrevistas com "Negro", junho de 2015, Nahum Admoni, 29 de maio de 2011, e Dagan, 29 de maio de 2013. Entrevista com Zvi Zamir em Yossi Melman, "Golda Gave No Order", *Haaretz*, 17 de fevereiro de 2006.
9. Entrevistas com "Negro", novembro de 2015, e Harari, 11 de abril de 2014.
10. Entrevista com "Kurtz", outubro de 2005.
11. Há indicações contraditórias quanto a se Meiri foi oficialmente nomeado para chefiar a Baioneta, como ele mesmo e algumas fontes do Mossad afirmam, ou

se foi nomeado comandante de campo de algumas das operações da equipe, como dito por Harari. Certas diferenças e discordâncias entre os dois emergiram com os anos. Entrevistas com "Shaul", junho de 2017, Nehemia Meiri, 12 de junho de 2012, e Harari, 10 de março de 2014.

12. Entrevistas com Nehemia Meiri, 12 de junho de 2012, e Haber, 21 de junho de 2009. Registro da conversa entre Nehemia Meiri e o jornalista Eitan Haber (arquivos do autor, partilhados por Moshe Meiri).
13. Entrevista com "Shaul", junho de 2017.
14. Entrevista com Haber, 21 de junho de 2009.
15. Entrevista com Nehemia Meiri, 12 de junho de 2012.
16. Quando Harari pediu demissão do cargo de chefe da Cesareia em 1980, a unidade lhe deu um presente especial de despedida: a pistola Beretta com a qual Meiri despachara Zwaiter, emoldurada e com uma dedicatória de seus agentes. Harari a manteve em uma prateleira de destaque em sua sala de estar.
17. Aaron Klein, *Striking Back*, pp. 130-31.
18. Entrevista com Harari, 10 de março de 2014.
19. A aprovação final para o ataque a Hamshari foi apressada quando, em 29 de novembro, o Setembro Negro sequestrou um avião da Lufthansa que ia de Beirute para Frankfurt. Os alemães imediatamente libertaram os três terroristas do ataque a Munique que ainda estavam na prisão; eles foram enviados de avião até a Líbia, onde receberam acolhida real. As circunstâncias do sequestro levantaram a suspeita de que fora coordenado com os alemães para fornecer um pretexto para a libertação dos assassinos dos atletas. O nível de raiva em Israel subiu às alturas, com ministros especialmente furiosos com a declaração do porta-voz do governo alemão de que "a Alemanha não causou o conflito do Oriente Médio". O ministro Warhaftig afirmou: "O assassinato de 6 milhões de judeus teve efeitos no conflito do Oriente Médio." Depois da reunião do gabinete, Warhaftig procurou Meir e a urgiu a aprovar mais alvos para assassinatos. Entrevista com "Toblerone", janeiro de 2014. "Germany's Secret Contacts with Palestinian Terrorists", *Der Spiegel*, 28 de agosto de 2012.
20. Em uma era na qual dispositivos miniaturizados de comunicação ainda não estavam disponíveis, a fim de avisar os agentes sobre um perigo externo sem fazer barulho, o comandante da unidade, Zvi Malchin, concebeu uma pequena caixa que podia ser pendurada no cinto e vibrava quando um sinal de rádio era enviado em certa frequência. Esse pode ter sido o primeiro bip.
21. Entrevista com "Kurtz", outubro de 2005. No dia seguinte ao assassinato de Hamshari, alguém deu um telefonema anônimo para Ankie Spitzer, a viúva

de Andre Spitzer, o treinador de esgrima que estava entre as vítimas de Munique. "Assista ao noticiário das dez", disse a pessoa. "Isso é por Andre." Entrevista com Ankie Spitzer, 22 de fevereiro de 2012. Klein, *Striking Back*, pp. 129-33.
22. Entrevista com Harari, 10 de março de 2014.
23. De relatos feitos pelo diretor Zvi Zamir ao departamento de história do Mossad, citado em Zamir, *With Open Eyes*, pp. 76-80.
24. Knesset, Comitê de segurança e questões externas, protocolo da sessão de 3 de novembro de 1972 (arquivos do autor, recebidos de "Paul").
25. Entrevista com "Negro", junho de 2015.
26. Entrevista com "Iftach", 22 de maio de 2011.
27. Confirmações adicionais das alegações palestinas ocorreram durante a surpreendente entrevista de 1993 de Aharon Yariv, conselheiro de contraterrorismo de Meir, para a BBC. Yariv admitiu pela primeira vez que o Mossad estivera por trás do assassinato e contradisse as alegações do Mossad em relação a Zwaiter, dizendo: "Ele tinha certa conexão com o terror. Mas não na parte operacional." Dúvidas similares foram apresentadas por Aaron Klein em seu livro *Striking Back*, p. 119.
28. Entrevista com "Seleção", abril de 2011.
29. Estava claro que, durante os primeiros meses de assassinatos do Mossad na Europa, os palestinos não ficaram perturbados e continuaram a intensificar o terrorismo no continente e em outros lugares. Atacaram escritórios da El Al, enviaram pacotes contendo explosivos, emboscaram representantes israelenses e, no auge, tomaram a embaixada israelense em Bangcoc e fizeram os funcionários de reféns. Merari e Elad, *International Dimension of Palestinian Terrorism*, p. 17 (em hebraico).
30. O Fatah também lutou contra o Mossad e, em janeiro de 1973, conseguiu trazer para seu lado dois agentes palestinos da Interseção. Um deles sacou uma pistola durante uma reunião com seu controlador, Tzadok Ofir, e o feriu; o outro matou seu oficial do Mossad, Baruch Cohen, durante uma reunião em Madri. Em Israel, esses incidentes só serviram para provar que a campanha de assassinatos tinha de ser intensificada. Entrevistas com Gideon Ezra, 4 de fevereiro de 1999, Sutton, 9 de maio de 2012, e Alpher, 18 de maio de 2015. Klein, *Striking Back*, pp. 142-47.
31. Entrevista com Francis, fevereiro de 2005.
32. Yael recebeu um breve treinamento sobre a maneira como uma escritora vive e trabalha de Shabtai Tevet, jornalista do jornal *Haaretz*, biógrafo de Ben--Gurion e amigo de Harari.

33. O arquivo de inteligência da Cesareia reunido antes da Operação Primavera da Juventude, juntamente com as fotografias que Yael tirou em Beirute, está em posse do autor (recebidos de "Gustav").
34. Mass, Yael, *the Mossad Warrior in Beirut*, p. 66 (em hebraico) (manuscrito não censurado nos arquivos do autor, recebido de "Maurice").
35. Entrevista com Harari, 23 de março de 2014. Klein, *Striking Back*, pp. 157-61.
36. Dar para o chefe do Estado-Maior, o chefe da Aman e o comandante da Unidade 131, "Bases para o estabelecimento da unidade secreta de *mistaravins*", 2 de outubro de 1955 (arquivos do autor, recebidos de Avraham Dar).
37. Os dispositivos de escuta eram operacionais por longos períodos, graças às baterias nucleares fornecidas pelo cientista judeu-americano Zalman Shapiro, dono da companhia NUMAC, Pensilvânia. Entrevistas com Amit, 6 de junho de 2005, e Amiram Levin, 16 de julho de 2017. Ronen Bergman, "The Nuclear Batteries and the Secret Listening Devices", *Yedioth Ahronoth*, 6 de junho de 2017.
38. Barak estava certo em exercer essa agressiva pressão para ser integrado às operações das FDI. Com o passar do tempo, a Sayeret Matkal se tornou sinônimo de excelência, determinação e originalidade. Veteranos da unidade foram para posições de liderança na elite das forças militares. Ehud Barak, que mais tarde foi chefe do Estado-Maior geral, entrou na política e se tornou ministro da Defesa e primeiro-ministro. Uzi Dayan se tornou vice-chefe do Estado-Maior e, como civil, chefe do Conselho Nacional de Segurança. Danny Yatom se tornou diretor do Mossad. Shaul Mofaz se tornou chefe do Estado-Maior e ministro da Defesa. Moshe Yaalon se tornou chefe do Estado-Maior e vice do primeiro-ministro Benjamin Netanyahu, ele mesmo veterano da Sayeret. Um relatório compilado pelo jornal *Yedioth Ahronoth* no fim de 2012 revelou que partes substanciais dos centros de poder econômico, social, político e de segurança de Israel foram dirigidas por ex-soldados da Sayeret Matkal, que não é maior que um batalhão.
39. Betser, *Secret Soldier*, p. 143 (em hebraico).
40. Entrevistas com Amnon Biran, 5 de junho de 2011, e Barak, 24 de novembro de 2013.
41. Não era a primeira vez que as FDI operavam contra alvos da OLP no Líbano, mas jamais haviam feito isso em tão larga escala, requerendo forças combinadas, incluindo o Mossad. Para informações sobre os ataques prévios no Líbano (Operação Bardas), ver Nadel, *Who Dares Wins*, pp. 198-235 (em hebraico). Sobre o planejamento da Primavera da Juventude, ver Betser,

Secret Soldier, pp. 109-14 (em hebraico). Divisão de Operações, Primavera da Juventude, 9 de abril de 1973, MODA 580-75-401. Entrevista com Barak, 1º de julho de 2013.

42. O desembarque e o trajeto de carro até o destino foram praticados em uma praia perto de um bairro elegante do norte de Tel Aviv, Ramat Aviv, que tinha esqueletos de arranha-céus residenciais em construção, de certo modo similares aos luxuosos edifícios onde os alvos viviam. Entrevistas com Shaked, 1º de maio de 2013, e Barak, 13 de janeiro de 2012.

43. Harari decidiu não contar a Yael detalhes ou o cronograma da operação. "A possibilidade, mesmo a mais remota, de que ela fosse exposta sem nosso conhecimento e forçada a contar o que sabia teria posto em perigo nossas forças", disse-me ele. Mossad, sumário da inteligência sobre a Operação Primavera da Juventude, 6 de abril de 1973 (arquivos do autor, recebidos de "Gustav"). Entrevista com Amnon Biran, 5 de junho de 2011.

44. Reconstrução da reunião a partir de entrevistas com Shaked, 14 de maio de 2013, Harari, 29 de março de 2014, e Ammon Biran, 5 de junho de 2011.

45. Várias notas na caligrafia do comandante da operação, feitas perto da partida das forças, e notas da última reunião feitas pelo general de brigada Immanuel Shaked em 4 de abril de 1973 (arquivos do autor, recebidos de "Stark").

46. Entrevista com Eli Zeira, 29 de junho de 2010.

47. Entrevista com Barak, 24 de novembro de 2013.

48. Entrevista com Muki Betser, 10 de junho de 2016.

49. Betser, *Secret Soldier*, p. 163.

50. Entrevista com Betser, 10 de junho de 2016.

51. Sede da infantaria paraquedista, relatório da Operação Primavera da Juventude, 11 de maio de 1973 (arquivos do autor, recebidos de "Stark"). Amnon Biran, "Spring of the Elite Forces", *Mabat Malam*, abril de 2011 (em hebraico). Entrevistas com Barak, 24 de novembro de 2013, "Chocolate Amargo", novembro de 2012, "Negro", janeiro de 2013, e Aviram Halevi, 12 de outubro de 2010. Betser, *Secret Soldier*, pp. 164-66.

52. Entrevista com Yigal Pressler, 6 de julho de 2017.

53. Entrevista com Amnon Lipkin-Shahak, 26 de maio de 2011. Klein, *Striking Back*, pp. 168-69.

54. Entrevista com Lipkin-Shahak, 3 de abril de 2012.

55. Entrevista com "Simbá", outubro de 2013.

56. Entrevista com Barak, 24 de novembro de 2013.

57. Cópia da carta nos arquivos do autor, obtida de "Midburn".

58. Mass, *Yael, the Mossad Warrior in Beirut* (manuscrito não censurado nos arquivos do autor, recebidos de "Maurice"), p. 117 (em hebraico).
59. Ele e seu assessor, Tawfiq Tirawi, visitavam três terroristas que haviam participado do ataque em Munique e sido libertados pelos alemães. Por volta da 1 hora, lembrou Tirawi, ouviram tiros, e um dos guarda-costas, que esperava do lado de fora, entrou correndo e gritou: "Al-Mossad, al-Mossad, eles estão aqui." Entrevista com Tawfiq Tirawi, junho de 2002.
60. Documentos adicionais indicavam ligações entre a OLP e organizações de esquerda na Europa, fortalecendo a posição do Mossad como corpo que podia ser útil para os países ocidentais nas batalhas *deles* contra o terrorismo local, assim como o argumento de Israel de que somente a cooperação seria capaz de bloquear o fenômeno. Entrevistas com Shimshon Yitzhaki, 2 de setembro de 2015, e Reuven Hazak, 1º de fevereiro de 1999. Sayigh, *Armed Struggle*, p. 311.
61. Alguns dias após a operação, o general de brigada Shaked exigiu que o diretor do Mossad demitisse o agente da Cesareia e, quando ele se recusou, urgiu o chefe do Estado-Maior Elazar a pedir ao primeiro-ministro que desse a ordem, mas, "Na atmosfera eufórica após a operação, ninguém me deu ouvidos". Entrevista com Shaked, 1º de maio de 2013.
62. Citado no *Haaretz*, 12 de março de 1973.

Capítulo 11: "A identificação errônea de um alvo não é um fracasso. É um erro"

1. O Mossad suspeitava que al-Kubaisi planejara um atentado contra a vida de Golda Meir, detonando um carro-bomba durante a passagem de seu comboio na visita que fizera a Nova York. Al-Kubaisi chegou a Paris em fevereiro e se registrou em um pequeno hotel perto da Place de la Madeleine. Em breve, começou a visitar bares frequentados por jovens árabes. Nehemia Meiri sentia ser velho demais para se misturar a eles e, por isso, adotou a medida extremamente não ortodoxa de enviar seu filho Moshe para ficar de olho em al-Kubaisi. O garoto não tinha nenhum treinamento formal em espionagem, mas Moshe disse que Nehemia estava convencido de ter lhe passado alguns de seus genes. "Eu ia até o bar, pedia algo para beber e começava a conversar com um dos árabes. Eu tinha uma bolsa com uma câmera escondida e, enquanto estava sentado lá, fotografava as pessoas no bar." A partir dessas fotografias e da documentação obtida

por outras equipes de vigilância, o Mossad identificou as reuniões entre al-Kubaisi e membros do Fatah. Entrevistas com Moshe e Nehemia Meiri, 12 de junho de 2012.

2. "Para nosso pesar, eles não morreram por iniciativa própria. Tiveram de ser ajudados", explicou Kurtz, que participou do assassinato de Hussein Abd al-Chir. Entrevista com "Kurtz", outubro de 2005. Klein, *Striking Back*, pp. 137-38.
3. Departamento de história do Mossad, *Relatório sobre a Operação Azia*, 1996, p. 17, citando o Relatório anual da Aman de 1978-1979 (arquivos do autor, recebidos de "Léxico").
4. Entrevista com Harari, 11 de abril de 2014. Um relato similar em certos aspectos surge em Klein, *The Master of Operations*, pp. 17-19. "Two Bomb-Carrying Arabs Injured in Explosion", *JTA*, 18 de junho de 1973.
5. Entrevista com Hadar, 7 de fevereiro de 2012.
6. Entrevistas com Harari, 12 de fevereiro de 2014, "Chocolate Amargo", 2 de novembro de 2012, e Klein, 28 de maio de 2014.
7. Boudia foi uma grande perda para a FPLP. Dois dias depois, a organização anunciou que vingara sua morte ao assassinar o adido militar israelense em Washington, o coronel Yosef "Joe" Alon, que fora morto a tiros na entrada da garagem de sua casa em Maryland, em 1º de julho. As circunstâncias reais da morte de Alon permanecem um mistério e são o centro de muitas teorias de conspiração. A investigação foi reaberta recentemente, após surgirem evidências de que Ilich Ramírez Sánchez — Carlos, o "Chacal" — esteve envolvido ou, ao menos, sabia a respeito. Adam Goldman, "I Wrote to Carlos the Jackal, and an Israeli's Assassination Case Was Revived", *New York Times*, 8 de janeiro de 2017. Correspondência via e-mail com Sophie Bonnet, diretora de um futuro documentário sobre o Chachal, maio de 2017.
8. Entrevista com "Kurtz", outubro de 2005.
9. Nadia Salti Stephan, "Abu Hassan by Abu Hassan", *Monday Morning*, abril de 1976.
10. Departamento de pesquisa da Aman, "Terror Activity Abroad", 1º de maio de 1969 (mostrado ao autor por "Léxico").
11. Entrevista com Yitzhaki, 2 de setembro de 2015. Bird, *Good Spy*, p. 90.
12. Bird, *Good Spy*, pp. 133-34. Klein, *Striking Back*, p. 192.
13. Entrevista com Yitzhaki, 2 de setembro de 2015.
14. Citação de Harari retirada de Yarin Kimor, *Sealed Lips*, Canal 1, 20 de setembro de 2014.

15. Klein, *Striking Back*, pp. 186-87. Entrevistas com Harari, 10 de março de 2014, Ilan Mizrahi, 22 de outubro de 2014, "Kurtz", outubro de 2005, "Chocolate Amargo", novembro de 2012.
16. Em outra versão, Benamene embarcou em Milão em um trem para Oslo, seguido por uma equipe do Mossad, e lá, de acordo com um dos agentes que o seguiam, "Ocorreu um erro quando o confundimos com outro passageiro do trem". Entrevista com "Shaul", junho de 2017.
17. General Aharon Yariv, entrevista à BBC, 23 de novembro de 1993.
18. Meiri, em contrapartida, achava que o homem que levava uma vida tranquila em Lillehammer era de fato Salameh. Entrevistas com Harari, 10 de março de 2014, Nehemia e Moshe Meiri, 12 de junho de 2012, e "Shaul", junho de 2017.
19. Entrevista com Harari, 23 de março de 2014.
20. Eles abandonaram o carro no estacionamento de um prestigiado hotel dinamarquês, onde ele permaneceu por três anos, antes que um funcionário percebesse que havia algo errado e ele fosse devolvido à locadora de veículos.
21. Entrevistas com Harari, 29 de março de 2014, e "Shaul", julho de 2011. Y. negou o pedido de entrevista feito a ele em meu nome por um familiar, um ex-comandante da Força Aérea israelense, em 20 de março de 2017.
22. Bouchiki também era irmão de Chico Bouchikhi, cofundador dos Gipsy Kings. Entrevista com Uli Weidenbach, 26 de fevereiro de 2017.
23. Moshe Zonder, "I Was Sure They'd Kill Me Too", *Maariv*, 13 de setembro de 1995.
24. Yarin Kimor, *Sealed Lips*, Canal 1, 20 de setembro de 2014.
25. Entrevistas com "Shaul", julho de 2011, e Harari, 23 de março de 2014.
26. Nos registros da polícia norueguesa, contudo, há um relato ligeiramente diferente das circunstâncias em que Arbel foi detido, dando o crédito à própria polícia, e não ao vizinho alerta que anotou a placa. De qualquer modo, o resultado foi um desastre para o Mossad. Yossi Melman, "Protocols of Lillehammer Failure Revealed", *Maariv*, 2 de julho de 2013.
27. Reagindo às palavras de "Shaul", Harari disse: "Até Lillehammer, não sabíamos que ele [Arbel] sofria de claustrofobia. Ao contrário, em todas as missões anteriores, ele se saíra extremamente bem." A questão é se deveriam saber. Harari, quando confrontado, interrompeu-me em um tom distintamente sarcástico: "Você é uma pessoa séria, não é? Digamos que você seja um agente e esteja na Noruega, no fim do mundo, perto do polo norte, e não conheça a língua nem o alfabeto. Você não consegue ler os nomes das ruas, a placa na frente do seu apartamento ou a manchete de jornal que poderia

ser relevante para sua missão. O que significa que meu pessoal treinado não falava a língua, então peguei gente parcialmente treinada, incluindo os 'quase-agentes', pessoas que ainda estavam no meio do curso, mas falavam norueguês, porque era o que eu tinha, e precisava de alguém que pudesse traduzir." Entrevista com Harari, 23 de março de 2014.

28. Muitas questões sobre o desempenho dos chefes da Cesareia durante o caso de Lillehammer e duras críticas a eles são encontradas em uma carta anônima escrita por um dos subordinados de Harari em abril de 2014, que contém informações ainda não publicadas e está nos arquivos do autor.

29. Somente em meados da década de 1990 Israel decidiu assumir a autoria do assassinato, quando procedimentos legais foram instaurados contra Harari e Zamir na Noruega. Israel pagou a Torill Larsen Bouchiki e sua filha Malika, de 22 anos, a soma de 283 mil dólares, ao passo que o filho do casamento anterior do sr. Bouchiki, Jamal Terje Rutgersen, recebeu um acordo separado de 118 mil dólares. "Israelis to Compensate Family of Slain Waiter", *New York Times*, 28 de janeiro de 1996.

30. Os problemas diplomáticos e legais de Israel em Lillehammer são bem descritos em Palmor, *The Lillehammer Affair*, o relato do oficial do Ministério do Exterior nomeado para coordenar os esforços relacionados à questão.

31. Entrevista com Kfir, 9 de junho de 2011.

32. Entrevista com Harari, 23 de março de 2014.

33. Gaddafi tinha as próprias razões para querer derrubar uma aeronave israelense. Em 21 de fevereiro de 1973, a Força Aérea israelense derrubara um avião de passageiros da Libyan Airlines que, ao viajar de Trípoli para o Cairo, saíra da rota, entrara no espaço aéreo controlado pelos israelenses sobre a península do Sinai e se dirijira para a instalação nuclear secreta em Dimona. Das 113 pessoas a bordo, 108 morreram.

34. Entrevista com Harari, 23 de março de 2014. Zamir, *With Open Eyes*, pp. 142-46. Klein, *Master of Operations*, pp. 28-35.

35. Entrevistas com Harari, 23 de março de 2014, Nehemia Meiri e Moshe Meiri, 12 de junho de 2012, e "Negro", novembro de 2015.

36. A maioria dos prisioneiros palestinos foi colocada a bordo de um avião de carga da Força Aérea italiana, que decolou em direção à Líbia, mas explodiu sobre o Mediterrâneo. Todos a bordo morreram. Alguns oficiais italianos culparam o Mossad pela misteriosa falha técnica que causou a explosão. Israel nega essas alegações e, até onde pude verificar, está dizendo a verdade.

Capítulo 12: Húbris

1. A Primavera da Juventude não foi o único sucesso da comunidade de inteligência em 1973. O Mossad infiltrara, com o que achava serem excelentes resultados, um espião nos escalões superiores do governo egípcio: um homem chamado Ashraf Marwan, chefe de gabinete do presidente Anwar Sadat e genro do ex-presidente Nasser. Além disso, a Sayeret Matkal instalara dispositivos de vigilância na península do Sinai durante a Operação Consulado, grampeando os principais cabos de comunicação dos militares egípcios e tornando parte de suas conversas ultrassecretas acessíveis à Aman. Entrevistas com "Constantine", novembro de 2011, Ehud Barak, 13 de janeiro de 2012, e Levin, 10 de maio de 2017. Sobre a questão do recrutamento de Ashraf Marwan e seu possível envolvimento no engodo egípcio que antecedeu a Guerra do Yom Kippur, ver Bergman e Meltzer, *The Yom Kippur War: Moment of Truth*, pp. 31-41, 470-522 (em hebraico).
2. *Davar*, 17 de abril de 1973.
3. Citações retiradas de documentos escaneados publicados em Zamir, *With Open Eyes*, caderno de fotos, p. 129.
4. Entrevista com Barak, 13 de janeiro de 2012.
5. Kissinger ao presidente Nixon, Washington, 25-26 de fevereiro de 1973. Arquivos Nacionais, Material presidencial de Nixon, Dossiê NSC, Documentos Kissinger, caixa 131.
6. Kipnis, *1973: The Way to War*, p. 89 (em hebraico).
7. Depoimento do chefe do Estado-Maior David Elazar perante a Comissão Agranat, 31 de janeiro de 1974, 17 de fevereiro de 1974, 21 de fevereiro de 1974 (arquivos do autor, recebidos de "Picasso").
8. Harari e a Cesareia tinham planos de contingência para o evento de uma guerra, incluindo a detonação de um contêiner cheio de explosivos em Porto Said e a instalação de cargas explosivas em várias sedes militares e escritórios governamentais no Cairo. Harari os apresentou à primeira-ministra Meir, mas, chocada e abalada com os eventos, ela não quis assumir riscos adicionais e recusou. Bergman e Meltzer, *The Yom Kippur War: Moment of Truth*, pp. 23-97 (em hebraico). Entrevista com Harari, 29 de março de 2014.
9. *Yedioth Ahronoth*, 16 de maio de 1974.
10. *The Truth Behind the Maalot Massacre*, documentário de Orly Vilnai e Guy Meroz, Canal 10, março de 2014.
11. Zonder, *Sayeret Matkal*, p. 119 (em hebraico).

12. Entrevista com Yitzhaki, 2 de setembro de 2015.
13. Entrevista com Harari, 29 de março de 2014.
14. Sayigh, *Armed Struggle*, pp. 310-11.
15. Departamento de história do Estado-Maior das FDI, *The Terror Attack at the Savoy Hotel*, agosto de 1975 (arquivos do autor, recebidos de "Gomez").
16. Entrevista com Gazit, 12 de setembro de 2016.
17. Entrevista com Omer Bar-Lev, 15 de novembro de 2012.
18. Entrevistas com "Greco", outubro de 2014, e "Jacob", agosto de 2015.
19. Entrevista com Gazit, 12 de setembro de 2016.
20. A operação recebeu o codinome Operação B'nei Mazor (Filhos da Ajuda Humanitária). Entrevista com Aviem Sella, 10 de julho de 2013. (O relatório sobre a ocorrência nos arquivos da Força Aérea foi mostrado ao autor por "Roi".)
21. No período entre dezembro de 1973 e maio de 1978, a Frente Popular realizou vinte atos internacionais de terrorismo. Merari e Elad, *International Dimension of Palestinian Terrorism*, pp. 170-74 (em hebraico).
22. Entrevista com Mizrahi, 22 de abril de 2014.
23. Entrevista com Yitzhaki, 2 de setembro de 2015.
24. Arquivo Mitrokhin, K-24, 365, Churchill College, Universidade de Cambridge. Ronen Bergman, "The KGB's Middle East Files: Palestinians in the Service of Mother Russia", *Yedioth Ahronoth*, 4 de novembro de 2016. Andrew e Mitrokhin, *The Mitrokhin Archive II*, p. 244. Entrevista com Christopher Andrew, 21 de fevereiro de 2016.
25. Entrevista com Yitzhaki, 2 de setembro de 2015. Mossad, *Operação Azia*, p. 7.
26. Ravid, *Window to the Backyard*, p. 49.
27. A ligação entre Haddad e o Baader Meinhof foi forjada por seu vice, Taysir Kubeh, encarregado das relações exteriores secretas da organização, através de estudantes palestinos na Alemanha. Entrevista com Yitzhaki, 2 de setembro de 2015.
28. Alguns outros palestinos e alemães foram despachados para Nairóbi a fim de ajudar com a logística. A ordem operacional escrita por Haddad pode ser encontrada em Mossad, *Relatório sobre a Operação Azia*, pp. 68-80.
29. Ibid., p. 73.
30. Ibid., p. 30.
31. Entrevista com Eliezer Tsafrir, 2 de outubro de 2015.
32. Entrevista com Yitzhaki, 2 de setembro de 2015.
33. O Mossad tinha uma rica e muito positiva história de cooperação com os serviços de segurança quenianos. Ronen Bergman, "Israel and Africa", pp. 112-16.

34. Mossad, *Relatório sobre a Operação Azia*, pp. 30-31.
35. Entrevista com Tsafrir, 2 de outubro de 2015.
36. Mossad, *Relatório sobre a Operação Azia*, pp. 36-37.
37. Tsafrir, um dos agentes do Mossad enviado a Nairóbi, enfrentou um dilema único: ele sabia que a sobrinha Gilat Yarden estaria no voo. "Eu não sabia se a avisava para não embarcar ou se a deixava embarcar sem dizer nada", disse ele. "Por um lado, o segredo absoluto era particularmente importante. Qualquer vazamento de informação poderia assustar os terroristas. Eu tinha certeza de que poderíamos pará-los antes de lançarem o míssil. Por outro lado, tratava-se da filha da minha irmã, e em uma operação como aquela tudo pode acontecer. E se não conseguíssemos encontrar os terroristas? O que é mais importante, lealdade ao Mossad ou lealdade à família?". No fim, Tsafrir decidiu que o Mossad vinha primeiro e deixou Gilat embarcar no avião, assumindo a responsabilidade por sua vida. Entrevista com Tsafrir, 2 de outubro de 2015.
38. Entrevista com Tsafrir, 14 de julho de 2015. Mossad, *Relatório sobre a Operação Azia*, p. 59.
39. Entrevistas com "Eleanor", setembro de 2014, "Mark", março de 2011, e "Ringo", julho de 2013. Mossad, *Relatório sobre a Operação Azia*, pp. 59-60.
40. Assim que saiu da sala, Barak fez uma consulta sobre o assunto a oficiais do Ministério da Justiça, sob liderança do procurador Gabriel Bach, que também ficou "chocado até a alma" quando ouviu a sugestão de Zeevi. Entrevistas com Dorit Beinish, 28 de setembro de 2014, e "Ringo", julho de 2013.
41. Entrevista com Hadar, 14 de maio de 2017.
42. Entrevista com "Mark", março de 2011.
43. Entrevista com Yigal Simon, 29 de julho de 2012.
44. Entrevista com Gazit, 19 de julho de 2017.
45. Entrevista com Hadar, 14 de maio de 2017. Schulz também causou forte impressão em John le Carré (David Cornwell), para quem seu amigo Gazit, chefe da Aman, conseguiu uma visita à instalação secreta de detenção apelidada de Vila Brigitta por causa da terrorista alemã. A agente do Mossad que traduzia os interrogatórios para Hadar foi apresentada a le Carré com nome e título falsos: "capitã Kaufman, diretora da prisão". Le Carré, *The Pigeon Tunnel*, pp. 109-15 (em hebraico).
46. Protocolo da reunião de gabinete de 27 de junho de 1976 (arquivos do autor, recebidos de "Paul"). A nota entregue por Poran está nos arquivos do autor (recebida de Avner Avraham). Entrevista com Amos Eiran, 11 de fevereiro de 2009.

47. Departamento de História das FDI, *Operação Relâmpago*, novembro de 1977, MODA, 107.79.18, pp. 3-11.
48. Ronen Bergman, "Israel and Africa", pp. 121-39.
49. Entrevistas com Avner Avraham, 14 de outubro de 2015, Akiva Lakser, 1º de abril de 2016, e Ido Netanyahu, 29 de junho de 2016. Netanyahu (org.), *Sayeret Matkal at Antebbe*, pp. 25-28 (em hebraico).
50. Relatório do diretor do Shin Bet, Avraham Ahituv, durante a reunião do gabinete de segurança, 30 de junho de 1976 (arquivos do autor, fornecidos por "Paul").
51. Entrevistas com Tsafrir, 2 de outubro de 2015.
52. Finalmente ficou claro, após uma patrulha de reconhecimento conduzida pelos comandos navais nas margens do lago Vitória, que o plano não era exequível porque o lago estava cheio de crocodilos. Halevy, Reicher e Reisman (orgs.), *Operation Yonatan in First Person*, pp. 38-39 (em hebraico). Entrevista com Eiran, 11 de fevereiro de 2009.
53. Entrevista com Eiran, julho de 2013. Ronen Bergman, "Gilad Shalit and the Rising Price of an Israeli Life", *New York Times Magazine*, 9 de novembro de 2011.
54. Rabin falava em uma reunião de emergência com os líderes do establishment de defesa que convocou na tarde de 30 de junho. O chefe do Estado-Maior Mordechai Gur concordou com Rabin, dizendo que o jornalista deveria ser interrogado pelo Shin Bet. "Concordo totalmente e acho que precisa ser feito. Ainda é cedo, podemos começar hoje mesmo." Mas o interrogatório não ocorreu, pois o procurador-geral Barak disse a Rabin que seria ilegal e o proibiu. "Reunião do primeiro-ministro e ministro da Defesa com o establishment de defesa", 30 de junho de 1976 (arquivos do autor, recebidos de "Paul").
55. Enquanto falava com eles, conseguiu tirar fotografias da torre de controle a partir do solo e até mesmo obter a informação da qual a Força Aérea precisava tão desesperadamente: o diâmetro das mangueiras de abastecimento do aeroporto. Entrevistas com Harari, 10 de março de 2014, Klein, 6 de outubro de 2014, e Avi Weiss Livne, 12 de setembro de 2016. Cópias das fotografias que "David" tirou no aeroporto de Entebbe estão nos arquivos do autor (recebidas de "Ethan").
56. "Protocolo das reuniões de gabinete em 3 de julho de 1976 e 4 de julho de 1976" (arquivos do autor, recebidos de "Paul"). Entrevista com Peres, 4 de agosto de 2015.
57. Entrevistas com Yiftach Reicher, 25 de novembro de 2013, e Weiss Livne, 16 de maio de 2016. Ronen Bergman, "Operation Entebbe as Told by the Commandos: Planning the Mission", *Yedioth Ahronoth*, 27 de junho de 2016. Halevy,

Reicher e Reisman (orgs.), *Operation Yonatan in First Person*, pp. 19-32 (em hebraico).
58. Ronen Bergman e Lior Ben Ami, "Back from Africa", *Yedioth Ahronoth*, 17 de junho de 2016.
59. Entrevistas com Reicher Atir, 25 de novembro de 2013, Weiss Livne, 16 de maio de 2016, Amir Ofer, 1º de abril de 2016, Giora Zussman, maio de 2016, Dani Arditi, 13 de junho de 2011, Omer Bar-Lev, 15 de novembro de 2012, Pinchas Buchris, maio de 2016, Rami Sherman, 6 de julho de 2016, Shlomi Reisman, 6 de julho de 2016, Shaul Mofaz, 14 de junho de 2011, e Betser, 10 de junho de 2016.
60. Entrevistas com "Greco", março de 2015, e "Jacob", agosto de 2015.

Capítulo 13: Morte na pasta de dentes

1. Entrevista com Yitzhak Hofi, Centro Begin, 11 de janeiro de 2002.
2. Entrevista com Admoni, 29 de maio de 2011.
3. Begin anulou a decisão dos primeiros-ministros anteriores (Eshkol assinou a ordem em 31 de dezembro de 1968 e Meir e Rabin a ratificaram) de colocar a caçada aos criminosos nazistas mais abaixo na ordem de prioridades do Mossad e, com seu vigoroso apoio, o comitê do gabinete de segurança decidiu, em 23 de julho de 1977, "ordenar que o Mossad retomasse a busca por criminosos de guerra nazistas, em particular Josef Mengele. Se não houvesse como levá-los à justiça, deveriam ser mortos." Desse momento em diante, o Mossad realmente passou a agir com o objetivo de encontrar e eliminar Mengele, mas seus esforços foram em vão. A Cesareia localizou Klaus Barbie, "o açougueiro de Lyon", comandante da Gestapo naquela cidade que fora responsável por enviar milhares de judeus para os campos de morte, na Bolívia. O diretor da Cesareia, Harari, viajou a La Paz a fim de supervisionar os preparativos para o assassinato, mas, no fim, decidiu cancelar a operação, devido a incertezas quanto à rota de fuga. Em retrospecto, ele acha que foi excessivamente cauteloso: "Acho que deveríamos ter feito mais [contra os nazistas]. Se houvesse um único nazista respirando em algum canto do mundo, deveríamos tê-lo ajudado a parar de respirar. Hoje, quando sei em que território esses nazistas estavam vivendo, a América Central e a América do Sul, e quão fácil teria sido virar o mundo de cabeça para baixo naquela região, acho que fomos idiotas." Em vez de assassiná-lo, Israel passou as informações que coletara sobre Barbie para a França, que o extraditou e o levou a julgamento em 1983.

Em 1987, ele foi sentenciado à prisão perpétua e, em 1991, morreu de câncer na prisão. Entrevistas com Medan, 30 de junho de 2015, Harari, 10 de março de 2011, Klein, 28 de maio de 2014, e Yossi Chen, 11 de setembro de 2017. Mossad, Cesareia, Revav, comandante de Messer, para Mike Harari, 11 de abril de 1978. Departamento de história do Mossad, *Looking for the Needle in the Haystack*, 2007, pp. 117-220 (arquivos do autor, recebido de "Midburn"). Ronen Bergman, "Why Did Israel Let Mengele Go?". *New York Times*, 6 de setembro de 2017. Entrevista com Hofi, Centro Begin, 11 de janeiro de 2002. Klein, *Master of Operations*, pp. 236-39.

4. Entrevista com Nakdimon, 18 de fevereiro de 2015.
5. Merari e Elad, *International Dimension of Palestinian Terrorism*, pp. 130-31 (em hebraico).
6. Assembleia Geral das Nações Unidas, 29ª Sessão, Registros oficiais, A/PV.2282.
7. Setor de Inteligência, Divisão de pesquisas, Relatório especial 12/906, 25 de dezembro de 1974 (arquivos do autor, recebido de "Biólogo").
8. Entrevista com Amos Gilad, 31 de julho de 2012.
9. Entrevista com Pressler, 6 de julho de 2017.
10. Entrevista com Yitzhaki, 2 de setembro de 2015.
11. Mossad, *Operação Azia*, pp. 105-8.
12. Entrevistas com Dagan, 20 de julho de 2013, "Bertie", junho de 2009, "Eldy", agosto de 2016, e "Ethan", junho de 2015.
13. No livro de Aaron Klein, *Striking Back*, surge um relato ligeiramente diferente, segundo o qual o veneno foi escondido em um chocolate belga, do qual Haddad gostava particularmente, e dado a ele por um de seus homens, que era agente do Mossad. Klein, *Striking Back*, pp. 179-81.
14. Relatório sobre o paciente "Ahmed", escrito pelo dr. O. Prokop, Universidade de Humboldt, 21 de abril de 1978 (arquivos do autor, recebidos de Gunther Latsch).
15. A correspondência interna do establishment de inteligência da Alemanha Oriental não está destituída de claras referências racistas aos palestinos, que eram chamados de "comedores de camelos". A Stasi forneceu treinamento e armas às organizações palestinas e, juntamente com o KGB, as urgiu a agir contra alvos israelenses e americanos, ao mesmo tempo que se assegurava de que não operassem no interior do bloco comunista. Essas informações foram cortesia do jornalista Gunther Latsch. Ronen Bergman, "KGB's Middle East Files", *Yedioth Ahronoth*, 4 de novembro de 2016.
16. "Major-general dr. Fister ao 'grande ministro' [identidade não revelada, provavelmente Erich Mielke], com os seguintes documentos, em 22/4/1978: Relatório

sobre o paciente 'Ahmed', escrito pelo dr. Prokop em 21/4/1978; Instituto de Medicina Forense da Universidade de Humboldt, *Corpo de Ahmed Doukli*, 20/4/1978; Relatório médico 258/78, do dr. Geserick, enviado ao distrito militar e ao procurador estadual, sobre o corpo de Doukli, Ahmed em 29/3/1978" (arquivos do autor, recebidos de Gunther Latsch).

17. Li para Yitzhaki os relatórios dos médicos alemães sobre o terrível sofrimento que Haddad experimentara antes de morrer. Ele sorriu: "Essas histórias de sofrimento têm efeito próprio. Elas se espalham e chegam aos ouvidos de outros terroristas, entram em suas mentes, causam assombro e terror, atrapalham seu julgamento, mudam seu comportamento e fazem com que cometam erros." Entrevista com Yitzhaki, 2 de setembro de 2015.
18. Bird, *Good Spy*, p. 152.
19. Entrevista com "Negro", setembro de 2016.
20. Entrevista com Ravid, 17 de janeiro de 2013.
21. Entrevista com "Ethan", junho de 2015.
22. Em *The Good Spy*, Kai Bird descreve uma cena similar na qual a questão das relações entre Salameh e a inteligência americana é discutida por Alan Wolfe, da CIA, e o Mossad no verão de 1978. Bird, *Good Spy*, pp. 207-208. Entrevista com "Lenda", maio de 2011.
23. Entrevista com Yitzhaki, 2 de setembro de 2015.
24. Memorando da conversa entre Kissinger, Helms e Saunders em 23 de julho de 1973, e anexo de Ames para Helms, 18 de julho de 1973. NA, RN, Arquivos NSC, caixa 1.027.
25. Bird, *Good Spy*, p. 145.
26. Ibid., p. 126.
27. Ibid., p. 151.
28. Entrevista com "Jacob", agosto de 2015.
29. Bird, *Good Spy*, pp. 176-78.
30. Entrevistas com Harari, 10 de março de 2014, Klein, 6 de outubro de 2014, e Yitzhaki, 2 de setembro de 2015.
31. Bird, *Good Spy*, pp. 181-83.
32. Ibid., pp. 179-80.
33. Ibid., p. 208.
34. Entrevista com "Jacob", agosto de 2015.
35. Entrevista com "Lenda", maio de 2011.
36. Entrevista com Harari, 10 de março de 2014.

37. Entrevista com Amin al-Hajj (na presença de seu antigo oficial no Mossad, "Kobi"), 14 de agosto de 2014. Ronen Bergman, "Waltz with Amin", *Yedioth Ahronoth*, 14 de novembro de 2014.
38. Entrevista com Harari, 29 de março de 2014.
39. Entrevista com "Negro", junho de 2015.
40. Entrevistas com Harari, 29 de março de 2014, Klein, 28 de maio de 2014, e "Atum", agosto de 2015.
41. Dietl, *Die Agentin des Mossad*, pp. 85-96, 112, 147.
42. Além de praticarem o assassinato em si, os três também ensaiaram a evacuação pelo mar. Presumia-se que o aeroporto de Beirute estaria fechado ou, ao menos, sob segurança mais estrita depois que um carro-bomba explodisse no centro. David Shiek, então um jovem oficial, e mais tarde vice-comandante da Flotilha 13, ensinou-lhes como lidar com situações emergenciais nas quais poderiam ter de nadar ou usar armas durante a evacuação pelo mar. Entrevista com David Shiek, 11 de abril de 2013.
43. Entrevista com "Lichia", novembro de 2011.
44. Entrevista com Harari, 23 de março de 2014.
45. Entrevista com "Negro", setembro de 2016.
46. Bird, *Good Spy*, pp. 215-16.
47. Entrevista com Shiek, 11 de abril de 2013.
48. Bird, *Good Spy*, p. 217.

Capítulo 14: Uma matilha de cães selvagens

1. Entrevistas com Gilad, 4 de agosto de 2015, e Gadi Zohar, 2 de janeiro de 2013.
2. Entrevistas com Gilad, 31 de julho de 2012, e Galant, 19 de agosto de 2011.
3. Estado-Maior das FDI, Departamento de História, *Terror Attack on the Coastal Road*, 1º de dezembro de 1983 (arquivos do autor, recebidos de "Paul").
4. Em alguns relatos posteriores da mídia, afirmou-se que o pânico e a incompreensão da situação por parte dos israelenses causaram um tiroteio excessivo que levou à maioria das mortes, ao passo que o objetivo dos atacantes era conduzir negociações para a libertação de prisioneiros. Mesmo que essa alegação esteja correta, todos concordam que Abu Jihad ordenou que seus homens matassem os reféns caso não obtivessem sucesso nas negociações. *Uvda*, Canal 2, 26 de maio de 2013, "The Terrorist Who Carried Out the Attack on the Bloodbath Bus: I Apologize and I Regret It", 31 de outubro de 2011.

5. A maioria desses casos jamais chegou aos tribunais, incluindo graves ações cometidas em 15 de março e 16 de abril, entre elas o assassinato de "um terrorista de cerca de 13 anos". "Treatment of Prisoners", Y. Einstein, chefe de inspeção das FDI no Gabinete de Inspetores do Estado, para o chefe do Estado-Maior geral, 9 de novembro de 1978 (arquivos do autor, recebidos de "Sino").
6. Entrevista com Galant, 4 de setembro de 2014.
7. Tribunal militar, arquivo n. 313/78, promotor das FDI *versus* primeiro-tenente Daniel Pinto, julgamento (*in camera*) de 9 de fevereiro de 1979 (arquivos do autor, recebidos de "Neve"). Eitan, *A Soldier's Story: The Life and Times of an Israeli War Hero*, pp. 163-65 (em hebraico).
8. Entrevista com Shiek, 11 de abril de 2013.
9. Os fatos foram cortesia de Mike Eldar. Eldar, *Flotilla 13*, pp. 572-83 (em hebraico).
10. Entrevistas com Ami Ayalon, 21 de janeiro de 2013, Galant, 4 de setembro de 2014, e Eldar, 18 de setembro de 2011. Eldar, *Flotilla 13*, p. 583 (em hebraico).
11. Zrair permaneceu sendo um dos principais agentes nas atividades da OLP contra Israel e participou da luta após a invasão israelense do sul do Líbano em junho de 1982. Durante aquele ano, a Unidade 504 recrutou certo Ibrahim Firan, um oficial do porto de Tiro que era próximo de Zrair. Os dois partilhavam a atração por meninos. A Unidade 504 pagou a Firan uma bela soma, parte da qual foi usada para financiar as aventuras sexuais dos dois. Em troca, Firan entregou a localização do esconderijo de Zrair: uma vila na praia entre as fozes dos rios Zahrani e Litani, ao norte de Tiro. Em 5 de agosto de 1982, uma força da Yaman, o esquadrão especial de contraterrorismo da polícia de Israel, invadiu a casa, apoiada por soldados da Divisão 91. Os atacantes relataram que Zrair tentara pegar a pistola e eles o abateram a tiros. A inteligência do Fatah suspeitou que Firan fornecera as informações sobre Zrair e o liquidou dois anos depois. Zvika Bandori, do Shin Bet, diz que Zrair não estava armado e não resistiu, e que foi morto de acordo com o procedimento de execução do Shin Bet conhecido como "Krenk" ("doença" em iídiche). A fome por vingança por parte de seus camaradas os levou a se unirem a elementos do Hezbollah, que acabara de ser formado, para explodir a sede israelense em Tiro logo depois, segundo Bandori. Entrevistas com Ravid, 17 de janeiro de 2013, Yitzhak Mordechai, 22 de março de 2015, e Zvika Bandori, 11 de setembro de 2017.
12. Entrevista com Shiek, 11 de abril de 2013.
13. Entrevista com "Oliveira", maio de 2013.
14. Entrevista com Ravid, 17 de janeiro de 2013.

15. Schiff e Yaari, *Israel's Lebanon War*, pp. 50-75 (em hebraico).
16. Entrevista com Uzi Dayan, 18 de abril de 2013.
17. Hatem vive em Paris, sob a égide dos serviços franceses de segurança, desde meados dos anos 1990. Foi onde realizei uma série de entrevistas com ele em fevereiro de 2005. Ronen Bergman, "The Cobra", *Yedioth Ahronoth*, 4 de março de 2005.
18. Entrevista com Merhav, 5 de outubro de 2011.
19. Entrevista com Mordechai Zippori, 11 de março de 2015.
20. Ronen Bergman, "Dismissal in the Mossad Leadership", *Haaretz*, 3 de janeiro de 1997.
21. Smadar Haran Kaiser, "The World Should Know What He Did to My Family", *Washington Post*, 18 de maio de 2003.
22. Entrevista com Avigdor Ben-Gal, 6 de novembro de 2013.
23. Eitan, *Soldier's Story*, p. 182.
24. Entrevistas com Ben-Gal, 6 de novembro de 2013, e Dagan, 26 de maio de 2013.
25. Entrevista com Ben-Gal, 6 de novembro de 2013.
26. Entrevista com David Agmon, 28 de outubro de 2015.
27. Entrevista com Ben-Gal, 6 de novembro de 2013.
28. A consciência de um dos membros da unidade ficou abalada com essas atividades, que ele chamou de "nada menos que crimes de guerra". Ele deixou o exército e emigrou para os Estados Unidos, rompendo a maioria de seus laços com Israel. Entrevistas com "Rupert", março de 2016, Ben-Gal, 6 de novembro de 2013, Dagan, 29 de maio de 2013, Agmon, 8 de maio de 2016, e Gadi Aviran, 6 de abril de 2012.
29. Entrevistas com Ben-Gal, 6 de novembro de 2013, e Aql al-Hashem, dezembro de 1999. Sayigh, *Armed Struggle*, pp. 513-21.
30. Entrevista com Yehoshua Saguy, 20 de novembro de 2015.
31. Entrevista com Gilboa, 18 de março de 2015.
32. Entrevista com Ben-Gal, 6 de novembro de 2013.
33. Entrevista com Ephraim Sneh, 20 de outubro de 2015.
34. Entrevista com Ben-Gal, 6 de novembro de 2013.
35. Entrevista com Zippori, 11 de março de 2015.
36. Entrevista com Ben-Gal, 6 de novembro de 2013.
37. Relato da reunião retirado de entrevistas com Zippori, 11 de março de 2015, e Ben-Gal, 6 de novembro de 2013. Com exceção de diferenças menores, seus relatos são idênticos.
38. Entrevista com Gilboa, 30 de dezembro de 2013.

39. Entrevista com Ben-Gal, 6 de novembro de 2013.
40. Schiff e Yaari, *Israel's Lebanon War*, pp. 125-26.
41. Entrevista com Sneh, 26 de outubro de 2015.
42. Sayigh, *Armed Struggle*, pp. 513-21. Al-Hurriyya, 9 de julho de 1981. Lista dos incidentes envolvendo a Frente para a Libertação do Líbano de Estrangeiros na Global Terrorism Database (GTD): http://www.start.umd.edu/gtd/search/Results.aspx?perpetrator=2991.
43. Entrevista com "Sally", fevereiro de 2015.
44. Entrevista com "Eldy", janeiro de 2015.
45. Entrevista com Ben-Gal, 6 de novembro de 2013.
46. Entrevista com Dagan, 26 de maio de 2013.
47. Entrevistas com Ben-Gal, 6 de novembro de 2013, Dagan, 26 de maio de 2013, Agmon, 28 de outubro de 2015, Sneh, 20 de outubro de 2015, e Azriel Nevo, 5 de janeiro de 2016.
48. Zvika Bandori, que na época atuava como chefe da divisão árabe do Shin Bet, disse que Rafi Eitan, o conselheiro sobre terrorismo do primeiro-ministro, e Meir Dagan apresentaram o plano a ele e rejeitaram sua oposição, baseada na presença de grande número de civis. Eles argumentaram que não haveria muitos civis presentes. A pedido de Eitan, Bandori conseguiu uma reunião entre ele e o diretor do Shin Bet, Avraham Shalom, que também expressou forte oposição à operação. Entrevistas com Bandori, 11 de setembro de 2017, e "Henry", outubro de 2015.
49. Entrevista com Sneh, 20 de outubro de 2015.
50. Entrevistas com Saguy, 20 de novembro de 2015, e Dagan, 26 de maio de 2013.
51. "Há muito tempo eu não sentia tanto medo quanto naquele voo para Jerusalém", lembrou Dagan. Eitan tinha licença militar e pilotava de vez em quando, ao visitar as bases da Força Aérea. Aviadores regulares faziam o possível para não acompanhá-lo. "Ele era um perigo", lembrou um deles. Às vezes, Eitan preparava sacos de sal e os jogava sobre os casais namorando na praia. Ben-Gal se lembra desses voos com horror. Uma vez, Eitan viu um navio "e gritou 'Olha lá um barco terrorista, vamos destruí-lo!'". Ele guinou o Cessna para longe da costa e se dirigiu para o navio, um contratorpedeiro da 6ª Frota americana. Eitan, de bom humor, manteve a piada, como se acreditasse se tratar de um barco terrorista, enquanto Ben-Gal gritava: "Olhe para os canhões! Veja a bandeira!" Mas o chefe do Estado-Maior estava gostando do nervosismo de Ben-Gal e continuou a sobrevoar o contratorpedeiro à altura do mastro, até que a tripulação ficou irritada e cobriu o Cessna de espuma.

Entrevistas com Dagan, 29 de maio de 2013, Ravid, 13 de novembro de 2012, e Ben-Gal, 6 de novembro de 2013.
52. Entrevista com Saguy, 20 de novembro de 2015.
53. Entrevista com Dagan, 26 de maio de 2013.
54. Entrevistas com Dagan, 26 de maio de 2013, e "Sally", fevereiro de 2015.

Capítulo 15: "Abu Nidal, Abu *Shmidal*"

1. Entrevista com Yoav Biran (número 2 de Argov na embaixada, que também estava no Dorchester naquela noite), 22 de abril de 1999.
2. Entrevistas telefônicas com Hussein Said, abril e maio de 1999.
3. Carta de Hussein Said para o autor, 20 de abril de 1999 (arquivos do autor). Entrevistas telefônicas com Hussein Said, abril e maio de 1999.
4. O incidente levou a sérios atritos entre as inteligências britânica e israelense, com oficiais do Mossad alegando que os britânicos poderiam ter feito mais para evitar a tentativa de assassinato. Cinco anos depois, Israel tinha um agente duplo em uma célula operacional do Fatah em Londres, sem o conhecimento dos britânicos. Membros da célula assassinaram Naji al-Ali, um caricaturista palestino com cidadania britânica que ridicularizara Arafat em seus desenhos. Arafat ordenara que fosse morto. As autoridades britânicas alegam que Israel poderia ter evitado sua morte, mas não o fez como vingança pelo ataque ao embaixador ou simplesmente porque não se importava com a morte de um árabe. Os britânicos expulsaram a maioria dos membros da estação do Mossad em Londres. Entrevistas com Ravid, 17 de janeiro de 2013, e "Gelato", fevereiro de 1999. Sharon Sade e Ronen Bergman, "I Shot Shlomo Argov", *Haaretz*, 11 de junho de 1999.
5. Entrevista com Simon, 29 de julho de 2012.
6. Saddam também queria se vingar de Israel por seus ataques ao reator nuclear iraquiano, Tamuz Osirak, um ano antes. Amatzia Baram e Pesach Malovany, "The Revenge of Saddam Hussein", *Yedioth Ahronoth*, 14 de junho de 2012.
7. Schiff e Yaari, *Israel's Lebanon War*, p. 12 (em hebraico).
8. Ibid., p. 16.
9. Carta de Hussein Said para o autor, 20 de abril de 1999 (arquivos do autor). Entrevistas telefônicas com Said, abril e maio de 1999.
10. Ministro da Defesa, Comitê de Defesa e Relações Exteriores, Knesset, 7 de junho de 1982, p. 1 (arquivos do autor, recebidos de "Dorris").
11. Schiff e Yaari, *Israel's Lebanon War*, p. 146.

12. Landau, *Arik*, pp. 140-41, 196-98 (em hebraico). Entrevista com Nevo, 14 de janeiro de 2016.
13. Centro Begin, entrevista com Hofi, 11 de janeiro de 2002. Entrevista do autor com Saguy, 20 de novembro de 2015.
14. Bergman, *Authority Granted*, pp. 170-80 (em hebraico).
15. Descrição da invasão em Schiff e Yaari, *Israel's Lebanon War*, pp. 163-82 (em hebraico), e Sayigh, *Armed Struggle*, pp. 508-31.
16. A arena de combate entre Israel e Síria se tornou o primeiro campo de testes para os mais avançados armamentos dos Estados Unidos e de Israel, contra a linha de frente dos laboratórios do Exército Vermelho. O resultado foi claro. Em 9 de junho, a maior batalha aérea da era dos jatos ocorreu sobre o Líbano. Na Operação Gafanhoto (Arzsav) 19, a Força Aérea israelense destruiu quase todas as baterias de mísseis terra-ar da Síria, todos de fabricação russa. No mesmo dia, durante um combate aéreo, os israelenses derrubaram 26 caças sírios, também de fabricação russa. No total, 82 aviões de guerra sírios foram destruídos em 46 horas, contra um avião israelense perdido. Entrevistas com Sella, 10 de julho de 2013, David Ivry, 19 de abril de 2013, Yitzhak Ben-Yisrael, 5 de junho de 2011, e "Amit", abril de 2013. Schiff e Yaari, *Israel's Lebanon War*, pp. 183-222 (em hebraico).
17. Entrevista com Nevo, 5 de janeiro de 2016.
18. Entrevista com Nevo, 14 de janeiro de 2016.
19. Mossad, "Notas sobre a reunião entre Johni Abdu, Bashir Gemayel e o chefe do Estado-Maior", 16 de junho de 1982 (arquivos do autor, recebido de "Dorris").
20. "Sumário do curso dos eventos em Beirute Ocidental", documento submetido à comissão de inquérito, em nome do ministro da Defesa Sharon (arquivos do autor, recebidos de "Dorris").
21. Gabinete do ministro da Defesa, "Reunião entre Bashir Gemayel, Johni Abdu e o ministro da Defesa", 1º de agosto de 1982 (arquivos do autor, recebidos de "Dorris").
22. "Reunião do comitê de segurança e questões externas do Knesset", 13 de junho de 1982, p. 10, e "Declaração do ministro da Defesa durante a reunião de gabinete", 7 de julho de 1982 (arquivos do autor, recebidos de "Dorris").
23. Schiff e Yaari, *Israel's Lebanon War*, pp. 259-60 (em hebraico).
24. Entrevista com Nevo, 14 de janeiro de 2016.
25. *Yedioth Ahronoth*, 18 de julho de 1982. Entrevistas com "Miguel", julho de 2012, e "Flecha", janeiro de 1999.
26. Schiff e Yaari, *Israel's Lebanon War*, p. 116 (em hebraico).

27. Sharon processou o jornalista Uzi Benziman, que mais tarde contou a história em um livro intitulado *I Told the Truth* (em hebraico). Um relato extenso, cativante, às vezes divertido e, é claro, muito subjetivo do julgamento surge no livro de Dov Weissglass (que também foi o principal advogado de Sharon no processo contra a revista *Time*), *Ariel Sharon: A Prime Minister*, pp. 38-75 (em hebraico).
28. Em uma longa entrevista à TV de Israel em junho de 1982, Begin negou completamente que um dos objetivos da campanha fosse matar Arafat. Segundo ele, tratava-se simplesmente de pôr fim ao comando que partilhava com os dois "Abu alguma coisa", uma referência desdenhosa aos dois assessores de Arafat. Ele declarou que "as FDI são não somente humanas, mas também democráticas. É maravilhoso ver [os comandantes das FDI] fazendo seu trabalho". Uma indicação da natureza altamente sensível da questão pode ser encontrada na pesquisa sobre a Guerra do Líbano realizada pelo Departamento de História das FDI, que inclui extensas referências à Operação Peixe Seco. Mas o projeto foi abruptamente encerrado quando pareceu que o pesquisador, professor Motti Golani, estava exibindo independência demais. O trabalho, que inclui informações altamente sensíveis, jamais foi finalizado, e todo o material de Golani foi confiscado. Entrevista com Golani, 15 de janeiro de 2013.
29. *Yedioth Ahronoth*, 3 de agosto de 1982. Schiff e Yaari, *Israel's Lebanon War*, p. 274 (em hebraico).
30. *Yedioth Ahronoth*, 30 de junho de 1982.
31. Entrevista com Dayan, 4 de junho de 2012.
32. Entrevista com "Vivaldi", agosto de 2011.
33. A equipe da Peixe Seco queria acrescentar Abu Jihad à lista de alvos. O Mossad sabia onde encontrar sua esposa, Intisar, e a equipe planejava envenená-la, deixando-a muito doente. Abu Jihad, muito devotado à família, iria vê-la, e os assassinos estariam esperando. "Mas Begin ouviu sobre o plano, achou que era diabólico demais e o proibiu", disse um membro da equipe. Entrevista com Dayan, 18 de abril de 2013, e "Yoav", dezembro de 2016.
34. Entrevista com Dayan, 4 de junho de 2012.
35. Um documento do Mossad de 1º de julho de 1982, mostrado ao autor por "Matias", diz: "Peixe Seco está tomando precauções extremas de segurança e, de acordo com fontes da Interseção, fornece desinformação a sua própria gente, por medo de um deles estar trabalhando conosco."
36. Entrevista com Moshe Yaalon, 16 de agosto de 2011. "Ele muda de lugar o tempo todo [...]. De posto de comando para posto de comando, com todos os

seus sistemas de comunicação e comunicações internacionais", relatou Sharon ao gabinete em 18 de julho de 1982. O próprio Arafat alegou ter contado treze tentativas israelenses de matá-lo durante o cerco. Rubin e Colp-Rubin, *Yasir Arafat*, pp. 98-99, 102.

37. Entrevista com Avnery, 19 de julho de 2013.
38. Entrevista com Yaalon, 16 de agosto de 2011.
39. Entrevista com Avner Azulay, 6 de julho de 2015.
40. Entrevista com Ivry, 30 de maio de 2011.
41. Entrevista com Dayan, 4 de junho de 2012.
42. Entrevista com Sella, 7 de abril de 2013.
43. Mais tarde naquela noite, Eitan voou de volta para se reportar ao gabinete. Sharon orgulhosamente contou aos ministros que o chefe do Estado-Maior Eitan participara "de um bombardeio a Beirute" naquela manhã. Transcrição da reunião de gabinete, 4 de agosto de 1982, p. 7 (arquivos do autor, recebidos de "Eric").
44. Schiff e Yaari, *Israel's Lebanon War*, pp. 273-76 (em hebraico).
45. Entrevista com Dayan, 15 de maio de 2012. Enquanto trabalhava neste livro, alguns membros da unidade de reconhecimento dos paraquedistas, uma das unidades de infantaria de elite das FDI que era a ponta de lança das forças de invasão, enviaram-me uma cópia da carta que escreveram ao professor Amnon Rubinstein, um membro liberal do Parlamento, em setembro de 1982. "Hoje a situação já não permite o silêncio", escreveram eles, antes de fazer uma grave acusação a Sharon por ter arrastado Israel para a guerra com suas mentiras e engodos; uma guerra desnecessária que permitiu o cometimento de graves crimes de guerra.
46. Entrevista com "Simon", abril de 1994.
47. Entrevista com Yaalon, 16 de agosto de 2011.
48. Entrevista com Gilboa, 4 de agosto de 2015.
49. "Arafat in Greece in Snub to Arabs", *New York Times*, 2 de setembro de 1982.

Capítulo 16: Bandeira preta

1. O pessoal das FDI e do Mossad, incluindo Meir Dagan e Rehavia Vardi, supervisionou a "escolta" armada dos membros do Parlamento que se recusaram a comparecer à votação por medo dos sírios e da OLP. Mossad, "Minutas da reunião entre o major-general Amir Drori e Gemayel", 27 de julho de 1982. Entrevista com Rehavia Vardi, 19 de agosto de 1997. Menachem Navot, o

NOTAS 723

vice-diretor do Mossad responsável pelas atividades no Líbano, afirma que foram apenas "conversas persuasivas". Entrevista com Navot, 6 de abril de 2017. Diário pessoal datilografado de Navot, copiado pelo autor e localizado em seu arquivo, pp. 99-103.

2. Notas da reunião de Sharon com os chefes do Shin Bet e do Mossad e relato de Sharon da reunião de gabinete de 21 de agosto de 1982 (arquivos do autor, recebidos de "Dorris").
3. Comitê de segurança e questões externas, protocolo 118, 24 de setembro de 1982, p. 22 (arquivos do autor, recebidos de "Eric").
4. Protocolo da reunião de gabinete de 15 de junho de 1982 (arquivos do autor, recebidos de "Dorris").
5. Entrevista com Azulay, 6 de julho de 2015.
6. Relatório de Sharon ao gabinete, 16 de setembro de 1982, p. 9 (arquivos do autor, recebidos de "Dorris").
7. Entrevista com Ravid, 17 de janeiro de 2013.
8. Entrevista com Robert Hatem, fevereiro de 2005.
9. Sayigh, *Armed Struggle*, p. 539.
10. "Pontos principais da versão do ministro da Defesa apresentada à comissão de inquérito", documento submetido à Comissão Kahan, parágrafo 34 (arquivos do autor, recebidos de "Eric").
11. "Referências da Aman às características da Falange, dezembro de 1981 a setembro de 1982", documento submetido à Comissão Kahan, parágrafo 29 (arquivos do autor, recebidos de "Dorris").
12. Sharon disse isso meio ano antes de Israel invadir o Líbano como parte da preparação para a campanha, o que torna sua conduta subsequente ainda mais grave. Ministério da Defesa, "Visita do ministro ao Comando Norte", 4 de janeiro de 1982 (arquivos do autor, recebidos de "Dorris").
13. Entrevistas com Yuval Diskin, 18 de outubro de 2011, Gilad, 31 de julho de 2012, Nevo, 5 de janeiro de 2016, Gilboa, 8 de janeiro de 2014, Amir Drori, maio de 1996, e Ron Ben-Yishai, 30 de março de 2014. Mossad, *Sumário da reunião entre o chefe do Estado-Maior e o chefe do Estado-Maior das forças libanesas*, 19 de setembro de 1982. Schiff e Yaari, *Israel's Lebanon War*, p. 334 (em hebraico).
14. "Ministro da Defesa perante o Comitê de Defesa e Relações Exteriores", 24 de setembro de 1982, p. 11 (arquivos do autor, recebidos de "Eric").
15. Entrevista com Nevo, 5 de janeiro de 2016.

16. O ministro Yosef Burg sugeriu enviar a polícia para mover os manifestantes, mas Begin, democrata de corpo e alma, respondeu: "De maneira alguma, eles têm o direito de protestar." Entrevista com Nevo, 5 de janeiro de 2016.
17. Entrevista com Nahum Admoni, 23 de julho de 2006, Centro Begin. Obrigado a Rami Shahar, do Centro Begin, por sua assistência na localização do material.
18. Shilon, *Begin*, pp. 411-37 (em hebraico).
19. Entrevista com Nevo, 5 de janeiro de 2016.
20. Entrevista com Sella, 31 de maio de 2011.
21. Entrevista com Admoni, 23 de julho de 2006, arquivos do Centro Begin.
22. Entrevista com Gilboa, 30 de dezembro de 2013.
23. Entrevista com "Sally", maio de 2016, e "Tavor", junho de 2011.
24. Entrevista com Gilad, 30 de dezembro de 2013.
25. Entrevista com Gilboa, 17 de janeiro de 2016.
26. Ibid.
27. Entrevista com Admoni, 29 de maio de 2011.
28. Entrevista com Ivry, 18 de abril de 2011.
29. A documentação da operação foi mostrada ao autor por "Dvir".
30. Entrevista com Ivry, 18 de abril de 2011.
31. Entrevista com "Eldy", agosto de 2014.
32. Entrevistas com Ivry, 18 de abril de 2011, e "Tavor", junho de 2011.
33. Entrevista com Sella, 9 de abril de 2014.
34. Entrevista com Gilboa, 17 de janeiro de 2016.
35. Ibid.
36. Acusação militar contra o capitão Malinki, 3/57, pp. 213-14.
37. Entrevista com Sella, 9 de abril de 2014.
38. Um dos pilotos em alerta para interceptar Peixinho Dourado era "Amit", um aviador de 24 anos que já adquirira a reputação de ser um dos ases da Força Aérea israelense. "Até hoje, sou assombrado pela questão do que teria feito se tivesse recebido a ordem para derrubar o avião. Será que teria atirado? Teria desobedecido? Em muitas conversas que tive com pilotos durante esses anos, fiz essas mesmas perguntas. É claro que gosto de acreditar que todos nós teríamos nos recusado a atirar e retornado à base." Entrevista com "Amit", abril de 2013.
39. Entrevista com Sella, 31 de maio de 2011.
40. Em fevereiro de 1983, a revista *Time* publicou uma matéria do jornalista David Halevy dizendo que Sharon sabia antecipadamente da vingança planejada. Sharon processou a *Time* por difamação em um tribunal de Nova York. Halevy disse que a *Time* pagou a um oficial superior, um associado de

Sharon, por documentos secretos sobre o caso. O juiz, todavia, não permitiu a apresentação dos documentos como evidência. O júri concluiu que Sharon de fato fora difamado, mas, como a revista não fora motivada por malícia, ele não teve direito à indenização. Entrevistas com David Halevy, 20 de setembro de 2016, e Dov Weissglass, 23 de dezembro de 2014. *Ariel Sharon, queixoso, versus Time Inc.*, ré, Tribunal Distrital dos Estados Unidos, Nova York, 599, suplemento federal 538 (1984).

41. Enquanto a comissão ouvia as testemunhas, a Frente de Libertação do Líbano de Estrangeiros atacou novamente. Em 29 de janeiro de 1983, ela detonou um carro-bomba em frente à sede do Fatah em Chtaura, no vale do Beca, Líbano, e outro em Beirute Ocidental, perto da sede do esquerdista Al-Mourabitoun, que era próximo do Fatah. Cerca de sessenta pessoas foram mortas e centenas ficaram feridas. Foi o último ato da Frente.
42. Sumário das atividades da Comissão Kahan retirado de *Discussões do gabinete sobre o estabelecimento da Comissão Kahan e suas conclusões*, 10 de fevereiro de 1983, publicado pelos Arquivos do Estado de Israel em 1º de fevereiro de 2013.

Capítulo 17: O golpe do Shin Bet

1. Os detalhes foram retirados de Rachum, *The Israeli General Security Service Affair*, pp. 44-45 (em hebraico).
2. Entrevista com Nahman Tal, 24 de novembro de 2016.
3. Entrevista com Barak, 8 de março de 2013.
4. Entrevista com Shai Avital, dezembro de 2010.
5. Entrevista com Micha Kubi, 8 de setembro de 2013.
6. Entrevista com Carmi Gillon, 27 de janeiro de 2016.
7. Dror Moreh, *The Gatekeepers*, p. 33. Shalom costumava emboscar os que chegavam atrasados à sede do Shin Bet no norte de Tel Aviv e penalizá-los confiscando seus veículos, por exemplo. Certa vez, um agente apelidado de Espártaco por causa de seu tamanho chegou meia hora atrasado após uma cansativa noite de trabalho em campo. Shalom disse a ele que, durante um mês, teria de ir e voltar do trabalho de ônibus. O gigantesco Espártaco se inclinou sobre Shalom, que era baixinho, e rosnou que não aceitava a penalidade. Shalom nem piscou e disse que via a conduta de Espártaco como "ato de traição". Então confiscou seu carro por *dois* meses. Entrevista com "Avishag", maio de 2008.
8. Entrevista com Kubi, 11 de junho de 2013.
9. Moreh, *Gatekeepers*, p. 37 (em hebraico).

10. Entrevista com Kubi, 11 de junho de 2013.
11. Entrevista com Weissglass, relatando sua conversa com Ginossar, 3 de dezembro de 2014.
12. Entrevista com "Rafael", março de 2006.
13. Entrevista com "Elvin", janeiro de 2013, e "Yan", agosto de 2017.
14. Entrevista com "Edgar", janeiro de 2013.
15. Entrevista com "Rafael", maio de 2011.
16. Maiberg, *The Patriot*, pp. 66-67 (em hebraico).
17. Hadar também admitiu que, em ao menos uma ocasião, a confissão de um homem se revelou falsa, mas ele insiste que no momento em que isso se tornou evidente, ele mesmo informou ao Ministério da Justiça. Entrevista com Hadar, 9 de outubro de 2011. Relatório do comitê de inquérito sobre os métodos de interrogatório usados pelo Serviço de Segurança Geral (Comissão Landau), parte 1, parágrafo 2.27.
18. Antes disso, um oficial das FDI foi morto no subúrbio de Rafa quando se aproximou de uma vala onde suspeitava haver armas escondidas, mas onde o Shin Bet montara uma armadilha, que explodiu quando ele levantou a tampa. Entrevistas com Hadar, 9 de outubro de 2011, Bandori, 11 de setembro de 2017, e "Edgar", janeiro de 2013. O Shin Bet criou uma página dedicada a Moshe Goldfarb, o agente morto naquele dia, https://www.shabak.gov.il/memorial/Pages/110.aspx.
19. Moreh, *Gatekeepers*, pp. 28-29 (em hebraico).
20. Entrevistas com Peri, 21 de maio de 2011, Gillon, 27 de janeiro de 2016, Ayalon, 21 de janeiro de 2013, Avi Dichter, 4 de novembro de 2010, Uri Sagie, 3 de junho de 2012, Amos Yadlin, 15 de janeiro de 2012, Aharon Zeevi Farkash, 7 de novembro de 2016, e Danny Yatom, 7 de abril de 2011.
21. Maiberg, *Patriot*, p. 108.
22. Gidi Weitz, "The Bus 300 Affair", *Haaretz*, 28 de fevereiro de 2013.
23. Entrevista com Alex Levac, outubro de 1998.
24. David K. Shipler, "News of Hijacking Denied to Israelis", *New York Times*, 4 de abril de 1984.
25. David K. Shipler, "Israel Said to Name Panel on 4 Hijackers", *New York Times*, 28 de abril de 1984.
26. O jornal *Hadashot* desobedeceu à censura e publicou um dos painéis. Foi penalizado por isso: permaneceu fechado por quatro dias e seus editores foram processados. Os editores foram condenados no tribunal distrital, mas inocentados durante a apelação à Suprema Corte. Apelações criminais 93/1127, *Estado de Israel v. Yossi Klein e outros*, julgamento *memhet* (3) 485.

27. Ministério da Justiça, *Parecer sobre a questão da investigação dos terroristas do Ônibus 300*, 20 de dezembro de 1986, p. 31 (arquivos do autor, recebido de "Liran").
28. *Kill Them!*, documentário de Levi Zeini e Gidi Weitz, Canal 10, outubro de 2011.
29. Entrevista com Hazak, 21 de junho de 2012.
30. O termo "cavalo de Troia" em relação a Ginossar foi retirado do relatório da comissão de inquérito sobre os métodos do Shin Bet, parte 1, parágrafo 2.4.
31. Maiberg, *Patriot*, p. 65.
32. Entrevista com Yossi Ginossar (obrigado ao jornalista Rami Tal por organizar a reunião em setembro de 2002).
33. Ministério da Justiça, *Parecer sobre a questão da investigação dos terroristas do Ônibus 300*, 20 de dezembro de 1986, pp. 33, 34.
34. Entrevistas com Mordechai, 22 de março de 2015, e Ginossar, 22 de julho de 1999. Maiberg, *Patriot*, p. 95.
35. Gidi Weitz, "The Bus 300 Affair", *Haaretz*, 28 de fevereiro de 2013.
36. Enquanto isso, vários agentes do Shin Bet, incluindo Yatom e Kubi, foram julgados por um tribunal disciplinar interno e inocentados. Entrevistas com Kubi, 20 de setembro de 2017, e Peri, 21 de maio de 2011.
37. Entrevista com Barak, 2 de abril de 2014.
38. Entrevista com Mordechai, 28 de agosto de 2015.
39. Entrevista com Menachem Finkelstein, 18 de julho de 2012.
40. "Lethal Blow and Blow of a Lethal Nature", Parecer do juiz, sede da Advocacia Geral das FDI (arquivos do autor, recebido de "Sino").
41. Ajuda adicional ocorreu na forma de um telefonema anônimo recebido na noite anterior ao julgamento na casa do major-general Haim Nadel, nomeado chefe da corte marcial especial. A voz do outro lado da linha disse a Nadel que ele estava sendo enganado e que Mordechai não matara os terroristas. A voz pertencia a Kubi, cuja consciência estava inquieta. Entrevista com Kubi, 11 junho de 2013.
42. Mordechai se tornou general e, após se aposentar das FDI, entrou para a polícia e se tornou ministro da Defesa do primeiro governo de Benjamin Netanyahu, em 1997.
43. Entrevista com Peleg Raday, 1º de abril de 1998.
44. Entrevista com Nevo, 14 de janeiro de 2016. *Kill Them!* Zeini e Weitz, Canal 10, outubro de 2011.
45. Black e Morris, *Israel's Secret Wars*, p. 406.

46. Entrevista com Yehudit Karp, 7 de janeiro de 2016.
47. Conferência do Shin Bet sobre o "caso do Ônibus 300", discurso de Beinish, Kibutz Tzuba, junho de 2004.
48. Ministério da Justiça, *Parecer sobre a questão da investigação dos terroristas do Ônibus 300*, p. 22.
49. Rachum, *General Security Service Affair*, p. 101.
50. Entrevista com Weissglass, 23 de dezembro de 2014. Maiberg, *Patriot*, pp. 223-29.
51. *New York Times*, 10 de julho de 1984. Black e Morris, *Israel's Secret Wars*, p. 397.
52. Entrevista com "Elvin", janeiro de 2013.
53. Moreh, *The Gatekeepers: A Documentary*, p. 2012.
54. Entrevista com Danny Yatom, 7 de julho de 2011.
55. Em 1992, quando Rabin foi eleito primeiro-ministro, Ginossar pediu para ser nomeado diretor-geral do Ministério da Habitação. Rabin disse que seria difícil, dado seu passado. Ginossar não desistiu. Recorreu a "Amos", um oficial superior do Shin Bet, e lhe ofereceu um acordo: "Ele prometeu que, se eu o ajudasse a conseguir a nomeação para a diretoria geral do Ministério da Habitação, ele me daria um excelente emprego no ministério. Ele queria que eu fosse ver Rabin e o exortasse dizendo que, se ele não nomeasse Ginossar, exporíamos as operações de assassinato que ele aprovara nos anos 1970." Amos expulsou Ginossar de sua casa. Ele fez uma ameaça similar durante uma reunião com o jornalista Dan Margalit, aparentemente querendo que chegasse aos ouvidos de Rabin. Margalit saiu furioso da reunião e, depois disso, não falou com Ginossar durante muito tempo. Rabin, contudo, cedeu à pressão e lhe deu o cargo que estava tão ansioso para conseguir. Mas, depois que uma petição foi apresentada à Suprema Corte, ela decidiu, em uma sentença de palavras muito duras, que "Como pode um infrator que cometeu perjúrio, perverteu o curso da justiça e, ao fazer isso, violou a liberdade individual dirigir um ministério governamental?" No fim, Rabin deu a Ginossar um cargo elevado no qual a Suprema Corte não podia intervir: o de ligação com Yasser Arafat, uma posição que Ginossar, sem o conhecimento de Rabin, transformou em grandes acordos comerciais privados com líderes da corrupta Autoridade Palestina, tornando-se um homem muito rico antes de morrer em 2004. Entrevistas com "Amos", julho de 2013, e Dan Margalit, 17 de janeiro de 2017. Entrevista com Yossi Ginossar, maio de 1999. Ronen Bergman, "The Man Who Swallowed Gaza", *Haaretz*, 4 de março de 1997. Margalit, *I Have Seen Them All*, p. 180 (em hebraico). *Yoel Eisenberg v. Ministério da Habitação e Construção*, Alta Corte de Justiça 6163/92.

56. Chaim Herzog, entrevista ao *Yedioth Ahronoth*, 27 de junho de 1986.

Capítulo 18: Até que surgiu uma faísca

1. O filme de Abu Jihad conversando com seus combatentes foi gravado em 1985 e distribuído pelo Fatah no aniversário de fundação da organização, 1º de janeiro de 2012.
2. Entrevista com Harari, 23 de março de 2014.
3. A nova Baioneta executou sua primeira missão em 25 de julho de 1979, em um apartamento em Cannes, na Riviera francesa. Quando Zuheir Mohsen, o líder da organização palestina pró-Síria Al-Saiqa, chegou, "Berry" atirou nele quatro vezes e a equipe foi embora. Mohsen morreu mais tarde no hospital. Com sua morte, a Al-Saiqa encerrou suas operações terroristas. O Mossad considerou o ataque um sucesso. Entrevistas com Yitzhaki, 2 de setembro de 2015, Pressler, 6 de julho de 2017, e "Sally", fevereiro de 2015.
4. Entrevistas com "Sally", fevereiro de 2015, e Shmuel Ettinger, 11 de fevereiro de 2013. "Palestinian Shot Dead by Gunmen in Athens", *New York Times*, 21 de agosto de 1983.
5. Os anos 1980 representaram o auge dos atos terroristas internacionais dos palestinos. Somente em 1985, 105 homens, mulheres e crianças foram mortos e 433 feridos nesses atos. Merari e Elad, *International Dimension of Palestinian Terrorism*, pp. 29-41 (em hebraico).
6. Os primeiros-ministros Shamir e Peres aprovaram uma série de assassinatos seletivos. Contudo, "a seleção de alvos vinha de baixo, do campo, dos escalões operacionais, através do chefe do Mossad, até o primeiro-ministro", diz Nahum Admoni, chefe do Mossad de 1982 a 1989. "Não me lembro de um único caso no qual o escalão político tenha me instruído a agir contra alguém." Entrevista com Admoni, 29 de maio de 2011.
7. O Mossad também tentou com muito empenho encontrar Muhammad Zaidan (Abu al-Abbas), um líder da Frente de Libertação da Palestina. Os israelenses o mantinham no radar, mas ele tomava medidas extremas de precaução e a oportunidade de atacá-lo jamais surgiu. Mesmo assim, graças a essa vigilância cerrada, em 7 de outubro de 1985 a Unidade 8200 da Aman interceptou um telefonema entre Zaidan e uma equipe de seus homens que sequestrara o navio de cruzeiro italiano *Achille Lauro* na costa egípcia. Os terroristas assassinaram um judeu-americano idoso que usava cadeira de rodas, Leon Klinghoffer, e jogaram o corpo no mar. Mais tarde, concordaram em deixar

o navio no Egito em troca de salvo-conduto até a Tunísia. Israel rastreou o avião em que estavam e informou os americanos, que enviaram caças para interceptá-lo e forçá-lo a aterrissar em uma base da OTAN na Sicília. Mas os italianos libertaram Zaidan, que estava no avião, apesar das objeções dos Estados Unidos. Zaidan negou estar conectado ao sequestro do navio, mas o chefe da Aman, Ehud Barak, fazendo sua primeira aparição na TV de Israel, expôs a interceptação da 8200 e as mentiras do terrorista. A atuação polida e carismática de Barak, num momento em que Israel ainda tinha somente um canal de televisão, causou grande impressão e, segundo alguns, estabeleceu o curso de sua carreira política. Entrevistas com Barak, 26 de agosto de 2015, e "Cinema", outubro de 2014.

8. Entrevistas com Ettinger, 21 de janeiro de 2013, e "Ethan", janeiro de 2015.
9. Entrevista com Ayalon, 14 de março de 2016. "Operation Hawk's Way: How the Navy Operated in Algeria", *Israel Defense*, 8 de agosto de 2015.
10. Entrevista com Oded Raz, 20 de janeiro de 2013. Michal Yaakov Itzhaki, "The Terrorists Planned to Arrive at the Kirya Base in Tel Aviv", *Maariv*, 12 de abril de 2013.
11. Uma comissão estatal de inquérito liderada pelo ex-juiz da Suprema Corte Moshe Landau foi instaurada depois de revelações sobre a cultura de mentiras e tortura no Shin Bet. Em um anexo secreto a seu relatório, a comissão decidiu que era permissível usar "pressão física moderada" durante o interrogatório de suspeitos. Essa expressão foi interpretada de maneira muito ampla nos regulamentos internos compilados pelos conselheiros legais do Shin Bet e da Unidade 504 da Aman, de forma que tornava possível o uso de "medidas especiais", um eufemismo para tortura. Então os interrogadores do Shin Bet e da 504 foram um pouco além, torturando suspeitos com medidas várias vezes mais agressivas e ignorando os novos regulamentos. Os suspeitos novamente estavam sendo fisicamente feridos e sujeitos a traumas severos. Alguns morreram por causa da tortura. Unidade 504, "Ordem para o uso de métodos auxiliares de interrogatório", arquivo atualizado, julho de 1994 (arquivos do autor, recebidos de "Sino").
12. Entrevista com Raz, 20 de janeiro de 2013.
13. Entrevistas com Mordechai, 22 de março de 2015, e "Nano", março de 2012.
14. Entrevista com "David", outubro de 2015.
15. Diretor da Inteligência Central, Comitê de análise de negativa estrangeira e dissimulação, outubro de 1987, *O caso de espionagem de Jonathan Jay Pollard: avaliação dos danos*, p. 4 (arquivos do autor, recebidos de "Patriota").

16. Ibid., p. 5.
17. Entrevista com Eitan, 24 de janeiro de 2013.
18. O secretário militar do primeiro-ministro nos governos de Peres e Shamir, general de brigada Azriel Nevo, nega firmemente que, como receptor de todo o material de inteligência endereçado ao primeiro-ministro, sabia sobre Pollard ou que Israel tinha um espião nos Estados Unidos. Entrevista com Nevo, 5 de janeiro de 2016.
19. Entrevista com Shlomo Brom, 27 de outubro de 2015.
20. Entrevista com Eliot Lauer, 20 de outubro de 2015. Diretor da Inteligência Central, *O caso de espionagem de Jonathan Jay Pollard*, p. 40.
21. Entrevista com Mordechai, 24 de janeiro de 2013.
22. Três anos antes, Abu Jihad quase morrera como resultado exatamente da mesma estratégia eleitoral, quando o governo liderado pelo Likud pressionara as FDI para matá-lo em Amã, capital da Jordânia. "Era totalmente transparente", diz Omer Bar-Lev, que comandava a Sayeret Matkal na época. "O Likud queria que isso [o assassinato de Abu Jihad] fosse executado antes das eleições em julho, para que pudessem vencer. Enfrentei um difícil conflito pessoal e político." O pai de Bar-Lev, Haim, ex-chefe do Estado-Maior geral, era um proeminente político no Partido Trabalhista. O sucesso de seu filho em matar al-Wazir provavelmente teria efeito significativo em sua carreira. Mas esses planos iniciais foram repetidamente adiados por razões operacionais, e não políticas. Entrevista com Omer Bar-Lev, 15 de novembro de 2012.
23. Entrevista com Yoni Koren, 22 de março de 2013.
24. A informação foi repassada ao Mossad pelo agente Amin al-Hajj, "Rumminegge", que fora realocado, a pedido do Mossad, para Chipre e criara uma rede de motoristas, agentes alfandegários e prostitutas que forneciam ao Mossad muitas informações sobre a OLP. Entrevista com Amin al-Hajj, 5 de novembro de 2013.
25. O principal recrutador de agentes da Interseção, Yehuda Gil, foi até Pireu, localizou a agente alfandegária que recebera do Mossad o codinome Brincos Dourados e a convenceu a fornecer informações sobre os palestinos que transportavam contêineres de uvas-passas através de sua agência. Abu Jihad, suspeitando que Brincos Dourados colaborava com o Mossad, enviou dois homens para matá-la. Yehuda Gil era conhecido por ser capaz de "convencer um poste telefônico a falar". Mais tarde, contudo, descobriu-se que era uma das grandes falhas do aparato de recrutamento e supervisão de pessoal do Mossad. Em 1974, ele recrutara "Falcão Vermelho", um general do Exército sírio, e o controlara

durante muitos anos. Em 1996, descobriu-se que Gil estivera inventando as informações ostensivamente fornecidas por seu agente, porque temia admitir que o recrutamento falhara e queria continuar a ser relevante. Por duas vezes, essas falsas informações quase levaram a guerras entre Israel e Síria. Gil não foi o único fiasco dramático da Interseção. Ben Zygier, judeu-australiano e sionista convicto, imigrou para Israel e foi recrutado pelo Mossad em 2003. Eram os frenéticos dias da ditadura de Meir Dagan, quando vastas somas eram disponibilizadas para a expansão da organização. Isso gerou uma redução da meticulosidade com que os recrutas eram selecionados. Zygier, que nascera e crescera em um país estrangeiro, foi considerado um candidato ideal. Contudo, após terminar o curso da Interseção e enquanto tentava penetrar empresas que faziam negócios no Irã e nos países árabes a fim de recrutar fontes, ficou claro que não podia fazer o que o Mossad esperava dele. Foi chamado de volta a Israel com uma profunda sensação de fracasso, com a qual aparentemente não soube lidar. Ele tentou iniciar uma operação própria e não autorizada e, sem informar a seus superiores, encontrou-se e tentou recrutar um membro do Hezbollah, para provar que podia. Mas seu alvo era mais ardiloso que ele e o enganou, fazendo com que inadvertidamente revelasse informações sobre o sistema de comunicação usado pelos agentes do Mossad, queimando dois deles. Uma investigação conjunta do Mossad e do Shin Bet revelou tudo e Zygier foi preso em sigilo. Ele foi indiciado, mas cometeu suicídio antes do julgamento. Bergman, *Operation Red Falcon*, https://magazine.atavist.com/operation-red-falcon. Entrevistas com Yehuda Gil, 30 de março de 2015, Dvora Chen, 21 de março de 2012, Haim Tomer, 3 de março de 2015, "Oktoberfest", março de 2013, e "Loacker", dezembro de 2016. Ronen Bergman, Julia Amalia Heyer, Jason Koutsoukis, Ulrike Putz e Holger Stark, "The Real Story Behind Israel's 'Prisoner X'", *Der Spiegel*, 26 de março de 2013.

26. Suprema Corte, 861/87, *Abu Sharah v. Corte militar de Lida*, vol. 42, n. 1, p. 810. Entrevista com o advogado Amnon Zichroni, 27 de janeiro de 2011.
27. Entrevistas com Eran Ron, agosto de 1995, Talia Avner, agosto de 1995, e David Avner, agosto de 1995. Ronen Bergman, "Pilot's Fate", *Haaretz*, 8 de setembro de 1995.
28. Erele Weissberg e Lior Yacovi, "'Alpha', the Pilots Reported. 'Terror Fortress Destroyed'", *Yisrael Hayom*, 18 de setembro de 2015.
29. "Tunisia's Leader Bitter at the U.S.", *New York Times*, 3 de outubro de 1985.
30. "Remembering Wooden Leg, the longest-range attack", website da Força Aérea israelense, http://www.iaf.org.il/4373-37989-he/IAF.aspx, 27 de setembro de 2011.

31. "'Alpha', the Pilots Reported", *Yisrael Hayom*, 18 de setembro de 2015.
32. Entrevista com Koren, 22 de dezembro de 2013.
33. Nur Ali era parente da princesa Dina, ex-esposa do rei Hussein e, na época, esposa de Salah Tamari, um comandante superior do Fatah que estava preso em um centro de detenção israelense no sul do Líbano. Dina e Ali negociavam uma grande troca de prisioneiros entre a OLP e Israel e, em seguida, permaneceram no centro dos canais secretos de comunicação entre os dois lados. Entrevista com Gadi Zohar, 8 de julho de 2017. Bergman, *By Any Means Necessary*, pp. 83-84 (em hebraico).
34. Havia alguns no Mossad que apoiavam o assassinato de um alvo menos famoso, mas muito mais importante do ponto de vista operacional: o vice-chefe do Setor Ocidental, Mustafa Liftawi (Abu Firas). Ele era visto como cérebro por trás dos ataques terroristas, um homem que "se banhava em sangue judeu", de acordo com Yisrael Hasson, o agente do Shin Bet encarregado de combater suas atividades. Mas, no fim, os líderes do Mossad e, mais tarde, o primeiro-ministro preferiram ir atrás de uma figura mais emblemática, alguém conhecido do público, e não o clandestino e anônimo Abu Firas. Entrevistas com Yisrael Hasson, 17 de novembro de 2010, Shimon Shapira, 31 de janeiro de 2015, "Sally", setembro de 2016, e Raz, 20 de janeiro de 2013.
35. Entrevista com Lipkin-Shahak, 3 de abril de 2012.
36. Schiff e Yaari, *Intifada: The Palestinian Uprising*, pp. 44-70 (em hebraico).
37. Entrevista com David Tzur, 30 de maio de 2011.
38. Entrevista com Nevo, 14 de janeiro de 2016.
39. "Fatalities in the First Intifada", website da B'Tselem (em hebraico), http://www.btselem.org/hebrew/statistics/first_intifada_tables.
40. Shalev, *The Intifada: Causes and Effects*, pp. 19-36.
41. Entrevista com Admoni, 29 de maio de 2011.
42. Entrevistas com Shamir, janeiro de 1997, e Moshe Nisim, 21 de fevereiro de 2013.
43. Entrevista com "Sally", setembro de 2016.
44. Entrevista com "Elvin", janeiro de 2013.
45. Entrevista com "Pegasus", fevereiro de 2011.
46. Entrevista com Galant, 19 de agosto de 2011.
47. O gabinete se reunira depois da infiltração de três terroristas do Setor Ocidental em Israel, a partir do Egito, em 7 de março. Eles encontraram um ônibus que levava civis, muitos dos quais mães trabalhadoras, até o Centro de Pesquisa Nuclear de Neguev, em Dimona. Abriram fogo contra o ônibus, matando duas mulheres, e o sequestraram. "Abu Jihad nos enviou!", gritou um dos

sequestradores de dentro do ônibus. Então executou mais um passageiro. Momentos depois, atiradores de elite da SWAT os abateram a tiros. "No que me diz respeito", disse Lipkin-Shahak, "o ataque contra o ônibus das 'mães' selou o destino de Abu Jihad". Entrevistas com Tzur, 30 de maio de 2011, e Lipkin-Shahak, 3 de abril de 2012.

48. Entrevista com Nevo, 14 de janeiro de 2016.
49. Entrevista com Peres, 17 de setembro de 2012.
50. Entrevista com Nisim, 21 de fevereiro de 2013.
51. Ibid.
52. Entrevista com Nahum Lev, agosto de 2000.
53. Os israelenses que monitoravam as chamadas telefônicas de al-Wazir ouviram uma áspera discussão entre ele e seu filho mais velho, Jihad, que estudava Administração. Jihad queria se juntar ao conflito armado, mas o pai não queria nem ouvir falar a respeito e disse a ele para permanecer na faculdade e continuar estudando. "Quando nosso país for criado", disse ele, "precisará não de pessoas como eu, mas de pessoas como você." Em 2012, acompanhei um grupo de funcionários públicos alemães em uma excursão à Cisjordânia, onde se encontraram com oficiais da Autoridade Palestina. Um deles, o chefe da Autoridade Monetária Palestina, foi apresentado como "nosso mais importante jovem economista". Ele me causou poderosa impressão. Falava de modo articulado e sensato em inglês fluente e, ao contrário de alguns de seus colegas, evitou culpar Israel por tudo de ruim que acontecera ou estava acontecendo ao povo palestino. Enquanto ele falava, percebi que era o jovem estudante de Administração. Ele fizera o que o pai mandara, continuara a estudar e se tornara um dos construtores do embriônico Estado palestino. O dr. Jihad al-Wazir acrescentara "Khalil" ao nome após o assassinato do pai. Eu o abordei após sua palestra e contei a ele sobre o livro que estava escrevendo e sobre o registro da conversa com seu pai que fora conservado nos arquivos da inteligência militar israelense. Ele disse que se lembrava muito bem da conversa e então começou a soluçar. Entrevista com Raz, 13 de outubro de 2014.
54. Entrevista com "Sally", fevereiro de 2015.
55. Toda a operação foi planejada e dirigida por "Steven", um oficial de inteligência da Cesareia. Entrevistas com Yaalon, 21 de dezembro de 2016, Barak, 8 de março de 2013, Yiftah Reicher, 28 de novembro de 2013, Lev, agosto de 2000, "Sally", fevereiro de 2015, Ettinger, 21 de janeiro de 2015, Galant, 4 de setembro de 2014, e Ayalon, 21 de janeiro de 2013.

56. Um registro da conversa foi levado ao ar pelo programa *Uvda*, do Canal 2, em 27 de maio de 2013.
57. No dia anterior, o Shin Bet de fato prendera Faiz Abu-Rahma, um advogado que era primo de Abu Jihad. Ele já fora preso antes, mas sempre para interrogatório após um ataque terrorista. Dessa vez, fora somente um pretexto para o telefonema que ocorreu horas depois.
58. A questão sobre se era necessário ou permissível matar o jardineiro permaneceu em aberto e foi objeto de discussão na Sayeret mesmo após o fim da operação. Os agentes da Sayeret Matkal tinham permissão de seus comandantes para matar civis que pudessem reportar sua presença em território inimigo, em uma licença para matar modificada. No passado, no fim de 1978, uma força da Sayeret sob comando de um oficial chamado Shai Avital executara uma missão em um país árabe profundamente hostil. Durante a missão, encontraram um pastor cuidando do rebanho. O esquadrão parou de avançar e amarrou o pastor, neutralizando-o. Mas surgiu um argumento entre Avital e seus superiores no posto de comando na retaguarda. O chefe do Estado-Maior Eitan ordenava que Avital matasse o pastor e Avital insistia que ele devia ser poupado. "Como posso matá-lo?", perguntou Avital, que nascera em uma comunidade rural e estudara em uma faculdade agrícola. "Ele é fazendeiro, assim como nós." Eitan insistiu. Finalmente, um dos soldados se levantou, atirou na cabeça do pastor, jogou o corpo em um poço próximo e disse ao chocado Avital: "Pronto. A discussão acabou. Podemos seguir com a missão." Doron Avital, soldado e oficial da Sayeret com doutorado em filosofia, transformou a pergunta de Shai Avital em dogma doutrinário. Em 1994, quando comandava a Sayeret e eram feitos planos para sequestrar um homem do Hezbollah chamado Mustafa Dirani, ele decretou: "Se tirarmos as vidas de civis libaneses durante a operação, teremos perdido a justificativa moral para realizá-la." Entrevistas com "Lenin", dezembro de 2016, Avital, 29 de dezembro de 2010, e Halevi, 12 de outubro de 2010. Bergman, *By Any Means Necessary*, p. 381 (em hebraico).
59. Entrevista com Lev, agosto de 2000.
60. Entrevistas com Lev, agosto de 2000, Reicher, 28 de novembro de 2013, "Sally", fevereiro de 2015, e Yaalon, 21 de dezembro de 2016. De acordo com alguns depoimentos, Lev não atirou em Abu Jihad, mas permaneceu fora da casa durante a operação, vigiando. *Uvda*, Canal 2, 27 de maio de 2013.
61. Entrevista com Yaalon, 21 de dezembro de 2016.
62. No submarino que escoltou a força até a Tunísia e de volta, o *Gal*, as relações entre a tripulação e o vice-comandante não eram particularmente amigáveis.

A caminho de casa, alguém colocou o seguinte bilhete anônimo no quadro de mensagens: "Ultrassecreto. / Para: Yasser Arafat / Prezado senhor / Matamos seu vice! Matamos seu vice! / Saudações da tripulação do submarino da Marinha israelense *Gal*."

63. O silêncio oficial continuou por décadas. Em 2012, enquanto escrevia este livro, depois que ameacei apresentar uma petição à Suprema Corte contra os censores militares, o censor permitiu que eu publicasse alguns detalhes sobre o assassinato no *Yedioth Ahronoth* (http://www.theguardian.com/world/2012/nov/01/israel-acknowledges-killing-palestinian-deputy). Após a publicação, o comandante da Sayeret Matkal escreveu uma carta a todos os veteranos da unidade, exigindo que "a capa de segredo em torno das atividades operacionais da unidade seja restaurada e a unidade seja mantida fora da mídia". *WallaNews*, 2 de dezembro de 2012, https://news.walla.co.il/item/2592534.
64. Entrevista com Nisim, 21 de fevereiro de 2013.
65. Entrevista com Lipkin-Shahak, 3 de abril de 2012.

Capítulo 19: Intifada

1. Entrevistas com Uri Bar-Lev, 17 de dezembro de 2015, Avital, dezembro de 2010, Nevo, 5 de janeiro de 5, e Avraham Pazner, 19 de março de 2016. "Israel Mounts Inquiry into a Charge by ABC", *New York Times*, 7 de julho de 1988.
2. Entrevistas com Barak, 26 de agosto de 2015, e Dagan, 20 de julho de 2013.
3. Entrevista com Galant, 7 de julho de 2011.
4. Entrevistas com Uri Bar-Lev, 17 de dezembro de 2015, e Nevo, 5 de janeiro de 2016.
5. Entrevista com Koren, 22 de dezembro de 2013.
6. Entrevista com "Santa", maio de 2016.
7. Relatório final da investigação da polícia militar (CID) 92/0450/06 da Unidade Central da PM, 9 de julho de 1992 (arquivos do autor, recebidos de "Sino").
8. O grande número de cães que latiam à menor provocação era um sério problema para os combatentes da Cereja tentando se aproximar silenciosamente de vilarejos árabes durante a noite. Muitas soluções foram tentadas, incluindo instrumentos que produziam sons em comprimentos de onda audíveis somente para caninos e deveriam acalmá-los. No fim, eles descobriram que sacos de fezes de leão, coletadas no parque de Ramat Gan, funcionavam melhor. Quando os cães sentiam o cheiro do rei dos animais, se aquietavam e se afastavam.
9. Entrevista com Uri Bar-Lev, 17 de dezembro de 2015.

10. O Mossad não conseguiu matar os terroristas remanescentes implicados na operação de Munique. Somente dois deles, Yusuf al-Najar e Ali Salameh, foram eliminados durante o tempo de Harari. Especialmente doloroso foi o fracasso da caçada ao comandante do ataque de Munique, Mohammad Oudeh (Abu Daoud). Em 1985, o Mossad obteve informações sobre o paradeiro de Jamal al-Gashey, um dos três palestinos que de fato mataram israelenses em Munique. Ele fora embora da Líbia, onde se estabelecera depois que os alemães o haviam libertado, e se refugirara na Espanha sob falsa identidade. Sofria de câncer e estava fazendo quimioterapia. Surgiu um debate no Mossad sobre se deveriam ser gastos recursos para eliminá-lo ou se o câncer cuidaria disso. No fim, Shavit decidiu que, se fosse possível chegar até al-Gashey, ele deveria ser morto. Uma dose letal foi colocada por um agente da Cesareia na xícara de café que ele bebia em um restaurante perto de sua casa. O veneno não o matou, aparentemente porque a dosagem estava incorreta ou por causa dos efeitos da pesada quimioterapia que fazia na época. De fato, logo após ingerir o veneno, al-Gashey se recuperou e retomou sua prazerosa vida anterior. Em 2000, foi entrevistado para o documentário sobre o massacre de Munique que receberia o Oscar, *Um dia em setembro*, de Arthur Cohn. Entrevistas com Harari, 10 de março de 2014, e "Sally", janeiro de 2015.
11. Entrevistas com "Oktoberfest", fevereiro de 2013, e "Alfred", fevereiro de 2013. O diretor do Mossad, Shavit, disse apenas: "Foi uma operação muito agradável, não foi?"
12. Entrevista com "Oktoberfest", fevereiro de 2013.
13. Entrevista com Jibril Rajoub, 23 de agosto de 2002.
14. O caso levou ao pedido de demissão de altos oficiais nos Ministérios do Exterior e do Interior e do diretor da Cruz Vermelha francesa, que também era conselheiro-chave do presidente François Mitterrand. *Los Angeles Times*, 4 de fevereiro de 1992. Entrevista com Judge Jean-Louis Bruguière, maio de 2000. Correspondência variada entre o Ministério do Exterior e a embaixada israelense em Paris (arquivos do autor, recebida de "Paul").
15. Entrevista com "Polly", março de 2016.
16. Entrevista com "Piloto", novembro de 2015.
17. Entrevista com Robert Baer (na presença de Seymour Hersh), agosto de 2001. E-mail de Robert Baer, 1º de fevereiro de 2016.
18. Entrevistas com "Polly", março de 2016, e "Piloto", novembro de 2015.
19. Entrevista com Judge Jean-Louis Bruguière, maio de 2000.
20. Bergman, *Authority Granted*, pp. 178-79 (em hebraico).

21. Agence France-Presse, 26 de fevereiro de 1991.
22. Entrevistas com Dalia Rabin, outubro de 2005, Amos Eran, 11 de fevereiro de 2009, Haber, 21 de junho de 2009, e Shimon Sheves, 25 de agosto de 2010.
23. Entrevista com Yezid Sayigh, outubro de 2001.
24. Entrevistas com Peres, 17 de setembro de 2012, Yossi Beilin, 14 de outubro de 2002, Ron Pundak, agosto de 2002, e Alpher, 18 de maio de 2015.
25. Pundak, *Secret Channel*, pp. 100-105, 122, 146-49, 172 (em hebraico).
26. Entrevistas com "Noah", janeiro de 2016, e "Polly", março de 2016.
27. Entrevistas com Haber, 21 de junho de 2009, e "Polly", março de 2016.
28. Uma coisa que surgia frequentemente era o ódio de Abbas por Arafat. Ele às vezes o chamava de "aquele bastardo" e às vezes de "aquela putinha".
29. Entrevistas com "Oktoberfest", dezembro de 2015, "Polly", março de 2016, e "Jango", outubro de 2016.
30. Entrevista com "Oktoberfest", fevereiro de 2013.
31. Entrevista com Rajoub, 23 de agosto de 2002.
32. "Top PLO Security Official Accused of Being Mossad Spy: Arafat Orders Inquiry", *Independent*, 4 de novembro de 1993.
33. Entrevista com Ron Pundak, agosto de 2002. Beilin, *Touching Peace*, pp. 61-164 (em hebraico). Pundak, *Secret Channel*, pp. 129-90.
34. Entrevistas com David Meidan, 2 de agosto de 2015, Dichter, junho de 2012, e Hasson, 17 de novembro de 2010.
35. Entrevista com "Oktoberfest", fevereiro de 2013.

Capítulo 20: Nabucodonosor

1. Entrevista com Raphael Ofek, 24 de janeiro de 2016.
2. Entrevistas com "Abril", novembro de 2016, Harari, 29 de março de 2014, e Benny Zeevi, 12 de fevereiro de 1999. Um relato parcialmente similar surge em Victor Ostrovsky, *By Way of Deception: The Making of a Mossad Officer*, pp. 19-20.
2. Como parte da doutrina periférica, o Mossad ofereceu auxílio a movimentos de libertação e milícias clandestinas em várias nações hostis, incluindo, por exemplo, o Anyanya, os rebeldes separatistas cristãos no sul do Sudão. Entrevistas com Alpher, 18 de maio de 2015, e Amit, 12 de julho de 2005. Alpher, *Periphery*, pp. 57-71 (em hebraico). Ben Uziel, *On a Mossad Mission to South Sudan*, pp. 9-36 (em hebraico). Ronen Bergman, "Israel and Africa", pp. 234-46.
3. Entrevista com Rotberg, 5 de março de 2012.

4. Mas, como o Alcorão com explosivos estava pronto para ser usado, "Eles [os curdos] o enviaram para algum governador que abusara deles, e ele foi morto, juntamente com toda sua equipe", lembrou Rothenberg.
5. Ele se deu ao trabalho de publicar uma luxuosa edição dos pensamentos de seu admirado tio Tulpah, incluindo a afirmação de que "Há três coisas que Alá não deveria ter criado: persas, judeus e moscas". Karsh Efraim e Rautsi Inari, *Saddam Hussein*, p. 19 (em hebraico).
6. Entrevista com Amatzia Baram, 28 de outubro de 2015.
7. Nakdimon, *Tammuz in Flames*, p. 50 (em hebraico).
8. Ibid., pp. 75-76 (em hebraico).
9. Entrevista com Admoni, 29 de maio de 2011, e Gazit, 12 de setembro de 2016.
10. Entrevista com Yehuda Gil, 15 de maio de 2011. Koren Yehuda, "My Shadow and I", *Yedioth Ahronoth*, 6 de julho de 2001.
11. Entrevista com o dr. Khidir Hamza feita por Hoda Kotb, transcrição do material de pesquisa do programa da NBC *Dateline*, "Iraque 1981" (arquivos do autor, cortesia de Shachar Bar-On).
12. Entrevista com "Elmo", agosto de 2010. "Oktoberfest", janeiro de 2013.
13. Entrevista com Ofek, 24 de janeiro de 2016.
14. "Decisão do comitê de segurança do gabinete", 4 de novembro de 1978, mostrado ao autor por "Paul".
15. Entrevistas com Harari, 12 de fevereiro de 2014, e "Negro", setembro de 2016.
16. Entrevista com Ofek, 17 de janeiro de 2016.
17. Uma biografia detalhada de Jafar Jafar pode ser encontrada em Windrom, *Critical Mass*, pp. 35-40.
18. Entrevista com "Abril", dezembro de 2016.
19. Entrevista com "Negro", junho de 2015. Uma descrição parcialmente similar está presente em Ostrovsky, *By Way of Deception*, pp. 22-25.
20. Entrevista com o dr. Khidir Hamza por Hoda Kotb, material de pesquisa do programa da NBC *Dateline*.
21. Entrevistas com "Negro", junho de 2015, e "Amir", fevereiro de 2016. Claire, *Raid on the Sun*, pp. 76-77.
22. Por razões óbvias — o uso de toxinas e explosões e assassinatos em solo francês —, Israel manteve grande segredo sobre seus atos. Em 1990, houve um sério vazamento. Um reprovado do Mossad chamado Victor Ostrovsky anunciou que publicaria *By Way of Deception: The Making of a Mossad Officer*, suas memórias, uma grande violação das regras do Mossad e da segurança israelense. A agência tentou persuadi-lo a desistir. Ele recusou. A agência invadiu

o escritório de seu editor e roubou as provas, que continham grandes quantidades de informação sobre a agência, algumas acuradas, incluindo muitas páginas sobre as ações contra o projeto nuclear e os cientistas iraquianos. As provas causaram grande pânico no Mossad. "Fui chamado ao escritório do diretor e vi as páginas que falavam a meu respeito", disse Ami Yaar, que fora professor de Ostrovsky por algum tempo e é mencionado no livro. "Foi muito desagradável." Yossi Cohen, então um jovem oficial e estrela em ascensão no Mossad, que conhecera Ostrovsky quando ambos estavam em treinamento, submeteu um plano detalhado ao chefe Shavit para sua eliminação. Shavit gostou do plano e o apresentou ao primeiro-ministro Shamir, que vetou a ideia, seguindo a regra de "Não matamos judeus". Em vez disso, o Mossad pediu a tribunais no Canadá e nos Estados Unidos que proibissem a publicação, com base no voto de confidencialidade feito por Ostrovsky ao se filiar à organização. Os tribunais não atenderam ao pedido e os processos só serviram para dar credibilidade ao livro e alavancar as vendas. Entrevistas com Ami Yaar, 3 de dezembro de 2012, "Vantagem", abril de 2017, "Toblerone", maio de 2014, e "Léxico", janeiro de 2017.
23. Nakdimon, *Tammuz in Flames*, p. 309 (em hebraico).
24. A Stasi da Alemanha Oriental e o KGB, que estavam em contato com os serviços secretos de Saddam, haviam aprendido com a maneira como Wadie Haddad fora eliminado. Entrevista com "Ilay", junho de 2010.
25. Entrevista com Hofi, Centro Begin, 11 de janeiro de 2002.
26. Entrevista com Eilam, 2 de dezembro de 2009.
27. Entrevista com Uzi Even, 2 de dezembro de 2009.
28. Houve grande alarme no establishment de defesa após o vazamento para Peres e seu memorando para Begin. O ataque foi adiado e os codinomes foram mudados. O chefe do Estado-Maior Eitan ordenou o grampeamento em larga escala do Estado-Maior geral e de outros oficiais superiores que tinham autorização de segurança para a operação. Mas o delator, professor Even, não foi identificado e confessou seu papel pela primeira vez durante uma entrevista comigo em 1996. Entrevista com Even, maio de 1996. Ronen Bergman, "The First Iraqi Bomb", *Haaretz*, 31 de maio de 1996.
29. Por acaso, os aviões passaram bem em cima do rei Hussein, que estava a bordo do iate real no golfo de Aqaba. Ele deve ter visto os aviões e a direção em que estavam voando, mas qualquer aviso para os sauditas e iraquianos perdeu-se no caminho ou não foi transmitido. Nakdimon, *Tammuz in Flames*, pp. 15-16 (em hebraico).

30. Entrevista com Aviem Sella, 31 de maio de 2011. Nakdimon, *Tammuz in Flames*, pp. 188-203.
31. Entrevista com Ofek, 24 de janeiro de 2016.
32. Entrevista coletiva internacional com Menachem Begin, 9 de junho de 1981. A ação israelense evocou admiração por sua execução, mas também áspera condenação internacional. Parece que somente *The Wall Street Journal* apoiou o ataque, em um editorial que até hoje está pendurado orgulhosamente na sala de reunião do jornal.
33. Registros do conselho supremo do Partido Baath, Arquivos do Pentágono, CRRC SH.SHTP.A.001.039, cortesia da professora Amatzia Baram.
34. Entrevista com Gilad, 31 de julho de 2012.
35. Entrevista com "Gauguin", o agente do Mossad na seção científica do projeto Condor na Argentina, junho de 2016. Diretor da Inteligência Central, *O caso de espionagem de Jonathan Jay Pollard*, 30 de outubro de 1987, p. 39.
36. Entrevista com "Sally", setembro de 2016. Burrows e Windrem, *Critical Mass*, pp. 442, 461, 466-80.
37. O arquivo do Mossad sobre Bull inclui muitos de seus contratos e correspondências com o Iraque, principalmente com o general Hussein Kamel, cunhado de Saddam e chefe da organização de aquisição de armas do Iraque (arquivos do autor, recebido de "Bogart").
38. A Aman enviou todo o material que ela e o Mossad haviam coletado sobre Bull à Administração para o Desenvolvimento de Armamentos e Infraestrutura Tecnológica do Ministério da Defesa (conhecida por seu acrônimo hebraico, Maf 'at) e ao corpo de artilharia das FDI. Essas unidades examinaram os cálculos de Bull e rodaram alguns modelos computadorizados. O resultado surpreendente foi que o supercanhão era exequível e Bull não estava alucinando. Entrevista com Gilad, 31 de julho de 2012.
39. O oficial de inteligência da Baioneta Moshe "Mishka" Ben-David disse: "Nos poucos casos em que concluímos que as autoridades locais nada pretendiam fazer a respeito, alguns carregamentos pegaram fogo ou explodiram e alguns cavalheiros já não estão mais entre nós." Entrevista com "Romeu", janeiro de 2013. Cockburn, *Dangerous Liaison*, p. 306.
40. Entrevista com "Romeu", um dos chefes da Cesareia, que coordenou o ataque contra Bull, maio de 2000.
41. Durante o mesmo período em que lidavam com o problema do Condor e o supercanhão, os chefes de segurança de Israel também tiveram de debater a possibilidade de eliminar um judeu israelense: em 1986, um técnico do reator

nuclear israelense em Dimona, Mordechai Vanunu, que se sentia discriminado por causa de suas origens marroquinas e não europeias e defendia ideias extremistas de esquerda, conseguiu levar uma câmera para a instalação mais secreta de Israel e fotografou, entre outras coisas, uma bomba de hidrogênio. Ele vendeu as fotografias e muitas outras informações ao *Sunday Times*, na Grã-Bretanha, que planejava publicar o material. O Mossad ouviu a respeito de uma de suas fontes mais antigas, o magnata da imprensa Robert Maxwell. "Vocês precisam pegar Vanunu", disse um importante jornalista israelense chamado Dan Margalit ao primeiro-ministro Shimon Peres durante uma conversa em off, pouco antes de entrevistá-lo. "Vivo ou morto." Peres objetou firmemente: "Não matamos judeus", disse ele. Peres me disse que o Mossad lhe pedira permissão para eliminar o homem, mas ele recusara: "Impedi seu assassinato. Ordenei que fosse trazido de volta e levado a julgamento em Israel." Margalit, um proeminente comentarista das questões atuais, está convencido até hoje de que Peres estava errado: "Eles deveriam ter matado Vanunu no exterior ou simplesmente tê-lo deixado em paz. 'Não matamos judeus' é uma expressão racista. Ou Israel ataca as pessoas que representam grave perigo para a segurança nacional ou não ataca, sem consideração por raça ou religião." Vanunu foi convencido por uma agente do Mossad a voar com ela de Londres — onde a organização estava relutante em agir — para Roma, onde foi capturado, drogado e levado para Israel em um navio mercante. Ele foi julgado e sentenciado a dezoito anos de prisão. Entrevistas com "Sally", fevereiro de 2015, "Rafael", maio de 2011, Yechiel Horev, julho de 2004, Benny Zeevi, 12 de fevereiro de 1999, Peres, 30 de janeiro de 2005, e Margalit, 17 de novembro de 2016.

42. Ronen Bergman, "Killing the Killers", *Newsweek*, 13 de dezembro de 2010. "The Man Who Made the Supergun", *Frontline* (PBS), 12 de fevereiro de 1992. Burrows e Windrem, *Critical Mass*, pp. 164-77.
43. "Iraq Chief, Boasting of Poison Gas, Warns of Disaster if Israelis Strike", *New York Times*, 2 de abril de 1990.
44. Entrevista com Shapira, 31 de janeiro de 2015.
45. Em 16 de janeiro de 1990, uma noite antes de os Estados Unidos e seus aliados lançarem a Operação Tempestade no Deserto, Saddam ordenou uma barragem de mísseis contra Israel: os mesmos mísseis que os israelenses inicialmente não sabiam onde estavam sendo desenvolvidos e mais tarde tiveram certeza de que "cairiam no mar como pedras". Os chefes da defesa propuseram atacar o Iraque, mas desistiram por pressão americana, uma vez que o presidente

Bush temia pela integridade de sua coalizão internacional se Israel interferisse. Por muitos anos, Saddam pareceu o único líder do mundo árabe que ousara atacar Israel e provara que suas ameaças eram vazias. A humilhação israelense influenciou profundamente a discussão subsequente sobre os planos para assassinar Saddam.

46. Entrevistas com Rolf Ekeus, setembro de 1996, e Hans Blix, agosto de 2000.
47. Barak se baseava no perfil psiquiátrico de Saddam Hussein feito por uma equipe de psicólogos e psiquiatras da Aman, no qual declaravam: "Saddam percebe o mundo como um lugar brutal e frio, de constante perigo. Nesse sistema, não há lugar para leis morais e não há códigos de comportamento que não possam ser violados por causa de normas sociais [...]. Saddam não se amedronta com a guerra, nem mesmo uma guerra contra forças mais poderosas. Ao contrário, tende a ver tal guerra como prova da importância e do poder do Iraque [...]. Sua aspiração de obter armas nucleares [...] está conectada a sua necessidade psicológica de criar para si mesmo um senso inabalável de poder [...]. Ele jamais esquece e jamais perdoa qualquer um que o tenha ferido [...] Saddam não hesitará em usar armas não convencionais contra Israel [...] outros custos e arrependimentos morais não ficarão em seu caminho" (Aman, Departamento de pesquisas, *Retrato psicológico de Saddam Hussein*, Projeto especial de inteligência 74/90, novembro de 1990). Entrevista com Barak, 1º de julho de 2013.
48. Escritório do chefe do Estado-Maior Barak para Amiram Levin, vice-chefe do Estado-Maior, chefe da Aman, chefe do Mossad, "xeque Atad" (Espinheiro) [codinome da operação], 20 de janeiro de 1992 (arquivos do autor, recebido de "Julius").
49. Escritório do chefe do Estado-Maior para o vice-chefe do Estado-Maior, chefe da Aman, diretor do Mossad, comandante da Força Aérea e Amiran Levin, *Espinheiro*, 17 de março de 1992 (arquivos do autor, recebidos de "Julius").
50. Entrevista com Barak, 13 de janeiro de 2012.
51. Entrevista com Nadav Zeevi, 15 de outubro de 2012.
52. Entrevista com "Zolphi", setembro de 2012.
53. Em 8 de outubro, o primeiro-ministro perguntou mais uma vez: "O Estado de Israel deveria matar o líder de outro país?" Amiram Levin respondeu: "Imagine se alguém tivesse matado Hitler em 1939." Finalmente, Rabin ficou convencido e disse ao chefe do Estado-Maior e aos chefes da Aman e do Mossad que "aprovava o alvo". Azriel Nevo para o chefe do Estado-Maior, chefe da Aman e chefe do Mossad, *Workshop de computação* (um dos codinomes da operação), 13 de outubro de 1992 (arquivos do autor, recebido de "Julius").

54. Entrevistas com Nadav Zeevi e Eyal Katvan, o soldado fingindo ser Saddam, 15 de outubro de 2012.
55. Entrevistas com Barak, 10 de maio de 2013, Sagie, 3 de junho de 2012, Lipkin-Shahak, 3 de abril de 2012, Avital, 29 de dezembro de 2010, e Nadav Zeevi, 15 de outubro de 2012. Um relato detalhado das guerras nos escalões superiores de Israel após o acidente pode ser encontrado no livro de Omri Assenheim, *Zeelim*, pp. 221-304 (em hebraico).

Capítulo 21: Tempestade verde se aproximando

1. Parte da história sobre a reunião foi publicada em Bergman, *Secret War with Iran*, pp. 15-18.
2. Ibid.
3. Ibid.
4. Entrevista com Merhav, 22 de abril de 2014.
5. Menashri, *Iran Between Islam and the West*, p. 134 (em hebraico).
6. Taheri, *The Spirit of Allah*, pp. 27-28, 131 (em hebraico). Menashri, *Iran Between Islam and the West*, p. 131 (em hebraico).
7. Taheri, *Spirit of Allah*, pp. 132-33 (em hebraico). Entrevistas com Uri Lubarni, 26 de dezembro de 1997, e Tsafrir, 2 de outubro de 2015.
8. Bergman, *Secret War with Iran*, pp. 13-14.
9. Bergman, *Point of No Return*, p. 50 (em hebraico).
10. Ibid., pp. 51-52.
11. Entrevista com Merhav, 5 de outubro de 2011.
12. Bergman, *Secret War with Iran*, p. 17.
13. Entrevista com Tsafrir, 2 de outubro de 2015.
14. Entrevista com Alpher, 18 de maio de 2015.
15. O próprio Bakhtiar foi para o exílio em Paris, onde, uma década depois, foi morto por assassinos enviados pela inteligência iraniana. Bergman, *By Any Means Necessary*, pp. 316-17 (em hebraico).
16. Entrevista com Itzhak Segev, 5 de janeiro de 2007. Bergman, *Point of No Return*, p. 74 (em hebraico). Taheri, *The Spirit of Allah*, pp. 273-94 (em hebraico).
17. Israel também tentou explorar a guerra Irã-Iraque a fim de preservar as relações militares com o Irã, fornecendo-lhe muitas armas (a Operação Concha é descrita detalhadamente em Bergman, *Secret War with Iran*, pp. 40-50). Mais tarde, Israel e os Estados Unidos se envolveram no caso Irã-Contras, um esforço vergonhoso e abortivo de fazer com que o Irã trocasse reféns ocidentais

capturados pelo Hezbollah por armas, tudo pelas costas do Congresso. Bergman, *Secret War with Iran*, pp. 110-22. O conselheiro sobre terrorismo do primeiro-ministro Shimon Peres, Amiram Nir, dirigiu o lado israelense da operação. Ele informou o vice-presidente Bush sobre o caso, e seu relato poderia lançar uma sombra sobre a campanha presidencial de Bush em 1987. Nir morreu em circunstâncias misteriosas no México em 1988 (Dossiê Octógono Húngaro nos arquivos do autor, recebido de "Cereja").

18. Entrevista com Robert Gates, 7 de novembro de 2012.
19. A falha da aposta para libertar os reféns em Teerã teve profundo impacto sobre o establishment americano e foi uma das razões para a oposição do secretário da Defesa Robert Gates à operação para capturar ou eliminar Osama bin Laden em maio de 2011. Quando Gates, então secretário da Defesa, estava na sala de gestão de crises da Casa Branca e viu um dos helicópteros cair em Abbottabad: "Eu disse a mim mesmo: 'Está começando outra catástrofe.'" Entrevista com Gates, 7 de novembro de 2012.
20. Bergman, *Point of No Return*, pp. 147, 162 (em hebraico).
21. Kramer, *Fadlallah: The Moral Logic of Hizballah*, p. 29 (em hebraico).
22. Shapira, *Hizbullah: Between Iran and Lebanon*, pp. 134-37.
23. Bergman, *Secret War with Iran*, pp. 58-59. Shapira, *Hizbullah*, pp. 135-39.
24. Entrevista com Dagan, 19 de maio de 2011.
25. Shapira, *Hizbullah*, pp. 144-60 (em hebraico).
26. Retirado da entrevista com os pais conduzida por um historiador do Hezbollah e exibida em Al-Manar no filme sobre a vida de Qassir, em 2008, http://insidehezbollah.com/Ahmad%20Jaafar%20Qassir.pdf.
27. Somente em 2012, depois da publicação de meu texto sobre o assunto (*By Any Means Necessary*, pp. 160-62), um comitê secreto de inquérito foi estabelecido no Shin Bet. O relatório do comitê determinou que, de fato, havia alta probabilidade de esse ter sido um ato de terrorismo suicida perpetrado por Qassir. A despeito disso, o Shin Bet manteve a classificação ultrassecreta do documento e negou meu pedido para vê-lo. Entrevistas com Tal, 24 de novembro de 2016, e Bandori, 11 de setembro de 2017.
28. Entrevista com Raz, 20 de janeiro de 2013.
29. Entrevista com Yekutiel Mor, 12 de janeiro de 2009.
30. Entrevista com David Barkai, 18 de julho de 2013. A CIA estava igualmente desinformada sobre o novo movimento. Weiner, *Legacy of Ashes*, p. 390.
31. Entrevista com al-Hajj, 14 de agosto de 2014.

32. Obrigado ao dr. Shimon Shapira pelo material sobre a infância de Imad Mughniyeh.
33. Entrevista com "Eldy", janeiro de 2015.
34. Esse epíteto foi cunhado por Martin Kramer em seu livro sobre Fadlallah, *The Moral Logic of Hizballah*.
35. Jaber, *Hezbollah*, p. 82.
36. Fadlallah, *Taamolat Islamia*, pp. 11-12.
37. O precedente mais antigo pode muito bem ter sido a figura bíblica Sansão, que tirou a própria vida para se vingar dos filisteus ao derrubar os pilares da casa em Gaza. E, de acordo com a lenda, uma seita muçulmana fanática na costa do mar Cáspio, nos séculos XI e XII, os *hashashiyoun* ("usuários de haxixe", de que deriva a palavra "assassino") drogavam jovens e os persuadiam a embarcar em missões letais das quais não retornariam. Os japoneses também tinham seus camicases na Segunda Guerra Mundial, e a organização terrorista peruana Sendero Luminoso empregava táticas suicidas.
38. Kenneth Katzman, *Terrorism: Middle Eastern Groups and State Sponsors*, Serviço de pesquisas do Congresso, Biblioteca do Congresso, 9 de agosto de 1995.
39. Hala Jaber, *Hezbollah*, pp. 77, 83.
40. Robert Baer disse que a CIA tinha evidências de que Yasser Arafat estava envolvido no planejamento dos três ataques de Beirute em 1983. Segundo Baer, essa informação jamais foi publicada por causa do desejo da agência de manter um relacionamento de trabalho com a OLP. Além disso, o chefe da estação do KGB em Beirute na época, Yuri Perfilyev, disse que as ações de Arafat eram coordenadas com Mughniyeh. Entrevistas com Robert Baer, agosto de 2001, Yuri Perfilyev, outubro de 2001 (com a ajuda de Isabella Ginor). Bergman, *Point of No Return*, pp. 164-65 (em hebraico).
41. Entrevista com Dov Biran, 28 de janeiro de 2013.
42. Em meados de 1983, o embaixador ordenou que Mughniyeh passasse a usar uma nova e altamente efetiva arma: ele e seus homens do Hezbollah começaram a sequestrar aviões e indivíduos a fim de atingir objetivos políticos e simbólicos. Os Estados Unidos não conseguiram garantir a libertação da maioria dos reféns. Dois americanos de alta patente também foram sequestrados: o coronel William Higgins, que servia na ONU, e William Buckley, chefe da estação da CIA em Beirute. Mais tarde, descobriu-se que ambos haviam sido torturados e mortos. A frustração e a sensação de impotência cresceram nos Estados Unidos. Duas fontes do Mossad me contaram que, no fim de 1983, ouviram informalmente da CIA que "nossos amigos em Washington receberiam bem"

medidas severas contra os líderes do Irã e do Hezbollah. "Estava claro que eles estavam nos urgindo a assassiná-los", disse uma das fontes. Na época, as mãos da CIA estavam atadas pela ordem executiva presidencial número 12.333, mas havia alguns no governo que, de acordo com essas fontes, queriam que Israel agisse em seu lugar. Bergman, *By Any Means Necessary*, pp. 163-80 (em hebraico). Entrevistas com Barkai, 18 de julho de 2013, e "Salvador", maio de 2012.

43. Entrevista com "Sally", junho de 2015.
44. Wright, *Sacred Rage*, p. 89.
45. Shahryar Sadr, "How Hezbollah Founder Fell Foul of Iranian Regime", Institute for War and Peace Reporting, 8 de julho de 2010.
46. Nada al-Watan, "Entrevista com Hassan Nasrallah", Beirute, 31 de agosto de 1993.
47. Alguns meses depois, o Hezbollah prendeu dois xiitas do vilarejo de Tibneen e os acusou de terem atirado em Harb. Sob tortura, eles confessaram que havia anos trabalhavam para a inteligência israelense e realizaram a missão de assassinato. Logo depois, foram executados por um pelotão de fuzilamento. Dagan disse que o Hezbollah pegou os homens errados. "Não é difícil prender alguém e forçá-lo a confessar. As pessoas que fizeram aquilo jamais foram capturadas." Em 2008, um criminoso libanês vivendo na Dinamarca, Danny Abdallah, admitiu que fora ele quem atirara em Harb. Desde então, está na lista de execução do Hezbollah e sua extradição foi solicitada pelo governo do Líbano.
48. *Tehran Times*, 20 de fevereiro de 1984.
49. Em seu livro *Veil*, Bob Woodward afirma que os sauditas ajudaram William Casey a realizar a operação, como vingança pelos ataques suicidas à embaixada americana e às casernas dos fuzileiros navais organizados por Mughniyeh. Em contrapartida, Tim Weiner disse que os Estados Unidos não estavam envolvidos no incidente e que ele acha que Israel foi o responsável. Essa versão é apoiada por várias outras fontes. Um oficial superior do Mossad disse que a Frente para a Libertação do Líbano de Estrangeiros, um movimento terrorista criado por Meir Dagan no Líbano, foi responsável. Entrevistas com Tim Weiner, 12 de junho de 2016, "Píer", dezembro de 2012, e Kai Bird, 11 de outubro de 2012. Bergman, *Secret War with Iran*, p. 73. Woodward, *Veil*, pp. 407-9 (em hebraico).
50. Entrevista com Barkai, 18 de julho de 2013.
51. Em 20 de maio de 2002, agentes israelenses plantaram dois quilos de TNT sob o banco do motorista do carro usado por Jihad Jibril, filho e herdeiro de

Ahmed, enquanto ele estava estacionado no bairro Mar Elias, em Beirute. Ele morreu instantaneamente.
52. Entrevistas com Barkai, 18 de julho de 2013, Yitzhak Tidhar, abril de 2011, Mor, 23 de fevereiro de 2009, e Danny Rothschild, 15 de dezembro de 2008.
53. Números retirados de *Anuários estatísticos do governo de Israel 1984-1991*. Ronen Bergman, "Like Blind Ducks", *Haaretz*, 14 de maio de 1999.

Capítulo 22: A era dos drones

1. Divisão de pesquisas da Aman, *Noturna: A eliminação do secretário-geral do Hezbollah, Abbas Mussawi, em fevereiro de '92*, pelo general de brigada Amos Gilboa, 20 de janeiro de 1999, p. 25 (arquivos do autor, recebido de "Robin").
2. Entrevistas com Sella, 7 de abril de 2013, Eitan Ben Eliyahu, 28 de abril de 2011, e Yitzhak Yaakov, 5 de janeiro de 2007.
3. Força Aérea de Israel, *A história do Esquadrão 200*, pp. 7-14 (arquivos do autor, recebido de "Hilton").
4. Entrevistas com Ivry, 18 de abril de 2013, e Eitan Ben Eliyahu, 24 de abril de 2011. Força Aérea de Israel, *A história do Esquadrão 200*, pp. 20-22 (em hebraico).
5. Entrevista com Alon Unger, 21 de abril de 2013. Força Aérea de Israel, *A história do Esquadrão 200*, pp. 24-26.
6. Entrevista com Sella, 26 de outubro de 2015. Força Aérea de Israel, *A história do Esquadrão 200*, pp. 27-29.
7. Entrevista com "Ônix", maio de 2013.
8. Entrevista com Unger, 21 de abril de 2013. Força Aérea de Israel, *A história do Esquadrão 200*, pp. 42-43.
9. Bergman, *By Any Means Necessary*, pp. 197-206 (em hebraico).
10. Esse tópico foi coberto detalhadamente em Ronen Bergman, "Gilad Shalit and the Rising Price of an Israeli Life", *New York Times Magazine*, 9 de novembro de 2011.
11. Entrevistas com "Mark", abril de 2005, e Lior Lotan, maio de 2009.
12. Entrevistas com Israel Perlov, 15 de outubro de 2000, Rami Igra, fevereiro de 2008, e "Amazonas", outubro de 2011. Bergman, *By Any Means Necessary*, pp. 279-90 (em hebraico).
13. Entrevista com Mor, 12 de janeiro de 2009.
14. Zolfiqar Daher, "From Lebanon to Afghanistan, Sayyed Abbas: The Leader, the Fighter, the Martyr", *Al-Manar*, 18 de fevereiro de 2015, http://archive.

almanar.com.lb/english/article.php?id=196205. Shapira, *Hezbollah: Between Iran and Lebanon*, pp. 110-11.
15. Divisão de pesquisas da Aman, *Noturna*, p. 5.
16. Entrevista com Shapira, 31 de janeiro de 2015. Divisão de pesquisas da Aman, *Noturna*, p. 15.
17. Arditi alegou que não foi convidado para outras discussões naquele dia, incluindo aquela com o ministro da Defesa Moshe Arens, porque estava claro que se oporia firmemente à operação. Entrevista com Arditi, 13 de junho de 2011.
18. Aman, *Noturna*, p. 9.
19. Entrevistas com Mor, 12 de janeiro de 2009, e Yosi Dimenstein, 26 de janeiro de 2016.
20. O conselheiro de contraterrorismo do chefe do Estado-Maior, Meir Dagan, propôs seu próprio plano: substituir o monumento a Gharib Harb, por cujo assassinato ele fora responsável em 1984, por uma cópia idêntica e cheia de explosivos a serem detonados quando Mussawi chegasse. A Aman, contudo, via Dagan como competidor e pediu ao chefe do Estado-Maior Barak para desconsiderar o plano, que colocaria em perigo a vida de mulheres e crianças. "Eu disse ao chefe que isso era besteira", disse Dagan. "De acordo com os costumes xiitas, somente dignitários do sexo masculino estariam na primeira fila. As mulheres esperariam na *husaniyeh* [...] mas eles [Aman] conseguiram persuadir Ehud [Barak]." Entrevista com Dagan, 19 de junho de 2013.
21. Aman, *Noturna*, p. 11.
22. Aman, *Noturna*, p. 15. Entrevista com Moshe Arens, 25 de agosto de 2009.
23. Entrevistas com Arditi, 13 de junho de 2011, Barak, 8 de março de 2013, Sagie, 20 de novembro de 2015, Ofer Elad, 12 de janeiro de 2015, e Unger, 21 de maio de 2013.
24. Aman, *Noturna*, p. 16.
25. Ibid., p. 17.
26. Ibid., p. 15.
27. Entrevista com Mor, 12 de janeiro de 2009.
28. Aman, *Noturna*, p. 22.
29. Ibid., p. 23.
30. Força Aérea de Israel, *A história do Esquadrão 200*, pp. 43-45.
31. Entrevista com Dagan, 19 de junho de 2013.
32. Em 3 de maio de 1992, Barak Ben-Tzur, da Aman, e Uri Chen, chefe da delegação do Mossad nos Estados Unidos, informaram membros da CIA sobre a Operação Noturna, descrevendo-a como "o primeiro assassinato aéreo integrado".

Eles levaram consigo vídeos feitos pelos drones. Os presentes deram risadinhas quando um técnico exibiu o início do filme *A honra do poderoso Prizzi* por engano, mas a reunião prosseguiu em um tom mais sério. Os americanos ficaram impressionados. Robert Gates, diretor da CIA na época, disse que o vídeo influenciou sua insistência no desenvolvimento do drone de ataque Predator, tentando superar a teimosa resistência da Força Aérea americana. Jim Woolsey, que substituiu Gates como chefe da CIA, disse coisas similares sobre a contribuição israelense para o desenvolvimento dos drones americanos. Entrevistas com Gates, 7 de novembro de 2012, James Woolsey, dezembro de 2001, e Barak Ben-Tzur, abril de 2010.

Capítulo 23: A vingança de Mughniyeh

1. Aman, *Noturna*, p. 24.
2. Entrevista com "Roni", novembro de 2008.
3. "New Hezbollah Leader a Disciple of Iran's Revolution", Associated Press, 12 de fevereiro de 1992.
4. Entrevista com Hassan Nasrallah, Al-Manar, 27 de dezembro de 1997.
5. Entrevista com Dagan, 20 de julho de 2013.
6. Eiran, *The Essence of Longing*, p. 97.
7. Entrevista com "Piloto", junho de 2015. Bergman, *Point of No Return*, pp. 249-50 (em hebraico). Troca de e-mails e conversas telefônicas com Rachel Sadan, janeiro de 2007.
8. A inteligência americana deu aos israelenses provas definitivas — "não uma arma fumegante, mas uma arma ainda sendo disparada", como disse um homem da Aman — de que Imad Mughniyeh e seu tenente Talal Hamia estavam por trás do ataque. Os americanos haviam escutado um telefonema entre eles no qual Mughniyeh zombava do fracasso do Shin Bet em proteger a embaixada. Entrevistas com "Lenin", abril de 2013, e Alberto Nisman, 18 de dezembro de 2007. Bergman, *Point of No Return*, pp. 210-22 (em hebraico).
9. Entrevistas com Stanley Bedlington, 31 de outubro de 2011, Hugo Anzorgi, setembro de 2001, Alberto Nisman, 18 de dezembro de 2007, e Daniel Carmon, 24 de fevereiro de 2016.
10. Entrevista com "Piloto", junho de 2015.
11. Tamir, *Undeclared War*, pp. 133-36 (em hebraico). Bergman, *Point of No Return*, pp. 335-39 (em hebraico).
12. Entrevista com "Piloto", junho de 2015.

13. Entrevista com "Vantagem", fevereiro de 2016.
14. Ele permanecia no topo do regime iraniano e esteve envolvido em grande número de ataques contra Israel e os Estados Unidos. Em fevereiro de 2007, desapareceu sem deixar rastro em seu quarto de hotel em Istambul. De acordo com algumas fontes, desertou para Israel ou para os Estados Unidos. Os iranianos e sua família, contudo, dizem que foi sequestrado e provavelmente morto. Entrevistas com Dagan, 19 de maio de 2011, Sagie, 6 de março de 2012, e "Herodes", setembro de 2017. Troca de e-mails com Robert Baer, setembro de 2017.
15. Entrevista com "Lenin", julho de 2016.
16. Entrevista com Ben-Tzur, abril de 2010.
17. A investigação criminal na Argentina relacionada aos dois bombardeios se arrastou por anos e, na verdade, jamais terminou. O promotor especial designado para investigar o caso, Alberto Nisman, reuniu muitas informações que levaram à emissão, pela Interpol, de mandados internacionais de prisão contra vários oficiais de alta patente iranianos e do Hezbollah. Nisman também protocolou acusações "contra todos os indivíduos argentinos envolvidos no encobrimento" e declarou guerra aos chefes da comunidade de inteligência, do sistema legal e do escalão político do país. Pouco antes de revelar os documentos e registros que coletara a um comitê parlamentar a fim de comprovar suas graves acusações, foi encontrado morto a tiros em seu apartamento, em circunstâncias misteriosas. Entrevista com Nisman, 18 de dezembro de 2007. Ronen Bergman, "Holding Iran Accountable", *Majalla*, 24 de novembro de 2016.
18. Entrevistas com Mizrahi, 22 de março de 2015, e "Piloto", setembro de 2016.
19. Entrevistas com "Oktoberfest", janeiro de 2013, "Piloto", setembro de 2016, Francis, 15 de julho de 2003, e "Eldy", setembro de 2014.
20. Foi Ramzi Nahara, um traficante de drogas ativado há muitos anos pela Unidade 504 como parte de uma rede de traficantes que ajudava Israel com grandes quantidades de informação, em troca da liberdade de continuar conduzindo seus negócios. Entrevista com Ravid, 13 de novembro de 2012.
21. Entrevistas com Sagie, 24 de junho de 2007, e Arens, 25 de maio de 2009.
22. Entrevista com Barak, 7 de junho de 2011.

Capítulo 24: "Somente um botão, desligado e ligado"

1. Entrevista com Hasson, 17 de novembro de 2010.

2. Aviad, *Lexicon of the Hamas Movement*, pp. 150-54 (em hebraico).
3. Entrevista com "Aristo", junho de 2013.
4. Entrevista com Lipkin-Shahak, 26 de maio de 2011.
5. Entrevista com Ayalon, 29 de março de 2012.
6. Entrevista com Diskin, 23 de outubro de 2011.
7. Entrevista com Kubi, 8 de setembro de 2013.
8. Lawrence Wright, *The Looming Tower: Al-Qaeda and the Road to 9/11*, pp. 120-30 (em hebraico).
9. Entrevista com "Aristo", outubro de 2013.
10. Roni Shaked e Aviva Shabi, *Hamas: Palestinian Islamic Fundamentalist Movement*, pp. 88-97 (em hebraico).
11. Entrevista com Kubi, 29 de maio de 2013.
12. Entrevista com "Aristo", junho de 2013.
13. Bergman, *By Any Means Necessary*, p. 101 (em hebraico). Entrevista com Micha Kubi, 29 de maio de 2013. Ronen Bergman, "Oops, How Did We Miss the Birth of Hamas?" *Yedioth Ahronoth*, 18 de outubro de 2013.
14. Nachman Tal, "Suicide Attacks: Israel and Islamic Terrorism", *Strategic Assessment*, vol. 5, n. 1, junho de 2002, Centro Jaffee de Estudos Estratégicos, Tel Aviv.
15. Shaked e Shabi, *Hamas*, pp. 92-107 (em hebraico).
16. Entrevistas com Dichter, 4 de novembro de 2010, e Kubi, 29 de maio de 2013.
17. Gelber, *Growing a Fleur-de-Lis*, pp. 104-37.
18. Ronen Bergman, "The Dubai Job", *GQ*, 4 de janeiro de 2011.
19. "'To Israel I Am Stained with Blood'", Al Jazeera, 7 de fevereiro de 2010, http://www.aljazeera.com/focus/2010/02/2010271441269105.html.
20. Entrevista com "Aristo", junho de 2013.
21. Ministério da Defesa, escritório do coordenador-chefe para a Judeia e a Samaria, *Anúncio do Hamas sobre o sequestro para The Soldier*, 11 de outubro de 1994 (arquivos do autor, recebido de "Sino").
22. Entrevista com Ben-Tzur, 26 de março de 2011.
23. Shaked e Shabi, *Hamas*, pp. 11-21.
24. Entrevista com Yatom, 7 de abril de 2011.
25. Suprema Corte, arquivo 5973/92, *Associação de Direitos Civis em Israel v. Ministro da Defesa*.
26. Divisão de pesquisas da Aman, *Informações sobre dinheiro saudita enviado ao HAMAS*, 6 de maio de 2002 (arquivos do autor, recebido de "Chili").
27. Entrevista com "Leon", julho de 2013. Aviad, *Lexicon of the Hamas Movement*, pp. 199-201.

28. *Globe and Mail* (Canadá), 28 de dezembro de 1993.
29. Embora tivesse recebido abundantes informações do Shin Bet e coletado muitas por si mesmo, o FBI não tomou nenhuma medida até que as Torres Gêmeas caíram. FBI, Fundação Terra Santa de Auxílio e Desenvolvimento, Lei de poderes econômicos emergenciais internacionais, Escritório de controle de ativos estrangeiros, Departamento do Tesouro, 5 de novembro de 2001. Bergman, *Follow the Money: The Modus Operandi and Mindset of HAMAS Fundraising in the USA and the PA Using American and Saudi Donations*, Universidade de Cambridge, Centro de Estudos Internacionais, outubro de 2004.
30. Entrevista com Dichter, 4 de novembro de 2010.
31. Entrevista com Eitan Haber, 21 de junho de 2009.

Capítulo 25: "Traga a cabeça de Ayyash"

1. Goldstein, *Rabin: A Biography*, pp. 415-24 (em hebraico).
2. Entrevista com Ayalon, 4 de setembro de 2002.
3. Documentos do "Dossiê Cinza" (preparação para as conversas secretas com a Síria), arquivos do autor, recebidos de "Sino". Ronen Bergman, "The Secret of the Grey File", *Yedioth Ahronoth*, 26 de janeiro de 2007.
4. Entrevistas com Erez Gerstein, abril de 1996, e Ehud Eiran, 13 de maio de 2013.
5. Entrevista com Aql al-Hashem, dezembro de 1999.
6. Tamir, *Undeclared War*, p. 116.
7. Raviv Shechter, entrevista com Moshe Tamir, *Yisrael Hayom*, 14 de maio de 2010.
8. Entrevista com Levin, 16 de julho de 2017.
9. Entrevista com Ronen Cohen, 5 de julho de 2015.
10. Entrevista com Ronen Cohen, 1º de setembro de 2016.
11. As FDI precisavam desenvolver novos mecanismos e capacidades para esses assassinatos. As bombas, por exemplo, eram problemáticas. As baterias dos dispositivos de tiro tinham de durar o às vezes longo período entre a instalação e a detonação, a comunicação wireless de longa distância era necessária para a detonação e os dispositivos tinham de ser pequenos e camuflados. O desenvolvimento de armas das FDI explodiu algumas dezenas de Mercedes velhas, o carro mais popular no Líbano, com manequins em seu interior, tentando descobrir quanto de qual material era mais eficiente. Em um importante experimento, porcos anestesiados foram usados, uma vez que sua pele e seus tecidos são similares aos dos seres humanos. As bombas que os mataram

foram apelidadas de "oink-oink". Entrevistas com "Leo", fevereiro de 2016, e "Torta", novembro de 2011.
12. Entrevista com Sheves, 25 de agosto de 2010.
13. Entrevista com "Leo", fevereiro de 2016.
14. Kurtz, *Islamic Terrorism and Israel*, pp. 139-48.
15. Lara Marlowe, "Interview with a Fanatic", *Time*, 6 de fevereiro de 1995.
16. Entrevista com "Piloto", maio de 2016.
17. Entrevista com Gillon, 27 de janeiro de 2016. Carmi Gillon, *Shin-Beth Between the Schisms*, p. 201 (em hebraico).
18. Entrevista com Sagie, 6 de março de 2012.
19. Em 1998, um juiz distrital federal ordenou que o governo iraniano pagasse 247,5 milhões de dólares como reparação para a família Flatow e, em junho de 2014, o BNP Paribas recebeu a ordem de pagar uma grande indenização à família por processar transações financeiras iranianas proibidas.
20. Entrevista com Lipkin-Shahak, 3 de abril de 2012.
21. Entrevista com "Diamante", agosto de 2011.
22. Entrevista com "Piloto", maio de 2016.
23. Entrevistas com Galant, 19 de agosto de 2011, e Ayalon, 22 de junho de 2011.
24. Entrevista com "Fred", setembro de 2015.
25. Entrevista com Ayalon, 14 de março de 2016.
26. Entrevista com Moshe Ben-David, 23 de janeiro de 2013.
27. Entrevista com "Lego", maio de 2000.
28. Entrevista com "Piloto", maio de 2016. Bergman, *Secret War with Iran*, pp. 213-16.
29. Entrevista com Gillon, 27 de janeiro de 2016.
30. Entrevista com Yasser Arafat, abril de 1995.
31. Entrevista com Hasson, 17 de novembro de 2010.
32. Entrevista com Amit Forlit, 4 de janeiro de 2010.
33. Entrevista com Itzhak Ilan, 26 de janeiro de 2016.
34. Entrevista com Gillon, 27 de janeiro de 2016.
35. Entrevista com Hasson, 17 de novembro de 2010.
36. Entrevista com Ilan, 5 de novembro de 2014.
37. Entrevista com Gillon, 27 de janeiro de 2016.
38. Entrevista com Hasson, 17 de novembro de 2010.
39. Entrevista com Dichter, 4 de novembro de 2010.
40. Ibid.
41. Entrevista com Ilan, 5 de novembro de 2014.

42. Gillon, *Shin-Beth Between the Schisms*, pp. 267-76.
43. Entrevista com Lior Akerman, 15 de outubro de 2015.
44. "The Phone Rang, Yihyeh Ayyash Answered, and the Instrument Blew Up", *Haaretz*, 7 de janeiro de 1996.

Capítulo 26: "Astuto como uma cobra, ingênuo como uma criancinha"

1. Entrevista com Rajoub, 3 de maio de 2010.
2. Entrevista com Diskin, 15 de outubro de 2011.
3. Entrevista com Yaalon, 16 de agosto de 2011.
4. Entrevista com Peres, 17 de setembro de 2012.
5. Entrevista com Hasson, 17 de novembro de 2010.
6. Ronen Bergman, "For Israel, Frightening New Truths", *New York Times*, 7 de janeiro de 2017.
7. Entrevista com Yaalon, 16 de agosto de 2011.
8. Entrevista com Yassi Kuperwasser, 21 de maio de 2004.
9. Entrevista com "Disco", agosto de 1997.
10. Entrevista com Yatom, 7 de julho de 2011.
11. Entrevista com Ben-David, 23 de janeiro de 2013.
12. Entrevista com Benjamin Netanyahu, 3 de julho de 2007.
13. Entrevista com Ben-David, 6 de maio de 2002.
14. Entrevista com Shapira, 27 de outubro de 2013.
15. Entrevista com Ben-David, 15 de janeiro de 2013. Pedido de extradição de Abu Marzook, Ministério da Justiça de Israel, Tribunal Distrital Sul de Nova York — 924, suplemento federal 565 (S.D.N.Y. 1996) (arquivos do autor, recebido de "Mocha").
16. Entrevista com "Lego", maio de 2000.
17. Quando contei a Netanyahu o que ouvira dos agentes do Mossad, ele disse que ninguém o manipulou e que ele mesmo selecionara Mashal como alvo para assassinato. "Senti que Mashal era extremamente problemático e perigoso. Mesmo na época já havíamos identificado sua terrível paixão por matar judeus. Em retrospecto, quando se vê aonde o homem chegou, o que fez e como se tornou o motor do Hamas, fica claro que eu estava certo quando decidi que fazê-lo desaparecer do mapa prejudicaria significativamente as capacidades do Hamas." Entrevista com Netanyahu, julho de 3, 2007.
18. Entrevista com "Piloto", maio de 2016.
19. Doron Meiri, "The Terrorist Entered the Street Dressed as a Drag Queen", *Yedioth Ahronoth*, 7 de setembro de 1997.

20. Entrevista com Yatom, 7 de julho de 2011.
21. Isso porque o departamento de documentação da Cesareia não tinha novos passaportes para toda a equipe. Em outros casos no passado, essa situação levaria ao adiamento da operação, até que uma solução fosse encontrada.
22. Entrevista com "Piloto", maio de 2016.
23. Entrevista com Mordechai, 28 de agosto de 2015.
24. Entrevista com Yatom, 7 de julho de 2011.
25. Entrevista com Netanyahu, 3 de julho de 2007.
26. Meu pedido por uma posição da dra. Platina obteve a seguinte resposta: "Oi, Ronen. Seria uma honra conversar com você, mas não entendo como estou conectada a esses eventos ou como poderia ajudá-lo. Platina." Tentativas de conseguir uma conversa telefônica com ela não tiveram sucesso. E-mail de Ronen Bergman para a dra. Platina, 25 de dezembro de 2013, e a resposta dela, 26 de dezembro de 2013.
27. Entrevista com Ben-David, 23 de janeiro de 2013.
28. Quando eu disse a Yatom que os agentes afirmaram não ter visto a garotinha ou o motorista e que Jerry não conseguira avisá-los, ele respondeu desdenhosamente: "Isso é tudo balela. Eles simplesmente estavam supermotivados a agir, após todos aqueles dias em que não haviam conseguido. Foi por isso que decidiram fazer algo em total contradição com minhas ordens."
29. Contrariamente a esse depoimento, o pessoal de inteligência do Hamas e da Jordânia que encontrei em Amã disse que Abu Seif era guarda-costas de Mashal, e não simplesmente alguém que passava por ali. Se isso for verdade, a falha da equipe da Baioneta foi ainda mais grave, porque os agentes sequer sabiam de sua existência, sem mencionar seu treinamento, e, portanto, não anteciparam o que aconteceria.
30. Entrevista com Saad al-Khatib, dezembro de 2013.
31. Há discrepâncias significativas entre a versão de al-Khatib e as dos dois agentes, mas não sobre como as coisas terminaram.
32. Entrevista com Ben-David, 23 de janeiro de 2013.
33. Entrevista com Yatom, 7 de julho de 2011.
34. Entrevista com Sami Rababa, dezembro de 2013.
35. Entrevistas com "Piloto", maio de 2016, e Yatom, 7 de julho de 2013.
36. Entrevista com Ben-David, 15 de janeiro de 2013.
37. Entrevista com Rababa, dezembro de 2013. Troca de e-mails com Rababa, dezembro de 2013.

38. Como a vida de Mashal foi salva? Os médicos jordanianos afirmam ter feito isso por si mesmos, sem qualquer ajuda e sem injetar o antídoto. "Quando chegaram os resultados da análise química da substância que recebemos da mulher", disse Rababa, "vimos que era exatamente o mesmo medicamento que já tínhamos dado a ele. A fórmula do veneno só foi recebida depois que Mashal já se recuperara totalmente." Os israelenses afirmam que isso é mentira, porque era impossível que sua toxina secreta tivesse sido reconhecida pelos médicos jordanianos e foi somente graças ao fato de o Mossad ter lhes dado o antídoto, assim como as fórmulas do antídoto e do veneno, que a vida de Mashal foi salva. Entrevistas com Ben-David, 15 de janeiro de 2013, Yatom, 7 de abril de 2011, "Jeffery", novembro de 2013, e Rababa, dezembro de 2013.
39. Halevy se recusou a ser entrevistado para este livro. Contudo, em 13 de julho de 2011, conversando com o ministro da Defesa alemão na presença do general Amos Gilad e do autor, falou livremente sobre o caso Mashal, elogiou (com justiça) sua própria contribuição para a solução e várias vezes mencionou que Gilad, então chefe da divisão de pesquisas da Aman, fora um dos principais oponentes de sua sugestão de que Yassin fosse libertado, acrescentando graciosamente: "e esse foi um dos poucos erros que cometeu em sua carreira". Ver também Halevy, *Man in the Shadows*, pp. 132-42 (em hebraico).
40. Entrevista com Kubi, 8 de setembro de 2013.
41. Halevy, *Man in the Shadows*, pp. 138-40 (em hebraico).
42. Entrevista com Yoram Ben Zeev, 17 de abril de 2012.
43. Entrevistas com Joseph Ciechanover, 28 de abril de 2017, e "Piloto", maio de 2016. Ciechanover chegou à conclusão de que, no geral, Netanyahu agiu de modo razoável e adequado.
44. Entrevistas com Mordechai, 28 de agosto de 2015, e Yaalon, 16 de agosto de 2011.
45. Entrevista com Ayalon, 4 de setembro de 2002.
46. Entrevista com "Piloto", maio de 2016.

Capítulo 27: Momento difícil

1. Rami Michaela, o oficial de inteligência da Operação Canção do Álamo da Flotilha 13, afirma não se lembrar de nenhuma oposição do Comando Norte ao alvo da operação. De qualquer modo, todos concordamos que o comando foi removido do Comando Norte e transferido para o Estado-Maior geral. Entrevistas com Ronen Cohen, 18 de fevereiro de 2016, e Rami Michaela, 15 de março de 2016.
2. Entrevistas com Michaela, 15 de março de 2016, Galant, 4 de setembro de 2014, Shay Brosh, maio de 2013, e Oren Maor, janeiro de 2013.

3. Bergman, *By Any Means Necessary*, p. 428 (em hebraico).
4. O pessoal de inteligência envolvido na operação, desde Michaela, passando pelo chefe da inteligência naval Brosh e chegando ao chefe do Estado-Maior Yaalon, afirma que não foi um vazamento de informações que levou ao desastre, mas um problema com os explosivos, que tiros nunca foram disparados contra a força e que todos os homens foram mortos pelas explosões. Entrevistas com Brosh, maio de 2013, Michaela, 15 de março de 2016, Galant, 4 de setembro de 2014, Mordechai, 28 de agosto de 2015, e Lipkin-Shahak, 3 de abril de 2012.
5. "The Four Mothers Are Four Dishrags", Nana 10 website, 16 de fevereiro de 2000, http://news.nana10.co.il/Article/?ArticleID=6764.
6. Os agentes que a polícia suíça encontrou no porão tentaram fingir que eram turistas que haviam se esgueirado até lá para uma transa a três. Eles foram pegos, literalmente, com as calças abaixadas. A polícia acreditou, até que um deles alegou que a caixa de ferramentas e cabos que carregava era "bagagem diplomática".
7. Discurso do diretor do Shin Bet, Avi Dichter, durante a Conferência de Herzliya, 16 de dezembro de 2003.
8. Entrevista com Diskin, 1º de junho de 2017.
9. Entrevista com Ayalon, 21 de janeiro de 2013.
10. Um dos pais da revolução tecnológica no Shin Bet foi Gadi Goldstein, de Jerusalém. Na época, ele aprofundava seu conhecimento sobre vários conceitos filosóficos, do judaísmo às filosofias orientais. Em meados dos anos 1990, e especialmente no ambiente machista do Shin Bet, a preocupação de Goldstein com tais questões parecia estranha, para dizer o mínimo. Goldstein baseou seu inovador conceito operacional nas palavras atribuídas ao Moisés bíblico, juntamente com princípios da filosofia zen. Ele enfatizou a doutrina do *anatta*, ou "não eu", que diz que o "eu" de cada um de nós não existe sozinho e não é definido por si mesmo. O zen ensina que o "eu" é uma conversa constante com tudo no ambiente, influenciando-o e sendo influenciado por ele. Assim, não há existência independente para qualquer indivíduo, animal ou objeto: tudo existe somente como parte de um conjunto muito mais amplo, que o define. "Digamos que dez pessoas vivam em um edifício", disse ele durante uma das discussões sobre o desenvolvimento do novo sistema. "Nós, do Shin Bet, queremos saber o que eles estão tramando e temos uma quantidade x de energia para investigar. Temos de investir nossa energia no que acontece entre eles, na sinergia que criam juntos, no 'raio de alcance' no interior do qual cada um deles influencia e é influenciado." Na mesma reunião, ele citou o livro *Zen*

e a arte da manutenção de motocicletas, de Robert Pirsig, que eleva e quase santifica o conceito de não eu. Um dos participantes sugeriu, com um sorriso, que a nova doutrina de inteligência deveria ser chamada de "Zen e a arte do assassinato". Entrevista com Gadi Goldstein, novembro de 2012.

11. Entrevista com Diskin, 1º de junho de 2017.
12. Detalhes sobre Sharif fornecidos por "Gêmeos", março de 2016.
13. De acordo com os registros do Shin Bet, os irmãos estavam conectados a vários ataques terroristas nos quais dezenas de israelenses foram mortos e centenas ficaram feridos, incluindo o ataque ao Café Apropos em Tel Aviv em 21 de março de 1997, em que três pessoas foram mortas e 47 ficaram feridas, e dois ataques suicidas em Jerusalém em 1997, um em 30 de julho, quando quinze pessoas foram mortas e 170 ficaram feridas, e um em 4 de setembro, com cinco mortos e 169 feridos. Eles também foram responsáveis por tiroteios nas áreas de Hebrom e Jerusalém, nos quais sete israelenses foram mortos, e pelo sequestro e assassinato do soldado Sharon Edry em 9 de setembro de 1996, entre outros. Shin Bet, "Eliminação dos irmãos Awadallah e decifragem do arquivo do braço militar do Hamas na Judeia e na Samaria", março de 2014 (arquivos do autor, recebido de "Gêmeos").
14. Entrevista com Ayalon, 21 de janeiro de 2013.
15. Diskin introduziu uma nova estrutura conceitual no Shin Bet: a maioria dos ataques terroristas, especialmente os suicidas, é precedida por várias ações das organizações terroristas, que são muito similares de um ataque para o outro. Essas ações deixam rastros tanto no mundo físico quanto no digital. Se puderem ser definidas e identificadas, é possível impedir um ataque futuro já nos estágios iniciais. O sistema que ele desenvolveu salvou as vidas de incontáveis israelenses nas décadas seguintes.
16. Entrevista com Diskin, 1º de junho de 2017.
17. Entrevista com "Amazonas", outubro de 2011.
18. Entrevistas com Mofaz, 14 de junho de 2011, e Ayalon, 22 de junho de 2011.
19. Entrevista com Ayalon, 21 de janeiro de 2013.
20. Shin Bet, "Eliminação dos irmãos Awadallah", p. 2.
21. Entrevista com Ayalon, 21 de janeiro de 2013.
22. Shin Bet, "Eliminação dos irmãos Awadallah", p. 3.
23. Entrevista com Yaalon, 16 de agosto de 2011.
24. Entrevista com Diskin, 1º de junho de 2017.
25. O ataque a Batat teve um efeito chocante do ponto de vista da Cereja. Os corpos de Batat e Nader Masalma foram levados para a sede da unidade, onde os

soldados que participaram da operação começaram a tirar fotografias com eles. "Rapidamente, houve grande demanda pelas fotos", disse o soldado Alon Kastiel. "Havia muitas câmeras na unidade e uma demanda louca por fotos. Todo mundo queria fotos. Eu não disse uma palavra, não pensei em moralidade, era um cadáver, não uma pessoa viva. Meu oficial estava posando para as fotografias e jamais se repreende um oficial [...]. Eu dei uma olhada nas fotos e as guardei no canto mais remoto da casa, garantindo que não as veria durante anos. Elas me enojavam. Não sei o que me enojava mais, os corpos ou minha conduta. Eu costumava ver a sacola de fotos uma vez por ano, de longe, mas jamais a abri. Elas acabaram enterradas em uma cômoda." Um porta-voz das FDI afirmou que os militares conduziram uma incisiva investigação e indiciaram os envolvidos nesses procedimentos bizarros. Entrevista com Alon Kastiel, 29 de maio de 2016. Gideon Levi, "A Nightmare Reunion Photo", *Haaretz*, 25 de dezembro de 2004.
26. Entrevista com Yaalon, 16 de agosto de 2011.
27. Entrevista com Dichter, 4 de novembro de 2010.
28. Entrevista com Diskin, 28 de junho de 2017.

Capítulo 28: Guerra total

1. Declaração do primeiro-ministro, protocolo da sessão do Knesset n. 59, 13 de dezembro de 1999.
2. Gilboa, *Morning Twilight*, pp. 25-28 (em hebraico). Ronen Bergman, "Aman Chief to PM Barak", *Yedioth Ahronoth*, 12 de fevereiro de 2016.
3. Uma monitora de comunicações da Unidade 8200 chamada Mor, fluente em árabe, era especialista na identificação da voz de Mughniyeh. Em respeito à habilidade, à experiência e à dedicação de Mor, o codinome dado a Mughniyeh naqueles anos, "Maurice", ecoava seu nome. Contudo, durante muitos anos, Imad Mughniyeh pareceu desaparecer e a Unidade 8200 não conseguia encontrar rastros seus no tráfego de comunicações do Hezbollah. Em 21 de maio de 2000, Mor, estacionada na base Grizim, no norte de Israel, identificou sua voz enquanto ouvia a conversa entre os líderes do Hezbollah durante um tour pelas fronteiras da zona de segurança de Israel no Líbano, provavelmente como preparação para a retirada israelense. "É ele! Tenho certeza. É ele. É 'Maurice' falando", exclamou Mor, animada. Com base na vigilância e na localização da fonte da conversa, a Aman e a Força Aérea começaram a planejar o assassinato de Mughniyeh. Sumário da reunião de 22 de maio, na caligrafia do secretário

militar do primeiro-ministro, general Moshe Kaplinsky, mostrado ao autor por "Ben", abril de 2014.
4. Discurso de Nasrallah, Bint Jbeil, 26 de maio de 2000.
5. Entrevista com Barak, 2 de abril de 2014.
6. Entrevista com Yaalon, 21 de dezembro de 2016.
7. Entrevista com Rajoub, 3 de maio de 2010.
8. Entrevista com Margalit, 17 de novembro de 2016.
9. Landau, *Arik*, p. 263 (em hebraico).
10. Membros da delegação americana, notadamente Robert Malley em seu livro *Camp David: The Tragedy of Errors*, culparam Ehud Barak por seu comportamento condescendente e insensível. Barak conduziu a maior parte das negociações através de Yossi Ginossar, que era agora um canal secreto para Arafat e — como mais tarde se descobriu — seu parceiro comercial. Uzrad Lew, *Inside Arafat's Pocket*, p. 163 (em hebraico). Entrevistas com Barak, 26 de agosto de 2015, e Merhav, 20 de dezembro de 2016.
11. Entrevista com Itamar Rabinovich, julho de 2013.
12. Landau, *Arik*, pp. 262-65 (em hebraico).
13. Entrevista com "Hendrix", agosto de 2013.
14. Entrevistas com Alexander Pantik, novembro de 2003, e Gillon, 27 de janeiro de 2016. Gillon, *Shin-Beth Between the Schisms*, pp. 100-36 (em hebraico). Documentos da investigação da polícia militar sobre a "clandestinidade judaica" que tentou explodir as mesquitas no monte do Templo nos arquivos do autor, recebidos de "Sino".
15. Landau, *Arik*, p. 269 (em hebraico). Anat Roeh e Ali Waked, "Sharon Visits the Temple Mount: Riots and Injuries", *Ynet*, 28 de setembro de 2000, http://www.ynet.co.il/articles/0,7340,L-140848,00.html.
16. Entrevistas com Ahmed Tibi, 23 de agosto de 2002, e Tawfiq Tirawi, junho de 2002. Bergman, *Authority Granted*, pp. 106-10 (em hebraico).
17. Entrevistas com Aharon Zeevi Farkash, 10 de abril de 2013, Mofaz, 14 de junho de 2011, Yaalon, 16 de agosto de 2011, Dan Halutz, 5 de julho de 2011, Dichter, 4 de novembro de 2010, Diskin, 18 de outubro de 2011, Ben-Yisrael, 5 de junho de 2011, Giora Eiland, 5 de junho de 2011, Ayalon, 22 de junho de 2011, Gilad, 25 de junho de 2012, e Kuperwasser, janeiro de 2011.
18. Entrevista com Mofaz, 14 de junho de 2011.
19. Entrevista com Diskin, 1º de junho de 2017.
20. Amos Harel e Avi Issacharoff, *The Seventh War*, pp. 37-39 (em hebraico). Mark Seager, "'I'll Have Nightmares for the Rest of My Life,'" *Daily Telegraph*, 15 de outubro de 2000, http://www.jr.co.il/articles/politics/lynch.txt.

21. Entrevista com Dichter, 4 de novembro de 2010.
22. Número da ONG de direitos humanos B'Tselem, http://www.btselem.org/hebrew/statistics/fatalities/before-cast-lead/by-date-of-event.
23. Gad Barzilai, *Wars, Internal Conflicts, and Political Order: A Jewish Democracy in the Middle East*, Série SUNY de estudos israelenses, 1996, p. 148. Michael Karpin, *Imperfect Compromise: A New Consensus Among Israelis and Palestinians*, p. 94.
24. Landau, *Arik*, pp. 171-75, 207-11 (em hebraico).
25. Entrevistas com Shalom Turgeman, 28 de junho de 2011, Assaf Shariv, 28 de janeiro de 2007, Danny Ayalon, 22 de junho de 2011, e Weissglass, 11 de junho de 2012.
26. Entrevista com Galant, 1º de junho de 2011. Sharon inicialmente tentou, ou ao menos quis que parecesse que estava tentando, conversar com Arafat e, em abril de 2001, enviou seu filho Omri a uma reunião secreta com o líder palestino em Ramalá, que terminou rapidamente. "Estava claro que as relações entre os dois [Ariel Sharon e Arafat] só podiam levar a uma explosão", disse um dos participantes. Entrevista com "Date Palm", agosto de 2017.
27. Entrevistas com Galant, 1º de junho de 2011, e Weissglass, 11 de junho de 2012.
28. Entrevista com Diskin, 1º de junho de 2017.
29. Entrevista com Shlomo Cohen, 28 de março de 2012.
30. Shuli Zuaretz e Sharon Rofeh, "Haifa: 14 of 15 Dead in Attack Are Identified", *Ynet*, 2 de dezembro de 2001, http://www.ynet.co.il/articles/0,7340,L-1373989,00.html.
31. Estado de Israel, "Comitê especial para o exame do assassinato seletivo de Salah Shehadeh", 21 de fevereiro de 2011 (arquivos do autor, recebido de "Ellis").
32. Entrevista com Dichter, 4 de novembro de 2010.
33. Entrevista com Mofaz, 14 de junho de 2011.
34. Entrevista com Ben-Yisrael, 5 de junho de 2011.
35. Entrevista com Eiland, 5 de junho de 2011.
36. "Ele estava nos matando", disse Uri Halperin, oficial superior da Aman para o norte da Cisjordânia. Entrevista com Uri Halperin, 27 de maio de 2014.
37. Anat Waschler, "The Drone Pilots' War", *Air Force Journal*, 1º de dezembro de 2000.
38. Entrevista com "Matan", junho de 2012.
39. Ali Wakad, "The Funeral of Abu Ali Mustafa Is Held in Ramallah", *Ynet*, 28 de agosto de 2001, http://www.ynet.co.il/articles/1,7340,L-1058108,00.html.
40. Ben-Tzur, relatando a reunião em abril de 2010, pediu que o nome do banco não fosse mencionado.

41. Uma análise do efeito destrutivo que a intifada de homens-bomba teve sobre a economia de Israel e da Autoridade Palestina pode ser encontrada em Ben--Yisrael, "Facing Suicide Terrorists: The Israeli Case Study", em Golan e Shay, *A Ticking Bomb*, pp. 19-21.
42. Entrevista com Hasson, 17 de novembro de 2010.
43. O Shin Bet também propôs duas outras medidas que o gabinete aprovou em um estágio posterior: incursões terrestres limitadas ao território da Autoridade Palestina a fim de realizar prisões (Operação Escudo Defensivo) e a construção de uma barreira separada (a barreira da Cisjordânia) entre Israel e as áreas palestinas. Entrevista com Dichter, 4 de novembro de 2010.
44. Em uma entrevista a David Landau, o ministro da Defesa da época, Benjamin Ben-Eliezer, lembrou de uma declaração similar de Sharon, quando ele ordenou que as FDI e o Shin Bet "matassem os cachorros", e que, segundo Ben-Eliezer, foi "sua exigência mais moderada". Landau, *Arik*, p. 291 (em hebraico).

Capítulo 29: "Mais homens-bomba do que coletes explosivos"

1. Entrevista com Ben-Yisrael, 5 de junho de 2011.
2. Entrevista com Dichter, 4 de novembro de 2010.
3. Entrevista com Ilan, 5 de novembro de 2014.
4. Entrevista com Dichter, 4 de novembro de 2010.
5. Entrevista com Ben-Yisrael, 5 de junho de 2011. Ben-Yisrael, "Facing Suicide Terrorists", pp. 25-26.
6. Entrevista com Ilan, 5 de novembro de 2014.
7. Entrevista com Yaalon, 21 de dezembro de 2016.
8. O mais importante avanço foi a capacidade do VANT de disparar mísseis Hermes 450, informalmente conhecidos como Zik ("faísca" em hebraico), fabricados pela Elbit Systems Ltd., de Haifa, e pela Israel Aircraft Industries' Heron and Heron TP.
9. Entrevista com Wesley Clark, 23 de janeiro de 2012. (Agradeço a Eytan Stibbe por me ajudar a conseguir a entrevista.)
10. Entrevista com Galant, 4 de setembro de 2014.
11. *Precisely Wrong: Gaza Civilians Killed by Israeli Drone-Launched Missiles*, Human Rights Watch, junho de 2009.
12. Entrevistas com Galant, 4 de setembro de 2014, Dichter, 4 de novembro de 2010, e Farkash, 7 de novembro de 2016.
13. Entrevista com "Fidel", abril de 2014.

14. Palestra de Yitzhak Ilan, IDC de Herzliya, maio de 2013.
15. Entrevista com Yaalon, 21 de dezembro de 2016.
16. Entrevista com Dichter, 4 de novembro de 2010.
17. Shin Bet, *Procedimentos para ataques preventivos*, parágrafo 1, 3 de janeiro de 2008 (arquivos do autor, recebido de "Ellis").
18. Estado de Israel, *Comitê especial para o exame do assassinato seletivo de Salah Shehadeh*, p. 26.
19. Entrevistas com "Leila", março de 2013, e "Amazonas", outubro de 2011.
20. Entrevista com "Amazonas", junho de 2017.
21. Dados da ONG B'Tselem, http://www.btselem.org/hebrew/statistics/fatalities/before-cast-lead/by-date-of-event.
22. Entrevista com Kuperwasser, 24 de dezembro de 2014.
23. Entrevista com Weissglass, 11 de junho de 2012.
24. Entrevista com "Pixie", agosto de 2016.
25. Após a primeira onda de assassinatos (antes do 11 de Setembro), Sharon começou a receber queixas dos Estados Unidos. Ele decidiu enviar Dichter a Washington para se reunir com os chefes da inteligência americana e explicar a eles como a política de assassinatos estava salvando vidas. Dichter pediu que seus assessores traduzissem a apresentação de PowerPoint para o inglês. Como a maioria dos israelenses, esses assessores estavam certos de que suas boas notas em inglês no ensino médio eram suficientes para qualificá-los para a tarefa. Eles usaram repetidamente a expressão "prevenção localizada", que, como Dichter percebeu mais tarde, "soa mais como um tipo de camisinha que como matar terroristas". Dichter se reuniu com suas contrapartes no Pentágono e começou a falar entusiasticamente sobre a "prevenção localizada", cuidando para não usar termos mais explícitos, mas rapidamente percebeu que "eles não tinham a menor ideia de sobre o que eu estava falando". Finalmente, de acordo com ele, o diretor da CIA, George Tenet, ergueu a mão e disse: "Ah, agora entendi. Você está falando de assassinatos seletivos." "Foi então que percebi", disse ele, "que já bastava de expressões suavizadas e que não fazia mal dizer 'assassinato'." Entrevista com Dichter, 4 de novembro de 2010.
26. Entrevista com Farkash, 14 de março de 2011.
27. Entrevista com Ayalon, 14 de março de 2016.
28. Entrevista com Ilan, 26 de janeiro de 2016. Harel e Issacharoff, *Seventh War*, pp. 181-88 (em hebraico).
29. Dichter e seu pessoal negaram as alegações de Ayalon e argumentaram que Arafat e Karmi não tinham a menor intenção de pôr fim ao conflito. Yitzhak

Ilan, que estava encarregado da operação de assassinato contra Karmi, disse: "A alegação de que foi somente após a eliminação de Karmi que Tanzim começou a organizar ataques terroristas suicidas é uma mentira deslavada. Ele já despachara dois homens-bomba anteriormente, mas os ataques simplesmente não deram certo. Localizamos um deles e o outro acendeu um cigarro, detonou a bomba e seu corpo explodiu em pedaços em um local deserto. Karmi preparava um terceiro ataque quando o matamos." Entrevistas com Dichter, 4 de novembro de 2010, e Ilan, 26 de janeiro de 2016.
30. Entrevista com Ayalon, 14 de março de 2016.
31. Entrevista com Menachem Finkelstein, 18 de julho de 2012. Entre esses jovens oficiais estava o dr. Roi Scheindorff, um advogado de Nova York que fora um dos mais jovens a serem nomeados para o cargo de procurador-geral e estava encarregado do esforço israelense para evitar que seus oficiais fossem julgados em tribunais internacionais devido a envolvimento em homicídios e assassinatos seletivos.
32. Advogado-geral das FDI, "Atacando pessoas diretamente envolvidas em atentados contra israelenses, no contexto dos eventos do combate na Judeia e Samaria e no distrito de Gaza", 18 de janeiro de 2001 (arquivos do autor, recebidos de "Ellis").
33. Ibid., p. 1, parágrafo 1.
34. Entrevista com Finkelstein, 18 de julho de 2012.
35. Advogado-geral das FDI, "Atacando pessoas", p. 8.
36. O juiz Aharon Barak redigiu o detalhado parecer da corte sobre os assassinatos. Em uma obra-prima de jurisprudência, a Suprema Corte decidiu que os assassinatos eram legais em princípio, desde que cumprissem certas condições, similares às apresentadas no parecer do advogado-geral. Muitos desses princípios foram adotados pelos conselheiros legais da comunidade americana de inteligência e, atualmente, são a pedra fundamental do conceito que permite os assassinatos seletivos. Entrevista com Diskin, 18 de outubro de 2011. Suprema Corte 769/02, *Comitê público contra a tortura v. Estado de Israel e outros*, 14 de dezembro de 2006. Uma análise abrangente do parecer pode ser encontrada em Scharia, *Judicial Review of National Security*, pp. 58-66. Entrevista com Diskin, 23 de outubro de 2011.
37. Entrevista com Weissglass, 11 de junho de 2012. O ministro do Exterior do Canadá, Bill Graham, visitou Sharon em seu gabinete em 26 de maio de 2002, para pedir que parasse com os assassinatos. "São atos ilegais", insistiu o ministro. No meio de seu acalorado discurso, o secretário militar Galant se

aproximou com um bilhete. Sharon o leu primeiro para si mesmo e depois em voz alta e em inglês, para que o canadense pudesse entender. Um membro do Hamas, de acordo com um relatório do Shin Bet, acabara de partir de Jenin para Israel, carregando uma mochila com 9 quilos de explosivos, parafusos e pregos. O Shin Bet e a Força Aérea solicitavam permissão para matá-lo. "Senhor ministro", perguntou Sharon com uma insinuação de sorriso, "o que o senhor faria em meu lugar? Autorizaria? Mas o senhor disse que é ilegal. Não autorizaria? E teria o sangue das vítimas como sua responsabilidade e em seus piores pesadelos?"

38. Entrevista com Ariel Sharon, maio de 2002.
39. Michael Abramowitz, "Bush Recalls 1998 Trip to Israel", *Washington Post*, 10 de janeiro de 2008.
40. Entrevista com Turgeman, 28 de junho de 2011.
41. A fim de melhorar a coordenação entre os países, o assessor do presidente Elliott Abrams ordenou que fosse instalada uma linha direta criptografada entre a Casa Branca e o gabinete de Sharon. "Nosso objetivo", disse Danny Ayalon, então embaixador israelense em Washington, "era garantir que, quando o presidente acordasse pela manhã, ele tivesse o mesmo retrato de inteligência durante o briefing presidencial que Israel estava vendo." Entrevistas com Weissglass, 11 de junho de 2012, e Ayalon, 9 de outubro de 2012.
42. Durante uma visita a Paris em 5 de julho de 2001, Sharon tentou fazer com que o presidente Jacques Chirac mudasse de ideia em relação aos assassinatos seletivos. Ele fez com que o vice-diretor do Shin Bet, Diskin, descrevesse uma operação que ocorrera três dias antes, quando um helicóptero da Força Aérea israelense disparara quatro mísseis, matando três agentes do Hamas, incluindo Muhammad Bisharat, que estivera envolvido em vários ataques terroristas. Ele revisou o envolvimento de Bisharat com o terrorismo suicida e detalhou as solicitações à Autoridade Palestina para prendê-lo, todas sem resposta. Chirac ficou em silêncio por um momento. Então limpou a garganta e disse: "Tenho de dizer que, a 4 mil quilômetros de distância, as coisas parecem muito diferentes." Daquele dia em diante, a França moderou suas críticas a Israel sobre o assunto, embora elas não cessassem completamente. Não muito tempo depois, Sharon pediu que Diskin o acompanhasse durante uma visita ao Kremlin, para ter a mesma conversa com Vladimir Putin. Diskin começou a falar, mas Putin o interrompeu após três frases: "Eu realmente não me importo. Por mim, vocês podem matar todos eles." Então se virou para Sharon e disse: "Vamos comer e beber alguma coisa." A atitude em relação a

Israel do presidente francês Nicolas Sarkozy, que substituiu Chirac, foi muito mais positiva que a de seu predecessor e mais tolerante em relação ao uso de assassinatos seletivos. Entrevistas com Diskin, 1º de junho de 2017, e Nicolas Sarkozy, 7 de novembro de 2012.

43. Entrevista com Eiland, 5 de junho de 2011. A abordagem americana dos assassinatos seletivos passou de um extremo ao outro. Quando perguntei ao ex-secretário de segurança interna Michael Chertoff o que ele achava dos assassinatos seletivos, ele respondeu: "Acho que são muito melhores que os assassinatos sem alvos específicos." Entrevista com Michael Chertoff, 27 de maio de 2017.

44. A vigilância do Hamas, da Jihad Islâmica Palestina e do Hezbollah levou, entre outros lugares, ao Sudão, que nos anos 1990 era governado pelo dr. Hassan al-Turabi, um clérigo islâmico extremista educado na Grã-Bretanha e de maneiras muito refinadas. Cartum se tornara sede de muitas organizações terroristas e amiga dos países que as ajudavam, como o Irã. Em outubro de 1993, Imad Mughniyeh foi a Cartum para se reunir com dois dos mais proeminentes líderes que haviam encontrado asilo na cidade. Um deles era Ayman al-Zawahiri, o líder da Jihad Islâmica Egípcia, que estivera envolvido no assassinato do presidente egípcio Anwar al-Sadat em 1981. O outro era Osama bin Laden, que aliara seus empreendimentos de construção civil à guerra santa islâmica. Em 7 de julho de 1995, um esquadrão terrorista tentou matar o presidente egípcio Hosni Mubarak, um aliado de Israel, atacando seu comboio entre Adis Abeba, a capital da Etiópia, e o aeroporto da cidade. Mubarak escapou por milagre. Graças a suas atividades no Sudão, Israel descobriu que Ayman al-Zawahiri e Osama bin Laden haviam enviado o esquadrão. A inteligência israelense foi a primeira a reconhecer a ameaça que hoje é conhecida como "jihad global", e uma divisão especial foi criada no Mossad para lidar com o fenômeno. O Mossad planejou uma complexa operação de assassinato contra bin Laden e Rabin assinou uma Página Vermelha para ele. O secretário de Bin Laden foi recrutado, houve cooperação com o serviço de inteligência do moderado país muçulmano sunita de onde o secretário viera e, mais tarde, até mesmo vigilância de bin Laden e alguma coleta preliminar de inteligência. Mas, antes do passo final, que seria o secretário envenená-lo, o citado país muçulmano congelou suas relações diplomáticas com Israel por causa do impasse no processo de paz com os palestinos e a operação não pôde seguir adiante. Entrevistas com "Joseph", janeiro de 2015, Ehud Olmert, agosto de 2011, Dan Meridor, 30 de agosto de 2006, Nathan Adams, 21 de agosto de 1996, e Farkash, 14 de março de 2011. Bergman, *Secret War with Iran*, pp. 217-23.

45. Danny Ayalon, na época embaixador israelense em Washington, lembra de uma das primeiras conversas após o 11 de Setembro, quando acompanhou alguns oficiais da Força Aérea israelense a uma reunião com o secretário da Defesa Donald Rumsfeld e seu vice Paul Wolfowitz: "Rumsfeld começou dizendo: 'Precisamos de sua ajuda. Queremos saber como vocês transformam informações em um foguete que atinge um terrorista.'" Entrevistas com Diskin, 1º de junho de 2017, Paul Wolfowitz, julho de 2008 (agradeço a Mark Gerson por ajudar a organizar a reunião), e Danny Ayalon, 24 de agosto de 2017.

Capítulo 30: "O alvo foi eliminado, mas a operação foi um fracasso"

1. Entrevista com Dichter, 4 de novembro de 2010.
2. Forças de Defesa de Israel, acusação, *Promotor militar v. Salah Mustafa Mahmud Shehadeh*, 11524/89, 17 de setembro de 1989 (arquivos do autor, recebido de "Gêmeos").
3. Shin Bet, *Sumário condensado sobre Salah Shehadeh*, 25 de junho de 2001 (arquivos do autor, recebidos de "Ellis").
4. Entrevista com "Goldi", janeiro de 2010.
5. Shin Bet, *Salah Shehadeh — chefe militar do Hamas na Faixa de Gaza*, 23 de novembro de 2003 (mostrado ao autor por "Ellis").
6. Comitê especial para o exame do assassinato seletivo de Salah Shehadeh, "Depoimento de AL", p. 45.
7. Entrevista com Dichter, 4 de novembro de 2010.
8. Entrevista com Daniel Reisner, 6 de julho de 2011.
9. A outra metade da declaração de Reisner foi feita com um sorriso. "Em contrapartida, também éramos casados e sabíamos como eram as esposas. Quando se tratava de mulheres, era mais fácil autorizar os disparos." Entrevista com Reisner, 6 de julho de 2011.
10. Estado de Israel, *Comitê especial para o exame do assassinato seletivo de Salah Shehadeh*, p. 67.
11. Ministério da Defesa, *Discussão de incursões e operações*, 17 de julho de 2002 (mostrado ao autor por "Ellis").
12. Entrevista com Yaalon, 21 de dezembro de 2016.
13. Shin Bet, vice-chefe de serviço, *Porta-bandeira*, apêndice, *Enquadramento/Ativação*, 19 de julho de 2002 (mostrado ao autor por "Ellis").
14. Entrevista com Farkash, 14 de março de 2011.
15. Shin Bet, *O Porta-bandeira — Ordens do chefe do serviço em relação a seu enquadramento*, 21 de julho de 2002 (mostrado ao autor por "Ellis").

16. Estado de Israel, *Comitê especial para o exame do assassinato seletivo de Salah Shehadeh*, p. 69.
17. O piloto estava falando em 19 de dezembro de 2010, no Centro Binah, em Tel Aviv. A transcrição foi publicada primeiramente por Amira Haas no *Haaretz*, 7 de janeiro de 2011.
18. Entrevista com Gideon Levy, 30 de março de 2011.
19. Entrevista com Dichter, 4 de novembro de 2010.
20. Vered Barzilai, entrevista com Dan Halutz, *Haaretz*, 23 de agosto de 2002.
21. Spector participara do ataque ao USS *Liberty* em 8 de junho de 1967, no qual 34 marinheiros americanos haviam sido mortos. Israel alegara que o navio não portava a bandeira americana e que pensara se tratar de um navio de guerra egípcio, mas a razão para o ataque jamais foi estabelecida com clareza. Alguns acham que a assinatura de Spector na carta de protesto foi sua maneira de oferecer alguma compensação pelo que aconteceu naquela época.
22. "You, Opponents of Peace", entrevista com Yoel Peterburg, *Anashim*, 27 de junho de 2006.
23. Entrevista com Weissglass, 23 de dezembro de 2014.

Capítulo 31: A rebelião na Unidade 8200

1. Entrevista com "Amir", março de 2011. Ele pediu para permanecer anônimo por medo de que sua identidade pudesse prejudicá-lo onde trabalha e estuda agora.
2. Entrevista com "Globo", abril de 2011.
3. Unidade 8200, Centro 7143, *Reação da Unidade 8200 ao pedido de informação relacionado ao bombardeio da instalação do Fatah em Khan Yunis*, 4 de março de 2003 (arquivos do autor, recebido de "Globo").
4. Entrevista com "Amir", março de 2011.
5. Entrevista com Eyal Zisser, 1º de abril de 2011.
6. Quando o comandante da unidade ficou sabendo, enviou o oficial, "Janek", para a prisão militar, uma ocorrência muito rara na 8200, e anunciou que o próximo soldado que fosse pego fazendo algo similar seria expulso da unidade. Mas os comandantes da unidade estavam muito menos preocupados com o direito à privacidade dos árabes. Em 2014, um grupo de oficiais e soldados da 8200 assinou uma enfática carta de protesto, alegando que alguns deles haviam recebido ordens para ouvir conversas de palestinos e tomar nota de informações íntimas. Essas informações eram entregues ao Shin Bet, que pressionava e chantageava tais palestinos para que concordassem em se tornar

informantes da agência. Segundo a carta, as informações e os registros das conversas comprometedoras também eram distribuídos pela unidade, para divertimento dos oficiais. As FDI jamais investigaram as queixas apresentadas na carta e seus autores foram excluídos da reserva da unidade. Entrevista com "Leila", dezembro de 2015. "Janek" e o escritório de mídia das FDI preferiram não comentar.

7. Entrevista com Yair Cohen, 18 de agosto de 2011.
8. A reconstrução dos eventos foi feita a partir de documentos sobre o ataque ao objetivo 7.068, incluindo as ordens operacionais, instruções e troca de e-mails internos entre os participantes através do servidor seguro da 8200 (arquivos do autor, recebido de "Globo").
9. Entrevista com Dani Harari, 18 de agosto de 2011.
10. Entrevista com "Roman", março de 2011.
11. Entrevista com Elazar Stern, 18 de agosto de 2011.
12. Entrevista com Asa Kasher, 5 de junho de 2011. Pouco depois do incidente, o chefe do Estado-Maior Yaalon disse que jamais dera a ordem para matar alguém no edifício de Khan Yunis. Mas suas alegações não conferem com as ordens escritas e os documentos internos ultrassecretos da 8200. E, em 2012, durante uma entrevista para este livro, Yaalon, então vice-primeiro--ministro, confirmou que de fato ordenara o assassinato, mas argumentou que a ordem fora legal. Isso, contudo, contradiz claramente a posição do Departamento de Direito Internacional das FDI sobre a questão dos assassinatos, que defende que somente pessoas "diretamente ligadas" ao terrorismo são alvos legítimos.
13. Entrevista com Kastiel, 31 de dezembro de 2013.
14. O caso Duas Torres foi divulgado pela primeira vez por Uri Blau no *Haaretz*, em 28 de novembro de 2008, e causou muita consternação no establishment de defesa. O Shin Bet imediatamente iniciou um inquérito para encontrar suas fontes. A descoberta foi rápida: Anat Kam, uma oficial servindo no Comando Central. Ela foi julgada e enviada para a prisão. A isso se seguiu uma brutal perseguição ao jornalista. Com medo de ser preso, Blau, que estava no exterior, adiou seu retorno durante muito tempo. A polícia israelense o declarou fugitivo da justiça e emitiu um mandado internacional de prisão. Quando retornou, ele foi forçado a entregar seu arquivo para o Shin Bet, a fim de que fosse destruído. Foi acusado de espionagem com agravantes, condenado e sentenciado a quatro meses de serviço comunitário.
15. Entrevista com "Oscar", maio de 2014.

16. De acordo com os cálculos da Aman, por exemplo, em um período de apenas quatro meses entre julho e o fim de outubro de 2005, mais de setenta terroristas foram mortos em operações de interceptação.
17. Em 2004, persuadi o porta-voz das FDI a permitir que eu observasse uma das operações Divorciada, que recebeu o codinome "Rei do Pântano" e cujo objetivo era desentocar e matar terroristas do Hamas e da Jihad Islâmica no coração da casbá da cidade de Nablus, na Cisjordânia. A operação foi realizada pelo Batalhão 890 de Paraquedistas, cujo comandante, Amir Baram, tinha muita intimidade com as técnicas da Divorciada e adotara como lema da unidade o slogan dos fuzileiros navais americanos: "Paciência, perseverança e, às vezes, um tiro entre os olhos." Durante a reunião pré-operação, ele disse: "Atirem no centro do corpo, mirando um pouco mais alto. Se alguém cair, deem mais um tiro para confirmar a morte. Não se esqueçam, queremos que ele saia dessa bem morto!" Ronen Bergman, "Code Name Grass Widow", *Yedioth Ahronoth*, 26 de abril de 2004. Entrevista com Amir Baram, março de 2004.
18. Shin Bet, *Pesquisa sobre as características dos ataques terroristas de destaque no atual confronto. Análise das características dos ataques terroristas na última década*, pp. 2-5. Ben-Yisrael, "Facing Suicide Terrorists", p. 16.
19. Entrevista com "Cara", novembro de 2012.
20. Entrevista com Farkash, 7 de novembro de 2016.

Capítulo 32: Colhendo anêmonas

1. Entrevista com "Cara", novembro de 2012.
2. Entrevista com Gilad, 4 de agosto de 2015.
3. Entrevista com Farkash, 7 de novembro de 2016.
4. Entrevista com Ayalon, 14 de março de 2016.
5. Eldar, *Getting to Know Hamas*, p. 51 (em hebraico).
6. Yassin ainda não era um alvo, mas e daí? Se os líderes políticos e militares do Hamas pudessem ser todos mortos ao mesmo tempo, se seus corpos pudessem ser encontrados nas ruínas do mesmo edifício, isso provaria o que Israel havia muito afirmava: que não havia diferença prática entre o assim chamado braço político e aqueles que matavam judeus. Entrevistas com Dichter, 4 de novembro de 2010, e Ofer Dekel, fevereiro de 2009.
7. Reconstrução dos eventos a partir de entrevistas com Dichter, 4 de novembro de 2010, Yaalon, 12 de junho de 2011, Mofaz, 14 de junho de 2011, Farkash, 10 de abril de 2013, Galant, 19 de agosto de 2011, e Eiland, 5 de junho de 2011.

8. Decidi bancar o advogado do diabo com Yaalon. "O que você teria feito", perguntei, "se não houvesse um edifício ao lado, mas somente aquele no qual a equipe dos sonhos se reuniria, e houvesse três crianças presentes?" "Eu não me importaria", respondeu Yaalon. "Autorizaria a operação. Qual o problema?" "E se fossem cinco crianças?", perguntei. "Também autorizaria. Olhe, sabíamos com antecedência que era provável que houvesse membros da família anfitriã na casa. Não sabíamos como manter a operação perfeitamente limpa. Da minha perspectiva, havia uma distinção entre as chances de ferir membros da mesma família e muitas dezenas de pessoas que provavelmente seriam feridas no prédio adjacente."
9. Dichter estava brincando, é claro. Yassin foi carregado. "Ouvimos a explosão", contou seu filho. "Abu al-Abed disse 'Fomos bombardeados, *ya sheikh*, precisamos sair daqui rapidamente." Assim, a fim de não perder um tempo precioso com a cadeira de rodas, al-Abed segurou as pernas do xeque, seu filho segurou seus braços e, juntos, correram com ele até o carro. Eldar, *Getting to Know Hamas*, p. 39.
10. Entrevista com Mofaz, 14 de junho de 2011.
11. Entrevista com Dichter, 4 de novembro de 2010.
12. Entrevistas com Shalom, 1º de março de 2011, e "Cara", novembro de 2012.
13. Entrevistas com Dichter, junho de 2012, Gilad, 31 de julho de 2012, e Farkash, 14 de março de 2011.
14. Entrevista com Yaalon, 12 de junho de 2011.
15. Entrevista com Mofaz, 14 de junho de 2011.
16. Entrevista com Eiland, 5 de junho de 2011.
17. Entrevista com Kasher, 5 de junho de 2011.
18. Entrevista com Reisner, 6 de julho de 2011.
19. Entrevista com "Terminal", novembro de 2015.
20. Ali Wakad, "Suicide Bomber: 'I Always Wanted Parts of My Body to Fly Through the Air'", *Ynet*, 14 de janeiro de 2004. Riyashi foi a oitava mulher-bomba, mas a primeira do Hamas. http://www.ynet.co.il/articles/0,7340,L-2859046,00.html.
21. Entrevista com Mofaz, 14 de junho de 2011.
22. Entrevista com Yair Cohen, 4 de dezembro de 2014.
23. Entrevista com Farkash, 14 de março de 2011.
24. Entrevista com Peres, 17 de setembro de 2012.
25. Entrevista com Olmert, 29 de agosto de 2011.
26. Entrevista com Weissglass, 11 de outubro de 2012.

NOTAS

27. A decisão final de matar Yassin foi tomada depois de outro ataque: em 15 de março de 2004, dois homens-bomba do Hamas se explodiram no porto de Asdode, tendo sido levados até lá em um contêiner de paredes duplas. Dez pessoas morreram e treze ficaram feridas. Naquela noite, o chefe do Estado-Maior Mofaz fez uma entrada em seu diário. "Decisão: aumentar as apostas contra a liderança do Hamas. Enviar Cabo" — o codinome de Yassin — "para conseguir aprovação amanhã." Entrevista com Mofaz, 14 de junho de 2011.
28. Eldar, *Getting to Know Hamas*, p. 55.
29. Um vídeo do ataque contra Yassin, como todos os vídeos da Operação Colhendo Anêmonas, pode ser encontrado no arquivo digital do sistema interno da Força Aérea e foi mostrado ao autor por "Hilton".
30. Entrevista com Mofaz, 14 de junho de 2011.
31. Entrevista com Assaf Shariv, 9 de junho de 2011. Quando ficou claro que Yassin realmente morrera no ataque, um dos oficiais do bunker Turbante que ajudara a coordenar a operação imprimiu um pequeno aviso e o prendeu na porta: "Deus somente perdoa. Nós providenciamos a reunião."
32. Entrevista com Weissglass, 11 de junho de 2012.
33. Entrevista com "Diamante", agosto de 2011.
34. O vídeo do "Apagamento Eletrônico", o assassinato de Rantisi, foi mostrado ao autor por "Hilton".
35. Itamar Eichner, "Not the Last Killing", *Yedioth Ahronoth*, 18 de abril de 2006.
36. Conversa reconstruída a partir da entrevista com Mofaz em 14 de junho de 2011 e uma sinopse que Mofaz escreveu em seu bloco de notas na época.
37. Entrevista com Galant, 19 de agosto de 2011.
38. Entrevista com Mofaz, 14 de junho de 2011. Eldar, *Getting to Know Hamas*, pp. 62-63.
39. Entrevista com Weissglass, 23 de dezembro de 2014.
40. Discurso de Sharon ao Knesset, 8 de abril de 2002.
41. Sharon, *Sharon: The Life of a Leader*, p. 363 (em hebraico).
42. Bergman, *Authority Granted*, pp. 17-28, 165-77 (em hebraico).
43. Um representante de alto escalão de Sharon, acompanhado de um representante de Meir Dagan, ofereceu-se para financiar a tradução de meu livro sobre a Autoridade Palestina, *Authority Granted*, para o inglês e auxiliar com qualquer outra despesa envolvida. "Dinheiro não é problema", disse ele. "A coisa mais importante é que o mundo saiba a verdade sobre esse homem desprezível." Recusei a oferta. Reunião com "Príncipe" e "Leônidas", setembro de 2002.
44. Pacepa, *Red Horizons*, pp. 44-45 (em hebraico).

45. Entrevistas com Kuperwasser, 21 de maio de 2004, Mofaz, 14 de junho de 2011, e Gilboa, 9 de abril de 2014.
46. A companhia era comandada por uma oficial chamada Tali. Sharon estava obcecado com Arafat e queria detalhes precisos do chefe do Estado-Maior Yaalon sobre o avanço das escavadeiras. "Ele me ligava todos os dias", disse Yaalon, "e perguntava: 'Então, o que Tali *hahoreset* hoje?'" (*Hahoreset*, aqui, tem duplo sentido, significando "destruir" e, em gíria hebraica, "linda mulher".) "Ele gostava tanto disso que chegava a salivar." Entrevista com Yaalon, 21 de dezembro de 2016.
47. Entrevista com Halutz, 5 de julho de 2011.
48. Entrevista com Blumenfeld, 28 de maio de 2010.
49. Entrevista com Eiland, 19 de janeiro de 2015.
50. "Swiss Study: Polonium Found in Arafat's Bones", Al Jazeera, 7 de novembro de 2013.
51. Harel e Issacharoff, "What Killed Him?" *Haaretz*, 6 de setembro de 2005.
52. Eis o que alguns oficiais israelenses de alto escalão disseram quando perguntei o que causara a morte do líder palestino. O chefe do Estado-Maior (na época da morte de Arafat) Moshe Yaalon (16 de agosto de 2011) disse, com um sorriso: "Do que você está falando? Arafat morreu de pesar." Vice-primeiro-ministro Shimon Peres (17 de setembro de 2012): "Eu não achava que devíamos assassiná-lo. Achava que, no fim das contas, precisaríamos dele para chegar à paz." Vice-chefe do Estado-Maior Dan Halutz (5 de julho de 2011): "Ah, essa é a parte da entrevista na qual você tenta decifrar minha linguagem corporal." Chefe da Aman Zeevi-Farkash (10 de abril de 2013): "Eu estava dividido. Às vezes achava que precisávamos ir atrás dele e, às vezes, que não deveríamos, que havia alguma diferença entre ele e Nasrallah ou Yassin."
53. Aluf Ben, "A Responsible Leadership Will Enable Resumption of Negotiations", *Haaretz*, 12 de novembro de 2004.
54. Entrevistas com Diskin, 23 de outubro de 2011, Gad Goldstein, setembro de 2012, e "Hoover", dezembro de 2015.
55. Troca de e-mails com a professora Gabriella Blum, agosto de 2017. Para mais informações, ver Gabriella Blum e Phillip B. Heymann, "Law and the Policy of Targeted Killing", *Harvard National Security Journal*, vol. 1, n. 145, 2010.

Capítulo 33: A Frente Radical

1. Bergman, *Secret War with Iran*, pp. 350-58.

2. Entrevista com Hayden, 20 de agosto de 2014.
3. Ronen Bergman, "The Secret Syrian Chemical Agent and Missile City", *Yedioth Ahronoth*, 6 de setembro de 2002.
4. Ronen Bergman, "They Are All 'the Hezbollah Connection,'" *New York Times Magazine*, 10 de fevereiro de 2015.
5. Entrevistas com "Terminal", setembro de 2014, e "Iftach", novembro de 2016.
6. Entrevistas com Dagan, 26 de maio de 2013, e "Vantagem", janeiro de 2016.
7. Entrevista com "Loacker", agosto de 2015.
8. Bergman, *Secret War with Iran*, p. 352.
9. Entrevista com Weissglass, 23 de dezembro de 2014.
10. Bergman, *Authority Granted*, pp. 269-96 (em hebraico).
11. Entrevista com Farkash, 10 de abril de 2013.
12. Entrevista com Ronen Cohen, 17 de novembro de 2015.
13. Bergman, *By Any Means Necessary*, pp. 462-63 (em hebraico).
14. Entrevista com "Leo", setembro de 2016.
15. Entrevista com Ronen Cohen, 17 de novembro de 2015.
16. Ele ajudara Imad Mughniyeh a sequestrar Ahmad Halak, o agente do Mossad que assassinara o irmão de Mughniyeh (ver capítulo 23), ele estava no centro dos esforços de espionagem do Irã e do Hezbollah em Israel e enviara dinheiro e instruções para os organizadores do terrorismo suicida.
17. Entrevista com "Bourbon", outubro de 2016.
18. Dagan foi nomeado vice-diretor da divisão de contraterrorismo em 1997 e se envolveu na atividade política, incluindo um movimento contra a retirada das colinas de Golã. Ele também dirigiu as operações do dia da eleição de Sharon em 2001.
19. Entrevista com "Mozart", maio de 2016.
20. Logo depois de ele nomear Meir Dagan para o cargo de diretor do Mossad em 2002, perguntei ao primeiro-ministro Ariel Sharon se ele achava que aquele homem, com a reputação de ser impetuoso, belicoso e ter o dedo leve no gatilho, além de ser avesso à cadeia regular de comando, poderia restaurar a agência a sua antiga glória. Com seu sorrisinho malicioso, Sharon respondeu: "Sem dúvida. Você sabe qual é a grande especialidade de Meir?" Neguei com a cabeça e ele respondeu a sua própria pergunta, com seu característico e cínico humor negro: "A especialidade de Meir é separar terroristas de suas cabeças." Entrevistas com Sharon, abril de 2004.
21. Entrevistas com "Eldy", agosto de 2014, e Galant, 7 de julho de 2011.

22. Dagan mencionou dois jornalistas dos quais esperava cobertura crítica: Amir Oren, do *Haaretz*, e Ronen Bergman. Em ambos os casos, estava correto em sua predição. Entrevista com Dagan, 29 de maio de 2013.
23. Entrevista com "Salvador", maio de 2012.
24. Entrevista com Dagan, 19 de junho de 2013.
25. Originalmente, a lista incluía outro objetivo: a guerra contra a jihad global, que era uma prioridade desde a tentativa da Al-Qaeda, em novembro de 2002, de derrubar uma aeronave israelense com mísseis portáteis. Esse objetivo foi colocado de lado quando Dagan chegou à conclusão de que qualquer contribuição que o Mossad pudesse dar à batalha global contra a Al-Qaeda seria insignificante perto dos enormes esforços feitos pelos Estados Unidos.
26. Entrevista com Farkash, 31 de janeiro de 2016.
27. Entrevistas com "Eldy", setembro de 2014, e "Iftach", novembro de 2016.
28. Dagan nomeou David Meidan, da divisão Universo (Tevel) do Mossad, como responsável pelas relações secretas com os corpos de inteligência estrangeiros, a fim de liderar esse esforço. Dagan e Meidan viajavam secretamente para se encontrar com os chefes de governo e dos serviços de inteligência em muitos países do Oriente Médio, a fim de persuadi-los a fazer algo inconcebível: colaborar com o Mossad israelense contra outros países árabes e islâmicos. O árabe fluente de Meidan e seu entendimento íntimo do mundo e da cultura árabes ajudavam imensamente na hora de quebrar o gelo. Entrevistas com Meidan, 16 de julho de 2015, Dagan, 19 de junho de 2013, e Turki bin Faisal al Saud, fevereiro de 2014.
29. Ronen Bergman, "A Wave of Resignations at the Mossad Command", *Yedioth Ahronoth*, 7 de outubro de 2005.
30. Entrevista com Dagan, 29 de maio de 2013.
31. Entrevista com "Eldy", janeiro de 2015.
32. Entrevista com Dagan, 19 de junho de 2013.
33. Entrevista com Ronen Cohen, 18 de fevereiro de 2016.
34. Entrevista com Ilan, 22 de outubro de 2014.
35. Entrevista com "Iftach", março de 2017.
36. Entrevista com Dagan, 19 de junho de 2013.
37. O acordo também incluiu o coronel da reserva Elhanan Tannenbaum, o oficial de artilharia que fora atraído para uma compra de drogas em Dubai e levado até Beirute. Entrevistas com Elhanan Tannenbaum, agosto de 2004, Lotan, 13 de janeiro de 2009, e Aharon Haliva, 17 de novembro de 2002. Bergman, *By Any Means Necessary*, pp. 440-56, 475-88 (em hebraico).

38. Entrevista com "Amazonas", outubro de 2011.
39. Bergman, *By Any Means Necessary*, pp. 563-71 (em hebraico).
40. Entrevistas com Barak, 22 de novembro de 2011, e "Fanta", dezembro de 2016.
41. Netanyahu iniciara sua carreira internacional se apresentando como especialista em terrorismo que pregava continuamente que jamais se deve ceder às exigências para libertação de prisioneiros em troca de reféns. E, mesmo assim, foi ele quem ordenou a libertação de 1.027 prisioneiros palestinos, incluindo incontáveis membros do Hamas diretamente envolvidos no assassinato de israelenses, em troca de Shalit. Foi o mais alto preço já pago em um acordo desse tipo. Ronen Bergman, "The Human Swap", *New York Times Magazine*, 13 de novembro de 2011. Alguns terroristas libertados durante o acordo foram mortos por Israel nos anos seguintes. Um deles foi Mazen Fuqaha, que estivera envolvido em ataques suicidas e, em 2003, fora sentenciado a nove prisões perpétuas e cinquenta anos adicionais. Ele levou vários tiros na cabeça, perto de sua casa em Gaza, dados por assassinos controlados pelos israelenses, em 24 de abril de 2017.
42. Entrevistas com Dagan, 29 de maio de 2013, Barak, 22 de novembro de 2011, e "Iftach", novembro de 2011.
43. Entrevistas com Ehud Adam, 9 de agosto de 2006, e Mordechai Kidor, 4 de agosto de 2006. Bergman, *Secret War with Iran*, pp. 364-78.
44. Entrevista com Dagan, 29 de maio de 2013.
45. Entrevista com Halutz, 5 de julho de 2011.
46. Entrevistas com Dagan, 19 de março de 2013, "Eldy", janeiro de 2014, "Iftach", março de 2017, e "Vantagem", dezembro de 2016.

Capítulo 34: Assassinando Maurice

1. Entrevistas com "Charles", abril de 2012, e "Iftach", dezembro de 2016.
2. Entrevista com "Leila", março de 2013.
3. Entrevista com Shahar Argaman, 17 de março de 2013.
4. A inteligência israelense recebeu relatórios contraditórios sobre se os iranianos estavam ou não conscientes de que parte do dinheiro estava sendo usado para financiar o projeto nuclear da Coreia do Norte e da Síria. Bergman, *Secret War with Iran*, pp. 257-58.
5. Entrevista com Shariv, 10 de agosto de 2006.
6. Entrevista com Olmert, 29 de agosto de 2011.
7. Hayden, *Playing to the Edge*, p. 255.

8. Olmert criou um painel especial, liderado por Yaakov Amidror e com a participação de um especialista da divisão de pesquisas da Aman, para realizar o exame crítico do material do Mossad. O painel chegou à mesma conclusão: a Síria estava construindo um reator com o objetivo de produzir armas nucleares. Entrevistas com "Charles", abril de 2012, e Olmert, 29 de agosto de 2011.
9. Entrevistas com Dagan, 19 de junho de 2013, e Hayden, 20 de agosto de 2014.
10. Entrevista com Hayden, 1º de fevereiro de 2014.
11. Ibid.
12. Hayden, *Playing to the Edge*, p. 256.
13. Secretária de Estado Rice, "O programa nuclear clandestino da Síria", 25 de abril de 2008 (retirado do arquivo Wikileaks, fornecido ao autor por Julian Assange em 4 de março de 2011).
14. Entrevista com "Oscar", abril de 2014.
15. Entrevista com Hayden, 20 de julho de 2016.
16. O recuo fora imposto a Assad pela comunidade internacional, liderada pelos Estados Unidos e pela França, por seu envolvimento no assassinato de Rafik Hariri.
17. Entrevistas com Dagan, 29 de maio de 2013, e "Ed", outubro de 2016.
18. Hayden, *Playing to the Edge*, pp. 261-63.
19. A opinião de Rice era apoiada por Hayden e pelo restante da comunidade americana de inteligência. Hayden lembrou a Bush o conhecido slogan da agência, "Sem núcleo, sem guerra", e disse não ter evidências da construção de uma instalação de extração de plutônio, sem a qual não haveria bomba. Entrevista com Hayden, 20 de agosto de 2014.
20. Hayden lembrou: "Eu estava bastante calmo sobre a questão do reator sírio porque estava claro para mim que, se não atacássemos, os israelenses o fariam." Entrevista com Hayden, 20 de agosto de 2014. Hayden, *Playing to the Edge*, pp. 263-64.
21. Em uma entrevista para este livro em 2011, quando Olmert quis explicar a gravidade do dilema sobre o reator sírio e sua decisão de agir, ele apontou para uma fotografia na parede de seu escritório, que levara consigo quando deixara o gabinete de primeiro-ministro. Uma fotografia idêntica pode ser vista nas paredes de muitos oficiais superiores israelenses. Ela foi tirada durante o voo 301 da Força Aérea israelense, que decolou de Radom, na Polônia, em 4 de setembro de 2003. Três caças F-15 são vistos voando sobre o que pode ser o mais conhecido portão do mundo, o do campo da morte nazista em Auschwitz. Na foto, que o comandante da Força Aérea Eliezer Shkedi distribuiu para

NOTAS

vários oficiais israelenses, ele escreveu: "A Força Aérea voou sobre Auschwitz em nome do povo judeu, do Estado de Israel e das FDI. Para lembrar e jamais esquecer que só podemos contar conosco."

22. Em 9 de junho de 2011, a Agência Internacional de Energia Atômica anunciou que a Síria não relatara a construção de um reator nuclear, uma grave violação do acordo de não proliferação. IAEA Board of Governors, *Implementation of the NPT Safeguards Agreement in the Syrian Arab Republic*, 9 de junho de 2011. Entrevista com "Charles", abril de 2012.
23. Entrevista com Hayden, 20 de agosto de 2014.
24. Entrevista com "Eldy", agosto de 2014.
25. Entrevista com Olmert, 29 de agosto de 2011.
26. Entrevista com Dagan, 26 de maio de 2013.
27. Entrevista com "Leila", março de 2013.
28. Ibid.
29. Entrevistas com "Iftach", maio de 2011, "Leila", março de 2013, e Richard Kemp, março de 2007.
30. Entrevista com Dagan, 29 de maio de 2013.
31. Entrevista com "Neta", julho de 2013.
32. Quando lhe pedi para explicar os assassinatos seletivos praticados pelos Estados Unidos contra a Al-Qaeda, Hayden disse que "assassinatos" são definidos como atos letais proibidos contra "inimigos políticos", ao passo que "os assassinatos seletivos contra a Al-Qaeda são atos contra membros de uma força armada inimiga. Estamos falando de guerra. Isso está sob as leis do conflito armado". E acrescentou: "Israel provavelmente é o único outro país do mundo que pensa como os Estados Unidos, que o que fazemos aqui é legal." Entrevista com Hayden, 20 de agosto de 2014.
33. Entrevista com "Neta", julho de 2013.
34. De acordo com uma matéria da *Newsweek*, Bush levou apenas trinta segundos para responder à pergunta de Hayden sobre o ataque a Mughniyeh, dizendo: "Sim, por que você já não fez isso? Tem minha bênção. Vá com Deus." Jeff Stein, "How the CIA Took Down Hezbollah's Top Terrorist, Imad Mugniyah", *Newsweek*, 31 de janeiro de 2015.
35. O presidente Bush ordenou segredo total sobre todos os aspectos do assassinato de Mughniyeh. Foi somente em janeiro de 2015 que Adam Goldman, do *Washington Post*, e Jeff Stein, da *Newsweek*, publicaram, exatamente no mesmo dia, matérias sobre a colaboração entre o Mossad e a CIA na operação. Ao menos partes das duas matérias parecem ter vindo das mesmas fontes, descritas

como oficiais superiores da inteligência americana que haviam participado do assassinato. De acordo com essas fontes (ao contrário do que é descrito neste livro), a CIA, e não o Mossad, foi o ator principal e Michael Hayden foi o comandante supremo da operação. Em uma entrevista com Hayden no escritório de Washington do Grupo Chertoff, do qual ele é diretor, em julho de 2016, li para ele a parte do livro que trata da colaboração entre Israel e os Estados Unidos no ataque a Mughniyeh. Quando terminei, Hayden sorriu e disse: "É uma história interessante. Não tenho nada a dizer a respeito."
36. Entrevista com "Iftach", maio de 2011.
37. Ibid.
38. "Se tivermos sucesso, prometa que você me deixará dar a ordem (*rashai*)", disse Quebra-Nozes, e voltou à prancheta. Entrevista com Dagan, 29 de maio de 2013.
39. "Fiel a sua promessa a Bush, Olmert chamou Quebra-Nozes, encarregado dos aspectos tecnológicos da operação, e a mim, o comandante supremo da caça a Maurice, e exigiu repetidamente que o Mossad garantisse que era capaz de assegurar que Mughniyeh, e somente Mughniyeh, seria morto — em outras palavras, que era capaz de assegurar que não haveria ninguém por perto e a explosão atingiria apenas ele. Os americanos insistiram em testemunhar ensaios do ataque até estarem satisfeitos de que o Mossad tinha essa capacidade."
40. Entrevistas com "Loacker", fevereiro de 2015, e "Léxico", janeiro de 2017.
41. Entrevistas com "Shimshon", agosto de 2011, "Iftach", maio de 2011, e "Léxico", janeiro de 2017.
42. Dagan manteve a promessa de deixar Quebra-Nozes dar a ordem para matar Mughniyeh, mas ele passou o privilégio a um engenheiro eletrônico que desempenhara papel central na operação. Entrevista com "Loacker", janeiro de 2015.
43. Em junho de 2008, o primeiro-ministro Olmert visitou a Casa Branca. O vice-presidente Cheney esperava do lado de fora para recebê-lo quando o comboio de limusines chegou ao pórtico. Quando Olmert se aproximou, Cheney, em vez de apertar sua mão estendida, ficou em posição de sentido e saudou o primeiro-ministro israelense. Somente os dois e seus assessores mais próximos entenderam o significado do gesto. No Salão Oval, o presidente Bush agradeceu encarecidamente a Olmert por ter se livrado de Mughniyeh. Então mostrou a ele a pistola de Saddam Hussein, mantida em uma caixa especial com a dedicatória "Para nosso presidente", dada a ele pela equipe da Força Delta que capturara o tirano iraquiano. Entrevista com "Shimshon", agosto de 2011.
44. Entrevista com Dagan, 29 de maio de 2013.
45. Entrevistas com "Shimshon", agosto de 2011, e "Diamante", março de 2014.

46. A descrição do funeral e as fotografias foram cortesia do correspondente do *Der Spiegel* em Beirute, Ulrike Putz, que compareceu à cerimônia.
47. A Guarda Revolucionária e os sucessores de Mughniyeh planejaram vários esquemas ousados para sequestrar israelenses que trabalhavam na comunidade de inteligência, explodir missões diplomáticas israelenses e instituições sionistas em todo o globo, atacar membros da seita hassídica Chabad, que mantém centros para viajantes israelenses em todo o mundo, e ferir turistas israelenses sempre que conseguissem. Quase todos os planos falharam graças a advertências precisas feitas pela inteligência israelense. Em um caso, a polícia da Tailândia, após receber uma dica do Mossad, perseguiu um grupo de terroristas iranianos e libaneses. Um deles tinha uma sofisticada bomba que planejava prender ao carro de um diplomata israelense. Em vez disso, ele a jogou contra os policiais que foram atrás dele. Mas a bomba atingiu uma árvore e quicou de volta para seus pés antes de explodir, arrancando suas pernas. Os policiais deixaram o restante do corpo apoiado contra a árvore, para que os fotógrafos da mídia pudessem registrar o horrível momento para a posteridade.
48. Entrevista com Dagan, 19 de junho de 2013.
49. Entrevista com "Terminal", setembro de 2014.
50. "Reunião de Boehner com o primeiro-ministro Olmert", 23 de março de 2008, Tel Aviv 000738 (arquivos do autor, recebido de Julian Assange).
51. Entrevista com "Shimshon", novembro de 2012.
52. Entrevista com Olmert, 29 de agosto de 2011.
53. "Manhunting Timeline 2008", Intellipedia, NSA (arquivo Snowden), www.documentcloud.org/documents/2165140-manhunting-redacted.html#document/p1.
54. Em abril de 2008, a CIA chegou à conclusão de que Assad não iniciaria uma guerra por causa do bombardeio do reator, que não havia mais necessidade de segredo e que era possível usar o material do caso para outros propósitos. Israel se opunha firmemente à publicação das fotografias, mas Hayden pensava diferente: "Temos que tornar isso [o caso do reator sírio] mais público porque estamos prestes a entrar em um acordo com a Coreia do Norte, culpada do maior crime de proliferação da história. Temos de informar o Congresso." O caso fora uma grande vitória da inteligência e, após sofrer com muita publicidade negativa ao longo dos anos, a agência estava feliz em poder exibir um sucesso. A CIA incluiu uma fotografia do general Suleiman com o chefe do programa nuclear norte-coreano. O Mossad e a Aman ficaram furiosos, temendo que a foto vazasse e alertasse Suleiman para o fato de que era um homem marcado. Isso não aconteceu. "Background Briefing with Senior U.S. Officials on Syria's Covert Nuclear Reactor and North Korea's Involvement",

24 de abril de 2008. Entrevistas com Dagan, 20 de julho de 2013, e Hayden, 20 de julho de 2016. Hayden, *Playing to the Edge*, pp. 267-68.
55. Algumas pessoas no Mossad se opunham de maneira adamantina ao assassinato de Suleiman. Uma fonte do altíssimo escalão da agência disse: "Trata-se da execução de um oficial uniformizado de um Estado soberano. Suleiman, em seu próprio modo de ver, serve a seu país com o melhor de suas habilidades. Não é um terrorista. Sim, está envolvido em atos muito sombrios, mas também temos oficiais envolvidos em atos que o outro lado vê como problemáticos." Entrevistas com "Iftach", março de 2017, e "Dominick", abril de 2013.
56. A descrição do assassinato foi baseada em um vídeo feito pelos comandos da Flotilha 13 e entrevistas com "Shimshon", novembro de 2012, e "Dominick", maio de 2011.
57. De acordo com documentos entregues por Edward Snowden e publicados no website First Look, a inteligência americana interceptou comunicações da Flotilha 13 antes do ataque e sabia exatamente quem estava por trás dele. Matthew Cole, "Israeli Special Forces Assassinated Senior Syrian Official", *First Look*, 15 de julho de 2015.
58. Entrevista com "Oscar", maio de 2014.
59. Entrevistas com Dagan, 19 de junho de 2013, e "Príncipe", março de 2012.
60. Mesmo na estimativa conservadora do alemão BND, apenas o Stuxnet atrasou o projeto nuclear iraniano em ao menos dois anos. Entrevista, juntamente com Holger Stark, com "Alfred", um oficial de alta patente da inteligência alemã, fevereiro de 2012.
61. Entrevistas com Dagan, 29 de maio de 2013, "Iftach", março de 2017, "Eldy", setembro de 2014, e "Luka", novembro de 2016.
62. Entrevista com "Leila", dezembro de 2015.
63. Entrevista com "Iftach", março de 2017.
64. Entrevistas com "Iftach", março de 2017, "Leila", dezembro de 2015, e "Vantagem", março de 2017.
65. Entrevista com Dagan, 8 de janeiro de 2011.

Capítulo 35: Impressionante sucesso tático, desastroso fracasso estratégico

1. Entrevista com "Ethan", novembro de 2011.
2. Entrevista com "Eldy", abril de 2014.
3. Ronen Bergman, "The Dubai Job", *GQ*, 4 de janeiro de 2011.
4. Os recibos que os dois receberam quando pagaram pelas refeições e bebidas estão nos arquivos do autor, recebidos de "Júnior".

5. Entrevista com "Loacker", fevereiro de 2015.
6. Entrevista com "Ilay", junho de 2010.
7. Entrevista com "Iftach", março de 2017.
8. Netanyahu inicialmente ordenou que Dagan montasse uma equipe interna de inquérito e Dagan concordou, porém, mais tarde, disse a Netanyahu que o homem que ele queria que liderasse o painel, um oficial de alta patente recém-aposentado, recusara-se a aceitar a tarefa. De acordo com uma fonte próxima a Netanyahu, o primeiro-ministro subsequentemente ouviu uma história diferente do homem. De qualquer modo, o painel de inquérito não foi criado. Entrevista com "Nietzsche", maio de 2017.
9. Entrevista com Dagan, 19 de junho de 2013.
10. Entrevista com "Nietzsche", maio de 2017.
11. Entrevista com Uzi Arad, 20 de dezembro de 2011.
12. A fim de intensificar o medo de Netanyahu de parecer hesitante ou fraco, Dagan aumentou o tamanho das delegações que levava para conversar com o primeiro-ministro sobre as operações, às vezes surgindo em seu escritório com quinze oficiais do Mossad. Ele sabia que o primeiro-ministro não se recusaria a aprovar porque, com tantas testemunhas presentes, o perigo de que sua hesitação vazasse era muito maior. Quando saía das reuniões, Dagan pensava: "Agora suas bolas vão encolher e ele vai se arrepender de ter autorizado." E acrescentou: "Eu amo falafel. Como sabia que ele rapidamente me chamaria de volta, dirigia até o mercado Mahaneh Yehuda [a alguns minutos do gabinete do primeiro-ministro] para comer falafel e esperar o telefonema, sem iniciar a viagem de volta para Tel Aviv. Quando não tinha certeza, ia até o restaurante curdo em Mevaseret Zion [10 minutos de distância] ou a um lugar que servia húmus em Abu Ghosh [15 minutos] e esperava. A questão era não estar longe de Jerusalém. E, olhando para trás, nunca errei. Ele sempre me chamava de volta." Entrevista com Dagan, 19 de junho de 2013.
13. Entrevista com Barak, 13 de janeiro de 2012.
14. Entrevista com Dagan, 19 de junho de 2013.
15. Comentando as observações de Dagan sobre ele, Barak escreveu: "A despeito do que disse Dagan, nunca houve uma única pessoa na liderança israelense que não tenha percebido que não era possível interromper completamente o programa nuclear iraniano em um ataque cirúrgico. No máximo, podíamos atrasá-lo por alguns anos. Tanto os oponentes quanto os apoiadores da necessidade de analisar a possibilidade de ataque estavam unidos na consciência de que a ação [militar] só era exequível como último recurso. E somente se

capacidade operacional, legitimidade internacional e suprema necessidade estivessem presentes." E-mail de Barak ao autor, 30 de março de 2016.
16. Entrevista com Dagan, 19 de junho de 2013.
17. Entrevista com "Iftach", novembro de 2011.
18. Entrevista com "Terminal", setembro de 2014.
19. Entrevista com "Iftach", maio de 2017.
20. Entrevista com Dagan, 19 de junho de 2013.
21. Parece que, após as operações contra Moghaddam e Ahmadi-Roshan, Israel desistiu da política de silêncio. Ehud Barak declarou, em relação à morte dos cientistas, que "pode haver mais por vir". O chefe do Estado-Maior geral das FDI, general Benny Gantz, afirmou: "No Irã, algumas coisas acontecem de modo antinatural", ao passo que o porta-voz das FDI disse que "não derramaria uma lágrima" por Ahmadi-Roshan. O jornal *Haaretz* publicou uma jubilosa caricatura mostrando Ahmadi-Roshan no céu com Deus, que, irritado, resmunga "Mais um", enquanto um pequeno querubim diz: "Já temos o bastante para um reator nuclear."
22. Os assassinatos continuaram também contra outros membros da Frente Radical. O alvo mais importante, que o Mossad caçava desde 1996, era Hassan Laqqis, que liderava o departamento de desenvolvimento de armas do Hezbollah. Ele foi morto em 3 de dezembro de 2013, quando homens armados com pistolas atiraram nele na garagem de sua casa em um subúrbio de Beirute. Hassan Laqqis trabalhava intensivamente com Mohammad al-Zawahri, um engenheiro aeronáutico tunisiano que se unira à oposição de seu país e fora obrigado a viver no exílio durante alguns anos, juntando forças com o Hezbollah e o Hamas. Depois de retornar a seu país, al-Zawahri trabalhou para criar uma frota de aeronaves e submarinos não tripulados para o Hamas, para serem usados contra as sondas de petróleo e gás que Israel construía no Mediterrâneo. O Mossad, agora sob comando de Yossi Cohen, interceptou comunicações entre al-Zawahri e seus colegas em Gaza e no Líbano e o matou em 16 de dezembro. Entrevistas com "Charles", abril de 2012, "Vantagem", dezembro de 2016, e "Iftach", maio de 2017.
23. Entrevista com Hayden, 20 de julho de 2016.
24. Entrevista com "Príncipe", março de 2012.
25. Em certo momento, Netanyahu e Barak pararam de esconder suas intenções e, em uma matéria de capa da *New York Times Magazine* de janeiro de 2012, Barak insinuou que o ataque ocorreria em breve. À luz das duras críticas do pessoal de defesa e inteligência, Barak disse: "Nós, eu e Bibi, somos responsáveis, de

maneira muito direta e concreta, pela existência do Estado de Israel e pelo futuro do povo judeu [...]. No fim do dia, quando o comando militar e de inteligência olha para cima, vê o ministro da Defesa e o primeiro-ministro. Quando nós olhamos para cima, não vemos nada além do céu." Ronen Bergman, "Israel vs. Iran: When Will It Erupt?". *New York Times Magazine*, 29 de janeiro de 20/12.

26. Obama e sua equipe também sofriam pressão de elementos da mídia americana que achavam que ele não era duro o bastante com o Irã. Reunião com Roger Ailes, 4 de janeiro de 2012.

27. Tamir Pardo achava que o Plano de Ação Conjunto Global tinha aspectos positivos e negativos e, de qualquer modo, Israel tinha de tentar trabalhar com a administração Obama para melhorar seus termos, uma vez que não havia como impedir sua aprovação. Netanyahu pensava diferente e fez esforços desesperados para usar seu considerável peso político junto aos republicanos em Washington para impedir o acordo, incluindo um discurso controverso durante uma sessão conjunta do Congresso em março de 2015. Netanyahu estava errado.

28. Esse acordo vai muito mais longe do que qualquer outra coisa com a qual o regime de Teerã já tenha concordado no passado. Mas também reflete significativas concessões por parte da comunidade internacional, incluindo algumas linhas vermelhas que os Estados Unidos haviam prometido que não seriam cruzadas, assim como permissão quase total para que as indústrias militares iranianas levassem adiante seus projetos de desenvolvimento de mísseis. Ronen Bergman, "What Information Collected by Israeli Intelligence Reveals About the Iran Talks", *Tablet*, 29 de julho de 2015.

29. Reunião memorial para Yosef Harel, comandante da unidade de assassinatos da Aman, a 188. Dagan foi entrevistado pelo jornalista Ari Shavit.

30. Ronen Bergman, "Israel's Army Goes to War with Its Politicians", *New York Times*, 21 de maio de 2016.

Mais referências, fontes e fotografias usadas durante a pesquisa para este livro estão disponíveis em www.ronenbergman.com.

BIBLIOGRAFIA

Entrevistas

Aharon Abramovich, Worko Abuhi, Ehud (Udi) Adam, Nathan Adams, Avraham Adan, Nahum Admoni, Gadi Afriat, Shlomi Afriat, David Agmon, Amram Aharoni, Zvi Aharoni, Wanda Akale, Lior Akerman, Fereda Aklum, Aql Al-Hashem, Kanatjan Alibekov, Doron Almog, Ze'ev Alon, Yossi Alpher, Hamdi Aman, Yaakov Amidror, Meir Amit, Frank Anderson, Christopher Andrew, Hugo Anzorreguy, Uzi Arad, Dror Arad-Ayalon, Yasser Arafat, David Arbel, Dani Arditi, Moshe Arens, Anna Aroch, Julian Assange, Rojer Auqe, Gad Aviran, Shai Avital, Juval Aviv, Pinchas Avivi, David Avner, Talia Avner, Uri Avnery, Avner Avraham, Haim Avraham, Aharon Avramovich, Ami Ayalon, Danny Ayalon, Avner Azoulai, Robert Baer, Yossi Baidatz, Ehud Barak, Amatzia Baram, Miki Barel, Aharon Barnea, Avner Barnea, Itamar Barnea, Omer Bar-Lev, Uri Bar-Lev, Hannan Bar-On, David Barkai, Hanoch Bartov, Mehereta Baruch, Yona Baumel, Stanley Bedlington, Benjamin Begin, Yossi Beilin, Dorit Beinisch, Ilan Ben David, Moshe Ben David, Zvika Bendori, Gilad Ben Dror, Benjamin Ben-Eliezer, Eliyahu Ben-Elissar, Eitan Ben Eliyahu, Avigdor "Yanosh" Ben-Gal, Isaac Ben Israel, Arthur (Asher) Ben-Natan, Eyal Ben Reuven, Eitan Ben Tsur, Barak Ben Tzur, David Ben Uziel, Ron Ben-Yishai, Yoran Ben Ze'ev, Ronnie (Aharon) Bergman, Muki Betser, Avino Biber, Amnon Biran, Dov Biran, Ilan Biran, Yoav Biran, Kai Bird, Uri Blau, Hans Blix, Gabriella Blum, Naftali Blumenthal, Yossef Bodansky, Joyce Boim, Ze'ev Boim, Chaim Boru, Avraham Botzer, Eitan Braun, Shlomo Brom, Shay Brosh, Jean-Louis Bruguière, Pinchas Buchris, Haim Buzaglo, Zvi Caftori, Haim Carmon, Igal Carmon, Aharon Chelouche, Dvora Chen, Uri Chen, Michael Chertoff,

Itamar Chizik, Joseph Ciechanover, Wesley Clark, Avner Cohen, Haim Cohen, Moshe Cohen, Ronen Cohen (oficial da Aman), dr. Ronen Cohen (erudito), Yair Cohen, Yuval Cohen-Abarbanel, Reuven Dafni, Meir Dagan, Avraham Dar, Yossi Daskal, Ruth Dayan, Uzi Dayan, Puyya Dayanim, Ofer Dekel, Avi Dichter, Yuval Diskin, Amnon Dror, Moshe Efrat, Dov Eichenwald, Uzi Eilam, Giora Eiland, Robert Einhorn, Yom Tov (Yomi) Eini, Amos Eiran, Ehud Eiran, Elad Eisenberg, Miri Eisin, Rafael Eitan, Rolf Ekeus, Ofer Elad, Avigdor Eldan (Azulay), Mike Eldar, Jean-Pierre Elraz, Haggai Erlich, Reuven Erlich, Dror Eshel, Shmuel Ettinger, Uzi Even, Gideon Ezra, Meir Ezri, Aharon Zeevi Farkash, Menachem Finkelstein, Amit Forlit, Moti Friedman, Uzi Gal, Yehoar Gal, Yoav Galant, Yoram Galin, Robert Gates, Karmit Gatmon, Yeshayahu Gavish, Shlomo Gazit, Yoav Gelber, Reuel Gerecht, Dieter Gerhardt, Erez Gerstein, Binyamin Gibli, Mordechai Gichon, Gideon Gideon, Yehuda Gil, Amos Gilad, Amos Gilboa, Carmi Gillon, Yossi Ginat, Isabella Ginor, Yossi Ginossar, Caroline Glick, Tamar Golan, Motti Golani, Ralph Goldman, Gadi Goldstein, Karnit Goldwasser, David Golomb, Sarit Gomez, Oleg Gordievsky, Ran Goren, Uri Goren, Eitan Haber, Arie Hadar, Amin al-Hajj, Asher Hakaini, Eli Halachmi, Aharon Halevi, Aliza Magen Halevi, Aviram Halevi, David Halevi, Amnon Halivni, Uri Halperin, Dan Halutz, August Hanning, Alouph Hareven, Elkana Har Nof, Dani Harari, Shalom Harari, Isser Harel, Hani al-Hassan, Yisrael Hasson, Robert Hatem, Shai Herschkovich, Seymour Hersh, Robin Higgins, Shlomo Hillel, Gal Hirsch, Yair Hirschfeld, Yitzhak Hofi, Lior Horev, Yehiel Horev, Rami Igra, Yitzhak Ilan, Shimshon Yitzhaki, David Ivry, Aryeh Ivtzan, Yehiel Kadishai, Oleg Kalugin, Anat Kamm, Tsvi Kantor, Yehudit Karp, Asa Kasher, Eugene Kaspersky, Samy Katsav, Kassa Kebede, Paul Kedar, Ruth Kedar, Moti Kfir, Gedaliah Khalaf, Moti Kidor, David Kimche, Yarin Kimor, Ephraim Kleiman, David Klein, Yoni Koren, Joseph Kostiner, Aryeh Krishak, Itzhak Kruizer, David Kubi, Chen Kugel, David Kulitz, Yossi Kuperwasser, Anat Kurz, Gunther Latsch, Eliot Lauer, Nachum Lev, Shimon Lev, Alex Levac, Amihai Levi, Nathan Levin, Nathaniel Levitt, Aharon Levran, Avi Levy, Gideon Levy, Udi Levy, Bernard Lewis, Rami Liber, Avi Lichter, Alon Liel, Danny Limor, Amnon Lipkin-Shahak, Dror Livne, Tzipi Livni, Lior Lotan, Uri Lubrani, Uzi Mahnaimi, Nir Mann, Francine Manbar, Nahum Manbar, Victor Marchetti, Dan Margalit, David Meidan, Gideon Meir, Moshe Meiri, Nehemia Meiri, Yoram Meital, David Menashri, Ariel Merari, Reuven Merhav, Dan Meridor, Joy Kid Merkham, Gidi Meron, Hezi Meshita, Benny Michelson, Amram Mitzna, Ilan Mizrahi, Shaul Mofaz, Yekutiel Mor, Yitzhak Mordechai, Shmuel (Sami)

Moriah, Benny Morris, Shlomo Nakdimon, Hamid Nasrallah, David Nataf, Yair Naveh, Yoni Navon, Menahem Navot, Ori Neeman, Yuval Ne'eman, Jack Neria, Benjamin Netanyahu, Yaakov Nimrodi, Nimrod Nir, Alberto Nisman, Moshe Nissim, Tzila Noiman, Rafi Noy, Oded (sobrenome confidencial), Arye Oded, Raphael Ofek, Amir Ofer, Ehud Olmert, Reza Pahlavi Shah, Gabriel Pasquini, Alexander Patnic, Shmuel Paz, Avi Peled, Yossi Peled, Gustavo Perednik, Shimon Peres, Amir Peretz, Yuri Perfilyev, Yaakov Peri, Richard Perle, Israel Perlov, Giandomenico Picco, Zvi Poleg, Eli Pollak, Yigal Pressler, Avi Primor, Ron Pundak, Yitzhak Pundak, Ahmed Qrea, Rona Raanan Shafrir, Dalia Rabin, Itamar Rabinovich, Gideon Rafael, Rani Rahav, Jibril Rajoub, Natan Rotberg (Rahav), Haggai Ram, Haim Ramon, Muhammad Rashid, Yair Ravid-Ravitz, Oded Raz, Benny Regev, Yiftach Reicher Atir, Shlomi Reisman, Daniel Reisner, Bill Rois, Dafna Ron, Eran Ron, Yiftah Ron-Tal, Avraham Rotem, Danny Rothschild, Elyakim Rubinstein, Joseph Saba, Dov Sadan, Ezra Sadan, Rachel Sadan, Jehan Sadat, Uri Sagie, Yehoshua Saguy, Ory Slonim, Wafiq al-Samarrai, Yom Tov Samia, Eli Sanderovich, Yossi Sarid, Nicolas Sarkozy, Igal Sarna, Moshe Sasson, Uri Savir, Oded Savoray, Yezid Sayigh, David Scharia, Otniel Schneller, Yoram Schweitzer, Patrick Seale, Itzhak Segev, Samuel Segev, Dror Sela, Aviem Sella, David Senesh, Michael Sfard, Oren Shachor, Yarin Shahaf, Moshe Shahal, Hezi Shai, Emmanuel Shaked, Arik Shalev, Noam Shalit, Silvan Shalom, Yitzhak Shamir, Shimon Shapira, Yaakov Shapira, Assaf Shariv, Shabtai Shavit, Gideon Sheffer, Rami Sherman, Shimon Sheves, David Shiek, Dov Shilansky, Dubi Shiloah, Gad Shimron, Amir Shoham, Dan Shomron, David Shomron, Eliad Shraga, Zvi Shtauber, Yigal Simon, Efraim Sneh, Ovadia Sofer, Sami Sokol, Ali Soufan, Yuval Steinitz, Elazar Stern, Rafi Sutton, Rami Tal, Anat Talshir, Dov Tamari, Avraham Tamir, Elhanan Tannenbaum, Benjamin Telem, Ahmad Tibi, Izhak Tidhar, Rafi Tidhar, Yona Tilman, Tawfiq Tirawi, Haim Tomer, Richard Tomlinson, Eliezer (Geize) Tsafrir, Moshe Tsipper,

Yoram Turbowicz, Shalom Turgeman, David Tzur, Ernst Uhrlau, Alon Unger, Rehavia Vardi, Matan Vilnai, David Vital, Ali Waked, Tim Weiner, Anita Weinstein, Avi Weiss Livne, Dov Weissglass, Robert Windrem, Paul Wolfowitz, James Woolsey, Yitzhak Ya'akov, Moshe Ya'alon, Amos Yadlin, Yoram Yair, Amos Yaron, Danny Yatom, Ehud Yatom, Eli Yossef, Dov Zakheim, Zvi Zamir, Benny Zeevi, Dror Ze'evi, Nadav Zeevi, Doron Zehavi, Eli Zeira, Amnon Zichroni, Eyal Zisser, Eli Ziv, Shabtai Ziv, Eli Zohar, Gadi Zohar e Giora Zussman, assim como 350 entrevistados que não podem ser mencionados pelo nome; as iniciais ou os codinomes de 163 deles constam das notas.

Livros em inglês

ABRAHAMIAN, Ervand. *Khomeinism: Essays on the Islamic Republic*. Londres: University of California Press, 1993.

ADAMS, James. *The Unnatural Alliance*. Londres: Quartet, 1984.

AGEE, Philip. *Inside the Company: CIA Diary*. Harmondsworth: Penguin, 1975.

ANDREW, Christopher. *The Defence of the Realm: The Authorized History of the MI5*. Londres: Penguin, 2009.

_____. *For the President's Eyes Only*. Londres: HarperCollins, 1995.

ANDREW, Christopher e MITROKHIN, Vasili. *The Mitrokhin Archive II*. Londres: Penguin, 2005.

_____. *The Sword and the Shield: The Mitrokhin Archive and the Secret History of the KGB*. Nova York: Basic Books, 1999.

ANGEL, Anita. *The Nili Spies*. Londres: Frank Cass & Co., 1997.

ARNON, Arie, LUSKI, Israel, SPIVAK, Avia e WEINBLATT, Jimmy. *The Palestinian Economy: Between Imposed Integration and Voluntary Separation*. Nova York: Brill, 1997.

ASCULAI, Ephraim. *Rethinking the Nuclear Non-Proliferation Regime*. Tel Aviv: Jaffee Center for Strategic Studies, TAU, 2004.

AVI-RAN, Reuven [Erlich]. *The Syrian Involvement in Lebanon since 1975*. Boulder: Westview, 1991.

BAKHASH, Shaul. *The Reign of the Ayatollahs: Iran and the Islamic Revolution*. Nova York: Basic Books, 1984.

BARAM, Amatzia. *Building Towards Crisis: Saddam Husayn's Strategy for Survival*. Washington: Washington Institute for Near East Policy, 1998.

BARNABY, Frank. *The Indivisible Bomb*. Londres: I.B. Tauris, 1989.

BEN-MENASHE, Ari. *Profits of War: Inside the Secret U.S.-Israeli Arms Network*. Nova York: Sheridan Square, 1992.

BERGEN, Peter L. *Holy War Inc.: Inside the Secret World of Osama Bin Laden*. Londres: Weidenfeld and Nicolson, 2003.

BERGMAN, Ronen. *Israel and Africa: Military and Intelligence Liaisons*. Dissertação de pós-doutoramento. Universidade de Cambridge, novembro de 2006.

_____. *The Secret War with Iran: The 30-Year Clandestine Struggle Against the World's Most Dangerous Terrorist Power*. Nova York: Free Press, 2008.

BIRD, Kai. *The Good Spy*. Nova York: Crown, 2014.

BLACK, Ian e MORRIS, Benny. *Israel's Secret Wars: A History of Israel's Intelligence Services*. Londres: Hamish Hamilton, 1991.

BLUM, Gabriella. *Islands of Agreement: Managing Enduring Rivalries*. Cambridge: Harvard UP, 2007.

BOBBITT, Philip. *Terror and Consent: The Wars for the Twenty-first Century*. Londres: Penguin, 2008.

BOLKER, Joan. *Writing Your Dissertation in Fifteen Minutes a Day: A Guide to Starting, Revising, and Finishing Your Doctoral Thesis*. Nova York: Henry Holt and Co., 1998.

BOROUMAND, Ladan. *Iran: In Defense of Human Rights*. Paris: National Movement of the Iranian Resistance, 1983.

BRECHER, Michael. *Decisions in Israel's Foreign Policy*. Londres: Oxford UP, 1974.

BURROWS, William E. e WINDREM, Robert. *Critical Mass*. Londres: Simon & Schuster, 1994.

BUTLER, Richard. *Saddam Defiant*. Londres: Weidenfeld and Nicolson, 2000.

CALVOCORESSI, Peter. *World Politics, 1945-2000*. 9. ed. Harlow: Pearson Education, 2001.

CAREW, Tom. *Jihad: The Secret War in Afghanistan*. Edinburgh: Mainstream, 2000.

CARRÉ, Olivier. *L'Utopie islamique dans l'Orient arabe*. Paris: Fondation Nationale des Sciences Politiques, 1991 (em francês).

CLINE, Ray S. e ALEXANDER, Yonah. *Terrorism as State-Sponsored Covert Warfare*. Fairfax: Hero, 1986.

COBBAN, Helena. *The Palestinian Liberation Organisation*. Cambridge: Cambridge UP, 1984.

COCKBURN, Andrew e COCKBURN, Leslie. *Dangerous Liaisons: The Inside Story of the U.S.-Israeli Covert Relationship*. Nova York: HarperCollins, 1991.

COHEN, Avner. *Israel and the Bomb*. Nova York: Columbia UP, 1998.

COOKRIDGE, E. H. *Gehlen: Spy of the Century*. Londres: Hodder and Stoughton, 1971.

DAN, Ben, DAN, Uri e BEN-PORAT, Y.. *The Secret War: The Spy Game in the Middle East*. Nova York: Sabra, 1970.

DEACON, Richard. *The Israeli Secret Service*. Londres: Hamish Hamilton, 1977.

DEKMEJIAN, R. Hrair. *Islam in Revolution: Fundamentalism in the Arab World*. 2. ed. Syracuse: Syracuse UP, 1995.

DROGIN, Bob. *Curveball*. Nova York: Random House, 2007.

EDWARD, Shirley. *Know Thine Enemy*. Nova York: Farrar, Straus and Giroux, 1997.

EISENBERG, Dennis, DAN, Uri e LANDAU, Eli. *The Mossad: Israel's Secret Intelligence Service: Inside Stories*. Nova York: Paddington, 1978.

EISENSTADT, Michael. *Iranian Military Power: Capabilities and Intentions*. Washington: Washington Institute for Near East Policy, 1996.

EVELAND, Wilbur Crane. *Ropes of Sand: America's Failure in the Middle East.* Nova York: W. W. Norton, 1980.

FARRELL, William R. *Blood and Rage: The Story of the Japanese Red Army.* Toronto: Lexington, 1990.

FREEDMAN, Robert O. *World Politics and the Arab-Israeli Conflict.* Nova York: Pergamon, 1979.

GABRIEL, Richard A. *Operation Peace for Galilee: The Israeli-PLO War in Lebanon.* Nova York: Hill and Wang, 1984.

GATES, Robert M. *From the Shadows.* Nova York: Simon & Schuster Paperbacks, 1996.

GAZIT, Shlomo. *Trapped Fools: Thirty Years of Israeli Policy in the Territories.* Londres e Portland: Frank Cass, 2003.

GILBERT, Martin. *The Routledge Atlas of the Arab-Israeli Conflict.* Nova York: Routledge, 2005.

GINOR, Isabella e REMEZ, Gideon. *Foxbats over Diamona.* New Haven: Yale UP, 2007.

HALKIN, Hillel. *A Strange Death.* Nova York: PublicAffairs, 2005.

HARCLERODE, Peter. *Secret Soldiers: Special Forces in the War Against Terrorism.* Londres: Sterling, 2000.

HATEM, Robert M. *From Israel to Damascus: The Painful Road of Blood, Betrayal e Deception.* La Mesa: Pride International Press, 1999.

HAYDEN, Michael. *Playing to the Edge.* Nova York: Penguin Press, 2016.

HERSH, Seymour. *The Samson Option.* Nova York: Random House, 1991.

HOFFMAN, Bruce. *Recent Trends and Future Prospects of Iranian Sponsored International Terrorism.* Santa Monica: Rand, 1990.

HOLLIS, Martin e SMITH, Steve. *Explaining and Understanding International Relations.* Oxford: Clarendon, 1990.

HURWITZ, Harry e MEDAD, Yisrael (orgs.). *Peace in the Making.* Jerusalém: Gefen, 2011.

JABER, Hala. *Hezbollah: Born with a Vengeance.* Nova York: Columbia UP, 1997.

JONAS, George. *Vengeance: The True Story of a Counter-Terrorist Mission.* Londres: Collins, 1984.

JUERGENSMEYER, Mark. *Terror in the Mind of God: The Global Rise of Religious Violence.* Berkeley: University of California Press, 2000.

KEDDIE, Nikki R. (org.). *Religion and Politics in Iran: Shi'ism from Quietism to Revolution.* New Haven: Yale UP, 1983.

KENYATTA, Jomo. *Facing Mount Kenya.* Nairóbi: Heinemann Kenya, 1938.

KLEIN, Aaron J. *Striking Back: The 1972 Munich Olympics Massacre and Israel's Deadly Response*. Nova York: Random House, 2005.

KURGINYAN, Sergey. *The Weakness of Power: The Analytics of Closed Elite Games and Its Basic Concepts*. Moscou: ECC, 2007.

KWINTNY, Jonathan. *Endless Enemies: The Making of an Unfriendly World*. Nova York: Penguin, 1984.

LANDLER, Mark. *Alter Egos*. Nova York: Random House, 2016.

LAQUEUR, Walter. *The New Terrorism: Fanaticism and the Arms of Mass Destruction*. Londres: Phoenix Press, 1999.

LIVINGSTONE, Neil C. e HALEVY, David. *Inside the PLO*. Nova York: Quill/William Morrow, 1990.

MARCHETTI, Victor e MARKS, John D.. *The CIA and the Cult of Intelligence*. Nova York: Dell, 1980.

MCGEOUGH, Paul. *Kill Khalid*. Nova York: New Press, 2009.

MEARSHEIMER, John e WALT, Stephen. *The Israeli Lobby and U.S. Foreign Policy*. Nova York: Farrar, Straus and Giroux, 2007.

MELMAN, Yossi. *The Master Terrorist: The True Story Behind Abu-Nidal*. Londres: Sidgwick & Jackson, 1987.

MENASHRI, David (org.). *Islamic Fundamentalism: A Challenge to Regional Stability*. Tel Aviv: Moshe Dayan Center for Middle Eastern and African Studies, 1993.

MISHAL, Shaul. *The PLO Under Arafat*. New Haven: Yale UP, 1986.

MITROKHIN, Vasiliy. *KGB Lexicon*. Londres: Frank Cass & Co., 2002.

MOHADESSIN, Mohammad. *Islamic Fundamentalism: The New Global Threat*. Washington: Seven Locks Press, 1993.

MORRIS, Benny e BLACK, Ian. *Israel's Secret Wars*. Londres: Warner, 1992.

NORTON, Augustus Richard. *Amal and the Shia: Struggle for the Soul of Lebanon*. Austin: University of Texas Press, 1987.

ODED, Arye. *Africa and the Middle East Conflict*. Boulder: Westview, 1988.

OLIPHANT, Laurence. *The Land of Gilead*. Londres: William Blackwood and Sons, 1880.

OSTROVSKY, Victor e HOY, Claire. *By Way of Deception: The Making and Unmaking of a Mossad Officer*. Nova York: St. Martin's, 1990.

PACEPA, Ion Mihai. *Red Horizons*. Washington: Regnery Gateway, 1990.

PARSI, Trita. *Treacherous Alliance: The Secret Dealings of Israel, Iran and the United States*. New Haven: Yale UP, 2007.

PAYNE, Ronald. *Mossad: Israel's Most Secret Service*. Londres e Nova York: Bantam, 1990.

PEDAHZUR, Ami. *The Israeli Secret Services and the Struggle Against Terrorism*. Nova York: Columbia UP, 2009.

PICCO, Giandomenico. *Man Without a Gun*. Nova York: Times Books, 1999.

PIPES, Daniel. *The Hidden Hand*. Nova York: St. Martin's, 1996.

POLAKOW-SURANSKY, Sasha. *The Unspoken Alliance: Israel's Secret Relationship with Apartheid South Africa*. Nova York: Pantheon, 2010.

PORATH, Yehoshua. *In Search of Arab Unity, 1930-1945*. Londres: Frank Cass & Co., 1986.

POSNER, Steve. *Israel Undercover: Secret Warfare and Hidden Diplomacy in the Middle East*. Syracuse: Syracuse UP, 1987.

QUTB, Sayyid. *The Future Belongs to Islam: Our Battle with the Jews*. Tel Aviv: Moshe Dayan Center for Middle Eastern and African Studies, 2017.

RANELAGH, John. *The Agency: The Rise and Decline of the CIA*. Nova York: Simon & Schuster, 1986.

RIMINGTON, Stella. *Open Secret: The Autobiography of the Former Director- -General of MI5*. Londres: Hutchinson, 2002.

RIVLIN, Paul. *The Russian Economy and Arms Exports to the Middle East*. Tel Aviv: Jaffee Center for Strategic Studies, 2005.

RUWAYHA, Walid Amin. *Terrorism and Hostage-Taking in the Middle East*. França: s.n., 1990.

SADJADPOUR, Karim. *Reading Khamenei: The World View of Iran's Most Powerful Leader*. Washington: Carnegie Endowment for International Peace, 2009.

SAID, Edward. *The End of the Peace Process: Oslo and After*. Londres: Granta, 2000.

SAUER, Paul. *The Holy Land Called: The Story of the Temple Society*. Edição inglesa. Melbourne: Temple Society, 1991.

SAYIGH, Yezid. *Armed Struggle and the Search for State*. Oxford: Oxford UP, 1997.

SCHULZ, Richard e DEW, Andrea. *Insurgents, Terrorists and Militias*. Nova York: Columbia UP, 2006.

SCHULZE, Kirsten E. *Israel's Covert Diplomacy in Lebanon*. Basingstoke: Macmillan, 1998.

SEALE, Patrick. *Abu Nidal: A Gun for Hire*. Londres: Hutchinson, 1992.

SHIRLEY, Edward. *Know Thine Enemy*. Nova York: Farrar, Straus and Giroux, 1997.

SHLAIM, Avi. *The Iron Wall*. Londres: Penguin, 2000.

SKORZENY, Otto. *My Commando Operations*. Atglen: Schiffer, 1995.

SMITH, Steven, BOOTH, Ken e ZALEWSKI, Marysia. *International Theory: Positivism and Beyond*. Cambridge: Cambridge UP, 1996.

STEVEN, Stewart. *The Spymasters of Israel*. Londres: Hodder and Stoughton, 1981.

SUMAIDA, Hussein e JEROME, Carole. *Circle of Fear*. Londres: Robert Hale, 1992.

TAHERI, Amir. *The Spirit of Allah*. Londres: Hutchinson, 1985.

TENET, George. *At the Center of the Storm*. Nova York: HarperCollins, 2007.

TEVETH, Shabtai. *Ben-Gurion's Spy: The Story of the Political Scandal That Shaped Modern Israel*. Nova York: Columbia UP, 1996.

THEROUX, Peter. *The Strange Disappearance of Imam Moussa Sadr*. Londres: Weidenfeld and Nicolson, 1987.

THOMAS, Gordon. *Gideon's Spies: The Secret History of the Mossad*. Londres: Pan Books, 2000.

TRANSPARENCY INTERNATIONAL. *Global Corruption Report 2004*. Londres: Pluto Press, 2004.

TRENTO, Joseph J. *The Secret History of the CIA*. Nova York: MJF Books, 2001.

TREVAN, Tim. *Saddam's Secrets: The Hunt for Iraq's Hidden Weapons*. Londres: HarperCollins, 1999.

TREVERTON, Gregory F. *Covert Action*. Londres: I.B. Tauris & Co., 1988.

URBAN, Mark. *UK Eyes Alpha: The Inside Story of British Intelligence*. Londres: Faber and Faber, 1996.

VENTER, Al J. *How South Africa Built Six Atom Bombs*. Cape Town: Ashanti, 2008.

VERRIER, Antony (org.). *Agent of Empire*. Londres: Brassey's, 1995.

WALSH, Lawrence E. *Firewall: The Iran-Contra Conspiracy and Cover-up*. Nova York: W. W. Norton & Co., 1997.

WALTON, Calder. *Empire of Secrets*. Londres: HarperPress, 2013.

WARDLAW, Grant. *Political Terrorism: Theory, Tactics and Counter-Measures*. Cambridge: Cambridge UP, 1982.

WASSERSTEIN, Bernard. *The Assassination of Lord Moyne, Transactions & Miscellanies*, vol. 27. Londres: Jewish Historical Society of England, 1978-80.

WEBMAN, Esther. *Anti-Semitic Motifs in the Ideology of Hizballah and Hamas*. Tel Aviv: Project for the Study of Anti-Semitism, 1994.

WEINER, Tim. *Enemies: A History of the FBI*. Nova York: Random House, 2012 [*Inimigos: uma história do FBI*. Rio de Janeiro: Record, 2015].

_____. *Legacy of Ashes: The History of the CIA*. Nova York: Doubleday, 2007 [*Legado de cinzas: uma história da CIA*. Rio de Janeiro: Record, 2008].

WRIGHT, Robin. *Sacred Rage: The Wrath of Militant Islam*. Nova York: Simon & Schuster, 1986.

YA'ARI, Ehud. *Strike Terror: The Story of Fatah*. Nova York: Sabra, 1970.

Livros em hebraico

ADAM, Kfir. *Closure*. Oranit: Adam Kfir Technologies, 2009.

ALMOG, Ze'ev. *Bats in the Red Sea*. Haqirya: Ministério da Defesa, 2007.

ALPHER, Yossi. *Periphery: Israel's Search for Middle East Allies*. Tel Aviv: Matar, 2015.

AMIDROR, Yaakov. *The Art of Intelligence*. Haqirya: Ministério da Defesa, 2006.

AMIT, Meir. *Head On: The Memoirs of a Former Mossad Director*. Or Yehuda: Hed Arzi, 1999.

ARGAman, Josef. *It Was Top Secret*. Haqirya: Ministério da Defesa, 1990.

_____. *The Shadow War*. Haqirya: Ministério da Defesa, 2007.

ASSENHEIM, Omri. *Ze'elim*. Or Yehuda: Kinneret Zmora-Bitan Dvir, 2011.

AVIAD, Guy. *Lexicon of the Hamas Movement*. Ben Shemen: Modan, 2014.

AVI-RAN, Reuven. *The Lebanon War—Arab Documents and Sources: The Road to the "Peace for Galilee" War*. vol. 1 e 2. Tel Aviv: Ma'arakhot, 1978.

AVNERY, Uri. *My Friend, the Enemy*. Londres: Zed, 1986.

BANAI, Yaakov. *Anonymous Soldiers*. Tel Aviv: Yair, 1974.

BANGO-MOLDAVSKY, Olena e Yehuda Ben Meir. *The Voice of the People: Israel Public Opinion on National Security*. Tel Aviv: INSS, 2013.

BAR-JOSEPH, Uri. *The Angel: Ashraf Marwan, the Mossad and the Yom Kippur War*. Or Yehuda: Kinneret Zmora-Bitan Dvir, 2010.

BAR-ON, Mordechai. *Moshe Dayan*. Tel Aviv: Am Oved, 2014.

BAR-ZOHAR, Michael. *The Avengers*. Ganey Tikva: Teper Magal, 1991.

_____. *Ben Gurion*. Tel Aviv: Miskal, 2013.

_____. *Issar Harel and Israel's Security Services*. Londres: Weidenfeld and Nicolson, 1970.

_____. *Phoenix: Shimon Peres — a Political Biography*. Tel Aviv: Miskal, 2006.

BAR-ZOHAR, Michael e Eitan Haber. *Massacre in Munich*. Or Yehuda: Kinneret Zmora-Bitan Dvir, 2005.

_____. *The Quest for the Red Prince*. Or Yehuda: Zmora-Bitan, 1984.

BARDA, Yael. *The Bureaucracy of the Occupation*. Bnei Brak: Van Leer Jerusalem Institute and Hakibbutz Hameuchad, 2012.

BARTOV, Hanoch. *Dado: 48 Years and 20 More Days*. Or Yehuda: Dvir, 2002.

BASCOMB, Neal. *Hunting Eichmann*. Tel Aviv: Miskal, 2009.

BECHOR, Guy. *PLO Lexicon*. Haqirya: Ministério da Defesa, 1991.

BEILIN, Yossi. *Manual for a Wounded Dove*. Jerusalém: Yedioth Ahronoth, 2001.

_____. *Touching Peace*. Tel Aviv: Miskal-Yedioth Ahronoth and Chemed, 1997.

BIBLIOGRAFIA

BEN DROR, Elad. *The Mediator*. Sde Boker: Ben-Gurion Research Institute for the Study of Israel and Zionism, 2012.
BEN ISRAEL, Isaac. *Israel Defence Doctrine*. Ben Shemen: Modan, 2013.
BEN-NATAN, Asher. *Memoirs*. Haqirya: Ministério da Defesa, 2002.
BEN PORAT, Yoel. *Ne'ilah*. Tel Aviv: Yedioth Ahronoth, 1991.
BEN-TOR, Nechemia. *The Lehi Lexicon*. Haqirya: Ministério da Defesa, 2007.
BEN UZIEL, David. *On a Mossad Mission to South Sudan: 1969-1971*. Herzliya: Teva Ha'Dvarim, 2015.
BENZIMAN, Uzi. *I Told the Truth*. Jerusalém: Keter, 2002.
BEN-ZVI, Yitzhak. *Sefer Hashomer*. Or Yehuda: Dvir, 1957.
BERGMAN, Ronen. *Authority Granted*. Tel Aviv: Yedioth Ahronoth, 2002.
_____. *By Any Means Necessary: Israel's Covert War for Its POWs and MIAs*. Or Yehuda: Kinneret Zmora-Bitan Dvir, 2009.
_____. *Point of No Return: Israeli Intelligence Against Iran and Hizballah*. Or Yehuda: Kinneret Zmora-Bitan Dvir, 2007.
BERGMAN, Ronen e MARGALIT, Dan. *The Pit*. Or Yehuda: Kinneret Zmora-Bitan Dvir, 2011.
BERGMAN, Ronen e MELTZER, Gil. *The Yom Kippur War: Moment of Truth*. Tel Aviv: Yedioth Ahronoth, 2003.
BETSER, Muki (Moshe). *Secret Soldier*. Jerusalém: Keter, 2015.
BLANFORD, Nicholas. *Killing Mr. Lebanon*. Traduzido por Michal Sela. Tel Aviv: Ma'ariv, 2007.
BLOOM, Gadi e HEFEZ, Nir. *Ariel Sharon: A Life*. Tel Aviv: Miskal, 2005.
BOAZ, Arieh. *The Origins of the Ministry of Defense*. Ben Shemen: Modan, 2013.
BOWDEN, Mark. *The Finish*. Or Yehuda: Kinneret Zmora-Bitan Dvir, 2012.
BROM, Shlomo e KURZ, Anat (orgs.). *Strategic Assessment for Israel 2010*. Tel Aviv: INSS, 2010.
BURGIN, Maskit, TAL, David e KURZ, Anat (orgs.). *Islamic Terrorism and Israel*. Tel Aviv: Papyrus, 1993.
BURTON, Fred. *Chasing Shadows*. Or Yehuda: Kinneret Zmora-Bitan Dvir, 2011.
CAROZ, Ya'acov. *The Man with Two Hats*. Haqirya: Ministério da Defesa, 2002.
CESARANI, David. *Major Farran's Hat*. Or Yehuda: Kinneret Zmora-Bitan Dvir, 2015.
CLAIRE, Rodger W. *Raid on the Sun*. Petah Tikva: Aryeh Nir, 2005.
COHEN, Avner. *Israel and the Bomb*. Nova York: Schocken, 1990.
COHEN, Gamliel. *Under Cover*. Haqirya: Ministério da Defesa, 2002.
COHEN, Hillel. *An Army of Shadows: Palestinian Collaborators in the Service of Zionism*. Jerusalém: Ivrit, 2004.

_____. *Good Arabs*. Jerusalém: Ivrit, 2006.

COHEN-LEVINOVSKY, Nurit. *Jewish Refugees in Israel's War of Independence*. Tel Aviv: Am Oved, 2014.

DANIN, Ezra. *Always Zionist*. Jerusalém: Kidum, 1987.

DAYAN, Moshe. *Shall the Sword Devour Forever?* Tel Aviv: Edanim/Yedioth Ahronoth, 1981.

_____. *Story of My Life*. Jerusalém: Idanim and Dvir, 1976.

DEKEL, Efraim. *Shai: The Exploits of Hagana Intelligence*. Tel Aviv: FDI-Ma'archot, 1953.

DEKEL-DOLITZKY, Elliyahu. *Groundless Intelligence*. Elkana: Ely Dekel, 2010.

DIETL, Wilhelm. *Die Agentin des Mossad*. Tel Aviv: Zmora-Bitan, 1997.

DOR, Danny e KFIR, Ilan. *Barak: Wars of My Life*. Or Yehuda: Kinneret Zmora-Bitan Dvir, 2015.

DROR, Zvika. *The "Arabist" of the Palmach*. Bnei Brak: Hakibbutz Hameuchad, 1986.

DRUCKER, Raviv. *Harakiri — Ehud Barak: The Failure*. Tel Aviv: Miskal, 2002.

EDELIST, Ran. *The Man Who Rode the Tiger*. Or Yehuda: Zmora-Bitan, 1995.

EDELIST, Ran e KFIR, Ilan. *Ron Arad: The Mystery*. Tel Aviv: Miskal-Yedioth Ahronoth, 2000.

EILAM, Uzi. *The Eilam Bow*. Tel Aviv: Miskal-Yedioth Ahronoth and Chemed, 2013.

EIRAN, Ehud. *The Essence of Longing: General Erez Gerstein and the War in Lebanon*. Tel Aviv: Miskal-Yedioth Ahronoth, 2007.

EITAN, Rafael. *A Soldier's Story: The Life and Times of an Israeli War Hero*. Tel Aviv: Ma'ariv, 1985.

ELDAR, Mike. *Flotilla 11: The Battle for Citation*. Tel Aviv: Ma'ariv, 1996.

_____. *Flotilla 13: The Story of Israel's Naval Commando*. Tel Aviv: Ma'ariv, 1993.

_____. *Soldiers of the Shadows*. Haqirya: Ministério da Defesa, 1997.

ELDAR, Shlomi. *Getting to Know Hamas*. Jerusalém: Keter, 2012.

ELPELEG, Zvi. *Grand Mufti*. Haqirya: Ministério da Defesa, 1989.

ELRAN, Meir e BROM, Shlomo. *The Second Lebanon War: Strategic Dimensions*. Tel Aviv: Miskal-Yedioth Ahronoth, 2007.

EREL, Nitza. *Without Fear and Prejudice*. Jerusalém: Magnes, 2006.

ERLICH, Haggai. *Alliance and Alienation: Ethiopia and Israel in the Days of Haile Selassie*. Tel Aviv: Moshe Dayan Center for Middle Eastern and African Studies, 2013.

ERLICH, Reuven. *The Lebanon Tangle: The Policy of the Zionist Movement and the State of Israel Towards Lebanon, 1918-1958*. Tel Aviv: Ma'arakhot, 2000.

ESHED, Haggai. *One Man's Mossad — Reuven Shiloah: Father of Israeli Intelligence.* Tel Aviv: Edanim/ Yedioth Ahronoth, 1988.

_____. *Who Gave the Order?* Tel Aviv: Edanim, 1979.

EZRI, Meir. *Who Among You from All the People: Memoir of His Years as the Israeli Envoy in Tehran.* Or Yehuda: Hed Arzi, 2001.

FARMAN FARMAIAN, Sattareh e MUNKER, Dona. *Daughter of Persia.* Rishon LeZion: Barkai, 2003.

FELDMAN, Shai. *Israeli Nuclear Deterrence: A Strategy for the 1980s.* Bnei Brak: Hakibbutz Hameuchad, 1983.

FINKELSTEIN, Menachem. *The Seventh Column and the Purity of Arms: Natan Alterman on Security, Morality and Law.* Bnei Brak: Hakibbutz Hameuchad, 2011.

FRIEDMAN, Thomas L. *From Beirut to Jerusalem.* Tel Aviv: Ma'ariv, 1990.

GAZIT, Shlomo. *At Key Points of Time.* Tel Aviv: Miskal, 2016.

GELBER, Yoav. *A Budding Fleur-de-Lis: Israeli Intelligence Services During the War of Independence, 1948-1949.* Haqirya: Ministério da Defesa, 2000.

_____. *Growing a Fleur-de-Lis: The Intelligence Services of the Jewish Yishuv in Palestine, 1918-1947.* Haqirya: Ministério da Defesa, 1992.

_____. *Independence Versus Nakbah: The Arab-Israeli War of 1948.* Or Yehuda: Zmora-Bitan, 2004.

_____. *Israeli-Jordanian Dialogue, 1948-1953: Cooperation, Conspiracy, or Collusion?* Brighton: Sussex Academic Press, 2004.

_____. *Jewish Palestinian Volunteering in the British Army During the Second World War.* vol. III, *The Standard Bearers: The Mission of the Volunteers to the Jewish People.* Jerusalém: Yad Izhak Ben-Zvi, 1983.

GILBOA, Amos. *Mr. Intelligence: Ahrale Yariv.* Tel Aviv: Miskal-Yedioth Ahronoth and Chemed, 2013.

GILBOA, Amos e LAPID, Ephraim. *Masterpiece: An Inside Look at Sixty Years of Israeli Intelligence.* Tel Aviv: Miskal, 2006.

GILLON, Carmi. *Shin-Beth Between the Schisms.* Tel Aviv: Miskal, 2000.

GIVATI, Moshe. *Abir 21.* Jerusalém: Reut, 2003.

GOLANI, Motti (org.). *Hetz Shachor: Gaza Raid & the Israeli Policy of Retaliation During the Fifties.* Haqirya: Ministério da Defesa, 1994.

GOLDSTEIN, Yossi. *Rabin: Biography.* Nova York: Schocken, 2006.

_____. *Golda: Biography.* Sde Boker: Ben-Gurion Research Institute for the Study of Israel and Zionism, 2012.

GOODMAN, Micha. *The Secrets of the Guide to the Perplexed.* Or Yehuda: Kinneret Zmora-Bitan Dvir, 2010.

GOREN, Uri. *On the Two Sides of the Crypto*. Publicação própria, 2008.

GOUREVITCH, Philip e MORRIS, Errol. *The Ballad of Abu Ghraib*. Tel Aviv: Am Oved, 2010.

GUTMAN, Yechiel. *A Storm in the G.S.S.* Tel Aviv: Yedioth Ahronoth, 1995.

HALAMISH, Aviva. *Meir Yaari: The Rebbe from Merhavia*. Tel Aviv: Am Oved, 2009.

HALEVY, Aviram, ATIR, Yiftach Reicher e REISMAN, Shlomi (orgs.). *Operation Yonatan in First Person*. Modi'in: Efi Melzer, 2016.

HALEVY, Efraim. *Man in the Shadows*. Tel Aviv: Matar, 2006.

HALOUTZ, Dani. *Straight Forward*. Tel Aviv: Miskal, 2010.

HAREL, Amos e ISSACHAROFF, Avi. *The Seventh War*. Tel Aviv: Miskal, 2004.

_____. *Spider Webs (34 Days)*. Tel Aviv: Miskal, 2008.

HAREL, Isser. *Anatomy of Treason*. Jerusalém: Idanim, 1980.

_____. *Security and Democracy*. Jerusalém: Idanim, 1989.

_____. *When Man Rose Against Men*. Jerusalém: Keter, 1982.

_____. *Yossele Operation*. Tel Aviv: Yedioth Ahronoth, 1982.

HAROUVI, Eldad. *Palestine Investigated*. Kokhav Ya'ir: Porat, 2010.

HASS, Amira. *Drinking the Sea of Gaza*. Bnei Brak: Hakibbutz Hameuchad, 1996.

HENDEL, Yoaz e ZAKI, Shalom. *Let the FDI Win: The Self-Fulfilling Slogan*. Tel Aviv: Yedioth Ah-ronoth, 2010.

HENDEL, Yoaz e KATZ, Yaakov. *Israel vs. Iran*. Or Yehuda: Kinneret Zmora-Bitan Dvir, 2011.

HERRERA, Ephraim e KRESSEL, Gideon M. *Jihad: Fundamentals and Fundamentalism*. Haqirya: Ministério da Defesa, 2009.

HERSCHOVITCH, Shay e SIMANTOV, David. *Aman Unclassified*. Tel Aviv: Ma'archot MOD, 2013.

HOUNAM, Peter. *The Woman from the Mossad*. Tel Aviv-Yafo: Or'Am, 2001.

JACKONT, Amnon. *Meir Amit: A Man of the Mossad*. Tel Aviv: Miskal, 2012.

KABHA, Mustafa. *The Palestinian People: Seeking Sovereignty and State*. Tel Aviv: Matach, 2013.

KAM, Ephraim. *From Terror to Nuclear Bombs: The Significance of the Iranian Threat*. Haqirya: Ministério da Defesa, 2004.

KAMPF, Zohar e LIEBES, Tamar. *Media at Times of War and Terror*. Ben Shemen: Modan, 2012.

KARSH, Efraim e RAUTSI, Inari. *Saddam Hussein: A Political Biography*. Haqirya: Ministério da Defesa, 1991.

KFIR, Ilan. *The Earth Has Trembled*. Tel Aviv: Ma'ariv, 2006.

KIMCHE, David. *The Last Option.* Tel Aviv: Miskal-Yedioth Ahronoth, 1991.
KIPNIS, Yigal. *1973: The Way to War.* Or Yehuda: Kinneret Zmora-Bitan Dvir, 2012.
KLEIN, Aaron J. *The Master of Operation: The Story of Mike Harari.* Jerusalém: Keter, 2014.
_____. *Striking Back: The 1972 Munich Olympics Massacre and Israel's Deadly Response.* Tel Aviv: Miskal-Yedioth Ahronoth, 2006.
KLIEMAN, Ahron. *Double Edged Sword.* Tel Aviv: Am Oved, 1992.
KLINGBERG, Marcus e SFARD, Michael. *The Last Spy.* Tel Aviv: Ma'ariv, 2007.
KNOPP, Guido. *Göring: Eine Karriere.* Tel Aviv: Ma'ariv, 2005.
KOTLER, Yair. *Joe Returns to the Limelight.* Ben Shemen: Modan, 1988.
KRAMER, Martin. *Fadlallah: The Moral Logic of Hizballah.* Tel Aviv: Moshe Dayan Center for Middle Eastern and African Studies, 1998.
_____. (org.). *Protest and Revolution in Shi'i Islam.* Tel Aviv: Moshe Dayan Center for Middle Eastern and African Studies, 1987.
KUPPERMAN, Robert H. e TRENT, Darrell M.. *Terrorism: Threat, Reality, Response.* Haqirya: Ministério da Defesa, 1979.
KURTZ, Anat. *Islamic Terrorism and Israel: Hizballah, Palestinian Islamic Jihad and Hamas.* Tel Aviv: Papyrus, 1993.
KURTZ, Anat e BARUCH, Pnina Sharvit (org.). *Law and National Security.* Tel Aviv: INSS, 2014.
LAHAD, Antoine. *In the Eye of the Storm: Fifty Years of Serving My Homeland Lebanon: An Autobiography.* Tel Aviv: Miskal, 2004.
LANDAU, David. *Arik: The Life of Ariel Sharon.* Or Yehuda: Kinneret Zmora--Bitan Dvir, 2013.
LAZAR, Hadara. *Six Singular Individuals.* Bnei Brak: Hakibbutz Hameuchad, 2012.
LE CARRÉ, John. *O túnel de pombos.* Rio de Janeiro: Record, 2016.
LEVI, Nissim. *One Birdless Year.* Tel Aviv: Am Oved, 2006.
LEW, Uzrad. *Inside Arafat's Pocket.* Or Yehuda: Kinneret Zmora-Bitan Dvir, 2005.
LIVNEH, Eliezer, NEDAVA, Yosef e EFRATI, Yoram. *Nili: The History of Political Daring.* Nova York: Schocken, 1980.
LOTZ, Wolfgang. *Mission to Cairo.* Tel Aviv: Ma'ariv, 1970.
LOWTHER, William. *Arms and the Man.* Tel Aviv: Ma'ariv, 1991.
MACINTYRE, Ben. *Double Cross: The True Story of the D-Day Spies.* Traduzido por Yossi Millo. Tel Aviv: Am Oved, 2013.
MAIBERG, Ron. *The Patriot.* Or Yehuda: Kinneret Zmora-Bitan Dvir, 2014.
MANN, Nir. *The Kirya in Tel Aviv, 1948-1955.* Jerusalém: Carmel, 2012.
_____. *Sarona: Years of Struggle, 1939-1948.* 2. ed. Jerusalém: Yad Izhak Ben Zvi, 2009.

MANN, Rafi. *The Leader and the Media*. Tel Aviv: Am Oved, 2012.

MAOZ, Moshe. *The Sphinx of Damascus*. Or Yehuda: Dvir, 1988.

MARGALIT, Dan. *Disillusionment*. Or Yehuda: Kinneret Zmora-Bitan Dvir, 2009.

_____. *I Have Seen Them All*. Or Yehuda: Kinneret Zmora-Bitan Dvir, 1997.

_____. *Paratroopers in the Syrian Jail*. Tel Aviv: Moked, 1968.

MARINSKY, Arieh. *In Light and in Darkness*. Jerusalém: Idanim, 1992.

MASS, Efrat. *Yael: The Mossad Combatant in Beiruth*. Bnei Brak: Hakibbutz Hameuchad, 2015.

MEDAN, Raphi. Manuscrito inédito, 2010.

MELMAN, Yossi. *Israel Foreign Intelligence and Security Services Survey*. Or Yehuda: Kinneret Zmora-Bitan Dvir, 1982.

MELMAN, Yossi e HABER, Eitan. *The Spies: Israel's Counter-Espionage Wars*. Tel Aviv: Miskal-Yedioth Ahronoth and Chemed, 2002.

MELMAN, Yossi e RAVIV, Dan. *The Imperfect Spies*. Tel Aviv: Ma'ariv, 1990.

_____. *Spies Against Armageddon*. Tel Aviv: Miskal, 2012.

MENASHRI, David. *Iran After Khomeini: Revolutionary Ideology Versus National Interests*. Tel Aviv: Moshe Dayan Center for Middle Eastern and African Studies, 1999.

_____. *Iran Between Islam and the West*. Haqirya: Ministério da Defesa, 1996.

MERARI, Ariel e ELAD, Shlomi. *The International Dimension of Palestinian Terrorism*. Bnei Brak: Hakibbutz Hameuchad, 1986.

MOREH, Dror. *The Gatekeepers: Inside Israel's Internal Security Agency*. Tel Aviv: Miskal, 2014.

MORRIS, Benny. *Israel's Border Wars, 1949-1956*. Tel Aviv: Am Oved, 1996.

NACHMAN TEPPER, Noam. *Eli Cohen: Open Case*. Modi'in: Efi Melzer, 2017.

NADEL, Chaim. *Who Dares Wins*. Ben Shemen: Modan, 2015.

NAFISI, Azar. *Reading Lolita in Tehran*. Tel Aviv: Miskal-Yedioth Ahronoth, 2005.

NAKDIMON, Shlomo. *Tammuz in Flames*. Tel Aviv: Yedioth Ahronoth, 1986.

NAOR, Mordecai. *Laskov*. Haqirya: Ministério da Defesa, 1988.

_____. *Ya'akov Dori: I.D.F. First Chief of Staff*. Ben Shemen: Modan, 2011.

NASR, Vali. *The Shia Revival*. Tel Aviv: Miskal, 2011.

NAVEH, Dan. *Executive Secrets*. Tel Aviv: Miskal-Yedioth Ahronoth, 1999.

NAVOT, Menachem. *One Man's Mossad*. Or Yehuda: Kinneret Zmora-Bitan Dvir, 2015.

NETANYAHU, Iddo (org.). *Sayeret Matkal at Antebbe*. Tel Aviv: Miskal, 2006.

NEVO, Azriel. *Military Secretary*. Tel Aviv: Contento, 2015.

NIMRODI, Yaakov. *Irangate: A Hope Shattered*. Tel Aviv: Ma'ariv, 2004.

OREN, Ram. *Sylvia*. Jerusalém: Keshet, 2010.
OUFKIR, Malika e FITOUSSI, Michele. *The Prisoner*. Or Yehuda: Kinneret, 2001.
PACEPA, Ion Mihai. *Red Horizons*. Tel Aviv: Ma'ariv, 1989.
PAIL, Meir e ZOHAR, Avraham. *Palmach*. Haqirya: Ministério da Defesa, 2008.
PALMOR, Eliezer. *The Lillehammer Affair*. Israel: Carmel, 2000.
PAZ, Reuven. *Suicide and Jihad in Palestinian Radical Islam: The Ideological Aspect*. Tel Aviv: Tel Aviv UP, 1998.
PERRY, Yaakov. *Strike First*. Jerusalém: Keshet, 1999.
PIRSIG, Robert M. *Zen e a arte da manutenção de motocicletas: uma investigação sobre os valores*. 3. ed. São Paulo: Martins Fontes, 2015.
PORAT, Dina. *Beyond the Corporeal: The Life and Times of Abba Kovner*. Tel Aviv: Am Oved and Yad Vashem, 2000.
PRESSFIELD, Steven. *Killing Rommel*. Petah Tikva: Aryeh Nir, 2009.
PUNDAK, Ron. *Secret Channel*. Tel Aviv: Sifrey Aliyat Hagag-Miskal-Yedioth Ahronoth and Chemed, 2013.
PUNDAK, Yitzhak. *Five Missions*. Tel Aviv: Yaron Golan, 2000.
RABINOVICH, Itamar. *The Brink of Peace: Israel & Syria, 1992-1996*. Tel Aviv: Miskal, 1998.
_____. *Waging Peace*. Or Yehuda: Kinneret Zmora-Bitan Dvir, 1999.
_____. *Yitzhak Rabin: Soldier, Leader, Statesman*. Or Yehuda: Kinneret Zmora-Bitan Dvir, 2017.
RACHUM, Ilan. *The Israeli General Security Service Affair*. Jerusalém: Carmel, 1990.
RAM, Haggai. *Reading Iran in Israel: The Self and the Other, Religion e Modernity*. Bnei Brak: Van Leer Jerusalem Institute and Hakibbutz Hameuchad, 2006.
RAPHAEL, Eitan. *A Soldier's Story: The Life and Times of an Israeli War Hero*. Tel Aviv: Ma'ariv, 1985.
RAVID, Yair. *Window to the Backyard: The History of Israel-Lebanon Relations — Facts & Illusions*. Yehud: Ofir Bikurim, 2013.
REGEV, Ofer. *Prince of Jerusalem*. Kokhav Ya'ir: Porat, 2006.
RIKA, Eliahu. *Breakthrough*. Haqirya: Ministério da Defesa, 1991.
RONEN, David. *The Years of Shabak*. Haqirya: Ministério da Defesa, 1989.
RONEN, Yehudit. *Sudan in a Civil War: Between Africanism, Arabism and Islam*. Tel Aviv: Tel Aviv UP, 1995.
ROSENBACH, Marcel e STARK, Holger. *WikiLeaks: Enemy of the State*. Or Yehuda: Kinneret Zmora-Bitan Dvir, 2011.
ROSS, Michael. *The Volunteer: A Canadian's Secret Life in the Mossad*. Tel Aviv: Miskal, 2007.

RUBIN, Barry e COLP-RUBIN, Judith. *Yasir Arafat: A Political Biography.* Tel Aviv: Miskal, 2006.

RUBINSTEIN, Danny. *The Mystery of Arafat.* Or Yehuda: Kinneret Zmora-Bitan Dvir, 2001.

SAGIE, Uri. *Lights Within the Fog.* Tel Aviv: Miskal-Yedioth Ahronoth, 1998.

SCHARIA, David. *The Pure Sound of the Piccolo: The Supreme Court of Israel, Dialogue and the Fight Against Terrorism.* Srigim: Nevo, 2012.

SCHIFF, Ze'ev e YA'ARI, Ehud. *Israel's Lebanon War.* Nova York: Schocken, 1984.

SEALE, Patrick. *Assad.* Tel Aviv: Ma'arakhot, 1993.

SEGEV, Shmuel (1986). *Alone in Damascus: The Life and Death of Eli Cohen.* Jerusalém: Keter, 2012.

_____ . *The Iranian Triangle: The Secret Relation Between Israel-Iran-U.S.A.* Tel Aviv: Ma'ariv, 1981.

_____ . *The Moroccan Connection.* Tel Aviv: Matar, 2008.

SEGEV, Tom. *Simon Wiesenthal: The Life and Legends.* Jerusalém: Keter, 2010.

SENOR, Dan e SINGER, Saul. *Start Up Nation.* Tel Aviv: Matar, 2009.

SHABI, Aviva e SHAKED, Ronni. *Hamas: Palestinian Islamic Fundamentalist Movement.* Jerusalém: Keter, 1994.

SHAI, Nachman. *Media War: Reaching for the Hearts and Minds.* Tel Aviv: Miskal--Yedioth Ahronoth and Chemed, 2013.

SHALEV, Aryeh. *The Intifada: Causes and Effects.* Tel Aviv: Papyrus, 1990.

SHALOM, Zaki e HENDEL, Yoaz. *Defeating Terror.* Tel Aviv: Miskal, 2010.

SHAMIR, Yitzhak. *As a Solid Rock.* Tel Aviv: Yedioth Ahronoth, 2008.

SHAPIRA, Shimon. *Hezbollah: Between Iran and Lebanon.* Bnei Brak: Hakibbutz Hameuchad, 2000.

SHARON, Gilad. *Sharon: The Life of a Leader.* Tel Aviv: Matar, 2011.

SHAY, Shaul. *The Axis of Evil: Iran, Hezbollah e Palestinian Terror.* Herzliya: Interdisciplinary Center, 2003.

_____ . *The Islamic Terror and the Balkans.* Herzliya: Interdisciplinary Center, 2006.

_____ . *The Never-Ending Jihad.* Herzliya: Interdisciplinary Center, 2002.

_____ . *The Shahids: Islam and Suicide Attacks.* Herzliya: Interdisciplinary Center, 2003.

SHELEG, Yair. *Desert's Wind: The Story of Yehoshua Cohen.* Haqirya: Ministério da Defesa, 1998.

SHER, Gilad. *Just Beyond Reach.* Tel Aviv: Miskal, 2001.

SHILON, Avi. *Menachem Begin: A Life.* Tel Aviv: Am Oved, 2007.

SHIMRON, Gad. *The Execution of the Hangman of Riga.* Jerusalém: Keter, 2004.

_____. *The Mossad and Its Myth.* Jerusalém: Keter, 1996.

SHOMRON, David. *Imposed Underground.* Tel Aviv: Yair, 1991.

SHUR, Avner. *Crossing Borders.* Or Yehuda: Kinneret Zmora-Bitan Dvir, 2008.

_____. *Itamar's Squad.* Jerusalém: Keter, 2003.

SIVAN, Emmanuel. *The Fanatics of Islam.* Tel Aviv: Am Oved, 1986.

SOBELMAN, Daniel. *New Rules of the Game: Israel and Hizbollah After the Withdrawal from Lebanon Memorandum n. 65.* Tel Aviv: INSS, março de 2003.

STAV, Arie (org.). *Ballistic Missiles, Threat and Response: The Main Points of Ballistic Missile Defense.* Jerusalém: Yedioth Ahronoth, 1998.

SUTTON, Rafi. *The Sahlav Vendor: Autobiography and Operations in the Israeli Intelligence and Mossad Service.* Jerusalém: Lavie, 2012.

SUTTON, Rafi e Shoshan, Yitzhak. *Men of Secrets, Men of Mystery.* Tel Aviv: Edanim/Yedioth Ahro-noth, 1990.

SYKES, Christopher. *Cross Roads to Israel.* Tel Aviv: Ma'arakhot, 1987.

TAL, Nahman. *Confrontation at Home: Egypt and Jordan Against Radical Islam.* Tel Aviv: Papyrus, 1999.

TAMIR, Moshe. *Undeclared War.* Haqirya: Ministério da Defesa, 2006.

TEHARI, Amir. *The Spirit of Allah.* Tel Aviv: Am Oved, 1985.

TEPPER, Noam Nachman. *Eli Cohen: Open Case.* Modi'in: Efi Melzer, 2017.

TEVETH, Shabtai. *Shearing Time: Firing Squad at Beth-Jiz.* Tel Aviv: Ish Dor, 1992.

TSAFRIR, Eliezer (Geizi). *Big Satan, Small Satan: Revolution and Escape in Iran.* Tel Aviv: Ma'ariv, 2002.

_____. *Labyrinth in Lebanon.* Tel Aviv: Miskal-Yedioth Ahronoth, 2006.

TSIDDON-CHATTO, Yoash. *By Day, by Night, Through Haze and Fog.* Tel Aviv: Ma'ariv, 1995.

TSOREF, Hagai (org.). *Izhak Ben-Zvi, the Second President: Selected Documents (1884-1963).* Jerusalém: Arquivos do Estado de Israel, 1998.

TZIPORI, Shlomi. *Justice in Disguise.* Tel Aviv: Agam, 2004.

WEISSBROD, Amir. *Turabi, Spokesman for Radical Islam.* Tel Aviv: Moshe Dayan Center for Middle Eastern and African Studies, 1999.

WEISSGLASS, Dov. *Ariel Sharon: A Prime Minister.* Tel Aviv: Miskal, 2012.

WOLF, Markus. *Man Without a Face.* Or Yehuda: Hed Arzi, 2000.

WOODWARD, Bob. *Veil: The Secret Wars of the CIA, 1981-1987.* Or Yehuda: Kinneret, 1990.

WRIGHT, Lawrence. *The Looming Tower: Al-Qaeda and the Road to 9/11.* Or Yehuda: Kinneret Zmora-Bitan Dvir, 2007.

YA'ALON, Moshe. *The Longer Shorter Way.* Tel Aviv: Miskal, 2008.

YAHAV, Dan. *His Blood Be on His Own Head: Murders and Executions During the Era of the Yishuv, 1917-1948*. Publicação própria, 2010.

YAKAR, Rephael. *The Sultan Yakov Battle*. Tel Aviv: FDI, Departamento de História, 1999.

YALIN-MOR, Nathan. *Lohamey Herut Israel*. Jerusalém: Shikmona, 1974.

YATOM, Danny. *The Confidant*. Tel Aviv: Miskal, 2009.

YEGER, Moshe. *The History of the Political Department of the Jewish Agency*. Tel Aviv: Biblioteca Sionista, 2011.

ZAHAVI, Leon. *Apart and Together*. Jerusalém: Keter, 2005.

ZAMIR, Zvi e Mass, Efrat. *With Open Eyes*. Or Yehuda: Kinneret Zmora-Bitan Dvir, 2011.

ZICHRONY, Amnon. *1 Against 119: Uri Avnery in the Sixth Knesset*. Tel Aviv: Mozes, 1969.

ZIPPORI, Mordechai. *In a Straight Line*. Tel Aviv: Miskal-Yedioth Ahronoth and Chemed, 1997.

ZONDER, Moshe. *Sayeret Matkal: The Story of the Israeli SAS*. Jerusalém: Keter, 2000.

ÍNDICE

20° congresso do Partido Comunista, 78

A

Abayat, Hussein, 522
Abbas, Amina, 362
Abbas, Mahmoud (Abu Mazen), 388, 362-364, 591
    como presidente da Autoridade Palestina, 591, 593
Abbas, Sayyid, 423-424
ABC News, 347-349
Abdallah, Danny, 747n
Abdallah, Muhammad, 253
Abdullah I, rei da Jordânia, 49
Abdullah II, rei da Jordânia, 490
Abraão, 448
    Isaac e, 514
Abrams, Elliott, 766n
Abu al-Abbas, ver Zaidan, Muhammad
Abu Jihad, ver Wazir, Khalil al-
Abu Jumaa, Majdi, 212-213, 300-303, 307-308
Abu Jumaa, Subhi, 212-213, 300-303
Abu Nidal, ver Banna, Organização Sabri al-Abu Nidal, ver Fatah Abu Nimr, ver Aswad, Mohammad al-Abu-Rahma, Faiz, 342, 735n

Abu Ras, Marwan, 571-572, 574-575
Abu Salim, Ihab, 575
Abu Seif, Muhammad, 486-488, 756n
Abu Sharah, Faisal, 327
Abu Tayeb, 328
Abwehr (inteligência militar nazista), 42
academia do Mossad, 15, 19
Achille Lauro, 729n
Achtung Panzer! (Guderian), 71
Acordos de Camp David, 229-230, 544
Acordos de Oslo, 365, 451-452, 463, 476, 499
    oposição israelense aos, 452
Aden, 218
Adenauer, Konrad, 94, 686n
Administração Científica, 675n
Admoni, Nahum, 218-220, 230, 372, 378
    como chefe do Mossad, 288-289, 333, 400, 699n, 729n
Adwan, Kamal, 181, 189, 192
aeronave Ilyushin Il-14, 74-76, 678n
aeroporto Ben-Gurion, 159-160
aeroporto de Lida, 159-160

aeroporto internacional de Mehrabad, 392
África do Sul, 659
África, 78, 248, 322, 437
Afula, 448
Agência Central de Inteligência (CIA), 18, 21, 42, 55, 79, 208, 217, 219, 245, 391, 597, 620-621, 648, 655-656, 679*n*, 691*n*, 746*n*-747*n*, 779*n*, 781*n*-782*n*
   agentes no Oriente Médio, 237, 399
   assassinatos proibidos na, 627, 667*n*
   Centro de Contraterrorismo (CTC), 428
   codinome "Helga", 236
   Divisão de Pesquisas Estratégicas, 393
   equipe de contrainteligência, 78
   relacionamento com o Mossad, 20, 78, 79, 219, 236, 237, 357-358, 428, 620, 627, 636, 679*n*, 680*n*, 686*n*, 690*n*, 714*n*, 746*n*-747*n*, 749*n*-750*n*, 764*n*, 779*n*-780*n*, 781*n*
Agência Israelense de Segurança, *ver* Shin Bet
Agência Judaica, 28, 143, 145
   Departamento Político da, 42-43, 45, 47
Agência Nacional de Segurança (NSA), 21, 598, 620, 621, 628, 633, 679*n*
Agmon, David, 257-258, 263
Aharoni, Zvi, 80, 90-91, 114, 134, 162, 682*n*, 683*n*-684*n*
Ahituv, Avraham, 96, 98-102
   como chefe do Shin Bet, 225, 230
Ahmadinejad, Mahmoud, 655
Ahmadi-Roshan, Mostafa, 655, 784*n*
aids, 590

Ailool al-Aswad, *ver* Setembro Negro
Ain Ebel, 602
Air France, 160, 223-224
Air France, sequestro da, 198, 223-228
   reféns, 224-228
AK-47s, 157-158, 160, 189, 213-214, 245
Akerman, Lior, 470
Al Jazeera, rede de TV, 442, 640
Alá, 319-320, 389, 390, 436, 441, 597, 640
Al-Ahram, 71, 193
Al-Arish, 148, 543
Al-Bireh, 443
Alcorão, 369
Alemanha do pós-guerra, 83, 84, 86, 91, 93-95, 104, 156, 159, 164, 166, 286, 380-381, 597
   serviços de inteligência da, 357, 358
   ver também Alemanha Oriental; Alemanha Ocidental
Alemanha nazista, 33, 48, 53, 82, 142-143, 176, 256, 301, 379, 469
   apoio árabe à, 42-43
   campanha de aniquilação de judeus da, 30-32, 36, 39, 42, 231
   cientistas de foguetes da, 53
   código Enigma da, 42
   crimes de guerra da, 53, 79-80, 88, 92, 94, 96, 98, 100, 101, 103, 109, 230, 401
   Forças Armadas (Wehrmacht) da, 32, 33, 36, 42, 71, 80, 81, 83, 87, 101, 102, 142, 681*n*
   guerra britânica com a, 30
   inteligência militar da, 42
   Operação Atlas da, 42, 671*n*
   propriedades roubadas de judeus pela, 33, 36
Mundial

vingança e retribuição dos judeus à, 31-37
ver também Holocausto; campos de extermínio nazistas; Segunda Guerra
Alemanha Ocidental, 92, 103, 167-171, 218, 231
   Associação de Estudantes Palestinos, 127-128
Alemanha Oriental, 127, 233-234
Aleppo, 601
Alexandria, 543
Ali (primo do Profeta), 407
Ali, Naji al-, 719n
Ali, Nur, 329, 733n
Alimohammadi, Masoud, 673, 651
Alizada, Avia, 427
Al-Jumhuriya, 370
Al-Jura, 436
Allon, Yigal, 227
Al-Manar, 603
Al-Musawar, 41
Alon, Yosef "Joe", 705n
Alpher, Yossi, 392
Al-Qaeda, 12, 541, 776n, 779n
Al-Saiqa, 729n
Al-Sayad, 235
Al-Shark al-Awsat, 354
Al-Shati, campo de refugiados de, 151
Altalena, caso 47-48, 673n
Alto Comissariado Árabe, 29
Amã, 59, 71, 158, 163, 296, 321, 329, 401
   Centro Palestino de Auxílio em, 482
   centro Shamiya em, 485
   Hospital Islâmico em, 489
   Hospital Militar Rainha Alia em, 489
   Hotel InterContinental em, 485, 488

Aman (Divisão de Inteligência Militar), 50, 64, 67-68, 78, 93-94, 105, 109, 122, 125, 127, 136-137, 179-181, 195, 200, 209-210, 231, 232, 240, 259, 267, 275, 280, 290-291, 293, 317, 338, 350, 414, 424, 476-477, 665n, 749n
   Comando Norte e, 258-262
   criação da, 46, 61
   Departamento de Alvos da, 559-560, 561-562
   divisão de pesquisas da, 131, 132, 290, 296, 325, 337, 382, 414, 532, 757n, 778n
   equipe de inteligência da Unidade 504 da,
   Executiva de Operações Especiais da, 358, 359, 414, 416
   Operação Consulado da, 708n
   Operação Noturna da, 415-417, 749n-750n
   seção de contraterrorismo da, 415, 416, 602
   Serviço de Inteligência 13 da, 54
   Unidade 188 da, 60, 86-90, 105, 107, 682n
   Unidade 9900 da, 507, 508
   Unidade SIGINT 8200 da, 74-75, 337, 342, 361, 363, 373, 379, 416, 430, 507, 508, 529, 557-559, 561-564, 625, 679n, 729n-730n, 760n-761n, 769n-770n
Amer, Abd al-Hakim, 74
América do Sul, 57, 86, 110, 114, 428-429
Ames, Robert C., 237-239, 245, 399
Amidror, Yaakov, 778n
Amin, Idi, 223-228
Amir, Yigal, 470
"Amir", 557-565

Amit, Meir, 87, 686n
  como chefe do Mossad, 93-96, 100-101, 103, 105-108, 110-114, 122, 128, 131-133, 369, 690n
Amit, Ze'ev, 110
"Amit" (aviador), 724n
Amsterdã, 201
Anderson, Frank, 245
Andropov, Yuri, 217
Angleton, James Jesus, 78
Annan, Kofi, 571
Ansariyeh, 495, 497
antissemitismo, 25-26, 38, 49, 370
antissionismo, 29, 49, 81, 123-124, 126-128, 272, 355, 370, 380, 402, 432
Antuérpia, 82
Apanhador no campo de centeio, O (Salinger), 488
Appelbaum, David, 576
Appelbaum, Nava, 576
árabes:
  recrutamento israelense de, como agentes, 60-62, 96, 352-357
  terrorismo judaico e assassinato de, 37-38, 60, 299-300
Arábia Saudita, 291, 378, 389, 438, 447, 608, 688n
  família real da, 354
Arad, Ron, 412
Arad, Uzi, 651
  Arafat e, 587-589
  assassinatos seletivos autorizados por, 20, 21, 779n
  comentário sobre "eixos do mal", 597
  Sharon e, 540-542, 586, 589
Arafat, Fathi, 294
Arafat, Suha Tawil, 356

Arafat, Yasser, 124-130, 254, 345, 358-359, 437, 440, 457-458, 728n, 762n
  Abu Ammar como nome de guerra de, 125, 133
  caráter e personalidade, 475, 477
  como presidente da OLP, 53, 133-138, 141, 156, 158, 162-163, 181, 198, 212-213, 215, 217, 231-233, 236, 245, 247, 258, 263-268, 272-274, 278-283, 290-298, 320-321, 327, 331-332, 334, 361, 364-365, 388, 394, 463, 474-478, 506, 515-517, 519, 535, 576, 586-589
  contato com as agências ocidentais de inteligência, 359
  em Camp David, 413-414, 517, 544
  guarda-costas de (Força 17), 236, 321, 327-328, 394, 397, 413
  nascimento e primeiros anos de, 124
Arbel, Dan, 199, 201, 203, 706n
Arbel, Yehuda, 133
Arditi, Dani, 414, 416
Arendt, Hannah, 535
Arens, Moshe, 308, 309, 315, 415, 417-420, 422, 433
Argel, 155, 319
Argélia, 155, 322, 328, 453
Argentina, 79-80, 380-381, 427-428, 431, 751n
Argov, Shlomo, 271-273
Ariel Sharon: An Intimate Portrait (Dan), 590
Aristo (oficial do Shin Bet), 437, 439-440
Arledge, Roone, 348
armas de destruição em massa, 126, 497
Armonk, Nova York, 208
Aroyo, Abigail, 148-150
Aroyo, Bob, 148

Aroyo, Mark, 148-150
Aroyo, Preeti, 148
Arquivo Haganá, 34
Arsan, Aref al-, 28
Arzuan, Victor, 332
Ascalão, 299, 307, 438, 441, 473-474
Asgari, Ali Reza, 430
Ashdod, 299, 300
Ashkenazi, Gabriel "Gabi," 549
Ásia, 78
Asmar, Samir al-, 327
Assad, Bashar al-, 395, 595-598, 600, 618-619, 622-624, 631-635, 781n
    tratado de não proliferação assinado por, 622
Assad, Bassel al-, 595, 622
Assad, Hafez al-, 394-395, 397, 512, 595-598, 622
Assad, Majd al-, 595
assassinatos:
    antitsarista, 26
    autorização, 20-22, 175
    baixa assinatura", 235, 241
    complexas operações de, 20-22
    efetividade, 19, 42
    guerra de guerrilha e forças militares podem ser combinadas em, 21, 60
    implicações morais, 19-22, 535-538
    justificativa, 20-22
    métodos e instrumentos, 20-22, 24, 45, 61, 70-71, 87-89, 95, 104, 107, 129-130, 163, 175
    pelos EUA, 19-22, 667n, 766n
    perda de vidas inocentes, 20, 21, 24, 35, 39, 65, 175, 178, 244, 249, 252-253, 305, 532
    razões, 19-21

assentamento de Even Sapir, 62
Aswad, Mohammad al- (Abu Nimr), 150
ataque a Gran Sasso, 97
ataque terrorista de Beit Lid, 448-449, 457, 458, 463, 464
ataque terrorista durante as Olimpíadas de Munique, 167-171, 175-176, 191, 197, 198, 204, 213, 235, 236, 244, 329, 357, 358, 517, 698n-699n, 704n, 747n
ataques terroristas de 11 de Setembro, 21, 220, 240, 541, 542, 604, 648, 667n, 753n
Atenas, 156, 195, 223, 283, 291
Atlit, 251
Attaviros, 322-323
Attlee, Clement, 40
Auschwitz, campo de extermínio de, 36, 684n, 778n
Austrália, 102
Áustria, 231, 669n
    anexação alemã (*Anschluss*), 97
    na Segunda Guerra Mundial, 30, 33
Autoridade Palestina (AP), 339, 451, 463, 474, 501, 503, 504, 506, 513, 517, 522, 544-545, 558-559, 569, 583, 587, 592, 639, 728n, 766n
    criação em 1994, 345, 458
    prisões realizadas pela, 519
aviões de carga DHC-5 Buffalo, 292-293
Avital, Doron, 735n
Avital, Shai, 301, 735n
Aviv, Yuval, 699n
Avnery, Uri, 279-280
Avraham, Rafael, 356
Avrahami, Yossi, 516-517
Awadallah, Adel, 501-507, 520
Awadallah, Imad, 501-507, 520
Awali, Ghaleb, 603, 625

Ayalon, Ami, 252, 437, 452, 460-461, 476, 493, 498-500, 502, 504, 506, 533-535, 764*n*
  como chefe do Shin Bet, 570, 577
Ayalon, Danny, 765*n*, 766*n*
Ayyash, Abd al-Latif, 471
Ayyash, Yahya, 435, 446-448, 463-468, 470-475
  assassinato de, 470-471, 500, 504, 505, 629
Azam, Abdallah, 438
Azisha, Eliahu, 350
Aziz, Ibrahim Abdul, 327
Azoulai, Avner, 279
Azzam Pasha, Abdul Rahman, 45-46, 672*n*-673*n*

B
Baader, Andreas, 198
Bach, Gabriel, 710*n*
Badreddine, Mustafa, 446
Baeck, Leo, 30
Baer, Robert, 357, 746*n*
Bagdá, 85, 232-234, 326, 341, 369, 372, 381, 383-384
baía de Guantánamo, 544
Baker, James, 351
Bakhtiar, Shapour, 391, 392
Bakr, Ahmed Hasan al-, 370
Balcãs, 528
Banai, Yaakov (Mazal), 23-25
Bandori, Zvika, 716*n*, 718*n*
Bangcoc, embaixada israelense em, 430
Banna, Sabri al- (Abu Nidal), 271-273
Bar Kokhba, Shimon, 31
Barak, Aharon, 221, 298, 710*n*, 711*n*, 765*n*
Barak, Ehud, 290, 348, 783*n*
  como chefe da Aman, 730*n*
  como chefe da Sayeret Matkal, 160, 183-186, 188-191, 702*n*
  como chefe do Estado-Maior das FDI, 383-385, 410, 414-422, 433, 444, 453, 743*n*, 749*n*
  como ministro da Defesa de Israel, 19, 207, 221, 651-652, 656, 665*n*
  como primeiro-ministro de Israel, 207, 511-515, 517-518, 544, 596-597, 761*n*
  como vice-chefe do Estado-Maior das FDI, 338
  equipe de assalto de Beirute liderada por, 207-208
Barak, Harry, 102, 685*n*
Barak, Nava, 191
Baraka, Muhammad, 300
Baram, Amatzia, 370
Baram, Amir, 771*n*
Barbie, Klaus, 712*n*
Bar-Giora (primeira força combatente judaica moderna), 27
Barkai, David, 397
Bar-Lev, Haim, 135, 731*n*
Bar-Lev, Omer, 214, 731*n*
Bar-Lev, Uri (comandante da Cereja), 349-351
Bar-Lev, Uri (piloto), 158
Bartov, Hanoch, 32
base aérea de Tel Nof, 292, 563
base da força aérea Ramat David em, 295, 623
base Hatzor da força aérea, 281-282, 551
Basileia, 90
Bat Yam, 319, 360
Batat, Iyad, 507-509, 759*n*-760*n*
Batihi, Samih, 489
Bauer, Fritz, 79

Beckerman, Dave, 165, 697n
Bedlington, Stanley, 428
beduínos, 28, 66-67, 70, 146-147, 149
Begin, Menachem, 93-94, 171, 297-298, 302, 686n-687n, 721n, 724n, 740n
    autoimagem, 255
    como primeiro-ministro israelense, 30, 229-231, 237, 240, 247, 254-256, 260-263, 267-269, 273-275, 277-278, 283-289, 297-298, 326, 372-373, 377-380, 684n, 712n
    cooperação com a Grã-Bretanha durante a Segunda Guerra Mundial, 30
    depressão e deterioração da saúde de, 288-289
    Irgun comandando por, 30, 39, 229, 673n
    Reagan e, 277, 278, 283
Beilin, Yossi, 361, 364
Beinish, Dorit, 314, 315
Beirute, 50, 81, 129, 134, 146, 161, 163, 182-192, 212, 216, 232-233
    bairro al-Safir, 431, 432
    bairro Bourj Hammoud, 424
    bairro Dahiya, 603
    bairro Fakhani, 264
    bairro Haret Hreik, 603
    bairro Karantina, 254
    bairro Ramlet al-Bayda, 188
    bairro Snoubra, 241
    bombardeio da Força Aérea israelense, 282
    café Strand, 237
    cerco das FDI, 275-277, 280, 282-283
    edifício comercial al-Sana'i, 281
    embaixada americana, 239, 399, 745n
    estação do Mossad, 286, 337
    estádio Al-Madina al-Riyadiyyah, 215
    força de manutenção da paz da ONU, 285
    forças da OLP em, 282-283
    Hotel Bristol, 182
    Hotel Continental, 241
    Hotel Sands, 186
    rua Beka, 242
    rua Madame Curie, 191
    rua Muhi al-Din, 162, 282
    rua Verdun, 181, 185, 189
    sede do Hezbollah, 413
Beit Awwa, 507-509
Beit Hanina, 134
Beit Hanoun, 543
Beit Jubrin, 507
Beit Lahia, 467
    campo de refugiados de, 147
Beit Liqya, 575
Beit Sahour, 522
Belém, 137, 138, 522
Bélgica, 35
Ben Barka, Mehdi, 111-113
Ben Horin, Amit, 185
Benamene, Kemal, 199-200, 202
Ben-David, Moshe "Mishka," 461, 479-480, 485, 488-489, 490-491, 493, 741n
Ben-Eliezer, Benjamin "Fuad," 534, 548
Ben-Gal, Avigdor "Yanosh," 256-262, 265-266, 718n
Ben-Gal, Joseph, 91
Benghazi, 223
Ben-Gurion, David, 29, 41-42, 66, 176, 476, 478, 668n-669n, 673n, 678n, 682n
    adoção do assassinato e da guerra de guerrilha, 37, 51, 62, 86-88

Agência Judaica liderada por, 28
agências de inteligência criadas por,
    46-50
ativismo sionista, 28
background e juventude, 28
como primeiro-ministro de Israel,
    45-52, 62, 65, 68-69, 74, 76-77,
    79, 80, 82, 84, 86-88, 92-94, 679n
criação do Estado judaico visto por,
    37
Irgun denunciado por, 39
oposição ao assassinato seletivo e à
    vingança, 29-30, 32
oposição política inicial, 47-50
poder secreto e político, 51-52, 62
tentativa fracassada de assassinato,
    177
Ben-Natan, Asher, 50, 82
Ben-Yisrael, Yitzhak, 521, 527
Benziman, Uzi, 712n
Ben-Zur, Barak, 443-444, 524, 749n
Ben-Zvi, Yitzhak, 25-27
    como chefe da Haganá, 29
    como presidente de Israel, 27
Berlim, 30, 33, 89, 199, 278, 283
    Oriental, 233-234
    Regierungskrankenhaus, 233-234
Bernadotte, conde Folke, 46
    assassinato, 48-49, 674n
    plano de paz, 48
Bernini, Gian Lorenzo, 196
"Berry", 195-196
Betser, Muki, 188-190, 227
Bet-Zuri, Eliyahu, 38
Bevin, Ernest, 40
Bey, Tewfik, 28
Bialik, Hayim Nahman, 256
Bíblia, 66, 537

Livro dos Juízes, 164
Livro dos Provérbios, 53
Segundo Livro de Samuel, 262
Bidya, 316
bin Laden, Mohammed, 107
bin Laden, Osama, 61, 107, 745n, 767n
Bird, Kai, 198, 237, 239
Birger, Mattias "Chatto," 74-75
Bisharat, Muhammad, 766n
Bitar, Salah, 127
Blau, Uri, 770n
Blum, Gabriella, 592
Blumenfeld, Amir, 589
BND, serviço de espionagem alemão,
    109
BOAC, 158
Boehner, John, 633
Boeing 707, 155-157, 220, 297, 328, 339, 378
Bogart, Humphrey, 368
Bölkow, Ludwig, 103
bomba voadora V-1, 82
bombas, 61, 95, 174, 177, 195-196, 216-217,
    228, 241, 252, 278-282, 300, 306, 320,
    376-379
    atômicas, 371, 380
Bonn, 96, 358
carro e caminhão, 45, 243-245, 260,
    262, 264-266, 267, 396, 399-400,
    404, 427-428, 431, 432, 435-436,
    447, 459, 469, 501, 545, 625, 704n,
    715n, 725n, 753n
construção, 473, 525
detonação remota, 242-244, 266-267,
    305, 335, 471, 500-501, 534, 629
em rodovias, 397
GBU-15 guiadas, 328
"inteligentes", 410

lançamento de, 411-412, 546-553
pelo correio, 87-88, 104, 107, 129-130, 163, 401-402
suicidas, 396-397, 398-400, 413, 426, 429-431, 435-436, 441, 447-449, 457-459, 463-465, 471-476, 483, 497, 500-501, 511, 519-521, 525-526, 534-535, 537-539, 545, 546, 549, 554, 559, 571, 575-576, 577, 580, 591
Bouchiki, Ahmed, 202-203, 235, 707n
Bouchiki, Torill, 202, 707n
Boudia, Mohammed, 196-197, 237, 705n
Brandt, Willy, 231
Brasil, 109, 428
Brezhnev, Leonid, 217
Brosh, Elyashiv "Shivi", 75
Brunner, Alois, 88, 107, 682n-683n
Bruxelas, 159, 381
Bsaba, 162
Bseiso, Atef, 357-359
    assassinato, 358-359, 364, 462
Buckley, William, 746n
Buenos Aires, 79, 108, 427-431
    explosão no centro comunitário AMIA, 431
Bulgária, 632
Bull, Gerald, 381-382, 462, 741n
Burg, Yosef, 724n
Bush, George H. W., 351, 383, 742n-743n
    como diretor da CIA, 238
    Shamir e, 360
Bush, George W., 621, 622, 628, 636, 778n, 780n
    campanha contra a Al-Qaeda, 21

C
C'LIL, 679n-680n

C-130 Hercules, aeronave militar de transporte, 226
Cabo da Boa Esperança, 322
Cairo, 38, 39, 74, 76, 81, 87, 88, 92, 108, 124, 159, 163, 164, 210, 292, 294, 329, 457, 585
    bairro Maadi, 95
    Museu Nacional, 52
Camp David, 229-230, 513, 517
Camp David: The Tragedy of Errors (Malley), 761n
campanha do Sinai de 1956, 76-78, 94, 125
campo de extermínio de Buchenwald, 36
campo de extermínio de Dachau, 168
    libertação do, 165
campo de refugiados de Balata, 585
campo de refugiados de Jabalia, 150, 471
campo de refugiados de Tel al-Zaatar (colina do Tomilho), 243, 254
campo de treinamento de Tze'elim, 384-385
campo Imã Ali, 653
campos de refugiados palestinos, 285-288, 297
campos nazistas de extermínio, 31, 35, 36, 88, 177, 669n
Canadá, 182, 488, 493
canal de Suez, 73, 77, 141, 209-210, 322
Canção dos Partisans, 80
Capucci, arcebispo Hilarion, 224
"Carlos", 321, 375
Cartago, 320
Carter, Jimmy, 229, 388, 390, 514
    resgate fracassado dos reféns, 393
Cartum, 654, 767n
Casey, William, 747n
caso Irã-Contras, 744n-745n
Cassino Beirute, 162

Castro, Fidel, 233, 667n
cataratas do Iguaçu, 428
CCTV, 18
Ceaușescu, Nicolae, 587
Centro de Pesquisas do Exército Peenemünde, 83
Centro de Pesquisas Nucleares de Tuwaitha, 372, 374
Centro Médico Shaare Zedek, 483, 576
Chambers, Erika (Rinah), 242-245
Chambers, Lona, 242
Chambers, Marcus, 242
Charles, príncipe de Gales, 271
Chen, Uri, 749n
Cheney, Dick, 621-622, 780n
China, 641
Chipre, 164, 195, 247, 248, 327, 334, 431
Chir, Hussein Abd al-, 195
Chirac, Jacques, 371, 766n-767n
Christopher, Warren, 447, 452
Churchill, Winston, 19, 97
    Estado judaico apoiado por, 39
Cícero, 536
cidade de Gaza, 76, 144, 148, 150
    bairro Al-Daraj em, 549
    bairro Shuja'iyya em, 149
    bairro Xeque Radwan em, 569
    rua Al-Jalaa em, 570
cientistas alemães, 81-84, 87-97, 101, 103-104, 105, 108-109, 177, 264, 302, 381, 401, 681n-682n, 683n
Cinema City, 16
    Cisjordânia, 61, 64, 156, 274, 316, 351, 522
    anexação jordaniana da, 59, 60, 130
    assentamentos judaicos na, 251, 263, 277, 451
    ataques israelenses na, 613

    ataques terroristas na, 133, 348
    barreira entre Israel e a, 591
    colinas da Samaria na, 347
    distrito Jenin na, 523
    Intifada na, 355
    norte, 446
    ocupação das FDI na, 139, 330-333
    palestinos na, 251, 330-333
    refugiados árabes na, 124
    tomada israelense da, 123, 132, 134
Ciudad del Este, 428
Clinton, Bill, 447, 451, 512-514, 596
código Morse, 70, 120
cofundador da OLP, 156, 157, 217, 235, 322, 357
Cohen, Akiva, 90-91
Cohen, Baruch, 701n
Cohen, Bibi, 211
Cohen, Eli, 88, 107-109, 116, 128, 130
Cohen, Fortuna, 211
Cohen, Moshe, 211
Cohen, Ronen, 454-456, 495, 602
Cohen, Shlomo, 520
Cohen, Victor, 168-170
Cohen, Yair, 561, 563
Cohen, Yehoshua, 48, 673n-674n
Cohen, Yitzhak, 211
Cohen, Yosef, 211
Cohen, Yossi, 626, 675n, 784n
Cohen-Abarbanel, Shlomo, 52
colégio Falastin, 149
colinas de Golã, 144, 209, 452, 512
    captura e ocupação israelense das, 132, 596-597
Colônia, 95
Comissão Francesa de Energia Atômica, 376
Comissão Israelense de Energia Atômica, 377-378, 674n

ÍNDICE

Comissão Kahan, 298
Comissão Síria de Energia Atômica, 617
Comitê de Editores, 52, 92-93
Comitê Especial das Nações Unidas sobre a Palestina (UNSCOP), 673*n*
Comitê Israelense de Relações Públicas nos Estados Unidos, 324
Comitê Olímpico Internacional, 167
companhia De La Rue, 271
comunismo, 285, 388
    iugoslavo, 33
conflito árabe-israelense, 67, 115, 133, 139, 658
Conselho Legistativo Palestino, 571-572
Conselho Nacional de Segurança de Israel, 541
Conselho Nacional de Segurança, 655
Copenhague, 201
coquetéis Molotov, 347, 566
Coreia do Norte, 160, 597, 619, 621, 622, 781*n*
Corpo da Guarda Revolucionária Islâmica, 394, 395, 405, 414, 423, 426, 457, 500, 599, 626, 639, 641, 653-654
    assassinatos pelo Mossad do, 17
    Brigadas Al-Quds do, 428, 430, 446
crise dos mísseis em Cuba, 94
cristãos, 181, 257, 397
    maronitas libaneses, 254-255, 265, 276, 286-287, 395, 426
    ortodoxos, 156
    porto-riquenhos, 161
Cruise, Tom, 561
Cruz Vermelha, 151, 287, 356-357, 443, 478
cruzados, 45
Cukurs, Herbert, 109-110
Cúpula de Ialta, 39
curdos, 369, 654

D

Da Terra à Lua (Verne), 381
Daburiyya, 166
Dagan, Meir, 141-152, 159, 348, 421, 519, 655, 659-660, 666*n*, 718*n*, 722*n*, 747*n*, 749*n*, 783*n*
    aparência física de, 15
    aposentadoria do Mossad de, 19, 653, 692*n*
    autoconfiança e carisma de, 15, 19
    como chefe do Mossad, 15-19, 143, 604-607, 615, 619-620, 623-629, 630, 632-638, 640-643, 649-653, 683*n*, 732*n*, 775*n*
    como espião e assassino, 15, 17-19, 143-152, 403
    como oficial de operações especiais, 15, 274
    contrário ao ataque total aos iranianos, 17-18
    doutrina de combate de, 145
    ferimentos de, 15, 16
    morte de, 660
    nascimento e anos iniciais de, 142-143
    origens polonesas de, 15, 142
    relacionamento de Netanyahu e, 16-19, 649-653, 657-658
    relações com a mídia de, 15-16
    serviço nas FDI, 143-152, 257-262, 265-269, 278, 395
    unidade SLR liderada por, 257-262
Dahlan, Muhammad, 506
Dakdouk, Nizar, 347-348
Damasco, 44, 74, 88, 107-108, 129-130, 134, 157, 163, 164, 210, 232, 397, 467, 595, 598
    embaixada americana em, 628

embaixada iraniana em, 400-402
Dan, Uri, 590
Danny, 165
Dar, Avraham, 44, 45, 54, 68, 70, 71, 678*n*
Daveron, Kevin, 643-646, 649
Davi, rei 537
"David", 226
Dayan, Moshe, 64-66, 68-69, 71, 74, 76-77, 254, 678*n*, 686*n*
    como ministro da Defesa de Israel, 136, 141, 159-160, 174-175, 187, 207, 209-211
    como ministro do Exterior de Israel, 373
Dayan, Uzi, 254, 278-279, 280-283, 702*n*
de Gaulle, Charles, 112-113, 161, 371
de Haan, Jacob, 29
Debouche, Carl, 95
Deif, Mohammed, 473-475, 478-479
Deir al-Balah, 300
Deir Qanoun al-Nahr, 396-397
Demblin, 176, 177
democracia, 19, 152
Departamento de Defesa dos EUA, 106, 248, 410
Departamento de Estado, EUA, 65, 648
    departamento político do, 47, 49, 50
desastre Shayetet (Flotilla), 497
deserto de Aravá, 477
deserto de Neguev, 259, 299, 384
    passo do Escorpião, 66
Detlef, 31
Dia da Lembrança do Holocausto, 319
Diana, princesa de Gales, 271
diáspora palestina, 125
Dichter, Avi, 448, 467-468, 524, 526, 529-530, 543, 545-546, 764*n*
    como chefe do Shin Bet, 467, 519, 521, 535, 549-550, 570-574, 578, 585
DIE (organização de inteligência soviético-romena), 587
Dimona, 621
Dina, princesa, 733*n*
Dinamarca, 177, 201
Dirani, Mustafa, 735*n*
Diretório de Inteligência Militar, *ver* Aman
Diskin, Yuval, 302, 474, 500, 502-504, 507-508, 759*n*
    como chefe do Shin Bet, 437
    como vice-chefe do Shin Bet, 510, 520, 538, 542, 549-550, 766*n*-767*n*
Disneylândia, 239
Divisão Israelense de Contraterrorismo, 604
Dlimi, Ahmed, 111
Dori, Yaakov, 42
Dreyfus, Alfred, 25
drones, 408-411, 416, 523, 569, 574, 582
    armados, 20, 410, 415, 571
    assassinatos seletivos com, 420-422, 455, 528-530, 534, 667*n*
    câmeras nos, 408, 409, 430, 497, 528
    comando de, 408
    decolagem e pouso de, 409
    defesas sírias como alvo dos, 410
    desenvolvimento de, 749*n*-750*n*
    designação a laser de alvos por, 410, 411, 420
    Esquadrão 200, unidade de, 410, 411
    modelo Hermes 450 de, 763*n*
    modelo Heron de, 763*n*
    modelo Scout (Zahavan) de, 410, 430
    operadores e intérpretes de, 530

tecnologia de, 22, 409, 528-529
testes de, 411
Dubai, 18, 602, 639-653
Dublin, 98
Dulles, Allen, 78
Duval, Charles, 52-53

E
Eban, Abba, embaixador da ONU, 65
editoria árabe da BBC, 576
Egito, 52-55, 70, 73-76, 81-88, 97, 101-104, 108, 113, 116, 124-125, 131-132, 141, 193, 376, 380-381, 391, 442
    Acordos de Camp David entre Israel e, 229-230, 263
    comunidade de inteligência do, 59, 71, 73, 84, 85, 88, 401
    deposição do rei Faruk no, 54
    Faixa de Gaza administrada pelo, 59-60, 436
    liderança militar do, 74-76
    Movimento dos Oficiais Livres no, 54
    programa nuclear do, 374
    projeto de mísseis do, 81-84, 86-87, 91, 93-95, 102, 302
    relações de Israel com, 68, 73, 122, 208-209, 229-230, 247, 561
EgyptAir, 83, 88, 95
Eichmann, Adolf, 79-80, 88, 670n, 684n
    captura e execução por Israel de, 80, 98, 110, 264, 686n
Eilam, Uzi, 64, 378
Eiland, Giora, 521, 541, 578
Eilat, 66
Ein Dardara, 430
Eiran, Amos, 224-225
Eisele, Hans, 95
    como "Açougueiro de Buchenwald", 92
Eisenhower, Dwight D., 78-79, 97, 679n
Eitan, Rafael "Raful", 263, 273, 502
    como chefe de Estado-Maior das FDI, 250-253, 256-261, 267-269, 271, 280-293, 289-298, 378, 735n, 740n
Eitan, Rafi, 36-37, 56, 80, 88, 90, 106, 128-129, 324-325, 682n, 718n
    assassinatos cometidos por, 37, 56, 264
    Eichmann capturado por, 80, 264
    força das FDI comandada por, 128
    nomeação como ministro da Defesa de, 264, 274-287
    operação da Interseção dirigida por, 96-97
    unidade de assassinato seletivo do Mossad fundada por, 37
El Al, 80, 86, 157, 158, 160, 174, 195, 204-205, 217, 218, 219, 352-353
Elazar, David, 183-186, 207, 209-210
Eldan, Avigdor, 145-146, 148
Ele não para no vermelho", 277
"Eli", 335
Elraz, Jean, 694n
Elvinger, Peter, 644, 646
Entebbe, 223-224, 226-227
    incursão de resgate das FDI em, 223-228, 232, 607
Erdoğan, Recep Tayyip, 624
escola agrícola Mikveh Israel, 43
escola Netiv Meir, 211
Eshkol, Levi, 162
    como primeiro-ministro de Israel, 94, 100, 106, 109, 111-113, 129-132, 135, 161, 335, 690n, 712n

Espanha, 97
Estado judaico e o, 29, 153
Estado-Maior geral da Síria, 108
Estado-Maior geral egípcio, 76
Estados árabes, 26, 44, 53, 78-79, 105-106, 120, 122, 125, 127, 131, 159, 161, 164, 175, 359, 380, 387-388, 541, 608-609
　destruição de Israel como promessa dos, 46, 77-78, 139
　em guerras contra Israel, 38, 45-46, 49
　forças militares dos, 42
　partidos e centros políticos dos, 42
Estados Unidos, 159, 328, 447, 468, 493, 518, 528, 544
　assassinatos seletivos feitos pelos, 19, 20, 21, 667n, 765n, 779n
　Comando Conjunto de Operações Especiais, 55
　comunidade de inteligência dos, 19, 22, 46, 324, 392, 393
　iniciativa de cessar-fogo dos, 534-535
　Operação Garra de Águia dos, 393
　Operação Jogos Olímpicos dos, 656
　Operação Tempestade no Deserto dos, 57, 59-80, 385, 528, 742n
　relações com a França, 373
　relações com a OLP, 231-232, 236-237, 245
　relações com a Síria, 596, 628
　relações com Israel, 19, 77-79, 132, 212, 230, 238, 263, 276, 324-325, 351, 410, 539-542, 585, 596
　relações com o Irã, 387-388, 391, 393, 596, 597
Estatuto Nacional da Palestina:
　artigo 6, 126
　artigo 9, 126
　artigo 20, 126
　artigo 22, 126
　destruição planejada de Israel, 231
　Crescente Vermelho palestino, 294
Estocolmo, 199
estreito de Bab al-Mandeb, 322
"Ethan", 117, 120, 121
Etiópia, 369, 680n
Eton College, 430
Even, Uzi, 378, 740n
Exército americano, 165, 381, 415
Exército britânico, 64, 223, 453
　Brigada Judaica, 30-32, 35, 42, 669n
　Operação Picadinho, 150
Exército cubano, 277
Exército de Libertação da Palestina, 149, 487, 672n
Exército do Sul do Líbano (ESL), 405, 426, 429, 496
Exército egípcio, 76, 209-210, 408
Exército iraniano, 387
Exército iraquiano, 369, 384
Exército israelense, *ver* Forças de Defesa de Israel (FDI)
Exército jordaniano, 134, 158, 176
Exército Libanês Livre, 250
Exército libanês, 254, 445
Exército norte-vietnamita, 614
Exército sírio, 209-210, 275, 394-395, 408, 528, 597
Exército Vermelho japonês, 160-161, 696n
Exodus, 176, 334-335

F

Facção do Exército Vermelho (grupo Baader-Meinhof), 156, 198, 218, 720n
Fadlallah, Mohammad Hussein, 398-399, 404

ÍNDICE

Faixa de Gaza, 15, 20, 61, 62, 70, 71, 148, 156, 257, 316, 436-438
    área de Khan Yunis na, 300
    assentamentos judaicos na, 140, 263, 277, 331, 451
    ataques terroristas contra Israel vindos da, 133, 140-141, 148-151
    bombardeio israelense à, 67, 613
    captura israelense da, 123-124, 132
    controle árabe da, 59-60
    controle do Hamas da, 593
    interseção Netzarim na, 448-449
    Intifada na, 355
    ocupação das FDI da, 77, 139-140, 330-333
    palestinos na, 123-125, 139, 330-333
    prisão das FDI na, 332
Fakhrizadeh, Mohsen, 637
Falange, 264, 276
    aliança secreta de Israel e a, 254-255, 274, 285-287
    sede em Beirute da, 286
família Dakdouk, 347
Faruk, rei do Egito, 54
fascismo, 97, 126, 142
Fatah, 126-131, 134-137, 198-200, 202, 216, 224, 238, 310, 334, 358, 398, 437-438, 478, 701n, 705n, 719n, 725n
    Al-Sammed al-Iktisadi, braço financeiro do, 359
    ataques terroristas do, 127-131, 134, 141, 180-181, 248-250, 345, 521, 586-587
    braço Rasd do, 198
    Brigadas de Mártires de Al-Aqsa, 523
    campanha israelense contra o, 185-193
    divisão naval do, 321-322
    facções do, 159
    milícia Tanzim do, 534
    motim no interior do, 326
    operações europeias do, 126, 127, 198, 199, 212-213, 238, 321, 719n
    painéis de inquérito sobre o, 352
    ver também Organização para a Libertação da Palestina (OLP)
Fatkhi, 136-138, 691n
Fayyad, Salam, 591
fedayins (militantes árabes), 59-62, 64, 68, 70, 77
Federal Bureau of Investigation (FBI), 46, 604, 625, 753n
Feinstein, Dianne, 656
Feriado", 245, 640, 642-643, 647, 650
filisteus, antigos, 299
filmes de Hollywood, 95
Finckenstein, condessa Ilse von, 97-99
Finkelstein, Menachem, 312-313, 536-538, 560, 579
Finlândia, 532
Firan, Ibrahim, 716n
Flatow, Alisa Michelle, 459
foguetes Katyusha, 141-142, 250, 614, 641
foguetes RPG, 162, 228, 300
foguetes, 162, 255, 258, 409, 523, 528, 654
    Katyusha, 141-142, 250, 614, 641
    Qassam, 566, 641
    RPG, 161, 228, 300
    superfície-superfície de longo alcance, 83
Folliard, Gail, 643-646
Fontenay-aux-Roses, 374
Força Aérea americana, 621
Força Aérea de Uganda, 227-228
Força Aérea egípcia, 73-76

Força Aérea israelense, 56, 106, 131, 136, 157, 159, 162, 215-216, 219-220, 278, 289, 295-296, 323-324, 408-411, 550-554, 558-559, 720n, 766n
aeronaves de observação da, 529
avião Skyhawk da, 215, 328
aviões Hawkeye da, 378
bombardeio da Síria pela, 623-624
caças F-15 da, 292-293, 295, 297, 328, 339, 378
caças F-16 da, 295, 297, 378, 550-552, 562-563, 572
caças Meteor Mk. 13 da, 75
caças MiG-21 da, 106
caças-bombardeiros F-4
capacidades da, 528-529
Esquadrão 113, "Vespa", da, 411 ver também drones
Esquadrão 119 da, 75
Esquadrão 200 da, 410-411
expedições em Beirute da, 282
helicópteros da, 215, 409, 410, 411-412, 414, 420-421, 430, 522, 554, 570, 582, 585
Operação Galo da, 74-76
Phantom da, 215, 281, 411
pilotos da El Al como oficiais da, 353
posto de comando Canário da, 280, 281, 283, 409
reator nuclear do Iraque bombardeado pela, 378-380
unidade de comandos Martim-Pescador (Shaldag) da, 323, 522
unidade de controle aéreo da, 421
unidade de inteligência da, 325
Força Aérea síria, 395
Força Delta, 55

Força Interina das Nações Unidas no Líbano (UNIFIL), 250
Forças de Defesa de Israel (FDI), 34, 37, 45, 48, 50, 60-62, 107, 117-118, 128, 135-136, 143-153, 156, 347, 369, 495-498, 665n, 673n, 702n
9ª Brigada das, 76
Aman, 537, 547, 565-566
armamentos das, 63
assassinatos seletivos pelas, 70, 183-192, 213, 303, 336-337, 456, 528-535, 546-548, 592
ataques de retaliação das, 64-65, 67, 69-70
ataques do Hezbollah às, 396-397
Beduínos nas, 146-147
brigada de paraquedistas das, 65, 263, 321
campanha do Sinai das, 132, 229
capacidades das, 528-529
Comando Central das, 348, 444
Comando Norte das, 256-264, 266-268, 453-456, 495-496
Comando Sul das, 140-141, 151
Corpo de Advocacia-Geral Militar das, 536, 537, 592
Corpo de Capelães das, 305
Departamento de Inteligência das, ver Departamento de Direito Internacional da
diretoria de operações, 291, 531, 549
diretoria de planejamento das, 521
Diretoria de Recursos Humanos das, 564
divisão de investigação criminal das, 350
documentos confidenciais das, 287
durante a Guerra do Líbano, 275-277

e a Intifada, 360
Estado-Maior geral das, 62, 291, 319, 348, 510, 531, 549, 563
Exército egípcio derrotado pelas, 76
Exército jordaniano *vs.*, 134
força de comandos Sayeret Matkal das, 135, 143, 160, 168-171, 183-187, 208, 211-212, 214-215, 222, 226-227, 243, 251, 254, 278, 301, 323, 330, 337, 339-340, 342-343, 384, 460, 507, 553-554, 563-564, 577, 693n, 702n, 708n, 731n, 735n
forças de operações especiais das, 222, 227, 243, 250, 257, 264-265, 274, 300, 341
instalação de interrogatórios "Campo 1391" das, 323
missão de resgate em Entebbe realizada pelas, 223-228, 232
moral das, 65, 360, 412
na Guerra do Yom Kippur, 209-210
Operação Águas Profundas das, 651
Operação Azul e Marrom (Kachol Ve'hum) das, 404
Operação Colhendo Anêmonas das, 567-568, 571, 577, 584, 591
Operação Colmeia Dourada das, 455, 753n
Operação Divorciada das, 566-567, 771n
Operação Fora da Caixa das, 624
Operação Lição Introdutória das, 336, 338, 342
Operação Litania das, 250-251
Operação Olympia das, 266-269
Operação Paz na Galileia das, 273-274
Operação Peixe Seco das, 274, 278-282, 290, 666n, 721n
Operação Peixinho Dourado das, 290-291, 295, 724n
Operação Perna de Pau das, 328-330
Operação Primavera da Juventude e, 185-193, 195, 207, 212-215, 240, 330, 454, 459, 702n-703n, 708n
poder de fogo e capacidades de transporte das, 330
preparação das, 78
procedimentos de ataque das, 566-567
reserva das, 68
serviço militar compulsório das 139
supressão dos palestinos pelas, 333
treinamento das, 296
Unidade 101 de comandos das, 63-66, 519
unidade antiterrorismo Cereja/Duvdevan das, 348-351, 508, 509, 565, 736n
unidade canina Ferroada (Oketz) das, 405
unidade de comandos Egoz das, 453-456
unidade de descarte de bombas das, 258
unidade de reconhecimento paraquedista das, 187, 190
unidade Região Sul do Líbano (RSL) das, 257
unidade Sayeret Rimon (Rangers da Granada) das, 144-145, 150, 152
unidades de combate das, 321
unidades de inteligência tecnológica das, 410, 500
ver também Força Aérea israelense; Marinha israelense
fortaleza de Massada, 207, 697n

França, 52, 85-86, 90, 164, 286, 352-359,
   367-368, 390, 597
   capacidade nuclear da, 367-368, 371-
      372
   embargo a Israel da, 161
   floresta Saint-Germain na, 112
   recrutamento de agentes do Mossad
      na, 352-353, 355
   relações de Israel com a, 73, 77, 116,
      161, 371-373
   relações do Iraque com a, 368, 372,
      377
   relações do Marrocos com a, 112
   relações dos EUA com a, 373
   Riviera na, 367, 373
   serviços de inteligência da, 88, 357,
      358, 368
Francis, Clovis, 181
Franco, Francisco, 97
Frankfurt, 89, 95, 177
   Beethovenstrasse, 128
Frente Democrática para a Libertação da
   Palestina (FDLP), 210-213, 299, 725n
Frente Nacional de Libertação da Argélia
   (FLN), 88
Frente para a Libertação do Líbano de
   Estrangeiros, 264-265, 266, 403, 666n
Frente Popular para a Libertação da Pa-
   lestina (FPLP), 147, 156-157, 159-162,
   190-191, 195, 196, 210, 216-218, 221,
   223, 235, 322, 357, 404, 441, 503, 523,
   696n
Frente Radical, 599-601, 607, 610, 612,
   613-615, 618-619, 626-628, 635, 637,
   651, 784n
Friburgo, 103
Fried, Andrei, 520
Fundação Louis Vuitton, 112

Fuqaha, Mazen, 777n
Furstenberg, Haim, 66
fuzileiros navais americanos, 399, 400,
   410

G
Gabinete de Censura Militar de Israel, 225
Gabinete de Relações Científicas
   (LAKAM), 674n
gabinete israelense, 62, 132, 289, 327-328,
   334, 479
Gabriel (arcanjo), 389, 514
Gaddafi, Muammar, 162, 204-205, 359,
   459, 707n
Galant, Fruma, 335
Galant, Yoav, 335, 340, 460-461, 518-519,
   528, 576, 765n-766n
Galileia, 36, 166, 277, 427, 432
Galili, Yisrael, 29
Gangue Stern, 23-25
Gantz, Benny, 784n
Gashey, Jamal al-, 737n
Gates, Robert, 393, 745n, 750n
Gazit, Shlomo, 131, 132, 149, 215, 222
Gehmer, Avraham, 199, 203
Gemayel, Amin, 290
Gemayel, Bashir, 274, 276, 285-286
   assassinato de, 286, 290
Genebra, 111, 199, 376, 512, 596
Genscher, Hans-Dietrich, 169
Gerstein, Erez, 453
Gestapo, 32, 33, 36, 142, 176, 681n
Ghosheh, Ibrahim, 481
Gibb, Charlotte, 694n
Gichon, Mordechai, 30-34, 669n
Gideões, Os", 103
Gil, Yehuda, 372, 731n-732n
Gilad, Amos, 232, 247-248, 291, 570, 578

Giladi, Shalom, 34
Gilboa, Amos, 259, 262, 290-291, 295-297, 298
Gillon, Carmi, 302, 304, 458, 464, 466-467, 468, 470, 502
Ginossar, Yossi, 304, 307-311, 315-316, 396-397, 728n, 761n
Giscard d'Estaing, Valéry, 371
Gladnikoff, Marianne, 200-201, 203
Gmul, 32-35, 670n
Goercke, Heidi, 91
Goercke, Paul, 83-84, 91
Goldman, Adam, 779n
Goldstein, Baruch, 447-448
Goldstein, Gadi, 759n
golfo Pérsico, 387, 447
Good Spy, The (Bird), 198, 239
Goren, rabino Shlomo, 148
Goren, Shmuel, 218-219
Gornot HaGalil, 427
Grã-Bretanha, 73, 77, 159
    ameaças à segurança nacional da, 37-40
    comunidade de inteligência da, 102, 719n
    na Segunda Guerra Mundial, 30
    redução do império da, 40
    ver também Mandato Britânico da Palestina; Inglaterra; Reino Unido
Graham, Bill, 765n
granadas, 148-149, 150-151, 155, 157-158, 160-162, 170, 188-190, 214, 249, 256, 258, 299
"Grande Israel", conceito, 331
Grécia, 291, 294, 321, 327
Groupe des Écologistes Français, 368
GRU (inteligência militar soviética), 108

grupo Baader-Meinhof (Facção do Exército Vermelho), 156, 198, 217, 709n
Grupo CNIM, 367
Guderian, Heinz, 71
Guerra Civil Libanesa, 238-239, 398
Guerra da Independência israelense (1948-1949), 74, 123-124, 176, 197, 245, 436
    armistício de 1949 na, 59, 62, 65
guerra de atrito, 141
Guerra do Líbano, 269, 273-277, 282-283, 285-286, 299, 306, 308, 310, 431, 479-480
    Quinta-Feira Negra na, 282
    soldados israelenses mortos durante a, 288
Guerra do Vietnã, 453, 497, 667n
    ofensiva do Tet, 614
Guerra do Yom Kippur, 209-211, 229, 274, 408-409
    ataques do Egito e da Síria na, 408
    pesadas perdas israelenses na, 210, 409
Guerra dos Seis Dias de 1967, 106, 132-134, 144, 145, 182, 208, 212, 303, 436
    ataques terroristas, 149
    territórios capturados, 123-124, 132, 139-141, 152, 156, 192, 229
    troca de prisioneiros, 109
guerra fria, 94, 595
guerra Irã-Iraque, 744n-745n
Gur, Mordechai, 711n

H

Haaretz, 552, 553, 770n, 784n
Habash, George, 162, 163, 217, 695n
Haber, Eitan, 177, 449
Habib, Philip, 263, 283

Hadar, Arieh, 221-222, 249, 306, 726n
Hadashot, 308, 317, 726n
Haddad, Wadie, 163, 195-196, 215, 217-224, 226, 709n
 assassinato planejado de, 228, 232-235
 assassinato por envenenamento de, 233-235, 240, 247, 374
 como cofundador da FPLP, 156, 162, 217-219, 234-235
 estratégia terrorista de, 223-224
Hadden, John, 690n
Hadera, 448
Hadley, Stephen, 541, 620
Hafez, Mustafa, 59, 66-71, 73, 76-77
Haganá, 47, 52, 699n, 671n
 Pelotão Árabe "Mistaravim" na, 44-45, 71, 348-349
Haia, 554
Haidar, Haldoun, 495-497
Haifa, 37, 44, 143, 144, 157, 181, 187, 211, 248, 296, 321, 327, 460, 520, 524, 623
 estrada de Nazaré, 45
Hajj, Amin al- (Rummenigge), 240, 251, 397
Hakim, Eliyahu, 38-39
Halak, Ahmad al-, 431-432, 775n
Halak, Hanan al-, 431-432
Halevy, David, 724n-725n
Halevy, Efraim, 491-492, 601, 604, 643
Halutz, Dan, 553, 582, 589, 592, 614-615, 619, 643
Hamad, Kamal, 468, 471
Hamad, Osama, 467-468, 471
Hamas, 441-449, 457, 463, 465-467, 470-481, 519-520, 543-544, 558, 599, 755n
 ala militar do, 500, 501, 503, 506-507
 apoio iraniano ao, 593, 604, 611-613

 assassinatos realizados pelo Mossad de oficiais superiores do, 18, 568
 braço político do, 534
 Brigadas Izz al-Din al-Qassam do, 441-442, 443, 447, 474, 526, 567
 campanha israelense contra o, 20
 Conselho Shura do, 583-584
 Dawah, braço do, 507
 domínio sobre a Palestina do, 345
 Fundação do, 570, 571, 575, 578, 579
 Liderança do, 545, 568, 570-571, 573, 574, 583-585, 613
 rede de assistência e serviços do, 501
 terrorismo do, 18, 452, 549
Hamburgo, 52, 89, 199
Hamia, Talal, 750n
Hammam Chott, 319, 329, 356
Hamshari, Mahmoud, 177-179, 205, 700n
Hamza, Khidir, 372-376, 380
Haniyeh, Ismail, 613
Hanoch, Shalom, 277
Haolam Hazeh, 674n
Haradan, Iyad, 523
Haran, Danny, 255-256
Haran, Einat, 255-256
Haran, Smadar, 255-256
Haran, Yael, 255-256
Harari, Michael "Mike", 198-199, 212, 686n, 697n, 700n, 703n, 706n-707n, 708n
 como chefe da unidade Cesareia, 368, 391-392, 462, 712n
 como vice-chefe da unidade Cesareia, 114-122, 129, 162-165, 171, 173, 178-179, 183, 186-187, 192-193, 195-196, 200-205, 226, 236, 240-242, 244-245, 321, 688n, 696n

Harash, Qasim, 253-254
Harb, Ragheb, 402-404, 407, 412, 413, 417, 747n, 749n
Harel, Isser, 43, 47, 49, 96, 113-116, 674n, 687n
  como chefe do Mossad, 50, 53, 55-57, 84-87, 90-94, 105, 653, 675n, 680n, 682n, 683n
Hariri, Rafik, 599, 631
Har-Zion, Meir, 66
Hasbaya, 445
Hashem, Aql al-, 453
Hassan II, rei do Marrocos, 106, 111, 112
Hassan, Abu, 530
Hassan, Hani al-, 127, 215, 245, 357
Hassan, Khaled al-, 127
Hasson, Yisrael, 464-467, 476, 733n
Hatem, Robert "Cobra", 254, 286, 316
Havaí, 239
Hayden, Michael, 21, 597, 620-623, 627-628, 655, 778n, 779n, 781n
Hazak, Reuven, 309, 313-314
Hebrom, 130, 136, 139, 447, 466, 470
  instalação de detenção israelense em, 304
  tiroteio na mesquita Ibrahimi em, 447-448
  Túmulo dos Patriarcas em, 448
helicópteros Bell UH-1, 169
Hellige, fábrica de aeronaves e foguetes, 103
Herzl, Theodor, 25-26
Herzog, Chaim, 317
Hezbollah, 394-400, 402-408, 412-414, 423-433, 445-446, 496-498, 504, 512, 716n, 746n, 747n, 751n
  ameaça internacional representada pelo, 431
  apoio iraniano ao, 597, 598-599
  Conselho Shura do, 424
  desenvolvimento do, 394-395
  divisão militar da Jihad Islâmica do, 396, 399, 415, 426, 428
  estação de TV Al-Manar do, 429
  FDI atacadas pelo, 396-397, 405, 452-456
  fundação do, 395, 423, 425
  líderes e comandantes do, 407, 413-414, 417, 423, 426, 429
  propaganda do, 403
  rede de rádio do, 455
  resistência das FDI ao, 400, 403, 405
  táticas de combate do, 405
  terroristas palestinos armados pelo, 599
  Unidade 1800 do, 601-602, 603, 612
  Unidade 910 do, 428
  unidade de inteligência do, 405, 412
Higgins, William, 746n
Hillman, Moshe, 48-49
Hillo, Zaki, 322
Hilmi (executivo), 354-355
Himalaia, 453
Hindi, Amin al-, 204
Histadrut (sindicato socialista judaico), 28
Hitler, Adolf, 42, 82, 96, 97, 101, 174, 231, 278, 283, 579, 681n
  saudação Heil, 102
  Solução Final, 79, 92, 93, 378, 477
Hobeika, Elie, 286
Hofi, Yitzhak, como diretor do Mossad, 219, 230, 240, 274-275, 377, 391-392
Hol, Abu al-, 338
Holanda, 35
Holocausto, 20, 69, 79, 82, 131, 243, 379, 477, 670n

atrocidades do, 30-32, 36, 39, 80, 81, 109-110, 142, 174, 176, 177, 669n
lições do, 37, 142-143, 230-231
sobreviventes do, 31, 35, 36, 38, 42, 46, 97, 101, 109, 142, 176, 256, 321, 520-521
Honecker, Erich, 233
Hong Kong, 177
Hospital Universitário Americano, 244
Hosseinpour, Ardeshir, 636
hotel Al-Bustan Rotana, 639, 644-645
Hungria, 34, 521
Hunter, Jeffrey Max, 694n
hussainia, 403, 414, 416, 417
Hussein, Imam, 407
Hussein, rei da Jordânia, 146, 158, 328, 480, 489-493, 577, 695n
Hussein, Saddam, 424, 743n, 780n
  ameaças contra Israel de, 376
  como ditador do Iraque, 272-273, 359, 368-370, 373, 376-377, 379-385, 458
  invasão do Kuwait por, 359, 382, 596
  tentativa fracassada de assassinato de, 383-385
Husseini, Abd al-Qadir al-, 124
Husseini, Hajj Amin al-, 29, 42-43, 124, 672n

I
Iêmen do Sul, 217
Iêmen, 122
Ilan, Yitzhak, 469, 527, 529, 764n-765n
Império Romano, 105
  Grande Revolta Judaica, 27, 28, 207
  Segunda Revolta Judaica, 31
Índia, 575
  Independência da, 40

Indochina, 452
Inglaterra, 82, 148, 430
Instituto de Inteligência e Operações Especiais, *ver* Mossad
Instituto de Pesquisas sobre Física de Propulsão a Jato, 83
Instituto Francês de Proteção Radiológica e Segurança Nuclear, 374
Instituto Israelense de Pesquisas Biológicas, 233, 234, 482
Interpol, 649
Intifada, 141, 333-335, 340, 347-351, 355, 357, 360-361, 532, 537, 554
  antiterrorismo israelense durante a, 349-351, 360
  condições que levaram à, 332-334
  fim da, 365
  influência da OLP sobre a, 352
  início da, 333-334, 441, 544, 565, 584
  manifestações populares na, 347, 348, 351, 360
  terrorismo palestino durante a, 347, 348, 351, 360
  ver também Segunda Intifada
Irã, 79, 97, 272, 355-356, 370, 387-397, 423, 425, 680n
  apoio ao Hezbollah do, 597, 598-599
  campanha do Mossad contra o, 17-19, 20, 600, 605, 607-609, 627, 635-638, 651-658, 692n, 783n
  crise econômica no, 597, 656
  fim do programa nuclear como objetivo do Mossad no, 17-19, 605, 607-609, 635-637, 651-658, 782n, 783n, 785n
  Hamas apoiado pelo, 593, 604, 611-612
  lucro com petróleo do, 387

lugares sagrados no, 401-402
OLP e, 355
oposição ao ataque israelense em larga escala ao, 17-18
projeto de armas nucleares no, 17-19, 497, 605-609, 615, 635-637, 651-654, 655-658, 782n, 783n, 785n
relações da Síria com o, 394-395, 595-599
relações de Israel com o, 387-388, 390
relações dos EUA com o, 387-388, 391, 393, 596, 597
serviços de inteligência do, 390, 405, 412
Iraque, 85, 122, 402, 597
  agência de inteligência Mukhabarat do, 376
  bombardeio israelense ao reator nuclear do, 378-380
  Conselho Revolucionário do, 369 ver também Hussein, Saddam
  invasão do Kuwait pelo, 359, 361, 382
  lugares sagrados no, 402
  minoria curda no, 369
  programa nuclear do, 326, 370, 372-373, 376-380, 382-383, 740n, 743n
  relações da França com o, 368, 371-372, 377
  serviços de inteligência do, 382
Irgun Zvai Leumi, 29, 37, 39-40, 47, 49, 57, 90, 229, 267, 668n, 673n
Irkutsk, 516
Irmandade Muçulmana, 436-438
Islã, 44, 388-389, 392-394
Israel Aerospace Industries, 410
Israel, antigo Reino de, 368
Israel:

agentes de guerra biológica de, 233
ameaças de destruição contra, 20, 46, 73, 77-78, 123, 128, 131, 139, 141
aquisição secreta de navios por, 115
assentamentos judaicos em, 62
ataques da OLP contra, 134-135
ataques do Fatah em, 127-131
banco de dados populacional de, 117
bandeira de, 114
barreira entre a Cisjordânia e, 591
batalhas iniciais e caos em, 47
busca e resgate de desaparecidos em combate e prisioneiros de guerra realizados por, 412
campos de detenção em, 351
como Terra Santa, 161
comunidade de inteligência de, 21, 33, 40, 46-56, 61, 78, 80, 108, 109, 122, 125, 126, 132, 133, 139-140, 163, 168, 171, 230-232, 236, 306, 331, 332, 337-338, 348, 361, 377-378, 397, 405, 430, 477, 497, 566, 658, 719n; ver também Aman; Mossad; Shin Bet
crise financeira em, 360
críticas internacionais a, 250, 277, 287-288, 351, 373, 532, 541, 649-650
dias de lembrança em, 319, 322
estabelecimento do Estado de, 45, 57, 60, 115, 157, 197, 301
expulsão de palestinos de, 123, 132
guerras impostas à nova nação de, 37-38, 41-43, 45-46, 49, 59
imigração judaica para, 25, 37, 47, 54, 69, 106, 115, 118, 130, 143, 229, 360
instalações secretas de, 15, 233

linha verde" de, 360
litoral de, 320, 328
movimentos clandestinos de direita em, 47-48
norte de, 455
objetivo de retornar o povo israelense a, 25, 69, 82
partida dos britânicos de, 40, 44
partidos políticos em, 49, 94
passagem de Erez para, 580
pequenas dimensões de, 20
política externa e de segurança de, 50-51
posição internacional de, 351
principais adversários em 1967 de, 122
principal reator nuclear de, 225
programa nuclear de, 225, 371, 621
propaganda de guerra de, 532-533
prosperidade econômica de, 331
provisões de estado de emergência de, 51
refugiados palestinos em, 132
relações da Jordânia com, 480-481, 490, 492
relações da Síria com, 131, 452, 458, 511-512, 537, 561
relações do Egito com, 68, 73, 121, 208-209, 229-230, 247, 561
relações do Irã com, 387-388, 390, 391
relações dos EUA com, 19, 77-79, 131, 212, 230, 238, 263, 276, 324-325, 351, 410, 539-542, 586, 596
rodovia litorânea de, 248, 252
satélites espiões de, 529
segurança do Estado como "reino das sombras" de, 51
sistema legal de, 21, 52

sul de, 59-60, 207-208, 329, 555
televisão estatal de, 349, 351
territórios palestinos ocupados por, 123-124, 132, 139-141, 153, 156, 193
terrorismo árabe em, 59-62
trabalhadores palestinos em, 331, 332
troca de prisioneiros com palestinos e, 155-157
Istambul, 427
Itália, 97, 143, 164, 173-174, 286, 311, 342, 669n
na Segunda Guerra Mundial, 30, 33
relações de Israel com a, 116
serviços de inteligência da, 203, 205
Itzavon (Tristeza), 195-196
Ivanov, Sergei, 586
Ivry, David, 280, 291-294, 297

J

Jabal Hamrayn, 381
Jabari, Ahmed, 574
"Jacob", 237, 238
Jacobovitz, Anna, 521
Jacobovitz, George, 520
Jafa, 25, 27, 28, 41, 43
Jafar, Jafar Dhia, 374
Jawabra, Osama al-, 523
Jenin, 139, 527
Jericó, 42, 451
"Jerry", 461-462, 481-482, 484-486, 494
Jerusalém, 42, 51, 62, 63, 94, 124, 137, 148-149, 156, 168, 247, 340, 365, 370, 451, 500-501
  bairro Rehavia de, 48-49
  bombardeio do hotel King David pelo Irgun em, 39
  Café Hillel em, 576

Café Moment em, 548
calçadão Ben Yehuda em, 483, 520
cidade velha de, 134, 514
colônia alemã em, 576
Complexo Russo em, 24, 121
Cúpula da Rocha em, 514
destruição do Segundo Templo em, 53
estrada de Jafa em, 29, 478
hotel Hyatt em, 523
Igreja Romena em, 23, 24
mercado Mananeh Yehudah em, 478
mesquita Al-Aqsa em, 514, 603
monte das Oliveiras em, 149
monte do Templo em, 514, 518
Muro das Lamentações em, 515
Oriental, 71, 314, 513
Portão de Jafa em, 134
Primeiro Templo em, 514
rua Mea Shearim em, 24
rua São Jorge em, 23, 24
sede do Shin Bet em, 508
Segundo Templo em, 514
terrorismo palestino em, 299
Jesus Cristo, 304, 514
Jibchit, 402, 407-408, 413-414, 416-417, 420-422
Jibril, Ahmed, 404-405, 440
Jibril, Jihad, 747n
Jihad global, 767n, 776n
Jihad Islâmica Egípcia, 767n
Jihad Islâmica Palestina (JIP), 332, 448-449, 452, 457, 464, 469, 523, 527, 558, 565, 599-601
  como alvo israelense, 568, 570
  liderança da, 570
Joanesburgo, 220

Jogos Olímpicos de 1972, *ver* ataque terrorista durante as Olimpíadas de Munique
Johnson, Margareta, 157
Jonas, George, 699n
Jordânia, 62, 66-67, 70, 71, 122, 127, 130-132, 136, 137, 198, 268, 320, 369, 378, 384, 438, 484-485, 695n
  anexação da Cisjordânia pela, 59, 60, 130
  corte real da, 488, 490
  palestinos mortos na, 158-159
  região de Aravá, 243
  Reino Hachemita da, 274, 493
  relações de Israel com a, 480-481, 490, 492
  serviços de inteligência da, 159
judaísmo, 44, 56
  dias sagrados do, 170, 196, 209-210, 489, 504, 521, 650
Judenstaat, Der (Herzl), 25
judeus:
  alemães, 30-31
  americanos, 324-325
  austríacos, 25, 300
  como refugiados, 31, 35
  da Europa Ocidental, 25
  da Europa Oriental, 36, 37
  diáspora, 31
  Haredi (ultraortodoxos), 29
  marroquinos, 106
  no Exército britânico, 30
  norte-africanos, 53, 86
  opressão dos, 26, 36
  ortodoxos, 29, 222, 312, 660
  perigo de aniquilação como visto pelos, 37
  pogroms contra, 26, 36

Reforma Liberal, 30
religiosos, 29, 153
russos, 25-27, 30, 36, 360, 520
sul-africanos, 129-130
ver também antissemitismo
julgamentos de crimes de guerra em Nuremberg, 109
Júlio César, 519

K
Kaddoumi, Farouk, 215
Kadosh, Yaakov, 211
Kahan, Yitzhak, 298
Kahane, Meir, 448
Kam, Anat, 770n
Kanafani, Ghassan, 696n
Karameh, 134-136, 138
Karmi, Raed, 534-535, 764n-765n
Karmi, Yisrael, 33, 35
Karp, Yehudit, 314-315
Kasher, Asa, 564-565, 578-579
Kastiel, Alon, 509, 565, 760n
Kennedy, John F., assassinato de, 470, 667n
Kenyatta, Jomo, 219, 227
Kfir, Moti, 107, 118-119, 163, 204
KGB, 119, 200, 217, 218, 713n, 746n
Khalaf, Gedaliah, 108
Khalaf, Salah (Abu Iyad), 159, 166-167, 192, 232, 329
Khaled, Leila, 157-158, 161, 448
Khalfan Tamim, Dhahi, 647-650
Khalil, 'Isam al-Din Mahmoud, 83, 86
Khalil, Izz al-Din al-Sheikh, 599-600, 611-612, 639
Khamenei, aiatolá Sayyid Ali, 423, 652, 656
Khan Yunis:
 campo de refugiados em, 473
 escritório do Fatah e, (Alvo 7.068) em, 559-560, 562-565
Khatib, Nimr al-, 44-45
Khatib, Saad al-, 487-488
Khirbet al-Taiybeh, 503, 505
Khomeini, aiatolá Ruhollah, 388-392, 423, 424, 426, 436
 aliança com a OLP, 394
 como líder supremo do Irã, 392-394, 397-399, 402, 413
 complô para o assassinato de, 391-392
 controle do Irã assumido por, 392-394
 exílio de, 390, 393, 402
 guerra santa de, 402
Kibutz Maagan Michael, 248
Kibutz Mahanayim, 258
kibutz Nahal Oz, 68
kibutzim, 60, 68, 144, 184, 258, 477
Kidman, Nicole, 561
Kiev, 174
Kimche, David, 236, 679n
Kiryat Arba, 447
Kish, 387-388, 390
Kissinger, Henry, 231-232, 237
 iniciativa de paz entre Israel e Egito de, 208-209, 213
Klagenfurt, 33
Klein, Aaron, 198
Kleinwächter, Hans, 90-91
Klinghoffer, Leon, 729n
Knesset, 51, 94, 168, 171-172, 231, 251, 262, 276, 287, 313, 379, 502, 511, 518, 554, 564, 675n
 Comitê de Defesa e Relações Exteriores, 164, 526
Kol Yisrael (Voz de Israel), 36, 48

Koren, Yoni, 326, 329, 350
Kovner, Abba, 669n
Kreisky, Bruno, 231
Kristallnacht, 96, 99
Kruchev, Nikita, 78, 679n
Krug, Heinz, 83-86
　　sequestro e assassinato de, 85-86, 103, 682n
Kubaisi, Basil al-, 195, 704n
Kubeh, Taysir, 709n
Kubi, Micha, 301-303, 311, 438-439, 492, 727n
Kuntar, Samir, 255-256
Kuntsevich, Anatoly, 600
Kuperwasser, Yossi, 477-478, 532
Kurtz (guerreiro da Cesareia), 121, 176, 179
Kuwait, 125
　　invasão iraquiana do, 359, 361, 382
　　Operação Tempestade no Deserto no, 382-383, 385, 596, 742n

L
La Seyne-sur-Mer, 367
　　laços com a OLP, 357, 358
　　rendition de suspeitos, 220
　　Salameh e a, 235-240, 245, 357
lago Bardawil, 148
Lança (corpo clandestino), 604
Landau, Moshe, 730n
Langotsky, Yossi, 278-279
Laqqis, Hassan al-, 600, 614-615, 784n
Larnaca, 326, 327
Lebanese International Airways, 161
Legacy of Ashes (Weiner), 667n
legiões romanas, 519
Lei do SSG, 530
Lev, Nahum, 337, 342-343

Levac, Alex, 307-309
Levin, Amiram, 189, 212, 383, 453-457, 497, 743n
levofentanil, 482-483, 486, 488
Levran, Aharon, 125, 129, 137-138
Levy, Gideon, 552
Levy, Kochava, 214
Levy, Moshe, 301, 302
Líbano, 49, 81, 127, 129, 131, 146, 147, 157-158, 160, 162, 171, 175, 181, 193, 210-211, 213, 368, 393-400, 666n, 702n
　　ataques terroristas contra soldados das FDI no, 307, 496
　　bases da OLP no, 263-269, 271, 388
　　bombardeio israelense do, 411-412
　　cessar-fogo entre Israel e a OLP no, 263
　　forças sírias no, 265, 273-276, 425, 595, 598, 720n
　　incursões israelenses no, 250-255, 277, 395, 429, 453, 495-498, 518
　　muçulmanos xiitas no, 388, 395
　　ocupação da Força Multinacional do, 398-400
　　praia de Damour no, 247
　　retirada israelense do, 511-513, 597
　　sul, 255-257, 260, 424, 426-427, 453, 512, 602
　　zona de segurança no, 400, 426, 429, 445, 453, 456
　　ver também Segunda Guerra do Líbano
Líbia, 162-163, 166-167, 171, 223, 324, 325, 328, 359, 459-462, 497
Lida, 143, 223, 224
　　agentes "vermelhos" da, 145-146, 150, 152

agentes marcados para assassinato, 134-138, 162-163, 176-193, 215, 232-245, 274, 278-283, 666n, 699n
armamentos estocados da, 277
braço de inteligência Rassed da, 159
comitês populares da, 345
conselho militar supremo da, 213
laços com grupos militantes de esquerda, 217-218, 285-286
liderança da, 215-218
milícias da, 255, 285
mudanças organizacionais da, 212
Operação "Navio do Retorno" da, 334-335
princípios da, 125, 126
relações com os EUA, 231-232, 237, 245
Setor Ocidental da, 321, 322, 328, 733n
ver também Arafat, Yasser; terroristas palestinos
Liftawi, Mustafa (Abu Firas), 733n
Liga Árabe, 45, 359
Liga Judaica de Defesa, 447
Limassol, 327, 335
limpeza étnica, 149
língua alemã, 31, 34, 35, 80, 85, 90, 110, 166, 169, 222, 461
língua árabe, 43, 45, 126, 140, 159, 168, 169, 173, 214, 304, 342, 353, 354, 363, 436, 441, 486, 502
língua espanhola, 110
língua francesa, 339, 461, 617
língua hebraica, 23, 27, 30, 32, 46, 79, 81, 95, 96, 131, 178, 187, 195, 211, 222, 300, 324, 348, 421, 449, 479, 532
língua húngara, 34

língua iídiche, 440, 529, 610
língua inglesa, 44, 103, 166, 243, 341, 372, 421, 460
língua italiana, 173, 205
língua polonesa, 143
língua russa, 479
línguas escandinavas, 200
Lipkin-Shahak, Amnon, 190, 330, 334, 453, 734n
   como chefe da Aman, 345, 437, 456, 459
Lishansky, Yosef, 28
Londres, 25, 29, 39, 82, 159, 201, 354, 358, 361, 374, 595
   estação do Mossad em, 272
   hotel Dorchester em, 271-272
   Park Lane em, 272
   South Street em, 272
Lorch, 90
Los Angeles Times, 168
Los Angeles, 156, 483
Lotz, Waltraud, 109
Lotz, Wolfgang, 87-88, 108-109, 128
Lubrani, Uri, 387-388, 390-391
"Lúcifer", 167
Lufthansa, 197
Luftwaffe, 176
Lukashenko, Alexander, 692n
Łuków, 142
Lydda, 156

M

Mabhouh, Mahmoud al-, 442-443, 480, 639-642, 644-648
   assassinato de, 646-648, 654
MacMichael, Harold, 38
Madri, 98, 102, 103, 322
Majzub, Mahmud al-, 599, 612

Majzub, Nidal al-, 612
Makadmeh, Ibrahim al-, 477-478, 569-571
Malaisha, Ziad, 565-566
Malchin, Zvi, 80, 106, 684n, 700n
Malley, Robert, 761n
Malta, 148, 459-463
Mandato Britânico da Palestina, 23-25,
   28, 29, 38, 41-42, 51, 53, 334
   Departamento de Investigação Criminal (DIC), 23, 24, 37, 38
   leis de imigração, 53
   membros-chave como alvos de assassinato, 38, 39, 40
   oposição sionista ao, 23-25
   rede de inteligência, 23
Manor, Amos, 93
Mansour, Jamal, 534
Mao Tsé-tung, 160, 170
Maomé (profeta), 388, 407, 514-515
Mapai, 94
mar Báltico, 82
mar da Galileia, 127, 596
mar Mediterrâneo, 73, 105, 148, 187, 292, 295, 296, 299, 326, 367, 405, 572, 623
mar Negro, 335
mar Vermelho, 73, 221, 322, 641
Marakah, 403
Margalit, Dan, 728n, 742n
Marinha americana, 324, 410
Marinha israelense, 56, 187, 190, 240, 463
   Emblema da, 251
   Operação Arca de Noé da, 587
   Operação Homem de Sorte (Bar--Mazal) da, 247-248
   Unidade 707 de comandos da, 162
   unidade de comandos Flotilha (Shayetet) 13 da, 61, 185-188, 244, 247, 250-253, 322-323, 327, 335, 340, 459-460, 495, 497, 508, 576, 587, 634, 715n, 716n, 757n, 782n
Marj al-Zuhour, 445
Marjayoun, 257
Marlowe, Lara, 457
Marrocos, 238, 461, 608
   relações com a França, 112-113
   relações de Israel com o, 106
   serviços de inteligência, 111-113
Marselha, 86, 353
Marwan, Ashraf, 708n
marxismo, 146, 156, 160, 218
Marzook, Mousa Abu, 447, 481-482, 488
Masalma, Nader, 759n
Mascate, 657
Mashad, Yehia al-, 374-376
Mashal, Khaled, 481-486, 488-491, 493-494, 497, 504, 511, 520, 577, 599-600, 611, 650, 755n, 756n
Mashalani, Marom, 286
Masri, Mohammed Diab al-, *ver* Deif, Mohammed
massacre da rodovia litorânea, 248-250, 252
massacre de Maalot, 210-213
massacre dos campos de refugiados de Sabra e Shatila, 286-288, 294, 298
massacre, 287-288, 297
Massalha, Mohammed (Issa), 166, 168
Maxwell, Robert, 271, 742n
McConnell, Michael Joseph, 38
McLuhan, Marshall, 531
McNamara, Robert, 131
Medan, Raphael "Raphi", 97-99, 101, 103, 109, 676n
medicina forense, 234
Mehola, 435, 447

Meidad, Yaakov, 110
Meidan, David, 776n
Mein Kampf II, 231
Meir, Golda, 92, 94, 113, 212, 683n, 700n, 704n
  assassinatos seletivos autorizados por, 175, 178, 228, 344, 357, 698n
  como primeira-ministra de Israel, 162-165, 168, 170-172, 174-175, 178-179, 200, 207, 210-211, 225, 335, 357, 369, 698n, 708n, 712n
  nascimento e infância de, 174
  protestos contra, 211
Meiri, Moshe, 705n
Meiri, Nehemia, 176-179, 195, 199-200, 205, 700n, 704n
Mengele, Josef, 230, 684n, 712n
menorás, 53
Meraish, Mamoun, 321
Merhav, Reuven, 255, 387, 388, 390-391, 680n
mesquitas, 403, 407, 416, 424, 543
Messias, 389, 515
metralhadoras Dushka, 239
metralhadoras, 160-161, 176, 239, 272
MI5, 40, 46
MI6, serviço britânico de inteligência, 102, 688n
Michaela, Rami, 757n
Mielke, Erich, 234
Mil e uma noites, As, 173-174
milícia clandestina Palmach, 43-44, 115, 301
milícias do sul do Líbano, 260, 405
milícias:
  cristãos maronitas libaneses (Falange), 250, 254-255, 265, 274, 276, 285-287, 298

  cristãs, 250, 738n
  Fatah (Tanzim), 534
  palestinos, 49, 128, 255, 275, 285, 290
  pré-Estado judaico, 20, 29, 37-38, 43-44, 115, 301
  Sul do Líbano, 261, 405, 426, 453
  xiitas, 395-396, 608, 628; *ver também* Hezbollah
Milwaukee, 174
minas terrestres, 131
Ministério da Defesa de Israel, 47, 51, 73, 82, 118, 223, 234, 263, 309, 408, 410, 418, 570, 578, 681n
  Administração de Desenvolvimento de Armas e Infraestrutura Tecnológica do, 521, 527
  unidade de espionagem LAKAM do, 264, 324-325
Ministério da Justiça de Israel, 308, 311-315
Ministério do Exterior de Israel, 94, 98, 571
mísseis, 86, 177, 374, 378, 384, 522, 573, 577, 584
  Al-Qaher, 81
  Al-Zafer, 81
  antiaéreos terra-ar, 409, 598
  antipessoais, 532
  antitanques, 532, 654
  balísticos, 82
  de controle remoto, 330
  Escovinha, 584
  guiados, 94, 528-529, 534
  Hellfire, guiados a laser, 410, 411, 414-415, 421, 562, 570
  ogivas radioativas e químicas em, 84
  projeto Condor de desenvolvimento de, 380-381, 741n

SA-7 Strela antiaéreos, 204, 218, 654
Sagger antitanques, 209
Scud, 381, 633
superfície-superfície, 81-84
testes, 94
V-2 balísticos, 82
Mitterrand, François, 357
Mizrahi, Ilan, 217
Mofaz, Shaul, 516, 521, 536, 574, 580-585, 588, 702n, 773n
Moghaddam, Hassan Tehrani, 654, 784n
Mohammad Reza Pahlavi, xá do Irã, 79, 369, 387-391, 680n
    doença de, 390, 391
    oposição iraniana a, 387-391
    queda de, 392, 394
    serviço secreto SAVAK de, 387, 390, 391-392
    violações de direitos humanos de, 388
Mohsen, Zuheir, 729n
Mohtashamipur, Ali Akbar, 393-396, 400-404
    como embaixador da Síria, 394-396, 397
mongóis, 46
Montazeri, grande aiatolá Hossein Ali, 403
Montevidéu, 110
Moonlight, 322-323
Mor, Yekutiel "Kuti", 397, 417-418
Mordechai, Yitzhak, 301, 323-325, 493
    acusação e julgamento de, 313, 727n
    como "pai da nação", 332
    Fatah liderado por, 133, 559
    morte de, 589-591, 593
    traição de, 310-313, 323
Morton, Geoffrey, 24, 667n
Moscou, 601

Mossad, 105-107, 337, 368-369, 436, 514, 479-481, 699n, 712n
    agentes do sexo feminino do, 130, 182-183, 186-187, 189, 191, 241-244
    captura de Eichmann pelo, 80, 98
    comitê VARASH do, 456
    como unidade do gabinete do primeiro-ministro, 16
    criação do, 50
    críticas ao, 16
    departamento de pesquisas do, 167, 290, 296, 337
    disfarce e maquiagem de agentes do, 167, 188-189, 191
    divisão Cesareia do, 105, 108-112, 114-122, 128-130, 134, 161-165, 175-180, 182-183, 185-187, 190, 192, 197, 199-200, 203-204, 207, 226, 235, 240-243, 244, 268-269, 291-292, 321, 329-330, 339-342, 357, 368, 391, 400, 401, 431, 480-481, 665n, 688n, 696n, 708n, 712n
    divisão de jihad global do, 767n
    divisão de tecnologia do, 611
    divisão Interseção (Tsomet) do, 95-96, 106, 161, 195, 218, 233, 286, 292, 327, 353-356, 372, 431, 432, 606-607, 626, 731n
    divisão Universo (Tevel) do, 175, 236, 491
    durante a Segunda Intifada, 600-601
    e o programa de mísseis do Egito, 82-104, 681n
    equipe de assalto Mifratz (golfo, baía) do, 57, 90-91, 105, 115-116, 687n
    equipes de vigilância do, 353

estatuto do, 43-44, 46, 82
estratégia periférica (Tridente) do, 78-79, 680n
instalações secretas do, 86
interrupção do projeto iraniano de armas nucleares como objetivo do, 17-19
julgamento e condenação de agentes do, 203-204
missões de assassinato e espionagem do, 15-16, 19-20, 53, 57, 58, 121, 173-176, 180-199, 202-204, 232-235, 329-330, 333-345, 357-359, 374-377, 381-382, 454, 700n
natureza secreta do, 50-51, 53-54, 86, 675n, 698n
oficiais de coleta" (*katsa*) no, 95
Operação Azia do, 225
Operação Ciro do, 483
Operação Diamante do, 106
Operação Jogos Olímpicos do, 636, 656
Operação Porco-Espinho do, 90
Operação Primavera da Juventude do, 185-193, 195, 207, 212-215, 240, 330, 454, 459, 702n, 708n
Operação Tela de Plasma do, 640, 642-644, 648-649
Operação Velo de Ouro do, 353-354, 362-364
operações das forças especiais do, 55-57, 114
operações na Síria do, 20
palestinos recrutados como agentes pelo, 96, 352-357
preparando guerreiros para o, 117-122
reforma do, 606-610

relacionamento da CIA com o, 18, 78, 79, 219, 236, 237, 357-358, 428, 620, 627, 636, 679n, 680n, 686n, 690n, 714n, 745n, 749n, 764n, 779n, 781n
relações com a mídia, 665n
reputação como agência agressiva e impiedosa do, 21, 381
sede (HQ) do, 16, 83, 120, 164, 200, 203, 240, 268, 292, 365, 488
serviço de inteligência do, 105, 107, 209
sistema HUGINT do, 626
unidade Amal do, 96, 109, 681n
unidade Arco-Íris do, 178-179, 197, 204, 372, 617-618
unidade Baioneta do, 165-166, 171, 173, 176-180, 183, 195-197, 203, 205, 215, 219, 321-322, 328, 335, 358, 367-368, 374-375, 381-382, 400, 462, 481-486, 699n, 729n, 756n
unidade de assassinatos seletivos Kidon (Baioneta) do, 165-166, 171, 173, 176-180, 183, 195-197, 203, 205, 215, 219, 321-322, 328, 335, 358, 367-368, 374-375, 381-382, 401, 454, 462, 481-486, 554, 699n, 729n, 756n
unidade de contraterrorismo do, 198, 232, 363, 458
unidade de inteligência Colosso do, 105, 111-112, 116-117, 128, 178
Mourabitoun, 725n
movimento clanestino Lehi, 23-25, 30, 37, 48, 49, 57, 115, 667n, 668n
figuras-chave do Mandato Britânico como alvos do, 38, 39

cartas-bomba enviada a Londres pelo, 40
movimento Hashomer Hatzair, 17-19, 185, 668n
Movimento Islâmico de Resistência, ver Hamas
movimento Quatro Mães, 497-498
movimentos estudantis de esquerda, 156
Moyne, Walter Edward Guinness, lorde, 38, 39, 48
Mubarak, Hosni, 328, 585, 767n
Muchassi, Zaid, 195
muçulmanos, 85, 359, 387, 437, 514, 543, 580
  alauitas, 425, 597
  sunitas, 258, 395, 398, 407, 426, 446, 603
  xiitas, 241, 254, 257, 266, 316, 388-389, 393-396, 398, 402-405, 407, 413-414, 603, 608
Mughniyeh, Fouad, 398, 431-432
Mughniyeh, Imad, 397-400, 404-405, 413, 423, 426-433, 446, 455, 512-513, 599, 602, 613, 624-626, 628-634, 746n, 747n, 750n, 760n, 767n, 775n
  assassinato de, 630-634, 653, 779n, 780n
Mughniyeh, Jihad, 398, 404
mujahideen, 124
Mulhouse, 90
Munique (filme), 698n
Munique, 86, 167-171, 176
  Connollystrasse em, 167, 198
  escritório da Intra em, 95
  hotel Ambassador em, 85
Muragha, Said Mussa al- (Abu Mussa), 461
Murray, Jim, 168

Mussawi, Hussein (filho), 421, 428
Mussawi, Hussein Abbas al-, 412-425, 749n
  assassinato de, 420-425, 427, 428, 432-433, 454, 631
  campanha de terrorismo suicida de, 413
  como autoridade religiosa, 413
  como secretário-geral do Hezbollah, 412-421
  sequestro planejado de, 412-419
  treinamento e educação de, 413
Mussawi, Siham, 421-422
Mussolini, Benito, 97
Mustafa, Abu Ali, 523
Mustafa, Salah, 59, 66, 69-72

N
Naameh, 404
Nabatieh, 421, 455
Nablus, 139, 520, 523, 534
Nabucodonosor, rei da Babilônia, 368
Nadel, Haim, 727n
Nadim, Said, 84-85
Nahara, Ramzi, 602-603, 751n
Nahariya, 255-256
Nahas, Murshid, 316
Nahmani, Amitai, 185-186
Nairóbi, 218-221, 251, 298
  os cinco de Nairóbi, 221-228
  rodovia Mombasa, 218
Najaf, 402, 413, 424
Najar, Yusuf al-, 737n
Najim, Lamees, 696n
Najjar, Muhammad Youssef al-, 166, 181, 188-189
Nakdimon, Shlomo, 231
Napoleão I, imperador da França, 17, 518

Nasa, 242, 381
Nasr, Muhammad, 442-443
Nasrallah, Hadi, 454
Nasrallah, Sayyid Hassan, 424-427, 432-433, 445, 455, 497, 513, 598, 602, 603, 612, 614, 624-627, 631-632
Nassar, Zaher, 552
Nasser, Gamal Abdel, 73, 77, 81-83, 96, 101, 125, 126, 144, 164, 177, 369, 373-374, 681n
    projeto genocida anti-Israel de, 82
Nasser, Kamal, 181, 188-189, 708n
Nativ, 675n
Nazal, Muhammad, 481-482, 488
Nazaré, 259
Neeman, Yuval, 682n
Ness Ziona, 233
Netanya, 308, 398
    Park Hotel em, 520
    shopping HaSharon em, 520, 525-526
Netanyahu, Benjamin "Bibi", 189, 227, 452, 511, 554-555, 649, 702n, 755n, 777n
    bombardeio do Irã favorecido por, 17
    como primeiro-ministro de Israel, 16-19, 475-477, 479-484, 490, 492-493, 504-506, 649-654, 656-659
    críticas a, 16
    Obama e, 18, 656, 785n
    relacionamento de Dagan com, 16-19, 649-653, 657, 783n
Netanyahu, Yonatan, 189, 227-228, 607
Nevo, Azriel, 275, 288, 333, 335, 731n
New York Times, 49, 78, 174, 308, 678n
Newsweek, 779n
Nimr, Abu, 150
Nimrodi, Yaakov, 67-68
Nir, Amiram, 745n
Nisman, Alberto, 750n
Nissim, Moshe, 336-337, 344
Nixon, Richard M., 313
Noite dos Forcados", 415, 416
Noruega, 203-205, 207
Nova Deli, 575
Nova Jersey, 182, 459
Nova York, 156
    Brooklyn em, 447
    hotel Waldorf Astoria em, 238
Nurzhitz, Vadim, 516-517

O

Oakley, Harry, 157
Obama, Barack, 636, 655-657
    administração Obama, 785n
    assassinatos seletivos autorizados por, 18
    relações com Netanyahu, 18, 554
Obeid, Abdal-Karim, 412
Obeid, Kais, 602
Obeid, Walid, 565
Observer, 277
Oceano Atlântico, 322
Ofek, Raphael, 372, 373, 378
oficiais de redes de inteligência, 557-564
oficina metalúrgica Diyuk, 258
Ofir, Tzadok, 701n
Okamoto, Kozo, 224, 695n
Okev, Daniel, 694n
Olmert, Ehud, 502, 581, 613, 619-621, 623-624, 628, 633, 636, 641, 666n, 778n, 780n
Olmert, Yeremi, 419
Olson, Frank, 691n
Omã, 657
Operação Alvo 7.068, 559-560, 562-565

Operação Aves de Rapina, 666*n*
Operação Calor Corporal (Hom Haguf), 412
Operação Chumbo Fundido, 641
Operação Duas Torres, 565-566
Operação Lillehammer, 199-205, 207, 219, 235, 244, 321
Opportunity, 326-327
Orã, 322
Organização das Nações Unidas, 46, 68, 151, 197, 384, 560, 609
    Assembleia Geral da, 41, 231-232, 238, 673*n*
    Conselho de Segurança da, 48-49, 65, 161, 447, 541
    discurso de Arafat na, 231-232, 238
    força multinacional de manutenção da paz (MNF) da, 285
    Kofi Annan como secretário da, 571
Organização Iraniana de Energia Atômica, 653
Organização para a Libertação da Palestina (OLP), 136-137, 139-141, 158, 161, 167, 170, 174, 210, 272-277, 353, 698*n*, 716*n*
    agentes "pretos" da, 145
    campanha para obter reconhecimento da, 231-232, 238, 245
    controle do Fatah da, 133
    corrupção na, 353, 359, 587
    criação da, 125-126, 133
    enfraquecimento da, 359
    escopo global da, 164
    Força 17 da, 236, 321, 327-328, 394, 397, 413
    forças israelenses *vs.*, 273-277
    ligações comunistas da, 285
    ligações da CIA com a, 357, 358
    missões diplomáticas da, 231-232, 345, 361-365
    redes europeias da, 252, 322
    sede da, 319, 324, 325, 329, 355, 359
    sistemas de comunicação da, 278
organizações neonazistas, 100
Oriente Médio, 18, 20, 78, 82, 99, 122, 132, 135, 164, 208, 217, 277
    criminosos de guerra nazistas no, 53
    deserto do, 127
    executivos em viagem pelo, 352
    Judeia, 17, 153, 274
    Middle East Airlines, 161
    ortodoxo, 222, 312
Osíris, 368
Oslo, 199-201, 203, 361, 364
Ostia, 204
Ostrovsky, Victor, 739*n*
Othman, Ibrahim, 617-619
Oudeh, Mohammed (Abu Daoud), 166-167, 198, 244, 737*n*

P

Pacepa, Ion Mihai, 587
Paco (cão), 144
Páginas Vermelhas para assassinatos seletivos, 178, 230, 357, 369, 400, 404, 456, 458, 463, 465, 466, 470, 474, 505, 530, 532, 534, 538, 545, 579, 767*n*
Palestina:
    apoio britânico para a criação do Estado judaico na, 39
    assentamentos judaicos na, 26, 27, 29, 43, 45, 140, 251, 263, 277, 331, 451, 539, 541
    clandestinidade judaica na, 23-25, 56-57, 115

como parte do Império Otomano, 25-28
como terra ancestral dos judeus, 26, 29
comunidade alemã na, 36
comunidade judaica (Yishuv) na, 27-29, 30-33, 35, 37-39, 41-43, 49, 115, 669n
divisão, 41, 46
Estado independente como objetivo, 306
Guerra Civil Árabe-Judaica na, 41-43
imigração judaica para a, 35, 42, 126, 334, 569
maioria árabe na, 26-29, 37-38, 41-42, 44, 46, 59, 60, 68-69, 115
mandato Britânico na, 23-25, 28, 29, 38, 41, 42, 43
organização islâmica na, 44
Templários expulsos da, 36
territórios ocupados por Israel na, 77, 139-140, 306, 327-333, 345, 347, 352, 357, 360, 365, 451, 515, 528
Pan Am, 158
Panetta, Leon, como diretor da CIA, 18
Paquistão, 438
Paraguai, 428
Pardo, Tamir, 607-608, 637
como chefe do Mossad, 653-654, 657, 785n
Paris, 25, 49, 52, 96, 111, 112, 128, 170, 177, 179, 195-197, 199, 237, 263, 356-359, 371-373, 590, 617
agentes do Mossad em, 358-359
embaixada iraniana em, 355
hotel Le Méridien Etoile em, 358
hotel Le Méridien Montparnasse em, 353-354, 358

Quartier Latin em, 197
restaurante Hippopotamus em, 358
rue des Fossés Saint-Bernard em, 197
Théâtre de l'Ouest em, 196
Parlamento libanês, 285
Parque Nacional de Nairóbi, 218
Partido Baath, 369-370, 380
Partido Comunista Israelense, 49
Partido Herut, 49
Partido Likud de Israel, 229, 274, 317, 326, 336, 351, 440, 452, 515, 554-555, 731n
Partido Nazista Austríaco, 96
Partido Nazista, 36
Partido Trabalhista de Israel, 229, 230, 275, 288, 326, 336, 511, 683n
passaportes falsos, 18, 53, 56, 79, 112, 120, 166, 187, 205, 218, 233, 243, 291, 339
Patton, George, 289
Paz, Shmuel, 152
Peled, Benjamin "Benny", 216, 408-409
península do Sinai, 62, 73, 74, 76-78, 144, 148, 208-210, 543
assentamentos judaicos na, 140, 263
tomada israelense da, 132, 229
península Peenemünde, 82
Pensilvânia, 541
Pentágono, 106, 248, 410, 541
Peres, Shimon, 378, 505, 581, 683n, 740n
Acordos de Oslo iniciados por, 451
como ministro da Defesa de Israel, 73, 103, 215, 223, 227, 287-288
como ministro do Exterior de Israel, 316, 336, 361, 364
como primeiro-ministro de Israel, 313-314, 325, 328, 329, 470, 474-475, 519-520, 729n, 742n
Peres, Yoram, 694n
Perfilyev, Yuri, 746n

Peri, Yaakov, 464-466, 502
pesquisa e desenvolvimento (R&D) do, 83
Pessach, 501, 520
Petah-Tikva, 41
Peterberg, Yoel, 554
Picasso, Pablo, 52
Pilz, Wolfgang, 83, 84, 89, 104
Pinto, Daniel, 251
Pireus, 327, 334
pistolas Beretta, 147, 160, 174, 201
pistolas Micro Uzi, 341
pistolas Ruger .22 mm, 341
pistolas Star, 148
Plano Reagan, 245
Platina, dra., 485, 491
Płońsk, 28
Poderoso chefão, O (filme), 622
polícia britânica, 115
polícia egípcia, 38
polícia estadual da Bavária, 168
polícia francesa, 112
polícia israelense de fronteira, 210, 296, 396, 399-400, 443
polícia israelense, 538
    YAMAM, unidade de contraterrorismo da, 332, 504, 505-508, 716n
polícia italiana, 205
polícia norueguesa, 205
polícia suíça, 91
Pollard, Jonathan, 324-325, 381, 731n
    "Material Verde" roubado por, 325
Polônia, 15, 28, 33, 60, 142-143, 176, 177, 435, 465, 466, 669n
Poran, Efraim, 223
Porat, Avraham "Romi", 164, 178, 181, 183, 186, 199
Porat, Maoz, 155
Porto Said, 323

Porto Sudão, 641
Powell, Colin, 535
Prêmio de Segurança de Israel, 626
Pressler, Yigal, 190, 232
Primeira Guerra Mundial, 28
prisão de Mezzeh, 108
prisão e interrogatório, 349-350
processo de paz árabe-israelense, 345
    Acordos de Camp David, 299-230
    Acordos de Oslo assinados por, 451-452
    Acordos de Oslo, 365
    aparência física, 134
    assassinato planejado, 134-138, 162-163, 274-275, 278-283, 290-298, 329, 361, 477-478, 667n, 696n, 721n
    casamento de Suba Tawil e, 356
    como presidente da Autoridade Palestina, 365, 457-458, 474, 475, 504, 506, 517, 519, 544, 559, 587-588, 593, 728n
    discurso na ONU, 231-232, 238
    erros estratégicos, 359
    iniciativa de Kissinger, 208-209
    negociações incentivadas pelos EUA, 351-352
    negociações secretas, 361-365
    planos para o assassinato seletivo de, 356
    proeminência internacional, 298, 394
    Rabin e, 360-361
    Rabin e, 365
    tratado de paz Israel-Jordânia e, 480, 492, 691n
    troca de prisioneiros, 365
Projeto Camaleão, 146-147
Prokop, Otto, 234

Pundak, Yitzhak, 140-141, 151-152, 693n
Purim, 650
Putin, Vladimir, 766n

Q
Qabalan, Jamal Mahmoud, 300-301
Qaher, Saleh, 84-85, 682n
Qalqilya, 466
Qassir, Ahmad Jaafar, 396-397, 745n
Qibya, 64
Qom, 389-390, 403, 636
Quênia, 218-223, 225

R
Rababa, Sami, 490, 491, 757n
Rabat, 106, 238
Rabin, Yitzhak, 177, 287, 511, 711n, 767n
  Arafat e, 365
  como embaixador nos EUA, 212
  como ministro da Defesa de Israel, 316-317, 323, 325, 328, 330, 333-334, 338, 342, 397, 443, 449, 451-452, 456
  como primeiro-ministro de Israel, 212, 215, 219, 221, 223, 225-228, 230-231, 237, 305, 335-336, 360-361, 363, 365, 383, 430, 443, 444, 447, 449, 451-452, 456-459, 463-465, 469-471, 481, 624, 711n, 728n, 743n
  e o processo de paz, 360-361, 469
  guarda-costas de, 470
Rabinovich, Itamar, 514
Raday, Peleg, 313
Rádio Líbano, 417
Rádio Monte Carlo, 333
Rádio Palestina, 515
Rafael, Sylvia, 129-130, 199, 203

Rafah, 149
Rafat, 464
Rafsanjani, Hashemi, 424
Rahayu, Sri, 643
Rajoub, Jibril, 356, 363-364, 474, 506, 513
Ramalá, 139, 501, 516-517, 522, 586
  centro de comando do Hamas em, 575
  complexo Mukataa em, 506, 588, 589
  praça Manara em, 351
Ramat Hasharon, 74
Ramla, 124, 128
Rantisi, Abd al-Aziz, 571, 583-585
Rantisi, Ahmed, 584
Rapp, Helena, 360
Rashid, Salman, 376
Rasoul, Abd al-Rahman, 376
Ravid, Yair, 236, 253, 286
Raz, Oded, 323, 337
Reagan, Ronald, 263
  Begin e, 277, 278, 283
reatores nucleares da classe Osíris, 368, 371, 378-379
rede judaica de espionagem NILI, 28
Redfa, Munir, 106
Rehavi, Yaakov, 242
Reicher, Yiftach, 227, 341-342
Reino Unido:
  relações com Israel, 271-272
  serviços de inteligência do, 272, 393
  ver também Inglaterra; Grã-Bretanha
Reisner, Daniel, 547, 579
resistência antibritânica, 116, 321
reunião de cúpula árabe em Casablanca, 106
Reuter, Thomas, 218
Reuters, 584
Revolta Árabe de 1936, 42

revolta palestina, 114
Revolução Islâmica, 17, 289-291, 355, 402, 423
"Revolucionários dos Champs-Élysées", 353
Rezaeinejad, Darioush, 658
Rice, Condoleezza, 540-541, 581, 583, 622, 778n
Rida, Abu-Ali, 454-455
Rifai, Zaid al-, 159
rifles tchecoslovacos, 63
Rimon, 674n
rio Eufrates, 619
rio Jordão, 116, 117-20
rio Litani, 250, 455
rio Nilo, 52, 81
rio Reno, 90
rio Zahrani, 420
Riyashi, Reem Saleh, 580
Rizk, Georgina, 239, 241, 244
Roma, 156-157, 160, 173-174, 177, 195-196, 199, 358, 485
   aeroporto Leonardo da Vinci-Fiumicino, 155, 204
   embaixada britânica bombardeada em, 39-40
   embaixada egípcia em, 56
   embaixada líbia, 173
   Fonte do Tritão, 196
   Piazza Annibaliano, 173
   Piazza Barberini, 196
Romah, Shimon, 307
Romano, Yossef, 168
Romênia, 587
Rommel, Erwin, 87
Roosevelt, Franklin Delano, 17, 97
   na Cúpula de Ialta, 39
Rosh Hashaná, 170, 489

Rotberg, Natan, 60-61, 67, 69-71, 77, 87-88, 369
Rotberg, Roi, 71
   assassinato de, 68-69
Rotberg, Shmaryahu, 69, 71
Rover", 335
Roxburgh, Patricia, 199
Rubin, Gail, 248
Rubin, Moshe, 146, 693n
Rubinstein, Amnon, 722n
Rubinstein, Elyakim, 579-581
Ruheidi, Fawzi al-, 150
Rumsfeld, Donald, 768n
Rússia, 25, 36, 119, 516, 520, 595-596, 622
   indústrias militares na, 600
   movimentos revolucionários de esquerda na, 26-27
   revolução abortiva de 1905 na, 27
Rutgersen, Jamal Terje, 707n

S

Saad, Mohammed, 403
Saadon, Ilan, 442-443
Sabena Airlines, 159-160, 198
sabras, 143, 144, 212
Sabratha, 460
Sadan, Ehud, 427
Sadat, Anwar al-, 209, 229, 708n, 767n
Sadeh, Yitzhak, 36
Safa, Wafik, 445
Safed, 156, 211
Sagie, Uri, 358, 414, 416-419, 433, 458
Sagiv, Yitzhak "Yisrael", 126-127
Saguy, Yehoshua, 259-261, 267, 274
Said, Hussein Ghassan, 271-273
Sala Conjunta de Guerra (SCG), 508-509, 522, 529-532, 542, 546-547, 573, 574, 576, 582

Saladino, sultão do Egito e da Síria, 369, 370
Salah, Ali Hussein, 602
Salah, Muhammad, 447
Salameh, Ali Hassan, 197-202, 235-245, 737n
  Ames e, 237-239, 245
  assassinato de, 243-245, 357, 398
  caçada do Mossad (Operação Maveer) a, 198-199, 235, 237-244
  caráter e personalidade de, 198, 199, 200, 239, 241
  casamento de, 239-241, 244
  como oficial de operações do Setembro Negro, 197, 236-238
  e a CIA, 236-240, 245, 357
Salameh, Hassan (filho de Ali Hassan), 245, 500
Salameh, Hassan (pai de Ali Hassan), 41-43, 197, 245, 672n
Salfit, 347-349
Salinger, J. D., 488
Salomão, rei, 53
Samaria, 153, 274
Samweli, Mustafa, 62-63
Sánchez, Ilich Ramírez (Carlos, o "Chacal"), 705n
Sänger, Eugen, 83-84
Saragusti, Anat, 279
Sarbukh, Nakad, 399-400
Sarkozy, Nicolas, 767n
Sasson, Eliyahu, 59-60
saudação nazista, 31, 102
Sayigh, Yezid, 361
Schacht, Hjalmar, 97
Schulz, Brigitte, 218, 222-223
Schutzstaffel (SS), 33, 34, 36, 42, 89, 97, 101, 469

SEALs da Marinha americana, 240
Time Seis, 55
Segunda Guerra do Líbano, 613-615
Segunda Guerra Mundial, 30, 42, 81, 83, 115, 150, 174, 670n
  exércitos aliados na, 97
Segunda Intifada, 20, 510, 514-524, 601, 666n
  incursões terrestres das FDI na, 591
  terrorismo palestino na, 516-518, 521-523
Selassie, Haile, imperador da Etiópia, 369, 680n
Sella, Aviem, 215-216, 281, 282, 289, 295, 297-298
sequestro do voo 426 da El Al, 155-156, 358
sequestro do voo 840 da TWA, 156-158
Serot, André, 48
Serviço de Segurança Geral, ver Shin Bet
serviços de inteligência da, 352
Setembro Negro, 158-160, 166-171, 173-178, 192, 196-197, 199, 204, 213, 244, 329, 352, 357, 358, 700n
  Ali Hassan Salameh e, 197, 236-238
Shabak, ver Shin Bet
Shahaf, Yarin, 166
Shahriari, Majid, 651
Shaked, Emmanuel, 186-189
Shalah, Ramadan, 599
Shalit, Binyamin, 136-138
Shalit, Gilad, 613, 777n
Shalom, Avraham "Avrum", 301-304, 306-317, 718n, 725n
  como chefe do Shin Bet, 301, 306-308, 440
  mentiras de, 310-315, 316

soldados israelenses inocentes incriminados por, 309-313
Shalom, Silvan, 575-576
Shamir, Avraham, 249
Shamir, Yitzhak, 116
  como chefe de operações do Lehi, 24, 39, 48, 49, 58
  como líder da unidade de assassinatos seletivos do Mossad, 90-91, 105, 302
  como primeiro-ministro de Israel, 24, 276, 298, 302, 305, 308-309, 315, 316, 325, 330, 335-336, 344, 348-350, 351-352, 356, 357, 360, 383, 400, 404, 419-420, 440, 728n, 740n
  complô de assassinato contra, 356
  e George H. W. Bush, 360
Shanab, Ismail Abu, 571
Shapira, Shimon, 382, 481
Shapiro, Zalman, 702n
Shaqaqi, Fathi, 457-463, 468-469
Sharett, Moshe, 59-60
  como primeiro-ministro de Israel, 65-68
  diário de, 67
Sharif, Bassam Abu, 159, 696n
Sharif, Mohi al-Dinh, 500-503, 505
Sharm el-Sheikh, 209
Sharon, Ariel, 17, 18, 62-66, 452, 658-659, 723n, 724n, 762n, 764n, 766n
  assassinato planejado contra, 320, 356
  ataques contra alvos árabes feitos por, 64-66
  caráter e personalidade de, 289-290, 514-515, 518-519
  Comando Sul das FDI liderado por, 140-142, 144, 149-151, 321
  como ministro da Defesa de Israel, 262-269, 271-280, 282-283, 285, 287-296, 298, 320, 378, 519
  como primeiro-ministro de Israel, 518-520, 524, 527-530, 535, 538-542, 550, 555, 558, 559, 563, 566, 572-573, 575, 578, 581, 583-591, 601, 604-606, 614, 624, 775n
  experiência de combate de, 62
  Fazenda dos Sicômoros de, 555, 583
  plano para o Oriente Médio de, 285
  relacionamento com George W. Bush, 540-542
  soldados treinados por, 63
Sharon, Gilad, 62, 693n
Sharon, Omri, 762n
Shaul", 202, 203, 706n
Shavit, Shabtai, 352, 357, 363, 459
Shehade, imã, 552
Shehade, Leila, 548, 550, 552
Shehade, Salah, 435-436, 439-442, 445, 543-545
  assassinato de, 552-553, 564, 565, 572, 574
  busca por, 548-552
Shiek, David, 253, 715n
  busca israelense por, 545
Shigenobu, Fusako, 695n
Shiloah, Reuven, 45, 46
Shin Bet (Agência de Segurança de Israel), 46-47, 49-51, 56, 57, 61, 93, 105, 117, 121, 132-134, 136, 145-147, 148, 153, 156, 158, 192, 196, 200, 230, 283, 299-317, 351, 365, 396-397, 435-441, 443-445, 465-471, 498-510, 521-523, 665n, 674n, 675n, 697n, 711n, 730n, 758n
  abrigos secretos do, 247

assassinatos extrajudiciais do, 301-303, 304-306, 307-313
ataques da OLP evitados pelo, 303, 306
caso Ascalão e, 299-317
corrupção e encobrimento do, 307-309, 314, 323
divisão de inteligência do, 524
divisão de investigação do, 470
Dossiê dos Crânios do, 316
expansão do, 140
homens-bomba como alvos do, 525-526, 529
inquéritos sobre assassinato de prisioneiros terroristas no, 308-312, 314-315
interrogatórios e tortura do, 168, 303-306, 309, 349
lista de procurados do, 347, 349, 357
Operação Colhendo Anêmonas do, 567-568, 570-571, 577, 584, 591
Operação Cristal do, 466
Operação Porta-Bandeira do, 545, 548-553
prisioneiros palestinos recrutados como agentes do, 466
programa secreto Pesos do, 304-306, 316
sede em Beirute, 399
sede em Jerusalém do, 508
terroristas capturados pelo, 149-151, 300-302
unidade de proteção a VIPs do, 271, 417-418, 469
unidade Pássaros (Tziporim) do, 90, 105, 115-116, 177, 302, 304, 307-309, 332, 356, 466, 467, 503-504, 506, 523, 534

unidades operacionais do, 301, 302
Shkedi, Eliezer, 778n
Shochat, Manya, 668n
Shomron, David, 23-25, 40, 58
Shukeiri, Ahmad, 133
Shukri, Ali, 489-490
Shultz, George, 276
Sibéria, 142
Sídon, 258
  sede da OLP em, 264
Simon, Yigal, 62, 67, 222, 272
Simpson, Colin, 271-272
sinagogas, 29, 109, 217, 263, 427
sionismo, 28, 31, 54, 118, 157, 231, 436, 479, 511, 584, 659
  apoio ocidental do, 39
  fundação do, 25-27
  político *vs.* prático, 26, 28
  raízes revolucionárias e ativistas do, 20-21, 25-26
  unidades clandestinas do, 23-25, 85
  ver também antissionismo
Síria, 74, 116, 122, 127, 130-132, 168, 171, 175, 268, 310, 320, 389, 529, 595-600, 695n, 720n
  bombardeio israelense à, 623-624
  distrito Deir al-Zor na, 619, 620
  economia da, 596
  nazistas na, 107-108
  operações do Mossad na, 20, 107, 108, 129, 337
  programa nuclear da, 618 623-624, 778n, 779n, 781n
  relações com a OLP, 272
  relações com Israel, 131, 452-453, 458, 511-512, 537, 561
  relações com o Irã, 394-395, 565-599
  relações com os EUA, 596, 627

serviços de inteligência da, 157, 326, 398, 626
serviços secretos da, 88
tratado de não proliferação da, 624
Skorzeny, Otto, 96-103, 109, 685*n*
Sliema, 462
Sneh, Efraim, 259, 263, 264, 267
Snowden, Edward, 679*n*, 782*n*
Sob o domínio do mal (filme), 136
socialismo, 49, 157
Sodit-Sharon, Eliezer, 110, 686*n*
Sol Phryne, 334
Soldatov, Alexander, 267-268
Solh, Riad al-, 49-50
Somália, 219
Space Research Corporation, 382
Spector, Iftach, 554, 769*n*
Spielberg, Steven, 699*n*
Spitzer, Andre, 701*n*
Spitzer, Ankie, 701*n*
Stalin, Joseph, 78, 97, 679*n*
  na Cúpula de Ialta, 39
Stanhope, Lady Hester, 182
Stasi, 217, 233, 234, 713*n*
Stein, Jeff, 779*n*
Stern, Avraham, 23-25, 40
  assassinato de, 24, 115
Stern, Elazar, 564
Strauss, Franz Josef, 103, 169
Striking Back (Klein), 198
Stuttgart, 83
submetralhadoras Carl Gustav, 63
submetralhadoras Uzi, 63, 189, 351
submetralhadoras WZ-63, 272
Sudão, 541, 589, 641, 767*n*
Suécia, 199
Suíça, 95, 98

Suleiman, Muhammad, 618-619, 627, 630, 633-635
  assassinato de, 634, 782*n*
Suleiman, Omar, 585, 599
Suleiman, Rahab, 634
Sulzberger, Arthur, Sr., 174
Suprema Corte israelense, 221, 230, 298, 445, 533, 538, 728*n*, 765*n*
Sutton, Rafi, 137, 691*n*
Swissair, 158

T
Tabuah, Muhammad, 539
Tal, Nahman, 301
Tal, Wasfi al-, 159
Talalqa, Muhammad al-, 70-71
tálio, 234
Talmude, 312, 336
Tamara (agente do Mossad), 368
Tamari, Salah, 733*n*
Tamir, Doron, 414
Tamir, Moshe, 453
Tartus, 634
Tarvisio, 33
Tawil, Raymonda, 356
Teerã, 391, 392, 394, 400, 430, 597, 656
  Grande Bazar de, 387
  reféns na embaixada americana em, 393, 745*n*
Tehomi, Avraham, 30
Teichner, Meir, 693*n*
Tel Adashim, 260
Tel Aviv, 15, 29, 37, 41, 46, 50-51, 56, 57, 64, 66, 74, 86-87, 114, 120, 124, 148, 156, 196, 299-300, 448
  bairro Kirya-Sarona em, 37, 47, 87, 187, 223, 225, 319
  bairro templário em, 213, 264

bunker de comando israelense em, 342
Centro Dizengoff em, 474
cercanias de, 248-249
esplanada Herbert Samuel em, 213
hotel Savoy em, 213-214, 252
parque Gan Meir em, 131
plano nazista de envenenar a água de, 42
posto da Força Aérea Canário em, 280, 281, 283, 409, 420-421
praça Reis de Israel (Rabin) em, 469-470, 511, 573
rua Dizengoff em, 448
rua Ibn Gabirol em, 483
rua Kaplan em, 121, 181
rua Levinsky em, 36
rua Shaul Hamelech em, 200
rua Yael em, 24
sede do Shin Bet em, 510
televisão israelense, 416, 422
Tempelgesellschaft (Sociedade Templária), 36-37, 46, 47, 50, 670n
assassinatos de judeus entre, 36-37, 56, 264
expulsão da Palestina da, 36
Tenet, George, 764n
terrorismo, 39
árabe, 20, 26, 59-62, 64, 66-71, 76-77
guerra dos EUA contra o, 21
guerra israelense contra o, 20
russo, 27
sionista, 39-40
ver também terroristas palestinos
terroristas judeus, 299-300
terroristas palestinos, 15, 18, 122, 125, 127-131, 139-141, 155-169, 210-215, 247-250, 255-256, 320, 331-332
aviões sequestrados por, 155-160, 168
campanha israelense de contraterrorismo contra, 20, 158, 160, 161-166, 168-171, 211-215, 250-255, 300-303, 360, 361, 577
na Intifada, 347, 348, 351, 360, 536
ônibus israelenses sequestrados por, 299-300, 438, 441
Roma como centro europeu dos, 174
Tevet, Shabtai, 701n
Texas, 540
Thabet, Kamal Amin, 108
Tikrit, 383
Tikriti, Barzan al-, 272, 383
time "Nova Era", 372, 378
Time, 457, 724n
Tirawi, Tawfiq, 704n
Tiro, 157, 252, 258, 264, 396, 399
Toledano, Nissim, 443, 444
Tolkowsky, Dan, 75-76
Toukan, Samir, 327
Toulon, 367
tradição judaico-cristã, 389
Trans Mediterranean Airways, 161
Transportadora Nacional de Águas de Israel, 127
tratado de paz Israel-Jordânia de 1994, 492
Tribunal Penal Internacional, 579
Trípoli, 162, 459-460
"Tristeza", 218, 233
Tsafrir, Eliezer, 219, 224, 391-392, 710n
Tsipper, Moshe, 676n
Tucídides, 513
Tufayli, Subhi al-, 424
Tulfah, Khairallah, 383
Túnis, 283, 320, 322, 323, 325, 330, 332, 338, 341-344, 355-357, 365, 459-460, 462

forças de segurança em, 352
prédio do Setor Ocidental em, 328
sede da OLP em, 353, 356
Tunísia, 296, 319, 320, 323-325, 328, 330, 337, 339-344, 459-460
Turabi, Hassan al-, 767n
Turbante (base da Unidade 8200), 529, 558-559, 576-577, 580, 583-584
Turquia, 79, 390, 427-428, 543, 623, 680n
    Império Otomano da, 25, 26
Tzrifin, 575
Tzur, David, 332

U
Ucrânia, 142
Uganda, 223-228
União Europeia, 645
União Soviética, 40, 78, 107, 543
    assassinato seletivo de alemães e árabes pela, 32-38, 42-45
    como força defensiva paralimitar, 28-30, 41-44
    desertores da, 217
    dissolução da, 360, 595
    estação de rádio clandestina da, 35-36, 48
    evolução da, 28
    liderança da, 42
    Operação Estorninho da, 42-44
    Palmach da, 43-44, 115, 302
    ramo de inteligência SHAI da, 43, 46, 60
    refugiados da, 360
    relações com a OLP, 231, 277
    unidade Palyam da, 44
    unidades de elite da, 43-45
    unidades secretas criadas pela, 32-35, 60

Universidade Ben-Gurion, 372
Universidade de Alexandria, 374
Universidade de Al-Najah, 534
Universidade de Beirute, 195
Universidade de Birmingham, 374
Universidade de Harvard, 592
Universidade de Humboldt, 234
Universidade de Manchester, 374
Universidade de Southampton, 242-243
Universidade de Tecnologia Sharif, 637
Universidade de Tel Aviv, 561
Universidade de Zagazig, 457
Universidade do Cairo, 124
Universidade Hebraica, 243
Universidade Islâmica de Gaza, 543, 569
Universidade Shahid Beheshti, 651
Univesidade Bir Zeit, 446
urânio, 377
Uruguai, 109, 110
usina de enriquecimento de urânio de Natanz, 655

V
Vajpayee, Atal Bihari, 575
vale de Jezreel, 144
vale do Jordão, 134-138
Vallentin, Hermann Adolf, 89-91, 95-97, 101-103, 685n
VANTs, *ver* drones
Vanunu, Mordechai, 485, 742n
Vardi, Rehavia, 60, 61, 76-77, 722n
Vaticano, 98
Veil (Woodward), 747n
Venn-Brown, Janet, 173
Verne, Júlio, 381
Viena, 100-101, 177, 617-618
Villach, 33

Vontade do Povo (Narodnaya Volya), movimento de guerrilha antitsarista, 27
voo 330 da Swissair, 177-178
voo LY512 da El Al, 220

W
Waffen-SS, 96, 102
Wagner, Gotthilf, 36-37
Walters, Vernon, 238
Warhaftig, Zerach, 178, 700n
Washington Post, 256, 779n
Washington, D.C., 132, 248, 325, 373, 540, 583, 589
Waverly, Charles, 239
Wazir, Hanan al-, 340-341
Wazir, Intisar al-, 340, 343-344, 721n
Wazir, Jihad al-, 344, 734n
Wazir, Khalil al- (Abu Jihad), 124-130, 212-213, 326, 331, 436, 715n, 721n, 729n
   319-323
   assassinato de, 343-345, 352, 356, 459, 734n
   ataques contra Israel planejados por, 125, 133, 247-249, 319-320, 322-323
   como segundo em comando da OLP, 133, 181, 213, 215-216, 232, 252, 304,
   enterro de, 344
   guarda-costas de, 340
   Intifada e, 333-334, 338
   múltiplos ataques terroristas ordenados por, 320-321
   plano do Mossad para assassinato de, 320, 321, 323, 325, 328-330, 333-343, 731n
Wazir, Nidal al-, 340, 343

Weinberg, Moshe, 168
Weinberger, Caspar, 410
Weiner, Tim, 747n
Weisbrot, Arieh, 410
Weissglass, Dov, 524, 532, 539-541, 572, 581, 583, 586, 601, 605, 721n
Weizman, Ezer, 328
   como ministro da Defesa de Israel, 248, 250, 253, 256-257, 329
Wende, Hannelore, 89, 104
Wiesenthal, Simon, 98, 100, 101
Wilkin, Tom, 23-25
   assassinato de, 24-25, 40
Wingate, Orde Charles, 677n
Wolfe, Alan, 239
Wolfowitz, Paul, 768n
Woodward, Bob, 747n
Woolsey, Jim, 750n
Wyman, Sam, 239

Y
"Y.", 201, 222, 251
Yaalon, Moshe, 279, 282-283, 341-344, 374, 474, 476-477, 493, 528-529, 702n
   como chefe da Aman, 507, 515, 770n
   como chefe do Comando Central das FDI, 507-508, 515, 548, 558, 572-573, 578-579, 585
Yaar, Ami, 740n
Yad Vashem, 99
Yael (Nielsen), 182-183, 186-187, 189, 191, 701n, 703n
Yagur, Yossi, 325
Yarden, Gilat, 710n
Yariv, Aharon, 109-111, 136-137, 200, 701n
Yariv, Yosef, 87-88, 105, 109, 114, 682n
Yassin, Abd al-Hamid, 581-583
Yassin, Adnan, 353-359, 362-365, 505, 520

caráter e personalidade de, 355
informações fornecidas ao Mossad
   por, 355-359
prisão e julgamento de, 364-365
recrutamento para o Mossad, 353-
   357, 362
Yassin, Ahmed, 435-445, 452, 492-493,
   543-545, 570-571, 573-574, 577-583,
   599, 771n
   assassinato de, 582-583, 589, 590,
      592-593, 611, 771n
Yassin, Rida, *ver* Rida, Abu-Ali
Yatom, Danny, 143-144, 444-445, 479,
   483, 484, 486, 489, 490, 492, 493, 702n
Yatom, Ehud, 302-303, 310-311, 554-555
Yavin, Haim, 416
Yehud, 64
Yishai, Sarit, 279
Yisrael, Uri (Ladiyyah), 126-129
Yisraeli, Alexander, 56-57, 113, 177, 676n
Yitzhaki, Shimshon, 235-237
   como chefe de contraterrorismo do
      Mossad, 198, 212, 217, 219, 232
Yunis, Adham, 565

Z
Zahar, Khaled al-, 577
Zahar, Mahmoud al-, 575-577

Zaidan, Muhammad (Abu al-Abbas), 255,
   729n
Zaki, Mohammad Suleiman al-, 149
Zamir, Yitzhak, 314-316
Zamir, Zvi, 219
   como chefe do Mossad, 163, 165, 168-
      171, 175-179, 186-187, 200-202,
      204, 695n, 699n
Zarka, Moshe, 413, 416-417
Zawahiri, Ayman al-, 767n
Zawahri, Mohammad al-, 784n
Zawtar al-Charkiyeh, 454
Zayed, Bassam, 161
Zeevi, Rehavam, 220, 523, 695n, 710n
Zeevi-Farkash, Aharon, 533, 549-550,
   568, 570, 572, 573, 581, 601-604, 607,
   612, 626
Zeidman, Fred, 540
Zeira, Eli, 187, 210
Zippori, Mordechai, 255, 260-262, 267,
   273-275
Zisser, Eyal, 561
Zorea, Meir "Zaro", 34-35, 310
Zrair, Azmi, 247, 252, 310, 716n
Zurique, 83, 84, 157, 177
Zwaiter, Wael, 173-174, 180, 701n
Zygier, Ben, 732n

Este livro foi composto na tipografia Minion Pro,
em corpo 11/15,5, e impresso em papel off-white
no Sistema Digital Instant Duplex da
Divisão Gráfica da Distribuidora Record.